사도신경

전능하사 천지를 만드신 하나님 아버지를 내가 믿사오며,
그 외아들 우리 주 예수 그리스도를 믿사오니,
이는 성령으로 잉태하사 동정녀 마리아에게 나시고
본디오 빌라도에게 고난을 받으사,
십자가에 못박혀 죽으시고,
장사한 지 사흘 만에 죽은 자 가운데서 다시 살아나시며,
하늘에 오르사, 전능하신 하나님 우편에 앉아 계시다가,
저리로서 산 자와 죽은 자를 심판하러 오시리라.
성령을 믿사오며, 거룩한 공회와, 성도가 서로 교통하는 것과,
죄를 사하여 주시는 것과, 몸이 다시 사는 것과
영원히 사는 것을 믿사옵나이다. 아멘.

I believe in God the Father Almighty,
Maker of heaven and earth,
and in Jesus Christ, His only Son our Lord,
who was conceived by the Holy Ghost,
born of the Virgin Mary,
suffered under Pontius Pilate, was crucified,
dead, and buried, He descended into hell,
The third day he rose again from the dead;
He ascended into heaven, and sitteth on the right hand of God the Father
Almighty, from thence
He shall come quick to judge the live and the dead.
I believe in the Holy Ghost, The Holy Catholic Church,
The Communion of Saints, The forgiveness of sins,
The resurrection of the body, And the life everlasting.
Amen.

SBI 구문분석에 의한

문맥성경

Syntactic-Semantic Analysis Bible

마태복음-사도행전

개발 및 감수 : 김상훈 박사
편 찬 책 임 : 배동한 목사
편 찬 위 원 : 박승철 목사

그리심
도서출판

Syntactic-Semantic Analysis Bible

by Seoul Bible Institute(SBI)

Projected by
Seoul Bible Institute

Published by
Grisim Publishing Company,
Seoul, Korea

2008

간 행 사

전혀 새로운 방식의 책이라 말해도 좋을 것입니다. 본 연구원 등을 통해서 구문연구방식의 성경연구를 접해 보지 않던 독자들은 이 책을 펼쳐 보며 다소 의아스럽다는 생각을 하셨을 것입니다. 이게 어떤 책인가 하고 말입니다. 이 문맥성경은 한글로 된 말씀(개역성경)을 보다 정확하고 깊게 묵상하고, 해석하고, 연구하도록 돕는 책입니다. 이 책은 다음과 같은 특징을 가지고 있습니다.

1. 새로운 귀납적 성경연구 방법론의 제안입니다.

기존 귀납적 연구방법들이 주로 문법적, 문학적 방식의 연구틀을 가지고 본문을 보게 하는 것입니다. 반면에, 문맥성경은 연구자로 하여금 본문의 핵심적인 의미와 이와 연계된 의미들을 좀더 정확하고 신속하게 파악하도록 이끄는, 새로운 언어학적 접근방법을 계발하여 채택하고 있습니다. 기존의 다른 방법으로 본문을 연구하는 분들도 문맥성경을 병행해서 활용하면 더 효과적인 성경연구를 하실 수 있을 것이라 생각합니다.

2. 현대 언어학의 새로운 연구결과가 반영되었습니다.

구문분석(또는 구조분석) 방식은 지난 80년대 월터 카이저, 더글라스 스튜어트, 고든 피 등에 의해 영어권에서 먼저 계발된 바 있습니다. 카이저의 [새로운 주경신학연구] (김의원 박사 역, 엠마오), 스튜어트와 피의 [성경해석 방법론] (김의원 박사 역, 기독교문서선교회)을 참고하기 바랍니다.

그 방식은 노암 촘스키 이후의 현대 언어학, 특히 구문론과 의미론의 발전적 성과를 성경해석학에 적용한 것이라 할 수 있습니다. 한글은 구문적인 특수성이 다른 언어(영어, 헬라어 등)와 다소 다릅니다. 그래서 한국어 특성에 맞게, 앞서 연구된 영어권의 업적을 참고한 후, 현대 언어학의 변형생성문법 이론(촘스키)에 다시 비춰, 재구성된 구문분석 방법론을 계발해야 했습니다. 영어권의 방법론에서 보다는, 한글의 주어와 서술어 부분을 더욱 강조하고, 그 외의 부분들은 수식 영역으로 세분화해서 배열한다든지, 수식 부분들을 설명할 때 육하원칙의 개념을 활용한다든지 하는 등의 방법들이 필요했습니다.

선행된 영어권의 것이나 후발된 본 연구원의 방법론은 모두 현대언어학의 구문론-의미론의 연구성과에 근거한, 새로운 형태의 귀납적 성경연구방법론이라 할 수 있습니다. 구문연구방식의 가장 큰 강점은 연구자로 하여금 본문과 저자의 언어 논리와 흐름에 철저히 집중하도록 하는 것입니다.

3. 해석학의 담론 분석학(Discourse Analysis)의 발전에 기여할 것입니다.

성경해석학 가운데, 담론 분석학은 현재 미국의 나이다, 남아공의 로우, 영국의 포터, 스칸디나비아의 요한슨 등을 중심으로 전세계적으로 네 개 지역에서 주로 연구되고 있는 해석학의 한 분야입니다. 이 분석학의 목적은 현대 언어학의 연구를 성경해석학의 영역에 적용하고 활용해서, 보다 진전된 본문 해석의 연구결과를 얻어내는 것입니다.

현대 언어학의 연구성과에 근거한 문맥성경의 연구방법론은, 담론 분석학 이론과 방법론적 적용의 집적물이라 할 수 있습니다. 본 문맥성경에서 보는 구문-의미 배열은 그 자체가 해석입니다. 배열에 해석적 노력이 배여 있습니다. 비록 현대 언어학의 한 부분의 연구(구문론-의미론)에 주로 힘입고 있긴 하지만, 방법론 그 자체로 본문 해석을 위한 분석틀로서 유용하게 사용될 수 있다고 생각합니다. 특히 미시적인 본문 분석 연구의 효과적인 도구로 활용될 것입니다.

4. 세계 교회를 위한 동역의 역할, 일부분을 감당하게 되길 소망합니다.

한국 교회는 신구약 성경을 하나님의 말씀으로 온전히 믿고 따르는 신실한 교회입니다. 예전 사경회를 통한 말씀연구에서 시작하여, 70, 80년대 이후 본격화된 성경연구의 열기에서 보듯, 말씀에 대한 사랑이 참으로 강한 교회라 생각합니다. 귀납적 성경연구를 하는 층도 많이 두터워졌습니다.

한국 교회의 성경연구방법론과 해석학적 이론들이 세계 교회를 위해 쓰임 받아야 할 때가 되었다고 생각합니다. 본 연구원의 문맥성경의 방법론도 다른 지역과 다른 언어에 적용되어 현지에서 활용될 것을 기대합니다. 전 세계에 흩어져 있는 하나님 나라의 부흥과 말씀을 통한 갱신을 위해, 다른 교회들과 함께 동역하고 있는, 한국 교회의 사역에 한 부분을 감당하는 일이 되길 원합니다. 중국어 성경연구를 위해 이미 일부에서 시험적으로 사용 중에 있고, 베트남어와 일본어 등에서의 연구도 진행될 예정입니다. 그 어떤 언어로도 활용할 수 있는 본문분석틀이라고 보고 있습니다.

그 외에도 많은 특징이 있습니다. 예컨대, 강해 설교자는 본문 자체에서 나오는, 메시지의 핵심 포인트를 쉽고 또 정확하게 파악해서 설교개요로 삼을 수 있을 것입니다. 또 교회나 단체에서 본문 중심의 귀납적 성경공부 교재를 만드는 일 등에도 용이하게 사용될 수 있습니다.

지난 80년대 말, 90년대 초, 성경연구방법론을 강의하면서, 연구원 강의 시간에 수강하시던 회원 분들에게 드렸던 말씀이 생각이 납니다. 그 때 이 구문분석의 방법론이 10년 안에 귀납적 본문연구에 있어 가장 중요한 도구로 쓰일 것이라 언급한 바 있습니다. 10년이 지났습니다. 이제 연구원 대표인 배동한 목사와 연구원 간사팀의 연구 노력에 의해 신약의 후반부인 로마서에서 요한계시록까지 출간될 수 있었습니다. 이어 신약 전권을 분석 배열한 문맥성경이 곧 출간될 예정입니다. 얼마 지나지 않아, 신구약 전권의 문맥성경이 나올 것입니다. 준비 중에 있습니다.

본문의 분석 배열 내용에 문제가 있거나 보완될 부분이 있으면 언제든지 조언해 주시면 감사하겠습니다. 더 나은 내용의 책으로 보완해 나갈 것입니다.

이 책이 한국 교회에 말씀연구에 대한 열정을 되살리는 계기로 사용되길 원합니다. 본 연구원이 '성경한국'이라는 모토를 가지고 이제까지 나아오도록 하신 우리 하나님을 영화롭게 하는 일이 되기 때문입니다.

신학박사 김 상 훈

문맥성경이 나오기까지

문맥성경은 **서울성경연구원**(Seoul Bible Institute / 이하 SBI)이 1989년부터 공식적으로 사용하기 시작하여 현재의 형태로 발전시킨 구문분석의 성경연구 방식을 채택하고 있습니다. SBI(원장 김의원 박사)는 1988년 8월에 김의원 박사, 김세윤 박사, 손석태 박사, 황창기 박사, 김상훈 박사가 설립한 목회자를 위한 전문 성경연구 기관입니다. SBI는 설립 당시부터 한국의 일선 목회자와 설교자들이 성경 본문을 귀납적인 방법으로 보다 쉽고 정확하게 연구할 수 있는 본문연구방법론을 계발하고 실용화 하는 일에 주력해 왔습니다. 그 결과 원전성경과 한글개역성경에 근거한, 언어학적 해석방식인 구문분석방법을 주요 연구방법론으로 하는 연구원의 귀납법적 성경연구(Inductive Bible Study)방법론과 문맥성경을 계발했습니다.

구문분석 방식의 귀납법적 성경연구는 본래 월터 카이저와 더글라스 스튜어트, 그리고 고든 피 등에 의해 80년대 영어권에서 사용되기 시작한 연구방법론입니다. 이 구문분석 방법론은 현대 언어학의 연구 결과를 반영하는 새로운 해석적 방법론으로 신학계에 제시되었습니다. 이 분들의 책은 김의원 교수에 의해 80년대 중후반에 번역되어 한국에 소개된 바 있습니다. 이 방법론과 현대 구문론 이론들을 참고한 후, 원전성경과 한글개역성경을 고려해서 한국적 상황에 맞춰 계발한 것이 SBI의 구문분석 방식의 성경연구 방법론이라 할 수 있습니다. 80년대 말 김상훈 박사(초대 총무)와 연구원 간사팀에 의해 계발되었고 본문성경연구와 강해설교 훈련을 위해 국내에 실용화 되기 시작했습니다. 이후, 배동한 목사(3대 총무)와 연구원 간사팀에 의해 좀더 다듬어지고 고정화된 형태의 연구방법론과 문맥성경이 자리 잡게 되었습니다. 제한된 본문 연구에 그쳤던 초기의 연구에서 현재 신구약 성경 전반에 걸친 문맥성경의 작업결과로 확대되었습니다.

문맥성경의 발전 과정

초기 문맥성경(구문분석 형식의 귀납법적 성경연구)은 하나의 형식이 아니었습니다. 크게 두 가지 형식으로 나타납니다. 하나는 문장의 흐름, 어구의 순서에 따른 배열방법입니다. 이 방법은 문장을 어구 단위별로 잘라서 배열하는 형식입니다. 다른 하나는 구문적 논리 배열에 따른 작성방법입니다. 이 방법은 문장의 주어와 동사를 중심으로 하고 수식어들과 종속절은 따로 구분하여 배열하는 형식을 말합니다. SBI는 초기 사역에서 이 두 가지를 병행하여 사용하였습니다.

▶ 문장의 흐름에 따른 문맥 성경 작성 형식

[요일 1:1-4]

1 태초부터 있는 생명의 말씀에 관하여는 우리가 들은 바요 눈으로 본 바요 주목
하고 우리 손으로 만진 바라
2 이 생명이 나타내신 바 된지라 이 영원한 생명을 우리가 보았고 증거하여 너희
에게 전하노니 이는 아버지와 함께 계시다가 우리에게 나타내신 바 된 자니라
3 우리가 보고 들은 바를 너희에게도 전함은 너희로 우리와 사귐이 있게 하려 함
이니 우리의 사귐은 아버지와 그 아들 예수 그리스도와 함께 함이라
4 우리가 이것을 씀은 우리의 기쁨이 충만케 하려 함이로라

1태초부터 있는 생명의 말씀에 관하여는

우리가 들은 바요,
눈으로 본 바요,
주목하고
우리 손으로 만진 바라.

2이 생명이 나타내신 바 된지라.

\이 영원한 생명을

우리가 보았고
증거하여
너희에게 전하노니
/이는 아버지와 함께 계시다가
우리에게 나타내신 바 된 자니라.

3우리가 보고 들은 바를
너희에게도 전함은
너희로 우리와 사귐이 있게 하려 함이니,
/우리의 사귐은 아버지와 그 아들 예수 그리스도와
함께 함이라.

4우리가 이것을 씀은
우리의 기쁨이 충만케 하려 함이로라.

▶ **문장의 논리적 배열에 따른 문맥 성경 작성 형식**

1 [그것이] **있는(=있다)**
/태초부터
우리가 **들은 바요**
/[그것을]
본 바요
/[그것을]
/눈으로
주목하고
/[그것을]
만진 바라
/[그것을]
/우리 손으로

/말씀에 관하여는
/생명의

2 이 생명이 **나타내신 바 된지라**

우리가 **보았고**
증거하여
전하노니
/너희에게

/이 생명을
/영원한

/이는 ── 계시다가
/아버지와 함께
── 나타내신 바 된 자니라
/우리에게

3 우리가 **전함은**
/[우리가] ── 보고
── 들은 바를
/너희에게도

//(목적: ἵνα, so that...may)
너희로 ── 사귐이 있게 하려 함이니
/우리와

사귐은 **함이라**
/우리의 아버지와
예수 그리스도와 함께
/그 아들

4 우리가 **씀은**
/이것을

//(목적: ἵνα, so that...may)
기쁨이 ── 충만케 하려 함이로라
/우리의

문맥성경의 표준형식

1995년 이후 SBI는 후자의 형식에 따른 문맥성경을 표준 형식으로 하고 있습니다. 즉 논리적 배열(주어, 동사, 수식부, 종속문장)에 따른 구문분석을 하고 있습니다. SBI는 이를 문맥성경이라 부릅니다. 문맥성경은 주문장을 중심으로 본문의 흐름을 파악하고 본문을 연구하는 데 유익하게 활용할 수 있습니다.

문맥성경 작성의 원리

'문맥성경' 은 원어성경에 사용된 각 의미 단위(단어, 구, 절)가 본문에서 가지는 논리적, 문법적 위치를 가시적으로 드러내어 일정한 약속을 따라 표현한 성경입니다. 문맥성경은 각 의미단위의 문장 내에서의 기능과 비중뿐만 아니라, 각 절과 절 사이의 논리적인 상관관계를 일정한 약속에 따라 표현합니다. 이를 통해 문맥성경은 저자가 성경을 기록하면서 의도했던 논리적인 전개와 문맥의 흐름을 좀 더 쉽게 관찰케 하는 것을 목표로 합니다.

문맥성경을 구성하는 각 의미단위는 세 가지 구성요소로 분류됩니다. 그 각각의 명칭을 서울성경연구원(SBI)은 '주문장', '수식부', '종속문장' 으로 부릅니다. 이 명칭은 국문학적 정의가 아니라 문맥성경의 사용자와 SBI와의 약속입니다.

〈문맥성경의 구성요소〉

1. 주문장

'주문장' 은 문맥(성경저자의 논리전개)의 뼈대(골조)를 이루는 중요한 문장입니다. '주문장' 은 주어와 동사로 구성되며 가장 기본적인 문장의 의미를 표현합니다. 그러므로 '주문장' 이 없이는 문장의 내용을 결코 이해할 수 없습니다.

"예수를 죽은 자 가운데서 살리신 이의 영이 너희 안에 거하시면 그리스도 예수를 죽은 자 가운데서 **살리신 이**가 너희 안에 거하시는 그의 영으로 말미암아 너희 죽을 몸도 **살리시리라**"

위의 로마서 8장 11절 본문 중 굵게 표기된 것이 '주문장'입니다. 다른 단어들을 읽지 않고 주어와 동사만 읽어도 문장의 기본적인 뜻은 파악할 수 있습니다. 그러나 '주문장(주어와 동사)'을 뺀 다른 단어만으로는 그 의미를 파악할 수 없습니다.

"예수를 죽은 자 가운데서 살리신 이의 영이 너희 안에 거하시면 그리스도 예수를 죽은 자 가운데서 (　　　) 너희 안에 거하시는 그의 영으로 말미암아 너희 죽을 몸도 (　　　　　)."

이처럼 '주문장'은 문맥에서 기본적인 의미를 담고 있는 가장 중요한 문장입니다. '주문장'은 문맥 내에서 독립적인 비중을 가집니다. 그 스스로가 다른 의미단위(단어, 구, 절)에 구애됨 없이 '주문장'만으로 의미 전달이 가능하다는 뜻입니다. 그리고 '주문장'은 주어나 동사의 의미를 한정, 혹은 강화하는 '수식부'의 꾸밈을 받습니다. 또한 독립적이기에 '주문장'이 다른 문장을 수식하지 않습니다. '주문장'은 다른 문장을 수식하지 않는다는 면에서 다음에 설명할 '종속문장'과 구별됩니다.

문맥성경에서는 주문장을 다음과 같이 표현합니다.

주문장의 주어는 왼편에 기록하고, 동사는 오른편에 기록합니다. 그리고 주문장의 동사는 견고딕으로 강조하여 주문장의 동사(이하 주동사)임을 표시합니다.

2. 수식부

'수식부'는 문장내에서 주문장(주어와 동사)를 제외한 나머지 부분 중에서 주문장의 주어 혹은 동사의 어느 한 쪽을 수식하여 그 의미를 한정, 혹은 강화하는 의미단위(단어, 구, 절)를 말합니다. 수식부는 자체적으로 하위 수식부를 가질 수 있으며, 그 전체가 주문장의 주어나 동사 어느 한 쪽을 수식합니다.

로마서 8장 11절의 경우 주문장을 제외한 모든 의미단위들은 주어인 '살리신 이'와 동사인 '살리시리라'를 각각 수식합니다.

주어측의 수식부는 다음과 같습니다.

그리스도 예수를 **살리신 이**
죽은 자 가운데서 **살리신 이**

다음은 동사측 '수식부' 입니다. 오른 쪽으로 더 밀린 것은 수식부를 꾸미는 '하위수식부' 를 말합니다. 하위 수식부는 수식하는 단어의 의미를 한정, 강화합니다.

영이 거하시면 **살리시리라**
　살리신 이의 영
　　예수를 살리신 이
　　죽은 자 가운데서 살리신 이
　너희 안에 거하시면
몸도 **살리시리라**
　너희 몸
　죽을 몸
영으로 말미암아 **살리시리라**
　그의 영
　거하시는 영
　　너희 안에 거하시는

문맥성경은 이러한 꾸밈 관계를 다음과 같이 표현합니다. 수식부는 꾸미는 말 아래에 오른쪽으로 3칸 정도 빈칸을 두고서 표시합니다. 수식부임을 나타내는 기호는 ' / ' 입니다.

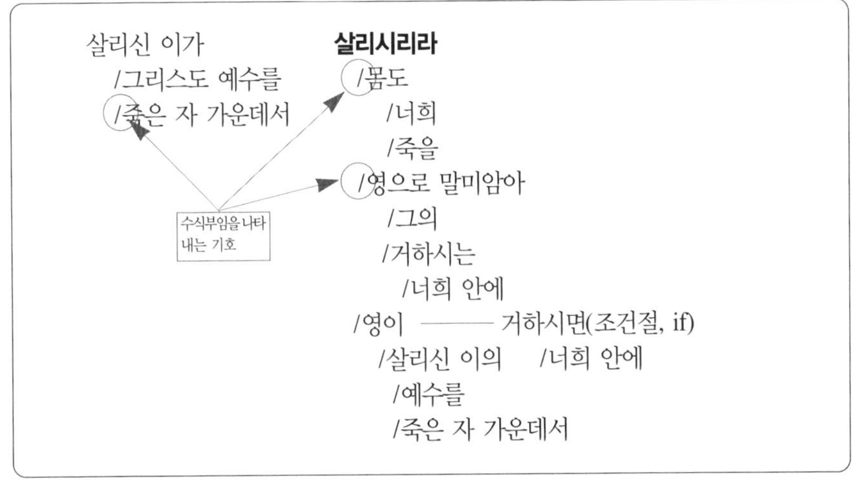

위에서 예를 든 것처럼 '수식부'는 주문장의 주어, 혹은 동사의 의미를 강화하거나 한정합니다. 수식부는 대부분 6하원칙에 의해 꾸밈받는 말을 수식합니다.

수식부를 기록함에 있어 몇 가지 원칙과 예외가 있습니다. 원칙은 첫째, 주동사를 꾸미는 수식부는 가장 먼저 동사를 이해함에 필수적인 목적어나 그에 상응하는 의미단위를 먼저 기록합니다. 둘째, 목적어나 그에 상응하는 의미단위의 수식부를 제외하고는 원문의 기록순서를 따라 위치를 정합니다. 예외적으로 논리전개상 주문장보다 먼저 읽어야 하는 조건절, 상황절, 양보절은 수식부이지만, 주문장보다 먼저 기록합니다.

그러므로 로마서 8장 11절은 다음과 같이 구문을 기록합니다.

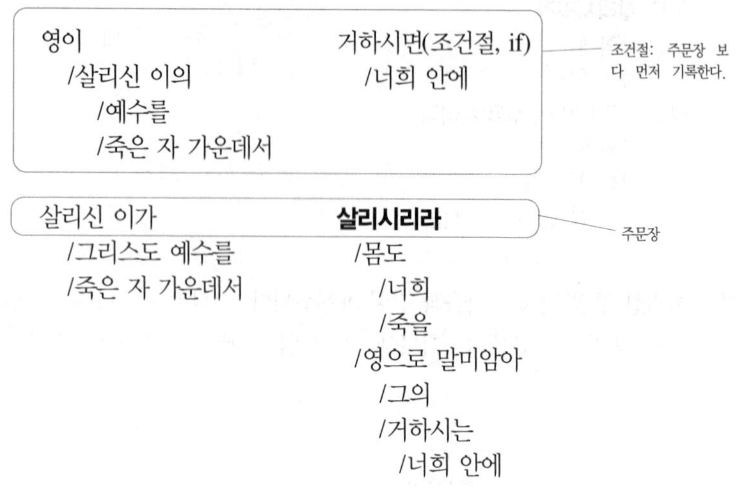

3. 종속문장

'종속문장'은 하나 이상의 단어로 구성된 구나 주어와 동사로 구성된 절이 다른 주문장이나 주어 동사로 구성된 수식부와 논리적인 인과관계를 갖는 것을 말합니다. 여기서 논리적인 인과관계라 함은 한 문장이 다른 문장의 이유, 목적, 결과가 되는 것을 말합니다. 수식부가 주어, 혹은 동사의 단어 하나를 수식하는데 비해 종속문장은 주문장 전체, 혹은 주어와 동사로 구성된 수식부 전체를 수식하며 논리적인 관계를 갖습니다. 종속문장을 표시하는 기호는 ' // ' 입니다.

다음은 로마서 8장 1절과 2절입니다. 구문을 분석하여 논리 관계에 따라 배열하면 다음과 같습니다.

"그러므로 이제 그리스도 예수 안에 있는 자에게는 결코 정죄함이 없나니 이는 그리스도 예수 안에 있는 생명의 성령의 법이 죄와 사망의 법에서 너를 해방하였음이라"

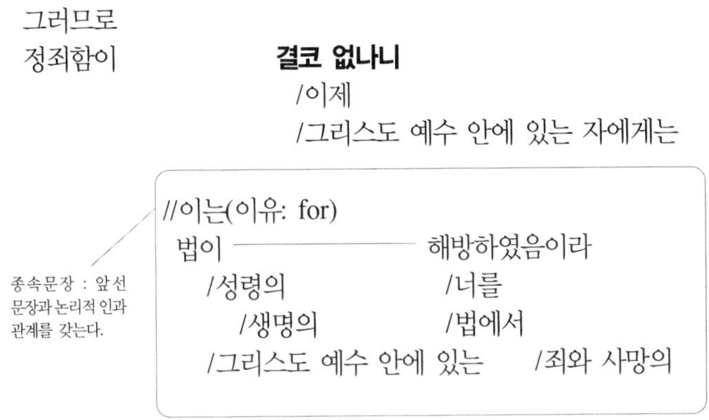

간략한 구조로 볼 때, '정죄함이 결코 없는 이유는 법이 해방하였기 때문이다' 임을 알 수 있습니다. 이처럼 '종속문장' 은 앞선 문장과의 논리적 인과관계를 표현합니다. 종속문장은 주관적인 기준으로 분류하는 것이 아니라 헬라어 구문에서 keyword를 통해 구별을 합니다. 종속문장을 이끄는 헬라어 문법상의 keyword는 세 가지 종류가 있습니다.

1) 종속문장을 이끄는 '종속접속사' 입니다.

헬라어에서 종속문장을 이끄는 대표적인 접속사로는 이유와 원인의 종속문장을 이끄는 γάρ(가르)와 ὅτι(호티), 결과나 목적을 나타내는 ἵνα(히나)와 ὥστε(호스테) 등을 들 수 있습니다. 영역본에서 이런 접속사들은 'for, because', 혹은 'so that may, in order that' 등으로 번역됩니다.

2) 이유나 목적, 결과의 의미를 갖는 '전치사 구' 입니다.

헬라어에서 이유나 목적, 결과의 의미를 나타내는 '전치사 구' 가 있습니다. 대표적인 것으로 이유를 나타내는 숙어인 'διὰ + 목적격', 혹은 'διὰ + 부정사' 와 결과나 목적을 나타내는 'εἰς + 목적격' 등이 있습니다.

3) 분사가 원인의 의미로 사용되는 경우입니다.

영문법과 비슷하게 헬라어에서 분사가 이유나 원인을 말하는 경우입니다. 분사가 형용사로 사용되지 않고 부사적인 용법으로 사용되는 경우에 본동사의 원인이나 이유를 말할 수 있습니다.

'종속문장' 은 반드시 주문장과 관계를 갖는 것은 아닙니다. 경우에 따라 수식부 내의 주어와 동사로 구성된 문장이 종속문장을 가질 수 있습니다. 또한 종속문장도 그 자체의 주어 동사와 인과관계를 가지는 하위 종속문장을 가질 수 있습니다. 이럴 경우 두개의 종속문장간에 논리적인 관계가 병렬인지 종속되는 하위 종속문장인지는 일반적인 문법의 상식을 적용하여 규정합니다. 다음은 로마서 8장 28-30절은 병렬관계의 종속문장 및 하위 종속관계의 종속문장 예문입니다.

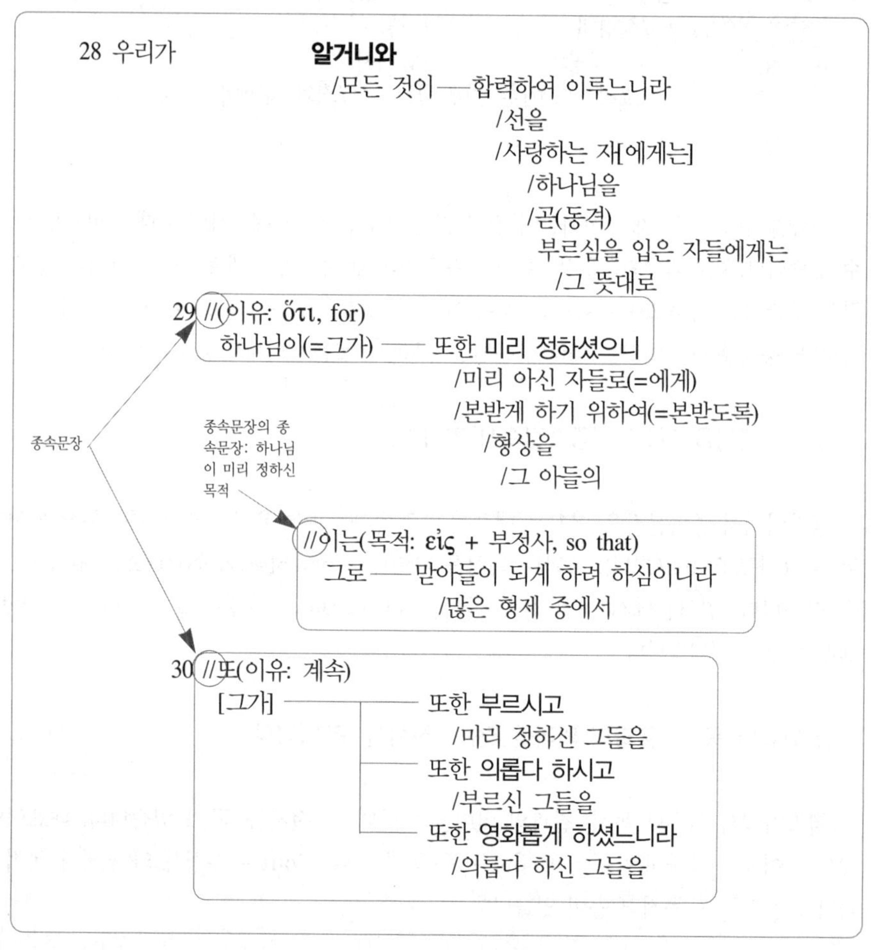

위의 예문에서 29절 상반절과 30절은 각각 '우리가 모든 것이 합력하여 선을 이루는 것을 안다'는 주문장의 두개의 이유를 말합니다. 첫째는 하나님이 미리 정하셨기 때문이고, 둘째는 하나님이 부르시고, 의롭다하시고, 영화롭게 하셨기 때문입니다. 이것이 병렬관계의 종속문장입니다. 반면에 29절 하반절은 주문장이 아닌 '하나님이 미리 정하신' 목적을 말합니다. 그 목적은 '그로 맏아들이 되게 하려고' 입니다. 이것이 종속관계의 하위 종속문장입니다.

창세기에서부터 요한계시록까지의 성경은 크게 두가지 형태의 기록으로 나눌 수 있습니다. 그 하나는 일인칭 화자에 의해 진술된 '강화체(discourse) 본문'과 다수의 등장인물에 의해 스토리가 전개되는 '사건기록체(narrative) 본문' 입니다. 전자는 서신서, 선지서, 시가서 등을 들 수 있고, 후자는 역사서, 복음서 등을 포함합니다. 경우에 따라서는 두 가지 본문이 한 책에서 혼재되어 있는 경우도 있습니다. 그러나 어떤 본문이건 성경의 모든 본문은 '주문장, 수식부, 종속문장'으로 나눌 수 있습니다.

이것은 SBI 구문분석(문맥성경)의 구성요소가 특정한 언어에 국한되지 않는 언어의 일반적인 특성을 감안하여 기능별로 분류한 것이기 때문입니다. 다음은 '주문장, 수식부, 종속문장'의 구분에 해당되지 않는 예외의 부분들입니다.

1) 호격 2) 등위접속사, 결론을 나타내는 접속사
3) 감탄사 4) 후렴구(아멘, 셀라 등)
5) 삽입절 6) 관계대명사절 중 계속적 용법

이 중 호격, 접속사, 감탄사는 주문장과 독립하여 주문장(혹은 문장)보다 먼저 기술합니다. 후렴구는 해당 구절의 동사 옆에 병기(竝起)합니다. 삽입절 역시 적당한 위치에 배치합니다. 주목해야 하는 것은 '관계대명사절 중 계속적 용법' 입니다. 이 용법은 신약에 빈번하게 등장하는 예외입니다(여기서 예외라 함은 관계대명사절의 주어 동사와 선행사와의 관계를 말하는 것이지, 그 내부적인 구성요소는 역시 수식관계에 있습니다).

관계대명사절 중 계속적 용법의 기능은 일반적인 논문의 각주(脚註)에 해당되는 것으로 볼 수 있습니다. 문장의 흐름 가운데 어떤 단어를 좀더 확장해서 설명하고 싶을 때, 그러나 그 문장 내에 기술하게 되면 문맥의 흐름이 끊어질 염려가 있을 때 우리는 각주를 사용합니다. 관계대명사절 중 계속적 용법은 바로 이런 기능을 가집니다. 관계대명사가 가리키는 선행사에 대해 좀 더 확장하여 설명하는 기능입니다. 그러나 계속적 용법의 관계대명사절은 문맥의 흐름에 다소 독립적으로 구분되어 있는 것이 대부분입니다. 그러므로 SBI는 계속적 용법의 관계대명사절을 다음과 같이 표기합니다.

(예 : 롬 1:1-2)

> 주문자의 동사임을 나타내는 필체

1 바울은 **(편지하노니)** ◀ 주문자의 동사임을 나타내는 필체
/종
/예수 그리스도의
/사도로(=사도인)
/부르심을 받아(=받은)
/택정함을 입었으니(=입은)
/복음을 위하여
/하나님의
/[너희에게]
/모든(자에게)
/로마에 있어(=있는)
/사랑하심을 입고
/하나님의
/부르심을 입은
/성도로

2 /이 **복음은**
하나님이(=그가) —— 미리 약속하신 것이라(=하셨다)
/선지자들로 말미암아
/성경에
/아들에 관하여
/그의

로마서 1장 1-2절의 본문에서 2절의 '이 복음은' 은 실제로 원문에는 명사가 아니라 1절의 '복음' 을 선행사로 하는 관계대명사입니다. 문맥성경에서 이 부분은 선행사와 한 줄 간격을 두고 수식부 기호(/)를 한 후 표기합니다. 그러나 실제로는 수식부가 아니라 '복음' 을 확장해서 설명하는 각주의 기능을 합니다. 그러므로 관계대명사의 계속적 용법은 문맥의 흐름과는 별개로 이해되어야 합니다.

문맥성경에는 몇 가지 약속된 부호들이 있습니다. 다음은 각 부호에 대한 설명입니다.

견고딕 : 주문장의 동사임을 나타내는 필체
/ : 수식부
// : 종속문장
[ ] : 한글성경에는 없으나 원문에는 있는 단어
( ) : 1. 원문에 없으나 한글성경에 삽입된 단어
2. 원전의 단어를 밝힐 필요가 있을 때
3. 종속문장의 기능과 keyword, 영문번역 표기시
(=) : 원문에 근거하여 의미를 보강해야 하는 단어
< > : 원문에는 없지만, 문법상 생략된 단어

문맥성경의 장점

구문을 분석하여 표현한 문맥성경은 연구와 묵상시에 많은 부분에서 연구자에게 유용합니다. 많은 장점들이 있지만, 대표적으로 다음과 같은 점을 들 수 있습니다.

1. 본문의 내용을 쉽게 이해할 수 있습니다.
2. 전체적인 본문의 흐름과 각 부분의 상세한 내용을 구조적으로 한 눈에 볼 수 있습니다.
3. 짧은 시간만으로도 본문을 깊이 이해할 수 있습니다.
4. 한글 성경만으로는 오해하거나 잘 알 수 없는 원문의 정확한 의미와 논리의 구조를 확실하게 파악할 수 있습니다.
5. 그러므로 저자의 의도와 감정을 접하는 경험이 가능합니다.
6. 본문 연구시 관찰이 쉽고, 해석시에 세밀한 부분까지 본문을 놓치지 않을 수 있습니다.
7. 간단한 원칙과 원리만 이해하면, 연구자가 자신의 목적에 맞게 자유롭게 활용, 응용할 수 있습니다.
8. 설교를 위한 본문의 주해 개요(대지 및 소지)를 쉽게 작성할 수 있습니다.
9. 성경공부 교재를 만들 때, 본문의 내용을 함축적으로 포함하는 질문과 내용들을 만들 수 있습니다.

문맥성경 제작 연혁

1988년 8월	서울성경연구원 설립(계몽문화센터)
1988년 9월	목회자를 위한 말씀학교 개강
1988년 12월	구문 분석과 칠하원칙에 의한 귀납법적 성경연구 방법론 개발 구문분석은 문장의 흐름에 따른 배열과 논리적 배열 방식을 병행
1992년 9월	논리적 배열에 의한 구문분석을 주요방식으로 채택
1994년 7월	빌립보서 구문분석 및 연구서 발간
1996년 1월	방법론 재정비 및 개발 시작 이때부터 구문분석 성경을 「문맥성경」이라 칭함
1998년 9월	BNC와 공동으로 말씀연구용 CD프로그램 "바이블2000" 개발
1998년 12월	문맥성경 개발자 김상훈 목사 박사학위 취득
1999년 12월	문맥성경 제작 및 연구 방법론 개발 완료
2000년 6월	인터넷 홈페이지 개설(sbi.or.kr)
2000년 8월	문맥성경 신약 제작을 위한 연구 시작 교회 교육 전문 인터넷 방송국 (주)온바이블 (www.onbible.com) 설립
2001년 10월	문맥성경 신약 출판
2010년 11월	중국어 문맥성경 신약 출판
2012년 1월	문맥성경 구약(모세오경) 출판
2017년 3월	문맥성경 구약(여호수아-열왕기하) 출판
2017년 9월	문맥성경 신약(수정) 재판

SBI 구문분석에 의한

문맥성경

마태복음

1
1 [책이]라
/세계(=족보의)
/예수 그리스도의
/다윗의 자손
/아브라함과(=의 자손)

2 아브라함이 **낳고**
/이삭을
이삭은 **낳고**
/야곱을
야곱은 **낳고**
/유다와 그의 형제를

3 유다는 **낳고**
/베레스와 세라를
/다말에게서
베레스는 **낳고**
/헤스론을
헤스론은 **낳고**
/람을

4 람은 **낳고**
/아미나답을
아미나답은 **낳고**
/나손을
나손은 **낳고**
/살몬을

5 살몬은 **낳고**
/보아스를
/라합에게서
보아스는 **낳고**
/오벳을
/룻에게서
오벳은 **낳고**
/이새를

6 이새는 **낳으니라**
/다윗 왕을
다윗은 **낳고**
/솔로몬을
/우리야의 아내에게서

7 솔로몬은 **낳고**
/르호보암을
르호보암은 **낳고**
/아비야를
아비야는 **낳고**
/아사를

1:1 아브라함과 다윗의 자손 예수 그리스도의 세계라 2
아브라함이 이삭을 낳고 이삭은 야곱을 낳고 야곱은 유
다와 그의 형제를 낳고 3 유다는 다말에게서 베레스와 세
라를 낳고 베레스는 헤스론을 낳고 헤스론은 람을 낳고 4
람은 아미나답을 낳고 아미나답은 나손을 낳고 나손은 살
몬을 낳고 5 살몬은 라합에게서 보아스를 낳고 보아스는
룻에게서 오벳을 낳고 오벳은 이새를 낳고 6 이새는 다윗
왕을 낳으니라 다윗은 우리야의 아내에게서 솔로몬을 낳고
7 솔로몬은 르호보암을 낳고 르호보암은 아비야를 낳고
아비야는 아사를 낳고

1:1 The book of the genealogy of Jesus Christ, the son
of David, the son of Abraham. 2 To Abraham was born
Isaac; and to Isaac, Jacob; and to Jacob, Judah and his brothers;
3 and to Judah were born Perez and Zerah by Tamar;
and to Perez was born Hezron; and to Hezron, Ram; 4and
to Ram was born Amminadab; and to Amminadab, Nahshon;
and to Nahshon, Salmon; 5and to Salmon was born Boaz
by Rahab; and to Boaz was born Obed by Ruth; and to
Obed, Jesse; 6 and to Jesse was born David the king.
And to David was born Solomon by her who had been
the wife of Uriah; 7 and to Solomon was born Rehoboam;
and to Rehoboam, Abijah; and to Abijah, Asa;

마

8 아사는 **낳고**
/여호사밧을
여호사밧은 **낳고**
/요람을
요람은 **낳고**
/웃시야를
9 웃시야는 **낳고**
/요담을
요담은 **낳고**
/아하스를
아하스는 **낳고**
/히스기야를
10 히스기야는 **낳고**
/므낫세를
므낫세는 **낳고**
/아몬을
아몬은 **낳고**
/요시야를
11 요시야는 **낳으니라**
/여고냐와 그의 형제를
/바벨론으로 이거할 때에
12 [그들이] 이거한 후에(상황절, after)
/바벨론으로
여고냐는 **낳고**
/스알디엘을
스알디엘은 **낳고**
/스룹바벨을
13 스룹바벨은 **낳고**
/아비훗을
아비훗은 **낳고**
/엘리아김을
엘리아김은 **낳고**
/아소르를
14 아소르는 **낳고**
/사독을
사독은 **낳고**
/아킴을
아킴은 **낳고**
/엘리웃을
15 엘리웃은 **낳고**
/엘르아살을
엘르아살은 **낳고**
/맛단을
맛단은 **낳고**
/야곱을

8 아사는 여호사밧을 낳고 여호사밧은 요람을 낳고 요람
은 웃시야를 낳고 9 웃시야는 요담을 낳고 요담은 아하스
를 낳고 아하스는 히스기야를 낳고 10 히스기야는 므낫세
를 낳고 므낫세는 아몬을 낳고 아몬은 요시야를 낳고 11
바벨론으로 이거할 때에 요시야는 여고냐와 그의 형제를
낳으니라 12 바벨론으로 이거한 후에 여고냐는 스알디엘
을 낳고 스알디엘은 스룹바벨을 낳고 13 스룹바벨은 아비
훗을 낳고 아비훗은 엘리아김을 낳고 엘리아김은 아소르를
낳고 14 아소르는 사독을 낳고 사독은 아킴를 낳고 아킴
은 엘리웃을 낳고 15 엘리웃은 엘르아살을 낳고 엘르아살
은 맛단을 낳고 맛단은 야곱을 낳고

8 and to Asa was born Jehoshaphat; and to Jehoshaphat, Joram;
and to Joram, Uzziah; 9 and to Uzziah was born Jotham;
and to Jotham, Ahaz; and to Ahaz, Hezekiah; 10 and to
Hezekiah was born Manasseh; and to Manasseh, Amon;
and to Amon, Josiah; 11 and to Josiah were born Jeconiah
and his brothers, at the time of the deportation to Babylon.
12 And after the deportation to Babylon, to Jeconiah was born
Shealtiel; and to Shealtiel, Zerubbabel; 13 and to Zerubbabel
was born Abihud; and to Abihud, Eliakim; and to Eliakim,
Azor; 14and to Azor was born Zadok; and to Zadok,
Achim; and to Achim, Eliud; 15 and to Eliud was born Eleazar;
and to Eleazar, Matthan; and to Matthan, Jacob; 16 and

마

16 야곱은 **낳았으니**
/요셉을
/남편
/마리아의

/마리아에게서[1)]
예수가 ——— 나시니라
/그리스도라 칭하는

17 그런즉(οὖν)
대수가 **열네 대요**
/모든
/아브라함부터
/다윗까지
열네 대요
/다윗부터
/바벨론으로 이거할 때까지
열네 대러라
/바벨론으로 이거한 후부터
/그리스도까지

18 나심은 **이러하니라**
/예수 그리스도의

마리아가 정혼하고(=정혼하였을 때, 상황절, when)
/그[의] 모친
/요셉과(=에게)
나타났더니(=발견되어졌더라)
/잉태된 것이
/성령으로
/[그들이] —— 동거하기 전에

19 요셉은 **끊고자 하여**
/그[녀의] 남편
/[그녀를]
/가만히
/의로운 사람이라(=의인으로서, 현재분사)
/아니하고(=뜻하지 않고서, 현재분사)
/드러내지(=드러내는 것을, 부정사)
/저를

20 [그가] 생각할 때에(상황절, when)
/이 일을

[보라, ἰδού]
사자가 **현하여...가로되(=나타나 가로되)**
/주의
/[그에게]
/몽(=꿈으로)
/요셉아!
다윗의 자손[아]!
[너는] ——— 무서워 말라
/데려오기를
/네 아내 마리아[를]

1) 전치사+관계대명사, 선행사는 '마리아'이다. 계속적 용법

16 야곱은 마리아의 남편 요셉을 낳았으니 마리아에게서 그리스도라 칭하는 예수가 나시니라 17 그런즉 모든 대수가 아브라함부터 다윗까지 열 네 대요 다윗부터 바벨론으로 이거할 때까지 열 네대요 바벨론으로 이거한 후부터 그리스도까지 열 네 대러라 18 예수 그리스도의 나심은 이러하니라 그 모친 마리아가 요셉과 정혼하고 동거하기 전에 성령으로 잉태된 것이 나타났더니 19 그 남편 요셉은 의로운 사람이라 저를 드러내지 아니하고 가만히 끊고자 하여 20 이 일을 생각할 때에 주의 사자가 현몽하여 가로되 다윗의 자손 요셉아 네 아내 마리아 데려오기를 무서워 말라 저에게 잉태된 자는 성령으로 된 것이라

to Jacob was born Joseph the husband of Mary, by whom was born Jesus, who is called Christ.17 Therefore all the generations from Abraham to David are fourteen generations; and from David to the deportation to Babylon fourteen generations; and from the deportation to Babylon to the time of Christ fourteen generations. 18 Now the birth of Jesus Christ was as follows. When His mother Mary had been betrothed to Joseph, before they came together she was found to be with child by the Holy Spirit. 19 And Joseph her husband, being a righteous man, and not wanting to disgrace her, desired to put her away secretly. 20 But when he had considered this, behold, an angel of the Lord appeared to him in a dream, saying, "Joseph, son of David, do not be afraid to take Mary as your wife; for that which

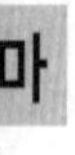

//(이유 : γάρ, for)
잉태된 자는 —— 성령으로된 것이라
/저에게

21 /[그녀가] —— 낳으리니
/아들을
/[너는] —— 하라(=부르라)
/[그의] 이름을 예수라

//이는(이유 : γάρ, for)
그가 —— 구원할 자이심이라
/자기 백성을
/저희 죄에서

22 이일의(=이)
/모든

된 것은(=되어진 것이라)
/말씀을(=이) — 이루[어]려 하심이니
/하신
/주께서
/선지자로 —— 가라사대
23 /보라!
처녀가 ┌ 잉태하여
└ 낳을 것이요
/아들을
/[그들이] — 하리라(=부르리라)
/그[의] 이름은(=을) 임마누엘이라
/이를[2)]

/이를[2)] — 번역한즉..함이라
/하나님이 우리와 함께 계시다

24 요셉이

행하여
/깨어 일어나서(과거분사)
/잠을(=잠으로부터)
/사자의(=가) — 분부[한]대로
/주의 /[그에게]

데려왔으나
/그[의] 아내를

25 **동침치 아니하더니**
/[그녀를]
/아들을 낳기까지
(낳으매)
하니라(=부르니라)
/[그의] 이름을 예수라

2) 관계대명사, 선행사는 '이름'이다. 계속적 용법.

21 아들을 낳으리니 이름을 예수라 하라 이는 그가 자기 백성을 저희 죄에서 구원할 자이심이라 하니라 22 이 모든 일의 된 것은 주께서 선지자로 하신 말씀을 이루려 하심이니 가라사대 23 보라 처녀가 잉태하여 아들을 낳을 것이요 그 이름은 임마누엘이라 하리라 하셨으니 이를 번역한즉 하나님이 우리와 함께 계시다 함이라 24 요셉이 잠을 깨어 일어나서 주의 사자의 분부대로 행하여 그 아내를 데려 왔으나 25 아들을 낳기까지 동침치 아니하더니 낳으매 이름을 예수라 하니라

has been conceived in her is of the Holy Spirit. 21 "And she will bear a Son; and you shall call His name Jesus, for it is He who will save His people from their sins." 22Now all this took place that what was spoken by the Lord through the prophet might be fulfilled, saying, 23 "Behold, the virgin shall be with child, and shall bear a Son, and they shall call His name Immanuel," which translated means, "God with us." 24 And Joseph arose from his sleep, and did as the angel of the Lord commanded him, and took her as his wife, 25 and kept her a virgin until she gave birth to a Son; and he called His name Jesus.

2

1 예수께서 나시매(=나신 후에, 상황절, after)
/유대 베들레헴에서
/헤롯 왕 때에

[보라, ἰδού]
박사들이 **이르러 말하되**(...하니)
/동방으로부터 /예루살렘에
2 /나신 이가 — 어디 계시뇨?
/왕으로
/유대인의

//(이유 : γάρ, for)
우리가 — 보고
/그의 별을
/동방에서
— 왔노라
/경배하러(부정사)
/그에게

3 헤롯 왕과(=이) 듣고(상황절, when)
소동한지라
온 예루살렘이 **〈소동한지라〉**
/[그와 함께]

4 왕이 **물으니**
/모아(과거분사)
/대제사장과
/모든
/서기관들을
/백성의
/그리스도가 — 어디서 나겠느뇨?
/[그들에게]

5 [그들이] **가로되**
/[그에게]
/유대 베들레헴이오니

//이는(이유 : γάρ, for)
[그것이] — 기록된 바(...하였음이니이다)
/선지자로
/이렇게
6 /또
/베들레헴아!
/유대 땅
/너는 — 가장 작지 아니하도다
/유대 고을 중에

//(이유 : γάρ, for)

2:1 헤롯 왕 때에 예수께서 유대 베들레헴에서 나시매
동방으로부터 박사들이 예루살렘에 이르러 말하되 2
유대인의 왕으로 나신 이가 어디 계시뇨 우리가 동방에서
그의 별을 보고 그에게 경배하러 왔노라 하니 3 헤롯 왕과
온 예루살렘이 듣고 소동한지라 4 왕이 모든 대제사장과
백성의 서기관들을 모아 그리스도가 어디서 나겠느뇨 물으
니 5 가로되 유대 베들레헴이오니 이는 선지자로 이렇게
기록된 바 6 또 유대 땅 베들레헴아 너는 유대 고을 중에
가장 작지 아니하도다 네게서 한 다스리는 자가 나와서 내
백성 이스라엘의 목자가 되리라 하였음이니이다

2:1 Now after Jesus was born in Bethlehem of Judea
in the days of Herod the king, behold, magi from the
east arrived in Jerusalem, saying, 2 "Where is He who
has been born King of the Jews? For we saw His star in
the east, and have come to worship Him." 3 And when
Herod the king heard it, he was troubled, and all Jerusalem
with him. 4 And gathering together all the chief priests
and scribes of the people, he began to inquire of them
where the Christ was to be born. 5 And they said to him,
"In Bethlehem of Judea, for so it has been written by the
prophet, 6 'And you, Bethlehem, land of Judah, Are by
no means least among the leaders of Judah; For out of
you shall come forth a Ruler, Who will shepherd My
people Israel.'" 7 Then Herod secretly called the magi,

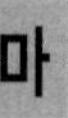

//(이유 : γάρ, for)
한 다스리는 자가 ─ 네게서 나와서
/[그는][3]─ 목자가 되리라
/내 백성 이스라엘의

7 헤롯이 **자세히 묻고**
/불러(=부른 후에, 과거분사)
/박사들을
/가만히
/때를
/별이 ─ 나타난
/[그들에게]
/이에(=그때에)

8 **이르되**
/[그들에게]
/보내며(과거분사)
/베들레헴으로
/[너희는] ── 알아보고
/가서(과거분사)
/자세히
/아기에 대하여
[너희는] ── 찾거든(상황절, when)
고하여(=고하라)
/내게

//(목적 : ὅπως, so that...may)
나도 ── 경배하게 하라
/가서(과거분사)
/그에게

9 박사들이 듣고(상황절, after)
/왕의 말을
갈새(=가니라)

문득[ἰδού]
별이 **앞서 인도하여**
/[그들을]
/[그것이] ── 머물러 섰는지라(=설 때까지)
/가다가(과거분사)
/아기 있는 곳 위에

/그[것을][4]
[그들이] ── 보던(=보았다)
/동방에서

3) 관계대명사, 선행사는 '한 다스리는 자'이다. 계속적 용법

4) 관계대명사, 선행사는 '별'이다. 계속적 용법

7 이에 헤롯이 가만히 박사들을 불러 별이 나타난 때를 자세히 묻고 8 베들레헴으로 보내며 이르되 가서 아기에 대하여 자세히 알아보고 찾거든 내게 고하여 나도 가서 그에게 경배하게 하라 9 박사들이 왕의 말을 듣고 갈새 동방에서 보던 그 별이 문득 앞서 인도하여 가다가 아기 있는 곳 위에 머물러 섰는지라

and ascertained from them the time the star appeared. 8 And he sent them to Bethlehem, and said, "Go and make careful search for the Child; and when you have found Him, report to me, that I too may come and worship Him." 9 And having heard the king, they went their way; and lo, the star, which they had seen in the east, went on before them, until it came and stood over where the Child was. 10 And when they saw the star, they rejoiced exceedingly

10 저희가 보고(=보았을 때, 상황절, when)
/별을
기뻐하더라
/기뻐하고(=기쁨을)
/크게(=큰)
/가장

11 들어가(상황절, after)
/집에
보고
/아기와(=를)
/마리아의 함께 (있는 것을)
/그[의] 모친
경배하고
/엎드려(과거분사)
/아기께
드리니라
/열어(=연 후에, 과거분사)
/[그들의] 보배합을
/황금과 유향과 몰약을
/예물로(=을)
/[그에게]

12 [그들이] **돌아가니라**
/지시하심을 받아(과거분사)
/돌아가지 말라(=돌아가지 말 것을, 부정사)
/헤롯에게로
/꿈에
/[그들의] 고국에
/다른 길로

13 저희가 떠난 후에(상황절, when)
[보라, ἰδού]
주의 사자가 **현하여...가로되...하시니(=나타나 가로되)**
/몽(=꿈에)
/요셉에게
/[너는] —— 데리고
/일어나(과거분사)
/아기와
그의 모친을
— 피하여
/애굽으로
— 있으라
/거기
/내가 —이르기까지
/네게

//(이유: γάρ, for)

10 저희가 별을 보고 가장 크게 기뻐하고 기뻐하더라 11
집에 들어가 아기와 그 모친 마리아의 함께 있는 것을 보
고 엎드려 아기께 경배하고 보배합을 열어 황금과 유향과
몰약을 예물로 드리니라 12 꿈에 헤롯에게로 돌아가지 말
라 지시하심을 받아 다른 길로 고국에 돌아가니라 13 저
희가 떠난 후에 주의 사자가 요셉에게 현몽하여 가로되 헤
롯이 아기를 찾아 죽이려 하니 일어나 아기와 그의 모친을
데리고 애굽으로 피하여 내가 네게 이르기까지 거기 있으
라 하시니

with great joy. 11 And they came into the house and saw
the Child with Mary His mother; and they fell down and
worshiped Him; and opening their treasures they presented
to Him gifts of gold and frankincense and myrrh. 12 And
having been warned by God in a dream not to return to
Herod, they departed for their own country by another
way. 13 Now when they had departed, behold, an angel
of the Lord appeared to Joseph in a dream, saying, "Arise
and take the Child and His mother, and flee to Egypt,
and remain there until I tell you; for Herod is going to

마

//(이유: γάρ, for)
헤롯이 — 찾아. . 하니(찾으려 하니)
/아기를
/죽이려(=죽이려고, 부정사)
/[그를]

14 요셉이 **데리고**
/일어나서(과거분사)
/아기와
/그의 모친을
/밤에
떠나가
/애굽으로
15 **있었으니**
/거기
/헤롯이 — 죽기까지

//이는(목적 : ἵνα, that...might)
말씀하신 바[가] — 이루려 하심이니라(=이뤄지려 함이라)
/주께서
/선지자로 — 함을(=가로되)
/[내가] — 불렀다
/내 아들을
/애굽에서

16 헤롯이 알고(=알았을 때, 상황절, when)
/속은 줄을
/박사들에게
/이에(=그때에)
노하여
/심히
죽이니
/사람을 보내어(과거분사)
/사내 아이를
/다(=모든)
/베들레헴과
그 모든 지경 안에 있는
/두 살부터 그 아래로
/그 때를 표준하여
/자세히 알아본
/박사들에게

14 요셉이 일어나서 밤에 아기와 그의 모친을 데리고 애굽으로 떠나가 15 헤롯이 죽기까지 거기 있었으니 이는 주께서 선지자로 말씀하신 바 애굽에서 내 아들을 불렀다 함을 이루려 하심이니라 16 이에 헤롯이 박사들에게 속은 줄을 알고 심히 노하여 사람을 보내어 베들레헴과 그 모든 지경 안에 있는 사내아이를 박사들에게 자세히 알아본 그 때를 표준하여 두 살부터 그 아래로 다 죽이니

search for the Child to destroy Him." 14 And he arose and took the Child and His mother by night, and departed for Egypt; 15 and was there until the death of Herod, that what was spoken by the Lord through the prophet might be fulfilled, saying, "Out of Egypt did I call My Son." 16 Then when Herod saw that he had been tricked by the magi, he became very enraged, and sent and slew all the male children who were in Bethlehem and in all its environs, from two years old and under, according to

마

17 이에 선지자 예레미야로 말씀하신 바 18 라마에서 슬
퍼하며 크게 통곡하는 소리가 들리니 라헬이 그 자식을 위
하여 애곡하는 것이라 그가 자식이 없으므로 위로 받기를
거절하였도다 함이 이루어졌느니라 19 헤롯이 죽은 후에
주의 사자가 애굽에서 요셉에게 현몽하여 가로되 20 일어
나 아기와 그 모친을 데리고 이스라엘 땅으로 가라 아기의
목숨을 찾던 자들이 죽었느니라 하시니 21 요셉이 일어나
아기와 그 모친을 데리고 이스라엘 땅으로 들어오니라 22
그러나 아켈라오가 그 부친 헤롯을 이어 유대의 임금 됨을
듣고 거기로 가기를 무서워하더니 꿈에 지시하심을 받아

the time which he had ascertained from the magi.
17 Then that which was spoken through Jeremiah the
prophet was fulfilled, saying, 18 "A voice was heard in Ramah,
Weeping and great mourning, Rachel weeping for her children;
And she refused to be comforted, Because they were no more."
19 But when Herod was dead, behold, an angel of the
Lord appeared in a dream to Joseph in Egypt, saying, 20
"Arise and take the Child and His mother, and go into
the land of Israel; for those who sought the Child's life
are dead." 21 And he arose and took the Child and His mother,
and came into the land of Israel. 22 But when he heard
that Archelaus was reigning over Judea in place of his

마

무서워하더니
/가기를(부정사)
/거기로

[그가] 떠나가
/갈릴리 지방으로
/지시하심을 받아(과거분사)
/꿈에

23 [그가] 사니
/동네에
/나사렛이란
/와서(=온 후에, 과거분사)

//이는(목적 : ὅπως, so that - NRSV)
하신 말씀에(=이) — 이루려 함이러라(=이뤄짐이라)
/선지자로 /[그가] — 칭하리라 하심을
/나사렛 사람이라

3

1 세례 요한이 이르러 가로되
/그 때에
/전파하여(=전파하면서, 현재분사)
/유대 광야에서
2 /[너는] ——— 회개하라

//(이유: γάρ, for)
천국이 — 가까웠느니라

3 //(이유: γάρ, for)
저는 —— 말씀하신 자라
/선지자 이사야로
/일렀으되(=말하면서, 현재분사)(...하였느니라)
/소리가 —— (있어 가로되)
/외치는 자의 /너희는 —— 예비하라
/광야에 /주의 길을
/[너희는] — 하라(=만들라)
/그의 첩경을
/평탄케

4 이 요한은 [그의] 옷을 입고
/약대 털(=약대털로부터)
가죽띠를 (띠고)
/[그의] 허리에

음식은 이었더라
/[그의] /메뚜기와 석청

갈릴리 지방으로 떠나가 23 나사렛이란 동네에 와서 사니
이는 선지자로 하신 말씀에 나사렛 사람이라 칭하리라 하
심을 이루려 함이러라

3:1 그 때에 세례 요한이 이르러 유대 광야에서 전파하
여 가로되 2 회개하라 천국이 가까왔느니라 하였으니
3 저는 선지자 이사야로 말씀하신 자라 일렀으되 광야에
외치는 자의 소리가 있어 가로되 너희는 주의 길을 예비하
라 그의 첩경을 평탄케 하라 하였느니라 4 이 요한은 약대
털옷을 입고 허리에 가죽띠를 띠고 음식은 메뚜기와 석청
이었더라

father Herod, he was afraid to go there. And being warned by God in a dream, he departed for the regions of Galilee,
23 and came and resided in a city called Nazareth, that what was spoken through the prophets might be fulfilled, "He shall be called a Nazarene."

3:1 Now in those days John the Baptist came, preaching in the wilderness of Judea, saying,
2 "Repent, for the kingdom of heaven is at hand."
3 For this is the one referred to by Isaiah the prophet, saying, "The voice of one crying in the wilderness, 'Make ready the way of the Lord, Make His paths straight!'"
4 Now John himself

5 이 때에 예루살렘과 온 유대와 요단강 사방에서 다 그에
게 나아와 6 자기들의 죄를 자복하고 요단강에서 그에게
세례를 받더니 7 요한이 많은 바리새인과 사두개인이 세
례 베푸는 데 오는 것을 보고 이르되 독사의 자식들아 누
가 너희를 가르쳐 임박한 진노를 피하라 하더냐 8 그러므
로 회개에 합당한 열매를 맺고 9 속으로 아브라함이 우리
조상이라고 생각지 말라 내가 너희에게 이르노니 하나님이
능히 이 돌들로도 아브라함의 자손이 되게 하시리라 10
이미 도끼가 나무 뿌리에 놓였으니 좋은 열매 맺지 아니하
는 나무마다 찍어 불에 던지우리라

had a garment of camel's hair, and a leather belt about his waist; and his food was locusts and wild honey.
5 Then Jerusalem was going out to him, and all Judea, and all the district around the Jordan; 6 and they were being baptized by him in the Jordan River, as they confessed their sins. 7 But when he saw many of the Pharisees and Sadducees coming for baptism, he said to them, "You brood of vipers, who warned you to flee from the wrath to come? 8 "Therefore bring forth fruit in keeping with repentance; 9 and do not suppose that you can say to yourselves, 'We have Abraham for our father'; for I say to you, that God is able from these stones to raise up children to Abraham. 10 "And the axe is already laid at the root of the trees; every tree therefore that does not

마

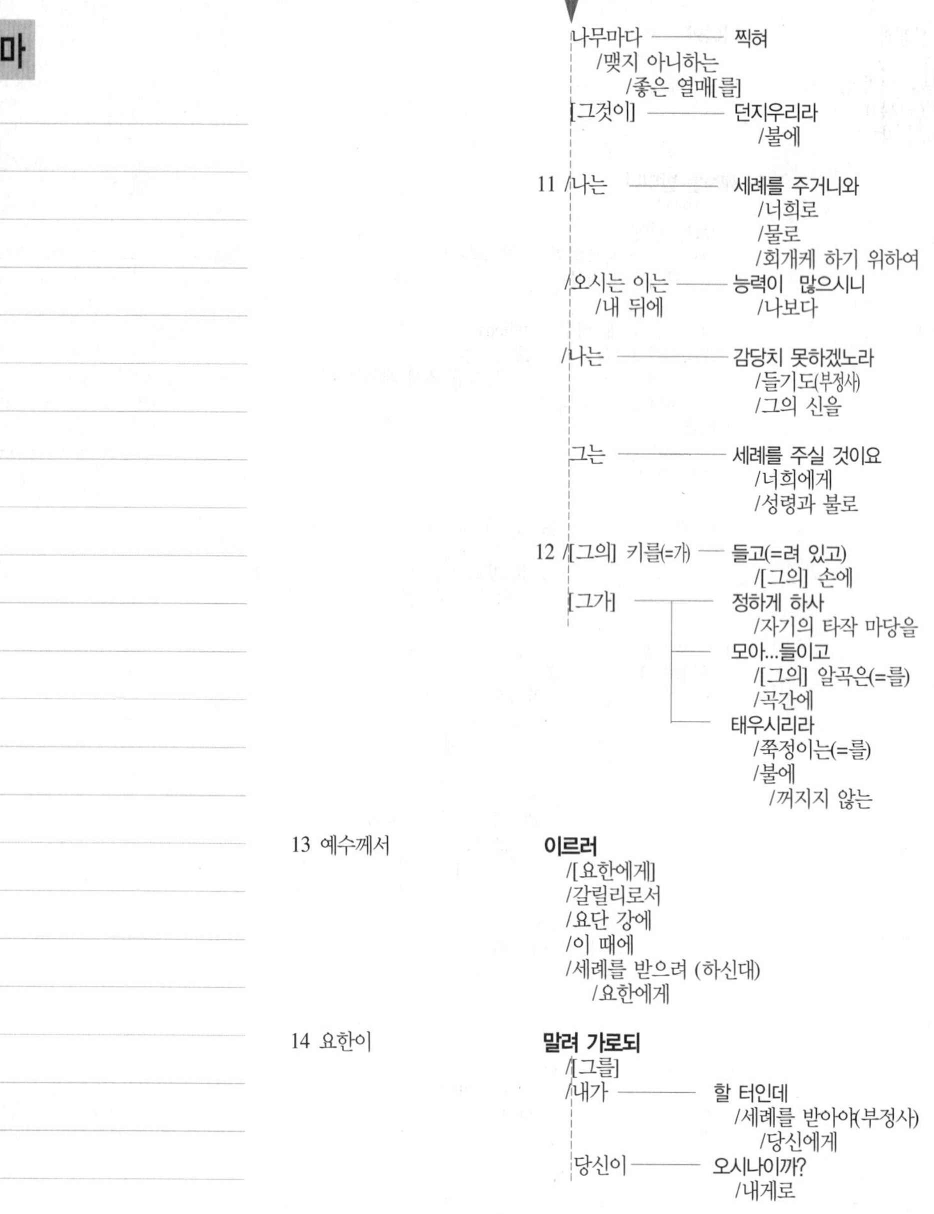

11 나는 너희로 회개케 하기 위하여 물로 세례를 주거니와 내 뒤에 오시는 이는 나보다 능력이 많으시니 나는 그의 신을 들기도 감당치 못하겠노라 그는 성령과 불로 너희에게 세례를 주실 것이요 12 손에 키를 들고 자기의 타작 마당을 정하게 하사 알곡은 모아 곡간에 들이고 쭉정이는 꺼지지 않는 불에 태우시리라 13 이 때에 예수께서 갈릴리로서 요단강에 이르러 요한에게 세례를 받으려 하신대 14 요한이 말려 가로되 내가 당신에게 세례를 받아야 할 터인데 당신이 내게로 오시나이까

bear good fruit is cut down and thrown into the fire. 11
"As for me, I baptize you with water for repentance, but
He who is coming after me is mightier than I, and I am
not fit to remove His sandals; He will baptize you with
the Holy Spirit and fire. 12 "And His winnowing fork is
in His hand, and He will thoroughly clear His threshing
floor; and He will gather His wheat into the barn, but He
will burn up the chaff with unquenchable fire." 13 Then
Jesus arrived from Galilee at the Jordan coming to John,
to be baptized by him. 14 But John tried to prevent Him,

15 예수께서 **대답하여 가라사대**(...하신대)
/[그에게]
/[너는] ——— 허락하라
/이제

//(이유 : γάρ, for)
이루는 것이 — 합당하니라
/우리가
/모든 의를
/이와 같이 (하여)

요한이 **허락하는지라**
/[그를]
/이에(=그때에)

16 예수께서 세례를 받으시고(=받으신 후에, after)
올라오실새
/곧
/물에서

[보라, ἰδού]
하늘이 **열리고**
/[그에게]
[그가] **보시더니**
/성령이 ——— 내려
/하나님의 /비둘기같이
임하심을
/자기 위에

17 [보라, ἰδού]
소리가 (**있어**) **말씀하시되**(...하시니라)
/하늘로서
/이는 ——— 아들이요
/내 사랑하는

/자라(=그 안에서)[5]
/내[가] — 기뻐하는(=니라)

4

1 예수께서 **이끌리어...가사**
/그 때에
/성령에게
/광야로
/시험을 받으러(부정사)
/마귀에게

2 금식하신(=금식하셨을 때, 상황절, when)
/사십 일을 밤[을]
/[사십 일을] 낮으로(=을)

5) 전치사 + 관계대명사. 선행사는 '아들'이다. 계속적 용법

15 예수께서 대답하여 가라사대 이제 허락하라 우리가 이
와 같이 하여 모든 의를 이루는 것이 합당하니라 하신대
이에 요한이 허락하는지라 16 예수께서 세례를 받으시고
곧 물에서 올라오실새 하늘이 열리고 하나님의 성령이 비
둘기같이 내려 자기 위에 임하심을 보시더니 17 하늘로서
소리가 있어 말씀하시되 이는 내 사랑하는 아들이요 내 기
뻐하는 자라 하시니라

4:1 그 때에 예수께서 성령에게 이끌리어 마귀에게 시험
을 받으러 광야로 가사 2 사십 일을 밤낮으로 금식하

saying, "I have need to be baptized by You, and do You come to me?"
15 But Jesus answering said to him, "Permit it at this time; for in this way it is fitting for us to fulfill all righteousness." Then he permitted Him.
16 And after being baptized, Jesus went up immediately from the water; and behold, the heavens were opened, and he saw the Spirit of God descending as a dove, and coming upon Him,
17 and behold, a voice out of the heavens, saying, "This is My beloved Son, in whom I am well-pleased."

4:1 Then Jesus was led up by the Spirit into the wilderness to be tempted by the devil.
2 And after He had fasted

마

신 후에 주리신지라 3 시험하는 자가 예수께 나아와서 가
로되 네가 만일 하나님의 아들이어든 명하여 이 돌들이 떡
덩이가 되게 하라 4 예수께서 대답하여 가라사대 기록되
었으되 사람이 떡으로만 살 것이 아니요 하나님의 입으로
나오는 모든 말씀으로 살 것이라 하였느니라 하시니 5 이
에 마귀가 예수를 거룩한 성으로 데려다가 성전 꼭대기에
세우고 6 가로되 네가 만일 하나님의 아들이어든 뛰어내
리라 기록하였으되 저가 너를 위하여 그 사자들을 명하시
리니 저희가 손으로 너를 받들어 발이 돌에 부딪히지 않게
하리로다 하였느니라

forty days and forty nights, He then became hungry. 3
And the tempter came and said to Him, "If You are the
Son of God, command that these stones become bread."
4 But He answered and said, "It is written, 'Man shall
not live on bread alone, but on every word that proceeds
out of the mouth of God.'" 5 Then the devil took Him
into the holy city; and he had Him stand on the pinnacle
of the temple, 6 and said to Him, "If You are the Son
of God throw Yourself down; for it is written, 'He will
give His angels charge concerning You'; and 'On their

7 예수께서 **이르시되**(...하신대)
/[그에게]
/기록되었으되(...하였느니라)
/또(=다시)
/[너는]—— 시험치 말라
/주 하나님을
/너의

8 마귀가 **데리고..가서**
/그를
/또(=다시)
/산으로
/지극히 높은
보여
/천하 만국과(=을)
/그[들의] 영광을
/[그에게]

9 **가로되**
/[그에게]
/만일[ἐὰν]
[네가]——엎드려 경배하면(조건절, if)
/내게
주리라
/이것을
/모든
/네게

10 예수께서 **말씀하시되**
/[그에게]
/이에(=이때에)
/사단아!
/[너는] —— 물러가라

//(이유 : γάρ, for)
[그것이] —— 기록되었으되(...하였느니라)
/[너는]——경배하고
/주 하나님께
/너의
섬기라
/그를
/다만

11 마귀는 **떠나고**
/예수를
/이에(=그때에)

[보라, ἰδού]
천사들이 **나아와서**
수종드니라
/[그에게]

7 예수께서 이르시되 또 기록되었으되 주 너의 하나님을
시험치 말라 하였느니라 하신대 8 마귀가 또 그를 데리고
지극히 높은 산으로 가서 천하 만국과 그 영광을 보여 9
가로되 만일 내게 엎드려 경배하면 이 모든 것을 네게 주
리라 10 이에 예수께서 말씀하시되 사단아 물러가라 기록
되었으되 주 너의 하나님께 경배하고 다만 그를 섬기라 하
였느니라 11 이에 마귀는 예수를 떠나고 천사들이 나아와
서 수종드니라

hands they will bear You up, Lest You strike Your foot against
a stone.'" 7 Jesus said to him, "On the other hand, it
is written, 'You shall not put the Lord your God to the
test.'" 8 Again, the devil took Him to a very high mountain,
and showed Him all the kingdoms of the world, and their
glory; 9 and he said to Him, "All these things will I
give You, if You fall down and worship me." 10 Then
Jesus said to him, "Begone, Satan! For it is written, 'You
shall worship the Lord your God, and serve Him only.'"
11 Then the devil left Him; and behold, angels came and

12 예수께서 들으시고(=들으셨을 때, 상황절, when)
/요한의 잡힘을
물러가셨다가
/갈릴리로
(예수께서) 13 **사시니**
/떠나(과거분사)
/나사렛을
/가서(과거분사)
/가버나움에
/해변에 있는
/스불론과 납달리 지경[안에]
14 //이는(목적 : ἵνα, so that-NRSV)
하신 말씀을(=이) —— 이루려 하심이라(...하였느니라)
/이사야로 —— 일렀으되
/선지자 15 /스불론 땅과
/납달리 땅과
/해변 길과
/요단 강 저편
/이방의 갈릴리여!
16 /백성이 —— 보았고
/앉은 /큰 빛을
/흑암에
/빛이 —— 비취었도다
/앉은 자들에게
/사망의 땅과 그늘에
17 예수께서 **비로소(=시작하시니라)**
/이 때부터
/전파하여(=전파하기를, 부정사)
/가라사대(=말하기를, 부정사)(...하시더라)
/[너희는] —— 회개하라
//(이유: γάρ, for)
천국이 —— 가까웠느니라
18 **보시니**
/두 형제가 —— 던지는 것을
/(곧)시몬과 /그물[을]
/베드로라 하는 /바다에
/안드레
/그[의] 형제
/다니시다가(현재분사)
/갈릴리 해변에
//(이유: γάρ, for)
저희는 —— 어부라

12 예수께서 요한의 잡힘을 들으시고 갈릴리로 물러 가셨
다가 13 나사렛을 떠나 스불론과 납달리 지경 해변에 있
는 가버나움에 가서 사시니 14 이는 선지자 이사야로 하
신 말씀을 이루려 하심이라 일렀으되 15 스불론 땅과 납
달리 땅과 요단강 저편 해변 길과 이방의 갈릴리여 16 흑
암에 앉은 백성이 큰 빛을 보았고 사망의 땅과 그늘에 앉
은 자들에게 빛이 비취었도다 하였느니라 17 이 때부터
예수께서 비로소 전파하여 가라사대 회개하라 천국이 가까
왔느니라 하시더라 18 갈릴리 해변에 다니시다가 두 형제
곧 베드로라 하는 시몬과 그 형제 안드레가 바다에 그물
던지는 것을 보시니 저희는 어부라

began to minister to Him. 12 Now when He heard that
John had been taken into custody, He withdrew into
Galilee; 13 and leaving Nazareth, He came and settled in
Capernaum, which is by the sea, in the region of Zebulun
and Naphtali. 14 This was to fulfill what was spoken
through Isaiah the prophet, saying, 15 "The land of Zebulun
and the land of Naphtali, By the way of the sea, beyond
the Jordan, Galilee of the Gentiles — 16 "The people
who were sitting in darkness saw a great light, And to
those who were sitting in the land and shadow of death,
Upon them a light dawned." 17 From that time Jesus
began to preach and say, "Repent, for the kingdom of
heaven is at hand." 18 And walking by the Sea of Galilee,
He saw two brothers, Simon who was called Peter, and Andrew

19 **말씀하시되**(...하시니)
/[그들에게]
/[너희는] —— 오너라
/나를 따라
/내가 —— 되게 하리라(=만들 것이라)
/너희로(=를)
/낚는 어부가(=어부를)
/사람을(=의)

20 저희가 **좇으니라**
/예수를
/버려 두고(과거분사)
/그물을
/곧

21 [그가] **보시고**
/더 가시다가(과거분사)
/거기서
/형제[가] —— 깁는 것을
/다른 /[그들의] 그물[을]
/두 /배에서
/(곧) 야고보와 /세베대와 한가지로
/세베대의 아들 /그[들의] 부친
/요한이
/그[의] 형제

부르시니
/[그들을]

22 저희가 **좇으니라**
/예수를
/버려 두고(과거분사)
/배와
/[그들의] 부친을
/곧

23 예수께서 **두루 다니사**
/온 갈릴리에
/가르치시며(현재분사)
/저희 회당에서
/전파하시며(현재분사)
/천국 복음을
/고치시니(현재분사)
/모든 병과(=을)
/모든 약한 것을
/백성 중에

24 소문이 **퍼진지라**
/그의
/온 수리아에

19 말씀하시되 나를 따라오너라 내가 너희로 사람을 낚는
어부가 되게 하리라 하시니 20 저희가 곧 그물을 버려 두
고 예수를 좇으니라 21 거기서 더 가시다가 다른 두 형제
곧 세베대의 아들 야고보와 그 형제 요한이 그 부친 세베
대와 한가지로 배에서 그물 깁는 것을 보시고 부르시니 22
저희가 곧 배와 부친을 버려두고 예수를 좇으니라 23 예
수께서 온 갈릴리에 두루 다니사 저희 회당에서 가르치시
며 천국 복음을 전파하시며 백성 중에 모든 병과 모든 약
한 것을 고치시니 24 그의 소문이 온 수리아에 퍼진지라

his brother, casting a net into the sea; for they were
fishermen. 19 And He said to them, "Follow Me, and I
will make you fishers of men." 20 And they immediately
left the nets, and followed Him. 21 And going on from
there He saw two other brothers, James the son of Zebedee,
and John his brother, in the boat with Zebedee their father,
mending their nets; and He called them. 22 And they
immediately left the boat and their father, and followed
Him. 23 And Jesus was going about in all Galilee, teaching
in their synagogues, and proclaiming the gospel of the
kingdom, and healing every kind of disease and every
kind of sickness among the people. 24 And the news

마

사람들이	**데려오니**
	/[그에게]
	/모든 앓는 자
	/(곧) 각색 병과
	/걸린 자
	/고통에
	/귀신들린 자
	/간질하는 자
	/중풍병자들을
[그가]	**고치시더라**
	/저희를
25 무리가	**좇으니라**
/허다한	/갈릴리와
	/데가볼리와
	/예루살렘과
	/유대와
	/요단 강 건너편에서

5

1 예수께서	보시고(=보셨을 때, 상황절, when)
	/무리를
	올라가
	/산에
[그가]	앉으시니(=앉으신 후에, after)
제자들이	**나아온지라**
/[그의]	/[그에게]
2 [그가]	**가르쳐 가라사대**
	/[그들을]
	/열어(과거분사)
	/[그의] 입을
	3 /가난한 자는 —— 복이 있나니
	/심령이(=에)
	//(이유: ὅτι, for)
	천국이 —— 저희 것임이요
	4 /애통하는 자는 — 복이 있나니
	//(이유: ὅτι, for)
	저희가 —— 위로를 받을 것임이요
	5 /온유한 자는 — 복이 있나니
	//(이유: ὅτι, for)
	저희가 —— 기업으로 받을 것임이요
	/땅을

사람들이 모든 앓는 자 곧 각색병과 고통에 걸린 자, 귀신
들린 자, 간질하는 자, 중풍병자들을 데려오니 저희를 고치
시더라 25 갈릴리와 데가볼리와 예루살렘과 유대와 요단
강 건너 편에서 허다한 무리가 좇으니라

5:1 예수께서 무리를 보시고 산에 올라가 앉으시니 제자
들이 나아온지라 2 입을 열어 가르쳐 가라사대 3 심령
이 가난한 자는 복이 있나니 천국이 저희 것임이요 4 애통
하는 자는 복이 있나니 저희가 위로를 받을 것임이요 5 온
유한 자는 복이 있나니 저희가 땅을 기업으로 받을 것임이요

about Him went out into all Syria; and they brought to
Him all who were ill, taken with various diseases and
pains, demoniacs, epileptics, paralytics; and He healed
them. 25 And great multitudes followed Him from Galilee
and Decapolis and Jerusalem and Judea and from beyond
the Jordan.

5:1 And when He saw the multitudes, He went up on
the mountain; and after He sat down, His disciples
came to Him. 2 And opening His mouth He began to
teach them, saying, 3 "Blessed are the poor in spirit, for
theirs is the kingdom of heaven. 4 "Blessed are those
who mourn, for they shall be comforted. 5 "Blessed are

6 /주리고 ── 복이 있나니
목마른 자는
/의에

//(이유: ὅτι, for)
저희가 ── 배부를 것임이요

7 /긍휼히 여기는 자는 ── 복이 있나니

//(이유: ὅτι, for)
저희가 ── 긍휼히 여김을 받을 것임이요

8 /청결한 자는 ── 복이 있나니
/마음이

//(이유: ὅτι, for)
저희가 ── 볼 것임이요
/하나님을

[그가] **가르쳐 가라사대**
9 /화평케 하는자는 ─ 복이 있나니
//(이유: ὅτι, for)
저희가 ── 일컬음을 받을 것임이요
/아들이라
/하나님의

10 /핍박을 받은 자는 ── 복이 있나니
/의를 위하여
//(이유: ὅτι, for)
천국이 ── 저희 것임이라

11 /[그들이] ── 너희를 욕하고
핍박하고
말을 할 때에는(상황설, when)
/모든 악한[것을]
/거짓으로(=부정하면서, 현재분사)
/너희를 거스려

//(이유: ἕνεκεν, because of)
나를 인하여

/너희에게(=가) ── 복이 있나니
12 /[너희는] ── 기뻐하고
즐거워하라

//(이유: ὅτι, for)
너희의 상이 ── 큼이라
/하늘에서

//(이유: γάρ, for)

6 의에 주리고 목마른 자는 복이 있나니 저희가 배부를 것
임이요 7 긍휼히 여기는 자는 복이 있나니 저희가 긍휼히
여김을 받을 것임이요 8 마음이 청결한 자는 복이 있나니
저희가 하나님을 볼 것임이요 9 화평케 하는 자는 복이 있
나니 저희가 하나님의 아들이라 일컬음을 받을 것임이요
10 의를 위하여 핍박을 받은 자는 복이 있나니 천국이 저
희 것임이라 11 나를 인하여 너희를 욕하고 핍박하고 거
짓으로 너희를 거스려 모든 악한 말을 할 때에는 너희에게
복이 있나니 12 기뻐하고 즐거워하라 하늘에서 너희의 상
이 큼이라 너희 전에 있던 선지자들을 이같이 핍박하였느
니라

the gentle, for they shall inherit the earth. 6 "Blessed are
those who hunger and thirst for righteousness, for they
shall be satisfied. 7 "Blessed are the merciful, for they
shall receive mercy. 8 "Blessed are the pure in heart, for
they shall see God. 9 "Blessed are the peacemakers, for
they shall be called sons of God. 10 "Blessed are those
who have been persecuted for the sake of righteousness,
for theirs is the kingdom of heaven. 11 "Blessed are you when
men cast insults at you, and persecute you, and say all
kinds of evil against you falsely, on account of Me. 12

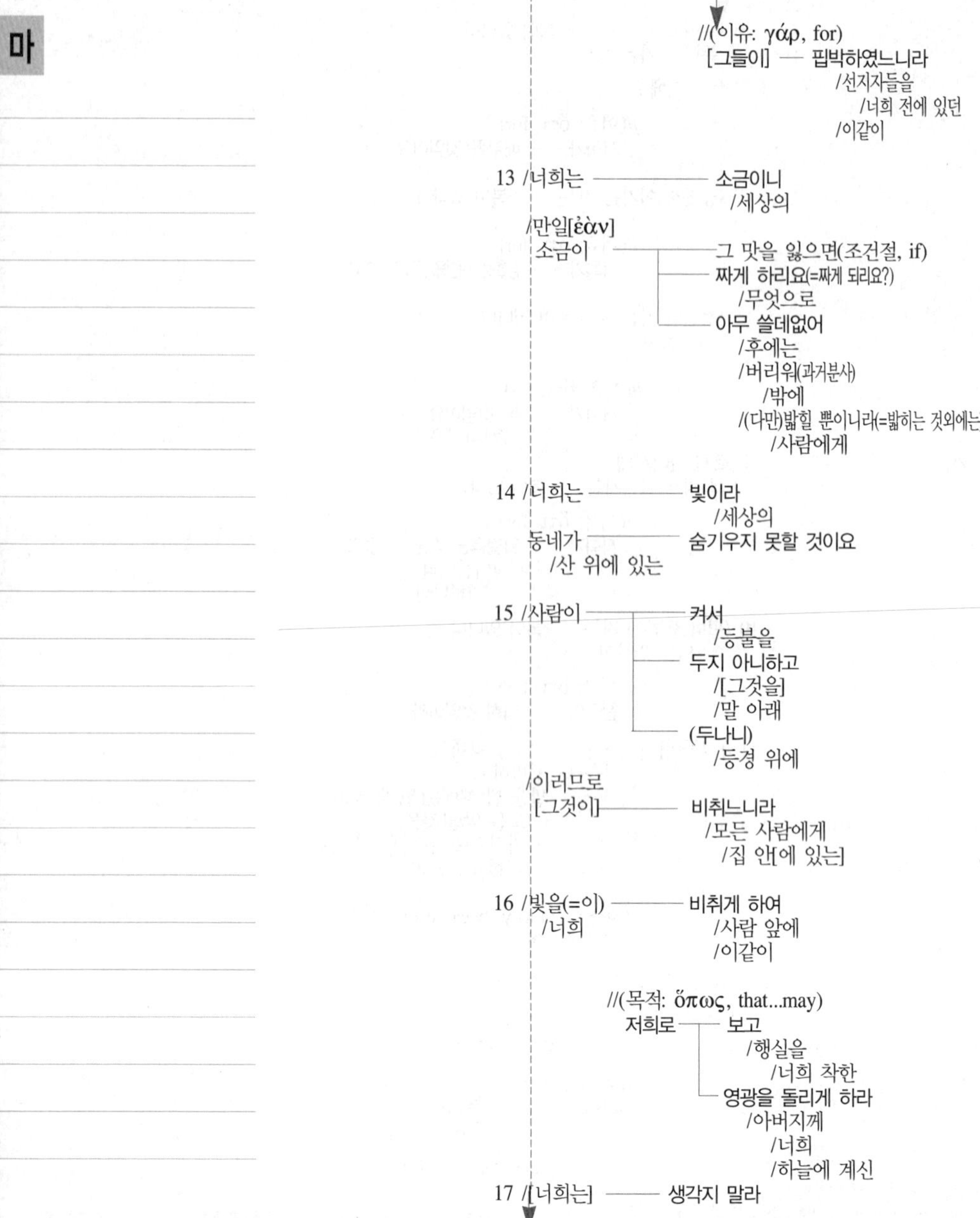

13 너희는 세상의 소금이니 소금이 만일 그 맛을 잃으면
무엇으로 짜게 하리요 후에는 아무 쓸데 없어 다만 밖에
버리워 사람에게 밟힐 뿐이니라 14 너희는 세상의 빛이라
산 위에 있는 동네가 숨기우지 못할 것이요 15 사람이 등
불을 켜서 말 아래 두지 아니하고 등경 위에 두나니 이러
므로 집안 모든 사람에게 비취느니라 16 이같이 너희 빛
을 사람 앞에 비취게 하여 저희로 너희 착한 행실을 보고
하늘에 계신 너희 아버지께 영광을 돌리게 하라

"Rejoice, and be glad, for your reward in heaven is great,
for so they persecuted the prophets who were before you.
13 "You are the salt of the earth; but if the salt has
become tasteless, how will it be made salty again? It is
good for nothing anymore, except to be thrown out and
trampled under foot by men. 14 "You are the light of the
world. A city set on a hill cannot be hidden. 15 "Nor do
men light a lamp, and put it under the peck-measure, but
on the lampstand; and it gives light to all who are in the house.
16 "Let your light shine before men in such a way that

마

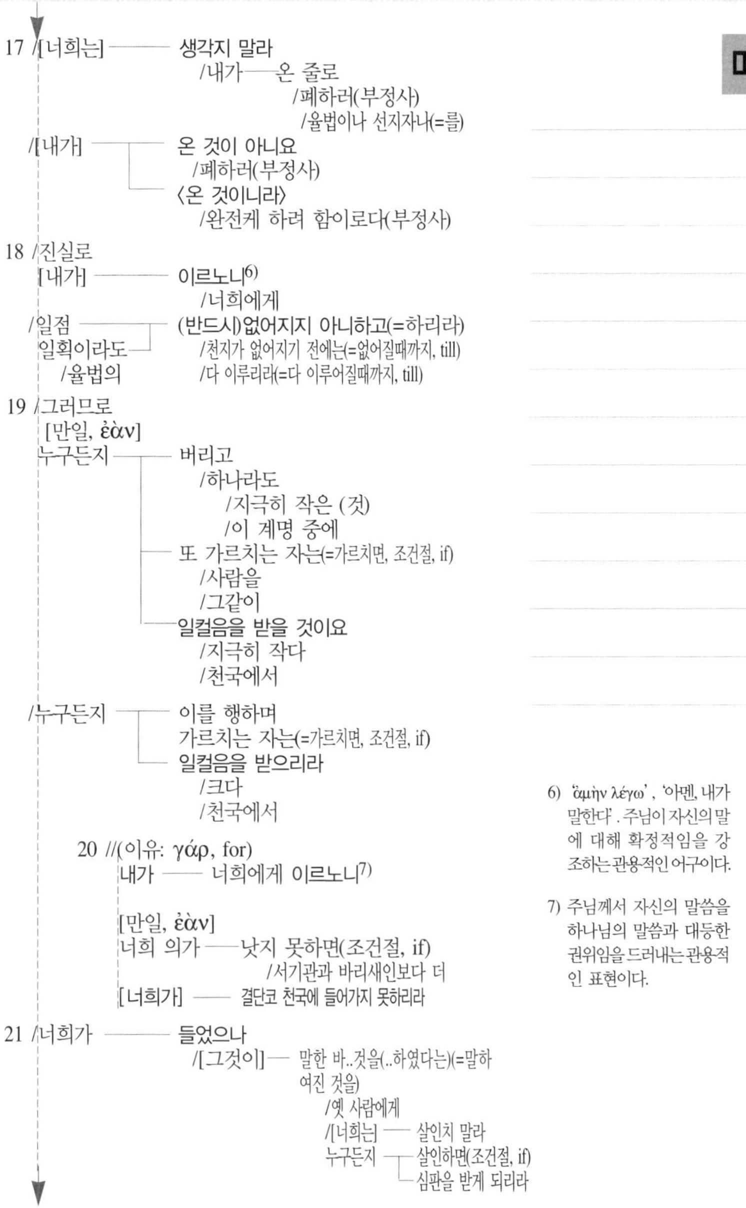

6) 'ἀμὴν λέγω', '아멘, 내가 말한다'. 주님이 자신의 말에 대해 확정적임을 강조하는 관용적인 어구이다.

7) 주님께서 자신의 말씀을 하나님의 말씀과 대등한 권위임을 드러내는 관용적인 표현이다.

17 내가 율법이나 선지자나 폐하러 온 줄로 생각지 말라 폐하러 온 것이 아니요 완전케 하려 함이로라 18 진실로 너희에게 이르노니 천지가 없어지기 전에는 율법의 일 점 일 획이라도 반드시 없어지지 아니하고 다 이루리라 19 그러므로 누구든지 이 계명 중에 지극히 작은 것 하나라도 버리고 또 그같이 사람을 가르치는 자는 천국에서 지극히 작다 일컬음을 받을 것이요 누구든지 이를 행하며 가르치는 자는 천국에서 크다 일컬음을 받으리라 20 내가 너희에게 이르노니 너희 의가 서기관과 바리새인보다 더 낫지 못하면 결단코 천국에 들어가지 못하리라 21 옛 사람에게 말한 바 살인치 말라 누구든지 살인하면 심판을 받게 되리라 하였다는 것을 너희가 들었으나

they may see your good works, and glorify your Father who is in heaven. 17 "Do not think that I came to abolish the Law or the Prophets; I did not come to abolish, but to fulfill. 18 "For truly I say to you, until heaven and earth pass away, not the smallest letter or stroke shall pass away from the Law, until all is accomplished. 19 "Whoever then annuls one of the least of these commandments, and so teaches others, shall be called least in the kingdom of heaven; but whoever keeps and teaches them, he shall be called great in the kingdom of heaven. 20 "For I say to you, that unless your righteousness surpasses that of the scribes and Pharisees, you shall not enter the kingdom

22 /나는 ——— 이르노니[8)]
/너희에게
/노하는 자마다 —— 받게 되고
/[그의] 형제에게 /심판을

/[말]하는 자는 —— 잡히게 되고
/라가라 /공회에
/[그의] 형제를 대하여

/[말]하는 자는 —— 들어가게 되리라
/미련한 놈이라 /지옥 불에

23 /그러므로
[만일, ἐὰν]
[네가] —— 드리다가
/[너의] 예물을
/제단에
— 생각나거든(조건절, if)
/거기서
/네 형제에게(=가) —— 있는 줄(=소유하고 있다고)
/만한 일이(=어떤 것을)
/[너의] 원망 들을

24 두고
/[너의] 예물을
/제단 앞에
/[거기에]
— 가서
/먼저
— 화목하고
/[너의] 형제와
— 드리라
/[너의] 예물을
/와서(=온 후에, 과거분사)
/그 후에

25 /[너가] —— 있을 때에(상황절, while)
/[그와] 함께
/길에
— 사화하라
/너를 송사하는 자와(=에게)
/급히

//(결과: μήποτέ, that...may)
그 송사하는 자가 —— 너를 내어 주고
/재판관에게

8) 주님께서 자신의 말씀을 하나님의 말씀과 대등한 권위임을 드러내는 관용적인 표현이다.

22 나는 너희에게 이르노니 형제에게 노하는 자마다 심판을 받게 되고 형제를 대하여 라가라 하는 자는 공회에 잡히게 되고 미련한 놈이라 하는 자는 지옥 불에 들어가게 되리라 23 그러므로 예물을 제단에 드리다가 거기서 네 형제에게 원망 들을 만한 일이 있는 줄 생각나거든 24 예물을 제단 앞에 두고 먼저 가서 형제와 화목하고 그 후에 와서 예물을 드리라 25 너를 송사하는 자와 함께 길에 있을 때에 급히 사화하라 그 송사하는 자가 너를 재판관에게 내어주고 재판관이 관예에게 내어주어 옥에 가둘까 염려하라

of heaven. 21 "You have heard that the ancients were told, 'You shall not commit murder' and 'Whoever commits murder shall be liable to the court.' 22 "But I say to you that everyone who is angry with his brother shall be guilty before the court; and whoever shall say to his brother, 'Raca,' shall be guilty before the supreme court; and whoever shall say, 'You fool,' shall be guilty enough to go into the fiery hell. 23 "If therefore you are presenting your offering at the altar, and there remember that your brother has something against you, 24 leave your offering there before the altar, and go your way; first be reconciled to your brother, and then come and present your offering. 25 "Make friends quickly with your

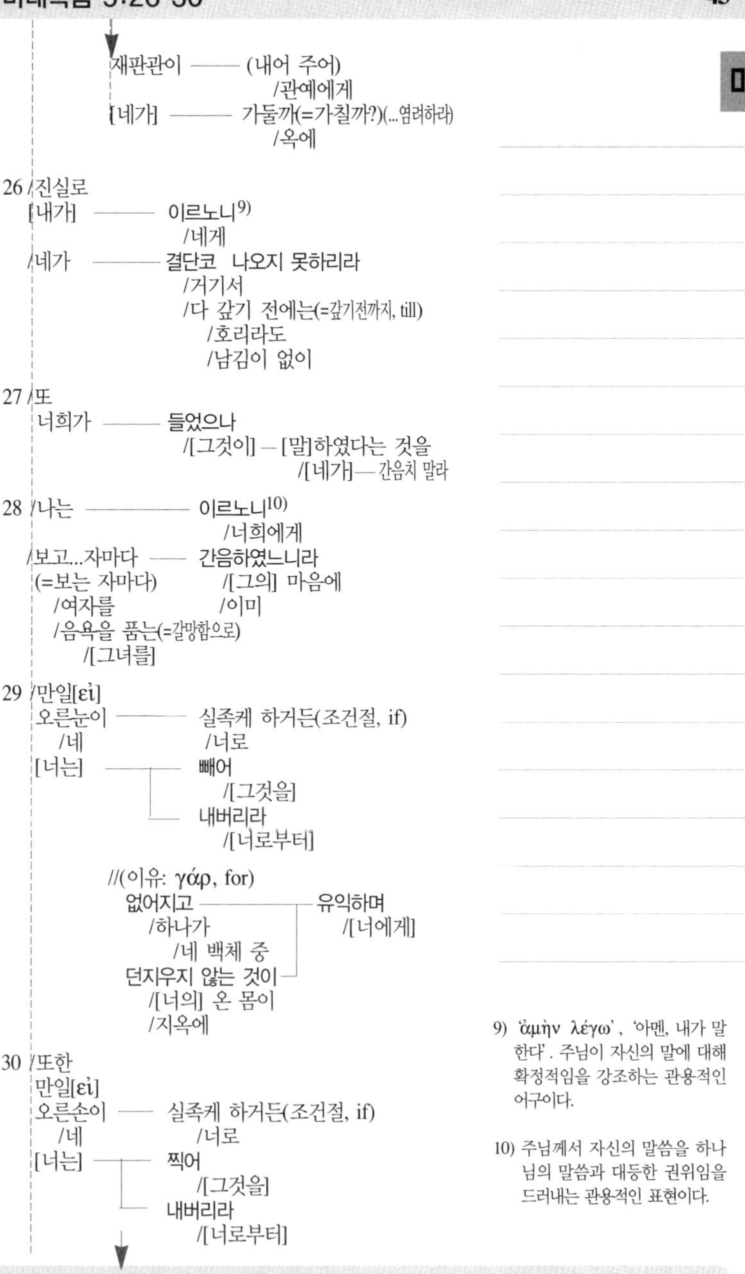

9) 'ἀμὴν λέγω', '아멘, 내가 말한다'. 주님이 자신의 말에 대해 확정적임을 강조하는 관용적인 어구이다.

10) 주님께서 자신의 말씀을 하나님의 말씀과 대등한 권위임을 드러내는 관용적인 표현이다.

26 진실로 네게 이르노니 네가 호리라도 남김이 없이 다
갚기 전에는 결단코 거기서 나오지 못하리라 27 또 간음
치 말라 하였다는 것을 너희가 들었으나 28 나는 너희에
게 이르노니 여자를 보고 음욕을 품는 자마다 마음에 이미
간음하였느니라 29 만일 네 오른눈이 너로 실족케 하거든
빼어 내버리라 네 백체 중 하나가 없어지고 온 몸이 지옥
에 던지우지 않는 것이 유익하며 30 또한 만일 네 오른손
이 너로 실족케 하거든 찍어 내버리라 네 백체 중 하나가
없어지고 온 몸이 지옥에 던지우지 않는 것이 유익하니라

opponent at law while you are with him on the way, in order that your opponent may not deliver you to the judge, and the judge to the officer, and you be thrown into prison.
26 "Truly I say to you, you shall not come out of there, until you have paid up the last cent.
27 "You have heard that it was said, 'You shall not commit adultery';
28 but I say to you, that everyone who looks on a woman to lust for her has committed adultery with her already in his heart.
29 "And if your right eye makes you stumble, tear it out, and throw it from you; for it is better for you that one of the parts of your body perish, than for your whole body to be thrown into hell.
30 "And if your right

마

//(이유: γάρ, for)
없어지고 —— 유익하며
/하나가 /[너에게]
/네 백체 중
던지우지 않는 것이
/[너의] 온 몸이
/지옥에

31 /또
[그것이] —— 일렀으되(...하였으나)
/누구든지 —— 버리거든
/[그의] 아내를
줄 것이라
/이혼 증서를
/[그녀에게]

32 /나는 —— 이르노니[11)]
/너희에게
/버리면 —— (이는)간음하게 함이요
(=버리는 것은) /저로
/아내를
/[그의]
/누구든지
/음행한 연고없이
/또
[만일, ἐὰν]
누구든지 —— 장가드는 자도(=든다면, 조건절, if)
/버린 여자에게
간음함이니라

33 /너희가 —— 들었으나
/또(=다시)
/말한 바...하였다는 것을
/옛 사람에게
/[너는] —— 헛 맹세를 하지 말고
지키라
/네 맹세한 것을
/주께

34 /나는 —— 이르노니[12)]
/너희에게
/[너는] —— 맹세하지 (말지니) 말라[13)]
/도무지
/하늘로도 (말라)

//이는(이유: ὅτι, for)
[그것이] —— 보좌임이요
/하나님의

11) 주님께서 자신의 말씀을 하나님의 말씀과 대등한 권위임을 드러내는 관용적인 표현이다

12) 주님께서 자신의 말씀을 하나님의 말씀과 대등한 권위임을 드러내는 관용적인 표현이다

13) 부정사가 명령법의 의미로 사용되었다.

31 또 일렀으되 누구든지 아내를 버리거든 이혼 증서를
줄 것이라 하였으나 32 나는 너희에게 이르노니 누구든지
음행한 연고 없이 아내를 버리면 이는 저로 간음하게 함이
요 또 누구든지 버린 여자에게 장가드는 자도 간음함이니
라 33 또 옛 사람에게 말한 바 헛맹세를 하지 말고 네 맹
세한 것을 주께 지키라 하였다는 것을 너희가 들었으나 34
나는 너희에게 이르노니 도무지 맹세하지 말찌니 하늘로도
말라 이는 하나님의 보좌임이요

hand makes you stumble, cut it off, and throw it from
you; for it is better for you that one of the parts of your
body perish, than for your whole body to go into hell.
31 "And it was said, 'Whoever sends his wife away, let
him give her a certificate of divorce'; 32 but I say to you
that everyone who divorces his wife, except for the cause
of unchastity, makes her commit adultery; and whoever marries
a divorced woman commits adultery. 33 "Again, you have
heard that the ancients were told, 'You shall not make
false vows, but shall fulfill your vows to the Lord.' 34
"But I say to you, make no oath at all, either by heaven,
for it is the throne of God, 35 or by the earth, for it is

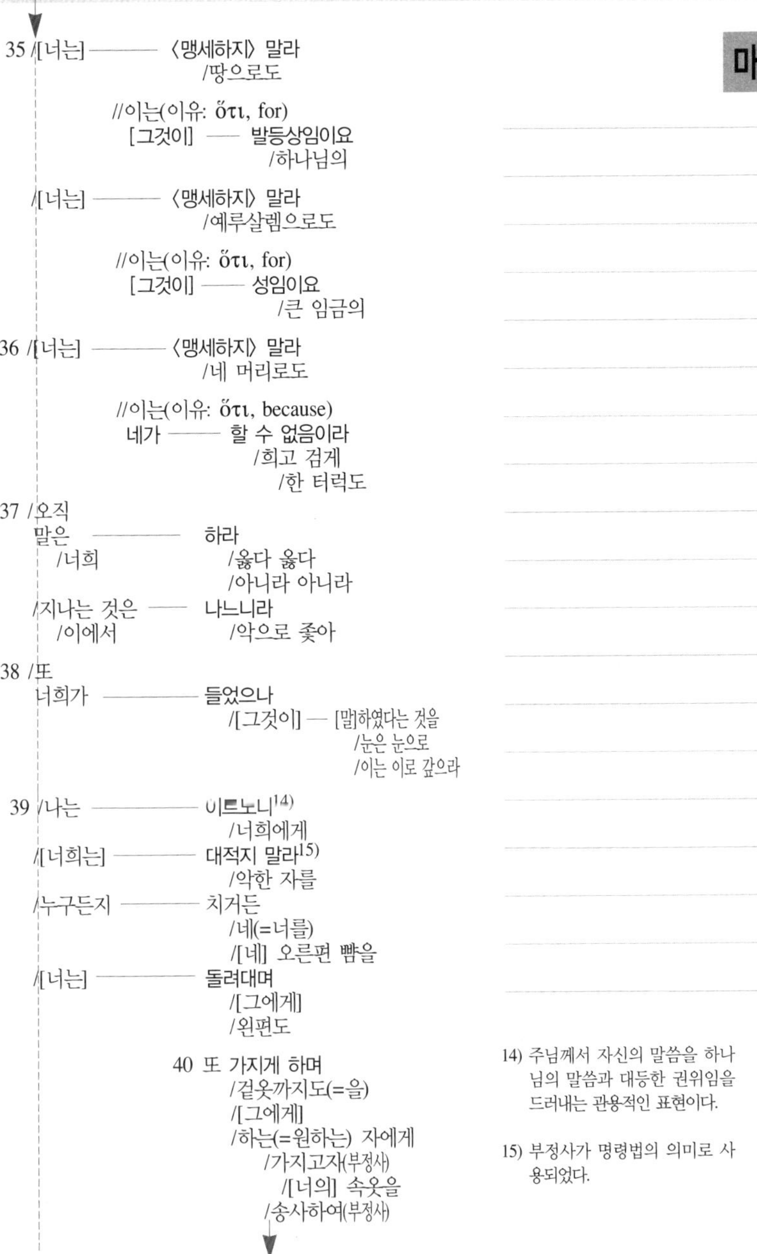

14) 주님께서 자신의 말씀을 하나님의 말씀과 대등한 권위임을 드러내는 관용적인 표현이다.

15) 부정사가 명령법의 의미로 사용되었다.

35 땅으로도 말라 이는 하나님의 발등상임이요 예루살렘
으로도 말라 이는 큰 임금의 성임이요 36 네 머리로도 말
라 이는 네가 한 터럭도 희고 검게 할 수 없음이라 37 오
직 너희 말은 옳다 옳다, 아니라 아니라 하라 이에서 지나
는 것은 악으로 좇아 나느니라 38 또 눈은 눈으로, 이는
이로 갚으라 하였다는 것을 너희가 들었으나 39 나는 너
희에게 이르노니 악한 자를 대적지 말라 누구든지 네 오른
편 뺨을 치거든 왼편도 돌려대며 40 또 너를 송사하여 속
옷을 가지고자 하는 자에게 겉옷까지도 가지게 하며

the footstool of His feet, or by Jerusalem, for it is the
city of the great King. 36 "Nor shall you make an oath
by your head, for you cannot make one hair white or
black. 37 "But let your statement be, 'Yes, yes' or 'No,
no'; and anything beyond these is of evil. 38 "You have
heard that it was said, 'An eye for an eye, and a tooth
for a tooth.' 39 "But I say to you, do not resist him who
is evil; but whoever slaps you on your right cheek, turn
to him the other also. 40 "And if anyone wants to sue
you, and take your shirt, let him have your coat also.

마

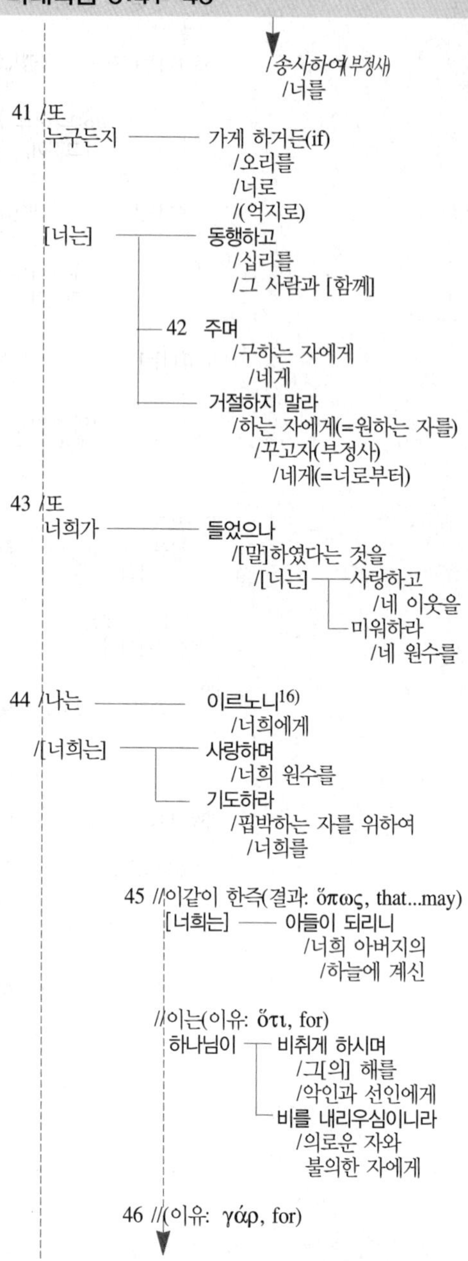

16) 주님께서 자신의 말씀을 하나님의 말씀과 대등한 권위임을 드러내는 관용적인 표현이다.

41 또 누구든지 너로 억지로 오 리를 가게 하거든 그 사람
과 십 리를 동행하고 42 네게 구하는 자에게 주며 네게 꾸
고자 하는 자에게 거절하지 말라 43 또 네 이웃을 사랑하
고 네 원수를 미워하라 하였다는 것을 너희가 들었으나 44
나는 너희에게 이르노니 너희 원수를 사랑하며 너희를 핍
박하는 자를 위하여 기도하라 45 이같이 한즉 하늘에 계
신 너희 아버지의 아들이 되리니 이는 하나님이 그 해를
악인과 선인에게 비취게 하시며 비를 의로운 자와 불의한
자에게 내리우심이니라

41 "And whoever shall force you to go one mile, go with
him two. 42 "Give to him who asks of you, and do not
turn away from him who wants to borrow from you. 43 "You
have heard that it was said, 'You shall love your neighbor,
and hate your enemy.' 44 "But I say to you, love your enemies,
and pray for those who persecute you 45 in order that
you may be sons of your Father who is in heaven; for
He causes His sun to rise on the evil and the good, and
sends rain on the righteous and the unrighteous. 46 "For
if you love those who love you, what reward have you?

46 //(이유: γάρ, for)
[만일, ἐὰν]
너희가 —— 사랑하면(조건절, if)
/사랑하는 자를
/너희를
무슨 상이 있으리요?
세리도 —— 아니하느냐?
/이같이

47 //또(이유 계속)
[만일, ἐὰν]
너희가 —— 문안하면(조건절, if)
/너희 형제에게만
[너희가] —— [행]하는 것이 무엇이냐?
/남보다 더
이방인들도 —— 아니하느냐?
/이같이

48 /그러므로
너희도 —— 온전하라
/아버지의(=가) —— 온전하심과 같이
/너희
/하늘에 계신

6

1 /[너희는] —— 주의하라
/행치 않도록(부정사)
/너희 의를
/그들 앞에서
/보이려고(부정사)
/사람에게

/[만일, εἰ]
그렇지 아니하면(조건절, if)
아버지께 —— 상을 얻지 못하느니라
/너희
/하늘에 계신

2 /그러므로
[네가] —— 구제할 때에(상황절, when)
나팔을 불지 말라
/너희(=네) 앞에
/외식하는 자가 —— [행]하는 것같이
/회당과 거리에서

//(목적: ὅπως, that...may)

46 너희가 너희를 사랑하는 자를 사랑하면 무슨 상이 있
으리요 세리도 이같이 아니하느냐 47 또 너희가 너희 형
제에게만 문안하면 남보다 더 하는 것이 무엇이냐 이방인
들도 이같이 아니하느냐 48 그러므로 하늘에 계신 너희
아버지의 온전하심과 같이 너희도 온전하라

6:1 사람에게 보이려고 그들 앞에서 너희 의를 행치 않
도록 주의하라 그렇지 아니하면 하늘에 계신 너희 아
버지께 상을 얻지 못하느니라 2 그러므로 구제할 때에 외
식하는 자가 사람에게 영광을 얻으려고 회당과 거리에서
하는 것같이 너희 앞에 나팔을 불지 말라 진실로 너희에게
이르노니 저희는 자기 상을 이미 받았느니라

Do not even the tax-gatherers do the same? 47 "And if
you greet your brothers only, what do you do more than others?
Do not even the Gentiles do the same? 48 "Therefore
you are to be perfect, as your heavenly Father is perfect.

6:1 "Beware of practicing your righteousness before
men to be noticed by them; otherwise you have no reward
with your Father who is in heaven. 2 "When therefore
you give alms, do not sound a trumpet before you, as
the hypocrites do in the synagogues and in the streets,
that they may be honored by men. Truly I say to you,

마

//(목적: ὅπως, that...may)
[그들이] — 영광을 얻으려고
/사람에게

/진실로
[내가] —— 이르노니[17)]
/너희에게
저희는 —— 이미 받았느니라
/자기 상을

3 /너는 —— 구제할 때에(상황절, when)
왼손이 —— 모르게 하여
/[너의] /[너의] 오른손의 하는 것을

4 //(목적: ὅπως, that...may)
네 구제함이 —— 은밀하게 하라
아버지가 —— 갚으시리라
/너의 /[너에게]
/보시는
/은밀한 중에

5 /또
너희가 —— 기도할 때에(상황절, when)
되지 말라
/외식하는 자와 같이

//(이유: ὅτι, for)
저희는 —— 좋아하느니라
/기도하기를(부정사)
/서서(완료분사)
/회당과
큰 거리 어귀에

//(목적: ὅπως, that...may)
[그들이] — 보이려고
/사람에게

/진실로
내가 —— 이르노니[18)]
/너희에게
/저희는 —— 이미 받았느니라
/자기 상을

6 /너는 —— 기도할 때에(상황절, when)
들어가
/네 골방에
기도하라
/네 아버지께
/은밀한 중에 계신
/닫고(과거분사)
/[너의] 문을

17) 'ἀμὴν λέγω', '아멘, 내가 말한다'. 주님이 자신의 말에 대해 확정적임을 강조하는 관용적인 어구이다.

18) 'ἀμὴν λέγω', '아멘, 내가 말한다'. 주님이 자신의 말에 대해 확정적임을 강조하는 관용적인 어구이다.

3 너는 구제할 때에 오른손의 하는 것을 왼손이 모르게 하
여 4 네 구제함이 은밀하게 하라 은밀한 중에 보시는 너의
아버지가 갚으시리라 5 또 너희가 기도할 때에 외식하는
자와 같이 되지 말라 저희는 사람에게 보이려고 회당과 큰
거리 어귀에 서서 기도하기를 좋아하느니라 내가 진실로
너희에게 이르노니 저희는 자기 상을 이미 받았느니라 6
너는 기도할 때에 네 골방에 들어가 문을 닫고 은밀한 중
에 계신 네 아버지께 기도하라 은밀한 중에 보시는 네 아
버지께서 갚으시리라

they have their reward in full. 3 "But when you give
alms, do not let your left hand know what your right hand
is doing 4 that your alms may be in secret; and your
Father who sees in secret will repay you. 5 "And when
you pray, you are not to be as the hypocrites; for they
love to stand and pray in the synagogues and on the street corners, in order to be seen by men. Truly I say to you, they have their reward in full. 6 "But you, when you
pray, go into your inner room, and when you have shut your door, pray to your Father who is in secret, and your

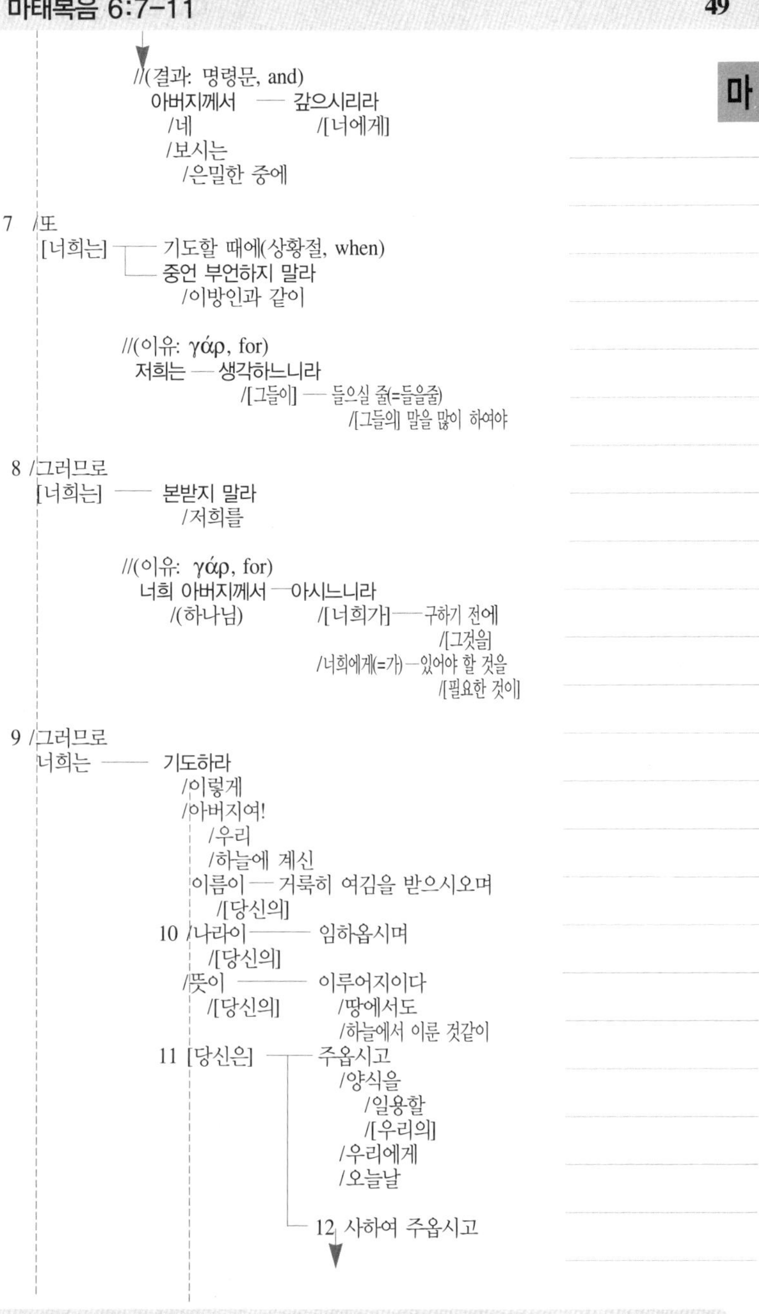

7 또 기도할 때에 이방인과 같이 중언부언하지 말라 저희
는 말을 많이 하여야 들으실 줄 생각하느니라 8 그러므로
저희를 본받지 말라 구하기 전에 너희에게 있어야 할 것을
하나님 너희 아버지께서 아시느니라 9 그러므로 너희는
이렇게 기도하라 하늘에 계신 우리 아버지여 이름이 거룩
히 여김을 받으시오며 10 나라이 임하옵시며 뜻이 하늘에
서 이룬 것 같이 땅에서도 이루어지이다 11 오늘날 우리
에게 일용할 양식을 주옵시고

Father who sees in secret will repay you. 7 "And when
you are praying, do not use meaningless repetition, as the
Gentiles do, for they suppose that they will be heard for
their many words. 8 "Therefore do not be like them; for
your Father knows what you need, before you ask Him.
9 "Pray, then, in this way: 'Our Father who art in heaven,
Hallowed be Thy name. 10 'Thy kingdom come. Thy will
be done, On earth as it is in heaven. 11 'Give us this
day our daily bread. 12 'And forgive us our debts, as we
also have forgiven our debtors. 13 'And do not lead us

마

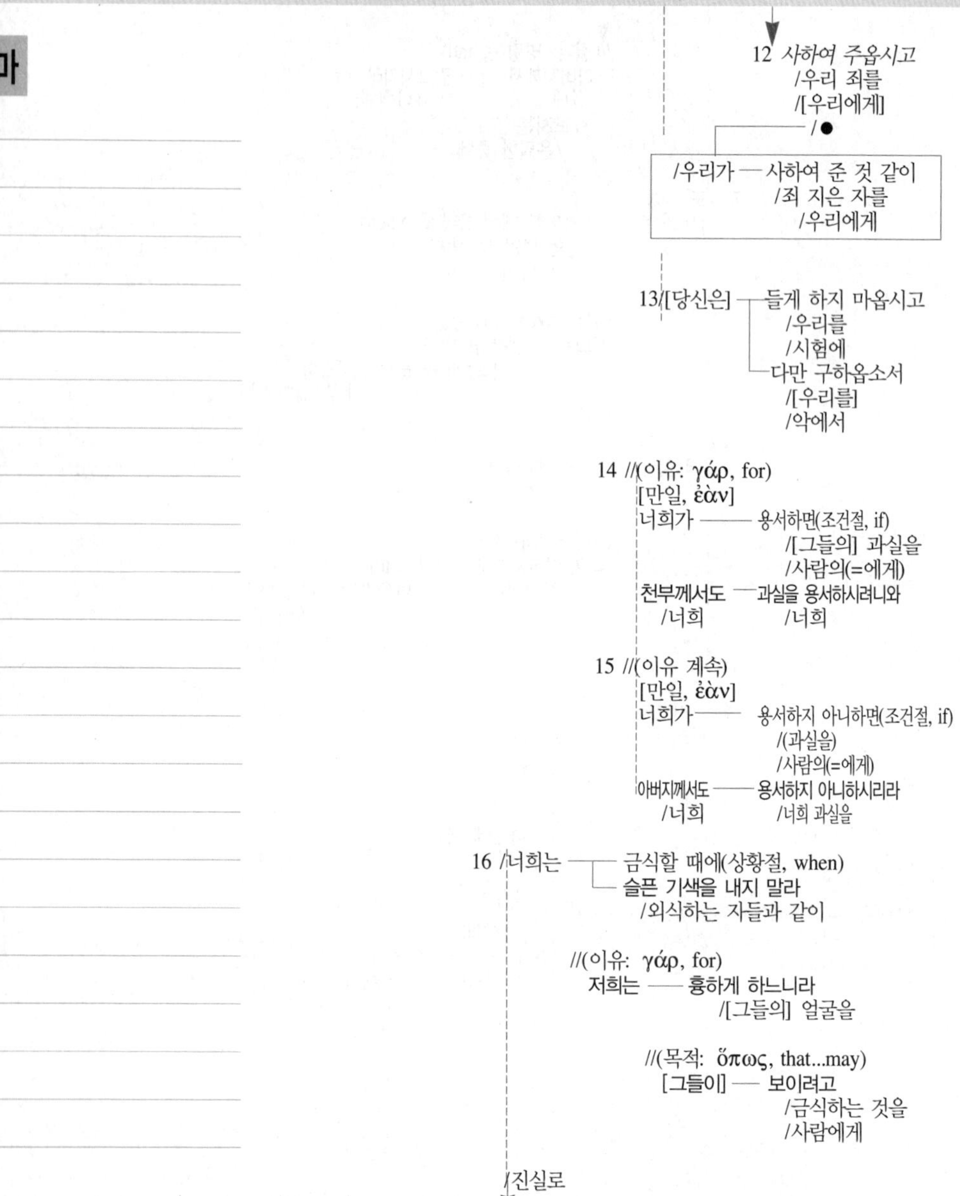

12 우리가 우리에게 죄 지은 자를 사하여 준 것 같이 우리 죄를 사하여 주옵시고 13 우리를 시험에 들게 하지 마옵시고 다만 악에서 구하옵소서 (나라와 권세와 영광이 아버지께 영원히 있사옵나이다 아멘) 14 너희가 사람의 과실을 용서하면 너희 천부께서도 너희 과실을 용서하시려니와
15 너희가 사람의 과실을 용서하지 아니하면 너희 아버지께서도 너희 과실을 용서하지 아니하시리라 16 금식할 때에 너희는 외식하는 자들과 같이 슬픈 기색을 내지 말라 저희는 금식하는 것을 사람에게 보이려고 얼굴을 흉하게 하느니라 내가 진실로 너희에게 이르노니 저희는 자기 상을 이미 받았느니라

into temptation, but deliver us from evil. For Thine is the kingdom, and the power, and the glory, forever. Amen.'
14 "For if you forgive men for their transgressions, your heavenly Father will also forgive you. 15 "But if you do not forgive men, then your Father will not forgive your transgressions. 16 "And whenever you fast, do not put on a gloomy face as the hypocrites do, for they neglect their appearance in order to be seen fasting by men. Truly I say to you, they have their reward in full. 17 "But you, when you fast, anoint your head, and wash your face 18

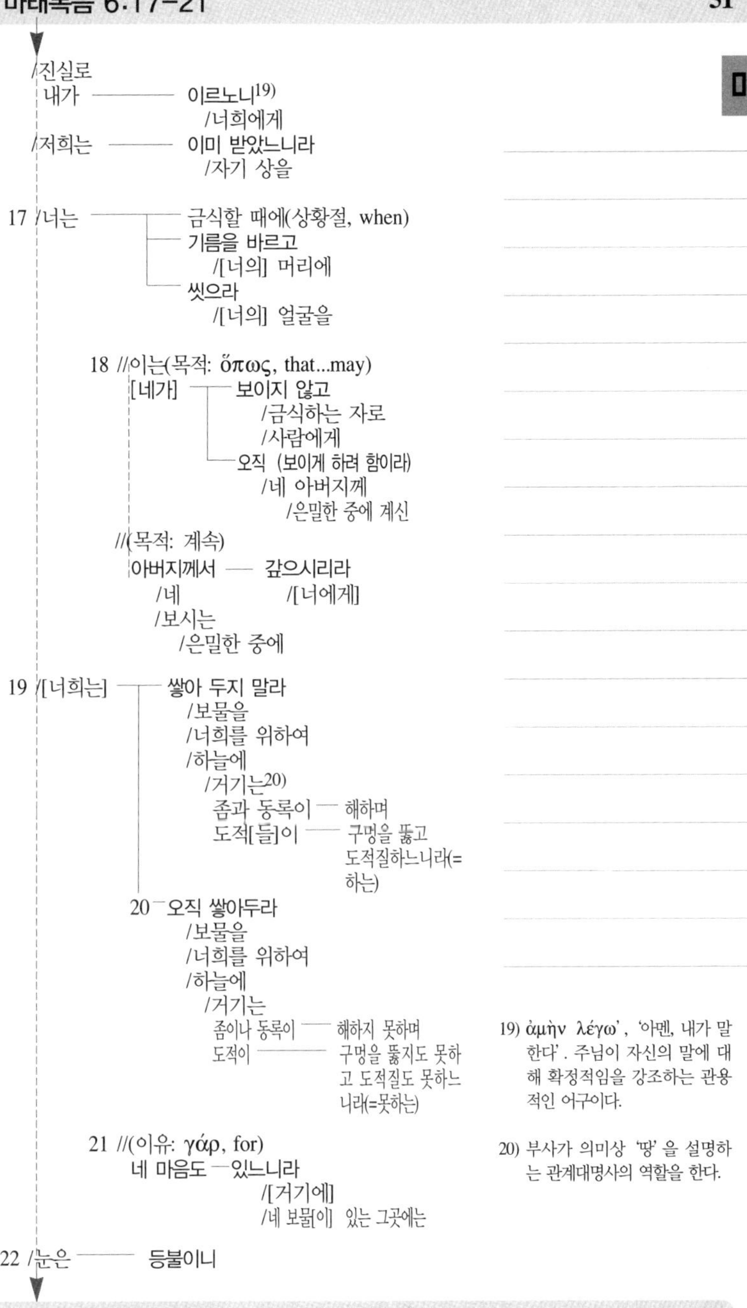

19) ἀμὴν λέγω', '아멘, 내가 말한다'. 주님이 자신의 말에 대해 확정적임을 강조하는 관용적인 어구이다.

20) 부사가 의미상 '땅'을 설명하는 관계대명사의 역할을 한다.

17 너는 금식할 때에 머리에 기름을 바르고 얼굴을 씻으라 18 이는 금식하는 자로 사람에게 보이지 않고 오직 은밀한 중에 계신 네 아버지께 보이게 하려 함이라 은밀한 중에 보시는 네 아버께서 갚으시리라 19 너희를 위하여 보물을 땅에 쌓아 두지 말라 거기는 좀과 동록이 해하며 도적이 구멍을 뚫고 도적질하느니라 20 오직 너희를 위하여 보물을 하늘에 쌓아 두라 저기는 좀이나 동록이 해하지 못하며 도적이 구멍을 뚫지도 못하고 도적질도 못하느니라 21 네 보물 있는 그 곳에는 네 마음도 있느니라

so that you may not be seen fasting by men, but by your Father who is in secret; and your Father who sees in secret will repay you. 19 "Do not lay up for yourselves treasures upon earth, where moth and rust destroy, and where thieves break in and steal. 20 "But lay up for yourselves treasures in heaven, where neither moth nor rust destroys, and where thieves do not break in or steal; 21 for where your treasure is, there will your heart be also. 22 "The lamp of the body is the eye; if therefore your eye is clear, your whole body will be full of light. 23 "But if your

마

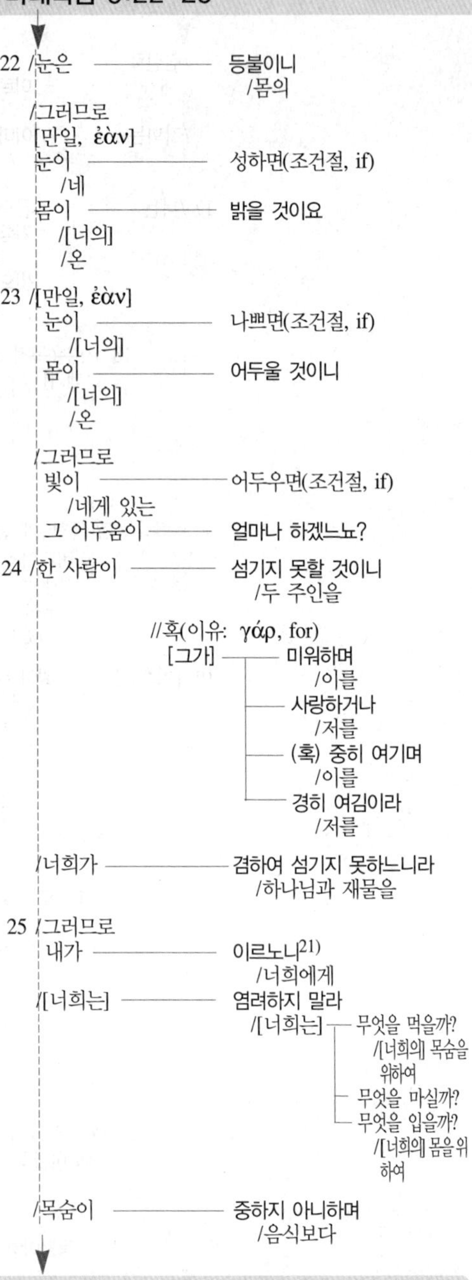

21) 주님께서 자신의 말씀을 하나님의 말씀과 대등한 권위임을 드러내는 관용적인 표현이다.

22 눈은 몸의 등불이니 그러므로 네 눈이 성하면 온 몸이
밝을 것이요 23 눈이 나쁘면 온 몸이 어두울 것이니 그러
므로 네게 있는 빛이 어두우면 그 어두움이 얼마나 하겠느
뇨 24 한 사람이 두 주인을 섬기지 못 할 것이니 혹 이를
미워하며 저를 사랑하거나 혹 이를 중히 여기며 저를 경히
여김이라 너희가 하나님과 재물을 겸하여 섬기지 못하느니라
25 그러므로 내가 너희에게 이르노니 목숨을 위하여 무엇
을 먹을까 무엇을 마실까 몸을 위하여 무엇을 입을까 염려
하지 말라 목숨이 음식보다 중하지 아니하며 몸이 의복보
다 중하지 아니하냐

eye is bad, your whole body will be full of darkness. If therefore
the light that is in you is darkness, how great is the
darkness! 24 "No one can serve two masters; for either
he will hate the one and love the other, or he will hold
to one and despise the other. You cannot serve God and
mammon. 25 "For this reason I say to you, do not be
anxious for your life, as to what you shall eat, or what
you shall drink; nor for your body, as to what you shall
put on. Is not life more than food, and the body than
clothing? 26 "Look at the birds of the air, that they do

22) 주님께서 자신의 말씀을 하나님의 말씀과 대등한 권위임을 드러내는 관용적인 표현이다.

26 공중의 새를 보라 심지도 않고 거두지도 않고 창고에 모아 들이지도 아니하되 너희 천부께서 기르시나니 너희는 이것들보다 귀하지 아니하냐 27 너희 중에 누가 염려함으로 그 키를 한 자나 더할 수 있느냐 28 또 너희가 어찌 의복을 위하여 염려하느냐 들의 백합화가 어떻게 자라는가 생각하여 보아라 수고도 아니하고 길쌈도 아니하느니라 29 그러나 내가 너희에게 말하노니 솔로몬의 모든 영광으로도 입은 것이 이 꽃 하나만 같지 못하였느니라 30 오늘 있다가 내일 아궁이에 던지우는 들풀도 하나님이 이렇게 입히시거든 하물며 너희일까보냐 믿음이 적은 자들아

not sow, neither do they reap, nor gather into barns, and yet your heavenly Father feeds them. Are you not worth much more than they? 27 "And which of you by being anxious can add a single cubit to his life's span? 28 "And why are you anxious about clothing? Observe how the lilies of the field grow; they do not toil nor do they spin, 29 yet I say to you that even Solomon in all his glory did not clothe himself like one of these. 30 "But if God so arrays the grass of the field, which is alive today and tomorrow is thrown into the furnace, will He not much more do so

31 /그러므로
[너희는] ——— 염려하여 말라
/이르기를(=말하면서, 현재분사)(...하지)
/[우리가] ┬ 무엇을 먹을까?
├ 무엇을 마실까?
└ 무엇을 입을까?

32 //이는(이유: γάρ, for)
이방인들이 —— 구하는 것이라
/다(=모든) /[이것을]

//(이유: γάρ, for)
천부께서 – 아시느니라
/너희 /너희에게(=가) — 있어야 할 줄을
/이것이
/모든

33 /너희는 ——— 구하라
/그의 나라와
/그의 의를
/먼저

//그리하면(결과: 명령문, and)
이것을(=이) —더하시리라
/모든 /너희에게

34 /그러므로
[너희는] ——— 염려하지 말라
/내일 일을 위하여

//(이유: γάρ, for)
내일 일은 —— 염려할 것이요
/내일
괴로움은 —— 족하니라
/한 날 /그 날에

31 그러므로 염려하여 이르기를 무엇을 먹을까 무엇을 마
실까 무엇을 입을까 하지 말라 32 이는 다 이방인들이 구
하는 것이라 너희 천부께서 이 모든 것이 너희에게 있어야
할 줄을 아시느니라
33 너희는 먼저 그의 나라와 그의 의를 구하라 그리하면
이 모든 것을 너희에게 더하시리라 34 그러므로 내일 일
을 위하여 염려하지 말라 내일 일은 내일 염려할 것이요
한 날 괴로움은 그날에 족하니라

for you, O men of little faith? 31 "Do not be anxious
then, saying, 'What shall we eat?' or 'What shall we
drink?' or 'With what shall we clothe ourselves?' 32 "For
all these things the Gentiles eagerly seek; for your heavenly
Father knows that you need all these things. 33 "But seek
first His kingdom and His righteousness; and all these
things shall be added to you. 34 "Therefore do not be
anxious for tomorrow; for tomorrow will care for itself.
Each day has enough trouble of its own.

마

7

7:1 비판을 받지 아니하려거든 비판하지 말라 2 너희의
비판하는 그 비판으로 너희가 비판을 받을 것이요 너
희의 헤아리는 그 헤아림으로 너희가 헤아림을 받을 것이
니라 3 어찌하여 형제의 눈 속에 있는 티는 보고 네 눈 속
에 있는 들보는 깨닫지 못하느냐 4 보라 네 눈 속에 들보
가 있는데 어찌하여 형제에게 말하기를 나로 네 눈 속에
있는 티를 빼게 하라 하겠느냐 5 외식하는 자여 먼저 네
눈 속에서 들보를 빼어라 그 후에야 밝히 보고 형제의 눈
속에서 티를 빼리라 6 거룩한 것을 개에게 주지 말며 너희
진주를 돼지 앞에 던지지 말라 저희가 그것을 발로 밟고
돌이켜 너희를 찢어 상할까 염려하라

7:1 "Do not judge lest you be judged. 2 "For in the
way you judge, you will be judged; and by your standard
of measure, it will be measured to you. 3 "And why do
you look at the speck that is in your brother's eye, but
do not notice the log that is in your own eye? 4 "Or how
can you say to your brother, 'Let me take the speck out
of your eye,' and behold, the log is in your own eye? 5
"You hypocrite, first take the log out of your own eye,
and then you will see clearly to take the speck out of
your brother's eye. 6 "Do not give what is holy to dogs,
and do not throw your pearls before swine, lest they
trample them under their feet, and turn and tear you to

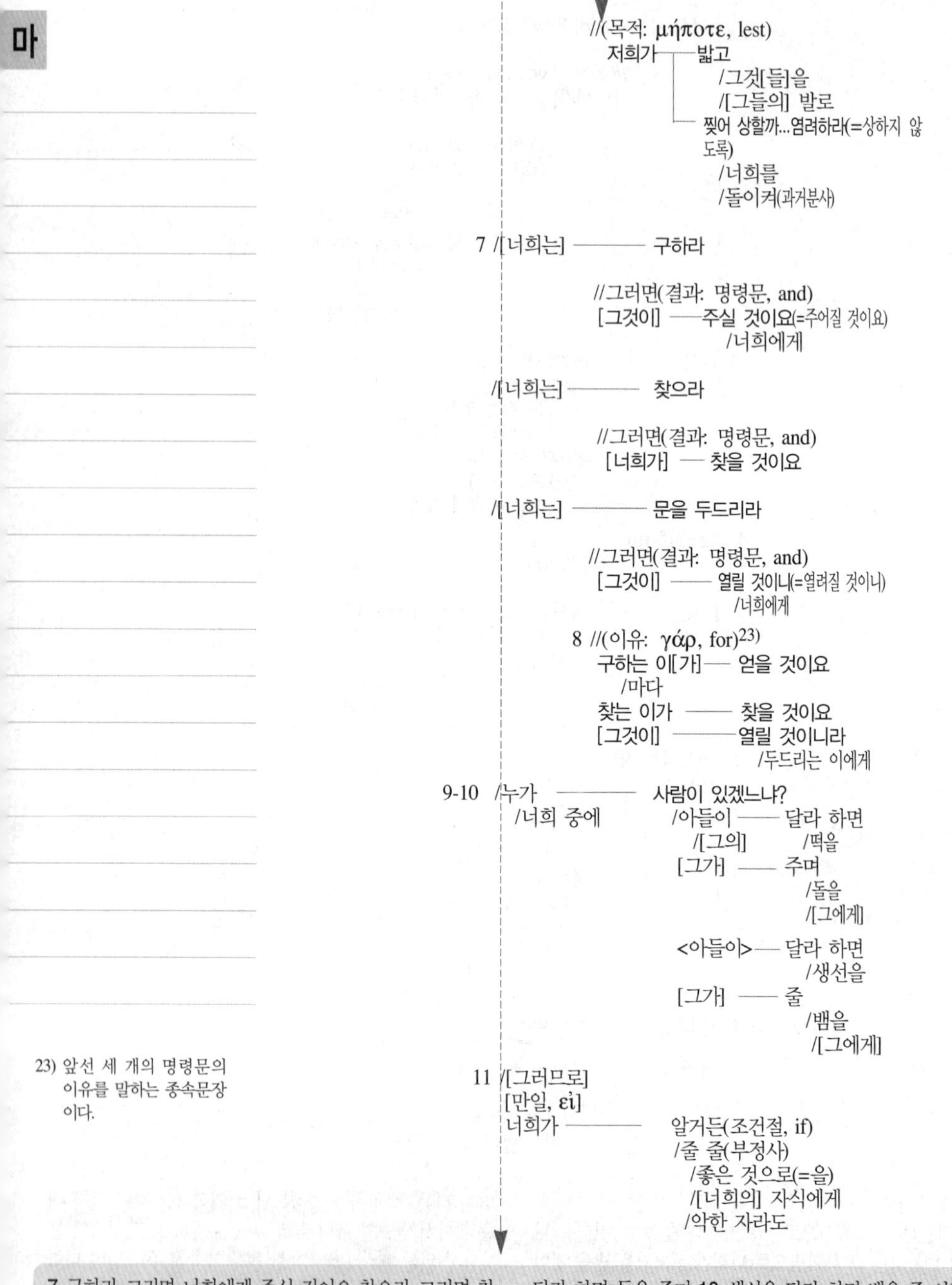

23) 앞선 세 개의 명령문의 이유를 말하는 종속문장이다.

7 구하라 그러면 너희에게 주실 것이요 찾으라 그러면 찾을 것이요 문을 두드리라 그러면 너희에게 열릴 것이니 8 구하는 이마다 얻을 것이요 찾는 이가 찾을 것이요 두드리는 이에게 열릴 것이니라 9 너희 중에 누가 아들이 떡을 달라 하면 돌을 주며 10 생선을 달라 하면 뱀을 줄 사람이 있겠느냐 11 너희가 악한 자라도 좋은 것으로 자식에게 줄 줄 알거든 하물며 하늘에 계신 너희 아버지께서 구하는 자에게 좋은 것으로 주시지 않겠느냐

pieces. 7 ¶ "Ask, and it shall be given to you; seek, and you shall find; knock, and it shall be opened to you. 8 "For everyone who asks receives, and he who seeks finds, and to him who knocks it shall be opened. 9 "Or what man is there among you, when his son shall ask him for a loaf, will give him a stone? 10 "Or if he shall ask for a fish, he will not give him a snake, will he? 11 "If you then, being evil, know how to give good gifts to your children, how much more shall your Father who is in heaven give what is good to those who ask Him!

마

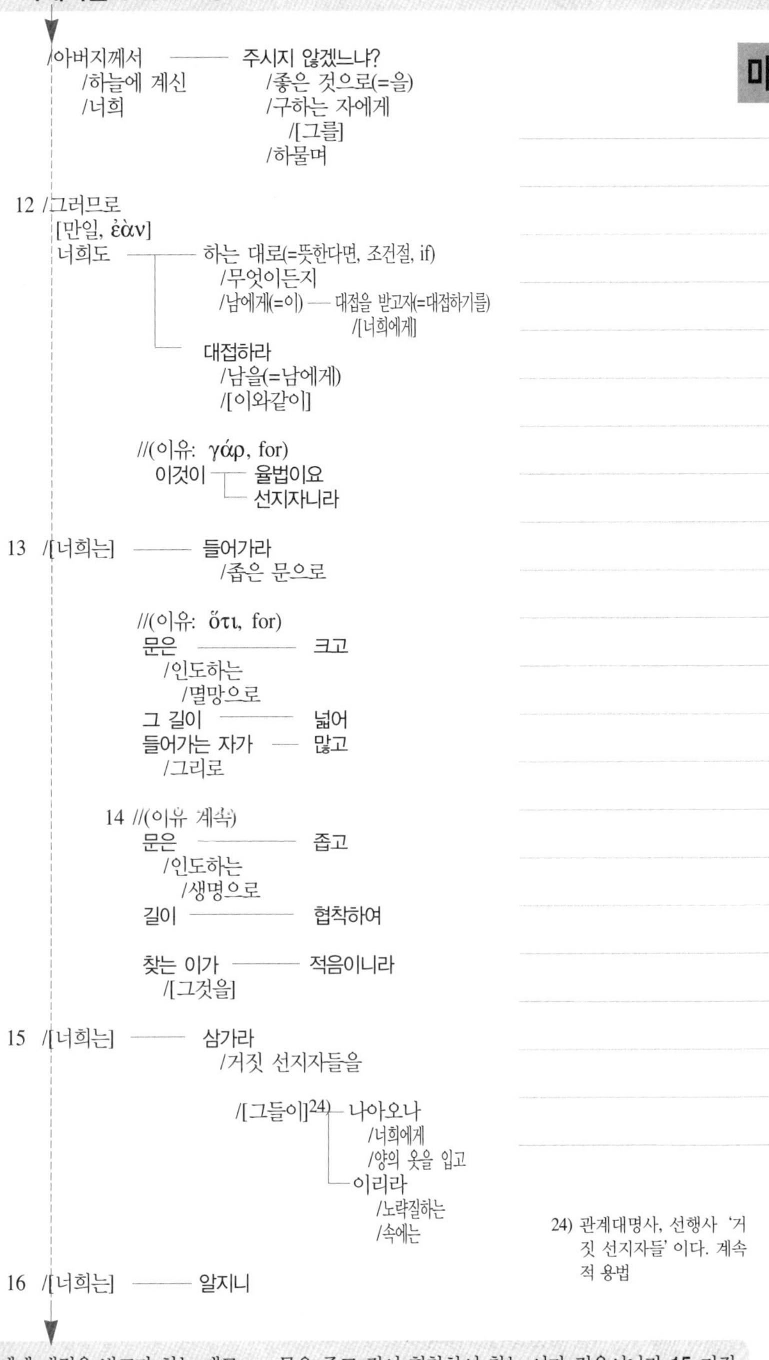

24) 관계대명사, 선행사 '거짓 선지자들' 이다. 계속적 용법

12 그러므로 무엇이든지 남에게 대접을 받고자 하는 대로
너희도 남을 대접하라 이것이 율법이요 선지자니라 **13** 좁
은 문으로 들어가라 멸망으로 인도하는 문은 크고 그 길이
넓어 그리로 들어가는 자가 많고 **14** 생명으로 인도하는
문은 좁고 길이 협착하여 찾는 이가 적음이니라 **15** 거짓
선지자들을 삼가라 양의 옷을 입고 너희에게 나아오나 속
에는 노략질하는 이리라

12 "Therefore, however you want people to treat you, so
treat them, for this is the Law and the Prophets. 13 "Enter
by the narrow gate; for the gate is wide, and the way is
broad that leads to destruction, and many are those who
enter by it. 14 "For the gate is small, and the way is
narrow that leads to life, and few are those who find it.
15 "Beware of the false prophets, who come to you in
sheep's clothing, but inwardly are ravenous wolves.

마

16 /[너희는] —— 알지니
/그들을
/그의 열매로
/[그들이] —— 따겠느냐?
/포도를
/가시나무에서

/또는 무화과를
/엉겅퀴에서

17 /나무[가] —— 맺고
/마다(=모든) /열매를
/좋은 /아름다운
/이와 같이
/나무가 —— 맺나니
/못된 /열매를
/나쁜

18 /나무가 —— 맺을 수 없고
/좋은 /열매를
/나쁜
/나무가 —— 맺을 수 없느니라
/못된 /열매를
/아름다운

19 /나무[가] —— 찍혀
/마다(=모든)
/맺지 아니하는
/열매를
/아름다운
/[그것이] —— 던지우느니라
/불에

20 /이러므로
[너희는] —— 알리라
/그들을
/그의 열매로

21 /[말]하는 자마다 — 들어갈 것이 아니요
/다(=모든) /천국에
/나더러
/주여! 주여!
/행하는 자라야 — 다만(들어가리라)
/뜻대로(=을)
/내 아버지의
/하늘에 계신

22 /많은 사람이 —— 이르되(...하리니)

16 그의 열매로 그들을 알찌니 가시나무에서 포도를 또는
엉겅퀴에서 무화과를 따겠느냐 17 이와 같이 좋은 나무마
다 아름다운 열매를 맺고 못된 나무가 나쁜 열매를 맺나니
18 좋은 나무가 나쁜 열매를 맺을 수 없고 못된 나무가 아
름다운 열매를 맺을 수 없느니라 19 아름다운 열매를 맺
지 아니하는 나무마다 찍혀 불에 던지우느니라 20 이러므
로 그의 열매로 그들을 알리라 21 나더러 주여 주여 하는
자마다 천국에 다 들어갈 것이 아니요 다만 하늘에 계신
내 아버지의 뜻대로 행하는 자라야 들어가리라

16 "You will know them by their fruits. Grapes are not
gathered from thorn bushes, nor figs from thistles, are
they? 17 "Even so, every good tree bears good fruit; but
the bad tree bears bad fruit. 18 "A good tree cannot
produce bad fruit, nor can a bad tree produce good fruit.
19 "Every tree that does not bear good fruit is cut down
and thrown into the fire. 20 "So then, you will know
them by their fruits. 21 "Not everyone who says to Me, 'Lord,
Lord,' will enter the kingdom of heaven; but he who does
the will of My Father who is in heaven.

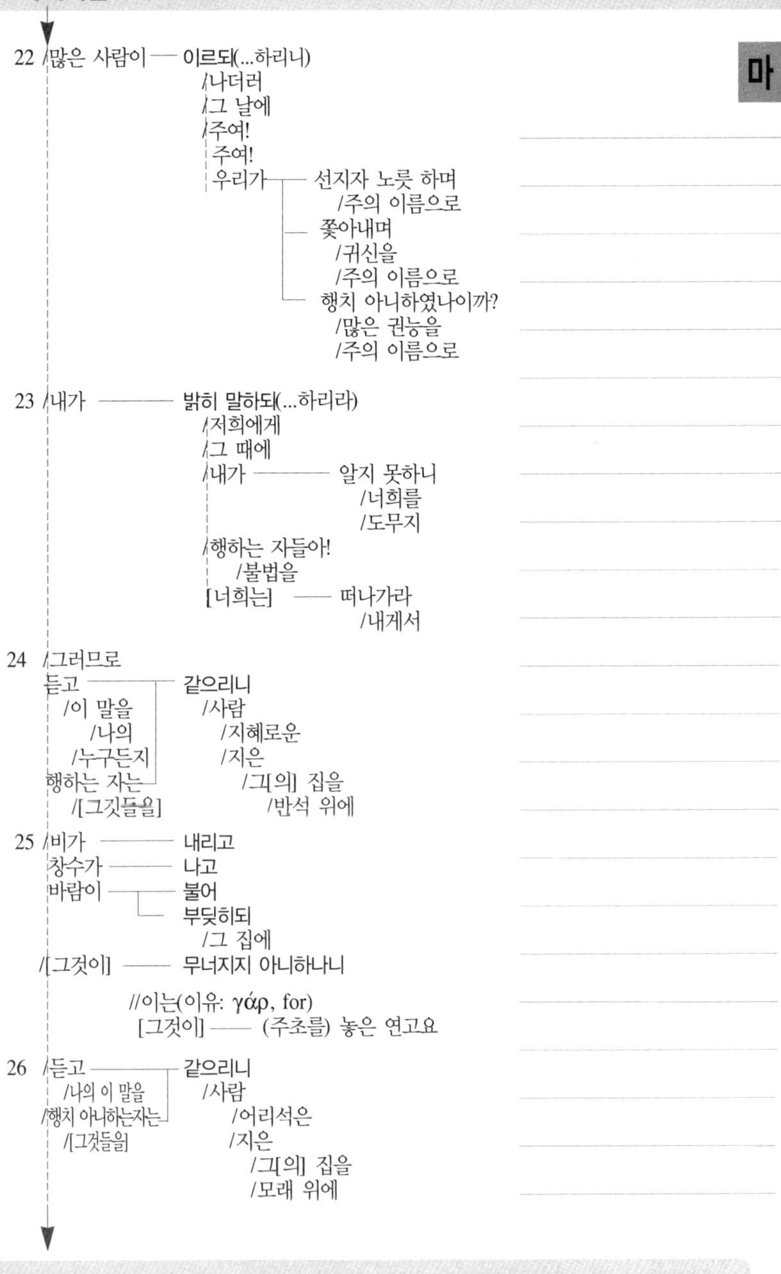

22 그 날에 많은 사람이 나더러 이르되 주여 주여 우리가
주의 이름으로 선지자 노릇하며 주의 이름으로 귀신을 쫓
아 내며 주의 이름으로 많은 권능을 행치 아니하였나이까
하리니 23 그 때에 내가 저희에게 밝히 말하되 내가 너희
를 도무지 알지 못하니 불법을 행하는 자들아 내게서 떠나
가라 하리라 24 그러므로 누구든지 나의 이 말을 듣고 행
하는 자는 그 집을 반석 위에 지은 지혜로운 사람 같으리
니 25 비가 내리고 창수가 나고 바람이 불어 그 집에 부딪
히되 무너지지 아니하나니 이는 주초를 반석 위에 놓은 연
고요 26 나의 이 말을 듣고 행치 아니하는 자는 그 집을

22 "Many will say to Me on that day, 'Lord, Lord, did
we not prophesy in Your name, and in Your name cast
out demons, and in Your name perform many miracles?'
23 "And then I will declare to them, I never knew you;
depart from Me, you who practice lawlessness. 24 "Therefore
everyone who hears these words of Mine, and acts upon them,
may be compared to a wise man, who built his house
upon the rock. 25 "And the rain descended, and the floods
came, and the winds blew, and burst against that house;
and yet it did not fall, for it had been founded upon the
rock. 26 "And everyone who hears these words of Mine,
and does not act upon them, will be like a foolish man,

마

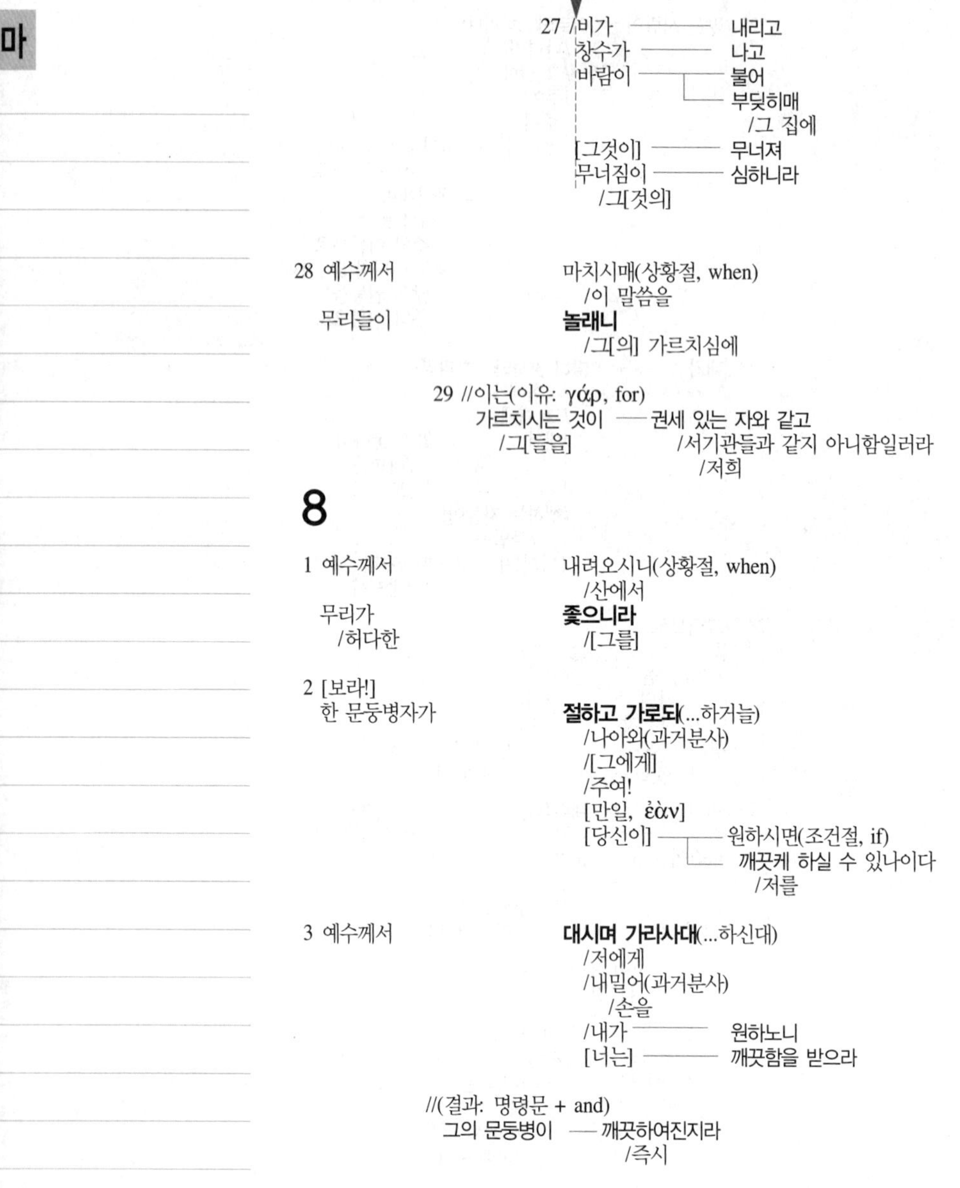

모래 위에 지은 어리석은 사람 같으리니 27 비가 내리고
창수가 나고 바람이 불어 그 집에 부딪히매 무너져 그 무
너짐이 심하니라 28 예수께서 이 말씀을 마치시매 무리들
이 그 가르치심에 놀래니 29 이는 그 가르치시는 것이 권
세 있는 자와 같고 저희 서기관들과 같지 아니함일러라

8:1 예수께서 산에서 내려오시니 허다한 무리가 좇으니
라 2 한 문둥병자가 나아와 절하고 가로되 주여 원하
시면 저를 깨끗케 하실 수 있나이다 하거늘 3 예수께서 손
을 내밀어 저에게 대시며 가라사대 내가 원하노니 깨끗함
을 받으라 하신대 즉시 그의 문둥병이 깨끗하여진지라

who built his house upon the sand. 27 "And the rain descended,
and the floods came, and the winds blew, and burst against
that house; and it fell, and great was its fall." 28 ¶ The
result was that when Jesus had finished these words, the
multitudes were amazed at His teaching; 29 for He was
teaching them as one having authority, and not as their scribes.

8:1 And when He had come down from the mountain,
great multitudes followed Him. 2 And behold, a leper
came to Him, and bowed down to Him, saying, "Lord, if
You are willing, You can make me clean." 3 And He stretched
out His hand and touched him, saying, "I am willing; be
cleansed." And immediately his leprosy was cleansed.

4 예수께서 이르시되(...하시니라)
/[그에게]
/[너는] ——— 삼가
— 이르지 말고
/아무에게도
— 다만 가서
— 보이고
/네 몸을
/제사장에게
— 드려
/예물을
/모세의 명한
/증거하라(=증거하기 위하여)
/저희에게

5 예수께서 들어가시니(=들어가셨을 때, 상황절, when)
/가버나움에
한 백부장이 나아와 가로되
/[그에게]
/간구하여(현재분사)
/[그를]

6 /주여!
내 하인이——— 누워[있나이다]
/중풍병으로
/집에
/괴로와하나이다(=괴로워하면서, 현재분사)
/몹시

7 [그가] 가라사대
/[그에게]
/내가 ——— 고쳐 주리라
/가서
/가서(과거분사)

8 백부장이 대답하여 가로되
/주여!
/나는——— 감당치 못하겠사오니
/[당신이] — 들어오심을
/내 집에
[당신은] ——— 다만 [말]하옵소서
/말씀으로만

//그러면(결과: 명령문, and)
내 하인이— 낫겠삽나이다

9 //(이유: γάρ, for)

4 예수께서 이르시되 삼가 아무에게도 이르지 말고 다만
가서 제사장에게 네 몸을 보이고 모세의 명한 예물을 드려
저희에게 증거하라 하시니라 5 예수께서 가버나움에 들어
가시니 한 백부장이 나아와 간구하여 6 가로되 주여 내 하
인이 중풍병으로 집에 누워 몹시 괴로와하나이다 7 가라
사대 내가 가서 고쳐 주리라 8 백부장이 대답하여 가로되
주여 내 집에 들어오심을 나는 감당치 못하겠사오니 다만
말씀으로만 하옵소서 그러면 내 하인이 낫겠삽나이다

4 And Jesus said to him, "See that you tell no one; but
go, show yourself to the priest, and present the offering
that Moses commanded, for a testimony to them." 5 ¶
And when He had entered Capernaum, a centurion came
to Him, entreating Him, 6 and saying, "Lord, my servant
is lying paralyzed at home, suffering great pain." 7 And
He said to him, "I will come and heal him." 8 But the centurion
answered and said, "Lord, I am not worthy for You to
come under my roof, but just say the word, and my servant
will be healed.

마

9 //(이유: γάρ, for)
나도 — (있는) 사람이요
/남의 수하에
/있으니(=소유하는, 현재분사)
/군사가(=를)
/내 아래도
— [말]하면
/이더러
/[너는] — 가라
//(결과: 명령문, and)
[그가] — 가고
〈내가〉 — (하면)
/저더러
/[너는] — 오라
//(결과: 명령문, and)
[그가] — 오고
〈내가〉 — (하면)
/내 종더러
/[너는] — 하라
/이것을
//(결과: 명령문, and)
[그가] — 하나이다

10 예수께서 **기이히 여겨**
/들으시고(과거분사)
이르시되
/좇는 자들에게
/진실로
내가 — 이르노니[25)]
/너희에게
/[내가] — 만나 보지 못하였노라
/믿음을
/이만한
아무에게서도
/이스라엘 중(=안에서)

11 /[내가] — 이르노니[26)]
/너희에게
/많은 사람이 — 이르러
/동서로부터
앉으려니와
/아브라함과
이삭과
야곱과 함께
/천국에

12 /본 자손들은 — 쫓겨나
/나라의
/바깥 어두운 데
울며 — 있으리라
이를 갊이
/거기서

25) ἀμὴν λέγω', '아멘, 내 가 말한다'. 주님이 자신의 말에 대해 확정적임을 강조하는 관용적인 어구이다..

26) 주님께서 자신의 말씀을 하나님의 말씀과 대등한 권위임을 드러내는 관용적인 표현이다.

9 나도 남의 수하에 있는 사람이요 내 아래도 군사가 있으
니 이더러 가라 하면 가고 저더러 오라 하면 오고 내 종더
러 이것을 하라 하면 하나이다 10 예수께서 들으시고 기
이히 여겨 좇는 자들에게 이르시되 내가 진실로 너희에게
이르노니 이스라엘 중 아무에게서도 이만한 믿음을 만나보
지 못하였노라 11 또 너희에게 이르노니 동서로부터 많은
사람이 이르러 아브라함과 이삭과 야곱과 함께 천국에 앉
으려니와 12 나라의 본 자손들은 바깥 어두운 데 쫓겨나

9 "For I, too, am a man under authority, with soldiers
under me; and I say to this one, 'Go!' and he goes, and
to another, 'Come!' and he comes, and to my slave, 'Do
this!' and he does it." 10 Now when Jesus heard this, He
marveled, and said to those who were following, "Truly I
say to you, I have not found such great faith with anyone
in Israel. 11 "And I say to you, that many shall come
from east and west, and recline at the table with Abraham,
and Isaac, and Jacob, in the kingdom of heaven; 12 but

13 예수께서 **이르시되**(...하시니)
/백부장에게
/[너는] —— 가라
[그것이] —— 될지어다
/네(=너에게)
/[네가] —— 믿은 대로

//(결과: 명령문, and)
하인이 —— 나으니라
/그 시로

14 예수께서 **보시고**
/들어가사(=들어가신 후에, 과거분사)
/베드로의 집에
/그의 장모가(=를)
/앓아 누운 (것을)
/열병으로

15 **만지시니**
/그의 손을
열병이 **떠나가고**
/[그를]
여인이 **일어나서**
수종들더라
/예수께

16 저물매(상황절, when)
사람들이 **데리고. . . 오거늘(=데려오니)**
/많이(=무리를)
/귀신들린 (자를)
/예수께
예수께서 **쫓아내시고**
/귀신들을
/말씀으로
고치시니
/병든 자를
/다(=모든)

17 //이는(목적: ὅπως, that...might)
말씀에(=이) —— 이루려 하심이더라
/[말씀]하신
/선지자 이사야로
/친히 —— 담당하시고
/우리 연약한 것을
—— 짊어지셨도다
/병을

거기서 울며 이를 갊이 있으리라 13 예수께서 백부장에게
이르시되 가라 네 믿은 대로 될지어다 하시니 그 시로 하
인이 나으니라 14 예수께서 베드로의 집에 들어가사 그의
장모가 열병으로 앓아 누운 것을 보시고 15 그의 손을 만
지시니 열병이 떠나가고 여인이 일어나서 예수께 수종들더
라 16 저물매 사람들이 귀신 들린 자를 많이 데리고 예수
께 오거늘 예수께서 말씀으로 귀신들을 쫓아 내시고 병든
자를 다 고치시니 17 이는 선지자 이사야로 하신 말씀에
우리 연약한 것을 친히 담당하시고 병을 짊어지셨도다 함
을 이루려 하심이더라

the sons of the kingdom shall be cast out into the outer
darkness; in that place there shall be weeping and gnashing
of teeth." 13 And Jesus said to the centurion, "Go your
way; let it be done to you as you have believed." And
the servant was healed that very hour.14 And when Jesus
had come to Peter's home, He saw his mother-in-law lying
sick in bed with a fever. 15 And He touched her hand,
and the fever left her; and she arose, and waited on Him.
16 And when evening had come, they brought to Him
many who were demon-possessed; and He cast out the
spirits with a word, and healed all who were ill17 in
order that what was spoken through Isaiah the prophet

18 예수께서 **명하시니라**
/건너가기를
/저편으로
/보시고(과거분사)
/무리가(=를)
/자기를 에워쌈을

19 한 서기관이 **말씀하되**
/예수께
/나아와(과거분사)
/선생님이여!
저는 —— 좇으리이다
/[당신에게]
/[당신이]—어디로 가시든지

20 예수께서 **이르시되**(...하시더라)
/[그에게]
/여우도 —— 있고(=소유하고)
/굴이(=을)
/새도 —— (있으되)
/공중의 /거처가(=를)
/오직
인자는 —— 없다
/둘 곳이(=을)
/머리[를]

21 또
하나가 **가로되**
/제자 중에
/[그의]
/[그에게]
/주여!
[당신은] —— 허락하옵소서
/가서(=가기를)
/나로
/먼저
/장사하게(=장사하기를, 부정사)
/내 부친을

22 예수께서 **가라사대**(...하시니라)
/[그에게]
/너는 —— 좇으라
/나를
장사하게 하고
/저희 죽은 자를
/죽은 자들로

23 [그가] 오르시매(=오를셨을 때, 상황절, when)
/배에
제자들이 **좇았더니**
/[그의]
/[그를]

18 예수께서 무리가 자기를 에워쌈을 보시고 저편으로 건
너 가기를 명하시니라 19 한 서기관이 나아와 예수께 말
씀하되 선생님이여 어디로 가시든지 저는 좇으리이다 20
예수께서 이르시되 여우도 굴이 있고 공중의 새도 거처가
있으되 오직 인자는 머리 둘 곳이 없다 하시더라 21 제자
중에 또 하나가 가로되 주여 나로 먼저 가서 부친을 장사
하게 허락하옵소서 22 예수께서 가라사대 죽은 자들로 저
희 죽은 자를 장사하게 하고 너는 나를 좇으라 하시니라
23 배에 오르시매 제자들이 좇았더니

might be fulfilled, saying, "He Himself took our infirmities,
and carried away our diseases." 18 Now when Jesus saw
a crowd around Him, He gave orders to depart to the
other side. 19 And a certain scribe came and said to Him,
"Teacher, I will follow You wherever You go." 20 And
Jesus said to him, "The foxes have holes, and the birds
of the air have nests; but the Son of Man has nowhere to
lay His head." 21 And another of the disciples said to
Him, "Lord, permit me first to go and bury my father."
22 But Jesus said to him, "Follow Me; and allow the

24 [보라, ἰδού]
큰 놀이 **일어나**
/바다에

//(결과: ὥστε, so that)
[그것이] —— 덮이게 되었으되
/배에(=를)
/물결이(=에)

예수는 **주무시는지라**

25 그 제자들이 **나아와 깨우며**
/[그를]
/주여!
[당신은] —— 구원하소서
우리가 —— 죽겠나이다

26 예수께서 **이르시되**(...하시고)
/[그들에게]
/믿음이 적은 자들아!
/[너희는] —— 어찌하여 무서워하느냐?
꾸짖으신대
/바람과 바다를
/일어나사(=일어나신 후에, 과거분사)
/곧
[그것이] **잔잔하게 되거늘**
/아주

27 그 사람들이 **기이히 여겨 가로되**(...하더라)
/이[가] —— 어떠한 사람이기에
/바람과 ┬ 순종하는고?
바다도 ┘ /[그에게]

28 또
예수께서 가시매(상황절, when)
/건너편 가다라 지방에
둘이 **만나니**
/귀신들린 (자) /예수를
/나와(현재분사)
/무덤 사이에서
저희는 **사나와**
/심히

//(결과: ὥστε, so that...could)
아무도 —— 지나갈 수 없을 (만하더라)
/그 길로

24 바다에 큰 놀이 일어나 물결이 배에 덮이게 되었으되
예수는 주무시는지라 25 그 제자들이 나아와 깨우며 가로
되 주여 구원하소서 우리가 죽겠나이다 26 예수께서 이르
시되 어찌하여 무서워하느냐 믿음이 적은 자들아 하시고
곧 일어나사 바람과 바다를 꾸짖으신대 아주 잔잔하게 되
거늘 27 그 사람들이 기이히 여겨 가로되 이 어떠한 사람
이기에 바람과 바다도 순종하는고 하더라 28 또 예수께서
건너편 가다라 지방에 가시매 귀신 들린 자 둘이 무덤 사
이에서 나와 예수를 만나니 저희는 심히 사나와 아무도 그
길로 지나갈 수 없을 만하더라

dead to bury their own dead." 23 And when He got into
the boat, His disciples followed Him. 24 And behold,
there arose a great storm in the sea, so that the boat was
covered with the waves; but He Himself was asleep. 25
And they came to Him, and awoke Him, saying, "Save
us, Lord; we are perishing!" 26 And He said to them,
"Why are you timid, you men of little faith?" Then He
arose, and rebuked the winds and the sea; and it became
perfectly calm. 27 And the men marveled, saying, "What kind
of a man is this, that even the winds and the sea obey
Him?" 28 And when He had come to the other side into
the country of the Gadarenes, two men who were demon-

마

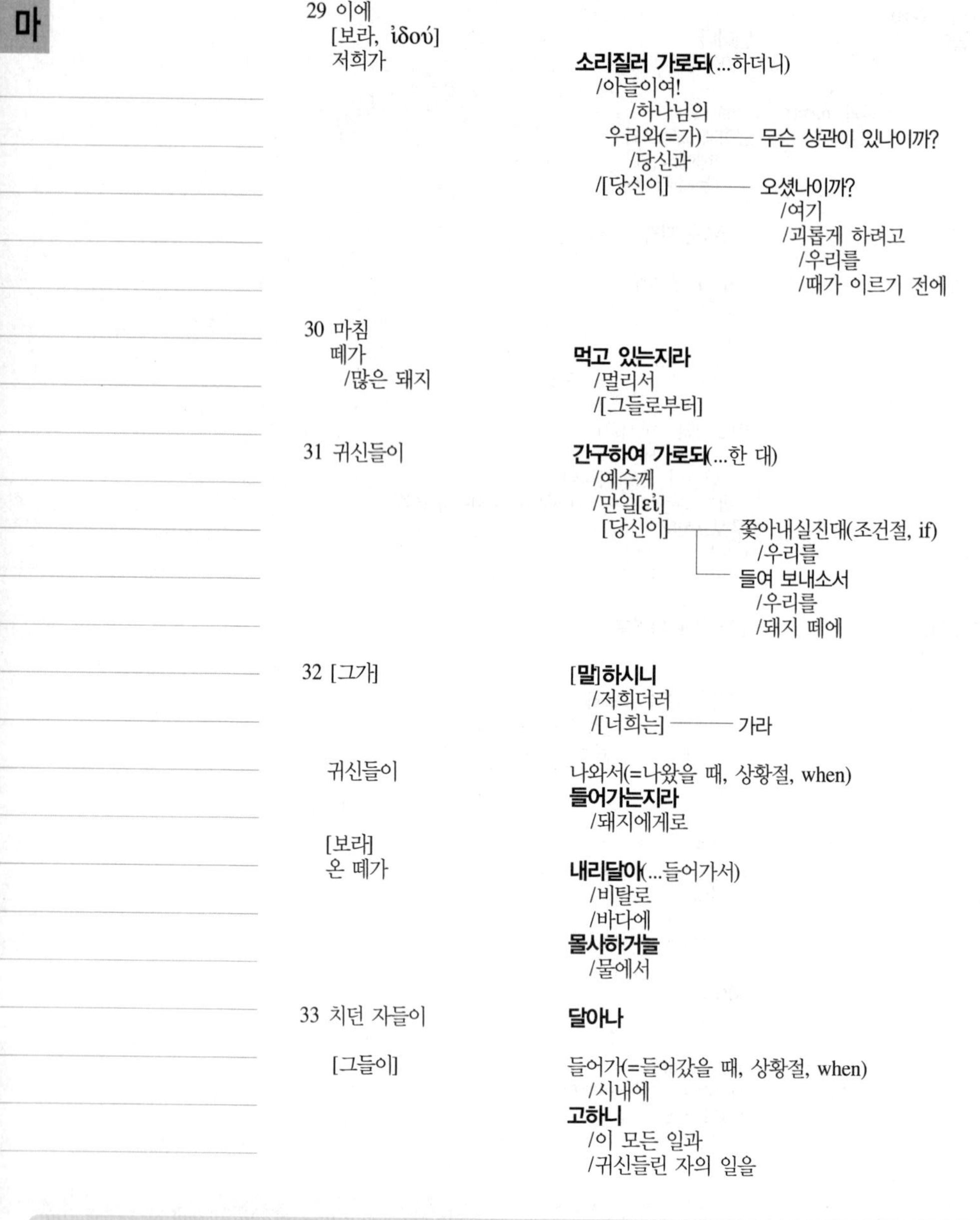

29 이에 저희가 소리질러 가로되 하나님의 아들이여 우리
와 당신과 무슨 상관이 있나이까 때가 이르기 전에 우리를
괴롭게 하려고 여기 오셨나이까 하더니 30 마침 멀리서
많은 돼지 떼가 먹고 있는지라 31 귀신들이 예수께 간구
하여 가로되 만일 우리를 쫓아 내실진대 돼지 떼에 들여
보내소서 한대 32 저희더러 가라 하시니 귀신들이 나와서
돼지에게로 들어가는지라 온 떼가 비탈로 내리달아 바다에
들어가서 물에서 몰사하거늘 33 치던 자들이 달아나 시내
에 들어가 이 모든 일과 귀신 들린 자의 일을 고하니

possessed met Him as they were coming out of the tombs;
they were so exceedingly violent that no one could pass
by that road. 29 And behold, they cried out, saying, "What
do we have to do with You, Son of God? Have You come
here to torment us before the time?" 30 Now there was
at a distance from them a herd of many swine feeding.
31 And the demons began to entreat Him, saying, "If
You are going to cast us out, send us into the herd of
swine." 32 And He said to them, "Begone!" And they
came out, and went into the swine, and behold, the whole
herd rushed down the steep bank into the sea and perished
in the waters. 33 And the herdsmen ran away, and went

34 [보라]
온 시내가 나가서
/만나려고
/예수를

[그들이] 보고(=보았을 때, 상황절, when)
/[그를]
간구하더라
/[그가]——— 떠나시기를
/그[들의] 지방에서

9

1 예수께서 **건너가**
/오르사(=오르신 후에, 과거분사)
/배에
이르시니
/본 동네에

2 사람들이 **데리고 오거늘**
/중풍병자를
/누운
/침상에
/[그에게]

예수께서 **이르시되**
/중풍병자에게
/보시고(=보신 후에, 과거분사)
/저희의 믿음을
/소자야!
[너는] ——— 안심하라
죄[들이]—— 사함을 받았느니라
/네

3 [보라!]
어떤 서기관들이 **이르되**
/속으로
/이 사람이——참람하도다

4 예수께서 **가라사대**(...하시고)
/아시고(과거분사)
/그[들의] 생각을
/너희가 ——— 어찌하여 생각을 하느냐?
/악한(=을)
/[너희의] 마음에

5 //(이유: γάρ, for)

34 온 시내가 예수를 만나려고 나가서 보고 그 지방에서
떠나시기를 간구하더라

9:1 예수께서 배에 오르사 건너가 본 동네에 이르시니
2 침상에 누운 중풍병자를 사람들이 데리고 오거늘 예
수께서 저희의 믿음을 보시고 중풍병자에게 이르시되 소자
야 안심하라 네 죄 사함을 받았느니라 3 어떤 서기관들이
속으로 이르되 이 사람이 참람하도다 4 예수께서 그 생각
을 아시고 가라사대 너희가 어찌하여 마음에 악한 생각을
하느냐

to the city, and reported everything, including the incident
of the demoniacs. 34 And behold, the whole city came
out to meet Jesus; and when they saw Him, they entreated
Him to depart from their region.

9:1 And getting into a boat, He crossed over, and came
to His own city. 2And behold, they were bringing to
Him a paralytic, lying on a bed; and Jesus seeing their
faith said to the paralytic, "Take courage, My son, your
sins are forgiven." 3 And behold, some of the scribes
said to themselves, "This fellow blasphemes." 4 And Jesus

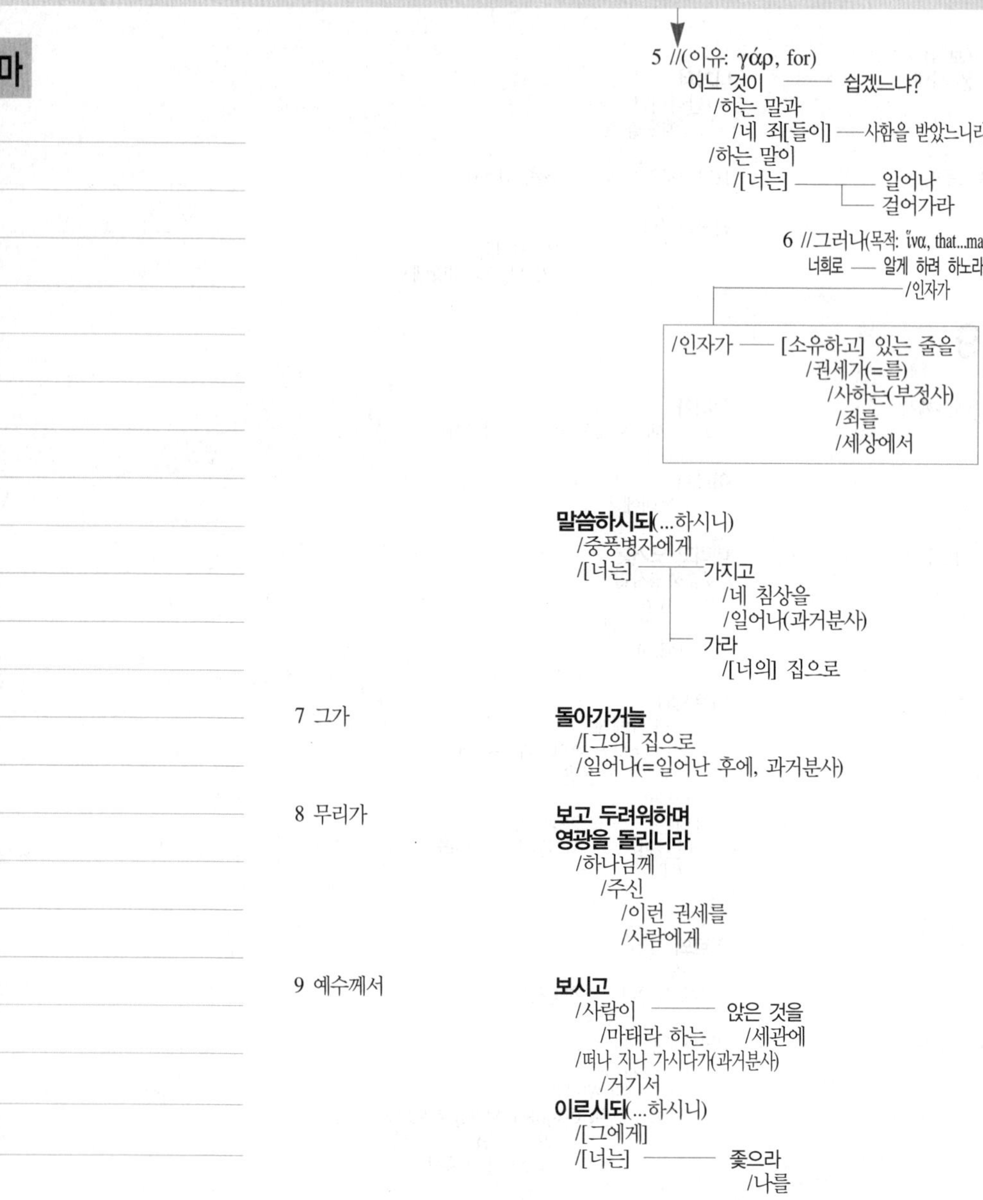

5 네 죄 사함을 받았느니라 하는 말과 일어나 걸어가라 하
는 말이 어느 것이 쉽겠느냐 6 그러나 인자가 세상에서 죄
를 사하는 권세가 있는 줄을 너희로 알게 하려 하노라 하
시고 중풍병자에게 말씀하시되 일어나 네 침상을 가지고
집으로 가라 하시니 7 그가 일어나 집으로 돌아가거늘 8
무리가 보고 두려워하며 이런 권세를 사람에게 주신 하나
님께 영광을 돌리니라 9 예수께서 거기서 떠나 지나가시
다가 마태라 하는 사람이 세관에 앉은 것을 보시고 이르시
되 나를 좇으라 하시니 일어나 좇으니라

knowing their thoughts said, "Why are you thinking evil in your hearts? 5 "For which is easier, to say, 'Your sins are forgiven,' or to say, 'Rise, and walk'? 6 "But in order that you may know that the Son of Man has authority on earth to forgive sins"- then He said to the paralytic - "Rise, take up your bed, and go home." 7 And he rose, and went home. 8 But when the multitudes saw this, they were filled with awe, and glorified God, who had given such authority to men. 9 And as Jesus passed on from there, He saw a man, called Matthew, sitting in the tax

//(결과: 명령문, and)
[그가] — 좇으니라
/[그를]
/일어나(과거분사)

10 예수께서 앉아 음식을 잡수실 때에(상황절, as)
/마태의 집에서

[보라!]
세리와 — **함께 앉았더니**
/많은
죄인들이
/예수와
그[의] 제자들과
/와서(과거분사)

11 바리새인들이 **이르되**
/그[의] 제자들에게
/보고(과거분사)
/선생은 — 어찌하여 잡수시느냐?
/너희 /세리와 죄인들과 함께

12 예수께서 **들으시고 이르시되**(...하시니라)
/건강한 자에게는 — 쓸데없고
/의원이
/병든 자에게라야— (쓸데있느니라)

13 /너희는 — 배우라
/가서(과거분사)
/뜻이 — 무엇인지
/내가 — 원하고
/긍휼을
(원치 아니하노라 하신)
/제사를

//(이유: γάρ, for)
내가 — 부르러 온 것이 아니요
/의인을
(부르러 왔노라)
/죄인을

14 제자들이 **나아와 가로되**
/요한의
/예수께
/그 때에
/우리와 — 금식하는데
바리새인들은 /[종종]
제자들은 — 어찌하여 금식하지 아니하나이까?
/당신의

10 예수께서 마태의 집에서 앉아 음식을 잡수실 때에 많
은 세리와 죄인들이 와서 예수와 그 제자들과 함께 앉았더
니 11 바리새인들이 보고 그 제자들에게 이르되 어찌하여
너희 선생은 세리와 죄인들과 함께 잡수시느냐 12 예수께
서 들으시고 이르시되 건강한 자에게는 의원이 쓸 데 없고
병든 자에게라야 쓸 데 있느니라 13 너희는 가서 내가 긍
휼을 원하고 제사를 원치 아니하노라 하신 뜻이 무엇인지
배우라 내가 의인을 부르러 온 것이 아니요 죄인을 부르러
왔노라 하시니라 14 그 때에 요한의 제자들이 예수께 나
아와 가로되 우리와 바래새인들은 금식하는데 어찌하여 당
신의 제자들은 금식하지 아니하나이까

office; and He said to him, "Follow Me!" And he rose,
and followed Him. 10 And it happened that as He was reclining
at the table in the house, behold many tax-gatherers and sinners
came and were dining with Jesus and His disciples. 11
And when the Pharisees saw this, they said to His disciples,
"Why is your Teacher eating with the tax-gatherers and
sinners?" 12 But when He heard this, He said, "It is not
those who are healthy who need a physician, but those
who are sick. 13 "But go and learn what this means, 'I
desire compassion, and not sacrifice,' for I did not come

마

15 예수께서 **이르시되**
/저희에게
/손님들이 —— 슬퍼할 수 있느뇨?
/혼인집 /신랑과(=이) —있을 동안에
/[그들과] 함께

/그러나
날이 —— 이르리니
/신랑을(=이) —— 빼앗길(=빼앗김당할)
/[그들로부터]
/[그들이] —— 금식할 것이니라
/그 때에는

16 /(아무도) —— 붙이는 자가 없나니
/생베 조각을
/낡은 옷에

//이는(이유: γάρ, for)
[그가] —— 당기어
/[그의] 기운 것이(=을)
/그 옷을(=옷으로부터)
해어짐이 —더하게 됨이요

17 /[그들이] —— 넣지 아니하나니
/새 포도주를
/낡은 가죽 부대에
/[만일, εἰ]
그렇게 하면(조건절, if)
부대가 —— 터져
포도주도 —— 쏟아지고
부대도 —— 버리게 됨이라

/[그들이] —— 넣어야
/새 포도주는(=를)
/새 부대에
둘이 다 —— 보전되느니라

18 예수께서 [말]하실 때에(상황절, while)
/이 말씀을
/[그들에게]

[보라!]
한 직원이 **와서 절하고 가로되**(...하니)
/[그에게]
/딸이 —— 죽었사오나
/내 /방장(=방금)
/[당신이] —— 엎으소서

15 예수께서 저희에게 이르시되 혼인집 손님들이 신랑과
함께 있을 동안에 슬퍼할 수 있느뇨 그러나 신랑을 빼앗길
날이 이르리니 그 때에는 금식할 것이니라 16 생베 조각
을 낡은 옷에 붙이는 자가 없나니 이는 기운 것이 그 옷을
당기어 해어짐이 더하게 됨이요 17 새 포도주를 낡은 가
죽 부대에 넣지 아니하나니 그렇게 하면 부대가 터져 포도
주도 쏟아지고 부대도 버리게 됨이라 새 포도주는 새 부대
에 넣어야 둘이 다 보전되느니라 18 예수께서 이 말씀을
하실 때에 한 직원이 와서 절하고 가로되 내 딸이 방장 죽
었사오나 오셔서 그 몸에 손을 얹으소서 그러면 살겠나이다

to call the righteous, but sinners." 14 Then the disciples
of John came to Him, saying, "Why do we and the
Pharisees fast, but Your disciples do not fast?" 15 And
Jesus said to them, "The attendants of the bridegroom
cannot mourn as long as the bridegroom is with them,
can they? But the days will come when the bridegroom
is taken away from them, and then they will fast. 16 "But
no one puts a patch of unshrunk cloth on an old garment;
for the patch pulls away from the garment, and a worse
tear results. 17 "Nor do men put new wine into old
wineskins; otherwise the wineskins burst, and the wine
pours out, and the wineskins are ruined; but they put new
wine into fresh wineskins, and both are preserved." 18
While He was saying these things to them, behold, there

/[당신이] —— 얹으소서
/[당신의] 손을
/그 몸에
/오셔서(과거분사)

//그러면(결과: 명령문, and)
[그가] —— 살겠나이다

19 예수께서 **일어나 따라가시매**
/[그에게]
제자들도 **(가더니)**
/[그의]

20 [보라!]
여자가 **만지니**
/혈루증으로 앓는 /그[의] 겉옷 가를
/열두 해를 /와서(과거분사)
/예수의 뒤로

21 //이는(이유: γάρ, for)
[그녀가] —— [말]함이라
/제 마음에
/[만일, ἐὰν]
[내가] —— 만져도(=만진다면, 조건절, if)
/그[의] 겉옷만
구원을 받겠다

22 예수께서 **가라사대**(...하시니)
/돌이켜(과거분사)
/보시며(과거분사)
/그를
/딸아!
[너는] —— 안심하라
네 믿음이 —— 구원하였다
/너를

여자가 **구원을 받으니라**
/그 시로

23 예수께서 가사(=가셨을 때, 상황절, when)
/그 직원의 집에
가라사대(...하시니)
/보시고(과거분사)
/피리 부는 자들과
/무리를
/훤화하는

24 /[너희는] —— 물러가라

//(이유: γάρ, for)
이 소녀가 —— 죽은 것이 아니라
잔다

하니 19 예수께서 일어나 따라 가시매 제자들도 가더니
20 열두 해를 혈루증으로 앓는 여자가 예수의 뒤로 와서
그 겉옷 가를 만지니 21 이는 제 마음에 그 겉옷만 만져도
구원을 받겠다 함이라 22 예수께서 돌이켜 그를 보시며
가라사대 딸아 안심하라 네 믿음이 너를 구원하였다 하시
니 여자가 그 시로 구원을 받으니라 23 예수께서 그 직원
의 집에 가사 피리 부는 자들과 훤화하는 무리를 보시고
24 가라사대 물러가라 이 소녀가 죽은 것이 아니라 잔다

came a synagogue official, and bowed down before Him,
saying, "My daughter has just died; but come and lay
Your hand on her, and she will live." 19 And Jesus rose
and began to follow him, and so did His disciples. 20
And behold, a woman who had been suffering from a
hemorrhage for twelve years, came up behind Him and touched
the fringe of His cloak; 21 for she was saying to herself,
"If I only touch His garment, I shall get well." 22 But
Jesus turning and seeing her said, "Daughter, take courage;
your faith has made you well." And at once the woman

저들이	**비웃더라**
	/[그를]
25 무리를(=가)	내어 보낸 후에(상황절, when)
예수께서	**잡으시매**
	/소녀의 손을
	/들어가사(과거분사)
[소녀가]	**일어나는지라**
26 그 소문이	**퍼지더라**
	/그 온 땅에
27 예수께서	떠나가실새(상황절, when)
	/거기서
두 소경이	**따라오며 가로되**(...하더니)
	/[그를]
	/소리질러(현재분사)
	/자손이여!
	/다윗의
	/[당신은] ── 불쌍히 여기소서
	/우리를
28 예수께서	들어가시매(상황절, when)
	/집에
소경들이	**나아오거늘**
	/[그에게]
예수께서	**이르시되**
	/[그들에게]
	/[너희는] ── 믿느냐?
	/내가 ─능히 할 줄을
	/이 일[을]
[그들이]	**대답하되**(...하니)
	/[그에게]
	/주여!
	그러하오이다
29 예수께서	**만지시며 가라사대**(...하신대)
	/저희 눈을
	/이에(=그때에)
	/[그것이] ── 되라
	/[너희에게]
	/너희 믿음대로

30 //(결과: 명령문, and)
눈들이 ── 밝아진지라
/그[들의]

하시니 저들이 비웃더라 25 무리를 내어 보낸 후에 예수
께서 들어가사 소녀의 손을 잡으시매 일어나는지라 26 그
소문이 그 온 땅에 퍼지더라 27 예수께서 거기서 떠나 가
실새 두 소경이 따라오며 소리질러 가로되 다윗의 자손이
여 우리를 불쌍히 여기소서 하더니 28 예수께서 집에 들
어가시매 소경들이 나아오거늘 예수께서 이르시되 내가 능
히 이 일 할 줄을 믿느냐 대답하되 주여 그러하오이다 하
니 29 이에 예수께서 저희 눈을 만지시며 가라사대 너희
믿음대로 되라 하신대 30 그 눈들이 밝아진지라 예수께서
엄히 경계하시되 삼가 아무에게도 알게 하지 말라 하셨으나

was made well. 23 And when Jesus came into the official's
house, and saw the flute-players, and the crowd in noisy
disorder, 24 He began to say, "Depart; for the girl has
not died, but is asleep." And they began laughing at Him.
25 But when the crowd had been put out, He entered and
took her by the hand; and the girl arose. 26 And this
news went out into all that land. 27 And as Jesus passed
on from there, two blind men followed Him, crying out,
and saying, "Have mercy on us, Son of David!" 28And
after He had come into the house, the blind men came
up to Him, and Jesus said to them, "Do you believe that
I am able to do this?" They said to Him, "Yes, Lord." 29Then
He touched their eyes, saying, "Be it done to you according
to your faith." 30And their eyes were opened. And Jesus

예수께서 **엄히 경계하시되. . 하셨으나**(=경계하시며 말씀하셨으나)
/[그들에게]
/[너희는] — 삼가[라]
/아무에게도 — 알게 하지 말라(=말 것을)

31 저희가 나가서(=나갔을 때, 상황절, when)
전파하니라
/예수의 소문을
/그 온 땅에

32 저희가 나갈 때에(상황절, as)
[보라, ἰδού]
[저희가] **데려오니**
/자를(=사람을)
/벙어리 된
/귀신들려(=들린)
/예수께

33 귀신이 쫓겨나고(=쫓겨난 후에, after)
벙어리가 **말하거늘**
무리가 **기이히 여겨 가로되**(...하되)
/[그것이] —— 본 때가 없다(=보여진 적이 없다)
/이런 일을
/이스라엘 가운데서

34 바리새인들은 **가로되**(...하더라)
/저가 ——— 쫓아낸다
/귀신을
/왕을 빙자하여
/귀신의

35 예수께서 **두루 다니사**
/모든 성과 촌에
/가르치시며(현재분사)
/저희 회당에서
/전파하시며(현재분사)
/천국 복음을
/고치시니라(현재분사)
/병과
/모든
/약한 것을
/모든

36 [그가] 보시고(=보셨을 때, 상황절, when)
/무리를
민망히 여기시니

//이는(목적: ὅτι, because)

31 저희가 나가서 예수의 소문을 그 온 땅에 전파하니라
32 저희가 나갈 때에 귀신 들려 벙어리 된 자를 예수께 데
려오니 33 귀신이 쫓겨나고 벙어리가 말하거늘 무리가 기
이히 여겨 가로되 이스라엘 가운데서 이런 일을 본 때가
없다 하되 34 바리새인들은 가로되 저가 귀신의 왕을 빙
자하여 귀신을 쫓아낸다 하더라 35 예수께서 모든 성과
촌에 두루 다니사 저희 회당에서 가르치시며 천국 복음을
전파하시며 모든 병과 모든 약한 것을 고치시니라 36 무
리를 보시고 민망히 여기시니 이는 저희가 목자 없는 양과
같이 고생하며 유리함이라

sternly warned them, saying, "See here, let no one know
about this!" 31But they went out, and spread the news
about Him in all that land. 32 And as they were going
out, behold, a dumb man, demon-possessed, was brought
to Him. 33And after the demon was cast out, the dumb
man spoke; and the multitudes marveled, saying, "Nothing
like this was ever seen in Israel." 34But the Pharisees
were saying, "He casts out the demons by the ruler of
the demons." 35 And Jesus was going about all the cities
and the villages, teaching in their synagogues, and proclaiming
the gospel of the kingdom, and healing every kind of
disease and every kind of sickness. 36 And seeing the

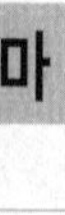

//이는(목적: ὅτι, because)
저희가 — 고생하며
— 유리함이라
/양과 같이
/목자 없는

37 **이르시되**(...하시니라)
/[그의] 제자들에게
/이에(=그때에)
/추수할 것은 — 많되
일꾼은 — 적으니

38 /그러므로
[너희는] — 청하여(...하라)
/주인에게
/추수하는
/[그가] — 보내어 주소서(=보내어 줄 것을)
/일꾼들을
/[그의] 추수할

10

1 예수께서 **주시니라**
/부르사(=부르신 후에, 과거분사)
/그[의] 열두 제자를
/[그들에게]
/권능을
/쫓아내며(=쫓는)
/더러운 귀신을
/고치는
/모든 병과
/모든 약한 것을

2 열두 사도의 **이러하니**
/이름은
/첫째로 시몬을 비롯하여
/베드로라 하는
/안드레와
/그의 형제
/야고보와
/세베대의 아들
/요한[과]
/그의 형제
3 /빌립과
/바돌로매
/도마와

37 이에 제자들에게 이르시되 추수할 것은 많되 일군은
적으니 38 그러므로 추수하는 주인에게 청하여 추수할 일
군들을 보내어 주소서 하라 하시니라

10:1 예수께서 그 열두 제자를 부르사 더러운 귀신을
쫓아내며 모든 병과 모든 약한 것을 고치는 권능을
주시니라 2 열두 사도의 이름은 이러하니 베드로라 하는
시몬을 비롯하여 그의 형제 안드레와 세베대의 아들 야고
보와 그의 형제 요한, 3 빌립과 바돌로매, 도마와 세리 마
태, 알패오의 아들 야고보와 다대오,

multitudes, He felt compassion for them, because they were distressed and downcast like sheep without a shepherd.
37 Then He said to His disciples, "The harvest is plentiful, but the workers are few.
38 "Therefore beseech the Lord of the harvest to send out workers into His harvest."

10:1 And having summoned His twelve disciples, He gave them authority over unclean spirits, to cast them out, and to heal every kind of disease and every kind of sickness.
2 Now the names of the twelve apostles are these: The first, Simon, who is called Peter, and Andrew his brother; and James the son of Zebedee, and

/마태
/세리
/야고보와
/알패오의 아들
/다대오
4 /시몬과 및
/가나안인
/가룟 유다
/(곧)예수를 판(자라)

5 예수께서 **내어 보내시며 가라사대**(...하시니라)
/이 열둘을
/명하여(과거분사)
/[그들에게]
/[너희는] —— 가지 말고
/길로도
/이방인의
— 들어가지 말고
/고을에도
/사마리아인의
— 6 가라
/차라리
/양에게로
/잃어버린
/이스라엘 집의
— 7 전파하여 말하되(...하고)
/가면서(현재분사)
/천국이 — 가까왔다
— 8 고치며
/병든 자를
— 살리며
/죽은 자를
— 깨끗하게 하며
/문둥이를
— 쫓아내되
/귀신을
— 받았으니
/거저
— 주어라
/거저
— 9 가지지 말고
/금이나
은이나
동이나(=을)
/너희 전대에
— 10 (가지지 말라)

4 가나안인 시몬과 및 가룟 유다 곧 예수를 판 자라 5 예
수께서 이 열 둘을 내어 보내시며 명하여 가라사대 이방인
의 길로도 가지 말고 사마리아인의 고을에도 들어가지 말
고 6 차라리 이스라엘 집의 잃어버린 양에게로 가라 7 가
면서 전파하여 말하되 천국이 가까왔다 하고 8 병든 자를
고치며 죽은 자를 살리며 문둥이를 깨끗하게 하며 귀신을
쫓아내되 너희가 거저 받았으니 거저 주어라 9 너희 전대
에 금이나 은이나 동이나 가지지 말고

John his brother; 3 Philip and Bartholomew; Thomas and
Matthew the tax-gatherer; James the son of Alphaeus, and
Thaddaeus; 4 Simon the Zealot, and Judas Iscariot, the
one who betrayed Him. 5 These twelve Jesus sent out
after instructing them, saying, "Do not go in the way of
the Gentiles, and do not enter any city of the Samaritans;
6 but rather go to the lost sheep of the house of Israel. 7
"And as you go, preach, saying, 'The kingdom of heaven
is at hand.' 8 "Heal the sick, raise the dead, cleanse the
lepers, cast out demons; freely you received, freely give.
9 "Do not acquire gold, or silver, or copper for your
money belts,

마

27) 'ἀμὴν λέγω', '아멘, 내가 말한다'. 주님이 자신의 말에 대해 확정적임을 강조하는 관용적인 어구이다.

10 여행을 위하여 주머니나 두 벌 옷이나 신이나 지팡이를 가지지 말라 이는 일꾼이 저 먹을 것 받는 것이 마땅함이니라 11 아무 성이나 촌에 들어가든지 그 중에 합당한 자를 찾아내어 너희 떠나기까지 거기서 머물라 12 또 그 집에 들어가면서 평안하기를 빌라 13 그 집이 이에 합당하면 너희 빈 평안이 거기 임할 것이요 만일 합당치 아니하면 그 평안이 너희에게 돌아올 것이니라 14 누구든지 너희를 영접도 아니하고 너희 말을 듣지도 아니하거든 그 집이나 성에서 나가 너희 발의 먼지를 떨어 버리라 15 내가 진실로 너희에게 이르노니 심판날에 소돔과 고모라 땅이 그 성보다 견디기 쉬우리라

10 or a bag for your journey, or even two tunics, or sandals, or a staff; for the worker is worthy of his support. 11 "And into whatever city or village you enter, inquire who is worthy in it; and abide there until you go away. 12 "And as you enter the house, give it your greeting. 13 "And if the house is worthy, let your greeting of peace come upon it; but if it is not worthy, let your greeting of peace return to you. 14 "And whoever does not receive you, nor heed your words, as you go out of that house or that city, shake off the dust of your feet. 15 "Truly I say to you, it will be more tolerable for the land of Sodom and Gomorrah in the day of judgment, than for that city.

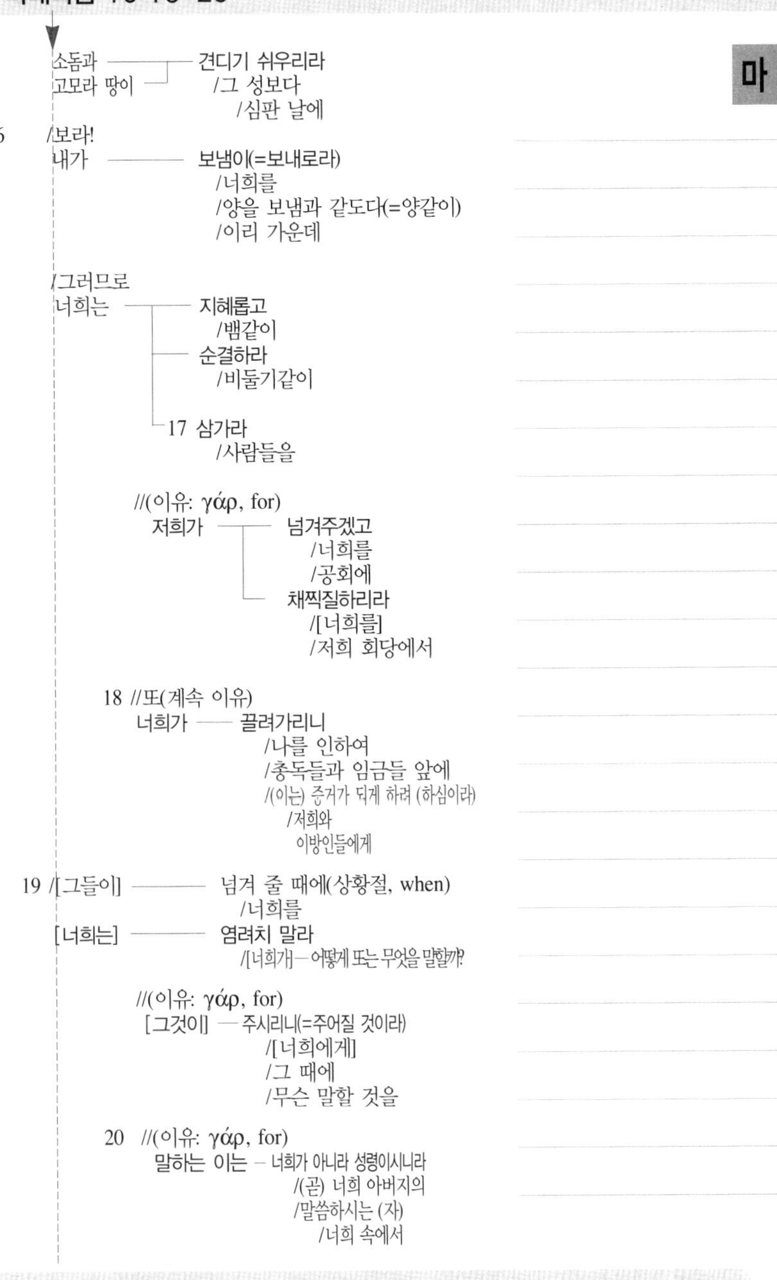

16 보라 내가 너희를 보냄이 양을 이리 가운데 보냄과 같
도다 그러므로 너희는 뱀같이 지혜롭고 비둘기같이 순결하
라 17 사람들을 삼가라 저희가 너희를 공회에 넘겨 주겠
고 저희 회당에서 채찍질하리라 18 또 너희가 나를 인하
여 총독들과 임금들 앞에 끌려 가리니 이는 저희와 이방인
들에게 증거가 되게 하려 하심이라 19 너희를 넘겨 줄 때
에 어떻게 또는 무엇을 말할까 염려치 말라 그 때에 무슨
말할 것을 주시리니 20 말하는 이는 너희가 아니라 너희
속에서 말씀하시는 자 곧 너희 아버지의 성령이시니라

16 "Behold, I send you out as sheep in the midst of
wolves; therefore be shrewd as serpents, and innocent as doves.
17 "But beware of men; for they will deliver you up to
the courts, and scourge you in their synagogues; 18and
you shall even be brought before governors and kings for
My sake, as a testimony to them and to the Gentiles. 19
"But when they deliver you up, do not become anxious
about how or what you will speak; for it shall be given
you in that hour what you are to speak. 20 "For it is not
you who speak, but it is the Spirit of your Father who

21 /형제가 ——— (장차) 내어 주며
/형제를
/죽는 데
아비가 ——— <내어주며>
/자식을
자식들이 ——— 대적하여
/부모를
[그들이] ——— 죽게 하리라
/[그들을]

22 /또
너희가 ——— 미움을 받을 것이나
/모든 사람에게
/내 이름을 인하여
견디는 자는 ——— 구원을 얻으리라
/나중까지

23 /[그들이] ——— 핍박하거든(상황절, when)
/너희를
/이 동네에서
[너희는] ———피하라
/저 동네로

//(이유: γάρ, for)
진실로
내가 ——— 이르노니[28)]
[너희가] ——— (다)다니지 못하여서(=못하리라)
/동네를
/모든
/이스라엘의
/인자가 오리라(=올때까지, till)

24 /제자가 ——— 못하나니
/그 선생보다
/또는
종이 ——— (높지) 〈못하나니〉
/그[의] 상전보다

25 /[그것이] ——— 족하도다
/제자가(=에게)
/그[의] 선생 같고
/종이 — 그[의] 상전 같으면
/[만일, εἰ]
[그들이] ——— 하였거든(=부르거든, 조건절, if)
/집주인을
/바알세불이라
〈부르지 않으랴?〉
/하물며
/그[의] 집 사람들[을](이랴)

28) ‘ἀμὴν λέγω’, ‘아멘, 내가 말한다’. 주님이 자신의 말에 대해 확정적임을 강조하는 관용적인 어구이다.

21 장차 형제가 형제를 아비가 자식을 죽는 데 내어주며 자식들이 부모를 대적하여 죽게 하리라 22 또 너희가 내 이름을 인하여 모든 사람에게 미움을 받을 것이나 나중까지 견디는 자는 구원을 얻으리라 23 이 동네에서 너희를 핍박하거든 저 동네로 피하라 내가 진실로 너희에게 이르노니 이스라엘의 모든 동네를 다 다니지 못하여서 인자가 오리라 24 제자가 그 선생보다 또는 종이 그 상전보다 높지 못하나니 25 제자가 그 선생 같고 종이 그 상전 같으면 족하도다 집 주인을 바알세불이라 하였거든 하물며 그 집 사람들이랴

speaks in you. 21 “And brother will deliver up brother to death, and a father his child; and children will rise up against parents, and cause them to be put to death. 22 “And you will be hated by all on account of My name, but it is the one who has endured to the end who will be saved. 23 “But whenever they persecute you in this city, flee to the next; for truly I say to you, you shall not finish going through the cities of Israel, until the Son of Man comes. 24 “A disciple is not above his teacher, nor a slave above his master. 25 “It is enough for the disciple that he become as his teacher, and the slave as his master. If they have called the head of the house Beelzebul, how much more

26 그런즉 저희를 두려워하지 말라 감추인 것이 드러나지
않을 것이 없고 숨은 것이 알려지지 않을 것이 없느니라
27 내가 너희에게 어두운 데서 이르는 것을 광명한 데서
말하며 너희가 귓속으로 듣는 것을 집 위에서 전파하라 28
몸은 죽여도 영혼은 능히 죽이지 못하는 자들을 두려워하
지 말고 오직 몸과 영혼을 능히 지옥에 멸하시는 자를 두
려워하라 29 참새 두 마리가 한 앗사리온에 팔리는 것이
아니냐 그러나 너희 아버지께서 허락지 아니하시면 그 하
나라도 땅에 떨어지지 아니하리라 30 너희에게는 머리털
까지 다 세신 바 되었나니 31 두려워하지 말라 너희는 많
은 참새보다 귀하니라

the members of his household! 26 "Therefore do not fear
them, for there is nothing covered that will not be revealed,
and hidden that will not be known. 27 "What I tell you
in the darkness, speak in the light; and what you hear whispered
in your ear, proclaim upon the housetops. 28 "And do
not fear those who kill the body, but are unable to kill
the soul; but rather fear Him who is able to destroy both
soul and body in hell. 29 "Are not two sparrows sold for
a cent? And yet not one of them will fall to the ground
apart from your Father. 30 "But the very hairs of your
head are all numbered. 31 "Therefore do not fear; you
are of more value than many sparrows.

마

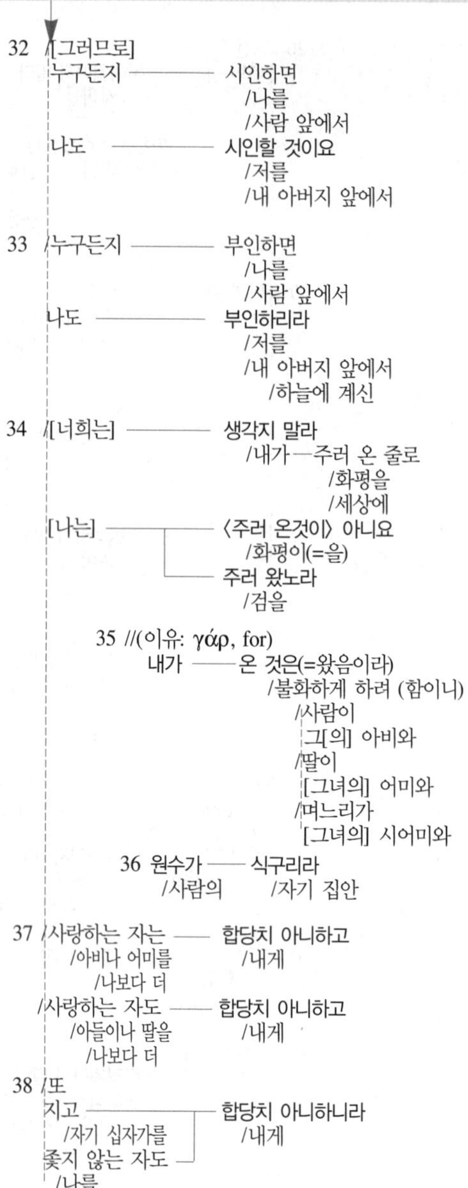

32 누구든지 사람 앞에서 나를 시인하면 나도 하늘에 계
신 내 아버지 앞에서 저를 시인할 것이요 33 누구든지 사
람 앞에서 나를 부인하면 나도 하늘에 계신 내 아버지 앞
에서 저를 부인하리라 34 내가 세상에 화평을 주러 온 줄
로 생각지 말라 화평이 아니요 검을 주러 왔노라 35 내가
온 것은 사람이 그 아비와, 딸이 어미와, 며느리가 시어미
와 불화하게 하려 함이니 36 사람의 원수가 자기 집안 식
구리라 37 아비나 어미를 나보다 더 사랑하는 자는 내게
합당치 아니하고 아들이나 딸을 나보다 더 사랑하는 자도
내게 합당치 아니하고 38 또 자기 십자가를 지고 나를 좇

32 "Everyone therefore who shall confess Me before men,
I will also confess him before My Father who is in heaven.
33 "But whoever shall deny Me before men, I will also
deny him before My Father who is in heaven. 34¶ "Do
not think that I came to bring peace on the earth; I did
not come to bring peace, but a sword. 35 "For I came to
set a man against his father, and a daughter against her mother,
and a daughter-in-law against her mother-in-law; 36and a
man's enemies will be the members of his household. 37
"He who loves father or mother more than Me is not
worthy of Me; and he who loves son or daughter more
than Me is not worthy of Me. 38 "And he who does not
take his cross and follow after Me is not worthy of Me.
39 "He who has found his life shall lose it, and he who

마

39 /얻는 자는 —— 잃을 것이요
/자기 목숨을 /[그것을]
/잃는 자는 —— 얻으리라
/자기 목숨을 /[그것을]
/나를 위하여

40 /영접하는 자는 —— 영접하는 것이요
/너희를 /나를
/영접하는 자는 —— 영접하는 것이니라
/나를 /보내신 이를
/내[를]

41 /영접하는 자는 —— 받을 것이요
/선지자를 /선지자의 상을
/이름으로
/선지자의
/영접하는 자는 —— 받을 것이요
/의인을 /의인의 상을
/이름으로
/의인의

42 /또
누구든지 —— 주는 자는(조건절, whoever)
/냉수 한 그릇이라도
/이 소자 중 하나에게
/제자의 이름으로
/진실로
내가 —— 이르노니[29)]
/너희에게
/그 사람이 —— 결단코 잃지 아니하리라
/[그의] 상을

11

1 예수께서 —— 이에 마치시고(=마치셨을 때, 상황절, when)
/명하시기를(=명하시면서, 현재분사)
/[그의] 열두 제자에게
떠나가시니라
/거기를
/가르치시며(부정사)
/전도하시려고(부정사)

/저희 여러 동네에서

29) 'ἀμὴν λέγω', '아멘, 내가 말한다'. 주님이 자신의 말에 대해 확정적임을 강조하는 관용적인 어구이다.

지 않는 자도 내게 합당치 아니하니라 39 자기 목숨을 얻
는 자는 잃을 것이요 나를 위하여 자기 목숨을 잃는 자는
얻으리라 40 너희를 영접하는 자는 나를 영접하는 것이요
나를 영접하는 자는 나 보내신 이를 영접하는 것이니라
41 선지자의 이름으로 선지자를 영접하는 자는 선지자의
상을 받을 것이요 의인의 이름으로 의인을 영접하는 자는
의인의 상을 받을 것이요 42 또 누구든지 제자의 이름으
로 이 소자 중 하나에게 냉수 한 그릇이라도 주는 자는 내
가 진실로 너희에게 이르노니 그 사람이 결단코 상을 잃지
아니하리라 하시니라

11:1 예수께서 열두 제자에게 명하시기를 마치시고 이에 저희 여러 동네에서 가르치시며 전도하시려고 거기를 떠나가시니라

has lost his life for My sake shall find it. 40 "He who
receives you receives Me, and he who receives Me receives
Him who sent Me. 41 "He who receives a prophet in the
name of a prophet shall receive a prophet's reward; and
he who receives a righteous man in the name of a righteous
man shall receive a righteous man's reward. 42 "And whoever
in the name of a disciple gives to one of these little ones
even a cup of cold water to drink, truly I say to you he
shall not lose his reward."

11:1 And it came about that when Jesus had finished giving instructions to His twelve disciples, He departed from there to teach and preach in their cities.

마

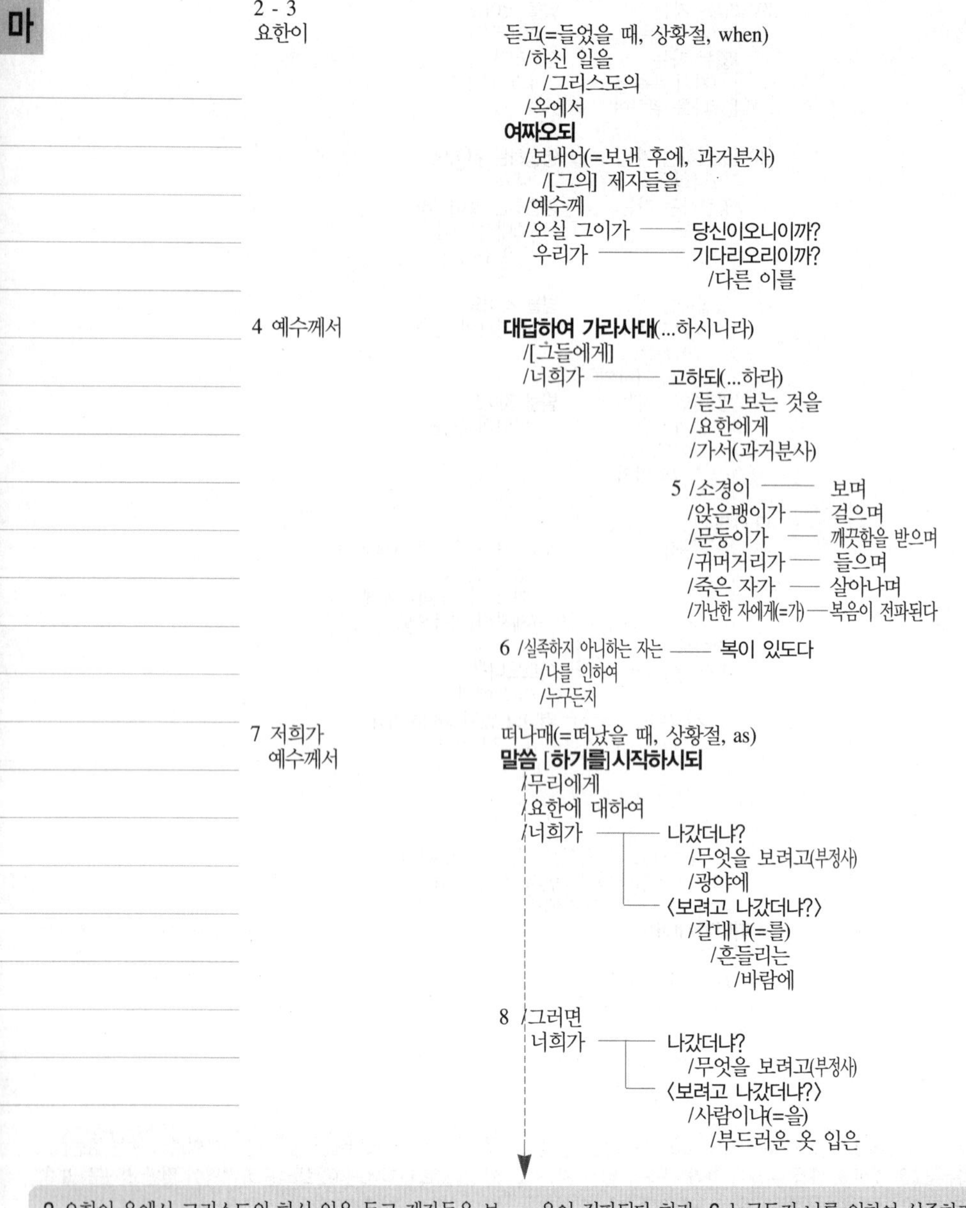

2 요한이 옥에서 그리스도의 하신 일을 듣고 제자들을 보내어 3 예수께 여짜오되 오실 그이가 당신이오니이까 우리가 다른 이를 기다리오리이까 4 예수께서 대답하여 가라사대 너희가 가서 듣고 보는 것을 요한에게 고하되 5 소경이 보며 앉은뱅이가 걸으며 문둥이가 깨끗함을 받으며 귀머거리가 들으며 죽은 자가 살아나며 가난한 자에게 복음이 전파된다 하라 6 누구든지 나를 인하여 실족하지 아니하는 자는 복이 있도다 하시니라 7 저희가 떠나매 예수께서 무리에게 요한에 대하여 말씀하시되 너희가 무엇을 보려고 광야에 나갔더냐 바람에 흔들리는 갈대냐 8 그러면 너희가 무엇을 보려고 나갔더냐 부드러운 옷 입은 사람이냐 부드러운 옷을 입은 자들은 왕궁에 있느니라

2 Now when John in prison heard of the works of Christ, he sent word by his disciples, 3 and said to Him, "Are You the Expected One, or shall we look for someone else?" 4 And Jesus answered and said to them, "Go and report to John what you hear and see: 5the blind receive sight and the lame walk, the lepers are cleansed and the deaf hear, and the dead are raised up, and the poor have the gospel preached to them. 6 "And blessed is he who keeps from stumbling over Me." 7 And as these were going away, Jesus began to speak to the multitudes about John, "What did you go out into the wilderness to look at? A reed shaken by the wind? 8 "But what did you go

마

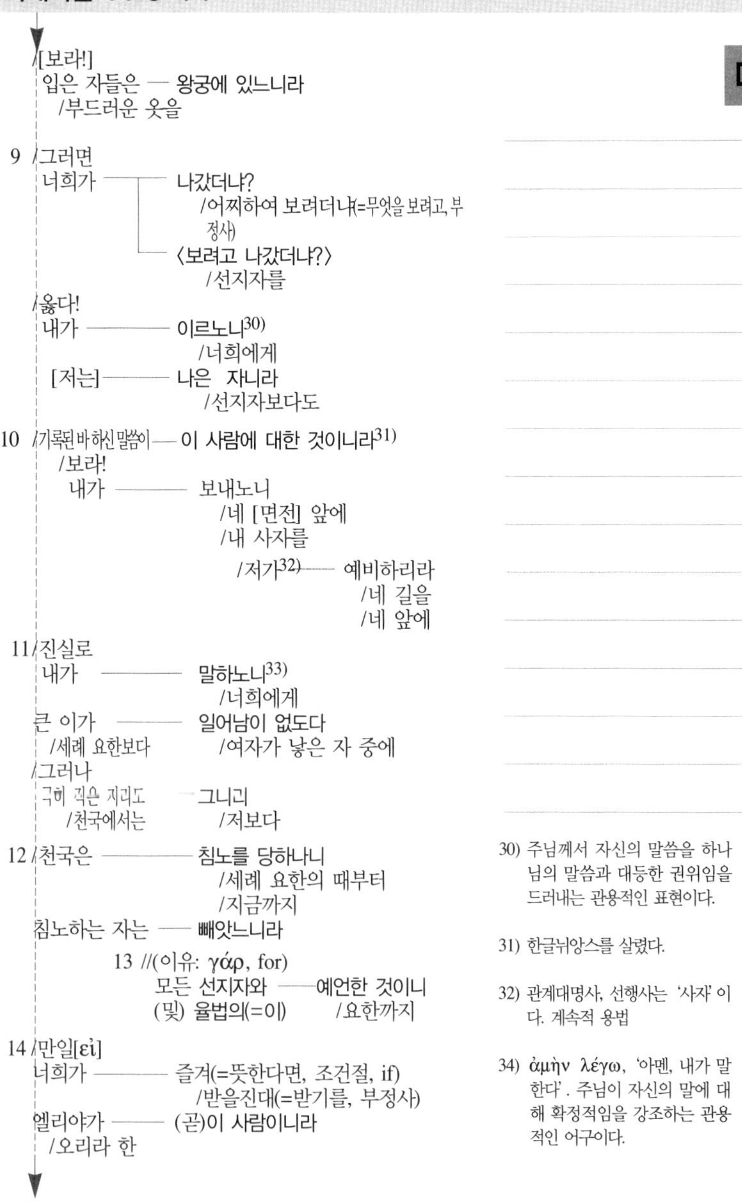

30) 주님께서 자신의 말씀을 하나님의 말씀과 대등한 권위임을 드러내는 관용적인 표현이다.

31) 한글뉘앙스를 살렸다.

32) 관계대명사, 선행사는 '사자' 이다. 계속적 용법

34) ἀμὴν λέγω, '아멘, 내가 말한다'. 주님이 자신의 말에 대해 확정적임을 강조하는 관용적인 어구이다.

9 그러면 너희가 어찌하여 나갔더냐 선지자를 보려더냐
옳다 내가 너희에게 이르노니 선지자보다도 나은 자니라
10 기록된 바 보라 내가 내 사자를 네 앞에 보내노니 저가
네 길을 네 앞에 예비하리라 하신 것이 이 사람에 대한 말
씀이니라 11 내가 진실로 너희에게 말하노니 여자가 낳은
자 중에 세례 요한보다 큰 이가 일어남이 없도다 그러나
천국에서는 극히 작은 자라도 저보다 크니라 12 세례 요
한의 때부터 지금까지 천국은 침노를 당하나니 침노하는
자는 빼앗느니라 13 모든 선지자와 및 율법의 예언한 것
이 요한까지니 14 만일 너희가 즐겨 받을진대 오리라 한
엘리야가 곧 이 사람이니라

out to see? A man dressed in soft clothing? Behold, those
who wear soft clothing are in kings' palaces. 9 "But why
did you go out? To see a prophet? Yes, I say to you, and
one who is more than a prophet. 10 "This is the one
about whom it is written, 'Behold, I send My messenger before
Your face, Who will prepare Your way before You.' 11 "Truly,
I say to you, among those born of women there has not
arisen anyone greater than John the Baptist; yet he who
is least in the kingdom of heaven is greater than he. 12
"And from the days of John the Baptist until now the kingdom
of heaven suffers violence, and violent men take it by
force. 13 "For all the prophets and the Law prophesied
until John. 14 "And if you care to accept it, he himself
is Elijah, who was to come. 15 "He who has ears to hear,

마

15 /있는 자는 — 들을지어다
/귀

16 /[내가] —— 무엇으로 비유할꼬?
/이 세대를
/[그것은] —— (비유컨대)같도다
/아이들이 —— 앉아 가로되(..함과)
/불러(=부르는) /장터에
/제 동무를 /●

17
/우리가 —— 피리를 불어도
/너희를 향하여
너희가 —— 춤추지 않고
우리가 —— 애곡하여도
너희가 —— 가슴을 치지 아니하였다

18 //(이유: γάρ, for)
요한이 —— 와서(=오니)
/먹지도 않고(현재분사)
/마시지도 아니하매(=않으면서, 현재분사)
저희가 —— 말하기를(. . . 하더니)
/[그가] —— 들렸다
/귀신이

19 /인자는 —— 와서(=오니)
/먹고(현재분사)
/마시매(=마시며, 현재분사)
/[저희가] —— 말하기를(...하니)
/보라!
사람이요
/먹기를 탐하고
/포도주를 즐기는
친구로다
/세리와 죄인의
/지혜는 —— 옳다 함을 얻느니라
/그[녀의] 행한 일로 인하여

20 예수께서 **책망 [하시기를 시작]하시되**
/그 때에
/고을들이(=을)
/권능을(=이) —— 베푸신(=베풀어진)
/[그의]
/가장 많이(=은)
/[그들이] —— 회개치 아니하므로[34)]

21 /고라신아!

34) 원래 이유를 나타내는 종속 문장이다. 그러나 문맥의 연결상 수식부로 표현했다.

15 귀 있는 자는 들을지어다 16 이 세대를 무엇으로 비유할꼬 비유컨대 아이들이 장터에 앉아 제 동무를 불러 17 가로되 우리가 너희를 향하여 피리를 불어도 너희가 춤추지 않고 우리가 애곡하여도 너희가 가슴을 치지 아니하였다 함과 같도다 18 요한이 와서 먹지도 않고 마시지도 아니하매 저희가 말하기를 귀신이 들렸다 하더니 19 인자는 와서 먹고 마시매 말하기를 보라 먹기를 탐하고 포도주를 즐기는 사람이요 세리와 죄인의 친구로다 하니 지혜는 그 행한 일로 인하여 옳다 함을 얻느니라 20 예수께서 권능을 가장 많이 베푸신 고을들이 회개치 아니하므로 그 때에 책망하시되

let him hear. 16 "But to what shall I compare this generation? It is like children sitting in the market places, who call out to the other children, 17 and say, 'We played the flute for you, and you did not dance; we sang a dirge, and you did not mourn.' 18 "For John came neither eating nor drinking, and they say, 'He has a demon!' 19 "The Son of Man came eating and drinking, and they say, 'Behold, a gluttonous man and a drunkard, a friend of tax-gatherers and sinners!' Yet wisdom is vindicated by her deeds." 20 Then He began to reproach the cities in which most of His miracles were done, because they did not repent. 21 "Woe to you, Chorazin! Woe to you, Bethsaida!

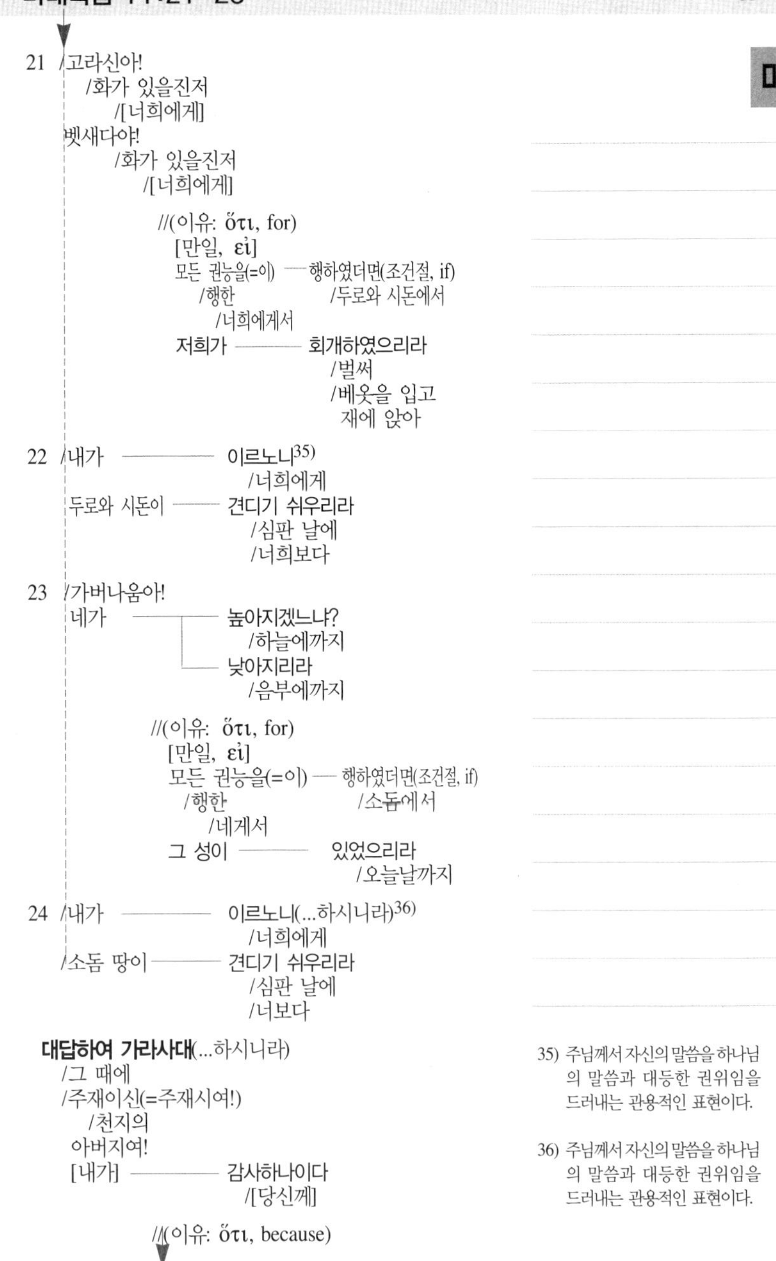

25 예수께서 **대답하여 가라사대**(...하시니라)
/그 때에
/주재이신(=주재시여!)
/천지의
아버지여!
[내가] — 감사하나이다
/[당신께]

//(이유: ὅτι, because)

35) 주님께서 자신의 말씀을 하나님의 말씀과 대등한 권위임을 드러내는 관용적인 표현이다.

36) 주님께서 자신의 말씀을 하나님의 말씀과 대등한 권위임을 드러내는 관용적인 표현이다.

21 화가 있을진저 고라신아 화가 있을진저 벳새다야 너희에게서 행한 모든 권능을 두로와 시돈에서 행하였더면 저희가 벌써 베옷을 입고 재에 앉아 회개하였으리라 22 내가 너희에게 이르노니 심판 날에 두로와 시돈이 너희보다 견디기 쉬우리라 23 가버나움아 네가 하늘에까지 높아지겠느냐 음부에까지 낮아지리라 네게서 행한 모든 권능을 소돔에서 행하였더면 그 성이 오늘날까지 있었으리라 24 내가 너희에게 이르노니 심판 날에 소돔 땅이 너보다 견디기 쉬우리라 하시니라 25 그 때에 예수께서 대답하여 가라사대 천지의 주재이신 아버지여 이것을 지혜롭고 슬기

For if the miracles had occurred in Tyre and Sidon which occurred in you, they would have repented long ago in sackcloth and ashes. 22 "Nevertheless I say to you, it shall be more tolerable for Tyre and Sidon in the day of judgment, than for you. 23 "And you, Capernaum, will not be exalted to heaven, will you? You shall descend to Hades; for if the miracles had occurred in Sodom which occurred in you, it would have remained to this day. 24 "Nevertheless I say to you that it shall be more tolerable for the land of Sodom in the day of judgment, than for you." 25 At that time Jesus answered and said, "I praise Thee, O Father, Lord of heaven and earth, that Thou didst

마

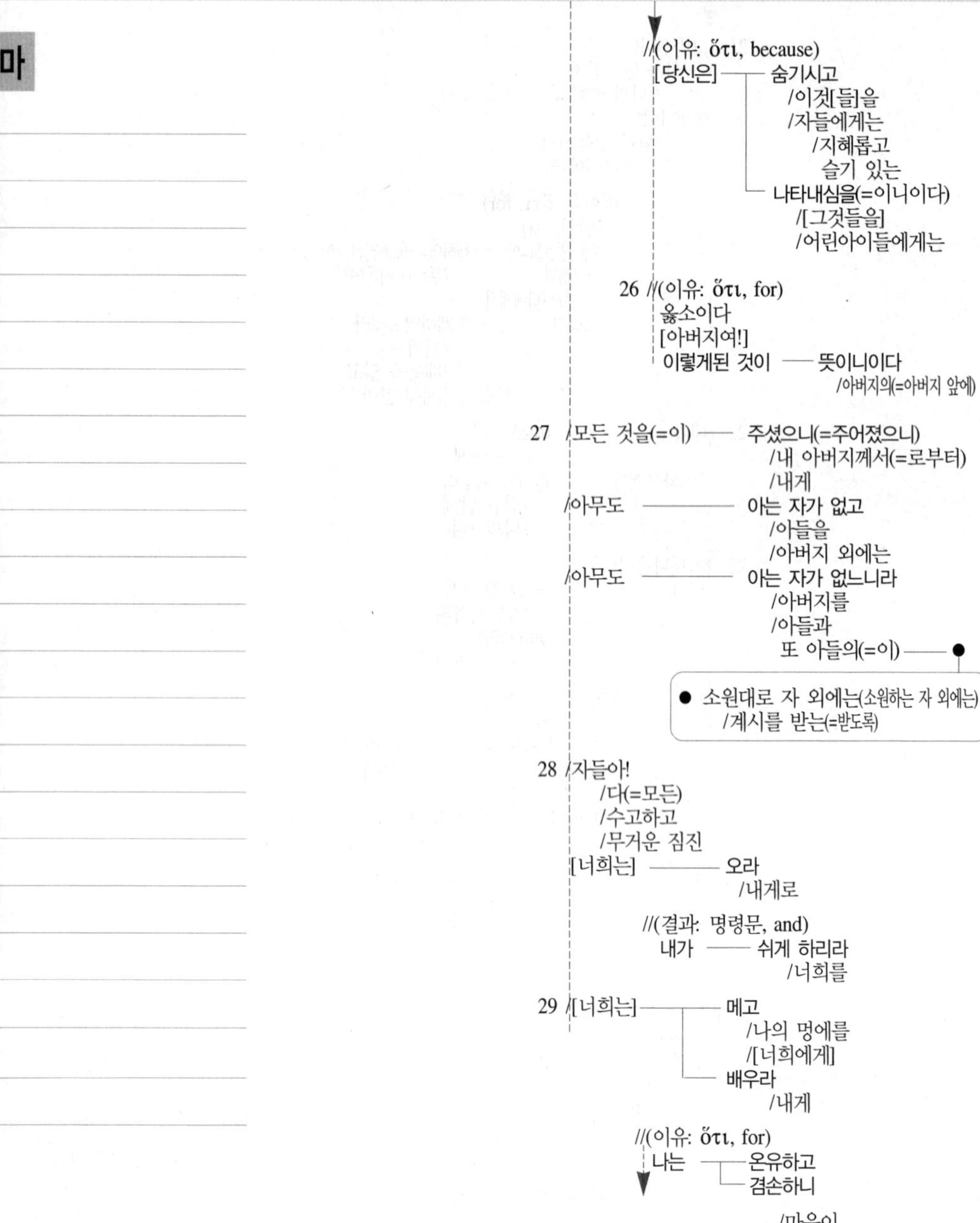

있는 자들에게는 숨기시고 어린 아이들에게는 나타내심을
감사하나이다 26 옳소이다 이렇게 된 것이 아버지의 뜻
이니이다 27 내 아버지께서 모든 것을 내게 주셨으니 아
버지 외에는 아들을 아는 자가 없고 아들과 또 아들의 소
원대로 계시를 받는 자 외에는 아버지를 아는 자가 없느니
라 28 수고하고 무거운 짐진 자들아 다 내게로 오라 내가
너희를 쉬게 하리라 29 나는 마음이 온유하고 겸손하니
나의 멍에를 메고 내게 배우라 그러면 너희 마음이 쉼을
얻으리니

hide these things from the wise and intelligent and didst reveal
them to babes. 26 "Yes, Father, for thus it was well-
pleasing in Thy sight. 27 "All things have been handed
over to Me by My Father; and no one knows the Son,
except the Father; nor does anyone know the Father, except
the Son, and anyone to whom the Son wills to reveal
Him. 28 "Come to Me, all who are weary and heavy-
laden, and I will give you rest. 29 "Take My yoke upon
you, and learn from Me, for I am gentle and humble in
heart; and you shall find rest for your souls. 30 "For My

마

//그러면(결과: 명령문, and)
[너희는] —얻으리니
/쉼을
/너희 마음이

30 //이는(이유: γάρ, for)
내 멍에는 — 쉽고
내 짐은 — 가벼움이라

12

1 예수께서 **가실새**
/그 때에
/안식일에
/밀밭 사이로
제자들이 **시장하여**
/[그의] **으니(=시작하니라)**
/잘라(=자르는 것을)
/이삭을
/먹(=먹는 것을)

2 바리새인들이 보고(=보았을 때, 상황절, when)
고하되
/예수께
/보시오! [ἰδοὺ]
/제자들이 — [행]하나이다
/당신의 /하지 못할 일을
/안식일에

3 예수께서 **가라사대**(...하시니라)
/[그들에게]
/[너희는] — 읽지 못하였느냐?
/다윗이(자기와) — 한 일을
그 함께한 자들이 /시장할 때에[37]

4 /그가 — 들어가서
/하나님의 전에
/[그들이] — 먹지 아니하였느냐?
/진설병을
/먹지 못하는
/[오직] 제사장 외에는
/자기나
그[와] 함께한 자들이

5 /또
너희가 — 읽지 못하였느냐?

37) 상황절이다.

30 이는 내 멍에는 쉽고 내 짐은 가벼움이라 하시니라
12 1 그 때에 예수께서 안식일에 밀밭 사이로 가실새
제자들이 시장하여 이삭을 잘라 먹으니 2 바리새
인들이 보고 예수께 고하되 보시오 당신의 제자들이 안식
일에 하지 못할 일을 하나이다 3 예수께서 가라사대 다윗
이 자기와 그 함께한 자들이 시장할 때에 한 일을 읽지 못
하였느냐 4 그가 하나님의 전에 들어가서 제사장 외에는
자기나 그 함께한 자들이 먹지 못하는 진설병을 먹지 아니
하였느냐

yoke is easy, and My load is light."
12 1 At that time Jesus went on the Sabbath through
the grainfields, and His disciples became hungry
and began to pick the heads of grain and eat. 2 But when
the Pharisees saw it, they said to Him, "Behold, Your disciples
do what is not lawful to do on a Sabbath." 3 But He said
to them "Have you not read what David did, when he
became hungry, he and his companions; 4 how he entered
the house of God, and they ate the consecrated bread,
which was not lawful for him to eat, nor for those with
him, but for the priests alone? 5 "Or have you not read
in the Law, that on the Sabbath the priests in the temple

마

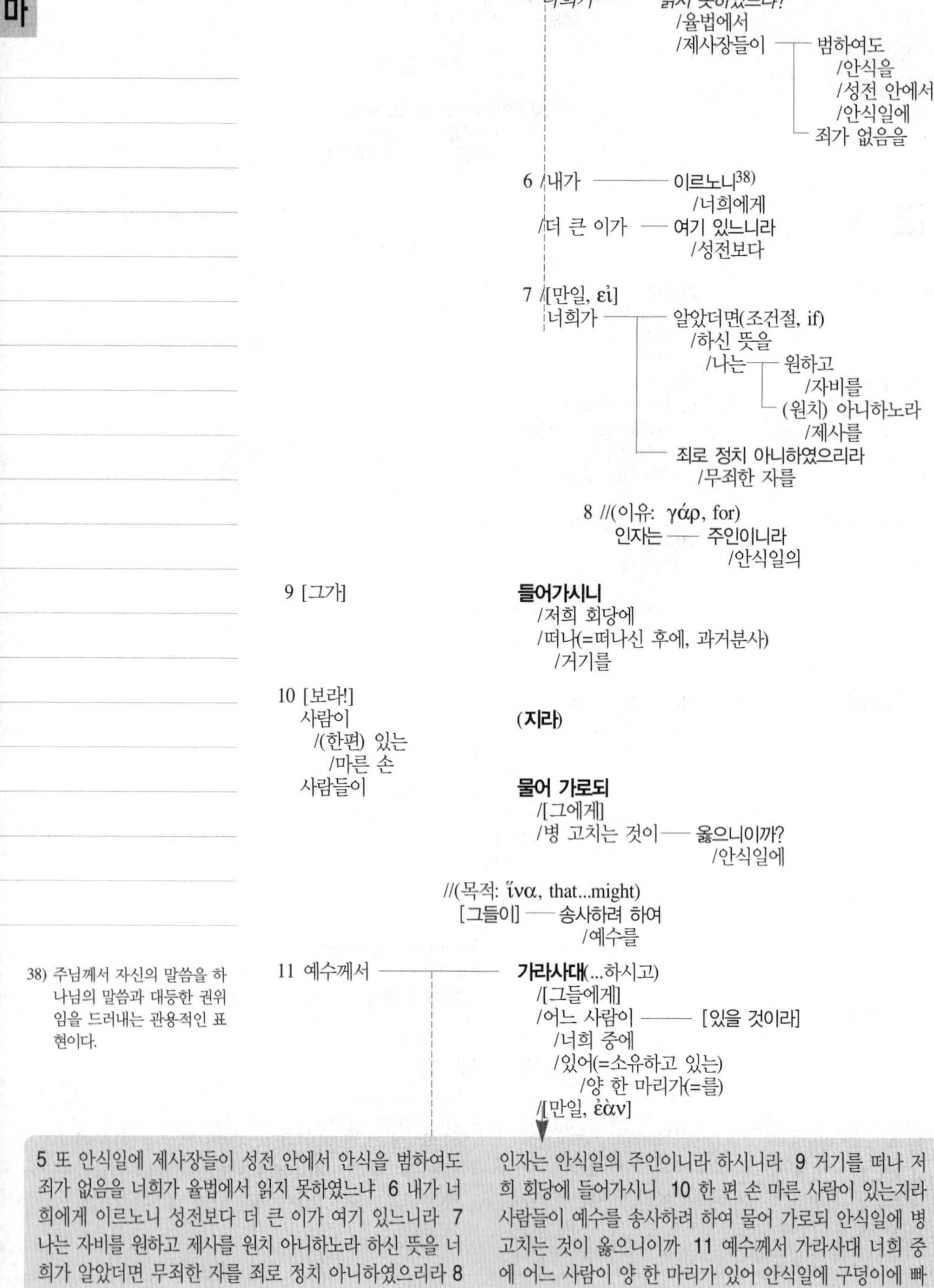

38) 주님께서 자신의 말씀을 하나님의 말씀과 대등한 권위임을 드러내는 관용적인 표현이다.

5 또 안식일에 제사장들이 성전 안에서 안식을 범하여도
죄가 없음을 너희가 율법에서 읽지 못하였느냐 6 내가 너
희에게 이르노니 성전보다 더 큰 이가 여기 있느니라 7
나는 자비를 원하고 제사를 원치 아니하노라 하신 뜻을 너
희가 알았더면 무죄한 자를 죄로 정치 아니하였으리라 8
인자는 안식일의 주인이니라 하시니라 9 거기를 떠나 저
희 회당에 들어가시니 10 한 편 손 마른 사람이 있는지라
사람들이 예수를 송사하려 하여 물어 가로되 안식일에 병
고치는 것이 옳으니이까 11 예수께서 가라사대 너희 중
에 어느 사람이 양 한 마리가 있어 안식일에 구덩이에 빠

break the Sabbath, and are innocent? 6 "But I say to you,
that something greater than the temple is here. 7 "But if
you had known what this means, 'I desire compassion,
and not a sacrifice,' you would not have condemned the
innocent. 8 "For the Son of Man is Lord of the Sabbath."
9 And departing from there, He went into their synagogue.
10 And behold, there was a man with a withered hand.
And they questioned Him, saying, "Is it lawful to heal on
the Sabbath?" — in order that they might accuse Him.
11 And He said to them, "What man shall there be among

/[만일, ἐὰν]
[그것이] — 빠졌으면(조건절, if)
/안식일에
/구덩이에
[그는] — 붙잡아
/[그것을]
내지 않겠느냐?

12 /[그러므로]
사람이 — 얼마나 더 귀하냐?
/양보다
/그러므로
행하는 것이 — 옳으니라
/선을
/안식일에

13 **이르시되**(...하시니)
/그 사람에게
/이에(=그 때에)
/[너는] — 내밀라
/[너의] 손을

//(결과: 명령문, and)
저가 — 내밀매
회복되어 성하더라
/다른 손과 같이

14 바리새인들이 **의논하거늘**
/[그를 향하여]
/나가서(과거분사)
/[그들이]— 어떻게 (하여) 죽일꼬?
/예수를

15 예수께서 **떠나가시니**
/거기를
/아시고(과거분사)
사람이 **좇는지라**
/많이(=은) /[그를]
예수께서 **고치시고**
/저희 병을 다
16 [그가] **경계하셨으니**
/[그들을]
/나타내지 말라(=말 것을)
/자기를

17-18
//이는(목적; ἵνα, that...might)

졌으면 붙잡아 내지 않겠느냐 12 사람이 양보다 얼마나
더 귀하냐 그러므로 안식일에 선을 행하는 것이 옳으니라
하시고 13 이에 그 사람에게 이르시되 손을 내밀라 하시
니 저가 내밀매 다른 손과 같이 회복되어 성하더라 14 바
리새인들이 나가서 어떻게 하여 예수를 죽일꼬 의논하거늘
15 예수께서 아시고 거기를 떠나가시니 사람이 많이 좇는
지라 예수께서 저희 병을 다 고치시고 16 자기를 나타내
지 말라 경계하셨으니

you, who shall have one sheep, and if it falls into a pit
on the Sabbath, will he not take hold of it, and lift it out?
12 "Of how much more value then is a man than a sheep!
So then, it is lawful to do good on the Sabbath." 13 Then
He said to the man, "Stretch out your hand!" And he
stretched it out, and it was restored to normal, like the
other. 14 But the Pharisees went out, and counseled
together against Him, as to how they might destroy Him.
15 But Jesus, aware of this, withdrew from there. And
many followed Him, and He healed them all, 16 and
warned them not to make Him known, 17 in order that
what was spoken through Isaiah the prophet, might be fulfilled,

마

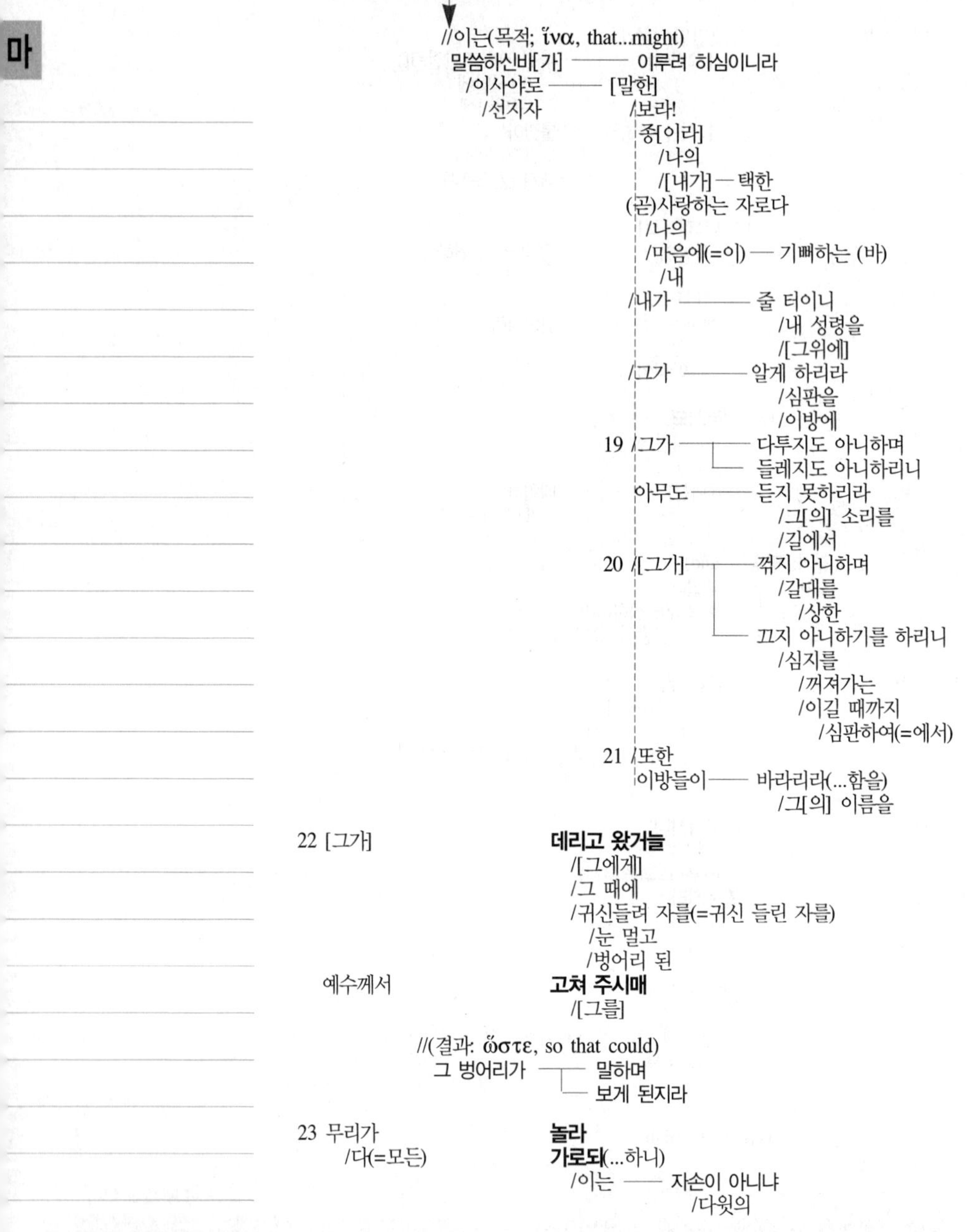

17 이는 선지자 이사야로 말씀하신 바 18 보라 나의 택
한 종 곧 내 마음에 기뻐하는 바 나의 사랑하는 자로다 내
가 내 성령을 줄 터이니 그가 심판을 이방에 알게 하리라
19 그가 다투지도 아니하며 들레지도 아니하리니 아무도
길에서 그 소리를 듣지 못하리라 20 상한 갈대를 꺾지 아
니하며 꺼져가는 심지를 끄지 아니하기를 심판하여 이길
때까지 하리니 21 또한 이방들이 그 이름을 바라리라 함
을 이루려 하심이니라 22 그 때에 귀신 들려 눈 멀고 벙
어리 된 자를 데리고 왔거늘 예수께서 고쳐 주시매 그 벙
어리가 말하며 보게 된지라 23 무리가 다 놀라 가로되 이

saying, 18 "Behold, My Servant whom I have chosen;
My Beloved in whom My soul is well-pleased; I will put
My Spirit upon Him, And He shall proclaim justice to
the Gentiles. 19 "He will not quarrel, nor cry out; Nor
will anyone hear His voice in the streets. 20 "A battered
reed He will not break off, And a smoldering wick He
will not put out, Until He leads justice to victory. 21
"And in His name the Gentiles will hope." 22 ¶ Then
there was brought to Him a demon-possessed man who
was blind and dumb, and He healed him, so that the dumb

마

24 바리새인들은 **듣고 가로되**(...하거늘)
/이가 ——— 쫓아내지 못하느니라
/귀신을
/바알세불을 힘입지 않고는
/귀신[들]의 왕

25 예수께서 **가라사대**
/[그들에게]
/아시고(완료분사)
/저희 생각을
/나라마다 ——— 황폐하여질 것이요
/분쟁하는
/스스로
동네나 집마다—서지 못하리라
/분쟁하는
/스스로

26 /만일[εἰ]
사단이 ——— 쫓아내면(조건절, if)
/사단을
분쟁하는 것이니
/스스로
/그리하고야[οὖν]
나라가 ——— 어떻게 서겠느냐?
/저의

27 /또
[만일, εἰ]
내가 ——— 쫓아내면(조건절, if)
/귀신을
/바알세불을 힘입어
아들들은 ——— 쫓아내느냐?
/너희
/누구를 힘입어
/그러므로
저희가 ——— 재판관이 되리라
/너희

28 /그러나
[만일, εἰ]
내가 ——— 쫓아내는 것이면(조건절, if)
/귀신을
/성령을 힘입어
/하나님의
나라가 ——— 임하였느니라
/하나님의
/너희에게
/이미

29 /[만일, ἐὰν]

는 다윗의 자손이 아니냐 하니 24 바리새인들은 듣고 가
로되 이가 귀신의 왕 바알세불을 힘입지 않고는 귀신을 쫓
아내지 못하느니라 하거늘 25 예수께서 저희 생각을 아
시고 가라사대 스스로 분쟁하는 나라마다 황폐하여질 것이
요 스스로 분쟁하는 동네나 집마다 서지 못하리라 26 사
단이 만일 사단을 쫓아 내면 스스로 분쟁하는 것이니 그리
하고야 저의 나라가 어떻게 서겠느냐 27 또 내가 바알세
불을 힘입어 귀신을 쫓아내면 너희 아들들은 누구를 힘입
어 쫓아내느냐 그러므로 저희가 너희 재판관이 되리라 28
그러나 내가 하나님의 성령을 힘입어 귀신을 쫓아내는 것

man spoke and saw. 23 And all the multitudes were
amazed, and began to say, "This man cannot be the Son
of David, can he?" 24 But when the Pharisees heard it,
they said, "This man casts out demons only by Beelzebul
the ruler of the demons." 25 And knowing their thoughts
He said to them, "Any kingdom divided against itself is
laid waste; and any city or house divided against itself
shall not stand. 26 "And if Satan casts out Satan, he is
divided against himself; how then shall his kingdom stand?
27 "And if I by Beelzebul cast out demons, by whom do
your sons cast them out? Consequently they shall be your
judges. 28 "But if I cast out demons by the Spirit of God,
then the kingdom of God has come upon you. 29 "Or
how can anyone enter the strong man's house and carry

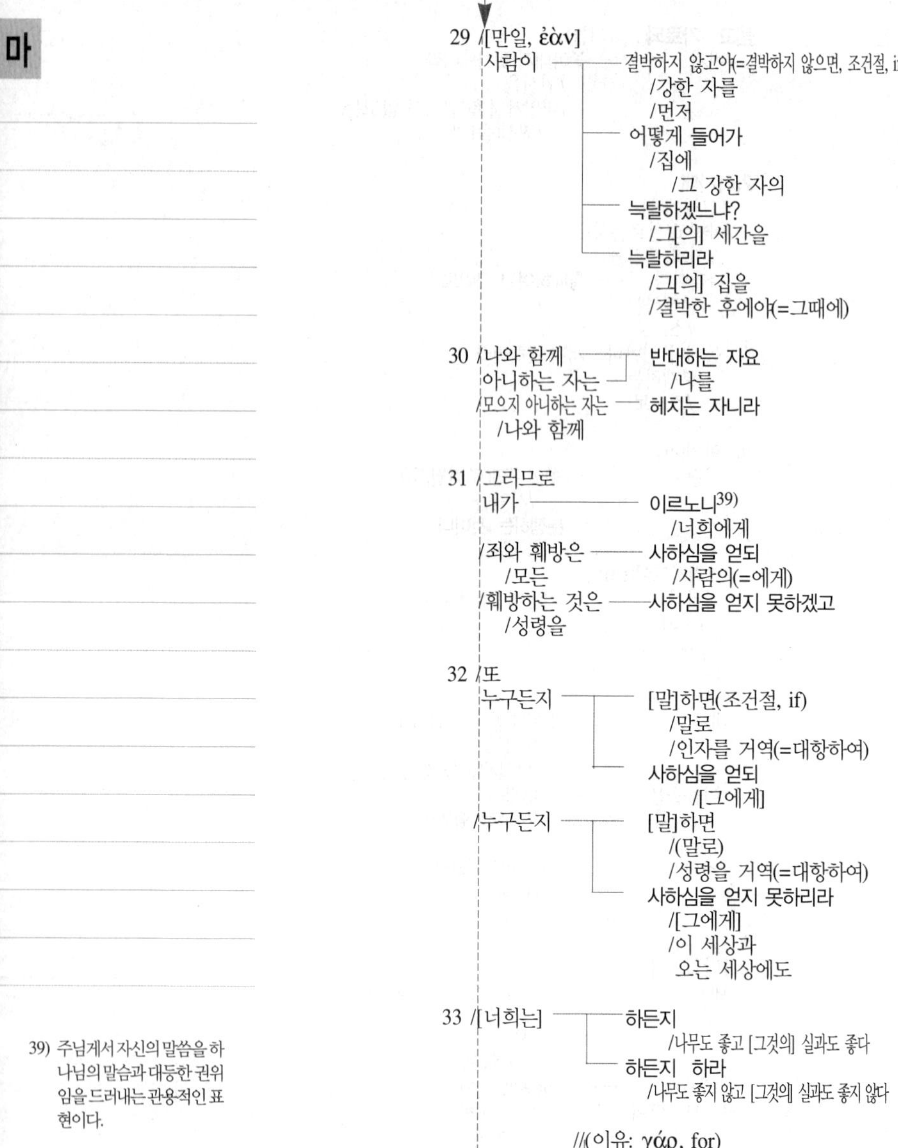

39) 주님께서 자신의 말씀을 하나님의 말씀과 대등한 권위임을 드러내는 관용적인 표현이다.

이면 하나님의 나라가 이미 너희에게 임하였느니라 29
사람이 먼저 강한 자를 결박하지 않고야 어떻게 그 강한
자의 집에 들어가 그 세간을 늑탈하겠느냐 결박한 후에야
그 집을 늑탈하리라 30 나와 함께 아니하는 자는 나를 반
대하는 자요 나와 함께 모으지 아니하는 자는 헤치는 자니
라 31 그러므로 내가 너희에게 이르노니 사람의 모든 죄
와 훼방은 사하심을 얻되 성령을 훼방하는 것은 사하심을
얻지 못하겠고 32 또 누구든지 말로 인자를 거역하면 사
하심을 얻되 누구든지 말로 성령을 거역하면 이 세상과 오
는 세상에도 사하심을 얻지 못하리라 33 나무도 좋고 실
과도 좋다 하든지 나무도 좋지 않고 실과도 좋지 않다 하
든지 하라 그 실과로 나무를 아느니라

off his property, unless he first binds the strong man?
And then he will plunder his house. 30 "He who is not
with Me is against Me; and he who does not gather with
Me scatters. 31 "Therefore I say to you, any sin and blasphemy
shall be forgiven men, but blasphemy against the Spirit
shall not be forgiven. 32 "And whoever shall speak a
word against the Son of Man, it shall be forgiven him;
but whoever shall speak against the Holy Spirit, it shall
not be forgiven him, either in this age, or in the age to
come. 33 "Either make the tree good, and its fruit good;
or make the tree bad, and its fruit bad; for the tree is
known by its fruit. 34 "You brood of vipers, how can

//(이유: γάρ, for)
나무를(=가) — 아느니라(=알려지는니라)
/그 실과로

34 /자식들아!
/독사의
너희는 — 어떻게 말을 할 수 있느냐?
/악하니(현재분사)
/선한

//이는(이유: γάρ, for)
입으로(=이) — 말함이라
/가득한 것을
/마음에

35 /선한 사람은 — 내고
/선한 것을
/그 쌓은 선에서
/악한 사람은 — 내느니라
/악한 것을
/그 쌓은 악에서

36 /내가 — 이르노니[40)]
/너희에게
/사람이 — 받으리니
/심문을
/심판 날에
/이에 대하여
/말을(=말에 대해)
/무슨(=모든)
/무익한
/[그들이] —하든지(=말한)

37 //(이유: γάρ, for)
[네가] —의롭다 함을 받고
/네 말로
[네가]— 정죄함을 받으리라
/네 말로

38 몇 사람이 — **[대답하여] 말하되**
/서기관과
바리새인 중
/[그에게]
/그 때에
/선생님이여!
/우리에게(=가) —원하나이다
/[당신으로부터]
/보여 주시기를(부정사)
/표적[을]

40) 주님께서 자신의 말씀을 하나님의 말씀과 대등한 권위임을 드러내는 관용적인 표현이다.

34 독사의 자식들아 너희는 악하니 어떻게 선한 말을 할
수 있느냐 이는 마음에 가득한 것을 입으로 말함이라 35
선한 사람은 그 쌓은 선에서 선한 것을 내고 악한 사람은
그 쌓은 악에서 악한 것을 내느니라 36 내가 너희에게 이
르노니 사람이 무슨 무익한 말을 하든지 심판 날에 이에
대하여 심문을 받으리니 37 네 말로 의롭다함을 받고 네
말로 정죄함을 받으리라 38 그 때에 서기관과 바리새인
중 몇 사람이 말하되 선생님이여 우리에게 표적 보여 주시
기를 원하나이다

you, being evil, speak what is good? For the mouth speaks
out of that which fills the heart. 35 "The good man out
of his good treasure brings forth what is good; and the
evil man out of his evil treasure brings forth what is evil.
36 "And I say to you, that every careless word that men
shall speak, they shall render account for it in the day of
judgment. 37 "For by your words you shall be justified,
and by your words you shall be condemned." 38 Then
some of the scribes and Pharisees answered Him, saying,
"Teacher, we want to see a sign from You." 39 But He

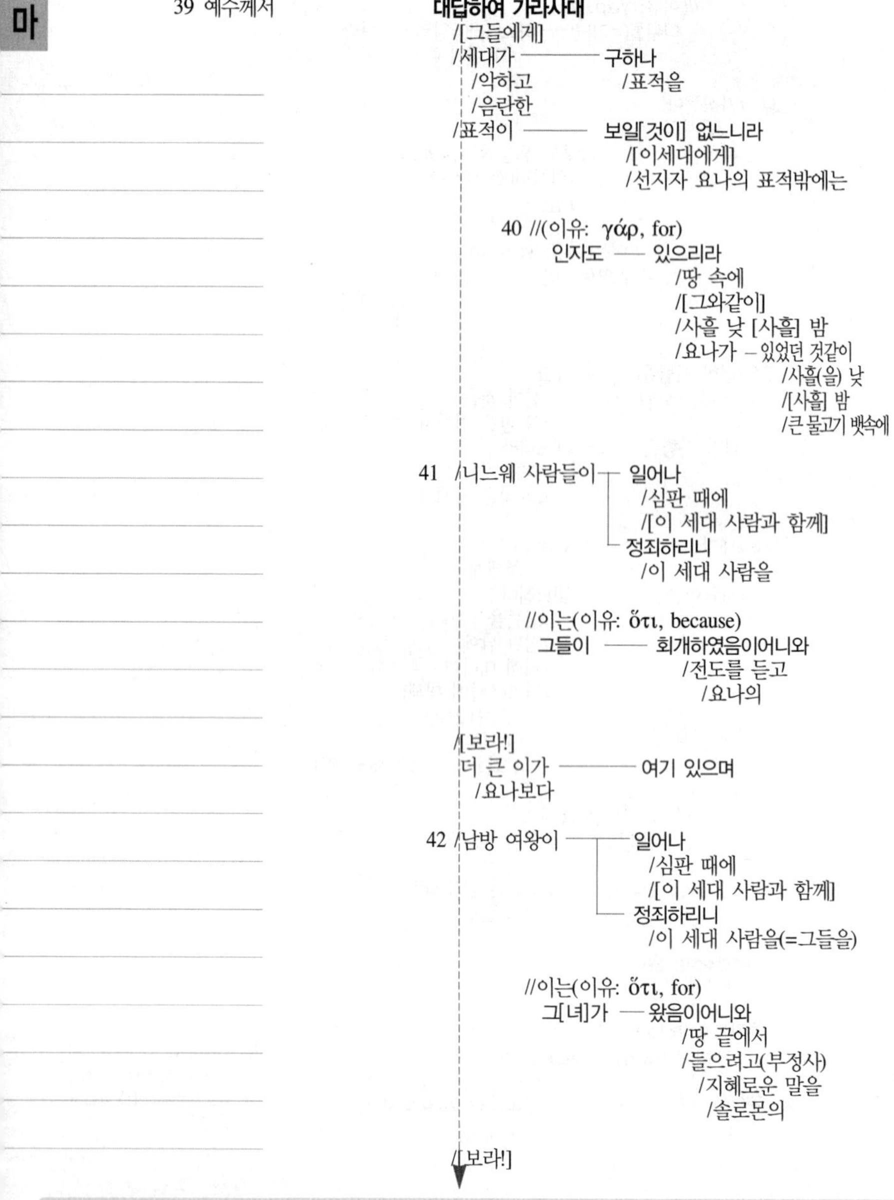

39 예수께서 대답하여 가라사대 악하고 음란한 세대가 표적을 구하나 선지자 요나의 표적 밖에는 보일 표적이 없느니라 40 요나가 밤낮 사흘을 큰 물고기 뱃속에 있었던 것 같이 인자도 밤낮 사흘을 땅 속에 있으리라 41 심판 때에 니느웨 사람들이 일어나 이 세대 사람을 정죄하리니 이는 그들이 요나의 전도를 듣고 회개하였음이어니와 요나보다 더 큰 이가 여기 있으며 42 심판 때에 남방 여왕이 일어나 이 세대 사람을 정죄하리니 이는 그가 솔로몬의 지혜로운 말을 들으려고 땅 끝에서 왔음이어니와 솔로몬보다 더 큰 이가 여기 있느니라

answered and said to them, "An evil and adulterous generation craves for a sign; and yet no sign shall be given to it but the sign of Jonah the prophet; 40 for just as Jonah was three days and three nights in the belly of the sea monster, so shall the Son of Man be three days and three nights in the heart of the earth. 41 "The men of Nineveh shall stand up with this generation at the judgment, and shall condemn it because they repented at the preaching of Jonah; and behold, something greater than Jonah is here. 42 "The Queen of the South shall rise up with this generation at the judgment and shall condemn it, because she came from the ends of the earth to hear the wisdom

/[보라!]
더 큰 이가 —— 여기 있느니라
/솔로몬보다

43 /귀신이 —— 나갔을 때에(상황절, when)
/더러운 /사람에게서
다니며
/물 없는 곳으로
/구하며(현재분사)
/쉬기를
얻지 못하고
44 가로되(...하고)
/이에(=그때에)
/내가 —— 돌아가리라
/집으로
/내
/[내가] 나온

[그가] —— 와(=왔을 때, 상황절, when)
보니(=보았다)
/그 집이 비고
/소제되고
/수리되었거늘(=수리된 것을)

45 가서
/이에(=그때에)
데리고
/[그 자신과 함께]
/귀신을
/일곱
/[다른]
/더 악한
/저보다
거하니
/들어가서(과거분사)
/[거기에]
/나중 형편이 —— 더욱 심하게 되느니라
/그 사람의 /전보다
/또한
[그것이] —— 이렇게 되리라
/이 악한 세대가(=에게)

46 예수께서 말씀하실 때에(상황절, while)
/무리에게

[보라, ἰδοὺ]
모친과 동생들이 **섰더니**
/그[의]
/밖에
/[구하며](현재분사)
/말하려고(부정사)
/예수께

43 더러운 귀신이 사람에게서 나갔을 때에 물 없는 곳으로 다니며 쉬기를 구하되 얻지 못하고 44 이에 가로되 내가 나온 집으로 돌아가리라 하고 와 보니 그 집이 비고 소제되고 수리 되었거늘 45 이에 가서 저보다 더 악한 귀신 일곱을 데리고 들어가서 거하니 그 사람의 나중 형편이 전보다 더욱 심하게 되느니라 이 악한 세대가 또한 이렇게 되리라 46 예수께서 무리에게 말씀하실 때에 그 모친과 동생들이 예수께 말하려고 밖에 섰더니

of Solomon; and behold, something greater than Solomon
is here. 43 "Now when the unclean spirit goes out of a
man, it passes through waterless places, seeking rest, and does
not find it. 44 "Then it says, 'I will return to my house
from which I came'; and when it comes, it finds it unoccupied,
swept, and put in order. 45 "Then it goes, and takes along
with it seven other spirits more wicked than itself, and
they go in and live there; and the last state of that man becomes
worse than the first. That is the way it will also be with
this evil generation." 46 While He was still speaking to
the multitudes, behold, His mother and brothers were standing
outside, seeking to speak to Him. 47 And someone said

마

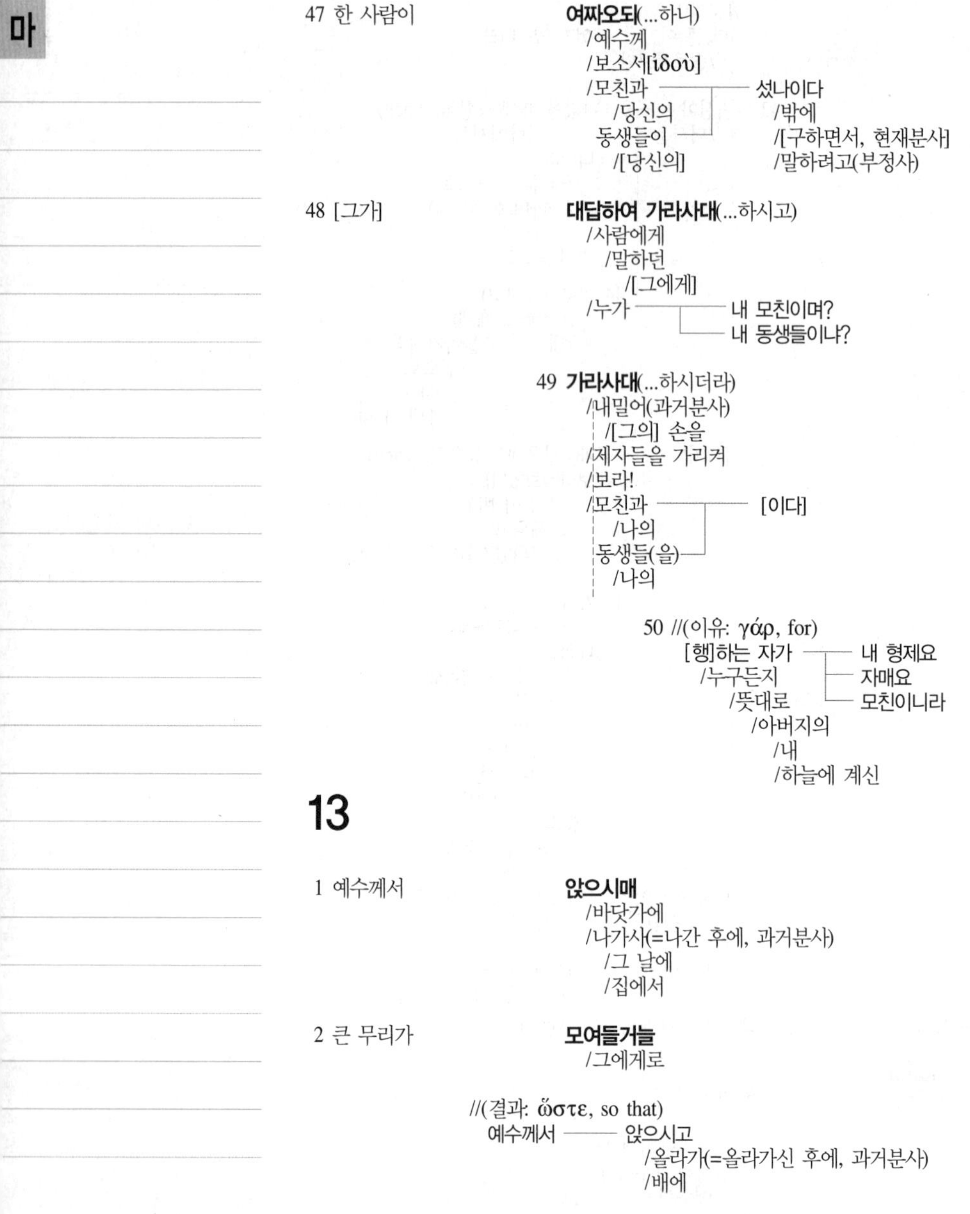

47 한사람이 예수께 여짜오되 보소서 당신의 모친과 동생들이 당신께 말하려고 밖에 섰나이다 하니 48 말하던 사람에게 대답하여 가라사대 누가 내 모친이며 내 동생들이냐 하시고 49 손을 내밀어 제자들을 가리켜 가라사대 나의 모친과 나의 동생들을 보라 50 누구든지 하늘에 계신 내 아버지의 뜻대로 하는 자가 내 형제요 자매요 모친이니라 하시더라

13 1 그 날에 예수께서 집에서 나가사 바닷가에 앉으시매 2 큰 무리가 그에게로 모여 들거늘 예수께서 배에 올라가 앉으시고 온 무리는 해변에 섰더니

to Him, "Behold, Your mother and Your brothers are standing outside seeking to speak to You." 48 But He answered the one who was telling Him and said, "Who is My mother and who are My brothers?" 49 And stretching out His hand toward His disciples, He said, "Behold, My mother and My brothers! 50 "For whoever does the will of My Father who is in heaven, he is My brother and sister and mother."

13 1 On that day Jesus went out of the house, and was sitting by the sea. 2 And great multitudes gathered to Him, so that He got into a boat and sat down, and the

온 무리는 **섰더니**
/해변에

3 예수께서 **말씀하여 가라사대**(...하시니라)
/여러 가지를
/저희에게
/비유로
/[보라!]
뿌리는 자가 —— 나가서
/씨를 /뿌리러(부정사)

4 / [그가] —— 뿌릴새(상황절, when)
더러는 —— 떨어지매
/길가에
/새들이 —— 먹어 버렸고
/[그것들을]
/와서(과거분사)

5 /더러는 —— 떨어지매
/돌밭에
/얇은(=없는)
/흙이
/[많은]
/싹이 —— 나오나
/곧

//(이유: διά + 목적격, because)
흙이 깊지 아니하므로

6 /해가 —— 돋은 후에(상황절, when)
[그것들이] —┬— 타져서
└— 말랐고

7 /더러는 —— 떨어지매
/가시떨기 위에
/가시가 —┬— 자라서
└— 기운을 막았고
/[그것들을]

8 /더러는 —┬— 떨어지매
/좋은 땅에
└— 하였느니라
/결실을
/혹 백 배
/혹 육십 배
/혹 삼십 배의(=를)

9 /귀있는 자는 —— 들으라

3 예수께서 비유로 여러가지를 저희에게 말씀하여 가라사
대 씨를 뿌리는 자가 뿌리러 나가서 4 뿌릴새 더러는 길
가에 떨어지매 새들이 와서 먹어버렸고 5 더러는 흙이 얇
은 돌밭에 떨어지매 흙이 깊지 아니하므로 곧 싹이 나오나
6 해가 돋은 후에 타져서 뿌리가 없으므로 말랐고 7 더러
는 가시 떨기 위에 떨어지매 가시가 자라서 기운을 막았고
8 더러는 좋은 땅에 떨어지매 혹 백 배, 혹 육십 배, 혹 삼
십 배의 결실을 하였느니라 9 귀 있는 자는 들으라 하시

whole multitude was standing on the beach. 3 And He
spoke many things to them in parables, saying, "Behold,
the sower went out to sow; 4 and as he sowed, some
seeds fell beside the road, and the birds came and ate
them up. 5 "And others fell upon the rocky places, where
they did not have much soil; and immediately they sprang
up, because they had no depth of soil. 6 "But when the
sun had risen, they were scorched; and because they had
no root, they withered away. 7 "And others fell among
the thorns, and the thorns came up and choked them out.
8 "And others fell on the good soil, and yielded a crop,
some a hundredfold, some sixty, and some thirty. 9 "He

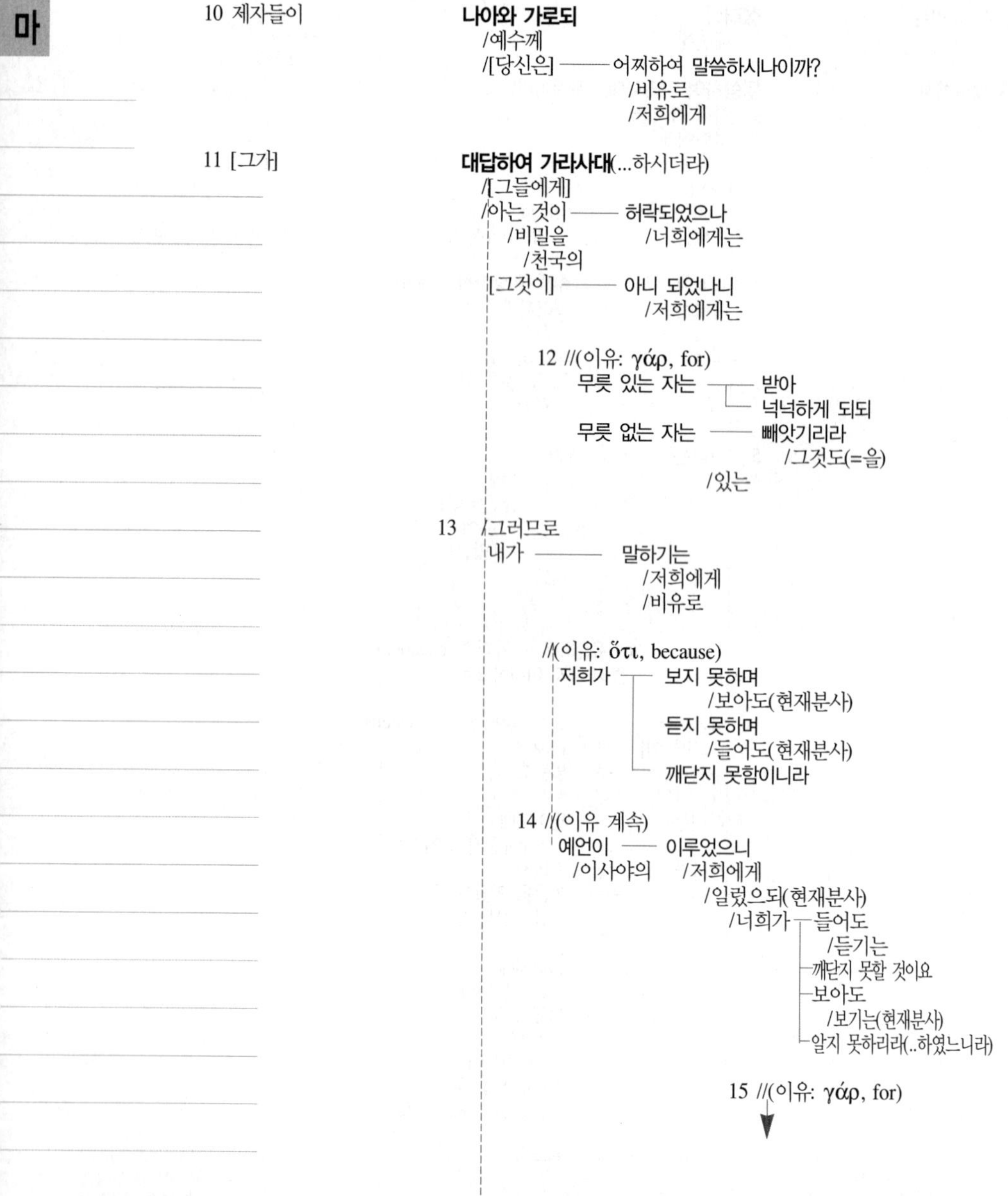

니라 10 제자들이 예수께 나아와 가로되 어찌하여 저희
에게 비유로 말씀하시나이까 11 대답하여 가라사대 천국
의 비밀을 아는 것이 너희에게는 허락되었으나 저희에게는
아니 되었나니 12 무릇 있는 자는 받아 넉넉하게 되되 무
릇 없는 자는 그 있는 것도 빼앗기리라 13 그러므로 내가
저희에게 비유로 말하기는 저희가 보아도 보지 못하며 들
어도 듣지 못하며 깨닫지 못함이니라 14 이사야의 예언
이 저희에게 이루었으니 일렀으되 너희가 듣기는 들어도
깨닫지 못할 것이요 보기는 보아도 알지 못하리라

who has ears, let him hear." 10 And the disciples came
and said to Him, "Why do You speak to them in parables?"
11 And He answered and said to them, "To you it has
been granted to know the mysteries of the kingdom of heaven,
but to them it has not been granted. 12 "For whoever
has, to him shall more be given, and he shall have an
abundance; but whoever does not have, even what he has shall
be taken away from him. 13 "Therefore I speak to them
in parables; because while seeing they do not see, and
while hearing they do not hear, nor do they understand.
14 "And in their case the prophecy of Isaiah is being
fulfilled, which says, 'You will keep on hearing, but will

마

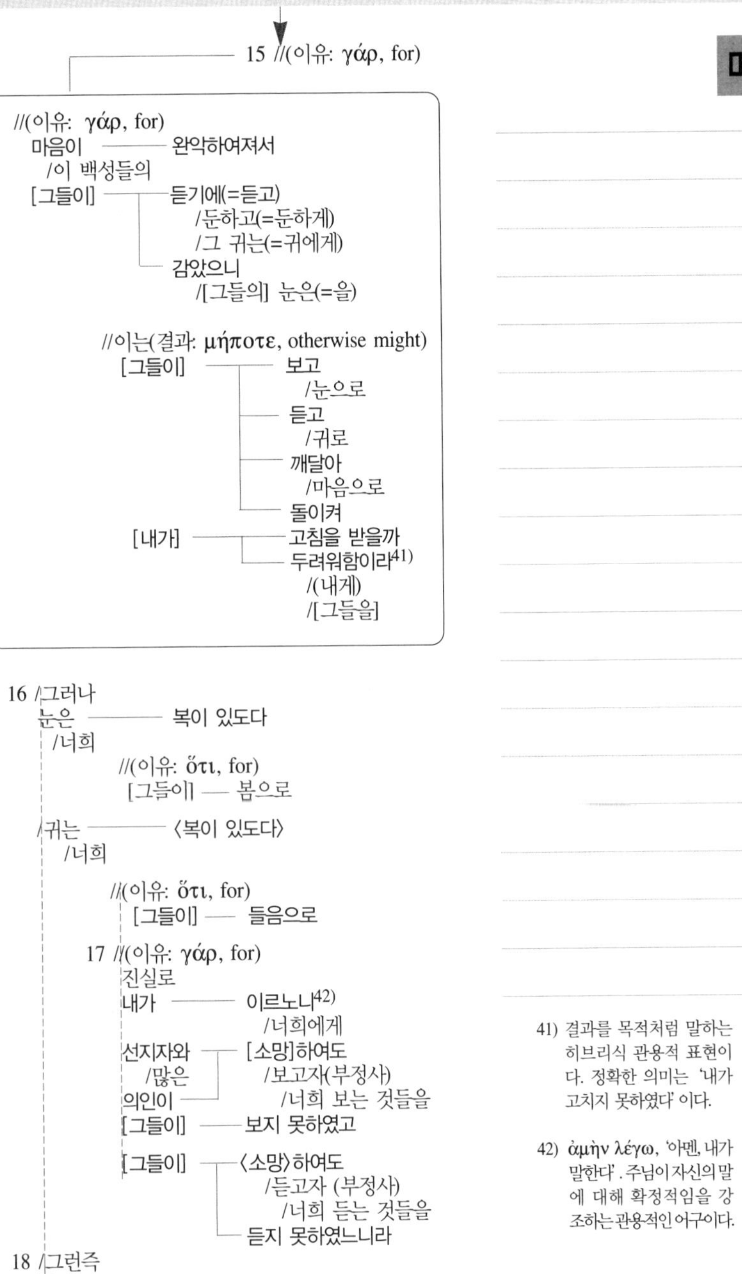

41) 결과를 목적처럼 말하는 히브리식 관용적 표현이다. 정확한 의미는 '내가 고치지 못하였다' 이다.

42) ἀμὴν λέγω, '아멘, 내가 말한다'. 주님이 자신의 말에 대해 확정적임을 강조하는 관용적인 어구이다.

15 이 백성들의 마음이 완악하여져서 그 귀는 듣기에 둔하고 눈은 감았으니 이는 눈으로 보고 귀로 듣고 마음으로 깨달아 돌이켜 내게 고침을 받을까 두려워함이라 하였느니라 **16** 그러나 너희 눈은 봄으로 너희 귀는 들음으로 복이 있도다 **17** 내가 진실로 너희에게 이르노니 많은 선지자와 의인이 너희 보는 것들을 보고자 하여도 보지 못하였고 너희 듣는 것들을 듣고자 하여도 듣지 못하였느니라

not understand; And you will keep on seeing, but will not perceive; **15** 'For the heart of this people has become dull, And with their ears they scarcely hear, And they have closed their eyes Lest they should see with their eyes, And hear with their ears, And understand with their heart and return, And I should heal them.' **16** "But blessed are your eyes, because they see; and your ears, because they hear. **17** "For truly I say to you, that many prophets and righteous men desired to see what you see, and did not see it; and to hear what you hear, and did not hear

마

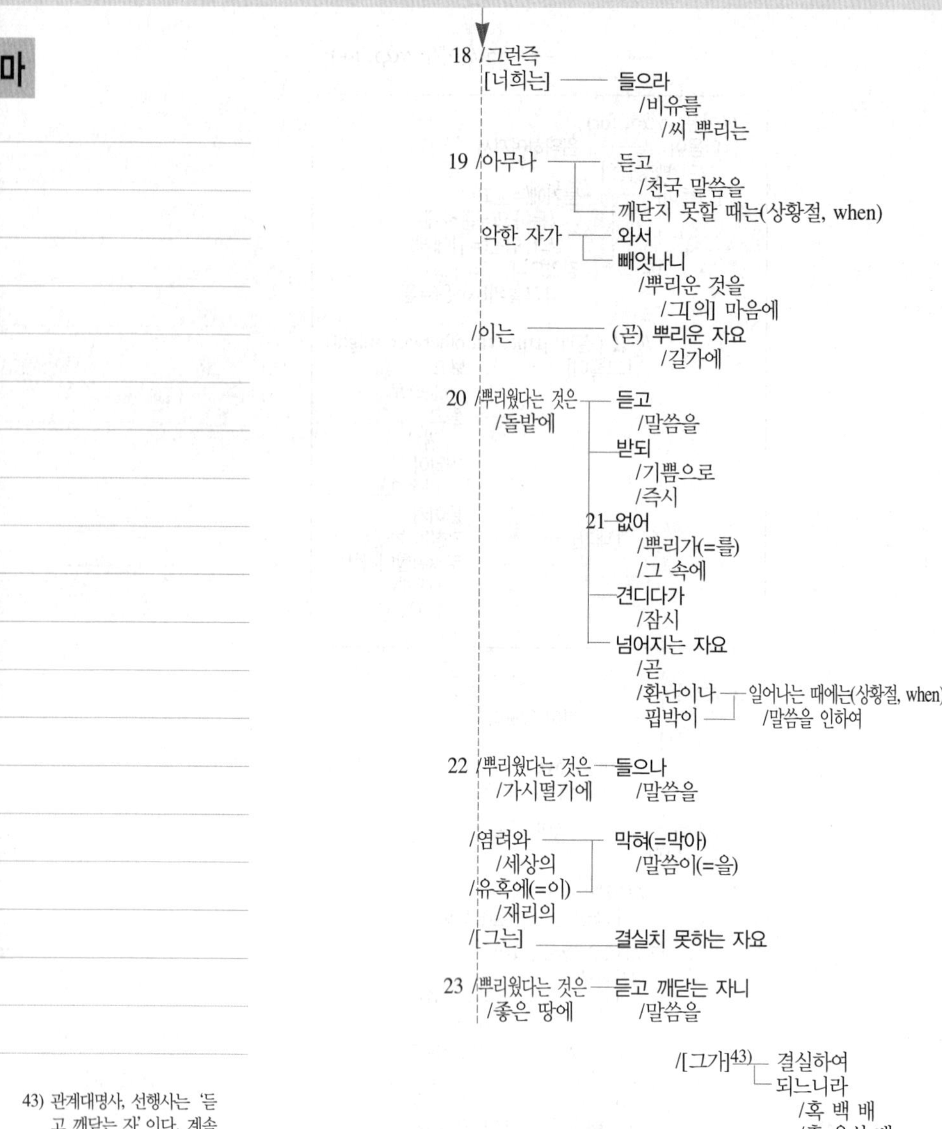

43) 관계대명사, 선행사는 '듣고 깨닫는 자'이다. 계속적 용법

18 그런즉 씨 뿌리는 비유를 들으라 19 아무나 천국 말씀을 듣고 깨닫지 못할 때는 악한 자가 와서 그 마음에 뿌리는 것을 빼앗나니 이는 곧 길가에 뿌리운 자요 20 돌밭에 뿌리웠다는 것은 말씀을 듣고 즉시 기쁨으로 받되 21 그 속에 뿌리가 없어 잠시 견디다가 말씀을 인하여 환난이나 핍박이 일어나는 때에는 곧 넘어지는 자요 22 가시 떨기에 뿌리웠다는 것은 말씀을 들으나 세상의 염려와 재리의 유혹에 말씀이 막혀 결실치 못하는 자요 23 좋은 땅에 뿌리웠다는 것은 말씀을 듣고 깨닫는 자니 결실하여 혹 백 배, 혹 육십 배, 혹 삼십 배가 되느니라 하시더라

it. 18 "Hear then the parable of the sower. 19 "When anyone hears the word of the kingdom, and does not understand it, the evil one comes and snatches away what has been sown in his heart. This is the one on whom seed was sown beside the road. 20 "And the one on whom seed was sown on the rocky places, this is the man who hears the word, and immediately receives it with joy; 21 yet he has no firm root in himself, but is only temporary, and when affliction or persecution arises because of the word, immediately he falls away. 22 "And the one on whom seed was sown among the thorns, this is the man who hears the word, and the worry of the world, and the

마

24 예수께서

24 예수께서 그들 앞에 또 비유를 베풀어 가라사대 천국
은 좋은 씨를 제 밭에 뿌린 사람과 같으니 25 사람들이
잘 때에 그 원수가 와서 곡식 가운데 가라지를 덧뿌리고
갔더니 26 싹이 나고 결실할 때에 가라지도 보이거늘
27 집 주인의 종들이 와서 말하되 주여 밭에 좋은 씨를 심
지 아니하였나이까 그러면 가라지가 어디서 생겼나이까
28 주인이 가로되 원수가 이렇게 하였구나 종들이 말하되
그러면 우리가 가서 이것을 뽑기를 원하시나이까 29 주
인이 가로되 가만 두어라 가라지를 뽑다가 곡식까지 뽑을
까 염려 하노라

deceitfulness of riches choke the word, and it becomes unfruitful. 23 "And the one on whom seed was sown on the good soil, this is the man who hears the word and understands it; who indeed bears fruit, and brings forth, some a hundredfold, some sixty, and some thirty." 24 He presented another parable to them, saying, "The kingdom of heaven may be compared to a man who sowed good seed in his field. 25 "But while men were sleeping, his enemy came and sowed tares also among the wheat, and went away. 26 "But when the wheat sprang up and bore grain, then the tares became evident also. 27 "And the slaves of the landowner came and said to him, 'Sir, did you not sow good seed in your field? How then does it have tares?' 28 "And he said to them, 'An enemy has done

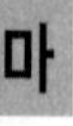

//(목적: μήποτε, that...may)
[너희가] — 뽑다가(=을 동안에, 상황절, while)
/가라지를
[너희가] — 뽑을까 염려하노라(=뽑지 않도록)
/곡식까지(=을)
/[그것들과 함께]

30 /[너희는] —두어라
/함께 자라게(부정사)
/둘 다
/추수 때까지
/내가 — 말하기를(...하리라)
/추수꾼들에게
/추수 때에
/[너희는] — 거두어

/[너희는] — 거두어
/가라지는(=를)
/먼저
묶고
/[그것들을]
/단으로
/불사르게(부정사)
/[그것들을]
모아 넣으라
/곡식은(=을)
/내 곳간에

31 [그가] 베풀어 가라사대
/비유를
/또(=다른)
/[그들에게]
/천국은 — 마치 겨자씨 한 알 같으니

/[그것을][44)]
사람이 — 심은(=심느니라)
/갖다(과거분사)
/자기 밭에

32 /이는[45)] — 작은 것이로되
/모든 씨보다
[그것이] — 자란 후에는(상황절, when)
커서
/나물보다
나무가 되매

//(결과: ὥστε, so that)

44) 관계대명사, 선행사는 '한 알' 이다. 계속적 용법

45) 관계대명사, 선행사는 '겨자씨' 이다. 계속적 용법

30 둘 다 추수 때까지 함께 자라게 두어라 추수 때에 내가
추수꾼들에게 말하기를 가라지는 먼저 거두어 불사르게 단
으로 묶고 곡식은 모아 내 곳간에 넣으라 하리라 31 또 비
유를 베풀어 가라사대 천국은 마치 사람이 자기 밭에 갖다
심은 겨자씨 한 알 같으니 32 이는 모든 씨보다 작은 것
이로되 자란 후에는 나물보다 커서 나무가 되매 공중의 새
들이 와서 그 가지에 깃들이느니라

this!' And the slaves said to him, 'Do you want us, then,
to go and gather them up?'
29 "But he said, 'No; lest
while you are gathering up the tares, you may root up
the wheat with them.
30 'Allow both to grow together
until the harvest; and in the time of the harvest I will say
to the reapers, "First gather up the tares and bind them
in bundles to burn them up; but gather the wheat into my
barn."'
31 He presented another parable to them, saying,
"The kingdom of heaven is like a mustard seed, which a
man took and sowed in his field;
32 and this is smaller
than all other seeds; but when it is full grown, it is larger
than the garden plants, and becomes a tree, so that the

마

//(결과: ὥστε, so that)
새들이 — 와서
/공중의
— 깃들이느니라
/그[의] 가지에

33 [그가] **말씀하시되**
/비유로(=를)
/또(=다른)
/[그들에게]
/천국은 — 마치 누룩과 같으니라

/[그것을][46)]
여자가 — 넣어(=넣느니라)
/갖다(과거분사)
/가루 서말 속에
/전부 부풀게 한(=부풀 때까지)

34 예수께서 **말씀하시고**
/이것을
/모든
/무리에게
/비유로
말씀하지 아니하셨으니
/아무것도
/비유가 아니면
/[그들에게]

35 //이는(목적: ὅπως, that...might)
말씀하신 바(=것이) — 이루려 하심이니라
/선지자로 — [말]함을
/내가 열어
/[나의] 입을
/비유로 (말하고)
— 드러내리라
/감추인 것들을
/창세부터

36 예수께서 **들어가시니**
/집에
/떠나사(과거분사)
/무리를
/이에(=그때에)
제자들이 **나아와 가로되**
/[그의]
/[그에게]
/[당신은] — 설명하여 주소서
/비유를
/가라지의
/밭의
/우리에게

46) 관계대명사, 선행사는 '누룩'이다. 계속적 용법

33 또 비유로 말씀하시되 천국은 마치 여자가 가루 서 말 속에 갖다 넣어 전부 부풀게 한 누룩과 같으니라 34 예수께서 이 모든 것을 무리에게 비유로 말씀하시고 비유가 아니면 아무 것도 말씀하지 아니하셨으니 35 이는 선지자로 말씀하신 바 내가 입을 열어 비유로 말하고 창세부터 감추인 것들을 드러내리라 함을 이루려 하심이니라 36 이에 예수께서 무리를 떠나사 집에 들어가시니 제자들이 나아와 가로되 밭의 가라지의 비유를 우리에게 설명하여 주소서

birds of the air come and nest in its branches." 33 He spoke another parable to them, "The kingdom of heaven is like leaven, which a woman took, and hid in three pecks of meal, until it was all leavened." 34 All these things Jesus spoke to the multitudes in parables, and He did not speak to them without a parable, 35 so that what was spoken through the prophet might be fulfilled, saying, "I will open My mouth in parables; I will utter things hidden since the foundation of the world." 36 Then He left the multitudes, and went into the house. And His

37 대답하여 가라사대 좋은 씨를 뿌리는 이는 인자요 38
밭은 세상이요 좋은 씨는 천국의 아들들이요 가라지는 악
한 자의 아들들이요 39 가라지를 심은 원수는 마귀요 추
수 때는 세상 끝이요 추수꾼은 천사들이니 40 그런즉 가
라지를 거두어 불에 사르는 것같이 세상 끝에도 그러하리
라 41 인자가 그 천사들을 보내리니 저희가 그 나라에서
모든 넘어지게 하는 것과 또 불법을 행하는 자들을 거두어
내어 42 풀무불에 던져 넣으리니 거기서 울며 이를 갊이
있으리라 43 그 때에 의인들은 자기 아버지 나라에서 해
와 같이 빛나리라 귀 있는 자는 들으라

disciples came to Him, saying, “Explain to us the parable
of the tares of the field.” 37 And He answered and said,
“The one who sows the good seed is the Son of Man,
38 and the field is the world; and as for the good seed,
these are the sons of the kingdom; and the tares are the
sons of the evil one; 39 and the enemy who sowed them
is the devil, and the harvest is the end of the age; and
the reapers are angels. 40 “Therefore just as the tares are
gathered up and burned with fire, so shall it be at the end
of the age. 41 “The Son of Man will send forth His
angels, and they will gather out of His kingdom all
stumbling blocks, and those who commit lawlessness, 42
and will cast them into the furnace of fire; in that place
there shall be weeping and gnashing of teeth. 43 “Then

마

47) 관계대명사, 선행사는 '보화'이다. 계속적 용법

48) 관계대명사, 선행사는 '그물'이다. 계속적 용법

44 천국은 마치 밭에 감추인 보화와 같으니 사람이 이를
발견한 후 숨겨두고 기뻐하여 돌아가서 자기의 소유를 다
팔아 그 밭을 샀느니라 45 또 천국은 마치 좋은 진주를
구하는 장사와 같으니 46 극히 값진 진주 하나를 만나매
가서 자기의 소유를 다 팔아 그 진주를 샀느니라 47 또 천
국은 마치 바다에 치고 각종 물고기를 모는 그물과 같으니
48 그물에 가득하매 물가로 끌어내고 앉아서 좋은 것은
그릇에 담고 못된 것은 내어버리느니라

the righteous will shine forth as the sun in the kingdom
of their Father. He who has ears, let him hear. 44 ¶ "The
kingdom of heaven is like a treasure hidden in the field, which
a man found and hid; and from joy over it he goes and
sells all that he has, and buys that field. 45 ¶ "Again,
the kingdom of heaven is like a merchant seeking fine
pearls, 46 and upon finding one pearl of great value, he
went and sold all that he had, and bought it. 47 ¶ "Again,
the kingdom of heaven is like a dragnet cast into the sea,
and gathering fish of every kind; 48 and when it was
filled, they drew it up on the beach; and they sat down,
and gathered the good fish into containers, but the bad

49) 관계대명사, 선행사는 '집주인'이다. 계속적 용법

49 세상 끝에도 이러하리라 천사들이 와서 의인 중에서
악인을 갈라 내어 50 풀무불에 던져 넣으리니 거기서 울
며 이를 갊이 있으리라 51 이 모든 것을 깨달았느냐 하시
니 대답하되 그러하오이다 52 예수께서 가라사대 그러므
로 천국의 제자된 서기관마다 마치 새 것과 옛 것을 그 곳
간에서 내어 오는 집주인과 같으니라 53 예수께서 이 모
든 비유를 마치신 후에 거기를 떠나서 54 고향으로 돌아
가사 저희 회당에서 가르치시니 저희가 놀라 가로되 이 사
람의 이 지혜와 이런 능력이 어디서 났느뇨

they threw away. 49 "So it will be at the end of the age;
the angels shall come forth, and take out the wicked from
among the righteous, 50 and will cast them into the furnace
of fire; there shall be weeping and gnashing of teeth. 51 "Have
you understood all these things?" They said to Him, "Yes."
52 And He said to them, "Therefore every scribe who
has become a disciple of the kingdom of heaven is like a
head of a household, who brings forth out of his treasure
things new and old." 53 And it came about that when
Jesus had finished these parables, He departed from there.
54 And coming to His home town He began teaching
them in their synagogue, so that they became astonished,
and said, "Where did this man get this wisdom, and these
miraculous powers? 55 "Is not this the carpenter's son?

모친은 —— *마리아[라] 하지 않느냐?*
/그[의]
형제들은 —— 야고보
/그[의] —— 요셉
—— 시몬
—— 유다라

56 /누이들은 —— 있지 아니하냐?
/그[의] /우리와 함께
/다(=모든)

/그런즉
이것이 —— 어디서 났느뇨?
/이 사람의
/모든

57 [그들이] **배척한지라**
/예수를

예수께서 **말씀하시되**(...하시고)
/저희에게
/선지자가 —— 없느니라
/존경을 받지 않음이
/자기 고향과 자기 집 외에서는

58 **행치 아니하시니라**
/많은 능력을
/거기서

//(이유: διὰ +목적격, because)
저희의 믿지 않음을 인하여

14

1 헤롯이 **듣고**
/분봉왕
/소문을
/예수의
/그 때에

2 **이르되**(...하더라)
/그[의] 신하들에게
/이는 —— 세례 요한이라
저가 —— 살아났으니
/죽은 자 가운데서
/그러므로
이런 권능이 —— 운동하는도다
/그 속에서

3 //(이유: γάρ, for)

55 이는 그 목수의 아들이 아니냐 그 모친은 마리아, 그
형제들은 야고보, 요셉, 시몬, 유다라 하지 않느냐 56 그
누이들은 다 우리와 함께 있지 아니하냐 그런즉 이 사람의
이 모든 것이 어디서 났느뇨 하고 57 예수를 배척한지라
예수께서 저희에게 말씀하시되 선지자가 자기 고향과 자기
집 외에서는 존경을 받지 않음이 없느니라 하시고 58 저
희의 믿지 않음을 인하여 거기서 많은 능력을 행치 아니하
시니라
14 1 그 때에 분봉왕 헤롯이 예수의 소문을 듣고 2
그 신하들에게 이르되 이는 세례 요한이라 저가 죽

Is not His mother called Mary, and His brothers, James
and Joseph and Simon and Judas? 56 "And His sisters,
are they not all with us? Where then did this man get all
these things?" 57 And they took offense at Him. But
Jesus said to them, "A prophet is not without honor except
in his home town, and in his own household." 58 And
He did not do many miracles there because of their unbelief.
14 1 At that time Herod the tetrarch heard the news
about Jesus, 2 and said to his servants, "This is
John the Baptist; he has risen from the dead; and that is

마

은 자 가운데서 살아 났으니 그러므로 이런 권능이 그 속
에서 운동하는도다 하더라 3 전에 헤롯이 그 동생 빌립의
아내 헤로디아의 일로 요한을 잡아 결박하여 옥에 가두었
으니 4 이는 요한이 헤롯에게 말하되 당신이 그 여자를
취한 것이 옳지 않다 하였음이라 5 헤롯이 요한을 죽이려
하되 민중이 저를 선지자로 여기므로 민중을 두려워하더니
6 마침 헤롯의 생일을 당하여 헤로디아의 딸이 연석 가운
데서 춤을 추어 헤롯을 기쁘게 하니 7 헤롯이 맹세로 그
에게 무엇이든지 달라는 대로 주겠다 허락하거늘

why miraculous powers are at work in him." 3 For when
Herod had John arrested, he bound him, and put him in
prison on account of Herodias, the wife of his brother
Philip. 4 For John had been saying to him, "It is not
lawful for you to have her." 5 And although he wanted
to put him to death, he feared the multitude, because they
regarded him as a prophet. 6 But when Herod's birthday came,
the daughter of Herodias danced before them and pleased
Herod 7 Thereupon he promised with an oath to give her
whatever she asked. 8 And having been prompted by her

8 그[녀]가 　　가로되(...하니)
/시킴을 듣고(과거분사)
/제 어미의
/[당신은] ——— 주소서
/머리를
/세례 요한의
/내게
/여기서
/소반에 담아

9 왕이 　　근심하나(양보절, although)
명하고
/주라

//(이유: διὰ +목적격, because of)
자기의 맹세한 것과
사람들을 인하여
/그 함께 앉은

10 [그가] 　　목 베어
/요한을
/옥에서
/(사람을) 보내어(과거분사)

11 머리를(=가) 　　담아다가(=담겨)
/그[의] 　　/소반에
주[어지]니
/그 여아에게
그[녀]가 　　가져가니라
/제 어미에게

12 제자들이 　　가져다가
/요한의 　　/시체를
/와서(과거분사)
[그들이] 　　장사하고
/[그것을]
고하니라
/예수께
/가서(과거분사)

13 예수께서 　　떠나(사)가시니
/들으시고(과거분사)
/[거기서]
/배를 타고
/빈들에
/따로

8 그가 제 어미의 시킴을 듣고 가로되 세례 요한의 머리를
소반에 담아 여기서 내게 주소서 하니 9 왕이 근심하나
자기의 맹세한 것과 그 함께 앉은 사람들을 인하여 주라
명하고 10 사람을 보내어 요한을 옥에서 목 베어 11 그
머리를 소반에 담아다가 그 여아에게 주니 그가 제 어미에
게 가져 가니라 12 요한의 제자들이 와서 시체를 가져다
가 장사하고 가서 예수께 고하니라 13 예수께서 들으시
고 배를 타고 떠나사 따로 빈 들에 가시니 무리가 듣고 여
러 고을로부터 걸어서 좇아간지라

mother, she said, "Give me here on a platter the head of
John the Baptist." 9 And although he was grieved, the
king commanded it to be given because of his oaths, and
because of his dinner guests. 10 And he sent and had
John beheaded in the prison. 11 And his head was brought
on a platter and given to the girl; and she brought it to
her mother. 12 And his disciples came and took away
the body and buried it; and they went and reported to
Jesus. 13 ¶ Now when Jesus heard it, He withdrew from
there in a boat, to a lonely place by Himself; and when
the multitudes heard of this, they followed Him on foot
from the cities. 14 And when He went ashore, He saw a

마

무리가 듣고(상황절, when)
좇아간지라
/[그에게]
/여러 고을로부터
/걸어서

14 예수께서 **보시고**
/큰 무리를
/나오사(과거분사)
불쌍히 여기사
/[그들을]
고쳐 주시니라
/병인을
/그 중에 있는

15 저녁이 되매(상황절, when)
제자들이 **나아와 가로되**
/[그에게]
/이 곳은 — 빈들이요
때도 — 저물었으니
/이미
/[당신은] — 보내어
/무리를

//(목적: ἵνα, that...may)
[그들이] — 사 먹게 하소서
/먹을 것을(부정사)
/[그들 스스로]
/들어가(과거분사)
/마을에

16 예수께서 **가라사대**
/[그들에게]
/[그들이] — 갈 것 없다
너희가 — 주어라
/[그들에게]
/먹을 것을(부정사)

17 제자들이 **가로되**
/[그에게]
/우리에게(=가) — 있는 것은(=없나이다)
/여기
/떡 다섯 개와
물고기 두 마리뿐(=외에는)

18 [그가] **가라사대**(...하시고)
/[너희는] — 가져오라
/그것을
/내게
/[여기에]

14 예수께서 나오사 큰 무리를 보시고 불쌍히 여기사 그 중에 있는 병인을 고쳐 주시니라 15 저녁이 되매 제자들이 나아와 가로되 이곳은 빈 들이요 때도 이미 저물었으니 무리를 보내어 마을에 들어가 먹을 것을 사먹게 하소서 16 예수께서 가라사대 갈 것 없다 너희가 먹을 것을 주라 17 제자들이 가로되 여기 우리에게 있는 것은 떡 다섯 개와 물고기 두 마리 뿐이니이다 18 가라사대 그것을 내게 가져오라 하시고

great multitude, and felt compassion for them, and healed their sick. 15 And when it was evening, the disciples came to Him, saying, "The place is desolate, and the time is already past; so send the multitudes away, that they may go into the villages and buy food for themselves." 16 But Jesus said to them, "They do not need to go away; you give them something to eat!" 17 And they said to Him, "We have here only five loaves and two fish." 18

19 **축사하시고**
/명하여(=명하신 후에, 과거분사)
/무리를
/앉히시고(=앉을 것을, 부정사)
/잔디 위에
/우러러(과거분사)
/하늘을
/가지사(과거분사)
/떡 다섯 개와
/물고기 두 마리를
주시매
/제자들에게
/떼어(과거분사)
/떡을
제자들이 **(주니)**
/무리에게

20 [그들이] **먹고**
/다(=모든) **배불리**
거두었으며
/남은[것을]
/조각을(=의)
/바구니에(=를)
/열 두
/차게(=가득한)

21 먹은 사람은 **되었더라**
/오천 명이나(=정도)
/여자와 아이 외에

22 자기가 보내는 동안에(상황절, while)
/무리를
예수께서 **재촉하사**
/제자들을
/즉시
/타고(=탈 것을, 부정사)
/배를
/앞서 가게 (하시고)
/[그를]
/건너편으로

23 [그가] 보내신 후에(상황절, when)
/무리를
올라가시다
/산에
/따로
/기도하러

19 무리를 명하여 잔디 위에 앉히시고 떡 다섯 개와 물고
기 두 마리를 가지사 하늘을 우러러 축사하시고 떡을 떼어
제자들에게 주시매 제자들이 무리에게 주니 20 다 배불리
먹고 남은 조각을 열두 바구니에 차게 거두었으며 21 먹
은 사람은 여자와 아이 외에 오천 명이나 되었더라 22 예
수께서 즉시 제자들을 재촉하사 자기가 무리를 보내는 동
안에 배를 타고 앞서 건너편으로 가게 하시고 23 무리를
보내신 후에 기도하러 따로 산에 올라가시다 저물매 거기
혼자 계시더니

And He said, "Bring them here to Me." 19 And ordering
the multitudes to recline on the grass, He took the five
loaves and the two fish, and looking up toward heaven,
He blessed the food, and breaking the loaves He gave
them to the disciples, and the disciples gave to the
multitudes, 20 and they all ate, and were satisfied. And
they picked up what was left over of the broken pieces, twelve
full baskets. 21 And there were about five thousand men
who ate, aside from women and children. 22 And immediately
He made the disciples get into the boat, and go ahead of
Him to the other side, while He sent the multitudes away.
23 And after He had sent the multitudes away, He went

마

저물매(상황절, when)
[그가] **혼자 계시더니**
/거기

24 배가 **떠나서**
/이미
/육지에서
/수리나
고난을 당하더라
/물결을 인하여

//(이유: γάρ, for)
바람이 ―― 거슬리므로

25 예수께서 **오시니**
/밤 사경에
/제자들에게
/걸어서(현재분사)
/바다 위로
26 제자들이 보고(=보았을 때, 상황절, when)
/[그를]
/걸어오심을(=오시는)
/그 바다 위로
놀라[말하며]
/유령이라
소리지르거늘
/무서워하여

27 예수께서 **일러 가라사대**
/[그들에게]
/즉시
/[너희는] ―― 안심하라
/[이는] ―― 내니
/[너희는] ―― 두려워 말라

28 베드로가 **대답하여 가로되**(...한 대)
/[그에게]
/주여!
만일[εἰ]
[당신이] ―― 주시어든(조건절, if)
―― 명하(사하)소서
/나를
/오라
/[나를]
/물 위로

29 [그가] **[말]하시니**
/[너는] ―― 오라

24 배가 이미 육지에서 수리나 떠나서 바람이 거슬리므로 물결을 인하여 고난을 당하더라 25 밤 사경에 예수께서 바다 위로 걸어서 제자들에게 오시니 26 제자들이 그 바다 위로 걸어 오심을 보고 놀라 유령이라 하며 무서워하여 소리지르거늘 27 예수께서 즉시 일러 가라사대 안심하라 내니 두려워 말라 28 베드로가 대답하여 가로되 주여 만일 주시어든 나를 명하사 물 위로 오라 하소서 한대 29 오라 하시니 베드로가 배에서 내려 물 위로 걸어서 예수께로 가되

up to the mountain by Himself to pray; and when it was evening, He was there alone. 24 But the boat was already many stadia away from the land, battered by the waves; for the wind was contrary. 25 And in the fourth watch of the night He came to them, walking on the sea. 26 And when the disciples saw Him walking on the sea, they were frightened, saying, "It is a ghost!" And they cried out for fear. 27 But immediately Jesus spoke to them, saying, "Take courage, it is I; do not be afraid." 28 And Peter answered Him and said, "Lord, if it is You, command

베드로가 걸어서
/물 위로
/내려(과거분사)
/배에서
가되
/예수께로

30 보고(=보았을 때, 상황절, when)
/[강한] 바람을
무서워
소리질러 가로되(...하니)
/가는지라(=시작하자, 과거분사)
/빠져(=빠지기)
/주여!
[당신은]——**구원하소서**
/나를

31 예수께서 **붙잡으시며**
/저를
/즉시
/내밀어(과거분사)
/손을
가라사대(...하시고)
/[그에게]
/믿음이 적은 자여!
[너는] —— 왜 의심하였느냐?

32 [그들이] 오르매(=올랐을 때, 상황절, when)
/배에 (함께)
바람이 **그치는지라**

33 사람들이 **절하며 가로되**(...하더라)
/배에 있는
/예수께
/[당신은]——— 아들이로소이다
/하나님의
/진실로

34 저희가 건너가(=건너갔을 때, 상황절, when)
이르니
/게네사렛 땅에

35 사람들이 알고(=알았을 때, 상황절, when)
/그 곳[의]
/예수신 줄을
통지하여
/그 근방에 두루
데리고 와서
/모든 자를
/병든
/예수께

30 바람을 보고 무서워 빠져 가는지라 소리질러 가로되
주여 나를 구원하소서 하니 31 예수께서 즉시 손을 내밀
어 저를 붙잡으시며 가라사대 믿음이 적은 자여 왜 의심하
였느냐 하시고 32 배에 함께 오르매 바람이 그치는지라
33 배에 있는 사람들이 예수께 절하며 가로되 진실로 하
나님의 아들이로소이다 하더라 34 저희가 건너가 게네사
렛 땅에 이르니 35 그 곳 사람들이 예수신 줄을 알고 그
근방에 두루 통지하여 모든 병든 자를 예수께 데리고 와서

me to come to You on the water." 29 And He said,
"Come!" And Peter got out of the boat, and walked on
the water and came toward Jesus. 30 But seeing the wind,
he became afraid, and beginning to sink, he cried out,
saying, "Lord, save me!" 31 And immediately Jesus
stretched out His hand and took hold of him, and said to
him, "O you of little faith, why did you doubt?" 32 And
when they got into the boat, the wind stopped. 33 And
those who were in the boat worshiped Him, saying, "You
are certainly God's Son!" 34 And when they had crossed
over, they came to land at Gennesaret. 35 And when the
men of that place recognized Him, they sent into all that

36 다만 예수의 옷가에라도 손을 대게 하시기를 간구하니
손을 대는 자는 다 나음을 얻으니라
15 1 그 때에 바리새인과 서기관들이 예루살렘으로부
터 예수께 나아와 가로되 2 당신의 제자들이 어찌
하여 장로들의 유전을 범하나이까 떡 먹을 때에 손을 씻지
아니하나이다 3 대답하여 가라사대 너희는 어찌하여 너
희 유전으로 하나님의 계명을 범하느뇨 4 하나님이 이르
셨으되 네 부모를 공경하라 하시고 또 아비나 어미를 훼방
하는 자는 반드시 죽으리라 하셨거늘 5 너희는 가로되 누
구든지 아비에게나 어미에게 말하기를 내가 드려 유익하게

surrounding district and brought to Him all who were
sick; 36 and they began to entreat Him that they might
just touch the fringe of His cloak; and as many as touched
it were cured.
15 1 Then some Pharisees and scribes came to Jesus
from Jerusalem, saying, 2 "Why do Your disciples
transgress the tradition of the elders? For they do not
wash their hands when they eat bread." 3 And He answered
and said to them, "And why do you yourselves transgress
the commandment of God for the sake of your tradition?
4 "For God said, 'Honor your father and mother,' and,
'He who speaks evil of father or mother, let him be put
to death.' 5 "But you say, 'Whoever shall say to his father

6 /[그가] — 공경할 것이 없다
/그[의] 부(모)를
[너희는] — 폐하는도다
/말씀을
/하나님의
/너희 유전으로

7 /외식하는 자들아!
이사야가 — 예언하였도다 일렀으되(...하였느니라)
/너희에게 대하여
/잘
8 /이 백성이 — 존경하되
/나를
/입술로는
마음은 — 멀도다
/[그들의] /내게서
9 /[그들이] — 경배하는도다
/나를
/헛되이
/가르치니(=가르치며, 현재분사)
/계명으로(=을)
/사람의
/교훈을 삼아

10 [그가] **이르시되**
/[그들을]
/불러(과거분사)
/무리를
/[너희는] — 듣고
깨달으라
11 /들어가는 것이 — 더럽게 하는 것이 아니라
/입에 /사람을

나오는 그것이 — 더럽게 하는 것이니라
/입에서 /사람을
12 제자들이 **가로되**
/[그에게]
/나아와(과거분사)
/이에(=그때에)
/[당신은] — 아시나이까?
/바리새인들이 — 걸림이 된 줄
/듣고(과거분사)
/이 말씀을
13 예수께서 **대답하여 가라사대**(...하신대)
/심은 것(=이) — 뽑힐 것이니
/마다(=모든)
/내 천부께서 — 심으시지 않은 (것은)

할 것이 하나님께 드림이 되었다고 하기만 하면 6 그 부
모를 공경할 것이 없다 하여 너희 유전으로 하나님의 말씀
을 폐하는도다 7 외식하는 자들아 이사야가 너희에게 대
하여 잘 예언하였도다 일렀으되 8 이 백성이 입술로는 나
를 존경하되 마음은 내게서 멀도다 9 사람의 계명으로 교
훈을 삼아 가르치니나를 헛되이 경배하는도다 하였느니라
하시고 10 무리를 불러 이르시되 듣고 깨달으라 11 입에
들어가는 것이 사람을 더럽게 하는 것이 아니라 입에서 나
오는 그것이 사람을 더럽게 하는 것이니라 12 이에 제자
들이 나아와 가로되 바리새인들이 이 말씀을 듣고 걸림이

or mother, "Anything of mine you might have been helped
by has been given to God," 6 he is not to honor his father
or his mother.' And thus you invalidated the word of God
for the sake of your tradition. 7 "You hypocrites, rightly
did Isaiah prophesy of you, saying, 8 'This people honors
Me with their lips, But their heart is far away from Me.
9 'But in vain do they worship Me, Teaching as doctrines
the precepts of men.'" 10 And after He called the multitude
to Him, He said to them, "Hear, and understand. 11 "Not
what enters into the mouth defiles the man, but what
proceeds out of the mouth, this defiles the man." 12 Then
the disciples came and said to Him, "Do You know that

마

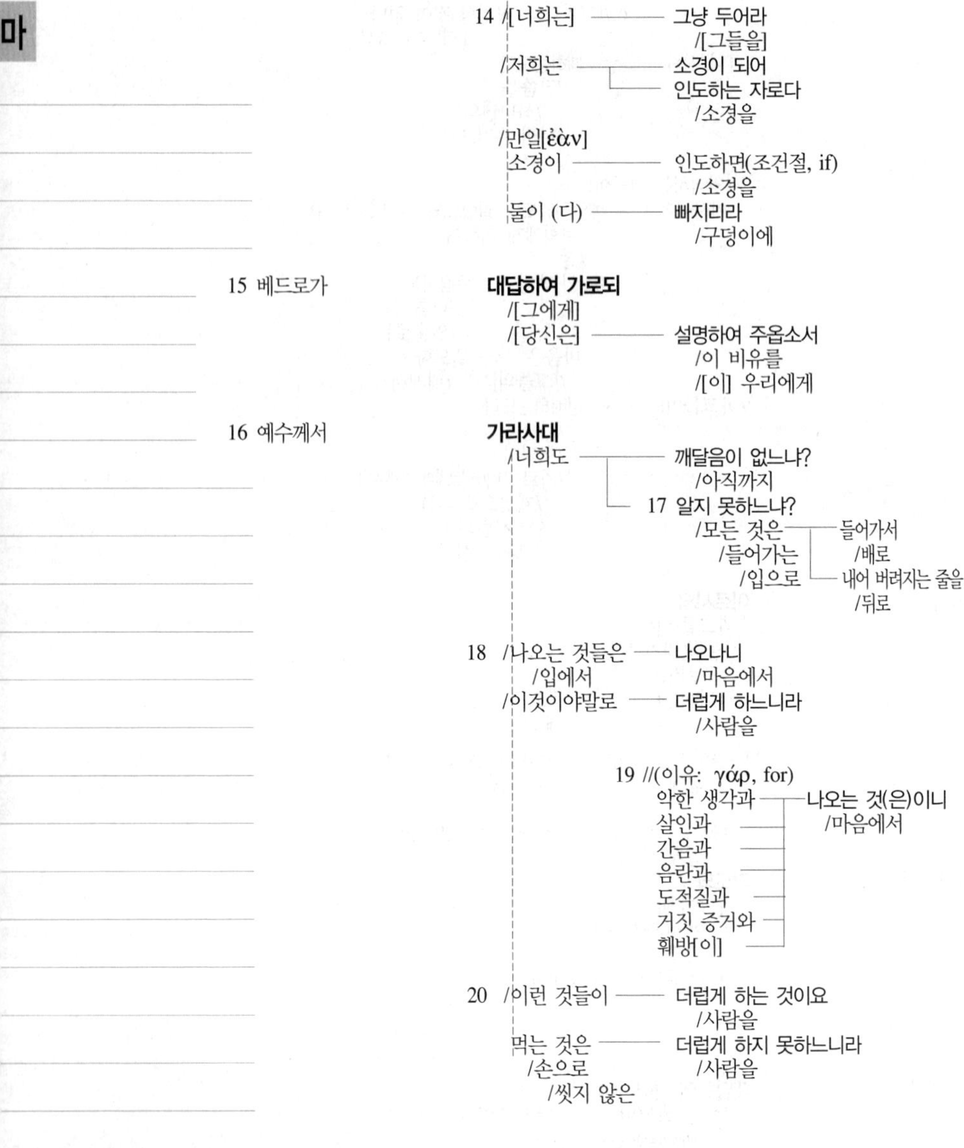

된 줄 아시나이까 13 예수께서 대답하여 가라사대 심은
것마다 내 천부께서 심으시지 않은 것은 뽑힐 것이니 14
그냥 두어라 저희는 소경이 소경을 인도하는 자로다 만일
소경이 되어 소경을 인도하면 둘이 다 구덩이에 빠지리라
하신대 15 베드로가 대답하여 가로되 이 비유를 우리에
게 설명하여 주옵소서 16 예수께서 가라사대 너희도 아
직까지 깨달음이 없느냐 17 입으로 들어가는 모든 것은
배로 들어가서 뒤로 내어버려지는 줄을 알지 못하느냐 18
입에서 나오는 것들은 마음에서 나오나니 이것이야말로 사
람을 더럽게 하느니라 19 마음에서 나오는 것은 악한 생
각과 살인과 간음과 음란과 도적질과 거짓 증거와 훼방이
니 20 이런 것들이 사람을 더럽게 하는 것이요 씻지 않은
손으로 먹는 것은 사람을 더럽게 하지 못하느니라

the Pharisees were offended when they heard this statement?"
13 But He answered and said, "Every plant which My heavenly
Father did not plant shall be rooted up. 14 "Let them
alone; they are blind guides of the blind. And if a blind
man guides a blind man, both will fall into a pit." 15
And Peter answered and said to Him, "Explain the parable
to us." 16 And He said, "Are you still lacking in understanding
also? 17 "Do you not understand that everything that goes
into the mouth passes into the stomach, and is eliminated?
18 "But the things that proceed out of the mouth come
from the heart, and those defile the man. 19 "For out of
the heart come evil thoughts, murders, adulteries, fornications,

21 예수께서 들어가시니
/두로와
시돈 지방으로
/나가사(과거분사)
/거기서

22 여자 하나가 소리질러 가로되(...하되)
/가나안
/나와서(과거분사)
/그 지경에서
/주[여!]
다윗의 자손이여!
[당신은] —— 불쌍히 여기소서
/나를
/딸이 —— 귀신들렸나이다
/내 /흉악히

23 예수는 대답지 아니하시니
/한 말씀도(=을)
/[그녀에게]
제자들이 청하여 말하되
/[그의]
/[그를]
/와서(과거분사)
[당신은] —— 보내소서
/[그녀를]

//(이유: ὅτι, for)
그 여자가 — 소리를 지르오니
/우리 뒤에서

24 예수께서 대답하여 가라사대(...하신대)
/나는 —— 다른 데로 보내심을 받지 아니하였노라
/양 외에는
/잃어버린
/이스라엘 집의

25 여자가 절하며 가로되
/예수께
/와서(과거분사)
주여!
[당신은] —— 도우소서
/저를

26 [그가] 대답하여 가라사대
/취하여 —— 마땅치 아니하니라
/자녀의 떡을
/던짐이
/개들에게

21 예수께서 거기서 나가사 두로와 시돈 지방으로 들어가
시니 22 가나안 여자 하나가 그 지경에서 나와서 소리질
러 가로되 주 다윗의 자손이여 나를 불쌍히 여기소서 내
딸이 흉악히 귀신 들렸나이다 하되 23 예수는 한 말씀도
대답지 아니하시니 제자들이 와서 청하여 말하되 그 여자
가 우리 뒤에서 소리를 지르오니 보내소서 24 예수께서
대답하여 가라사대 나는 이스라엘 집의 잃어버린 양 외에
는 다른 데로 보내심을 받지 아니하였노라 하신대 25 여
자가 와서 예수께 절하며 가로되 주여 저를 도우소서 26
대답하여 가라사대 자녀의 떡을 취하여 개들에게 던짐이

thefts, false witness, slanders. 20 "These are the things
which defile the man; but to eat with unwashed hands
does not defile the man." 21 ¶ And Jesus went away from
there, and withdrew into the district of Tyre and Sidon.
22 And behold, a Canaanite woman came out from that region,
and began to cry out, saying, "Have mercy on me, O
Lord, Son of David; my daughter is cruelly demon-possessed."
23 But He did not answer her a word. And His disciples
came to Him and kept asking Him, saying, "Send her
away, for she is shouting out after us." 24 But He answered
and said, "I was sent only to the lost sheep of the house
of Israel." 25 But she came and began to bow down

마

27 마는[δέ]
여자가 **가로되**(...하니)
/주여!
옳소이다 마는
//(이유: γάρ, for)[50]
개들도 —— 먹나이다
/부스러기를
/떨어지는
/상에서
/제 주인의

28 예수께서 **대답하여 가라사대**(...하시니)
/[그녀에게]
/이에(=그때에)
/여자야!
믿음이 —— 크도다
/네
[그것이] —— 되리라
/[너에게]
/네 소원대로

//(결과: 명령문, and)
그의 딸이 ——나으니라
/그 시로부터

29 예수께서 **이르러**
/갈릴리 호숫가에
/떠나사(과거분사)
/거기서
앉으시니
/거기
/올라가(과거분사)
/산에

30 큰 무리가 **와서**
/데리고(과거분사)
/[그들과 함께]
/절뚝발이와
/불구자와
/소경과
/벙어리와
/기타 여럿을
두매
/[그들을]
/예수의 발 앞에
[그가] **고쳐 주시니**
/[그들을]

31 //(결과: ὥστε, so that)

50) 주님께서 자신의 말씀을 하나님의 말씀과 대등한 권위임을 드러내는 관용적인 표현이다.

마땅치 아니하니라 27 여자가 가로되 주여 옳소이다마는
개들도 제 주인의 상에서 떨어지는 부스러기를 먹나이다
하니 28 이에 예수께서 대답하여 가라사대 여자야 네 믿
음이 크도다 네 소원대로 되리라 하시니 그 시로부터 그의
딸이 나으니라 29 예수께서 거기서 떠나사 갈릴리 호숫
가에 이르러 산에 올라가 거기 앉으시니 30 큰 무리가 절
뚝발이와 불구자와 소경과 벙어리와 기타 여럿을 데리고
와서 예수의 발 앞에 두매 고쳐 주시니

before Him, saying, "Lord, help me!" 26 And He answered
and said, "It is not good to take the children's bread and
throw it to the dogs." 27 But she said, "Yes, Lord; but
even the dogs feed on the crumbs which fall from their masters'
table." 28 Then Jesus answered and said to her, "O woman,
your faith is great; be it done for you as you wish." And
her daughter was healed at once. 29 And departing from there,
Jesus went along by the Sea of Galilee, and having gone
up to the mountain, He was sitting there. 30 And great
multitudes came to Him, bringing with them those who
were lame, crippled, blind, dumb, and many others, and
they laid them down at His feet; and He healed them, 31

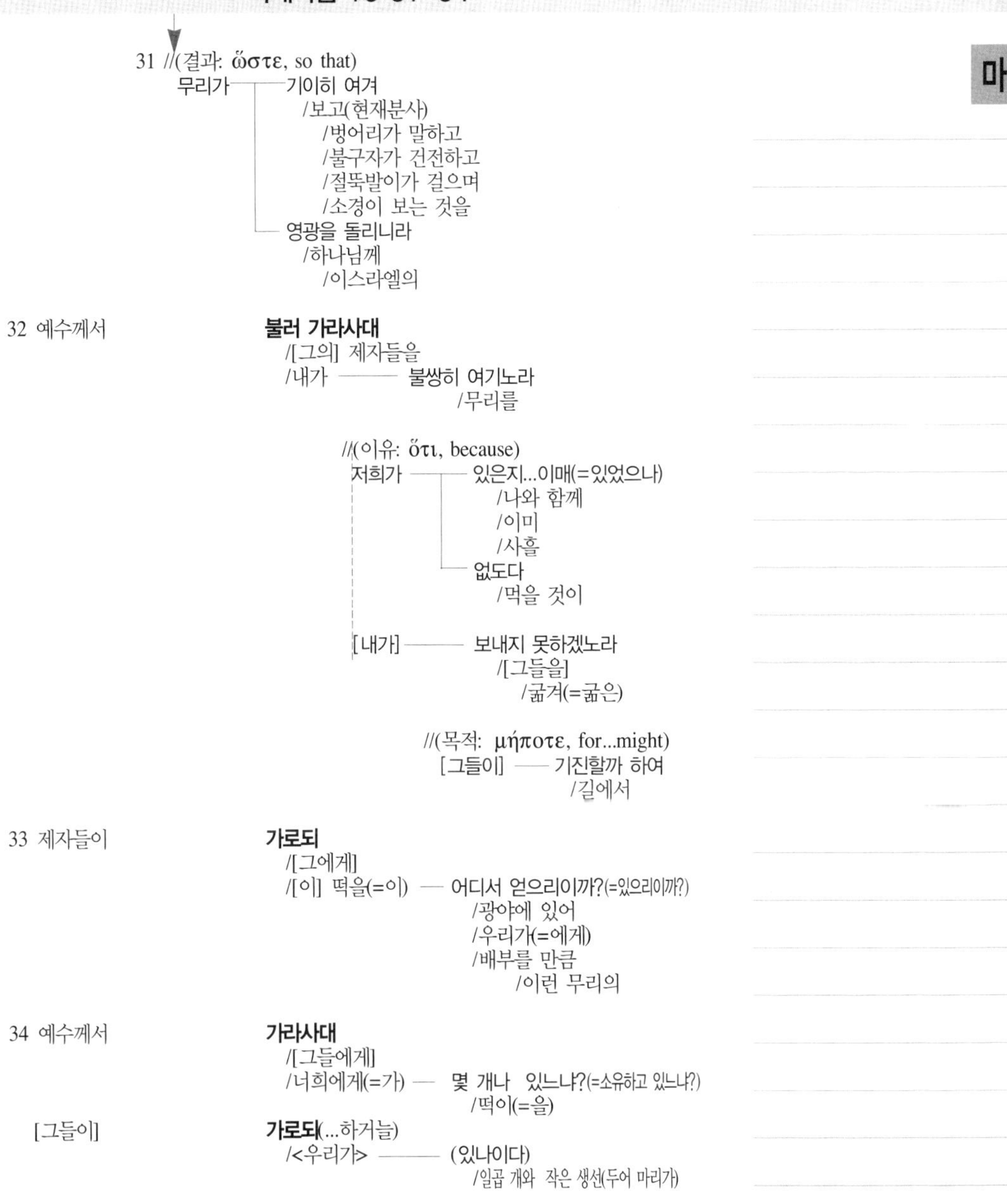

31 벙어리가 말하고 불구자가 건전하고 절뚝발이가 걸으
며 소경이 보는 것을 무리가 보고 기이히 여겨 이스라엘의
하나님께 영광을 돌리니라 32 예수께서 제자들을 불러
가라사대 내가 무리를 불쌍히 여기노라 저희가 나와 함께
있은 지 이미 사흘이매 먹을 것이 없도다 길에서 기진할까
하여 굶겨 보내지 못하겠노라 33 제자들이 가로되 광야
에 있어 우리가 어디서 이런 무리의 배부를 만큼 떡을 얻
으리이까 34 예수께서 가라사대 너희에게 떡이 몇 개나
있느냐 가로되 일곱 개와 작은 생선 두어 마리가 있나이다
하거늘

so that the multitude marveled as they saw the dumb speaking,
the crippled restored, and the lame walking, and the blind
seeing; and they glorified the God of Israel. 32 And Jesus
called His disciples to Him, and said, "I feel compassion
for the multitude, because they have remained with Me
now three days and have nothing to eat; and I do not
wish to send them away hungry, lest they faint on the
way." 33 And the disciples said to Him, "Where would
we get so many loaves in a desolate place to satisfy such
a great multitude?" 34 And Jesus said to them, "How
many loaves do you have?" And they said, "Seven, and
a few small fish." 35 And He directed the multitude to

35 - 36 예수께서	**가지사** /명하사(=명하신 후에, 과거분사) /무리를 /앉게 하시고(=앉게 할 것을, 부정사) /땅에 /떡 일곱 개와 그 생선을 **떼어** /축사하시고(과거분사) **주시니** /제자들에게
제자들이	**(주매)** /무리에게
37 [그들이] /다	**배불리 먹고** **거두었으며** /남은[것을] /조각을(=의) /광주리에 /차게(=가득찬) /일곱
38 먹은 자는	**사천 명이었더라** /여자와 아이 외에
39 예수께서	**오르사** /배에 /흩어 보내시고(과거분사) /무리를 **가시니라** /마가단 지경에

16

1 바리새인과 사두개인들이	**청하니** /보이기를(부정사) /표적[을] /하늘로서 오는 /[그들에게] /시험하여(=시험하며, 현재분사) /예수를 /와서(과거분사)

35 예수께서 무리를 명하여 땅에 앉게 하시고 36 떡 일
곱 개와 그 생선을 가지사 축사하시고 떼어 제자들에게 주
시니 제자들이 무리에게 주매 37 다 배불리 먹고 남은 조
각을 일곱 광주리에 차게 거두었으며 38 먹은 자는 여자
와 아이 외에 사천 명이었더라 39 예수께서 무리를 흩어
보내시고 배에 오르사 마가단 지경에 가시니라

16 1 바리새인과 사두개인들이 와서 예수를 시험하여
하늘로서 오는 표적 보이기를 청하니 2 예수께서
대답하여 가라사대 너희가 저녁에 하늘이 붉으면 날이 좋

sit down on the ground; 36 and He took the seven loaves
and the fish; and giving thanks, He broke them and started
giving them to the disciples, and the disciples in turn, to
the multitudes. 37 And they all ate, and were satisfied,
and they picked up what was left over of the broken
pieces, seven large baskets full. 38 And those who ate
were four thousand men, besides women and children. 39
And sending away the multitudes, He got into the boat,
and came to the region of Magadan.

16 1 And the Pharisees and Sadducees came up, and testing
Him asked Him to show them a sign from heaven.
2 But He answered and said to them, "When it is evening,

51) 본문의 종속접속사는 예수님이 누룩에 대해 언급하시는 이유에 대해 제자들이 의논했음을 의미한다.

겠다 하고 2 예수께서 대답하여 가라사대 너희가 저녁에
하늘이 붉으면 날이 좋겠다 하고 3 아침에 하늘이 붉고 흐
리면 오늘은 날이 궂겠다 하나니 너희가 천기는 분별할 줄
알면서 시대의 표적은 분별할 수 없느냐 4 악하고 음란한
세대가 표적을 구하나 요나의 표적밖에는 보여 줄 표적이
없느니라 하시고 저희를 떠나가시다 5 제자들이 건너편으
로 갈새 떡 가져가기를 잊었더니 6 예수께서 이르시되 삼
가 바리새인과 사두개인들의 누룩을 주의하라 하신대 7
제자들이 서로 의논하여 가로되 우리가 떡을 가져오지 아
니하였도다 하거늘

you say, 'It will be fair weather, for the sky is red.' 3
"And in the morning, 'There will be a storm today, for
the sky is red and threatening.' Do you know how to
discern the appearance of the sky, but cannot discern the
signs of the times? 4 "An evil and adulterous generation
seeks after a sign; and a sign will not be given it, except
the sign of Jonah." And He left them, and went away. 5
And the disciples came to the other side and had forgotten
to take bread. 6 And Jesus said to them, "Watch out and
beware of the leaven of the Pharisees and Sadducees." 7
And they began to discuss among themselves, saying, "It
is because we took no bread."

마

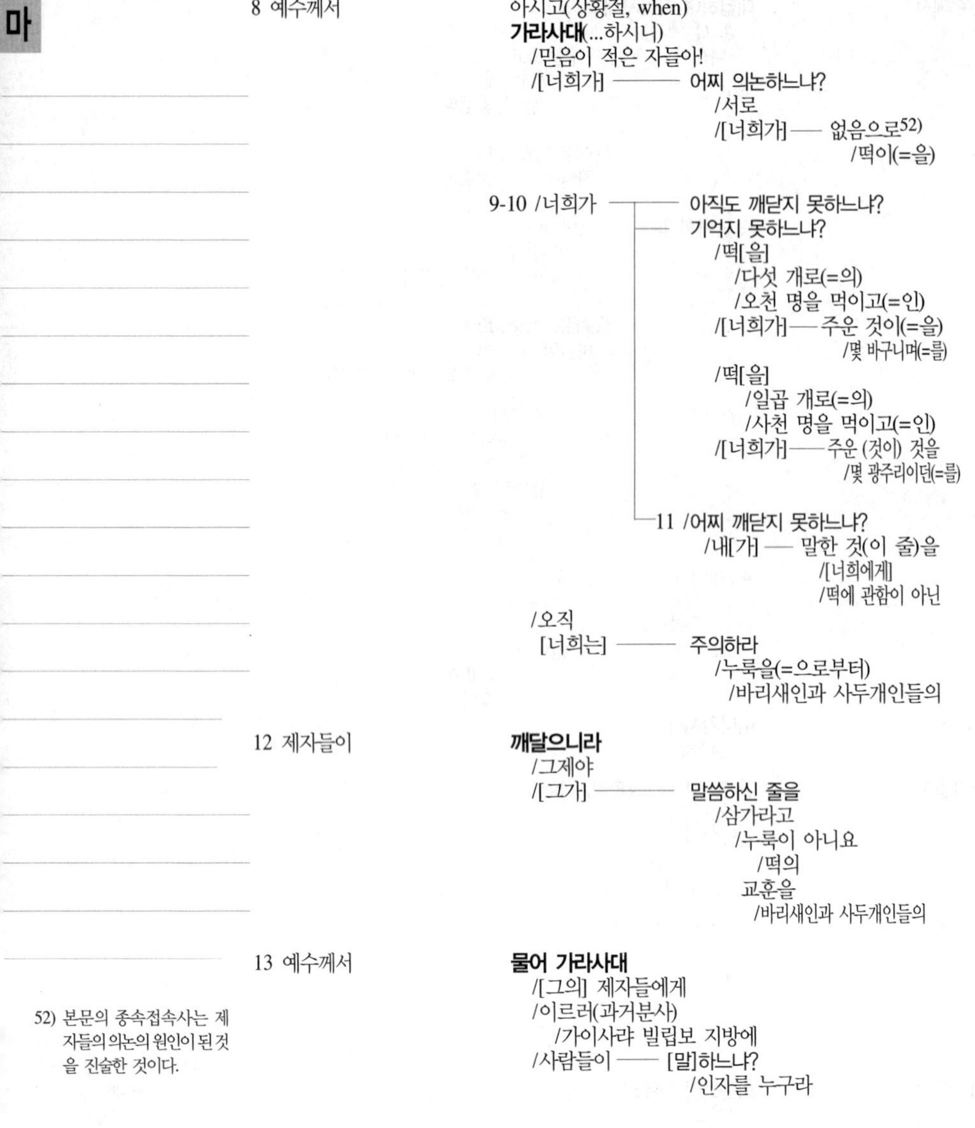

52) 본문의 종속접속사는 제자들의 의논의 원인이 된 것을 진술한 것이다.

8 예수께서 아시고 가라사대 믿음이 적은 자들아 어찌 떡
이 없음으로 서로 의논하느냐 9 너희가 아직도 깨닫지 못
하느냐 떡 다섯 개로 오천 명을 먹이고 주운 것이 몇 바구
니며 10 떡 일곱 개로 사천 명을 먹이고 주운 것이 몇 광
주리이던 것을 기억지 못하느냐 11 어찌 내 말한 것이 떡
에 관함이 아닌 줄을 깨닫지 못하느냐 오직 바리새인과 사
두개인들의 누룩을 주의하라 하시니 12 그제야 제자들이
떡의 누룩이 아니요 바리새인과 사두개인들의 교훈을 삼가
라고 말씀하신 줄을 깨달으니라 13 예수께서 가이사랴 빌
립보 지방에 이르러 제자들에게 물어 가라사대 사람들이
인자를 누구라 하느냐

8 But Jesus, aware of this, said, "You men of little faith,
why do you discuss among yourselves that you have no bread?
9 "Do you not yet understand or remember the five loaves
of the five thousand, and how many baskets you took up?
10 "Or the seven loaves of the four thousand, and how
many large baskets you took up? 11 "How is it that you
do not understand that I did not speak to you concerning
bread? But beware of the leaven of the Pharisees and
Sadducees." 12 Then they understood that He did not say
to beware of the leaven of bread, but of the teaching of
the Pharisees and Sadducees. 13 ¶ Now when Jesus came
into the district of Caesarea Philippi, He began asking

14 [그들이] **가로되**
/더러는 —— 〈말하고〉
/세례 요한[을]
/더러는 —— 〈말하고〉
/엘리야[를]
/어떤 이는 —— (하나이다)
/예레미야나
/선지자 중의 하나라

15 [그가] **가라사대**
/[그들에게]
/너희는 —— [말]하느냐?
/나를 누구라

16 시몬 베드로가 **대답하여 가로되**
/주는 —— 그리스도시오
아들이시니이다
/하나님의
/살아 계신

17 예수께서 **대답하여 가라사대**(...하시고)
/[그에게]
/바요나 시몬아!
네가 —— 복이 있도다

//이는(이유: ὅτι, for)
혈육이 —— 알게 한[것이] 아니요
/(이를)
/네게
//아버지[가] —— 〈알게 하신 것이〉(시)니라
/하늘에 계신
/내

18 /또
/내가 —— 이르노니[53)]
/네게
/너는 —— 베드로라
/내가 —— 세우리니
/내 교회를
/이 반석 위에
/권세가 —— 이기지 못하리라
/음부의 /[그것을]

19 /내가 —— 주리니
/천국 열쇠를
/네게

53) 주님께서 자신의 말씀을 하나님의 말씀과 대등한 권위임을 드러내는 관용적인 표현이다.

14 가로되 더러는 세례 요한, 더러는 엘리야, 어떤 이는
예레미야나 선지자 중의 하나라 하나이다 15 가라사대 너
희는 나를 누구라 하느냐 16 시몬 베드로가 대답하여 가
로되 주는 그리스도시요 살아 계신 하나님의 아들이시니이
다 17 예수께서 대답하여 가라사대 바요나 시몬아 네가
복이 있도다 이를 네게 알게 한 이는 혈육이 아니요 하늘
에 계신 내 아버지시니라 18 또 내가 네게 이르노니 너는
베드로라 내가 이 반석 위에 내 교회를 세우리니 음부의
권세가 이기지 못하리라 19 내가 천국 열쇠를 네게 주리
니 네가 땅에서 무엇이든지 매면 하늘에서도 매일 것이요
네가 땅에서 무엇이든지 풀면 하늘에서도 풀리리라 하시고

His disciples, saying, "Who do people say that the Son
of Man is?" 14 And they said, "Some say John the Baptist;
and others, Elijah; but still others, Jeremiah, or one of
the prophets." 15 He said to them, "But who do you say
that I am?" 16 And Simon Peter answered and said, "Thou
art the Christ, the Son of the living God." 17 And Jesus
answered and said to him, "Blessed are you, Simon Barjona,
because flesh and blood did not reveal this to you, but
My Father who is in heaven. 18 "And I also say to you
that you are Peter, and upon this rock I will build My
church; and the gates of Hades shall not overpower it.
19 "I will give you the keys of the kingdom of heaven;
and whatever you shall bind on earth shall be bound in heaven,
and whatever you shall loose on earth shall be loosed in

마

/네가 —— 무엇이든지 매면
/땅에서
/[그것이] —— 매일 것이요
/하늘에서도
/네가 —— 무엇이든지 풀면
/땅에서
/[그것이] —— 풀리리라
/하늘에서도

20 [그가] **경계하사**(...하시니라)
/제자들을(=에게)
/이에(=그때에)

//(목적: ἵνα, that...should)
[그들이] —— 이르지 말라(=말게 하기 위하여)
/아무에게도
/자기가 —— 그리스도인 것을

21 (예수)그리스도께서 **비로소(=시작하시니라)**
/가르치시니(=가르칠 것을, 부정사)
/이 때로부터
/[그의] 제자들에게
/자기가 —— 올라가
/예루살렘에
—— 고난을 받고
/많은[것을]
/장로들과
대제사장들과
서기관들에게
—— 죽임을 당하고
—— 살아나야 할 것을
/제 삼 일에

22 베드로가 **시작하여 가로되**
/간(=비난하기를, 부정사)
/[그에게]
/붙들고(=붙든 후에, 과거분사)
/예수를
/주여!
그리 마옵소서
/[당신에게]
/이 일이 —— 결코 미치지 아니하리이다
/주에게

23 예수께서 **돌이키시며 이르시되**(...하시고)
/베드로에게
/사단아!
/너는 —— 물러가라
/내 뒤로

20 이에 제자들을 경계하사 자기가 그리스도인 것을 아무
에게도 이르지 말라 하시니라 21 이때로부터 예수 그리스
도께서 자기가 예루살렘에 올라가 장로들과 대제사장들과
서기관들에게 많은 고난을 받고 죽임을 당하고 제삼일에
살아나야 할 것을 제자들에게 비로소 가르치시니 22 베드
로가 예수를 붙들고 간하여 가로되 주여 그리 마옵소서 이
일이 결코 주에게 미치지 아니하리이다 23 예수께서 돌이
키시며 베드로에게 이르시되 사단아 내 뒤로 물러가라 너
는 나를 넘어지게 하는 자로다 네가 하나님의 일을 생각지
아니하고 도리어 사람의 일을 생각하는도다 하시고

heaven." 20 Then He warned the disciples that they should
tell no one that He was the Christ. 21 ¶ From that time
Jesus Christ began to show His disciples that He must go
to Jerusalem, and suffer many things from the elders and chief
priests and scribes, and be killed, and be raised up on the
third day. 22 And Peter took Him aside and began to
rebuke Him, saying, "God forbid it, Lord! This shall never
happen to You." 23 But He turned and said to Peter, "Get
behind Me, Satan! You are a stumbling block to Me; for
you are not setting your mind on God's interests, but

마

24 예수께서

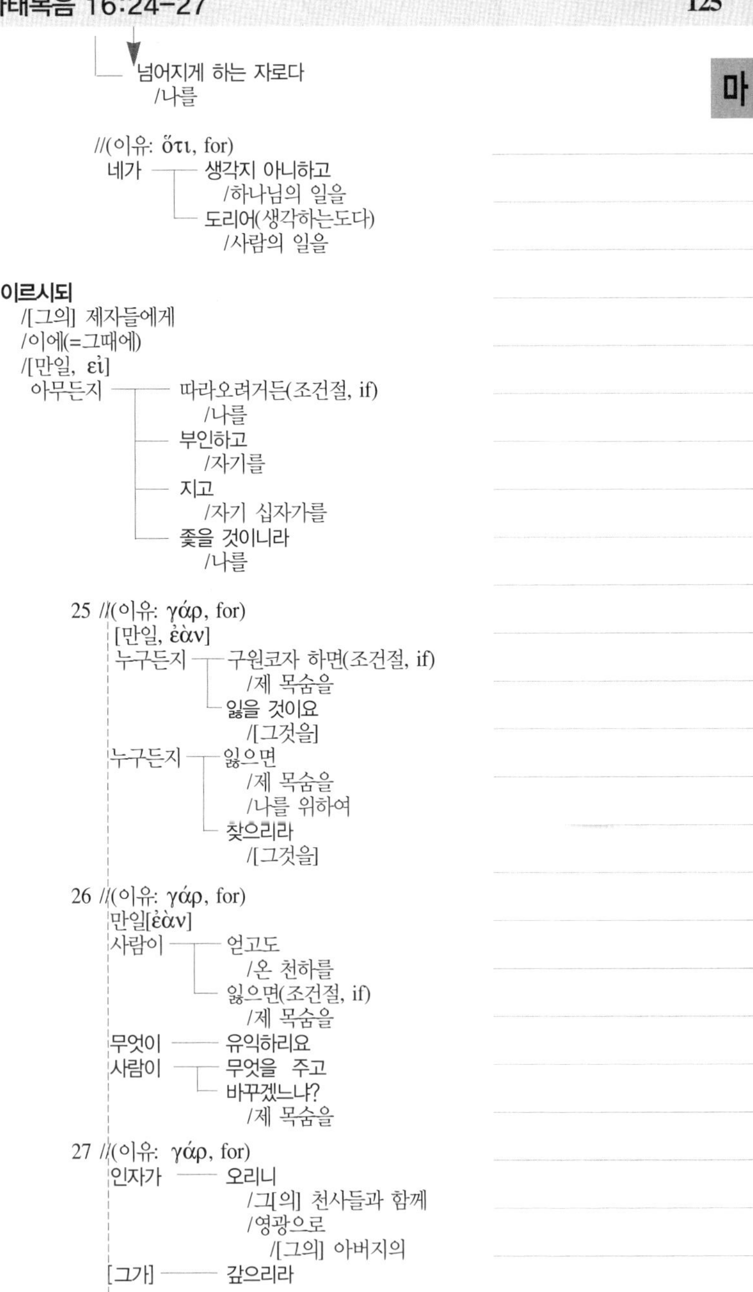

24 이에 예수께서 제자들에게 이르시되 아무든지 나를
따라 오려거든 자기를 부인하고 자기 십자가를 지고 나를
좇을 것이니라 25 누구든지 제 목숨을 구원코자 하면 잃
을 것이요 누구든지 나를 위하여 제 목숨을 잃으면 찾으리
라 26 사람이 만일 온 천하를 얻고도 제 목숨을 잃으면 무
엇이 유익하리요 사람이 무엇을 주고 제 목숨을 바꾸겠느
냐 27 인자가 아버지의 영광으로 그 천사들과 함께 오리
니 그 때에 각 사람의 행한 대로 갚으리라 28 진실로 너

mans." 24 Then Jesus said to His disciples, "If anyone
wishes to come after Me, let him deny himself, and take
up his cross, and follow Me. 25 "For whoever wishes to
save his life shall lose it; but whoever loses his life for
My sake shall find it. 26 "For what will a man be profited,
if he gains the whole world, and forfeits his soul? Or
what will a man give in exchange for his soul? 27 "For
the Son of Man is going to come in the glory of His
Father with His angels; and will then recompense every
man according to his deeds. 28 "Truly I say to you, there

마

[그가] ——— 갚으리라
/그 때에
/각 사람의(=에게)
/[그의] 행한 대로

28 /진실로
[내가] ——— 이르노니[54)]
/너희에게
/[어떤이들이] ——— 있느니라
/섰는 사람 중에
/여기
/볼(자들도)
/죽기 전에
/인자가 ——— 오는 것을
/그[의] 왕권을 가지고

17

1 예수께서 **데리시고**
/베드로와
/야고보와
/그[의] 형제 요한을
/엿새 후에
올라가셨더니
/[그들을]
/높은 산에
/따로

2 **변형되사**
/저희 앞에서
얼굴이 **빛나며**
/그[의] /해같이
옷이 **희어졌더라**
/[그의] /빛과 같이

3 때에[καί]
[보라!]
모세와
엘리야가 **보이거늘**
/저희에게
/말씀하는 것이(=말씀하시면서, 현재분사)
/예수로 더불어

4 베드로가 **여짜와 가로되**
/예수께
/주여!
있는 것이 ——— 좋사오니
/우리가
/여기

54) ἀμὴν λέγω, '아멘, 내가 말한다'. 주님이 자신의 말에 대해 확정적임을 강조하는 관용적인 어구이다.

희에게 이르노니 여기 섰는 사람 중에 죽기 전에 인자가
그 왕권을 가지고 오는 것을 볼 자들도 있느니라
17 1 엿새 후에 예수께서 베드로와 야고보와 그 형제
요한을 데리시고 따로 높은 산에 올라 가셨더니 2
저희 앞에서 변형되사 그 얼굴이 해같이 빛나며 옷이 빛과
같이 희어졌더라 3 때에 모세와 엘리야가 예수로 더불어
말씀하는 것이 저희에게 보이거늘 4 베드로가 예수께 여
짜와 가로되 주여 우리가 여기 있는 것이 좋사오니 주께서
만일 원하시면 내가 여기서 초막 셋을 짓되 하나는 주를
위하여, 하나는 모세를 위하여, 하나는 엘리야를 위하여 하

are some of those who are standing here who shall not
taste death until they see the Son of Man coming in His
kingdom."
17 1 ¶ And six days later Jesus took with Him Peter
and James and John his brother, and brought them
up to a high mountain by themselves. 2 And He was
transfigured before them; and His face shone like the sun,
and His garments became as white as light. 3 And behold,
Moses and Elijah appeared to them, talking with Him. 4
And Peter answered and said to Jesus, "Lord, it is good

/만일[εἰ]
주께서 ——— 원하시면(조건절, if)
내가 ——— 짓되...하리이다(=지으리이다)
/초막 셋을
/여기서
/하나는 주를 위하여
/하나는 모세를 위하여
/하나는 엘리야를 위하여

5 [보라!]
[그가] 말할 때에(상황절, while)
빛난 구름이 (홀연히)**덮으며**
/저희를

[보라!]
소리가 **(나서)가로되**(...하는지라)
/구름 속에서
/이는 —— 아들이요
/내
/사랑하는

/자니(=그 안에서)[55)]
내[가] —— 기뻐하는(=기뻐하노라)

/너희는 —— 들으라
/저의 말을

6 제자들이 듣고(=들었을 때, 상황절, when)
엎드리어
/[그들의 얼굴을]
두려워하니
/심히

7 예수께서 **나아와**
가라사대(...하신대)
/손을 대시며(과거분사)
/저희에게
/[너희는] —— 일어나라
—— 두려워 말라

8 제자들이 듣고(상황절, when)
/[그들의] 눈을
(보매)
/오직 예수[를]
보이지 아니하더라
/아무도
/[그] 외에는

9 저희가 내려올 때에(상황절, as)
/산에서

55) 관계대명사, 선행사는 '아들'이다. 계속적 용법

리이다 5 말할 때에 홀연히 빛난 구름이 저희를 덮으며
구름 속에서 소리가 나서 가로되 이는 내 사랑하는 아들이
요 내 기뻐하는 자니 너희는 저의 말을 들으라 하는지라
6 제자들이 듣고 엎드리어 심히 두려워하니 7 예수께서
나아가 저희에게 손을 대시며 가라사대 일어나라 두려워
말라 하신대 8 제자들이 눈을 들고 보매 오직 예수 외에
는 아무도 보이지 아니하더라 9 저희가 산에서 내려올 때
에 예수께서 명하여 가라사대 인자가 죽은 자 가운데서 살
아나기 전에는 본 것을 아무에게도 이르지 말라 하시니

for us to be here; if You wish, I will make three tabernacles
here, one for You, and one for Moses, and one for Elijah."
5 While he was still speaking, behold, a bright cloud
overshadowed them; and behold, a voice out of the cloud,
saying, "This is My beloved Son, with whom I am well-
pleased; listen to Him!" 6 And when the disciples heard
this, they fell on their faces and were much afraid. 7 And
Jesus came to them and touched them and said, "Arise,
and do not be afraid." 8 And lifting up their eyes, they
saw no one, except Jesus Himself alone. 9 And as they

마

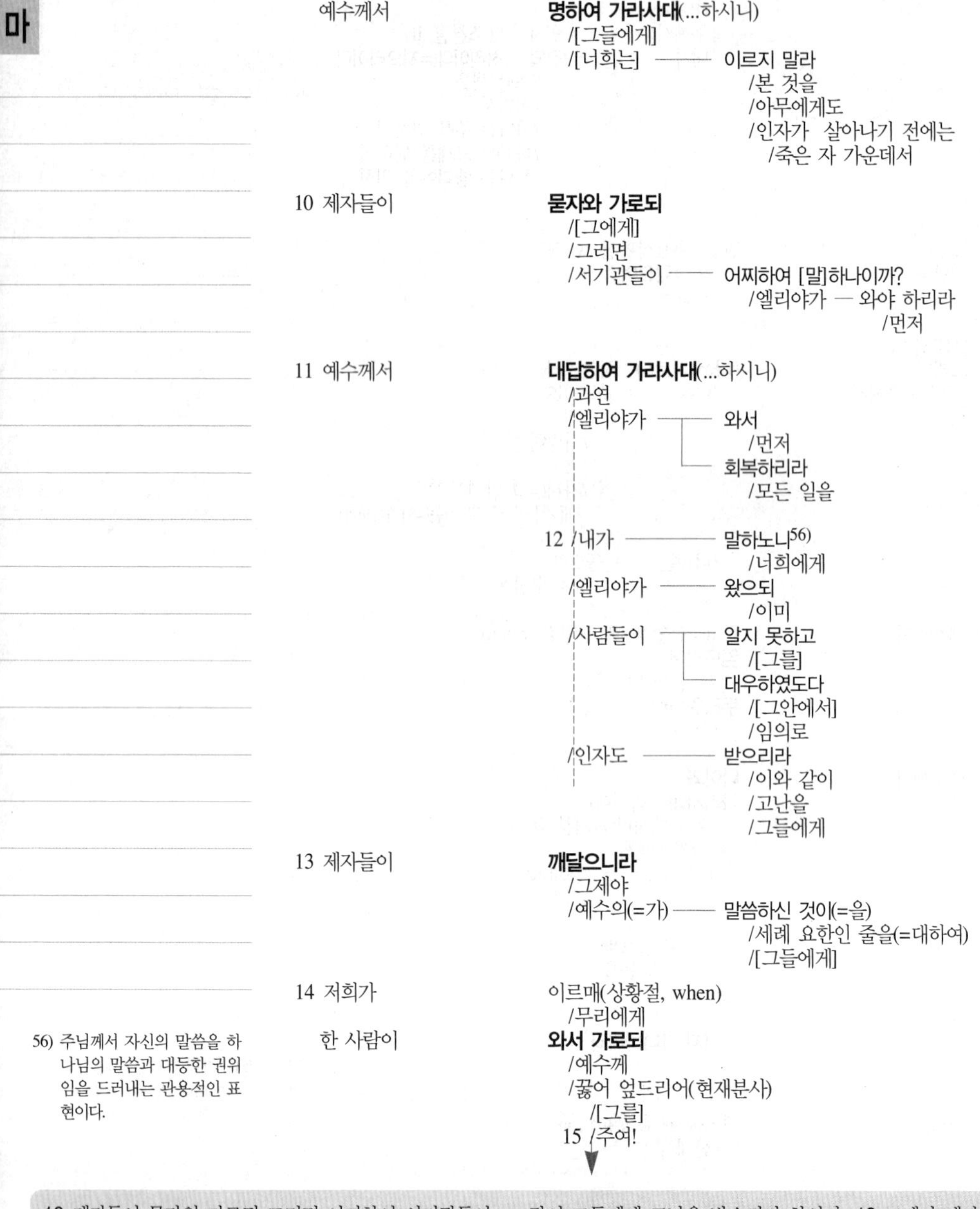

예수께서 **명하여 가라사대**(...하시니)
/[그들에게]
/[너희는] —— 이르지 말라
/본 것을
/아무에게도
/인자가 살아나기 전에는
/죽은 자 가운데서

10 제자들이 **묻자와 가로되**
/[그에게]
/그러면
/서기관들이 —— 어찌하여 [말]하나이까?
/엘리야가 — 와야 하리라
/먼저

11 예수께서 **대답하여 가라사대**(...하시니)
/과연
/엘리야가 —— 와서
/먼저
회복하리라
/모든 일을

12 /내가 —— 말하노니[56)]
/너희에게
/엘리야가 —— 왔으되
/이미
/사람들이 —— 알지 못하고
/[그를]
대우하였도다
/[그안에서]
/임의로
/인자도 —— 받으리라
/이와 같이
/고난을
/그들에게

13 제자들이 **깨달으니라**
/그제야
/예수의(=가) —— 말씀하신 것이(=을)
/세례 요한인 줄을(=대하여)
/[그들에게]

14 저희가 이르매(상황절, when)
/무리에게
한 사람이 **와서 가로되**
/예수께
/꿇어 엎드리어(현재분사)
/[그를]
15 /주여!

56) 주님께서 자신의 말씀을 하나님의 말씀과 대등한 권위임을 드러내는 관용적인 표현이다.

10 제자들이 묻자와 가로되 그러면 어찌하여 서기관들이
엘리야가 먼저 와야 하리라 하나이까 11 예수께서 대답
하여 가라사대 엘리야가 과연 먼저 와서 모든 일을 회복하
리라 12 내가 너희에게 말하노니 엘리야가 이미 왔으되
사람들이 알지 못하고 임의로 대우하였도다 인자도 이와
같이 그들에게 고난을 받으리라 하시니 13 그제야 제자
들이 예수의 말씀하신 것이 세례 요한인 줄을 깨달으니라
14 저희가 무리에게 이르매 한 사람이 예수께 와서 꿇어
엎드리어 가로되

were coming down from the mountain, Jesus commanded
them, saying, "Tell the vision to no one until the Son of
Man has risen from the dead." 10 And His disciples asked
Him, saying, "Why then do the scribes say that Elijah
must come first?" 11 And He answered and said, "Elijah
is coming and will restore all things; 12 but I say to you,
that Elijah already came, and they did not recognize him,
but did to him whatever they wished. So also the Son of
Man is going to suffer at their hands." 13 Then the
disciples understood that He had spoken to them about
John the Baptist. 14 And when they came to the multitude,
a man came up to Him, falling on his knees before Him,

15 /주여!
[당신은] — 불쌍히 여기소서
/내 아들을

//(이유: ὅτι, for)
저가 — 간질로
고생하여
/심히

//(이유: γάρ, for)
[그가] — 넘어지며
/자주
/불에도
(넘어지는지라)
/[자주]
/물에도

16 /내가 — 데리고 왔으나
/[그를]
/주의 제자들에게
능히 고치지 못하더이다
/[그를]

17 예수께서 **대답하여 가라사대**(...하시다)
/세대여!
/믿음이 없고
/패역한
/내가 — 얼마나 있으며
/너희와 함께
얼마나 참으리요
/너희를
/[너희는] — 데려오라
/그를
/[나에게]
/이리로

18 이에
예수께서 **꾸짖으시니**
/[그것에게]
귀신이 **나가고**
/[그로부터]
아이가 **나으니라**
/그 때부터

19 제자들이 **가로되**
/나아와(과거분사)
/예수께
/종용히
/이 때에
/우리는 — 어찌하여 쫓아내지 못하였나이까?
/[그를]

15 주여 내 아들을 불쌍히 여기소서 저가 간질로 심히 고
생하여 자주 불에도 넘어지며 물에도 넘어지는지라 16
내가 주의 제자들에게 데리고 왔으나 능히 고치지 못하더
이다 17 예수께서 대답하여 가라사대 믿음이 없고 패역
한 세대여 내가 얼마나 너희와 함께 있으며 얼마나 너희를
참으리요 그를 이리로 데려오라 하시다 18 이에 예수께
서 꾸짖으시니 귀신이 나가고 아이가 그 때부터 나으니라
19 이 때에 제자들이 종용히 예수께 나아와 가로되 우리
는 어찌하여 쫓아내지 못하였나이까

and saying, 15 "Lord, have mercy on my son, for he is
a lunatic, and is very ill; for he often falls into the fire,
and often into the water. 16 "And I brought him to Your
disciples, and they could not cure him." 17 And Jesus answered
and said, "O unbelieving and perverted generation, how
long shall I be with you? How long shall I put up with
you? Bring him here to Me." 18 And Jesus rebuked him,
and the demon came out of him, and the boy was cured
at once. 19 Then the disciples came to Jesus privately
and said, "Why could we not cast it out?" 20 And He

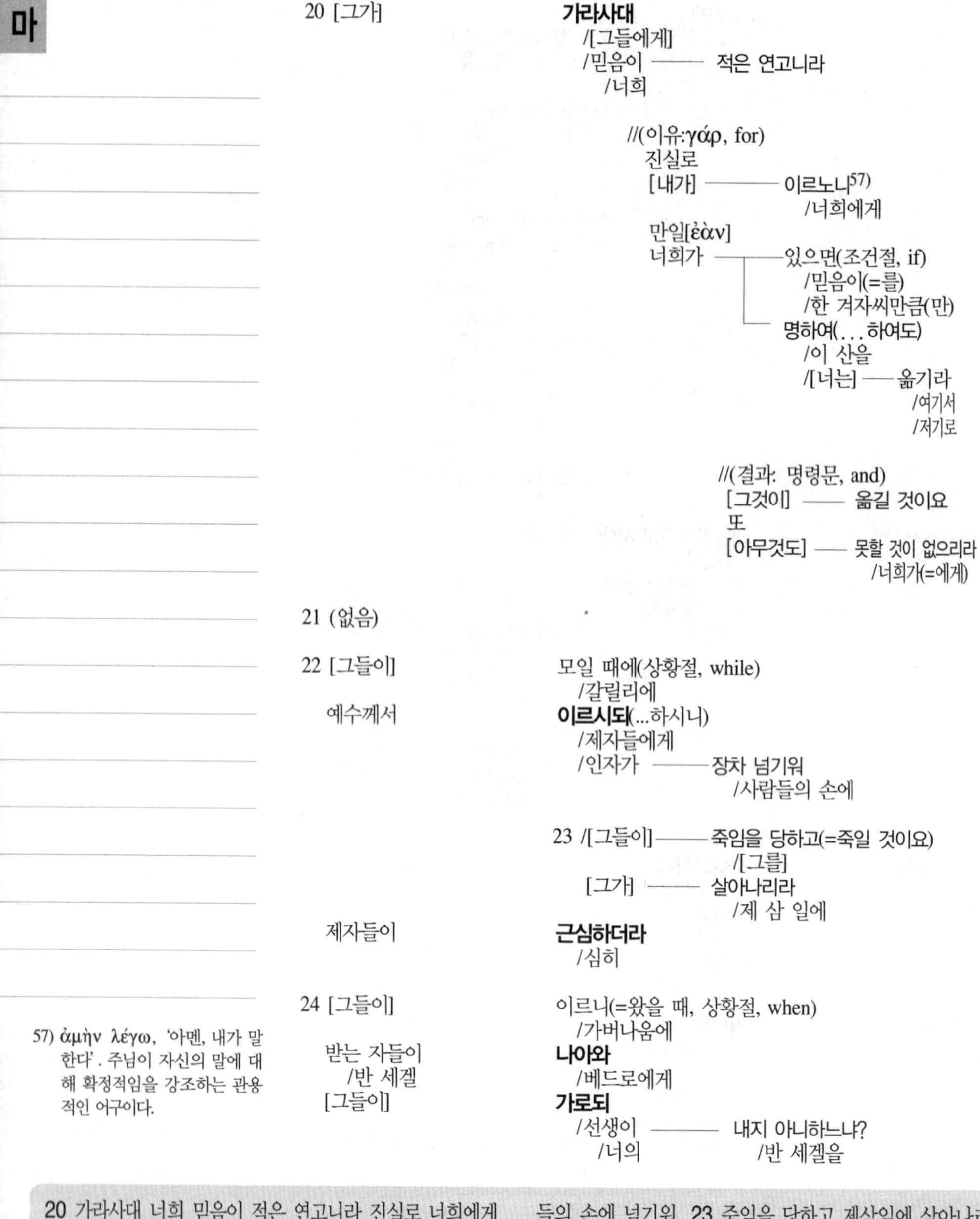

57) ἀμὴν λέγω, '아멘, 내가 말한다'. 주님이 자신의 말에 대해 확정적임을 강조하는 관용적인 어구이다.

20 가라사대 너희 믿음이 적은 연고니라 진실로 너희에게 이르노니 너희가 만일 믿음이 한 겨자씨만큼만 있으면 이 산을 명하여 여기서 저기로 옮기라 하여도 옮길 것이요 또 너희가 못할 것이 없으리라 21 (없 음) 22 갈릴리에 모일 때에 예수께서 제자들에게 이르시되 인자가 장차 사람들의 손에 넘기워 23 죽임을 당하고 제삼일에 살아나리라 하시니 제자들이 심히 근심하더라 24 가버나움에 이르니 반 세겔 받는 자들이 베드로에게 나아와 가로되 너의 선생이 반 세겔을 내지 아니하느냐

said to them, "Because of the littleness of your faith; for truly I say to you, if you have faith as a mustard seed, you shall say to this mountain, 'Move from here to there,' and it shall move; and nothing shall be impossible to you. 21 ["But this kind does not go out except by prayer and fasting."] 22 And while they were gathering together in Galilee, Jesus said to them, "The Son of Man is going to be delivered into the hands of men; 23 and they will kill Him, and He will be raised on the third day. "And they were deeply grieved. 24 And when they had come to Capernaum, those who collected the two-drachma tax came to Peter, and said, "Does your teacher not pay the

25 [그들이] **가로되**(...하고)
/내신다
예수께서 들어가니(=들어가셨을 때, 상황절, when)
/집에
먼저 가라사대
/[그를]
/시몬아!
/네 생각은 어떠하뇨?
임금들이 —— 뉘게 받느냐?
/세상 /관세와 정세를
/자기 아들에게(냐)
타인에게

26 베드로가 가로되(=말하였을 때, 상황절, when)
/타인에게니이다
예수께서 **가라사대**(...하시니라)
/[그에게]
/그러하면
/아들들은 —— 세를 면하리라

27 /그러나
네가 —— 던져
/낚시를
/가서(과거분사)
/바다에
가져[오라]
/고기를
/오르는
/먼저

//(결과: 명령문, and)
[네가] —— 열면(=열때에, 상황절, when)
/[그것의] 입을
얻을 것이니
/돈 한 세겔을

/[너는] —— 주라
/[그들에게]
/나와 너를 위하여
/가져다가(과거분사)
/[그것을]

//(목적: ἵνα, so that)
우리가 —— 오해케 하지 않기 위하여
/저희로

25 가로되 내신다 하고 집에 들어가니 예수께서 먼저 가
라사대 시몬아 네 생각은 어떠하뇨 세상 임금들이 뉘게 관
세와 정세를 받느냐 자기 아들에게냐 타인에게냐 26 베
드로가 가로되 타인에게니이다 예수께서 가라사대 그러하
면 아들들은 세를 면하리라 27 그러나 우리가 저희로 오
해케 하지 않기 위하여 네가 바다에 가서 낚시를 던져 먼
저 오르는 고기를 가져 입을 열면 돈 한 세겔을 얻을 것이
니 가져다가 나와 너를 위하여 주라 하시니라

two-drachma tax?" 25 He said, "Yes." And when he came
into the house, Jesus spoke to him first, saying, "What
do you think, Simon? From whom do the kings of the
earth collect customs or poll-tax, from their sons or from
strangers?" 26 And upon his saying, "From strangers,"
Jesus said to him, "Consequently the sons are exempt. 27
"But, lest we give them offense, go to the sea, and throw
in a hook, and take the first fish that comes up; and when
you open its mouth, you will find a stater. Take that and
give it to them for you and Me."

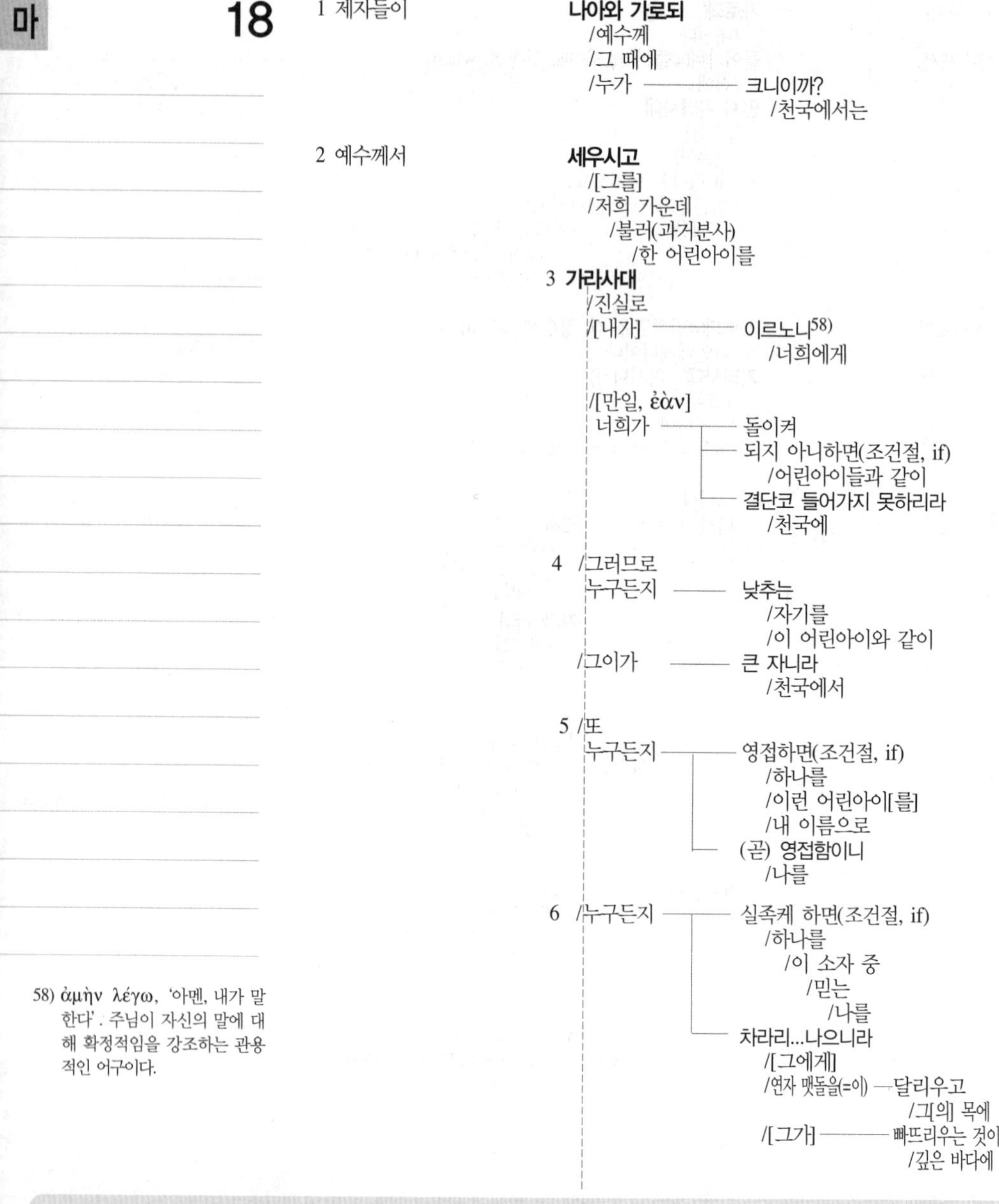

58) ἀμὴν λέγω, '아멘, 내가 말한다'. 주님이 자신의 말에 대해 확정적임을 강조하는 관용적인 어구이다.

18 1 그 때에 제자들이 예수께 나아와 가로되 천국에
서는 누가 크니이까 2 예수께서 한 어린아이를 불
러 저희 가운데 세우시고 3 가라사대 진실로 너희에게 이
르노니 너희가 돌이켜 어린아이들과 같이 되지 아니하면
결단코 천국에 들어가지 못하리라 4 그러므로 누구든지
이 어린아이와 같이 자기를 낮추는 그이가 천국에서 큰 자
니라 5 또 누구든지 내 이름으로 이런 어린아이 하나를
영접하면 곧 나를 영접함이니 6 누구든지 나를 믿는 이 소
자 중 하나를 실족케 하면 차라리 연자 맷돌을 그 목에 달
리우고 깊은 바다에 빠뜨리우는 것이 나으리라 7 실족케

18 1 At that time the disciples came to Jesus, saying, "Who
then is greatest in the kingdom of heaven?" 2 And
He called a child to Himself and set him before them, 3
and said, "Truly I say to you, unless you are converted
and become like children, you shall not enter the kingdom
of heaven. 4 "Whoever then humbles himself as this child,
he is the greatest in the kingdom of heaven. 5 "And
whoever receives one such child in My name receives
Me; 6 but whoever causes one of these little ones who
believe in Me to stumble, it is better for him that a heavy
millstone be hung around his neck, and that he be drowned
in the depth of the sea. 7 "Woe to the world because of

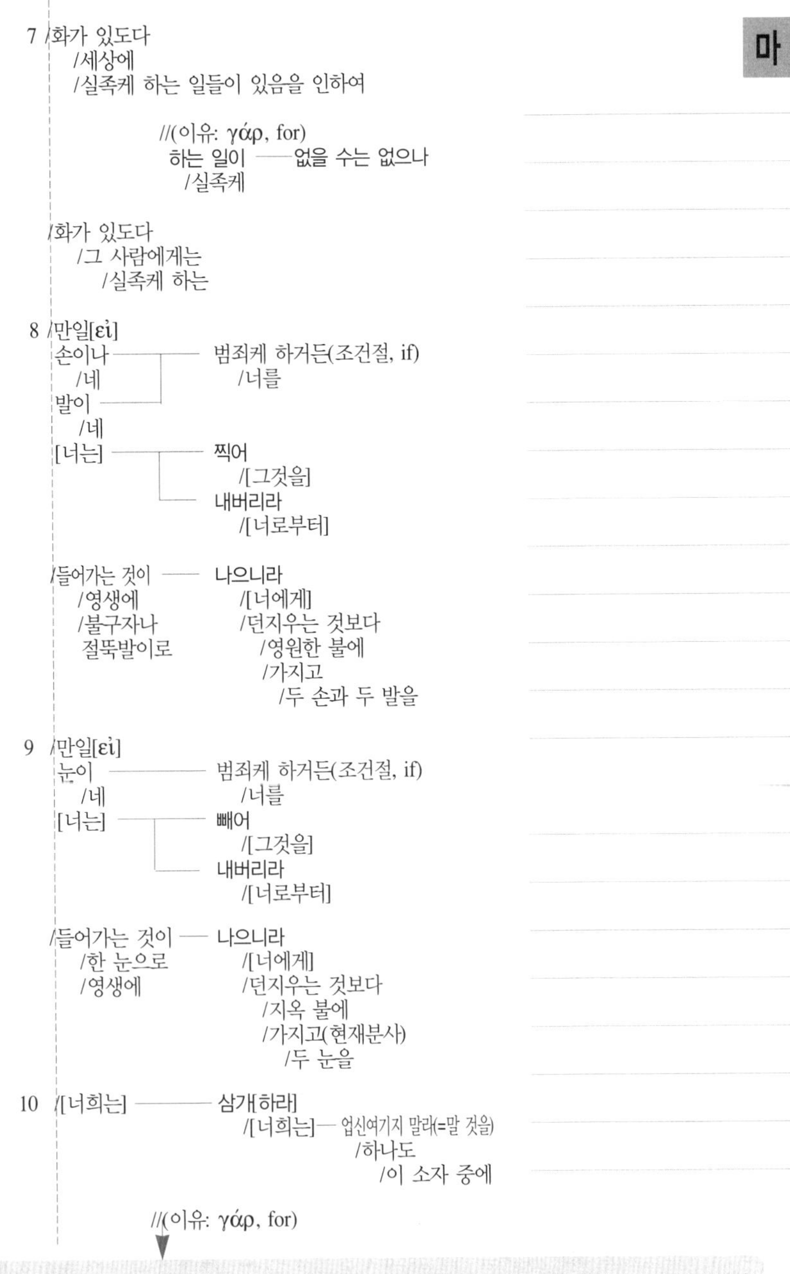

하는 일들이 있음을 인하여 세상에 화가 있도다 실족케 하
는 일이 없을 수는 없으나 실족케 하는 그 사람에게는 화
가 있도다 8 만일 네 손이나 네 발이 너를 범죄케 하거든
찍어 내버리라 불구자나 절뚝발이로 영생에 들어가는 것이
두 손과 두 발을 가지고 영원한 불에 던지우는 것보다 나
으니라 9 만일 네 눈이 너를 범죄케 하거든 빼어 내버리
라 한 눈으로 영생에 들어가는 것이 두 눈을 가지고 지옥
불에 던지우는 것보다 나으니라 10 삼가 이 소자 중에 하
나도 업신 여기지 말라 너희에게 말하노니 저희 천사들이
하늘에서 하늘에 계신 내 아버지의 얼굴을 항상 뵈옵느니

its stumbling blocks! For it is inevitable that stumbling
blocks come; but woe to that man through whom the stumbling
block comes! 8 "And if your hand or your foot causes
you to stumble, cut it off and throw it from you; it is
better for you to enter life crippled or lame, than having
two hands or two feet, to be cast into the eternal fire. 9
"And if your eye causes you to stumble, pluck it out, and
throw it from you. It is better for you to enter life with
one eye, than having two eyes, to be cast into the fiery
hell. 10 "See that you do not despise one of these little

마

//(이유: γάρ, for)
[내가] —— 말하노니[59]
/너희에게
천사들이 —— 뵈옵느니라
/저희 /얼굴을
/아버지의
/하늘에 계신
/내
/하늘에서
/항상

11 (없음)

12 /너희 생각에는 어떻겠느뇨?
/만일[ἐὰν]
어떤 사람이 —— 있는데
/양 일백 마리가
하나가 —— 길을 잃었으면(조건절, if)
/그[것들] 중에
/[그가] —— 두고
/그 아흔아홉 마리를
/산에
찾지 않겠느냐?
/길 잃은 양을
/가서(과거분사)

13 /진실로
[내가] —— 이르노니[60]
/너희에게
/만일[ἐὰν]
[그가] —— 찾으면(조건절, if)
/[그것을]
기뻐하리라
/이것을
/더
/아흔아홉 마리보다
/길을 잃지 아니한

14 /[그것이] —— 뜻이 아니니라
/너희 아버지의
/하늘에 계신
/이와 같이
/하나라도 —— 잃어지는 것은
/이 소자 중에

15 /[만일, ἐὰν]
네 형제가 —— 죄를 범하거든(조건절, if)
/[너를 향하여]

59) 주님께서 자신의 말씀을 하나님의 말씀과 대등한 권위임을 드러내는 관용적인 표현이다.

60) ἀμὴν λέγω, '아멘, 내가 말한다'. 주님이 자신의 말에 대해 확정적임을 강조하는 관용적인 어구이다.

라 11 (없 음) 12 너희 생각에는 어떻겠느뇨 만일 어떤
사람이 양 일백 마리가 있는데 그 중에 하나가 길을 잃었
으면 그 아흔아홉 마리를 산에 두고 가서 길 잃은 양을 찾
지 않겠느냐 13 진실로 너희에게 이르노니 만일 찾으면
길을 잃지 아니한 아흔아홉 마리보다 이것을 더 기뻐하리
라 14 이와 같이 이 소자 중에 하나라도 잃어지는 것은
하늘에 계신 너희 아버지의 뜻이 아니니라 15 네 형제가
죄를 범하거든 가서 너와 그 사람과만 상대하여 권고하라
만일 들으면 네가 네 형제를 얻은 것이요
16 만일 듣지 않거든 한두 사람을 데리고 가서 두세 증인

ones, for I say to you, that their angels in heaven continually behold the face of My Father who is in heaven. 11 ["For the Son of Man has come to save that which was lost.]
12 "What do you think? If any man has a hundred sheep, and one of them has gone astray, does he not leave the ninety-nine on the mountains and go and search for the one that is straying? 13 "And if it turns out that he finds it, truly I say to you, he rejoices over it more than over the ninety-nine which have not gone astray. 14 "Thus it is not the will of your Father who is in heaven that one of these little ones perish. 15 "And if your brother sins, go and reprove him in private; if he listens to you, you

마

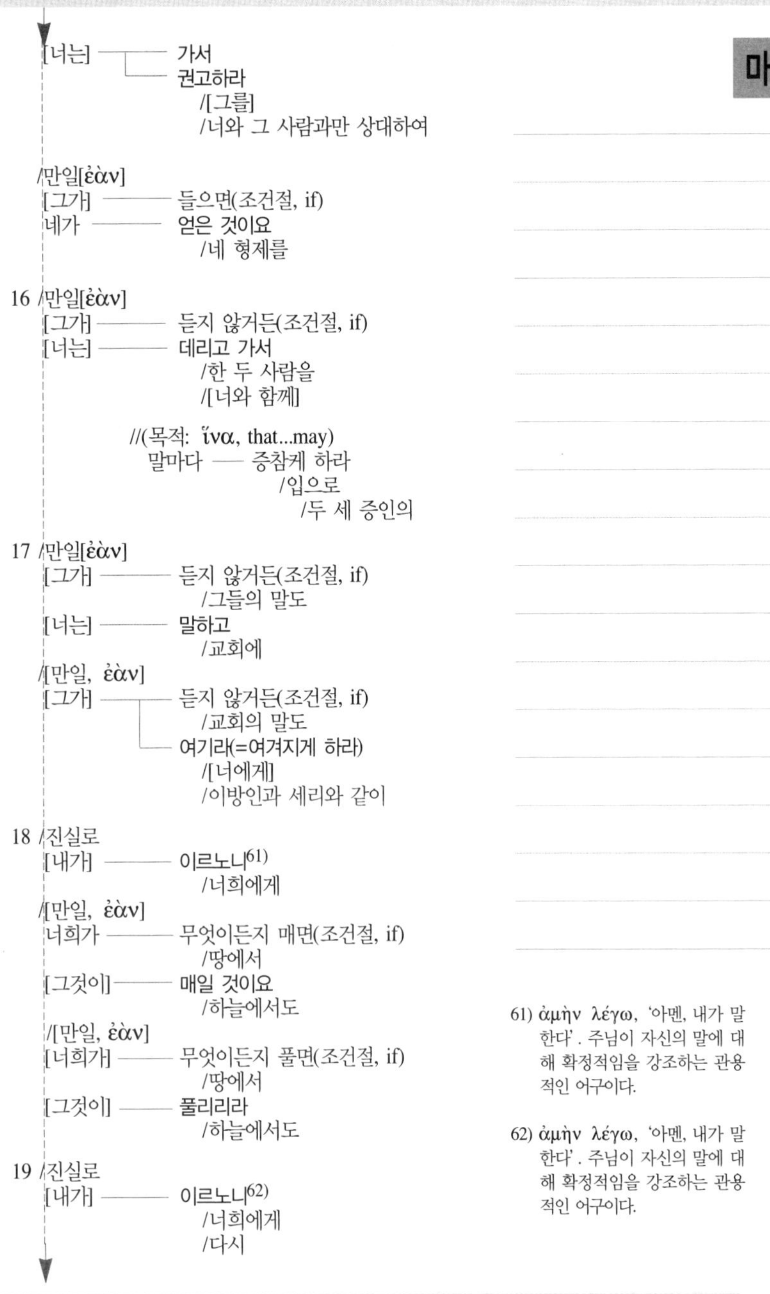

61) ἀμὴν λέγω, '아멘, 내가 말한다'. 주님이 자신의 말에 대해 확정적임을 강조하는 관용적인 어구이다.

62) ἀμὴν λέγω, '아멘, 내가 말한다'. 주님이 자신의 말에 대해 확정적임을 강조하는 관용적인 어구이다.

의 입으로 말마다 증참케 하라 17 만일 그들의 말도 듣지 않거든 교회에 말하고 교회의 말도 듣지 않거든 이방인과 세리와 같이 여기라 18 진실로 너희에게 이르노니 무엇이든지 너희가 땅에서 매면 하늘에서도 매일 것이요 무엇이든지 땅에서 풀면 하늘에서도 풀리리라 19 진실로 다시 너희에게 이르노니 너희 중에 두 사람이 땅에서 합심하여 무엇이든지 구하면 하늘에 계신 내 아버지께서 저희를 위하여 이루게 하시리라 20 두세 사람이 내 이름으로 모인

have won your brother. 16 "But if he does not listen to you, take one or two more with you, so that by the mouth of two or three witnesses every fact may be confirmed. 17 "And if he refuses to listen to them, tell it to the church; and if he refuses to listen even to the church, let him be to you as a Gentile and a tax-gatherer. 18 "Truly I say to you, whatever you shall bind on earth shall be bound in heaven; and whatever you loose on earth shall be loosed in heaven. 19 "Again I say to you, that if two of you agree on earth about anything that they may ask,

마

/[만일, ἐὰν]
두 사람이 —— 합심하여(=합심하면, 조건절, if)
/너희 중에 /땅에서
/무엇이든지(=모든 것을)
/[그들이]—구하면(=구하는)
[그것이] —— 이루게 하시리라
/저희를 위하여
/내 아버지께서
/하늘에 계신

20 //(이유: γάρ, for)
나도 — 있느니라
/그들 중에
/두 세 사람이 — 모인 곳에는
/내 이름으로

21 베드로가 **나아와 가로되**
/[그에게]
/그 때에
/주여!
/형제가 —— 죄를 범하면
/[내] /내게
[내가] —— 몇 번이나 용서하여 주리이까?
/[그를]
/일곱 번까지 (하오리이까)

22 예수께서 **가라사대**
/[그에게]
/[내가] —— 이르노니[63)]
/네게
/일곱 번뿐 아니라
/일흔 번씩 일곱 번이라도 (할지니라)

23 /이러므로
천국은 —— 임금과 같으니
/어떤
/[그가][64)]—— 회계하려 하던(=했다)
/그[의] 종들과

24 /[그가] —— 회계할 때에(상황절, when)
빚진 자(=가) —— 데려오매(=데려와졌다)
/하나를(=한) /[그에게]
/일만 달란트(=의)

25 /주인이 —— 명하여(...한대)
/다 팔아(=팔 것을, 부정사)
/그 몸과
/처와
/자식들과
/모든[것을]
/[그가] — 소유를(=한)
/갚게 하라(=갚을 것을, 부정사)
//(이유: 분사, since)

63) 주님께서 자신의 말씀을 하나님의 말씀과 대등한 권위임을 드러내는 관용적인 표현이다

64) 관계대명사, 선행사는 '임금'. 계속적 용법

곳에는 나도 그들 중에 있느니라 21 그 때에 베드로가 나
아와 가로되 주여 형제가 내게 죄를 범하면 몇 번이나 용
서하여 주리이까 일곱 번까지 하오리이까 22 예수께서 가
라사대 네게 이르노니 일곱 번 뿐 아니라 일흔 번씩 일곱
번이라도 할지니라 23 이러므로 천국은 그 종들과 회계
하려 하던 어떤 임금과 같으니 24 회계할 때에 일만 달란
트 빚진 자 하나를 데려오매 25 갚을 것이 없는지라 주인
이 명하여 그 몸과 처와 자식들과 모든 소유를 다 팔아 갚
게 하라 한대
26 그 종이 엎드리어 절하며 가로되 내게 참으소서 다 갚

it shall be done for them by My Father who is in heaven.
20 "For where two or three have gathered together in My
name, there I am in their midst." 21 ¶ Then Peter came
and said to Him, "Lord, how often shall my brother sin against
me and I forgive him? Up to seven times?" 22 Jesus said
to him, "I do not say to you, up to seven times, but up
to seventy times seven. 23 "For this reason the kingdom
of heaven may be compared to a certain king who wished
to settle accounts with his slaves. 24 "And when he had
begun to settle them, there was brought to him one who

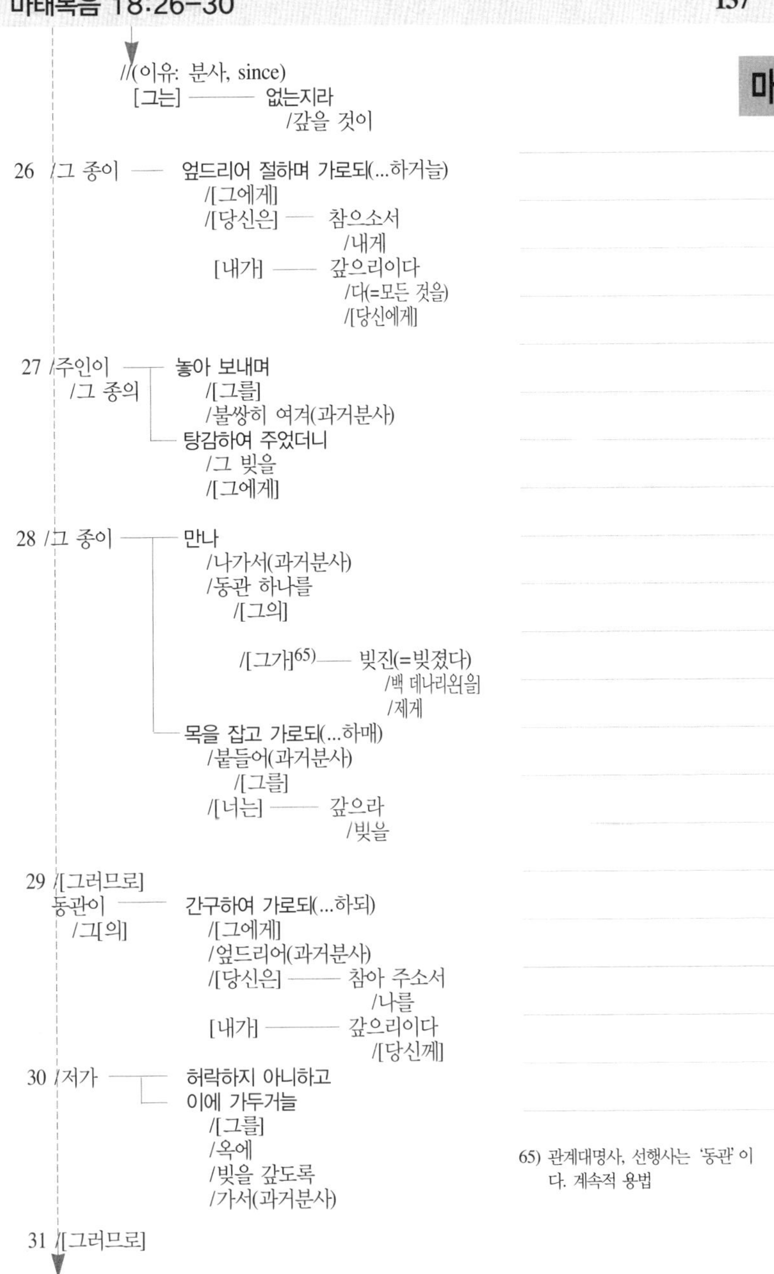

65) 관계대명사, 선행사는 '동관'이다. 계속적 용법

으리이다 하거늘 27 그 종의 주인이 불쌍히 여겨 놓아 보
내며 그 빚을 탕감하여 주었더니 28 그 종이 나가서 제게
백 데나리온 빚진 동관 하나를 만나 붙들어 목을 잡고 가
로되 빚을 갚으라 하매 29 그 동관(同官)이 엎드리어 간구
하여 가로되 나를 참아 주소서 갚으리이다 하되 30 허락
하지 아니하고 이에 가서 저가 빚을 갚도록 옥에 가두거늘

31 그 동관들이 그것을 보고 심히 민망하여 주인에게 가

owed him ten thousand talents. 25 "But since he did not
have the means to repay, his lord commanded him to be
sold, along with his wife and children and all that he had,
and repayment to be made. 26 "The slave therefore falling
down, prostrated himself before him, saying, 'Have patience
with me, and I will repay you everything.' 27 "And the
lord of that slave felt compassion and released him and
forgave him the debt. 28 "But that slave went out and
found one of his fellow slaves who owed him a hundred
denarii; and he seized him and began to choke him, saying,
'Pay back what you owe.' 29 "So his fellow slave fell
down and began to entreat him, saying, 'Have patience

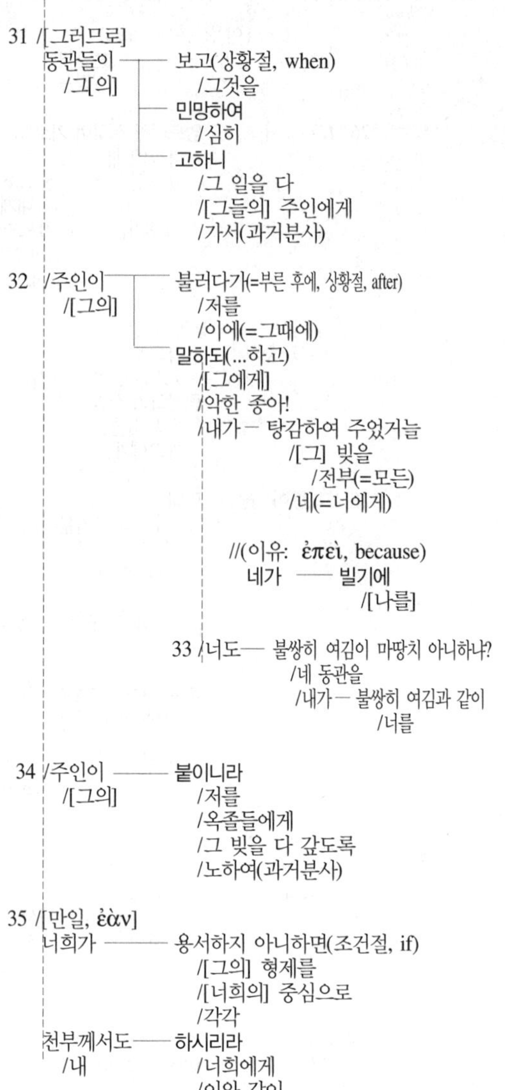

서 그 일을 다 고하니 32 이에 주인이 저를 불러다가 말
하되 악한 종아 네가 빌기에 내가 네 빚을 전부 탕감하여
주었거늘 33 내가 너를 불쌍히 여김과 같이 너도 네 동관
을 불쌍히 여김이 마땅치 아니하냐 하고 34 주인이 노하
여 그 빚을 다 갚도록 저를 옥졸들에게 붙이니라 35 너희
가 각각 중심으로 형제를 용서하지 아니하면 내 천부께서
도 너희에게 이와 같이 하시리라

with me and I will repay you.' 30 "He was unwilling
however, but went and threw him in prison until he should
pay back what was owed. 31 "So when his fellow slaves
saw what had happened, they were deeply grieved and
came and reported to their lord all that had happened. 32
"Then summoning him, his lord said to him, 'You wicked
slave, I forgave you all that debt because you entreated
me. 33 'Should you not also have had mercy on your
fellow slave, even as I had mercy on you?' 34 "And his
lord, moved with anger, handed him over to the torturers
until he should repay all that was owed him. 35 "So shall
My heavenly Father also do to you, if each of you does
not forgive his brother from your heart."

19

1 예수께서 마치시고(=마치셨을 때, 상황절, when)
/이 말씀을
떠나
/갈릴리에서
이르시니
/요단 강 건너
/유대 지경에

2 큰 무리가 **좇거늘**
/[그에게]
예수께서 **고치시더라**
/저희 병을
/거기서

3 바리새인들이 **나아와 가로되**
/예수께
/시험하여(현재분사)
/그를
/내어버리는 것이 —— 옳으니이까?
/그[의] 아내를 /사람이(=에게)
/연고를 물론하고
/아무(=모든)

4 - 5
예수께서 **대답하여 가라사대**(...하시니)
/[너희는] —— 읽지 못하였느냐?
/사람을 지으신 이가 —— 만드시고
/저희를
/본래(=처음으로부터)
/남자와 여자로
말씀하시기를(...하신 것을)
/이러므로
/사람이 —— 떠나서
/그 부모를
합하여
/[그의] 아내에게
그 둘이 —— 한 몸이 될지니라

6 /이러한즉
[그들이] —— 둘이 아니요
/이제
한 몸이니

/그러므로
사람이 —— 나누지 못할지니라
/하나님이 — 짝지어 주신 것을

19 1 예수께서 이 말씀을 마치시고 갈릴리에서 떠나
요단강 건너 유대 지경에 이르시니 2 큰 무리가
좇거늘 예수께서 거기서 저희 병을 고치시더라 3 바리새
인들이 예수께 나아와 그를 시험하여 가로되 사람이 아무
연고를 물론하고 그 아내를 내어버린 것이 옳으니이까 4
예수께서 대답하여 가라사대 사람을 지으신 이가 본래 저
희를 남자와 여자로 만드시고 5 말씀하시기를 이러므로
사람이 그 부모를 떠나서 아내에게 합하여 그 둘이 한 몸
이 될지니라 하신 것을 읽지 못하였느냐 6 이러한즉 이제
둘이 아니요 한 몸이니 그러므로 하나님이 짝지어 주신 것

19 1 And it came about that when Jesus had finished
these words, He departed from Galilee, and came
into the region of Judea beyond the Jordan; 2 and great
multitudes followed Him, and He healed them there. 3
And some Pharisees came to Him, testing Him, and saying,
"Is it lawful for a man to divorce his wife for any cause
at all?" 4 And He answered and said, "Have you not read,
that He who created them from the beginning made them male
and female, 5 and said, For this cause a man shall leave
his father and mother, and shall cleave to his wife; and

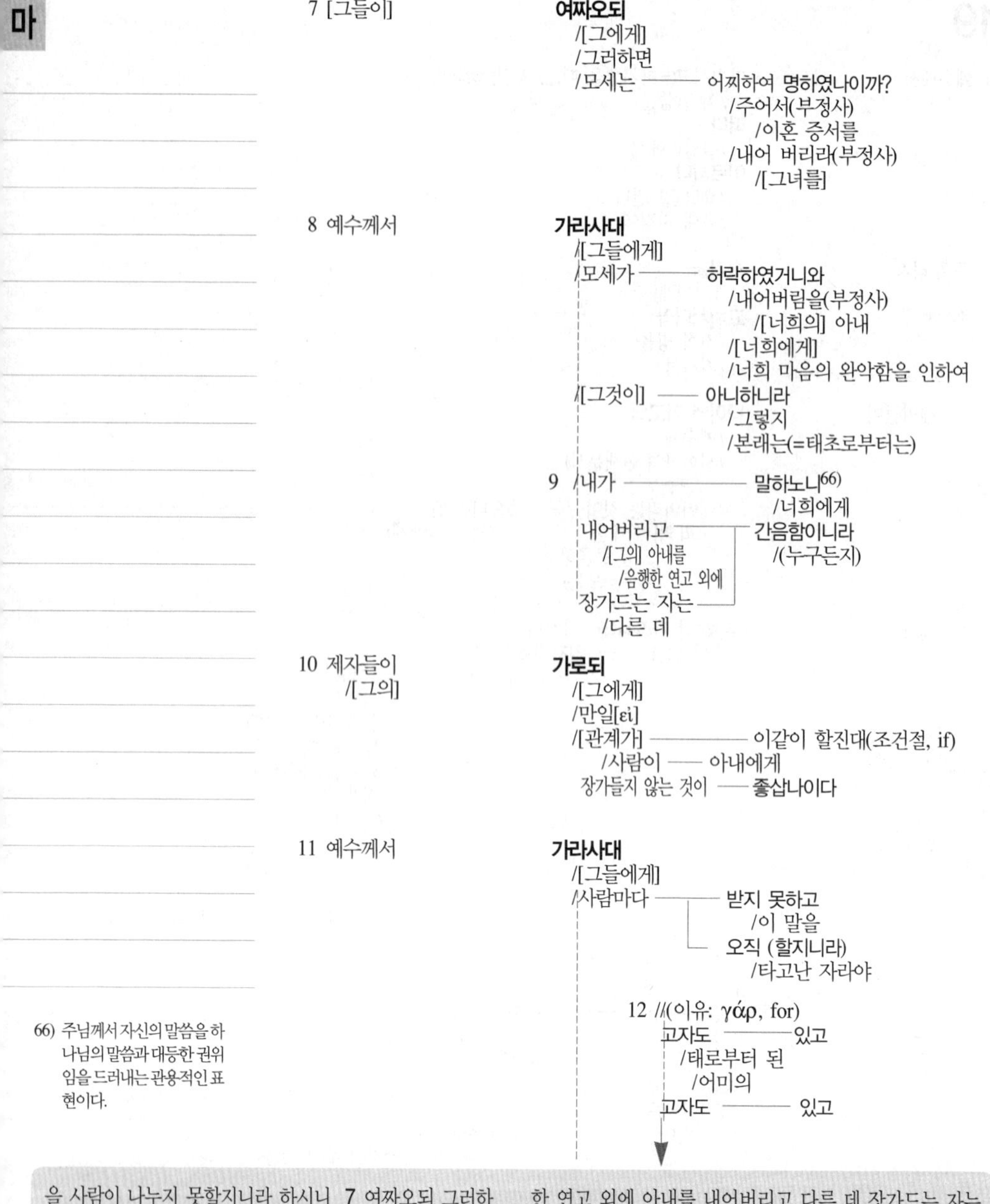

66) 주님께서 자신의 말씀을 하나님의 말씀과 대등한 권위임을 드러내는 관용적인 표현이다.

을 사람이 나누지 못할지니라 하시니 7 여짜오되 그러하
면 어찌하여 모세는 이혼 증서를 주어서 내어버리라 명하
였나이까 8 예수께서 가라사대 모세가 너희 마음의 완악
함을 인하여 아내 내어버림을 허락하였거니와 본래는 그렇
지 아니하니라 9 내가 너희에게 말하노니 누구든지 음행
한 연고 외에 아내를 내어버리고 다른 데 장가드는 자는
간음함이니라 10 제자들이 가로되 만일 사람이 아내에게
이같이 할진대 장가들지 않는 것이 좋삽나이다 11 예수
께서 가라사대 사람마다 이 말을 받지 못하고 오직 타고난
자라야 할지니라

the two shall become one flesh? 6 "Consequently they
are no longer two, but one flesh. What therefore God has
joined together, let no man separate." 7 They said to Him,
"Why then did Moses command to give her a certificate
of divorce and send her away?" 8 He said to them,
"Because of your hardness of heart, Moses permitted you
to divorce your wives; but from the beginning it has not
been this way. 9 "And I say to you, whoever divorces
his wife, except for immorality, and marries another woman
commits adultery." 10 The disciples said to Him, "If the
relationship of the man with his wife is like this, it is
better not to marry." 11 But He said to them, "Not all
men can accept this statement, but only those to whom it
has been given. 12 "For there are eunuchs who were born

고자도 —— 있고
/만든
/사람이
고자도 —— 있도다
/된
/천국을 위하여
/스스로

/받을 만한 자는 —— 받을지어다
/이 말을

13 어린아이들을(=이) **데리고 오매(=데려와졌다)**
/[그에게]
/[그]때에
/(사람들이)

//(목적: ἵνα, that...might)
예수의(=가) —— 안수하고
/[그들에게]
—— 기도하심을 바라고(=하시도록)

제자들이 **꾸짖거늘**
/[그들에게]

14 예수께서 **가라사대**(...하시고)
/[너희는] —— 용납하고
/어린아이들을
—— 금하지 말라
/오는 것을
/내게

//(이유: γάρ, for)
천국이 —— 이런 자의 것이니라

15 **떠나시니라**
/거기서
/안수하시고(과거분사)
/저희 위에

16 [보라, ἰδοὺ]
어떤 사람이 **와서 가로되**
/주께
/선생님이여!
내가 —— 무슨 하여야?(=무엇을 하리이까?)
/선한 일을

//(목적: ἵνα, that...may)

12 어미의 태로부터 된 고자도 있고 사람이 만든 고자도
있고 천국을 위하여 스스로 된 고자도 있도다 이 말을 받
을 만한 자는 받을지어다 13 때에 사람들이 예수의 안수
하고 기도하심을 바라고 어린 아이들을 데리고 오매 제자
들이 꾸짖거늘 14 예수께서 가라사대 어린 아이들을 용
납하고 내게 오는 것을 금하지 말라 천국이 이런 자의 것
이니라 하시고 15 저희 위에 안수하시고 거기서 떠나시니
라 16 어떤 사람이 주께 와서 가로되 선생님이여 내가 무
슨 선한 일을 하여야 영생을 얻으리이까

that way from their mother's womb; and there are eunuchs who were made eunuchs by men; and there are also eunuchs who made themselves eunuchs for the sake of the kingdom of heaven. He who is able to accept this, let him accept it."
13 Then some children were brought to Him so that He might lay His hands on them and pray; and the disciples rebuked them.
14 But Jesus said, "Let the children alone, and do not hinder them from coming to Me; for the kingdom of heaven belongs to such as these."
15 And after laying His hands on them, He departed from there.
16 ¶ And behold, one came to Him and said, "Teacher, what good thing shall I do that I may obtain eternal life?"
17 And He said to him, "Why are you asking Me about what is good? There is only One who

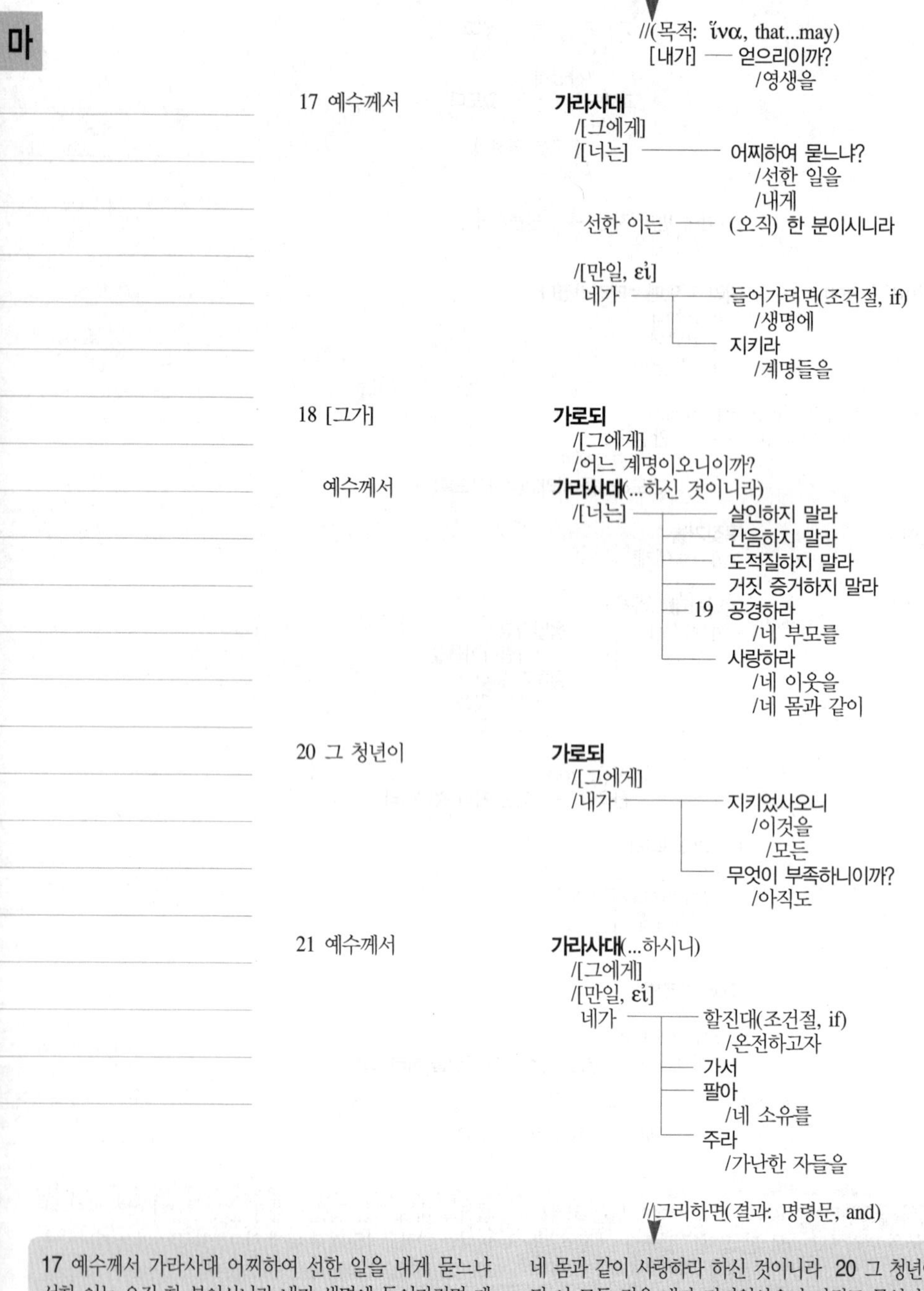

17 예수께서 가라사대 어찌하여 선한 일을 내게 묻느냐
선한 이는 오직 한 분이시니라 네가 생명에 들어가려면 계
명들을 지키라 18 가로되 어느 계명이오니이까 예수께서
가라사대 살인하지 말라, 간음하지 말라, 도적질하지 말라,
거짓 증거하지 말라 19 네 부모를 공경하라, 네 이웃을
네 몸과 같이 사랑하라 하신 것이니라 20 그 청년이 가로
되 이 모든 것을 내가 지키었사오니 아직도 무엇이 부족하
니이까 21 예수께서 가라사대 네가 온전하고자 할진대
가서 네 소유를 팔아 가난한 자들을 주라 그리하면 하늘에
서 보화가 네게 있으리라 그리고 와서 나를 좇으라 하시니

is good; but if you wish to enter into life, keep the
commandments." 18 He said to Him, "Which ones?" And
Jesus said, "You shall not commit murder; You shall not
commit adultery; You shall not steal; You shall not bear
false witness; 19 Honor your father and mother; and You
shall love your neighbor as yourself." 20 The young man
said to Him, "All these things I have kept; what am I
still lacking?" 21 Jesus said to him, "If you wish to be
complete, go and sell your possessions and give to the
poor, and you shall have treasure in heaven; and come,

마

67) ἀμὴν λέγω, '아멘, 내가 말한다'. 주님이 자신의 말에 대해 확정적임을 강조하는 관용적인 어구이다.

68) 주님께서 자신의 말씀을 하나님의 말씀과 대등한 권위임을 드러내는 관용적인 표현이다.

22 그 청년이 재물이 많으므로 이 말씀을 듣고 근심하며
가니라 23 예수께서 제자들에게 이르시되 내가 진실로
너희에게 이르노니 부자는 천국에 들어가기가 어려우니라
24 다시 너희에게 말하노니 약대가 바늘귀로 들어가는 것
이 부자가 하나님의 나라에 들어가는 것보다 쉬우니라 하
신대 25 제자들이 듣고 심히 놀라 가로되 그런즉 누가 구
원을 얻을 수 있으리이까 26 예수께서 저희를 보시며 가
라사대 사람으로는 할 수 없으되 하나님으로서는 다 할 수
있느니라

follow Me." 22 But when the young man heard this statement,
he went away grieved; for he was one who owned much
property. 23 And Jesus said to His disciples, "Truly I say
to you, it is hard for a rich man to enter the kingdom of heaven.
24 "And again I say to you, it is easier for a camel to
go through the eye of a needle, than for a rich man to
enter the kingdom of God." 25 And when the disciples
heard this, they were very astonished and said, "Then
who can be saved?" 26 And looking upon them Jesus
said to them, "With men this is impossible, but with God

마

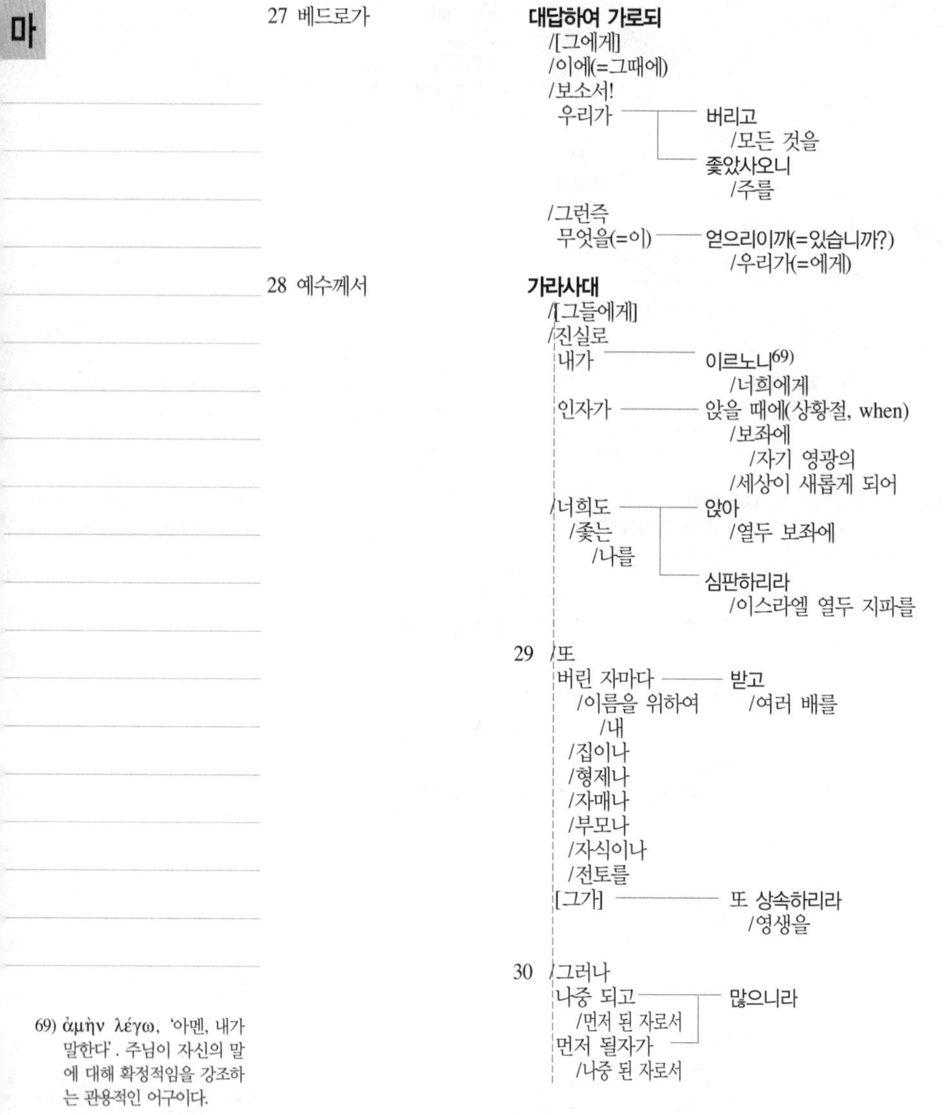

69) ἀμὴν λέγω, '아멘, 내가 말한다'. 주님이 자신의 말에 대해 확정적임을 강조하는 관용적인 어구이다.

27 이에 베드로가 대답하여 가로되 보소서 우리가 모든 것을 버리고 주를 좇았사오니 그런즉 우리가 무엇을 얻으리이까 28 예수께서 가라사대 내가 진실로 너희에게 이르노니 세상이 새롭게 되어 인자가 자기 영광의 보좌에 앉을 때에 나를 좇는 너희도 열두 보좌에 앉아 이스라엘 열두 지파를 심판하리라 29 또 내 이름을 위하여 집이나 형제나 자매나 부모나 자식이나 전토를 버린 자마다 여러 배를 받고 또 영생을 상속하리라 30 그러나 먼저 된 자로서 나중 되고 나중 된 자로서 먼저 될 자가 많으니라

all things are possible." 27 Then Peter answered and said to Him, "Behold, we have left everything and followed You; what then will there be for us?" 28 And Jesus said to them, "Truly I say to you, that you who have followed Me, in the regeneration when the Son of Man will sit on His glorious throne, you also shall sit upon twelve thrones, judging the twelve tribes of Israel. 29 "And everyone who has left houses or brothers or sisters or father or mother or children or farms for My name's sake, shall receive many times as much, and shall inherit eternal life. 30 "But many who are first will be last; and the last, first.

마

20

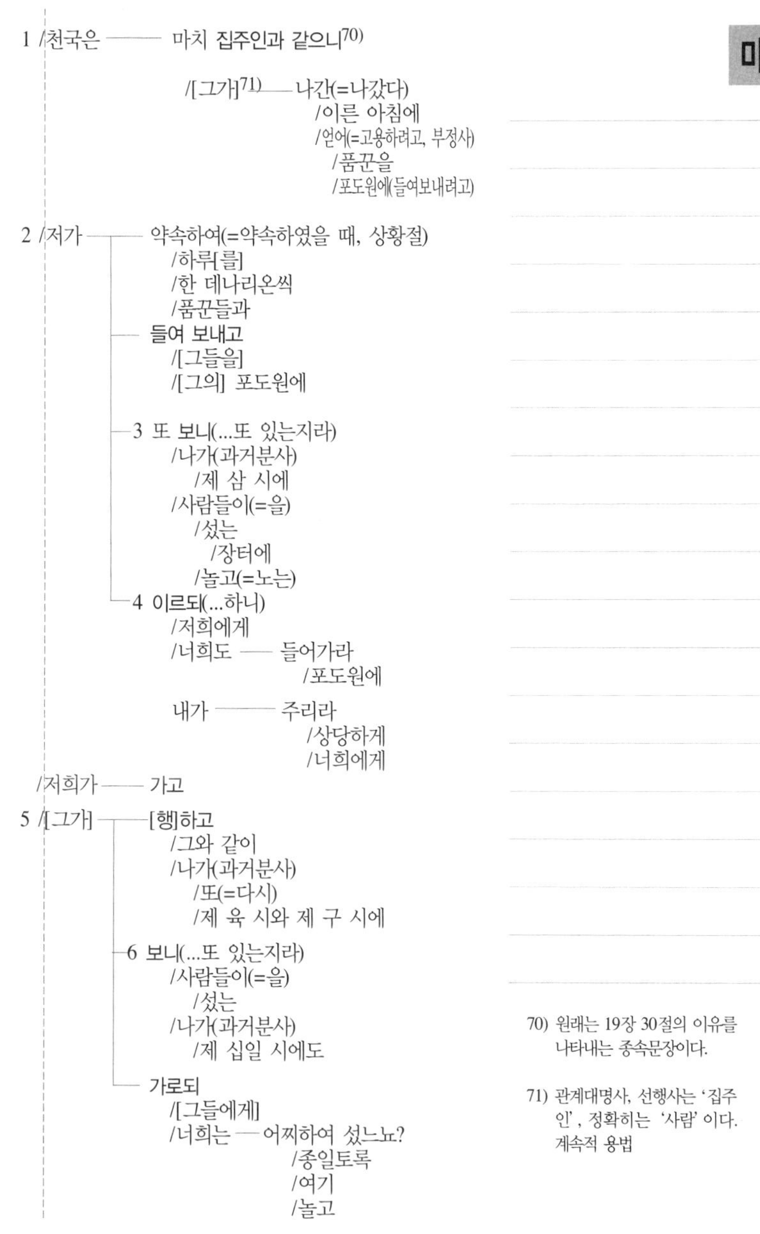

70) 원래는 19장 30절의 이유를 나타내는 종속문장이다.

71) 관계대명사, 선행사는 '집주인', 정확히는 '사람'이다. 계속적 용법

20 1 천국은 마치 품꾼을 얻어 포도원에 들여 보내려
고 이른 아침에 나간 집 주인과 같으니 2 저가 하
루 한 데나리온씩 품군들과 약속하여 포도원에 들여 보내
고 3 또 제삼시에 나가보니 장터에 놀고 섰는 사람들이
또 있는지라 4 저희에게 이르되 너희도 포도원에 들어가
라 내가 너희에게 상당하게 주리라 하니 저희가 가고 5
제육시와 제구시에 또 나가 그와 같이 하고 6 제십일시에
도 나가 보니 섰는 사람들이 또 있는지라

20 1 "For the kingdom of heaven is like a landowner
who went out early in the morning to hire laborers
for his vineyard. 2 "And when he had agreed with the laborers
for a denarius for the day, he sent them into his vineyard.
3 "And he went out about the third hour and saw others
standing idle in the market place; 4 and to those he said,
'You too go into the vineyard, and whatever is right I
will give you.' And so they went. 5 "Again he went out
about the sixth and the ninth hour, and did the same thing.
6 "And about the eleventh hour he went out, and found
others standing; and he said to them, 'Why have you been
standing here idle all day long?' 7 "They said to him, 'Because

마

7 가로되 너희는 어찌하여 종일토록 놀고 여기 섰느뇨 가
로되 우리를 품군으로 쓰는 이가 없음이니이다 가로되 너
희도 포도원에 들어가라 하니라 8 저물매 포도원 주인이
청지기에게 이르되 품군들을 불러 나중 온 자로부터 시작
하여 먼저 온 자까지 삯을 주라 하니 9 제십일시에 온 자
들이 와서 한 데나리온씩을 받거늘 10 먼저 온 자들이 와
서 더 받을 줄 알았더니 저희도 한 데나리온씩 받은지라
11 받은 후 집 주인을 원망하여 가로되 12 나중 온 이
사람들은 한 시간만 일하였거늘 저희를 종일 수고와 더위
를 견딘 우리와 같게 하였나이다 13 주인이 그 중의 한

no one hired us.' He said to them, 'You too go into the
vineyard.' 8 "And when evening had come, the owner of
the vineyard said to his foreman, 'Call the laborers and
pay them their wages, beginning with the last group to
the first.' 9 "And when those hired about the eleventh
hour came, each one received a denarius. 10 "And when those
hired first came, they thought that they would receive
more; and they also received each one a denarius. 11
"And when they received it, they grumbled at the landowner,
12 saying, 'These last men have worked only one hour,
and you have made them equal to us who have borne the
burden and the scorching heat of the day.' 13 "But he answered
and said to one of them, 'Friend, I am doing you no
wrong; did you not agree with me for a denarius? 14

/친구여!
내가 — 잘못한 것이 없노라
/네게
네가 — 약속을 하지 아니하였느냐?
/나와
/한 데나리온의

14 가지고
/네 것이나(=을)
가라
/내[가] — 뜻이니라(=원하노라)
/주는 것이(=을)
/나중 온 이 사람에게
/너와 같이

15 /[그것이] — [합당한 것이] 아니냐?
/[나에게]
/내[가] — 뜻대로 할 것이
/내 것을 가지고
[눈이] — 악하게 보느냐?
/네가(=의)

//(이유: ὅτι, because)
내가 선하므로

16 /나중 된 자로서 — **먼저 되고**
/먼저 된 자로서 — **나중 되리라**

/이와 같이

17 예수께서 올라가려 하실 때에(상황절, as)
/예루살렘으로
데리시고
/열두 제자를
/따로
이르시되
/[그들에게]
/길에서

18 /보라!
우리가 — 올라가노니
/예루살렘으로
/인자가 — 넘기우매
/대제사장들과
서기관들에게
/저희가 — 결안하고
/죽이기로
/[그를]

사람에게 대답하여 가로되 친구여 내가 네게 잘못한 것이
없노라 네가 나와 한 데나리온의 약속을 하지 아니하였느
냐 **14** 네 것이나 가지고 가라 나중 온 이 사람에게 너와
같이 주는 것이 내 뜻이니라 **15** 내 것을 가지고 내 뜻대로
할 것이 아니냐 내가 선하므로 네가 악하게 보느냐 **16** 이
와 같이 나중 된 자로서 먼저 되고 먼저 된 자로서 나중
되리라 **17** 예수께서 예루살렘으로 올라가려 하실 때에
열두 제자를 따로 데리시고 길에서 이르시되 **18** 보라 우
리가 예루살렘으로 올라가노니 인자가 대제사장들과 서기
관들에게 넘기우매 저희가 죽이기로 결안하고

'Take what is yours and go your way, but I wish to give
to this last man the same as to you. 15 'Is it not lawful
for me to do what I wish with what is my own? Or is
your eye envious because I am generous?' 16 "Thus the
last shall be first, and the first last." 17 ¶ And as Jesus
was about to go up to Jerusalem, He took the twelve
disciples aside by themselves, and on the way He said to them,
18 "Behold, we are going up to Jerusalem; and the Son
of Man will be delivered to the chief priests and scribes,
and they will condemn Him to death, 19 and will deliver

마

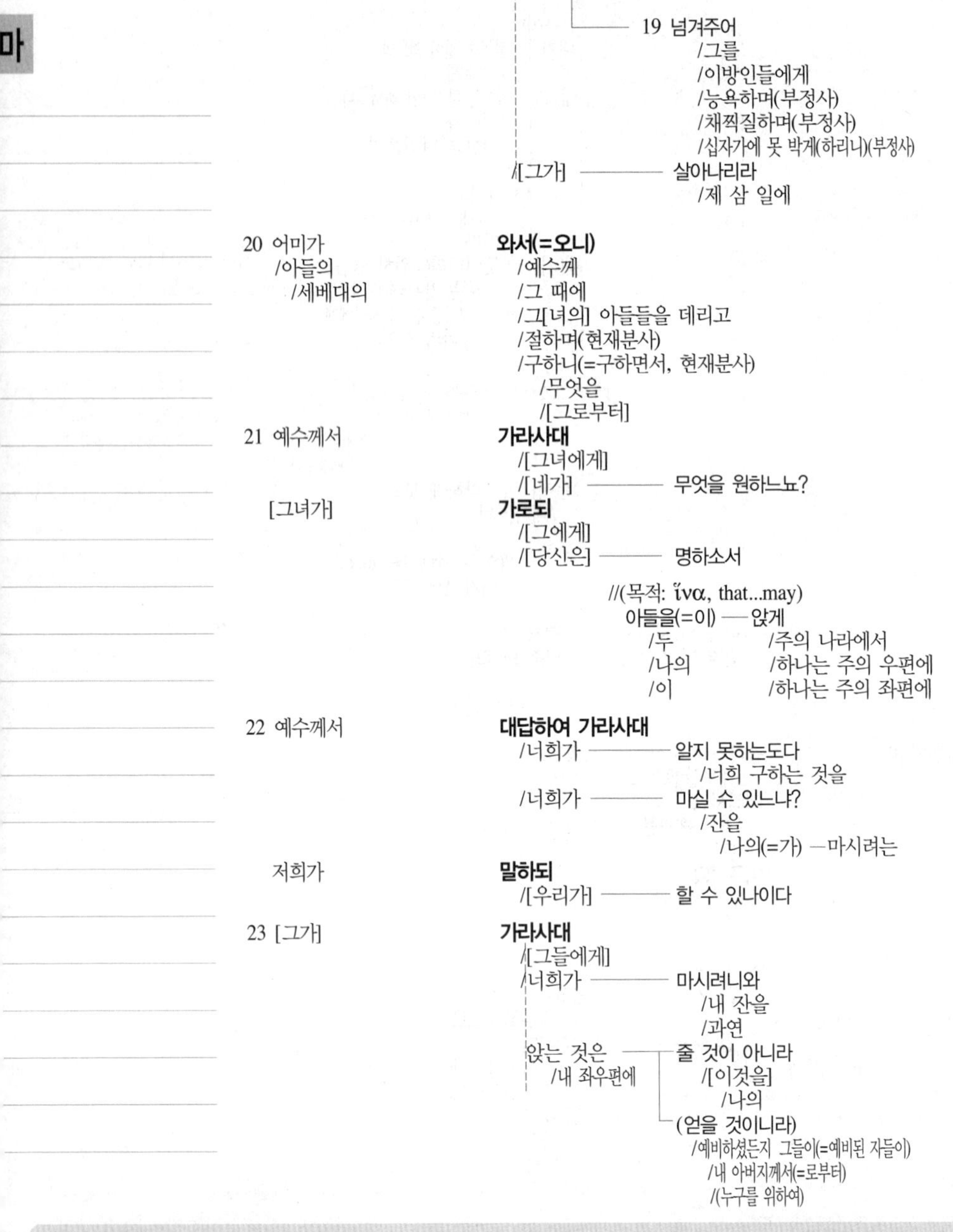

19 이방인들에게 넘겨 주어 그를 능욕하며 채찍질하며 십자가에 못박게 하리니 제삼일에 살아나리라 20 그 때에 세베대의 아들의 어미가 그 아들들을 데리고 예수께 와서 절하며 무엇을 구하니 21 예수께서 가라사대 무엇을 원하느뇨 가로되 이 나의 두 아들을 주의 나라에서 하나는 주의 우편에, 하나는 주의 좌편에 앉게 명하소서 22 예수께서 대답하여 가라사대 너희 구하는 것을 너희가 알지 못하는도다 나의 마시려는 잔을 너희가 마실 수 있느냐 저희가 말하되 할 수 있나이다 23 가라사대 너희가 과연 내 잔을 마시려니와 내 좌우편에 앉는 것은 나의 줄 것이 아니라

Him to the Gentiles to mock and scourge and crucify Him, and on the third day He will be raised up." 20 Then the mother of the sons of Zebedee came to Him with her sons, bowing down, and making a request of Him. 21 And He said to her, "What do you wish?" She said to Him, "Command that in Your kingdom these two sons of mine may sit, one on Your right and one on Your left." 22 But Jesus answered and said, "You do not know what you are asking for. Are you able to drink the cup that I am about to drink?" They said to Him, "We are able."

24 열 제자가 **분히 여기거늘**
/그 두 형제에 대하여
/듣고(과거분사)

25 예수께서 **가라사대**
/불러다가(과거분사)
/제자들을
/너희가 —— 알거니와
/집권자들이 —— 임의로 주관하고
/이방인의 /저희를
/그 대인들이 —— 권세를 부리는 줄을
/저희에게

26 /[그것이] —— 그렇지 아니하니
/너희 중에는
[만일, ἐὰν]
누구든지 —— 하는 자는(=뜻한다면, 조건절, if)
/너희 중에 /크고자
섬기는 자가 되고
/너희를

27 /누구든지 —— 하는 자는(=뜻한다면, 조건절, if)
/너희 중에 /으뜸이 되고자
되어야 하리라
/너희 종이
28 /인자가 —온 것은(=온것처럼)
/섬김을 받으려 함이 아니라
/도리어 섬기려 하고
주려 함이니라
/자기 목숨을
/대속물로
/많은 사람의

29 저희가 떠나갈 때에(상황절, as)
/여리고에서
큰 무리가 **좇더라**
/예수를

30 [보라!]
소경 둘이 듣고(=들었을 때, 상황절, when)
/앉았다가(현재분사)
/길가에
/예수께서 —— 지나가신다 함을
소리질러 가로되(...하니)
/주여!
다윗의 자손이여!
[당신은] —— 불쌍히 여기소서
/우리를

내 아버지께서 누구를 위하여 예비하셨든지 그들이 얻을
것이니라 24 열 제자가 듣고 그 두 형제에 대하여 분히
여기거늘 25 예수께서 제자들을 불러다가 가라사대 이방
인의 집권자들이 저희를 임의로 주관하고 그 대인들이 저
희에게 권세를 부리는 줄을 너희가 알거니와 26 너희 중
에는 그렇지 아니하니 너희 중에 누구든지 크고자 하는 자
는 너희를 섬기는 자가 되고 27 너희 중에 누구든지 으뜸
이 되고자 하는 자는 너희 종이 되어야 하리라 28 인자가
온 것은 섬김을 받으려 함이 아니라 도리어 섬기려 하고
자기 목숨을 많은 사람의 대속물로 주려 함이니라 29 저
희가 여리고에서 떠나갈 때에 큰 무리가 예수를 좇더라
30 소경 둘이 길가에 앉았다가 예수께서 지나가신다 함을

23 He said to them, "My cup you shall drink; but to sit
on My right and on My left, this is not Mine to give, but
it is for those for whom it has been prepared by My
Father." 24 And hearing this, the ten became indignant
with the two brothers. 25 But Jesus called them to Himself,
and said, "You know that the rulers of the Gentiles lord
it over them, and their great men exercise authority over them.
26 "It is not so among you, but whoever wishes to become
great among you shall be your servant, 27 and whoever wishes
to be first among you shall be your slave; 28 just as the
Son of Man did not come to be served, but to serve, and
to give His life a ransom for many." 29 And as they were

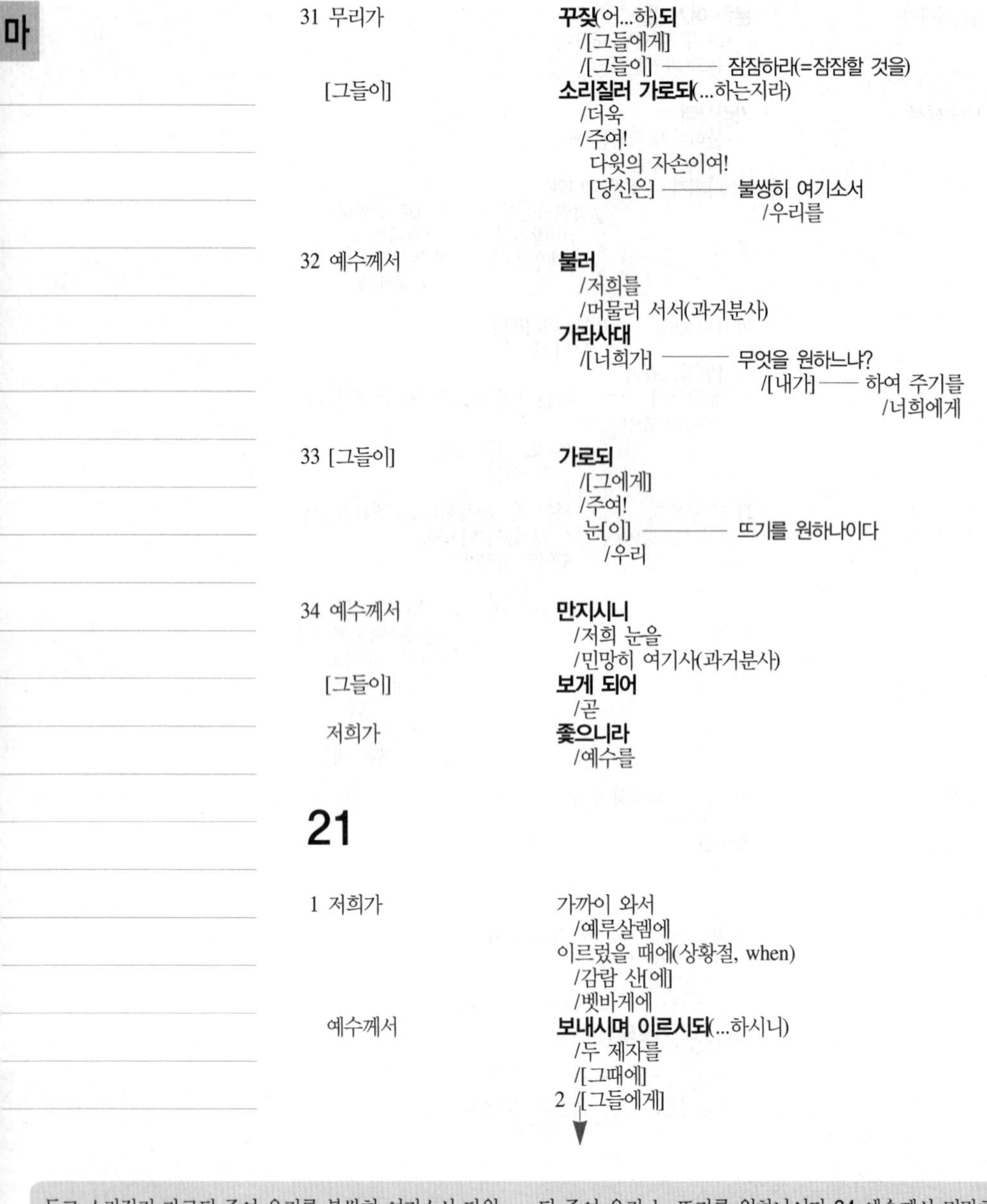

듣고 소리질러 가로되 주여 우리를 불쌍히 여기소서 다윗의 자손이여 하니 31 무리가 꾸짖어 잠잠하라 하되 더욱 소리질러 가로되 주여 우리를 불쌍히 여기소서 다윗의 자손이여 하는지라 32 예수께서 머물러 서서 저희를 불러 33 가라사대 너희에게 무엇을 하여 주기를 원하느냐 가로되 주여 우리 눈 뜨기를 원하나이다 34 예수께서 민망히 여기사 저희 눈을 만지시니 곧 보게 되어 저희가 예수를 좇으니라

21 1 저희가 예루살렘에 가까이 와서 감람산 벳바게에 이르렀을 때에 예수께서 두 제자를 보내시며

going out from Jericho, a great multitude followed Him.
30 And behold, two blind men sitting by the road, hearing that Jesus was passing by, cried out, saying, "Lord, have mercy on us, Son of David!"
31 And the multitude sternly told them to be quiet; but they cried out all the more, saying, "Lord, have mercy on us, Son of David!"
32 And Jesus stopped and called them, and said, "What do you want Me to do for you?"
33 They said to Him, "Lord, we want our eyes to be opened."
34 And moved with compassion, Jesus touched their eyes; and immediately they regained their sight and followed Him.

21 1 And when they had approached Jerusalem and had come to Bethphage, to the Mount of Olives,

2 이르시되 너희 맞은편 마을로 가라 곧 매인 나귀와 나귀
새끼가 함께 있는 것을 보리니 풀어 내게로 끌고 오너라
3 만일 누가 무슨 말을 하거든 주가 쓰시겠다 하라 그리하
면 즉시 보내리라 하시니 4 이는 선지자로 하신 말씀을
이루려 하심이라 일렀으되 5 시온 딸에게 이르기를 네 왕
이 네게 임하나니 그는 겸손하여 나귀 곧 멍에 메는 짐승
의 새끼를 탔도다 하라 하였느니라 6 제자들이 가서 예수
의 명하신대로 하여 7 나귀와 나귀 새끼를 끌고 와서 자
기들의 겉옷을 그 위에 얹으매 예수께서 그 위에 타시니

then Jesus sent two disciples, 2 saying to them, "Go into
the village opposite you, and immediately you will find a
donkey tied there and a colt with her; untie them, and
bring them to Me. 3 "And if anyone says something to
you, you shall say, 'The Lord has need of them,' and
immediately he will send them." 4 Now this took place
that what was spoken through the prophet might be fulfilled,
saying, 5 "Say to the daughter of Zion, 'Behold your
King is coming to you, Gentle, and mounted on a donkey,
Even on a colt, the foal of a beast of burden.'" 6 And
the disciples went and did just as Jesus had directed them,
7and brought the donkey and

마

예수께서	**타시니** /그[것들] 위에
8 대부분은 /무리의	**펴며** /그[들의] 겉옷을 /길에
다른 이는	**베어** /가지를 /나뭇[로부터] **펴고** /길에
9 무리가 /앞에서 가고 /[그를] /뒤에서 따르는	**소리질러 가로되**(...하더라) /호산나 /다윗의 자손이여(=에게) /오시는 이여(=가) —— 찬송하리로다(=받으리라) /주의 이름으로 /호산나 /가장 높은 곳에서
10 예수께서	들어가시니(=들어가셨을 때, 상황절, when) /예루살렘에
온 성이	**소동하여 가로되**(...하거늘) /이는 —— 누구뇨?
11 무리가	**가로되**(...하니라) /[이는] —— 선지자 예수라 /갈릴리 나사렛에서 나온
12 예수께서	**들어가사** /성전에 **내어쫓으시며** /모든 자를 /매매하는 /성전 안에서 **둘러 엎으시고** /상과(=을) /돈 바꾸는 자들의 /의자를 /파는 (자들의) /비둘기[를]
	13 **이르시되**(...하시니라) /저희에게 /[그것이] — 기록된 바...하였거늘(=기록되었거늘) /내 집은— 일컬음을 받으리라 /집이라 /기도하는 /너희는 —— 만드는도다

8 무리의 대부분은 그 겉옷을 길에 펴며 다른 이는 나뭇 가지를 베어 길에 펴고 9 앞에서 가고 뒤에서 따르는 무리가 소리질러 가로되 호산나 다윗의 자손이여 찬송하리로다 주의 이름으로 오시는 이여 가장 높은 곳에서 호산나 하더라 10 예수께서 예루살렘에 들어가시니 온 성이 소동하여 가로되 이는 누구뇨 하거늘 11 무리가 가로되 갈릴리 나사렛에서 나온 선지자 예수라 하니라 12 예수께서 성전에 들어가사 성전 안에서 매매하는 모든 자를 내어 쫓으시며 돈 바꾸는 자들의 상과 비둘기 파는 자들의 의자를 둘러엎으시고 13 저희에게 이르시되 기록된 바 내 집은 기도하는 집이라 일컬음을 받으리라 하였거늘 너희는 강도의 굴혈을 만드는도다 하시니라

the colt, and laid on them their garments, on which He sat. 8 And most of the multitude spread their garments in the road, and others were cutting branches from the trees, and spreading them in the road. 9 And the multitudes going before Him, and those who followed after were crying out, saying, "Hosanna to the Son of David; Blessed is He who comes in the name of the Lord; Hosanna in the highest!" 10And when He had entered Jerusalem, all the city was stirred, saying, "Who is this?" 11And the multitudes were saying, "This is the prophet Jesus, from Nazareth in Galilee." 12 And Jesus entered the temple and cast out all those who were buying and selling in the

/너희는 —— 만드는도다
/강도의 굴혈을
/[그것을]

14 소경과 저는 자들이 **나아오매**
/예수께
/성전에서
[그가] **고쳐 주시니**
/[그들을]

15 대제사장들과 서기관들이 보고(상황절, when)
/이상한 일과
/예수의 하시는
/또 아이들을
/소리질러(=는)
/성전에서
/[말]하는
/호산나
/다윗의 자손이여(=에게)
분하여

16 **말하되**
/예수께
/[너는] —— 듣느뇨?
/저희의(=가) — 하는 말을(=무엇을 말하는지)
예수께서 **가라사대**(...하시고)
/[그들에게]
/그렇다
/너희가 —— 읽어 본 일이 없느냐(=아무것도 읽어보지 못했느냐?)
/[당신께서] — 온전케 하셨나이다 함을
/찬미를
/입에서 나오는
/어린 아기와 젖먹이들의

17 **가서**
/베다니에
/성밖으로
/떠나(=떠나신 후에, 과거분사)
/그들을
유하시니라
/거기서

18 [그가] 들어오실 때에(=상황절, when)
/이른 아침에
/성으로

14 소경과 저는 자들이 성전에서 예수께 나아오매 고쳐
주시니 15 대제사장들과 서기관들이 예수의 하시는 이상
한 일과 또 성전에서 소리질러 호산나 다윗의 자손이여 하
는 아이들을 보고 분하여 16 예수께 말하되 저희의 하는
말을 듣느뇨 예수께서 가라사대 그렇다 어린 아기와 젖먹
이들의 입에서 나오는 찬미를 온전케 하셨나이다 함을 너
희가 읽어 본 일이 없느냐 하시고 17 그들을 떠나 성 밖
으로 베다니에 가서 거기서 유하시니라 18 이른 아침에
성으로 들어오실 때에 시장하신지라

temple, and overturned the tables of the moneychangers
and the seats of those who were selling doves. 13 And
He said to them, "It is written, 'My house shall be called
a house of prayer'; but you are making it a robbers' den."
14 And the blind and the lame came to Him in the temple,
and He healed them. 15 But when the chief priests and
the scribes saw the wonderful things that He had done,
and the children who were crying out in the temple and saying,
"Hosanna to the Son of David," they became indignant,
16 and said to Him, "Do You hear what these are saying?"
And Jesus said to them, "Yes; have you never read, 'Out
of the mouth of infants and nursing babes Thou hast
prepared praise for Thyself'?" 17 And He left them and
went out of the city to Bethany, and lodged there. 18

마

시장하신지라
19 보시고(=보셨을 때, 상황절, when)
/한 무화과나무를
/길가에서
가사
/그리로
얻지 못하시고
/[그것 안에서]
/아무것도
/[오직] 잎사귀밖에
이르시되(...하시니)
/나무에게
/열매가 —— 맺지 못하리라
/네게
/이제부터
/영원토록

//(결과: 명령문; and)
무화과나무가 — 마른지라
/곧

20 제자들이 보고(=보았을 때, 상황절, when)
이상히 여겨 가로되
/무화과나무가 — 어찌하여 말랐나이까?
/곧

21 예수께서 대답하여 가라사대(...하시니라)
/[그들에게]
/진실로
내가 —— 이르노니[72)]
/너희에게
/만일[ἐὰν]
너희가 —— 있고
/믿음이(=을)
의심치 아니하면(조건절, if)
할 뿐 아니라
/이런 일만
/이 무화과나무에게 된
/[너희가] —— [말]하여도(상황절, though)
/이 산더러
/[너는] —— 들려
던지우라
/바다에
[그것이] —— 될 것이요
22/너희가 —— 받으리라
/것은 다(=모든 것을)
/[너희가] — 무엇이든지 구하는
/믿고(현재부사)
/기도할 때에

72) ἀμὴν λέγω, '아멘, 내가 말한다'. 주님이 자신의 말에 대해 확정적임을 강조하는 관용적인 어구이다.

19 길 가에서 한 무화과나무를 보시고 그리로 가사 잎사
귀 밖에 아무 것도 얻지 못하시고 나무에게 이르시되 이제
부터 영원토록 네게 열매가 맺지 못하리라 하시니 무화과
나무가 곧 마른지라 20 제자들이 보고 이상히 여겨 가로
되 무화과나무가 어찌하여 곧 말랐나이까 21 예수께서
대답하여 가라사대 내가 진실로 너희에게 이르노니 만일
너희가 믿음이 있고 의심치 아니하면 이 무화과나무에게
된 이런 일만 할 뿐 아니라 이 산더러 들려 바다에 던지우
라 하여도 될 것이요 22 너희가 기도할 때에 무엇이든지
믿고 구하는 것은 다 받으리라 하시니라

Now in the morning, when He returned to the city, He became
hungry. 19 And seeing a lone fig tree by the road, He
came to it, and found nothing on it except leaves only;
and He said to it, "No longer shall there ever be any fruit
from you." And at once the fig tree withered. 20 And
seeing this, the disciples marveled, saying, "How did the
fig tree wither at once?" 21 And Jesus answered and said
to them, "Truly I say to you, if you have faith, and do
not doubt, you shall not only do what was done to the
fig tree, but even if you say to this mountain, 'Be taken
up and cast into the sea,' it shall happen. 22 "And all
things you ask in prayer, believing, you shall receive."

23 예수께서 들어가(=들어갔을 때, 상황절, when)
/성전에
/가르치실새(=가르치는 동안, while)

대제사장들과
백성의 장로들이
나아와 가로되
/[그에게]
/네가 ———— [행]하느뇨?
/이런 일을
/무슨 권세로
/또
누가 ———— 주었느뇨?
/이 권세를
/[너에게]

24 예수께서
대답하시되 [가로되]
/[그들에게]
/나도 ———— 물으리니
/한 말을
/너희에게

/[만일, ἐὰν]
너희가 ———— 대답하면(조건절, if)
/[그것을]
/[나에게]
나도 ———— 이르리라
/[너희에게]
/[내가] —— [행]하는지
/이런 일을
/무슨 권세로

25 /세례가 ———— 어디로서 왔느냐?
/요한의
/하늘로서(냐)
/사람에게로서(냐)

저희가
의논하여 가로되(...하여)
/서로
/만일[ἐὰν]
[우리가] ———— [말]하면(조건절, if)
/하늘로서라
/[그가] ———— [말]할 것이요
/[우리에게]
/[그러므로]
[너희는] —— 어찌하여 믿지 아니하였느냐?
/저를

26 /만일[ἐὰν]
[우리가] ———— [말]하면(조건절, if)
/사람에게로서라
무섭다
/백성이
//(이유: γάρ, for)

23 예수께서 성전에 들어가 가르치실새 대제사장들과 백
성의 장로들이 나아와 가로되 네가 무슨 권세로 이런 일을
하느뇨 또 누가 이 권세를 주었느뇨 24 예수께서 대답하
시되 나도 한 말을 너희에게 물으리니 너희가 대답하면 나
도 무슨 권세로 이런 일을 하는지 이르리라 25 요한의 세
례가 어디로서 왔느냐 하늘로서냐 사람에게로서냐 저희가
서로 의논하여 가로되 만일 하늘로서라 하면 어찌하여 저
를 믿지 아니하였느냐 할 것이요 26 만일 사람에게로서
라 하면 모든 사람이 요한을 선지자로 여기니 백성이 무섭
다 하여

23 And when He had come into the temple, the chief
priests and the elders of the people came to Him as He
was teaching, and said, "By what authority are You doing
these things, and who gave You this authority?" 24 And
Jesus answered and said to them, "I will ask you one
thing too, which if you tell Me, I will also tell you by
what authority I do these things. 25 "The baptism of John
was from what source, from heaven or from men?" And
they began reasoning among themselves, saying," If we
say, 'From heaven,' He will say to us, 'Then why did

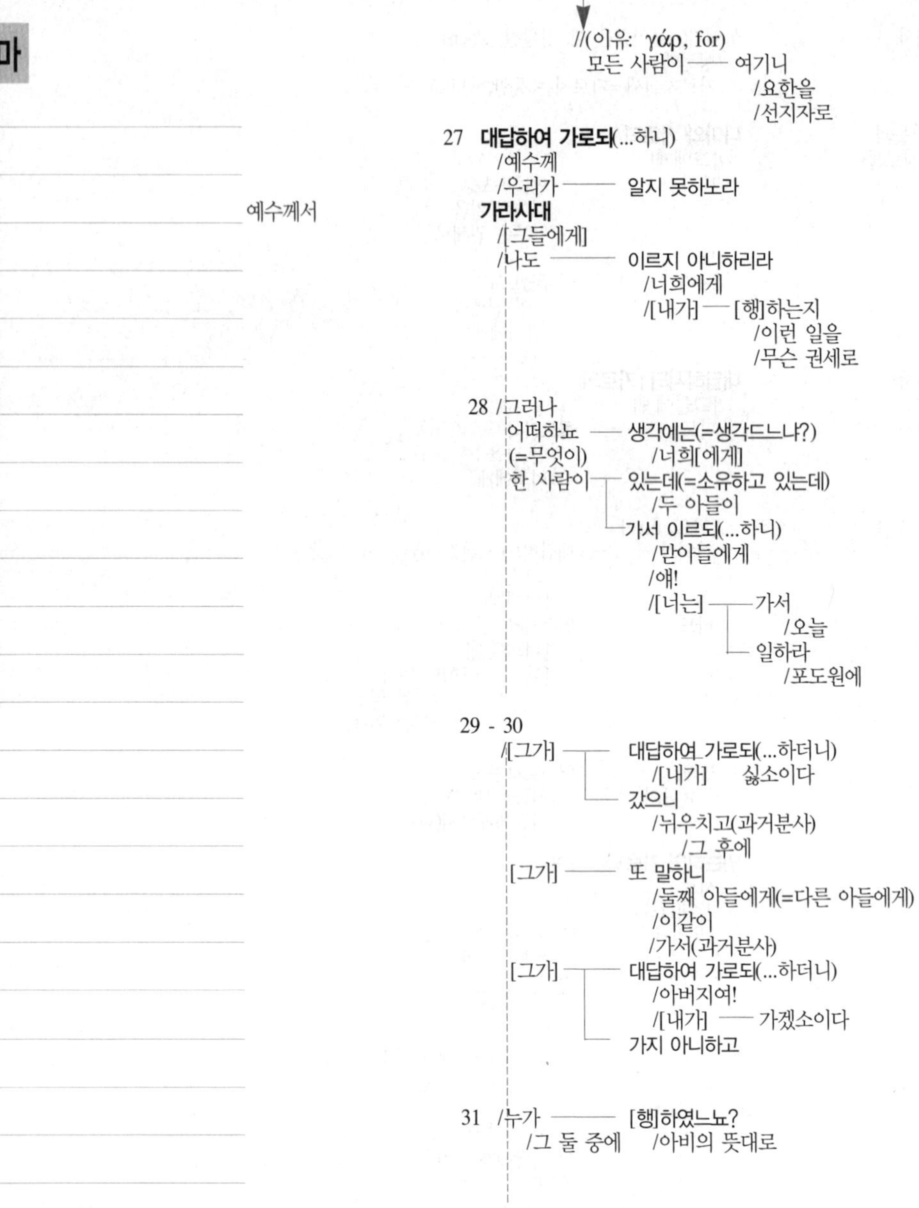

27 예수께 대답하여 가로되 우리가 알지 못하노라 하니
예수께서 가라사대 나도 무슨 권세로 이런 일을 하는지 너
희에게 이르지 아니하리라 28 그러나 너희 생각에는 어
떠하뇨 한 사람이 두 아들이 있는데 맏아들에게 가서 이르
되 얘 오늘 포도원에 가서 일하라 하니 29 대답하여 가로
되 아버지여 가겠소이다 하더니 가지 아니하고 30 둘째
아들에게 가서 또 이같이 말하니 대답하여 가로되 싫소이
다 하더니 그 후에 뉘우치고 갔으니 31 그 둘 중에 누가
아비의 뜻대로 하였느뇨 가로되 둘째 아들이니이다 예수께
서 저희에게 이르시되 내가 진실로 너희에게 이르노니 세

you not believe him?' 26 "But if we say, 'From men,'
we fear the multitude; for they all hold John to be a
prophet." 27And answering Jesus, they said, "We do not
know." He also said to them, "Neither will I tell you by
what authority I do these things. 28 "But what do you
think? A man had two sons, and he came to the first and
said, 'Son, go work today in the vineyard.' 29 "And he
answered and said, 'I will, sir'; and he did not go. 30
"And he came to the second and said the same thing. But
he answered and said, 'I will not'; yet he afterward regretted
it and went. 31 "Which of the two did the will of his
father?" They said, "The latter." Jesus said to them, "Truly

[그들이] **가로되**
/둘째(=첫째) 아들이니이다
예수께서 **이르시되**
/저희에게
/진실로
내가 —— 이르노니[73)]
/너희에게
/세리들과 창기들이 —— 들어가리라
/너희보다 (먼저)
/하나님의 나라에

32 //(이유: γάρ, for)
요한이 —— 왔거늘
/너희에게
/의의 도로
너희는 —— 믿지 아니하였으되
/저를
//[그러나, δὲ]
세리와 창기는 —— 믿었으며
/[그를]

너희는 —— 뉘우쳐(=치지)아니하였도다
/종시(=나중에)
/이것을 보고도(과거분사)
/믿지(=믿도록, 부정사)
/[그를]

33 /[너희는] —— 들으라
/한 비유를
/다시(=다른)
/한 집주인이 —[있더라]
/만들고
/포도원을
/두르고
/[그것을]
/산울로
/파고
/즙 짜는 구유를
/거기
/짓고
/망대를
/세로 주고
/[그것을]
/농부들에게
/타국에 갔더니(=간)

34 /때가 —— 가까우매(상황절, when)
/실과(=과실의)
[그가] —— 보내니

73) ἀμὴν λέγω, '아멘, 내가 말한다'. 주님이 자신의 말에 대해 확정적임을 강조하는 관용적인 어구이다.

리들과 창기들이 너희보다 먼저 하나님의 나라에 들어가리
라 32 요한이 의의 도로 너희에게 왔거늘 너희는 저를 믿
지 아니하였으되 세리와 창기는 믿었으며 너희는 이것을
보고도 종시 뉘우쳐 믿지 아니하였도다 33 다시 한 비유
를 들으라 한 집 주인이 포도원을 만들고 산울로 두르고
거기 즙 짜는 구유를 파고 망대를 짓고 농부들에게 세로
주고 타국에 갔더니 34 실과 때가 가까우매 그 실과를 받
으려고 자기 종들을 농부들에게 보내니

I say to you that the tax-gatherers and harlots will get
into the kingdom of God before you. 32 "For John came
to you in the way of righteousness and you did not believe
him; but the tax-gatherers and harlots did believe him;
and you, seeing this, did not even feel remorse afterward
so as to believe him. 33 "Listen to another parable. There
was a landowner who planted a vineyard and put a wall around
it and dug a wine press in it, and built a tower, and rented
it out to vine-growers, and went on a journey. 34 "And
when the harvest time approached, he sent his slaves to
the vine-growers to receive his produce. 35 "And the
vine-growers took his slaves and beat one, and killed

마

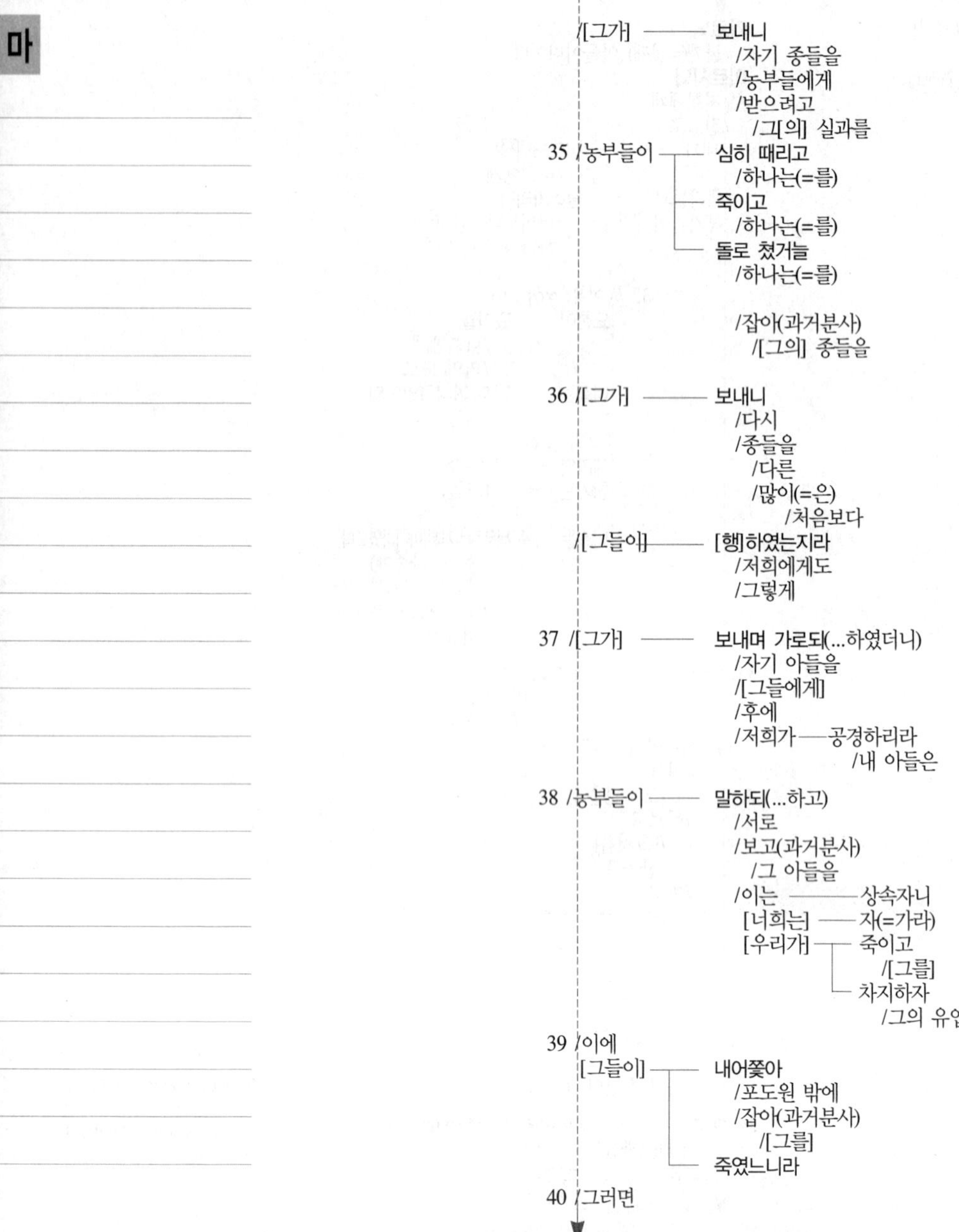

35 농부들이 종들을 잡아 하나는 심히 때리고 하나는 죽
이고 하나는 돌로 쳤거늘 36 다시 다른 종들을 처음보다
많이 보내니 저희에게도 그렇게 하였는지라 37 후에 자
기 아들을 보내며 가로되 저희가 내 아들은 공경하리라 하
였더니 38 농부들이 그 아들을 보고 서로 말하되 이는 상
속자니 자 죽이고 그의 유업을 차지하자 하고 39 이에 잡
아 포도원 밖에 내어쫓아 죽였느니라 40 그러면 포도원
주인이 올 때에 이 농부들을 어떻게 하겠느뇨

another, and stoned a third. 36 "Again he sent another
group of slaves larger than the first; and they did the
same thing to them. 37 "But afterward he sent his son to them,
saying, 'They will respect my son.' 38 "But when the
vine-growers saw the son, they said among themselves,
'This is the heir; come, let us kill him, and seize his inheritance.'
39 "And they took him, and threw him out of the vineyard,
and killed him. 40 "Therefore when the owner of the vineyard
comes, what will he do to those vine-growers?" 41 They
said to Him, "He will bring those wretches to a wretched

마

41 저희가

42 예수께서

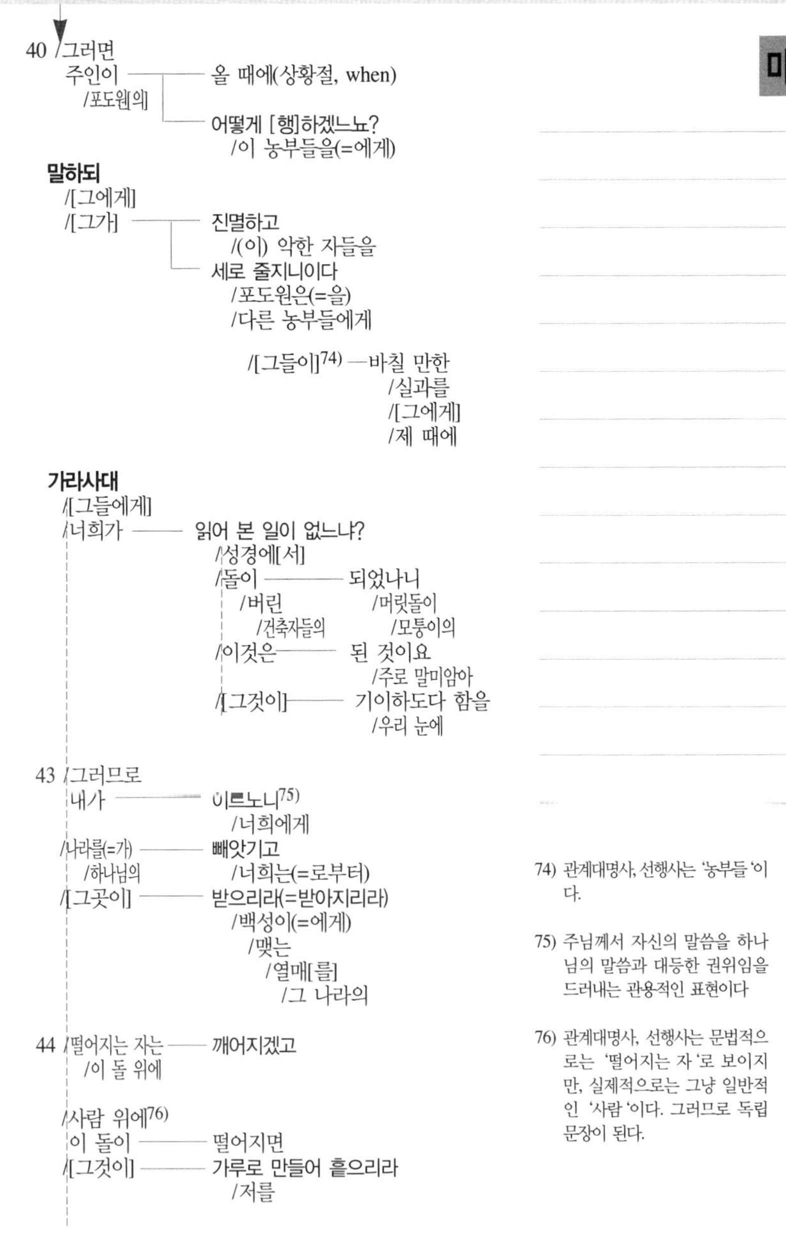

74) 관계대명사, 선행사는 '농부들'이다.

75) 주님께서 자신의 말씀을 하나님의 말씀과 대등한 권위임을 드러내는 관용적인 표현이다

76) 관계대명사, 선행사는 문법적으로는 '떨어지는 자'로 보이지만, 실제적으로는 그냥 일반적인 '사람'이다. 그러므로 독립 문장이 된다.

41 저희가 말하되 이 악한 자들을 진멸하고 포도원은 제
때에 실과를 바칠 만한 다른 농부들에게 세로 줄지니이다
42 예수께서 가라사대 너희가 성경에 건축자들의 버린 돌
이 모퉁이의 머릿돌이 되었나니 이것은 주로 말미암아 된
것이요 우리 눈에 기이하도다 함을 읽어 본 일이 없느냐
43 그러므로 내가 너희에게 이르노니 하나님의 나라를 너
희는 빼앗기고 그 나라의 열매 맺는 백성이 받으리라 44
이 돌 위에 떨어지는 자는 깨어지겠고 이 돌이 사람 위에
떨어지면 저를 가루로 만들어 흩으리라 하시니 45 대제
사장들과 바리새인들이 예수의 비유를 듣고 자기들을 가리

end, and will rent out the vineyard to other vine-growers,
who will pay him the proceeds at the proper seasons."
42 Jesus said to them, "Did you never read in the Scriptures,
The stone which the builders rejected, This became the
chief corner stone; This came about from the Lord, And
it is marvelous in our eyes? 43 "Therefore I say to you,
the kingdom of God will be taken away from you, and
be given to a nation producing the fruit of it. 44 "And
he who falls on this stone will be broken to pieces; but
on whomever it falls, it will scatter him like dust." 45
And when the chief priests and the Pharisees heard His
parables, they understood that He was speaking about

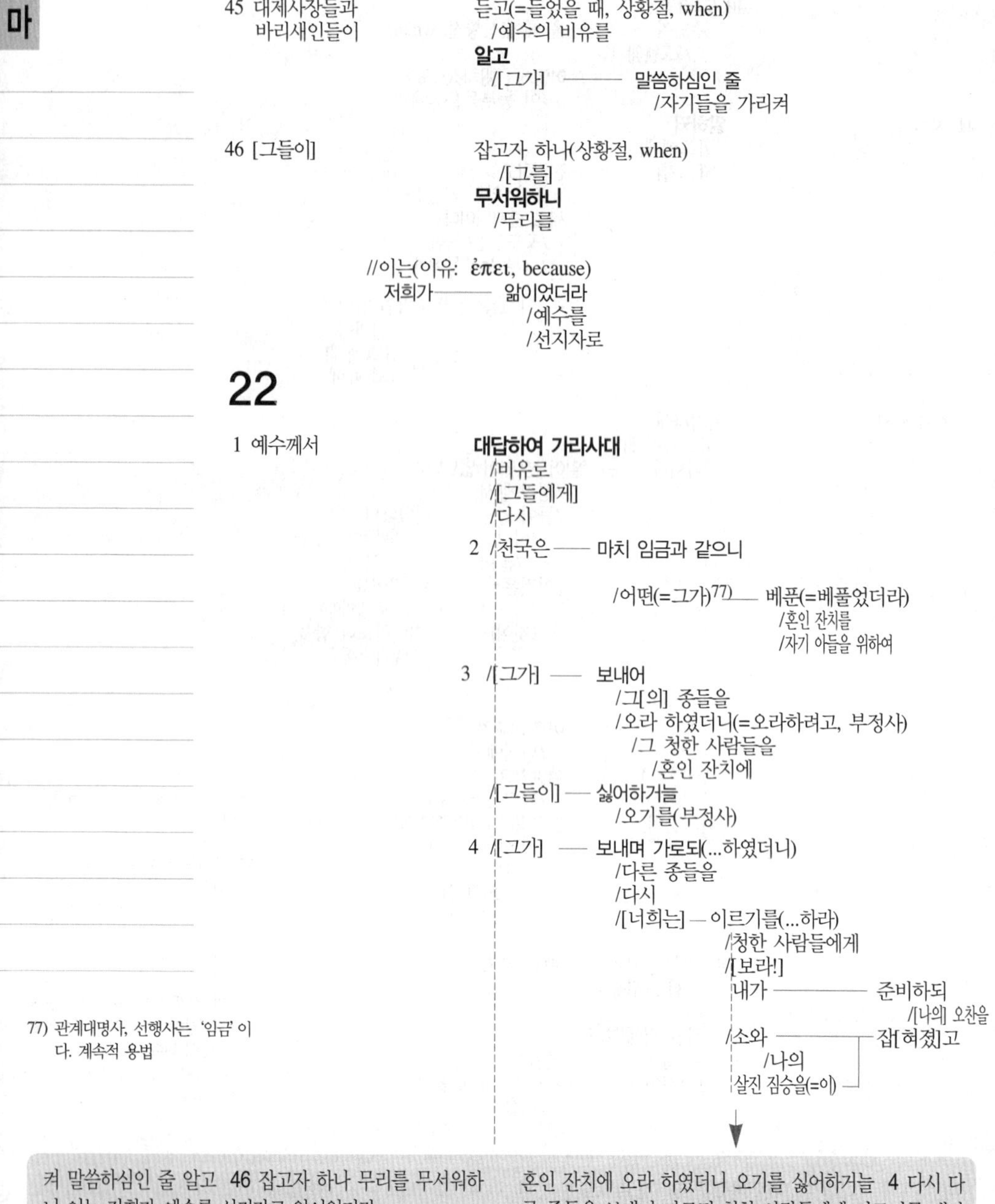

77) 관계대명사, 선행사는 '임금'이다. 계속적 용법

켜 말씀하심인 줄 알고 46 잡고자 하나 무리를 무서워하니 이는 저희가 예수를 선지자로 앎이었더라

22 1 예수께서 다시 비유로 대답하여 가라사대 2 천국은 마치 자기 아들을 위하여 혼인 잔치를 베푼 어떤 임금과 같으니 3 그 종들을 보내어 그 청한 사람들을 혼인 잔치에 오라 하였더니 오기를 싫어하거늘 4 다시 다른 종들을 보내며 가로되 청한 사람들에게 이르기를 내가 오찬을 준비하되 나의 소와 살진 짐승을 잡고 모든 것을 갖추었으니 혼인 잔치에 오소서 하라 하였더니

them. 46 And when they sought to seize Him, they feared the multitudes, because they held Him to be a prophet.

22 1 And Jesus answered and spoke to them again in parables, saying, 2 "The kingdom of heaven may be compared to a king, who gave a wedding feast for his son. 3 "And he sent out his slaves to call those who had been invited to the wedding feast, and they were unwilling to come. 4 "Again he sent out other slaves saying, 'Tell those who have been invited, "Behold, I have prepared my dinner; my oxen and my fattened livestock are all butchered and everything is ready; come to the wedding feast."' 5 "But they paid no attention and went their way, one to

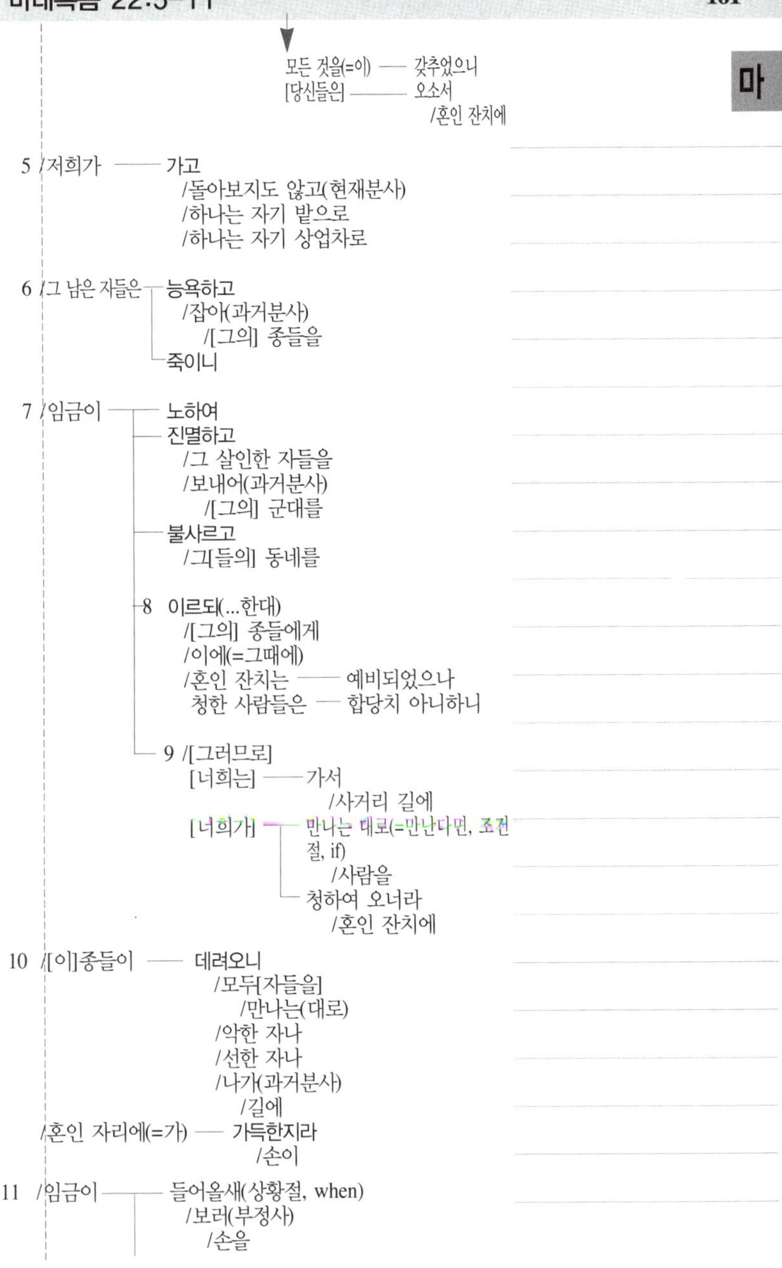

5 저희가 돌아보지도 않고 하나는 자기 밭으로, 하나는 자
기 상업차로 가고 6 그 남은 자들은 종들을 잡아 능욕하고
죽이니 7 임금이 노하여 군대를 보내어 그 살인한 자들을
진멸하고 그 동네를 불사르고 8 이에 종들에게 이르되 혼
인 잔치는 예비되었으나 청한 사람들은 합당치 아니하니
9 사거리 길에 가서 사람을 만나는 대로 혼인 잔치에 청하
여 오너라 한대 10 종들이 길에 나가 악한 자나 선한 자나
만나는 대로 모두 데려오니 혼인 자리에 손이 가득한지라
11 임금이 손을 보러 들어올새 거기서 예복을 입지 않은
한 사람을 보고

his own farm, another to his business, 6and the rest seized
his slaves and mistreated them and killed them. 7 "But
the king was enraged and sent his armies, and destroyed
those murderers, and set their city on fire. 8 "Then he
said to his slaves, 'The wedding is ready, but those who
were invited were not worthy. 9 'Go therefore to the main
highways, and as many as you find there, invite to the wedding
feast.' 10 "And those slaves went out into the streets,
and gathered together all they found, both evil and good;
and the wedding hall was filled with dinner guests. 11
"But when the king came in to look over the dinner guests,
he saw there a man not dressed in wedding clothes,

마

12 가로되 친구여 어찌하여 예복을 입지 않고 여기 들어
왔느냐 하니 저가 유구무언이어늘 13 임금이 사환들에게
말하되 그 수족을 결박하여 바깥 어두움에 내어 던지라 거
기서 슬피 울며 이를 갊이 있으리라 하니라 14 청함을 받
은 자는 많되 택함을 입은 자는 적으니라 15 이에 바리새
인들이 가서 어떻게 하여 예수로 말의 올무에 걸리게 할까
상론하고 16 자기 제자들을 헤롯 당원들과 함께 예수께
보내어 말하되 선생님이여 우리가 아노니 당신은 참되시고
참으로써 하나님의 도를 가르치시며 아무라도 꺼리는 일이
없으시니 이는 사람을 외모로 보지 아니하심이니이다 17

12 and he said to him, 'Friend, how did you come in
here without wedding clothes?' And he was speechless.
13 "Then the king said to the servants, 'Bind him hand
and foot, and cast him into the outer darkness; in that
place there shall be weeping and gnashing of teeth.' 14
"For many are called, but few are chosen." 15 Then the
Pharisees went and counseled together how they might
trap Him in what He said. 16 And they sent their disciples
to Him, along with the Herodians, saying, "Teacher, we
know that You are truthful and teach the way of God in
truth, and defer to no one; for You are not partial to any.
17 "Tell us therefore, what do You think? Is it lawful to

[그것이] — 꺼리는 일이 없으시니(=심을)
/[당신에게]
/아무라도

//이는(이유: γάρ, for)
[당신은] — 보지 아니하심이니이다
/외모로
/사람을

17 /그러면
[당신이] — 이르소서(...한대)
/우리에게
/어떠한지(=무엇이) — 생각에는(=생각드는지)
/당신의(=에게)
/바치는 것이 — 가하니이까?
/세를
/가이사에게 — 불가하니이까?

18 예수께서 **가라사대**(...하시니)
/아시고(과거분사)
/저희의 악함을
/외식하는 자들아!
[너희는] — 어찌하여 시험하느냐?
/나를
19 보이라
/셋돈을
/내게

[그들이] **가져왔거늘**
/데나리온 하나를
/[그에게]

20 예수께서 **말씀하시되**
/[그들에게]
/이 형상과 — 뉘 것이냐?
이 글이

21 [그들이] **가로되**
/[그에게]
/가이사의 것이니이다

[그가] **가라사대**(...하시니)
/[그들에게]
/이에(=그때에)
/그런즉
[너희는] — 바치라
/가이사의 것은 — 가이사에게
/하나님의 것은 — 하나님께

22 저희가 이 말씀을 듣고(상황절, when)
기이히 여겨
떠나가니라
/예수를

그러면 당신의 생각에는 어떠한지 우리에게 이르소서 가이
사에게 세를 바치는 것이 가하니이까 불가하니이까 한대
18 예수께서 저희의 악함을 아시고 가라사대 외식하는 자
들아 어찌하여 나를 시험하느냐 19 셋돈을 내게 보이라
하시니 데나리온 하나를 가져 왔거늘 20 예수께서 말씀
하시되 이 형상과 이 글이 뉘 것이냐 21 가로되 가이사의
것이니이다 이에 가라사대 그런즉 가이사의 것은 가이사에
게 하나님의 것은 하나님께 바치라 하시니 22 저희가 이
말씀을 듣고 기이히 여겨 예수를 떠나가니라

give a poll-tax to Caesar, or not?" 18 But Jesus perceived their malice, and said, "Why are you testing Me, you hypocrites? 19 "Show Me the coin used for the poll-tax." And they brought Him a denarius. 20 And He said to them, "Whose likeness and inscription is this?" 21 They said to Him, "Caesars." Then He said to them, "Then render to Caesar the things that are Caesars; and to God the things that are Gods." 22 And hearing this, they

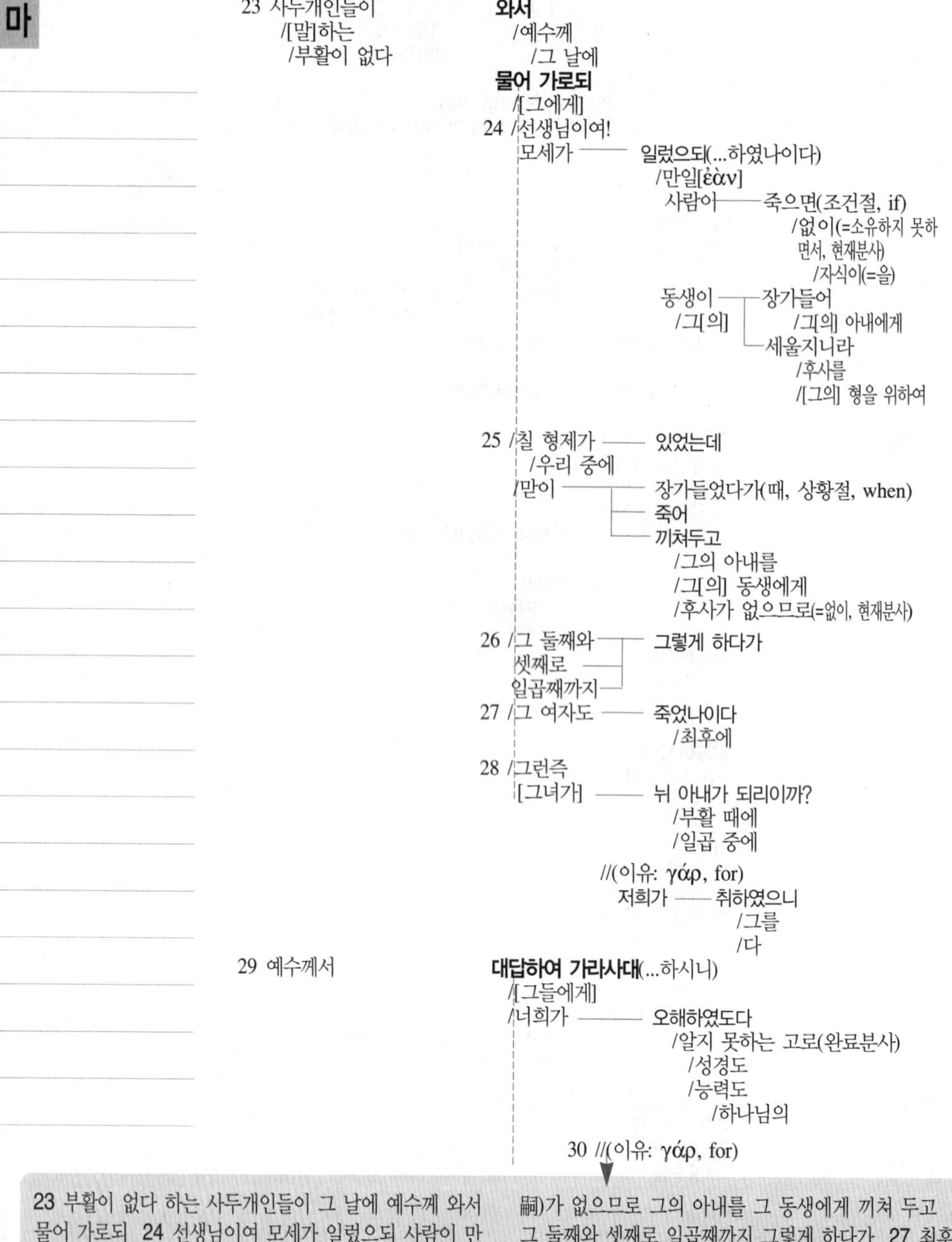

23 부활이 없다 하는 사두개인들이 그 날에 예수께 와서
물어 가로되 24 선생님이여 모세가 일렀으되 사람이 만
일 자식이 없이 죽으면 그 동생이 그 아내에게 장가들어
형을 위하여 후사를 세울지니라 하였나이다 25 우리 중
에 칠 형제가 있었는데 맏이 장가들었다가 죽어 후사(後
嗣)가 없으므로 그의 아내를 그 동생에게 끼쳐 두고 26
그 둘째와 셋째로 일곱째까지 그렇게 하다가 27 최후에
그 여자도 죽었나이다 28 그런즉 저희가 다 그를 취하였
으니 부활 때에 일곱 중에 뉘 아내가 되리이까 29 예수께
서 대답하여 가라사대 너희가 성경도 하나님의 능력도 알

marveled, and leaving Him, they went away. 23 On that
day some Sadducees (who say there is no resurrection)
came to Him and questioned Him, 24 saying, "Teacher, Moses
said, 'If a man dies, having no children, his brother as
next of kin shall marry his wife, and raise up an offspring
to his brother.' 25 "Now there were seven brothers with
us; and the first married and died, and having no offspring
left his wife to his brother; 26 so also the second, and
the third, down to the seventh. 27 "And last of all, the
woman died. 28 "In the resurrection therefore whose wife
of the seven shall she be? For they all had her." 29 But
Jesus answered and said to them, "You are mistaken, not

마

지 못하는고로 오해하였도다 30 부활 때에는 장가도 아
니가고 시집도 아니가고 하늘에 있는 천사들과 같으니라
31 죽은 자의 부활을 의논할진대 하나님이 너희에게 말씀
하신 바 32 나는 아브라함의 하나님이요 이삭의 하나님
이요 야곱의 하나님이로라 하신 것을 읽어 보지 못하였느
냐 하나님은 죽은 자의 하나님이 아니요 산 자의 하나님이
시니라 하시니 33 무리가 듣고 그의 가르치심에 놀라더
라 34 예수께서 사두개인들로 대답할 수 없게 하셨다 함
을 바리새인들이 듣고 모였는데 35 그 중에 한 율법사가
예수를 시험하여 묻되 36 선생님이여 율법 중에 어느 계
명이 크니이까 37 예수께서 가라사대 네 마음을 다하고
목숨을 다하고 뜻을 다하여 주 너의 하나님을 사랑하라 하

understanding the Scriptures, or the power of God. 30
"For in the resurrection they neither marry, nor are given
in marriage, but are like angels in heaven. 31 "But regarding
the resurrection of the dead, have you not read that which
was spoken to you by God, saying, 32 'I am the God of
Abraham, and the God of Isaac, and the God of Jacob'?
He is not the God of the dead but of the living." 33 And
when the multitudes heard this, they were astonished at
His teaching. 34 But when the Pharisees heard that He
had put the Sadducees to silence, they gathered themselves
together. 35 And one of them, a lawyer, asked Him a question,
testing Him, 36 "Teacher, which is the great commandment
in the Law?" 37 And He said to him, "'You shall love
the Lord your God with all your heart, and with all your

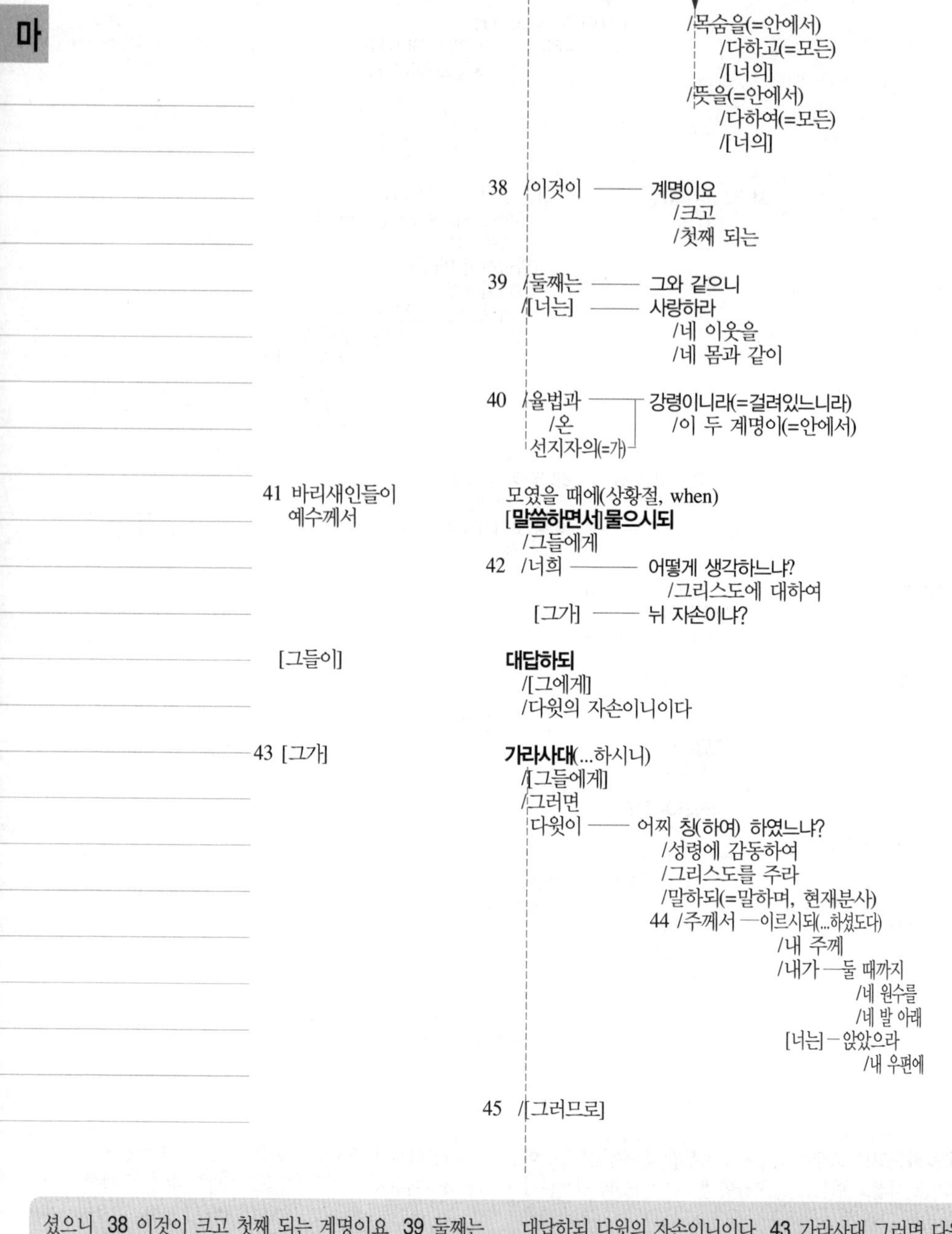

셨으니 38 이것이 크고 첫째 되는 계명이요 39 둘째는
그와 같으니 네 이웃을 네 몸과 같이 사랑하라 하셨으니
40 이 두 계명이 온 율법과 선지자의 강령이니라 41 바
리새인들이 모였을 때에 예수께서 그들에게 물으시되 42
너희는 그리스도에 대하여 어떻게 생각하느냐 뉘 자손이냐
대답하되 다윗의 자손이니이다 43 가라사대 그러면 다윗
이 성령에 감동하여 어찌 그리스도를 주라 칭하여 말하되
44 주께서 내 주께 이르시되 내가 네 원수를 네 발 아래
둘 때까지 내 우편에 앉았으라 하셨도다 하였느냐

soul, and with all your mind.' 38 "This is the great and foremost
commandment. 39 "The second is like it, 'You shall love
your neighbor as yourself.' 40 "On these two commandments
depend the whole Law and the Prophets." 41 Now while
the Pharisees were gathered together, Jesus asked them a
question, 42 saying, "What do you think about the Christ,
whose son is He?" They said to Him, "The son of David."
43 He said to them, "Then how does David in the Spirit
call Him 'Lord,' saying, 44 The Lord said to my Lord,
"Sit at My right hand, Until I put Thine enemies beneath

45 /[그러므로]
[만일, εἰ]
다윗이 ——— 칭하였은즉(조건절, if)
/그리스도를
/주라
[그가] ——— 어찌 되겠느냐?
/그의 자손이

46 자가 없고 **능히 대답하는**(=대답할 수 없더라)
(=아무도) /한 말도(=을)
/그에게
자도 없더라 **감히 묻는**(=묻지 않더라)
(=아무도) /그 날부터
/[그를]
/[더이상]

23

1 예수께서 **말씀하여 가라사대**
/무리와
[그의] 제자들에게
/이에(=그때에)
2 /서기관들과 ——— 앉았으니
바리새인들이 /자리에
/모세의

3 /그러므로
저희의(=가) ——— 말하는(=말한다면, 조건절, if)
/바는(=모든 것을)
/[너희에게]
/무엇이든지
/[너희는] ——— 행하고
지키되
본받지 말라
/저희의 하는 행위는

//(이유: γάρ, for)
저희는 ——— 말만 하고
행치 아니하며

4 /또
[그들이] ——— 묶어
/짐을
/무거운
/[지기 힘든]
지우되
/사람의 어깨에

45 다윗이 그리스도를 주라 칭하였은즉 어찌 그의 자손이
되겠느냐 하시니 46 한 말도 능히 대답하는 자가 없고 그
날부터 감히 그에게 묻는 자도 없더라
23 1 이에 예수께서 무리와 제자들에게 말씀하여 가라
사대 2 서기관들과 바리새인들이 모세의 자리에
앉았으니 3 그러므로 무엇이든지 저희의 말하는 바는 행
하고 지키되 저희의 하는 행위는 본받지 말라 저희는 말만
하고 행치 아니하며 4 또 무거운 짐을 묶어 사람의 어깨
에 지우되 자기는 이것을 한 손가락으로도 움직이려 하지
아니하며

Thy feet"? 45 "If David then calls Him 'Lord,' how is
He his son?" 46 And no one was able to answer Him a
word, nor did anyone dare from that day on to ask Him another
question.
23 1 Then Jesus spoke to the multitudes and to His
disciples, 2 saying, "The scribes and the Pharisees
have seated themselves in the chair of Moses; 3 therefore
all that they tell you, do and observe, but do not do
according to their deeds; for they say things, and do not
do them. 4 "And they tie up heavy loads, and lay them
on men's shoulders; but they themselves are unwilling to
move them with so much as a finger. 5 "But they do

마

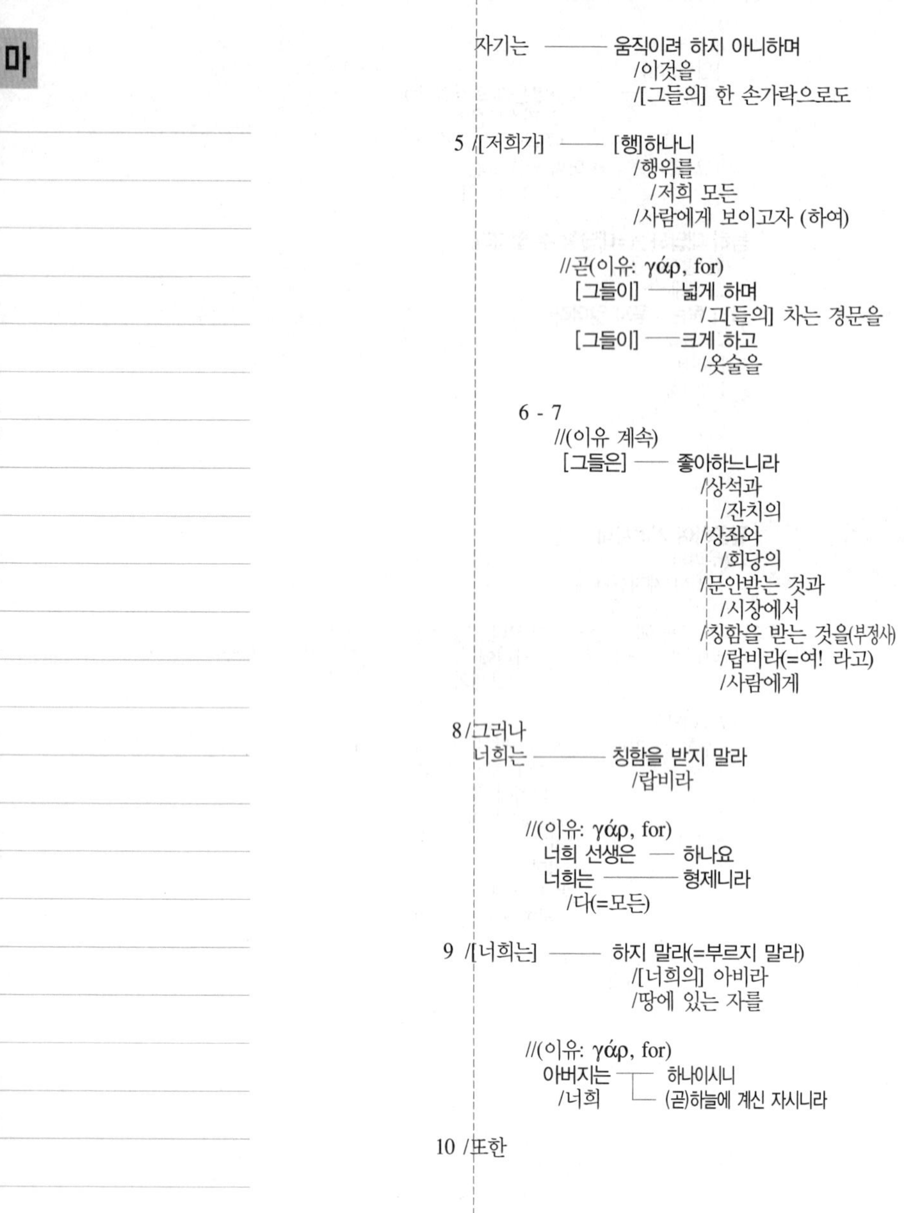

5 저희 모든 행위를 사람에게 보이고자 하여 하나니 곧 그 차는 경문을 넓게 하며 옷술을 크게 하고 6 잔치의 상석과 회당의 상좌와 7 시장에서 문안 받는 것과 사람에게 랍비라 칭함을 받는 것을 좋아하느니라 8 그러나 너희는 랍비라 칭함을 받지 말라 너희 선생은 하나이요 너희는 다 형제니라 9 땅에 있는 자를 아비라 하지 말라 너희 아버지는 하나이시니 곧 하늘에 계신 자시니라 10 또한 지도자라 칭함을 받지 말라 너희 지도자는 하나이니 곧 그리스도니라

all their deeds to be noticed by men; for they broaden their phylacteries, and lengthen the tassels of their garments. 6 "And they love the place of honor at banquets, and the chief seats in the synagogues, 7 and respectful greetings in the market places, and being called by men, Rabbi. 8 "But do not be called Rabbi; for One is your Teacher, and you are all brothers. 9 "And do not call anyone on earth your father; for One is your Father, He who is in heaven. 10 "And do not be called leaders; for One is your Leader, that is, Christ. 11 "But the greatest among

마

10 /또한
[너희는] —— 칭함을 받지 말라
/지도자라

//(이유: ὅτι, for)
지도자는 —— 하나이니
/너희 (곧)그리스도니라

11 /큰 자는 —— 섬기는 자가 되어야 하리라
/너희 중에 /너희를

12 /높이는 자는 누구든지 —— 낮아지고
/자기를
낮추는 자는 누구든지 —— 높아지리라
/자기를

13 /서기관들과 바리새인들이여!
/외식하는

/화 있을진저
/[너희에게]

//(이유: ὅτι, for)
너희는 —— 닫고
/천국 문을
/사람들 앞에서

//(이유: γάρ, for)
너희도 —— 들어가지 않고
—— 들어가지 못하게 하는도다
/들어가려 하는 자도(=들을)

14 (없음)

15 /서기관들과 바리새인들이여!
/외식하는

/화 있을진저!
/[너희에게]

//(이유: γάρ, for)
너희는 —— 두루 다니다가
/바다와 육지를
/교인 하나를 얻기 위하여
[그가] —— 생기면(상황절, when)
[너희가] —— 되게 하는도다
/[그를]
/자식이
/지옥[의]
/배나 더
/너희보다

11 너희 중에 큰 자는 너희를 섬기는 자가 되어야 하리라
12 누구든지 자기를 높이는 자는 낮아지고 누구든지 자기
를 낮추는 자는 높아지리라 **13** 화 있을진저 외식하는 서
기관들과 바리새인들이여 너희는 천국 문을 사람들 앞에서
닫고 너희도 들어가지 않고 들어가려 하는 자도 들어가지
못하게 하는도다 **14** (없 음) **15** 화 있을진저 외식하는
서기관들과 바리새인들이여 너희는 교인 하나를 얻기 위하
여 바다와 육지를 두루 다니다가 생기면 너희보다 배나 더
지옥 자식이 되게 하는도다

you shall be your servant. 12 "And whoever exalts himself
shall be humbled; and whoever humbles himself shall be
exalted. 13 "But woe to you, scribes and Pharisees, hypocrites,
because you shut off the kingdom of heaven from men;
for you do not enter in yourselves, nor do you allow those
who are entering to go in. 14 ["Woe to you, scribes and
Pharisees, hypocrites, because you devour widows' houses,
even while for a pretense you make long prayers; therefore

마

16 /인도자여!
/소경된
/(너희가)말하(되 하)는(도다)
누구든지 —— 맹세하면(조건절, whoever)
/성전으로
아무 일 —— 없거니와

/[누구든지] — 맹세하면(조건절, whoever)
/금으로
/성전의
[그가] ——— 지킬지라

/화 있을진저!
/[너희에게]

17 /우맹이요!
소경들이여!

//(이유: γάρ, for)
어느 것이 —— 크뇨?
/그 금(이냐)
/성전(이냐)
/거룩하게 하는
/금을

18 /또[78]
(너희가 이르되)(...하는도다)
/누구든지 ——— 맹세하면(조건절, whoever)
/제단으로
아무 일 ——— 없거니와

/[누구든지] ——맹세하면(조건절, whoever)
/예물로
/그 위에 있는
[그가] ——— 지킬지라

19 /소경들이여!

//(이유: γάρ, for)
어느 것이 —— 크뇨?
/그 예물(이냐)
/제단(이냐)
/거룩하게 하는
/예물을

20 /그러므로

78) 구조상 16절의 '소경된 인도자여!' 라는 호격이 반복생략된 형태이다.

16 화 있을진저 소경된 인도자여 너희가 말하되 누구든지 성전으로 맹세하면 아무 일 없거니와 성전의 금으로 맹세하면 지킬지라 하는도다 17 우맹(愚氓)이요 소경들이여 어느 것이 크뇨 그 금이냐 금을 거룩하게 하는 성전이냐 18 너희가 또 이르되 누구든지 제단으로 맹세하면 아무 일 없거니와 그 위에 있는 예물로 맹세하면 지킬지라 하는도다 19 소경들이여 어느 것이 크뇨 그 예물이냐 예물을 거룩하게 하는 제단이냐

you shall receive greater condemnation.] 15 "Woe to you, scribes and Pharisees, hypocrites, because you travel about on sea and land to make one proselyte; and when he becomes one, you make him twice as much a son of hell as yourselves. 16 "Woe to you, blind guides, who say, 'Whoever swears by the temple, that is nothing; but whoever swears by the gold of the temple, he is obligated.' 17 "You fools and blind men; which is more important, the gold, or the temple that sanctified the gold? 18 "And, 'Whoever swears by the altar, that is nothing, but whoever swears by the offering upon it, he is obligated.' 19 "You blind men, which is more important, the offering or the altar that sanctifies the offering?

20 /그러므로
맹세하는 자는 — 맹세함이요
/제단으로 /제단과
/모든 것으로
/그 위에 있는

21 /또
맹세하는 자는 — 맹세함이요
/성전으로 /성전과
/계신 이로
/그 안에

22 /또
맹세하는 자는 — 맹세함이니라
/하늘로 /보좌와
/하나님의
/앉으신 이로
/그 위에

23 /서기관들과
바리새인들이여!

/외식하는

/화 있을진저!
/[너희에게]

//(이유: γάρ, for)
너희가 — 십일조를 드리되
/박하와
/회향과
/근채의
버렸도다
/더 중한 바[를]
/율법의
/의와 인과 신은
/그러나
이것도 — 행하고
저것도 — 버리지 말아야 할지니라

24 /인도자여!
/소경된
/걸러내고
/하루살이는(=를)
/삼키는도다(=는)
/약대는(=를)

25 /서기관들과

20 그러므로 제단으로 맹세하는 자는 제단과 그 위에 있
는 모든 것으로 맹세함이요 21 또 성전으로 맹세하는 자
는 성전과 그 안에 계신 이로 맹세함이요 22 또 하늘로
맹세하는 자는 하나님의 보좌와 그 위에 앉으신 이로 맹세
함이니라 23 화 있을진저 외식하는 서기관들과 바리새인
들이여 너희가 박하와 회향과 근채의 십일조를 드리되 율
법의 더 중한 바 의와 인과 신은 버렸도다 그러나 이것도
행하고 저것도 버리지 말아야 할지니라 24 소경된 인도
자여 하루살이는 걸러내고 약대는 삼키는도다

20 "Therefore he who swears by the altar, swears both
by the altar and by everything on it. 21 "And he who
swears by the temple, swears both by the temple and by
Him who dwells within it. 22 "And he who swears by heaven,
swears both by the throne of God and by Him who sits
upon it. 23 "Woe to you, scribes and Pharisees, hypocrites!
For you tithe the mint and dill and cummin, and have neglected
the weightier provisions of the law: justice and mercy
and faithfulness; but these are the things you should have
done without neglecting the others. 24 "You blind guides,

마

25 /서기관들과
바리새인들이여!

/외식하는

/화 있을진저!
/[너희에게]

//(이유: γάρ, for)
[너희가] —— 깨끗이 하되
/겉은
/잔과 대접의
[그것들은] —— 가득하게 하는도다
/그 안에(는)
/탐욕과 방탕으로

26 /바리새인아!
/소경된

너는 —— 깨끗이 하라
/안을
/[컵의]
/먼저

//그리하면(목적: ἵνα, that...may)
겉도 —— 깨끗하리라
/[그것의]

27 /서기관들과
바리새인들이여!

/외식하는

/화 있을진저!
/[너희에게]

//(이유: ὅτι, for)
[너희는] — 무덤 같으니
/회칠한

/[그것들은][79] — 보이나
/아름답게
/겉으로는
— 가득하도다
/죽은 사람의 뼈와
/모든 더러운 것이
/그 안에는

28 /너희도 —— 옳게 보이되

79) 관계대명사, 선행사는 '무덤'이다. 계속적 용법

25 화 있을진저 외식하는 서기관들과 바리새인들이여 잔
과 대접의 겉은 깨끗이 하되 그 안에는 탐욕과 방탕으로
가득하게 하는도다 26 소경된 바리새인아 너는 먼저 안
을 깨끗이 하라 그리하면 겉도 깨끗하리라 27 화 있을진
저 외식하는 서기관들과 바리새인들이여 회칠한 무덤 같으
니 겉으로는 아름답게 보이나 그 안에는 죽은 사람의 뼈와
모든 더러운 것이 가득하도다

who strain out a gnat and swallow a camel! 25 "Woe
to you, scribes and Pharisees, hypocrites! For you clean
the outside of the cup and of the dish, but inside they
are full of robbery and self-indulgence. 26 "You blind
Pharisee, first clean the inside of the cup and of the dish,
so that the outside of it may become clean also. 27 "Woe
to you, scribes and Pharisees, hypocrites! For you are like
whitewashed tombs which on the outside appear beautiful,
but inside they are full of dead men's bones and all uncleanness.

마

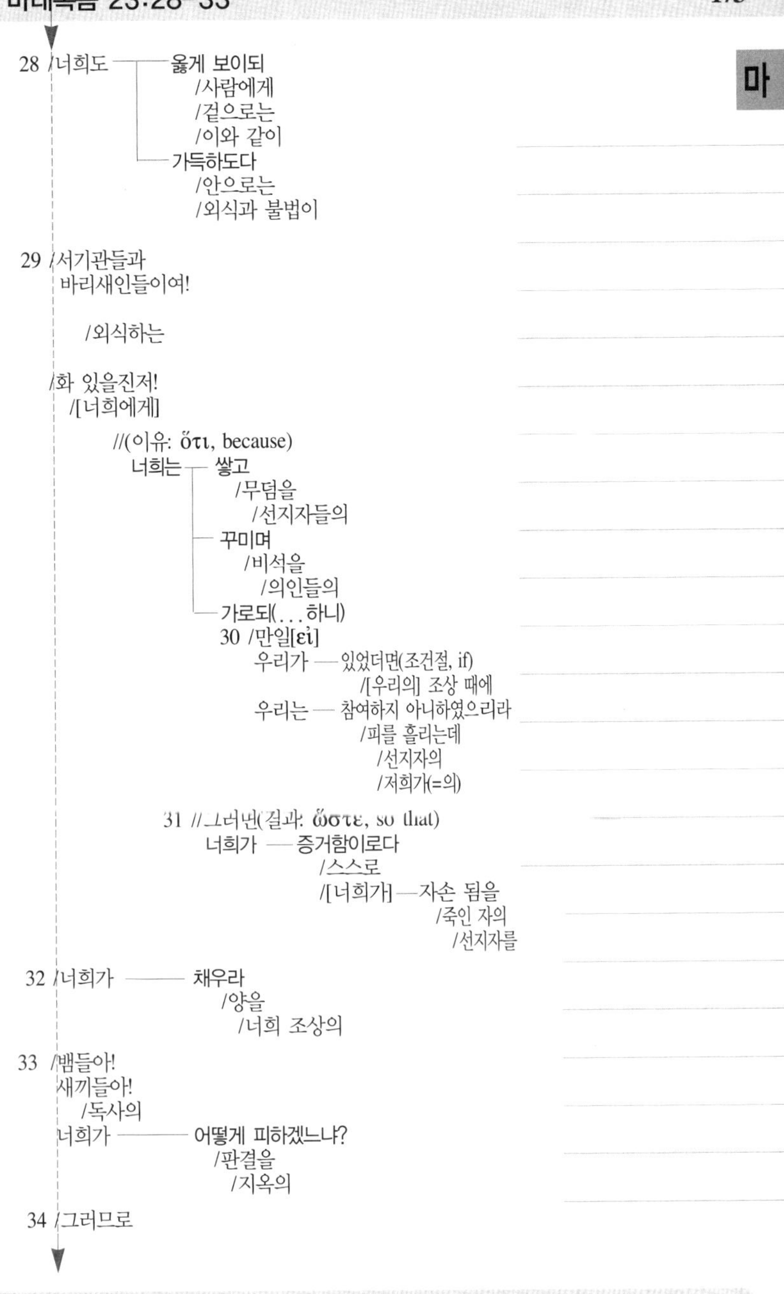

28 이와같이 너희도 겉으로는 사람에게 옳게 보이되 안으
로는 외식과 불법이 가득하도다 29 화 있을진저 외식하는
서기관들과 바리새인들이여 너희는 선지자들의 무덤을 쌓
고 의인들의 비석을 꾸미며 가로되 30 만일 우리가 조상
때에 있었더면 우리는 저희가 선지자의 피를 흘리는데 참
예하지 아니하였으리라 하니 31 그러면 너희가 선지자를
죽인 자의 자손 됨을 스스로 증거함이로다 32 너희가 너
희 조상의 양을 채우라 33 뱀들아 독사의 새끼들아 너희
가 어떻게 지옥의 판결을 피하겠느냐

28 "Even so you too outwardly appear righteous to men,
but inwardly you are full of hypocrisy and lawlessness.
29 ¶ "Woe to you, scribes and Pharisees, hypocrites! For
you build the tombs of the prophets and adorn the
monuments of the righteous, 30 and say, 'If we had been
living in the days of our fathers, we would not have been
partners with them in shedding the blood of the prophets.'
31 "Consequently you bear witness against yourselves,
that you are sons of those who murdered the prophets.
32 "Fill up then the measure of the guilt of your fathers.

마

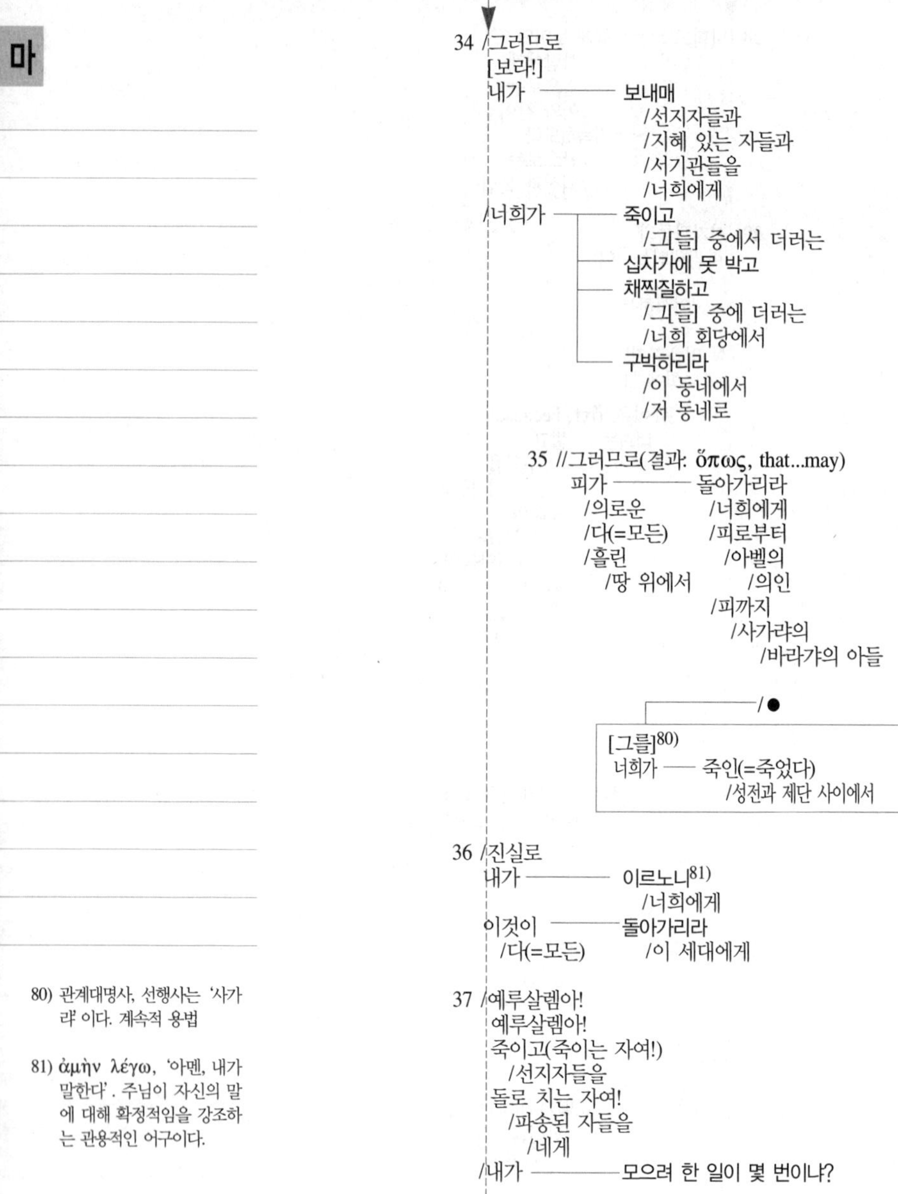

80) 관계대명사, 선행사는 '사가랴'이다. 계속적 용법

81) ἀμὴν λέγω, '아멘, 내가 말한다'. 주님이 자신의 말에 대해 확정적임을 강조하는 관용적인 어구이다.

34 그러므로 내가 너희에게 선지자들과 지혜있는 자들과 서기관들을 보내매 너희가 그 중에서 더러는 죽이고 십자가에 못박고 그 중에 더러는 너희 회당에서 채찍질하고 이 동네에서 저 동네로 구박하리라 35 그러므로 의인 아벨의 피로부터 성전과 제단 사이에서 너희가 죽인 바라갸의 아들 사가랴의 피까지 땅 위에서 흘린 의로운 피가 다 너희에게 돌아가리라 36 내가 진실로 너희에게 이르노니 이것이 다 이 세대에게 돌아가리라 37 예루살렘아 예루살렘아 선지자들을 죽이고 네게 파송된 자들을 돌로 치는 자여 암탉이 그 새끼를 날개 아래 모음같이 내가 네 자녀

33 "You serpents, you brood of vipers, how shall you escape the sentence of hell? 34 "Therefore, behold, I am sending you prophets and wise men and scribes; some of them you will kill and crucify, and some of them you will scourge in your synagogues, and persecute from city to city, 35 that upon you may fall the guilt of all the righteous blood shed on earth, from the blood of righteous Abel to the blood of Zechariah, the son of Berechiah, whom you murdered between the temple and the altar. 36 "Truly I say to you, all these things shall come upon this generation. 37 "O Jerusalem, Jerusalem, who kills the prophets and stones those who are sent to her! How

마

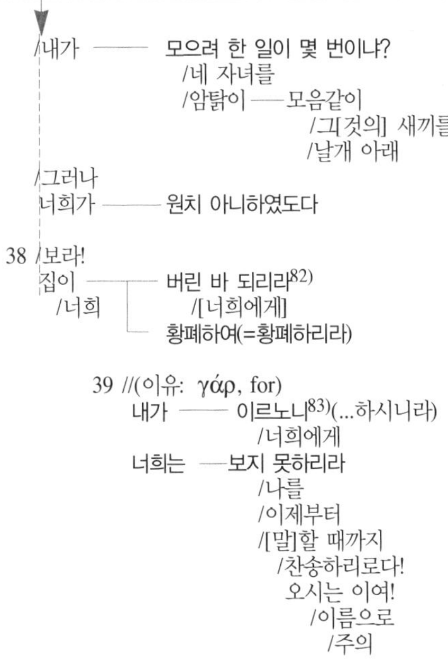

24

1 예수께서 **나와서**
/성전에서
가실 때에
제자들이 **나아오니**
/[그의]
/가리켜 보이려고(부정사)
/건물들을
/성전[의]
/[그에게]
2 **대답하여 가라사대**
/[그들에게]
/너희가 —— 보지 못하느냐?
/이것을
/모든
/진실로
내가 —— 이르노니[84)]
/너희에게
/돌 하나도 — 남지 않고(=않으리라)
/[여기에]
/돌 위에
/(다)무너뜨리우리라(=무너뜨려진)

82) 역본들의 견해를 따랐다.

83) 주님께서 자신의 말씀을 하나님의 말씀과 대등한 권위임을 드러내는 관용적인 표현이다..

84) ἀμὴν λέγω, '아멘, 내가 말한다'. 주님이 자신의 말에 대해 확정적임을 강조하는 관용적인 어구이다.

를 모으려 한 일이 몇 번이냐 그러나 너희가 원치 아니하
였도다 38 보라 너희 집이 황폐하여 버린 바 되리라 39
내가 너희에게 이르노니 이제부터 너희는 찬송하리로다 주
의 이름으로 오시는 이여 할 때까지 나를 보지 못하리라
하시니라

24 1 예수께서 성전에서 나와서 가실 때에 제자들이
성전 건물들을 가리켜 보이려고 나아오니 2 대답
하여 가라사대 너희가 이 모든 것을 보지 못하느냐 내가
진실로 너희에게 이르노니 돌 하나도 돌 위에 남지 않고
다 무너뜨리우리라

often I wanted to gather your children together, the way
a hen gathers her chicks under her wings, and you were
unwilling. 38 "Behold, your house is being left to you
desolate! 39 "For I say to you, from now on you shall
not see Me until you say, 'Blessed is He who comes in
the name of the Lord!'"

24 1 And Jesus came out from the temple and was
going away when His disciples came up to point
out the temple buildings to Him. 2 And He answered and
said to them, "Do you not see all these things? Truly I
say to you, not one stone here shall be left upon another,
which will not be torn down." 3 And as He was sitting

마

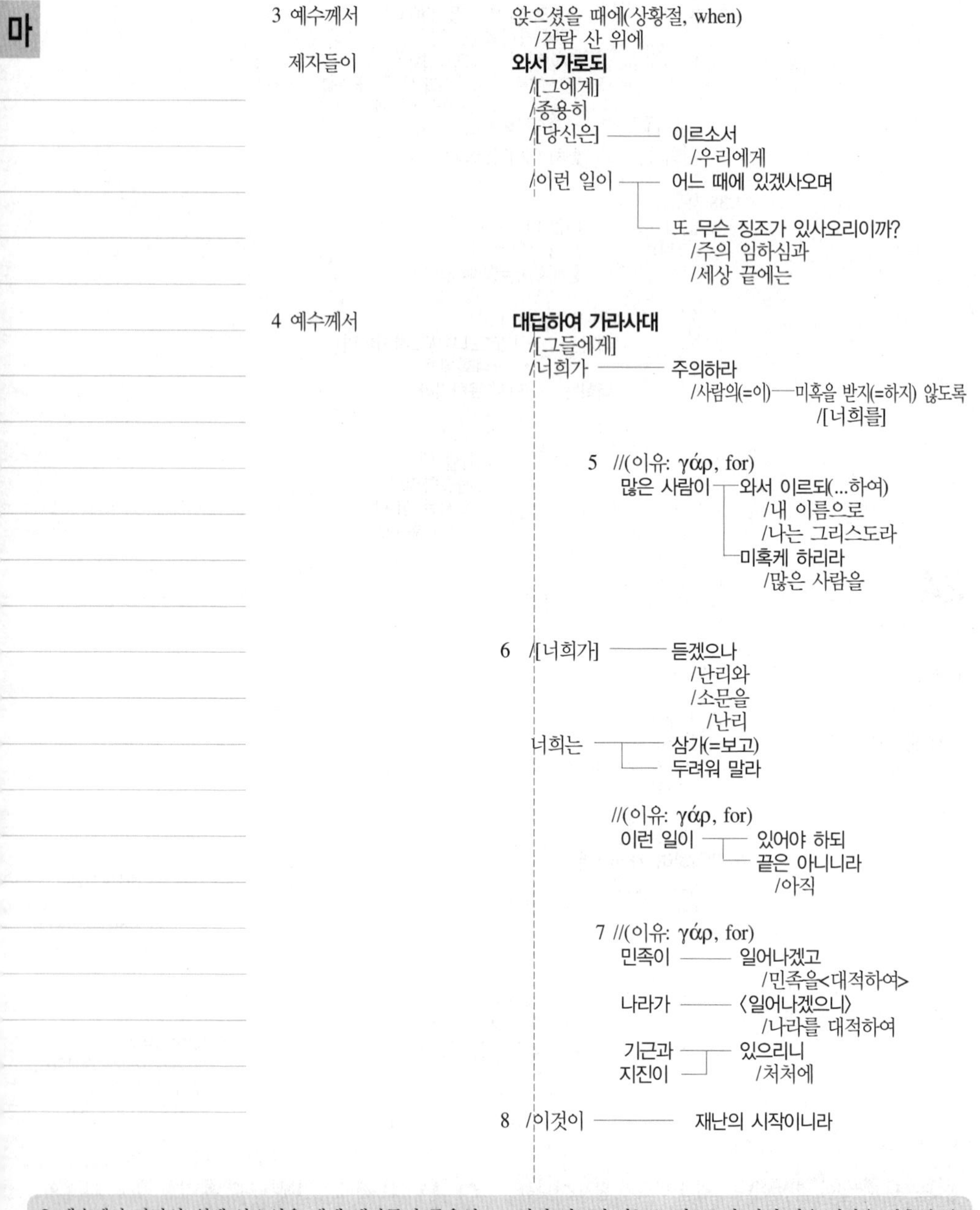

3 예수께서 감람산 위에 앉으셨을 때에 제자들이 종용히
와서 가로되 우리에게 이르소서 어느 때에 이런 일이 있겠
사오며 또 주의 임하심과 세상 끝에는 무슨 징조가 있사오
리이까 4 예수께서 대답하여 가라사대 너희가 사람의 미
혹을 받지 않도록 주의하라 5 많은 사람이 내 이름으로
와서 이르되 나는 그리스도라 하여 많은 사람을 미혹케 하
리라 6 난리와 난리 소문을 듣겠으나 너희는 삼가 두려워
말라 이런 일이 있어야 하되 끝은 아직 아니니라 7 민족
이 민족을, 나라가 나라를 대적하여 일어나겠고 처처에 기
근과 지진이 있으리니

on the Mount of Olives, the disciples came to Him privately,
saying, "Tell us, when will these things be, and what
will be the sign of Your coming, and of the end of the
age?" 4 And Jesus answered and said to them, "See to
it that no one misleads you. 5 "For many will come in
My name, saying, 'I am the Christ,' and will mislead
many. 6 "And you will be hearing of wars and rumors
of wars; see that you are not frightened, for those things
must take place, but that is not yet the end. 7 "For nation
will rise against nation, and kingdom against kingdom,

8 /이것이 ——— 재난의 시작이니라
/모든

9 /사람들이 ——— 넘겨주겠으며
/너희를
/환난에
/그 때에
죽이리니
/너희를
너희가 ——— 미움을 받으리라
/모든 민족에게
/내 이름을 위하여

10 /많은 사람이 ——— 시험에 빠져
/그 때에
잡아 주고
/서로[를]
미워하겠으며
/서로[를]

11 /거짓 선지자가 ——— 일어나
/많이(=많은)
미혹하게 하겠으며
/많은 사람을

12 /사랑이 ——— 식어지리라
/많은 사람의

//(이유: διὰ +목적격, becausee)
불법이 성하므로

13 /그러나
견디는 자는 ——— 구원을 얻으리라
/끝까지

14 /복음이 ——— 전파되리니
/이 천국[의] /세상에
/온
/증거되기 위하여
/민족에게
/모든
/끝이 ——— 오리라
/그제야

15 /그러므로
너희가 ——— 보거든(상황절, when)

8 이 모든 것이 재난의 시작이니라 9 그 때에 사람들이
너희를 환난에 넘겨 주겠으며 너희를 죽이리니 너희가 내
이름을 위하여 모든 민족에게 미움을 받으리라 10 그 때
에 많은 사람이 시험에 빠져 서로 잡아 주고 서로 미워하
겠으며 11 거짓 선지자가 많이 일어나 많은 사람을 미혹
하게 하겠으며 12 불법이 성하므로 많은 사람의 사랑이
식어지리라 13 그러나 끝까지 견디는 자는 구원을 얻으
리라 14 이 천국 복음이 모든 민족에게 증거되기 위하여
온 세상에 전파되리니 그제야 끝이 오리라 15 그러므로
너희가 선지자 다니엘의 말한 바 멸망의 가증한 것이 거룩

and in various places there will be famines and earthquakes.
8 "But all these things are merely the beginning of birth pangs.
9 "Then they will deliver you to tribulation, and will
kill you, and you will be hated by all nations on account
of My name. 10 "And at that time many will fall away
and will deliver up one another and hate one another. 11
"And many false prophets will arise, and will mislead
many. 12 "And because lawlessness is increased, most
people's love will grow cold. 13 "But the one who endures
to the end, he shall be saved. 14 "And this gospel of
the kingdom shall be preached in the whole world for a witness
to all the nations, and then the end shall come. 15 "Therefore

마

너희가 ── 보거든(상황절, when)
/가증한 것이(=을)
/멸망의
/말한 (바)
/선지자 다니엘의
/선 (것을)
/거룩한 곳에
/읽는 자는 ── 깨달을진저[85)]

16 /유대에 있는 자들은 ── 도망할지어다
/산으로
/그 때에

17 /지붕 위에 있는 자는 ── 내려가지 말며
/가질러(부정사)
/물건을
/[그의] 집안에 있는

18 /밭에 있는 자는 ── 돌이키지 말지어다
/뒤로
/가질러(부정사)
/[그의] 겉옷을

19 /화가 있으리로다
/아이 밴 자들과
/젖 먹이는 자들에게
/그 날에는

20 /[너희는] ── 기도하라
//(목적: ἵνα, that...may)
도망하는 일이 ─되지 않도록
/너희의 /겨울에나 안식일에

21 //이는(이유: γάρ, for)
환난이 ── 있겠음이라
/큰 /그 때에
/(이런 환난이)
없었고(=없는)
/창세로부터 지금까지
없으리라(=없는)
/후에도

22 /[만일, εἰ]
그 날들을(=이) ─감하지 아니할 것이면(조건절, if)
육체가 ── 구원을 얻지 못할 것이나
/모든
/그러나
그 날들을(=이) ── 감하시리라(=감하여지리라)
/택하신 자들을 위하여

23 /[만일, ἐὰν]

85) 삽입절이다.

한 곳에 선 것을 보거든(읽는 자는 깨달을진저) 16 그 때
에 유대에 있는 자들은 산으로 도망할지어다 17 지붕 위
에 있는 자는 집안에 있는 물건을 가질러 내려 가지 말며
18 밭에 있는 자는 겉옷을 가질러 뒤로 돌이키지 말지어
다 19 그 날에는 아이 밴 자들과 젖먹이는 자들에게 화가
있으리로다 20 너희의 도망하는 일이 겨울에나 안식일에
되지 않도록 기도하라 21 이는 그 때에 큰 환난이 있겠음
이라 창세로부터 지금까지 이런 환난이 없었고 후에도 없
으리라 22 그 날들을 감하지 아니할 것이면 모든 육체가
구원을 얻지 못할 것이나 그러나 택하신 자들을 위하여 그
날들을 감하시리라

when you see the abomination of desolation which was spoken
of through Daniel the prophet, standing in the holy place
(let the reader understand), 16 then let those who are in
Judea flee to the mountains; 17 let him who is on the housetop
not go down to get the things out that are in his house;
18 and let him who is in the field not turn back to get
his cloak. 19 "But woe to those who are with child and
to those who nurse babes in those days! 20 "But pray
that your flight may not be in the winter, or on a Sabbath;
21 for then there will be a great tribulation, such as has
not occurred since the beginning of the world until now,
nor ever shall. 22 "And unless those days had been cut

23 /[만일, ἐὰν]
사람이 —— 말하되(...하여도)조건절, if)
/너희에게
/그 때에
/보라[ἰδοὺ]
그리스도가 —— 여기 있다
—— 혹 저기 있다
/[너희는] —— 믿지 말라

24 //(이유: γάρ, for)
거짓 그리스도들과 —— 일어내[기 때문이라]
거짓 선지자들이 —— /큰 표적과
기사를 (보이어)
/미혹하게 (하리라)
/할 수만 있으면(조건절, if)
/택하신 자들도(=을)

25 /보라!
내가 —— 미리 말하였노라
/너희에게

26/그러면
[만일, ἐὰν]
사람들이 —— 말하되(조건절, if)(...하여도)
/너희에게
/보라!
그리스도가 — 있다
/광야에
/[너희는] —— 나가지 말고
<사람들이 —— 말한다면, 조건절, if>(...하여도)
/<너희에게>
/보라!
<그리스도가> — 있다
/골방에
/[너희는] —— 믿지 말라

27 //(이유: γάρ, for)
임함도 —— 그러하리라
/인자의 /번개가 — 나서
/동편에서
— 번쩍임같이
/서편까지

28 /독수리들이 —— 모일지니라
/주검이 있는 곳에는

29 /해가 —— 어두워지며

23 그 때에 사람이 너희에게 말하되 보라 그리스도가 여기 있다 혹 저기 있다 하여도 믿지 말라 24 거짓 그리스도들과 거짓 선지자들이 일어나 큰 표적과 기사를 보이어 할 수만 있으면 택하신 자들도 미혹하게 하리라 25 보라 내가 너희에게 미리 말하였노라 26 그러면 사람들이 너희에게 말하되 보라 그리스도가 광야에 있다 하여도 나가지 말고 보라 골방에 있다 하여도 믿지 말라 27 번개가 동편에서 나서 서편까지 번쩍임같이 인자의 임함도 그러하리라 28 주검이 있는 곳에는 독수리들이 모일지니라

short, no life would have been saved; but for the sake of the elect those days shall be cut short. 23 "Then if anyone says to you, 'Behold, here is the Christ,' or 'There He is,' do not believe him. 24 "For false Christs and false prophets will arise and will show great signs and wonders, so as to mislead, if possible, even the elect. 25 "Behold, I have told you in advance. 26 "If therefore they say to you, 'Behold, He is in the wilderness,' do not go forth, or, 'Behold, He is in the inner rooms,' do not believe them. 27 "For just as the lightning comes from the east, and flashes even to the west, so shall the coming of the Son of Man be. 28 "Wherever the corpse is, there the vultures

29 그 날 환난 후에 즉시 해가 어두워지며 달이 빛을 내지 아니하며 별들이 하늘에서 떨어지며 하늘의 권능들이 흔들리리라 30 그 때에 인자의 징조가 하늘에서 보이겠고 그 때에 땅의 모든 족속들이 통곡하며 그들이 인자가 구름을 타고 능력과 큰 영광으로 오는 것을 보리라 31 저가 큰 나팔 소리와 함께 천사들을 보내리니 저희가 그 택하신 자들을 하늘 이 끝에서 저 끝까지 사방에서 모으리라 32 무화과나무의 비유를 배우라 그 가지가 연하여지고 잎사귀를 내면 여름이 가까운 줄을 아나니

will gather. 29 "But immediately after the tribulation of those days the sun will be darkened, and the moon will not give its light, and the stars will fall from the sky, and the powers of the heavens will be shaken, 30 and then the sign of the Son of Man will appear in the sky, and then all the tribes of the earth will mourn, and they will see the Son of Man coming on the clouds of the sky with power and great glory. 31 "And He will send forth His angels with a great trumpet and they will gather together His elect from the four winds, from one end of the sky to the other. 32 "Now learn the parable from the fig tree: when its branch has already become tender, and puts forth its leaves, you know that summer is near;
33 even so you too, when you see all these things,

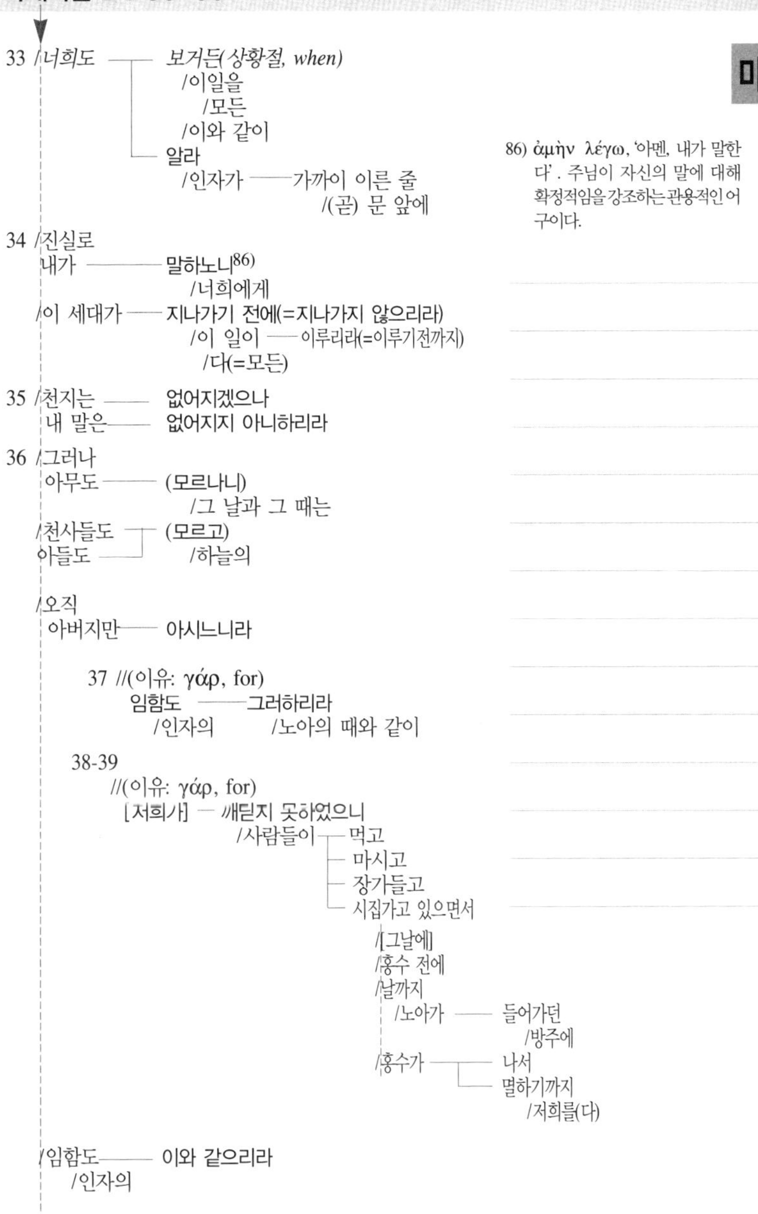

86) ἀμὴν λέγω, '아멘, 내가 말한다'. 주님이 자신의 말에 대해 확정적임을 강조하는 관용적인 어구이다.

33 이와 같이 너희도 이 모든 일을 보거든 인자가 가까이
곧 문 앞에 이른 줄 알라 34 내가 진실로 너희에게 말하
노니 이 세대가 지나가기 전에 이 일이 다 이루리라 35
천지는 없어지겠으나 내 말은 없어지지 아니하리라 36
그러나 그 날과 그 때는 아무도 모르나니 하늘의 천사들도,
아들도 모르고 오직 아버지만 아시느니라 37 노아의 때
와 같이 인자의 임함도 그러하리라 38 홍수 전에 노아가
방주에 들어가던 날까지 사람들이 먹고 마시고 장가 들고
시집 가고 있으면서 39 홍수가 나서 저희를 다 멸하기까
지 깨닫지 못하였으니 인자의 임함도 이와 같으리라

recognize that He is near, right at the door. 34 "Truly I
say to you, this generation will not pass away until all
these things take place. 35 "Heaven and earth will pass
away, but My words shall not pass away. 36 "But of
that day and hour no one knows, not even the angels of heaven,
nor the Son, but the Father alone. 37 "For the coming of
the Son of Man will be just like the days of Noah. 38
"For as in those days which were before the flood they
were eating and drinking, they were marrying and giving
in marriage, until the day that Noah entered the ark, 39
and they did not understand until the flood came and took
them all away; so shall the coming of the Son of Man
be.

마

40 /두 사람이 — 있으매
/그 때에
/밭에
/하나는 — 데려감을 당하고
/하나는 — 버려둠을 당할 것이요

41 /두 여자가 — 갈고 있으매
/매를
/하나는 — 데려감을 당하고
/하나는 — 버려둠을 당할 것이니라

42 /그러므로
[너희는] — 깨어 있으라
/너희가 — 알지 못함이니라
/주가 — 임할는지
/너희 /어느 날에

43 /너희도 — 아는 바니
/[그것을]
/만일[εἰ]
집주인이 — 알았더면(조건절, if)
/도적이 — 올 줄을
/어느 경점에
깨어 있어
뚫지 못하게 하였으리라
/그[의] 집을

44 /이러므로
너희도 — 예비하고 있으라

//(이유: ὅτι, for)
인자가 — 오리라
/때에
/[너희가] — 생각지 않은

45 /누구뇨(=누가) — 종이 되어(=되겠느냐?)
/충성되고
/지혜 있는(자가)
/[그때에]
/주인에게(=이) — [임명한]
/나눠 줄(=나눠주도록, 부정사)
/양식을
/[그들에게]
/때를 따라
/그[의] 집 사람들을 맡아(=에게)

40 그 때에 두 사람이 밭에 있으매 하나는 데려감을 당하고 하나는 버려둠을 당할 것이요 41 두 여자가 매를 갈고 있으매 하나는 데려감을 당하고 하나는 버려둠을 당할 것이니라 42 그러므로 깨어 있으라 어느 날에 너희 주가 임할는지 43 너희가 알지 못함이니라 너희도 아는 바니 만일 집 주인이 도적이 어느 경점에 올 줄을 알았더면 깨어 있어 그 집을 뚫지 못하게 하였으리라 44 이러므로 너희도 예비하고 있으라 생각지 않은 때에 인자가 오리라 45 충성되고 지혜 있는 종이 되어 주인에게 그 집 사람들을 맡아 때를 따라 양식을 나눠 줄 자가 누구뇨

40 "Then there shall be two men in the field; one will be taken, and one will be left. 41 "Two women will be grinding at the mill; one will be taken, and one will be left. 42 "Therefore be on the alert, for you do not know which day your Lord is coming. 43 "But be sure of this, that if the head of the house had known at what time of the night the thief was coming, he would have been on the alert and would not have allowed his house to be broken into. 44 "For this reason you be ready too; for the Son of Man is coming at an hour when you do not think He will. 45 "Who then is the faithful and sensible slave whom his master put in charge of his household to give

87) ἀμὴν λέγω, '아멘, 내가 말한다'. 주님이 자신의 말에 대해 확정적임을 강조하는 관용적인 어구이다.

46 주인이 올 때에 그 종의 이렇게 하는 것을 보면 그 종이 복이 있으리로다 47 내가 진실로 너희에게 이르노니 주인이 그 모든 소유를 저에게 맡기리라 48 만일 그 악한 종이 마음에 생각하기를 주인이 더디 오리라 하여 49 동무들을 때리며 술 친구들로 더불어 먹고 마시게 되면 50 생각지 않은 날 알지 못하는 시간에 그 종의 주인이 이르러 51 엄히 때리고 외식하는 자의 받는 율에 처하리니 거기서 슬피 울며 이를 갊이 있으리라

them their food at the proper time? 46 "Blessed is that slave whom his master finds so doing when he comes.
47 "Truly I say to you, that he will put him in charge of all his possessions.
48 "But if that evil slave says in his heart, 'My master is not coming for a long time,' 49 and shall begin to beat his fellow slaves and eat and drink with drunkards; 50 the master of that slave will come on a day when he does not expect him and at an hour which he does not know,
51 and shall cut him in pieces and assign him a place with the hypocrites; weeping shall be there and the gnashing of teeth.

마 25

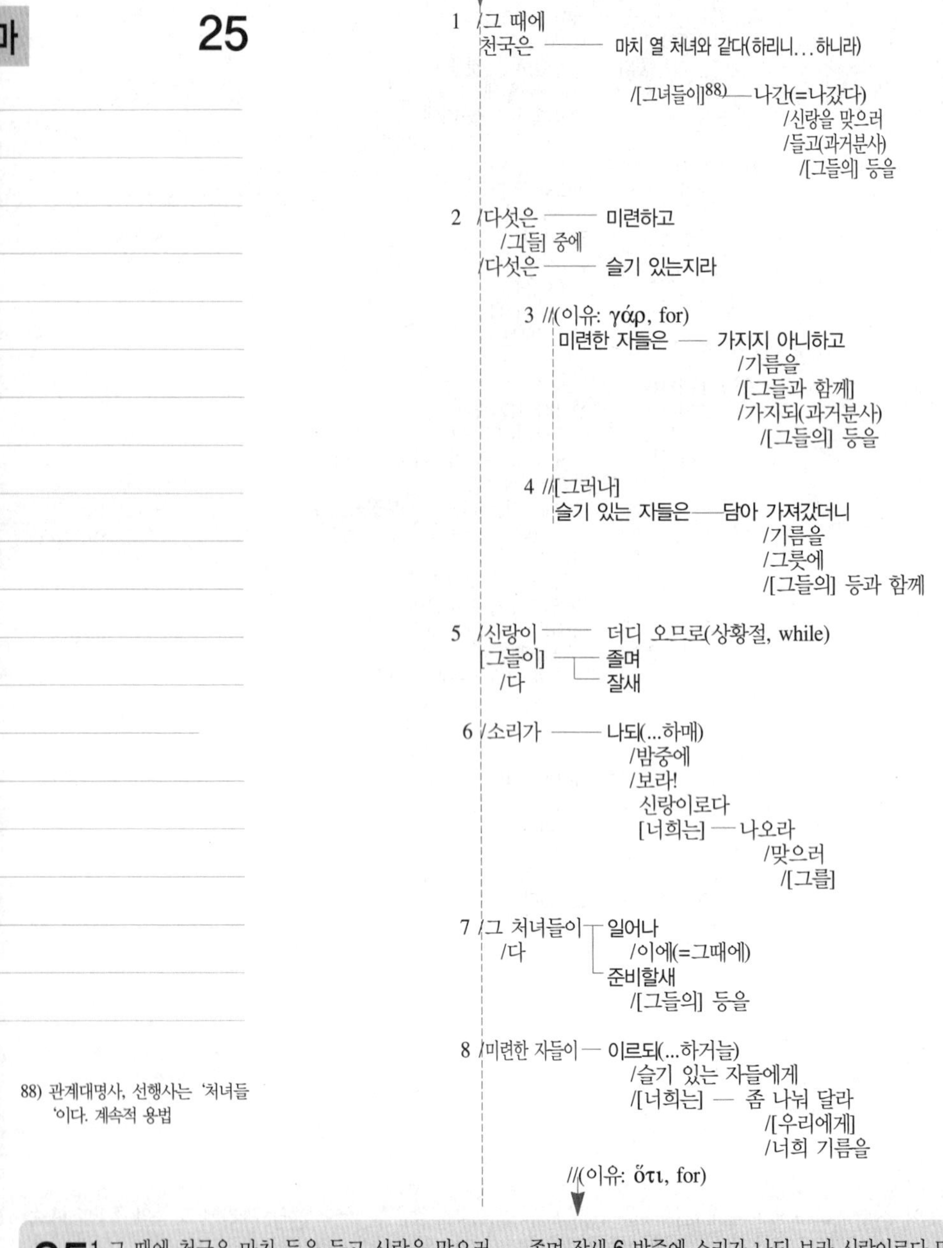

88) 관계대명사, 선행사는 '처녀들'이다. 계속적 용법

25 1 그 때에 천국은 마치 등을 들고 신랑을 맞으러
나간 열 처녀와 같다 하리니 2 그 중에 다섯은 미
련하고 다섯은 슬기 있는지라 3 미련한 자들은 등을 가지
되 기름을 가지지 아니하고 4 슬기 있는 자들은 그릇에 기
름을 담아 등과 함께 가져갔더니 5 신랑이 더디 오므로 다
졸며 잘새 6 밤중에 소리가 나되 보라 신랑이로다 맞으러
나오라 하매 7 이에 그 처녀들이 다 일어나 등을 준비할
새 8 미련한 자들이 슬기 있는 자들에게 이르되 우리 등불
이 꺼져가니 너희 기름을 좀 나눠달라 하거늘

25 1 "Then the kingdom of heaven will be comparable
to ten virgins, who took their lamps, and went out
to meet the bridegroom. 2 "And five of them were foolish,
and five were prudent. 3 "For when the foolish took their
lamps, they took no oil with them, 4 but the prudent took
oil in flasks along with their lamps. 5 "Now while the
bridegroom was delaying, they all got drowsy and began
to sleep. 6 "But at midnight there was a shout, 'Behold,
the bridegroom! Come out to meet him.' 7 "Then all those
virgins rose, and trimmed their lamps. 8 "And the foolish
said to the prudent, 'Give us some of your oil, for our

마

//(이유: ὅτι, for)
우리 등불이 — 꺼져가니

9 /슬기 있는 자들이 — 대답하여 가로되(...하니)
/[너희는] — 가서
/파는 자들에게
/차라리
사라
/너희 쓸 것을

//(목적: μήποτε, lest should)
[그것이] — 쓰기에 다 부족할까 하노니
(=부족치 않도록)
/우리와 너희의

10 /저희가 — 사러 간 동안에(상황절, while)
/신랑이 — 오므로
/예비하였던 자들은 — 들어가고
/[그와] 함께 /혼인 잔치에
/문은 — 닫힌지라

11 /남은 처녀들이 — 와서 가로되
/그 후에
/주여!
주여!
[당신은] — 열어 주소서
/우리에게

12 /[그가] — 대답하여 가로되(...하였느니라)
/진실로
[내가] — 이르노니[89)]
/너희에게
내가 — 알지 못하노라
/너희를

13 /그런즉
[너희는] — 깨어 있으라

//(이유: ὅτι, for)
너희는 — 알지 못하느니라
/그 날과 그 시를

14 /또
어떤 사람이 — 불러[90)]
/그[소유의] 종들을
/타국에 갈제(현재분사)
맡김과 같으니
/[그들에게]
/자기 소유를

89) ἀμὴν λέγω, '아멘, 내가 말한다'. 주님이 자신의 말에 대해 확정적임을 강조하는 관용적인 어구이다.

90) 문법적으로는 '깨어있으라'는 명령의 이유를 말한다..

9 슬기 있는 자들이 대답하여 가로되 우리와 너희의 쓰기
에 다 부족할까 하노니 차라리 파는 자들에게 가서 너희
쓸 것을 사라 하니 10 저희가 사러 간 동안에 신랑이 오므
로 예비하였던 자들은 함께 혼인 잔치에 들어가고 문은 닫
힌지라 11 그 후에 남은 처녀들이 와서 가로되 주여 주여
우리에게 열어 주소서 12 대답하여 가로되 진실로 너희에
게 이르노니 내가 너희를 알지 못하노라 하였느니라 13
그런즉 깨어 있으라 너희는 그 날과 그 시를 알지 못하느
니라 14 또 어떤 사람이 타국에 갈제 그 종들을 불러 자기
소유를 맡김과 같으니

lamps are going out.' 9 "But the prudent answered, saying,
'No, there will not be enough for us and you too; go
instead to the dealers and buy some for yourselves.' 10
"And while they were going away to make the purchase,
the bridegroom came, and those who were ready went in
with him to the wedding feast; and the door was shut.
11 "And later the other virgins also came, saying, 'Lord,
lord, open up for us.' 12 "But he answered and said,
'Truly I say to you, I do not know you.' 13 "Be on the
alert then, for you do not know the day nor the hour. 14

마

15 /[그가] ─ 주고
/하나에게는 금 다섯 달란트를
/하나에게는 두 달란트를
/하나에게는 한 달란트를
/각각[에게]
/그 재능대로
떠났더니

16 /받은 자는 ─ 장사하여
/다섯 달란트[를]
/그것으로
/가서(과거분사)
/바로
/[그는] ─ 남기고
/다섯 달란트를
/또(=다른)

17 /받은 자도 ─ 남겼으되
/두 달란트를
/두 달란트를
/또(=다른)
/그같이 하여

18 /받은 자는 ─ 파고
/한 달란트[를]
/땅을
/가서(=간 후에, 과거분사)
/[그는] ─ 감추어 두었더니
/돈을
/그[의] 주인의

19 /주인이 ─ 돌아와
/그 종들의
/오랜 [시간] 후에
[그가] ─ 회계할새
/저희와 [함께]

20 /받았던 자는 ─ 가지고 가로되
/다섯 달란트[를]
/다섯 달란트를
/더(=다른)
/와서(과거분사)
/주여!
[당신이] ─ 주셨는데
/다섯 달란트를
/내게
/보소서!
내가 ─ 남겼나이다
/다섯 달란트를
/또(=다른)

21 /주인이 ─ 이르되(...하고)

15 각각 그 재능대로 하나에게는 금 다섯 달란트를, 하나에게는 두 달란트를, 하나에게는 한 달란트를 주고 떠났더니 16 다섯 달란트 받은 자는 바로 가서 그것으로 장사하여 또 다섯 달란트를 남기고 17 두 달란트를 받은 자도 그같이 하여 또 두 달란트를 남겼으되 18 한 달란트 받은 자는 가서 땅을 파고 그 주인의 돈을 감추어 두었더니 19 오랜 후에 그 종들의 주인이 돌아와 저희와 회계할새 20 다섯 달란트 받았던 자는 다섯 달란트를 더 가지고 와서 가로되 주여 내게 다섯 달란트를 주셨는데 보소서 내가 또 다섯 달란트를 남겼나이다

"For it is just like a man about to go on a journey, who called his own slaves, and entrusted his possessions to them. 15 "And to one he gave five talents, to another, two, and to another, one, each according to his own ability; and he went on his journey. 16 "Immediately the one who had received the five talents went and traded with them, and gained five more talents. 17 "In the same manner the one who had received the two talents gained two more. 18 "But he who received the one talent went away and dug in the ground, and hid his master's money. 19 "Now after a long time the master of those slaves came and settled accounts with them. 20 "And the one

21 그 주인이 이르되 잘 하였도다 착하고 충성된 종아 네
가 작은 일에 충성하였으매 내가 많은 것으로 네게 맡기리
니 네 주인의 즐거움에 참예할지어다 하고 22 두 달란트
받았던 자도 와서 가로되 주여 내게 두 달란트를 주셨는데
보소서 내가 또 두 달란트를 남겼나이다 23 그 주인이 이
르되 잘 하였도다 착하고 충성된 종아 네가 작은 일에 충
성하였으매 내가 많은 것으로 네게 맡기리니 네 주인의 즐
거움에 참예할지어다 하고 24 한 달란트 받았던 자도 와
서 가로되 주여 당신은 굳은 사람이라 심지 않은 데서 거
두고 헤치지 않은 데서 모으는 줄을 내가 알았으므로

who had received the five talents came up and brought five more talents, saying, 'Master, you entrusted five talents to me; see, I have gained five more talents.' 21
"His master said to him, 'Well done, good and faithful slave; you were faithful with a few things, I will put you in charge of many things, enter into the joy of your master.' 22 "The one also who had received the two talents came up and said, 'Master, you entrusted to me two talents; see, I have gained two more talents.' 23 "His
master said to him, 'Well done, good and faithful slave; you were faithful with a few things, I will put you in charge of many things; enter into the joy of your master.'

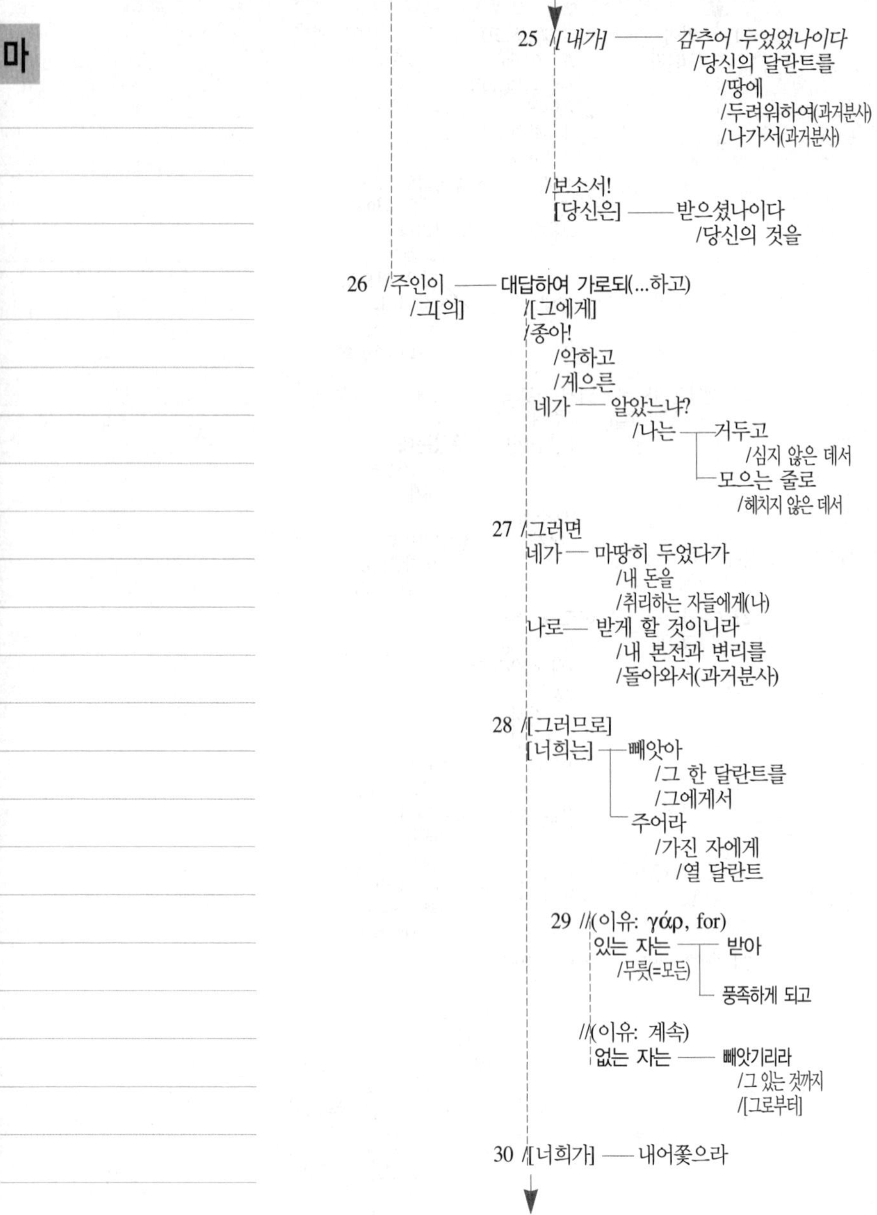

25 두려워하여 나가서 당신의 달란트를 땅에 감추어 두었
나이다 보소서 당신의 것을 받으셨나이다 26 그 주인이
대답하여 가로되 악하고 게으른 종아 나는 심지 않은 데서
거두고 헤치지 않은 데서 모으는 줄로 네가 알았느냐 27
그러면 네가 마땅히 내 돈을 취리하는 자들에게나 두었다
가 나로 돌아와서 내 본전과 변리를 받게 할 것이니라 하
고 28 그에게서 그 한 달란트를 빼앗아 열 달란트를 가진
자에게 주어라 29 무릇 있는 자는 받아 풍족하게 되고 없
는 자는 그 있는 것까지 빼앗기리라

24 "And the one also who had received the one talent
came up and said, 'Master, I knew you to be a hard man,
reaping where you did not sow, and gathering where you
scattered no seed. 25 'And I was afraid, and went away
and hid your talent in the ground; see, you have what is yours.'
26 "But his master answered and said to him, 'You wicked,
lazy slave, you knew that I reap where I did not sow,
and gather where I scattered no seed. 27 'Then you ought
to have put my money in the bank, and on my arrival I
would have received my money back with interest. 28

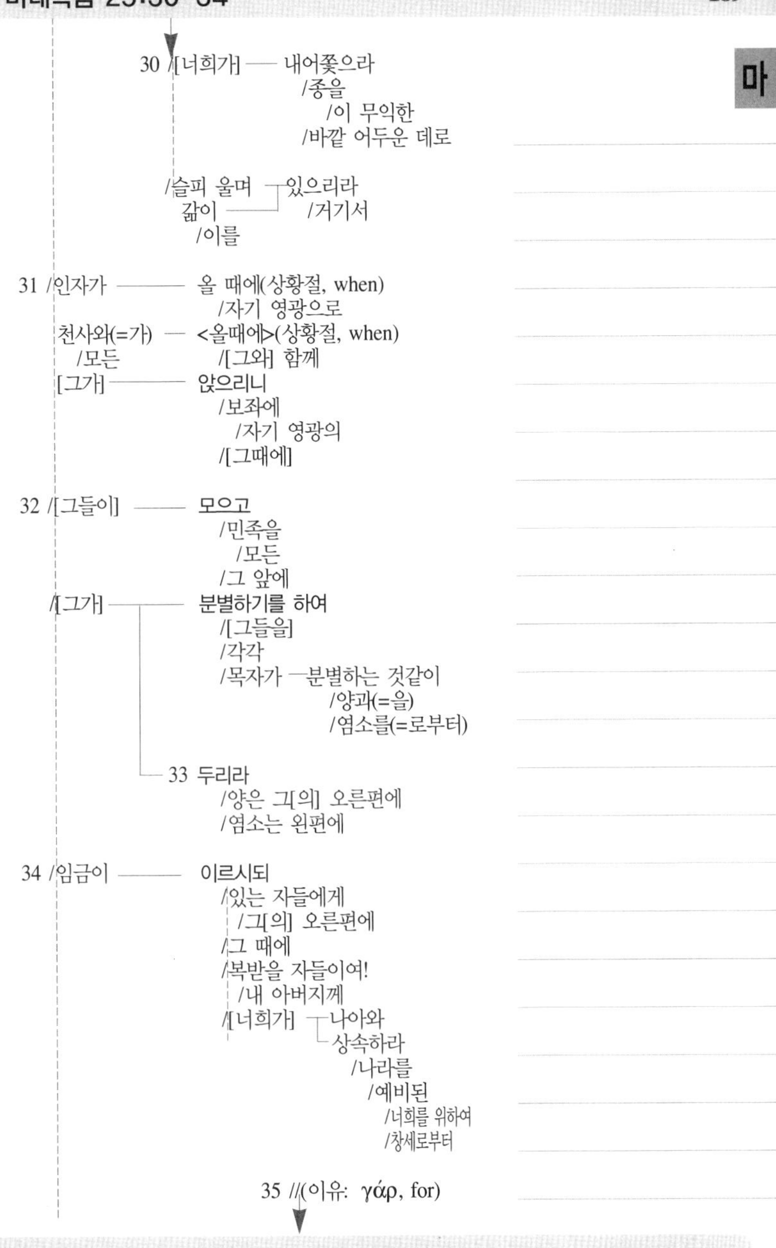

30 이 무익한 종을 바깥 어두운 데로 내어 쫓으라 거기서 슬피 울며 이를 갊이 있으리라 하니라 31 인자가 자기 영광으로 모든 천사와 함께 올 때에 자기 영광의 보좌에 앉으리니 32 모든 민족을 그 앞에 모으고 각각 분별하기를 목자가 양과 염소를 분별하는 것같이 하여 33 양은 그 오른편에 염소는 왼편에 두리라 34 그 때에 임금이 그 오른편에 있는 자들에게 이르시되 내 아버지께 복받을 자들이여 나아와 창세로부터 너희를 위하여 예비된 나라를 상속하라

'Therefore take away the talent from him, and give it to the one who has the ten talents.' 29 "For to everyone who has shall more be given, and he shall have an abundance; but from the one who does not have, even what he does have shall be taken away. 30 "And cast out the worthless slave into the outer darkness; in that place there shall be weeping and gnashing of teeth.31 "But when the Son of Man comes in His glory, and all the angels with Him, then He will sit on His glorious throne. 32 "And all the nations will be gathered before Him; and He will separate them from one another, as the shepherd separates the sheep from the goats; 33 and He will put the sheep on His right, and the goats on the left. 34 "Then the King will say to those on His right, 'Come, you who

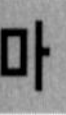

37 /의인들이 대답하여 가로되(...하리니)

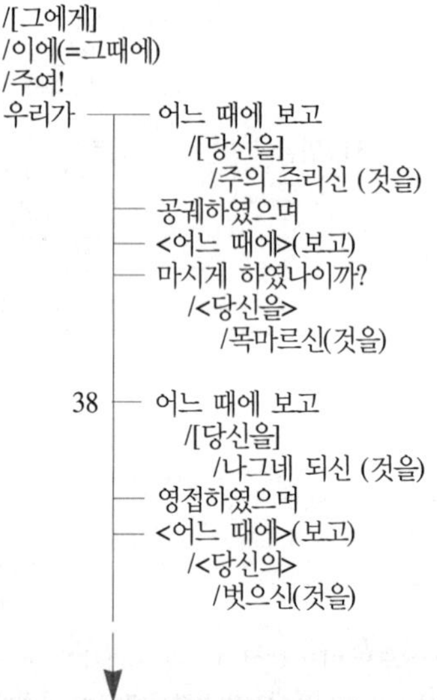

35 내가 주릴 때에 너희가 먹을 것을 주었고 목마를 때에 마시게 하였고 나그네 되었을 때에 영접하였고 36 벗었을 때에 옷을 입혔고 병들었을 때에 돌아보았고 옥에 갇혔을 때에 와서 보았느니라 37 이에 의인들이 대답하여 가로되 주여 우리가 어느 때에 주의 주리신 것을 보고 공궤하였으며 목마르신 것을 보고 마시게 하였나이까 38 어느 때에 나그네 되신 것을 보고 영접하였으며 벗으신 것을 보고 옷 입혔나이까

are blessed of My Father, inherit the kingdom prepared for you from the foundation of the world. 35 'For I was hungry, and you gave Me something to eat; I was thirsty, and you gave Me drink; I was a stranger, and you invited Me in; 36 naked, and you clothed Me; I was sick, and you visited Me; I was in prison, and you came to Me.' 37 "Then the righteous will answer Him, saying, 'Lord, when did we see You hungry, and feed You, or thirsty, and give You drink? 38 'And when did we see You a stranger, and invite You in, or naked, and clothe You? 39 'And

마

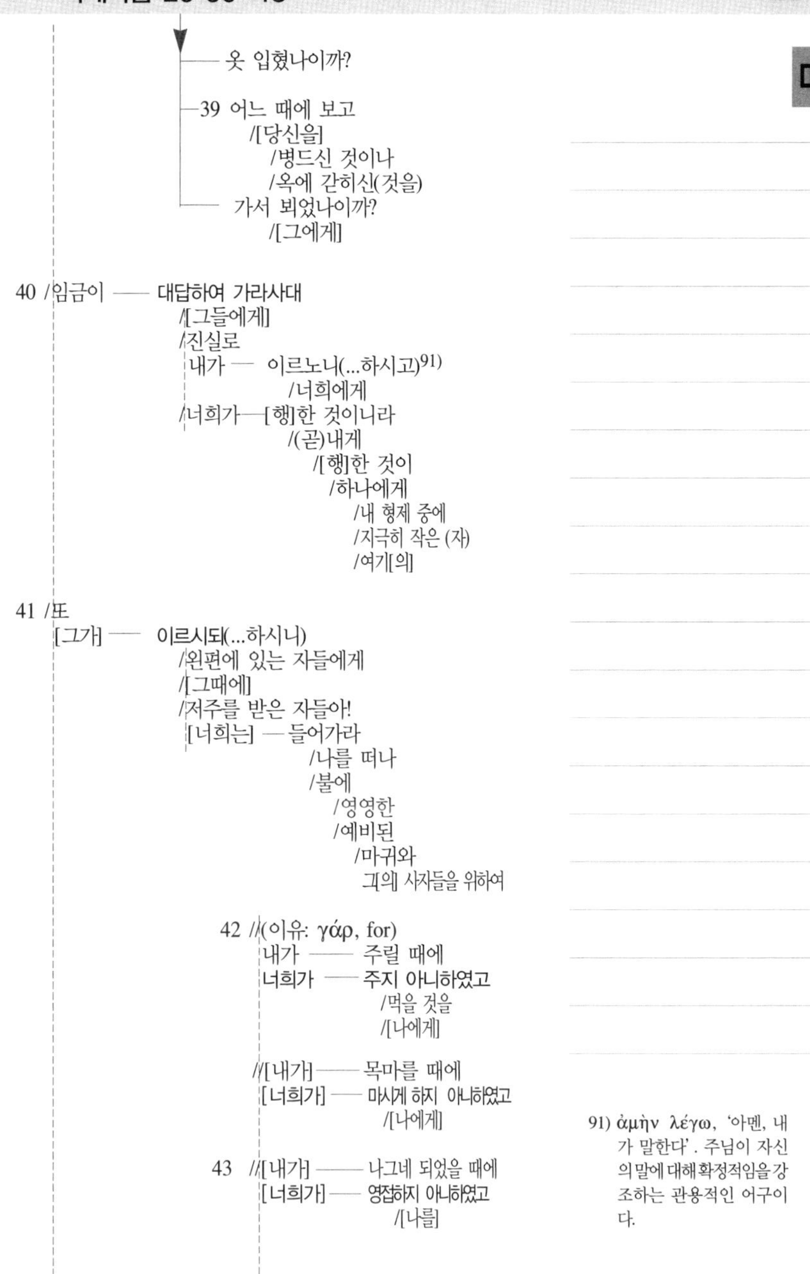

91) ἀμὴν λέγω, '아멘, 내가 말한다'. 주님이 자신의 말에 대해 확정적임을 강조하는 관용적인 어구이다.

39 어느 때에 병드신 것이나 옥에 갇히신 것을 보고 가서
뵈었나이까 하리니 40 임금이 대답하여 가라사대 내가 진
실로 너희에게 이르노니 너희가 여기 내 형제 중에 지극히
작은 자 하나에게 한 것이 곧 내게 한 것이니라 하시고
41 또 왼편에 있는 자들에게 이르시되 저주를 받은 자들
아 나를 떠나 마귀와 그 사자들을 위하여 예비된 영영한
불에 들어가라 42 내가 주릴 때에 너희가 먹을 것을 주지
아니하였고 목마를 때에 마시게 하지 아니하였고 43 나그
네 되었을 때에 영접하지 아니하였고 벗었을 때에 옷 입히
지 아니하였고 병들었을 때와 옥에 갇혔을 때에 돌아보지

when did we see You sick, or in prison, and come to
You?' 40 "And the King will answer and say to them,
'Truly I say to you, to the extent that you did it to one
of these brothers of Mine, even the least of them, you
did it to Me.' 41 "Then He will also say to those on His
left, 'Depart from Me, accursed ones, into the eternal fire
which has been prepared for the devil and his angels; 42
for I was hungry, and you gave Me nothing to eat; I was
thirsty, and you gave Me nothing to drink; 43 I was a stranger,
and you did not invite Me in; naked, and you did not

마

//<내가> — 벗었을 때에
[너희가] — 옷 입히지 아니하였고
/[나를]

//<내가> — 병들었을 때와
<내가> — 옥에 갇혔을 때에
[너희는] — 돌아보지 아니하였느니라
/[나를]

44 /저희도 — 대답하여 가로되
/[그때에]
/주여!
우리가 — 어느 때에 보고
/주의(=를)
/주리신(것이나)
/목마르신(것이나)
/나그네 되신(것이나)
/벗으신(것이나)
/병드신(것이나)
/갇히신(것을)
/옥에
공양치 아니하더이까?
/[주를]

45 /임금이 — 대답하여 가라사대(...하시리니)
/[그들에게]
/이에(=그때에)
/진실로
내가 — 이르노니[92)]
/너희에게
[너희가] — [행]하지 아니한 것이니라
/(곧) 내게
/[행]하지 아니한 것이
/하나에게
/이 지극히 작은(자)

46 /저희는 — 들어가리라
/영벌에
/의인들은 — 〈들어가리라〉
/영생에

92) ἀμὴν λέγω, '아멘, 내가 말한다'. 주님이 자신의 말에 대해 확정적임을 강조하는 관용적인 어구이다.

아니하였느니라 하시니 44 저희도 대답하여 가로되 주여 우리가 어느 때에 주의 주리신 것이나 목마르신 것이나 나그네 되신 것이나 벗으신 것이나 병드신 것이나 옥에 갇히신 것을 보고 공양치 아니하더이까 45 이에 임금이 대답하여 가라사대 내가 진실로 너희에게 이르노니 이 지극히 작은 자 하나에게 하지 아니한 것이 곧 내게 하지 아니한 것이니라 하시리니 46 저희는 영벌에, 의인들은 영생에 들어가리라 하시니라

clothe Me; sick, and in prison, and you did not visit Me.' 44 "Then they themselves also will answer, saying, 'Lord, when did we see You hungry, or thirsty, or a stranger, or naked, or sick, or in prison, and did not take care of You?' 45 "Then He will answer them, saying, 'Truly I say to you, to the extent that you did not do it to one of the least of these, you did not do it to Me.' 46 "And these will go away into eternal punishment, but the righteous into eternal life."

마

26 1 예수께서 마치시고(=마치셨을 때, 상황절, when)
/말씀을
/다(=모든)
/이
이르시되(...하시더라)
/[그의] 제자들에게

2 /너희의(=가) — 아는 바와 같이(=아느니라)
/유월절이 — [되리]라
/이틀을 지나면
/인자가 — 팔리우리라
/십자가에 못 박히기 위하여

3 대제사장들과 **모여**
장로들이 /그 때에
/백성의 /아문에
/대제사장의
/가야바라 하는
4 **의논하되**

//(목적: ἵνα, in order...might)
[그들이] — 잡아
— 죽이려고

/예수를
/궤계로

5 [그들이] **말하기를**(...하더라)
/명절에는 — 말자

//(결과: ἵνα, otherwise...might)
요가(=소동이) — (날까) 하노니(=일어나리라)
/민(=사람들 중에서)

6 예수께서 계실 때에(상황절, when)
/베다니[에]
/문둥이 시몬의 집에

7 한 여자가 **나아와서**
/[그에게]
/가지고(현재분사)
/한 옥합을
/향유
/매우 귀한
부으니
/머리에
/예수의
/식사하시는

26 1 예수께서 이 말씀을 다 마치시고 제자들에게 이
르시되 2 너희의 아는 바와 같이 이틀을 지나면 유
월절이라 인자가 십자가에 못박히기 위하여 팔리우리라 하
시더라 3 그 때에 대제사장들과 백성의 장로들이 가야바
라 하는 대제사장의 아문에 모여 4 예수를 궤계로 잡아 죽
이려고 의논하되 5 말하기를 민요가 날까 하노니 명절에
는 말자 하더라 6 예수께서 베다니 문둥이 시몬의 집에 계
실 때에 7 한 여자가 매우 귀한 향유 한 옥합을 가지고 나
아와서 식사하시는 예수의 머리에 부으니

26 1 And it came about that when Jesus had finished
all these words, He said to His disciples, 2 "You
know that after two days the Passover is coming, and the
Son of Man is to be delivered up for crucifixion." 3 Then
the chief priests and the elders of the people were gathered
together in the court of the high priest, named Caiaphas;
4 and they plotted together to seize Jesus by stealth, and
kill Him. 5 But they were saying, "Not during the festival,
lest a riot occur among the people." 6 Now when Jesus
was in Bethany, at the home of Simon the leper, 7 a
woman came to Him with an alabaster vial of very costly
perfume, and she poured it upon His head as He reclined

마

8 제자들이 보고(상황절, when)
분하여 가로되(...하거늘)
/이것을(=이) ── 무슨 의사로 허비하느뇨?

9 //(이유: γάρ, for)
이것을(=이) ── 팔아(=팔려)
/많은 값에
줄[어 줄] 수 있었겠도다
/가난한 자들에게

10 예수께서 아시고(=아셨을 때, 상황절, when)
이르시되
/저희에게
/너희가 ── 어찌하여 하느냐?(=주느냐?)
/괴롭게(=괴로움을)
/이 여자를(=에게)

//(이유: γάρ, for)
저가 ── [행]하였느니라
/좋은 일을
/내게

11 //(이유: γάρ, for)
[너희는] ─ 있거니와
/가난한 자들은
/항상
/너희와 함께
[너희가] ─ 있지 아니하리라
/나는(=나를)
/항상 (함께)

2 //(이유: γάρ, for)
이 여자가 ─ [행]함이니라
/장사를 위하여
/내(=나를)
/부은 것은(=부어, 과거분사)
/이 향유를
/내 몸에

13 /진실로
내가 ── 이르노니(...하시니라)[93)]
/너희에게
/[만일, ἐὰν]
이 복음이 ── 전파되는 곳에는...어디서든지(=전파되어 진다면, if)
/온 천하에
이 여자의(=가) ─ 말하여(=말해질 것이다)

8 제자들이 보고 분하여 가로되 무슨 의사로 이것을 허비하느뇨 9 이것을 많은 값에 팔아 가난한 자들에게 줄 수 있었겠도다 하거늘 10 예수께서 아시고 저희에게 이르시되 너희가 어찌하여 이 여자를 괴롭게 하느냐 저가 내게 좋은 일을 하였느니라 11 가난한 자들은 항상 너희와 함께 있거니와 나는 항상 함께 있지 아니하리라 12 이 여자가 내 몸에 이 향유를 부은 것은 내 장사를 위하여 함이니라 13 내가 진실로 너희에게 이르노니 온 천하에 어디서든지 이 복음이 전파되는 곳에는 이 여자의 행한 일도 말하여 저를 기념하리라 하시니라

at the table. 8 But the disciples were indignant when they saw this, and said, "Why this waste? 9 "For this perfume might have been sold for a high price and the money given to the poor." 10 But Jesus, aware of this, said to them, "Why do you bother the woman? For she has done a good deed to Me. 11 "For the poor you have with you always; but you do not always have Me. 12 "For when she poured this perfume upon My body, she did it to prepare Me for burial. 13 "Truly I say to you, wherever this gospel is preached in the whole world, what this woman has done shall also be spoken of in memory of her." 14 Then one of the twelve, named Judas Iscariot,

이 여자의(=가) — 말하여(=말해질 것이다)
/행한 일도
/기념하리라(=위하여)
/저를

14 하나(인 자)가 말하되(...하니)
/가룟 유다라하는 /가서(과거분사)
/열둘 중에 /대제사장들에게
/그 때에

15 /내가 — 넘겨주리니
/예수를
/너희에게
/[너희가] — 얼마나 주려느냐?
/[나에게]

그들이 달아 주거늘
/은 삼십을
/[그에게]

16 저가 찾더라
/기회를
/그 때부터
/[그가] — 넘겨 줄(=주려고)
/예수를

17 제자들이 나아와서 가로되
/예수께
/무교절의 첫날에
/[당신은] — 어디서 원하시나이까?
/우리가 — 예비하기를
/[당신에게]
/잡수실 것을
/유월절(=을)

18 [그가] 가라사대(...하신대)
/[너희는] — 가서
/성 안
/아무에게
— 이르되(...하라)
/[그에게]
/선생님[이] — 말씀이... 하라)(말씀하시더라)
/내 때가 — 가까왔으니
/[내가] — 지키겠다
/유월절을
/내 제자들과 함께
/네 집에서

14 그 때에 열둘 중에 하나인 가룟 유다라 하는 자가 대제
사장들에게 가서 말하되 15 내가 예수를 너희에게 넘겨
주리니 얼마나 주려느냐 하니 그들이 은 삼십을 달아 주거
늘 16 저가 그 때부터 예수를 넘겨줄 기회를 찾더라 17
무교절의 첫 날에 제자들이 예수께 나아와서 가로되 유월
절 잡수실 것을 우리가 어디서 예비하기를 원하시나이까
18 가라사대 성 안 아무에게 가서 이르되 선생님 말씀이
내 때가 가까왔으니 내 제자들과 함께 유월절을 네 집에서
지키겠다 하시더라 하라 하신대

went to the chief priests, 15 and said, "What are you
willing to give me to deliver Him up to you?" And they
weighed out to him thirty pieces of silver. 16 And from
then on he began looking for a good opportunity to betray
Him.17 ¶ Now on the first day of Unleavened Bread the
disciples came to Jesus, saying, "Where do You want us
to prepare for You to eat the Passover?" 18 And He said,
"Go into the city to a certain man, and say to him, 'The Teacher
says, "My time is at hand; I am to keep the Passover at
your house with My disciples."' 19 And the disciples did

마

19 제자들이 [행]하여
/예수의(=가) —— 시키신 대로
/[그들에게]
예비하였더라
/유월절을

20 저물 때에(상황절, when)
예수께서 앉으셨더니
/열두 제자와 함께

21 저희가 먹을 때에(상황절, while)
[그가] 이르시되(...하시니)
/진실로
내가 —— 이르노니[94)]
/너희에게
/한 사람이 —— 팔리라
/너희 중에 /나를

22 저희가 오되(=시작하니라)
/여짜(=말하기를, 부정사)
/[그에게]
/각각
/근심하여(=근심하면서, 현재분사)
/심히
/주여!
내니이까

23 [그가] 대답하여 가라사대
/그가 —— 팔리라
/넣는 /나를
/손을
/나와 함께
/그릇에

24/인자는 —— 가거니와
/기록된 대로
/자기에게 대하여
/화가 있으리로다
/그 사람에게는
/인자를 파는

/[만일, εἰ]
그 사람은 — (차라리) 나지 아니하였더면(조건절, if)
[그것이] —— 좋을 뻔하였느니라
/제게

25 유다가 대답하여 가로되
/파는 /랍비여!
/예수를 /내니이까?

94) ἀμὴν λέγω, '아멘, 내가 말한다'. 주님이 자신의 말에 대해 확정적임을 강조하는 관용적인 어구이다..

19 제자들이 예수의 시키신대로 하여 유월절을 예비하였더라 20 저물 때에 예수께서 열두 제자와 함께 앉으셨더니 21 저희가 먹을 때에 이르시되 내가 진실로 너희에게 이르노니 너희 중에 한 사람이 나를 팔리라 하시니 22 저희가 심히 근심하여 각각 여짜오되 주여 내니이까 23 대답하여 가라사대 나와 함께 그릇에 손을 넣는 그가 나를 팔리라 24 인자는 자기에게 대하여 기록된 대로 가거니와 인자를 파는 그 사람에게는 화가 있으리로다 그 사람은 차라리 나지 아니하였더면 제게 좋을 뻔하였느니라 25 예수를 파는 유다가 대답하여 가로되 랍비여 내니이까 대답하

as Jesus had directed them; and they prepared the Passover. 20 Now when evening had come, He was reclining at the table with the twelve disciples. 21 And as they were eating, He said, "Truly I say to you that one of you will betray Me." 22 And being deeply grieved, they each one began to say to Him, "Surely not I, Lord?" 23 And He answered and said, "He who dipped his hand with Me in the bowl is the one who will betray Me. 24 "The Son of Man is to go, just as it is written of Him; but woe to that man by whom the Son of Man is betrayed! It would have been

[그가] 대답하시되(...하시니라)
/[그에게]
/네가 —— 말하였도다

26 저희가 먹을 때에(상황절, while)
예수께서 떼어
/가지사(과거분사)
/떡을
/축복하시고(과거분사)
가라사대(...하시고)
/주시며(과거분사)
/제자들을(=에게)
/[너희는] —— 받아 —— 먹으라
/이것이 —— 내 몸이니라

27 또
[그가] 주시며
/저희에게
/가지사(과거분사)
/잔을
/사례하시고(과거분사)
/너희가 —— 마시라
/다(=모든) /이것을

28 //(이유: γάρ, for)
이것은 — 피니라
/나의
/(곧) 언약의 (피)
/흘리는 (바)
/많은 사람을 위하여
/죄 사함을 얻게 하려고

29 /그러나
[내가] —— 이르노니[95]
/너희에게
/내가 —— 마시는(=마실 때에, 상황절, when)
/[그것을]
/너희와 함께
/새 것으로
/나라에서
/내 아버지의
—— 마시지 아니하리라
/이제부터
/[이] 난 것을(=과일을)
/포도나무에서(=의)
/[그]날까지

95) 주님께서 자신의 말씀을 하나님의 말씀과 대등한 권위임을 드러내는 관용적인 표현이다.

시되 네가 말하였도다 하시니라 26 저희가 먹을 때에 예수께서 떡을 가지사 축복하시고 떼어 제자들을 주시며 가라사대 받아 먹으라 이것이 내 몸이니라 하시고 27 또 잔을 가지사 사례하시고 저희에게 주시며 가라사대 너희가 다 이것을 마시라 28 이것은 죄 사함을 얻게 하려고 많은 사람을 위하여 흘리는 바 나의 피 곧 언약의 피니라 29 그러나 너희에게 이르노니 내가 포도나무에서 난 것을 이제부터 내 아버지의 나라에서 새 것으로 너희와 함께 마시는 날까지 마시지 아니하리라 하시니라

good for that man if he had not been born." 25 And Judas, who was betraying Him, answered and said, "Surely it is not I, Rabbi?" He said to him, "You have said it yourself." 26 And while they were eating, Jesus took some bread, and after a blessing, He broke it and gave it to the disciples, and said, "Take, eat; this is My body." 27 And when He had taken a cup and given thanks, He gave it to them, saying, "Drink from it, all of you; 28 for this is My blood of the covenant, which is poured out for many for forgiveness of sins 29 "But I say to you, I will not drink of this fruit of the vine from now on until that day when I drink it new with you in My Father's kingdom. 30 And after

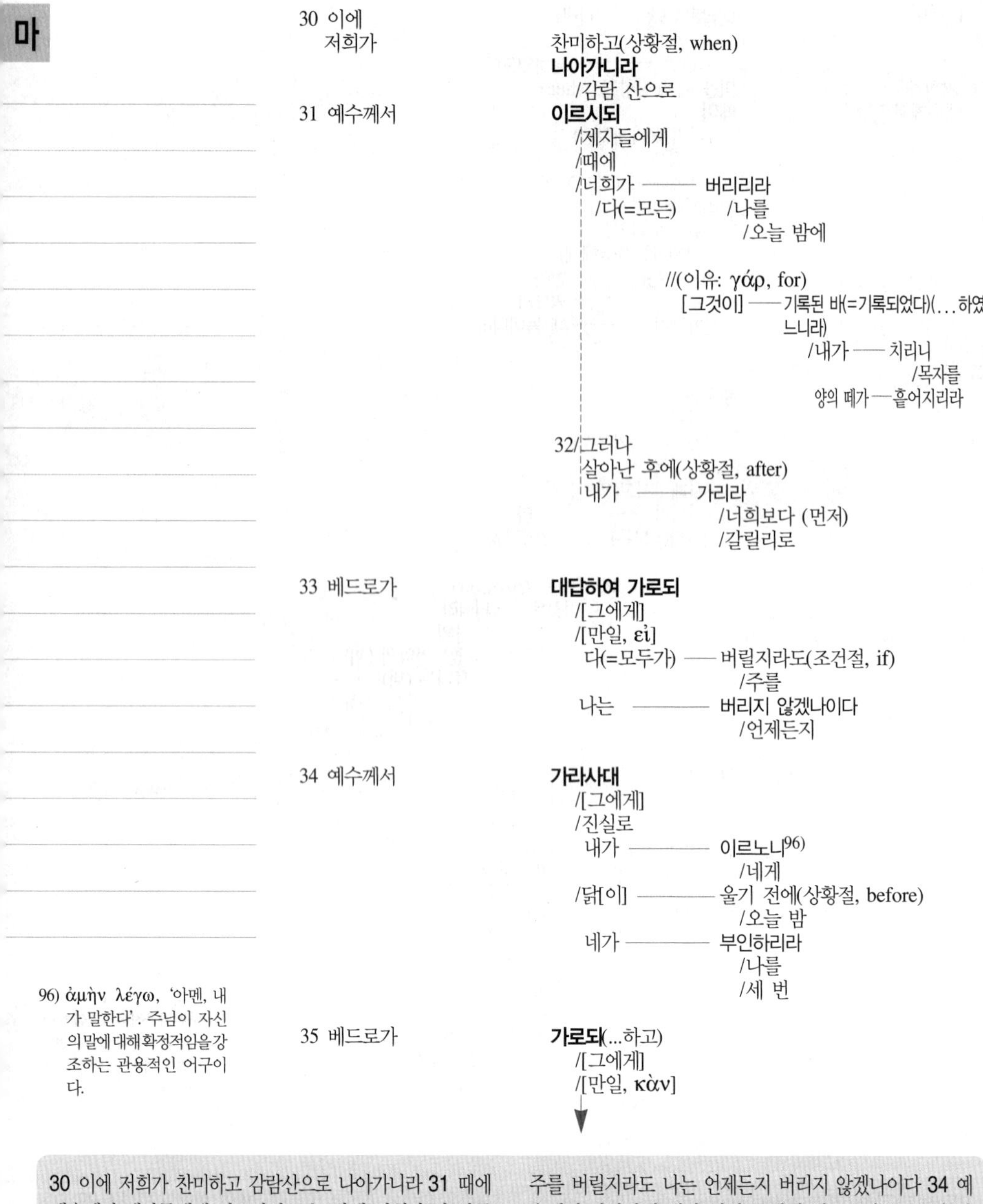

96) ἀμὴν λέγω, '아멘, 내가 말한다'. 주님이 자신의 말에 대해 확정적임을 강조하는 관용적인 어구이다.

30 이에 저희가 찬미하고 감람산으로 나아가니라 31 때에
예수께서 제자들에게 이르시되 오늘 밤에 너희가 다 나를
버리리라 기록된 바 내가 목자를 치리니 양의 떼가 흩어지
리라 하였느니라 32 그러나 내가 살아난 후에 너희보다
먼저 갈릴리로 가리라 33 베드로가 대답하여 가로되 다
주를 버릴지라도 나는 언제든지 버리지 않겠나이다 34 예
수께서 가라사대 내가 진실로 네게 이르노니 오늘 밤 닭
울기 전에 네가 세 번 나를 부인하리라 35 베드로가 가로
되 내가 주와 함께 죽을지언정 주를 부인하지 않겠나이다
하고 모든 제자도 이와 같이 말하니라

singing a hymn, they went out to the Mount of Olives.
31 Then Jesus said to them, "You will all fall away
because of Me this night, for it is written, 'I will strike
down the shepherd, and the sheep of the flock shall be
scattered.' 32 "But after I have been raised, I will go
before you to Galilee." 33 But Peter answered and said
to Him, "Even though all may fall away because of You,
I will never fall away." 34 Jesus said to him, "Truly I
say to you that this very night, before a cock crows, you
shall deny Me three times." 35 Peter said to Him, "Even
if I have to die with You, I will not deny You." All the disciples
said the same thing too. 36 Then Jesus came with them
to a place called Gethsemane, and said to His disciples,
"Sit here while I go over there and pray." 37 And He

/[만일, κἂν]
내가 ── 죽을지언정(=죽을 지라도, 조건절, if)
/주와 함께
부인하지 않겠나이다
/주를

제자도
/모든
말하니라
/이와 같이

36 이에
예수께서
이르러
/제자들과 함께
/겟세마네라 하는 곳에
이르시되(...하시고)
/제자들에게
/내가 ── 기도할 동안에(상황절, while)
/가서(과거분사)
/거기
/너희는 ── 앉아 있으라
/여기

37 데리고 가실새
/베드로와
세베대의 두 아들을
〈시작하니라〉
/고민하고(=고민하기를, 부정사)
/슬퍼하사(=슬퍼하기를, 부정사)

38 이에
[그가]
말씀하시되(...하시고)
/[그들에게]
/마음이 ── 심히 고민하여(=고민하니)
/내
/죽게 되었으니(=죽기까지)
/너희는 ── 머물러
/여기
깨어 있으라
/나와 함께

39 엎드려 기도하여 가라사대(...하시고)
/얼굴을(땅에 대시고)
/나아가사(과거분사)
/조금
/아버지여!
/내
만일[εἰ]
[그것이] ── 할 만하시거든(조건절, if)
이 잔을(=이) ── 지나가게 하옵소서
/내게서
/그러나
나의 원대로 마옵시고
아버지의 원대로 하옵소서

36 이에 예수께서 제자들과 함께 겟세마네라 하는 곳에
이르러 제자들에게 이르시되 내가 저기 가서 기도할 동안
에 너희는 여기 앉아 있으라 하시고 37 베드로와 세베대
의 두 아들을 데리고 가실새 고민하고 슬퍼하사 38 이에
말씀하시되 내 마음이 심히 고민하여 죽게 되었으니 너희
는 여기 머물러 나와 함께 깨어 있으라 하시고 39 조금 나
아가사 얼굴을 땅에 대시고 엎드려 기도하여 가라사대 내
아버지여 만일 할만하시거든 이 잔을 내게서 지나가게 하
옵소서 그러나 나의 원대로 마옵시고 아버지의 원대로 하
옵소서 하시고

took with Him Peter and the two sons of Zebedee, and
began to be grieved and distressed. 38 Then He said to
them, "My soul is deeply grieved, to the point of death; remain
here and keep watch with Me." 39 And He went a little beyond
them, and fell on His face and prayed, saying, "My Father,
if it is possible, let this cup pass from Me; yet not as I
will, but as Thou wilt." 40 And He came to the disciples
and found them sleeping, and said to Peter, "So, you men

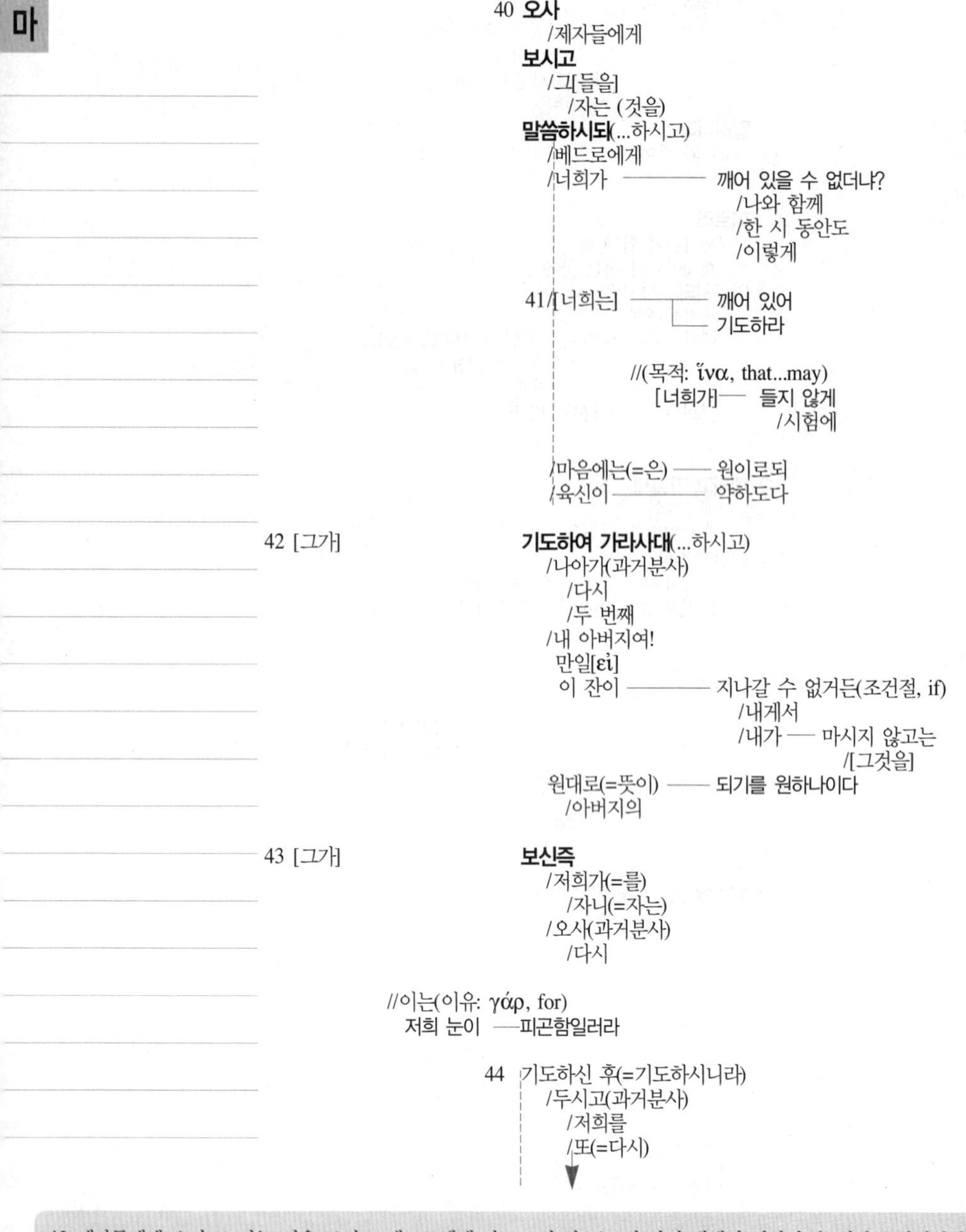

40 제자들에게 오사 그 자는 것을 보시고 베드로에게 말씀하시되 너희가 나와 함께 한 시 동안도 이렇게 깨어 있을 수 없더냐 41 시험에 들지 않게 깨어 있어 기도하라 마음에는 원이로되 육신이 약하도다 하시고 42 다시 두 번째 나아가 기도하여 가라사대 내 아버지여 만일 내가 마시지 않고는 이 잔이 내게서 지나갈 수 없거든 아버지의 원대로 되기를 원하나이다 하시고 43 다시 오사 보신즉 저희가 자니 이는 저희 눈이 피곤함일러라 44 또 저희를 두시고 나아가 세 번째 동일한 말씀으로 기도하신 후

could not keep watch with Me for one hour? 41 "Keep watching and praying, that you may not enter into temptation; the spirit is willing, but the flesh is weak." 42 He went away again a second time and prayed, saying, "My Father, if this cannot pass away unless I drink it, Thy will be done." 43 And again He came and found them sleeping, for their eyes were heavy. 44 And He left them again, and went away and prayed a third time, saying the same thing once more. 45 Then He came to the disciples, and said to them, "Are you still sleeping and taking your rest?

/또(=다시)
/나아가(=나가신 후에, 과거분사)
/세 번째
/동일한 말씀으로
/[말씀하신 후에, 과거분사)
/[다시]

45 **오사**
/제자들에게
/이에
이르시되
/[그들에게]
/[너희는] — 자고
/이제는
— 쉬라
/보라!
때가 — 가까왔으니
/인자가 — 팔리우느니라
/죄인의 손에

46 /[너희는] — 일어나라
/[우리가] — 함께 가자
/보라[ἰδοὺ]
파는 자가 — 가까이 왔느니라
/나를

47 [그가] 말씀하실 때에(상황절, while)
/[아직]

[보라, ἰδοὺ]
유다가 **왔는데**(...하였더라)
/하나인
/열둘 중에
무리가 **〈왔더라〉**
/큰 /검과 몽치를 가지고
/대제사장들과 /그와 함께
장로들에게서 파송된
/백성의

48 파는 자가 **짜(=주어)가로되**(...하였는지라)
/예수를 /군호를
/그들에게
/내가 입맞추는 자가 — 그이니
[너희는] — 잡으라
/그를

49 [그가] **[말]하고**
/나아와(과거분사)
/예수께
/곧
/랍비여!
[당신은] — 안녕하시옵니까?

45 이에 제자들에게 오사 이르시되 이제는 자고 쉬라 보
라 때가 가까왔으니 인자가 죄인의 손에 팔리우느니라 46
일어나라 함께 가자 보라 나를 파는 자가 가까이 왔느니라
47 말씀하실 때에 열둘 중에 하나인 유다가 왔는데 대제
사장들과 백성의 장로들에게서 파송된 큰 무리가 검과 몽
치를 가지고 그와 함께 하였더라 48 예수를 파는 자가 그
들에게 군호를 짜 가로되 내가 입맞추는 자가 그이니 그를
잡으라 하였는지라 49 곧 예수께 나아와 랍비여 안녕하시
옵니까 하고 입을 맞추니

Behold, the hour is at hand and the Son of Man is being
betrayed into the hands of sinners. 46 "Arise, let us be
going; behold, the one who betrays Me is at hand!" 47
And while He was still speaking, behold, Judas, one of
the twelve, came up, accompanied by a great multitude
with swords and clubs, from the chief priests and elders
of the people. 48 Now he who was betraying Him gave
them a sign, saying, "Whomever I shall kiss, He is the
one; seize Him." 49 And immediately he went to Jesus
and said, "Hail, Rabbi!" and kissed Him. 50 And Jesus

마

입을 맞추니
/[그를]

50 예수께서 가라사대(...하신대)
/[그에게]
/친구여!
/네가 ——— 행하라
/무엇을 하려고 왔느니

저희가 대어
/손을
/예수께
/나아와(과거분사)
/이에(=그때에)
잡는지라
/[그를]

51 [보라, ἰδοὺ]
하나가
/예수와
함께 있던자 중에
빼어
/[그의] 검을
/펴(과거분사)
/손을
떨어뜨리니
/그[의] 귀를
/쳐(과거분사)
/대제사장의 종을

52 예수께서 이르시되(...하시더라)
/[그에게]
/이에(=그때에)
/너는 ——— 도로...꽂으라(=집어넣으라)
/네 검을
/[그것의] 집에

//(이유: γάρ, for)
검을 가지는 자는 ——망하느니라
/다(=모든) /검으로

53 /내가 —— 아느냐?
/구하여 할 수 없는 줄로
/내 아버지께
/[그가] — 보내시게(=보내실 것이라는 것을)
/[나에게]
/지금
/영[을]
/열두더 되는(=열둘보다 많은)
/천사를(=의)

54 /(내가 만일) 그렇게 하면(οὖν)
성경이 ——— 어떻게 이루어지리요
/있으리라 한
/이런 일이

50 예수께서 가라사대 친구여 네가 무엇을 하려고 왔는지 행하라 하신대 이에 저희가 나아와 예수께 손을 대어 잡는지라 51 예수와 함께 있던 자 중에 하나가 손을 펴 검을 빼어 대제사장의 종을 쳐 그 귀를 떨어뜨리니 52 이에 예수께서 이르시되 네 검을 도로 집에 꽂으라 검을 가지는 자는 다 검으로 망하느니라 53 너는 내가 내 아버지께 구하여 지금 열두 영 더 되는 천사를 보내시게 할 수 없는 줄로 아느냐 54 내가 만일 그렇게 하면 이런 일이 있으리라 한 성경이 어떻게 이루어지리요 하시더라

said to him, "Friend, do what you have come for." Then they came and laid hands on Jesus and seized Him. 51 And behold, one of those who were with Jesus reached and drew out his sword, and struck the slave of the high priest, and cut off his ear. 52 Then Jesus said to him, "Put your sword back into its place; for all those who take up the sword shall perish by the sword. 53 "Or do you think that I cannot appeal to My Father, and He will at once

55 예수께서 　 **말씀하시되**(...하시더라)
/무리에게
/그 때에
/너희가 ——— 나왔느냐?
/잡으러(부정사)
/나를
/검과 몽치를 가지고
/강도를 잡는 것같이
/내가 ——— 앉아 가르쳤으되
/날마다
/성전에
/너희가 ——— 잡지 아니하였도다
/나를

56 /그러나
이렇게(=이것은) —— 된 것은(=되어진 것이라)
/다(=모든)

//(목적: ἵνα, that...may)
글을(=이) —— 이루려 함이니라
/선지자들의

제자들이
/다(=모든) 　 **도망하니라**
/버리고(과거분사)
/예수를
/이에(=그때에)

57 잡은 자들이
/예수를 　 **끌고 가니**
/대제사장
가야바에게로
/거기 모여 있더라(=모여있는 곳으로)
/서기관과 장로들이

58 베드로가 　 **좇아 가서**
/예수를
/멀찍이(=멀리서부터)
/집 뜰에까지
/대제사장의
앉았더라
/보려고(부정사)
/그 결국을
/들어가(과거분사)
/안에
/하속들과 함께

59 대제사장들과
온 공회가 　 **찾으매**
/거짓 증거를
/그를 칠

//(목적: ὅπως, that...might)

55 그 때에 예수께서 무리에게 말씀하시되 너희가 강도를
잡는 것같이 검과 몽치를 가지고 나를 잡으러 나왔느냐 내
가 날마다 성전에 앉아 가르쳤으되 너희가 나를 잡지 아니
하였도다 56 그러나 이렇게 된 것은 다 선지자들의 글을
이루려 함이니라 하시더라 이에 제자들이 다 예수를 버리
고 도망하니라 57 예수를 잡은 자들이 끌고 대제사장 가
야바에게로 가니 거기 서기관과 장로들이 모여 있더라 58
베드로가 멀찍이 예수를 좇아 대제사장의 집 뜰에까지 가
서 그 결국을 보려고 안에 들어가 하속들과 함께 앉았더라
59 대제사장들과 온 공회가 예수를 죽이려고 그를 칠 거

put at My disposal more than twelve legions of angels?
54 "How then shall the Scriptures be fulfilled, that it
must happen this way?" 55 At that time Jesus said to the
multitudes, "Have you come out with swords and clubs
to arrest Me as against a robber? Every day I used to sit
in the temple teaching and you did not seize Me. 56 "But
all this has taken place that the Scriptures of the prophets
may be fulfilled." Then all the disciples left Him and fled.
57 And those who had seized Jesus led Him away to Caiaphas,
the high priest, where the scribes and the elders were

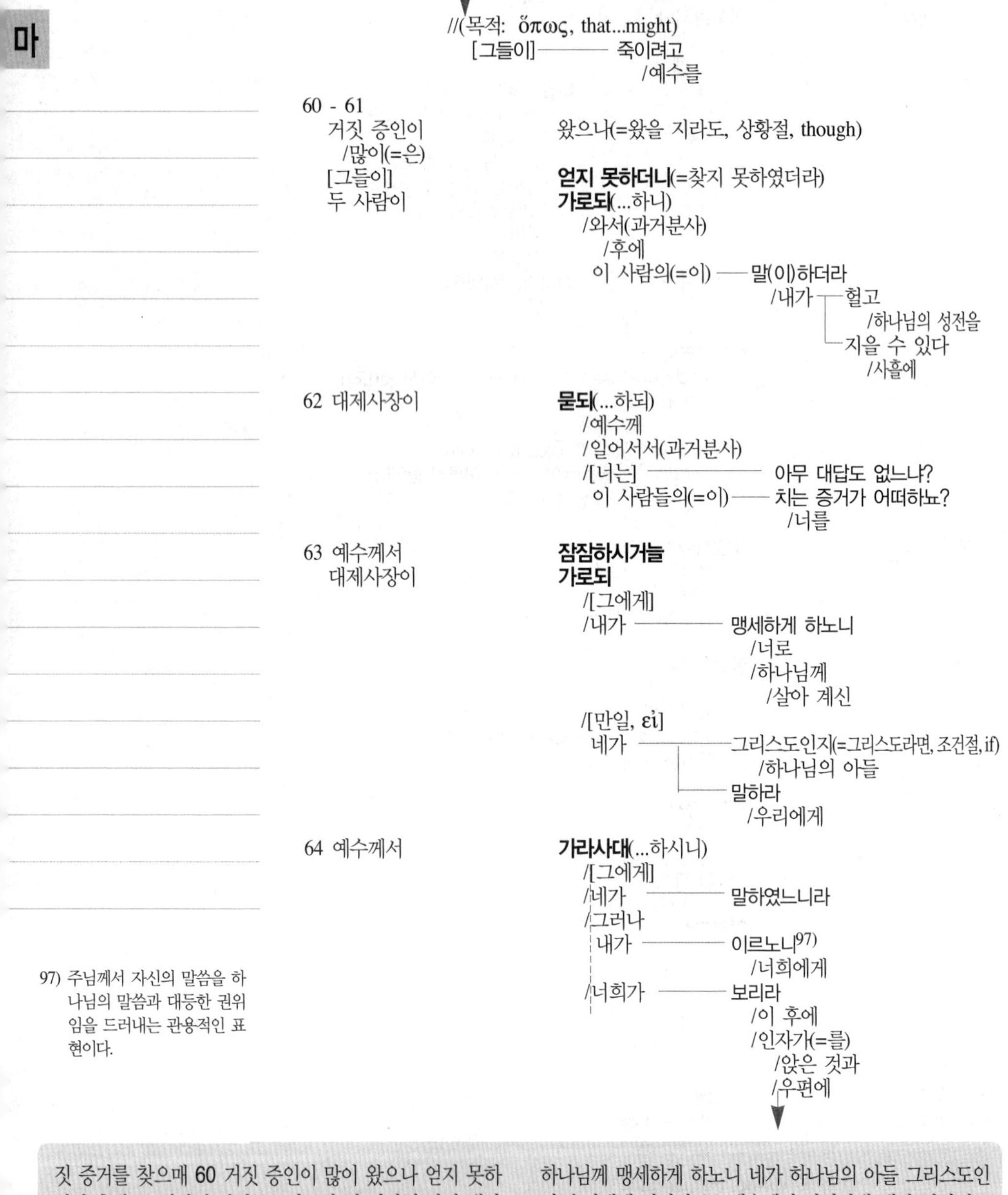

97) 주님께서 자신의 말씀을 하나님의 말씀과 대등한 권위임을 드러내는 관용적인 표현이다.

짓 증거를 찾으매 60 거짓 증인이 많이 왔으나 얻지 못하
더니 후에 두 사람이 와서 61 가로되 이 사람의 말이 내가
하나님의 성전을 헐고 사흘에 지을 수 있다 하더라 하니
62 대제사장이 일어서서 예수께 묻되 아무 대답도 없느냐
이 사람들의 너를 치는 증거가 어떠하뇨 하되 63 예수께
서 잠잠하시거늘 대제사장이 가로되 내가 너로 살아 계신
하나님께 맹세하게 하노니 네가 하나님의 아들 그리스도인
지 우리에게 말하라 64 예수께서 가라사대 네가 말하였느
니라 그러나 내가 너희에게 이르노니 이후에 인자가 권능
의 우편에 앉은 것과 하늘 구름을 타고 오는 것을 너희가
보리라 하시니

gathered together. 58 But Peter also was following Him
at a distance as far as the courtyard of the high priest,
and entered in, and sat down with the officers to see the
outcome. 59 Now the chief priests and the whole Council
kept trying to obtain false testimony against Jesus, in
order that they might put Him to death; 60 and they did
not find any, even though many false witnesses came forward.
But later on two came forward, 61 and said, "This man
stated, 'I am able to destroy the temple of God and to
rebuild it in three days.'" 62 And the high priest stood
up and said to Him, "Do You make no answer? What is
it that these men are testifying against You?" 63 But
Jesus kept silent. And the high priest said to Him, "I
adjure You by the living God, that You tell us whether

/우편에
/권능의
/오는 것을(=오는)
/하늘 구름을 타고

65 대제사장이 **찢으며 가로되**
/자기 옷을
/이에(=그때에)
/저가 ——— 참람한 말을 하였으니
[우리가] ——— 어찌 요구하리요
/증인을
/더
/보라!
너희가 ——— 들었도다
/이 참람한 말을
/지금

66 /생각이 ——— 어떠하뇨?
/[너희에게]
대답하여 가로되(...하고)
/저는 ——— 사형에 해당하니라

67 **침 뱉으며**
/이에(=그때에)
/예수의 얼굴에
주먹으로 치고
/[그를]
혹은 **손바닥으로 때리며 가로되**(...하더라)
68 /그리스도야!
[너는] ——— 선지자 노릇을 하라
/우리에게
/친 자가 ——— 누구냐?
/너를

69 베드로가 **앉았더니**
/바깥뜰에
한 비자가 **나아와 가로되**(...하거늘)
/[그에게]
/너도 ——— 있었도다
/예수와 함께
갈릴리 사람

70 베드로가 **부인하여 가로되**(...하며)
/모든 사람 앞에서
/나는 ——— 알지 못하겠노라
/네 말하는 것이 무엇인지

65 이에 대제사장이 자기 옷을 찢으며 가로되 저가 참람
한 말을 하였으니 어찌 더 증인을 요구하리요 보라 너희가
지금 이 참람한 말을 들었도다 66 생각이 어떠하뇨 대답
하여 가로되 저는 사형에 해당하니라 하고 67 이에 예수
의 얼굴에 침 뱉으며 주먹으로 치고 혹은 손바닥으로 때리
며 68 가로되 그리스도야 우리에게 선지자 노릇을 하라
너를 친 자가 누구냐 하더라 69 베드로가 바깥 뜰에 앉았
더니 한 비자(婢子)가 나아와 가로되 너도 갈릴리 사람 예
수와 함께 있었도다 하거늘 70 베드로가 모든 사람 앞에
서 부인하여 가로되 나는 네 말하는 것이 무엇인지 알지
못하겠노라 하며

You are the Christ, the Son of God." 64 Jesus said to
him, "You have said it yourself; nevertheless I tell you,
hereafter you shall see the Son of Man sitting at the right
hand of Power, and coming on the clouds of heaven." 65
Then the high priest tore his robes, saying, "He has
blasphemed! What further need do we have of witnesses?
Behold, you have now heard the blasphemy; 66 what do
you think?" They answered and said, "He is deserving of
death!" 67 Then they spat in His face and beat Him with
their fists; and others slapped Him, 68 and said, "Prophesy
to us, You Christ; who is the one who hit You?" 69 Now
Peter was sitting outside in the courtyard, and a certain servant-
girl came to him and said, "You too were with Jesus the
Galilean." 70 But he denied it before them all, saying, "I
do not know what you are talking about." 71 And when
he had gone out to the gateway, another servant-girl saw

마

71 다른 비자가 **보고**
/저를
/나아가니(과거분사)
/앞문까지
말하되(...하매)
/거기 있는 사람들에게
/이 사람은 — 있었도다
/나사렛 예수와 함께

72 베드로가 **부인하여 가로되**(...하더라)
/맹세하고
/또(=다시)
/내가 — 알지 못하노라
/그 사람을

73 사람들이 **이르되**(...하거늘)
/곁에 섰던
/조금 후에
/베드로에게
/나아와(과거분사)
/너도 — 당이라
/그[들의]
/진실로

//(이유: γάρ, for)
네 말소리가 — 표명한다
/너를

74 저가 [**시작하니라**](...**가로되**)(...하니)
/저주하며(=저주하기를)
/맹세하여(=맹세하기를)
/내가 — 알지 못하노라
/그 사람을

닭이 **울더라**
/곧

75 이에
베드로가 **생각나서**
/말씀에(=이)
/예수의(=가) — 하심이(=말씀하신)
/네가 — 부인하리라[하신]
/나를
/세 번
/닭 울기 전에
통곡하니라
/심히
/나가서(과거분사)
/밖에

71 앞문까지 나아가니 다른 비자가 저를 보고 거기 있는 사람들에게 말하되 이 사람은 나사렛 예수와 함께 있었도다 하매 72 베드로가 맹세하고 또 부인하여 가로되 내가 그 사람을 알지 못하노라 하더라 73 조금 후에 곁에 섰던 사람들이 나아와 베드로에게 이르되 너도 진실로 그 당이라 네 말소리가 너를 표명한다 하거늘 74 저가 저주하며 맹세하여 가로되 내가 그 사람을 알지 못하노라 하니 닭이 곧 울더라 75 이에 베드로가 예수의 말씀에 닭 울기 전에 네가 세 번 나를 부인하리라 하심이 생각나서 밖에 나가서 심히 통곡하니라

him and said to those who were there, "This man was with Jesus of Nazareth." 72 And again he denied it with an oath, "I do not know the man." 73 And a little later the bystanders came up and said to Peter, "Surely you too are one of them; for the way you talk gives you away." 74 Then he began to curse and swear, "I do not know the man!" And immediately a cock crowed. 75 And Peter remembered the word which Jesus had said, "Before a cock crows, you will deny Me three times." And he went out and wept bitterly.

27 1 Now when morning had come, all the chief priests and the elders of the people took counsel against

27

1 새벽(=아침이) ── 에(=왔을 때, 상황절, when)
대제사장과 ── **의논하고**
/모든 /[예수에 대하여]
장로들이
/백성의

//(목적: ὥστε, in order to)
예수를 죽이려고 함께

2 [그들이] 결박하여(=결박하였을 때, 상황절, when)
/[그를]
끌고 가서
넘겨 주니라
/총독 빌라도에게

3 유다가 보고(상황절, when)
/판 /[그]때에
/예수를 /그의(=가) ── 정죄됨을
도로 갖다 주며
/그 은 삼십을
/대제사장들과 장로들에게
/스스로 뉘우쳐(과거분사)
4 /내가 ── 죄를 범하였도다
/팔고(과거분사)
/무죄한 피를

저희가 **가로되**(...하거늘)
/그것이 ── 무슨 상관이 있느냐?
/우리에게
/네가 ── 당하라

5 유다가 **물러(=벗어나니라)**
/던져넣고(과거분사)
/은을
/성소에
스스로 목매어 죽은지라
/가서(과거분사)

6 대제사장들이 **가로되**(...하고)
/거두며(과거분사)
/그 은을
/넣어 둠이 ── 옳지 않다
/성전고에

//(이유: ἐπεὶ, becausee)
이것은 ── 피 값이라

27 1 새벽에 모든 대제사장과 백성의 장로들이 예수를
죽이려고 함께 의논하고 2 결박하여 끌고 가서 총
독 빌라도에게 넘겨 주니라 3 때에 예수를 판 유다가 그의
정죄됨을 보고 스스로 뉘우쳐 그 은 삼십을 대제사장들과
장로들에게 도로 갖다 주며 4 가로되 내가 무죄한 피를 팔
고 죄를 범하였도다 하니 저희가 가로되 그것이 우리에게
무슨 상관이 있느냐 네가 당하라 하거늘 5 유다가 은을 성
소에 던져 넣고 물러가서 스스로 목매어 죽은지라 6 대제
사장들이 그 은을 거두며 가로되 이것은 피 값이라 성전고
에 넣어 둠이 옳지 않다 하고

Jesus to put Him to death; 2 and they bound Him, and
led Him away, and delivered Him up to Pilate the governor.
3 Then when Judas, who had betrayed Him, saw that He
had been condemned, he felt remorse and returned the
thirty pieces of silver to the chief priests and elders, 4
saying, "I have sinned by betraying innocent blood." But
they said, "What is that to us? See to that yourself!" 5
And he threw the pieces of silver into the sanctuary and
departed; and he went away and hanged himself. 6 And
the chief priests took the pieces of silver and said, "It is
not lawful to put them into the temple treasury, since it
is the price of blood." 7 And they counseled together and

마

7 **사서**
/밭을
/토기장이의
/이것으로
/의논한 후(과거분사)
(**삼았으니**)
/묘지를
/나그네의

8 그러므로
그 밭을(=이)
일컫느니라(=일컫음을 받으니라)
/오늘날까지
/피밭이라

9 이에
하신 말씀이
/예레미야로
이루었나니 일렀으되
/저희가 ─ 가지고
/(곧) 은 삼십을
/가격[을]
/그 정가된 자[의]
/(곧) [그들이] ─ 정가한 (자의)
/이스라엘 자손 중에서
10 주었으니
/[그들을]
/밭 값으로
/토기장이의
/(이는) 주께서 ─ 명하신 바와 같으니라
/내게

11 예수께서
섰으매
/총독 앞에
총독이
물어 가로되
/[그를]
/네가 ──── 유대인의 왕이냐?
예수께서
대답하시되(...하시고)
/네[가] ──── 말이 옳도다(=말하였다)

12 [그가]
고소를 당하되(=고소당하였을 때, 상황절, when)
/대제사장들과 장로들에게
대답도 아니하시는지라
/아무(=아무것을)

13 이에
빌라도가
이르되(...하되)
/[그에게]
/[너는] ──── 듣지 못하느냐?
/저희가 ─ 쳐서...증거하는지
/너를
/얼마나 많은 것으로

7 의논한 후 이것으로 토기장이의 밭을 사서 나그네의 묘지를 삼았으니 8 그러므로 오늘날까지 그 밭을 피밭이라 일컫느니라 9 이에 선지자 예레미야로 하신 말씀이 이루었나니 일렀으되 저희가 그 정가된 자 곧 이스라엘 자손 중에서 정가한 자의 가격 곧 은 삼십을 가지고 10 토기장이의 밭 값으로 주었으니 이는 주께서 내게 명하신 바와 같으니라 하였더라 11 예수께서 총독 앞에 섰으매 총독이 물어 가로되 네가 유대인의 왕이냐 예수께서 대답하시되 네 말이 옳도다 하시고 12 대제사장들과 장로들에게 고소를 당하되 아무 대답도 아니하시는지라 13 이에 빌라도가 이르되 저희가 너를 쳐서 얼마나 많은 것으로 증거하는지 듣지 못하느냐 하되

with the money bought the Potter's Field as a burial place for strangers. 8 For this reason that field has been called the Field of Blood to this day. 9 Then that which was spoken through Jeremiah the prophet was fulfilled, saying, "And they took the thirty pieces of silver, the price of the one whose price had been set by the sons of Israel; 10 and they gave them for the Potter's Field, as the Lord directed me." 11 Now Jesus stood before the governor, and the governor questioned Him, saying, "Are You the King of the Jews?" And Jesus said to him, "It is as you say." 12 And while He was being accused by the chief priests and elders, He made no answer. 13 Then Pilate said to Him, "Do You not hear how many things they

마

14 [그가] 대답지 아니하시니
/[그에게]
/한 마디도
/총독이 —— 기이히 여기더라(=이상히 여기도록)
/심히

15 총독이 전례가 있더니
/명절을 당하면
/놓아 주는
/죄수 하나를
/[그들이] —— 소원대로
/무리의(=에게)

16 [그들이] 있는데(=소유하고 있더라)
/그 때에
/죄수가(=를)
/유명한
/하는(=불리우는)
/[예수] 바라바라

17 저희가 모였을 때에(상황절, when)
빌라도가 물어 가로되(...하니)
/[그들에게]
/너희는 —— 누구를 원하느냐?
/내가 —— 놓아 주기를
/너희에게
/[예수] 바라바냐
예수냐
/그리스도라 하는

18 //이는(이유: γάρ, for)
저가 —— 앎이러라
/그들의(=이) — 넘겨 준 줄
/예수를
/시기로

19 총독이 앉았을 때에(상황절, when)
/재판 자리에
아내가 (사람을) 보내어 가로되(...하더라)
/그[의] /[그에게]
/아무 상관도 하지 마옵소서
/[당신에게와]
저 옳은 사람에게
//(이유: γάρ, for)
내가 —— 애를...썼나이다
/많이(=많은 것을)
/그 사람을 인하여
/오늘
/꿈에

14 한 마디도 대답지 아니하시니 총독이 심히 기이히 여
기더라 15 명절을 당하면 총독이 무리의 소원대로 죄수
하나를 놓아 주는 전례가 있더니 16 그 때에 바라바라 하
는 유명한 죄수가 있는데 17 저희가 모였을 때에 빌라도
가 물어 가로되 너희는 내가 누구를 너희에게 놓아 주기를
원하느냐 바라바냐 그리스도라 하는 예수냐 하니 18 이는
저가 그들의 시기(猜忌)로 예수를 넘겨준 줄 앎이러라 19
총독이 재판 자리에 앉았을 때에 그 아내가 사람을 보내어
가로되 저 옳은 사람에게 아무 상관도 하지 마옵소서 오늘
꿈에 내가 그 사람을 인하여 애를 많이 썼나이다 하더라

20 대제사장들과 장로들이 무리를 권하여 바라바를 달라

testify against You?" 14 And He did not answer him with
regard to even a single charge, so that the governor was
quite amazed. 15 Now at the feast the governor was
accustomed to release for the multitude any one prisoner whom
they wanted. 16 And they were holding at that time a notorious
prisoner, called Barabbas. 17 When therefore they were
gathered together, Pilate said to them, "Whom do you
want me to release for you? Barabbas, or Jesus who is
called Christ?" 18 For he knew that because of envy they
had delivered Him up. 19 And while he was sitting on
the judgment seat, his wife sent to him, saying, "Have nothing
to do with that righteous Man; for last night I suffered

마

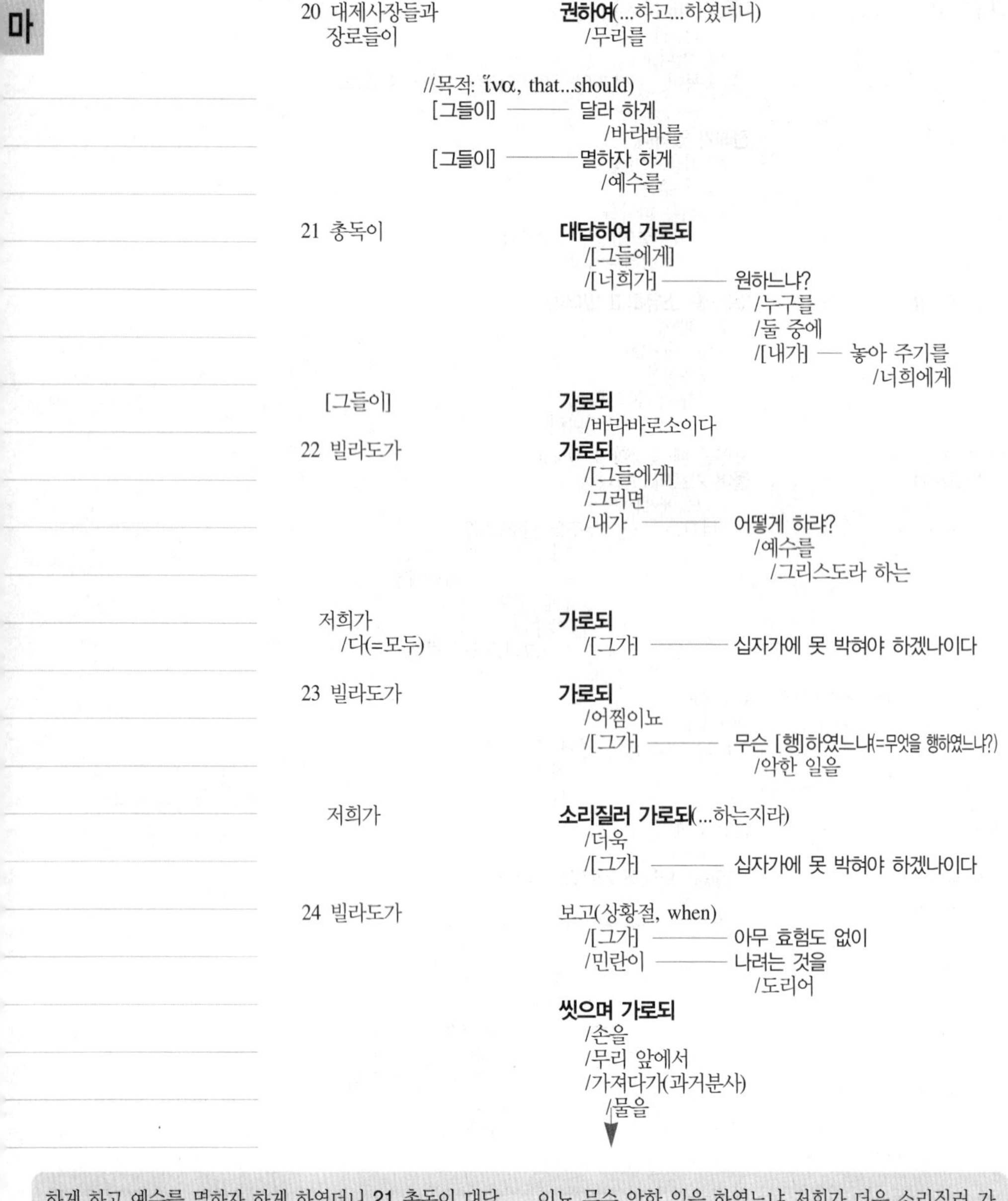

하게 하고 예수를 멸하자 하게 하였더니 21 총독이 대답
하여 가로되 둘 중에 누구를 너희에게 놓아 주기를 원하느
냐 가로되 바라바로소이다 22 빌라도가 가로되 그러면 그
리스도라하는 예수를 내가 어떻게 하랴 저희가 다 가로되
십자가에 못 박혀야 하겠나이다 23 빌라도가 가로되 어찜
이뇨 무슨 악한 일을 하였느냐 저희가 더욱 소리질러 가
로되 십자가에 못 박혀야 하겠나이다 하는지라 24 빌라도
가 아무 효험도 없이 도리어 민란이 나려는 것을 보고 물
을 가져다가 무리 앞에서 손을 씻으며 가로되 이 사람의
피에 대하여 나는 무죄하니 너희가 당하라 25 백성이 다

greatly in a dream because of Him." 20 But the chief
priests and the elders persuaded the multitudes to ask for
Barabbas, and to put Jesus to death. 21 But the governor
answered and said to them, "Which of the two do you
want me to release for you?" And they said, "Barabbas."
22 Pilate said to them, "Then what shall I do with Jesus
who is called Christ?" They all said, "Let Him be
crucified!" 23 And he said, "Why, what evil has He
done?" But they kept shouting all the more, saying, "Let
Him be crucified!" 24 And when Pilate saw that he was
accomplishing nothing, but rather that a riot was starting,
he took water and washed his hands in front of the
multitude, saying, "I am innocent of this Man's blood;
see to that yourselves." 25 And all the people answered

/물을
/나는 ——— 무죄하니
/이 (사람의) 피에 대하여
너희가 —— 당하라

25 백성이 **대답하여 가로되**(...하거늘)
/다(=모든)
/그 피를(=가) — (돌릴지어다)
/우리와 우리 자손에게

26 이에
[그가] **놓아 주고**
/바라바는(=를)
/저희에게
넘겨 주니라
/채찍질하고(과거분사)
/예수는(=를)
/십자가에 못 박히게

27 이에
군병들이 **모으고**
/총독의
/온 군대를
/그에게로
/데리고 들어가서(과거분사)
/예수를
/관정 안으로

28 **입히며**
/홍포를
/[그에게]
/벗기고(과거분사)
/그의 옷을(=그를)

29 **씌우고**
/가시 면류관을
/[그의] 머리에
/엮어(과거분사)

(**들리고**)
/갈대를
/그[의] 오른손에
희롱하여 가로되
/[그에게]
/무릎을 꿇고(과거분사)
/그 앞에서
/왕이여!
/유대인의
[너는] ——— 평안할지어다

대답하여 가로되 그 피를 우리와 우리 자손에게 돌릴지어
다 하거늘 26 이에 바라바는 저희에게 놓아주고 예수는
채찍질하고 십자가에 못박히게 넘겨 주니라 27 이에 총독
의 군병들이 예수를 데리고 관정 안으로 들어가서 온 군대
를 그에게로 모으고 28 그의 옷을 벗기고 홍포를 입히며
29 가시 면류관을 엮어 그 머리에 씌우고 갈대를 그 오른
손에 들리고 그 앞에서 무릎을 꿇고 희롱하여 가로되 유대
인의 왕이여 평안할지어다 하며

and said, "His blood be on us and on our children!" 26
Then he released Barabbas for them; but after having
Jesus scourged, he delivered Him to be crucified. 27 Then
the soldiers of the governor took Jesus into the Praetorium
and gathered the whole Roman cohort around Him. 28
And they stripped Him, and put a scarlet robe on Him.
29 And after weaving a crown of thorns, they put it on
His head, and a reed in His right hand; and they kneeled
down before Him and mocked Him, saying, "Hail, King
of the Jews!" 30 And they spat on Him, and took the

마

30 **침 뱉고**[98)]
/그에게
빼앗아
/갈대를
치더라
/그의 머리를

31 [그들이] 희롱을 다한 후(상황절, when)
/[그에게]
벗기고
/홍포를
/[그를]
도로 입혀
/그의 옷을
/[그를]
끌고 나가니라
/[그를]
/십자가에 못 박으려고

32 **만나매**
/사람을
/구레네 시몬이란
/나가다가(현재분사)
억지로 같이 가게 하여
/그를

//(목적: ἵνα, that...might)
[그가] ——— 지웠더라(=지기 위함이라)
/예수의 십자가를

33 [그들이] 이르러(=이르렀을 때, 상황절, when)
/골고다[라][불리우는]곳에
/(즉)해골의 곳 이라는

34 **주어**(...하였더니)
/예수께
/마시게 하려
/포도주를
/쓸개 탄

예수께서 맛보시고(=맛보신 후에, 상황절, after)
마시고자 아니하시더라

35 저희가 **나누고**
/그[의] 옷을
/제비뽑아(현재분사)
/십자가에 못 박은 후에(과거분사)
/예수를

98) 역본들을 따랐다.

30 그에게 침 뱉고 갈대를 빼앗아 그의 머리를 치더라 31 희롱을 다한 후 홍포를 벗기고 도로 그의 옷을 입혀 십자가에 못박으려고 끌고 나가니라 32 나가다가 시몬이란 구레네 사람을 만나매 그를 억지로 같이 가게 하여 예수의 십자가를 지웠더라 33 골고다 즉 해골의 곳이라는 곳에 이르러 34 쓸개 탄 포도주를 예수께 주어 마시게 하려 하였더니 예수께서 맛보시고 마시고자 아니하시더라 35 저희가 예수를 십자가에 못 박은 후에 그 옷을 제비 뽑아 나누고

reed and began to beat Him on the head. 31 And after they had mocked Him, they took His robe off and put His garments on Him, and led Him away to crucify Him. 32 And as they were coming out, they found a man of Cyrene named Simon, whom they pressed into service to bear His cross. 33 And when they had come to a place called Golgotha, which means Place of a Skull, 34 they gave Him wine to drink mingled with gall; and after tasting it, He was unwilling to drink. 35 And when they had crucified Him, they divided up His garments among themselves, casting lots; 36 and sitting down, they began to keep watch over Him there. 37 And they put up above His head the charge

36 **지키더라**
/[그를]
/거기[서]
/앉아(현재분사)

37 **붙였더라**
/그[의] 머리 위에
/[그의] 죄패를
/쓴
/이는 —— 유대인의 왕 예수라

38 **십자가에 못 박히니**(...있더라)
/강도 둘이
/하나는 우편에
/하나는 좌편에
/이 때에
/예수와 함께

39 지나가는 자들은 **모욕하여 가로되**(...하며)
/예수를
/흔들며(현재분사)
/자기 머리를

40 /헐고
짓는 자여!
/성전을
/사흘에
/만일[εἰ]
네가 —— 아들이어든(조건절, if)
/하나님의
구원하고
/자기를
내려오라
/십자가에서

41 대제사장들과(=도) **가로되**(...하며)
/희롱하여(현재분사)
/서기관들과 장로들도 함께
/그와 같이

42 /저가 —— 구원하였으되
/남은(=을)
구원할 수 없도다
/자기는(=를)
저가 —— 왕이로다
/이스라엘의
내려올지어다(=내려오게 하라)
/지금
/십자가에서

/그러면

36 거기 앉아 지키더라 37 그 머리 위에 이는 유대인의
왕 예수라 쓴 죄패를 붙였더라 38 이 때에 예수와 함께 강
도 둘이 십자가에 못박히니 하나는 우편에 하나는 좌편에
있더라 39 지나가는 자들은 자기 머리를 흔들며 예수를
모욕하여 40 가로되 성전을 헐고 사흘에 짓는 자여 네가
만일 하나님의 아들이어든 자기를 구원하고 십자가에서 내
려오라 하며 41 그와 같이 대제사장들과 서기관들과 장로
들과 함께 희롱하여 가로되 42 저가 남은 구원하였으되
자기는 구원할 수 없도다 저가 이스라엘의 왕이로다 지금
십자가에서 내려올지어다 그러면 우리가 믿겠노라

against Him which read, "THIS IS JESUS THE KING OF
THE JEWS." 38 At that time two robbers were crucified
with Him, one on the right and one on the left. 39 And
those passing by were hurling abuse at Him, wagging
their heads, 40 and saying, "You who are going to destroy
the temple and rebuild it in three days, save Yourself! If
You are the Son of God, come down from the cross." 41
In the same way the chief priests also, along with the
scribes and elders, were mocking Him, and saying, 42
"He saved others; He cannot save Himself. He is the King

/그러면
/우리가 ——믿겠노라
/[그를]

43 /저가 ——신뢰하니
/하나님을

[만일, εἰ]
하나님이 —— 기뻐하시면(조건절, if)
/저를
구원하실지라
/이제

//(이유: γάρ, for)
제[가] —— 말(이)하였도다
/나는 — 아들이라
/하나님의

44 강도들도 **욕하더라**
/십자가에 못 박힌 /[그를]
/[그와] 함께 /이와 같이

45 어두움이 **임하여**
/온 땅에
/제 육 시로부터 제 구 시까지 (계속하더니)

46 예수께서 **소리질러 가라사대**(...하시니)
/크게
/제 구 시 즈음에
/엘리! 엘리! 라마 사박다니
/이는 — (곧)하는 뜻이라
/나의 하나님!
나의 하나님!
[당신은] ——어찌하여 버리셨나이까?
/나를

47 어떤 이들이 듣고(=들었을 때, 상황절, when)
/섰던 자 중
/거기

가로되(...하고)
/이 사람이 —— 부른다
/엘리야를

48 한 사람이 **마시우거늘**
/그[들] 중에 /[그를]
/꿰어(과거분사)
/갈대에

43 저가 하나님을 신뢰하니 하나님이 저를 기뻐하시면 이
제 구원하실지라 제 말이 나는 하나님의 아들이라 하였도
다 하며 44 함께 십자가에 못박힌 강도들도 이와 같이 욕
하더라 45 제육시로부터 온 땅에 어두움이 임하여 제구시
까지 계속하더니 46 제구시 즈음에 예수께서 크게 소리질
러 가라사대 엘리 엘리 라마 사박다니 하시니 이는 곧 나
의 하나님, 나의 하나님, 어찌하여 나를 버리셨나이까 하는
뜻이라 47 거기 섰던 자 중 어떤 이들이 듣고 가로되 이
사람이 엘리야를 부른다 하고 48 그 중에 한 사람이 곧 달
려가서 해융을 가지고 신 포도주를 머금게 하여 갈대에 꿰
어 마시우거늘

of Israel; let Him now come down from the cross, and
we shall believe in Him. 43 "He trusts in God; let Him
deliver Him now, if He takes pleasure in Him; for He
said, 'I am the Son of God.'" 44 And the robbers also
who had been crucified with Him were casting the same insult
at Him. 45 ¶ Now from the sixth hour darkness fell upon
all the land until the ninth hour. 46 And about the ninth
hour Jesus cried out with a loud voice, saying, "Eli, Eli,
lama sabachthani?" that is, "My God, My God, why hast
Thou forsaken Me?" 47 And some of those who were standing
there, when they heard it, began saying, "This man is
calling for Elijah." 48 And immediately one of them ran,
and taking a sponge, he filled it with sour wine, and put
it on a reed, and gave Him a drink. 49 But the rest of

	/머금게 하여(과거분사)
	/신 포도주를
	/가지고(과거분사)
	/해융을
	/달려가서(과거분사)
	/곧
49 그 남은 사람들이	**가로되**(...하더라)
	/[너는] —— 가만 두어라
	/[만일, εἰ]
	엘리야가 — 와서(=온다면, 조건절, whether)
	/구원하나(=구원할 려고, 미래분사)
	/저를
	[우리가] —— 보자
50 예수께서	소리지르시고(=지르셨을 때, 상황절, when)
	/다시
	/크게
	떠나시다
	/영혼이
51 이에	
휘장이	**찢어져**
/성소	/위로부터 아래까지
	/둘이 되고(=되도록)
땅이	**진동하며**
바위가	**터지고**
52 무덤들이	**열리며**
몸이	**일어나되**
/많이(=많은)	
/자던 성도의	
53 저희가	**들어가**
	/거룩한 성에
	/나와서(과거분사)
	/무덤에서
	/예수의 부활 후에
	보이니라
	/많은 사람에게
54 백부장과	보고(=보았을 때, 상황절, when)
지키던 자들이	/지진과
/예수를	/그 되는 일들을
/(및)[그와] 함께	
	두려워하여 가로되(...하더라)
	/심히
	/이는 ——아들이었도다
	/하나님의
	/진실로

49 그 남은 사람들이 가로되 가만 두어라 엘리야가 와서
저를 구원하나 보자 하더라 50 예수께서 다시 크게 소리
지르시고 영혼이 떠나시다 51 이에 성소 휘장이 위로부터
아래까지 찢어져 둘이 되고 땅이 진동하며 바위가 터지고
52 무덤들이 열리며 자던 성도의 몸이 많이 일어나되 53
예수의 부활 후에 저희가 무덤에서 나와서 거룩한 성에 들
어가 많은 사람에게 보이니라 54 백부장과 및 함께 예수
를 지키던 자들이 지진과 그 되는 일들을 보고 심히 두려
워하여 가로되 이는 진실로 하나님의 아들이었도다 하더라

them said, "Let us see whether Elijah will come to save Him."
50 And Jesus cried out again with a loud voice, and
yielded up His spirit. 51 And behold, the veil of the
temple was torn in two from top to bottom, and the earth
shook; and the rocks were split, 52 and the tombs were
opened; and many bodies of the saints who had fallen
asleep were raised; 53 and coming out of the tombs after
His resurrection they entered the holy city and appeared
to many. 54 Now the centurion, and those who were with
him keeping guard over Jesus, when they saw the earthquake
and the things that were happening, became very frightened
and said, "Truly this was the Son of God!" 55 And

마

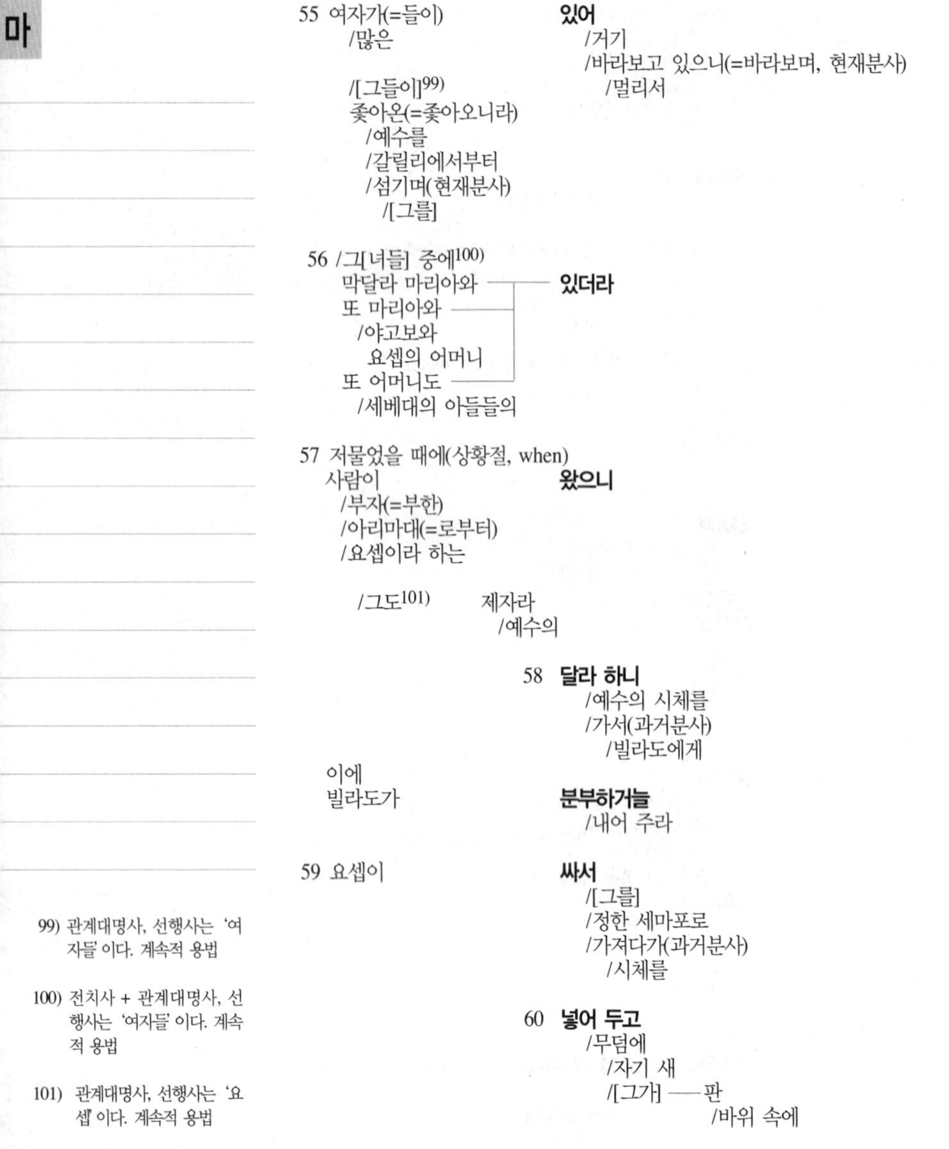

99) 관계대명사, 선행사는 '여자들' 이다. 계속적 용법

100) 전치사 + 관계대명사, 선행사는 '여자들' 이다. 계속적 용법

101) 관계대명사, 선행사는 '요셉' 이다. 계속적 용법

55 예수를 섬기며 갈릴리에서부터 좇아 온 많은 여자가 거기 있어 멀리서 바라보고 있으니 56 그 중에 막달라 마리아와 또 야고보와 요셉의 어머니 마리아와 또 세베대의 아들들의 어머니도 있더라 57 저물었을 때에 아리마대 부자 요셉이라 하는 사람이 왔으니 그도 예수의 제자라 58 빌라도에게 가서 예수의 시체를 달라 하니 이에 빌라도가 내어 주라 분부하거늘 59 요셉이 시체를 가져다가 정한 세마포로 싸서 60 바위 속에 판 자기 새 무덤에 넣어 두고 큰 돌을 굴려 무덤 문에 놓고 가니

many women were there looking on from a distance, who had followed Jesus from Galilee, ministering to Him, 56 among whom was Mary Magdalene, along with Mary the mother of James and Joseph, and the mother of the sons of Zebedee. 57 ¶ And when it was evening, there came a rich man from Arimathea, named Joseph, who himself had also become a disciple of Jesus. 58 This man went to Pilate and asked for the body of Jesus. Then Pilate ordered it to be given over to him. 59 And Joseph took the body and wrapped it in a clean linen cloth, 60 and laid it in his own new tomb, which he had hewn out in the rock; and he rolled a large stone against the entrance

102) 관계대명사, 선행사는 '이튿날'이다. 계속적 용법.

61 거기 막달라 마리아와 다른 마리아가 무덤을 향하여
앉았더라 62 그 이튿날은 예비일 다음날이라 대제사장들
과 바리새인들이 함께 빌라도에게 모여 가로되 63 주여
저 유혹하던 자가 살았을 때에 말하되 내가 사흘 후에 다
시 살아나리라 한 것을 우리가 기억하노니 64 그러므로
분부하여 그 무덤을 사흘까지 굳게 지키게 하소서 그의 제
자들이 와서 시체를 도적질하여 가고 백성에게 말하되 그
가 죽은 자 가운데서 살아났다 하면 후의 유혹이 전보다
더 될까 하나이다 하니 65 빌라도가 가로되 너희에게 파
숫군이 있으니 가서 힘대로 굳게 하라 하거늘 66 저희가

of the tomb and went away. 61 And Mary Magdalene
was there, and the other Mary, sitting opposite the grave.
62 ¶ Now on the next day, which is the one after the
preparation, the chief priests and the Pharisees gathered
together with Pilate, 63 and said, "Sir, we remember
that when He was still alive that deceiver said, 'After
three days I am to rise again.' 64 "Therefore, give orders
for the grave to be made secure until the third day, lest
the disciples come and steal Him away and say to the
people, 'He has risen from the dead,' and the last deception
will be worse than the first." 65 Pilate said to them, "You
have a guard; go, make it as secure as you know how."

마

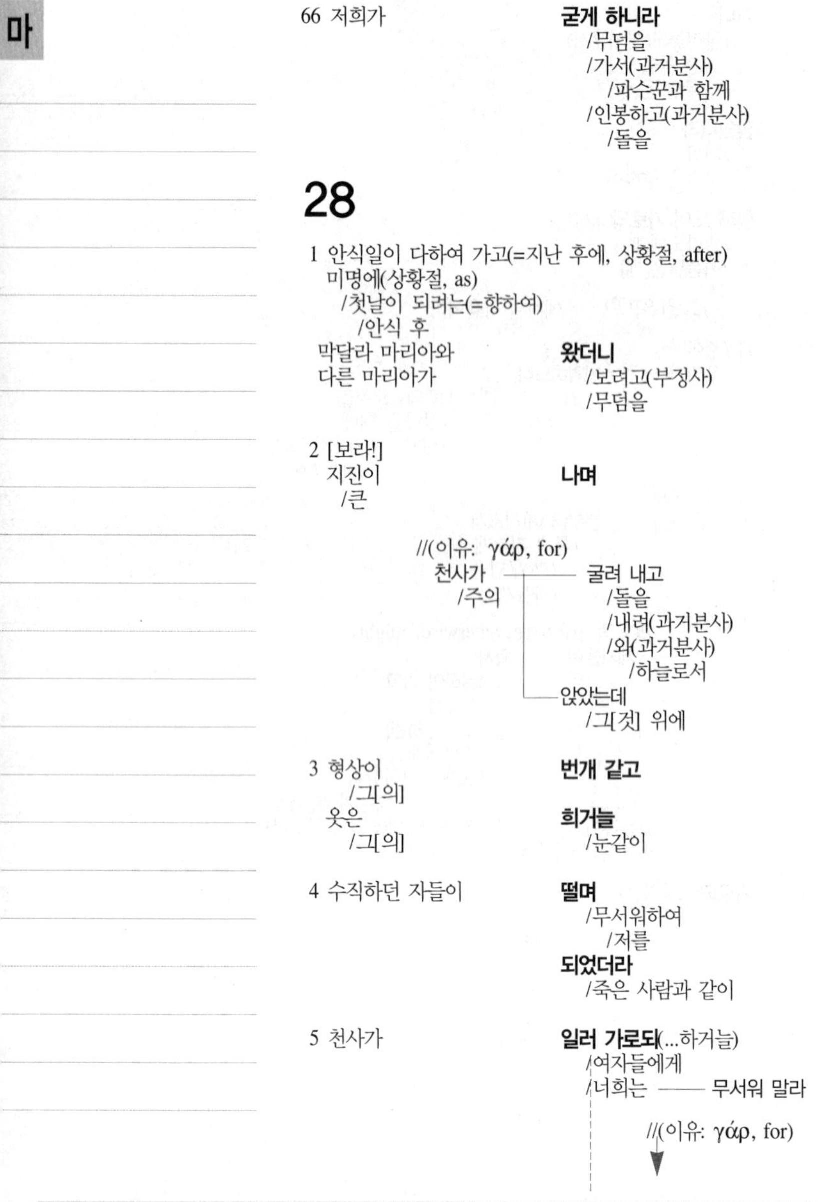

파숫군과 함께 가서 돌을 인봉하고 무덤을 굳게 하니라

28 1 안식일이 다하여 가고 안식 후 첫 날이 되려는
미명에 막달라 마리아와 다른 마리아가 무덤을 보
려고 왔더니 2 큰 지진이 나며 주의 천사가 하늘로서 내려
와 돌을 굴려 내고 그 위에 앉았는데 3 그 형상이 번개 같
고 그 옷은 눈같이 희거늘 4 수직(守直)하던 자들이 저를
무서워하여 떨며 죽은 사람과 같이 되었더라 5 천사가 여
자들에게 일러 가로되 너희는 무서워 말라 십자가에 못박
히신 예수를 너희가 찾는 줄을 내가 아노라 6 그가 여기
계시지 않고 그의 말씀하시던 대로 살아나셨느니라 와서

66 And they went and made the grave secure, and along
with the guard they set a seal on the stone.

28 1 Now after the Sabbath, as it began to dawn toward
the first day of the week, Mary Magdalene and the
other Mary came to look at the grave. And behold, a
severe earthquake had occurred, for an angel of the Lord
descended from heaven and came and rolled away the
stone and sat upon it. 3 And his appearance was like lightning,
and his garment as white as snow; 4 and the guards shook
for fear of him, and became like dead men. 5 And the
angel answered and said to the women, "Do not be afraid;

//(이유: γάρ, for)
내가 ― 아노라
/너희가 ― 찾는 줄을
/예수를
/십자가에 못 박히신

6 /그가 ― 계시지 않고
/여기
//(이유: γάρ, for)
[그가] ― 살아나셨느니라
/그의 말씀하시던 대로

/[너희는] ― 와서
― 보라
/그의 누우셨던 곳을
7 또 이르되(...하라)
/가서(과거분사)
/빨리
/그의 제자들에게
/그가 ― 살아나셨고(=나신것을)
/죽은 자 가운데서

/[보라!]
[그가] ― 가시나니
/너희보다(먼저)
/갈릴리로
/너희가 ― 뵈오리라
/[그를]
/거기서
/보라!
내가 ― 일렀느니라
/너희에게

8 그 여자들이 **달음질할새**
/알게 하려고(부정사)
/[그의] 제자들에게
/떠나(과거분사)
/빨리
/무덤을(=무덤으로부터)
/무서움과
기쁨으로
/큰

9 예수께서 **만나 가라사대**(...하시거늘)
/저희를
/[너희는] ― 평안하뇨

여자들이 **붙잡고**
/그[의] 발을
/나아가(과거분사)
경배하니
/[그에게]

그의 누우셨던 곳을 보라 7 또 빨리 가서 그의 제자들에게
이르되 그가 죽은 자 가운데서 살아나셨고 너희보다 먼저
갈릴리로 가시나니 거기서 너희가 뵈오리라 하라 보라 내
가 너희에게 일렀느니라 하거늘 8 그 여자들이 무서움과
큰 기쁨으로 무덤을 빨리 떠나 제자들에게 알게 하려고 달
음질할새 9 예수께서 저희를 만나 가라사대 평안하뇨 하
시거늘 여자들이 나아가 그 발을 붙잡고 경배하니

for I know that you are looking for Jesus who has been
crucified. 6 "He is not here, for He has risen, just as He
said. Come, see the place where He was lying. 7 "And
go quickly and tell His disciples that He has risen from
the dead; and behold, He is going before you into Galilee,
there you will see Him; behold, I have told you." 8 And
they departed quickly from the tomb with fear and great
joy and ran to report it to His disciples. 9 And behold,
Jesus met them and greeted them. And they came up and
took hold of His feet and worshiped Him. 10 Then Jesus

마

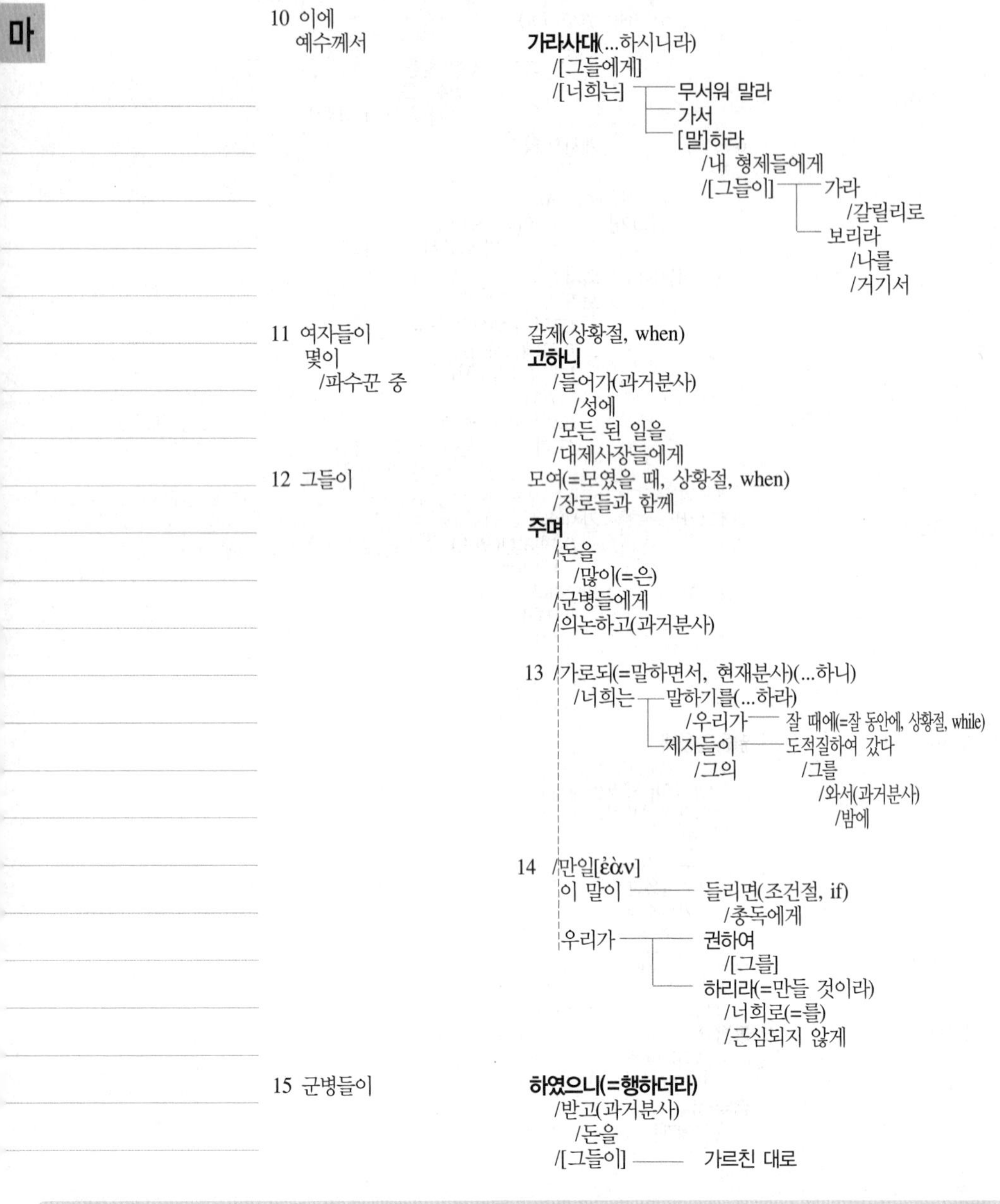

10 이에 예수께서 가라사대 무서워 말라 가서 내 형제들
에게 갈릴리로 가라 하라 거기서 나를 보리라 하시니라 11
여자들이 갈제 파수꾼 중 몇이 성에 들어가 모든 된 일을
대제사장들에게 고하니 12 그들이 장로들과 함께 모여 의
논하고 군병들에게 돈을 많이 주며 13 가로되 너희는 말
하기를 그의 제자들이 밤에 와서 우리가 잘 때에 그를 도
적질하여 갔다 하라 14 만일 이 말이 총독에게 들리면 우
리가 권하여 너희로 근심되지 않게 하리라 하니 15 군병
들이 돈을 받고 가르친대로 하였으니 이 말이 오늘날까지
유대인 가운데 두루 퍼지니라

said to them, "Do not be afraid; go and take word to My
brethren to leave for Galilee, and there they shall see
Me." 11 ¶ Now while they were on their way, behold,
some of the guard came into the city and reported to the
chief priests all that had happened. 12 And when they
had assembled with the elders and counseled together,
they gave a large sum of money to the soldiers, 13 and
said, "You are to say, 'His disciples came by night and
stole Him away while we were asleep.' 14 "And if this
should come to the governor's ears, we will win him over
and keep you out of trouble." 15 And they took the
money and did as they had been instructed; and this story

이 말이 **두루 퍼지니라**
/유대인 가운데
/오늘날까지

16 열한 제자가 **가서**
/갈릴리에
/산에 이르러
/예수의(=가) — 명하시던
/[그들에게]

17 [그들이] 뵈옵고(상황절, when)
/예수를
경배하나

오히려
자도(=그들이) **의심하는.. 있더라**(=**의심하더라**)

18 예수께서 **일러 가라사대**(...하시니라)
/나아와(과거분사)
/[그들에게]
/권세를(=가) — 주셨으니(=주어졌으니)
/모든 /내게
/하늘과 땅의

19 /그러므로
너희는 — 가서[103)]
제자를 삼아
/모든 족속으로(=을)
/세례를 주고(현재분사)
/[그들을]
/이름으로
/아버지와
아들과
성령의
20 /가르쳐(분사)
/지키게(하자)
/모든 것을
/내가 — 분부한
/너희에게
/볼지어다[ἰδοὺ]
내가 — 있으리라
/너희와 함께
/항상
/세상 끝날까지

103) 역본들의 입장을 따랐다.

16 열한 제자가 갈릴리에 가서 예수의 명하시던 산에 이
르러 17 예수를 뵈옵고 경배하나 오히려 의심하는 자도
있더라 18 예수께서 나아와 일러 가라사대 하늘과 땅의
모든 권세를 내게 주셨으니 19 그러므로 너희는 가서 모
든 족속으로 제자를 삼아 아버지와 아들과 성령의 이름으
로 세례를 주고 20 내가 너희에게 분부한 모든 것을 가르
쳐 지키게 하라 볼지어다 내가 세상 끝날까지 너희와 항상
함께 있으리라 하시니라

was widely spread among the Jews, and is to this day.
16 ¶ But the eleven disciples proceeded to Galilee, to
the mountain which Jesus had designated. 17 And when
they saw Him, they worshiped Him; but some were
doubtful. 18 And Jesus came up and spoke to them,
saying, "All authority has been given to Me in heaven
and on earth. 19 "Go therefore and make disciples of all
the nations, baptizing them in the name of the Father and
the Son and the Holy Spirit, 20 teaching them to observe
all that I commanded you; and lo, I am with you always,
even to the end of the age."

마가복음

1

1 **시작이라**
/복음의
/예수 그리스도[의]
/아들
/하나님의

2-4
세례 요한이 **이르러**
/광야에서
/전파하니(=전파하며, 현재분사)
/세례를
/회개의
/사함을 받게 하는(=받도록)
/죄[의]
/기록된 것과 같이
/선지자 이사야(의 글)에
/보라!
내가 — **보내노니**
/네 [얼굴]앞에
/내 사자를
/저가[1] — 예비하리라
/네 길을
/소리가 — (있어 가로되)
/외치는(자의) /너희는 — 예비하라
/광야에 /주의 길을
평탄케 하라
/그의 첩경을

5 유대 지방과 **나아가**
/온 /[그에게]
예루살렘 사람이 **세례를 받더라**
/다(=모든) /자복하고(현재분사)
/자기 죄를
/그에게
/요단 강에서

6 요한은 **입고**
/털을
/약대[의]
(**띠고**)
/가죽띠를
/허리에

1) 관계대명사, 선행사는 '사자'이다. 계속적 용법

1:1 하나님의 아들 예수 그리스도 복음의 시작이라 2
선지자 이사야의 글에 보라 내가 내 사자를 네 앞에 보
내노니 저가 네 길을 예비하리라 3 광야에 외치는 자의
소리가 있어 가로되 너희는 주의 길을 예비하라 그의 첩경
을 평탄케 하라 기록된 것과 같이 4 세례 요한이 이르러
광야에서 죄 사함을 받게하는 회개의 세례를 전파하니 5
온 유대 지방과 예루살렘 사람이 다 나아가 자기 죄를 자
복하고 요단강에서 그에게 세례를 받더라 6 요한은 약대
털을 입고 허리에 가죽띠를 띠고 메뚜기와 석청을 먹더라

1:1 The beginning of the gospel of Jesus Christ, the Son
of God. 2 As it is written in Isaiah the prophet, "Behold,
I send My messenger before Your face, Who will prepare
Your way; 3 The voice of one crying in the wilderness, 'Make
ready the way of the Lord, Make His paths straight.'" 4
John the Baptist appeared in the wilderness preaching a baptism
of repentance for the forgiveness of sins. 5 And all the country
of Judea was going out to him, and all the people of Jerusalem;
and they were being baptized by him in the Jordan River,
confessing their sins. 6 And John was clothed with camel's
hair and wore a leather belt around his waist, and his diet
was locusts and wild honey. 7 And he was preaching,

먹더라
/메뚜기와
/청을(=꿀을)
/석(=야생의)

7 그가
전파하여 가로되
/능력 많으신 이가 — 오시나니
/나보다 /내 뒤에

/[그를][2)]
나는 — 감당치 못하겠노라
/풀기도(=풀기를)
/신들메를
/그의
/굽혀(과거분사)

8 /나는 — 세례를 주었거니와
/너희에게
/물로(=물에서)
/그는 — 세례를 주시리라
/너희에게
/성령으로

9 그 때에
예수께서
와서
/갈릴리 나사렛으로부터
세례를 받으시고
/요단 강에서
/요한에게

10 [그가]
올라 오실새(상황절, when-RSV)
/곧
/물에서
보시더니
/하늘이 — 갈라짐과
성령이 — 내려오심을
/비둘기같이
/자기에게

11 소리가
나기를(...하시니라)
/하늘로서
/너는 — 아들이라
/내
/사랑하는
/내가 — 기뻐하노라
/너를

12 성령이
몰아내신지라
/예수를
/곧
/광야로

2) 관계대명사, 선행사는 '능력 많으신 이'이다. 계속적 용법

7 그가 전파하여 가로되 나보다 능력 많으신 이가 내 뒤에
오시나니 나는 그의 신들메를 풀기도 감당치 못하겠노라
8 나는 너희에게 물로 세례를 주었거니와 그는 성령으로
너희에게 세례를 주시리라 9 그 때에 예수께서 갈릴리 나
사렛으로부터 와서 요단강에서 요한에게 세례를 받으시고
10 곧 물에서 올라 오실새 하늘이 갈라짐과 성령이 비둘
기같이 자기에게 내려 오심을 보시더니 11 하늘로서 소
리가 나기를 너는 내 사랑하는 아들이라 내가 너를 기뻐하
노라 하시니라 12 성령이 곧 예수를 광야로 몰아내신지라

and saying, "After me One is coming who is mightier than I, and I am not fit to stoop down and untie the thong of His sandals.
8 "I baptized you with water; but He will baptize you with the Holy Spirit."
9 ¶ And it came about in those days that Jesus came from Nazareth in Galilee, and was baptized by John in the Jordan.
10 And immediately coming up out of the water, He saw the heavens opening, and the Spirit like a dove descending upon Him;
11 and a voice came out of the heavens: "Thou art My beloved Son, in Thee I am well-pleased."
12 And immediately

13 [그가] **계셔서**
/광야에서
/사십 일을
/시험을 받으시며(현재분사)
/사단에게
계시니
/들짐승과 함께
천사들이 **수종들더라**
/[그를]
14 요한이 잡힌 후(상황절, after)
예수께서 **오셔서 가라사대**(...하시더라)
/갈릴리에
/전파하여(현재분사)
/복음을
/하나님의
15 /때가 —— 찼고
/나라가 —— 가까왔으니
/하나님
/[너희는] —— 회개하고
—— 믿으라
/복음을
16 [그가] 지나가시다가(상황절, as)
/해변으로
/갈릴리
보시니
/시몬과 —— 그물 던지는 것을
안드레가 /바다에
/그 형제(=시몬의 형제)
//(이유: γάρ, for)
저희는 어부라
17 예수께서 **가라사대**(...하시니)
/[그들에게]
/[너희는] —— 오너라
/나를 따라
//(결과: 명령문 + and)
내가 —— 되게 하리라
/어부가
/사람을 낚는(=사람의)
/너희로
18 [그들이] **좇으니라**
/[그를]
/곧
/버려 두고(과거분사)
/그물을

13 광야에서 사십 일을 계셔서 사단에게 시험을 받으시며
들짐승과 함께 계시니 천사들이 수종들더라 14 요한이
잡힌 후 예수께서 갈릴리에 오셔서 하나님의 복음을 전파
하여 15 가라사대 때가 찼고 하나님 나라가 가까왔으니
회개하고 복음을 믿으라 하시더라 16 갈릴리 해변으로
지나가시다가 시몬과 그 형제 안드레가 바다에 그물 던지
는 것을 보시니 저희는 어부라 17 예수께서 가라사대 나
를 따라 오너라 내가 너희로 사람을 낚는 어부가 되게 하
리라 하시니 18 곧 그물을 버려 두고 좇으니라

the Spirit impelled Him to go out into the wilderness. 13
And He was in the wilderness forty days being tempted
by Satan; and He was with the wild beasts, and the angels
were ministering to Him. 14 And after John had been
taken into custody, Jesus came into Galilee, preaching the
gospel of God, 15 and saying, "The time is fulfilled, and
the kingdom of God is at hand; repent and believe in the
gospel." 16 And as He was going along by the Sea of
Galilee, He saw Simon and Andrew, the brother of Simon,
casting a net in the sea; for they were fishermen. 17 And
Jesus said to them, "Follow Me, and I will make you
become fishers of men." 18 And they immediately left

3) 원문을 직역하면 '우리가 당신과 무엇입니까?' 이다. 영역본들은 일치되게 '당신과 함께 우리가 뭘 어떻게 하란 말입니까?' 로 번역

19 조금 더 가시다가 세베대의 아들 야고보와 그 형제 요
한을 보시니 저희도 배에 있어 그물을 깁는데 20 곧 부르
시니 그 아비 세베대를 삯군들과 함께 배에 버려 두고 예
수를 따라가니라 21 저희가 가버나움에 들어가니라 예수
께서 곧 안식일에 회당에 들어가 가르치시매 22 뭇사람
이 그의 교훈에 놀라니 이는 그 가르치시는 것이 권세 있
는 자와 같고 서기관들과 같지 아니함일러라 23 마침 저
희 회당에 더러운 귀신들린 사람이 있어 소리질러 가로되
24 나사렛 예수여 우리가 당신과 무슨 상관이 있나이까
우리를 멸하러 왔나이까 나는 당신이 누구인줄 아노니 하
나님의 거룩한 자니이다

the nets and followed Him. 19 And going on a little
farther, He saw James the son of Zebedee, and John his brother,
who were also in the boat mending the nets. 20 And
immediately He called them; and they left their father Zebedee
in the boat with the hired servants, and went away to
follow Him. 21 And they went into Capernaum; and
immediately on the Sabbath He entered the synagogue
and began to teach. 22 And they were amazed at His teaching;
for He was teaching them as one having authority, and
not as the scribes. 23 And just then there was in their synagogue
a man with an unclean spirit; and he cried out, 24 saying,
"What do we have to do with You, Jesus of Nazareth?

막

25 예수께서 꾸짖어 가라사대 잠잠하고 그 사람에게서 나오라 하시니 26 더러운 귀신이 그 사람으로 경련을 일으키게 하고 큰 소리를 지르며 나오는지라 27 다 놀라 서로 물어 가로되 이는 어찜이뇨 권세 있는 새 교훈이로다 더러운 귀신들을 명한즉 순종하는도다 하더라 28 예수의 소문이 곧 온 갈릴리 사방에 퍼지더라 29 회당에서 나와 곧 야고보와 요한과 함께 시몬과 안드레의 집에 들어 가시니

Have You come to destroy us? I know who You are — the Holy One of God!" 25 And Jesus rebuked him, saying, "Be quiet, and come out of him!" 26 And throwing him into convulsions, the unclean spirit cried out with a loud voice, and came out of him. 27 And they were all amazed, so that they debated among themselves, saying, "What is this? A new teaching with authority! He commands even the unclean spirits, and they obey Him." 28 And immediately the news about Him went out everywhere into all the surrounding district of Galilee. 29 And immediately after they had come out of the synagogue, they came into the house of Simon and Andrew, with James and John. 30 Now Simon's

들어가시니
/시몬과 안드레의 집에
/야고보와 요한과 함께

30 장모가 누웠는지라
/시몬의

//(이유, 분사)
열병으로

사람들이 여짜온대
/예수께
/그의 일로(=그녀에 대해)
/곧

31 [그가] 일으키시니
/[그녀를]
/나아가사(과거분사)
/잡아(과거분사)
/그 손을

열병이 떠나고
/[그녀를]

여자가 수종드니라
/저희에게

32 해[가] 질 때에(상황절, when)
/저물어(=저녁이 되어)

[그들이] 데려오니
/병자와 귀신들린 자를
/모든
/예수께

33 동네가 모였더라
/온
/문 앞에

34 예수께서(=그가) 고치시며
/많은 사람을
/각색 병든
내어쫓으시되
/많은 귀신을

[그가] 허락지 아니하시니라
/[귀신이] —— 그 말하는 것을

//(이유: ὅτι, because)
귀신이 자기를 알므로

35 예수께서(=그가) 나가
/새벽[에]
/미명에(=해 뜨기전)
/오히려(=아주)
/일어나(과거분사)

30 시몬의 장모가 열병으로 누웠는지라 사람들이 곧 그의
일로 예수께 여짜온대 31 나아가사 그 손을 잡아 일으키
시니 열병이 떠나고 여자가 저희에게 수종드니라 32 저물
어 해 질 때에 모든 병자와 귀신 들린 자를 예수께 데려오
니 33 온 동네가 문 앞에 모였더라 34 예수께서 각색
병든 많은 사람을 고치시며 많은 귀신을 내어 쫓으시되 귀
신이 자기를 알므로 그 말하는 것을 허락지 아니하시니
35 새벽 오히려 미명에 예수께서 일어나 나가 한적한 곳
으로 가사 거기서 기도하시더니

mother-in-law was lying sick with a fever; and immediately
they spoke to Him about her. 31 And He came to her
and raised her up, taking her by the hand, and the fever
left her, and she waited on them. 32 And when evening
had come, after the sun had set, they began bringing to
Him all who were ill and those who were demon-possessed.
33 And the whole city had gathered at the door. 34 And
He healed many who were ill with various diseases, and
cast out many demons; and He was not permitting the
demons to speak, because they knew who He was. 35 ¶
And in the early morning, while it was still dark, He arose
and went out and departed to a lonely place, and was

막

	가사 /한적한 곳으로 **기도하시더니** /거기서
36 시몬과 및 그와 함께 있는 자들이	**뒤를 따라가** /예수의(=그의)
37 [그들이]	**만나서** /[그를] **가로되** /[그에게] /모든 사람이 —— 찾나이다 /주를(=당신을)
38 [그가]	**이르시되**(...하시고) /[그들에게] /우리가 —— 가자 /마을들로 /가까운 /다른 //(목적: ἵνα, in order that...may) [내가] — 전도하리니 /거기서도 //(이유: γάρ, for) 내가 —— 왔노라 /이를 위하여
39 이에 [그가]	**다니시며** /여러 회당에(서) /저희 /온 갈릴리에 /전도하시고(현재분사) /또 내어쫓으시더라(=내어쫓으시며, 현재분사) /귀신들을
40 한 문둥병자가	**와서 가로되** /예수께 /간구하여(분사) /[그에게] /꿇어 엎드리어(방법, 분사) /[만약, ἐὰν] [당신이] —— 원하시면(조건절, if) 하실 수 있나이다 /저를 깨끗케

36 시몬과 및 그와 함께 있는 자들이 예수의 뒤를 따라가
37 만나서 가로되 모든 사람이 주를 찾나이다 38 이르시
되 우리가 다른 가까운 마을들로 가자 거기서도 전도하리
니 내가 이를 위하여 왔노라 하시고 39 이에 온 갈릴리에
다니시며 저희 여러 회당에서 전도하시고 또 귀신들을 내
어 쫓으시더라 40 한 문둥병자가 예수께 와서 꿇어 엎드
리어 간구하여 가로되 원하시면 저를 깨끗케 하실수 있나
이다

praying there. 36 And Simon and his companions hunted
for Him; 37 and they found Him, and said to Him,
"Everyone is looking for You." 38 And He said to them,
"Let us go somewhere else to the towns nearby, in order
that I may preach there also; for that is what I came out
for." 39 And He went into their synagogues throughout
all Galilee, preaching and casting out the demons. 40 ¶
And a leper came to Him, beseeching Him and falling on
his knees before Him, and saying to Him, "If You are
willing, You can make me clean." 41 And moved with

4) 명령형 동사이지만, 주의를 환기시키며 다음에 이어지는 말을 주목케하는 접두어의 역할을 한다.

41 예수께서 민망히 여기사 손을 내밀어 저에게 대시며
가라사대 내가 원하노니 깨끗함을 받으라 하신대 42 곧
문둥병이 그 사람에게서 떠나가고 깨끗하여진지라 43 엄
히 경계하사 곧 보내시며 44 가라사대 삼가 아무에게 아
무 말도 하지 말고 가서 네 몸을 제사장에게 보이고 네 깨
끗케 됨을 인하여 모세의 명한 것을 드려 저희에게 증거하
라 하셨더니45 그러나 그 사람이 나가서 이 일을 많이 전
파하여 널리 퍼지게 하니 그러므로 예수께서 다시는 드러
나게 동네에 들어가지 못하시고 오직 바깥 한적한 곳에 계
셨으나 사방에서 그에게로 나아오더라

compassion, He stretched out His hand, and touched him,
and said to him, "I am willing; be cleansed." 42 And
immediately the leprosy left him and he was cleansed.
43 And He sternly warned him and immediately sent him
away, 44 and He said to him, "See that you say nothing
to anyone; but go, show yourself to the priest and offer
for your cleansing what Moses commanded, for a testimony
to them." 45 But he went out and began to proclaim it
freely and to spread the news about, to such an extent
that Jesus could no longer publicly enter a city, but stayed
out in unpopulated areas; and they were coming to Him
from everywhere.

막

//그러므로(결과: ὥστε, so that-RSV)
예수께서 — 다시는 드러나게 못하시고
/들어가지(=들어가는 것을, 부정사)
/동네에
— 오직 계셨으나
/바깥[에]
/한적한 곳에

[그들이] **나아오더라**
/그에게로
/사방에서

2

1 예수께서 들어가시니(=들어가셨을때에, 상황절, when)
/가버나움에
/수일 후에
/다시

소문이 **들린지라**
/집에 계신

2 많은 사람이 **모여서**

//(결과: ὥστε, so that)
용신할 수 없게 되었는데
/문 앞에라도

예수께서 **말씀하시더니**
/도를
/저희에게

3 사람들이 **올새**
/예수께로
/메워 가지고
/한 중풍병자를
/네 사람에게

4 [그들이] 데려갈 수 없으므로(=없을 때에, 상황절, when)
/예수께

//(이유: διὰ +목적격, because)
무리를 인하여

[그들이] **뜯어**
/지붕을
/그 계신 곳의

2:1 수일 후에 예수께서 다시 가버나움에 들어가시니
집에 계신 소문이 들린지라 2 많은 사람이 모여서 문
앞에라도 용신할 수 없게 되었는데 예수께서 저희에게 도
를 말씀하시더니 3 사람들이 한 중풍병자를 네 사람에게
메워 가지고 예수께로 올새 4 무리를 인하여 예수께 데려
갈 수 없으므로 그 계신 곳의 지붕을 뜯어 구멍을 내고 중
풍병자의 누운 상을 달아내리니

2:1 And when He had come back to Capernaum several
days afterward, it was heard that He was at home. 2
And many were gathered together, so that there was no
longer room, even near the door; and He was speaking
the word to them. 3 And they came, bringing to Him a
paralytic, carried by four men. 4 And being unable to get
to Him because of the crowd, they removed the roof above
Him; and when they had dug an opening, they let down
the pallet on which the paralytic was lying. 5 And Jesus seeing
their faith said to the paralytic, "My son, your sins are

5 예수께서 저희의 믿음을 보시고 중풍병자에게 이르시되
소자야 네 죄 사함을 받았느니라 하시니 6 어떤 서기관들
이 거기 앉아서 마음에 의논하기를 7 이 사람이 어찌 이
렇게 말하는가 참람하도다 오직 하나님 한 분 외에는 누가
능히 죄를 사하겠느냐 8 저희가 속으로 이렇게 의논하는
줄을 예수께서 곧 중심에 아시고 이르시되 어찌하여 이것
을 마음에 의논하느냐 9 중풍병자에게 네 죄 사함을 받았
느니라 하는 말과 일어나 네 상을 가지고 걸어가라 하는
말이 어느 것이 쉽겠느냐 10 그러나 인자가 땅에서 죄를
사하는 권세가 있는 줄을 너희로 알게 하려 하노라 하시고

forgiven." 6 But there were some of the scribes sitting
there and reasoning in their hearts, 7 "Why does this man
speak that way? He is blaspheming; who can forgive sins
but God alone?" 8 And immediately Jesus, aware in His
spirit that they were reasoning that way within themselves,
said to them, "Why are you reasoning about these things
in your hearts? 9 "Which is easier, to say to the paralytic,
'Your sins are forgiven'; or to say, 'Arise, and take up
your pallet and walk'? 10 "But in order that you may
know that the Son of Man has authority on earth to forgive

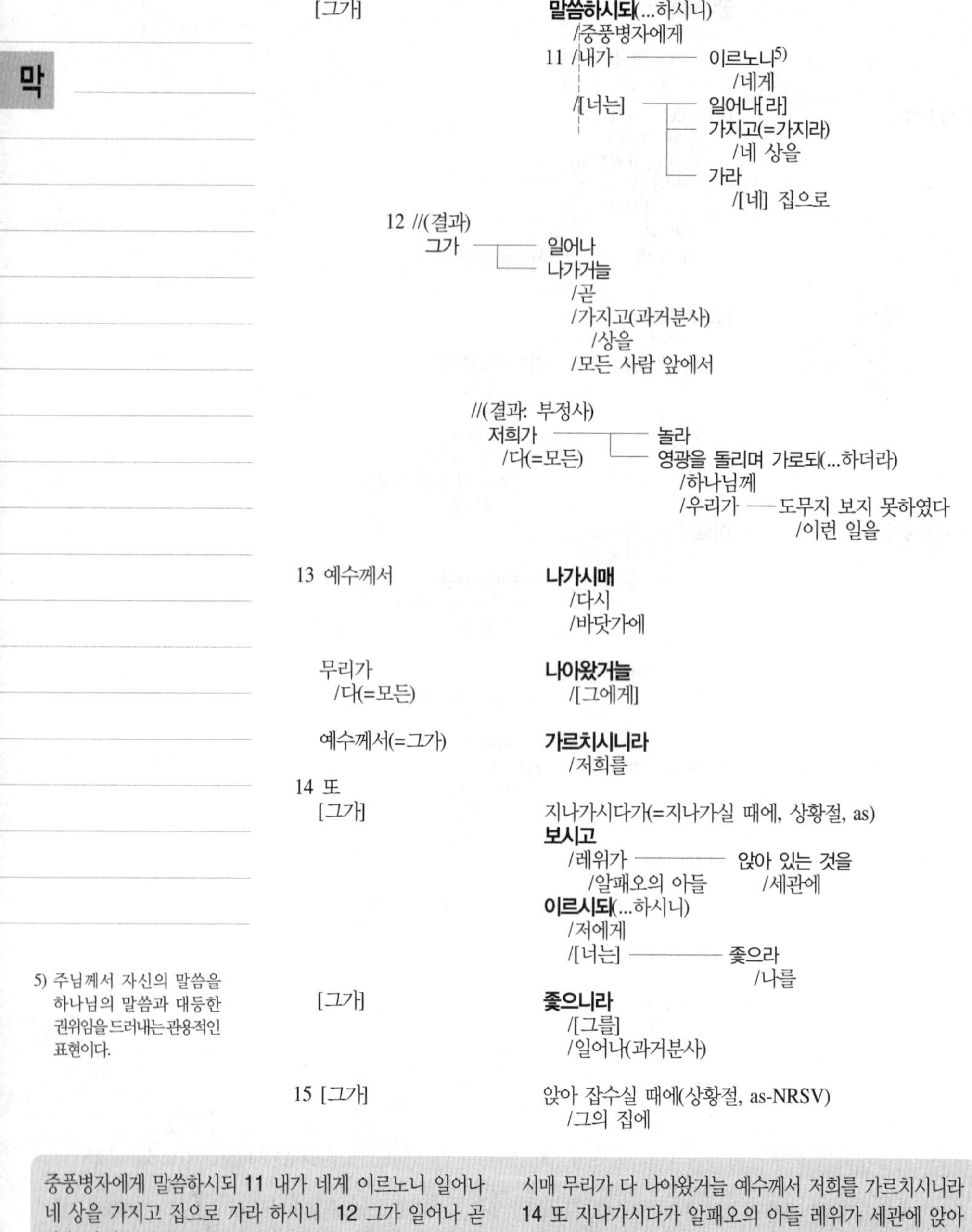

5) 주님께서 자신의 말씀을 하나님의 말씀과 대등한 권위임을 드러내는 관용적인 표현이다.

중풍병자에게 말씀하시되 11 내가 네게 이르노니 일어나 네 상을 가지고 집으로 가라 하시니 12 그가 일어나 곧 상을 가지고 모든 사람 앞에서 나가거늘 저희가 다 놀라 영광을 하나님께 돌리며 가로되 우리가 이런 일을 도무지 보지 못하였다 하더라 13 예수께서 다시 바닷가에 나가시매 무리가 다 나아왔거늘 예수께서 저희를 가르치시니라 14 또 지나가시다가 알패오의 아들 레위가 세관에 앉아 있는 것을 보시고 저에게 이르시되 나를 좇으라 하시니 일어나 좇으니라 15 그의 집에 앉아 잡수실 때에 많은 세리와 죄인들이 예수와 그 제자들과 함께 앉았으니 이는 저희

sins" — He said to the paralytic — 11 "I say to you, rise, take up your pallet and go home." 12 And he rose and immediately took up the pallet and went out in the sight of all; so that they were all amazed and were glorifying God, saying, "We have never seen anything like this."13 And He went out again by the seashore; and all the multitude were coming to Him, and He was teaching them. 14 And as He passed by, He saw Levi the son of Alphaeus sitting in the tax office, and He said to him, "Follow Me!" And he rose and followed Him.15 And it came about that He was reclining at the table in his house, and many tax-gatherers and sinners were dining with Jesus

가 많이 있어서 예수를 좇음이러라 16 바리새인의 서기관
들이 예수께서 죄인과 세리들과 함께 잡수시는 것을 보고
그 제자들에게 이르되 어찌하여 세리와 죄인들과 함께 먹
는가 17 예수께서 들으시고 저희에게 이르시되 건강한
자에게는 의원이 쓸데없고 병든 자에게라야 쓸데 있느니라
내가 의인을 부르러 온 것이 아니요 죄인을 부르러 왔노라
하시니라 18 요한의 제자들과 바리새인들이 금식하고 있
는지라 혹이 예수께 와서 말하되 요한의 제자들과 바리세
인의 제자들은 금식하는데 어찌하여 당신의 제자들은 금식
하지 아니하나이까

and His disciples; for there were many of them, and they
were following Him. 16 And when the scribes of the Pharisees
saw that He was eating with the sinners and tax-gatherers,
they began saying to His disciples, "Why is He eating
and drinking with tax-gatherers and sinners?" 17 And
hearing this, Jesus said to them, "It is not those who are healthy
who need a physician, but those who are sick; I did not
come to call the righteous, but sinners." 18 And John's
disciples and the Pharisees were fasting; and they came
and said to Him, "Why do John's disciples and the disciples
of the Pharisees fast, but Your disciples do not fast?" 19
And Jesus said to them, "While the bridegroom is with

막

19 예수께서 이르시되(...하시니라)
/저희에게
/손님들이 — 금식할 수 있느냐?
/혼인집
/신랑과(=이) — 함께 있을 때에
/[그들과]
금식할 수 없나니
/[소유하고] 있을 동안에는
/신랑과(=을)
/[그들과] 함께

20 /그러나
날이 — 이르리니
/신랑을(=이) — 빼앗길(=빼앗겨질)
/[그들이] — 금식할 것이니라
/그 날에는
/[그때에]

21 /[아무도] — 붙이는 자가 없나니
/조각을
/생베
/낡은 옷에
/만일[εἰ]
그렇게 하면(조건절, if)
새 것이 — 당기어
/낡은[것 중] /기운[것을]
/그것을(=으로부터)
/해어짐이 — 더하게 되느니라

22 /[아무도] — 넣는 자가 없나니
/새 포도주를
/가죽 부대에
/낡은
/만일[εἰ]
그렇게 하면(조건절, if)
(새)포도주가 — 터뜨려
/부대를
/포도 주와 — 버리게 되리라
부대를(=가)
/오직
새 포도주는 — (넣느니라)
/새 부대에

23 예수께서 지나가실새
/안식일에
/밀밭 사이로

19 예수께서 저희에게 이르시되 혼인집 손님들이 신랑과
함께 있을 때에 금식할 수 있느냐 신랑과 함께 있을 동안
에는 금식할 수 없나니 20 그러나 신랑을 빼앗길 날이 이
르리니 그 날에는 금식할 것이니라 21 생베 조각을 낡은
옷에 붙이는 자가 없나니 만일 그렇게 하면 기운 새 것이
낡은 그것을 당기어 해어짐이 더하게 되느니라 22 새 포
도주를 낡은 가죽 부대에 넣는 자가 없나니 만일 그렇게
하면 새 포도주가 부대를 터뜨려 포도주와 부대를 버리게
되리라 오직 새 포도주는 새 부대에 넣느니라 하시니라
23 안식일에 예수께서 밀밭 사이로 지나가실새 그 제자들

them, the attendants of the bridegroom do not fast, do they? So long as they have the bridegroom with them, they cannot fast.
20 "But the days will come when the bridegroom is taken away from them, and then they will fast in that day.
21 "No one sews a patch of unshrunk cloth on an old garment; otherwise the patch pulls away from it, the new from the old, and a worse tear results.
22 "And no one puts new wine into old wineskins; otherwise the wine will burst the skins, and the wine is lost, and the skins as well; but one puts new wine into fresh wineskins."
23 And it came about that He was passing through the grainfields on the Sabbath, and His

막

제자들이 **[시작하니라]**
/그[의] /열며(=열기를, 부정사)
/길을
/자르니(=자르며, 현재분사)
/이삭을

24 바리새인들이 **말하되**
/예수께
/보시오[ἴδε]
저희가 —— 어찌하여 [행]하나이까?
/하지 못할 일을
/안식일에

25 예수께서 **가라사대**
/[그들에게]
/[너희가] —— 읽지 못하였느냐?
/다윗이 —— 핍절되어
자기와 및 —— 시장할 때에(상황절, when)
[그와] 함께한 자들이
[그가] —— 한 일을

26 그가 —— 들어가서
/전에
/하나님의
/아비아달 대제사장 때에
—— 먹고
/진설병을
/먹지[것이] — [합당치] 못하는
/제사장 외에는
—— 주지 아니하였느냐?
/[그와] 함께한 자들에게도

27 또 **가라사대**
/[그들에게]
/안식일은 —— 있는 것이요
/사람을 위하여
/사람이 —— (있는 것이)아니니
/안식일을 위하여

28 /이러므로
인자는 —— 주인이니라
/안식일에도

이 길을 열며 이삭을 자르니
24 바리새인들이 예수께 말하되 보시오 저희가 어찌하여
안식일에 하지 못할 일을 하나이까 25 예수께서 가라사
대 다윗이 자기와 및 함께 한 자들이 핍절되어 시장할 때
에 한 일을 읽지 못하였느냐 26 그가 아비아달 대제사장
때에 하나님의 전에 들어가서 제사장 외에는 먹지 못하는
진설병을 먹고 함께한 자들에게도 주지 아니하였느냐 27
또 가라사대 안식일은 사람을 위하여 있는 것이요 사람이
안식일을 위하여 있는 것이 아니니 28 이러므로 인자는
안식일에도 주인이니라

disciples began to make their way along while picking
the heads of grain. 24 And the Pharisees were saying to
Him, "See here, why are they doing what is not lawful
on the Sabbath?" 25 And He said to them, "Have you
never read what David did when he was in need and
became hungry, he and his companions: 26 how he entered
the house of God in the time of Abiathar the high priest,
and ate the consecrated bread, which is not lawful for
anyone to eat except the priests, and he gave it also to
those who were with him?" 27 And He was saying to
them, "The Sabbath was made for man, and not man for
the Sabbath. 28 "Consequently, the Son of Man is Lord
even of the Sabbath."

막

3

1 예수께서 들어가시니
/회당에
/다시
사람이 있는지라
/한(편)손[이] 마른 /거기

2 사람들이 엿보거늘
/[그를]
/[그가] —— 고치시는가
/그 사람을
/안식일에

//(목적: ἵνα, that...might)
[그들이] —— 송사하려 하여
/예수를

3 예수께서 이르시되(...하시고)
/사람에게
/[소유한]
/손[을]
/마른
/[너는] —— 일어서라
/한가운데

4 이르시되(...하시니)
/저희에게
/어느 것이 —— 옳으냐?
/행하는 것과
/선을
/안식일에
/악을 행하는 것
/구하는 것과
/생명을
/죽이는 것

저희가 잠잠하거늘

5 [그가] 둘러보시고(상황절, when)
/저희를
/노하심으로
이르시되(...하시니)
/그 사람에게
/근심하사(현재분사)
/완악함을
/저희 마음의
/[너는] —— 내밀라
/네 손을

//(결과: 명령문, and)

3:1 예수께서 다시 회당에 들어가시니 한편 손 마른 사
람이 거기 있는지라 2 사람들이 예수를 송사하려 하
여 안식일에 그 사람을 고치시는가 엿보거늘 3 예수께서
손 마른 사람에게 이르시되 한 가운데 일어서라 하시고 4
저희에게 이르시되 안식일에 선을 행하는 것과 악을 행하
는 것, 생명을 구하는 것과 죽이는 것, 어느 것이 옳으냐
하시니 저희가 잠잠하거늘 5 저희 마음의 완악함을 근심
하사 노하심으로 저희를 둘러보시고 그 사람에게 이르시되
네 손을 내밀라 하시니 그가 내밀매 그 손이 회복되었더라

3:1 And He entered again into a synagogue; and a man
was there with a withered hand. 2 And they were watching
Him to see if He would heal him on the Sabbath, in order
that they might accuse Him. 3 And He said to the man
with the withered hand, "Rise and come forward!" 4 And
He said to them, "Is it lawful on the Sabbath to do good
or to do harm, to save a life or to kill?" But they kept
silent. 5 And after looking around at them with anger,
grieved at their hardness of heart, He said to the man,
"Stretch out your hand." And he stretched it out, and his

//(결과: 명령문, and)
그가 —— 내밀매
손이 —— 회복되었더라
/그[의]

6 바리새인들이 **의논하니라**
/나가서(과거분사)
/[그에 관하여]
/헤롯당과 함께
/곧

//어떻게 하여(목적: ὅπως, that...might)
[그들이] —— 죽일꼬
/예수를

7 예수께서 **물러가시니**
/[그의] 제자들과 함께
/바다로

큰 무리가 **좇으며**
/갈릴리에서

8 무리가 듣고(상황절, when)
/허다한
/큰 일을
/그의 하신
/유대와
/예루살렘과
/이두매와
/요단강 건너편과
/(또) 두로와 시돈 근처에서
나아오는지라
/[그에게]

9 예수께서 **명하셨으니**
/[그의] 제자들에게

//(목적: ἵνα, that...should)
작은 배를(=가) —— 등대하도록
/[그에게]

//(이유: διὰ,+목적격, because)
무리의(=를 위하여)

//(목적: ἵνα, that...would)
[그들이] —— 에워싸 미는 것을 면키 위하여
/[그를]

10 //이는(이유: γάρ, for)
[그가] —— 고치셨으므로
/많은 사람을

//(결과: ὥστε, so that)

6 바리새인들이 나가서 곧 헤롯 당과 함께 어떻게 하여 예
수를 죽일꼬 의논하니라 7 예수께서 제자들과 함께 바다
로 물러가시니 갈릴리에서 큰 무리가 좇으며 8 유대와 예
루살렘과 이두매와 요단강 건너편과 또 두로와 시돈 근처
에서 허다한 무리가 그의 하신 큰 일을 듣고 나아오는지라
9 예수께서 무리의 에워싸 미는 것을 면키 위하여 작은 배
를 등대하도록 제자들에게 명하셨으니 10 이는 많은 사
람을 고치셨으므로 병에 고생하는 자들이 예수를 만지고자
하여 핍근히 함이더라

hand was restored. 6 And the Pharisees went out and
immediately began taking counsel with the Herodians
against Him, as to how they might destroy Him. 7 And
Jesus withdrew to the sea with His disciples; and a great
multitude from Galilee followed; and also from Judea, 8
and from Jerusalem, and from Idumea, and beyond the Jordan,
and the vicinity of Tyre and Sidon, a great multitude heard
of all that He was doing and came to Him. 9 And He
told His disciples that a boat should stand ready for Him
because of the multitude, in order that they might not
crowd Him; 10 for He had healed many, with the result
that all those who had afflictions pressed about Him in

막

//(결과: ὥστε, so that)
핍근히 함이더라
/[그에게]

//(목적: ἵνα, in order to)
자들이 —— 만지고자 하여
/고생하는 /예수를
/병에

11 귀신들도 보면(=보았을 때, 상황절, when)
/더러운 /예수를
/(어느 때든지)
앞에 엎드려
/그[에게]
부르짖어 가로되(...하니)
/당신은 —— 아들이니이다
/하나님의

12 예수께서 **경계하시니라**
/[그들에게]
/많이
/[그들이] —— 나타내지 말라고
/자기를

13 또 **오르사**
/산에
부르시니
/자들을
/자기의 원하는
[그들이] **나아온지라**
/[그에게]

14 이에
[그가] **세우셨으니**
/열둘을

//이는(목적: ἵνα, that...would)
[그들이] —— 있게 하시고
/자기와 함께

//또(목적: ἵνα, could)
[그가] —— 보내사(. . . 하심이러라)
/[그들에게]
/전도도 하며(=하려고, 부정사)
15 /있게 하려
/권세도(=를)
/내어좇는(=좇게하려고, 부정사)
/귀신을

16 **세우셨으니**
/이 열둘을

11 더러운 귀신들도 어느 때든지 예수를 보면 그 앞에 엎드려 부르짖어 가로되 당신은 하나님의 아들이니이다 하니 12 예수께서 자기를 나타내지 말라고 많이 경계하시니라 13 또 산에 오르사 자기의 원하는 자들을 부르시니 나아온지라 14 이에 열둘을 세우셨으니 이는 자기와 함께 있게 하시고 또 보내사 전도도 하며 15 귀신을 내어좇는 권세도 있게 하려 하심이러라 16 이 열둘을 세우셨으니 시

order to touch Him. 11 And whenever the unclean spirits beheld Him, they would fall down before Him and cry out, saying, "You are the Son of God!" 12 And He earnestly warned them not to make Him known. 13 ¶ And He went up to the mountain and summoned those whom He Himself wanted, and they came to Him. 14 And He appointed twelve, that they might be with Him, and that He might send them out to preach, 15 and to have authority to cast out the demons. 16 And He appointed the twelve: Simon (to whom He gave the name Peter),

더하셨고
/이름을
/베드로란
/시몬에게는

17 또 **더하셨으며**
/야고보와
/세베대의 아들
/요한이니(=을)
/야고보의 형제
/이 둘에게는
/이름을
/보아너게
/(곧) 우뢰의 아들이란

18 또 **〈더하시니라〉**
/안드레와
/빌립과
/바돌로매와
/마태와
/도마와
/야고보와
/알패오의 아들
/(및) 다대오와
/시몬이며(=을)
/가나안인

19 또 **〈더하시니라〉**
/가룟 유다니(=를)
/이는[6] —— 판 자러라
/예수를

20 [그가] **들어가시니**
/집에
무리가 **모이므로**
/다시

//(결과: ὥστε, so that)
[그들이] —— 겨를도 없는지라
/식사할
/[먹을]

21 친속들이 듣고(=들었을 때, 상황절, when)
/예수의
붙들러 나오니
/[그를]

//이는(이유: γάρ, for)
[그들이] —— [말]함일러라
/그가 — 미쳤다

6) 관계대명사, 선행사는 '가룟 유다'이다. 계속적 용법

몬에게는 베드로란 이름을 더하셨고
17 또 세베대의 아들 야고보와 야고보의 형제 요한이니
이 둘에게는 보아너게 곧 우뢰의 아들이란 이름을 더하셨
으며 18 또 안드레와 빌립과 바돌로매와 마태와 도마와
알패오의 아들 야고보와 및 다대오와 가나안인 시몬이며
19 또 가룟 유다니 이는 예수를 판 자러라 20 집에 들어
가시니 무리가 다시 모이므로 식사할 겨를도 없는지라 21
예수의 친속들이 듣고 붙들러 나오니 이는 그가 미쳤다 함

17 and James, the son of Zebedee, and John the brother of James (to them He gave the name Boanerges, which means, "Sons of Thunder");
18 and Andrew, and Philip, and Bartholomew, and Matthew, and Thomas, and James the son of Alphaeus, and Thaddaeus, and Simon the Zealot;
19 and Judas Iscariot, who also betrayed Him.
20 And He came home, and the multitude gathered again, to such an extent that they could not even eat a meal.
21 And when His own people heard of this, they went out to take custody of Him; for they were saying, "He has lost His senses."

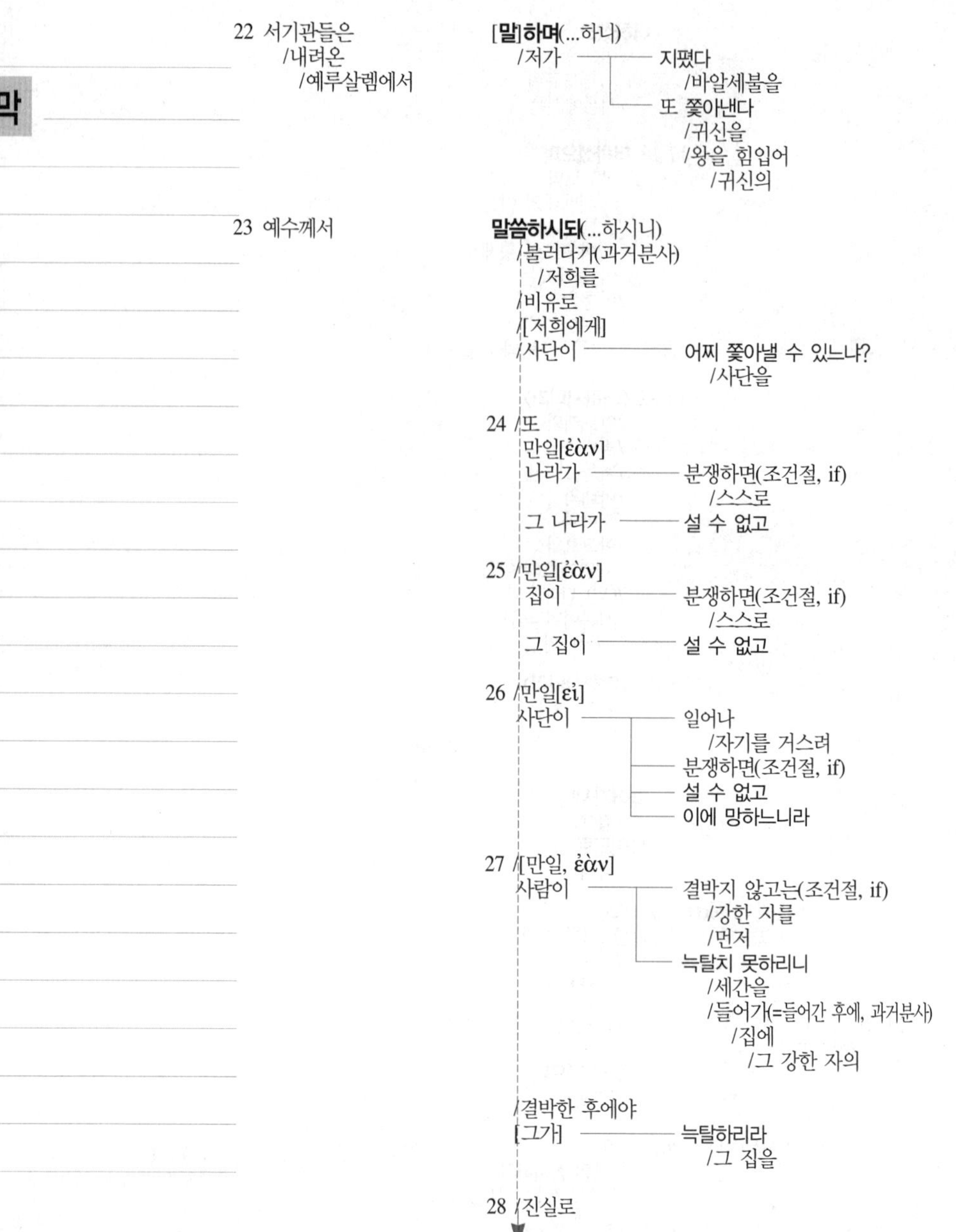

일러라
22 예루살렘에서 내려온 서기관들은 저가 바알세불을 지
폈다 하며 또 귀신의 왕을 힘입어 귀신을 쫓아낸다 하니
23 예수께서 저희를 불러다가 비유로 말씀하시되 사단이
어찌 사단을 쫓아낼 수 있느냐 24 또 만일 나라가 스스로
분쟁하면 그 나라가 설 수 없고 25 만일 집이 스스로 분
쟁하면 그 집이 설 수 없고 26 만일 사단이 자기를 거스
려 일어나 분쟁하면 설 수 없고 이에 망하느니라 27 사람

22 And the scribes who came down from Jerusalem were
saying, "He is possessed by Beelzebul," and "He casts
out the demons by the ruler of the demons." 23 And He
called them to Himself and began speaking to them in parables,
"How can Satan cast out Satan? 24 "And if a kingdom
is divided against itself, that kingdom cannot stand. 25
"And if a house is divided against itself, that house will
not be able to stand. 26 "And if Satan has risen up against
himself and is divided, he cannot stand, but he is finished!
27 "But no one can enter the strong man's house and
plunder his property unless he first binds the strong man,
and then he will plunder his house. 28 "Truly I say to

7) 'ἀμὴν λέγω', '아멘, 내가 말한다'. 주님이 자신의 말에 대해 확정적임을 강조하는 관용적인 어구이다.

이 먼저 강한 자를 결박지 않고는 그 강한 자의 집에 들어
가 세간을 늑탈치 못하리니 결박한 후에야 그 집을 늑탈하
리라 28 내가 진실로 너희에게 이르노니 사람의 모든 죄
와 무릇 훼방하는 훼방은 사하심을 얻되 29 누구든지 성
령을 훼방하는 자는 사하심을 영원히 얻지 못하고 영원한
죄에 처하느니라 하시니 30 이는 저희가 말하기를 더러
운 귀신이 들렸다 함이러라 31 때에 예수의 모친과 동생
들이 와서 밖에 서서 사람을 보내어 예수를 부르니 32 무
리가 예수를 둘러 앉았다가 여짜오되 보소서 당신의 모친
과 동생들과 누이들이 밖에서 찾나이다 33 대답하시되 누
가 내 모친이며 동생들이냐 하시고

you, all sins shall be forgiven the sons of men, and
whatever blasphemies they utter; 29 but whoever blasphemes
against the Holy Spirit never has forgiveness, but is guilty
of an eternal sin" — 30 because they were saying, "He
has an unclean spirit." 31 ¶ And His mother and His
brothers arrived, and standing outside they sent word to
Him, and called Him. 32 And a multitude was sitting
around Him, and they said to Him, "Behold, Your mother
and Your brothers are outside looking for You." 33 And
answering them, He said, "Who are My mother and My
brothers?" 34 And looking about on those who were sitting
around Him, He said, "Behold, My mother and My brothers!

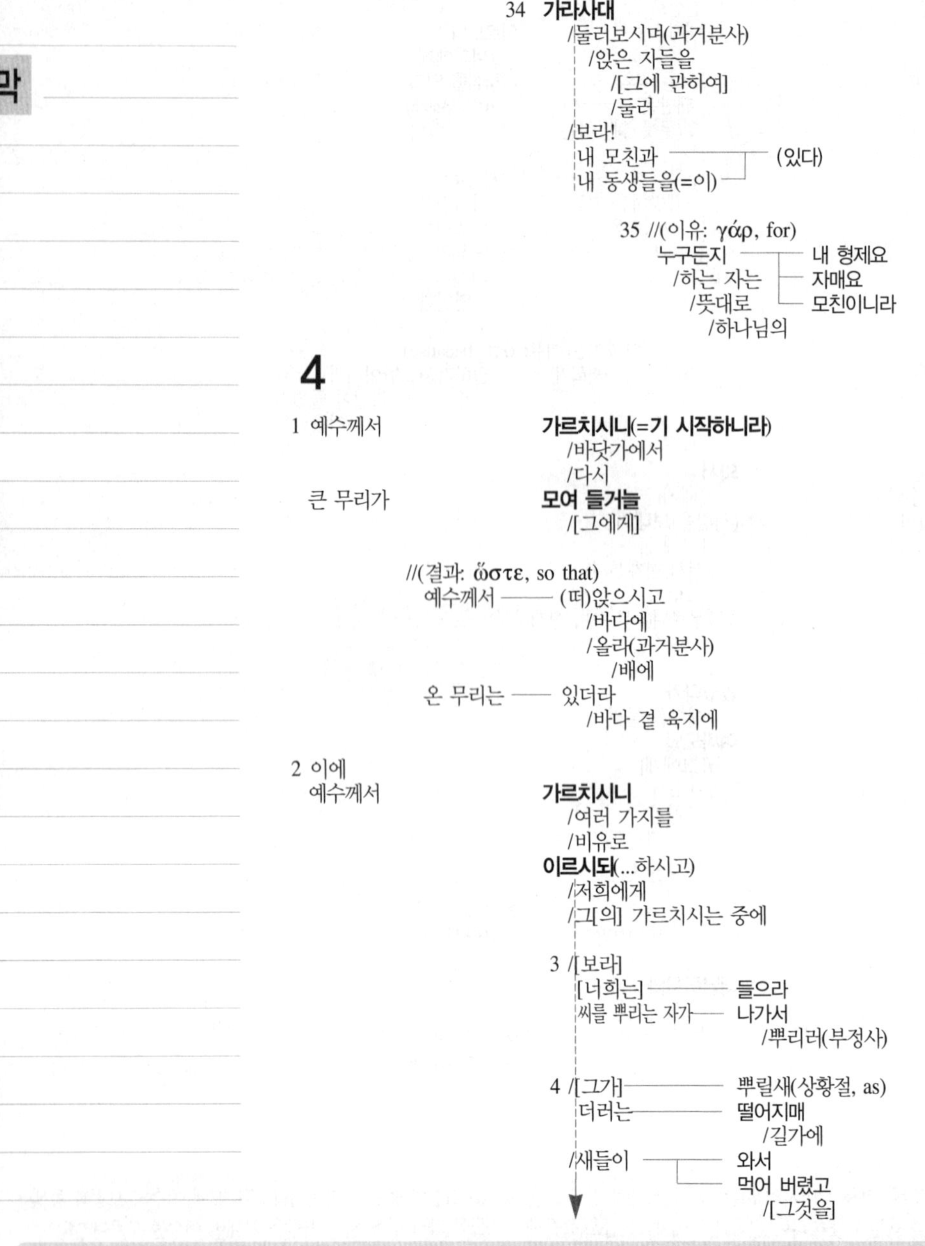

34 둘러 앉은 자들을 둘러 보시며 가라사대 내 모친과 내
동생들을 보라 35 누구든지 하나님의 뜻대로 하는 자는
내 형제요 자매요 모친이니라
4:1 예수께서 다시 바닷가에서 가르치시니 큰 무리가
모여 들거늘 예수께서 배에 올라 바다에 떠 앉으시고
온 무리는 바다 곁 육지에있더라 2 이에 예수께서 여러
가지를 비유로 가르치시니 그 가르치시는 중에 저희에게
이르시되 3 들으라 씨를 뿌리는 자가 뿌리러 나가서 4 뿌
릴새 더러는 길가에 떨어지매 새들이 와서 먹어 버렸고

35 "For whoever does the will of God, he is My brother
and sister and mother."
4:1 And He began to teach again by the sea. And such
a very great multitude gathered to Him that He got
into a boat in the sea and sat down; and the whole multitude
was by the sea on the land. 2 And He was teaching them
many things in parables, and was saying to them in His
teaching, 3 "Listen to this! Behold, the sower went out
to sow; 4 and it came about that as he was sowing, some
seed fell beside the road, and the birds came and ate it

5 /더러는 ── 떨어지매
/돌밭에
/흙이 얇은
싹이 나오나
/곧

//(이유: διὰ + 목적격, because)
흙이 깊지 아니하므로

6 /해가 ── 돋은 후에(상황절, when)
[그것이] ── 타져서
말랐고

//(이유: διὰ + 목적격, because)
[그것이] ── 없으므로
/뿌리가

7 /더러는 ── 떨어지매
/가시떨기에
/가시가 ── 자라
기운을 막으므로
/[그것을]
못하였고
/결실치

8 /더러는 ── 떨어지매
/좋은 땅에
하였으니
/결실[을]
/자라(현재분사)
/무성하여(현재분사)
/[어떤 것은] ── 되었느니라
/삼십 배와(=로)
/[어떤 것은] ── 〈되었다〉
/육십 배와(=로)
/[어떤 것은] ── 〈되었다〉
/백 배가(=로)

9 또 **이르시되**(...하시니라)
/귀 있는자는 ── 들으라
/들을

10 예수께서 계실 때에(상황절, when)
/홀로
사람들이 **묻자오니**
/[그와] 함께한
/그 비유들을
/열두 제자로 더불어

5 더러는 흙이 얇은 돌밭에 떨어지매 흙이 깊지 아니하므
로 곧 싹이 나오나 6 해가 돋은 후에 타져서 뿌리가 없으
므로 말랐고 7 더러는 가시떨기에 떨어지매 가시가 자라
기운을 막으므로 결실치 못하였고 8 더러는 좋은 땅에 떨
어지매 자라 무성하여 결실하였으니 삼십 배와 육십 배와
백 배가 되었느니라 하시고 9 또 이르시되 들을 귀 있는
자는 들으라 하시니라 10 예수께서 홀로 계실 때에 함께
한 사람들이 열두 제자로 더불어 그 비유를 묻자오니

up. 5 “And other seed fell on the rocky ground where it
did not have much soil; and immediately it sprang up
because it had no depth of soil. 6 “And after the sun had
risen, it was scorched; and because it had no root, it
withered away. 7 “And other seed fell among the thorns,
and the thorns came up and choked it, and it yielded no
crop. 8 “And other seeds fell into the good soil and as
they grew up and increased, they yielded a crop and
produced thirty, sixty, and a hundredfold.” 9 And He was
saying, “He who has ears to hear, let him hear.” 10 And
as soon as He was alone, His followers, along with the twelve,
began asking Him about the parables. 11 And He was

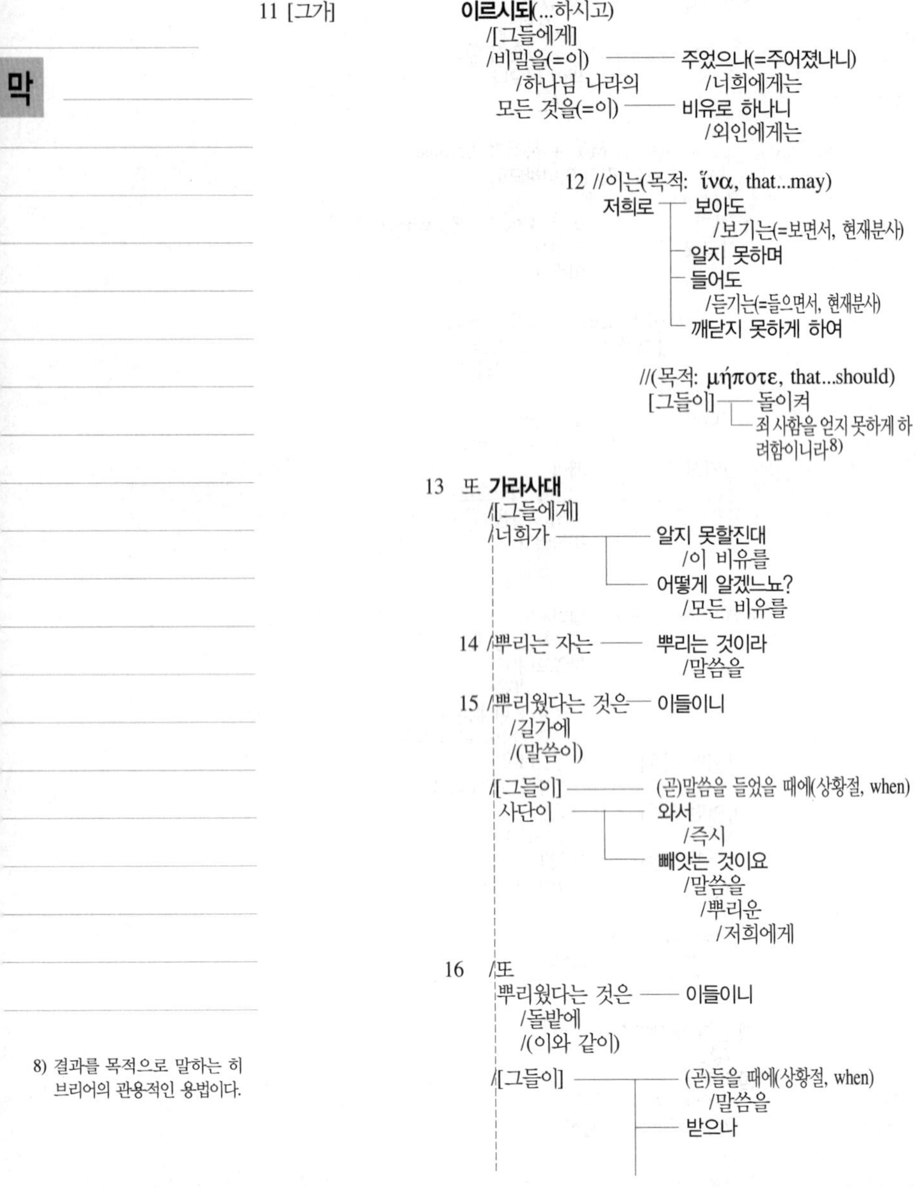

8) 결과를 목적으로 말하는 히브리어의 관용적인 용법이다.

11 이르시되 하나님 나라의 비밀을 너희에게는 주었으나 외인에게는 모든 것을 비유로 하나니 12 이는 저희로 보기는 보아도 알지 못하며 듣기는 들어도 깨닫지 못하게 하여 돌이켜 죄 사함을 얻지 못하게 하려 함이니라 하시고 13 또 가라사대 너희가 이 비유를 알지 못할진대 어떻게 모든 비유를 알겠느뇨 14 뿌리는 자는 말씀을 뿌리는 것이다 15 말씀이 길가에 뿌리웠다는 것은 이들이니 곧 말씀을 들었을 때에 사단이 즉시 와서 저희에게 뿌리운 말씀을 빼앗는 것이요 16 또 이와 같이 돌밭에 뿌리웠다는 것은 이들이니 곧 말씀을 들을 때에 즉시 기쁨으로 받으나

saying to them, "To you has been given the mystery of the kingdom of God; but those who are outside get everything in parables, 12 in order that while seeing, they may see and not perceive; and while hearing, they may hear and not understand lest they return and be forgiven." 13 And He said to them, "Do you not understand this parable? And how will you understand all the parables? 14 "The sower sows the word. 15 "And these are the ones who are beside the road where the word is sown; and when they hear, immediately Satan comes and takes away the word which has been sown in them. 16 "And in a similar way these are the ones on whom seed was sown on the

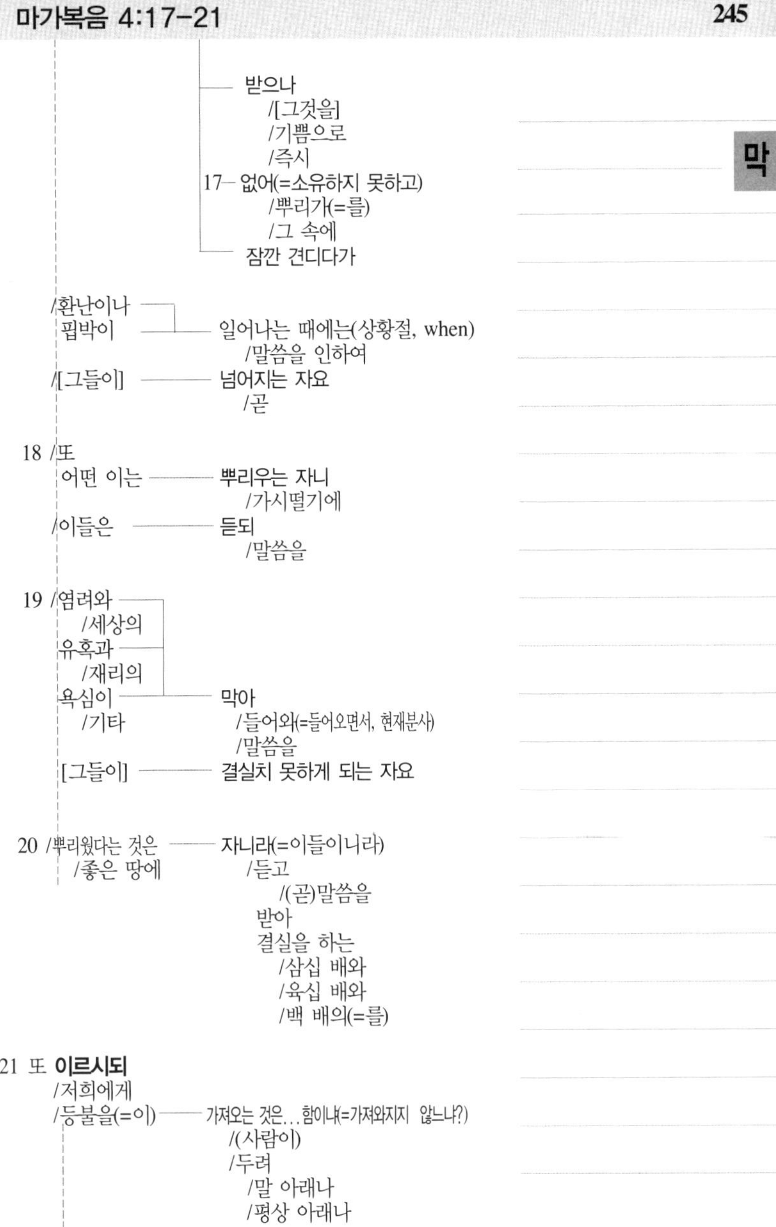

17 그 속에 뿌리가 없어 잠간 견디다가 말씀을 인하여 환
난이나 핍박이 일어나는 때에는 곧 넘어지는 자요 18 또
어떤 이는 가시떨기에 뿌리우는 자니 이들은 말씀을 듣되
19 세상의 염려와 재리의 유혹과 기타 욕심이 들어와 말
씀을 막아 결실치 못하게 되는 자요 20 좋은 땅에 뿌리웠
다는 것은 곧 말씀을 듣고 받아 삼십 배와 육십 배와 백
배의 결실을 하는 자니라 21 또 저희에게 이르시되 사람
이 등불을 가져오는 것은 말 아래나 평상 아래나 두려 함
이냐 등경 위에 두려 함이 아니냐

rocky places, who, when they hear the word, immediately
receive it with joy; 17 and they have no firm root in themselves,
but are only temporary; then, when affliction or persecution
arises because of the word, immediately they fall away.
18 "And others are the ones on whom seed was sown
among the thorns; these are the ones who have heard the word,
19 and the worries of the world, and the deceitfulness of
riches, and the desires for other things enter in and choke
the word, and it becomes unfruitful. 20 "And those are
the ones on whom seed was sown on the good soil; and
they hear the word and accept it, and bear fruit, thirty,
sixty, and a hundredfold." 21 And He was saying to them,
"A lamp is not brought to be put under a peck-measure,
is it, or under a bed? Is it not brought to be put on the

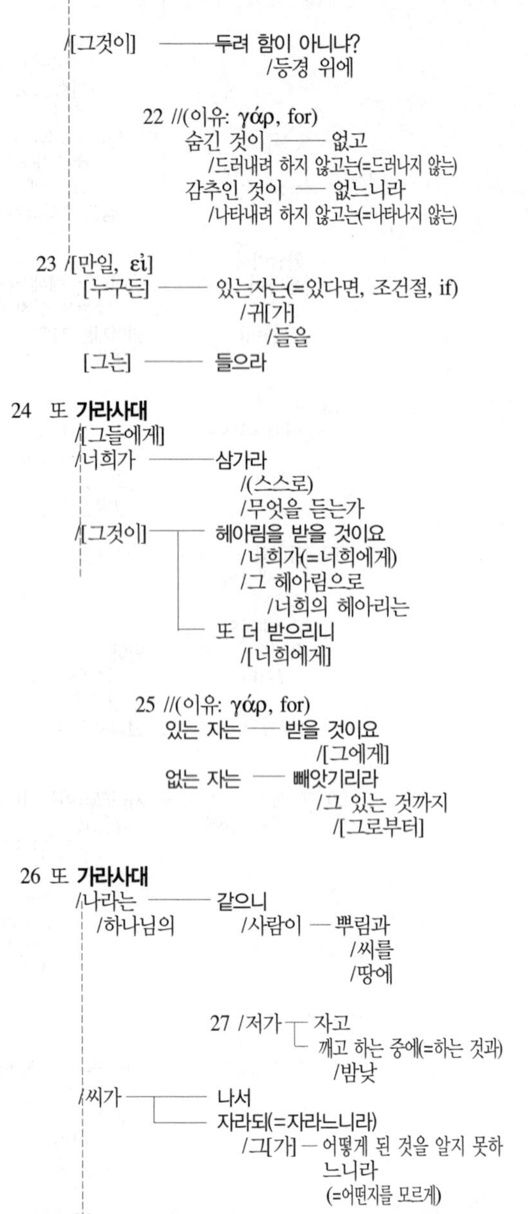

22 드러내려 하지 않고는 숨긴 것이 없고 나타내려 하지
않고는 감추인 것이 없느니라 23 들을 귀 있는 자는 들으
라 24 또 가라사대 너희가 무엇을 듣는가 스스로 삼가라
너희의 헤아리는 그 헤아림으로 너희가 헤아림을 받을 것
이요 또 더 받으리니 25 있는자는 받을 것이요 없는 자는
그 있는 것까지 빼앗기리라 26 또 가라사대 하나님의 나
라는 사람이 씨를 땅에 뿌림과 같으니 27 저가 밤낮 자고
깨고 하는 중에 씨가 나서 자라되 그 어떻게 된 것을 알지
못하느니라

lampstand? 22 "For nothing is hidden, except to be
revealed; nor has anything been secret, but that it should come
to light. 23 "If any man has ears to hear, let him hear."
24 And He was saying to them, "Take care what you
listen to. By your standard of measure it shall be measured
to you; and more shall be given you besides. 25 "For
whoever has, to him shall more be given; and whoever
does not have, even what he has shall be taken away from
him." 26 ¶ And He was saying, "The kingdom of God is
like a man who casts seed upon the soil; 27 and goes to
bed at night and gets up by day, and the seed sprouts up
and grows — how, he himself does not know. 28 "The

막

9) 관계대명사, 선행사는 '한 알'이다. 계속적 용법

28 땅이 스스로 열매를 맺되 처음에는 싹이요 다음에는
이삭이요 그 다음에는 이삭에 충실한 곡식이라 29 열매가
익으면 곧 낫을 대나니 이는 추수 때가 이르렀음이니라
30 또 가라사대 우리가 하나님의 나라를 어떻게 비하며
또 무슨 비유로 나타낼꼬 31 겨자씨 한 알과 같으니 땅에
심길 때에는 땅 위의 모든 씨보다 작은 것이로되 32 심긴
후에는 자라서 모든 나물보다 커지며 큰 가지를 내니 공중
의 새들이 그 그늘에 깃들일 만큼 되느니라

soil produces crops by itself; first the blade, then the head,
then the mature grain in the head. 29 "But when the crop
permits, he immediately puts in the sickle, because the harvest
has come." 30 ¶ And He said, "How shall we picture the
kingdom of God, or by what parable shall we present it?
31 "It is like a mustard seed, which, when sown upon
the soil, though it is smaller than all the seeds that are
upon the soil, 32 yet when it is sown, grows up and
becomes larger than all the garden plants and forms large
branches; so that the birds of the air can nest under its
shade." 33 ¶ And with many such parables He was speaking
the word to them as they were able to hear it; 34 and

막

33 예수께서 가르치시되
/말씀을
/비유로
/이러한
/많은
/[저희에게]
/저희가 ── 알아들을 수 있는 대로

34 **말씀하지 아니하시고**
/[저희에게]
/비유가 아니면
다만 해석하시더라
/모든 것을
/그 제자들에게
/혼자 계실 때에[10)]

35 그 날 저물 때에(상황절, when)
[그가] **이르시되**(...하시니)
/제자들에게
/우리가 ── 건너가자
/저편으로

36 저희가 **떠나**
/무리를
모시고 가매
/예수를
/배에 계신 그대로

다른 배들도 **하더니**
/[그와] 함께

37 큰 광풍이 **일어나며**
물결이 **부딪혀 들어와**
/배에

//(결과: ὥστε, so that)
가득하게 되었더라
/배에

38 예수께서는 **주무시더니**
/고물에서
/베개를 베시고

제자들이 **깨우며**
/[그를]
가로되(...하니)
/[그에게]
/선생님이여!
[당신은] ──── 돌아보지 아니하시나이까?
/우리의 죽게 된 것을

10) 문법적으로는 상황절이 아니다.

33 예수께서 이러한 많은 비유로 저희가 알아 들을 수 있는 대로 말씀을 가르치시되 34 비유가 아니면 말씀하지 아니하시고 다만 혼자 계실 때에 그 제자들에게 모든 것을 해석 하시더라 35 그날 저물 때에 제자들에게 이르시되 우리가 저편으로 건너가자 하시니 36 저희가 무리를 떠나 예수를 배에 계신 그대로 모시고 가매 다른 배들도 함께 하더니 37 큰 광풍이 일어나며 물결이 부딪혀 배에 들어와 배에 가득하게 되었더라 38 예수께서는 고물에서 베개를 베시고 주무시더니 제자들이 깨우며 가로되 선생님이여 우리의 죽게 된 것을 돌아보지 아니하시나이까하니

He did not speak to them without a parable; but He was explaining everything privately to His own disciples. 35 ¶ And on that day, when evening had come, He said to them, "Let us go over to the other side." 36 And leaving the multitude, they took Him along with them, just as He was, in the boat; and other boats were with Him. 37 And there arose a fierce gale of wind, and the waves were breaking over the boat so much that the boat was already filling up. 38 And He Himself was in the stern, asleep on the cushion; and they awoke Him and said to Him, "Teacher, do You not care that we are perishing?" 39 And being aroused, He rebuked the wind and said to the sea, "Hush,

11) 관계대명사, 선행사는 '사람'. 계속적 용법

39 예수께서 깨어 바람을 꾸짖으시며 바다더러 이르시되
잠잠하라 고요하라 하시니 바람이 그치고 아주 잔잔하여지
더라 40 이에 제자들에게 이르시되 어찌하여 이렇게 무
서워하느냐 너희가 어찌 믿음이 없느냐 하시니 41 저희가
심히 두려워하여 서로 말하되 저가 뉘기에 바람과 바다라
도 순종하는고 하였더라

5:1 예수께서 바다 건너편 거라사 인의 지방에 이르러
2 배에서 나오시매 곧 더러운 귀신 들린 사람이 무덤
사이에서 나와 예수를 만나다 3 그 사람은 무덤 사이에
거처하는데 이제는 아무나 쇠사슬로도 맬 수 없게 되었으

be still." And the wind died down and it became perfectly
calm. 40 And He said to them, "Why are you so timid?
How is it that you have no faith?" 41 And they became
very much afraid and said to one another, "Who then is
this, that even the wind and the sea obey Him?"

5:1 ¶ And they came to the other side of the sea, into
the country of the Gerasenes. 2 And when He had
come out of the boat, immediately a man from the tombs
with an unclean spirit met Him, 3 and he had his dwelling
among the tombs. And no one was able to bind him
anymore, even with a chain; 4 because he had often been

막

4 //이는(이유: διά + 목적격, because)
[그가] — 매였어도
/여러 번
/고랑과 쇠사슬에
쇠사슬을(=이) — 끊[어지]고
/[그에 의해서]
고랑을(=이) — 깨뜨렸음이러라
그리하여
아무도 — 제어할 힘이 없는지라
/저를

5 [그가] **소리지르며**
/밤낮
/늘(=모든)
/무덤 사이에서나
/산에서나
상하고 있었더라
/제 몸을
/돌로
6 그가 보고(상황절, when)
/예수를
/멀리서
달려와
절하며
/[그에게]
7 **가로되**(...하니)
/부르짖어(과거분사)
/큰 소리로
/예수여!
/아들
/하나님의
/지극히 높으신
무슨 상관이 — 있나이까?
/나와 당신과(=에게)
/[내가] — 원컨대
/[당신에게]
/하나님 앞에 맹세하고
/[당신은] — 괴롭게 마옵소서
/나를

8 //이는(이유·γάρ, for)
예수께서 —(이미)이르시기를(...하셨음이라)
/저에게
/더러운 귀신아!
/[너는] — 나오라
/그 사람에게서

니 4 이는 여러 번 고랑과 쇠사슬에 매였어도 쇠사슬을 끊고 고랑을 깨뜨렸음이러라 그리하여 아무도 저를 제어할 힘이 없는지라 5 밤낮 무덤 사이에서나 산에서나 늘 소리지르며 돌로 제 몸을 상하고 있었더라 6 그가 멀리서 예수를 보고 달려와 절하며 7 큰 소리로 부르짖어 가로되 지극히 높으신 하나님의 아들 예수여 나와 당신과 무슨 상관이 있나이까 원컨대 하나님 앞에 맹세하고 나를 괴롭게 마옵소서 하니 8 이는 예수께서 이미 저에게 이르시기를 더러운 귀신아 그 사람에게서 나오라 하셨음이라

bound with shackles and chains, and the chains had been torn apart by him, and the shackles broken in pieces, and no one was strong enough to subdue him. 5 And constantly night and day, among the tombs and in the mountains, he was crying out and gashing himself with stones. 6 And seeing Jesus from a distance, he ran up and bowed down before Him; 7 and crying out with a loud voice, he said, "What do I have to do with You, Jesus, Son of the Most High God? I implore You by God, do not torment me!" 8 For He had been saying to him, "Come out of the man, you unclean spirit!" 9 And He was asking him, "What is your name?" And he said to Him, "My name is Legion; for we are

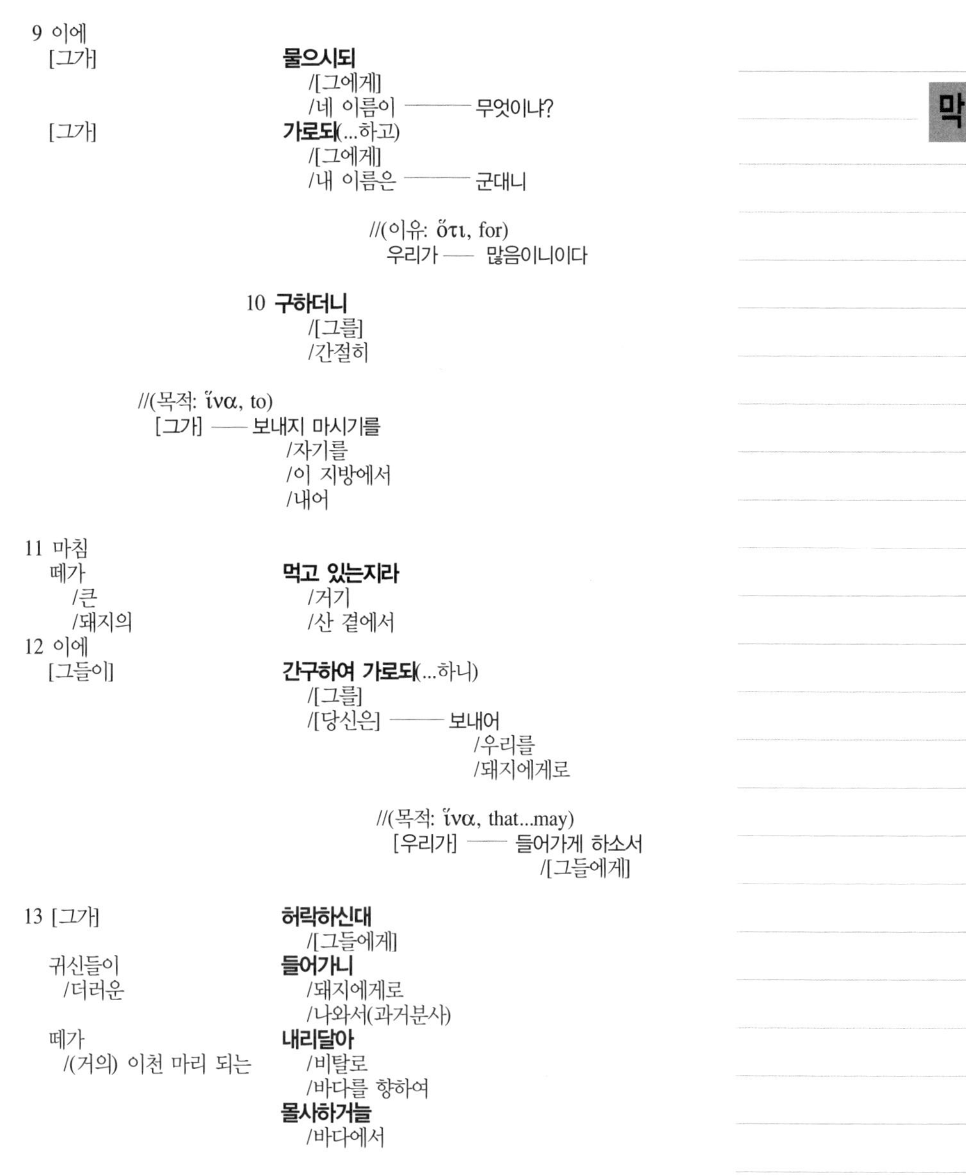

9 이에 물으시되 네 이름이 무엇이냐 가로되 내 이름은 군
대니 우리가 많음이니이다 하고 10 자기를 이 지방에서
내어 보내지 마시기를 간절히 구하더니 11 마침 거기 돼
지의 큰 떼가 산 곁에서 먹고 있는지라 12 이에 간구하여
가로되 우리를 돼지에게로 보내어 들어가게 하소서 하니
13 허락하신대 더러운 귀신들이 나와서 돼지에게로 들어
가니 거의 이천 마리 되는 떼가 바다를 향하여 비탈로 내
리달아 바다에서 몰사하거늘

many." 10 And he began to entreat Him earnestly not to
send them out of the country. 11 Now there was a big
herd of swine feeding there on the mountain. 12 And the
demons entreated Him, saying, "Send us into the swine
so that we may enter them." 13 And He gave them permission.
And coming out, the unclean spirits entered the swine;
and the herd rushed down the steep bank into the sea,
about two thousand of them; and they were drowned in
the sea. 14 And their herdsmen ran away and reported it
in the city and out in the country. And the people came

14 치던 자들이 도망하여 읍내와 촌에 고하니 사람들이 그 어떻게 된 것을 보러 와서 15 예수께 이르러 그 귀신 들렸던 자 곧 군대 지폈던 자가 옷을 입고 정신이 온전하여 앉은 것을 보고 두려워하더라 16 이에 귀신 들렸던 자의 당한 것과 돼지의 일을 본 자들이 저희에게 고하매 17 저희가 예수께 그 지경에서 떠나시기를 간구하더라 18 예수께서 배에 오르실 때에 귀신 들렸던 사람이 함께 있기를 간구하였으나 19 허락지 아니하시고 저에게 이르시되 집으로 돌아가 주께서 네게 어떻게 큰 일을 행하사 너를 불쌍히 여기신 것을 네 친속에게 고하라 하신대

to see what it was that had happened. 15 And they came to Jesus and observed the man who had been demon-possessed sitting down, clothed and in his right mind, the very man who had had the "legion"; and they became frightened. 16 And those who had seen it described to them how it had happened to the demon-possessed man, and all about the swine. 17 And they began to entreat Him to depart from their region. 18 And as He was getting into the boat, the man who had been demon-possessed was entreating Him that he might accompany Him. 19 And He did not let him, but He said to him, "Go home to your people and report to them what great things the Lord has done

20 그가 **가서**
전파하니
/데가볼리에
/예수께서 —— 행하신 것을
/어떻게 큰 일
/자기에게
모든 사람이 **기이히 여기더라**

21 예수께서 건너가시매(상황절, when)
/배를 타시고
/다시
/저편으로
큰 무리가 **모이거늘**
/그에게로
이에
[그가] **계시더니**
/바닷가에

22 하나인(=가)
/회당장 중
야이로라 하는이가 보고(상황절, when)
/예수를
와서
엎드리어
/[그의] 발 아래

23 **간구하여 가로되**(...하거늘)
/[그에게]
/많이
/어린 딸이 —— 죽게 되었사오니
/내
[당신은] —— 얹으사
/오셔서(과거분사)
/손을
/그 위에

//(목적: ἵνα, that...may)
그로 —— 구원을 얻어
살게 하소서

24 이에
[그가] **가실새**
/그와 함께
큰 무리가 **따라가며**
/[그에게]
에워싸 밀더라
/[그를]

20 그가 가서 예수께서 자기에게 어떻게 큰 일 행하신 것 을 데가볼리에 전파하니 모든 사람이 기이히 여기더라 21 예수께서 배를 타시고 다시 저편으로 건너가시매 큰 무리가 그에게로 모이거늘 이에 바닷가에 계시더니 22 회당장 중 하나인 야이로라 하는 이가 와서 예수를 보고 발 아래 엎드리어 23 많이 간구하여 가로되 내 어린 딸이 죽게 되었사오니 오셔서 그 위에 손을 얹으사 그로 구원을 얻어 살게 하소서 하거늘 24 이에 그와 함께 가실새 큰 무리가 따라가며 에워싸 밀더라

for you, and how He had mercy on you." 20 And he went away and began to proclaim in Decapolis what great things Jesus had done for him; and everyone marveled. 21 ¶ And when Jesus had crossed over again in the boat to the other side, a great multitude gathered about Him; and He stayed by the seashore. 22 And one of the synagogue officials named Jairus came up, and upon seeing Him, fell at His feet, 23 and entreated Him earnestly, saying, "My little daughter is at the point of death; please come and lay Your hands on her, that she may get well and live." 24 And He went off with him; and a great multitude was following Him and pressing in on Him. 25 And a

막

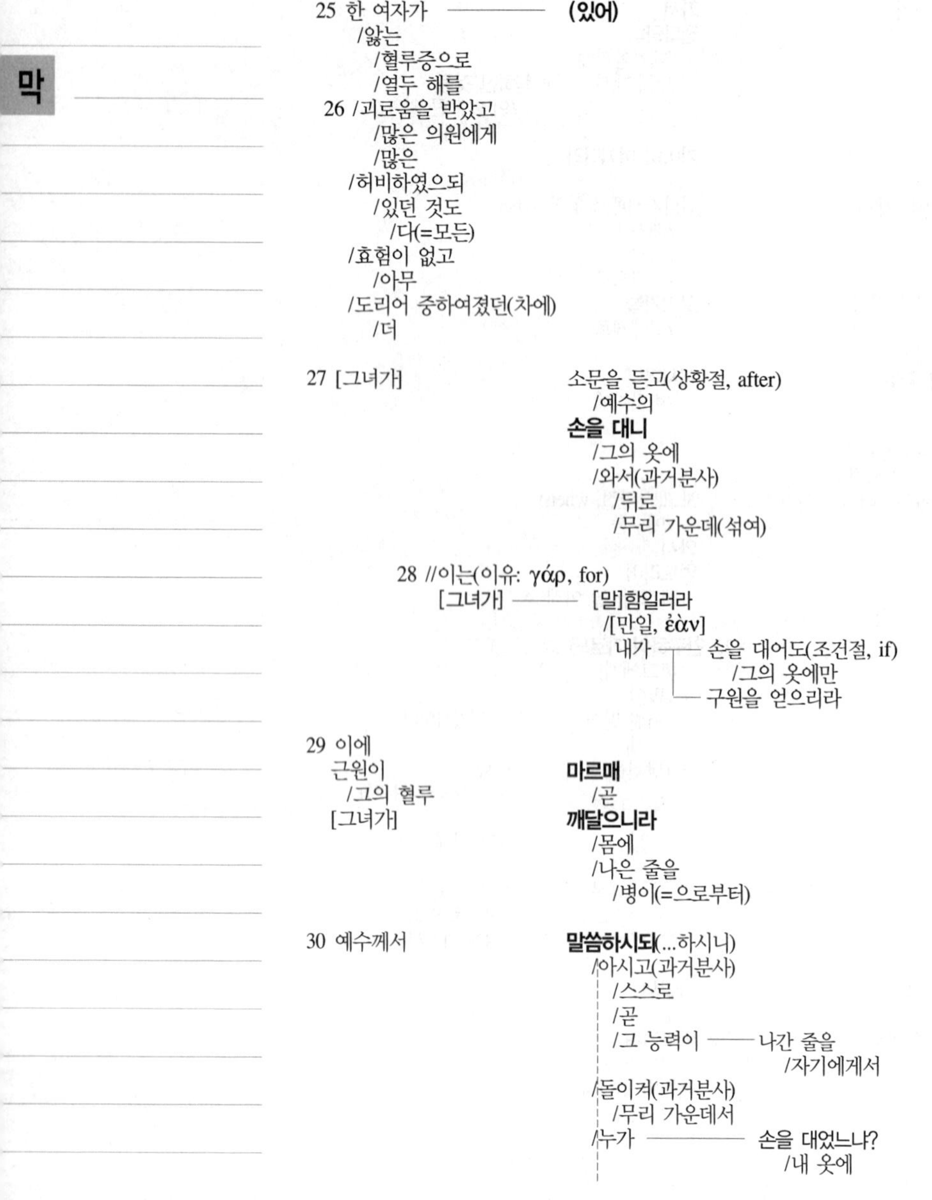

25 한 여자가 —— (있어)
/앓는
/혈루증으로
/열두 해를
26 /괴로움을 받았고
/많은 의원에게
/많은
/허비하였으되
/있던 것도
/다(=모든)
/효험이 없고
/아무
/도리어 중하여졌던(차에)
/더

27 [그녀가] 소문을 듣고(상황절, after)
/예수의
손을 대니
/그의 옷에
/와서(과거분사)
/뒤로
/무리 가운데(섞여)

28 //이는(이유: γάρ, for)
[그녀가] —— [말]함일러라
/[만일, ἐὰν]
내가 —— 손을 대어도(조건절, if)
/그의 옷에만
구원을 얻으리라

29 이에
근원이 **마르매**
/그의 혈루 /곧
[그녀가] **깨달으니라**
/몸에
/나은 줄을
/병이(=으로부터)

30 예수께서 **말씀하시되**(...하시니)
/아시고(과거분사)
/스스로
/곧
/그 능력이 —— 나간 줄을
/자기에게서
/돌이켜(과거분사)
/무리 가운데서
/누가 —— 손을 대었느냐?
/내 옷에

25 열두 해를 혈루증으로 앓는 한 여자가 있어 26 많은
의원에게 많은 괴로움을 받았고 있던 것도 다 허비하였으
되 아무 효험이 없고 도리어 더 중하여졌던 차에 27 예수
의 소문을 듣고 무리 가운데 섞여 뒤로 와서 그의 옷에 손
을 대니 28 이는 내가 그의 옷에만 손을 대어도 구원을
얻으리라 함일러라 29 이에 그의 혈루 근원이 곧 마르매
병이 나은 줄을 몸에 깨달으니라 30 예수께서 그 능력이
자기에게서 나간 줄을 곧 스스로 아시고 무리 가운데서 돌
이켜 말씀하시되 누가 내 옷에 손을 대었느냐 하시니

woman who had had a hemorrhage for twelve years, 26
and had endured much at the hands of many physicians,
and had spent all that she had and was not helped at all,
but rather had grown worse, 27 after hearing about Jesus,
came up in the crowd behind Him, and touched His cloak.
28 For she thought, "If I just touch His garments, I shall
get well." 29 And immediately the flow of her blood was
dried up; and she felt in her body that she was healed of
her affliction. 30 And immediately Jesus, perceiving in Himself
that the power proceeding from Him had gone forth, turned

31 제자들이 **여짜오되**(...하되)
/[그의]
/[그에게]
/[당신은] — 보시며
/무리가 — 에워싸 미는 것을
/[당신을]
물으시나이까?
/누가 — 손을 대었느냐?
/내게

32 예수께서 **둘러보시니**
/보려고
/행한 여자를
/이 일

33 여자가 **와서**
/두려워하여(과거분사)
/떨며(과거분사)
/알고(과거분사)
/이루어진 일을
/제게
엎드려
/그 앞에
여짜온대
/모든 사실을
/[그에게]

34 예수께서 **가라사대**
/[그녀에게]
/딸아!
/네 믿음이 — 구원하였으니
/너를
/[너는] — 가라
/평안히
건강할지어다
/네 병에서 놓여

35 [그가] 말씀하실 때에(상황절, when)
/아직
사람들이 **와서 가로되**
/회당장의 집에서
/당신의 딸이 — 죽었나이다
/[당신은] — 어찌하여 괴롭게 하나이까?
/선생을
/더

31 제자들이 여짜오되 무리가 에워싸 미는 것을 보시며
누가 내게 손을 대었느냐 물으시나이까 하되 32 예수께
서 이 일 행한 여자를 보려고 둘러 보시니 33 여자가 제
게 이루어진 일을 알고 두려워하여 떨며 와서 그 앞에 엎
드려 모든 사실을 여짜온대 34 예수께서 가라사대 딸아
네 믿음이 너를 구원하였으니 평안히 가라 네 병에서 놓여
건강할지어다 35 아직 말씀하실 때에 회당장의 집에서
사람들이 와서 가로되 당신의 딸이 죽었나이다 어찌하여
선생을 더 괴롭게 하나이까

around in the crowd and said, "Who touched My garments?"
31 And His disciples said to Him, "You see the multitude
pressing in on You, and You say, Who touched Me?" 32
And He looked around to see the woman who had done
this. 33 But the woman fearing and trembling, aware of
what had happened to her, came and fell down before
Him, and told Him the whole truth. 34 And He said to
her, "Daughter, your faith has made you well; go in peace,
and be healed of your affliction." 35 ¶ While He was
still speaking, they came from the house of the synagogue

36 예수께서
이르시되(...하시고)
/곁에서 들으시고(과거분사)
/그 하는 말을
/회당장에게
/[너는] ─┬─ 두려워 말고
└─ 믿기만 하라

37 **허치 아니하시고**
/따라옴을
/[그와 함께]
/아무도
/베드로와
야고보와
요한 외에
/야고보의 형제

38 [그들이]
함께 가사
/회당장의 집에

[그가]
보시고
/훤화함과
/울며
/통곡함을
/심히
/(사람들의)

39 [그가]
들어가서(=들어갔을 때, 상황절, when)
이르시되(...하시니)
/저희에게
/너희가 ─┬─ 어찌하여 훤화하며
└─ 우느냐?
/이 아이가 ─┬─ 죽은 것이 아니라
└─ 잔다

40 저희가
비웃더라
/[그를]

예수께서
내어 보내신 후에(상황절, when)
/저희를 다
데리시고
/아이의 부모와
/(또)자기와 함께한 자들을
들어가사
/아이 있는 곳에

41 **가라사대**(...하시니)
/잡고(과거분사)
/그 아이의 손을

36 예수께서 그 하는 말을 곁에서 들으시고 회당장에게
이르시되 두려워 말고 믿기만 하라 하시고 37 베드로와
야고보와 야고보의 형제 요한 외에 아무도 따라옴을 허치
아니하시고 38 회당장의 집에 함께 가사 훤화함과 사람
들의 울며 심히 통곡함을 보시고 39 들어가서 저희에게
이르시되 너희가 어찌하여 훤화하며 우느냐 이 아이가 죽
은 것이 아니라 잔다 하시니 40 저희가 비웃더라 예수께
서 저희를 다 내어보내신 후에 아이의 부모와 또 자기와
함께 한 자들을 데리시고 아이 있는 곳에 들어가사 41 그
아이의 손을 잡고 가라사대 달리다굼 하시니 번역하면 곧

official, saying, "Your daughter has died; why trouble the
Teacher anymore?" 36 But Jesus, overhearing what was being
spoken, said to the synagogue official, "Do not be afraid
any longer, only believe." 37 And He allowed no one to follow
with Him, except Peter and James and John the brother
of James. 38 And they came to the house of the synagogue
official; and He beheld a commotion, and people loudly
weeping and wailing. 39 And entering in, He said to
them, "Why make a commotion and weep? The child has
not died, but is asleep." 40 And they began laughing at
Him. But putting them all out, He took along the child's father
and mother and His own companions, and entered the

/그 아이의 손을
/[그녀에게]
/달리다굼
/번역하면 곧(...하심이라)
/소녀야!
내가 —— 말하노니
/네게
/[너는] — 일어나라

42 소녀가 **일어나서**
/곧
걸으니

//(이유: γάρ, for)
[그녀가] —— 나이 열두 살이라

사람들이 **놀라거늘**
/놀라고
/크게
/곧

43 예수께서 **경계하시고**
/저희를
/많이

//(목적: ἵνα, that...should)
아무도 —— 알지 못하게 하라고
/이 일을

이에
[그가] **[말]하시니라**
/주라
/먹을 것을
/소녀에게

6

1 예수께서 **떠나사**
/거기를
가시니
/[그의] 고향으로
제자들도 **좇으니라**
/[그의] /[그에게]

2 안식일이 되어(=되었을 때, 상황절, when)
가르치시니
/회당에서

소녀야 내가 네게 말하노니 일어나라 하심이라 42 소녀
가 곧 일어나서 걸으니 나이 열두 살이라 사람들이 곧 크
게 놀라고 놀라거늘 43 예수께서 이 일을 아무도 알지 못
하게 하라고 저희를 많이 경계하시고 이에 소녀에게 먹을
것을 주라 하시니라

6:1 예수께서 거기를 떠나사 고향으로 가시니 제자들도
좇으니라 2 안식일이 되어 회당에서 가르치시니 많은
사람이 듣고 놀라 가로되 이 사람이 어디서 이런 것을 얻
었느뇨 이 사람의 받은 지혜와 그 손으로 이루어지는 이런
권능이 어찌 됨이뇨

room where the child was. 41 And taking the child by
the hand, He said to her, "Talitha kum!" (which translated
means, "Little girl, I say to you, arise!"). 42 And immediately
the girl rose and began to walk; for she was twelve years
old. And immediately they were completely astounded.
43 And He gave them strict orders that no one should
know about this; and He said that something should be
given her to eat.

6:1 ¶ And He went out from there, and He came into
His home town; and His disciples followed Him. 2
And when the Sabbath had come, He began to teach in

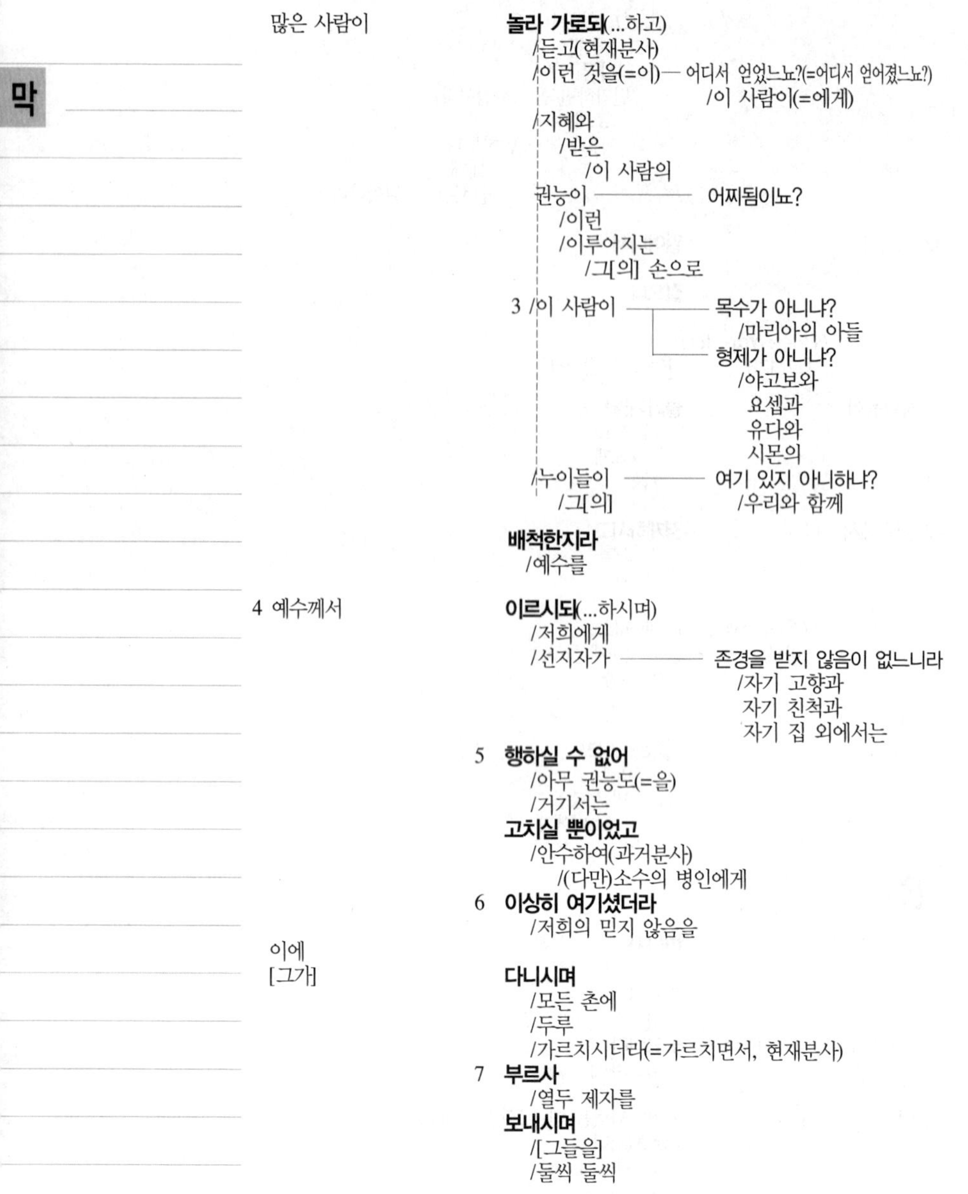

4 예수께서 저희에게 이르시되 선지자가 자기 고향과 자기 친척과 자기집 외에서는 존경을 받지 않음이 없느니라 하시며 5 거기서는 아무 권능도 행하실 수 없어 다만 소수의 병인에게 안수하여 고치실 뿐이었고 6 저희의 믿지 않음을 이상히 여기셨더라 이에 모든 촌에 두루 다니시며 가르치시더라 7 열두 제자를 부르사 둘씩 둘씩 보내시며 더러운 귀신을 제어하는 권세를 주시고

the synagogue; and the many listeners were astonished, saying, "Where did this man get these things, and what is this wisdom given to Him, and such miracles as these performed by His hands? 3 "Is not this the carpenter, the son of Mary, and brother of James, and Joses, and Judas, and Simon? Are not His sisters here with us?" And they took offense at Him. 4 And Jesus said to them, "A prophet is not without honor except in his home town and among his own relatives and in his own household." 5 And He could do no miracle there except that He laid His hands upon a few sick people and healed them. 6 And He wondered at their unbelief. And He was going around the villages teaching. 7 And He summoned the twelve and began to send them out in pairs; and He was giving them

막

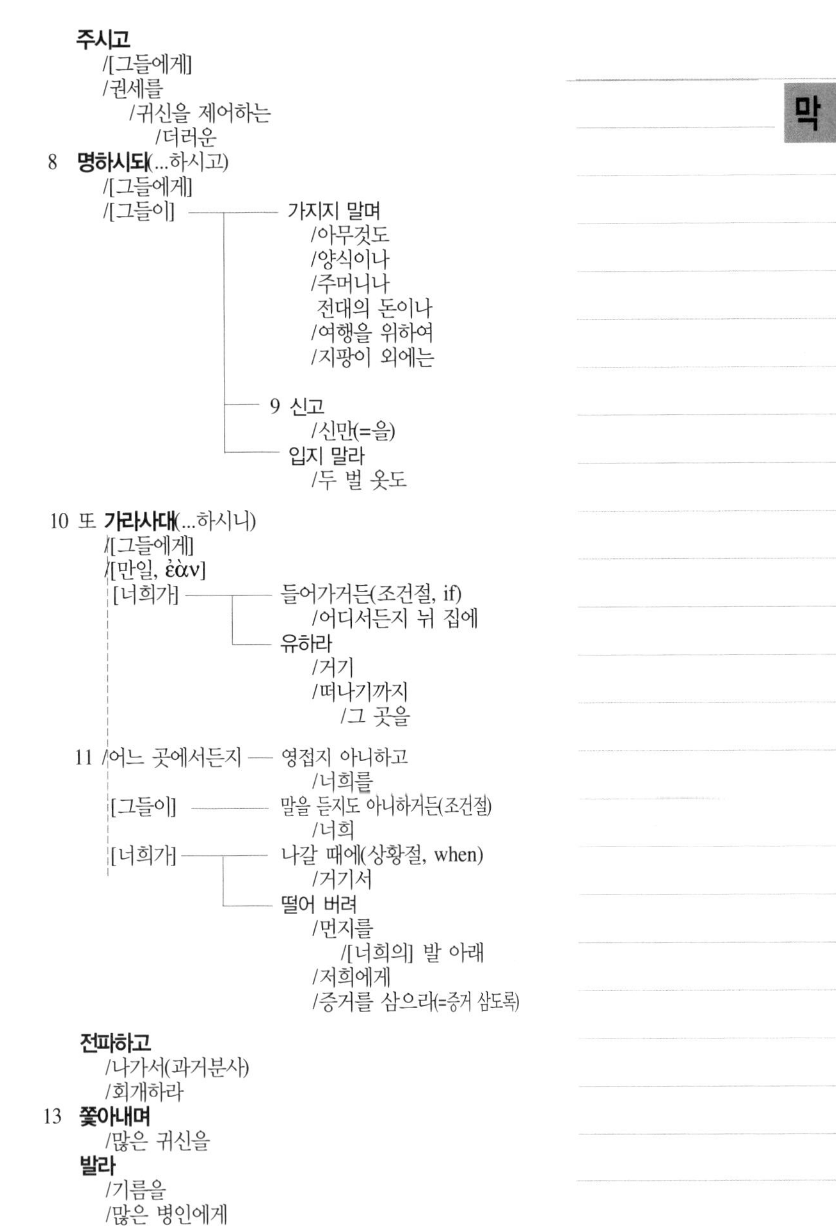

8 명하시되 여행을 위하여 지팡이 외에는 양식이나 주머
니나 전대의 돈이나 아무 것도 가지지 말며 9 신만 신고
두 벌 옷도 입지 말라 하시고 10 또 가라사대 어디서든
뉘 집에 들어가거든 그 곳을 떠나기까지 거기 유하라 11
어느 곳에서든지 너희를 영접지 아니하고 너희 말을 듣지
도 아니하거든 거기서 나갈 때에 발 아래 먼지를 떨어버려
저희에게 증거를 삼으라 하시니 12 제자들이 나가서 회
개하라 전파하고 13 많은 귀신을 쫓아내며 많은 병인에
게 기름을 발라 고치더라

authority over the unclean spirits; 8 and He instructed
them that they should take nothing for their journey, except
a mere staff; no bread, no bag, no money in their belt; 9
but to wear sandals; and He added, "Do not put on two tunics."
10 And He said to them, "Wherever you enter a house,
stay there until you leave town. 11 "And any place that
does not receive you or listen to you, as you go out from
there, shake off the dust from the soles of your feet for a
testimony against them." 12 And they went out and
preached that men should repent. 13 And they were casting
out many demons and were anointing with oil many sick
people and healing them 14 And King Herod heard of it,

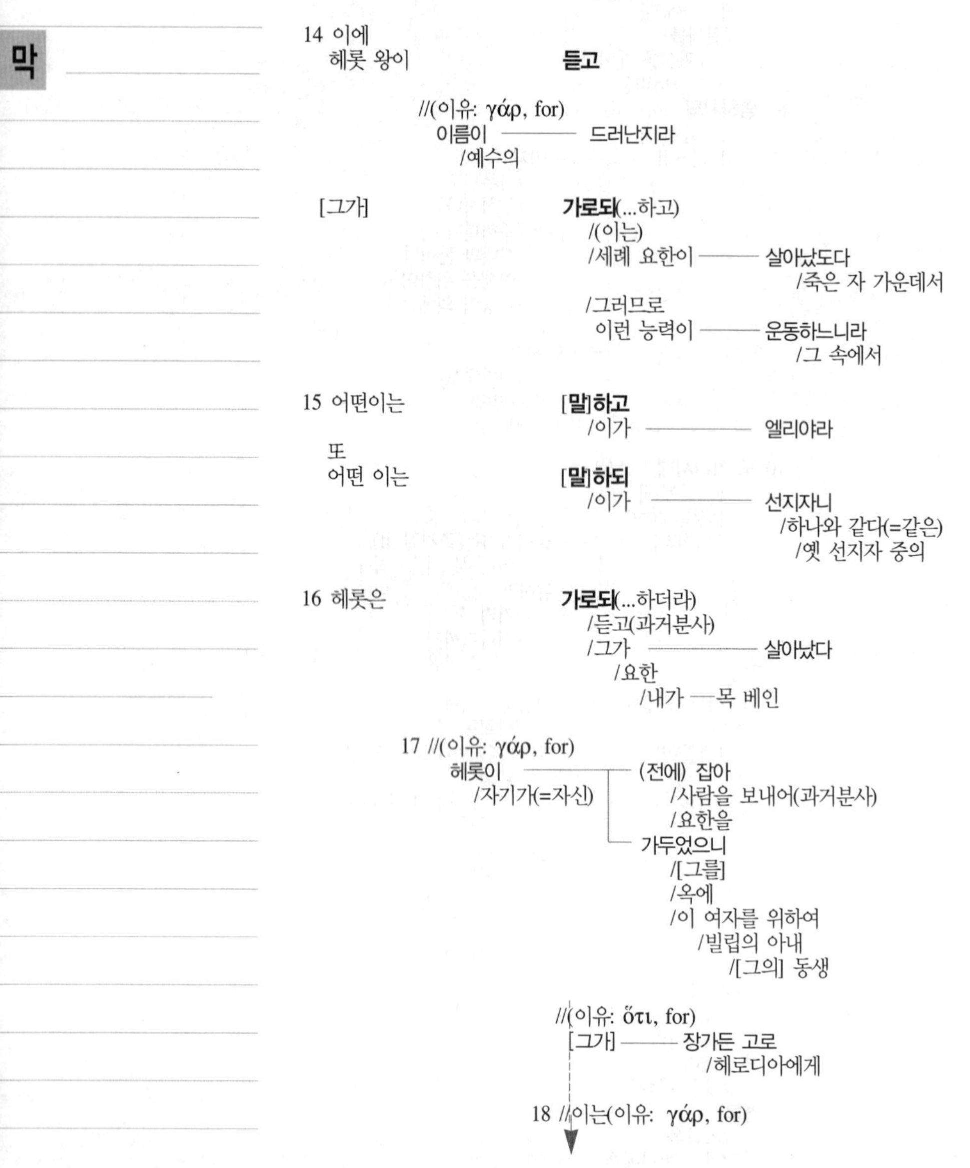

14 이에 예수의 이름이 드러난지라 헤롯 왕이 듣고 가로
되 이는 세례 요한이 죽은 자 가운데서 살아났도다 그러므
로 이런 능력이 그 속에서 운동하느니라 하고 15 어떤 이
는 이가 엘리야라 하고 또 어떤 이는 이가 선지자니 옛 선
지자 중의 하나와 같다 하되 16 헤롯은 듣고 가로되 내가
목베인 요한 그가 살아났다 하더라 17 전에 헤롯이 자기
가 동생 빌립의 아내 헤로디아에게 장가든 고로 이 여자를
위하여 사람을 보내어 요한을 잡아 옥에 가두었으니

for His name had become well known; and people were saying,
"John the Baptist has risen from the dead, and that is
why these miraculous powers are at work in Him." 15
But others were saying, "He is Elijah." And others were saying,
"He is a prophet, like one of the prophets of old." 16
But when Herod heard of it, he kept saying, "John, whom
I beheaded, has risen!" 17 For Herod himself had sent
and had John arrested and bound in prison on account of
Herodias, the wife of his brother Philip, because he had married
her. 18 For John had been saying to Herod, "It is not
lawful for you to have your brother's wife." 19 And
Herodias had a grudge against him and wanted to put him

18 이는 요한이 헤롯에게 말하되 동생의 아내를 취한 것
이 옳지 않다 하였음이라 19 헤로디아가 요한을 원수로
여겨 죽이고자 하였으되 하지 못한 것은 20 헤롯이 요한
을 의롭고 거룩한 사람으로 알고 두려워하여 보호하며 또
그의 말을 들을 때에 크게 번민을 느끼면서도 달게 들음이
러라 21 마침 기회 좋은 날이 왔으니 곧 헤롯이 자기 생
일에 대신들과 천부장들과 갈릴리의 귀인들로 더불어 잔치
할새 22 헤로디아의 딸이 친히 들어와 춤을 추어 헤롯과
및 함께 앉은 자들을 기쁘게 한지라 왕이 그 여아에게 이
르되 무엇이든지 너 원하는 것을 내게 구하라 내가 주리라

to death and could not do so; 20 for Herod was afraid of
John, knowing that he was a righteous and holy man, and
kept him safe. And when he heard him, he was very perplexed;
but he used to enjoy listening to him. 21 And a strategic
day came when Herod on his birthday gave a banquet for
his lords and military commanders and the leading men
of Galilee; 22 and when the daughter of Herodias herself
came in and danced, she pleased Herod and his dinner
guests; and the king said to the girl, "Ask me for whatever
you want and I will give it to you." 23 And he swore to

/[너는] ——— 구하라
/내게
/너 원하는 것을
/무엇이든지

//(결과: 명령문, and)
내가 ——— 주리라
/[너에게]

23 또 **맹세하되**(...하거늘)
/[그녀에게]
/[만일, ἐὰν]
네가 ——— 구하면(조건절, if)
/내게
/무엇이든지
[내가] ——— 주리라
/[너에게]
/절반까지라도
/내 나라의

24 저가 **말하되**
/그[녀의] 어미에게
/나가서(과거분사)
/내가 ——— 하리이까?
/무엇을

그 어미가 **가로되**(...하니)
/머리를(구하라)
/세례 요한의

25 저가 **구하여 가로되**(...한 대)
/들어가(과거분사)
/곧
/급히
/왕에게
/[내가] ——— 원하옵나이다
/[당신이] — 주기를
/머리를
/세례 요한의
/내게
/소반에 담아
/곧

26 왕이 심히 근심하나(양보절, although)
거절할 수 없는지라
/저를
/맹세한 것과
/자기의
/그 앉은 자들을 인하여

하고 23 또 맹세하되 무엇이든지 네가 내게 구하면 내 나라의 절반까지라도 주리라 하거늘 24 저가 나가서 그 어미에게 말하되 내가 무엇을 구하리이까 그 어미가 가로되 세례 요한의 머리를 구하라 하니 25 저가 곧 왕에게 급히 들어가 구하여 가로되 세례 요한의 머리를 소반에 담아 곧 내게 주기를 원하옵나이다 한대 26 왕이 심히 근심하나 자기의 맹세한 것과 그 앉은 자들을 인하여 저를 거절할 수 없는지라

her, "Whatever you ask of me, I will give it to you; up to half of my kingdom." 24 And she went out and said to her mother, "What shall I ask for?" And she said, "The head of John the Baptist." 25 And immediately she came in haste before the king and asked, saying, "I want you to give me right away the head of John the Baptist on a platter." 26 And although the king was very sorry, yet because of his oaths and because of his dinner guests, he was unwilling

27 왕이 명하니
/가져오라
/요한의 머리를
/보내어(과거분사)
/시위병 하나를
/곧
그 사람이 목 베어
/요한을
/옥에서
/나가(과거분사)
28 담아다가
/그[의] 머리를
/소반에
주니
/[그것을]
/여아에게
여아가 주니라
/이것을
/그[의] 어미에게
29 제자들이 와서
/요한의
/듣고(과거분사)
가져다가
/[그의] 시체를
장사하니라
/[그를]
/[무덤에]
30 사도들이 모여
/예수께
고하니
/[그에게]
/자기들의 행한 것과
/가르친 것을
/낱낱이
31 [그가] 이르시되(...하시니)
/[그들에게]
/너희는 ─── 와서
/[스스로]
/따로
/한적한 곳에
잠깐 쉬어라
/이는(이유: γάρ, for)
사람이 ─── 많아
/오고 가는
[그들이] ─── 겨를도 없음이라
/음식 먹을

27 왕이 곧 시위병 하나를 보내어 요한의 머리를 가져오
라 명하니 그 사람이 나가 옥에서 요한을 목베어 28 그
머리를 소반에 담아다가 여아에게 주니 여아가 이것을 그
어미에게 주니라 29 요한의 제자들이 듣고 와서 시체를
가져다가 장사하니라 30 사도들이 예수께 모여 자기들의
행한 것과 가르친 것을 낱낱이 고하니 31 이르시되 너희
는 따로 한적한 곳에 와서 잠간 쉬어라 하시니 이는 오고
가는 사람이 많아 음식 먹을 겨를도 없음이라

to refuse her. 27 And immediately the king sent an executioner
and commanded him to bring back his head. And he went
and had him beheaded in the prison, 28 and brought his
head on a platter, and gave it to the girl; and the girl
gave it to her mother. 29 And when his disciples heard
about this, they came and took away his body and laid it
in a tomb. 30 ¶ And the apostles gathered together with
Jesus; and they reported to Him all that they had done
and taught. 31 And He said to them, "Come away by
yourselves to a lonely place and rest a while." (For there
were many people coming and going, and they did not
even have time to eat.) 32 And they went away in the

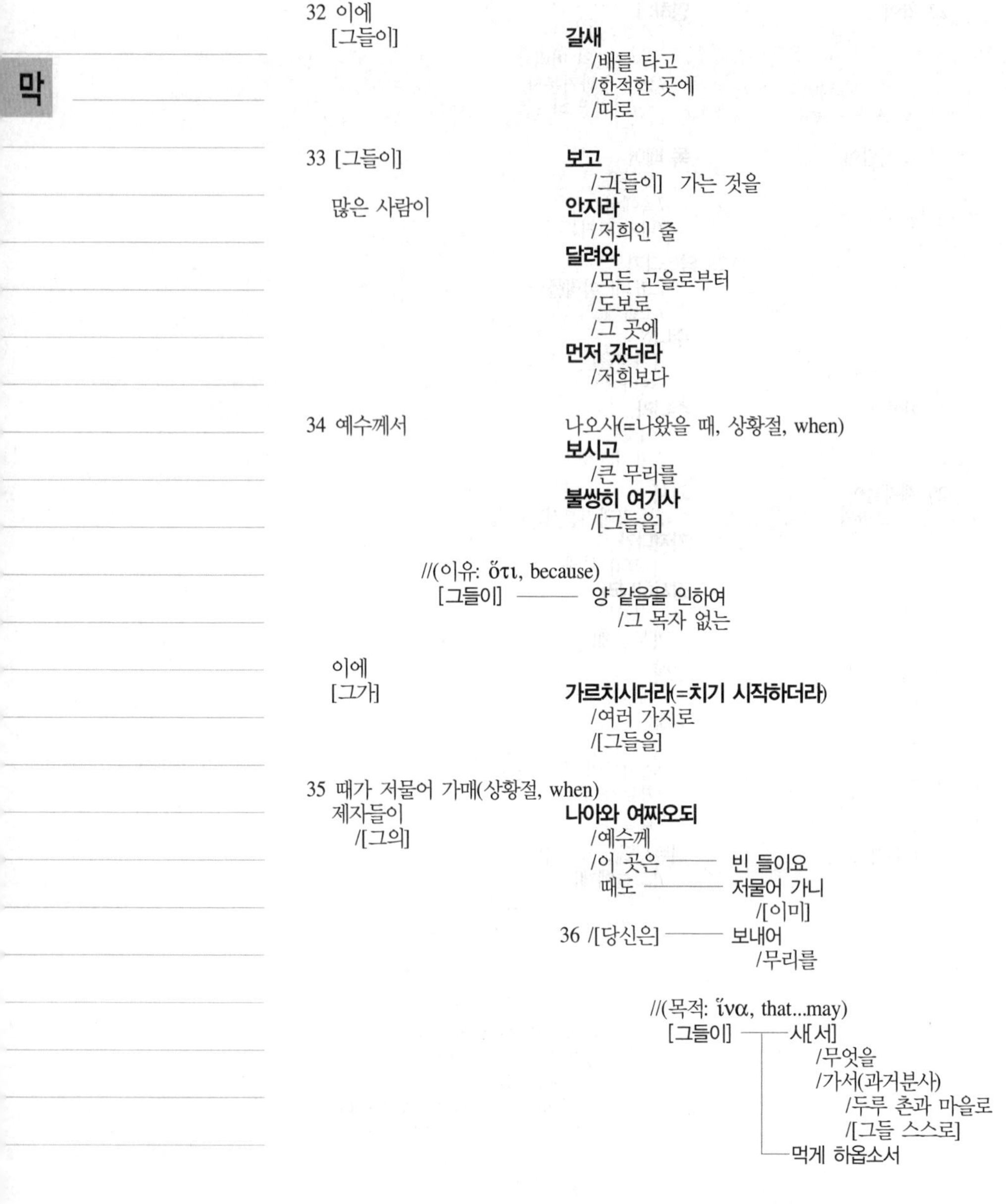

32 이에 배를 타고 따로 한적한 곳에 갈새 33 그 가는 것
을 보고 많은 사람이 저희인 줄 안지라 모든 고을로부터
도보로 그곳에 달려와 저희보다 먼저 갔더라 34 예수께
서 나오사 큰 무리를 보시고 그 목자 없는 양 같음을 인하
여 불쌍히 여기사 이에 여러 가지로 가르치시더라 35 때
가 저물어가매 제자들이 예수께 나아와 여짜오되 이곳은
빈 들이요 때도 저물어가 36 무리를 보내어 두루 촌과 마
을로 가서 무엇을 사먹게 하옵소서

boat to a lonely place by themselves. 33 And the people
saw them going, and many recognized them, and they ran
there together on foot from all the cities, and got there
ahead of them. 34 And when He went ashore, He saw a
great multitude, and He felt compassion for them because
they were like sheep without a shepherd; and He began
to teach them many things. 35 And when it was already
quite late, His disciples came up to Him and began saying,
"The place is desolate and it is already quite late; 36 send
them away so that they may go into the surrounding

37 [그가] 대답하여 가라사대(...하시니)
/[그들에게]
/너희가 ——— 주라
/먹을 것을
/[그들에게]

[그들이] 여짜오되
/[그에게]
/우리가 ——— 사다
/가서(과거분사)
/떡을
/이백 데나리온의
[주리이까?]
/[그들에게]
/먹이리이까(=먹도록)

38 [그가] 이르시되(...하시니)
/[그들에게]
/너희에게(=가) — [가지고]있느냐?
/몇 개나(=의) 떡[을]
/[너희가] ——— 가서
보라

[그들이] 알아보고(=알아보았을 때, 상황절, when)
가로되(...하거늘)
/떡 다섯 개와
물고기 두 마리가(있더이다)

39 [그가] 명하사
/제자들을
/앉게 하시니(=앉도록)
/그 모든 사람으로
/떼를 지어
/잔디 위에
/푸른

40 [그들이] 앉은지라
/떼로
/혹 백씩
/혹 오십씩

41 예수께서 축사하시고
/가지사(과거분사)
/떡 다섯 개와
물고기 두 마리를
/우러러(과거분사)
/하늘을
떼어
/떡을

37 대답하여 가라사대 너희가 먹을 것을 주라 하시니 여
짜오되 우리가 가서 이백 데나리온의 떡을 사다 먹이리이
까 38 이르시되 너희에게 떡 몇 개나 있느냐 가서 보라 하
시니 알아보고 가로되 떡 다섯 개와 물고기 두 마리가 있
더이다 하거늘 39 제자들을 명하사 그 모든 사람으로 떼
를 지어 푸른 잔디 위에 앉게 하시니 40 떼로 혹 백씩,
혹 오십씩 앉은지라 41 예수께서 떡 다섯 개와 물고기 두
마리를 가지사 하늘을 우러러 축사하시고 떡을 떼어 제자
들에게 주어 사람들 앞에 놓게 하시고 또 물고기 두 마리
도 모든 사람에게 나누어 주시매

countryside and villages and buy themselves something to
eat." 37 But He answered and said to them, "You give
them something to eat!" And they said to Him, "Shall
we go and spend two hundred denarii on bread and give
them something to eat?" 38 And He said to them, "How many
loaves do you have? Go look!" And when they found
out, they said, "Five and two fish." 39 And He commanded
them all to recline by groups on the green grass. 40 And
they reclined in companies of hundreds and of fifties. 41
And He took the five loaves and the two fish, and looking
up toward heaven, He blessed the food and broke the
loaves and He kept giving them to the disciples to set

주어
/[그의] 제자들에게
/앞에 놓게(하시고)
/사람들
또 **나누어 주시매**
/물고기 두 마리도(=를)
/모든 사람에게

42 [그들이] **먹고**
/다(=모든) **배불리**

43 [그들이] **거두었으며**
/남은 떡 조각과(=을)
/물고기를
/열두 바구니에
/차게

44 남자가 **오천 명이었더라**
/먹은
/떡을
45 자기가 보내는 동안에(상황절, when)
/무리를
예수께서 **재촉하사**(...하시고)
/[그의] 제자들을
/즉시
/배 타고
/앞서 가게
/건너편
/벳새다로

46 [그가] 작별하신 후에(상황절, when)
/무리를
가시다
/산으로
/기도하러

47 저물매(상황절, when)
배는 **있고**
/바다 가운데
예수는 (계시다가)
/홀로
/뭍에
48 **오사**
/저희에게
/걸어서(현재분사)
/바다 위로
/밤 사경 즈음에
/보시고(과거분사)
/제자들의(=이) —— 괴로이(=괴로워하는 것을)
/노 젓는 것을

42 다 배불리 먹고 43 남은 떡 조각과 물고기를 열두 바구니에 차게 거두었으며 44 떡을 먹은 남자가 오천 명이었더라 45 예수께서 즉시 제자들을 재촉하사 자기가 무리를 보내는 동안에 배 타고 앞서 건너편 벳새다로 가게 하시고 46 무리를 작별하신 후에 기도하러 산으로 가시다 47 저물매 배는 바다 가운데 있고 예수는 홀로 뭍에 계시다가

before them; and He divided up the two fish among them all. 42 And they all ate and were satisfied. 43 And they picked up twelve full baskets of the broken pieces, and also of the fish. 44 And there were five thousand men who ate the loaves. 45 ¶ And immediately He made His disciples get into the boat and go ahead of Him to the other side to Bethsaida, while He Himself was sending the multitude away. 46 And after bidding them farewell, He departed to the mountain to pray. 47 And when it was evening, the boat was in the midst of the sea, and He was alone

48 바람이 거스리므로 제자들의 괴로이 노(櫓)젓는 것을
보시고 밤 사경 즈음에 바다 위로 걸어서 저희에게 오사
지나가려고 하시매 49 제자들이 그의 바다 위로 걸어오
심을 보고 유령인가 하여 소리지르니 50 저희가 다 예수
를 보고 놀람이라 이에 예수께서 곧 더불어 말씀하여 가라
사대 안심하라 내니 두려워 말라 하시고 51 배에 올라 저
희에게 가시니 바람이 그치는지라 제자들이 마음에 심히
놀라니 52 이는 저희가 그 떡 떼시던 일을 깨닫지 못하고
도리어 그 마음이 둔하여졌음이러라 53 건너가 게네사렛
땅에 이르러 대고

on the land. 48 And seeing them straining at the oars,
for the wind was against them, at about the fourth watch
of the night, He came to them, walking on the sea; and
He intended to pass by them. 49 But when they saw Him
walking on the sea, they supposed that it was a ghost,
and cried out; 50 for they all saw Him and were frightened.
But immediately He spoke with them and said to them,
"Take courage; it is I, do not be afraid." 51 And He got
into the boat with them, and the wind stopped; and they
were greatly astonished, 52 for they had not gained any insight
from the incident of the loaves, but their heart was hardened.
53 And when they had crossed over they came to land
at Gennesaret, and moored to the shore. 54 And when
they had come out of the boat, immediately the people

막

54-55
[그들이] 내리니(=내렸을 때, 상황절, when)
/배에서
사람들이 달려 돌아다니며
/그 온 지방으로
/알고(과거분사)
/예수신 줄을
/곧
메고 나아오니
/병든 자를
/침상채로
/예수께서 —— 말을 듣는 대로
/어디 계시단

56 예수께서 들어가시는
/아무데나
/마을이나
/도시나
/촌에서
[그들이] 두고
/병자를
/시장에
간구하니
/[그를]

//(목적: ἵνα, that...might)
손을 대게 하시기를
/예수의 옷가에라도

손을 대는자는 성함을 얻으니라
/다(=모든)
/[그에게]

7

1 바리새인들과
또 몇이 모였다가
/서기관 중
/예수께
/와서(과거분사)
/예루살렘에서
2 보았더라
/몇 사람의 —— 먹는 것을
/그의 제자 중
/떡[을]
/부정한 손
/(곧)손으로
/씻지 아니한

54 배에서 내리니 사람들이 곧 예수신 줄을 알고 55 그
온 지방으로 달려 돌아다니며 예수께서 어디 계시단 말을
듣는 대로 병든 자를 침상채로 메고 나아오니 56 아무데
나 예수께서 들어가시는 마을이나 도시나 촌에서 병자를
시장(市場)에 두고 예수의 옷가에라도 손을 대게 하시기를
간구하니 손을 대는 자는 다 성함을 얻으니라

7:1 바리새인들과 또 서기관 중 몇이 예루살렘에서 와
서 예수께 모였다가 2 그의 제자 중 몇 사람의 부정
한 손 곧 씻지 아니한 손으로 떡 먹는 것을 보았더라

recognized Him, 55 and ran about that whole country and
began to carry about on their pallets those who were sick,
to the place they heard He was. 56 And wherever He
entered villages, or cities, or countryside, they were laying
the sick in the market places, and entreating Him that
they might just touch the fringe of His cloak; and as many
as touched it were being cured.

7:1 And the Pharisees and some of the scribes gathered
together around Him when they had come from Jerusalem,
2 and had seen that some of His disciples were eating
their bread with impure hands, that is, unwashed. 3 (For

3 (바리새인들과 모든 유대인들이 장로들의 유전을 지키어 손을 부지런히 씻지 않으면 먹지 아니하며 4 또 시장에서 돌아와서는 물을 뿌리지 않으면 먹지 아니하며 그 외에도 여러가지를 지키어 오는 것이 있으니 잔과 주발과 놋그릇을 씻음이러라) 5 이에 바리새인들과 서기관들이 예수께 묻되 어찌하여 당신의 제자들은 장로들의 유전을 준행치 아니하고 부정한 손으로 떡을 먹나이까 6 가라사대 이사야가 너희 외식하는 자에 대하여 잘 예언하였도다 기록하였으되 이 백성이 입술로는 나를 존경하되 마음은 내게서 멀도다 7 사람의 계명으로 교훈을 삼아 가르치니 나를 헛

the Pharisees and all the Jews do not eat unless they carefully wash their hands, thus observing the traditions of the elders; 4 and when they come from the market place, they do not eat unless they cleanse themselves; and there are many other things which they have received in order to observe, such as the washing of cups and pitchers and copper pots.) 5 And the Pharisees and the scribes asked Him, "Why do Your disciples not walk according to the tradition of the elders, but eat their bread with impure hands?" 6 And He said to them, "Rightly did Isaiah prophesy of you hypocrites, as it is written, 'This people honors Me with their lips, But their heart is far away

막

8 /너희가 —— 지키느니라
/유전을
/사람의
/버리고(과거분사)
/계명은(=을)
/하나님의

9 또 **가라사대**(...하시고)
/[그들에게]
/너희가 —— 저버리는도다
/계명을
/하나님의
/잘

//(목적: ἵνα, that...may)
[너희가] —지키려고
/너희 유전을

10 //(이유: γάρ, for)
모세는 —[말]하고(. . . 하였거늘)
/[너는] —— 공경하라
/네 부모를
/또
훼방하는 자는 — 죽으리라
/아비나 /반드시
어미를

11 /너희는 —— 가로되(..하고)
/[만일, ἐὰν]
사람이 —말(하기를하기만)하면(조건절, if)
/아비에게나
어미에게나
/고르반
/(곧)동격
유익하게 할 것이 – 되었다고
/내가 드려 /하나님께 드림이
/<그것이> —(그만이라)[12]

12 /[너희는] —— 허하지 아니하여
/[그에게]
/드리기를
/아무것이라도(하여)
/제 아비나 어미에게
/다시

13 /폐하며(현재분사)

12) 영역본들의 견해를 따랐다.

되이 경배하는도다 하였느니라 8 너희가 하나님의 계명
은 버리고 사람의 유전을 지키느니라 9 또 가라사대 너희
가 너희 유전을 지키려고 하나님의 계명을 잘 저버리는도
다 10 모세는 네 부모를 공경하라 하고 또 아비나 어미를
훼방하는 자는 반드시 죽으리라 하였거늘 11 너희는 가
로되 사람이 아비에게나 어미에게나 말하기를 내가 드려
유익하게 할 것이 고르반 곧 하나님께 드림이 되었다고 하
기만 하면 그만이라 하고 12 제 아비나 어미에게 다시 아
무것이라도 하여 드리기를 허하지 아니하여

from Me. 7 'But in vain do they worship Me, Teaching
as doctrines the precepts of men.' 8 "Neglecting the
commandment of God, you hold to the tradition of men."
9 He was also saying to them, "You nicely set aside the
commandment of God in order to keep your tradition. 10 "For
Moses said, 'Honor your father and your mother'; and,
'He who speaks evil of father or mother, let him be put
to death'; 11 but you say, 'If a man says to his father or
his mother, anything of mine you might have been helped
by is Corban (that is to say, given to God),' 12 you no
longer permit him to do anything for his father or his
mother; 13 thus invalidating the word of God by your tradition

13 너희의 전한 유전으로 하나님의 말씀을 폐하며 또 이
같은 일을 많이 행하느니라 하시고 14 무리를 다시 불러
이르시되 너희는 다 내 말을 듣고 깨달으라 15 무엇이든
지 밖에서 사람에게로 들어가는 것은 능히 사람을 더럽게
하지 못하되 16 사람 안에서 나오는 것이 사람을 더럽게
하는 것이니라 하시고 17 무리를 떠나 집으로 들어가시
니 제자들이 그 비유를 묻자온대 18 예수께서 이르시되
너희도 이렇게 깨달음이 없느냐 무엇이든지 밖에서 들어가
는 것이 능히 사람을 더럽게 하지 못함을 알지 못하느냐

which you have handed down; and you do many things
such as that." 14 And after He called the multitude to
Him again, He began saying to them, "Listen to Me, all
of you, and understand: 15 there is nothing outside the
man which going into him can defile him; but the things which
proceed out of the man are what defile the man. 16 ["If
any man has ears to hear, let him hear."] 17 And when leaving
the multitude, He had entered the house, His disciples
questioned Him about the parable. 18 And He said to
them, "Are you so lacking in understanding also? Do you
not understand that whatever goes into the man from
outside cannot defile him; 19 because it does not go into

알지 못하느냐?
/들어가는 것이 — 능히 더럽게 하지 못함을
/무엇이든지 /사람을
/밖에서
/[사람에게로]

19 //이는(이유: ὅτι, because)
[그것이] — 들어가지 아니하고
/[그의] 마음에
(들어가)
/배에
나감이니라
/뒤로

20 또 **가라사대**
/그것이 — 더럽게 하느니라
/나오는 /사람을
/사람에게서

21 //(이유: γάρ, for)
악한 생각[이] — 나오는 것은(=나오나니)
곧 음란과 /(곧)사람의 마음에서
도적질과 /속에서
살인과
22 간음과
탐욕과
악독과
속임과
음탕과
흘기는 눈과
훼방과
교만과
광패니

23 /악한 것이 — 나와서
/이 모든 /다 속에서
더럽게 하느니라
/사람을

24 예수께서 **떠나 가서**
/일어나사(과거분사)
/거기를
/두로 지경으로
모르게 하시려 하나
/아무도
/들어가(과거분사)
/한 집에
숨길 수 없더라

19 이는 마음에 들어가지 아니하고 배에 들어가 뒤로 나
감이니라 하심으로 모든 식물을 깨끗하다 하셨느니라 20
또 가라사대 사람에게서 나오는 그것이 사람을 더럽게 하
느니라 21 속에서 곧 사람의 마음에서 나오는 것은 악한
생각 곧 음란과 도적질과 살인과 22 간음과 탐욕과 악독
과 속임과 음탕과 흘기는 눈과 훼방과 교만과 광패니 23
이 모든 악한 것이 다 속에서 나와서 사람을 더럽게 하느
니라 24 예수께서 일어나사 거기를 떠나 두로 지경으로
가서 한 집에 들어가 아무도 모르게 하시려 하나 숨길 수
없더라

his heart, but into his stomach, and is eliminated? "(Thus He declared all foods clean.) 20 And He was saying, "That which proceeds out of the man, that is what defiles the man. 21 "For from within, out of the heart of men, proceed the evil thoughts, fornications, thefts, murders, adulteries,
22 deeds of coveting and wickedness, as well as deceit, sensuality, envy, slander, pride and foolishness. 23 "All these evil things proceed from within and defile the man."
24 And from there He arose and went away to the region of Tyre. And when He had entered a house, He

25 이에
한 여자가
/어린 딸을 둔
/귀신들린
/더러운
/[그녀의]

엎드리니
/그[의] 발 아래
/소문을 듣고(과거분사)
/예수의
/곧
/와서(과거분사)

26 그 여자는

헬라인이요
족속이라
/수로보니게
간구하거늘
/[그를]
/[그가] —— 쫓아 주시기를
/귀신[을]
/자기 딸에게서

27 예수께서

이르시되
/[그녀에게]
/배불리 먹게 할지니
/자녀로(=를)
/먼저

//(이유: γάρ, for)
취하여
/떡을
/자녀의
던짐이 —— 마땅치 아니하니라
/개들에게

28 여자가

대답하여
가로되
/[그에게]
/주여!(옳소이다마는)
개들도 —— 먹나이다
/상 아래
/부스러기를
/아이들의 먹던

29 예수께서

가라사대(...하시매)
/[그녀에게]
/[너는] —— 돌아가라

//(이유: διὰ + 목적격, because of)
이 말을 하였으니

/귀신이 —— 나갔느니라
/네 딸에게서

25 이에 더러운 귀신 들린 어린 딸을 둔 한 여자가 예수의
소문을 듣고 곧 와서 그 발 아래 엎드리니 26 그 여자는
헬라인이요 수로보니게 족속이라 자기 딸에게서 귀신 쫓아
주시기를 간구하거늘 27 예수께서 이르시되 자녀로 먼저
배불리 먹게 할지니 자녀의 떡을 취하여 개들에게 던짐이
마땅치 아니하니라 28 여자가 대답하여 가로되 주여 옳
소이다마는 상 아래 개들도 아이들의 먹던 부스러기를 먹
나이다 29 예수께서 가라사대 이 말을 하였으니 돌아가
라 귀신이 네 딸에게서 나갔느니라 하시매

wanted no one to know of it; yet He could not escape
notice. 25 But after hearing of Him, a woman whose little
daughter had an unclean spirit, immediately came and fell
at His feet. 26 Now the woman was a Gentile, of the
Syrophoenician race. And she kept asking Him to cast
the demon out of her daughter. 27 And He was saying
to her, "Let the children be satisfied first, for it is not
good to take the children's bread and throw it to the
dogs." 28 But she answered and said to Him, "Yes, Lord,
but even the dogs under the table feed on the children's
crumbs." 29 And He said to her, "Because of this answer
go your way; the demon has gone out of your daughter."

막

30 여자가 본즉(=보았다)
/돌아가(과거분사)
/[그녀의] 집에
/아이가 —— 누웠고
/침상에
/귀신이 —— 나갔더라(=나간 것을)

31 예수께서 이르시매
/갈릴리 호수에
/나와(과거분사)
/두로 지경에서
/다시
/시돈을 지나고
/데가볼리 지경을 통과하여

32 사람들이 데리고 나아와
/귀먹고 어눌한 자를
/예수께
간구하거늘
/[그에게]
/안수하여 주시기를
/[그에게]

33 예수께서 넣고
/[그의] 손가락을
/그의 양 귀에
/데리고 떠나사(과거분사)
/그 사람을
/무리를(=무리로부터)
/따로
손을 대시며
/침 뱉아(=침 뱉은 후에, 과거분사)
/그의 혀에
34 탄식하시며
/우러러(과거분사)
/하늘을
이르시되(...하시니)
/그에게
/에바다
/이는 열리라는 뜻이라

35 //(결과: 명령문, and)
그의 귀가 —— 열리고
/[곧]
맺힌 것이 —— 곧 풀려
/[그의] 혀의
[그가] —— 말이(=말하니라)
/분명하더라(=분명하게)

30 여자가 집에 돌아가 본즉 아이가 침상에 누웠고 귀신
이 나갔더라 31 예수께서 다시 두로 지경에서 나와 시돈
을 지나고 데가볼리 지경을 통과하여 갈릴리 호수에 이르
시매 32 사람들이 귀먹고 어눌한 자를 데리고 예수께 나
아와 안수하여 주시기를 간구하거늘 33 예수께서 그 사
람을 따로 데리고 무리를 떠나사 손가락을 그의 양 귀에
넣고 침 뱉아 그의 혀에 손을 대시며 34 하늘을 우러러
탄식하시며 그에게 이르시되 에바다 하시니 이는 열리라는
뜻이라 35 그의 귀가 열리고 혀의 맺힌 것이 곧 풀려 말
이 분명하더라

30 And going back to her home, she found the child lying
on the bed, the demon having departed. 31 And again
He went out from the region of Tyre, and came through
Sidon to the Sea of Galilee, within the region of Decapolis.
32 And they brought to Him one who was deaf and spoke
with difficulty, and they entreated Him to lay His hand
upon him. 33 And He took him aside from the multitude
by himself, and put His fingers into his ears, and after
spitting, He touched his tongue with the saliva; 34 and looking
up to heaven with a deep sigh, He said to him, "Ephphatha!"
that is, "Be opened!" 35 And his ears were opened, and
the impediment of his tongue was removed, and he began

36 예수께서 **경계하사**(...하시되)
/저희에게
/[그들이] —— 이르지 말라(=이르지 말 것을)
/아무에게라도
저희가 **전파하니**
/경계하실수록
/더욱
/널리
37 사람들이 **놀라 가로되**(...하니라)
/심히
/그가 —— 잘하였도다
/다
듣게 하고
/귀머거리도
말하게 한다
/벙어리도

막

8

1 또
큰 무리가 있어
/그 즈음에
없는지라(상황절, when)
/먹을 것이
예수께서 **이르시되**
/[그들에게]
/불러(과거분사)
/제자들을
2 /내가 —— 불쌍히 여기노라
/무리를
//(이유: ὅτι, because)
저희가 —— 있은 지..사흘이매(=사흘을 있었고)
/나와 함께
/이미
없도다
/먹을 것이(=을)
3 /만일[ἐὰν]
내가 —— 보내면(조건절, if)
/저희를
/굶겨
/[그들의] 집으로
[그들이] —— 기진하리라
/길에서
/사람도(=어떤이는) —— 온 있느니라(=왔느니라)
/그 중에(는) /멀리서

36 예수께서 저희에게 경계하사 아무에게라도 이르지 말
라 하시되 경계하실수록 저희가 더욱 널리 전파하니 37
사람들이 심히 놀라 가로되 그가 다 잘 하였도다 귀머거리
도 듣게 하고 벙어리도 말하게 한다 하니라

8:1 그 즈음에 또 큰 무리가 있어 먹을 것이 없는지라
예수께서 제자들을 불러 이르시되 2 내가 무리를 불
쌍히 여기노라 저희가 나와 함께 있은 지 이미 사흘이매
먹을 것이 없도다

speaking plainly. 36 And He gave them orders not to tell
anyone; but the more He ordered them, the more widely
they continued to proclaim it. 37 And they were utterly
astonished, saying, "He has done all things well; He makes
even the deaf to hear, and the dumb to speak."

8:1 In those days again, when there was a great multitude
and they had nothing to eat, He called His disciples
and said to them, 2 "I feel compassion for the multitude
because they have remained with Me now three days, and
have nothing to eat; 3 and if I send them away hungry

4 제자들이 **대답하되**
  /[그의]
    /[그에게]
    /[사람이] ——— 어디서 배부르게 할 수 있으리이까?
        /사람들로
        /떡을 얻어
        /이(=여기)
        /이 광야에(서)

5 예수께서 **물으시되**
    /[그들에게]
    /너희에게(=가) —— 있느냐?
      /떡 몇 개나
  [그들이] **가로되**(...하거늘)
    /일곱이로소이다

6 예수께서 **명하사**
    /무리를
    /앉게(하시고)
      /땅에
  떼어
    /가지사(과거분사)
      /떡 일곱 개를
    /축사하시고(과거분사)
  주어
    /[그의] 제자들에게
    /그 앞에 놓게(하시니)
  제자들이 **놓더라**
    /무리 앞에

7 또
  [그들이] **있는지라**
    /생선 두어 마리가
      /작은
  이에
  [그가] **명하사**
    /이것도 ——— 그 앞에 놓게(하시니)
    /축복하시고(과거분사)
      /[그들을]

8 [그들이] **먹고**
  배불리(=배불렀고)
  거두었으며
    /조각[의] 남은(=것을)
    /일곱 광주리를

9 사람은 **약 사천 명이었더라**

3 만일 내가 저희를 굶겨 집으로 보내면 길에서 기진하리
라 그 중에는 멀리서 온 사람도 있느니라 4 제자들이 대
답하되 이 광야에서 어디서 떡을 얻어 이 사람들로 배부르
게 할 수 있으리이까 5 예수께서 물으시되 너희에게 떡
몇 개나 있느냐 가로되 일곱이로소이다 하거늘 6 예수께
서 무리를 명하사 땅에 앉게 하시고 떡 일곱 개를 가지사
축사하시고 떼어 제자들에게 주어 그 앞에 놓게 하시니 제
자들이 무리 앞에 놓더라 7 또 작은 생선 두어 마리가 있
는지라 이에 축복하시고 명하사 이것도 그 앞에 놓게 하시
니 8 배불리 먹고 남은 조각 일곱 광주리를 거두었으며
9 사람은 약 사천 명이었더라 예수께서 저희를 흩어 보내
시고

to their home, they will faint on the way; and some of
them have come from a distance." 4 And His disciples
answered Him, "Where will anyone be able to find enough
to satisfy these men with bread here in a desolate place?"
5 And He was asking them, "How many loaves do you have?"
And they said, "Seven." 6 And He directed the multitude
to sit down on the ground; and taking the seven loaves,
He gave thanks and broke them, and started giving them
to His disciples to serve to them, and they served them
to the multitude. 7 They also had a few small fish; and
after He had blessed them, He ordered these to be served
as well. 8 And they ate and were satisfied; and they picked
up seven large baskets full of what was left over of the
broken pieces. 9 And about four thousand were there;

예수께서 **흩어 보내시고**
/저희를

10 **가시니라**
/달마누다 지방으로
/오르사(과거분사)
/곧
/배에
/[그의] 제자들과 함께

11 바리새인들이 **나와서**
힐난하며(=힐난하니)
/예수께
/구하거늘(=구하며, 현재분사)
/[그로부터]
/표적을
/하늘로서 오는
/시험하여(현재분사)
/그를

12 예수께서 **가라사대**(...하시고)
/깊이 탄식하시며(과거분사)
/[그의] 마음 속에
/이 세대가 —— 어찌하여 구하느냐?
/표적을
/진실로
내가 —— 이르노니[13)]
/너희에게
/표적을(=이) —— 주시지 아니하리라(=주어지지 않으리라)
/이 세대에게

13 **가시니라**
/건너편으로
/떠나(과거분사)
/저희를
/(배에)올라(과거분사)
/다시

14 제자들이 **가져오기를 잊었으매**
/떡
없더라
/떡 한 개밖에(=외에는)
/저희에게
/배에

15 예수께서 **경계하여 가라사대**(...하신대)
/[그들에게]

10 곧 제자들과 함께 배에 오르사 달마누다 지방으로 가
시니라 11 바리새인들이 나와서 예수께 힐난하며 그를 시
험하여 하늘로서 오는 표적을 구하거늘 12 예수께서 마음
속에 깊이 탄식하시며 가라사대 어찌하여 이 세대가 표적
을 구하느냐 내가 진실로 너희에게 이르노니 이 세대에게
표적을 주시지 아니하리라 하시고 13 저희를 떠나 다시
배에 올라 건너편으로 가시니라 14 제자들이 떡 가져 오
기를 잊었으매 배에 떡 한 개밖에 저희에게 없더라 15 예
수께서 경계하여 가라사대 삼가 바리새인들의 누룩과 헤롯
의 누룩을 주의하라 하신대

and He sent them away.
10 And immediately He entered the boat with His disciples, and came to the district of Dalmanutha.
11 And the Pharisees came out and began to argue with Him, seeking from Him a sign from heaven, to test Him.
12 And sighing deeply in His spirit, He said, "Why does this generation seek for a sign? Truly I say to you, no sign shall be given to this generation."
13 And leaving them, He again embarked and went away to the other side.
14 And they had forgotten to take bread; and did not have more than one loaf in the boat with them.
15 And He was giving orders to them, saying, "Watch out! Beware of the leaven of the Pharisees and

16 제자들이 서로 의논하기를 이는 우리에게 떡이 없음이
로다 하거늘 17 예수께서 아시고 이르시되 너희가 어찌
떡이 없음으로 의논하느냐 아직도 알지 못하며 깨닫지 못
하느냐 너희 마음이 둔하냐 18 너희가 눈이 있어도 보지
못하며 귀가 있어도 듣지 못하느냐 또 기억지 못하느냐
19 내가 떡 다섯 개를 오천 명에게 떼어 줄 때에 조각 몇
바구니를 거두었더냐 가로되 열둘이니이다 20 또 일곱
개를 사천 명에게 떼어줄 때에 조각 몇 광주리를 거두었더
냐 가로되 일곱이니이다

the leaven of Herod." 16 And they began to discuss with
one another the fact that they had no bread. 17 And Jesus,
aware of this, said to them, "Why do you discuss the fact
that you have no bread? Do you not yet see or understand?
Do you have a hardened heart? 18 "Having eyes, do you
not see? And having ears, do you not hear? And do you
not remember, 19 when I broke the five loaves for the
five thousand, how many baskets full of broken pieces
you picked up?" They said to Him, "Twelve." 20 "And
when I broke the seven for the four thousand, how many

[너희가] —— 몇[이나] 거두었더냐?
/광주리를
/조각
/[가득찬]

[그들이] **가로되**
/[그에게]
/일곱이니이다

21 [그가] **가라사대**(...하시니라)
/[그들에게]
/[너희가] —— 아직도 깨닫지 못하느냐?

22 [그들이] **이르매**
/벳새다에
사람들이 **데리고 나아와**
/소경 하나를
/예수께
구하거늘
/[그에게]
/손대시기를
/[그에게]

23 예수께서 **데리고 나가사**
/[그를]
/마을 밖으로
/붙드시고(과거분사)
/손을
/소경의
물으시니
/침을 뱉으시며(과거분사)
/[그의] 눈에
/안수하시고(과거분사)
/그에게
/[그에게]
/[네가] —— 무엇이 보이느냐?

24 [그가] **가로되**(...하거늘)
/우러러 보며(과거분사)
/[내가] —— 보이나이다
/사람들이
/걸어가는 것을
/나무 같은것들의...보나이다(= 나무처럼 보이는)

25 [그가] **안수하시매**
/그[의] 눈에
/다시
/이에
저가 **주목하여 보더니**
나아서

막

21 가라사대 아직도 깨닫지 못하느냐 하시니라 22 벳새
다에 이르매 사람들이 소경 하나를 데리고 예수께 나아와
손 대시기를 구하거늘 23 예수께서 소경의 손을 붙드시
고 마을 밖으로 데리고 나가사 눈에 침을 뱉으시며 그에게
안수하시고 무엇이 보이느냐 물으시니 24 우러러 보며 가
로되 사람들이 보이나이다 나무 같은 것들의 걸어 가는 것
을 보나이다 하거늘 25 이에 그 눈에 다시 안수하시매 저
가 주목하여 보더니 나아서 만물을 밝히 보는지라

large baskets full of broken pieces did you pick up?" And
they said to Him, "Seven." 21 And He was saying to
them, "Do you not yet understand?" 22 ¶ And they came
to Bethsaida. And they brought a blind man to Him, and
entreated Him to touch him. 23 And taking the blind
man by the hand, He brought him out of the village; and
after spitting on his eyes, and laying His hands upon him,
He asked him, "Do you see anything?" 24 And he looked
up and said, "I see men, for I am seeing them like trees,
walking about." 25 Then again He laid His hands upon
his eyes; and he looked intently and was restored, and
began to see everything clearly. 26 And He sent him to

막

보는지라
/만물을
/밝히

26 예수께서
보내시며 가라사대(...하시니라)
/그 사람을
/[그의] 집으로
/[너는] ——— 들어가지 말라
/마을에도

27 예수와
제자들이
/[그의]
[그가]
나가실새
/여러 마을로
/가이사랴 빌립보
물어 가라사대
/노중에서
/[그의] 제자들에게
/사람들이 ——— [말]하느냐?
/나를 누구라고

28 [그들이]
여짜와 가로되
/[그들에게]
/세례 요한이라 하고
더러는 엘리야
더러는 선지자 중의 하나라 하나이다

29 또
[그가]
물으시되
/[그들에게]
/너희는 ——— [말]하느냐?
/나를 누구라

베드로가
대답하여 가로되(...하매)
/[그에게]
/주는 ——— 그리스도시니이다

30 이에
[그가]
경계하시고
/아무에게도 ——— 말하지 말라(=말 것을)
/자기의 일을

31 (비로소) 가르치시되(=가르치기 시작하니라)
/저희에게
/인자가 ——— 고난을 받고
/많은
——— 버린 바 되어
/장로들과
대제사장들과
서기관들에게
——— 죽임을 당하고
——— 살아나야 할 것을
/사흘 만에

26 예수께서 그 사람을 집으로 보내시며 가라사대 마을에
도 들어가지 말라 하시니라 27 예수와 제자들이 가이사
랴 빌립보 여러 마을로 나가실새 노중에서 제자들에게 물
어 가라사대 사람들이 나를 누구라고 하느냐 28 여짜와
가로되 세례 요한이라 하고 더러는 엘리야 더러는 선지자
중의 하나라 하나이다 29 또 물으시되 너희는 나를 누구
라 하느냐 베드로가 대답하여 가로되 주는 그리스도시니이
다 하매 30 이에 자기의 일을 아무에게도 말하지 말라 경
계하시고 31 인자가 많은 고난을 받고 장로들과 대제사장
들과 서기관들에게 버린 바 되어 죽임을 당하고 사흘 만에
살아나야 할 것을 비로소 저희에게 가르치시되

his home, saying, "Do not even enter the village." 27
And Jesus went out, along with His disciples, to the
villages of Caesarea Philippi; and on the way He questioned
His disciples, saying to them, "Who do people say that I
am?" 28 And they told Him, saying, "John the Baptist;
and others say Elijah; but others, one of the prophets."
29 And He continued by questioning them, "But who do
you say that I am?" Peter answered and said to Him,
"Thou art the Christ." 30 And He warned them to tell
no one about Him. 31 And He began to teach them that
the Son of Man must suffer many things and be rejected
by the elders and the chief priests and the scribes, and be

32 [그가] **[말]하시니**
/이 말씀을
/드러내 놓고
베드로가 **붙들고 간하매**
/예수를

33 예수께서 **꾸짖어**
/베드로를
/돌이키사(과거분사)
/보시며(과거분사)
/[그의] 제자들을
가라사대(...하시고)
/사단아!
[너는] ——— 물러가라
/내 뒤로

//(이유: ὅτι, for)
네가 — 생각지 아니하고
/하나님의 일을
도리어 (생각하는도다)
/사람의 일을

34 **이르시되**
/불러(과거분사)
/무리와
[그의] 제자들을
/[그들에게]
/[만일, εἰ]
아무든지 ——— 오려거든(조건절, if)
/나를 따라
[그는] ——— 부인하고
/자기를
지고
/자기 십자가를
좇을 것이니라
/나를

35 //(이유: γάρ, for)
누구든지 — [원]하면(조건절, whoever)
/구원코자(부정사)
/제 목숨을
[그가] ——— 잃을 것이요
/[그것을]

누구든지 — 잃으면(조건절, whoever)
/제 목숨을
/나와 복음을 위하여
[그가] ——— 구원하리라

36 //(이유: γάρ, for)

32 드러내놓고 이 말씀을 하시니 베드로가 예수를 붙들고
간하매 33 예수께서 돌이키사 제자들을 보시며 베드로를
꾸짖어 가라사대 사단아 내 뒤로 물러가라 네가 하나님의
일을 생각지 아니하고 도리어 사람의 일을 생각하는도다
하시고 34 무리와 제자들을 불러 이르시되 아무든지 나
를 따라 오려거든 자기를 부인하고 자기 십자가를 지고 나
를 좇을 것이니라 35 누구든지 제 목숨을 구원코자 하면
잃을 것이요 누구든지 나와 복음을 위하여 제 목숨을 잃으
면 구원하리라

killed, and after three days rise again. 31 And He began
to teach them that the Son of Man must suffer many
things and be rejected by the elders and the chief priests
and the scribes, and be killed, and after three days rise
again. 32 And He was stating the matter plainly. And
Peter took Him aside and began to rebuke Him. 33 But
turning around and seeing His disciples, He rebuked Peter,
and said, "Get behind Me, Satan; for you are not setting
your mind on God's interests, but mans." 34 And He
summoned the multitude with His disciples, and said to
them, "If anyone wishes to come after Me, let him deny
himself, and take up his cross, and follow Me. 35 "For whoever

막

36 //(이유: γάρ, for)
무엇이 —— 유익하리요?
/얻고도
/온 천하를
잃으면(=잃는 것이)
/제 목숨을
/(사람이 만일)

37 //(이유:γάρ, for)
사람이 ——무엇을 주고(=무엇을 주겠느냐?)
/바꾸겠느냐(=교환물을)
/제 목숨을(=의)

38 //(이유: γάρ, for)
누구든지— 부끄러워하면(조건절, whoever)
/나와 내 말을
/세대에서
/이
/음란하고
/죄 많은
인자도— 올 때에(상황절, when)
/영광으로
/[그의] 아버지의
/천사들과 함께
/거룩한
부끄러워하리라
/그 사람을

9

1 또
[그가] 이르시되(...하시니라)
/저희에게
/진실로
내가 —— 이르노니[14)]
/너희에게
/자들도(=이) — 볼(=볼때까지, 상황절, till)
/사람 중에 /나라가 —— 임하는 것을
/섰는 /하나님의 /권능으로
/여기
/죽기 전에(=지 않은)
있느니라

/[어떤]자들도 —— 있느니라

14) ἀμὴν λέγω, '아멘, 내가 말한다'. 주님이 자신의 말에 대해 확정적임을 강조하는 관용적인 어구이다.

36 사람이 만일 온 천하를 얻고도 제 목숨을 잃으면 무엇이 유익하리요 37 사람이 무엇을 주고 제 목숨을 바꾸겠느냐 38 누구든지 이 음란하고 죄 많은 세대에서 나와 내 말을 부끄러워하면 인자도 아버지의 영광으로 거룩한 천사들과 함께 올 때에 그 사람을 부끄러워하리라

9:1 또 저희에게 이르시되 내가 진실로 너희에게 이르노니 여기 섰는 사람 중에 죽기 전에 하나님의 나라가 권능으로 임하는 것을 볼 자들도 있느니라 하시니라

wishes to save his life shall lose it; but whoever loses his
life for My sake and the gospel's shall save it. 36 "For
what does it profit a man to gain the whole world, and
forfeit his soul? 37 "For what shall a man give in exchange
for his soul? 38 "For whoever is ashamed of Me and My
words in this adulterous and sinful generation, the Son of Man
will also be ashamed of him when He comes in the glory
of His Father with the holy angels."

9:1 And He was saying to them, "Truly I say to you,
there are some of those who are standing here who
shall not taste death until they see the kingdom of God
after it has come with power." 2 ¶ And six days later,
Jesus took with Him Peter and James and John, and

/[어떤]자들도 ——— 있느니라
/죽기전에(=죽지 않을) /여기
/볼[때까지] /섰는 사람 중에
/임하는 것을
/하나님의 나라가
/권능으로

2 예수께서 **데리시고**
/엿새 후에
/베드로와
/야고보와
/요한을
올라가셨더니
/[그들을]
/높은 산에
/따로
변형되사
/저희 앞에서

3 옷이 **희어졌더라**
/그[의]
/광채가 나며(현재분사)
/심히
/빨래하는 자가 ——— 희게 할 수 없을 만큼
/그렇게
/세상에서

4 이에
엘리야가 **나타나**
/저희에게
/모세와 함께
[그들이] **말씀하거늘**
/예수로 더불어

5 베드로가 [**대답하여**] **고하되**(...하니)
/예수께
/랍비여!
있는 것이 ——— 좋사오니
/우리가
/여기
우리가 ——— 짓되(...하사이다)
/초막 셋을
/하나는 주를 위하여
/하나는 모세를 위하여
/하나는 엘리야를 위하여

6 //이는(이유: γάρ, for)
저가 ——— 알지 못함이더라
/무슨 말을 할는지

//(이유: γάρ, for)
저희가 ——— 심히 무서워하므로

2 엿새 후에 예수께서 베드로와 야고보와 요한을 데리시
고 따로 높은 산에 올라 가셨더니 저희 앞에서 변형되사
3 그 옷이 광채가 나며 세상에서 빨래하는 자가 그렇게 희
게 할 수 없을 만큼 심히 희어졌더라 4 이에 엘리야가 모
세와 함께 저희에게 나타나 예수로 더불어 말씀하거늘 5
베드로가 예수께 고하되 랍비여 우리가 여기 있는 것이 좋
사오니 우리가 초막 셋을 짓되 하나는 주를 위하여 하나는
모세를 위하여 하나는 엘리야를 위하여 하사이다 하니 6
이는 저희가 심히 무서워하므로 저가 무슨 말을 할는지 알
지 못함이더라

brought them up to a high mountain by themselves. And
He was transfigured before them; 3 and His garments
became radiant and exceedingly white, as no launderer on
earth can whiten them. 4 And Elijah appeared to them
along with Moses; and they were talking with Jesus. 5
And Peter answered and said to Jesus, "Rabbi, it is good
for us to be here; and let us make three tabernacles, one
for You, and one for Moses, and one for Elijah." 6 For
he did not know what to answer; for they became terrified.
7 Then a cloud formed, overshadowing them, and a voice

7 마침
구름이 **와서 덮으며**
/저희를
소리가 **나되**(...하는지라)
/구름 속에서
/이는 ——— 아들이니
/내
/사랑하는
/너희는 ——— 들으라
/저의 말을

8 [그들이] 둘러보니(상황절, when)
/문득
보이지 아니하고
/아무도
〈보더라〉
/오직 예수와(=를)
/자기들뿐이었더라(=함께)

9 저희가 내려올 때에(상황절, as)
/산에서
예수께서 **경계하시되**(...하시니)
/[그들을]
/[그들이] — 이르지 말라(=이르지 말것을)
/본 것을
/아무에게도
/인자가 — 살아날 때까지는(상황절, till)
/죽은 자 가운데서

10 저희가 **두며**(...하고)
/이 말씀을
/마음에
/서로 문의하되(=의문하며, 현재분사)
/살아나는 것이 ——— 무엇일까?
/죽은 자 가운데서

11 **이에 묻자와 가로되**
/예수께
/서기관들이 —— 어찌하여 [말]하나이까?
/엘리야가 —— 와야 하리라
/먼저

12 [그가] **가라사대**(...하시니라)
/[그들에게]
/과연
엘리야가 —— 회복하거니와

7 마침 구름이 와서 저희를 덮으며 구름 속에서 소리가 나
되 이는 내 사랑하는 아들이니 너희는 저의 말을 들으라
하는지라 8 문득 둘러보니 아무도 보이지 아니하고 오직
예수와 자기들 뿐이었더라 9 저희가 산에서 내려 올 때에
예수께서 경계하시되 인자가 죽은 자 가운데서 살아날 때
까지는 본 것을 아무에게도 이르지 말라 하시니 10 저희
가 이 말씀을 마음에 두며 서로 문의하되 죽은 자 가운데
서 살아나는 것이 무엇일까 하고 11 이에 예수께 묻자와
가로되 어찌하여 서기관들이 엘리야가 먼저 와야 하리라
하나이까 12 가라사대 엘리야가 과연 먼저 와서 모든 것
을 회복하거니와 어찌 인자에 대하여 기록하기를 많은 고
난을 받고 멸시를 당하리라 하였느냐

came out of the cloud, "This is My beloved Son, listen
to Him!" 8 And all at once they looked around and saw
no one with them anymore, except Jesus alone. 9 And as
they were coming down from the mountain, He gave them
orders not to relate to anyone what they had seen, until
the Son of Man should rise from the dead. 10 And they
seized upon that statement, discussing with one another
what rising from the dead might mean. 11 And they asked
Him, saying, "Why is it that the scribes say that Elijah
must come first?" 12 And He said to them, "Elijah does
first come and restore all things. And yet how is it written
of the Son of Man that He should suffer many things and

엘리야가 —— 회복하거니와
/모든 것을
/와서(과거분사)
/먼저

/[그것이] —— 어찌 기록(하기를)하였느냐?
/인자에 대하여
/[그가] —— 고난을 받고
/많은
멸시를 당하리라(=당할 것을)

13 /그러나
내가 —— 이르노니[15]
/너희에게
/엘리야가 —— 왔으되
/사람들이 —— 대우하였느니라
/[그에게]
/임의로
/기록된 바와 같이
/[그에 관해]

14 이에
저희가
와서(=왔을 때, 상황절, when)
/제자들에게
보니
/큰 무리가 —— 〈있으며〉
/[그들을] 둘렀고
/서기관들이 —— 변론하더니(=변론하는 것을)
/[그들과] 더불어

15 온 무리가
보고(=보았을 때, 상황절, when)
/예수를
/곧
심히 놀라며
문안하거늘
/[그를]
/달려와(현재분사)

16 예수께서
물으시되
/[그들을]
/너희가 —— 무엇을 변론하느냐?
/저희와

17 하나가
/무리 중에
대답하되
/[그에게]
/선생님[이여!]
[내가] —— 데려왔나이다
/아들을
/내
/벙어리 귀신들린
/선생님께

15) 주님께서 자신의 말씀을 하나님의 말씀과 대등한 권위임을 드러내는 관용적인 표현이다.

13 그러나 내가 너희에게 이르노니 엘리야가 왔으되 기록
된 바와 같이 사람들이 임의로 대우하였느니라 하시니라
14 저희가 이에 제자들에게 와서 보니 큰 무리가 둘렀고
서기관들이 더불어 변론하더니 15 온 무리가 곧 예수를
보고 심히 놀라며 달려와 문안하거늘 16 예수께서 물으
시되 너희가 무엇을 저희와 변론하느냐 17 무리 중에 하
나가 대답하되 선생님 벙어리 귀신 들린 내 아들을 선생님
께 데려 왔나이다

be treated with contempt? 13 "But I say to you, that
Elijah has indeed come, and they did to him whatever
they wished, just as it is written of him." 14 ¶ And when
they came back to the disciples, they saw a large crowd around
them, and some scribes arguing with them. 15 And
immediately, when the entire crowd saw Him, they were
amazed, and began running up to greet Him. 16 And He asked
them, "What are you discussing with them?" 17 And one
of the crowd answered Him, "Teacher, I brought You my
son, possessed with a spirit which makes him mute; 18

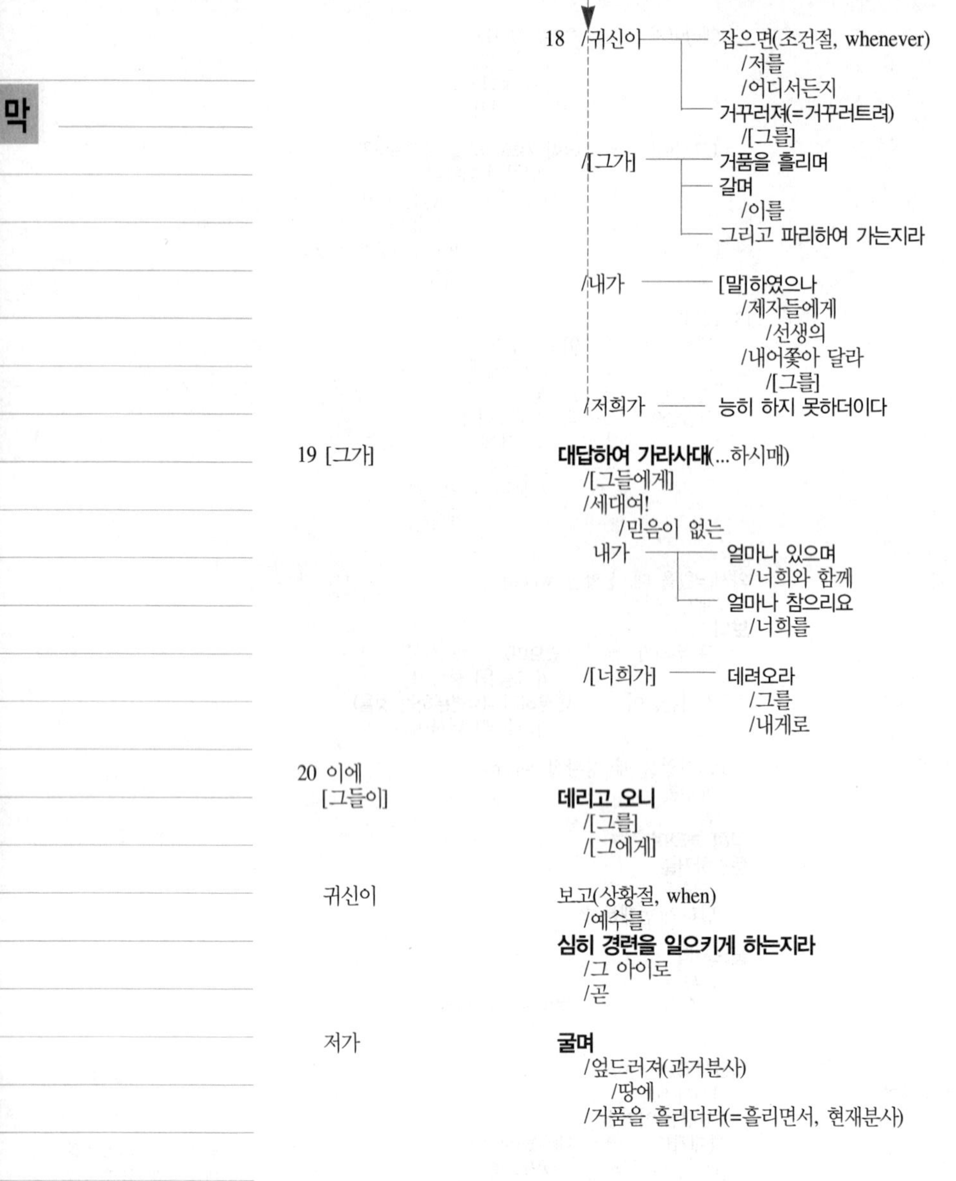

18 귀신이 어디서든지 저를 잡으면 거꾸러져 거품을 흘리며 이를 갈며 그리고 파리하여 가는지라 내가 선생의 제자들에게 내어쫓아 달라 하였으나 저희가 능히 하지 못하더이다
19 대답하여 가라사대 믿음이 없는 세대여 내가 얼마나 너희와 함께 있으며 얼마나 너희를 참으리요 그를 내게로 데려오라 하시매
20 이에 데리고 오니 귀신이 예수를 보고 곧 그 아이로 심히 경련을 일으키게 하는지라 저가 땅에 엎드러져 굴며 거품을 흘리더라
21 예수께서 그 아비에게 물으시되 언제부터 이렇게 되었느냐 하시니 가로되

and whenever it seizes him, it dashes him to the ground and he foams at the mouth, and grinds his teeth, and stiffens out. And I told Your disciples to cast it out, and they could not do it."
19 And He answered them and said, "O unbelieving generation, how long shall I be with you? How long shall I put up with you? Bring him to Me!"
20 And they brought the boy to Him. And when he saw Him, immediately the spirit threw him into a convulsion, and falling to the ground, he began rolling about and foaming at the mouth.
21 And He asked his father, "How long has this been happening to him?" And he said, "From childhood.
22 "And it has often thrown

21 예수께서 **물으시되**(...하시니)
/그 아비에게
/[시간이] —— 언제부터 되었느냐(=얼마나 되었느냐?)
/이렇게 [그가 된 것이]

[그가] **가로되**
/어릴 때부터니이다

22 /귀신이 —— 던졌나이다
/저를
/불과
/물에
/자주

//(목적: ἵνα, to)
[그가] —— 죽이려고
/[그를]

/그러나
[만일, εἰ]
[당신이] —— 하실 수 있거든(조건절, if)
/무엇을
도와 주옵소서
/우리를
/불쌍히 여기사(과거분사)
/[우리를]

23 예수께서 **이르시되**(...하시니)
/[그에게]
/할 수 있거든 이 무슨 말이냐
/[모든 것이] —— 능치 못할 일이 없느니라(=가능하니라)
/믿는 자에게는

24 아비가 **가로되**(...하더라)
/그 아이의
/소리를 질러(과거분사)
/곧
/내가 —— 믿나이다
/[당신이] —— 도와 주소서
/믿음 없는 것을
/나의

25 예수께서 보시고(상황절, when)
/무리의(=가) —— 달려 모이는 것을
꾸짖어 가라사대(...하시매)
/그 귀신을
/더러운
/[그에게]
/귀신아!
/벙어리 되고
/귀먹은
내가 —— 명하노니

어릴 때부터니이다 22 귀신이 저를 죽이려고 불과 물에
자주 던졌나이다 그러나 무엇을 하실 수 있거든 우리를 불
쌍히 여기사 도와 주옵소서 23 예수께서 이르시되 할 수
있거든이 무슨 말이냐 믿는 자에게는 능치 못할 일이 없느
니라 하시니 24 곧 그 아이의 아비가 소리를 질러 가로되
내가 믿나이다 나의 믿음 없는 것을 도와주소서 하더라
25 예수께서 무리의 달려 모이는 것을 보시고 그 더러운
귀신을 꾸짖어 가라사대 벙어리 되고 귀먹은 귀신아 내가
네게 명하노니 그 아이에게서 나오고 다시 들어가지 말라
하시매

him both into the fire and into the water to destroy him.
But if You can do anything, take pity on us and help us!"
23 And Jesus said to him, "'If You can!' All things are possible
to him who believes." 24 Immediately the boy's father
cried out and began saying, "I do believe; help my unbelief."
25 And when Jesus saw that a crowd was rapidly gathering,
He rebuked the unclean spirit, saying to it, "You deaf
and dumb spirit, I command you, come out of him and

막

내가 —— 명하노니
/네게
[너는] —— 나오고
/그 아이에게서
들어가지 말라
/(다시)
/[그에게]

26 귀신이 **나가니**
/소리지르며(과거분사)
/경련을 일으키게 하고(과거분사)
/(아이로)
/심히
그 아이가 **죽은 것같이 되어**

//(결과: ὥστε, so that-NRSV)
많은 사람이 —— 말하기를(...하나)
/죽었다

27 예수께서 **일으키시니**
/[그를]
/잡아(과거분사)
/그[의] 손을
이에
[그가] **일어서니라**

28 [그가] 들어가시매(=들어갔을 때, 상황절, when)
/집에
제자들이 **묻자오되**
/[그의]
/[그에게]
/종용히
/우리는 —— 어찌하여 능히 쫓아내지 못하였나이까?
/그 귀신을

29 [그가] **이르시되**(...하시니라)
/[그들에게]
/이런 유가 —— 나갈 수 없느니라
/다른 것으로는
/기도 외에

30 [그들이] **지날새**
/갈릴리 가운데로
/떠나(과거분사)
/그 곳을
예수께서 **알리고자 아니하시니**
/아무에게도

31 //이는(이유: γάρ, for)

26 귀신이 소리지르며 아이로 심히 경련을 일으키게 하고
나가니 그 아이가 죽은 것같이 되어 많은 사람이 말하기를
죽었다 하나 27 예수께서 그 손을 잡아 일으키시니 이에
일어서니라 28 집에 들어가시매 제자들이 종용히 묻자오
되 우리는 어찌하여 능히 그 귀신을 쫓아내지 못하였나이
까 29 이르시되 기도 외에 다른 것으로는 이런 유가 나갈
수 없느니라 하시니라 30 그곳을 떠나 갈릴리 가운데로
지날새 예수께서 아무에게도 알리고자 아니하시니

do not enter him again." 26 And after crying out and throwing
him into terrible convulsions, it came out; and the boy became
so much like a corpse that most of them said, "He is
dead!" 27 But Jesus took him by the hand and raised
him; and he got up. 28 And when He had come into the house,
His disciples began questioning Him privately, "Why could
we not cast it out?" 29 And He said to them, "This kind cannot
come out by anything but prayer." 30 And from there
they went out and began to go through Galilee, and He
was unwilling for anyone to know about it. 31 For He

막

31 //이는(이유: γάρ, for)
[그가] — 가르치시며
/[그의] 제자들을
또 말씀하시는 연고더라
/인자가 — 넘기워
/손에
/사람들의
/[그들이] — 죽임을 당하고
/[그를]
/[그가] — 살아나리라는 것을
/죽은 지 삼 일 만에

32 그러나
제자들은 **깨닫지 못하고**
/이 말씀을
묻기도 무서워하더라
/[그를]

33 [그들이] **이르러**
/가버나움에

[그가] 계실새(=거할 때, 상황절, when)
/집에
물으시되(...하시되)
/제자들에게
/너희가 — 토론한 것이 무엇이냐?
/노중에서
/(서로)

34 저희가 **잠잠하니**

//이는(이유: γάρ, for)
[그들이] — 쟁론하였음이라
/노중에서
/서로
/누가 — 크냐 하고

35 예수께서 **불러서**
/열두 제자를
/앉으사(=앉은 후에, 과거분사)
이르시되(...하시고)
/[그들에게]
/[만일, εἰ]
아무든지 — 되고자 하면(조건절, if)
/첫째가
[그는] — 끝이 되며
/뭇 사람의
섬기는 자가 되어야 하리라
/뭇 사람을

31 이는 제자들을 가르치시며 또 인자가 사람들의 손에
넘기워 죽임을 당하고 죽은 지 삼일 만에 살아나리라는 것
을 말씀하시는 연고더라 32 그러나 제자들은 이 말씀을
깨닫지 못하고 묻기도 무서워하더라 33 가버나움에 이르
러 집에 계실새 제자들에게 물으시되 너희가 노중에서 서
로 토론한 것이 무엇이냐 하시되 34 저희가 잠잠하니 이
는 노중에서 서로 누가 크냐 하고 쟁론하였음이라 35 예
수께서 앉으사 열두 제자를 불러서 이르시되 아무든지 첫
째가 되고자 하면 뭇사람의 끝이 되며 뭇사람을 섬기는 자
가 되어야 하리라 하시고

was teaching His disciples and telling them, "The Son of
Man is to be delivered into the hands of men, and they
will kill Him; and when He has been killed, He will rise
three days later." 32 But they did not understand this statement,
and they were afraid to ask Him. 33 ¶ And they came to
Capernaum; and when He was in the house, He began to
question them, "What were you discussing on the way?"
34 But they kept silent, for on the way they had discussed
with one another which of them was the greatest. 35 And
sitting down, He called the twelve and said to them, "If anyone

36 어린 아이 하나를 데려다가 그들 가운데 세우시고 안
으시며 제자들에게 이르시되 37 누구든지 내 이름으로
이런 어린 아이 하나를 영접하면 곧 나를 영접함이요 누구
든지 나를 영접하면 나를 영접함이 아니요 나를 보내신 이
를 영접함이니라 38 요한이 예수께 여짜오되 선생님 우
리를 따르지 않는 어떤 자가 주의 이름으로 귀신을 내어쫓
는 것을 우리가 보고 우리를 따르지 아니하므로 금하였나
이다 39 예수께서 가라사대 금하지 말라 내 이름을 의탁
하여 능한 일을 행하고 즉시로 나를 비방할 자가 없느니라

wants to be first, he shall be last of all, and servant of
all." 36 And taking a child, He set him before them, and
taking him in His arms, He said to them, 37 "Whoever receives
one child like this in My name receives Me; and whoever
receives Me does not receive Me, but Him who sent Me."
38 John said to Him, "Teacher, we saw someone casting
out demons in Your name, and we tried to hinder him
because he was not following us." 39 But Jesus said, "Do
not hinder him, for there is no one who shall perform a miracle
in My name, and be able soon afterward to speak evil of

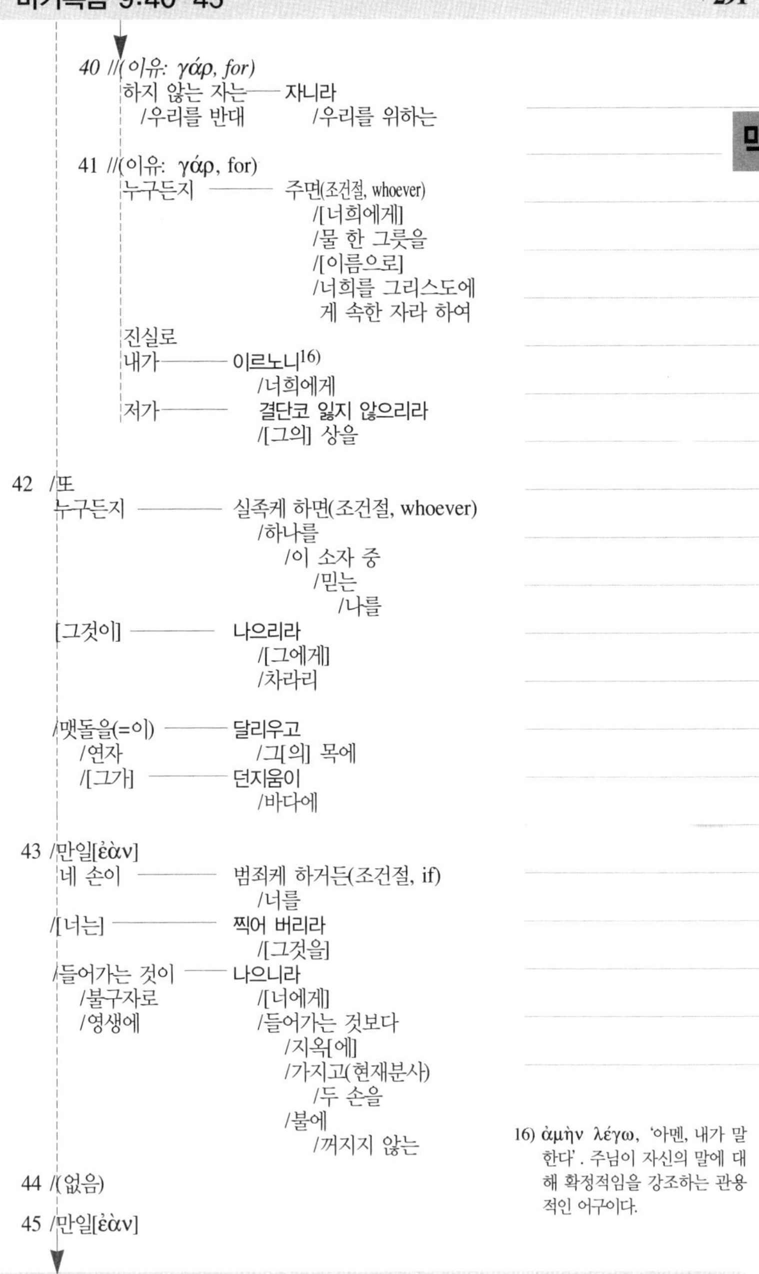

16) ἀμὴν λέγω, '아멘, 내가 말한다'. 주님이 자신의 말에 대해 확정적임을 강조하는 관용적인 어구이다.

40 우리를 반대하지 않는 자는 우리를 위하는 자니라 41
누구든지 너희를 그리스도에게 속한 자라 하여 물 한 그릇
을 주면 내가 진실로 너희에게 이르노니 저가 결단코 상을
잃지 않으리라 42 또 누구든지 나를 믿는 이 소자 중 하
나를 실족케 하면 차라리 연자 맷돌을 그 목에 달리우고
바다에 던지움이 나으리라 43 만일 네 손이 너를 범죄케
하거든 찍어 버리라 불구자로 영생에 들어가는 것이 두 손
을 가지고 지옥 꺼지지 않는 불에 들어가는 것보다 나으니
라 44 (없 음)

Me. 40 "For he who is not against us is for us. 41 "For
whoever gives you a cup of water to drink because of
your name as followers of Christ, truly I say to you, he
shall not lose his reward. 42 "And whoever causes one
of these little ones who believe to stumble, it would be
better for him if, with a heavy millstone hung around his neck,
he had been cast into the sea. 43 "And if your hand
causes you to stumble, cut it off; it is better for you to
enter life crippled, than having your two hands, to go into
hell, into the unquenchable fire, 44 [where their worm

막

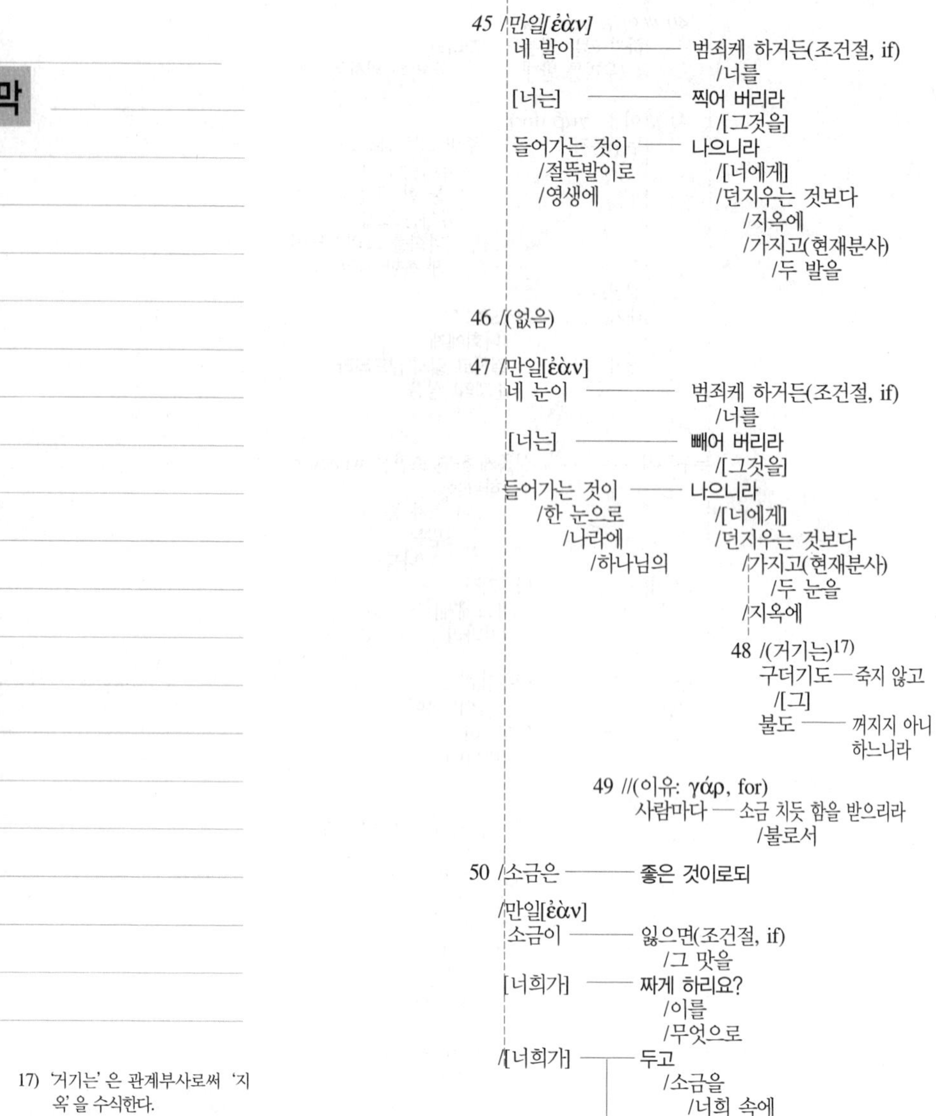

17) '거기는' 은 관계부사로써 '지옥' 을 수식한다.

45 만일 네 발이 너를 범죄케 하거든 찍어 버리라 절뚝발이로 영생에 들어가는 것이 두 발을 가지고 지옥에 던지우는 것보다 나으니라 46 (없 음) 47 만일 네 눈이 너를 범죄케 하거든 빼어 버리라 한 눈으로 하나님의 나라에 들어가는 것이 두 눈을 가지고 지옥에 던지우는 것보다 나으니라 48 거기는 구더기도 죽지 않고 불도 꺼지지 아니하느니라 49 사람마다 불로서 소금 치듯 함을 받으리라 50 소금은 좋은 것이로되 만일 소금이 그 맛을 잃으면 무엇으로 이를 짜게 하리요 너희 속에 소금을 두고 서로 화목하라 하시니라

does not die, and the fire is not quenched.] 45 "And if your foot causes you to stumble, cut it off; it is better for you to enter life lame, than having your two feet, to be cast into hell, 46 [where their worm does not die, and the fire is not quenched.] 47 "And if your eye causes you to stumble, cast it out; it is better for you to enter the kingdom of God with one eye, than having two eyes, to be cast into hell, 48 where their worm does not die, and the fire is not quenched. 49 "For everyone will be salted with fire. 50 "Salt is good; but if the salt becomes unsalty, with what will you make it salty again? Have salt in yourselves, and be at peace with one another."

막

10:1 예수께서 거기서 떠나 유대 지경과 요단강 건너
편으로 가시니 무리가 다시 모여 들거늘 예수께서
다시 전례대로 가르치시더니 2 바리새인들이 예수께 나
아와 그를 시험하여 묻되 사람이 아내를 내어 버리는 것이
옳으니이까 3 대답하여 가라사대 모세가 어떻게 너희에
게 명하였느냐 4 가로되 모세는 이혼증서를 써주어 내어
버리기를 허락하였나이다 5 예수께서 저희에게 이르시되
너희 마음의 완악함을 인하여 이 명령을 기록하였거니와
6 창조시로부터 저희를 남자와 여자로 만드셨으니

10:1 ¶ And rising up, He went from there to the region
of Judea, and beyond the Jordan; and crowds gathered
around Him again, and, according to His custom, He once
more began to teach them. 2 ¶ And some Pharisees came
up to Him, testing Him, and began to question Him whether
it was lawful for a man to divorce a wife. 3 And He
answered and said to them, "What did Moses command you?"
4 And they said, "Moses permitted a man to write a
certificate of divorce and send her away." 5 But Jesus
said to them, "Because of your hardness of heart he wrote
you this commandment. 6 "But from the beginning of
creation, God made them male and female. 7 "For this

7 이러므로 사람이 그 부모를 떠나서 8 그 둘이 한 몸이
될지니라 이러한즉 이제 둘이 아니요 한 몸이니 9 그러므
로 하나님이 짝지어 주신 것을 사람이 나누지 못할지니라
하시더라 10 집에서 제자들이 다시 이 일을 묻자온대
11 이르시되 누구든지 그 아내를 내어버리고 다른 데 장
가드는 자는 본처에게 간음을 행함이요 12 또 아내가 남
편을 버리고 다른 데로 시집가면 간음을 행함이니라 13
사람들이 예수의 만져 주심을 바라고 어린 아이들을 데리
고 오매 제자들이 꾸짖거늘

cause a man shall leave his father and mother, 8 and the
two shall become one flesh; consequently they are no
longer two, but one flesh. 9 "What therefore God has
joined together, let no man separate." 10 And in the house
the disciples began questioning Him about this again. 11
And He said to them, "Whoever divorces his wife and marries
another woman commits adultery against her; 12 and if
she herself divorces her husband and marries another man,
she is committing adultery." 13 And they were bringing
children to Him so that He might touch them; and the disciples

막

14 예수께서 보시고(상황절, when)
분히 여겨
이르시되(...하시고)
/[그들에게]
/[너희는] — 용납하고
/어린아이들의 — 오는 것을
/내게
금하지 말라
/[그들을]

//(이유: γάρ, for)
나라가 — 이런 자의 것이니라
/하나님의

15 /진실로
내가 — 이르노니[18]
/너희에게
/누구든지 — 받들지 않는 자는(조건, 만일)
/하나님의 나라를
/어린아이와 같이
[그는] — 결단코 들어가지 못하리라
/[그곳으로]

16 **축복하시니라**
/안고(과거분사)
/그 어린아이들을
/안수하시고(현재분사)
/저희 위에

17 예수께서 나가실새(=나갔을 때, 상황절, when)
/길에
한 사람이 **묻자오되**
/[그에게]
/달려와서(과거분사)
/꿇어 앉아(과거분사)
/[그에게]
/선생님이여!
/선한
/내가 — 무엇을 하여야(=행하리이까?)

//(목적: that...may-NKJV)
[내가] — 얻으리이까(=얻도록)
/영생을

18 예수께서 **이르시되**(...하였느니라)
/[그에게]
/네가 — 어찌하여 일컫느냐?
/선하다
/나를

18) ἀμὴν λέγω, '아멘, 내가 말한다'. 주님이 자신의 말에 대해 확정적임을 강조하는 관용적인 어구이다.

14 예수께서 보시고 분히 여겨 이르시되 어린 아이들의
내게 오는 것을 용납하고 금하지 말라 하나님의 나라가 이
런 자의 것이니라 15 내가 진실로 너희에게 이르노니 누
구든지 하나님의 나라를 어린 아이와 같이 받들지 않는 자
는 결단코 들어가지 못하리라 하시고 16 그 어린 아이들
을 안고 저희 위에 안수하시고 축복하시니라 17 예수께
서 길에 나가실새 한 사람이 달려와서 꿇어 앉아 묻자오되
선한 선생님이여 내가 무엇을 하여야 영생을 얻으리이까
18 예수께서 이르시되 네가 어찌하여 나를 선하다 일컫느
냐 하나님 한 분 외에는 선한 이가 없느니라

rebuked them. 14 But when Jesus saw this, He was
indignant and said to them, "Permit the children to come
to Me; do not hinder them; for the kingdom of God
belongs to such as these. 15 "Truly I say to you, whoever
does not receive the kingdom of God like a child shall
not enter it at all." 16 And He took them in His arms
and began blessing them, laying His hands upon them.
17 And as He was setting out on a journey, a man ran
up to Him and knelt before Him, and began asking Him,
"Good Teacher, what shall I do to inherit eternal life?"
18 And Jesus said to him, "Why do you call Me good?
No one is good except God alone. 19 "You know the

막

19 네가 계명을 아나니 살인하지 말라 간음하지 말라 도
적질하지 말라 거짓 증거하지 말라 속여 취하지 말라 네
부모를 공경하라 하였느니라 20 여짜오되 선생님이여 이
것은 내가 어려서부터 다 지키었나이다 21 예수께서 그
를 보시고 사랑하사 가라사대 네게 오히려 한 가지 부족한
것이 있으니 가서 네 있는 것을 다 팔아 가난한 자들을 주
라 그리하면 하늘에서 보화가 네게 있으리라 그리고 와서
나를 좇으라 하시니 22 그 사람은 재물이 많은고로 이 말
씀을 인하여 슬픈 기색을 띠고 근심하며 가니라

commandments, 'Do not murder, Do not commit adultery,
Do not steal, Do not bear false witness, Do not defraud, Honor
your father and mother.'" 20 And he said to Him, "Teacher,
I have kept all these things from my youth up." 21 And looking
at him, Jesus felt a love for him, and said to him, "One
thing you lack: go and sell all you possess, and give to
the poor, and you shall have treasure in heaven; and come,
follow Me." 22 But at these words his face fell, and he
went away grieved, for he was one who owned much property.
23 ¶ And Jesus, looking around, said to His disciples,

//(이유: γάρ, for)
[그가] —— 재물이 많은 고로

23 예수께서 **이르시되**(...하시니)
/둘러보시고(과거분사)
/[그의] 제자들에게
/있는 자는 —— 들어가기가(=들어가니라)
/재물이 /나라에
/하나님의
/심히 어렵도다(=게)

24 제자들이 **놀라는지라**
/그[의] 말씀에
예수께서 **대답하여 가라사대**(...하신대)
/[그들에게]
/다시
/얘들아!
들어가기가 —— 어떻게 어려운지
/하나님의 나라에
25 /나가는 것이 —— 쉬우니라
/약대가 /부자가 —들어가는 것보다
/바늘귀로 /하나님의 나라에

26 제자들이 **놀라 말하되**(...하니)
/심히
/서로
/그런즉
누가 —— 구원을 얻을 수 있는가?

27 예수께서 **가라사대**
/보시며(과거분사)
/저희를
/<그것이> —— 할 수 없으되
/사람으로는
그렇지 아니하니
/하나님으로는

//(이유: γάρ, for)
다(=모든 것이) — 하실 수 있느니라
/하나님으로서는

28 베드로가 **여짜와 가로되**(=**말하기를 시작하니라**)
/[그에게]
/보소서!
우리가 —— 버리고
/모든 것을
좇았나이다
/주를

23 예수께서 둘러 보시고 제자들에게 이르시되 재물이 있
는 자는 하나님의 나라에 들어가기가 심히 어렵도다 하시
니 24 제자들이 그 말씀에 놀라는지라 예수께서 다시 대
답하여 가라사대 얘들아 하나님의 나라에 들어가기가 어떻
게 어려운지 25 약대가 바늘귀로 나가는 것이 부자가 하
나님의 나라에 들어가는 것보다 쉬우니라 하신대 26 제
자들이 심히 놀라 서로 말하되 그런즉 누가 구원을 얻을
수 있는가 하니 27 예수께서 저희를 보시며 가라사대 사
람으로는 할 수 없으되 하나님으로는 그렇지 아니하니 하
나님으로서는 다 하실 수 있느니라 28 베드로가 여짜와
가로되 보소서 우리가 모든 것을 버리고 주를 좇았나이다

"How hard it will be for those who are wealthy to enter
the kingdom of God!" 24 And the disciples were amazed
at His words. But Jesus answered again and said to them,
"Children, how hard it is to enter the kingdom of God!
25 "It is easier for a camel to go through the eye of a
needle than for a rich man to enter the kingdom of God."
26 And they were even more astonished and said to Him,
"Then who can be saved?" 27 Looking upon them, Jesus said,
"With men it is impossible, but not with God; for all
things are possible with God." 28 Peter began to say to

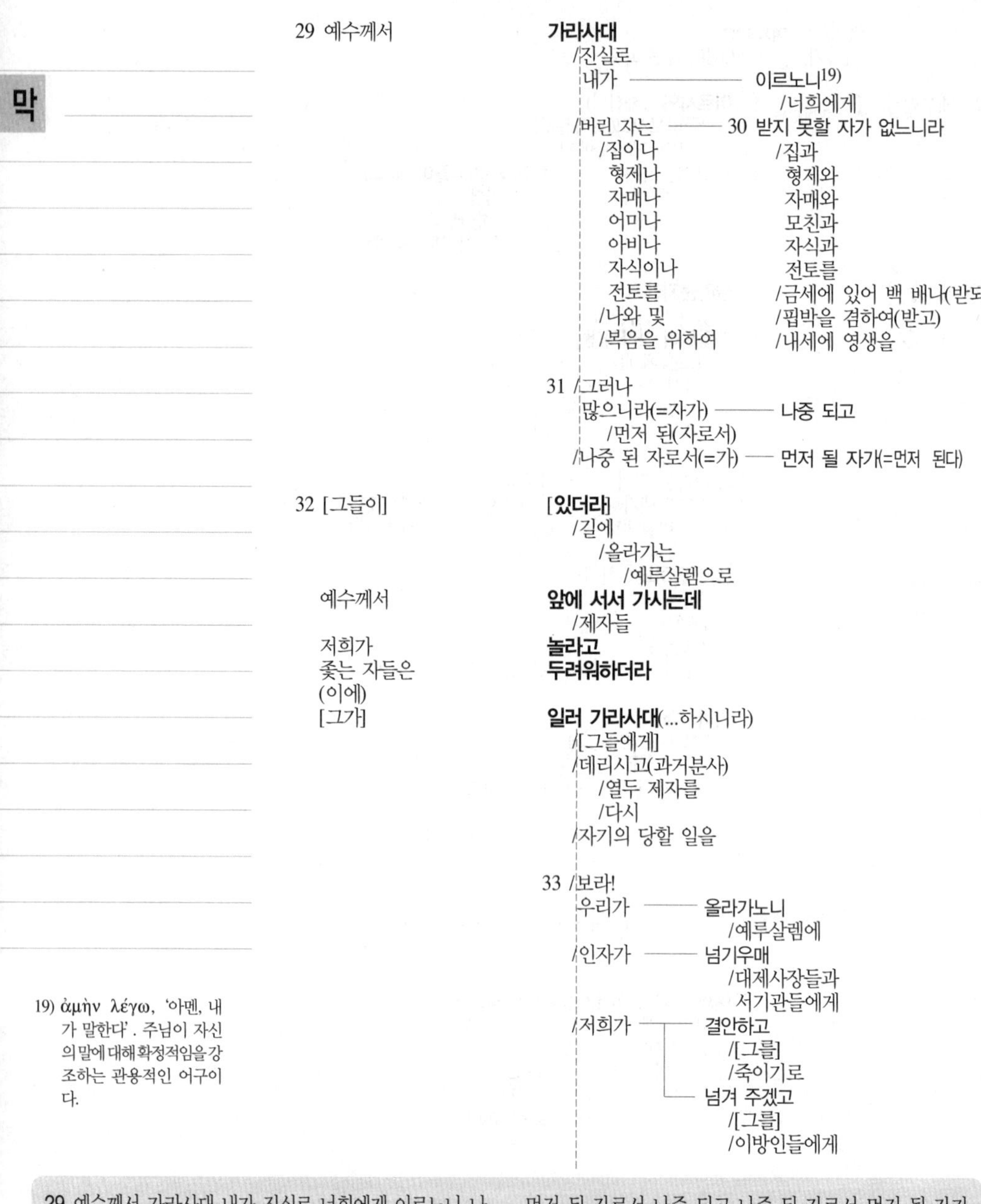

19) ἀμὴν λέγω, '아멘, 내가 말한다'. 주님이 자신의 말에 대해 확정적임을 강조하는 관용적인 어구이다.

29 예수께서 가라사대 내가 진실로 너희에게 이르노니 나와 및 복음을 위하여 집이나 형제나 자매나 어미나 아비나 자식이나 전토를 버린 자는30 금세에 있어 집과 형제와 자매와 모친과 자식과 전토를 백 배나 받되 핍박을 겸하여 받고 내세에 영생을 받지 못할 자가 없느니라 31 그러나 먼저 된 자로서 나중 되고 나중 된 자로서 먼저 될 자가 많으니라 32 예루살렘으로 올라가는 길에 예수께서 제자들 앞에 서서 가시는데 저희가 놀라고 좇는 자들은 두려워하더라 이에 다시 열두 제자를 데리시고 자기의 당할 일을 일러 가라사대 33 보라 우리가 예루살렘에 올라가노니

Him, "Behold, we have left everything and followed You." 29 Jesus said, "Truly I say to you, there is no one who has left house or brothers or sisters or mother or father or children or farms, for My sake and for the gospel's sake, 30 but that he shall receive a hundred times as much now in the present age, houses and brothers and sisters and mothers and children and farms, along with persecutions; and in the age to come, eternal life. 31 "But many who are first, will be last; and the last, first." 32 And they were on the road, going up to Jerusalem, and Jesus was walking on ahead of them; and they were amazed, and those who followed were fearful. And again

34 /그들은 —— 능욕하며
/[그를]
—— 침 뱉으며
/[그에게]
—— 채찍질하고
/[그를]
—— 죽일 것이니

/저는 —— 살아나리라
/삼 일 만에

35 야고보와 요한이
/세베대의 아들

나아와 여짜오되
/주께
/선생님이여!
[우리가] —— 원하옵나이다
/[당신이] —— 하여 주시기를
/우리에게
/무엇이든지 우리의 구하는 바를
/[당신께]

36 [그가]

이르시되
/[그들에게]
/[너희가] —— 무엇을 원하느냐?
/[나에게]
/하여 주기를
/너희에게

37 [그들이]

여짜오되
/[그에게]
/[당신은] —— 주옵소서
/[우리에게]

//(목적: ἵνα, that...may)
우리를(=가) —— 앉게 하여
/주의 영광 중에서
/하나는 주의 우편에
/하나는 좌편에

38 예수께서

가라사대
/[그들에게]
/너희가 —— 알지 못하는도다
/너희 구하는 것을
/너희가 —— 마시며
/잔을
/나의 마시는

인자가 대제사장들과 서기관들에게 넘기우매 저희가 죽이
기로 결안하고 이방인들에게 넘겨 주겠고 34 그들은 능
욕하며 침 뱉으며 채찍질하고 죽일 것이니 저는 삼일 만에
살아나리라 하시니라 35 세베대의 아들 야고보와 요한이
주께 나아와 여짜오되 선생님이여 무엇이든지 우리의 구하
는 바를 우리에게 하여 주시기를 원하옵나이다 36 이르
시되 너희에게 무엇을 하여 주기를 원하느냐 37 여짜오
되 주의 영광 중에서 우리를 하나는 주의 우편에 하나는
좌편에 앉게 하여 주옵소서 38 예수께서 가라사대 너희
구하는 것을 너희가 알지 못하는도다 너희가 나의 마시는

He took the twelve aside and began to tell them what
was going to happen to Him, 33 saying, "Behold, we are
going up to Jerusalem, and the Son of Man will be delivered
to the chief priests and the scribes; and they will condemn
Him to death, and will deliver Him to the Gentiles. 34
"And they will mock Him and spit upon Him, and scourge
Him, and kill Him, and three days later He will rise again."
35 And James and John, the two sons of Zebedee, came
up to Him, saying to Him, "Teacher, we want You to do
for us whatever we ask of You." 36 And He said to them,
"What do you want Me to do for you?" 37 And they said
to Him, "Grant that we may sit in Your glory, one on
Your right, and one on Your left." 38 But Jesus said to
them, "You do not know what you are asking for. Are

잔을 마시며 나의 받는 세례를 받을 수 있느냐 39 저희가 말하되 할 수 있나이다 예수께서 이르시되 너희가 나의 마시는 잔을 마시며 나의 받는 세례를 받으려니와 40 내 좌우편에 앉는 것은 나의 줄 것이 아니라 누구를 위하여 예비되었든지 그들이 얻을 것이니라 41 열 제자가 듣고 야고보와 요한에 대하여 분히 여기거늘 42 예수께서 불러다가 이르시되 이방인의 소위 집권자들이 저희를 임의로 주관하고 그 대인들이 저희에게 권세를 부리는 줄을 너희가 알거니와 43 너희 중에는 그렇지 아니하니 너희 중에 누구든지 크고자 하는 자는 너희를 섬기는 자가 되고

you able to drink the cup that I drink, or to be baptized with the baptism with which I am baptized?" 39 And they said to Him, "We are able." And Jesus said to them, "The cup that I drink you shall drink; and you shall be baptized with the baptism with which I am baptized. 40 "But to sit on My right or on My left, this is not Mine to give; but it is for those for whom it has been prepared." 41 And hearing this, the ten began to feel indignant with James and John. 42 And calling them to Himself, Jesus said to them, "You know that those who are recognized as rulers of the Gentiles lord it over them; and their great men exercise authority over them. 43 "But it is not so among you, but whoever wishes to become great among you shall be your servant; 44 and whoever wishes to be

종이 되어야 하리라
/모든 사람의

45 //(이유: γάρ, for)
인자의(=가) — 온 것은(=왔노라)
/섬김을 받으려 함이 아니라
(도리어)섬기려(하고)
/주려 함이니라
/자기 목숨을
/많은 사람의(=을 위해)
/대속물로

46 저희가 **이르렀더니**
/여리고에

예수께서 나가실 때에(상황절, as)
/여리고에서
/[그의] 제자들과
무리와 함께
/허다한

바디매오가 **앉았다가**
/소경 거지 /길가에
/디매오의 아들인

47 [그가] 듣고(상황절, when)
/나사렛 예수시란 말을
소리질러 가로되(...하거늘)
/예수여!
/다윗의 자손
[당신은] — 불쌍히 여기소서
/나를

48 많은 사람이 **꾸짖어**(...하되)
/[그에게]
/잠잠하라

그가 **소리질러 가로되**(...하는지라)
/더욱 심히
/자손이여!
/다윗의
[당신은] — 불쌍히 여기소서
/나를

49 예수께서 **[말]하시니**
/머물러 서서(완료분사)
/[너희는] — 부르라
/저를

44 너희 중에 누구든지 으뜸이 되고자 하는 자는 모든 사
람의 종이 되어야 하리라 45 인자의 온 것은 섬김을 받으
려 함이 아니라 도리어 섬기려 하고 자기 목숨을 많은 사
람의 대속물로 주려 함이니라 46 저희가 여리고에 이르
렀더니 예수께서 제자들과 허다한 무리와 함께 여리고에
나가실 때에 디매오의 아들인 소경 거지 바디매오가 길가
에 앉았다가 47 나사렛 예수시란 말을 듣고 소리질러 가
로되 다윗의 자손 예수여 나를 불쌍히 여기소서 하거늘
48 많은 사람이 꾸짖어 잠잠하라 하되 그가 더욱 소리질
러 가로되 다윗의 자손이여 나를 불쌍히 여기소서 하는지
라 49 예수께서 머물러 서서 저를 부르라 하시니 저희가
그 소경을 부르며 이르되 안심하고 일어나라 너를 부르신

first among you shall be slave of all. 45 "For even the
Son of Man did not come to be served, but to serve, and
to give His life a ransom for many." 46 ¶ And they came
to Jericho. And as He was going out from Jericho with
His disciples and a great multitude, a blind beggar named
Bartimaeus, the son of Timaeus, was sitting by the road.
47 And when he heard that it was Jesus the Nazarene,
he began to cry out and say, "Jesus, Son of David, have
mercy on me!" 48 And many were sternly telling him to
be quiet, but he kept crying out all the more, "Son of
David, have mercy on me!" 49 And Jesus stopped and
said, "Call him here." And they called the blind man,

막

저희가 **부르며 이르되**(...하매)
/그 소경을
/[너는] 안심하고 / 일어나라
[그가] 부르신다
/너를

50 소경이 **나아오거늘**
/예수께
/내어 버리고(과거분사)
/[그의] 겉옷을
/뛰어 일어나(과거분사)

51 예수께서 **일러 가라사대**
/[그에게]
/[네가] 무엇을 원하느냐?
/하여 주기를
/네게

소경이 **가로되**
/[그에게]
/선생님이여!
[내가] 보기를 원하나이다

52 예수께서 **이르시되**(...하시니)
/[그에게]
/[너는] 가라
믿음이 구원하였느니라
/네 /너를

저가 **보게 되어**
/곧
좇으니라
/예수를
/길에서

11

1 저희가 가까이 와서(=왔을 때, 상황절, when)
/예루살렘에
/벳바게와 베다니에
/감람 산[에] (이르렀을 때에)

예수께서 **보내시며**
/둘을
/[그의] 제자 중

다 하매 50 소경이 겉옷을 내어버리고 뛰어 일어나 예수께 나아오거늘 51 예수께서 일러 가라사대 네게 무엇을 하여 주기를 원하느냐 소경이 가로되 선생님이여 보기를 원하나이다 52 예수께서 이르시되 가라 네 믿음이 너를 구원하였느니라 하시니 저가 곧 보게 되어 예수를 길에서 좇으니라

11:1 저희가 예루살렘에 가까이 와서 감람산 벱바게와 베다니에 이르렀을 때에 예수께서 제자 중 둘을 보내시며

saying to him, "Take courage, arise! He is calling for you." 50 And casting aside his cloak, he jumped up, and came to Jesus. 51 And answering him, Jesus said, "What do you want Me to do for you?" And the blind man said to Him, "Rabboni, I want to regain my sight!" 52 And Jesus said to him, "Go your way; your faith has made you well." And immediately he regained his sight and began following Him on the road.

11:1 And as they approached Jerusalem, at Bethphage and Bethany, near the Mount of Olives, He sent two of His disciples,

막

예수께서 보내시며
/둘을
/[그의] 제자 중

2 이르시되(...하시니)
/[그들에게]
/[너희는] — 가라
/너희 맞은편 마을로

//(결과: 명령문, and)
[너희가] — 보리니
/나귀 새끼의 — 매여 있는 것을
/아무 사람도 — 타 보지 않은
/아직
/들어가면(현재분사)
/그리로
/곧

/[너희는] — 풀어
/[그것을]
끌고 오너라

3 /만일[ἐὰν]
누가 — 묻거든(조건절, if)
/너희에게
/[너희가] — 왜 이리 하느냐?
[너희는] — [말]하라
/주가 — 쓰시겠다
/[그의]

//그리하면(결과: 명령문, and)
[그가] — 보내리라
/[그것을]
/즉시
/이리로
/[다시]

4 제자들이 가서
본즉
/나귀 새끼가 — 매여 있는지라
/문 앞
/거리에
푸니
/그것을

5 어떤 이들이 가로되(...하매)
/섰는 사람 중
/거기
/[그들에게]
/[너희가] — 무엇하려느냐?
/풀어(현재분사)
/나귀 새끼를

2 이르시되 너희 맞은편 마을로 가라 그리로 들어가면 곧
아직 아무 사람도 타 보지 않은 나귀 새끼의 매여 있는 것
을 보리니 풀어 끌고 오너라 3 만일 누가 너희에게 왜 이
리 하느냐 묻거든 주가 쓰시겠다 하라 그리하면 즉시 이리
로 보내리라 하시니 4 제자들이 가서 본즉 나귀 새끼가 문
앞 거리에 매여 있는지라 그것을 푸니 5 거기 섰는 사람
중 어떤 이들이 가로되 나귀 새끼를 풀어 무엇하려느냐 하
매

2 and said to them, "Go into the village opposite you,
and immediately as you enter it, you will find a colt tied
there, on which no one yet has ever sat; untie it and bring
it here. 3 "And if anyone says to you, 'Why are you
doing this?' you say, 'The Lord has need of it'; and
immediately he will send it back here." 4And they went away
and found a colt tied at the door outside in the street;
and they untied it. 5 And some of the bystanders were
saying to them, "What are you doing, untying the colt?"
6 And they spoke to them just as Jesus had told them,

막

6 제자들이 **말한대**
/[그들에게]
/예수의 —— 이르신 대로

이에
[그들이] **허락하는지라**
/[그들을]

7 **끌고 와서**
/나귀 새끼를
/예수께로
걸쳐 두매
/겉옷을
/자기들의
/그 위에
예수께서 **타시니**
/[그 위에]

8 많은 사람은 **펴며**
/자기 겉옷과(=을)
/길에
다른 이들은 **〈펴며〉**
/나뭇가지를
/밭에서 벤

9 앞에서 가고
뒤에서 따르는 자들이 **소리지르되**(...하더라)
/호산나!
오시는 이여(=는) — 찬송하리로다(=받으시리로다)
/주의 이름으로

10 /나라여(=가) —— 찬송하리로다(=받으시리로다)
/오는
/다윗의
/우리 조상
호산나!
/가장 높은 곳에서

11 예수께서 (이르러)**들어가사**
/예루살렘에
/성전에
[그가] 둘러보시고(상황절, after)
/모든 것을
나가시다
/베다니에
/열두 제자를 데리시고

//(이유: 분사, since)
때가 저물매
/이미

6 제자들이 예수의 이르신대로 말한대 이에 허락하는지라
7 나귀 새끼를 예수께로 끌고 와서 자기들의 겉옷을 그 위
에 걸쳐 두매 예수께서 타시니 8 많은 사람은 자기 겉옷과
다른 이들은 밭에서 벤 나무가지를 길에 펴며 9 앞에서 가
고 뒤에서 따르는 자들이 소리지르되 호산나 찬송하리로다
주의 이름으로 오시는 이여 10 찬송하리로다 오는 우리
조상 다윗의 나라여 가장 높은 곳에서 호산나 하더라 11
예수께서 예루살렘에 이르러 성전에 들어가사 모든 것을

and they gave them permission. 7 And they brought the
colt to Jesus and put their garments on it; and He sat
upon it. 8 And many spread their garments in the road,
and others spread leafy branches which they had cut from
the fields. 9 And those who went before, and those who
followed after, were crying out, "Hosanna! Blessed is
He who comes in the name of the Lord; 10 Blessed is
the coming kingdom of our father David; Hosanna in the
highest!" 11 ¶ And He entered Jerusalem and came into
the temple; and after looking all around, He departed for

12 저희가 나왔을 때에(상황절, when)
/이튿날
/베다니에서
예수께서 **시장하신지라**
13 **가셨더니**
/보시고(과거분사)
/한 무화과나무를
/잎사귀 있는
/멀리서
/있을까 하여
/혹 무엇이
/그 나무에

[그가] 가서(상황절, when)
/[그것에게]
보신즉
/아무것도 없더라(=없는 것을)
/잎사귀 외에

//이는(이유: γάρ, for)
때가 —— 아님이라
/무화과의

14 예수께서 **일러 가라사대**(...하시니)
/나무에게
/사람이 —— 따먹지 못하리라
/열매를
/네게서
/이제부터
/영원토록
제자들이 **이를 듣더라**
/[그의]

15 저희가 **들어가니라**
/예루살렘에

예수께서 들어가사(=들어가셨을 때, 상황절, when)
/성전에
내어쫓으시며
/매매하는 자들을
/성전 안에서
둘러 엎으시며
/상과
/돈 바꾸는 자들의
/의자를
/비둘기 파는 자들의

둘러 보시고 때가 이미 저물매 열두 제자를 데리시고 베다
니에 나가시다 12 이튿날 저희가 베다니에서 나왔을 때에
예수께서 시장하신지라 13 멀리서 잎사귀 있는 한 무화과
나무를 보시고 혹 그 나무에 무엇이 있을까 하여 가셨더니
가서 보신즉 잎사귀 외에 아무 것도 없더라 이는 무화과의
때가 아님이라 14 예수께서 나무에게 일러 가라사대 이제
부터 영원토록 사람이 네게서 열매를 따먹지 못하리라 하
시니 제자들이 이를 듣더라 15 저희가 예루살렘에 들어가
니라 예수께서 성전에 들어가사 성전 안에서 매매하는 자
들을 내어 쫓으시며 돈 바꾸는 자들의 상과 비둘기 파는
자들의 의자를 둘러 엎으시며

Bethany with the twelve, since it was already late. 12
And on the next day, when they had departed from Bethany,
He became hungry. 13 And seeing at a distance a fig
tree in leaf, He went to see if perhaps He would find
anything on it; and when He came to it, He found nothing
but leaves, for it was not the season for figs. 14 And
He answered and said to it, "May no one ever eat fruit
from you again!" And His disciples were listening.15 And
they came to Jerusalem. And He entered the temple and began
to cast out those who were buying and selling in the

막

16 **허치 아니하시고**
/아무나 — 가지고 지나다님을
/기구를
/성전 안으로

17 이에
[그가]
가르쳐
이르시되(...하시매)
/[그들에게]
/[그것이] — 기록(된 바)하지 아니하였느냐?
/내 집은 — 칭함을 받으리라고
/만민의(=에게)
/기도하는 집이라
/너희는 — 만들었도다
/굴혈을
/강도의
/[그것을]

18 대제사장들과
서기관들이
듣고
하고 꾀하니
/어떻게 멸할까
/예수를

//이는(이유: γάρ, for)
[그들이] — 두려워함일러라
/그를

//(이유: γάρ, for)
무리가 — 기이히 여기므로
/다(=모든) /그의 교훈을

19 매양 저물매(상황절, when)
저희가
나가더라
/성 밖으로

20 저희가
지나갈 때에(상황절, when)
/아침에
보고
/무화과나무가 — 마른 것을
/뿌리로부터

21 베드로가
여짜오되
/[그에게]
/생각이 나서(과거분사)
/랍비여!
/보소서!
무화과나무가 — 말랐나이다
/저주하신

16 아무나 기구를 가지고 성전 안으로 지나다님을 허치 아니하시고 17 이에 가르쳐 이르시되 기록된 바 내집은 만민의 기도하는 집이라 칭함을 받으리라고 하지 아니하였느냐 너희는 강도의 굴혈을 만들었도다 하시매 18 대제사장들과 서기관들이 듣고 예수를 어떻게 멸할까 하고 꾀하니 이는 무리가 다 그의 교훈을 기이히 여기므로 그를 두려워함일러라 19 매양 저물매 저희가 성밖으로 나가더라 20 저희가 아침에 지나갈 때에 무화과나무가 뿌리로부터 마른 것을 보고 21 베드로가 생각이 나서 여짜오되 랍비여 보소서 저주하신 무화과나무가 말랐나이다

temple, and overturned the tables of the moneychangers and the seats of those who were selling doves; 16 and He would not permit anyone to carry goods through the temple. 17 And He began to teach and say to them, "Is it not written, My house shall be called a house of prayer for all the nations? But you have made it a robbers' den." 18 And the chief priests and the scribes heard this, and began seeking how to destroy Him; for they were afraid of Him, for all the multitude was astonished at His teaching. 19 And whenever evening came, they would go out of the city. 20 ¶ And as they were passing by in the morning, they saw the fig tree withered from the roots up. 21 And

22 예수께서

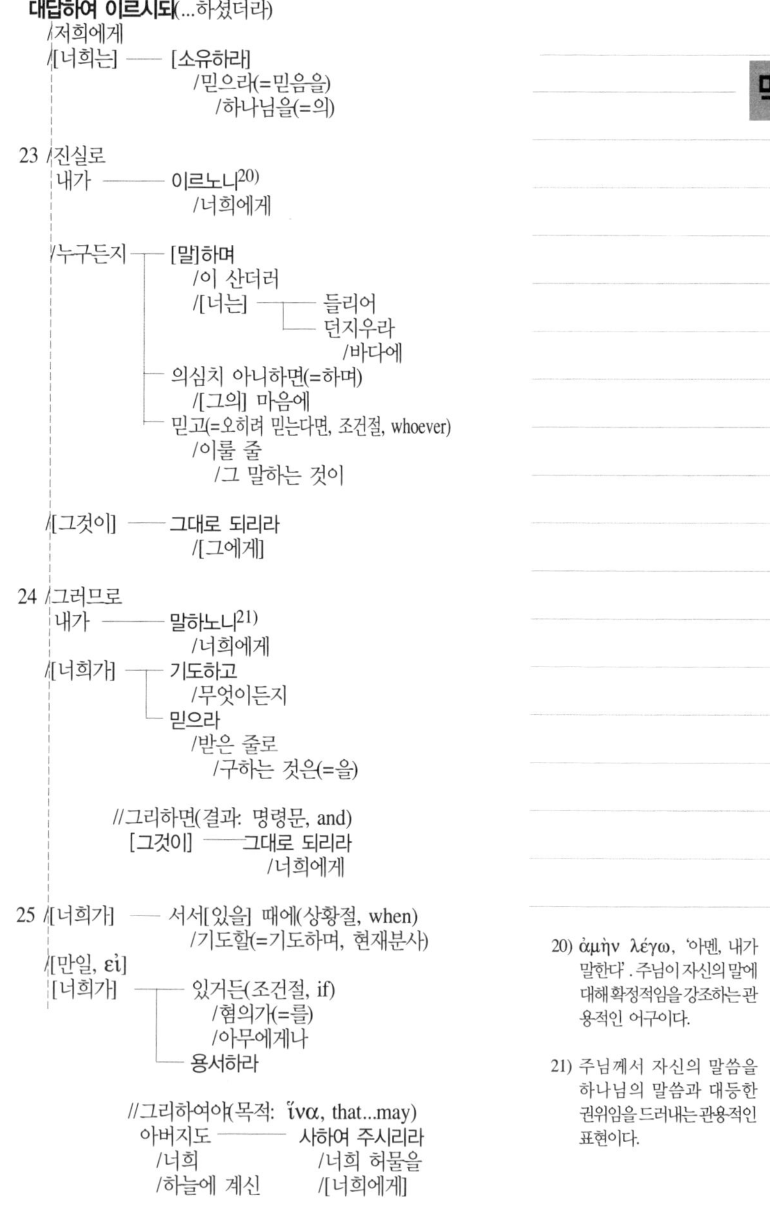

20) ἀμὴν λέγω, '아멘, 내가 말한다'. 주님이 자신의 말에 대해 확정적임을 강조하는 관용적인 어구이다.

21) 주님께서 자신의 말씀을 하나님의 말씀과 대등한 권위임을 드러내는 관용적인 표현이다.

22 예수께서 대답하여 저희에게 이르시되 하나님을 믿으
라 23 내가 진실로 너희에게 이르노니 누구든지 이 산더
러 들리어 바다에 던지우라 하며 그 말하는 것이 이룰 줄
믿고 마음에 의심치 아니하면 그대로 되리라 24 그러므로
내가 너희에게 말하노니 무엇이든지 기도하고 구하는 것은
받은 줄로 믿으라 그리하면 너희에게 그대로 되리라 25
서서 기도할 때에 아무에게나 혐의가 있거든 용서하라 그
리하여야 하늘에 계신 너희 아버지도 너희 허물을 사하여

being reminded, Peter said to Him, "Rabbi, behold, the
fig tree which You cursed has withered." 22 And Jesus
answered saying to them, "Have faith in God. 23 "Truly
I say to you, whoever says to this mountain, 'Be taken
up and cast into the sea,' and does not doubt in his heart,
but believes that what he says is going to happen, it shall
be granted him. 24 "Therefore I say to you, all things
for which you pray and ask, believe that you have received
them, and they shall be granted you. 25 "And whenever
you stand praying, forgive, if you have anything against
anyone; so that your Father also who is in heaven may
forgive you your transgressions. 26 ["But if you do not

막

주시리라 하셨더라 26 (없 음) 27 저희가 다시 예루살렘
에 들어가니라 예수께서 성전에서 걸어다니실 때에 대제사
장들과 서기관들과 장로들이 나아와 28 가로되 무슨 권세
로 이런 일을 하느뇨 누가 이런 일 할 이 권세를 주었느뇨

29 예수께서 가라사대 나도 한 말을 너희에게 물으리니
대답하라 그리하면 나도 무슨 권세로 이런 일을 하는지 이
르리라 30 요한의 세례가 하늘로서냐 사람에게로서냐 내
게 대답하라 31 저희가 서로 의논하여 가로되 만일 하늘

forgive, neither will your Father who is in heaven forgive
your transgressions."] 27 ¶ And they came again to Jerusalem.
And as He was walking in the temple, the chief priests,
and scribes, and elders came to Him, 28 and began saying
to Him, "By what authority are You doing these things,

or who gave You this authority to do these things?" 29
And Jesus said to them, "I will ask you one question,
and you answer Me, and then I will tell you by what
authority I do these things. 30 "Was the baptism of
John from heaven, or from men? Answer Me." 31 And

32 /그러면
[우리가] —— [말]할까?

저희가 **무서워하는지라**
/백성을

//(이유:γάρ, for)
모든 사람이 —— 여기므로
/선지자로
/요한을
/참

33 이에
[그들이] **대답하여 가로되**(...하니)
/예수께
/우리가 —— 알지 못하노라

예수께서 **가라사대**(...하시니라)
/[그들에게]
/나도 —— 이르지 아니하리라
/너희에게
/하는지
/무슨 권세로
/이런 일을

12

1 예수께서 **말씀하시되**(=시작하니라)(...하시니라)
/비유로
/저희에게
/한 사람이 —— 만들고
/포도원을
두르고
/산울로
파고
/즙 짜는 구유 자리를
짓고
/망대를
세로 주고
/[그것을]
/농부들에게
타국에 갔더니

2 /[그가] —— 보내니
/종을
/농부들에게
/때가 이르매

로서라 하면 어찌하여 저를 믿지 아니하였느냐 할 것이니
32 그러면 사람에게로서라 할까 하였으나 모든 사람이 요
한을 참 선지자로 여기므로 저희가 백성을 무서워하는지라
33 이에 예수께 대답하여 가로되 우리가 알지 못하노라
하니 예수께서 가라사대 나도 무슨 권세로 이런 일을 하는
지 너희에게 이르지 아니하리라 하시니라

12:1 예수께서 비유로 저희에게 말씀하시되 한 사람
이 포도원을 만들고 산울로 두르고 즙 짜는 구유
자리를 파고 망대를 짓고 농부들에게 세로 주고 타국에 갔

they began reasoning among themselves, saying, "If we
say, 'From heaven,' He will say, 'Then why did you
not believe him?' 32 "But shall we say, 'From men'?"
— they were afraid of the multitude, for all considered
John to have been a prophet indeed. 33 And answering
Jesus, they said, "We do not know." And Jesus said to
them, "Neither will I tell you by what authority I do
these things."

12:1 And He began to speak to them in parables: "A
man planted a vineyard, and put a wall around it,
and dug a vat under the wine press, and built a tower,

막

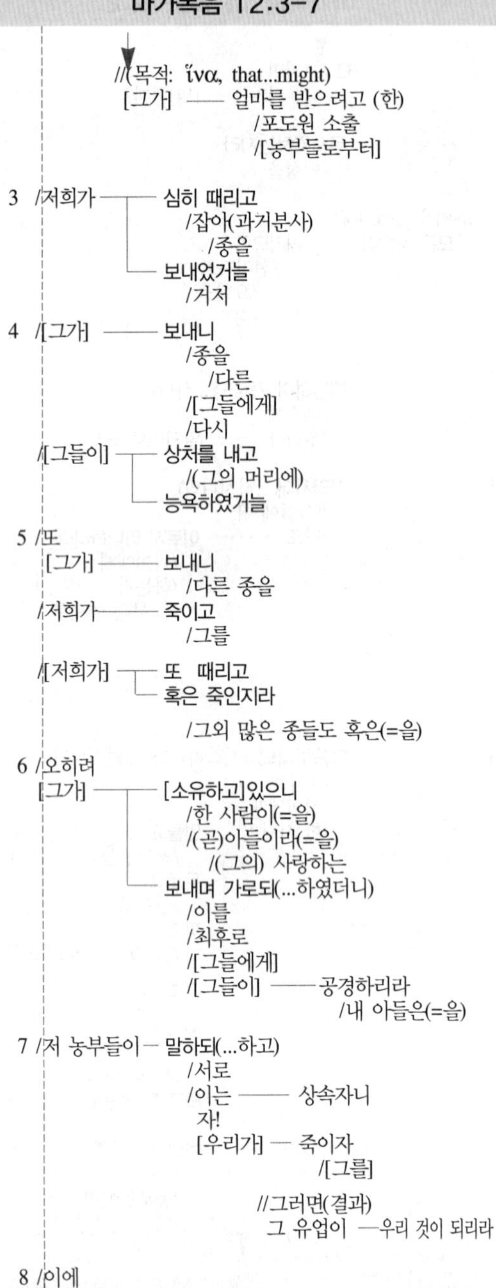

더니 2 때가 이르매 농부들에게 포도원 소출 얼마를 받으
려고 한 종을 보내니 3 저희가 종을 잡아 심히 때리고 거
저 보내었거늘 4 다시 다른 종을 보내니 그의 머리에 상처
를 내고 능욕하였거늘 5 또 다른 종을 보내니 저희가 그를
죽이고 또 그 외 많은 종들도 혹은 때리고 혹은 죽인지라
6 오히려 한 사람이 있으니 곧 그의 사랑하는 아들이라 최
후로 이를 보내며 가로되 내 아들은 공경하리라 하였더니
7 저 농부들이 서로 말하되 이는 상속자니 자 죽이자 그러

and rented it out to vine-growers and went on a journey.
2 "And at the harvest time he sent a slave to the vine-growers,
in order to receive some of the produce of the vineyard
from the vine-growers. 3 "And they took him, and beat
him, and sent him away empty-handed. 4 "And again he
sent them another slave, and they wounded him in the
head, and treated him shamefully. 5 "And he sent another,
and that one they killed; and so with many others, beating
some, and killing others. 6 "He had one more to send, a
beloved son; he sent him last of all to them, saying, 'They

면 그 유업이 우리 것이 되리라 하고 8 이에 잡아 죽여 포
도원 밖에 내어 던졌느니라 9 포도원 주인이 어떻게 하겠
느뇨 와서 그 농부들을 진멸하고 포도원을 다른 사람들에
게 주리라 10 너희가 성경에 건축자들의 버린 돌이 모퉁
이의 머릿돌이 되었나니 11 이것은 주로 말미암아 된 것
이요 우리 눈에 기이하도다 함을 읽어 보지도 못하였느냐
하시더라 12 저희가 예수의 이 비유는 자기들을 가리켜
말씀하심인 줄 알고 잡고자 하되 무리를 두려워하여 예수
를 버려두고 가니라

will respect my son.' 7 "But those vine-growers said to
one another, 'This is the heir; come, let us kill him, and
the inheritance will be ours!' 8 "And they took him,
and killed him, and threw him out of the vineyard. 9
"What will the owner of the vineyard do? He will come
and destroy the vine-growers, and will give the vineyard
to others. 10 "Have you not even read this Scripture:
'The stone which the builders rejected, This became the
chief corner stone; 11 This came about from the Lord,
And it is marvelous in our eyes'?" 12 And they were
seeking to seize Him; and yet they feared the multitude;
for they understood that He spoke the parable against

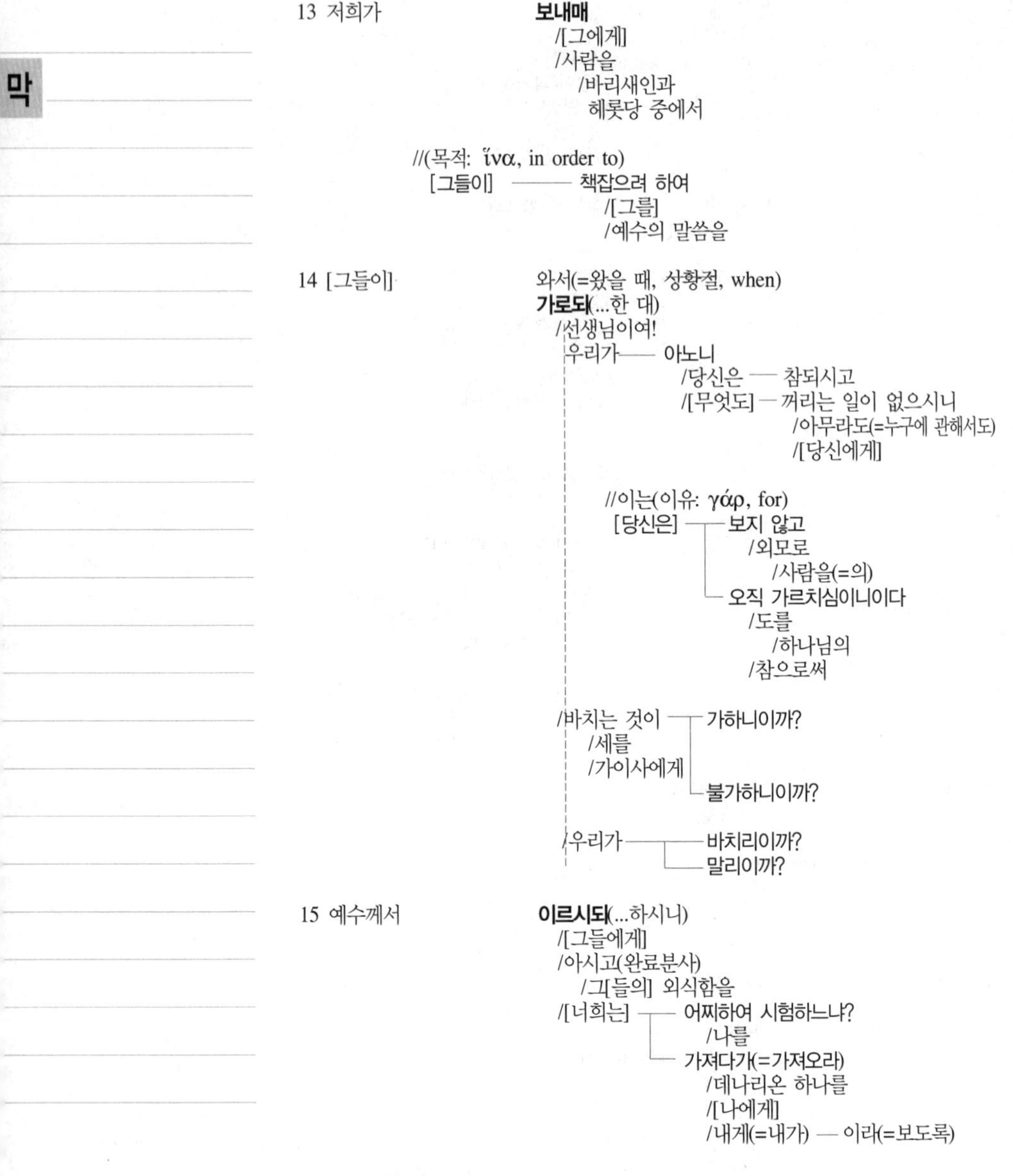

13 저희가 예수의 말씀을 책잡으려 하여 바리새인과 헤롯
당 중에서 사람을 보내매 14 와서 가로되 선생님이여 우
리가 아노니 당신은 참되시고 아무라도 꺼리는 일이 없으
시니 이는 사람을 외모로 보지 않고 오직 참으로써 하나님
의 도를 가르치심이니이다 가이사에게 세를 바치는 것이
가하니이까 불가하니이까 15 우리가 바치리이까 말리이까
한대 예수께서 그 외식함을 아시고 이르시되 어찌하여 나
를 시험하느냐 데나리온 하나를 가져다가 내게 보이라 하
시니

them. And so they left Him, and went away. 13 ¶ And
they sent some of the Pharisees and Herodians to Him,
in order to trap Him in a statement. 14 And they came
and said to Him, "Teacher, we know that You are truthful,
and defer to no one; for You are not partial to any, but
teach the way of God in truth. Is it lawful to pay a poll-
tax to Caesar, or not? 15 "Shall we pay, or shall we
not pay?" But He, knowing their hypocrisy, said to them,
"Why are you testing Me? Bring Me a denarius to look
at." 16 And they brought one. And He said to them,

16 가져왔거늘 예수께서 가라사대 이 화상과 이 글이 뉘 것이냐 가로되 가이사의 것이니이다 17 이에 예수께서 가라사대 가이사의 것은 가이사에게 하나님의 것은 하나님께 바치라 하시니 저희가 예수께 대하여 심히 기이히 여기더라 18 부활이 없다 하는 사두개인들이 예수께 와서 물어 가로되 19 선생님이여 모세가 우리에게 써 주기를 사람의 형이 자식이 없이 아내를 두고 죽거든 그 동생이 그 아내를 취하여 형을 위하여 후사를 세울지니라 하였나이다 20 칠 형제가 있었는데 맏이 아내를 취하였다가 후사가 없이 죽고

"Whose likeness and inscription is this?" And they said to Him, "Caesars." 17 And Jesus said to them, "Render to Caesar the things that are Caesars, and to God the things that are Gods." And they were amazed at Him. 18 ¶ And some Sadducees (who say that there is no resurrection) came to Him, and began questioning Him, saying, 19 "Teacher, Moses wrote for us that if a man's brother dies, and leaves behind a wife, and leaves no child, his brother should take the wife, and raise up offspring to his brother. 20 "There were seven brothers; and the first took a wife, and died, leaving no offspring. 21 "And the second one took her, and died, leaving behind no offspring;

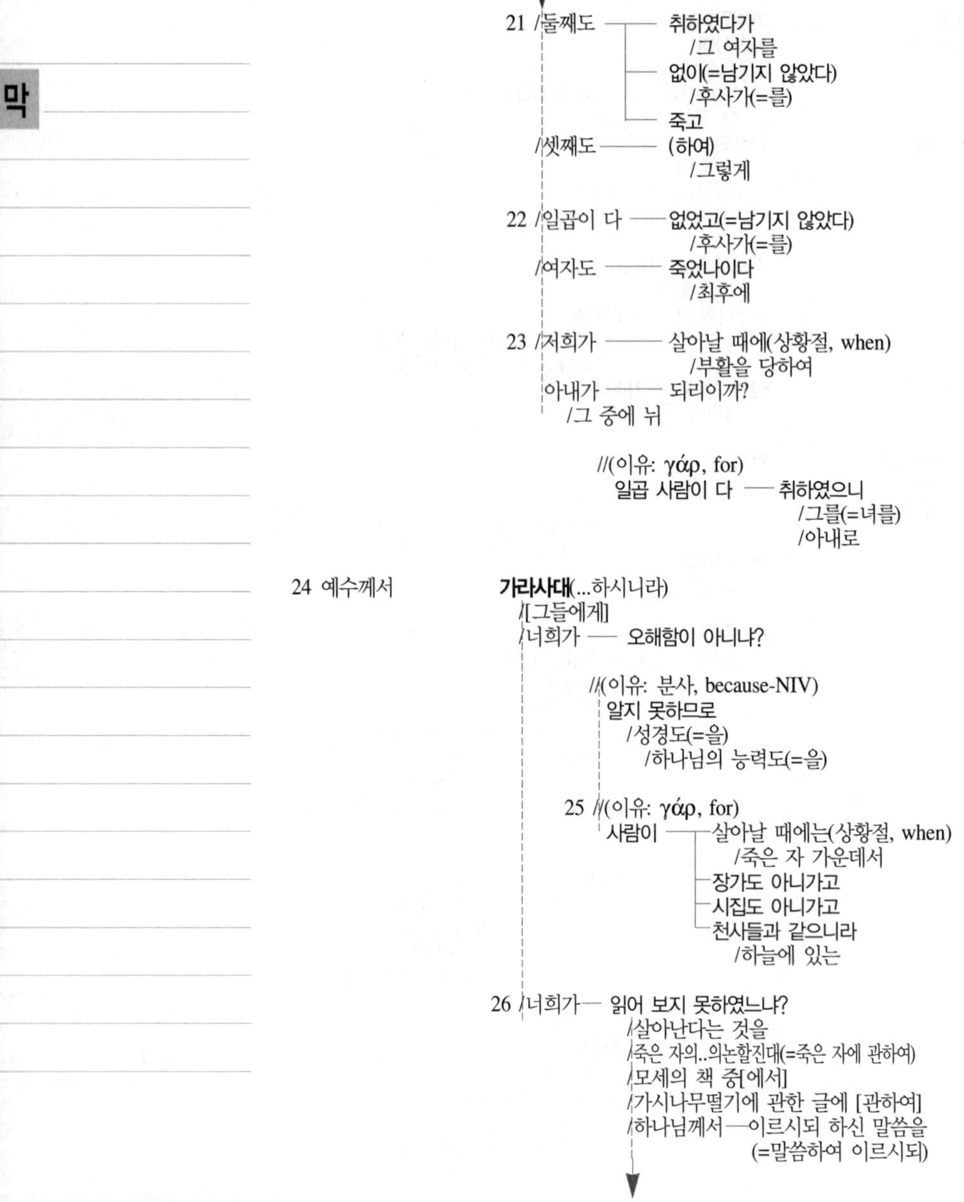

21 둘째도 그 여자를 취하였다가 후사가 없이 죽고 세째
도 그렇게 하여 22 일곱이 다 후사가 없었고 최후에 여자
도 죽었나이다 23 일곱 사람이 다 그를 아내로 취하였으
니 부활을 당하여 저희가 살아날 때에 그 중에 뉘 아내가
되리이까 24 예수께서 가라사대 너희가 성경도 하나님의
능력도 알지 못하므로 오해함이 아니냐 25 사람이 죽은
자 가운데서 살아날 때에는 장가도 아니가고 시집도 아니
가고 하늘에 있는 천사들과 같으니라 26 죽은 자의 살아
난다는 것을 의논할진대 너희가 모세의 책 중 가시나무 떨
기에 관한 글에 하나님께서 모세에게 이르시되 나는 아브

and the third likewise; 22 and so all seven left no
offspring. Last of all the woman died also. 23 "In the
resurrection, when they rise again, which one's wife will
she be? For all seven had her as wife." 24 Jesus said to
them, "Is this not the reason you are mistaken, that you
do not understand the Scriptures, or the power of God?
25 "For when they rise from the dead, they neither marry,
nor are given in marriage, but are like angels in heaven.
26 "But regarding the fact that the dead rise again, have
you not read in the book of Moses, in the passage about
the burning bush, how God spoke to him, saying, I am
the God of Abraham, and the God of Isaac, and the God

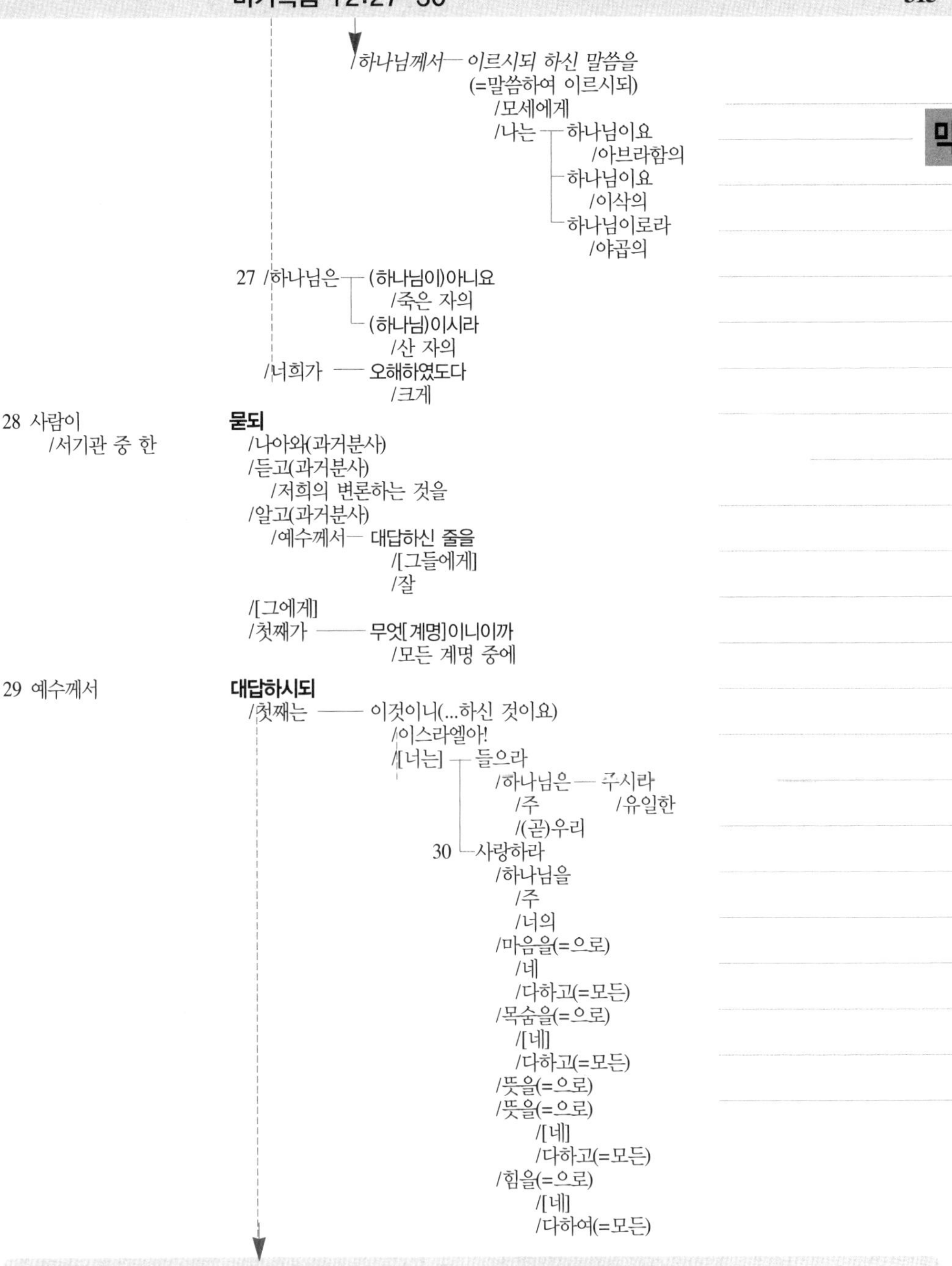

라함의 하나님이요 이삭의 하나님이요 야곱의 하나님이로
라 하신 말씀을 읽어 보지 하였느냐 27 하나님은 죽은 자
의 하나님이 아니요 산 자의 하나님이시라 너희가 크게 오
해하였도다 하시니라 28 서기관 중 한 사람이 저희의 변
론하는 것을 듣고 예수께서 대답 잘하신 줄을 알고 나아와
묻되 모든 계명 중에 첫째가 무엇이니이까 29 예수께서
대답하시되 첫째는 이것이니 이스라엘아 들으라 주 곧 우
리 하나님은 유일한 주시라 30 네 마음을 다하고 목숨을
다하고 뜻을 다하고 힘을 다하여 주 너의 하나님을 사랑하
라 하신 것이라

of Jacob? 27 "He is not the God of the dead, but of
the living; you are greatly mistaken." 28 ¶ And one of
the scribes came and heard them arguing, and recognizing
that He had answered them well, asked Him, "What
commandment is the foremost of all?" 29 Jesus answered,
"The foremost is, 'Hear, O Israel! The Lord our God is
one Lord; 30 and you shall love the Lord your God with
all your heart, and with all your soul, and with all your

막

31/둘째는 —— 이것이니(...하신 것이라)
/[너는] —— 사랑하라
/네 이웃을
/네 몸과 같이
/계명이 —— 없느니라
/더 큰
/[다른]
/이에서

32 서기관이 가로되
/[그에게]
/선생님이여!
옳소이다
[당신은] —— 말씀이(=말씀하셨나이다)
/참이니이다(=참된)
/하나님은 —— 한 분이시오
/다른 이가 —— 없다(하신)
/그 외에

33 /또
사랑하는 것과 —— 나으니이다
/하나님을 /전체로 드리는 번제물과
/마음을(=으로) /모든
/다하고(=모든) 기타 제물보다
/지혜를(=로)
/다하고(=모든)
/힘을(=으로)
/다하여(=모든)
/또
사랑하는 것이 —— 나으니이다
/이웃을
/제 몸과 같이

34 예수께서 보시고(=보셨을 때, 상황절, when)
/[그를]
/대답함을
/그 지혜 있게
이르시되(...하시니)
/[그에게]
/네가 —— 멀지 않도다
/하나님의 나라에

[아무도] **감히 묻는 자가 없더라**
/[그를]
/그 후에

35 예수께서 가르치실새(상황절, while)
/성전에서
대답하여 가라사대(...하시더라)
/서기관들이 —— 어찌하여 [말]하느뇨?
/그리스도를(=가) —— 자손이라
/다윗의

31 둘째는 이것이니 네 이웃을 네 몸과 같이 사랑하라 하
신 것이라 이에서 더 큰 계명이 없느니라 32 서기관이 가
로되 선생님이여 옳소이다 하나님은 한 분이시요 그 외에
다른 이가 없다 하신 말씀이 참이니이다 33 또 마음을 다
하고 지혜를 다하고 힘을 다하여 하나님을 사랑하는 것과
또 이웃을 제 몸과 같이 사랑하는 것이 전체로 드리는 모
든 번제물과 기타 제물보다 나으니이다 34 예수께서 그
지혜 있게 대답함을 보시고 이르시되 네가 하나님의 나라
에 멀지 않도다 하시니 그 후에 감히 묻는 자가 없더라 35
예수께서 성전에서 가르치실새 대답하여 가라사대 어찌하

mind, and with all your strength.' 31 "The second is
this, 'You shall love your neighbor as yourself.' There
is no other commandment greater than these." 32 And
the scribe said to Him, "Right, Teacher, You have truly stated
that He is One; and there is no one else besides Him;
33 and to love Him with all the heart and with all the
understanding and with all the strength, and to love one's
neighbor as himself, is much more than all burnt offerings
and sacrifices." 34 And when Jesus saw that he had answered
intelligently, He said to him, "You are not far from the

여 서기관들이 그리스도를 다윗의 자손이라 하느뇨 36 다
윗이 성령에 감동하여 친히 말하되 주께서 내 주께 이르시
되 내가 네 원수를 발 아래 둘 때까지 내 우편에 앉았으라
하셨도다 하였느니라 37 다윗이 그리스도를 주라 하였은
즉 어찌 그의 자손이 되겠느냐 하시더라 백성이 즐겁게 듣
더라 38 예수께서 가르치실 때에 가라사대 긴 옷을 입고
다니는 것과 시장에서 문안 받는 것과 39 회당의 상좌와
잔치의 상석을 원하는 서기관들을 삼가라 40 저희는 과부
의 가산을 삼키며 외식으로 길게 기도하는 자니 그 받는
판결이 더욱 중하리라 하시니라 41 예수께서 연보 궤를

kingdom of God." And after that, no one would venture
to ask Him any more questions. 35 ¶ And Jesus answering
began to say, as He taught in the temple, "How is it that
the scribes say that the Christ is the son of David? 36
"David himself said in the Holy Spirit, 'The Lord said
to my Lord, "Sit at My right hand, Until I put Thine
enemies beneath Thy feet."' 37 "David himself calls
Him 'Lord'; and so in what sense is He his son?" And
the great crowd enjoyed listening to Him. 38 ¶ And in
His teaching He was saying: "Beware of the scribes who
like to walk around in long robes, and like respectful greetings
in the market places, 39 and chief seats in the synagogues,
and places of honor at banquets, 40 who devour widows'
houses, and for appearance's sake offer long prayers; these
will receive greater condemnation." 41 ¶ And He sat
down opposite the treasury, and began observing how the

막

부자는 **넣는데**
/여러 /많이(=많은 것을)

42 과부는 **넣는지라**
/한 /와서(과거분사)
/가난한 /두 렙돈[을]
/(곧)한 고드란트를

43 예수께서 **이르시되**(...하셨더라)
/[그들에게]
/불러다가(과거분사)
/[그의] 제자들을
/진실로
내가 ——— 이르노니[22)]
/너희에게
/과부는 ——— 넣었도다
/이 가난한 /많이(=은 것을)
/모든 사람보다
/넣는
/연보궤에

44 //(이유: γάρ, for)
저희는 다 —— 넣었거니와
/그[들의] 풍족한 중에서
이 과부는 —— 넣었느니라
/생활비[를]
/전부를(=모든)
/[그녀의]
/구차한 중에서
/그[녀의]
/모든
/자기[가] 소유[한] (곧)

13

1 예수께서 나가실 때에(상황절, as)
/성전에서
하나가 **가로되**
/[그의] 제자 중 /선생님이여!
보소서!
이 돌들이 ——— 어떠하며
이 건물들이 —— 어떠하니이까?

2 예수께서 **이르시되**(...하시니라)
/[그에게]
/네가 ——— 보느냐?

22) ἀμὴν λέγω, '아멘, 내 가 말한다'. 주님이 자신 의 말에 대해 확정적임을 강조하는 관용적인 어구 이다.

대하여 앉으사 무리의 연보 궤에 돈 넣는 것을 보실새 여
러 부자는 많이 넣는데 42 한 가난한 과부는 와서 두 렙돈
곧 한 고드란트를 넣는지라 43 예수께서 제자들을 불러다
가 이르시되 내가 진실로 너희에게 이르노니 이 가난한 과
부는 연보 궤에 넣는 모든 사람보다 많이 넣었도다 44 저
희는 다 그 풍족한 중에서 넣었거니와 이 과부는 그 구차
한 중에서 자기 모든 소유 곧 생활비 전부를 넣었느니라
하셨더라

13:1 예수께서 성전에서 나가실 때에 제자 중 하나가
가로되 선생님이여 보소서 이 돌들이 어떠하며 이
건물들이 어떠하니이까 2 예수께서 이르시되 네가 이 큰
건물들을 보느냐 돌 하나도 돌 위에 남지 않고 다 무너뜨

multitude were putting money into the treasury; and many
rich people were putting in large sums. 42 And a poor
widow came and put in two small copper coins, which amount
to a cent. 43 And calling His disciples to Him, He said
to them, "Truly I say to you, this poor widow put in
more than all the contributors to the treasury; 44 for
they all put in out of their surplus, but she, out of her
poverty, put in all she owned, all she had to live on."

13:1 ¶ And as He was going out of the temple, one of
His disciples said to Him, "Teacher, behold what wonderful
stones and what wonderful buildings!" 2 And Jesus said

/네가 —— 보느냐?
/건물들을
/이
/큰
/돌[이] —— 하나도 남지 않고(=않으리라)
/[거기에]
/돌 위에
/(다)무너뜨려지리라(=뜨려질)

3 예수께서 —— 앉으셨을 때에(상황절, as)
/감람 산에서
/성전을 마주 대하여

베드로와
야고보와
요한과
안드레가 —— **묻자오되**
/종용히
4 /[당신은] —— 이르소서
/우리에게
/이런 일이 —— 있겠사오며
/어느 때에

/이 일이 —— 이루려 할 때에(상황절, when)
/모든
징조가 —— 무슨 있사오리이까?(=무엇이 있사오리이까?)

5 예수께서 —— **이르시되**(...하시니라)
/[그들에게]
/너희가 —— 주의하라
/사람의(=이) — 미혹을 받지 않도록(=미혹하지 않도록)
/[너희를]

6 /많은 사람이 —— 와서 이르되(...하여)
/내 이름으로
/내가 그로라
미혹케 하리라
/많은 사람을

7 /[너희가] —— 들을 때에(상황절, when)
/난리와
/소문을
/난리
두려워 말라

/이런 일이 —— 있어야 하되
/끝은 —— (아직)아니니라

8 //(이유: γάρ, for)
민족이 — 일어나겠고
/민족을 [대적하여]

려지리라 하시니라 3 예수께서 감람산에서 성전을 마주
대하여 앉으셨을 때에 베드로와 야고보와 요한과 안드레가
종용히 묻자오되 4 우리에게 이르소서 어느 때에 이런 일
이 있겠사오며 이 모든 일이 이루려 할 때에 무슨 징조가
있사오리이까 5 예수께서 이르시되 너희가 사람의 미혹을
받지 않도록 주의하라 6 많은 사람이 내 이름으로 와서 이
르되 내가 그로라 하여 많은 사람을 미혹케 하리라 7 난리
와 난리 소문을 들을 때에 두려워 말라 이런 일이 있어야
하되 끝은 아직 아니니라 8 민족이 민족을 나라가 나라를
대적하여 일어나겠고 처처에 지진이 있으며 기근이 있으리

to him, "Do you see these great buildings? Not one stone
shall be left upon another which will not be torn down."
3 ¶ And as He was sitting on the Mount of Olives opposite
the temple, Peter and James and John and Andrew were
questioning Him privately, 4 "Tell us, when will these
things be, and what will be the sign when all these things
are going to be fulfilled?" 5 And Jesus began to say to
them, "See to it that no one misleads you. 6 "Many will
come in My name, saying, 'I am He!' and will mislead
many. 7 "And when you hear of wars and rumors of wars,
do not be frightened; those things must take place; but
that is not yet the end. 8 "For nation will arise against

//나라가 ── 〈일어나겠고〉
/나라를 대적하여
//지진이 ── 있으며
/처처에
//기근이 ── 있으리니

/이는 ── 시작이니라
/재난의

9 /너희는 ── 조심하라
/스스로
/사람들이 ── 넘겨 주겠고
/너희를
/공회에
/너희를(=가) ── 매질하겠으며(=매질당하며)
/회당에서
/너희가 ── 서리니
/관장들과
임금들 앞에
/나를 인하여
/(이는)증거되려 함이라(=되도록)
/저희에게

10 /또
복음이 ── 전파되어야 할 것이니라
/만국에
/먼저

11 /사람들이 ── 끌어다가
/너희를
[너희는] ── 넘겨 줄 때에(상황절, when)
── 미리 염려치 말고
/무슨 말을 할까
── 말을 하라
/그[것을]
/주시는
/너희에게
/그 시에
/무엇이든지

//(이유: γάρ, for)
너희가 ── 말하는 이는 아니요(=말하는 것이 아니요)
성령이 ── [말하]시니라

12 /형제가 ── 내어 주며
/형제를
/죽는 데

니 이는 재난의 시작이니라 9 너희는 스스로 조심하라 사
람들이 너희를 공회에 넘겨주겠고 너희를 회당에서 매질하
겠으며 나를 인하여 너희가 관장들과 임금들 앞에 서리니
이는 저희에게 증거되려 함이라 10 또 복음이 먼저 만국
에 전파되어야 할 것이니라 11 사람들이 너희를 끌어다가
넘겨줄 때에 무슨 말을 할까 미리 염려치 말고 무엇이든지
그 시에 너희에게 주시는 그 말을 하라 말하는 이는 너희
가 아니요 성령이시니라 12 형제가 형제를 아비가 자식을
죽는데 내어주며 자식들이 부모를 대적하여 죽게 하리라

nation, and kingdom against kingdom; there will be earthquakes in various places; there will also be famines. These things are merely the beginning of birth pangs. 9 ¶ "But be on your guard; for they will deliver you to the courts, and you will be flogged in the synagogues, and you will stand before governors and kings for My sake, as a testimony to them. 10 "And the gospel must first be preached to all the nations. 11 "And when they arrest you and deliver you up, do not be anxious beforehand about what you are to say, but say whatever is given you in that hour; for it is not you who speak, but it is the Holy Spirit. 12 "And brother will deliver brother to death,

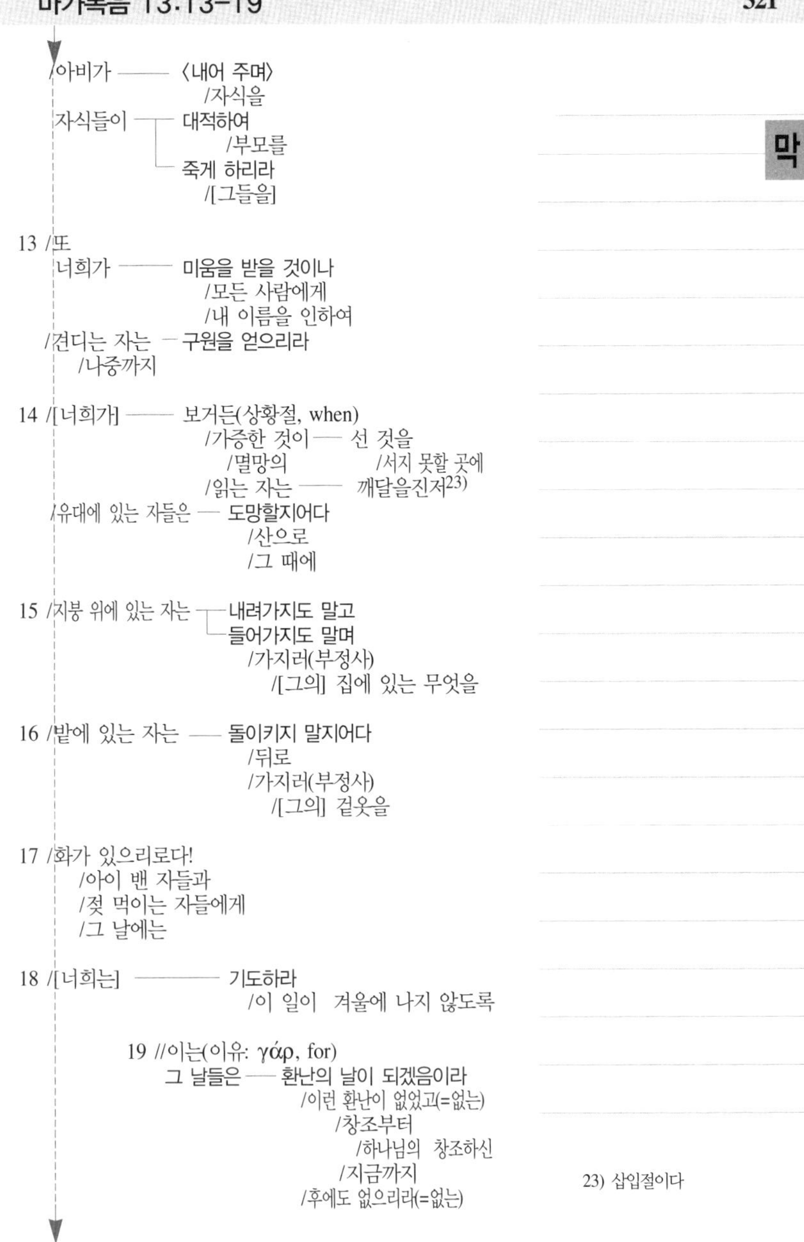

23) 삽입절이다

13 또 너희가 내 이름을 인하여 모든 사람에게 미움을 받을 것이나 나중까지 견디는 자는 구원을 얻으리라 14 멸망의 가증한 것이 서지 못할 곳에 선 것을 보거든 (읽는 자는 깨달을진저) 그 때에 유대에 있는 자들은 산으로 도망할지어다 15 지붕 위에 있는 자는 내려가지도 말고 집에 있는 무엇을 가지러 들어가지도 말며 16 밭에 있는 자는 겉옷을 가지러 뒤로 돌이키지 말지어다 17 그 날에는 아이 밴 자들과 젖먹이는 자들에게 화가 있으리로다 18 이 일이 겨울에 나지 않도록 기도하라 19 이는 그날들은 환난의 날이 되겠음이라 하나님의 창조하신 창조부터 지금

and a father his child; and children will rise up against parents and have them put to death. 13 "And you will be hated by all on account of My name, but the one who endures to the end, he shall be saved. 14 "But when you see the abomination of desolation standing where it should not be (let the reader understand), then let those who are in Judea flee to the mountains. 15 "And let him who is on the housetop not go down, or enter in, to get anything out of his house; 16and let him who is in the field not turn back to get his cloak. 17 "But woe to those who are with child and to those who nurse babes in those days! 18 "But pray that it may not happen in the winter. 19 "For those days will be a time of tribulation such as has not occurred since the beginning of the creation which

막

20 /만일[εἰ]
주께서 ——— 감하지 아니하셨더면(조건절, if)
/그 날들을
육체가 ——— 구원을 얻지 못할 것이어늘
/모든
/[그가] ——— 감하셨느니라
/그 날들을

//(이유: διὰ+목적격, for sake)
백성을 위하여
/자기의 택하신

21 /[만일, ἐὰν]
사람이 —— 말(하되...)하여도(조건절, if)
/너희에게
/그 때에
/보라!
그리스도가 — 여기 있다
/보라!
[그가] ——— 저기 있다
/[너희는] —— 믿지 말라

22 //(이유: γάρ, for)
[만일, εἰ]
할 수만 있으면(조건절, if)
거짓 그리스도들과 — 일어나서
거짓 선지자들이 —
행(하여. . . 하)리라
/이적과 기사를
/미혹케 하려
/택하신 백성을

23 /너희는 ——— 삼가라
/내가 ——— 미리 말하였노라
/모든 일을
/너희에게

24 /해가 ——— 어두워지며
/그 때에
/그 환난 후
/달이 ——— 내지 아니하며
/[그것의] 빛을

25 /별들이 ——— 떨어지며
/하늘에서
/권능들이 —— 흔들리리라
/하늘에 있는

까지 이런 환난이 없었고 후에도 없으리라 20 만일 주께
서 그날들을 감하지 아니하셨더면 모든 육체가 구원을 얻
지 못할 것이어늘 자기의 택하신 백성을 위하여 그 날들을
감하셨느니라 21 그 때에 사람이 너희에게 말하되 보라
그리스도가 여기 있다 보라 저기 있다 하여도 믿지 말라
22 거짓 그리스도들과 거짓 선지자들이 일어나서 이적과
기사를 행하여 할 수만 있으면 택하신 백성을 미혹케 하려
하리라 23 너희는 삼가라 내가 모든 일을 너희에게 미리
말하였노라 24 그 때에 그 환난 후 해가 어두워지며 달이
빛을 내지 아니하며 25 별들이 하늘에서 떨어지며 하늘에
있는 권능들이 흔들리리라

God created, until now, and never shall. 20 "And unless
the Lord had shortened those days, no life would have
been saved; but for the sake of the elect whom He chose,
He shortened the days. 21 "And then if anyone says to
you, 'Behold, here is the Christ'; or, 'Behold, He is
there'; do not believe him; 22for false Christs and false
prophets will arise, and will show signs and wonders, in order,
if possible, to lead the elect astray. 23 "But take heed;
behold, I have told you everything in advance. 24 "But
in those days, after that tribulation, the sun will be darkened,
and the moon will not give its light, 25and the stars will
be falling from heaven, and the powers that are in the

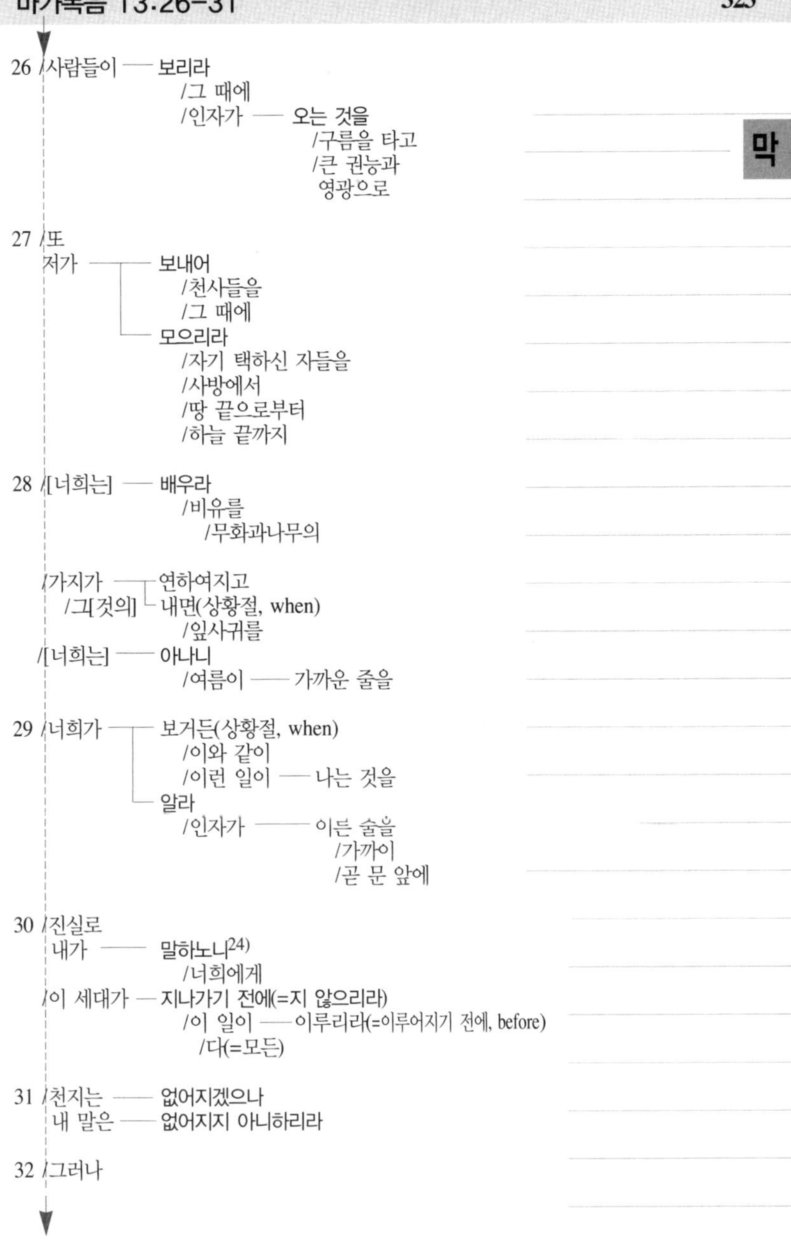

26 그 때에 인자가 구름을 타고 큰 권능과 영광으로 오는
것을 사람들이 보리라 27 또 그 때에 저가 천사들을 보내
어 자기 택하신 자들을 땅 끝으로 부터 하늘 끝까지 사방
에서 모으리라 28 무화과나무의 비유를 배우라 그 가지가
연하여지고 잎사귀를 내면 여름이 가까운 줄을 아나니 29
이와 같이 너희가 이런 일이 나는 것을 보거든 인자가 가
까이 곧 문앞에 이른 줄을 알라 30 내가 진실로 너희에게
말하노니 이 세대가 지나가기 전에 이 일이 다 이루리라
31 천지는 없어지겠으나 내 말은 없어지지 아니하리라

heavens will be shaken. 26 "And then they will see the
Son of Man coming in clouds with great power and glory.
27 "And then He will send forth the angels, and will
gather together His elect from the four winds, from the farthest
end of the earth, to the farthest end of heaven. 28¶ "Now
learn the parable from the fig tree: when its branch has already
become tender, and puts forth its leaves, you know that summer
is near. 29 "Even so, you too, when you see these things
happening, recognize that He is near, right at the door.
30 "Truly I say to you, this generation will not pass away
until all these things take place. 31 "Heaven and earth
will pass away, but My words will not pass away. 32

막

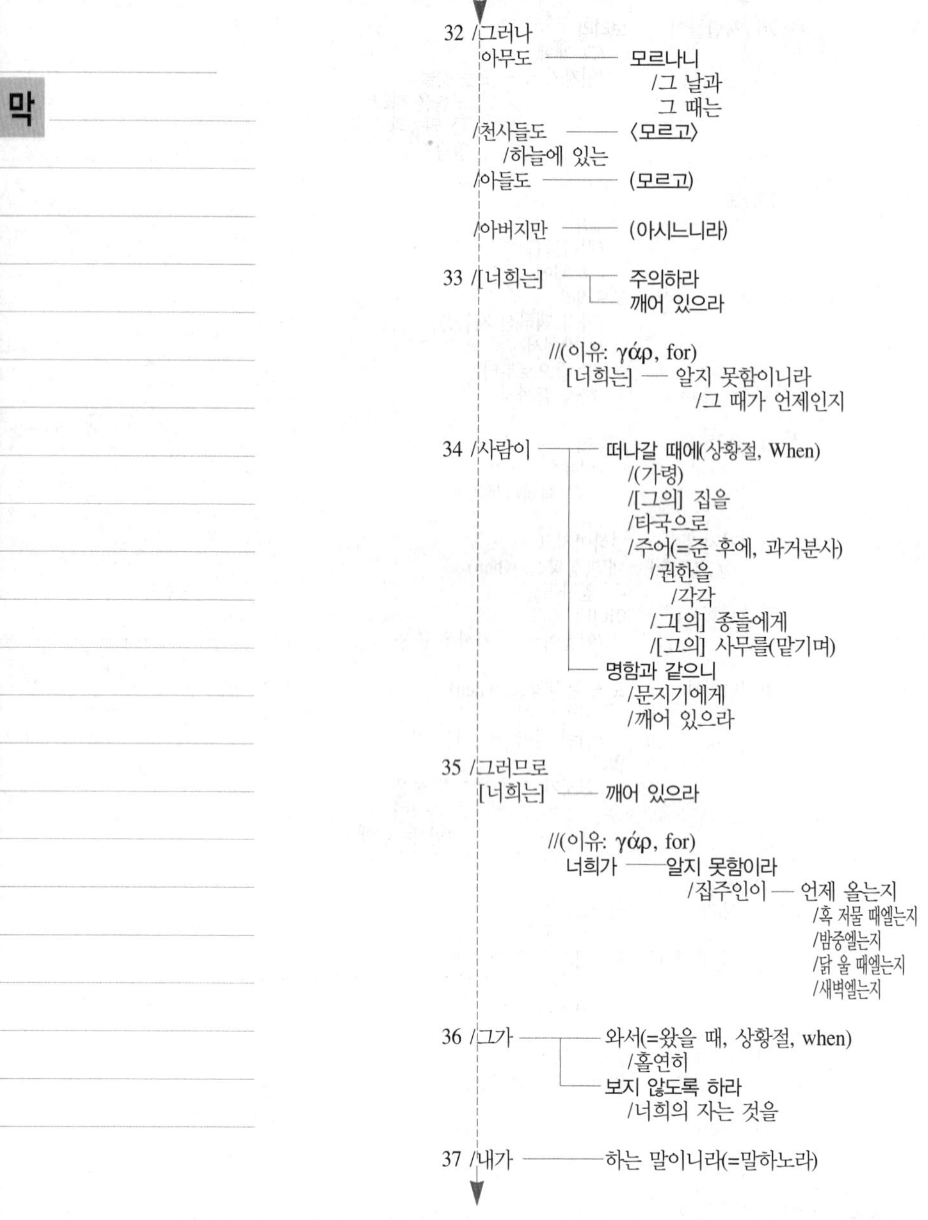

32 그러나 그 날과 그 때는 아무도 모르나니 하늘에 있는 천사들도 아들도 모르고 아버지만 아시느니라 33 주의하라 깨어 있으라 그 때가 언제인지 알지 못함이니라 34 가령 사람이 집을 떠나 타국으로 갈 때에 그 종들에게 권한을 주어 각각 사무를 맡기며 문지기에게 깨어 있으라 명함과 같으니 35 그러므로 깨어 있으라 집 주인이 언제 오는지 혹 저물 때엘는지, 밤중엘는지, 닭 울 때엘는지, 새벽엘는지 너희가 알지 못함이라 36 그가 홀연히 와서 너희의 자는 것을 보지 않도록 하라

"But of that day or hour no one knows, not even the angels in heaven, nor the Son, but the Father alone. 33¶ "Take heed, keep on the alert; for you do not know when the appointed time is. 34 "It is like a man, away on a journey, who upon leaving his house and putting his slaves in charge, assigning to each one his task, also commanded the doorkeeper to stay on the alert. 35 "Therefore, be on the alert — for you do not know when the master of the house is coming, whether in the evening, at midnight, at cockcrowing, or in the morning — 36lest he come suddenly and find you asleep. 37 "And what I say to you I say to all, 'Be on the alert!'"

37 /내가 —— 하는 말이니라(=말하노라)
/모든 사람에게
/[내가] — 하는 이 말이(=말하는 것을)
/너희에게
/[너희는] —— 깨어 있으라

막

14

1 유월절과 무교절 **이라**
/이틀을 지나면

대제사장들과 서기관들이 **구하며**
/방책을
/죽일(=죽일 것을)
/잡아(과거분사)
/예수를
/궤계로

2 //(이유: γάρ, for)
[그들이] — 가로되(...하더라)
/명절에는 말자

//(목적: μήποτε, otherwise...might)
민요가 —— 날까 하노니(=나지 않도록)

3 예수께서 [**계시고**]
/베다니[에]
/시몬의 집에서
/문둥이
식사하실 때에(상황절, when)

한 여자가 **와서**
/가지고(현재분사)
/한 옥합을
/향유
/매우 값진
/(곧)나드
/순전한
부으니
/예수의 머리에
/깨뜨리고(과거분사)
/그 옥합을

4 어떤 사람들이 **분내어**(말하되)(...하며)
/서로
/허비[가] —— 무슨 의사로 하였는가(=되어지는가?)
/이 향유를(=의)

5 //(이유: γάρ, for)

37 깨어 있으라 내가 너희에게 하는 이 말이 모든 사람에게 하는 말이니라 하시니라

14:1 이틀이 지나면 유월절과 무교절이라 대제사장들과 서기관들이 예수를 궤계로 잡아 죽일 방책을 구하며 2 가로되 민요가 날까 하노니 명절에는 말자 하더라
3 예수께서 베다니 문둥이 시몬의 집에서 식사하실 때에
한 여자가 매우 값진 향유 곧 순전한 나드 한 옥합을 가지
고 와서 그 옥합을 깨뜨리고 예수의 머리에 부으니 4 어떤
사람들이 분내어 서로 말하되 무슨 의사로 이 향유를 허비

14:1 Now the Passover and Unleavened Bread was
two days off; and the chief priests and the scribes
were seeking how to seize Him by stealth, and kill Him;
:2for they were saying, "Not during the festival, lest
there be a riot of the people." :3¶ And while He was in Bethany
at the home of Simon the leper, and reclining at the table,
there came a woman with an alabaster vial of very costly
perfume of pure nard; and she broke the vial and poured
it over His head. :4But some were indignantly remarking
to one another, "Why has this perfume been wasted? :5

막

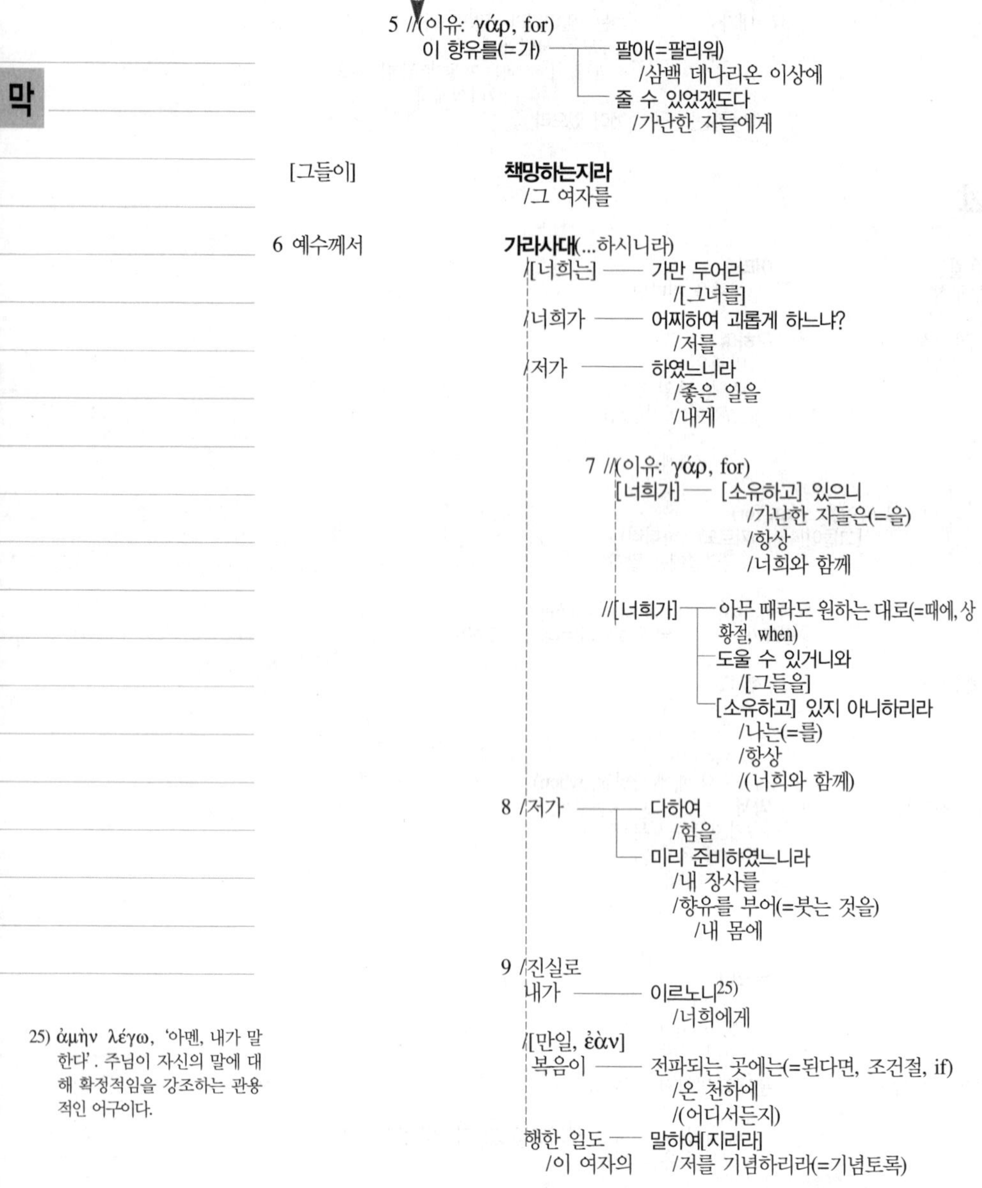

25) ἀμὴν λέγω, '아멘, 내가 말한다'. 주님이 자신의 말에 대해 확정적임을 강조하는 관용적인 어구이다.

하였는가 5 이 향유를 삼백 데나리온 이상에 팔아 가난한
자들에게 줄 수 있었겠도다 하며 그 여자를 책망하는지라
6 예수께서 가라사대 가만 두어라 너희가 어찌하여 저를
괴롭게 하느냐 저가 내게 좋은 일을 하였느니라 7 가난한
자들은 항상 너희와 함께 있으니 아무 때라도 원하는 대로
도울 수 있거니와 나는 너희와 항상 함께 있지 아니하리라
8 저가 힘을 다하여 내 몸에 향유를 부어 내 장사를 미리
준비하였느니라 9 내가 진실로 너희에게 이르노니 온 천
하에 어디서든지 복음이 전파되는 곳에는 이 여자의 행한
일도 말하여 저를 기념하리라 하시니라

"For this perfume might have been sold for over three hundred denarii, and the money given to the poor." And they were scolding her. :6But Jesus said, "Let her alone; why do you bother her? She has done a good deed to Me. 7
"For the poor you always have with you, and whenever you wish, you can do them good; but you do not always have Me. 8 "She has done what she could; she has anointed My body beforehand for the burial. 9 "And
truly I say to you, wherever the gospel is preached in the whole world, that also which this woman has done shall be spoken of in memory of her." 10 And Judas Iscariot,
who was one of the twelve, went off to the chief priests,

10 가룟 유다가 ——— **가매**
/하나인 /대제사장들에게
/열둘 중에

//(목적: ἵνα, to)
[그가] ——— 넘겨 주려고
/예수를(=그를)
/[그들에게]

11 저희가 듣고(=들었을 때, 상황절, when)
기뻐하여
약속하니
/주기로(부정사)
/돈을
/[그에게]
유다가 **찾더라**
/기회를
/어떻게 넘겨 줄[지]
/예수를

12 제자들이 **여짜오되**(...하매)
/[그의] /예수께
/첫날
/무교절의
/(곧)[그들이]— 잡는(날에)
/유월절 양[을]
/[당신은] ——— 원하시나이까?
/우리가 — 예비하기를
/어디로 가서(과거분사)

//(목적: that...might-NKJV)
선생님으로 — 잡수시게
/유월절을

13 예수께서 **보내시며**
/둘을
/[그의] 제자 중에
가라사대(...하신대)
/[그들에게]
/[너희는] ——— 들어가라
/성내로

//그리하면(결과: 명령문+and)
사람을(=이)— 만나리니(=올것이라)
/가지고(가는)(현재분사)
/물 한 동이를

/[너희는] ——— 따라가서
/그를

14 /[만일, ἐὰν]

10 열둘 중에 하나인 가룟 유다가 예수를 넘겨 주려고 대
제사장들에게 가매 11 저희가 듣고 기뻐하여 돈을 주기로
약속하니 유다가 예수를 어떻게 넘겨 줄 기회를 찾더라 12
무교절의 첫 날 곧 유월절 양 잡는 날에 제자들이 예수께
여짜오되 우리가 어디로 가서 선생님으로 유월절을 잡수시
게 예비하기를 원하시나이까 하매 13 예수께서 제자 중에
둘을 보내시며 가라사대 성내로 들어가라 그리하면 물 한
동이를 가지고 가는 사람을 만나리니 그를 따라가서

in order to betray Him to them. 11 And they were glad
when they heard this, and promised to give him money.
And he began seeking how to betray Him at an opportune
time. 12 And on the first day of Unleavened Bread, when
the Passover lamb was being sacrificed, His disciples said
to Him, "Where do You want us to go and prepare for
You to eat the Passover?" 13 And He sent two of His disciples,
and said to them, "Go into the city, and a man will meet
you carrying a pitcher of water; follow him; 14 and
wherever he enters, say to the owner of the house, 'The

26) ἀμὴν λέγω, '아멘, 내가 말한다'. 주님이 자신의말에 대해확정적임을강조하는 관용적인 어구이다.

14 어디든지 그의 들어가는 그 집주인에게 이르되 선생님의 말씀이 내가 내 제자들과 함께 유월절을 먹을 나의 객실이 어디 있느뇨 하시더라 하라 15 그리하면 자리를 베풀고 예비된 큰 다락방을 보이리니 거기서 우리를 위하여 예비하라 하신대 16 제자들이 나가 성내로 들어가서 예수의 하시던 말씀대로 만나 유월절을 예비하니라 17 저물매 그 열둘을 데리시고 와서 18 다 앉아 먹을 때에 예수께서 가라사대 내가 진실로 너희에게 이르노니 너희 중에 한 사람 곧 나와 함께 먹는 자가 나를 팔리라 하신대 19 저희가 근심하여 하나씩 하나씩 여짜오되 내니이까

Teacher says, "Where is My guest room in which I may eat the Passover with My disciples?"'15 "And he himself will show you a large upper room furnished and ready; and prepare for us there." 16And the disciples went out, and came to the city, and found it just as He had told them; and they prepared the Passover.17And when it was evening He came with the twelve.18 And as they were reclining at the table and eating, Jesus said, "Truly I say to you that one of you will betray Me — one who is eating with Me." 19 They began to be grieved and to say

20 [그가] 이르시되(...하시니라)
/[그들에게]
/하나 ── [이]니라
/열둘 중
(곧)손을 넣는 자
/나와 함께
/그릇에

21 /인자는 ── 가거니와
/기록된 대로
/자기에게 대하여

/화가 있으리로다!
/그 사람에게는
/인자를 ── 파는(=팔리게한)

/[만일, εἰ]
그 사람은 ── 나지 아니하였더면(조건절, if)
/(차라리)
좋을 뻔하였느니라
/제게

22 저희가 먹을 때에(상황절, as)
예수께서 떼어
/가지사(과거분사)
/떡을
/축복하시고(과거분사)
주시며
/제자들에게
가라사대(...하시고)
/[너희는] ── 받으라
이것이 ── 내 몸이니라

23 또 주시니
/가지사(과거분사)
/잔을
/사례하시고(과거분사)
/저희에게
[그들이] 다 마시매
/이를

24 [그가] 가라사대(...하시니라)
/[그들에게]
/이것은 ── 피니라
/나의(피)
/(곧)언약의
/흘리는(바)
/많은 사람을 위하여

20 이르시되 열둘 중 하나 곧 나와 함께 그릇에 손을 넣는
자니라 21 인자는 자기에게 대하여 기록된 대로 가거니와
인자를 파는 그 사람에게는 화가 있으리로다 그 사람은 차
라리 나지 아니하였더면 제게 좋을 뻔하였느니라 하시니라
22 저희가 먹을 때에 예수께서 떡을 가지사 축복하시고
떼어 제자들에게 주시며 가라사대 받으라 이것이 내 몸이
니라 하시고 23 또 잔을 가지사 사례하시고 저희에게 주
시니 다 이를 마시매 24 가라사대 이것은 많은 사람을 위
하여 흘리는 바 나의 피 곧 언약의 피니라

to Him one by one, "Surely not I?" 20 And He said to
them, "It is one of the twelve, one who dips with Me in
the bowl. 21 "For the Son of Man is to go, just as it is
written of Him; but woe to that man by whom the Son
of Man is betrayed! It would have been good for that
man if he had not been born." 22 And while they were eating,
He took some bread, and after a blessing He broke it;
and gave it to them, and said, "Take it; this is My body."
23 And when He had taken a cup, and given thanks, He
gave it to them; and they all drank from it. 24 And He
said to them, "This is My blood of the covenant, which
is poured out for many. 25 "Truly I say to you, I shall

막

25 /진실로
[내가] —— 이르노니[27)]
/너희에게
/내가 —— 마시지 아니하리라
/다시
/포도나무에서 난 것을
/[그] 날까지
/마시는
/[그것을]
/새 것으로
/나라에서
/하나님

26 이에
저희가 찬미하고(=찬미하였을 때, 상황절, after)
나가니라
/감람 산으로

27 예수께서 **이르시되**
/제자들에게
/너희가 —— 버리리라
/다(=모든) /(나를)

//이는(이유: ὅτι, for)
[그것이] —— 기록된 바(...하였느니라)
/내가 —— 치리니
/목자를
양들이 —— 흩어지리라

28 /그러나
내가 —— 먼저 가리라
/갈릴리로
/너희보다
/살아난 후에
/[나를]

29 베드로가 **여짜오되**
/[그에게]
/[만일, εἰ]
다(=모두가) —— 버릴지라도(조건절, although)
나는 —— 그렇지 않겠나이다

30 예수께서 **가라사대**
/[그에게]
/진실로
내가 —— 이르노니[28)]
/네게
닭이 —— 울기 전에(상황절, before)
/오늘 이 밤
/두 번

28) 'ἀμὴν λέγω, '아멘, 내가 말한다'. 주님이 자신의 말에 대해 확정적임을 강조하는 관용적인 어구이다.

25 진실로 너희에게 이르노니 내가 포도나무에서 난 것을
하나님 나라에서 새 것으로 마시는 날까지 다시 마시지 아
니하리라 하시니라 26 이에 저희가 찬미하고 감람산으로
나가니라 27 예수께서 제자들에게 이르시되 너희가 다 나
를 버리리라 이는 기록된 바 내가 목자를 치리니 양들이
흩어지리라 하였느니라 28 그러나 내가 살아난 후에 너희
보다 먼저 갈릴리로 가리라 29 베드로가 여짜오되 다 버
릴지라도 나는 그렇지 않겠나이다 30 예수께서 가라사대
내가 진실로 네게 이르노니 오늘 이 밤 닭이 두 번 울기
전에 네가 세 번 나를 부인하리라

never again drink of the fruit of the vine until that day
when I drink it new in the kingdom of God." 26 And
after singing a hymn, they went out to the Mount of
Olives. 27 And Jesus said to them, "You will all fall
away, because it is written, 'I will strike down the shepherd,
and the sheep shall be scattered.' 28 "But after I have
been raised, I will go before you to Galilee." 29But Peter
said to Him, "Even though all may fall away, yet I will
not." 30 And Jesus said to him, "Truly I say to you,
that you yourself this very night, before a cock crows

네가 —— 부인하리라
/나를
/세 번

31 베드로가 **말하되**(...하고)
/힘있게
/[만일, ἐὰν]
내가 —— 죽을지언정(조건절, even if)
/주와 함께
부인하지 않겠나이다
/주를

모든 제자도 **말하니라**
/이와 같이

32 저희가 **이르매**
/하는 곳에
/겟세마네라

예수께서 **이르시되**(...하시고)
/[그의] 제자들에게
/나의(=가) — 기도할 동안에(상황절, while)
너희는 —— 앉았으라
/여기

33 **데리고 가실새**
/베드로와
야고보와
요한을
/[그와 함께]
심히 놀라시며
슬퍼하사

34 **말씀하시되**(...하시고)
/마음이 —— 심히 고민하여
/내 —— 죽게 되었으니

너희는 —— 머물러
/여기
깨어 있으라

35 **엎드리어**
/땅에
/나아가사(과거분사)
/조금
구하여
/[만일, εἰ]
될 수 있는 대로(=있다면, 조건절, if)
이 때가 —— 지나가기를
/자기에게서

31 베드로가 힘있게 말하되 내가 주와 함께 죽을지언정
주를 부인하지 않겠나이다 하고 모든 제자도 이와 같이 말
하니라 32 저희가 겟세마네라 하는 곳에 이르매 예수께서
제자들에게 이르시되 나의 기도할 동안에 너희는 여기 앉
았으라 하시고 33 베드로와 야고보와 요한을 데리고 가실
새 심히 놀라시며 슬퍼하사 34 말씀하시되 내 마음이 심
히 고민하여 죽게 되었으니 너희는 여기 머물러 깨어 있으
라 하시고 35 조금 나아가사 땅에 엎드리어 될 수 있는 대
로 이때가 자기에게서 지나가기를 구하여 36 가라사대 아
바 아버지여 아버지께는 모든 것이 가능하오니 이 잔을 내

twice, shall three times deny Me." 31 But Peter kept
saying insistently, "Even if I have to die with You, I
will not deny You!" And they all were saying the same
thing, too. 32 And they came to a place named Gethsemane;
and He said to His disciples, "Sit here until I have prayed."
33 And He took with Him Peter and James and John,
and began to be very distressed and troubled. 34 And He
said to them, "My soul is deeply grieved to the point of
death; remain here and keep watch." 35 And He went a
little beyond them, and fell to the ground, and began to

36 **가라사대**(...하시고)
/아바!
아버지여!
모든 것이 —— 가능하오니
/아버지께(는)
/[당신은] —— 옮기시옵소서
/이 잔을
/내게서
/그러나
나의 원대로 마옵시고
아버지의 (원대로 하옵소서)

37 **돌아오사**
보시고
/제자들의 — 자는 것을
말씀하시되(...하시고)
/베드로에게
/시몬아!
네가 —— 자느냐?
깨어 있을 수 없더냐?
/한시 동안도

38 /[너희는] —— 깨어 있어
기도하라

//(목적: ἵνα, that...might)
[너희가] — 들지 않게
/시험에

/마음에는 — 원이로되
/육신이 —— 약하도다

39 **기도하시고**
/나아가(과거분사)
/다시
/[말한 후에, 과거분사)
/동일한 말씀으로(=을)

40 [그가] 오사(상황절, when)
/다시
보신즉
/저희가 —— 자니(=자는 것을)

//이는(이유: γάρ, for)
저희 눈이 ——심히 피곤함이라

저희가 **알지 못하더라**
/대답할 줄을
/무엇으로
/예수께

게서 옮기시옵소서 그러나 나의 원대로 마옵시고 아버지의 원대로 하옵소서 하시고 37 돌아오사 제자들의 자는 것을 보시고 베드로에게 말씀하시되 시몬아 자느냐 네가 한 시 동안도 깨어 있을 수 없더냐 38 시험에 들지 않게 깨어 있어 기도하라 마음에는 원이로되 육신이 약하도다 하시고 39 다시 나아가 동일한 말씀으로 기도하시고 40 다시 오사 보신즉 저희가 자니 이는 저희 눈이 심히 피곤함이라 저희가 예수께 무엇으로 대답할 줄을 알지 못하더라

pray that if it were possible, the hour might pass Him by. 36And He was saying, "Abba! Father! All things are possible for Thee; remove this cup from Me; yet not what I will, but what Thou wilt." 37 And He came and found them sleeping, and said to Peter, "Simon, are you asleep? Could you not keep watch for one hour? 38 "Keep watching and praying, that you may not come into temptation; the spirit is willing, but the flesh is weak." 39 And again He went away and prayed, saying the same words. 40 And again He came and found them sleeping,

41 [그가] **오사**
/세 번째
이르시되
/저희에게
/[너희는] — 자고
/이제는
— 쉬라
/[그것이] — 그만이다
때가 — 왔도다
/보라!
인자가 — 팔리우느니라
/손에
/죄인의

42 /[너희는] — 일어나라
[우리가] — 함께 가자
/보라!
파는 자가 — 가까이 왔느니라
/나를

43 [그가] 말씀하실 때에(상황절, while)
유다가 **왔는데**
/하나인 /곧
/열둘 중의

무리가 **하였더라(=왔더라)**
/파송된 /검과 몽치를 가지고
/대제사장들과 /그와 함께
서기관들과
장로들에게서

44 파는 자가 **짜 가로되**(...하였는지라)
/예수를 /(이미)
/군호를
/그들과
/내가 입맞추는 자가 — 그이니
/[너희는] — 잡아
/그를
— 끌어가라
/단단히

45 이에
[그가] **[말]하고**
/와서(과거분사)
/나아와(과거분사)
/예수께
/곧
/랍비여!

41 세번째 오사 저희에게 이르시되 이제는 자고 쉬라 그
만이다 때가 왔도다 보라 인자가 죄인의 손에 팔리우느니
라 42 일어나라 함께 가자 보라 나를 파는 자가 가까이 왔
느니라 43 말씀하실 때에 곧 열둘 중의 하나인 유다가 왔
는데 대제사장들과 서기관들과 장로들에게 파송된 무리가
검과 몽치를 가지고 그와 함께 하였더라 44 예수를 파는
자가 이미 그들과 군호를 짜 가로되 내가 입맞추는 자가
그이니 그를 잡아 단단히 끌어가라 하였는지라 45 이에
와서 곧 예수께 나아와 랍비여 하고 입을 맞추니

for their eyes were very heavy; and they did not know
what to answer Him. 41 And He came the third time,
and said to them, "Are you still sleeping and taking your
rest? It is enough; the hour has come; behold, the Son of
Man is being betrayed into the hands of sinners. 42 "Arise,
let us be going; behold, the one who betrays Me is at
hand!" 43 And immediately while He was still speaking,
Judas, one of the twelve, came up, accompanied by a multitude
with swords and clubs, from the chief priests and the
scribes and the elders. 44 Now he who was betraying
Him had given them a signal, saying, "Whomever I shall
kiss, He is the one; seize Him, and lead Him away under

막

입을 맞추니
/[그를]

46 저희가
대어
/손을
/예수께
잡거늘
/[그를]

47 한 사람이
/곁에 섰는 자 중에
쳐
/종을
/대제사장의
/빼어(과거분사)
/검을
떨어뜨리니라
/그[의] 귀를

48 예수께서
말씀하여 가라사대(...하시더라)
/무리에게
/너희가 —— 나왔느냐?
/강도를 잡는 것같이
/검과 몽치를 가지고
/잡으러(부정사)
/나를

49 /내가 —있어서(=있었다)
/가르쳤으되(=가르치며, 현재분사)
/성전에
/날마다
/너희와 함께
/너희가—— 잡지 아니하였도다
/나를
/그러나(이는)
성경을(=이)— 이루려 함이니라[29)]

50 제자들이 다
도망하니라
/버리고(과거분사)
/예수를

51 한 청년이
따라오다가
/예수를
/두르고(과거분사)
/베 홑이불을
/벗은 몸에
무리에게(=가)
잡히매(=잡으매)
/[그를]

29) 역본들의 견해를 따랐다.

46 저희가 예수께 손을 대어 잡거늘 47 곁에 섰는 자 중
에 한 사람이 검을 빼어 대제사장의 종을 쳐 그 귀를 떨어
뜨리니라 48 예수께서 무리에게 말씀하여 가라사대 너희
가 강도를 잡는 것같이 검과 몽치를 가지고 나를 잡으러
나왔느냐 49 내가 날마다 너희와 함께 성전에 있어서 가
르쳤으되 너희가 나를 잡지 아니하였도다 그러나 이는 성
경을 이루려 함이니라 하시더라 50 제자들이 다 예수를
버리고 도망하니라 51 한 청년이 벗은 몸에 베 홑이불을
두르고 예수를 따라오다가 무리에게 잡히매

guard." 45 And after coming, he immediately went to
Him, saying, "Rabbi!" and kissed Him. 46And they laid
hands on Him, and seized Him. 47 But a certain one of
those who stood by drew his sword, and struck the slave
of the high priest, and cut off his ear. 48 And Jesus
answered and said to them, "Have you come out with
swords and clubs to arrest Me, as against a robber? 49 "Every
day I was with you in the temple teaching, and you did
not seize Me; but this has happened that the Scriptures
might be fulfilled." 50 And they all left Him and fled.
51 And a certain young man was following Him, wearing
nothing but a linen sheet over his naked body; and they

52 [그가] **도망하니라**
/벗은 몸으로
/버리고(과거분사)
/베 홑이불을

53 저희가 **끌고 가니**
/예수를
/대제사장에게로

대제사장들과
장로들과
서기관들이 **모이더라**
/다

54 베드로가 **좇아 들어가서**
/예수를
/멀찍이
/집 뜰 안까지
/대제사장의
함께 앉아
/하속들과
쬐더라
/불을

55 대제사장들과
온 공회가 **찾되**
/증거를
/그를 칠
/죽이려고(부정사)
/예수를
얻지 못하니

56 //이는(이유. γάρ, for)
많으나(=은자가) ── 거짓 증거하는 자가(=거짓 증거하나)
/예수를 쳐서
그 증거가 ── 서로 합하지 못함이라

57 어떤 사람들이 **거짓 증거하여 가로되**(...하되)
/예수를 쳐서
/일어나(과거분사)
58 /우리가 ─ 들으니(=들었다)(...하더라)
/그의(=가) ── 말[하는 것]을
/내가 ── 헐고
/이 성전을
/손으로 지은
지으리라
/다른 성전을
/손으로 짓지 아니한
/사흘에

52 베 홑이불을 버리고 벗은 몸으로 도망하니라 53 저희
가 예수를 끌고 대제사장에게로 가니 대제사장들과 장로들
과 서기관들이 다 모이더라 54 베드로가 예수를 멀찍이
좇아 대제사장의 집 뜰안까지 들어가서 하속들과 함께 앉
아 불을 쬐더라 55 대제사장들과 온 공회가 예수를 죽이
려고 그를 칠 증거를 찾되 얻지 못하니 56 이는 예수를 쳐
서 거짓 증거하는 자가 많으나 그 증거가 서로 합하지 못
함이라 57 어떤 사람들이 일어나 예수를 쳐서 거짓 증거
하여 가로되 58 우리가 그의 말을 들으니 손으로 지은 이
성전을 내가 헐고 손으로 짓지 아니한 다른 성전을 사흘에

seized him. 52But he left the linen sheet behind, and escaped naked. 53 And they led Jesus away to the high priest; and all the chief priests and the elders and the scribes gathered together. 54And Peter had followed Him at a distance, right into the courtyard of the high priest; and he was sitting with the officers, and warming himself at the fire. 55Now the chief priests and the whole Council kept trying to obtain testimony against Jesus to put Him to death; and they were not finding any. 56For many were giving false testimony against Him, and yet their testimony was not consistent. 57 And some stood up and began to give false testimony against Him, saying, 58

59 증거도 서로 합하지 않더라
/그[들의] /오히려

60 대제사장이 물어 가로되(...하되)
/예수에게
/일어서서(과거분사)
/가운데
/너는 — 대답도 없느냐?
/아무
/이 사람들의(=이) — 치는 증거가 어떠하냐?
/너를

61 [그가] 잠잠하고
대답도 아니하시거늘
/아무
대제사장이 물어
/[그에게]
/다시
가로되
/[그에게]
/네가 — 그리스도냐?
/아들
/찬송받을 자의

62 예수께서 이르시되(...하시니)
/내가 — 그니라
/너희가 — 보리라

/너희가 — 보리라
/인자가 — 앉은 것과
/우편에
/권능자의
오는 것을
/구름을 타고
/하늘

63 대제사장이 가로되(...하니)
/찢으며(과거분사)
/자기 옷을
/우리가 — 어찌 요구하리요?
/더 증인을

64 /너희가 — 들었도다
/그 참람한 말을
/[그것을] — 어떻게 생각하느뇨?
/너희는

지으리라 하더라 하되 59 오히려 그 증거도 서로 합하지
않더라 60 대제사장이 가운데 일어서서 예수에게 물어 가
로되 너는 아무 대답도 없느냐 이 사람들의 너를 치는 증
거가 어떠하냐 하되 61 잠잠하고 아무 대답도 아니하시거
늘 대제사장이 다시 물어 가로되 네가 찬송 받을 자의 아
들 그리스도냐 62 예수께서 이르시되 내가 그니라 인자가
권능자의 우편에 앉은 것과 하늘 구름을 타고 오는 것을
너희가 보리라 하시니 63 대제사장이 자기 옷을 찢으며
가로되 우리가 어찌 더 증인을 요구하리요 64 그 참람한
말을 너희가 들었도다 너희는 어떻게 생각하느뇨 하니 저

"We heard Him say, 'I will destroy this temple made with
hands, and in three days I will build another made without
hands.'" 59 And not even in this respect was their
testimony consistent. 60 And the high priest stood up
and came forward and questioned Jesus, saying, "Do You
make no answer? What is it that these men are testifying
against You?" 61 But He kept silent, and made no answer.
Again the high priest was questioning Him, and saying to
Him, "Are You the Christ, the Son of the Blessed One?"
62 And Jesus said, "I am; and you shall see the Son of
Man sitting at the right hand of Power, and coming with
the clouds of heaven." 63 And tearing his clothes, the
high priest said, "What further need do we have of witnesses?
64 "You have heard the blasphemy; how does it seem to

저희가 다 정죄하고
/해당한 자로
/예수를
/사형에

65 혹은 [시작하여] 가로되(...하고)
/[그에게]
/침을 뱉으며(=뱉기를, 부정사)
/그에게
/가리우고(=가리우기를, 부정사)
/그의 얼굴을
/주먹으로 치며(=치기를, 부정사)
/[그를]
/[너는] —— 선지자 노릇을 하라

하속들은 치더라
/[그를]
/손바닥으로

66 베드로는 있더니(=있을 때, 상황절, as)
/아래 뜰에
하나가 와서
/비자
/대제사장의

67 가로되(...하거늘)
/보고(과거분사)
/베드로의 불 쬠을
/주목하여(과거분사)
/[그에게]
/너도 —— 있었도다
/나사렛 예수와 함께

68 베드로가 부인하여 가로되(...하며)
/나는 —— 알지도 못하고
깨닫지도 못하겠노라
/네 말하는 것이 무엇인지
나갈새
/앞뜰로
/[밖으로]

69 비자가 [시작하니라]
/보고(과거분사)
/그를
/이르되(=말하기를, 부정사)
/곁에 서 있는 자들에게
/다시
/이 사람은 —그 당이라(...하되)

희가 다 예수를 사형에 해당한 자로 정죄하고 65 혹은 그
에게 침을 뱉으며 그의 얼굴을 가리우고 주먹으로 치며 가
로되 선지자 노릇을 하라 하고 하속들은 손바닥으로 치더
66 베드로는 아래 뜰에 있더니 대제사장의 비자 하나가
와서 67 베드로의 불 쬠을 보고 주목하여 가로되 너도 나
사렛 예수와 함께 있었도다 하거늘 68 베드로가 부인하여
가로되 나는 네 말하는 것이 무엇인지 알지도 못하고 깨닫
지도 못하겠노라 하며 앞뜰로 나갈새 69 비자가 그를 보
고 곁에 서 있는 자들에게 다시 이르되 이 사람은 그 당
(黨)이라 하되

you?" And they all condemned Him to be deserving of
death. 65And some began to spit at Him, and to blindfold
Him, and to beat Him with their fists, and to say to Him,
"Prophesy!" And the officers received Him with slaps in
the face. 66 And as Peter was below in the courtyard,
one of the servant-girls of the high priest came, 67 and
seeing Peter warming himself, she looked at him, and
said, "You, too, were with Jesus the Nazarene." 68 But
he denied it, saying, "I neither know nor understand what
you are talking about." And he went out onto the porch.
69And the maid saw him, and began once more to say
to the bystanders, "This is one of them!" 70But again he

막

70 [그가] **부인하더라**
/또(=다시)

사람들이 **말하되**
/곁에 서 있는
/베드로에게
/다시
/조금 후에
/[너는] —— 그 당이니라
/참으로

//(이유: γάρ, for)
너는 —— 갈릴리 사람이니

71 베드로가 [**시작하니라**]
/저주하며(=저주하기를, 부정사)
/맹세하되(=맹세하기를, 부정사)(...하니)
/나는 —— 알지 못하노라
/이 사람을
/너희의 말하는

72 닭이 **울더라**
/두 번째
/곧

이에
베드로가 **기억되어**
/말씀 하심이
/예수께서 —— 하신
/자기에게
/곧
닭이 —— 울기 전에(상황절, before)
/두 번
네가 —— 부인하리라
/나를
/세 번
울었더라
/생각하고(과거분사)

15

1 대제사장들이 **끌고 가서**
/결박하여(과거분사)
/예수를
/의논하고(과거분사)
/장로들과
/서기관들
/(곧)공회로 더불어
/온
/새벽에
/즉시

70 또 부인하더라 조금 후에 곁에 서 있는 사람들이 다시
베드로에게 말하되 너는 갈릴리 사람이니 참으로 그 당이
니라 71 베드로가 저주하며 맹세하되 나는 너희의 말하는
이 사람을 알지 못하노라 하니 72 닭이 곧 두 번째 울더라
이에 베드로가 예수께서 자기에게 하신 말씀 곧 닭이 두
번 울기 전에 네가 세 번 나를 부인하리라 하심이 기억되
어 생각하고 울었더라

15:1 새벽에 대제사장들이 즉시 장로들과 서기관들 곧
온 공회로 더불어 의논하고 예수를 결박하여 끌고

was denying it. And after a little while the bystanders
were again saying to Peter, "Surely you are one of them,
for you are a Galilean too." 71 But he began to curse
and swear, "I do not know this man you are talking about!" 72
And immediately a cock crowed a second time. And Peter
remembered how Jesus had made the remark to him,
"Before a cock crows twice, you will deny Me three
times." And he began to weep.

15: 1 And early in the morning the chief priests with
the elders and scribes, and the whole Council,

넘겨 주니
/빌라도에게

2 빌라도가 **묻되**
/[그를]
/네가 ── 왕이냐?
/유대인의

예수께서 **대답하여 가라사대**(...하시매)
/[그에게]
/네 말이 옳도다

3 대제사장들이 **고소하는지라**
/여러 가지로
/[그를]

4 빌라도가 **물어 가로되**(...하되)
/[그를]
/또(=다시)
/[너는] ── 아무 대답도 없느냐?
보라!
저희가 ── 얼마나 많은 것으로 고소하는가?
/너를

5 예수께서 **대답지 아니하시니**
/다시
/아무 말씀도

//(결과: ὥστε, so that)
빌라도가 ── 기이히 여기더라

6 [그가] **놓아 주는 전례가 있더니**
/[그들에게]
/명절을 당하면
/죄수 하나를
/백성의 구하는 대로

7 바라바라 하는 자가 **있는지라**
/살인하고(=한)
/이 민란에
/포박된 자 중에
/민란을 꾸미고(=민란 가운데)

8 무리가 **구한대(=구하기 시작한지라)**
/나아가서(과거분사)
/전례대로 하여 주기를
/[그들을]

가서 빌라도에게 넘겨 주니 2 빌라도가 묻되 네가 유대인
의 왕이냐 예수께서 대답하여 가라사대 네 말이 옳도다 하
시매 3 대제사장들이 여러 가지로 고소하는지라 4 빌라도
가 또 물어 가로되 아무 대답도 없느냐 저희가 얼마나 많
은 것으로 너를 고소하는가 보라 하되 5 예수께서 다시 아
무 말씀도 대답지 아니하시니 빌라도가 기이히 여기더라 6
명절을 당하면 백성의 구하는 대로 죄수 하나를 놓아 주는
전례가 있더니 7 민란을 꾸미고 이 민란에 살인하고 포박
된 자 중에 바라바라 하는 자가 있는지라 8 무리가 나아가
서 전례대로 하여 주기를 구한대 9 빌라도가 대답하여 가

immediately held a consultation; and binding Jesus, they
led Him away, and delivered Him up to Pilate. 2 And
Pilate questioned Him, "Are You the King of the Jews?"
And answering He said to him, "It is as you say." 3
And the chief priests began to accuse Him harshly. 4
And Pilate was questioning Him again, saying, "Do You
make no answer? See how many charges they bring against
You!" 5But Jesus made no further answer; so that Pilate
was amazed. 6 Now at the feast he used to release for
them any one prisoner whom they requested. 7 And the
man named Barabbas had been imprisoned with the
insurrectionists who had committed murder in the insurrection.
8And the multitude went up and began asking him to do
as he had been accustomed to do for them. 9 And Pilate

막

9 빌라도가 **대답하여 가로되**(...하니)
/[그들에게]
/너희는 —— 원하느냐?
/내가 — 놓아 주기를
/유대인의 왕을
/너희에게

10 //이는(이유: γάρ, for)
저가 — 앎이러라
/대제사장들아 넘겨 준 줄
/예수를
/시기로

11 그러나
대제사장들이 **충동하여**
/무리를

//(목적: ἵνα, so that-NKJV)
[그가] —— 놓아 달라 하게 하니
/바라바를
/도리어

12 빌라도가 **대답하여 가로되**
/[그들에게]
/또(=다시)
/그러면
[너희가] — [뜻하느냐?]
/내가 — 어떻게 하랴(=기를)
/너희가 — 왕이라 하는 이는(=를)
/유대인의

13 저희가 **소리지르되**
/다시
/[당신은] —— 십자가에 못 박게 하소서
/저를

14 빌라도가 **가로되**(...하니)
/[그들에게]
/(어찜이뇨)
/[그가] —— [행]하였느냐?
/무슨 악한 일을

[그들이] **소리지르되**(...하는지라)
/더욱
/[당신은] —— 십자가에 못 박게 하소서
/[그를]

로되 너희는 내가 유대인의 왕을 너희에게 놓아 주기를 원하느냐 하니 10 이는 저가 대제사장들이 시기로 예수를 넘겨 준 줄 앎이러라 11 그러나 대제사장들이 무리를 충동하여 도리어 바라바를 놓아 달라 하게 하니 12 빌라도가 또 대답하여 가로되 그러면 너희가 유대인의 왕이라 하는 이는 내가 어떻게 하랴 13 저희가 다시 소리지르되 저를 십자가에 못박게 하소서 14 빌라도가 가로되 어찜이뇨 무슨 악한 일을 하였느냐 하니 더욱 소리지르되 십자가에 못박게 하소서 하는지라

answered them, saying, \"Do you want me to release for you the King of the Jews?" 10 For he was aware that the chief priests had delivered Him up because of envy. 11 But the chief priests stirred up the multitude to ask him to release Barabbas for them instead. 12 And answering again, Pilate was saying to them, "Then what shall I do with Him whom you call the King of the Jews?" 13 And they shouted back, "Crucify Him!" 14 But Pilate was saying to them, "Why, what evil has He done?" But they shouted all the more, "Crucify Him!" 15 And wishing to

15 빌라도가 무리에게 만족을 주고자 하여 바라바는 놓아 주고 예수는 채찍질하고 십자가에 못박히게 넘겨 주니라 16 군병들이 예수를 끌고 브라이도리온이라는 뜰 안으로 들어가서 온 군대를 모으고 17 예수에게 자색 옷을 입히고 가시 면류관을 엮어 씌우고 18 예하여 가로되 유대인의 왕이여 평안할지어다 하고 19 갈대로 그의 머리를 치며 침을 뱉으며 꿇어 절하더라 20 희롱을 다한 후 자색 옷을 벗기고 도로 그의 옷을 입히고 십자가에 못박으려고 끌

satisfy the multitude, Pilate released Barabbas for them, and after having Jesus scourged, he delivered Him to be crucified. 16 And the soldiers took Him away into the palace (that is, the Praetorium), and they called together the whole Roman cohort. 17 And they dressed Him up in purple, and after weaving a crown of thorns, they put it on Him; 18 and they began to acclaim Him, "Hail, King of the Jews!" 19 And they kept beating His head with a reed, and spitting at Him, and kneeling and bowing before Him. 20 And after they had mocked Him, they took the purple off Him, and put His garments on Him. And they led Him out to crucify Him. 21 And they pressed

막

입히고
/[그를]
/(도로)그의 옷을
끌고 나가니라
/[그를]

//(목적: ἵνα, to)
[그들이] —— 십자가에 못 박으려고
/[그를]

21 마침
저희가 **억지로 같이 가게 하여**
/시몬이(=을)
/구레네 사람
/그를(=어떤)
/와서(=온)
/시골로서
/아비인
/알렉산더와
루포의
/지나가는데(현재분사)

//(목적: ἵνα, to)
[그가] —— 지우고(=지도록)
/십자가를
/예수의(=그의)

22 [저희가] **끌고 이르러**
/예수를
/골고다라 하는 곳에

/[그것은][30] —— 번역하면(=번역된다)
/해골의 곳

23 **주었으나**
/[그에게]
/포도주를
/몰약을 탄
예수께서 **받지 아니하시니라**

24 [그들이] **십자가에 못 박고**
/[그를]
나눌새
/그[의] 옷을
/뽑더라(=뽑으며, 현재분사)
/제비를
/[그들을 위해]
/누가 —— 얻을까 하여
/어느 것을

30) 관계대명사, 선행사는 '골고다' 이다. 계속적 용법

고 나가니라 21 마침 알렉산더와 루포의 아비인 구레네 사람 시몬이 시골로서 와서 지나가는데 저희가 그를 억지로 같이 가게 하여 예수의 십자가를 지우고 22 예수를 끌고 골고다라 하는 곳(번역하면 해골의 곳)에 이르러 23 몰약을 탄 포도주를 주었으나 예수께서 받지 아니하시니라 24 십자가에 못박고 그 옷을 나눌새 누가 어느 것을 얻을까 하여 제비를 뽑더라 25 때가 제삼시가 되어 십자가에 못박으니라 26 그 위에 있는 죄패에 유대인의 왕이라 썼

into service a passer-by coming from the country, Simon of Cyrene (the father of Alexander and Rufus), to bear His cross. 22 And they brought Him to the place Golgotha, which is translated, Place of a Skull. 23 And they tried to give Him wine mixed with myrrh; but He did not take it. 24 And they crucified Him, and divided up His garments among themselves, casting lots for them, to decide what each should take. 25 And it was the third hour when they crucified Him. 26 And the inscription of the charge against Him read, "THE KING OF THE JEWS."

25 때가 　　　　　**제 삼 시가 되어**
[그들이] 　　　　**십자가에 못 박으니라**
/[그를]

26 죄패에(=는) 　　**썼고**(=쓰여있고)
/그 위에 있는 　　/유대인의 왕이라
27 [그들이] 　　　**십자가에 못 박으니**
/강도 둘을
/예수와 함께
/하나는 그의 우편에
/하나는 [그의] 좌편에(있더라)

28 (없음)
29 지나가는 자들은 　**모욕하여 가로되**(...하고)
/예수를
/흔들며(현재분사)
/자기 머리를
/아하!
헐고
/성전을
짓는 자여!
/사흘에

30 /네가 —— 구원하여(=구원하라)
/너를
/내려오라(=내려와, 현재분사)
/십자가에서

31 대제사장들도 　**희롱하며 말하되**(...하며)
/그와 같이
/서기관들과 함께
/서로
/저가 —— 구원하였으되
/남은(=을)
/자기는—— 구원할 수 없도다

32 /그리스도가 —— 내려와(=내려오게 하라)
/이스라엘의 왕 　/십자가에서
/지금

//(목적: ἵνα, that...may)
우리로 ─┬─ 보고
└─ 믿게 할지어다

함께 십자가에 못 박힌자들도 **욕하더라**
/예수를
/[그와 함께]

고 27 강도 둘을 예수와 함께 십자가에 못 박으니 하나는 그의 우편에 하나는 좌편에 있더라 28 (없 음) 29 지나가는 자들은 자기 머리를 흔들며 예수를 모욕하여 가로되 아하 성전을 헐고 사흘에 짓는 자여 30 네가 너를 구원하여 십자가에서 내려오라 하고 31 그와 같이 대제사장들도 서기관들과 함께 희롱하며 서로 말하되 저가 남은 구원하였으되 자기는 구원할 수 없도다 32 이스라엘의 왕 그리스도가 지금 십자가에서 내려와 우리로 보고 믿게 할지어다 하며 함께 십자가에 못박힌 자들도 예수를 욕하더라

27And they crucified two robbers with Him, one on His right and one on His left. 28 [And the Scripture was fulfilled which says, "And He was numbered with transgressors."] 29And those passing by were hurling abuse at Him, wagging their heads, and saying, "Ha! You who are going to destroy the temple and rebuild it in three days, 30 save Yourself, and come down from the cross!" 31 In the same way the chief priests also, along with the scribes, were mocking Him among themselves and saying, "He saved others; He cannot save Himself. 32 "Let this Christ, the King of Israel, now come down from the cross, so that we may see and believe!" And those who were crucified

막

33 제 육 시가 되매(상황절, when)
어두움이 **임하여 계속하더니**(=있더라)
/온 땅에
/제 구 시까지

34 예수께서 **지르시되**(...하시니)
/크게 소리
/제 구 시에
/엘리! 엘리! 라마 사박다니

/이를31) ── 번역하면...하는 뜻이라(=되는것이라)
/나의 하나님!
/나의 하나님!
/[당신은] ── 어찌하여 버리셨나이까?
/나를

35 어떤 이들이 듣고(=들었을 때, 상황절, when)
/곁에 섰던 자 중

가로되(...하고)
/보라!
[그가] ── 부른다
/엘리야를

36 한 사람이 **마시우고 가로되**(...하더라)
/[그를]
/달려가서(과거분사)
/머금게 하여(과거분사)
/해융에(=을)
/신 포도주를(=의)
/꿰어(과거분사)
/갈대에
/[너희는] ── 가만 두어라

/엘리야가 ── 와서(=온다면, 상황절, whether)
/내려 주나(=내려 주려고, 부정사)
/저를
/[우리가] ── 보자

37 예수께서 **운명하시다**
/지르시고(과거분사)
/큰 소리를

38 이에
성소 휘장이 **찢어져**
/위로부터
/아래까지
/둘이 되니라(=되도록)

31) 관계대명사, 선행사는 '엘리 엘리 라마 사박다니'이다. 계속적 용법

33 제육시가 되매 온 땅에 어두움이 임하여 제구시까지
계속하더니 34 제구시에 예수께서 크게 소리지르시되 엘
리 엘리 라마 사박다니 하시니 이를 번역하면 나의 하나님
나의 하나님 어찌하여 나를 버리셨나이까 하는 뜻이라
35 곁에 섰던 자 중 어떤 이들이 듣고 가로되 보라 엘리야
를 부른다 하고 36 한 사람이 달려가서 해융에 신 포도주
를 머금게 하여 갈대에 꿰어 마시우고 가로되 가만 두어라
엘리야가 와서 저를 내려 주나 보자 하더라 37 예수께서
큰 소리를 지르시고 운명하시다 38 이에 성소 휘장이 위
로부터 아래까지 찢어져 둘이 되니라 39 예수를 향하여

with Him were casting the same insult at Him. 33¶ And when
the sixth hour had come, darkness fell over the whole
land until the ninth hour. 34And at the ninth hour Jesus
cried out with a loud voice, "Eloi, Eloi, lama sabachthani?"
which is translated, "My God, My God, why hast Thou
forsaken Me?" 35And when some of the bystanders heard
it, they began saying, "Behold, He is calling for Elijah."
36 And someone ran and filled a sponge with sour wine,
put it on a reed, and gave Him a drink, saying, "Let us
see whether Elijah will come to take Him down." 37And
Jesus uttered a loud cry, and breathed His last. 38And
the veil of the temple was torn in two from top to bottom.

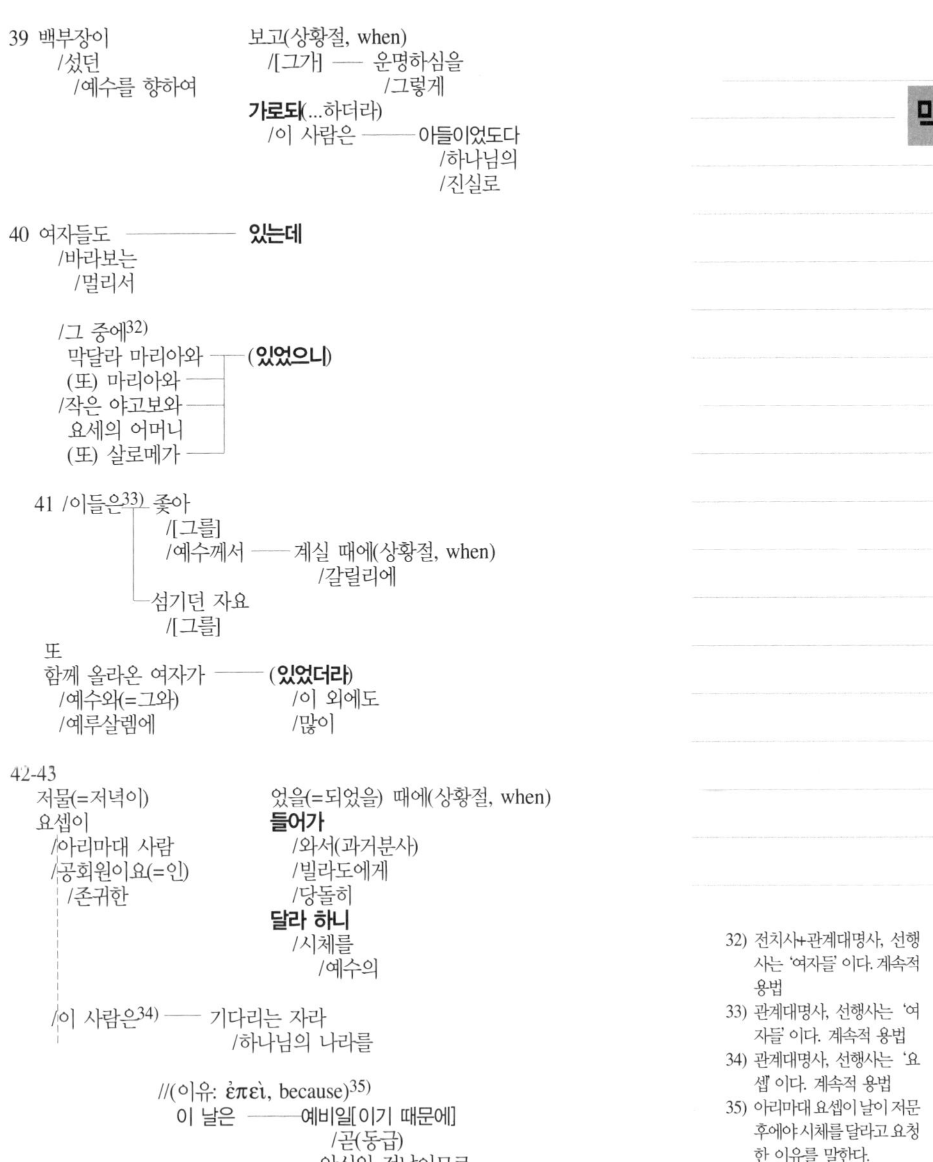

32) 전치사+관계대명사, 선행사는 '여자들'이다. 계속적 용법

33) 관계대명사, 선행사는 '여자들'이다. 계속적 용법

34) 관계대명사, 선행사는 '요셉'이다. 계속적 용법

35) 아리마대 요셉이 날이 저문 후에야 시체를 달라고 요청한 이유를 말한다.

섰던 백부장이 그렇게 운명하심을 보고 가로되 이 사람은
진실로 하나님의 아들이었도다 하더라 40 멀리서 바라보
는 여자들도 있는데 그 중에 막달라 마리아와 또 작은 야
고보와 요세의 어머니 마리아와 또 살로메가 있었으니 41
이들은 예수께서 갈릴리에 계실 때에 좇아 섬기던 자요 또
이 외에도 예수와 함께 예루살렘에 올라온 여자가 많이 있
었더라 42 이 날은 예비일 곧 안식일 전날이므로 저물었
을 때에 43 아리마대 사람 요셉이 와서 당돌히 빌라도에
게 들어가 예수의 시체를 달라 하니 이 사람은 존귀한 공
회원이요 하나님의 나라를 기다리는 자라

39And when the centurion, who was standing right in
front of Him, saw the way He breathed His last, he said,
"Truly this man was the Son of God!" 40And there were
also some women looking on from a distance, among
whom were Mary Magdalene, and Mary the mother of
James the Less and Joses, and Salome. 41And when He
was in Galilee, they used to follow Him and minister to
Him; and there were many other women who had come
up with Him to Jerusalem. 42 And when evening had
already come, because it was the preparation day, that is,
the day before the Sabbath, 43 Joseph of Arimathea
came, a prominent member of the Council, who himself
was waiting for the kingdom of God; and he gathered up
courage and went in before Pilate, and asked for the body

44 빌라도는 **이상히 여겨**
/예수께서 — 죽었을까 하고
/벌써
묻고
/[그에게]
/불러(과거분사)
/백부장을
/죽은 지 오래냐

45 [그가] 알아본 후에(상황절, when)
/백부장에게
내어 주는지라
/시체를
/요셉에게

46 요셉이 **싸서**
/이것으로
/사고(=사서, 과거분사)
/세마포를
/내려다가(과거분사)
/예수를
넣어 두고
/[그를]
/무덤에
/판
/바위 속에
굴려 놓으매
/돌을
/무덤 문에

47 때에(δὲ)
막달라 마리아와
마리아가 **보더라**
/요세의 어머니
/예수 둔 곳을

16

1 안식일이 지나매(상황절, when)
마리아와 **사다 두었다가**
/막달라
/향품을
마리아와
/야고보의 어머니
또 살로메가

//(목적: ἵνα, that...might)
[그들이] — 바르기 위하여
/예수께
/가서(과거분사)

44 빌라도는 예수께서 벌써 죽었을까 하고 이상히 여겨
백부장을 불러 죽은지 오래냐 묻고 45 백부장에게 알아
본 후에 요셉에게 시체를 내어 주는지라 46 요셉이 세마
포를 사고 예수를 내려다가 이것으로 싸서 바위 속에 판
무덤에 넣어 두고 돌을 굴려 무덤 문에 놓으매 47 때에 막
달라 마리아와 요세의 어머니 마리아가 예수 둔 곳을 보더라

16:1 안식일이 지나매 막달라 마리아와 야고보의 어머
니 마리아와 또 살로메가 가서 예수께 바르기 위하

of Jesus. 44And Pilate wondered if He was dead by this
time, and summoning the centurion, he questioned him as
to whether He was already dead. 45 And ascertaining
this from the centurion, he granted the body to Joseph.
46 And Joseph bought a linen cloth, took Him down, wrapped
Him in the linen cloth, and laid Him in a tomb which
had been hewn out in the rock; and he rolled a stone
against the entrance of the tomb. 47 And Mary Magdalene
and Mary the mother of Joses were looking on to see
where He was laid.

16:1 And when the Sabbath was over, Mary Magdalene,
and Mary the mother of James, and Salome, bought

막

2 해[가] 돋은 때에(상황절, when)
[그들이] **가며**
/그 무덤으로
/일찌기
/매우
/안식 후 첫날[에]

3 **말하되**(...하더니)
/서로
/누가 —— 굴려 주리요?
/돌을
/무덤 문에서
/우리를 위하여

4 [그들이] 눈을 들어(상황절, when)
본즉
/돌이 —— 벌써 굴려졌으니(=있는 것을)

//(이유: γάρ, for)
그 돌이 —— 심히 크더라

5 **보고**
/들어가서(과거분사)
/무덤에
/한 청년이 —— 앉은 것을
/입은 /우편에
/흰 옷을
놀라매

6 청년이 **이르되**(...하는지라)
/[그들에게]
/[너희는] —— 놀라지 말라
/너희가 —— 찾는구나
/예수를
/나사렛
/십자가에 못 박히신
/그가 —— 살아나셨고
—— 계시지 아니하니라
/여기
/보라!
곳이니라
/그를 두었던
7 /[너희는] —— 가서
—— 이르기를(...하라)
/그의 제자들과
베드로에게
/예수께서 —— 먼저 가시나니
/너희보다
/갈릴리로

여 향품을 사다 두었다가 2 안식 후 첫 날 매우 일찌기 해
돋은 때에 그 무덤으로 가며 3 서로 말하되 누가 우리를
위하여 무덤 문에서 돌을 굴려 주리요 하더니 4 눈을 들어
본즉 돌이 벌써 굴려졌으니 그 돌이 심히 크더라 5 무덤에
들어가서 흰 옷을 입은 한 청년이 우편에 앉은 것을 보고
놀라매 6 청년이 이르되 놀라지 말라 너희가 십자가에 못
박히신 나사렛 예수를 찾는구나 그가 살아나셨고 여기 계
시지 아니하니라 보라 그를 두었던 곳이니라 7 가서 그의
제자들과 베드로에게 이르기를 예수께서 너희보다 먼저 갈
릴리로 가시나니 전에 너희에게 말씀하신 대로 너희가 거

spices, that they might come and anoint Him. 2 And
very early on the first day of the week, they came to the
tomb when the sun had risen. 3 And they were saying
to one another, "Who will roll away the stone for us from
the entrance of the tomb?" 4 And looking up, they saw
that the stone had been rolled away, although it was extremely
large. 5 And entering the tomb, they saw a young man
sitting at the right, wearing a white robe; and they were amazed.
6 And he said to them, "Do not be amazed; you are
looking for Jesus the Nazarene, who has been crucified.
He has risen; He is not here; behold, here is the place
where they laid Him. 7 "But go, tell His disciples and

막

너희가 — 뵈오리라
/[그를]
/거기서
/(전에)말씀하신 대로
/너희에게

8 여자들이 **도망하고**
/나와(과거분사)
/무덤에서

//(이유: γάρ, for)
심히 놀라 —— [있어]
떨며(=림이) /[그들에게]

아무[도] **말도 하지 못하더라**
/아무에게

//(이유·γάρ, for)
[그들이] —— 무서워하여

9 예수께서 살아나신 후(상황절, when)
/안식 후 첫날
/이른 아침에
보이시니
/먼저
/막달라 마리아에게

/[그녀로부터]36)
[그가] —— 쫓아내어 주신(=주셨다)
/(전에) 일곱 귀신을

10 [그들이] 슬퍼하며
울고 있는 중에(상황절, when)
마리아가 **이 일을 고하매**
/가서(과거분사)
/하던 사람들의(=에게)
/예수와 함께

11 그들은 듣고도(상황절, when)
/예수의(=가) —— 살으셨다는 것과
보이셨다는 것을
/마리아에게
믿지 아니하니라

12 두 사람이 **걸어서**
/저희 중 /그 후에
갈 때에(상황절, when)
/시골로

36) 관계대명사, 선행사는 '막달라 마리아'. 계속적 용법

기서 뵈오리라 하라 하는지라 8 여자들이 심히 놀라 떨며 나와 무덤에서 도망하고 무서워하여 아무에게 아무 말도 하지 못하더라 9 (예수께서 안식후 첫 날 이른 아침에 살아나신 후 전에 일곱 귀신을 쫓아내어 주신 막달라 마리아에게 먼저 보이시니 10 마리아가 가서 예수와 함께 하던 사람들의 슬퍼하며 울고 있는 중에 이 일을 고하매 11 그들은 예수의 살으셨다는 것과 마리아에게 보이셨다는 것을 듣고도 믿지 아니하니라 12 그 후에 저희 중 두 사람이 걸어서 시골로 갈 때에 예수께서 다른 모양으로 저희에게 나타나시니

Peter, 'He is going before you into Galilee; there you will see Him, just as He said to you.'" 8 And they went out and fled from the tomb, for trembling and astonishment had gripped them; and they said nothing to anyone, for they were afraid. 9 [Now after He had risen early on the first day of the week, He first appeared to Mary Magdalene, from whom He had cast out seven demons. 10 She went and reported to those who had been with Him, while they were mourning and weeping. 11 And when they heard that He was alive, and had been seen by her, they refused to believe it. 12 And after that, He appeared in a different form to two of them, while they were walking along on

막

13 두 사람이 가서 남은 제자들에게 고하였으되 역시 믿
지 아니하니라 14 그 후에 열한 제자가 음식 먹을 때에 예
수께서 저희에게 나타나사 저희의 믿음 없는 것과 마음이
완악한 것을 꾸짖으시니 이는 자기의 살아난 것을 본 자들
의 말을 믿지 아니함일러라 15 또 가라사대 너희는 온 천
하에 다니며 만민에게 복음을 전파하라 16 믿고 세례를
받는 사람은 구원을 얻을 것이요 믿지 않는 사람은 정죄를
받으리라 17 믿는 자들에게는 이런 표적이 따르리니 곧
저희가 내 이름으로 귀신을 쫓아 내며 새 방언을 말하며
18 뱀을 집으며 무슨 독을 마실지라도 해를 받지 아니하

their way to the country. 13 And they went away and
reported it to the others, but they did not believe them
either. 14 And afterward He appeared to the eleven themselves
as they were reclining at the table; and He reproached
them for their unbelief and hardness of heart, because
they had not believed those who had seen Him after He
had risen. 15 And He said to them, "Go into all the
world and preach the gospel to all creation. 16 "He who
has believed and has been baptized shall be saved; but he
who has disbelieved shall be condemned. 17 "And these
signs will accompany those who have believed: in My
name they will cast out demons, they will speak with new

막

/[저희가] — *마실지라도(상황절, if)*
/무슨 독을
해를 받지 아니하며
/[그들을]
얹은즉
/손을
/병든 사람에게
나으리라

19 주 예수께서 — 말씀을 마치신 후에(상황절, after)
/[그들을]
올리우사
/하늘로
앉으시니라
/하나님 우편에

20 주께서 — 함께 역사하사
확실히 증거하시니라(=증거하실 동안에, 상황절, while)
/말씀을
/표적으로
/그 따르는

제자들이 — **전파할새(=전파하니라)**
/나가(과거분사)
/두루

며 병든 사람에게 손을 얹은 즉 나으리라 하시더라 19 주
예수께서 말씀을 마치신 후에 하늘로 올리우사 하나님 우
편에 앉으시니라
20 제자들이 나가 두루 전파할새 주께서 함께 역사하사
그 따르는 표적으로 말씀을 확실히 증거하시니라

tongues; 18 they will pick up serpents, and if they drink
any deadly poison, it shall not hurt them; they will lay
hands on the sick, and they will recover." 19 ¶ So then,
when the Lord Jesus had spoken to them, He was received
up into heaven, and sat down at the right hand of God.
20 And they went out and preached everywhere, while
the Lord worked with them, and confirmed the word by
the signs that followed.]

누가복음

1

1-2
많은 사람이   **붙을 든지라**
/저술하려고
/내력을
/사실에 대하여
/이루어진
/우리 중에
/목격자 되고
일꾼 된 자들의(이) —— 전하여 준 그대로
/말씀의   /[우리에게]
/처음부터

3 써 보내는 것이   **좋은 줄 알았노니**
/그 모든 일을   /[내게]
/미루어 살핀
/근원부터
/자세히
/차례대로
/데오빌로 각하에게

4 //이는(목적: ἵνα, so that...may)
각하로 —— 알게 하려 함이로다
/확실함을
/그 배운 바의

5 제사장   **있으니**
/아비야 반열에   /헤롯 때에
/하나가(=어떤)   /유대 왕

이름은   **사가랴요**

아내는   **자손이니**
/그[의]   /아론의

이름은   **엘리사벳이라**

6 이 두 사람이   **의인이니**
/하나님 앞에
/행하더라(분사, 행함으로)
/계명과
규례대로
/주의
/모든

/흠이 없이

1:1 우리 중에 이루어진 사실에 대하여 2 처음부터 말
씀의 목격자 되고 일꾼 된 자들의 전하여 준 그대로 내
력을 저술하려고 붓을 든 사람이 많은지라 3 그 모든 일
을 근원부터 자세히 미루어 살핀 나도 데오빌로 각하에게
차례대로 써 보내는 것이 좋은 줄 알았노니 4 이는 각하
로 그 배운 바의 확실함을 알게 하려 함이로다 5 유대 왕
헤롯 때에 아비야 반열에 제사장 하나가 있으니 이름은 사
가랴요 그 아내는 아론의 자손이니 이름은 엘리사벳이라
6 이 두 사람이 하나님 앞에 의인이니 주의 모든 계명과
규례대로 흠이 없이 행하더라

1:1 Inasmuch as many have undertaken to compile an account
of the things accomplished among us, 2 just as those
who from the beginning were eyewitnesses and servants
of the word have handed them down to us, 3 it seemed
fitting for me as well, having investigated everything carefully
from the beginning, to write it out for you in consecutive
order, most excellent Theophilus; 4 so that you might
know the exact truth about the things you have been
taught. 5 ¶ In the days of Herod, king of Judea, there
was a certain priest named Zacharias, of the division of Abijah;
and he had a wife from the daughters of Aaron, and her
name was Elizabeth. 6 And they were both righteous in

누

7 자(=자녀가) **무자하고**
/저희가(=저희에게)

//(이유: ὅτι, becouse that)
엘리사벳이 —— 수태를 못하므로
나이 ———— 많더라
/두 사람의(=이)

8 마침(δὲ)
사가랴가 **행할새**
/직무를
/제사장의
/차례대로
/그 반열의
/하나님 앞에

9 [그가] **제비를 뽑아(=제비뽑혔다)**
/들어가(=들어가려고, 부정사)
/주의 성소에
/분향하고(=분향하려고, 부정사)
/제사장의 전례를 따라

10 백성은 **기도하더니**
/모든
/밖에서
/그 분향하는 시간에

11 사자가 **나타나**
/주의
/저에게
/선지라(=서서, 분사)
/우편에
/향단

12 사가랴가 **놀라며**
/보고(분사)

무서워하니
/[그를]

13 천사가 **일러 가로되**
/[그에게]
/사가랴여!
[너는] ———— 무서워 말라

//(이유: διότι, for)
간구함이 ——— 들린지라
/너의

/엘리사벳이 —— 낳아 주리니
/네 아내 /아들을
/네게

/[너는] ———— 하라(=부르라)

7 엘리사벳이 수태를 못하므로 저희가 무자하고 두 사람
의 나이 많더라 8 마침 사가랴가 그 반열의 차례대로 제사
장의 직무를 하나님 앞에 행할새 9 제사장의 전례를 따라
제비를 뽑아 주의 성소에 들어가 분향하고 10 모든 백성
은 그 분향하는 시간에 밖에서 기도하더니 11 주의 사자
가 저에게 나타나 향단 우편에 선지라 12 사가랴가 보고
놀라며 무서워하니 13 천사가 일러 가로되 사가랴여 무
서워 말라 너의 간구함이 들린지라 네 아내 엘리사벳이 네
게 아들을 낳아 주리니 그 이름을 요한이라 하라

the sight of God, walking blamelessly in all the commandments
and requirements of the Lord. 7 And they had no child, because
Elizabeth was barren, and they were both advanced in
years. 8 ¶ Now it came about, while he was performing
his priestly service before God in the appointed order of
his division, 9 according to the custom of the priestly
office, he was chosen by lot to enter the temple of the
Lord and burn incense. 10 And the whole multitude of
the people were in prayer outside at the hour of the incense
offering. 11 And an angel of the Lord appeared to him, standing

14 너도 기뻐하고 즐거워할 것이요 많은 사람도 그의 남
을 기뻐하리니 15 이는 저가 주 앞에 큰 자가 되며 포도주
나 소주를 마시지 아니하며 모태로부터 성령의 충만함을
입어 16 이스라엘 자손을 주 곧 저희 하나님께로 많이 돌
아오게 하겠음이니라 17 저가 또 엘리야의 심령과 능력
으로 주 앞에 앞서 가서 아비의 마음을 자식에게, 거스리
는 자를 의인의 슬기에 돌아오게 하고 주를 위하여 세운
백성을 예비하리라 18 사가랴가 천사에게 이르되 내가
이것을 어떻게 알리요 내가 늙고 아내도 나이 많으니이다

to the right of the altar of incense. 12 And Zacharias was
troubled when he saw him, and fear gripped him. 13 But
the angel said to him, "Do not be afraid, Zacharias, for
your petition has been heard, and your wife Elizabeth will
bear you a son, and you will give him the name John.
14 "And you will have joy and gladness, and many will rejoice
at his birth. 15 "For he will be great in the sight of the
Lord, and he will drink no wine or liquor; and he will
be filled with the Holy Spirit, while yet in his mother's
womb. 16 "And he will turn back many of the sons of
Israel to the Lord their God. 17 "And it is he who will
go as a forerunner before Him in the spirit and power of Elijah,
to turn the hearts of the fathers back to the children, and
the disobedient to the attitude of the righteous; so as to

누

//(이유: γάρ, for)
내가 ——— 늙고
아내도 ——— 나이 많으니이다

19 천사가 **대답하여 가로되**(...하더라)
/[그에게]
/나는 ——— 가브리엘이라
/하나님 앞에 섰는
——— 보내심을 입었노라
/말하라고
/전하여(=전하라고)
/이 좋은 소식을
/네게

20 /보라!
네가 ——— 벙어리가 되어
——— 능히 못하리니
/말을
/이 일의 되는 날까지

//이는(이유: ἀνθ', because)
네가 믿지 아니함이어니와
/내 말을
내 말이 이루러라
/때가 이르면

21 백성들이 **기다리며**
/사가랴를

기이히 여기더니
/지체함을
/그의
/성소 안에서

22 그가 나와서(=when, 상황절)
말을 못하니
/저희에게

백성들이 **알았더라**
/[그가] ——— 본 줄
/이상을
/그 성소 안에서

그가 **형용으로 뜻을 표시하며**
그냥 있더니
/벙어리대로

19 천사가 대답하여 가로되 나는 하나님 앞에 섰는 가브
리엘이라 이 좋은 소식을 전하여 네게 말하라고 보내심을
입었노라 20 보라 이 일의 되는 날까지 네가 벙어리가 되
어 능히 말을 못하리니 이는 내 말을 네가 믿지 아니함이
어니와 때가 이르면 내 말이 이루리라 하더라 21 백성들
이 사가랴를 기다리며 그의 성소 안에서 지체함을 기이히
여기더니 22 그가 나와서 저희에게 말을 못하니 백성들
이 그 성소 안에서 이상을 본 줄 알았더라 그가 형용으로
뜻을 표시하며 그냥 벙어리대로 있더니

make ready a people prepared for the Lord." 18 And Zacharias
said to the angel, "How shall I know this for certain? For
I am an old man, and my wife is advanced in years." 19
And the angel answered and said to him, "I am Gabriel,
who stands in the presence of God; and I have been sent
to speak to you, and to bring you this good news. 20
"And behold, you shall be silent and unable to speak until
the day when these things take place, because you did
not believe my words, which shall be fulfilled in their
proper time." 21 And the people were waiting for Zacharias,
and were wondering at his delay in the temple. 22 But
when he came out, he was unable to speak to them; and

23 그[의] 직무의 날이 다 되매(when, 상황절)
[그가] **돌아가니라**
/집으로

24 이 후에
엘리사벳이 **수태하고**
/그 아내
숨어 있으며 가로되(...하더라)
/다섯 달 동안

25 /주께서 ——— 행하심이라
/이렇게

//(목적: 부정사)
없게 하시려고
/내 부끄러움을
/[그가] ——— 돌아보시는 날에
/나를
/인간에

26 가브리엘이 **보내심을 받들어**
/천사
/하나님의
/여섯째 달에
가서
/동네에
/갈릴리 나사렛이란

27 **이르니**
/처녀에게
/요셉이라 하는 사람과 정혼한
/다윗의 자손

이름은 **마리아라**
/그 처녀의

28 [그가] **가로되**(...하니)
/들어가
/그에게
/은혜를 받은 자여!
[너는] ——— 평안할지어다
주께서 ——— 함께 하시도다
/너와

29 처녀가 **놀라**
/그 말을 듣고
생각하매
/이런 인사가 어찌함인고?

23 그 직무의 날이 다 되매 집으로 돌아가니라 24 이 후
에 그 아내 엘리사벳이 수태하고 다섯 달 동안 숨어 있으
며 가로되 25 주께서 나를 돌아 보시는 날에 인간에 내
부끄러움을 없게 하시려고 이렇게 행하심이라 하더라
26 여섯째 달에 천사 가브리엘이 하나님의 보내심을 받들
어 갈릴리 나사렛이란 동네에 가서 27 다윗의 자손 요셉
이라 하는 사람과 정혼한 처녀에게 이르니 그 처녀의 이름
은 마리아라 28 그에게 들어가 가로되 은혜를 받은 자여
평안할지어다 주께서 너와 함께 하시도다 하니 29 처녀
가 그 말을 듣고 놀라 이런 인사가 어찌함인고 생각하매

they realized that he had seen a vision in the temple; and
he kept making signs to them, and remained mute. 23
And it came about, when the days of his priestly service
were ended, that he went back home. 24 ¶ And after these
days Elizabeth his wife became pregnant; and she kept
herself in seclusion for five months, saying, 25 "This is
the way the Lord has dealt with me in the days when He
looked with favor upon me, to take away my disgrace
among men." 26 ¶ Now in the sixth month the angel
Gabriel was sent from God to a city in Galilee, called Nazareth,
27 to a virgin engaged to a man whose name was Joseph,
of the descendants of David; and the virgin's name was
Mary. 28 And coming in, he said to her, "Hail, favored
one! The Lord is with you." 29 But she was greatly
troubled at this statement, and kept pondering what kind
of salutation this might be. 30 And the angel said to her,

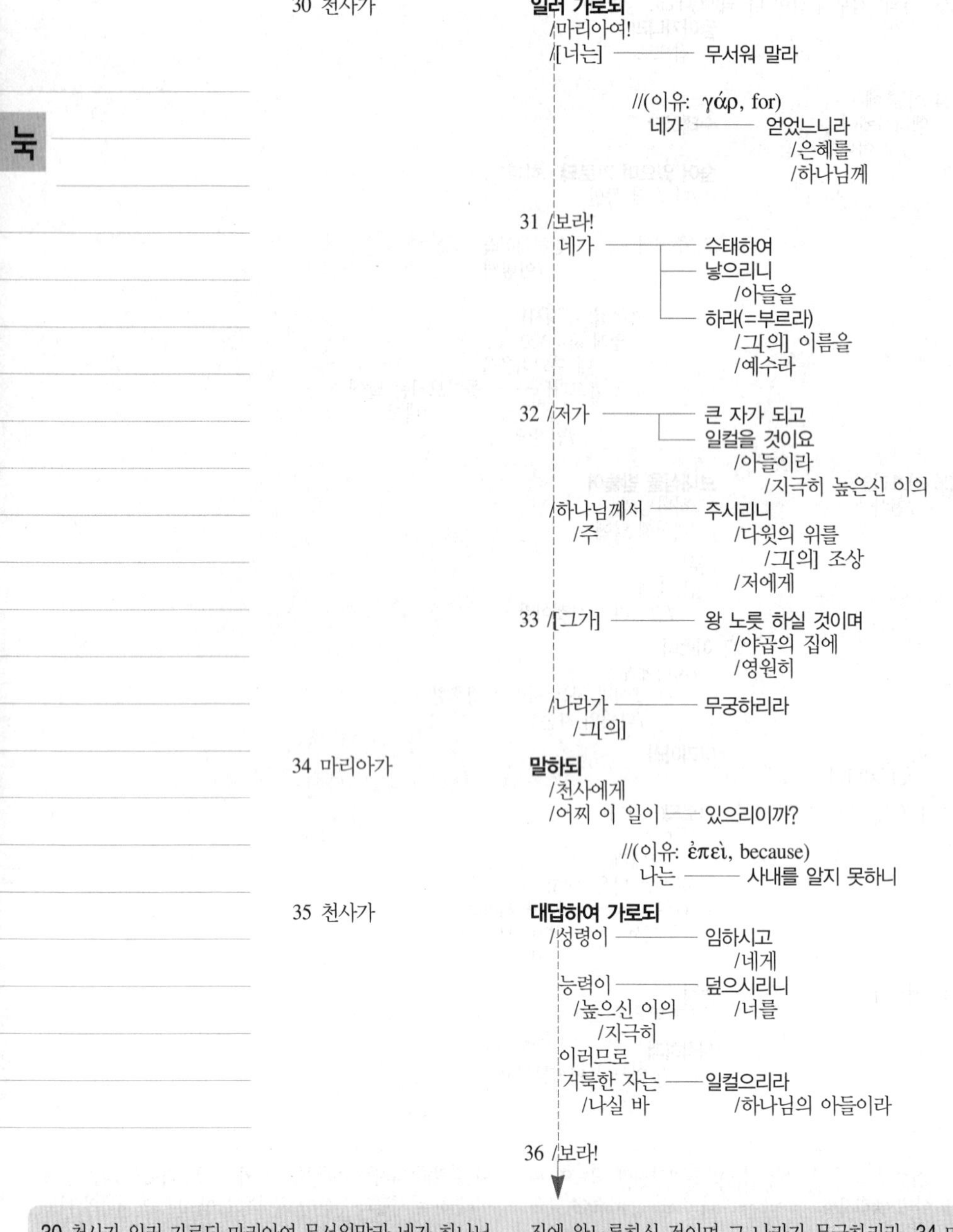

30 천사가 일러 가로되 마리아여 무서워말라 네가 하나님께 은혜를 얻었느니라 31 보라 네가 수태하여 아들을 낳으리니 그 이름을 예수라 하라 32 저가 큰 자가 되고 지극히 높은신 이의 아들이라 일컬을 것이요 주 하나님께서 그 조상 다윗의 위를 저에게 주시리니 33 영원히 야곱의 집에 왕노릇하실 것이며 그 나라가 무궁하리라 34 마리아가 천사에게 말하되 나는 사내를 알지 못하니 어찌 이 일이 있으리이까 35 천사가 대답하여 가로되 성령이 네게 임하시고 지극히 높으신 이의 능력이 너를 덮으시리니 이러므로 나실 바 거룩한 자는 하나님의 아들이라 일컬으

"Do not be afraid, Mary; for you have found favor with God. 31 "And behold, you will conceive in your womb, and bear a son, and you shall name Him Jesus. 32 "He will be great, and will be called the Son of the Most High; and the Lord God will give Him the throne of His father David; 33 and He will reign over the house of Jacob forever; and His kingdom will have no end." 34 And Mary said to the angel, "How can this be, since I am a virgin?" 35 And the angel answered and said to her, "The Holy Spirit will come upon you, and the power

36 /보라!
엘리사벳도 —— 배었느니라
/네 친족 /아들을
/늙어서
/[이것이] —— 이미 여섯 달이 되었나니
/본래 수태하지 못한다 하던 이
가(=이에게)

37 //대저(이유: γάρ, for)
말씀은 —— 능치 못하심이 없느니라
/모든 /하나님의(=하나님께)

38 마리아가 **가로되**(...하매)
/[보라!]
주의 계집종이오니
[그것이] —— 이루어지이다
/말씀대로
/내게

천사가 **떠나가니라**

39 마리아가 **일어나**[1)]
/이 때에

가서
/빨리
/산중에
/유대 한 동네에 (이르러)

40 **들어가**
/사가랴의 집에
문안하니
/엘리사벳에게

41 엘리사벳이 들으매(when, 상황절)
/마리아의 문안함을

아이가 **뛰노는지라**
/복중에서
/[그녀의]

엘리사벳이 **충만함을 입어**
/성령의

42 **불러**
/큰 소리로
가로되
/네가 —— 복이 있으며
/여자 중에

1) 동시동작을 나타내는 분사이다. 그래서 대부분의 번역본들이 주동사로 번역했다.

리라 36 보라 네 친족 엘리사벳도 늙어서 아들을 배었느
니라 본래 수태하지 못한다 하던 이가 이미 여섯 달이 되
었나니 37 대저 하나님의 모든 말씀은 능치 못하심이 없
느니라 38 마리아가 가로되 주의 계집종이오니 말씀대로
내게 이루어지이다 하매 천사가 떠나가니라 39 이 때에
마리아가 일어나 빨리 산중에 가서 유대 한 동네에 이르러
40 사가랴의 집에 들어가 엘리사벳에게 문안하니 41 엘리
사벳이 마리아의 문안함을 들으매 아이가 복중에서 뛰노는
지라 엘리사벳이 성령의 충만함을 입어 42 큰 소리로 불
러 가로되 여자 중에 네가 복이 있으며 네 태중의 아이도

of the Most High will overshadow you; and for that reason
the holy offspring shall be called the Son of God. 36
"And behold, even your relative Elizabeth has also conceived
a son in her old age; and she who was called barren is
now in her sixth month. 37 "For nothing will be impossible
with God." 38 And Mary said, "Behold, the bondslave of
the Lord; be it done to me according to your word." And
the angel departed from her. 39 Now at this time Mary
arose and went with haste to the hill country, to a city of
Judah, 40 and entered the house of Zacharias and greeted
Elizabeth. 41 And it came about that when Elizabeth
heard Mary's greeting, the baby leaped in her womb; and
Elizabeth was filled with the Holy Spirit. 42 And she
cried out with a loud voice, and said, "Blessed among

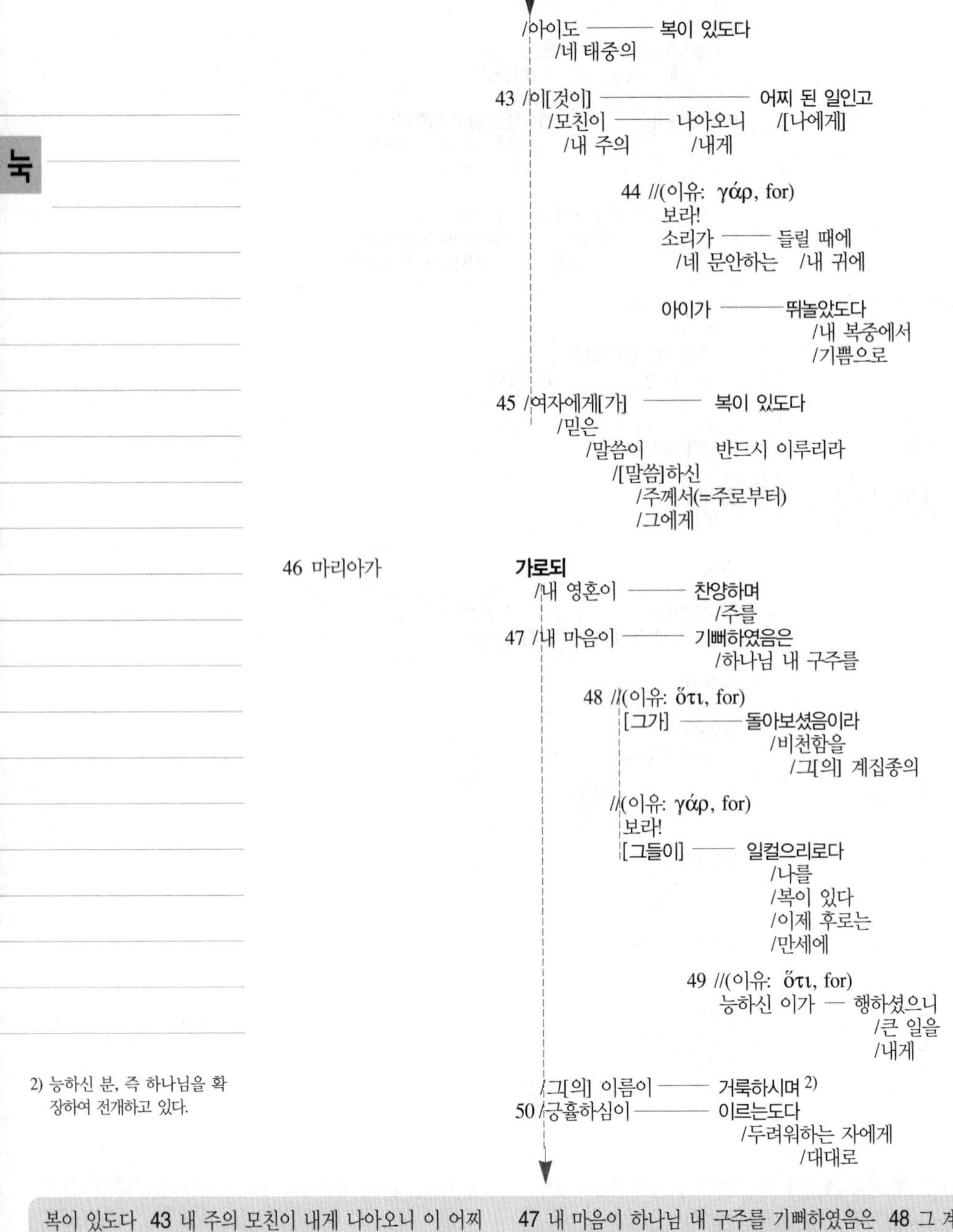

2) 능하신 분, 즉 하나님을 확장하여 전개하고 있다.

복이 있도다 43 내 주의 모친이 내게 나아오니 이 어찌 된 일인고 44 보라 네 문안하는 소리가 내 귀에 들릴 때에 아이가 내 복중에서 기쁨으로 뛰놀았도다 45 믿은 여자에게 복이 있도다 주께서 그에게 하신 말씀이 반드시 이루리라 46 마리아가 가로되 내 영혼이 주를 찬양하며 47 내 마음이 하나님 내 구주를 기뻐하였음은 48 그 계집종의 비천함을 돌아 보셨음이라 보라 이제 후로는 만세에 나를 복이 있다 일컬으리로다 49 능하신 이가 큰 일을 내게 행하셨으니 그 이름이 거룩하시며 50 긍휼하심이 두려워하는 자에게 대대로 이르는도다

women are you, and blessed is the fruit of your womb! 43 "And how has it happened to me, that the mother of my Lord should come to me? 44 "For behold, when the sound of your greeting reached my ears, the baby leaped in my womb for joy. 45 "And blessed is she who believed that there would be a fulfillment of what had been spoken to her by the Lord." 46 And Mary said: "My soul exalts the Lord, 47 And my spirit has rejoiced in God my Savior. 48 "For He has had regard for the humble state of His bondslave; For behold, from this time on all generations will count me blessed. 49 "For the Mighty One has done great things for me; And holy is His name. 50 "And His mercy

3) He has given help to Israel His servant, In remembrance of His mercy,(NASB)

51 그의 팔로 힘을 보이사 마음의 생각이 교만한 자들을
흩으셨고 52 권세있는 자를 그 위에서 내리치셨으며 비
천한 자를 높이셨고 53 주리는 자를 좋은 것으로 배불리
셨으며 부자를 공수로 보내셨도다 54 그 종 이스라엘을
도우사 긍휼히 여기시고 기억하시되 55 우리 조상에게
말씀하신 것과 같이 아브라함과 및 그 자손에게 영원히 하
시리로다 하니라 56 마리아가 석 달쯤 함께 있다가 집으
로 돌아가니라 57 엘리사벳이 해산할 기한이 차서 아들
을 낳으니 58 이웃과 친족이 주께서 저를 크게 긍휼히 여
기심을 듣고 함께 즐거워 하더라

is upon generation after generation Toward those who
fear Him. 51 "He has done mighty deeds with His arm;
He has scattered those who were proud in the thoughts
of their heart. 52 "He has brought down rulers from their
thrones, And has exalted those who were humble. 53 "He
has filled the hungry with good things; And sent away
the rich empty-handed. 54 "He has given help to Israel
His servant, In remembrance of His mercy, 55 As He
spoke to our fathers, To Abraham and his offspring forever."
56 ¶ And Mary stayed with her about three months, and
then returned to her home. 57 ¶ Now the time had come
for Elizabeth to give birth, and she brought forth a son.
58 And her neighbors and her relatives heard that the
Lord had displayed His great mercy toward her; and they were

59 팔 일이 되매(상황절)
[그들이] **와서**
/할례하러
/아이를
[이름]하고자 하더니
/사가랴라
/그 부친의 이름을 따라

60 그 모친이 **대답하여**
가로되(...하매)
/아니라,
[그는] 요한이라 할 것이라

61 저희가 **가로되** (...하고)
/이름한 이가 —— 없다
/이 이름으로 /네 친족 중에

62 **형용하여**
/그[의] 부친께
물으니
/[그가] ——— 무엇으로 이름하려 하는가?

63 저가 **달라 하여**
/서판을
쓰매
/그 이름을
/요한이라

[그들이] **기이히 여기더라**
/다(=모든)

64 이에(δὲ)
입이 **열리고**
/그[의] /곧

혀가 **〈풀리며〉**
말을 하여
/찬송하니(=찬송하며, 분사)
/하나님을

65 사는 자가 **두려워하고**
/그 근처에
/다(=모든)

말이 **두루 퍼지매**
/이 /온 유대 산중에
/모든

59 팔 일이 되매 아이를 할례하러 와서 그 부친의 이름을
따라 사가랴라 하고자 하더니 60 그 모친이 대답하여 가
로되 아니라 요한이라 할 것이라 하매 61 저희가 가로되
네 친족 중에 이 이름으로 이름한 이가 없다 하고 62 그
부친께 형용하여 무엇으로 이름하려 하는가 물으니 63
저가 서판을 달라 하여 그 이름은 요한이라 쓰매 다 기이
히 여기더라 64 이에 그 입이 곧 열리고 혀가 풀리며 말
을 하여 하나님을 찬송하니 65 그 근처에 사는 자가 다
두려워하고 이 모든 말이 온 유대 산 중에 두루 퍼지매

rejoicing with her. 59 And it came about that on the
eighth day they came to circumcise the child, and they
were going to call him Zacharias, after his father. 60 And
his mother answered and said, "No indeed; but he shall
be called John." 61 And they said to her, "There is no
one among your relatives who is called by that name."
62 And they made signs to his father, as to what he
wanted him called. 63 And he asked for a tablet, and
wrote as follows, "His name is John." And they were all
astonished. 64 And at once his mouth was opened and
his tongue loosed, and he began to speak in praise of
God. 65 And fear came on all those living around them;

66 듣는 사람이
/다(=모든)
두며 가로되 (...하니)
/(이 말을)
/마음에
/이 아이가 장차 어찌 될꼬?

//이는(이유: γάρ, for)
주의 손이 — 저와 함께 하심이러라

67 사가랴가
/그 부친
입어
/성령의 충만함을
예언하여 가로되
68 /찬송하리로다.
주 이스라엘의 하나님이여!

//(이유: ὅτι, for)
[그가] — 돌아보사
/그[의] 백성을
— 속량하시며
— 69 일으키셨으니
/구원의 뿔을
/우리를 위하여
/다윗의 집에
/그[의] 종

70 /(이것은)
주께서 — 말씀하신 바와 같이
/예로부터
/거룩한 선지자의
입으로

71 /구원이라(=구원을)[4]
/구원하시는
/우리 원수에게서와
모든 자의 손에서
/우리를 미워하는

72 //(목적: 부정사)
긍휼히 여기시며(=긍휼을 보이시려고)
/우리 조상을

기억하셨으니(=기억하시기 위해)
/언약을
/그 거룩한

73 /곧(=동격/동급)[5]
맹세라
/[그가] — 맹세하신
/아브라함에게
/우리 조상

74 //(목적: 부정사)

4) 69절의 '구원'을 다시 강조하여 설명하는 내용이다.
5) 언약을 다른 단어로 설명하는 동격/동급 단어이다.

66 듣는 사람이 다 이 말을 마음에 두며 가로되 이 아이가
장차 어찌 될꼬 하니 이는 주의 손이 저와 함께 하심이러
라 67 그 부친 사가랴가 성령의 충만함을 입어 예언하여
가로되 68 찬송하리로다 주 이스라엘의 하나님이여 그
백성을 돌아보사 속량하시며 69 우리를 위하여 구원의
뿔을 그 종 다윗의 집에 일으키셨으니 70 이것은 주께서
예로부터 거룩한 선지자의 입으로 말씀하신 바와 같이 71
우리 원수에게서와 우리를 미워하는 모든 자의 손에서 구
원하시는 구원이라 72 우리 조상을 긍휼히 여기시며 그
거룩한 언약을 기억하셨으니 73 곧 우리 조상 아브라함

and all these matters were being talked about in all the
hill country of Judea. 66 And all who heard them kept
them in mind, saying, "What then will this child turn out
to be?" For the hand of the Lord was certainly with him.
67 And his father Zacharias was filled with the Holy
Spirit, and prophesied, saying: 68 "Blessed be the Lord
God of Israel, For He has visited us and accomplished
redemption for His people, 69 And has raised up a horn
of salvation for us In the house of David His servant —
70 As He spoke by the mouth of His holy prophets from
of old — 71 Salvation from our enemies, And from the
hand of all who hate us; 72 To show mercy toward our fathers,
And to remember His holy covenant, 73 The oath which
He swore to Abraham our father, 74 To grant us that we,

74 //(목적: 부정사)
[인정하도록]
/우리로(를)
/건지심을 입고(=입었음을)
/원수의 손에서
75 /섬기게(하리라 하셨도다)
/[그를]
/종신토록
/주의 앞에서
/성결과 의로
/두려움이 없이

76 /이 아이여!
네가 ——— 일컬음을 받고
/선지자라
/지극히 높으신 이의

//(이유: γάρ, for)
[네가] ——— 앞서 가서
/주 앞에

//(목적: 부정사)
예비하여
/그[의] 길을
77 알게 하리니
/구원을
/그[들의] 죄 사함으로 말미암는
/주의 백성에게

78 //이는(이유: because of, διὰ +목적격)
긍휼을 인함이라
/우리 하나님의

/이로써[6)]
돋는 해가— 임하여
/위로부터
/우리에게

79 //(목적: 부정사)
비취고
/앉은 자에게
/어두움과
죽음의 그늘에

인도하시리로다
하니라
/우리 발을
/평강의 길로

에게 맹세하신 맹세라 74 우리로 원수의 손에서 건지심을
입고 75 종신토록 주의 앞에서 성결과 의로 두려움이 없
이 섬기게 하리라 하셨도다 76 이 아이여 네가 지극히 높
으신 이의 선지자라 일컬음을 받고 주 앞에 앞서 가서 그
길을 예비하여 77 주의 백성에게 그 죄 사함으로 말미암
는 구원을 알게 하리니 78 이는 우리 하나님의 긍휼을 인
함이라 이로써 돋는 해가 위로부터 우리에게 임하여 79
어두움과 죽음의 그늘에 앉은 자에게 비취고 우리 발을 평
강의 길로 인도하시리로다 하니라

being delivered from the hand of our enemies, Might serve
Him without fear, 75 In holiness and righteousness before
Him all our days. 76 "And you, child, will be called the
prophet of the Most High; For you will go on before the
Lord to prepare His ways; 77 To give to His people the
knowledge of salvation By the forgiveness of their sins,
78 Because of the tender mercy of our God, With which
the Sunrise from on high shall visit us, 79 To shine upon
those who sit in darkness and the shadow of death, To
guide our feet into the way of peace." 80 ¶ And the child
continued to grow, and to become strong in spirit, and he
lived in the deserts until the day of his public appearance

80 아이가 **자라며**
강하여지며
/심령이

있으니라
/빈 들에
/이스라엘에게 나타나는 날까지

2

1 이 때에(상황절)
영을(이) **내려**..하였으니
/가이사 아구스도가(from)
/호적하라
/천하로
/다(=모든, 온)

2 이 호적은 **첫 번 한 것이라**
/구레뇨가 수리아 총독 되었을 때에

3 모든 사람이 **돌아가매**
/각각
/고향으로
/호적하러

4-5
요셉도 **올라가니**
/다윗의 동네로
/베들레헴이라 하는
/나사렛 동네에서
/갈릴리
/유대를 향하여
/마리아와 함께
/그[의] 정혼한
/(마리아가) 이미 잉태되(었더라)[7)]
/호적하러

6 거기 있을 그 때에(while)
해산할 날이 **차서**

7 [그녀가] **낳아**
/맏아들을
싸서
/강보로
뉘었으니
/구유에

//이는(이유: διότι, because)

7) 마리아를 수식하는 수식부이다. '이미 잉태된 마리아' 이다.

80 아이가 자라며 심령이 강하여지며 이스라엘에게 나타
나는 날까지 빈 들에 있으니라

2:1 이때에 가이사 아구스도가 영을 내려 천하로 다 호
적하라 하였으니 2 이 호적은 구레뇨가 수리아 총독
되었을 때에 첫 번 한 것이라 3 모든 사람이 호적하러 각
각 고향으로 돌아가매 4 요셉도 다윗의 집 족속인고로 갈
릴리 나사렛 동네에서 유대를 향하여 베들레헴이라 하는
다윗의 동네로 5 그 정혼한 마리아와 함께 호적하러 올라
가니 마리아가 이미 잉태되었더라 6 거기 있을 그 때에

to Israel.
2:1 Now it came about in those days that a decree went
out from Caesar Augustus, that a census be taken of
all the inhabited earth. 2 This was the first census taken
while Quirinius was governor of Syria. 3 And all were
proceeding to register for the census, everyone to his own
city. 4 And Joseph also went up from Galilee, from the
city of Nazareth, to Judea, to the city of David, which is
called Bethlehem, because he was of the house and family
of David, 5 in order to register, along with Mary, who
was engaged to him, and was with child. 6 And it came
about that while they were there, the days were completed

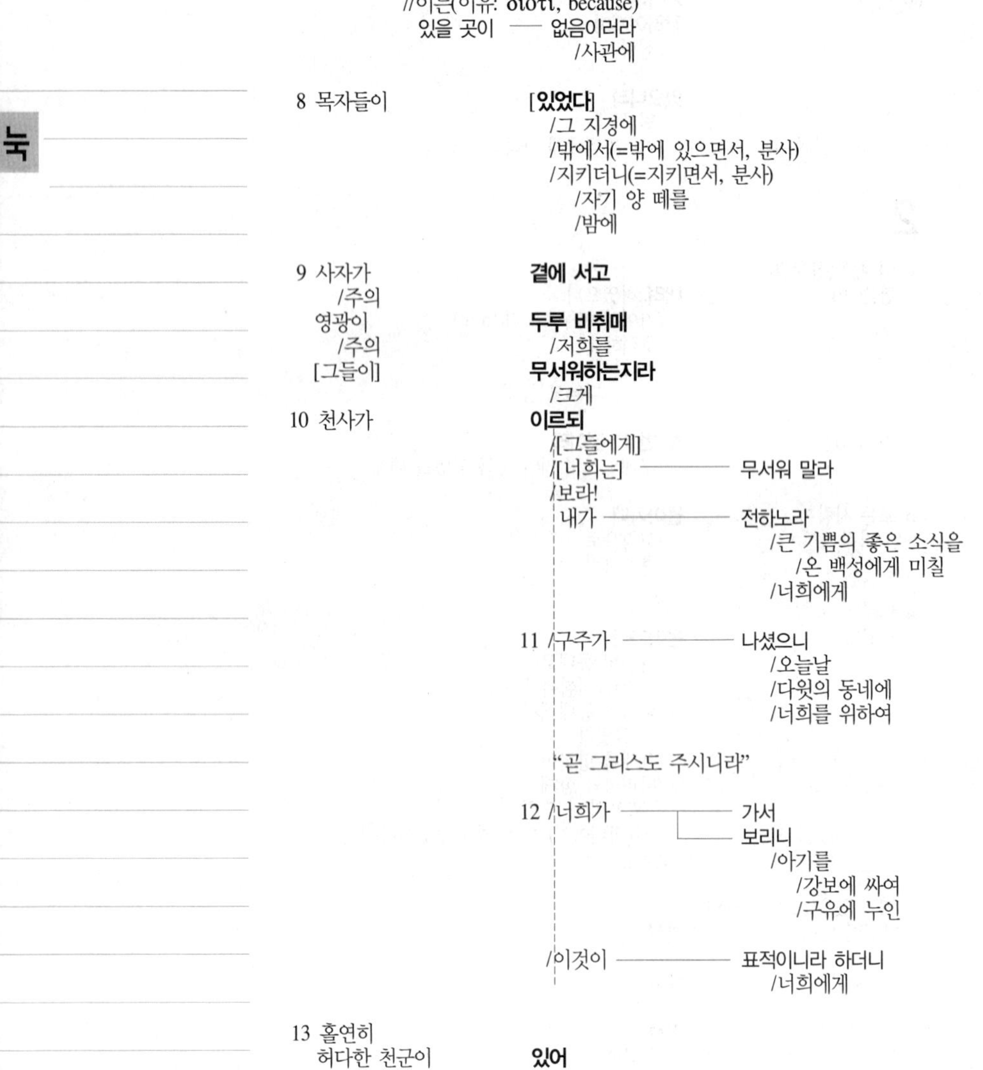

해산할 날이 차서 7 맏아들을 낳아 강보로 싸서 구유에 뉘었으니 이는 사관에 있을 곳이 없음이러라 8 그 지경에 목자들이 밖에서 밤에 자기 양 떼를 지키더니 9 주의 사자가 곁에 서고 주의 영광이 저희를 두루 비취매 크게 무서워 하는지라 10 천사가 이르되 무서워 말라 보라 내가 온 백성에게 미칠 큰 기쁨의 좋은 소식을 너희에게 전하노라 11 오늘날 다윗의 동네에 너희를 위하여 구주가 나셨으니 곧 그리스도 주시니라 12 너희가 가서 강보에 싸여 구유에 누인 아기를 보리니 이것이 너희에게 표적이니라 하더니 13 홀연히 허다한 천군이 그 천사와 함께 있어 하

for her to give birth. 7 And she gave birth to her firstborn son; and she wrapped Him in cloths, and laid Him in a manger, because there was no room for them in the inn. 8 ¶ And in the same region there were some shepherds staying out in the fields, and keeping watch over their flock by night. 9 And an angel of the Lord suddenly stood before them, and the glory of the Lord shone around them; and they were terribly frightened. 10 And the angel said to them, "Do not be afraid; for behold, I bring you good news of a great joy which shall be for all the people; 11 for today in the city of David there has been born for you a Savior, who is Christ the Lord. 12 "And this will be a sign for you: you will find a baby wrapped in cloths, and lying in a manger." 13 And suddenly there appeared

찬송하여 가로되(...하니라)
/하나님을
14 /영광이요[8]
/하나님께
/지극히 높은 곳에서는
평화로다
/사람들 중에
/기뻐하심을 입은
/땅에서는

8) 직역문맥
영광이 —— **[있다]**
/하나님께
/지극히 높은 곳에(서는)
평화가 —— **[있다]**
/기뻐하심을 입은 사람들 중에
/땅[위]에(서는)

15 천사들이 **떠나 올라가니**
/[그들로부터]
/하늘로

목자가 **말하되**(...하고)
/서로
/[우리가] —— 가서
/이제
/베들레헴까지
—— 보자
/이 이루어진 일을
/주께서 우리에게 알리신 바

16 [그들이] **가서**
/빨리
찾아서
/마리아와
요셉과
/아기를
/구유에 누인

17 [그들이] 보고(when, 상황절)
고하니
/천사가 —— 말한 것을
/이 아기에 대하여
/자기들에게

18 듣는 자가
/다(=모든) **기이히 여기되**
/말하는 일을
/목자의
/[그들에게]

나님을 찬송하여 가로되 14 지극히 높은 곳에서는 하나
님께 영광이요 땅에서는 기뻐하심을 입은 사람들 중에 평
화로다 하니라 15 천사들이 떠나 하늘로 올라가니 목자
가 서로 말하되 이제 베들레헴까지 가서 주께서 우리에게
알리신 바 이 이루어진 일을 보자 하고 16 빨리 가서 마리
아와 요셉과 구유에 누인 아기를 찾아서 17 보고 천사가
자기들에게 이 아기에 대하여 말한 것을 고하니 18 듣는
자가 다 목자의 말하는 일을 기이히 여기되

with the angel a multitude of the heavenly host praising
God, and saying, 14 "Glory to God in the highest, And
on earth peace among men with whom He is pleased."
15 And it came about when the angels had gone away
from them into heaven, that the shepherds began saying
to one another, "Let us go straight to Bethlehem then,
and see this thing that has happened which the Lord has
made known to us." 16 And they came in haste and found
their way to Mary and Joseph, and the baby as He lay in
the manger. 17 And when they had seen this, they made
known the statement which had been told them about this
Child. 18 And all who heard it wondered at the things

19 마리아는 **지키어**
/말을
/이
/모든
/생각하니라(=생각하면서, 분사)
/마음에
/[자기의]

20 목자가 **돌아가니라**
/그 모든 것을 인하여
/[그들이] ── 듣고
본
/자기들에게 이르던 바와 같이
/영광을 돌리고(=열광을 돌리며, 분사)
찬송하며(=찬송하며, 분사)
/하나님께

21 팔 일이 되매(when, 상황절)
/할례할
그 이름을(이) **하니(=불려졌다)**
/예수라
/곧
천사의 일컬은 바러라
/수태하기 전에

22 결례의 날이 차매(when, 상황절)
/모세의 법대로
[그들이] **데리고 올라가니**
/아기를
/예루살렘에

23 //(목적: 부정사)
드리고(=드리기 위해)
/아기를
/주께
/이는 주의 율법에 쓴 바[9] (...한 대로)
/남자마다 ── 하리라
/처음 난 /주의 거룩한 자라
/첫태에

24 //또(목적: 부정사)
제사하려 함이더라
/비둘기 한 쌍이나
혹 어린 반구 둘로
/주의 율법에 말씀하신 대로

9) 직역: ~주의 율법에 기록된 것처럼

19 마리아는 이 모든 말을 마음에 지키어 생각하니라 20 목자가 자기들에게 이르던 바와 같이 듣고 본 그 모든 것을 인하여 하나님께 영광을 돌리고 찬송하며 돌아가니라 21 할례할 팔 일이 되매 그 이름을 예수라 하니 곧 수태하기 전에 천사의 일컬은 바러라 22 모세의 법대로 결례의 날이 차매 아기를 데리고 예루살렘에 올라가니 23 이는 주의 율법에 쓴 바 첫 태에 처음 난 남자마다 주의 거룩한 자라 하리라 한 대로 아기를 주께 드리고 24 또 주의 율법에 말씀하신 대로 비둘기 한 쌍이나 혹 어린 반구 둘로 제사하려 함이더라

which were told them by the shepherds. 19 But Mary treasured up all these things, pondering them in her heart. 20 And the shepherds went back, glorifying and praising God for all that they had heard and seen, just as had been told them. 21 ¶ And when eight days were completed before His circumcision, His name was then called Jesus, the name given by the angel before He was conceived in the womb. 22 ¶ And when the days for their purification according to the law of Moses were completed, they brought Him up to Jerusalem to present Him to the Lord 23 (as it is written in the Law of the Lord, "Every first-born male that opens the womb shall be called holy to the Lord"),

25 [보라!]
사람이 **있으니**
/시므온이라 하는 /예루살렘에

이 사람이 **의롭고**
경건하여
/기다리는 자라
/이스라엘의 위로를

성령이 **계시더라**
/그 위에

26 지시를(=가) **받았더니**(=있었다)
/성령의 /[저에게]
/죽지 아니하리라 하는
/[저가] — 보기 전에
/주의 그리스도를

27 [그가] **들어가매**
/성전에
/성령의 감동으로

부모가 데리고 오는지라(when, 상황절)
/마침
/그 아기 예수를
/행하고자 하여
/율법의 전례대로

28 시므온이 **안고**
/아기를
찬송하여
/하나님을
가로되(...하니)
29 /주재여!
[당신은] — 놓아 주시는도다
/종을
/평안히
/이제는
/말씀하신 대로

30 //(이유: ὅτι, because)
내 눈이 — 보았사오니
/구원을
/주의

31 /이는[10] — 예비하신 것이
▼

눅

25 예루살렘에 시므온이라 하는 사람이 있으니 이 사람이 의롭고 경건하여 이스라엘의 위로를 기다리는 자라 성령이 그 위에 계시더라 26 저가 주의 그리스도를 보기 전에 죽지 아니하리라 하는 성령의 지시를 받았더니 27 성령의 감동으로 성전에 들어가매 마침 부모가 율법의 전례대로 행하고자 하여 그 아기 예수를 데리고 오는지라 28 시므온이 아기를 안고 하나님을 찬송하여 가로되 29 주재여 이제는 말씀하신 대로 종을 평안히 놓아 주시는도다 30 내 눈이 주의 구원을 보았사오니 31 이는 만민 앞에 예비하신 것이요

24 and to offer a sacrifice according to what was said in the Law of the Lord, "A pair of turtledoves, or two young pigeons." 25 And behold, there was a man in Jerusalem whose name was Simeon; and this man was righteous and devout, looking for the consolation of Israel; and the Holy Spirit was upon him. 26 And it had been revealed to him by the Holy Spirit that he would not see death before he had seen the Lord's Christ. 27 And he came in the Spirit into the temple; and when the parents brought in the child Jesus, to carry out for Him the custom of the Law, 28 then he took Him into his arms, and blessed God, and said, 29 "Now Lord, Thou dost let Thy bond-servant depart In peace, according to Thy word; 30 For my eyes have seen Thy salvation, 31 Which Thou hast prepared

누

요

31 /이는[10] 예비하신 것이요
/만민 앞에
32 빛이요
/이방을 비추는
영광이니이다
/이스라엘의
/주의 백성

33 부모가 **기이히 여기더라**
/그[의]
/[그] 말들을
/그[의] 아기에 대한

34 시므온이 **축복하고**
/저희에게
일러 가로되
/마리아에게
/그[의] 모친
/보라!
이 아이는 세움을 입었고
/패하고(=패함을 위하여)
흥함을 위하며
/많은 사람의
/이스라엘 중
/표적 되기 위하여(=표적을 위하여)
/비방을 받는
35 /또
칼이 찌르듯 하리라
/네 마음을
//이는(목적: ὅπως, that...may)
[그들이] 드러내려 함이니라 하더라
/마음의 생각을
/여러 사람의

36 또
선지자가 **있어**
/안나라 하는
/바누엘의 딸
/아셀 지파
[그녀는] **매우 늙었더라**
/나이
살다가
/남편과 함께
/그가 출가한 후

10) 관계대명사, 선행사는 '구원', 계속적 용법

32 이방을 비추는 빛이요 주의 백성 이스라엘의 영광이
니이다 하니 33 그 부모가 그 아기에 대한 말들을 기이히
여기더라 34 시므온이 저희에게 축복하고 그 모친 마리
아에게 일러 가로되 보라 이 아이는 이스라엘 중 많은 사
람의 패하고 흥함을 위하여 비방을 받는 표적 되기 위하여
세움을 입었고 35 또 칼이 네 마음을 찌르듯 하리라 이는
여러 사람의 마음의 생각을 드러내려 함이니라 하더라 36
또 아셀 지파 바누엘의 딸 안나라 하는 선지자가 있어 나
이 매우 늙었더라 그가 출가한 후 일곱 해 동안 남편과 함
께 살다가

in the presence of all peoples, 32 A light of revelation to
the Gentiles, And the glory of Thy people Israel." 33
And His father and mother were amazed at the things
which were being said about Him. 34 And Simeon blessed
them, and said to Mary His mother, "Behold, this Child
is appointed for the fall and rise of many in Israel, and
for a sign to be opposed — 35 and a sword will pierce
even your own soul — to the end that thoughts from
many hearts may be revealed." 36 And there was a prophetess,
Anna the daughter of Phanuel, of the tribe of Asher. She
was advanced in years, having lived with a husband seven
years after her marriage, 37 and then as a widow to the

/일곱 해 동안
37 **팔십사 년이라**
/과부 된 지

이 사람이 **떠나지 아니하고**
/성전을
/섬기더니(=섬기면서, 분사)
/금식하며(=금식으로)
기도함으로
/주야에

38 [그녀가] **감사하고**
/하나님께
/나아와서(분사)
/마침 이 때에
말하니라
/모든 사람에게
/예루살렘의 구속됨을 바라는
/이 아기에 대하여

39 [그들이] **필하고**
/모든 일을
/주의 율법을 좇아
돌아가
/갈릴리로
〈이르니라〉
/나사렛에
/본동네

40 아기가 **자라며**
강하여지고
/충족하며(분사)
/지혜가(=지혜로)

은혜가 **있더라**
/하나님의 /그 위에

41 그 부모가 **가더니**
/해마다
/예루살렘으로
/유월절을 당하면(=유월절에)

42 예수께서 **열두 살 될 때에**
저희가 **올라갔다가**
/이 절기의 전례를 좇아
43 **마치고**
/그 날들을

37 과부 된 지 팔십사 년이라 이 사람이 성전을 떠나지 아
니하고 주야에 금식하며 기도함으로 섬기더니 38 마침
이 때에 나아와서 하나님께 감사하고 예루살렘의 구속됨을
바라는 모든 사람에게 이 아기에 대하여 말하니라 39 주
의 율법을 좇아 모든 일을 필하고 갈릴리로 돌아가 본 동
네 나사렛에 이르니라 40 아기가 자라며 강하여지고 지
혜가 충족하며 하나님의 은혜가 그 위에 있더라 41 그 부
모가 해마다 유월절을 당하면 예루살렘으로 가더니 42
예수께서 열두 살 될 때에 저희가 이 절기의 전례를 좇아
올라 갔다가 43 그 날들을 마치고 돌아갈 때에 아이 예수

age of eighty-four. And she never left the temple, serving
night and day with fastings and prayers. 38 And at that
very moment she came up and began giving thanks to
God, and continued to speak of Him to all those who
were looking for the redemption of Jerusalem. 39 ¶ And when
they had performed everything according to the Law of
the Lord, they returned to Galilee, to their own city of Nazareth.
40 And the Child continued to grow and become strong,
increasing in wisdom; and the grace of God was upon
Him. 41 ¶ And His parents used to go to Jerusalem every
year at the Feast of the Passover. 42 And when He became
twelve, they went up there according to the custom of
the Feast; 43 and as they were returning, after spending
the full number of days, the boy Jesus stayed behind in

	돌아갈 때에(when, 상황절)
예수는	**머무셨더라**
/아이	/예루살렘에
그 부모는	**알지 못하고**
	/이를
44 [그들이]	**간 후**
	/하룻길을
	/생각하고(분사)
	/동행 중에 있는 줄로
	찾되
	/친족과 아는 자 중에서
	45 만나지 못하매(when, 상황절)
	돌아갔더니
	/예루살렘에
	/찾으면서(분사)
	/[그를]
46 사흘 후에(after, 상황절)	
[그들이]	**만난즉**
	/성전에서
	/그가(를)
	/앉으사(분사)
	/선생들 중에
	/듣기도 하시며(분사)
	/저희에게
	/묻기도 하시니(=하시는 것을, 분사)
47 듣는 자가	**기이히 여기더라**
/다(=모든)	/지혜와
	대답을
	/그[의]
48 그 부모가	보고(when, 상황절)
	놀라며
그 모친은	**가로되**
	/아이야!
	어찌하여 우리에게 이렇게 하였느냐?
	/보라!
	아버지와
	/네
	내가 **찾았노라**
	/너를

는 예루살렘에 머무셨더라 그 부모는 이를 알지 못하고 44 동행 중에 있는 줄로 생각하고 하룻길을 간 후 친족과 아는 자 중에서 찾되 45 만나지 못하매 찾으면서 예루살렘에 돌아갔더니 46 사흘 후에 성전에서 만난즉 그가 선생들 중에 앉으사 저희에게 듣기도 하시며 묻기도 하시니 47 듣는 자가 다 그 지혜와 대답을 기이히 여기더라 48 그 부모가 보고 놀라며 그 모친은 가로되 아이야 어찌하여 우리에게 이렇게 하였느냐 보라 네 아버지와 내가 근심하여 너를 찾았노라

Jerusalem. And His parents were unaware of it, 44 but supposed Him to be in the caravan, and went a day's journey; and they began looking for Him among their relatives and acquaintances. 45 And when they did not find Him, they returned to Jerusalem, looking for Him. 46 And it came about that after three days they found Him in the temple, sitting in the midst of the teachers, both listening to them, and asking them questions. 47 And all who heard Him were amazed at His understanding and His answers. 48 And when they saw Him, they were astonished; and His mother said to Him, "Son, why have You treated us this way? Behold, Your father and I have been anxiously

/근심하여(분사)
49 예수께서 **가라사대** ...하시니
/[그들에게]
/[당신들은] 어찌하여 찾으셨나이까?
/나를
/[당신들은] 알지 못하셨나이까?
/내가 있어야 될 줄을
/내 아버지 집에

50 양친이 **깨닫지 못하더라**
/그 말씀을
/그[가] [말씀]하신
/그들에게
51 예수께서 **내려가사**
/한가지로(=그들에게)
이르러
/나사렛에
받드시더라
/순종하여
/[그들을]

모친은 **두니라**
/그[의] /이 모든 말을
/마음에
/[자기의]

52 예수는 **자라가며**
/그 지혜와
그 키가

〈가시더라〉
/더 사랑스러워
/하나님과
사람에게

3

1 가이사가 열다섯 해
/디베료 /위에 있은 지
곧
빌라도가 <있을 때>
/본디오 /총독으로,
/유대의
헤롯이 <있을 때>
/분봉왕으로,
/갈릴리의

49 예수께서 가라사대 어찌하여 나를 찾으셨나이까 내가
내 아버지 집에 있어야 될 줄을 알지 못하셨나이까 하시니
50 양친이 그 하신 말씀을 깨닫지 못하더라 51 예수께서
한가지로 내려가사 나사렛에 이르러 순종하여 받드시더라
그 모친은 이 모든 말을 마음에 두니라 52 예수는 그 지
혜와 그 키가 자라가며 하나님과 사람에게 더 사랑스러워
가시더라

3:1 디베료 가이사가 위에 있은 지 열다섯 해 곧 본디오
빌라도가 유대의 총독으로, 헤롯이 갈릴리의 분봉왕(分

looking for You." 49 And He said to them, "Why is it
that you were looking for Me? Did you not know that I
had to be in My Father's house?" 50 And they did not
understand the statement which He had made to them.
51 And He went down with them, and came to Nazareth;
and He continued in subjection to them; and His mother
treasured all these things in her heart. 52 ¶ And Jesus
kept increasing in wisdom and stature, and in favor with
God and men.

3:1 ¶ Now in the fifteenth year of the reign of Tiberius
Caesar, when Pontius Pilate was governor of Judea,

封王)으로, 그 동생 빌립이 이두래와 드라고닛 지방의 분
봉왕으로, 루사니아가 아빌레네의 분봉왕으로, 2 안나스
와 가야바가 대제사장으로 있을 때에 하나님의 말씀이 빈
들에서 사가랴의 아들 요한에게 임한지라 3 요한이 요단
강 부근 각처에 와서 죄 사함을 얻게 하는 회개의 세례를
전파하니 4 선지자 이사야의 책에 쓴 바 광야에 외치는 자
의 소리가 있어 가로되 너희는 주의 길을 예비하라 그의
첩경을 평탄케 하라 5 모든 골짜기가 메워지고 모든 산과
작은 산이 낮아지고 굽은 것이 곧아지고 험한 길이 평탄하
여 질 것이요 6 모든 육체가 하나님의 구원하심을 보리라
함과 같으니라 7 요한이 세례 받으러 나오는 무리에게 이
르되 독사의 자식들아 누가 너희를 가르쳐 장차 올 진노를

and Herod was tetrarch of Galilee, and his brother Philip
was tetrarch of the region of Ituraea and Trachonitis, and
Lysanias was tetrarch of Abilene, 2 in the high priesthood
of Annas and Caiaphas, the word of God came to John,
the son of Zacharias, in the wilderness. 3 And he came
into all the district around the Jordan, preaching a baptism
of repentance for the forgiveness of sins; 4 as it is written
in the book of the words of Isaiah the prophet, "The voice
of one crying in the wilderness, Make ready the way of
the Lord, Make His paths straight. 5 Every ravine shall
be filled up, And every mountain and hill shall be brought
low; And the crooked shall become straight, And the
rough roads smooth; 6 And all flesh shall see the salvation
of God." 7 ¶ He therefore began saying to the multitudes

/*독사의 자식들아!*
누가 —— 가르쳐...하더냐?
  /너희를(=에게)
  /진노를 피하라(=피할 것을)
    /장차 올

8 /그러므로
[너희는] —— 맺고
  /열매를
    /회개에 합당한
—— 말하지 말라
  /속으로
    /아브라함이 우리 조상이라

//(이유: γάρ, for)
내가 —— 이르노니
  /너희에게
  /하나님이 —— 능히 하시리라
    /이 돌들로도
    /아브라함의 자손이 되게

9 /이미
도끼가 —— 놓였으니
  /나무 뿌리에
/나무마다 —— 찍혀
  /맺지 아니하는
    /좋은 열매

/[그것이] —— 던지우리라
  /불에

10 무리가 **물어 가로되**
  /그러하면
  우리가 —— 무엇을 하리이까?

11 [그가] **대답하여 가로되**(...하고)
  /있는 자는 —— 나눠 줄 것이요
    /옷 두 벌 —— /옷 없는 자에게
  /있는 자도 —— 그렇게 할 것이니라
    /먹을 것이

12 세리들도 **와서**
  /세례를 받고자 하여

가로되(...하매)
  /선생이여!
  우리는 —— 무엇을 하리이까?

피하라 하더냐 8 그러므로 회개에 합당한 열매를 맺고 속
으로 아브라함이 우리 조상이라 말하지 말라 내가 너희에
게 이르노니 하나님이 능히 이 돌들로도 아브라함의 자손
이 되게 하시리라 9 이미 도끼가 나무 뿌리에 놓였으니
좋은 열매 맺지 아니하는 나무마다 찍혀 불에 던지우리라
10 무리가 물어 가로되 그러하면 우리가 무엇을 하리이까
11 대답하여 가로되 옷 두 벌 있는 자는 옷 없는 자에게
나눠 줄 것이요 먹을 것이 있는 자도 그렇게 할 것이니라
하고 12 세리들도 세례를 받고자 하여 와서 가로되 선생
이여 우리는 무엇을 하리이까 하매

who were going out to be baptized by him, "You brood
of vipers, who warned you to flee from the wrath to
come? 8 "Therefore bring forth fruits in keeping with
repentance, and do not begin to say to yourselves, 'We
have Abraham for our father,' for I say to you that God
is able from these stones to raise up children to Abraham.
9 "And also the axe is already laid at the root of the
trees; every tree therefore that does not bear good fruit is
cut down and thrown into the fire." 10 And the multitudes
were questioning him, saying, "Then what shall we do?"
11 And he would answer and say to them, "Let the man
who has two tunics share with him who has none; and
let him who has food do likewise." 12 And some tax-gatherers
also came to be baptized, and they said to him, "Teacher,

눅

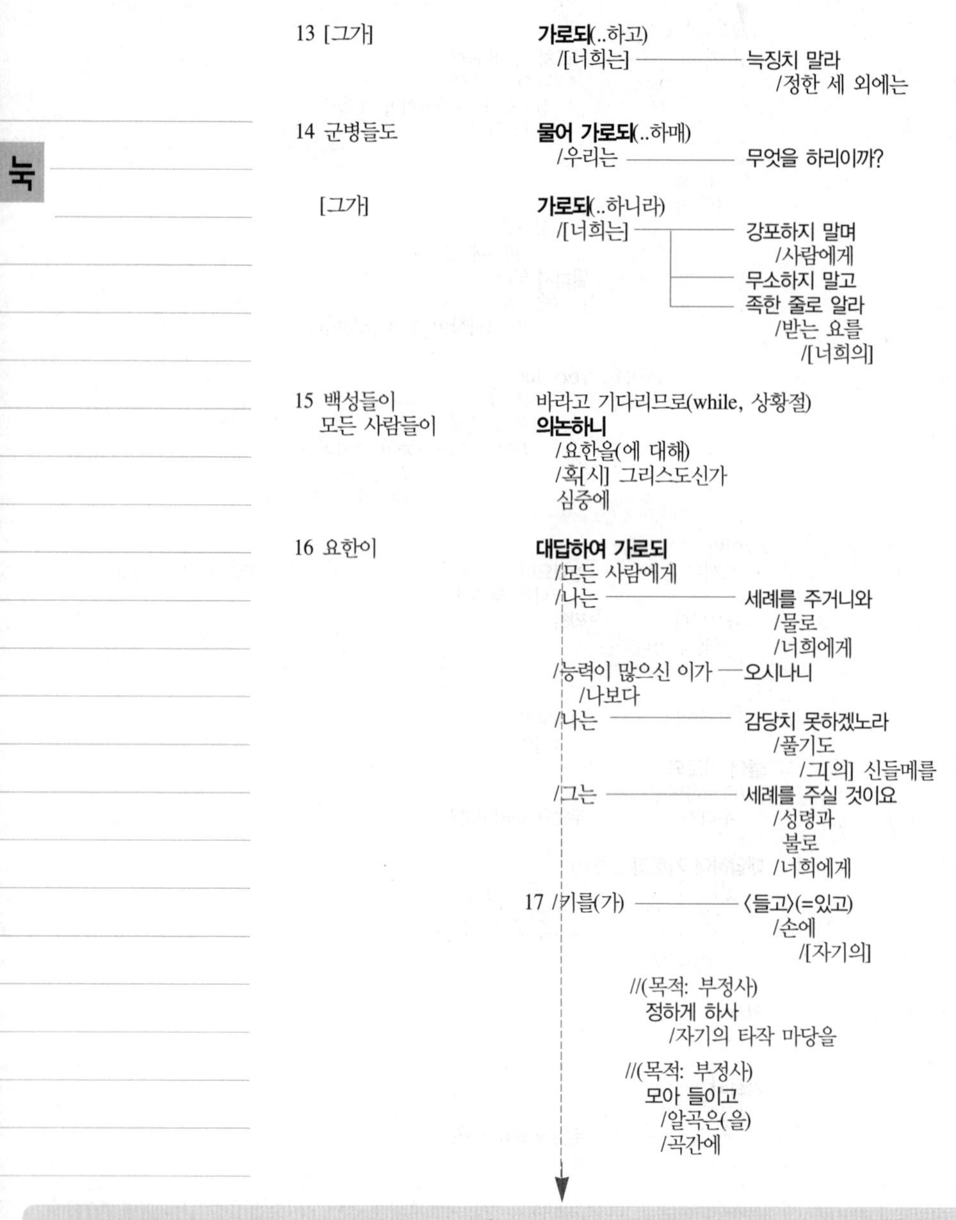

13 가로되 정한 세 외에는 늑징치 말라 하고 14 군병들
도 물어 가로되 우리는 무엇을 하리이까 하매 가로되 사람
에게 강포하지 말며 무소하지 말고 받는 요를 족한 줄로
알라 하니라 15 백성들이 바라고 기다리므로 모든 사람
들이 요한을 혹 그리스도신가 심중에 의논하니 16 요한
이 모든 사람에게 대답하여 가로되 나는 물로 너희에게 세
례를 주거니와 나보다 능력이 많으신 이가 오시나니 나는
그 신들메를 풀기도 감당치 못하겠노라 그는 성령과 불로
너희에게 세례를 주실 것이요 17 손에 키를 들고 자기의
타작 마당을 정하게 하사 알곡은 모아 곡간에 들이고 쭉정

what shall we do?" 13 And he said to them, "Collect no
more than what you have been ordered to." 14 And some
soldiers were questioning him, saying, "And what about
us, what shall we do?" And he said to them, "Do not
take money from anyone by force, or accuse anyone
falsely, and be content with your wages." 15 Now while
the people were in a state of expectation and all were wondering
in their hearts about John, as to whether he might be the Christ,
16 John answered and said to them all, "As for me, I
baptize you with water; but One is coming who is mightier
than I, and I am not fit to untie the thong of His sandals;
He will baptize you with the Holy Spirit and fire. 17
"And His winnowing fork is in His hand to thoroughly
clear His threshing floor, and to gather the wheat into

/[그가] —— 태우시리라
/쭉정이는(를)
/꺼지지 않는 불에

18 또
[그가] **(좋은 소식을) 전하였으나**
/백성에게
/기타 여러 가지로 권하여

19 헤롯은 책망을 받고(when, 상황절)
/분봉왕
/헤로디아의 일과
/그 동생의 아내
또 모든 악한 일을 인하여
/그의 행한
/요한에게

20 [그가] **더하여**
/한 가지 악을
/이 위에

가두니라
/요한을
/옥에

21 백성이 세례를 받을새(when, 상황절)
/다(=모든)
예수도 **세례를 받으시고**

기도하실 때에(when, 상황절)
하늘이 **열리며**

22 성령이 **강림하시더니**
/형체로
/비둘기같이
/그의 위에

소리가 **나기를**(...하시니라)
/하늘로서
/너는 —— 아들이라
/내
/사랑하는
/내가 —— 기뻐하노라
/너를

이는 꺼지지 않는 불에 태우시리라 18 또 기타 여러가지
로 권하여 백성에게 좋은 소식을 전하였으나 19 분봉왕
헤롯은 그 동생의 아내 헤로디아의 일과 또 그의 행한 모
든 악한 일을 인하여 요한에게 책망을 받고 20 이 위에
한 가지 악을 더하여 요한을 옥에 가두니라 21 백성이 다
세례를 받을새 예수도 세례를 받으시고 기도하실 때에 하
늘이 열리며 22 성령이 형체로 비둘기같이 그의 위에 강
림하시더니 하늘로서 소리가 나기를 너는 내 사랑하는 아
들이라 내가 너를 기뻐하노라 하시니라

His barn; but He will burn up the chaff with unquenchable
fire." 18 So with many other exhortations also he preached
the gospel to the people. 19 But when Herod the tetrarch
was reproved by him on account of Herodias, his brother's
wife, and on account of all the wicked things which Herod
had done, 20 he added this also to them all, that he locked
John up in prison. 21 Now it came about when all the
people were baptized, that Jesus also was baptized, and
while He was praying, heaven was opened, 22 and the
Holy Spirit descended upon Him in bodily form like a
dove, and a voice came out of heaven, "Thou art My
beloved Son, in Thee I am well-pleased." 23 ¶ And when

23 예수께서 삼십 세쯤 되시니라
/가르치심을 서작할 때에
/사람들의 아는 대로는

/요셉의 아들이니(=아들로서)

/요셉의 이상은 헬리요
24 /그 이상은 맛닷이요
/그 이상은 레위요
/그 이상은 멜기요
/그 이상은 얀나요
/그 이상은 요셉이요
25 /그 이상은 맛다디아요
/그 이상은 아모스요
/그 이상은 나훔이요
/그 이상은 에슬리요
/그 이상은 낙개요
26 /그 이상은 마앗이요
/그 이상은 맛다디아요
/그 이상은 서머인이요
/그 이상은 요섹이요
/그 이상은 요다요
27 /그 이상은 요아난이요
/그 이상은 레사요
/그 이상은 스룹바벨이요
/그 이상은 스알디엘이요
/그 이상은 네리요
28 /그 이상은 멜기요
/그 이상은 앗디요
/그 이상은 고삼이요
/그 이상은 엘마담이요
/그 이상은 에르요
29 /그 이상은 예수요
/그 이상은 엘리에서요
/그 이상은 요림이요
/그 이상은 맛닷이요
/그 이상은 레위요
30 /그 이상은 시므온이요
/그 이상은 유다요
/그 이상은 요셉이요
/그 이상은 요남이요
/그 이상은 엘리아김이요

23 예수께서 가르치심을 시작할 때에 삼십 세쯤 되시니라
사람들의 아는 대로는 요셉의 아들이니 요셉의 이상은 헬
리요 24 그 이상은 맛닷이요 그 이상은 레위요 그 이상은
멜기요 그 이상은 얀나요 그 이상은 요셉이요 25 그 이상
은 맛다디아요 그 이상은 아모스요 그 이상은 나훔이요 그
이상은 에슬리요 그 이상은 낙개요 26 그 이상은 마앗이
요 그 이상은 맛다디아요 그 이상은 서머인이요 그 이상은
요섹이요 그 이상은 요다요 27 그 이상은 요아난이요 그
이상은 레사요 그 이상은 스룹바벨이요 그 이상은 스알디
엘이요 그 이상은 네리요 28 그 이상은 멜기요 그 이상은
앗디요 그 이상은 고삼이요 그 이상은 엘마담이요 그 이상
은 에르요 29 그 이상은 예수요 그 이상은 엘리에서요 그
이상은 요림이요 그 이상은 맛닷이요 그 이상은 레위요
30 그 이상은 시므온이요 그 이상은 유다요 그 이상은 요
셉이요 그 이상은 요남이요 그 이상은 엘리아김이요

He began His ministry, Jesus Himself was about thirty
years of age, being supposedly the son of Joseph, the son
of Eli, 24 the son of Matthat, the son of Levi, the son of
Melchi, the son of Jannai, the son of Joseph, 25 the son
of Mattathias, the son of Amos, the son of Nahum, the
son of Hesli, the son of Naggai, 26 the son of Maath,
the son of Mattathias, the son of Semein, the son of
Josech, the son of Joda, 27 the son of Joanan, the son of
Rhesa, the son of Zerubbabel, the son of Shealtiel, the
son of Neri, 28 the son of Melchi, the son of Addi, the
son of Cosam, the son of Elmadam, the son of Er, 29
the son of Joshua, the son of Eliezer, the son of Jorim,
the son of Matthat, the son of Levi, 30 the son of Simeon,
the son of Judah, the son of Joseph, the son of Jonam,

31 /그 이상은 멜레아요
/그 이상은 멘나요
/그 이상은 맛다다요
/그 이상은 나단이요
/그 이상은 다윗이요
32 /그 이상은 이새요
/그 이상은 오벳이요
/그 이상은 보아스요
/그 이상은 살몬이요
/그 이상은 나손이요
33 /그 이상은 아미나답이요
/그 이상은 아니요
/그 이상은 헤스론이요
/그 이상은 베레스요
/그 이상은 유다요
34 /그 이상은 야곱이요
/그 이상은 이삭이요
/그 이상은 아브라함이요
/그 이상은 데라요
/그 이상은 나홀이요
35 /그 이상은 스룩이요
/그 이상은 르우요
/그 이상은 벨렉이요
/그 이상은 헤버요
/그 이상은 살라요
36 /그 이상은 가이난이요
/그 이상은 아박삿이요
/그 이상은 셈이요
/그 이상은 노아요
/그 이상은 레멕이요
37 /그 이상은 므두셀라요
/그 이상은 에녹이요
/그 이상은 야렛이요
/그 이상은 마할랄렐이요
/그 이상은 가이난이요
38 /그 이상은 에노스요
/그 이상은 셋이요
/그 이상은 아담이요
/그 이상은 하나님이시니라

31 그 이상은 멜레아요 그 이상은 멘나요 그 이상은 맛다
다요 그 이상은 나단이요 그 이상은 다윗이요 32 그 이상
은 이새요 그 이상은 오벳이요 그 이상은 보아스요 그 이
상은 살몬이요 그 이상은 나손이요 33 그 이상은 아미나
답이요 그 이상은 아니요 그 이상은 헤스론이요 그 이상은
베레스요 그 이상은 유다요 34 그 이상은 야곱이요 그 이
상은 이삭이요 그 이상은 아브라함이요 그 이상은 데라요
그 이상은 나홀이요 35 그 이상은 스룩이요 그 이상은 르
우요 그 이상은 벨렉이요 그 이상은 헤버요 그 이상은 살
라요 36 그 이상은 가이난이요 그 이상은 아박삿이요 그
이상은 셈이요 그 이상은 노아요 그 이상은 레멕이요 37
그 이상은 므두셀라요 그 이상은 에녹이요 그 이상은 야렛
이요 그 이상은 마할랄렐이요 그 이상은 가이난이요 38
그 이상은 에노스요 그 이상은 셋이요 그 이상은 아담이요
그 이상은 하나님이시니라

the son of Eliakim, 31 the son of Melea, the son of
Menna, the son of Mattatha, the son of Nathan, the son
of David, 32 the son of Jesse, the son of Obed, the son
of Boaz, the son of Salmon, the son of Nahshon, 33 the
son of Amminadab, the son of Admin, the son of Ram,
the son of Hezron, the son of Perez, the son of Judah,
34 the son of Jacob, the son of Isaac, the son of Abraham,
the son of Terah, the son of Nahor, 35 the son of Serug,
the son of Reu, the son of Peleg, the son of Heber, the
son of Shelah, 36 the son of Cainan, the son of Arphaxad,
the son of Shem, the son of Noah, the son of Lamech,
37 the son of Methuselah, the son of Enoch, the son of
Jared, the son of Mahalaleel, the son of Cainan, 38 the
son of Enosh, the son of Seth, the son of Adam, the son
of God.

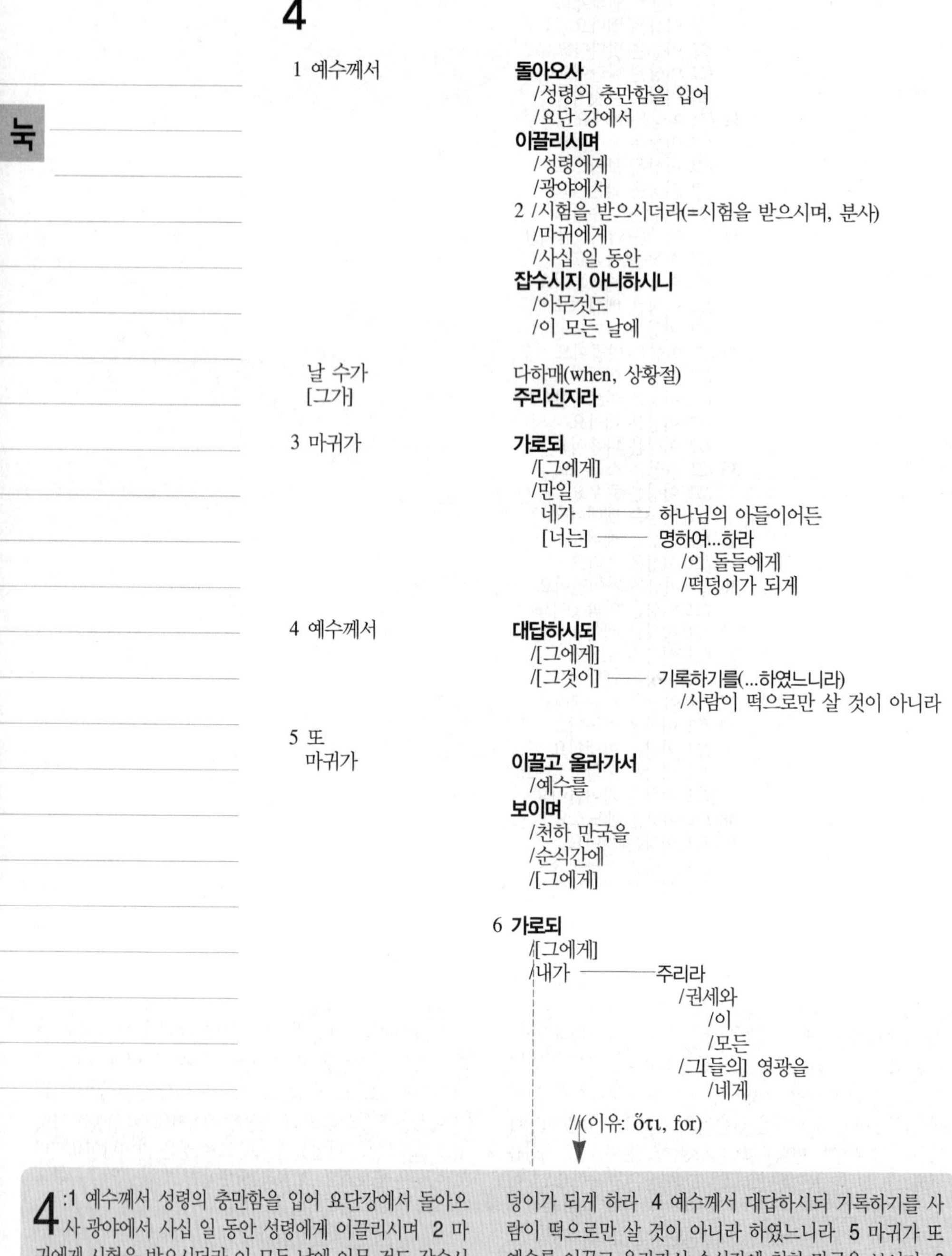

4

1 예수께서 돌아오사
/성령의 충만함을 입어
/요단 강에서
이끌리시며
/성령에게
/광야에서
2 /시험을 받으시더라(=시험을 받으시며, 분사)
/마귀에게
/사십 일 동안
잡수시지 아니하시니
/아무것도
/이 모든 날에

날 수가 다하매(when, 상황절)
[그가] 주리신지라

3 마귀가 가로되
/[그에게]
/만일
네가 —— 하나님의 아들이어든
[너는] —— 명하여...하라
/이 돌들에게
/떡덩이가 되게

4 예수께서 대답하시되
/[그에게]
/[그것이] —— 기록하기를(...하였느니라)
/사람이 떡으로만 살 것이 아니라

5 또
마귀가 이끌고 올라가서
/예수를
보이며
/천하 만국을
/순식간에
/[그에게]

6 가로되
/[그에게]
/내가 —— 주리라
/권세와
/이
/모든
/그[들의] 영광을
/네게

//(이유: ὅτι, for)

4:1 예수께서 성령의 충만함을 입어 요단강에서 돌아오사 광야에서 사십 일 동안 성령에게 이끌리시며 2 마귀에게 시험을 받으시더라 이 모든 날에 아무 것도 잡수시지 아니하시니 날 수가 다하매 주리신지라 3 마귀가 가로되 네가 만일 하나님의 아들이어든 이 돌들에게 명하여 떡덩이가 되게 하라 4 예수께서 대답하시되 기록하기를 사람이 떡으로만 살 것이 아니라 하였느니라 5 마귀가 또 예수를 이끌고 올라가서 순식간에 천하 만국을 보이며 6 가로되 이 모든 권세와 그 영광을 내가 네게 주리라 이것은 내게 넘겨 준 것이므로 나의 원하는 자에게 주노라 7

4:1 ¶ And Jesus, full of the Holy Spirit, returned from the Jordan and was led about by the Spirit in the wilderness :2 for forty days, being tempted by the devil. And He ate nothing during those days; and when they had ended, He became hungry. :3 And the devil said to Him, "If You are the Son of God, tell this stone to become bread." :4 And Jesus answered him, "It is written, 'Man shall not live on bread alone.'" :5 And he led Him up and showed Him all the kingdoms of the world in a moment of time. :6 And the devil said to Him, "I will

//(이유: ὅτι, for)
이것은 ——— 넘겨 준 것이므로
/내게
[내가] ——— 주노라
/나의 원하는 자에게

7 /그러므로
만일
네가 ——— 절하면(조건절)
/내게
다 ——— 네 것이 되리라

8 예수께서 **대답하여 가라사대**
/[그에게]
/[그것이] ——— 기록하기를(...하였느니라)
/[너는] ——— 경배하고
/하나님께
/주
/너의
섬기라
/그를
/다만

9 또
[그가] **이끌고 가서**
/[그를]
/예루살렘으로
세우고
/성전 꼭대기에
가로되
/만일
네가 ——— 아들이어든(조건절)
/하나님의
뛰어내리라
/여기서

10 //(이유: γάρ, for)
[그것이] ——— 기록하였으되(. . .하였고)
/하나님이 — 명하사(...하시리라)
/그[의] 사자들을
/너를 위하여
/지키게
/너를

11 //또한(계속되는 이유)
〈하였느니라〉
/저희가 ——— 받들어(...하시리라)
/너를
/손으로

//(결과: μήποτε, lest)

그러므로 네가 만일 내게 절하면 다 네 것이 되리라 8 예
수께서 대답하여 가라사대 기록하기를 주 너의 하나님께
경배하고 다만 그를 섬기라 하였느니라 9 또 이끌고 예루
살렘으로 가서 성전 꼭대기에 세우고 가로되 네가 만일 하
나님의 아들이어든 여기서 뛰어 내리라 10 기록하였으되
하나님이 너를 위하여 그 사자들을 명하사 너를 지키게 하
시리라 하였고 11 또한 저희가 손으로 너를 받들어 네 발
이 돌에 부딪히지 않게 하시리라 하였느니라

give You all this domain and its glory; for it has been
handed over to me, and I give it to whomever I wish. :7
"Therefore if You worship before me, it shall all be
Yours." :8 And Jesus answered and said to him, "It is
written, 'You shall worship the Lord your God and serve
Him only.'" :9 And he led Him to Jerusalem and had
Him stand on the pinnacle of the temple, and said to Him,
"If You are the Son of God, throw Yourself down from
here; :10 for it is written, 'He will give His angels charge
concerning You to guard You,' :11 and, 'On their hands
they will bear You up, Lest You strike Your foot against
a stone.'": 12 And Jesus answered and said to him, "It is

//(결과: μήποτε, lest)
[네가] —— 부딪히지 않게
/네 발이(을)
/돌에

눅

12 예수께서 대답하여 가라사대
/[그에게]
/[그가] —— 말씀하기를(...하였느니라)
/[너는] —— 시험치 말라
/하나님을
/주
/너의

13 모든 시험을 다 한 후에(when, 상황절)
마귀가 떠나니라
/[그로부터]
/얼마 동안

14 예수께서 돌아가시니
/성령의 권능으로
/갈릴리에

소문이 퍼졌고
/그[에 대한]
/사방에

15 [그가] 가르치시매
/친히
/회당에서
/여러
/그[들의]
/칭송을 받으시더라(=받으시며, 분사)
/뭇 사람에게

16 예수께서 이르사
/나사렛에
/그[가] 자라나신 곳

들어가사
/자기 규례대로
/안식일에
/회당에

서시매
/성경을 읽으려고

17 이사야의 글을(이) 드리거늘
/선지자

12 예수께서 대답하여 가라사대 말씀하기를 주 너의 하나
님을 시험치 말라 하였느니라 13 마귀가 모든 시험을 다
한 후에 얼마 동안 떠나니라 14 예수께서 성령의 권능으
로 갈릴리에 돌아가시니 그 소문이 사방에 퍼졌고 15 친
히 그 여러 회당에서 가르치시매 뭇 사람에게 칭송을 받으
시더라 16 예수께서 그 자라나신 곳 나사렛에 이르사 안
식일에 자기 규례대로 회당에 들어가사 성경을 읽으려고
서시매 17 선지자 이사야의 글을 드리거늘 책을 펴서 이
렇게 기록한 데를 찾으시니 곧

said, 'You shall not put the Lord your God to the test.'"
13 And when the devil had finished every temptation, he
departed from Him until an opportune time. 14 And Jesus
returned to Galilee in the power of the Spirit; and news
about Him spread through all the surrounding district. 15
And He began teaching in their synagogues and was
praised by all. 16 And He came to Nazareth, where He
had been brought up; and as was His custom, He entered
the synagogue on the Sabbath, and stood up to read. 17
And the book of the prophet Isaiah was handed to Him.

책을 펴서(when, 상황절)
[그가] **찾으시니**
/이렇게 기록한 데를
/곧
18 성령이 ——— 임하셨으니
/주의 /내게

//이는(이유: εἵνεκεν, because)
[그가] ——— 기름을 부으시고
/내게

//(목적: 부정사)
복음을 전하게 하시려고
/가난한 자에게

[그가] ——— 보내사
/나를

//(목적: 부정사)
전파하며
/자유를,
/포로된 자에게

/다시 보게 함을
/눈먼 자에게

//(계속되는 목적: 부정사)
자유케 하고
/눌린 자를

19 //(목적: 부정사)
전파하게 하려 하심이라 (하였더라)
/주의 은혜의 해를

20 [그가] **덮어**
/책을
주시고
/그 맡은 자에게
앉으시니

자들이 다 **보더라**
/회당에 있는 /주목하여(분사)
/[그를]

21 이에(δὲ)
예수께서 **말씀하시되**(... 하시니)
/저희에게
/이 글이 ——— 응하였느니라
/오늘날
/너희 귀에

18 주의 성령이 내게 임하셨으니 이는 가난한 자에게 복
음을 전하게 하시려고 내게 기름을 부으시고 나를 보내사
포로된 자에게 자유를, 눈먼 자에게 다시 보게 함을 전파
하며 눌린 자를 자유케 하고 19 주의 은혜의 해를 전파하
게 하려 하심이라 하였더라 20 책을 덮어 그 맡은 자에게
주시고 앉으시니 회당에 있는 자들이 다 주목하여 보더라
21 이에 예수께서 저희에게 말씀하시되 이 글이 오늘날
너희 귀에 응하였느니라 하시니

And He opened the book, and found the place where it
was written, 18 "The Spirit of the Lord is upon Me,
Because He anointed Me to preach the gospel to the poor.
He has sent Me to proclaim release to the captives, And
recovery of sight to the blind, To set free those who are
downtrodden, 19 To proclaim the favorable year of the Lord."
20 And He closed the book, and gave it back to the
attendant, and sat down; and the eyes of all in the synagogue
were fixed upon Him. 21 And He began to say to them,
"Today this Scripture has been fulfilled in your hearing."

22 저희가 증거하고
/다 /그를

기이히 여겨
/은혜로운 말을
/그[의] 입으로 나오는 바
가로되
/이 사람이 — 요셉의 아들이 아니냐?

23 예수께서 이르시되
/저희에게
/너희가 — 말하기를(...하리라)
/반드시
/내게
/속담을 (인증하여)
/의원아!
[너는] — 고치라 (하는)
/너를

/[너는] — 행하라
/가버나움에서 행한 일을
/우리의 들은 바
/여기서도
/네 고향

24 또
[그가] 가라사대
/진실로
내가 — 이르노니[11)]
/너희에게
선지자가 — 환영을 받는 자가 없느니라[12)]
/고향에서
25 /참으로
내가 — 이르노니[13)]
/너희에게
/하늘이 — 닫히어(when)
/세 해 여섯 달을
/큰 흉년이 — 들었을 때에(when)
/온 땅에
/과부가 — 있었으되
/많은
/엘리야 시대에
/이스라엘에
26 /엘리야가 — 보내심을 받지 않고
/그 중 한 사람에게도
— 오직 뿐이었으며
/사렙다의 한 과부에게
/시돈 땅에 있는
27 /또

11) 예수님이 자신의 말에 신적 권위가 있음을 강조하는 관용적인 용법이다.

12) 직역: 어떤 선지자도 고향에서 환영받지 못한다.

13) 예수님이 자신의 말에 신적 권위가 있음을 강조하는 관용적인 용법이다.

22 저희가 다 그를 증거하고 그 입으로 나오는 바 은혜로
운 말을 기이히 여겨 가로되 이 사람이 요셉의 아들이 아
니냐 23 예수께서 저희에게 이르시되 너희가 반드시 의
원아 너를 고치라 하는 속담을 인증하여 내게 말하기를 우
리의 들은 바 가버나움에서 행한 일을 네 고향 여기서도
행하라 하리라 24 또 가라사대 내가 진실로 너희에게 이
르노니 선지자가 고향에서 환영을 받는 자가 없느니라 25
내가 참으로 너희에게 이르노니 엘리야 시대에 하늘이 세
해 여섯 달을 닫히어 온 땅에 큰 흉년이 들었을 때에 이스
라엘에 많은 과부가 있었으되 26 엘리야가 그 중 한 사람

22 And all were speaking well of Him, and wondering at
the gracious words which were falling from His lips; and
they were saying, "Is this not Joseph's son?" 23 And He
said to them, "No doubt you will quote this proverb to
Me, 'Physician, heal yourself! Whatever we heard was
done at Capernaum, do here in your home town as well.'"
24 And He said, "Truly I say to you, no prophet is
welcome in his home town. 25 "But I say to you in truth,
there were many widows in Israel in the days of Elijah,
when the sky was shut up for three years and six months,
when a great famine came over all the land; 26 and yet
Elijah was sent to none of them, but only to Zarephath,

27 /또
선지자 엘리사 때에
많은 문둥이가 ——— 있었으되
/이스라엘에
/한 사람도 ——— 깨끗함을 얻지 못하고
/그 중에
/나아만 ——— 뿐이니라
/수리아 사람 /오직

28 이것을 듣고(when, 상황절)
회당에 있는 자들이 **가득하여**
/다(=모든) /분이

29 [그들이] **일어나**
쫓아내어
/동네 밖으로

끌고 가서
/[그를]
/산 낭떠러지까지
/그 동네가 건설된

//(목적: ὥστε, in order to)
밀쳐 내리치고자 하되
/[그를]

30 예수께서 **지나서**
/저희 가운데로
가시니라

31 **내려오사**
/갈릴리 가버나움 동네에
가르치시매
/안식일에
32 저희가 **놀라니**
/그[의] 가르치심에

//이는(이유: ὅτι, because)
그 말씀이 — 권세가 있음이러라

33 귀신들린 사람이 **있어**
/더러운 /회당에

소리질러 가로되
/크게
34 /아 나사렛 예수여!

에게도 보내심을 받지 않고 오직 시돈 땅에 있는 사렙다의
한 과부에게 뿐이었으며 27 또 선지자 엘리사 때에 이스
라엘에 많은 문둥이가 있었으되 그 중에 한 사람도 깨끗함
을 얻지 못하고 오직 수리아 사람 나아만 뿐이니라 28 회
당에 있는 자들이 이것을 듣고 다 분이 가득하여 29 일어
나 동네 밖으로 쫓아내어 그 동네가 건설된 산 낭떠러지까
지 끌고 가서 밀쳐 내리치고자 하되 30 예수께서 저희 가
운데로 지나서 가시니라 31 갈릴리 가버나움 동네에 내
려오사 안식일에 가르치시매 32 저희가 그 가르치심에
놀라니 이는 그 말씀이 권세가 있음이러라 33 회당에 더

in the land of Sidon, to a woman who was a widow. 27
"And there were many lepers in Israel in the time of
Elisha the prophet; and none of them was cleansed, but
only Naaman the Syrian." 28 And all in the synagogue
were filled with rage as they heard these things; 29 and
they rose up and cast Him out of the city, and led Him
to the brow of the hill on which their city had been built,
in order to throw Him down the cliff. 30 But passing
through their midst, He went His way. 31 ¶ And He came
down to Capernaum, a city of Galilee. And He was teaching
them on the Sabbath; 32 and they were amazed at His teaching,
for His message was with authority. 33 And there was a
man in the synagogue possessed by the spirit of an unclean
demon, and he cried out with a loud voice, 34 "Ha! What

34 /아 나사렛 예수여!
우리가 ——— 무슨 상관이 있나이까?
/당신과
/[당신은] ——— 왔나이까?
/우리를 멸하러
/나는 ——— 아노니
/당신이 누구인 줄
/[당신은] ——— 거룩한 자니이다
/하나님의

35 예수께서 **꾸짖어 가라사대** (...하시니)
/[너는] ——— 잠잠하고
——— 나오라
/그 사람에게서

귀신이 넘어뜨리고(when, 상황절)
/그 사람을
/무리 중에
[그가] **나오되**
/[그 사람을]
/상하지 아니한지라(=상하지 않고, 분사)
/그 사람은(을)

36 [그들이] **놀라**
/다
말하여 가로되
/서로
/이 어떠한 말씀인고

//(이유: ὅτι, for)
[그가] ——— 명하매
/더러운 귀신을
/권세와
능력으로
[그들이] ——— 나가는도다 하더라

37 이에
소문이 **퍼지니라**
/예수의 /사방에
/그 근처

38 예수께서 **일어나**
/회당에서
나가사
들어가시니
/시몬의 집에
장모가 **붙들린지라**
/시몬의 /중한 열병에

러운 귀신 들린 사람이 있어 크게 소리질러 가로되 34 아
나사렛 예수여 우리가 당신과 무슨 상관이 있나이까 우리
를 멸하러 왔나이까 나는 당신이 누구인 줄 아노니 하나님
의 거룩한 자니이다 35 예수께서 꾸짖어 가라사대 잠잠
하고 그 사람에게서 나오라 하시니 귀신이 그 사람을 무리
중에 넘어 뜨리고 나오되 그 사람은 상하지 아니한지라 36
다 놀라 서로 말하여 가로되 이 어떠한 말씀인고 권세와
능력으로 더러운 귀신을 명하매 나가는도다 하더라 37
이에 예수의 소문이 그 근처 사방에 퍼지니라 38 예수께
서 일어나 회당에서 나가사 시몬의 집에 들어가시니 시몬

do we have to do with You, Jesus of Nazareth? Have
You come to destroy us? I know who You are — the
Holy One of God!" 35 And Jesus rebuked him, saying,
"Be quiet and come out of him!" And when the demon
had thrown him down in their midst, he came out of him
without doing him any harm. 36 And amazement came
upon them all, and they began discussing with one another
saying, "What is this message? For with authority and
power He commands the unclean spirits, and they come
out." 37 And the report about Him was getting out into
every locality in the surrounding district. 38 ¶ And He
arose and left the synagogue, and entered Simon's home. Now
Simon's mother-in-law was suffering from a high fever;
and they made request of Him on her behalf. 39 And

사람이 **구하니**
/저를 위하여
/예수께

39 예수께서 **꾸짖으신대**
/열병을
/서서(분사)
/가까이

병이 **떠나고**
/[그녀를]

여자가 **일어나**
/곧
수종드니라
/저희에게

40 해질 적에(when, 상황절)
사람들이 **데리고 나아오매**
/다(=모든) /병인을
/앓는 자 있는 /[예수께]
/각색 병으로

예수께서 **고치시니**
/일일이
/손을 얹으사
/그 위에

41 귀신들이 **나가며**
/여러 사람에게서
/소리질러 가로되(분사)
/당신은 하나님의 아들이니이다

예수께서 **꾸짖으사**
허락지 아니하시니
/저희의 말함을

//이는(이유: ὅτι, for)
[그가] ——— 앎이러라
/자기를
/그리스도인 줄

42 날이 밝으매(when, 상황절)
예수께서 **나오사**
가시니
/한적한 곳에

의 장모가 중한 열병에 붙들린지라 사람이 저를 위하여 예
수께 구하니 39 예수께서 가까이 서서 열병을 꾸짖으신
대 병이 떠나고 여자가 곧 일어나 저희에게 수종드니라
40 해질 적에 각색 병으로 앓는 자 있는 사람들이 다 병인
을 데리고 나아오매 예수께서 일일이 그 위에 손을 얹으사
고치시니 41 여러 사람에게서 귀신들이 나가며 소리질러
가로되 당신은 하나님의 아들이니이다 예수께서 꾸짖으사
저희의 말함을 허락치 아니하시니 이는 자기를 그리스도인
줄 앎이러라 42 날이 밝으매 예수께서 나오사 한적한 곳
에 가시니 무리가 찾다가 만나서 자기들에게 떠나시지 못

standing over her, He rebuked the fever, and it left her;
and she immediately arose and waited on them. 40 ¶ And
while the sun was setting, all who had any sick with
various diseases brought them to Him; and laying His
hands on every one of them, He was healing them. 41
And demons also were coming out of many, crying out
and saying, "You are the Son of God!" And rebuking
them, He would not allow them to speak, because they
knew Him to be the Christ. 42 ¶ And when day came,
He departed and went to a lonely place; and the multitudes
were searching for Him, and came to Him, and tried to
keep Him from going away from them. 43 But He said

눅

무리가 — 찾다가
/[그를]
만나서
/[그를]
만류하려 하매
/[그를]
/떠나시지 못하게
/자기들에게서

43 예수께서 — 이르시되(...하시고)
/[그들에게]
/내가 —— 전하여야 하리니
/하나님의 나라 복음을
/다른 동네에서도

//(이유: ὅτι, for)
나는 —— 보내심을 입었노라
/이 일로

44 [예수께서] — 전도하시더라
/여러 회당에서
/갈릴리(=유대의)

5

1 무리가 — 옹위하여
들을새(while,상황절)
/말씀을
/하나님의

예수는 — 서서
/호숫가에
/게네사렛

2 [예수께서] — 보시니
/두 배가(를)
/있는 것(을)
/호숫가에

어부들은 — 나와서
/배에서
씻는지라
/그물을

3 예수께서 — 오르시니
/한 배에
/그 배는 시몬의 배라
청하시고
/육지에서 조금 띄기를

하게 만류하려 하매 43 예수께서 이르시되 내가 다른 동네에서도 하나님의 나라 복음을 전하여야 하리니 나는 이 일로 보내심을 입었노라 하시고 44 갈릴리 여러 회당에서 전도하시더라

5:1 무리가 옹위하여 하나님의 말씀을 들을새 예수는 게네사렛 호숫가에 서서 2 호숫가에 두 배가 있는 것을 보시니 어부들은 배에서 나와서 그물을 씻는지라
3 예수께서 한 배에 오르시니 그 배는 시몬의 배라 육지에서 조금 떼기를 청하시고 앉으사 배에서 무리를 가르치시

to them, "I must preach the kingdom of God to the other cities also, for I was sent for this purpose." 44 And He kept on preaching in the synagogues of Judea.

1 ¶ Now it came about that while the multitude were pressing around Him and listening to the word of God, He was standing by the lake of Gennesaret; 2 and He saw two boats lying at the edge of the lake; but the fishermen had gotten out of them, and were washing their nets. 3 And

앉으사
가르치시더니
/무리를
/배에서
4 **마치시고**
/말씀을
이르시되
/시몬에게
/[너는] —— 가서
/깊은 데로
—— 내려
/그물을
/고기를 잡으라(=고기잡이를 위해)

5 시몬이 **대답하여 가로되**
/선생이여!
우리들이 —— 수고를 하였으되
/밤이 맞도록
—— 얻은 것이 없지마는
/내가 —— 내리리이다 (하고)
/그물을
/말씀에 의지하여

6 그리한즉(when, 상황절)
[그들이] **에운 것이**(=**애워쌌다**)
/고기를
/심히 많아

그물이 **찢어지는지라**

7 이에
[그들이] **손짓하여** (...하니)
/동무를
/다른 배에 있는
/와서
도와 달라

저희가 **와서**
채우매
/두 배에

//(결과: ὥστε, so that...)
잠기게 되었더라

8 시몬 베드로가 **보고**
/이를

더니 4 말씀을 마치시고 시몬에게 이르시되 깊은 데로 가
서 그물을 내려 고기를 잡으라 5 시몬이 대답하여 가로되
선생이여 우리들이 밤이 맞도록 수고를 하였으되 얻은 것
이 없지마는 말씀에 의지하여 내가 그물을 내리리이다 하
고 6 그리한즉 고기를 에운 것이 심히 많아 그물이 찢어
지는지라 7 이에 다른 배에 있는 동무를 손짓하여 와서
도와 달라 하니 저희가 와서 두 배에 채우매 잠기게 되었
더라 8 시몬 베드로가 이를 보고 예수의 무릎 아래 엎드
려 가로되 주여 나를 떠나소서 나는 죄인이로소이다 하니

He got into one of the boats, which was Simons, and
asked him to put out a little way from the land. And He
sat down and began teaching the multitudes from the boat.
4 And when He had finished speaking, He said to Simon,
"Put out into the deep water and let down your nets for
a catch." 5 And Simon answered and said, "Master, we worked
hard all night and caught nothing, but at Your bidding I
will let down the nets." 6 And when they had done this,
they enclosed a great quantity of fish; and their nets began
to break; 7 and they signaled to their partners in the other
boat, for them to come and help them. And they came,
and filled both of the boats, so that they began to sink. 8
But when Simon Peter saw that, he fell down at Jesus'
feet, saying, "Depart from me, for I am a sinful man, O Lord!"

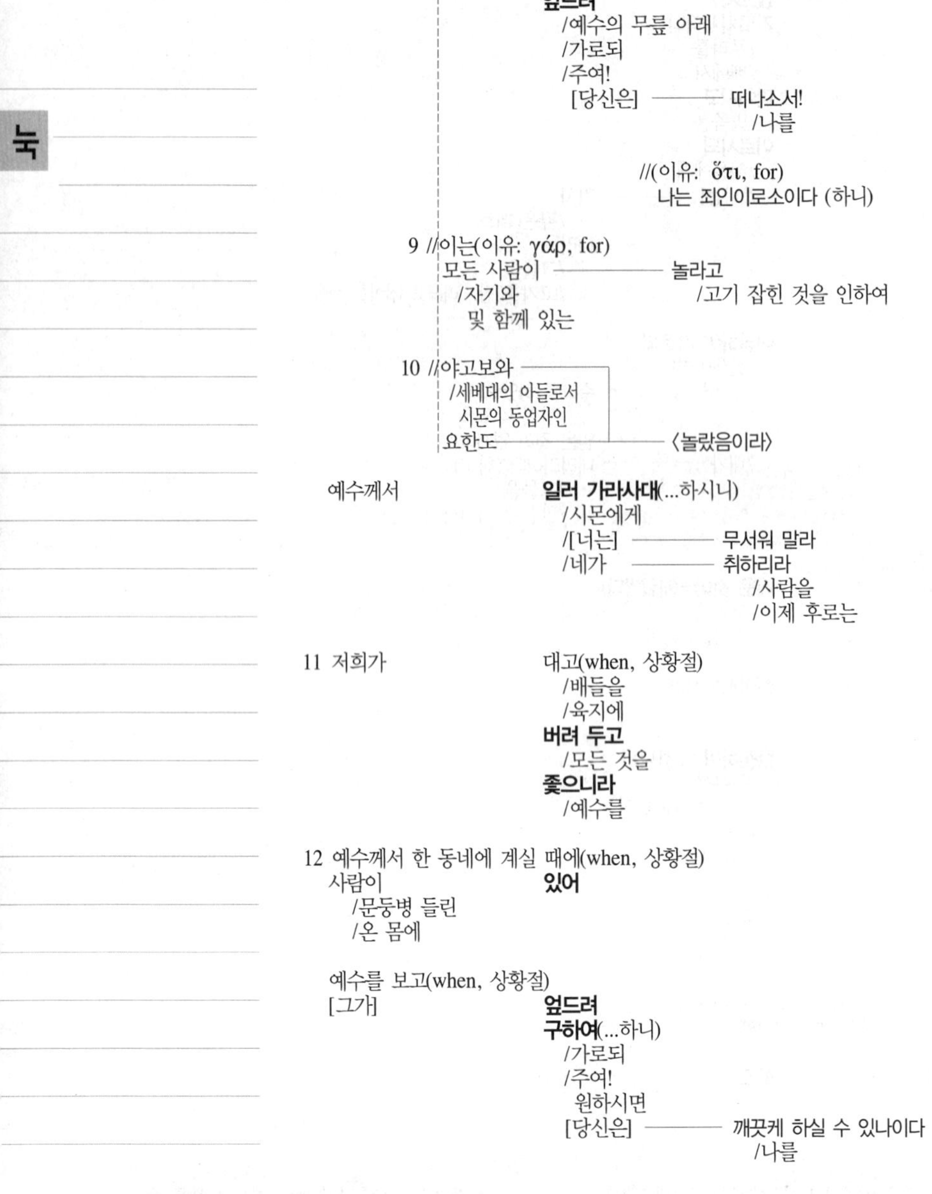

눅

9 이는 자기와 및 함께 있는 모든 사람이 고기 잡힌 것을 인하여 놀라고 10 세베대의 아들로서 시몬의 동업자인 야고보와 요한도 놀랐음이라 예수께서 시몬에게 일러 가라사대 무서워 말라 이제 후로는 네가 사람을 취하리라 하시니 11 저희가 배들을 육지에 대고 모든 것을 버려두고 예수를 좇으니라 12 예수께서 한 동네에 계실 때에 온 몸에 문둥병 들린 사람이 있어 예수를 보고 엎드려 구하여 가로되 주여 원하시면 나를 깨끗케 하실 수 있나이다 하니

9 For amazement had seized him and all his companions because of the catch of fish which they had taken; 10 and so also James and John, sons of Zebedee, who were partners with Simon. And Jesus said to Simon, "Do not fear, from now on you will be catching men." 11 And when they had brought their boats to land, they left everything and followed Him. 12 ¶ And it came about that while He was in one of the cities, behold, there was a man full of leprosy; and when he saw Jesus, he fell on his face and implored Him, saying, "Lord, if You are willing, You

13 예수께서 손을 내밀어 저에게 대시며 가라사대 내가
원하노니 깨끗함을 받으라 하신대 문둥병이 곧 떠나니라
14 예수께서 저를 경계하시되 아무에게도 이르지 말고 가
서 제사장에게 네 몸을 보이고 또 네 깨끗케 됨을 인하여
모세의 명한 대로 예물을 드려 저희에게 증거하라 하셨더
니 15 예수의 소문이 더욱 퍼지매 허다한 무리가 말씀도
듣고 자기 병도 나음을 얻고자 하여 모여 오되 16 예수는
물러가사 한적한 곳에서 기도하시니라 17 하루는 가르치
실 때에 갈릴리 각 촌과 유대와 예루살렘에서 나온 바리새
인과 교법사들이 앉았는데 병을 고치는 주의 능력이 예수

can make me clean." 13 And He stretched out His hand,
and touched him, saying, "I am willing; be cleansed."
And immediately the leprosy left him. 14 And He ordered
him to tell no one, "But go and show yourself to the
priest, and make an offering for your cleansing, just as
Moses commanded, for a testimony to them." 15 But the news
about Him was spreading even farther, and great multitudes
were gathering to hear Him and to be healed of their sicknesses.
16 But He Himself would often slip away to the wilderness
and pray. 17 ¶ And it came about one day that He was teaching;
and there were some Pharisees and teachers of the law
sitting there, who had come from every village of Galilee

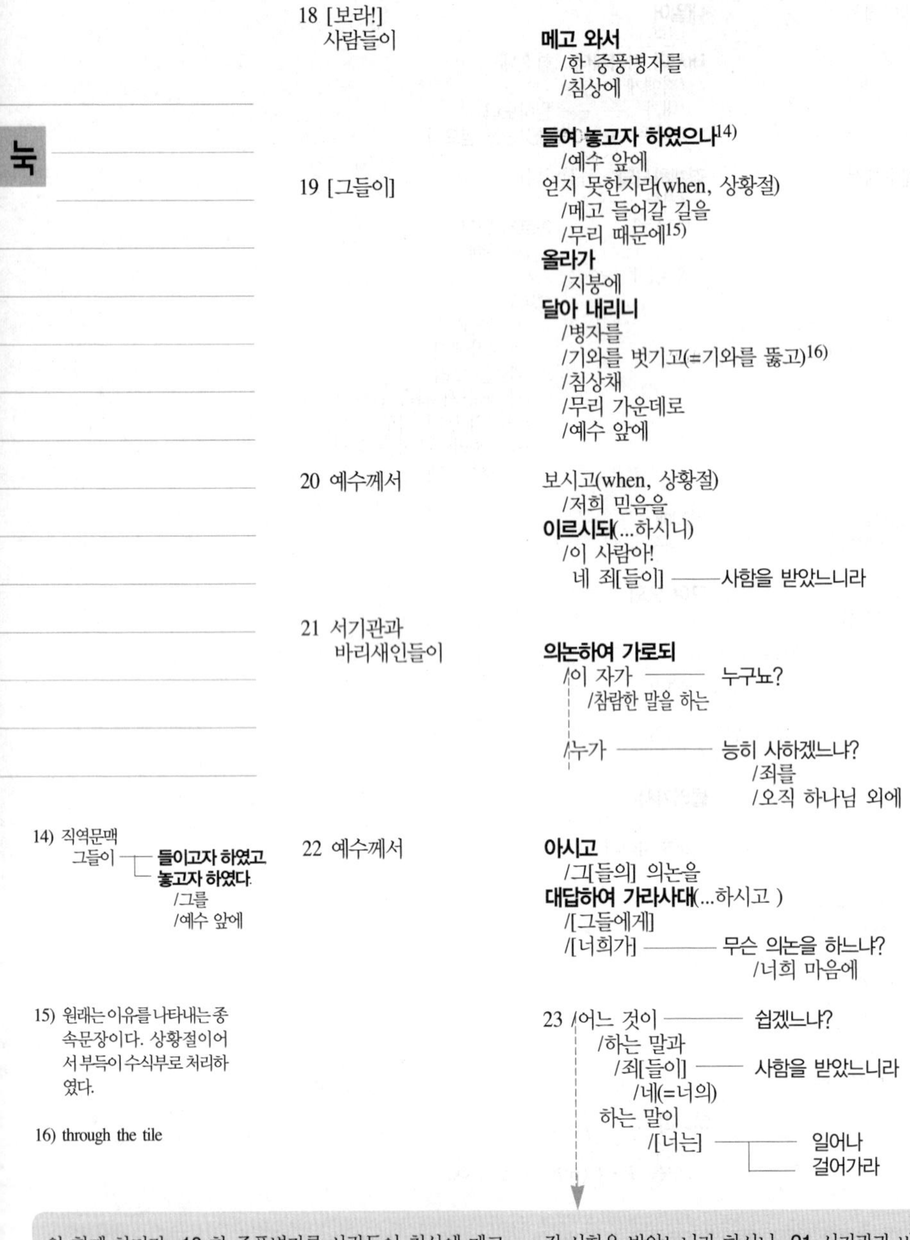

14) 직역문맥
그들이 — **들이고자 하였고**
놓고자 하였다
/그를
/예수 앞에

15) 원래는 이유를 나타내는 종속문장이다. 상황절이어서 부득이 수식부로 처리하였다.

16) through the tile

와 함께 하더라 18 한 중풍병자를 사람들이 침상에 메고
와서 예수 앞에 들여 놓고자 하였으나 19 무리 때문에 메
고 들어갈 길을 얻지 못한지라 지붕에 올라가 기와를 벗기
고 병자를 침상채 무리 가운데로 예수 앞에 달아 내리니
20 예수께서 저희 믿음을 보시고 이르시되 이 사람아 네
죄 사함을 받았느니라 하시니 21 서기관과 바리새인들이
의논하여 가로되 이 참람한 말을 하는 자가 누구뇨 오직
하나님 외에 누가 능히 죄를 사하겠느냐 22 예수께서 그
의논을 아시고 대답하여 가라사대 너희 마음에 무슨 의논
을 하느냐 23 제 죄 사함을 받았느니라 하는 말과 일어나

and Judea and from Jerusalem; and the power of the Lord
was present for Him to perform healing. 18 And behold, some
men were carrying on a bed a man who was paralyzed;
and they were trying to bring him in, and to set him down
in front of Him. 19 And not finding any way to bring
him in because of the crowd, they went up on the roof
and let him down through the tiles with his stretcher, right
in the center, in front of Jesus. 20 And seeing their faith,
He said, "Friend, your sins are forgiven you." 21 And
the scribes and the Pharisees began to reason, saying,
"Who is this man who speaks blasphemies? Who can
forgive sins, but God alone?" 22 But Jesus, aware of their

24 /그러나
너희로 — 알게 하리라
/인자가 — 권세가 있는 줄을
/죄를 사하는
/땅에서

[예수께서] **말씀하시되**(...하시매)
/중풍병자에게
/내가 — 이르노니[17]
/네게
/[너는] — 일어나
— 가지고
/네 침상을
— 가라
/집으로

25 그 사람이 **일어나**
/곧
/저희 앞에서
가지고
/누웠던 것을
돌아가니
/자기 집으로
/하나님께 영광을 돌리며

26 모든 사람이 **놀라**
영광을 돌리며
/하나님께
심히 두려워하여 가로되(...하니라)
/우리가 — 보았다
/기이한 일을
/오늘날

27 그 후에
[예수께서] **나가사**
보시고
/세리가 — 앉은 것을
/레위라 하는 /세관에
[**말씀**]**하시니**
/[그에게]
/[너는] — 좇으라
/나를

28 저가 **버리고**
/모든 것을
일어나
좇으니라

17) 예수님이 자신의 말씀에 신적인 권위를 부여하시는 관용적인 표현이다.

눅

걸어가라 하는 말이 어느 것이 쉽겠느냐 24 그러나 인자
가 땅에서 죄를 사하는 권세가 있는 줄을 너희로 알게 하
리라 하시고 중풍병자에게 말씀하시되 내가 네게 이르노니
일어나 네 침상을 가지고 집으로 가라 하시매 25 그 사람
이 저희 앞에서 곧 일어나 누웠던 것을 가지고 하나님께
영광을 돌리며 자기 집으로 돌아가니 26 모든 사람이 놀
라 하나님께 영광을 돌리며 심히 두려워하여 가로되 오늘
날 우리가 기이한 일을 보았다 하니라 27 그 후에 나가사
레위라 하는 세리가 세관에 앉은 것을 보시고 나를 좇으라
하시니 28 저가 모든 것을 버리고 일어나 좇으니라

reasonings, answered and said to them, "Why are you reasoning
in your hearts? 23 "Which is easier, to say, 'Your sins
have been forgiven you,' or to say, 'Rise and walk'? 24
"But in order that you may know that the Son of Man
has authority on earth to forgive sins," — He said to the
paralytic — "I say to you, rise, and take up your stretcher
and go home." 25 And at once he rose up before them,
and took up what he had been lying on, and went home,
glorifying God. 26 And they were all seized with astonishment
and began glorifying God; and they were filled with fear,
saying, "We have seen remarkable things today." 27 ¶
And after that He went out, and noticed a tax-gatherer
named Levi, sitting in the tax office, and He said to him,
"Follow Me." 28 And he left everything behind, and rose

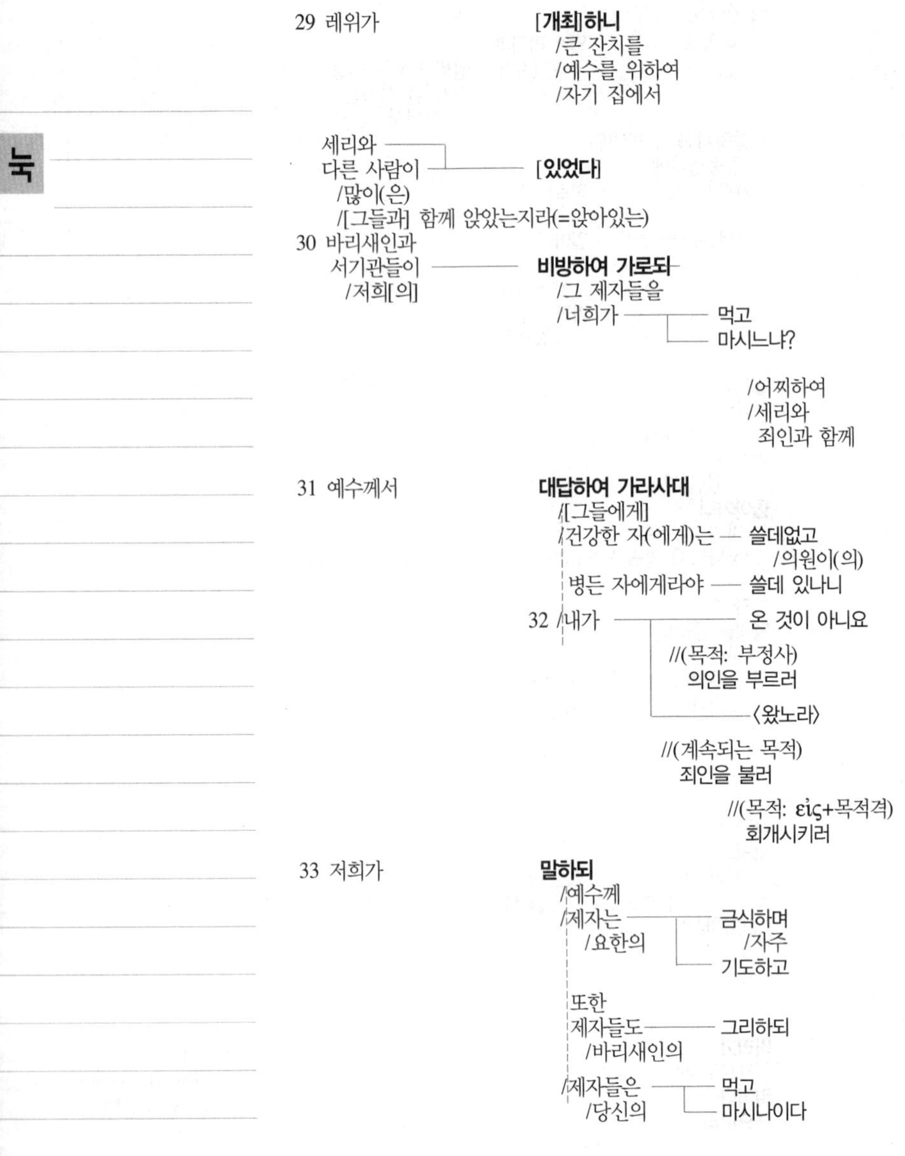

29 레위가 예수를 위하여 자기 집에서 큰 잔치를 하니 세
리와 다른 사람이 많이 함께 앉았는지라 30 바리새인과
저희 서기관들이 그 제자들을 비방하여 가로되 너희가 어
찌하여 세리와 죄인과 함께 먹고 마시느냐 31 예수께서
대답하여 가라사대 건강한 자에게는 의원이 쓸 데 없고 병
든 자에게라야 쓸 데 있나니 32 내가 의인을 부르러 온
것이 아니요 죄인을 불러 회개시키러 왔노라 33 저희가
예수께 말하되 요한의 제자는 자주 금식하며 기도하고 바
리새인의 제자들도 또한 그리하되 당신의 제자들은 먹고
마시나이다 34 예수께서 저희에게 이르시되 혼인집 손님

and began to follow Him. 29 ¶ And Levi gave a big
reception for Him in his house; and there was a great
crowd of tax-gatherers and other people who were reclining
at the table with them. 30 And the Pharisees and their
scribes began grumbling at His disciples, saying, "Why
do you eat and drink with the tax-gatherers and sinners?"
31 And Jesus answered and said to them, "It is not those
who are well who need a physician, but those who are
sick. 32 "I have not come to call the righteous but sinners
to repentance." 33 ¶ And they said to Him, "The disciples
of John often fast and offer prayers; the disciples of the
Pharisees also do the same; but Yours eat and drink." 34
And Jesus said to them, "You cannot make the attendants
of the bridegroom fast while the bridegroom is with them,

34 예수께서 이르시되
/저희에게
/손님들이 ——— 신랑과 함께 있을 때에
/혼인집
너희가 ——— 금식하게 할 수 있느뇨?
/그 손님으로

35 그러나
그 날에(=날들이)—— 이르러(when)
[그가] ——— 빼앗기리니
/신랑을
/저희가(=저희로부터)
[그들이] ——— 금식할 것이니라
/그 날에는

36 또
[예수께서] 이르시되
/비유하여(=비유를)
/[그들에게]
/붙이는 자가 ——— 없나니[18)]
/낡은 옷에
/한 조각을 찢어
/새 옷에서

/만일
그렇게 하면(조건절)
[그것이] ——— 찢을 뿐이요
/새 옷을
/또
조각이 ——— 합하지 아니하리라
/새 옷에서 찢은 /낡은 것에

37 /넣는 자가 ——— 없나니[19)]
/새 포도주를
/낡은 가죽 부대에

/만일
그렇게 하면(조건절)
새 포도주가 ——— 터뜨려
/부대를
/포도주가 ——— 쏟아지고
/부대도 ——— 버리게 되리라

38 /새 포도주는 ——— 넣어야 할 것이니라
/새 부대에

39 /묵은 포도주를 마시고(after, 상황절)[20)]
원하는 자가 ——— 없나니
/새 것을

//이는(이유: γάρ, for)

18) 한글 뉘앙스에 의한 문맥이다. 직역문맥은 아래와 같다.

아무도 **붙이지 않는다.**
/한 조각을
/새 옷에서 찢어
/낡은 옷에

19) 직역: 아무도 낡은 가죽부대에 새 포도주를 넣지 않는다.

20) 직역: 아무도 묵은 포도주를 마신 후에 새것을 원하지 않는다.

들이 신랑과 함께 있을 때에 너희가 그 손님으로 금식하게
할 수 있느뇨 35 그러나 그 날에 이르러 저희가 신랑을
빼앗기리니 그 날에는 금식할 것이니라 36 또 비유하여
이르시되 새 옷에서 한 조각을 찢어 낡은 옷에 붙이는 자
가 없나니 만일 그렇게 하면 새 옷을 찢을 뿐이요 또 새
옷에서 찢은 조각이 낡은 것에 합하지 아니하리라 37 새
포도주를 낡은 가죽 부대에 넣는 자가 없나니 만일 그렇게
하면 새 포도주가 부대를 터뜨려 포도주가 쏟아지고 부대
도 버리게 되리라 38 새 포도주는 새 부대에 넣어야 할
것이니라 39 묵은 포도주를 마시고 새 것을 원하는 자가
없나니 이는 묵은 것이 좋다 함이니라

can you? 35 "But the days will come; and when the bridegroom
is taken away from them, then they will fast in those
days." 36 And He was also telling them a parable: "No
one tears a piece from a new garment and puts it on an
old garment; otherwise he will both tear the new, and the
piece from the new will not match the old. 37 "And no
one puts new wine into old wineskins; otherwise the new wine
will burst the skins, and it will be spilled out, and the
skins will be ruined. 38 "But new wine must be put into
fresh wineskins. 39 "And no one, after drinking old wine
wishes for new; for he says, 'The old is good enough.'"

//이는(이유: γάρ, for)
[그가] —— [말]함이니라
/묵은 것이 좋다

6:1 안식일에 예수께서 밀밭 사이로 지나가실새 제자들
이 이삭을 잘라 손으로 비비어 먹으니 2 어떤 바리새
인들이 말하되 어찌하여 안식일에 하지 못할 일을 하느뇨
3 예수께서 대답하여 가라사대 다윗이 자기와 및 함께한
자들이 시장할 때에 한 일을 읽지 못하였느냐 4 그가 하나
님의 전에 들어가서 다만 제사장 외에는 먹지 못하는 진설
병을 집어 먹고 함께한 자들에게도 주지 아니하였느냐 5
또 가라사대 인자는 안식일의 주인이니라 하시더라 6 또
다른 안식일에 예수께서 회당에 들어가사 가르치실새 거기
오른손 마른 사람이 있는지라

6:1 Now it came about that on a certain Sabbath He
was passing through some grainfields; and His disciples
were picking and eating the heads of grain, rubbing them
in their hands. 2 But some of the Pharisees said, "Why
do you do what is not lawful on the Sabbath?" 3 And
Jesus answering them said, "Have you not even read what
David did when he was hungry, he and those who were
with him, 4 how he entered the house of God, and took
and ate the consecrated bread which is not lawful for any
to eat except the priests alone, and gave it to his companions?"
5 And He was saying to them, "The Son of Man is Lord
of the Sabbath." 6 And it came about on another Sabbath,

사람이　　　　　　　　　**있는지라**
/오른손 마른　　　　　　/거기

7 서기관과
바리새인들이　　　　　　**엿보니**
/예수를
/[그가] ——— 병 고치시는가
/안식일에

//(목적: ἵνα, so that...may)
[그들이] ——— 찾으려 하여
/빙거를
/송사할
/[예수를]

8 예수께서　　　　　　　**아시고**
/저희 생각을
이르시되(...하시니)
/손 마른 사람에게
/[너는] ——— 일어나
서라
/한가운데

저가　　　　　　　　　**일어나**
서거늘

9 예수께서　　　　　　　**이르시되**(...하시며)
/저희에게
/내가 ——— **묻노니**
/너희에게
/어느 것이 ——— 옳으냐?
/선을 행하는 것과
악을 행하는 것,
/안식일에
/생명을 구하는 것과
멸하는 것,

10 **둘러보시고**
/무리를
이르시되(...하시니)
/그 사람에게
/[너는] ——— 내밀라
/네 손을

저가　　　　　　　　　**그리하매**
그 손이　　　　　　　**회복된지라**

11 저희는　　　　　　　**가득하여**
/분기가

7 서기관과 바리새인들이 예수를 송사할 빙거를 찾으려
하여 안식일에 병 고치시는가 엿보니 8 예수께서 저희 생
각을 아시고 손마른 사람에게 이르시되 일어나 한가운데
서라 하시니 저가 일어나 서거늘 9 예수께서 저희에게 이
르시되 내가 너희에게 묻노니 안식일에 선을 행하는 것과
악을 행하는 것 생명을 구하는 것과 멸하는 것 어느 것이
옳으냐 하시며 10 무리를 둘러 보시고 그 사람에게 이르
시되 네 손을 내밀라 하시니 저가 그리하매 그 손이 회복
된지라 11 저희는 분기가 가득하여 예수를 어떻게 처치할
것을 서로 의논하니라

that He entered the synagogue and was teaching; and there
was a man there whose right hand was withered. 7 And
the scribes and the Pharisees were watching Him closely,
to see if He healed on the Sabbath, in order that they
might find reason to accuse Him. 8 But He knew what
they were thinking, and He said to the man with the
withered hand, "Rise and come forward!" And he rose
and came forward. 9 And Jesus said to them, "I ask you,
is it lawful on the Sabbath to do good, or to do harm, to
save a life, or to destroy it?" 10 And after looking around
at them all, He said to him, "Stretch out your hand!" And
he did so; and his hand was restored. 11 But they themselves
were filled with rage, and discussed together what they
might do to Jesus. 12 And it was at this time that He

의논하니라
/[그들이] ——— 어떻게 처치할 것을
/예수를
/서로

12 이 때에
예수께서

가사
/산으로
/기도하시러
맞도록(=보내셨다)
/밤이(을)
/기도하시고(=기도하시면서)
/하나님께

13 밝으매(when)
[예수께서]

부르사
/그[의] 제자들을
택하여
/열둘을
/그 중에서
칭하셨으니
/사도라

14 /곧
시몬과 및
/베드로라고도 이름 주신
안드레와 및
/그[의] 형제
야고보와
요한과
빌립과
바돌로매와
15 마태와
도마와 및
야고보와 및
/알패오의 아들
시몬과 및
/셀롯이라 [칭]하는
16 유다와 및
/야고보의 아들
가룟 유다라
/예수를 파는 자 될

17 예수께서

내려오사
/저희와 함께
서시니
/평지에

12 이 때에 예수께서 기도하시러 산으로 가사 밤이 맞도
록 하나님께 기도하시고 13 밝으매 그 제자들을 부르사
그 중에서 열 둘을 택하여 사도라 칭하셨으니 14 곧 베드
로라고도 이름 주신 시몬과 및 그 형제 안드레와 및 야고
보와 요한과 빌립과 바돌로매와 15 마태와 도마와 및 알
패오의 아들 야고보와 및 셀롯이라 하는 시몬과 16 및 야
고보의 아들 유다와 및 예수를 파는 자 될 가룟 유다라 17
예수께서 저희와 함께 내려오사 평지에 서시니 그 제자의
허다한 무리와 또 예수의 말씀도 듣고 병 고침을 얻으려고
유대 사방과 예루살렘과 및 두로와 시돈의 해안으로부터

went off to the mountain to pray, and He spent the whole
night in prayer to God. 13 And when day came, He called
His disciples to Him; and chose twelve of them, whom
He also named as apostles: 14 Simon, whom He also
named Peter, and Andrew his brother; and James and
John; and Philip and Bartholomew; 15 and Matthew and
Thomas; James the son of Alphaeus, and Simon who was
called the Zealot; 16 Judas the son of James, and Judas Iscariot,
who became a traitor. 17 And He descended with them,
and stood on a level place; and there was a great multitude
of His disciples, and a great throng of people from all
Judea and Jerusalem and the coastal region of Tyre and Sidon,

온 많은 백성도 있더라 18 더러운 귀신에게 고난 받는 자
들도 고침을 얻은지라 19 온 무리가 예수를 만지려고 힘
쓰니 이는 능력이 예수께로 나서 모든 사람을 낫게 함이러
라 20 예수께서 눈을 들어 제자들을 보시고 가라사대 가
난한 자는 복이 있나니 하나님의 나라가 너희 것임이요 21
이제 주린 자는 복이 있나니 너희가 배부름을 얻을 것임이
요 이제 우는 자는 복이 있나니 너희가 웃을 것임이요
22 인자를 인하여 사람들이 너희를 미워하며 멀리하고 욕

18 who had come to hear Him, and to be healed of their
diseases; and those who were troubled with unclean spirits
were being cured. 19 And all the multitude were trying
to touch Him, for power was coming from Him and healing
them all. 20 And turning His gaze on His disciples, He
began to say, "Blessed are you who are poor, for yours
is the kingdom of God. 21 "Blessed are you who hunger
now, for you shall be satisfied. Blessed are you who weep
now, for you shall laugh. 22 "Blessed are you when men
hate you, and ostracize you, and cast insults at you, and

22 /사람들이 ── 미워하며
/너희를
── 멀리하고
/[너희를]
── 욕하고
── 버릴때에는(상황절, when)
/너희 이름을
/악하다 하여
/너희에게(=가)── 복이 있도다

23 /[너희는] ── 기뻐하고
/그 날에
── 뛰놀라

//(이유: γάρ, for)
[보라!]
너희 상이 ── 큼이라
/하늘에서

//(이유: γάρ, for)
조상들이 ── 하였느니라
/저희 /선지자들에게
/이와 같이

24 /그러나
화 있을진저!
/너희 부요한 자여(=에게)

//(이유: ὅτι, for)
너희는 ── 이미 받았도다
/너희의 위로를
25 /화 있을진저!
너희 이제 배부른 자여!

//(이유: ὅτι, for)
너희는 ── 주리리로다

/화 있을진저!
너희 이제 웃는 자여!

//(이유: ὅτι, for)
너희가 ── 애통하며
── 울리로다

26 /모든 사람이 너희를 칭찬하면(when, 상황절)
화가 있도다!

//(이유: γάρ, for)

하고 너희 이름을 악하다 하여 버릴 때에는 너희에게 복이
있도다 23 그 날에 기뻐하고 뛰놀라 하늘에서 너희 상이
큼이라 저희 조상들이 선지자들에게 이와 같이 하였느니라
24 그러나 화 있을진저 너희 부요한 자여 너희는 너희의
위로를 이미 받았도다 25 화 있을진저 너희 이제 배부른
자여 너희는 주리리로다 화 있을진저 너희 이제 웃는 자여
너희가 애통하며 울리로다 26 모든 사람이 너희를 칭찬하
면 화가 있도다 저희 조상들이 거짓 선지자들에게 이와 같
이 하였느니라
27 그러나 너희 듣는 자에게 내가 이르노니 너희 원수를

spurn your name as evil, for the sake of the Son of Man.
23 "Be glad in that day, and leap for joy, for behold,
your reward is great in heaven; for in the same way their
fathers used to treat the prophets. 24 "But woe to you
who are rich, for you are receiving your comfort in full.
25 "Woe to you who are well-fed now, for you shall be hungry.
Woe to you who laugh now, for you shall mourn and
weep. 26 "Woe to you when all men speak well of you,
for in the same way their fathers used to treat the false prophets.
27 "But I say to you who hear, love your enemies, do

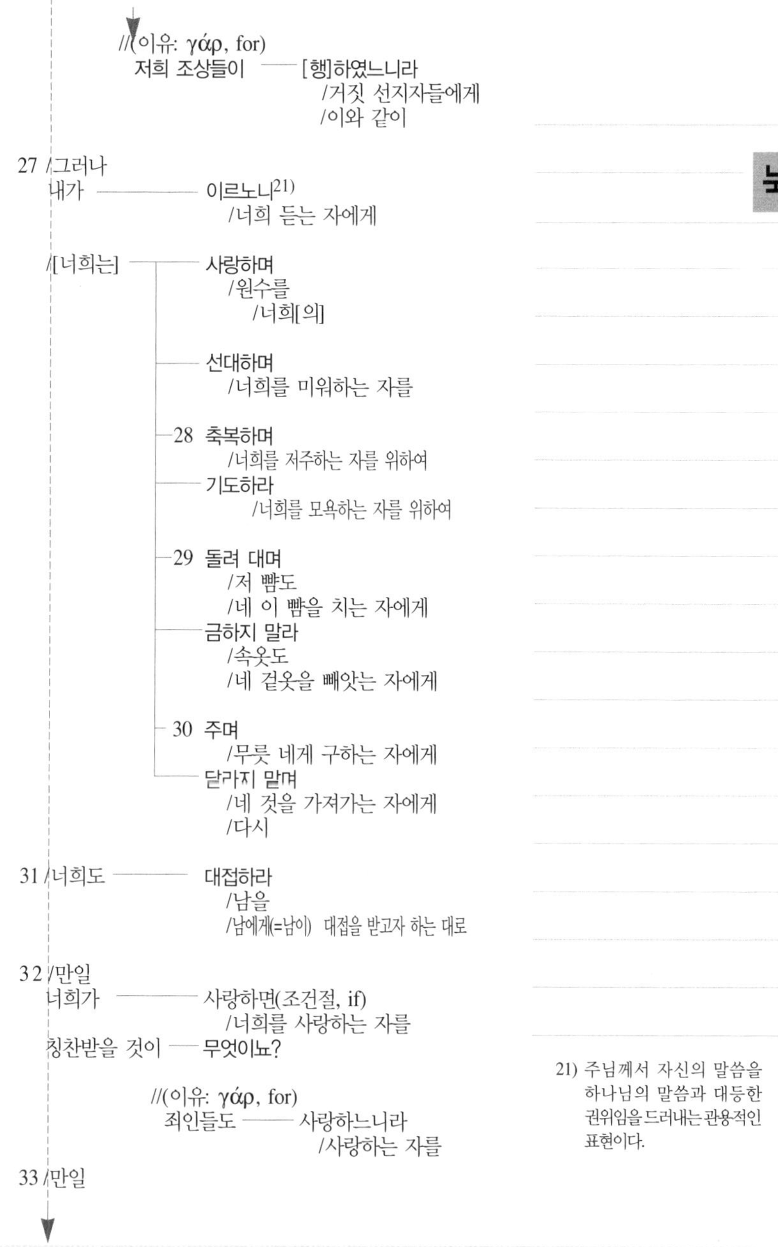

21) 주님께서 자신의 말씀을 하나님의 말씀과 대등한 권위임을 드러내는 관용적인 표현이다.

사랑하며 너희를 미워하는 자를 선대하며 28 너희를 저주
하는 자를 위하여 축복하며 너희를 모욕하는 자를 위하여
기도하라 29 네 이 뺨을 치는 자에게 저 뺨도 돌려 대며
네 겉옷을 빼앗는 자에게 속옷도 금하지 말라 30 무릇 네
게 구하는 자에게 주며 네 것을 가져가는 자에게 다시 달
라 하지 말며 31 남에게 대접을 받고자 하는 대로 너희도
남을 대접하라 32 너희가 만일 너희를 사랑하는자를 사랑
하면 칭찬 받을 것이 무엇이뇨 죄인들도 사랑하는 자를 사
랑하느니라
33 너희가 만일 선대하는 자를 선대하면 칭찬 받을 것이

good to those who hate you, 28 bless those who curse
you, pray for those who mistreat you. 29 "Whoever hits
you on the cheek, offer him the other also; and whoever
takes away your coat, do not withhold your shirt from
him either. 30 "Give to everyone who asks of you, and whoever
takes away what is yours, do not demand it back. 31
"And just as you want people to treat you, treat them in
the same way. 32 "And if you love those who love you,
what credit is that to you? For even sinners love those
who love them. 33 "And if you do good to those who
do good to you, what credit is that to you? For even
sinners do the same. 34 "And if you lend to those from

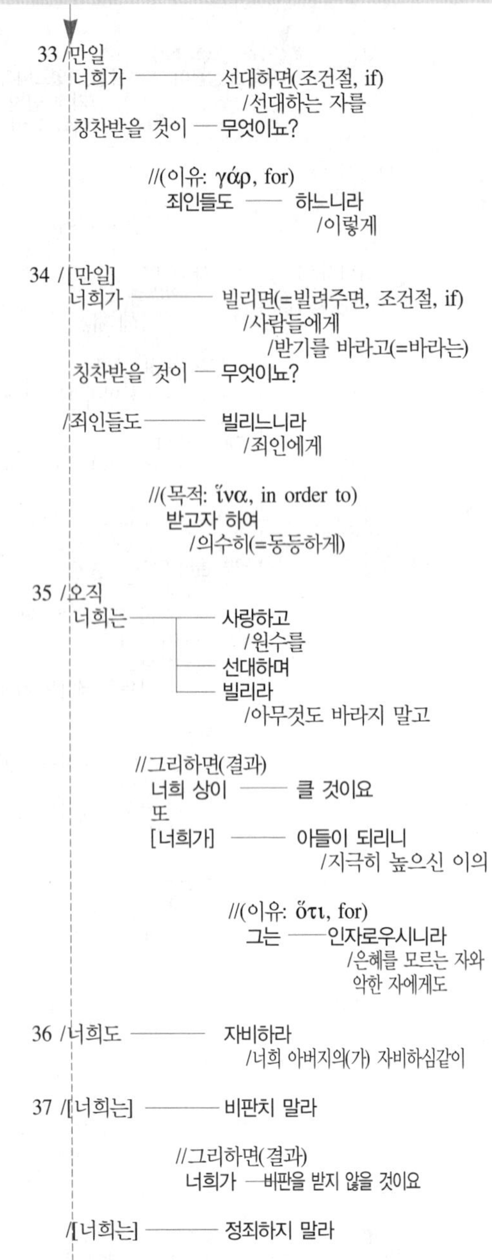

무엇이뇨 죄인들도 이렇게 하느니라 34 너희가 받기를 바
라고 사람들에게 빌리면 칭찬 받을 것이 무엇이뇨 죄인들
도 의수히 받고자 하여 죄인에게 빌리느니라 35 오직 너
희는 원수를 사랑하고 선대하며 아무 것도 바라지 말고 빌
리라 그리하면 너희 상이 클 것이요 또 지극히 높으신 이
의 아들이 되리니 그는 은혜를 모르는 자와 악한 자에게도
인자로우시니라 36 너희 아버지의 자비하심같이 너희도
자비하라 37 비판치 말라 그리하면 너희가 비판을 받지
않을 것이요 정죄하지 말라 그리하면 너희가 정죄를 받지
않을 것이요 용서하라 그리하면 너희가 용서를 받을 것이

whom you expect to receive, what credit is that to you?
Even sinners lend to sinners, in order to receive back the
same amount. 35 "But love your enemies, and do good,
and lend, expecting nothing in return; and your reward
will be great, and you will be sons of the Most High; for
He Himself is kind to ungrateful and evil men. 36 "Be merciful,
just as your Father is merciful. 37 "And do not judge
and you will not be judged; and do not condemn, and
you will not be condemned; pardon, and you will be pardoned.
38 "Give, and it will be given to you; good measure,

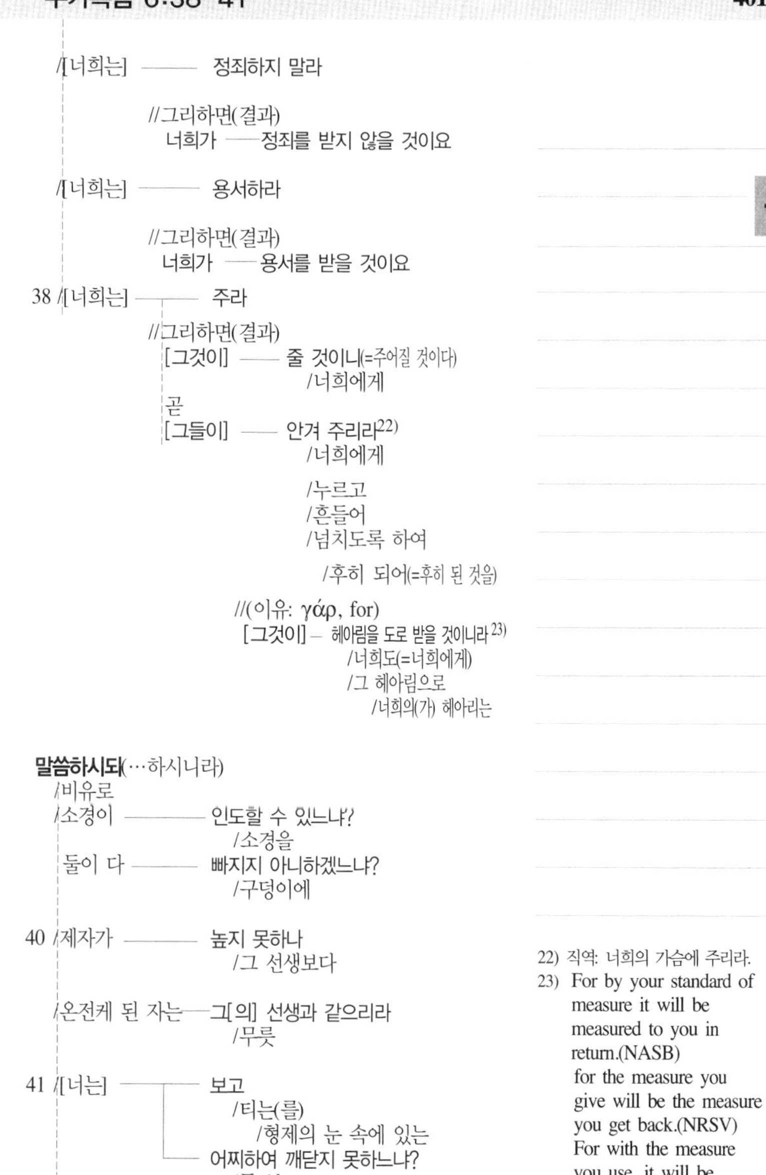

39 또
[예수께서] 말씀하시되(…하시니라)

22) 직역: 너희의 가슴에 주리라.

23) For by your standard of measure it will be measured to you in return.(NASB)
for the measure you give will be the measure you get back.(NRSV)
For with the measure you use, it will be measured to you.(NIV)

요 38 주라 그리하면 너희에게 줄 것이니 곧 후히 되어 누르고 흔들어 넘치도록 하여 너희에게 안겨 주리라 너희의 헤아리는 그 헤아림으로 너희도 헤아림을 도로 받을 것이니라 39 또 비유로 말씀하시되 소경이 소경을 인도할 수 있느냐 둘이 다 구덩이에 빠지지 아니하겠느냐 40 제자가 그 선생보다 높지 못하나 무릇 온전케 된 자는 그 선생과 같으리라 41 어찌하여 형제의 눈 속에 있는 티는 보고 네 눈 속에 있는 들보는 깨닫지 못하느냐 42 너는 네 눈 속에

pressed down, shaken together, running over, they will pour into your lap. For by your standard of measure it will be measured to you in return." 39 And He also spoke a parable to them: "A blind man cannot guide a blind man, can he? Will they not both fall into a pit? 40 "A pupil is not above his teacher; but everyone, after he has been fully trained, will be like his teacher. 41 "And why do you look at the speck that is in your brother's eye, but do not notice the log that is in your own eye? 42 "Or how can you say to your brother, 'Brother, let

누

42 /[너는] —— 어찌하여 말(하기를...)할 수 있느냐?
/형제여!
나로 — 빼게 하라
/티를
/네 눈 속에 있는
/보지 못하면서
/들보를
/네 눈 속에 있는
/형제에게

/외식하는 자여!
[너는] —— 빼어라
/먼저
/들보를
/네 눈 속에서
/그 후에야
네가 —— 밝히 보고
빼리라
/티를
/형제의 눈 속에 있는

43 //(이유: γάρ, for)
좋은 나무가 —— 없고
/못된 열매 맺는
또
못된 나무가 —— 없느니라
/좋은 열매 맺는

44 //(이유: γάρ, for)
나무는 —— 아나니
/각각(=모든) /그 열매로

//(이유: γάρ, for)
[사람들은] — 〈따지 못하고〉
/무화과를,
/가시나무에서
또는 따지 못하느니라
/포도를
/찔레에서

45 /선한 사람은 —— 내고
/선을
/마음의 쌓은 선에서
/악한 자는 —— 내나니
/악을
/그 쌓은 악에서

//이는(이유: γάρ, for)
입으로(=입이) —— 말함이니라
/마음의 가득한 것을

있는 들보를 보지 못하면서 어찌하여 형제에게 말하기를
형제여 나로 네 눈 속에 있는 티를 빼게 하라 할 수 있느
냐 외식하는 자여 먼저 네 눈 속에서 들보를 빼어라 그 후
에야 네가 밝히 보고 형제의 눈 속에 있는 티를 빼리라 43
못된 열매 맺는 좋은 나무가 없고 또 좋은 열매 맺는 못된
나무가 없느니라 44 나무는 각각 그 열매로 아나니 가시
나무에서 무화과를, 또는 찔레에서 포도를 따지 못하느니
라 45 선한 사람은 마음의 쌓은 선에서 선을 내고 악한
자는 그 쌓은 악에서 악을 내나니 이는 마음에 가득한 것
을 입으로 말함이니라 46 너희는 나를 불러 주여 주여 하

me take out the speck that is in your eye,' when you yourself do not see the log that is in your own eye? You hypocrite, first take the log out of your own eye, and then you will see clearly to take out the speck that is in your brother's eye.
43 "For there is no good tree which produces bad fruit; nor, on the other hand, a bad tree which produces good fruit.
44 "For each tree is known by its own fruit. For men do not gather figs from thorns, nor do they pick grapes from a briar bush.
45 "The good man out of the good treasure of his heart brings forth what is good; and the evil man out of the evil treasure brings forth what is evil; for his mouth speaks from that which fills his heart.

46 /너희는 ── 불러...하면서도(=부르며)
/나를
/주여 주여
어찌하여 행치 아니하느냐?
/나의 말하는 것을

47 /[내가] ── 보이리라
/나아와(=나오는 자마다)
/내게
/듣고(=듣는 자마다)
/내 말을
/행하는 자마다
/[그들에게]
/너희에게
/누구와 같은 것을

48 /[그는] ── 같으니
/집을 짓되(=짓는 자)
/사람과
/깊이 파고
/놓은
/주초를
/반석 위에
/큰 물이 나서(when)
탁류가 ── 부딪히되
/그 집에
능히 요동케 못하였거니와
/[그 집을]

//(이유: διαι+목적격, because)
잘 지은 연고로
/[그것을]

49 /듣고 ── 사람과 같으니
행치 아니하는 자는 /집 지은
/주초 없이
/흙 위에
/탁류가 부딪히매(when)
집이 ── 곧 무너져
/파괴됨이 ── 심하니라
/[그 집의]

면서도 어찌하여 나의 말하는 것을 행치 아니하느냐 47
내게 나아와 내 말을 듣고 행하는 자마다 누구와 같은 것
을 너희에게 보이리라 48 집을 짓되 깊이 파고 주초를 반
석 위에 놓은 사람과 같으니 큰 물이 나서 탁류가 그 집에
부딪히되 잘 지은 연고로 능히 요동케 못하였거니와 49
듣고 행치 아니하는 자는 주초없이 흙 위에 집 지은 사람
과 같으니 탁류가 부딪히매 집이 곧 무너져 파괴됨이 심하
니라 하시니라

46 "And why do you call Me, 'Lord, Lord,' and do not
do what I say? 47 "Everyone who comes to Me, and
hears My words, and acts upon them, I will show you
whom he is like: 48 he is like a man building a house,
who dug deep and laid a foundation upon the rock; and
when a flood rose, the torrent burst against that house
and could not shake it, because it had been well built.
49 "But the one who has heard, and has not acted accordingly,
is like a man who built a house upon the ground without
any foundation; and the torrent burst against it and immediately
it collapsed, and the ruin of that house was great."

눅

7:1 예수께서 모든 말씀을 백성에게 들려 주시기를 마
치신 후에 가버나움으로 들어가시니라 2 어떤 백부장
의 사랑하는 종이 병들어 죽게 되었더니 3 예수의 소문을
듣고 유대인의 장로 몇을 보내어 오셔서 그 종을 구원 하
시기를 청한지라 4 이에 저희가 예수께 나아와 간절히 구
하여 가로되 이 일을 하시는 것이 이 사람에게는 합당하니
이다 5 저가 우리 민족을 사랑하고 또한 우리를 위하여 회
당을 지었나이다 하니 6 예수께서 함께 가실새 이에 그 집
이 멀지 아니하여 백부장이 벗들을 보내어 가로되 주여 수
고하시지 마옵소서 내 집에 들어오심을 나는 감당치 못하

7:1 When He had completed all His discourse in the hearing
of the people, He went to Capernaum. 2 And a certain
centurion's slave, who was highly regarded by him, was
sick and about to die. 3 And when he heard about Jesus,
he sent some Jewish elders asking Him to come and save
the life of his slave. 4 And when they had come to Jesus,
they earnestly entreated Him, saying, "He is worthy for
You to grant this to him; 5 for he loves our nation, and
it was he who built us our synagogue." 6 Now Jesus
started on His way with them; and when He was already
not far from the house, the centurion sent friends, saying
to Him, "Lord, do not trouble Yourself further, for I am

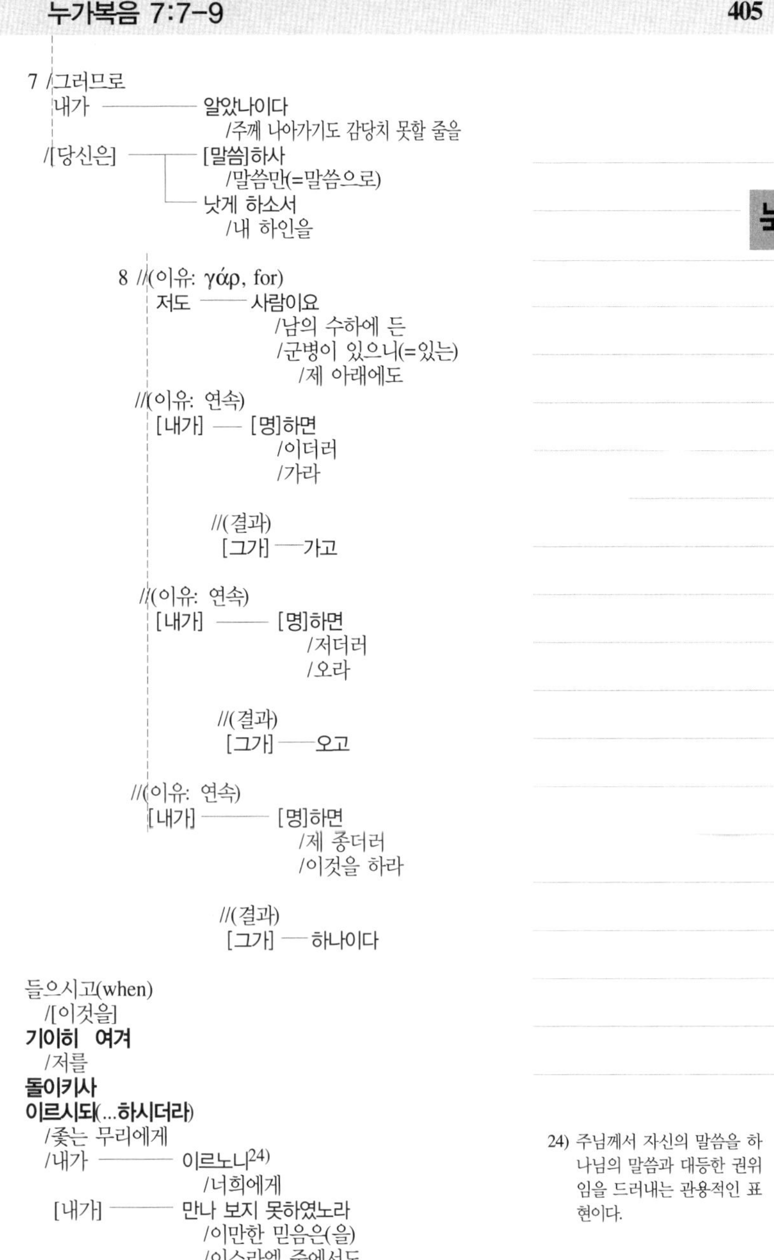

9 예수께서 들으시고(when)
/[이것을]
기이히 여겨
/저를
돌이키사
이르시되(...하시더라)
/좇는 무리에게
/내가 ——— 이르노니[24]
/너희에게
[내가] ——— 만나 보지 못하였노라
/이만한 믿음은(을)
/이스라엘 중에서도

눅

24) 주님께서 자신의 말씀을 하나님의 말씀과 대등한 권위임을 드러내는 관용적인 표현이다.

겠나이다 7 그러므로 내가 주께 나아가기도 감당치 못할
줄을 알았나이다 말씀만 하사 내 하인을 낫게 하소서 8 저
도 남의 수하에 든 사람이요 제 아래에도 군병이 있으니
이더러 가라 하면 가고 저더러 오라 하면 오고 제 종더러
이것을 하라 하면 하나이다 9 예수께서 들으시고 저를 기
이히 여겨 돌이키사 좇는 무리에게 이르시되 내가 너희에
게 이르노니 이스라엘 중에서도 이 만한 믿음은 만나지 못
하였노라 하시더라

not worthy for You to come under my roof; 7 for this
reason I did not even consider myself worthy to come to
You, but just say the word, and my servant will be healed.
8 "For I, too, am a man under authority, with soldiers
under me; and I say to this one, 'Go!' and he goes; and
to another, 'Come!' and he comes; and to my slave, 'Do
this!' and he does it." 9 Now when Jesus heard this, He
marveled at him, and turned and said to the multitude
that was following Him, "I say to you, not even in Israel
have I found such great faith." 10 And when those who

누

10 사람들이 돌아가(when, 상황절)
/보내었던 /집으로
보매
/종이(=을)
/이미 강건하여졌더라(=진)

11 그 후에
예수께서 **가실새**
/나인이란 성으로
제자와
무리가 **동행하더니**
/허다한

12 성문에 가까이 오실 때에(when, 상황절)
사람들이 **메고 나오니**
/한 죽은 자를
/이는 ——— 독자요
/그 어미의
어미는 ——— 과부라(=인)

많은 사람도 **나오거늘**
/그 성의 /그와 함께
13 주께서 보시고(when)
/과부를
불쌍히 여기사
/[그녀를]
[말씀]하시고
/[너는] ——— 울지 말라

14 **가까이 오사**
손을 대시니
/그 관에
멘 자들이 **서는지라**

예수께서 **가라사대**(...하시매)
/청년아!
내가 ——— 말하노니[25]
/네게
[너는] ——— 일어나라

15 죽었던 자가 **일어 앉고**
말도 하거늘

예수께서 **주신대**
/그를
/어미에게

25) 주님께서 자신의 말씀을 하나님의 말씀과 대등한 권위임을 드러내는 관용적인 표현이다.

10 보내었던 사람들이 집으로 돌아가 보매 종이 이미 강건하여졌더라 11 그 후에 예수께서 나인이란 성으로 가실새 제자와 허다한 무리가 동행하더니 12 성문에 가까이 오실 때에 사람들이 한 죽은 자를 메고 나오니 이는 그 어미의 독자요 어미는 과부라 그 성의 많은 사람도 그와 함께 나오거늘 13 주께서 과부를 보시고 불쌍히 여기사 울지 말라 하시고 14 가까이 오사 그 관에 손을 대시니 멘 자들이 서는지라 예수께서 가라사대 청년아 내가 네게 말하노니 일어나라 하시매 15 죽었던 자가 일어 앉고 말도 하거늘 예수께서 그를 어미에게 주신대 16 모든 사람이

had been sent returned to the house, they found the slave in good health. 11 And it came about soon afterwards, that He went to a city called Nain; and His disciples were going along with Him, accompanied by a large multitude. 12 Now as He approached the gate of the city, behold, a dead man was being carried out, the only son of his mother, and she was a widow; and a sizeable crowd from the city was with her. 13 And when the Lord saw her, He felt compassion for her, and said to her, "Do not weep." 14 And He came up and touched the coffin; and the bearers came to a halt. And He said, "Young man, I say to you, arise!" 15 And the dead man sat up, and began to speak. And Jesus gave him back to his mother. 16 And fear gripped them all, and they began glorifying

16 모든 사람이 두려워하며
영광을 돌려 가로되(하고...하더라)
/하나님께
/큰 선지자가 —— 일어나셨다
/우리 가운데
또
하나님께서 —— 돌아보셨다
/자기 백성을

17 이 소문이 퍼지니라
/예수께 대한
/온 유대와
사방에
/두루

18 제자들이 고하니
/요한의
/이 모든 일을
/그에게

19 요한이 불러
/둘을
/그 제자 중

보내어 가로되(...하라 하매)
/주께
/그이가 —— 당신이오니이까?
/오실
우리가 —— 기다리오리이까
/다른 이를

20 저희가 나아가 가로되(... 하더이다 하니)
/예수께
/세례 요한이 —— 보내어
/우리를
/당신께
/말하기를
/오실 그이가 당신이오니이까?
우리가 다른 이를 기다리오리이까?

21 마침 그 시에
예수께서 고치시며
/질병과
고통과 및
악귀들린 자를
/많이(=많은)

또 보게 하신지라
/소경을
/많은

두려워하며 하나님께 영광을 돌려 가로되 큰 선지자가 우
리 가운데 일어나셨다 하고 또 하나님께서 자기 백성을 돌
아보셨다 하더라 17 예수께 대한 이 소문이 온 유대와 사
방에 두루 퍼지니라 18 요한의 제자들이 이 모든 일을 그
에게 고하니 19 요한이 그 제자 중 둘을 불러 주께 보내어
가로되 오실 그이가 당신이오니이까 우리가 다른 이를 기
다리오리이까 하라 하매 20 저희가 예수께 나아가 가로되
세례 요한이 우리를 보내어 당신께 말하기를 오실 그이가
당신이오니이까 우리가 다른 이를 기다리 오리이까 하더이
다 하니 21 마침 그 시에 예수께서 질병과 고통과 및 악귀
들린 자를 많이 고치시며 또 많은 소경을 보게 하신지라
22 대답하여 가라사대 너희가 가서 보고 들은 것을 요한

God, saying, "A great prophet has arisen among us!" and,
"God has visited His people!" 17 And this report concerning
Him went out all over Judea, and in all the surrounding district.
18 And the disciples of John reported to him about all
these things. 19 And summoning two of his disciples,
John sent them to the Lord, saying, "Are You the Expected
One, or do we look for someone else?" 20 And when
the men had come to Him, they said, "John the Baptist
has sent us to You, saying, Are You the Expected One,
or do we look for someone else?" 21 At that very time
He cured many people of diseases and afflictions and evil
spirits; and He granted sight to many who were blind.

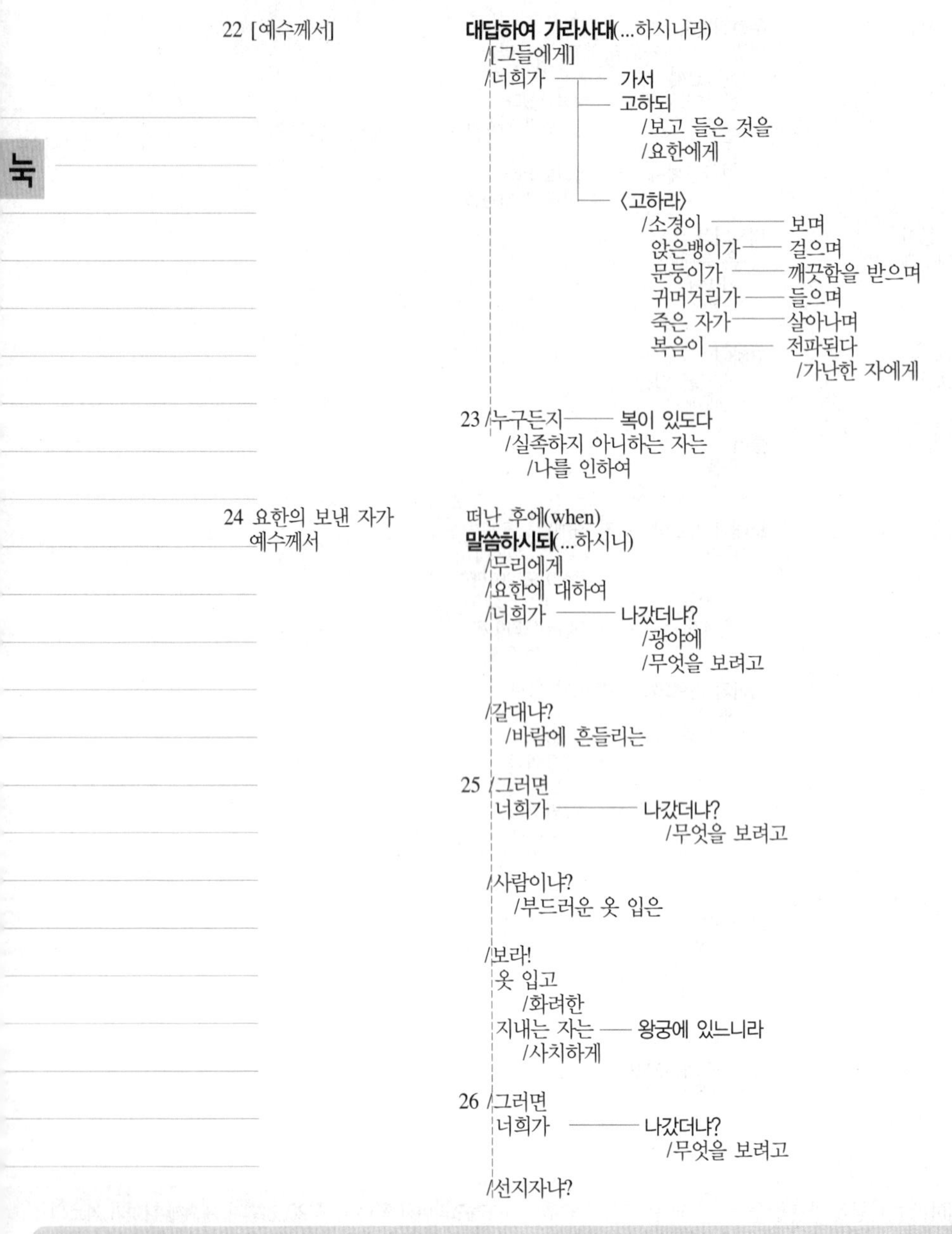

에게 고하되 소경이 보며 앉은뱅이가 걸으며 문둥이가 깨
끗함을 받으며 귀머거리가 들으며 죽은 자가 살아나며 가
난한 자에게 복음이 전파된다 하라 **23** 누구든지 나를 인
하여 실족치 아니하는 자는 복이 있도다 하시니라 **24** 요
한의 보낸 자가 떠난 후에 예수께서 무리에게 요한에 대하
여 말씀하시되 너희가 무엇을 보려고 광야에 나갔더냐 바
람에 흔들리는 갈대냐 **25** 그러면 너희가 무엇을 보려고
나갔더냐 부드러운 옷 입은 사람이냐 보라 화려한 옷 입고
사치하게 지내는 자는 왕궁에 있느니라 **26** 그러면 너희가
무엇을 보려고 나갔더냐 선지자냐 옳다 내가 너희에게 이

22 And He answered and said to them, "Go and report
to John what you have seen and heard: the blind receive
sight, the lame walk, the lepers are cleansed, and the deaf
hear, the dead are raised up, the poor have the gospel preached
to them. 23 "And blessed is he who keeps from stumbling
over Me." 24 ¶ And when the messengers of John had
left, He began to speak to the multitudes about John,
"What did you go out into the wilderness to look at? A
reed shaken by the wind? 25 "But what did you go out
to see? A man dressed in soft clothing? Behold, those
who are splendidly clothed and live in luxury are found
in royal palaces. 26 "But what did you go out to see?

/선지자냐?
/옳다
내가 —— 이르노니[26)]
/너희에게
/선지자보다도 —— 나은 자니라

27 /[이것은] —— 말씀이라
/이 사람에 대한
/기록된(바 ...한)것이
/보라
내가 — 보내노니
/내 사자를
/네 앞에
/그가 — 예비하리라
/네 길을
/네 앞에서

28 /내가 —— 말하노니[27)]
/너희에게
/큰 이가 —— 없도다
/요한보다
/여자가 낳은 자 중에

/그러나
작은 자라도 —— 저보다 크니라
/극히
/하나님의 나라에서는

29 모든 백성과
세리들은
이 말씀을 듣고(when)
의롭다 하되
/하나님을
이미 받은지라
/요한의 세례를

30 오직(de«)
바리새인과
율법사들은
저버리니라
/하나님의 뜻을
/스스로
/그 세례를 받지 아니한지라(=받지 아니함으로)

31 또
[예수께서]
가라사대
/[내가] —— 비유할꼬?
/이 세대의 사람을
/무엇으로
/<그들이> —— 무엇과 같은고?

32 /[그것은] —— 비유컨대 같도다

26) 주님께서 자신의 말씀을 하나님의 말씀과 대등한 권위임을 드러내는 관용적인 표현이다.

27) 주님께서 자신의 말씀을 하나님의 말씀과 대등한 권위임을 드러내는 관용적인 표현이다.

눅

르노니 선지자보다도 나은 자니라 **27** 기록된 바 보라 내
가 내 사자를 네 앞에 보내노니 그가 네 앞에서 네 길을
예비하리라 한 것이 이 사람에 대한 말씀이라 **28** 내가 너
희에게 말하노니 여자가 낳은 자 중에 요한보다 큰 이가
없도다 그러나 하나님의 나라에서는 극히 작은 자라도 저
보다 크니라 하시니 **29** 모든 백성과 세리들은 이미 요한
의 세례를 받은지라 이 말씀을 듣고 하나님을 의롭다 하되
30 오직 바리새인과 율법사들은 그 세례를 받지 아니한지
라 스스로 하나님의 뜻을 저버리니라 **31** 또 가라사대 이
세대의 사람을 무엇으로 비유할꼬 무엇과 같은고

32 비유컨대 아이들이 장터에 앉아 서로 불러 가로되 우

A prophet? Yes, I say to you, and one who is more than
a prophet. 27 "This is the one about whom it is written,
'Behold, I send My messenger before Your face, Who
will prepare Your way before You.' 28 "I say to you,
among those born of women, there is no one greater than
John; yet he who is least in the kingdom of God is greater
than he." 29 And when all the people and the tax-
gatherers heard this, they acknowledged God's justice, having
been baptized with the baptism of John. 30 But the
Pharisees and the lawyers rejected God's purpose for
themselves, not having been baptized by John. 31 "To
what then shall I compare the men of this generation, and

누

32 /[그것은] —— 비유컨대 같도다
/아이들(이)
/앉아(=앉은)
/장터에
/불러(=부르는)
/서로
/가로되...함과(=말하는)
/우리가 —— 피리를 불어도
/너희를 향하여
너희가 —— 춤추지 않고
/우리가 —— 애곡을 하여도
너희가 —— 울지 아니하였다

33 //(이유: γάρ, for)
세례 요한이 — 와서(=오매)
/먹지 아니하며
/떡도
/마시지 아니하매(=아니하며)
/포도주도

너희[가] —— 말(이)하더니
/귀신이 들렸다

34 //(계속되는 이유)
인자는 —— 와서(=오매)
/먹고
/마시매(=마시며)

너희[가] —— 말(이)하니
/보라!
탐하고(=탐하는 사람이요)
/먹기를
즐기는 사람이요
/포도주를
친구로다
/세리와
죄인의

35 /지혜는 —— 옳다 함을 얻느니라
/자녀로 인하여
/자기의
/모든

36 한 바리새인이 **청하니**
/예수께
/잡수시기를
/자기와 함께

리가 너희를 향하여 피리를 불어도 너희가 춤추지 않고 우
리가 애곡을 하여도 너희가 울지 아니하였다 함과 같도다
33 세례 요한이 와서 떡도 먹지 아니하며 포도주도 마시
지 아니하매 너희 말이 귀신이 들렸다 하더니 34 인자는
와서 먹고 마시매 너희 말이 보라 먹기를 탐하고 포도주를
즐기는 사람이요 세리와 죄인의 친구로다 하니 35 지혜는
자기의 모든 자녀로 인하여 옳다 함을 얻느니라 36 한 바
리새인이 예수께 자기와 함께 잡수시기를 청하니 이에 바
리새인의 집에 들어가 앉으셨을 때에
37 그 동네에 죄인인 한 여자가 있어 예수께서 바리새인

what are they like? 32 "They are like children who sit
in the market place and call to one another; and they say,
'We played the flute for you, and you did not dance; we
sang a dirge, and you did not weep.' 33 "For John the
Baptist has come eating no bread and drinking no wine;
and you say, 'He has a demon!' 34 "The Son of Man
has come eating and drinking; and you say, 'Behold, a
gluttonous man, and a drunkard, a friend of tax-gatherers
and sinners!' 35 "Yet wisdom is vindicated by all her children."
36 ¶ Now one of the Pharisees was requesting Him to
dine with him. And He entered the Pharisee's house, and
reclined at the table. 37 And behold, there was a woman

의 집에 앉으셨음을 알고 향유 담은 옥합을 가지고 와서
38 예수의 뒤로 그 발 곁에 서서 울며 눈물로 그 발을 적
시고 자기 머리털로 씻고 그 발에 입맞추고 향유를 부으니
39 예수를 청한 바리새인이 이것을 보고 마음에 이르되
이 사람이 만일 선지자더면 자기를 만지는 이 여자가 누구
며 어떠한 자 곧 죄인인 줄을 알았으리라 하거늘 40 예수
께서 대답하여 가라사대 시몬아 내가 네게 이를 말이 있다
하시니 저가 가로되 선생님 말씀하소서

41 가라사대 빚 주는 사람에게 빚진 자가 둘이 있어 하나

in the city who was a sinner; and when she learned that
He was reclining at the table in the Pharisee's house, she
brought an alabaster vial of perfume, 38 and standing
behind Him at His feet, weeping, she began to wet His
feet with her tears, and kept wiping them with the hair
of her head, and kissing His feet, and anointing them with
the perfume. 39 Now when the Pharisee who had invited
Him saw this, he said to himself, "If this man were a
prophet He would know who and what sort of person this
woman is who is touching Him, that she is a sinner." 40
And Jesus answered and said to him, "Simon, I have something
to say to you." And he replied, "Say it, Teacher." 41 "A

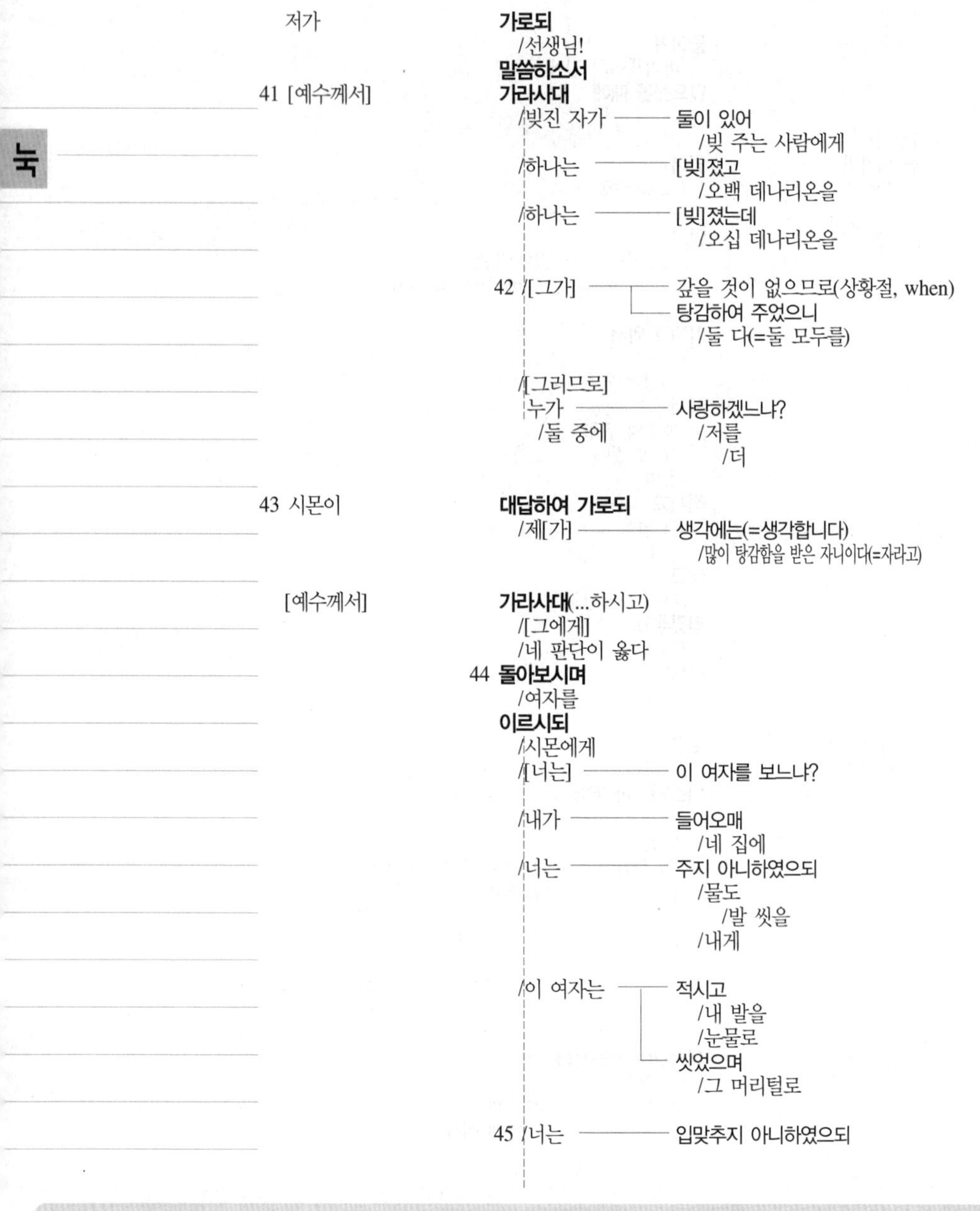

는 오백 데나리온을 졌고 하나는 오십 데나리온을 졌는데
42 갚을 것이 없으므로 둘 다 탕감하여 주었으니 둘 중에
누가 저를 더 사랑하겠느냐 43 시몬이 대답하여 가로되
제 생각에는 많이 탕감함을 받은 자니이다 가라사대 네 판
단이 옳다 하시고 44 여자를 돌아보시며 시몬에게 이르시
되 이 여자를 보느냐 내가 네 집에 들어오매 너는 내게 발
씻을 물도 주지 아니하였으되 이 여자는 눈물로 내 발을
적시고 그 머리털로 씻었으며 45 너는 내게 입맞추지 아
니하였으되 저는 내가 들어올 때로부터 내 발에 입맞추기
를 그치지 아니하였으며 46 너는 내 머리에 감람유도 붓

certain moneylender had two debtors: one owed five
hundred denarii, and the other fifty. 42 "When they were
unable to repay, he graciously forgave them both. Which
of them therefore will love him more?" 43 Simon answered
and said, "I suppose the one whom he forgave more."
And He said to him, "You have judged correctly." 44
And turning toward the woman, He said to Simon, "Do
you see this woman? I entered your house; you gave Me
no water for My feet, but she has wet My feet with her
tears, and wiped them with her hair. 45 "You gave Me
no kiss; but she, since the time I came in, has not ceased
to kiss My feet. 46 "You did not anoint My head with

45 /너는 ——— 입맞추지 아니하였으되
/내게
/저는 ——— 그치지 아니하였으며
/입맞추기를
/내 발에
/내가 들어올 때로부터

눅

46 /너는 ——— 붓지 아니하였으되
/감람유도
/내 머리에

/저는 ——— 부었느니라
/향유를
/내 발에

47 /이러므로
내가 ——— 말하노니[28)]
/네게
/죄가 ——— 사하여졌도다
/저의
/많은

//이는(이유: ὅτι, because)
저의(가) ——— 사랑함이[라]
/많음(이라)

/적은 자는 ——— 적게 사랑하느니라
/사함을 받은 일이

48 이에
[예수께서] **이르시되**(...하시니)
/여자에게
/죄[들이] ——— 사함을 얻었느니라
/네

49 앉은 자들이 **말하되**(...하더라)
/함께
/속으로
/이가 ——— 누구이기에(=누구인가?)
/죄도 사하는(가)

50 예수께서 **이르시되**(...하시니라)
/여자에게
/네 믿음이 ——— 구원하였으니
/너를
[너는] ——— 가라
/평안히

28) 주님께서 자신의 말씀을 하나님의 말씀과 대등한 권위임을 드러내는 관용적인 표현이다.

지 아니하였으되 저는 향유를 내 발에 부었느니라 47 이
러므로 내가 네게 말하노니 저의 많은 죄가 사하여졌도다
이는 저의 사랑함이 많음이라 사함을 받은 일이 적은 자는
적게 사랑하느니라 48 이에 여자에게 이르시되 네 죄사함
을 얻었느니라 하시니 49 함께 앉은 자들이 속으로 말하
되 이가 누구이기에 죄도 사하는가 하더라 50 예수께서
여자에게 이르시되 네 믿음이 너를 구원하였으니 평안히
가라 하시니라

oil, but she anointed My feet with perfume. 47 "For this reason
I say to you, her sins, which are many, have been forgiven,
for she loved much; but he who is forgiven little, loves
little." 48 And He said to her, "Your sins have been forgiven."
49 And those who were reclining at the table with Him
began to say to themselves, "Who is this man who even
forgives sins?" 50 And He said to the woman, "Your
faith has saved you; go in peace."

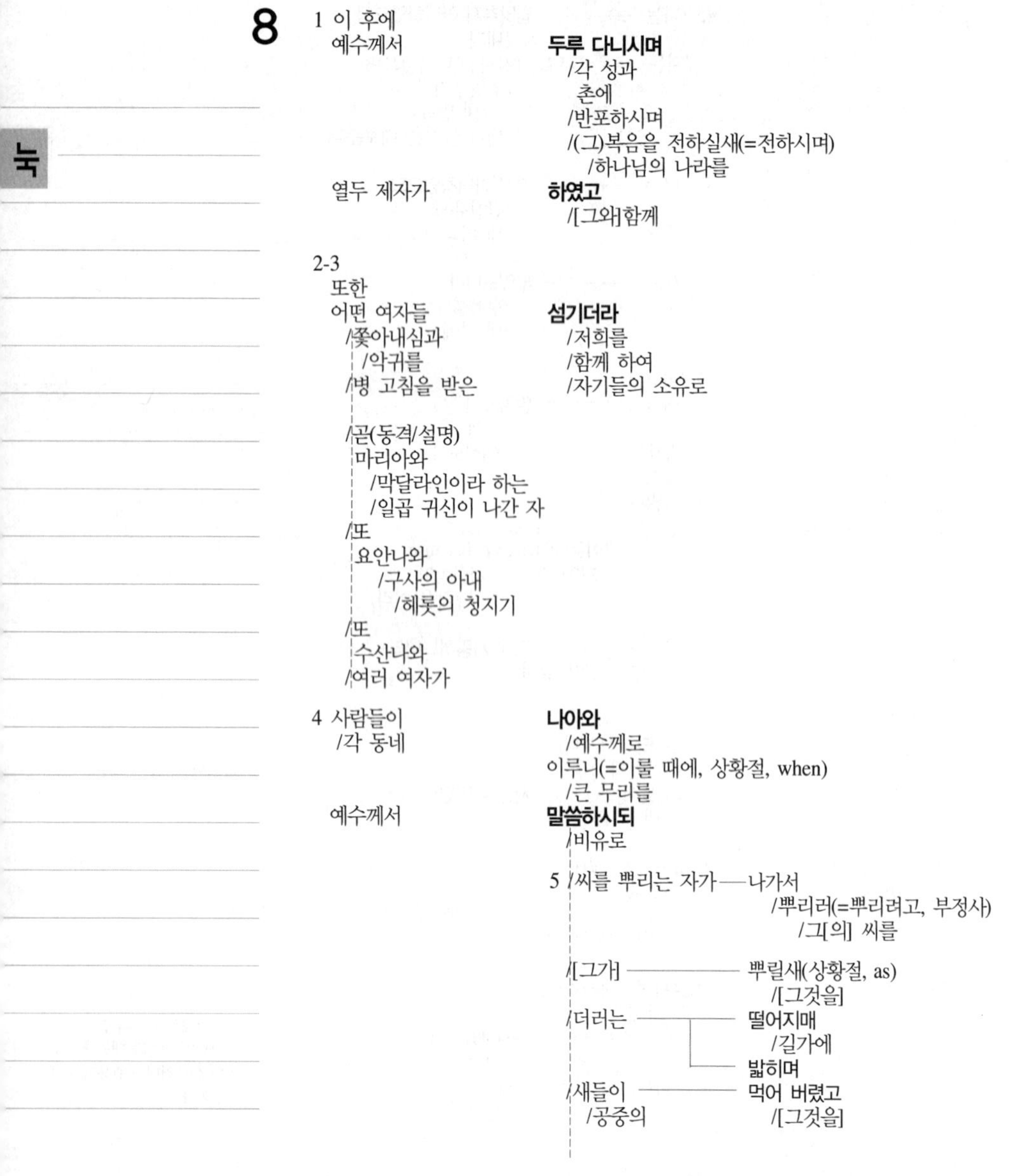

8:1 이후에 예수께서 각 성과 촌에 두루 다니시며 하나님의 나라를 반포하시며 그 복음을 전하실새 열두 제자가 함께 하였고 2 또한 악귀를 쫓아내심과 병 고침을 받은 어떤 여자들 곧 일곱 귀신이 나간 자 막달라인이라 하는 마리아와 3 또 헤롯의 청지기 구사의 아내 요안나와 또 수산나와 다른 여러 여자가 함께하여 자기들의 소유로 저희를 섬기더라 4 각 동네 사람들이 예수께로 나아와 큰 무리를 이루니 예수께서 비유로 말씀하시되 5 씨를 뿌리는 자가 그 씨를 뿌리러 나가서 뿌릴새 더러는 길가에 떨어지매 밟히며 공중의 새들이 먹어버렸고

8:1 And it came about soon afterwards, that He began going about from one city and village to another, proclaiming and preaching the kingdom of God; and the twelve were with Him, 2 and also some women who had been healed of evil spirits and sicknesses: Mary who was called Magdalene, from whom seven demons had gone out, 3 and Joanna the wife of Chuza, Herod's steward, and Susanna, and many others who were contributing to their support out of their private means. 4 ¶ And when a great multitude were coming together, and those from the various cities were journeying to Him, He spoke by way of a parable: 5 "The sower went out to sow his seed; and as he sowed, some fell beside the road; and it was trampled under foot, and the birds of the air ate it up. 6 "And other seed fell

6 /더러는 — 떨어지매
/바위 위에
말랐고
/났다가

//(이유: διὰ+목적격, becouse)
습기가 없으므로

7 /더러는 — 떨어지매
/가시떨기 속에
/가시가 — 함께 자라서
기운을 막았고(=질식시켰다)
/[그것을]

8 /더러는 — 떨어지매
/좋은 땅에

/[그것이] — 나서(=났을 때, 상황절, when)
하였느니라(=맺었다)
/결실을
/백 배의

[예수께서] **하시고**
/이 말씀을
외치시되
/귀 있는 자는 — 들을지어다
/들을

9 제자들이 **물으니**
/뜻을
/이 비유의

10 [예수께서] **가라사대**
/아는 것이 — 허락되었으나
/비밀을 /너희에게는
/하나님 나라의

/[그것이] — 비유로 하나니
/다른 사람에게는

//이는(목적: ἵνα, so that...may)
저희로 — 보지 못하고
/보아도(=보면서)
깨닫지 못하게 하려 함이니라
/들어도(=들으면서)

11 이 비유는 **이러하니라**

6 더러는 바위 위에 떨어지매 났다가 습기가 없으므로 말
랐고 7 더러는 가시 떨기 속에 떨어지매 가시가 함께 자라
서 기운을 막았고 8 더러는 좋은 땅에 떨어지매 나서 백
배의 결실을 하였느니라 이 말씀을 하시고 외치시되 들을
귀 있는 자는 들을지어다 9 제자들이 이 비유의 뜻을 물으
니 10 가라사대 하나님 나라의 비밀을 아는 것이 너희에
게는 허락되었으나 다른 사람에게는 비유로 하나니 이는
저희로 보아도 보지 못하고 들어도 깨닫지 못하게 하려 함
이니라 11 이 비유는 이러하니라 씨는 하나님의 말씀이요

on rocky soil, and as soon as it grew up, it withered away,
because it had no moisture. 7 "And other seed fell among
the thorns; and the thorns grew up with it, and choked it
out. 8 "And other seed fell into the good soil, and grew
up, and produced a crop a hundred times as great." As
He said these things, He would call out, "He who has
ears to hear, let him hear." 9 ¶ And His disciples began
questioning Him as to what this parable might be. 10
And He said, "To you it has been granted to know the mysteries
of the kingdom of God, but to the rest it is in parables,
in order that seeing they may not see, and hearing they
may not understand. 11 "Now the parable is this: the

눅

씨는 **말씀이요**
/하나님의

12 있다는 것은 **들은 자니**
/길가에 /말씀을

이에
마귀가 **와서**
빼앗는 것이요
/말씀을
/그 마음에서

//(목적: ἵνα, lest)
그들로 ── 믿어
└ 구원을 얻지 못하게 하려고

13 있다는 것은 **받으나**
/바위 위에 /기쁨으로
/말씀을 들을 때에
없어
/뿌리가(를)
믿다가
/잠깐
배반하는 자요
/시험을 받을 때에

14 떨어졌다는 것은 **들은 자니**
/가시떨기에 /말씀을
기운이 막혀
/지내는 중
/염려와
/이생의
재리와
일락에
온전히 결실치 못하는 자요

15 있다는 것은 듣고
/좋은 땅에 /말씀을
/마음으로
/착하고 좋은
지키어
결실하는 자니라
/인내로

16 누구든지 켜서(상황절, after)
/등불을
덮거나
/그릇으로

12 길가에 있다는 것은 말씀을 들은 자니 이에 마귀가 와
서 그들로 믿어 구원을 얻지 못하게 하려고 말씀을 그 마
음에서 빼앗는 것이요 13 바위 위에 있다는 것은 말씀을
들을 때에 기쁨으로 받으나 뿌리가 없어 잠깐 믿다가 시험
을 받을 때에 배반하는 자요 14 가시떨기에 떨어졌다는
것은 말씀을 들은 자니 지내는 중 이생의 염려와 재리와
일락에 기운이 막혀 온전히 결실치 못하는 자요 15 좋은
땅에 있다는 것은 착하고 좋은 마음으로 말씀을 듣고 지키
어 인내로 결실하는 자니라 16 누구든지 등불을 켜서 그
릇으로 덮거나 평상 아래 두지 아니하고 등경 위에 두나니

seed is the word of God.12 "And those beside the road
are those who have heard; then the devil comes and takes
away the word from their heart, so that they may not
believe and be saved. 13 "And those on the rocky soil
are those who, when they hear, receive the word with
joy; and these have no firm root; they believe for a while,
and in time of temptation fall away. 14 "And the seed
which fell among the thorns, these are the ones who have
heard, and as they go on their way they are choked with
worries and riches and pleasures of this life, and bring
no fruit to maturity. 15 "And the seed in the good soil,
these are the ones who have heard the word in an honest
and good heart, and hold it fast, and bear fruit with
perseverance. 16 "Now no one after lighting a lamp covers

두지 아니하고
/평상 아래
두나니
/등경 위에

//이는(목적: ἵνα, so that...may)
들어가는 자들로 — 보게 하려 함이라
/그 빛을

17 //(이유: γάρ, for)
숨은 것이 — 장차 드러나지 아니할 것이 없고
감추인 것이 — 장차 알려지고 나타나지 않을 것이 없느니라

18 그러므로
너희가 **스스로 삼가라**
/어떻게 듣는가

//(이유: γάρ, for)
누구든지 — 받겠고
/있는 자는
없는 자는 — 빼앗기리라 하시니라
/그[가] 있는 줄로 아는 것까지
/[그로부터]

19 예수의 모친과
그 동생들이 **왔으나**
가까이 하지 못하니
/무리를 인하여

20 혹이 **고하되**
/모친과
/당신의
동생들이 — 섰나이다
/밖에
/당신을 보려고

21 예수께서 **대답하여 가라사대**(...하시니라)
/내 모친과
내 동생들은 — 이 사람들이라
/(곧)듣고
/행하는
/하나님의 말씀을

22 하루는
[예수께서] **오르사**
/배에
/제자들과 함께

이는 들어가는 자들로 그 빛을 보게 하려 함이라 17 숨은
것이 장차 드러나지 아니 할 것이 없고 감추인 것이 장차
알려지고 나타나지 않을 것이 없느니라 18 그러므로 너희
가 어떻게 듣는가 스스로 삼가라 누구든지 있는 자는 받겠
고 없는 자는 그 있는 줄로 아는 것까지 빼앗기리라 하시
니라 19 예수의 모친과 그 동생들이 왔으나 무리를 인하
여 가까이하지 못하니 20 혹이 고하되 당신의 모친과 동
생들이 당신을 보려고 밖에 섰나이다 21 예수께서 대답하
여 가라사대 내 모친과 내 동생들은 곧 하나님의 말씀을
듣고 행하는 이 사람들이라 하시니라 22 하루는 제자들과
함께 배에 오르사 저희에게 이르시되 호수 저편으로 건너
가자 하시매 이에 떠나

it over with a container, or puts it under a bed; but he
puts it on a lampstand, in order that those who come in
may see the light. 17 "For nothing is hidden that shall
not become evident, nor anything secret that shall not be
known and come to light. 18 "Therefore take care how
you listen; for whoever has, to him shall more be given;
and whoever does not have, even what he thinks he has
shall be taken away from him." 19 And His mother and
brothers came to Him, and they were unable to get to
Him because of the crowd. 20 And it was reported to
Him, "Your mother and Your brothers are standing outside,
wishing to see You." 21 But He answered and said to
them, "My mother and My brothers are these who hear
the word of God and do it." 22 Now it came about on

이르시되(... 하시매)
/저희에게
/건너가자
/호수 저편으로

이에
[그들이] **떠나**

23 행선할 때에(while)
예수께서 **잠이 드셨더니**
마침
광풍이 **내리치매**
/호수로

[그들이] **물이 가득하게 되어**
/배에
위태한지라

24 제자들이 **나아와**
깨워 가로되(...한대)
/주여! 주여!
우리가 ——— 죽겠나이다

예수께서 **잠을 깨사**
꾸짖으시니
/바람과 물결을

//이에(결과)
[그것들이] ——— 그쳐
잔잔하여 지더라

25 [예수께서] **이르시되**(...하시니)
/제자들에게
/믿음이 ——— 어디 있느냐?
/너희

저희가 **두려워하고**
기이히 여겨 말하되(...하더라)
/서로
/저가 ——— 뉘기에(=누구냐?)
/명하매
/바람과
물을
/순종하는(고)

26 [그들이] **이르러**
/거라사인의 땅에
/갈릴리 맞은편

27 [그가] 내리시매(when)
/육지에

23 행선할 때에 예수께서 잠이 드셨더니 마침 광풍이 호수로 내리치매 배에 물이 가득하게 되어 위태한지라 24 제자들이 나아와 깨워 가로되 주여 주여 우리가 죽겠나이다 한대 예수께서 잠을 깨사 바람과 물결을 꾸짖으시니 이에 그쳐 잔잔하여지더라 25 제자들에게 이르시되 너희 믿음이 어디 있느냐 하시니 저희가 두려워하고 기이히 여겨 서로 말하되 저가 뉘기에 바람과 물을 명하매 순종하는고 하더라 26 갈릴리 맞은편 거라사인의 땅에 이르러

one of those days, that He and His disciples got into a boat, and He said to them, "Let us go over to the other side of the lake." And they launched out. 23 But as they were sailing along He fell asleep; and a fierce gale of wind descended upon the lake, and they began to be swamped and to be in danger. 24 And they came to Him and woke Him up, saying, "Master, Master, we are perishing!" And being aroused, He rebuked the wind and the surging waves, and they stopped, and it became calm. 25 And He said to them, "Where is your faith?" And they were fearful and amazed, saying to one another, "Who then is this, that He commands even the winds and the water, and they obey Him?" 26 ¶ And they sailed to the country of the Gerasenes, which is opposite Galilee. 27 And

하나가 **만나니**
/사람으로서 /예수를
/그 도시
/귀신들린 자

이 사람은 **입지 아니하며**
/옷을
/오래
거하지도 아니하고
/집에
거하는 자라
/무덤 사이에

28 [그가] **보고**
/예수를
부르짖으며
엎드리어
/그앞에
불러 가로되(...하니)
/큰 소리로
/예수여!
/하나님의 아들
/지극히 높으신
무슨 상관이 있나이까?
/나와 당신과
/[내가] — 구하노니
/당신께
/[당신은] — 괴롭게 마옵소서[30]
/나를

29 //이는(이유: γάρ, for)
예수께서 — 이미 명하(사하)셨음이라
/귀신을(=귀신에게)
/더러운
/나오라
/이 사람에게서

(귀신이 — 붙잡으므로
/이 사람을
/가끔
저가 — 매이어
/쇠사슬과 고랑에
— 지키웠으되
— 끊고
/그 맨 것을
— 나갔더라)
/귀신에게 몰려
/광야로

30) 말함, 간구함, 기도함등의 단어 다음에 나오는 가정법 동사는 명령법으로 해석된다.

27 육지에 내리시매 그 도시 사람으로서 귀신들린 자 하
나가 예수를 만나니 이 사람은 오래 옷을 입지 아니하며
집에 거하지도 아니하고 무덤 사이에 거하는 자라 28 예
수를 보고 부르짖으며 그 앞에 엎드리어 큰 소리로 불러
가로되 지극히 높으신 하나님의 아들 예수여 나와 당신과
무슨 상관이 있나이까 당신께 구하노니 나를 괴롭게 마옵
소서 하니 29 이는 예수께서 이미 더러운 귀신을 명하사
이 사람에게서 나오라 하셨음이라 (귀신이 가끔 이 사람을
붙잡으므로 저가 쇠사슬과 고랑에 매이어 지키웠으되 그
맨 것을 끊고 귀신에게 몰려 광야로 나갔더라) 30 예수께

when He had come out onto the land, He was met by a
certain man from the city who was possessed with demons;
and who had not put on any clothing for a long time, and
was not living in a house, but in the tombs. 28 And
seeing Jesus, he cried out and fell before Him, and said
in a loud voice, "What do I have to do with You, Jesus,
Son of the Most High God? I beg You, do not torment
me." 29 For He had been commanding the unclean spirit
to come out of the man. For it had seized him many
times; and he was bound with chains and shackles and
kept under guard; and yet he would burst his fetters and
be driven by the demon into the desert. 30 And Jesus

30 예수께서 **물으신즉**
/네 이름이 —— 무엇이냐?

[그가] **가로되**(...하니)
/군대라

//이는(이유: ὅτι, for)
귀신이 —— 들렸음이라
/많은 /[그에게]

31 [그가] **간구하더니**
/[예수께]
/[예수께서] —— [명령]하지 마시기를
/무저갱으로 들어가라

32 마침(de«)
돼지 떼가 **먹고 있는지라**
/많은 /마침
/산에서

귀신들이 **간구하니**
/허하심을
/그 돼지에게로 들어가게

이에
[예수께서] **허하신대**
/[그들에게]

33 귀신들이 **나와**
/그 사람에게서
들어가니
/돼지에게로

그 떼가 **내리달아**
/비탈로
/호수에 (들어가)
몰사하거늘

34 치던 자들이 보고(when)
/그 된 것을
도망하여
고하니
/성내와
촌에

35 사람들이 **나와서**
/보러
/그 된 것을
이르러
/예수께

서 네 이름이 무엇이냐 물으신즉 가로되 군대라 하니 이는
많은 귀신이 들렸음이라 31 무저갱으로 들어가라 하지 마
시기를 간구하더니 32 마침 거기 많은 돼지 떼가 산에서
먹고 있는지라 귀신들이 그 돼지에게로 들어가게 허하심을
간구하니 이에 허하신대 33 귀신들이 그 사람에게서 나와
돼지에게로 들어가니 그 떼가 비탈로 내리달아 호수에 들
어가 몰사하거늘 34 치던 자들이 그 된 것을 보고 도망하
여 성내와 촌에 고하니 35 사람들이 그 된 것을 보러 나와
서 예수께 이르러 귀신 나간 사람이 옷을 입고 정신이 온
전하여 예수의 발 아래 앉은 것을 보고 두려워하거늘

asked him, "What is your name?" And he said, "Legion";
for many demons had entered him. 31 And they were
entreating Him not to command them to depart into the
abyss. 32 Now there was a herd of many swine feeding
there on the mountain; and the demons entreated Him to permit
them to enter the swine. And He gave them permission.
33 And the demons came out from the man and entered
the swine; and the herd rushed down the steep bank into
the lake, and were drowned. 34 And when the herdsmen
saw what had happened, they ran away and reported it in
the city and out in the country. 35 And the people went
out to see what had happened; and they came to Jesus,

보고
/사람이 ——— 앉은 것을
/귀신 나간 /옷을 입고
/정신이 온전하여
/예수의 발 아래
두려워하거늘

36 본 자들이 **이르매**
/구원받은 것을 /저희에게
/귀신들렸던 자의(=가)[31]
/어떻게

37 백성이 **두려워하여**
/모든 /크게
/거라사인의 땅 근방

구하더라
/떠나가시기를

예수께서 **올라**
/배에
돌아가실새

38 사람이 **구하였으나**
/귀신 나간 /함께 있기를

예수께서 **보내시며 가라사대**(...하시니)
/저를
39 /[너는] ——— 돌아가
/집으로
(일일이)고하라
/하나님이— 어떻게 행하신 것을
/큰 일[을]
/네게

저가 **가서**
전파하니라
/예수께서 ——— 어떻게 하신 것을
/큰 일
/자기에게
/온 성내에

40 예수께서 돌아오시매(when)
무리가 **환영하니**
/[그를]

//이는(이유: γάρ, for)
다 기다렸음이러라

31) 주어이다.

36 귀신들렸던 자의 어떻게 구원 받은 것을 본 자들이 저희에게 이르매 **37** 거라사인의 땅 근방 모든 백성이 크게 두려워하여 떠나가시기를 구하더라 예수께서 배에 올라 돌아가실새 **38** 귀신나간 사람이 함께 있기를 구하였으나 예수께서 저를 보내시며 가라사대 **39** 집으로 돌아가 하나님이 네게 어떻게 큰 일 행하신 것을 일일이 고하라 하시니 저가 가서 예수께서 자기에게 어떻게 큰 일 하신 것을 온 성내에 전파하니라 **40** 예수께서 돌아오시매 무리가 환영하니 이는 다 기다렸음이러라

and found the man from whom the demons had gone out, sitting down at the feet of Jesus, clothed and in his right mind; and they became frightened. 36 And those who had seen it reported to them how the man who was demon-possessed had been made well. 37 And all the people of the country of the Gerasenes and the surrounding district asked Him to depart from them; for they were gripped with great fear; and He got into a boat, and returned. 38 But the man from whom the demons had gone out was begging Him that he might accompany Him; but He sent him away, saying, 39 "Return to your house and describe what great things God has done for you." And he went away, proclaiming throughout the whole city what great things Jesus had done for him. 40 ¶ And as Jesus returned, the

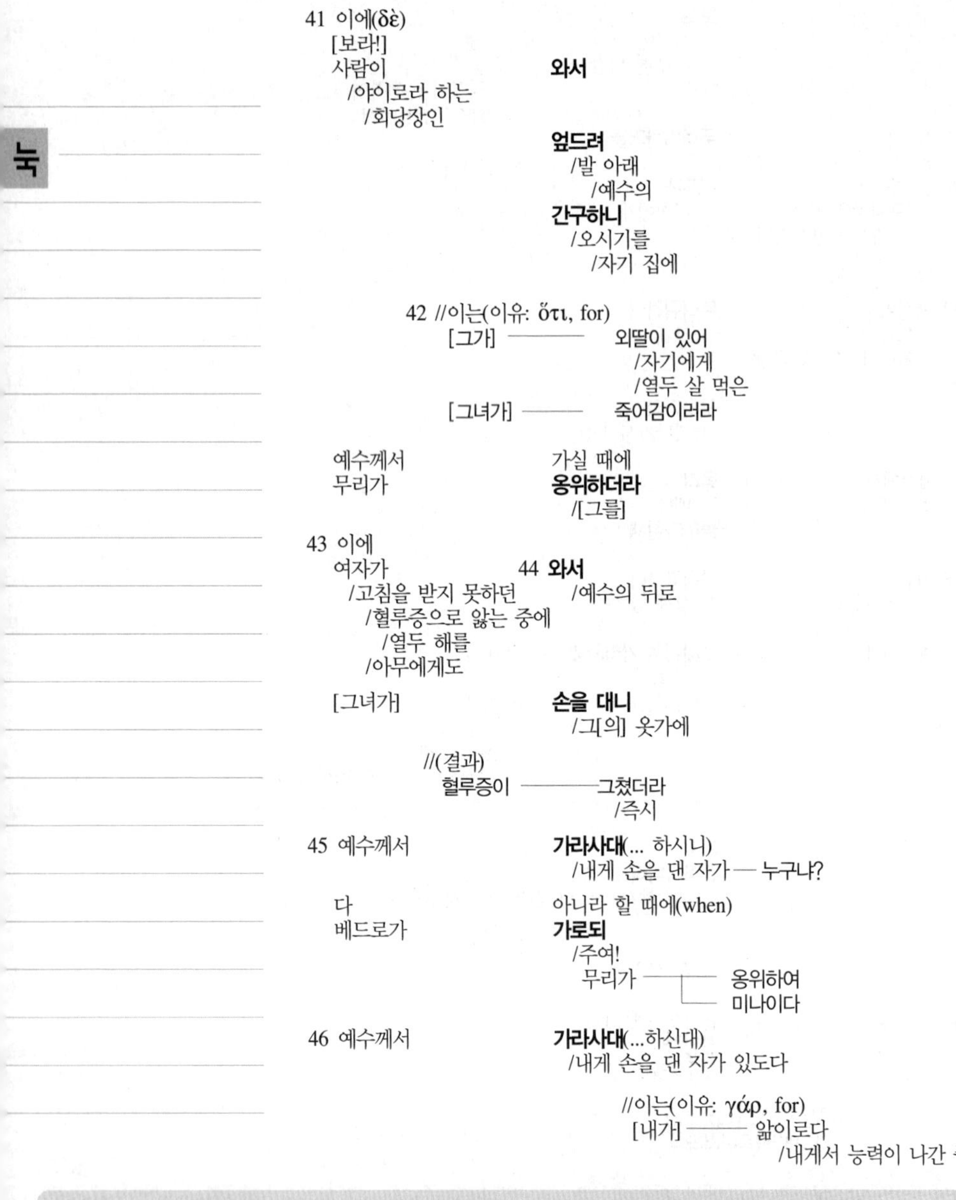

41 이에 회당장인 야이로라 하는 사람이 와서 예수의 발
아래 엎드려 자기 집에 오시기를 간구하니 42 이는 자기
에게 열두 살 먹은 외딸이 있어 죽어감이러라 예수께서 가
실 때에 무리가 옹위하더라 43 이에 열두 해를 혈루증으
로 앓는 중에 아무에게도 고침을 받지 못하던 여자가 44
예수의 뒤로 와서 그 옷가에 손을 대니 혈루증이 즉시 그
쳤더라 45 예수께서 가라사대 내게 손을 댄 자가 누구냐
하시니 다 아니라 할 때에 베드로가 가로되 주여 무리가
옹위하여 미나이다 46 예수께서 가라사대 내게 손을 댄
자가 있도다 이는 내게서 능력이 나간 줄 앎이로다 하신대

multitude welcomed Him, for they had all been waiting
for Him. 41 And behold, there came a man named Jairus,
and he was an official of the synagogue; and he fell at
Jesus' feet, and began to entreat Him to come to his
house; 42 for he had an only daughter, about twelve years
old, and she was dying. But as He went, the multitudes
were pressing against Him. 43 ¶ And a woman who had
a hemorrhage for twelve years, and could not be healed
by anyone, 44 came up behind Him, and touched the
fringe of His cloak; and immediately her hemorrhage stopped.
45 And Jesus said, "Who is the one who touched Me?"
And while they were all denying it, Peter said, "Master,
the multitudes are crowding and pressing upon You." 46
But Jesus said, "Someone did touch Me, for I was aware

47 여자가 **알고**
/스스로 숨기지 못할 줄을
떨며
나아와
엎드리어
고하니
/그 손 댄 연고와
곧 나은 것을
/모든 사람 앞에서

48 예수께서 **이르시되**(...하시더라)
/딸아!
믿음이 ——— 구원하였으니
/네 /너를
/[너는] ——— 가라
/평안히

49 아직 말씀하실 때에(상황절, while)
사람이 **와서 말하되**(...하거늘)
/회당장의 집에서
/딸이 ——— 죽었나이다
/당신의
/[당신은] ——— 더 괴롭게 마소서
/선생을

50 예수께서 **들으시고**
/[이것을]
가라사대(...하시고)
/[너는] ——— 두려워 말고
——— 믿기만 하라

//그리하면(결과)
딸이 구원을 얻으리라

51 집에 이르러(when)
[예수께서] **허하지 아니하시니라**
/함께 들어가기를
/베드로와 요한과 야고보와
및 아이의 부모 외에는

52 모든 사람이 **울며**
통곡하매
/아이를 위하여

예수께서 **이르시되**(...하시니)
/[너희는] ——— 울지 말라

//(이유: γάρ, for)
죽은 것이 아니라
잔다

47 여자가 스스로 숨기지 못할 줄을 알고 떨며 나아와 엎드리어 그 손 댄 연고와 곧 나은 것을 모든 사람 앞에서 고하니 48 예수께서 이르시되 딸아 네 믿음이 너를 구원하였으니 평안히 가라 하시더라 49 아직 말씀하실 때에 회당장의 집에서 사람이 와서 말하되 당신의 딸이 죽었나이다 선생을 더 괴롭게 마소서 하거늘 50 예수께서 들으시고 가라사대 두려워 말고 믿기만 하라 그리하면 딸이 구원을 얻으리라 하시고 51 집에 이르러 베드로와 요한과 야고보와 및 아이의 부모 외에는 함께 들어가기를 허하지 아니하시니라 52 모든 사람이 아이를 위하여 울며 통곡하매 예수께서 이르시되 울지 말라 죽은 것이 아니라 잔다 하시니

that power had gone out of Me." 47 And when the woman saw that she had not escaped notice, she came trembling and fell down before Him, and declared in the presence of all the people the reason why she had touched Him, and how she had been immediately healed. 48 And He said to her, "Daughter, your faith has made you well; go in peace." 49 ¶ While He was still speaking, someone came from the house of the synagogue official, saying, "Your daughter has died; do not trouble the Teacher anymore." 50 But when Jesus heard this, He answered him, "Do not be afraid any longer; only believe, and she shall be made well." 51 And when He had come to the house, He did not allow anyone to enter with Him, except Peter and John and James, and the girl's father and mother. 52 Now

누

53 저희가 **비웃더라**
/[그를]
/아는 고로(분사)
/그 죽은 것을

54 예수께서 **잡고**
/아이의 손을

불러 가라사대(...하시니)
/아이야!
일어나라

55 영이 **돌아와**
/그[녀의]
아이가 **일어나거늘**
/곧
예수께서 **명하신대**
/먹을 것을 주라

56 부모가 **놀라는지라**
/그[녀의]
예수께서 **경계하사**(... 하시니라)
/[그들에게]
/아무에게도 말하지 말라
/이 일을

9

1 예수께서 **불러 모으사**
/열 두 제자를
주시고
/능력과
/[그들에게]
권세를
/모든 귀신을 제어하며
병을 고치는

2 **내어 보내시며**
/전파하며
/하나님의 나라를
/고치게 하려고
/앓는 자를

3 **이르시되**(...하시니)
/[그들에게]
/[너희는] ________ 가지지 말라

53 저희가 그 죽은 것을 아는 고로 비웃더라 54 예수께서
아이의 손을 잡고 불러 가라사대 아이야 일어나라 하시니
55 그 영이 돌아와 아이가 곧 일어나거늘 예수께서 먹을
것을 주라 명하신대 56 그 부모가 놀라는지라 예수께서
경계하사 이 일을 아무에게도 말하지 말라 하시니라

9:1 예수께서 열두 제자를 불러 모으사 모든 귀신을 제
어하며 병을 고치는 능력과 권세를 주시고 2 하나님
의 나라를 전파하며 앓는 자를 고치게 하려고 내어 보내시
며 3 이르시되 여행을 위하여 아무것도 가지지 말라 지팡
이나 주머니나 양식이나 돈이나 두 벌 옷을 가지지 말며

they were all weeping and lamenting for her; but He said,
"Stop weeping, for she has not died, but is asleep."
53 And they began laughing at Him, knowing that she
had died. 54 He, however, took her by the hand and
called, saying, "Child, arise!" 55 And her spirit returned,
and she rose immediately; and He gave orders for something
to be given her to eat. 56 And her parents were amazed;
but He instructed them to tell no one what had happened.
9:1 ¶ And He called the twelve together, and gave them
power and authority over all the demons, and to heal
diseases. 2 And He sent them out to proclaim the kingdom
of God, and to perform healing. 3 And He said to them,

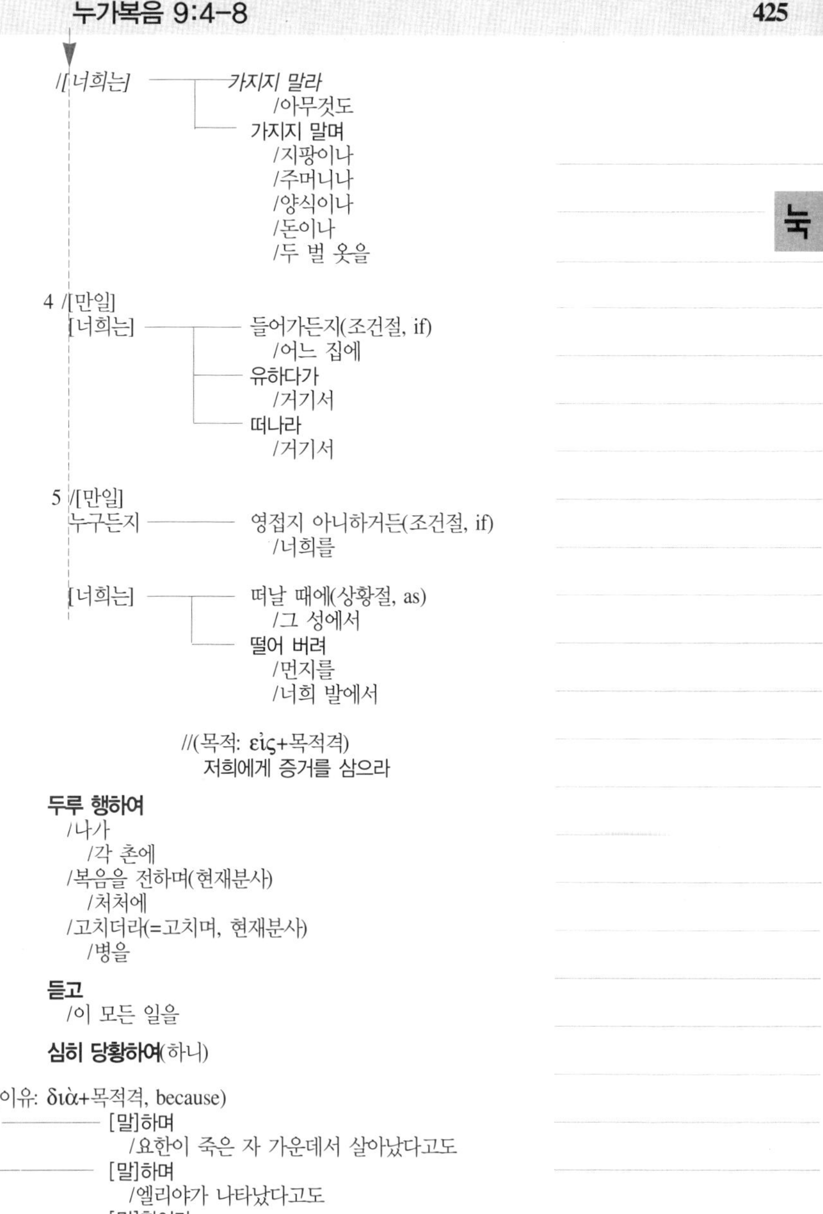

4 어느 집에 들어가든지 거기서 유하다가 거기서 떠나라 5
누구든지 너희를 영접지 아니하거든 그 성에서 떠날 때에
너희 발에서 먼지를 떨어 버려 저희에게 증거를 삼으라 하
시니 6 제자들이 나가 각 촌에 두루 행하여 처처에 복음을
전하며 병을 고치더라 7 분봉왕 헤롯이 이 모든 일을 듣고
심히 당황하여 하니 이는 혹은 요한이 죽은 자 가운데서
살아났다고도 하며 8 혹은 엘리야가 나타났다고도 하며
혹은 옛 선지자 하나가 다시 살아났다고도 함이라

"Take nothing for your journey, neither a staff, nor a bag, nor bread, nor money; and do not even have two tunics apiece.
4 "And whatever house you enter, stay there, and take your leave from there. 5 "And as for those who do not receive you, as you go out from that city, shake off the dust from your feet as a testimony against them." 6 And departing,
they began going about among the villages, preaching the gospel, and healing everywhere. 7 ¶ Now Herod the tetrarch heard of all that was happening; and he was greatly perplexed, because it was said by some that John had risen from the dead, 8 and by some that Elijah had appeared, and by others, that one of the prophets of old

9 헤롯이 가로되 요한은 내가 목을 베었거늘 이제 이런 일이 들리니 이 사람이 누군고 하며 저를 보고자 하더라 10 사도들이 돌아와 자기들의 모든 행한 것을 예수께 고한대 데리시고 따로 벳새다라는 고을로 떠나 가셨으나 11 무리가 알고 따라왔거늘 예수께서 저희를 영접하사 하나님 나라의 일을 이야기하시며 병 고칠 자들은 고치시더라 12 날이 저물어 가매 열두 사도가 나아와 여짜오되 무리를 보내어 두루 마을과 촌으로 가서 유하며 먹을 것을 얻게 하소서 우리 있는 여기가 빈 들이니이다

had risen again. 9 And Herod said, "I myself had John beheaded; but who is this man about whom I hear such things?" And he kept trying to see Him. 10 ¶ And when the apostles returned, they gave an account to Him of all that they had done. And taking them with Him, He withdrew by Himself to a city called Bethsaida. 11 But the multitudes were aware of this and followed Him; and welcoming them, He began speaking to them about the kingdom of God and curing those who had need of healing. 12 And the day began to decline, and the twelve came and said to Him, "Send the multitude away, that they may go into the surrounding villages and countryside and find lodging and get something to eat; for here we are in a desolate place." 13 But He said to them, "You give them something

//(이유: ὅτι, for)
우리[가] —— 있는 여기가 빈 들이니이다
(=여기 빈들에 있나이다)

13 예수께서 **이르시되**(...하시니)
/너희가 —— 주어라
/먹을 것을

[그들이] **여짜오되**(...하였으니)
/우리에게[가] —— 없으니
/떡 다섯 개와
물고기 두 마리 밖에

/[우리가] —— 사지 아니하고는 할 수 없삽나이다
/<가서>(과거분사)
/먹을 것을
/이 모든 사람을 위하여

14 //이는(이유: γάρ, for)
남자가 —— 한 오천 명 됨이러라

[예수께서] **이르시되**(...하시니)
/제자들에게
/[너희는] —— 앉히라
/떼를 지어
/한 오십 명씩

15 제자들이 **하여**
/이렇게
앉힌 후
/다

16 예수께서 **가지사**
/떡 다섯 개와
물고기 두 마리를
우러러
/하늘을
축사하시고
떼어
주어
/제자들에게
/무리 앞에 놓게(하시니)

17 [그들이] **먹고**
다 **배불렀더라**

바구니를(=가) **거두니라**(=**거두어졌다**)
/열두
/그 남은 조각[의]

13 예수께서 이르시되 너희가 먹을 것을 주어라 하시니
여짜오되 우리에게 떡 다섯 개와 물고기 두 마리 밖에 없
으니 이 모든 사람을 위하여 먹을 것을 사지 아니하고는
할 수 없삽나이다 하였으니 14 이는 남자가 한 오천 명 됨
이러라 제자들에게 이르시되 떼를 지어 한 오십 명씩 앉히
라 하시니 15 제자들이 이렇게 하여 다 앉힌 후 16 예수
께서 떡 다섯 개와 물고기 두 마리를 가지사 하늘을 우러
러 축사하시고 떼어 제자들에게 주어 무리 앞에 놓게 하시
니 17 먹고 다 배불렀더라 그 남은 조각 열두 바구니를 거
두니라

to eat!" And they said, "We have no more than five loaves
and two fish, unless perhaps we go and buy food for all
these people." 14 (For there were about five thousand
men.) And He said to His disciples, "Have them recline
to eat in groups of about fifty each." 15 And they did
so, and had them all recline. 16 And He took the five
loaves and the two fish, and looking up to heaven, He
blessed them, and broke them, and kept giving them to
the disciples to set before the multitude. 17 And they all
ate and were satisfied; and the broken pieces which they
had left over were picked up, twelve baskets full.

눅

18 예수께서 기도하실 때에(상황절, while)
/따로
제자들이 **있더니**
/주와 함께
물어 가라사대
/무리가 ——— 누구라고 하느냐?
/나를

19 [그들이] **대답하여 가로되**
/<무리가> ——— (하고)
/세례 요한이라
/더러는 ——— 〈하고〉,
/엘리야라
/더러는 ——— 하나이다
/옛 선지자 중의 하나가 살아났
다

20 예수께서 **이르시되**
/너희는 ——— 누구라 하느냐?
/나를

베드로가 **대답하여 가로되**(...하니)
/하나님의 그리스도시니이다

21 [예수께서] **경계하사**
/[그들에게]
명하시고
/이르지 말라(=이르지 말것을)
/이 말을
/아무에게도
22 **가라사대**(...하시고)
/인자가 ——— 고난을 받고
/많은
——— 버린 바 되어
/장로들과
대제사장들과
서기관들에게
——— 죽임을 당하고
——— 살아나야 하리라
/제 삼 일에

23 또
[그가] **이르시되**
/무리에게
/[만일]
아무든지 ——— 따라오려거든(조건절, if)
/나를

18 예수께서 따로 기도하실 때에 제자들이 주와 함께 있더니 물어 가라사대 무리가 나를 누구라고 하느냐 19 대답하여 가로되 세례 요한이라 하고 더러는 엘리야라, 더러는 옛 선지자 중의 하나가 살아났다 하나이다 20 예수께서 이르시되 너희는 나를 누구라 하느냐 베드로가 대답하여 가로되 하나님의 그리스도시니이다 하니 21 경계하사 이 말을 아무에게도 이르지 말라 명하시고 22 가라사대 인자가 많은 고난을 받고 장로들과 대제사장들과 서기관들에게 버린 바 되어 죽임을 당하고 제삼일에 살아나야 하리라 하시고 23 또 무리에게 이르시되 아무든지 나를 따라

18 ¶ And it came about that while He was praying alone, the disciples were with Him, and He questioned them, saying,"Who do the multitudes say that I am?" 19 And they answered and said, "John the Baptist, and others say Elijah; but others, that one of the prophets of old has risen again." 20 And He said to them, "But who do you say that I am?" And Peter answered and said, "The Christ of God." 21 But He warned them, and instructed them not to tell this to anyone, 22 saying, "The Son of Man must suffer many things, and be rejected by the elders and chief priests and scribes, and be killed, and be raised up on the third day." 23 And He was saying to them all,

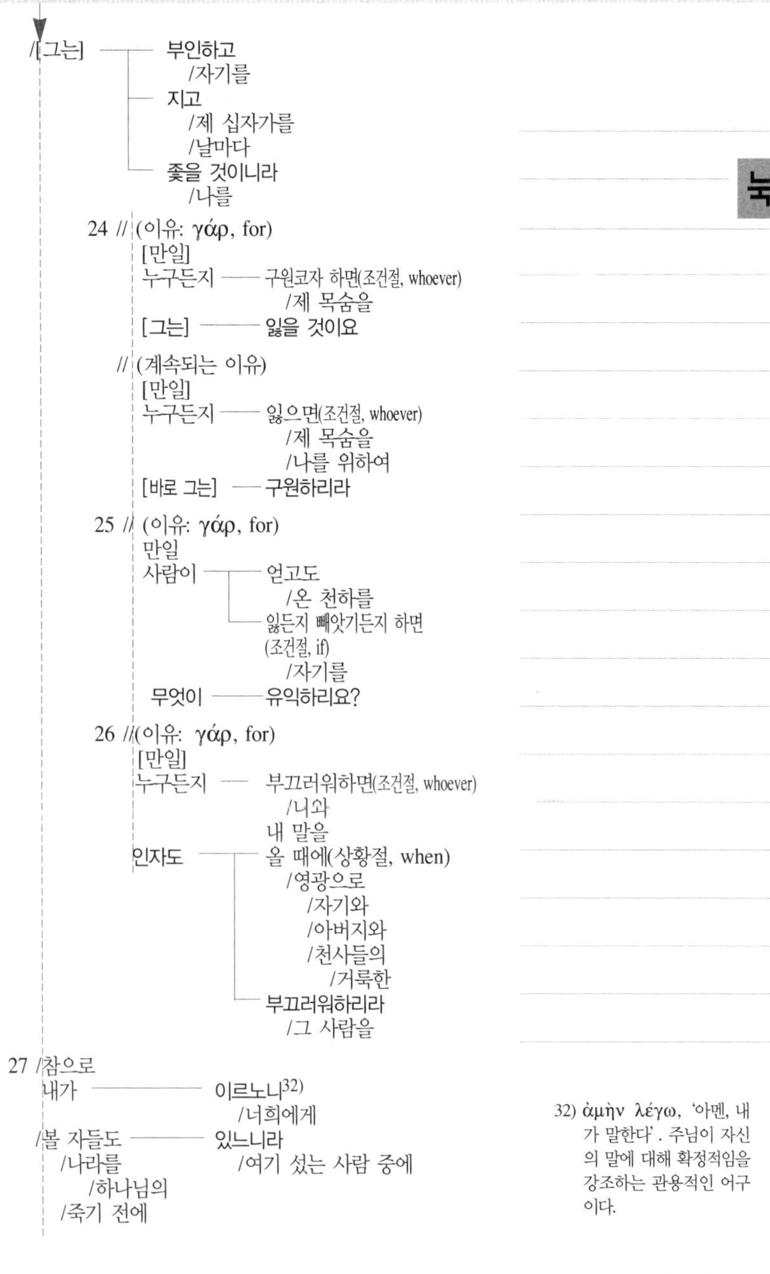

32) ἀμὴν λέγω, '아멘, 내가 말한다'. 주님이 자신의 말에 대해 확정적임을 강조하는 관용적인 어구이다.

오려거든 자기를 부인하고 날마다 제 십자가를 지고 나를 좇을 것이니라 24 누구든지 제 목숨을 구원코자 하면 잃을 것이요 누구든지 나를 위하여 제 목숨을 잃으면 구원하리라 25 사람이 만일 온 천하를 얻고도 자기를 잃든지 빼앗기든지 하면 무엇이 유익하리요 26 누구든지 나와 내 말을 부끄러워하면 인자도 자기와 아버지와 거룩한 천사들의 영광으로 올 때에 그 사람을 부끄러워하리라 27 내가 참으로 너희에게 이르노니 여기 섰는 사람 중에 죽기 전에

"If anyone wishes to come after Me, let him deny himself, and take up his cross daily, and follow Me.
24 "For whoever wishes to save his life shall lose it, but whoever loses his life for My sake, he is the one who will save it. 25 "For what is a man profited if he gains the whole world, and loses or forfeits himself? 26 "For whoever is ashamed of Me and My words, of him will the Son of Man be ashamed when He comes in His glory, and the glory of the Father and of the holy angels.27
"But I say to you truthfully, there are some of those standing here who shall not taste death until they see the kingdom of God." 28 And some eight days after these sayings,

28 팔 일쯤 되어
/이 말씀을 하신 후
예수께서 **데리시고**
/베드로와 요한과 야고보를
올라가사
/산에
/기도하시러

29 기도하실 때에(상황절, while)
용모가 **변화되고**
그 옷이 **희어져**
광채가 나더라

30 문득(=보라!, ἰδοὺ)
두 사람이 **말하니**
/예수와 함께
이는 **모세와**
엘리야라

31 [그들이] **나타나서**
/영광 중에
말씀할새
/별세하실 것을
/예수께서(=예수님의)
/예루살렘에서
/장차

32 베드로와 및
함께 있는 자들이 **곤하여**
/졸다가(=졸음으로)
[그들이] 아주 깨어(상황절, when)
보더니
/영광과 및
/예수의
/두 사람을
/[그와] 함께 선

33 두 사람이 떠날 때에(상황절, as)
베드로가 **여짜오되**(...하되)
/예수께
/주여!
우리가 —— **좋사오니**
/여기 있는 것이
/우리가 —— **짓되**(하사이다)
/초막 셋을
/하나는 주를 위하여,
하나는 모세를 위하여,
하나는 엘리야를 위하여

/자기도 알지 못하더라(=알지 못하면서)
/자기의 하는 말을

하나님의 나라를 볼 자들도 있느니라 28 이 말씀을 하신 후 팔일 쯤 되어 예수께서 베드로와 요한과 야고보를 데리시고 기도하시러 산에 올라가사 29 기도하실 때에 용모가 변화되고 그 옷이 희어져 광채가 나더라 30 문득 두 사람이 예수와 함께 말하니 이는 모세와 엘리야라 31 영광 중에 나타나서 장차 예수께서 예루살렘에서 별세하실 것을 말씀할새 32 베드로와 및 함께 있는 자들이 곤하여 졸다가 아주 깨어 예수의 영광과 및 함께 선 두 사람을 보더니 33 두 사람이 떠날 때에 베드로가 예수께 여짜오되 주여 우리가 여기 있는 것이 좋사오니 우리가 초막 셋을 짓되

it came about that He took along Peter and John and James, and went up to the mountain to pray. 29 And while He was praying, the appearance of His face became different, and His clothing became white and gleaming. 30 And behold, two men were talking with Him; and they were Moses and Elijah, 31 who, appearing in glory, were speaking of His departure which He was about to accomplish at Jerusalem. 32 Now Peter and his companions had been overcome with sleep; but when they were fully awake, they saw His glory and the two men standing with

34 이 말 할 즈음에(상황절, while)
구름이 — **와서**
덮는지라
/저희를

[그들이] — 들어갈 때에(상황절, as)
/구름 속으로
저희가 — **무서워하더니**

35 소리가 — **나서 가로되**(...하고)
/구름 속에서
/이는 — 나의 아들[이요]
곧 택함을 받은 자니
/너희는 — 들으라
/저의 말을

36 소리가 — 그치매(상황절, when)
오직 예수만 — **보이시더라**

제자들이 — **잠잠하여**
이르지 아니하니라
/그 본 것을
/무엇이든지
/그 때에는
/아무에게도

37 이튿날
[그들이] — 산에서 내려오시니(상황절, when)
큰 무리가 — 맞을새

38 한 사람이 — **소리질러 가로되**
/무리 중에
/선생님!
[내가] — 청컨대(=구합니다)
/[당신께]
/내 아들을 돌아보아 주옵소서(=주실 것을)

//이는(이유: ὅτι, for)
[그가] — 외아들이니이다
/내

39 /귀신이 — 잡아
/저를
부르짖게 하고
/졸지에(=갑자기)
— 경련을 일으켜
/거품을 흘리(게 하)며
— 겨우 떠나가나이다
/심히 상하게 하고야
/[그를]

하나는 주를 위하여, 하나는 모세를 위하여, 하나는 엘리야
를 위하여 하사이다 하되 자기의 하는 말을 자기도 알지
못하더라 34 이 말 할 즈음에 구름이 와서 저희를 덮는지
라 구름 속으로 들어갈 때에 저희가 무서워하더니 35 구
름 속에서 소리가 나서 가로되 이는 나의 아들 곧 택함을
받은 자니 너희는 저의 말을 들으라 하고 36 소리가 그치
매 오직 예수만 보이시더라 제자들이 잠잠하여 그 본 것을
무엇이든지 그 때에는 아무에게도 이르지 아니하니라 37
이튿날 산에서 내려 오시니 큰 무리가 맞을새 38 무리 중
에 한 사람이 소리질러 가로되 선생님 청컨대 내 아들을
돌아 보아 주옵소서 이는 내 외아들이니이다 39 귀신이
저를 잡아 졸지에 부르짖게 하고 경련을 일으켜 거품을 흘

Him. 33 And it came about, as these were parting from
Him, Peter said to Jesus, “Master, it is good for us to be
here; and let us make three tabernacles: one for You, and
one for Moses, and one for Elijah” — not realizing what
he was saying. 34 And while he was saying this, a cloud
formed and began to overshadow them; and they were
afraid as they entered the cloud. 35 And a voice came
out of the cloud, saying, This is My Son, My Chosen
One; listen to Him!” 36 And when the voice had spoken,
Jesus was found alone. And they kept silent, and reported
to no one in those days any of the things which they had
seen. 37 And it came about on the next day, that when
they had come down from the mountain, a great multitude
met Him. 38 And behold, a man from the multitude

리게 하며 심히 상하게 하고야 겨우 떠나가나이다 40 당신의 제자들에게 내어 쫓아 주기를 구하였으나 저희가 능히 못하더이다 41 예수께서 대답하여 가라사대 믿음이 없고 패역한 세대여 내가 얼마나 너희와 함께 있으며 너희를 참으리요 네 아들을 이리로 데리고 오라 하시니 42 올 때에 귀신이 거꾸러뜨리고 심한 경련을 일으키게 하는지라 예수께서 더러운 귀신을 꾸짖으시고 아이를 낫게 하사 그 아비에게 도로 주시니 43 사람들이 다 하나님의 위엄을 놀라니라 저희가 다 그 행하시는 모든 일을 기이히 여길새 예수께서 제자들에게 이르시되

shouted out, saying, "Teacher, I beg You to look at my son, for he is my only boy, 39 and behold, a spirit seizes him, and he suddenly screams, and it throws him into a convulsion with foaming at the mouth, and as it mauls him, it scarcely leaves him. 40 "And I begged Your disciples to cast it out, and they could not." 41 And Jesus answered and said, "O unbelieving and perverted generation, how long shall I be with you, and put up with you? Bring your son here." 42 And while he was still approaching, the demon dashed him to the ground, and threw him into a convulsion. But Jesus rebuked the unclean spirit, and healed the boy, and gave him back to his father. 43 ¶ And they were all amazed at the greatness of God. But while everyone was marveling at all that He was

//(이유: γάρ, for)
인자가 —— 넘기우리라
/장차
/사람들의 손에

45 저희가 **알지 못하였나니**
/이 말씀을

[그것이] **숨김이 되었음이라**

//(목적: ἵνα, so that)
저희로 깨닫지 못하게

또
저희는 **두려워하더라**
/묻기도
/이 말씀을

46 변론이 **일어나니**
/누가 크냐 하는 /제자 중에서

47 예수께서 **아시고**
/변론하는 것을
/그[들의] 마음에
데려다가
/어린아이 하나를
세우시고
/자기 곁에
48 **이르시되**
/저희에게
/[만일]
누구든지 —— 영접하면(조건절, whoever)
/이 어린아이를
/내 이름으로
[그는] —— 곧 영접함이요
/나를
/또
[만일]
누구든지 —— 영접하면(조건절, whoever)
/나를
[그는] —— 곧 영접함이라
/나 보내신 이를

//(이유:γάρ, for)
그이가 — 큰 자니라
/가장 작은
/너희 모든 사람 중에

44 이 말을 너희 귀에 담아두라 인자가 장차 사람들의 손
에 넘기우리라 하시되 45 저희가 이 말씀을 알지 못하였
나니 이는 저희로 깨닫지 못하게 숨김이 되었음이라 또 저
희는 이 말씀을 묻기도 두려워하더라 46 제자 중에서 누
가 크냐 하는 변론이 일어나니 47 예수께서 그 마음에 변
론하는 것을 아시고 어린아이 하나를 데려다가 자기 곁에
세우시고 48 저희에게 이르시되 누구든지 내 이름으로 이
어린아이를 영접하면 곧 나를 영접함이요 또 누구든지 나
를 영접하면 곧 나 보내신 이를 영접함이라 너희 모든 사
람 중에 가장 작은 그이가 큰 자니라

doing, He said to His disciples, 44 "Let these words sink
into your ears; for the Son of Man is going to be delivered
into the hands of men." 45 But they did not understand
this statement, and it was concealed from them so that
they might not perceive it; and they were afraid to ask
Him about this statement. 46 And an argument arose
among them as to which of them might be the greatest.
47 But Jesus, knowing what they were thinking in their
heart, took a child and stood him by His side, 48 and
said to them, "Whoever receives this child in My name receives
Me; and whoever receives Me receives Him who sent
Me; for he who is least among you, this is the one who

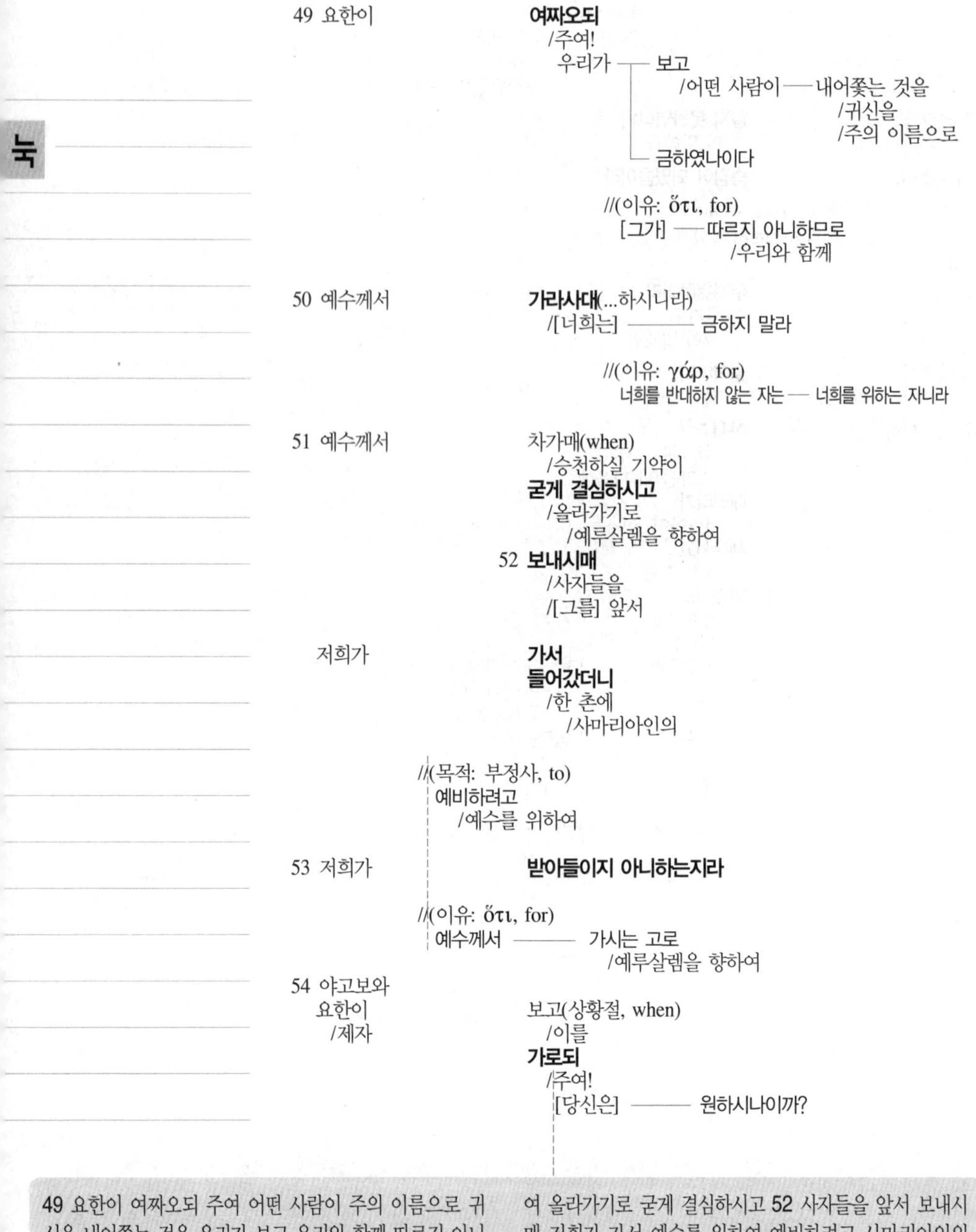

49 요한이 여짜오되 주여 어떤 사람이 주의 이름으로 귀
신을 내어쫓는 것을 우리가 보고 우리와 함께 따르지 아니
하므로 금하였나이다 50 예수께서 가라사대 금하지 말라
너희를 반대하지 않는 자는 너희를 위하는 자니라 하시니
라 51 예수께서 승천하실 기약이 차가매 예루살렘을 향하
여 올라가기로 굳게 결심하시고 52 사자들을 앞서 보내시
매 저희가 가서 예수를 위하여 예비하려고 사마리아인의
한 촌에 들어갔더니 53 예수께서 예루살렘을 향하여 가시
는 고로 저희가 받아들이지 아니하는지라 54 제자 야고보
와 요한이 이를 보고 가로되 주여 우리가 불을 명하여 하

is great." 49 And John answered and said, "Master, we
saw someone casting out demons in Your name; and we
tried to hinder him because he does not follow along with
us." 50 But Jesus said to him, "Do not hinder him; for
he who is not against you is for you." 51 ¶ And it came
about, when the days were approaching for His ascension,
that He resolutely set His face to go to Jerusalem;
52 and He sent messengers on ahead of Him. And they
went, and entered a village of the Samaritans, to make
arrangements for Him. 53 And they did not receive Him,
because He was journeying with His face toward Jerusalem.
54 And when His disciples James and John saw this, they

[당신은] —— 원하시나이까?
/우리가 — 명하(여 하)기를
/불을
/내려[와서]
/하늘로 좇아
멸하라
/저희를

55 예수께서 **돌아보시며**
꾸짖으시고
56 **함께 가시니라**
/다른 촌으로

57 [그들이] 가실 때에(상황절, as)
/길
혹이 **여짜오되**
/어디로 가시든지
저는 —— 좇으리이다

58 예수께서 **가라사대**(...하시고)
/여우도 —— 굴이 있고
새도 —— 집이 있으되
/공중의
인자는 —— 머리 둘 곳이 없도다

59 또
[말씀]하시니
/다른 사람에게
/[너는] —— 좇으라
/나를

그가 **가로되**
/[당신은] 허락하옵소서
/나로 — 가서
/먼저
장사하게
/내 부친을

60 [예수께서] **가라사대**(...하시고)
/죽은 자들로 —— 장사하게 하고
/자기의 죽은 자들을
너는 —— 가서
전파하라
/하나님의 나라를

61 또
다른 사람이 **가로되**
/주여!
내가 —— 좇겠나이다마는
/주를

늘로 좇아 내려 저희를 멸하라 하기를 원하시나이까 55
예수께서 돌아보시며 꾸짖으시고 56 함께 다른 촌으로 가
시니라 57 길 가실 때에 혹이 여짜오되 어디로 가시든지
저는 좇으리이다 58 예수께서 가라사대 여우도 굴이 있고
공중의 새도 집이 있으되 인자는 머리 둘 곳이 없도다 하
시고 59 또 다른 사람에게 나를 좇으라 하시니 그가 가로
되 나로 먼저 가서 내 부친을 장사하게 허락하옵소서 60
가라사대 죽은 자들로 자기의 죽은 자들을 장사하게 하고
너는 가서 하나님의 나라를 전파하라 하시고 61 또 다른
사람이 가로되 주여 내가 주를 좇겠나이다마는 나로 먼저

said, "Lord, do You want us to command fire to come
down from heaven and consume them?" 55 But He turned
and rebuked them, and said, "You do not know what kind
of spirit you are of; 56 for the Son of Man did not come
to destroy men's lives, but to save them. "And they went
on to another village. 57 ¶ And as they were going along
the road, someone said to Him, "I will follow You wherever
You go." 58 And Jesus said to him, "The foxes have
holes, and the birds of the air have nests, but the Son of
Man has nowhere to lay His head." 59 And He said to another,
"Follow Me." But he said, "Permit me first to go and
bury my father." 60 But He said to him, "Allow the dead

눅

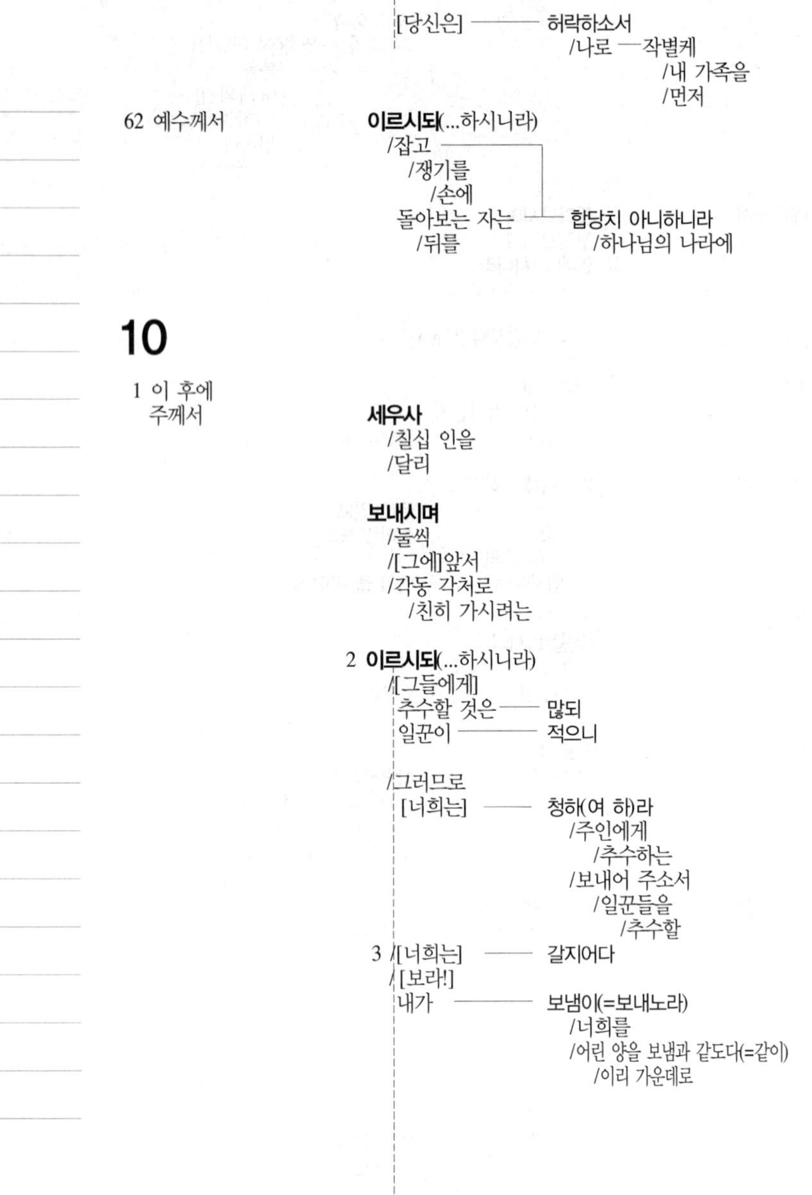

내 가족을 작별케 허락하소서 62 예수께서 이르시되 손에
쟁기를 잡고 뒤를 돌아보는 자는 하나님의 나라에 합당치
아니하니라 하시니라

10:1 이후에 주께서 달리 칠십 인을 세우사 친히 가시
려는 각동 각처로 둘씩 앞서 보내시며 2 이르시되
추수할 것은 많되 일군이 적으니 그러므로 추수하는 주인
에게 청하여 추수할 일군들을 보내어 주소서 하라 3 갈지
어다 내가 너희를 보냄이 어린 양을 이리 가운데로 보냄
과 같도다

to bury their own dead; but as for you, go and proclaim
everywhere the kingdom of God." 61 And another also
said, "I will follow You, Lord; but first permit me to say good-
bye to those at home." 62 But Jesus said to him, "No
one, after putting his hand to the plow and looking back,
is fit for the kingdom of God."

10:1 ¶ Now after this the Lord appointed seventy
others, and sent them two and two ahead of Him
to every city and place where He Himself was going to
come. 2 And He was saying to them, "The harvest is plentiful,
but the laborers are few; therefore beseech the Lord of
the harvest to send out laborers into His harvest. 3 "Go

4 /[너희는] ─── 가지지 말며
/전대나
주머니나
신을
─── 문안하지 말며
/길에서
/아무에게도

5 /[너희는] ─── 어느 집에 들어가든지
(조건절, whatever)
─── 말하(되 하)라
/먼저
/이 집이 평안할지어다

6 /만일
사람이 ─── 거기 있으면(조건절, if)
/평안을 받을
/평안이 ─── 머물 것이요
/너희 빈 /그에게

/[만일]
그렇지 않으면(조건절, if)
[그것이] ─── 돌아오리라
/너희에게로

7 /[너희는] ─── 유하며(=유하라)
/그 집에
/먹고, 마시라 (=먹고 마시면서)
/주는 것을

//(이유: γάρ, for)
일꾼이 그 삯을 얻는 것이 ── 마땅하니라

/[너희는] ─── 옮기지 말라
/이 집에서 저 집으로

8 /[너희가] ─── 어느 동네에 들어가든지(조건절, whatever)
[그들이] ─── 영접하거든(조건절)
/너희를
[너희는] ─── 먹고
/너희 앞에 차려 놓는 것을

9 /[너희는] ─── 고치고
/거기 있는 병자들을
또
─── 말하기를...하라
/하나님의 나라가 너희에게 가
까이 왔다

4 전대나 주머니나 신을 가지지 말며 길에서 아무에게도
문안하지 말며 5 어느 집에 들어가든지 먼저 말하되 이 집
이 평안할지어다 하라 6 만일 평안을 받을 사람이 거기 있
으면 너희 빈 평안이 그에게 머물 것이요 그렇지 않으면
너희에게로 돌아오리라 7 그 집에 유하며 주는 것을 먹고
마시라 일군이 그 삯을 얻는 것이 마땅하니라 이 집에서
저 집으로 옮기지 말라 8 어느 동네에 들어가든지 너희를
영접하거든 너희 앞에 차려 놓는 것을 먹고 9 거기 있는
병자들을 고치고 또 말하기를 하나님의 나라가 너희에게
가까이 왔다 하라

your ways; behold, I send you out as lambs in the midst
of wolves. 4 "Carry no purse, no bag, no shoes; and greet
no one on the way. 5 "And whatever house you enter,
first say, 'Peace be to this house.' 6 "And if a man of
peace is there, your peace will rest upon him; but if not,
it will return to you. 7 "And stay in that house, eating
and drinking what they give you; for the laborer is worthy
of his wages. Do not keep moving from house to house.
8 "And whatever city you enter, and they receive you,
eat what is set before you; 9 and heal those in it who
are sick, and say to them, 'The kingdom of God has come
near to you.' 10 "But whatever city you enter and they

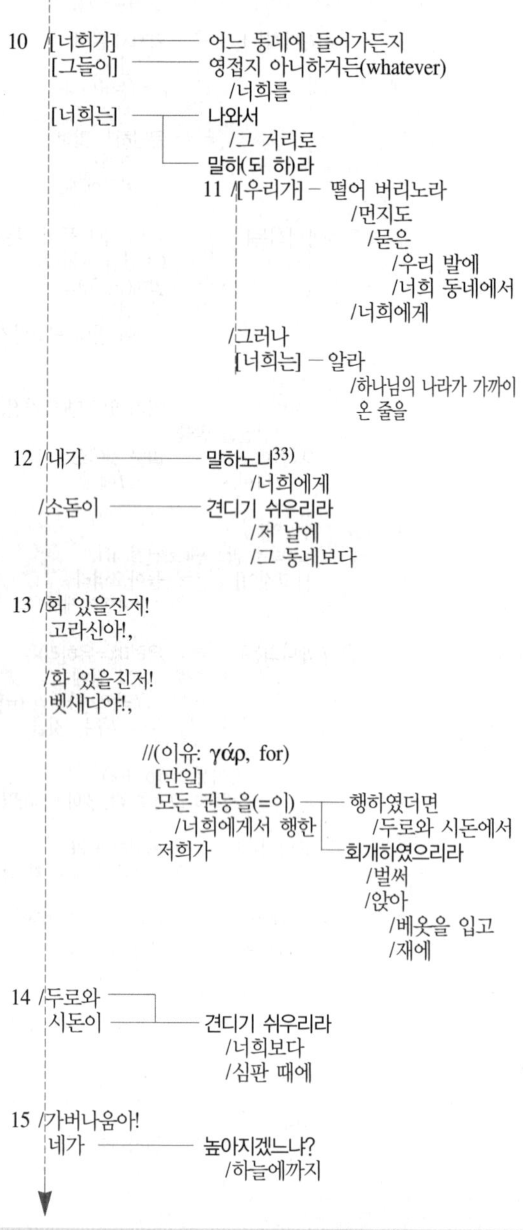

10 어느 동네에 들어가든지 너희를 영접지 아니하거든 그
거리로 나와서 말하되 11 너희 동네에서 우리 발에 묻은
먼지도 너희에게 떨어 버리노라 그러나 하나님의 나라가
가까이 온 줄을 알라 하라 12 내가 너희에게 말하노니 저
날에 소돔이 그 동네보다 견디기 쉬우리라 13 화 있을진
저 고라신아 화 있을진저 벳새다야 너희에게서 행한 모든
권능을 두로와 시돈에서 행하였더면 저희가 벌써 베옷을
입고 재에 앉아 회개하였으리라 14 심판 때에 두로와 시
돈이 너희보다 견디기 쉬우리라 15 가버나움아 네가 하늘
에까지 높아지겠느냐 음부에까지 낮아지리라

do not receive you, go out into its streets and say, 11
'Even the dust of your city which clings to our feet, we
wipe off in protest against you; yet be sure of this, that
the kingdom of God has come near.' 12 "I say to you, it
will be more tolerable in that day for Sodom, than for
that city. 13 "Woe to you, Chorazin! Woe to you, Bethsaida!
For if the miracles had been performed in Tyre and Sidon
which occurred in you, they would have repented long
ago, sitting in sackcloth and ashes. 14 "But it will be
more tolerable for Tyre and Sidon in the judgment, than
for you. 15 "And you, Capernaum, will not be exalted to
heaven, will you? You will be brought down to Hades!

눅

16 너희 말을 듣는 자는 곧 내 말을 듣는 것이요 너희를
저버리는 자는 곧 나를 저버리는 것이요 나를 저버리는 자
는 나 보내신 이를 저버리는 것이라 하시니라 17 칠십 인
이 기뻐 돌아와 가로되 주여 주의 이름으로 귀신들도 우리
에게 항복하더이다 18 예수께서 이르시되 사단이 하늘로
서 번개 같이 떨어지는 것을 내가 보았노라 19 내가 너희
에게 뱀과 전갈을 밟으며 원수의 모든 능력을 제어할 권세
를 주었으니 너희를 해할 자가 결단코 없으리라 20 그러
나 귀신들이 너희에게 항복하는 것으로 기뻐하지 말고 너
희 이름이 하늘에 기록된 것으로 기뻐하라 하시니라 21

16 "The one who listens to you listens to Me, and the
one who rejects you rejects Me; and he who rejects Me
rejects the One who sent Me." 17 ¶ And the seventy
returned with joy, saying, "Lord, even the demons are
subject to us in Your name." 18 And He said to them,
"I was watching Satan fall from heaven like lightning.
19 "Behold, I have given you authority to tread upon
serpents and scorpions, and over all the power of the
enemy, and nothing shall injure you. 20 "Nevertheless do
not rejoice in this, that the spirits are subject to you, but rejoice
that your names are recorded in heaven." 21 At that very
time He rejoiced greatly in the Holy Spirit, and said,

눅

가라사대(...하시고)
/아버지여!
주재이신(=주재시여!)
/천지의
[내가 —— 감사하나이다
/[당신이] —— 숨기시고
/이것을
/지혜롭고 슬기 있는 자들에게는
나타내심을
/어린아이들에게는

/옳소이다!
[아버지여!]
이렇게 된 것이 —— 아버지의 뜻이니이다[34)]

22 /아버지께서 —— 주셨으니
/내
/모든 것을
/내게

/아는 자가 —— 없고
/아버지 외에는
/아들이 누군지

/아는 자가 —— 없나이다
/아버지가 누군지
/아들과
또 계시를 받는 자 외에는
/아들의 소원대로

23 [예수께서]
이르시되
/돌아보시며(분사)
/제자들을
/종용히
/보는 눈은 —— 복이 있도다
/너희의 보는 것을

24 /내가 —— 말하노니[35)]
/너희에게
/선지자와
/많은
임금이 —— 보고자 하였으되
/너희[가] 보는 바를
/[그들이] —— 보지 못하였으며

/<그들이> —— 듣고자 하였으되
/너희[가] 듣는 바를
듣지 못하였느니라

34) 직역: 아버지의 뜻은 이렇게 되는 것입니다.

35) 주님께서 자신의 말씀을 하나님의 말씀과 대등한 권위임을 드러내는 관용적인 표현이다.

이 때에 예수께서 성령으로 기뻐하사 가라사대 천지의 주
재이신 아버지여 이것을 지혜롭고 슬기 있는 자들에게는
숨기시고 어린아이들에게는 나타내심을 감사하나이다 옳
소이다 이렇게 된 것이 아버지의 뜻이니이다 22 내 아버
지께서 모든 것을 내게 주셨으니 아버지 외에는 아들이 누
군지 아는 자가 없고 아들과 또 아들의 소원대로 계시를
받는 자 외에는 아버지가 누군지 아는 자가 없나이다 하시
고 23 제자들을 돌아보시며 종용히 이르시되 너희의 보는
것을 보는 눈은 복이 있도다 24 내가 너희에게 말하노니
많은 선지자와 임금이 너희 보는 바를 보고자 하였으되 보

"I praise Thee, O Father, Lord of heaven and earth, that
Thou didst hide these things from the wise and intelligent
and didst reveal them to babes. Yes, Father, for thus it
was well-pleasing in Thy sight. 22 All things have been
handed over to Me by My Father, and no one knows who
the Son is except the Father, and who the Father is except
the Son, and anyone to whom the Son wills to reveal
Him." 23 And turning to the disciples, He said privately,
"Blessed are the eyes which see the things you see, 24
for I say to you, that many prophets and kings wished to
see the things which you see, and did not see them, and
to hear the things which you hear, and did not hear them."

25 [보라!]
어떤 율법사가 **일어나**
시험하여 가로되
/예수를
/선생님!
내가 ——— 얻으리이까?
/무엇을 하여야
/영생을

26 예수께서 **이르시되**
/[그것이] ——— 무엇이라 기록되었으며?
/율법에
/네가 ——— 어떻게 읽느냐?

27 [그가] **대답하여 가로되**(...하였나이다)
/[너는] ——— 사랑하고
/하나님을
/주
/너의
/네 마음을 다하며
목숨을 다하며
힘을 다하며
뜻을 다하여
——— 또한 사랑하라
/네 이웃을
/네 몸과 같이

28 예수께서 **이르시되**(...하시니)
/네[가] ——— 대답이 옳도다(=옳게 답했다)
[너는] ——— 행하라
/이를
//그러면(결과)
[네가] ——— 살리라

29 이 사람이 **여짜오되**
/옳게 보이려고(하면서)
/자기를
/예수께
/그러면
이웃이 ——— 누구오니이까?
/내

30 예수께서 **대답하여 가라사대**
/어떤 사람이 ——— 내려가다가
/예루살렘에서
여리고로
[그가] ——— 만나매

지 못하였으며 너희 듣는 바를 듣고자 하였으되 듣지 못하
였느니라 25 어떤 율법사가 일어나 예수를 시험하여 가로
되 선생님 내가 무엇을 하여야 영생을 얻으리이까 26 예
수께서 이르시되 율법에 무엇이라 기록되었으며 네가 어떻
게 읽느냐 27 대답하여 가로되 네 마음을 다하며 목숨을
다하며 힘을 다하며 뜻을 다하여 주 너의 하나님을 사랑하
고 또한 네 이웃을 네 몸과같이 사랑하라 하였나이다 28
예수께서 이르시되 네 대답이 옳도다 이를 행하라 그러면
살리라 하시니 29 이 사람이 자기를 옳게 보이려고 예수
께 여짜오되 그러면 내 이웃이 누구오니이까 30 예수께서

25 ¶ And behold, a certain lawyer stood up and put Him
to the test, saying, "Teacher, what shall I do to inherit
eternal life?" 26 And He said to him, "What is written
in the Law? How does it read to you?" 27 And he answered
and said, "You shall love the Lord your God with all
your heart, and with all your soul, and with all your
strength, and with all your mind; and your neighbor as
yourself." 28 And He said to him, "You have answered
correctly; do this, and you will live." 29 But wishing to justify
himself, he said to Jesus, "And who is my neighbor?"
30 Jesus replied and said, "A certain man was going down
from Jerusalem to Jericho; and he fell among robbers,

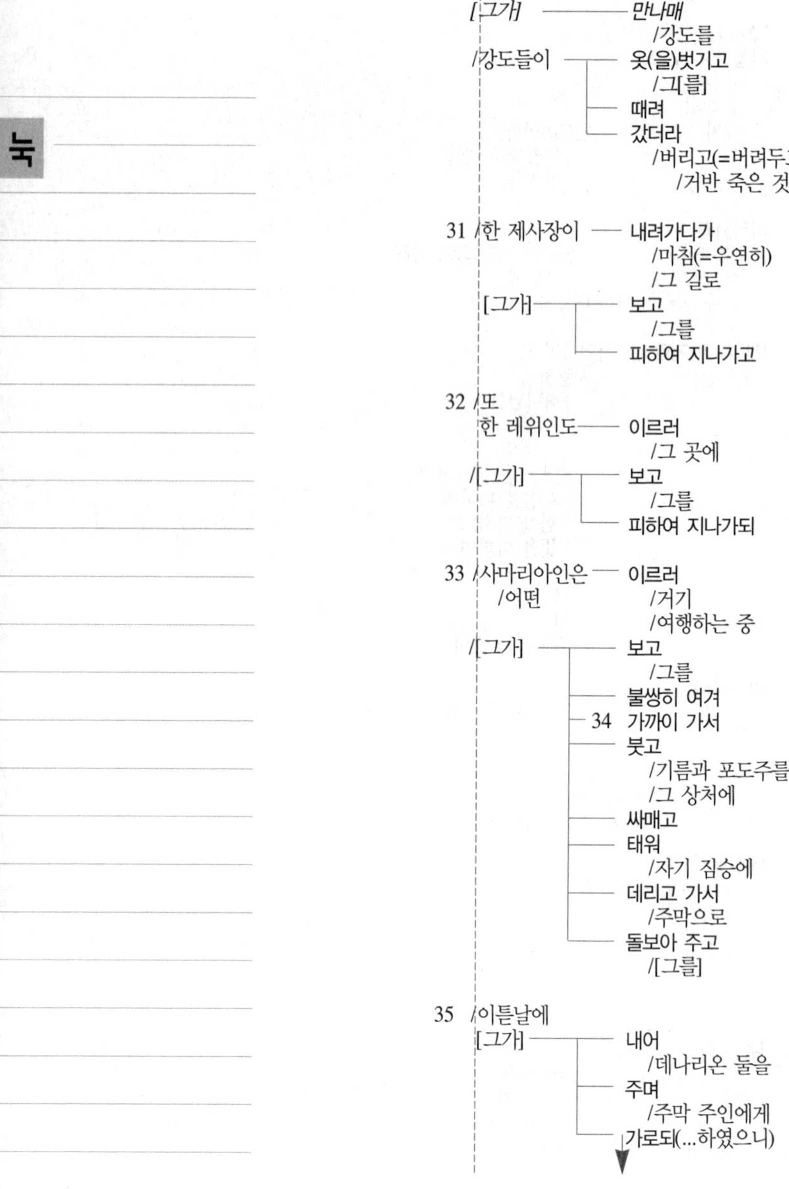

대답하여 가라사대 어떤 사람이 예루살렘에서 여리고로 내
려가다가 강도를 만나매 강도들이 그 옷을 벗기고 때려 거
반 죽은 것을 버리고 갔더라 31 마침 한 제사장이 그 길로
내려가다가 그를 보고 피하여 지나가고 32 또 이와 같이
한 레위인도 그곳에 이르러 그를 보고 피하여 지나가되 33
어떤 사마리아 인은 여행하는 중 거기 이르러 그를 보고
불쌍히 여겨 34 가까이 가서 기름과 포도주를 그 상처에
붓고 싸매고 자기 짐승에 태워 주막으로 데리고 가서 돌보
아 주고 35 이튿날에 데나리온 둘을 내어 주막 주인에게
주며 가로되 이 사람을 돌보아 주라 부비가 더 들면 내가

and they stripped him and beat him, and went off leaving
him half dead. 31 "And by chance a certain priest was
going down on that road, and when he saw him, he passed
by on the other side. 32 "And likewise a Levite also,
when he came to the place and saw him, passed by on
the other side. 33 "But a certain Samaritan, who was on
a journey, came upon him; and when he saw him, he felt
compassion, 34 and came to him, and bandaged up his wounds,
pouring oil and wine on them; and he put him on his
own beast, and brought him to an inn, and took care of
him. 35 "And on the next day he took out two denarii
and gave them to the innkeeper and said, 'Take care of

가로되(...하였으니)
/[너는] —— 돌보아 주라
/이 사람을
[만일]
[네가] —— 부비가 더 들면(조건절, whatever)
내가 —— 갚으리라
/돌아올 때에

36 /네(=너는) —— 의견에는(=생각하는가?)
/누가 —— 이웃이 되겠느냐(=이웃이라)
/이 세 사람 중에 /강도 만난 자의

37 [그가] **가로되**
/베푼 자 —— 니이다
/자비를
/[그에게]

예수께서 **이르시되**(...하시니라)
/[그에게]
/[너는] —— 가서
너도 —— 하라
/이와 같이

38 저희가 길 갈 때에(상황절, when)
예수께서 **들어가시매**
/한 촌에

한 여자가 **영접하더라**
/마르다라 이름하는 /자기 집으로

39 [그녀가] **동생이 있어**
/그에게
/마리아라 하는

[마리아가] **앉아**
/주의 발 아래
듣더니
/그의 말씀을

40 마르다는 **마음이 분주한지라**
/준비하는 일이(=일로)
/많아(=많은)
나아가
/예수께

돌아올 때에 갚으리라 하였으니 36 네 의견에는 이 세 사
람 중에 누가 강도 만난 자의 이웃이 되겠느냐 37 가로되
자비를 베푼 자니이다 예수께서 이르시되 가서 너도 이와
같이 하라 하시니라 38 저희가 길 갈 때에 예수께서 한 촌
에 들어가시매 마르다라 이름하는 한 여자가 자기 집으로
영접하더라 39 그에게 마리아라 하는 동생이 있어 주의
발 아래 앉아 그의 말씀을 듣더니 40 마르다는 준비하는
일이 많아 마음이 분주한지라 예수께 나아가 가로되 주여
내 동생이 나 혼자 일하게 두는 것을 생각지 아니하시나이
까 저를 명하사 나를 도와주라 하소서

him; and whatever more you spend, when I return, I will repay
you.' 36 "Which of these three do you think proved to
be a neighbor to the man who fell into the robbers' hands?"
37 And he said, "The one who showed mercy toward
him." And Jesus said to him, "Go and do the same." 38
¶ Now as they were traveling along, He entered a certain
village; and a woman named Martha welcomed Him into
her home. 39 And she had a sister called Mary, who moreover
was listening to the Lord's word, seated at His feet.
40 But Martha was distracted with all her preparations;
and she came up to Him, and said, "Lord, do You not
care that my sister has left me to do all the serving alone?

41 주께서 대답하여 가라사대 마르다야 마르다야 네가 많은 일로 염려하고 근심하나 42 그러나 몇 가지만 하든지 혹 한 가지만이라도 족하니라 마리아는 이 좋은 편을 택하였으니 빼앗기지 아니하리라 하시니라

11:1 예수께서 한 곳에서 기도하시고 마치시매 제자 중 하나가 여짜오되 주여 요한이 자기 제자들에게 기도를 가르친 것과 같이 우리에게도 가르쳐 주옵소서 2 예수께서 이르시되 너희는 기도할 때에 이렇게 하라 아버지여 이름이 거룩히 여김을 받으시오며 나라이 임하옵시며

Then tell her to help me." 41 But the Lord answered and said to her, "Martha, Martha, you are worried and bothered about so many things; 42 but only a few things are necessary, really only one, for Mary has chosen the good part, which shall not be taken away from her."

11:1 And it came about that while He was praying in a certain place, after He had finished, one of His disciples said to Him, "Lord, teach us to pray just as John also taught his disciples." 2 And He said to them, "When you pray, say: 'Father, hallowed be Thy name. Thy kingdom come.

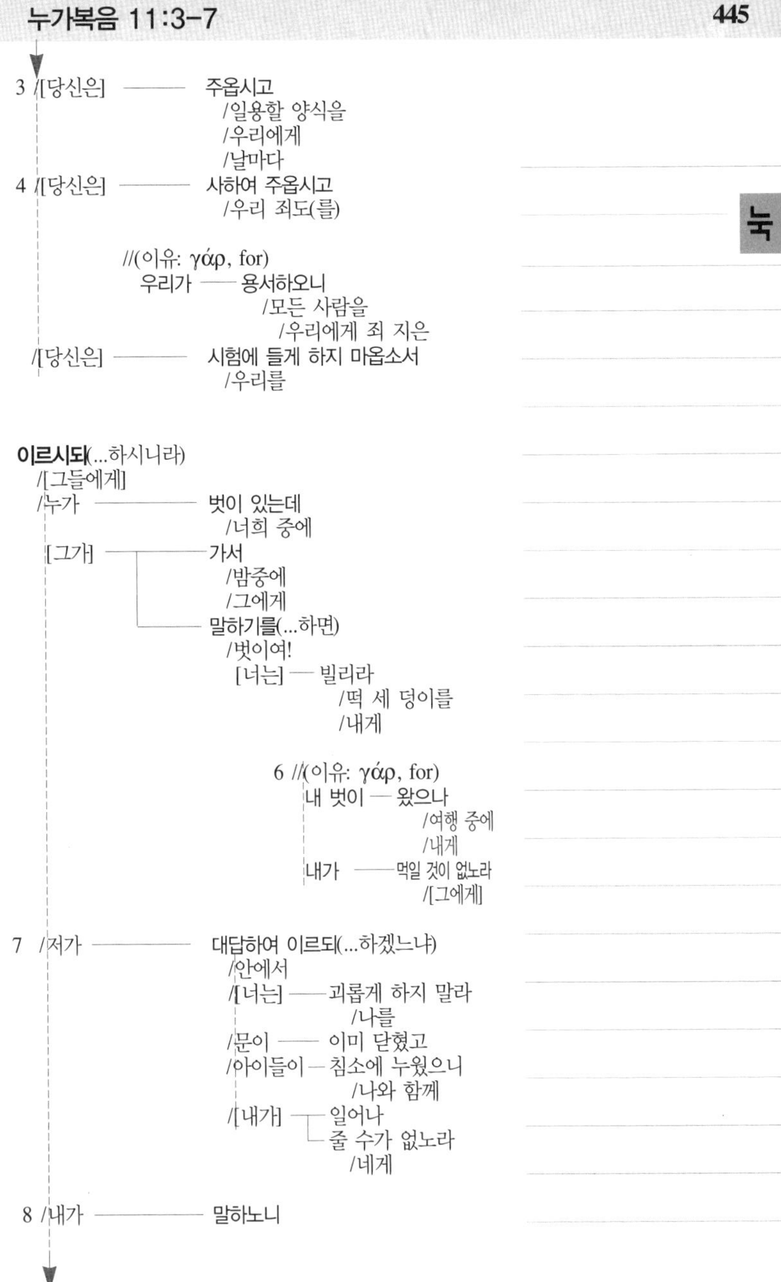

3 우리에게 날마다 일용할 양식을 주옵시고 4 우리가 우
리에게 죄 지은 모든 사람을 용서하오니 우리 죄도 사하여
주옵시고 우리를 시험에 들게 하지 마옵소서 하라 5 또 이
르시되 너희 중에 누가 벗이 있는데 밤중에 그에게 가서
말하기를 벗이여 떡 세 덩이를 내게 빌리라 6 내 벗이 여
행 중에 내게 왔으나 내가 먹일 것이 없노라 하면 7 저가
안에서 대답하여 이르되 나를 괴롭게 하지 말라 문이 이미
닫혔고 아이들이 함께 나와 침소에 누웠으니 일어나 네게
줄 수가 없노라 하겠느냐

3 'Give us each day our daily bread. 4 'And forgive us
our sins, For we ourselves also forgive everyone who is
indebted to us. And lead us not into temptation.'" 5 And
He said to them, "Suppose one of you shall have a friend,
and shall go to him at midnight, and say to him, 'Friend,
lend me three loaves; 6for a friend of mine has come to
me from a journey, and I have nothing to set before him';
7and from inside he shall answer and say, 'Do not bother
me; the door has already been shut and my children and
I are in bed; I cannot get up and give you anything.' 8

8 /*내가* — *말하노니*[36]
/너희에게
/비록
[그가] — 일어나
주지 아니할지라도
//(이유: διὰ+목적격, because of)
벗됨을 인하여서는
/[그가] — 일어나
주리라
/그 소용대로
//(이유: διὰ+목적격, because of)
그의 강청함을 인하여

9 /또
내가 — 이르노니[37]
/너희에게
[너희는] — 구하라
//그러면(결과)
[그것이] — 주실 것이요(=주어질 것이요)
/너희에게
/[너희는] — 찾으라
//그러면 (결과)
[너희가] — 찾을 것이요
[너희는] — 문을 두드리라
//그러면(결과)
[그것이] — 열릴 것이니
/너희에게

10 //(이유: γάρ, for)
구하는 이마다 — 받을 것이요
찾는 이가 — 찾을 것이요
[그것이] — 열릴 것이니라
/두드리는 이에게

11 /[만일]
아들이 — 달라 하면(조건절, if)
/생선을
누가 — 주며?
/너희 중에 /뱀을
/아비 된 자 /생선 대신에

12 /[만일]

36) 주님께서 자신의 말씀을 하나님의 말씀과 대등한 권위임을 드러내는 관용적인 표현이다.

37) 주님께서 자신의 말씀을 하나님의 말씀과 대등한 권위임을 드러내는 관용적인 표현이다.

8 내가 너희에게 말하노니 비록 벗됨을 인하여서는 일어나 주지 아니할지라도 그 강청함을 인하여 일어나 그 소용대로 주리라 9 내가 또 너희에게 이르노니 구하라 그러면 너희에게 주실 것이요 찾으라 그러면 찾을 것이요 문을 두드리라 그러면 너희에게 열릴 것이니 10 구하는 이마다 받을 것이요 찾는 이가 찾을 것이요 두드리는 이에게 열릴 것이니라 11 너희 중에 아비된 자 누가 아들이 생선을 달라 하면 생선 대신에 뱀을 주며

"I tell you, even though he will not get up and give him anything because he is his friend, yet because of his persistence he will get up and give him as much as he needs. 9 "And I say to you, ask, and it shall be given to you; seek, and you shall find; knock, and it shall be opened to you. 10 "For everyone who asks, receives; and he who seeks, finds; and to him who knocks, it shall be opened. 11 "Now suppose one of you fathers is asked by his son for a fish; he will not give him a snake instead of a fish, will he? 12 "Or if he is asked for an egg, he will not give

12 /[만일]
[그가] ——— 알을 달라 하면(조건절, if)
[누가] ——— 주겠느냐?
/전갈을

13 /[만일]
너희가 ——— 할지라도(조건절, if)
알거든
/줄 줄
/좋은 것을
/자식에게
/천부께서 ——— 하물며 주시지 않겠느냐?
/너희 /성령을
/구하는 자에게

14 예수께서 **쫓아내시니**
/한 귀신을
/벙어리

귀신이 나가매(상황절, when)
벙어리가 **말하는지라**
무리들이 **기이히 여겼으나**
15 더러는 **말하기를**(...하고)
/그 중에 /저가 ——— 쫓아낸다
/귀신을
/바알세불을 힘입어
/귀신의 왕

16 또
더러는 **구하니**
/표적을
/하늘로서 오는
/시험하여(현재분사)
/예수를

17 예수께서 **아시고**
/저희 생각을
이르시되
/나라마다 ——— 황폐하여지며
/스스로 분쟁하는
/집은 ——— 무너지느니라
/스스로 분쟁하는

18 /만일
사단이 ——— 스스로 분쟁하면(조건절, if)
나라가 ——— 어떻게 서겠느냐?
/저의
//(이유: ὅτι, because)

12 알을 달라 하면 전갈을 주겠느냐 13 너희가 악할지라
도 좋은 것을 자식에게 줄 줄 알거든 하물며 너희 천부께
서 구하는 자에게 성령을 주시지 않겠느냐 하시니라 14
예수께서 한 벙어리 귀신을 쫓아내시니 귀신이 나가매 벙
어리가 말하는지라 무리들이 기이히 여겼으나 15 그 중
에 더러는 말하기를 저가 귀신의 왕 바알세불을 힘입어 귀
신을 쫓아낸다 하고 16 또 더러는 예수를 시험하여 하늘
로서 오는 표적을 구하니 17 예수께서 저희 생각을 아시
고 이르시되 스스로 분쟁하는 나라마다 황폐하여지며 스스
로 분쟁하는 집은 무너지느니라 18 너희 말이 내가 바알
세불을 힘입어 귀신을 쫓아낸다 하니 만일 사단이 스스로
분쟁하면 저의 나라가 어떻게 서겠느냐

him a scorpion, will he? 13 "If you then, being evil, know
how to give good gifts to your children, how much more
shall your heavenly Father give the Holy Spirit to those
who ask Him?" 14¶ And He was casting out a demon,
and it was dumb; and it came about that when the demon
had gone out, the dumb man spoke; and the multitudes
marveled. 15But some of them said, "He casts out demons
by Beelzebul, the ruler of the demons." 16And others, to
test Him, were demanding of Him a sign from heaven.
17But He knew their thoughts, and said to them, "Any
kingdom divided against itself is laid waste; and a house
divided against itself falls. 18 "And if Satan also is divided

//(이유: ὅτι, because)
너희[가] ──말(이)하니
/내가 ─ 쫓아낸다
/귀신을
/바알세불을 힘입어

누

19 /[만일]
내가 ──── 쫓아내면(조건절, if)
/귀신을
/바알세불을 힘입어
아들들은 ──── 쫓아내느냐?
/너희 /누구를 힘입어

/그러므로
저희가 ──── 되리라
/너희 재판관이

20 /그러나
만일
내가 ──── 쫓아내는 것이면(조건절, if)
/귀신을
/손을 힘입어
/하나님의
나라가 ──── 이미 임하였느니라
/하나님의 /너희에게

21 /강한 자가 ──┬── 무장을 하고
└── 지킬 때에는(when)
/자기 집을
그 소유가 ──── 안전하되

22 /더 강한 자가 ──┬── 와서
└── 이길 때에는(when)
/저를
[그가] ──┬── 빼앗고
/무장을
/저의
/믿던
└── 나누느니라
/저의 재물을

23 /함께 아니하는 자는 ── 반대하는 자요
/나와 /나를

함께 모으지 아니하는 자는 ─ 헤치는 자니라
/나와

24 /더러운 귀신이 ── 나갔을 때에

19 내가 바알세불을 힘입어 귀신을 쫓아내면 너희 아들들
은 누구를 힘입어 쫓아내느냐 그러므로 저희가 너희 재판
장이 되리라 20 그러나 내가 만일 하나님의 손을 힘입어
귀신을 쫓아내는 것이면 하나님의 나라가 이미 너희에게
임하였느니라 21 강한 자가 무장을 하고 자기 집을 지킬
때에는 그 소유가 안전하되 22 더 강한 자가 와서 저를
이길 때에는 저의 믿던 무장을 빼앗고 저의 재물을 나누느
니라 23 나와 함께 아니하는 자는 나를 반대하는 자요 나
와 함께 모으지 아니하는 자는 헤치는 자니라 24 더러운
귀신이 사람에게서 나갔을 때에 물 없는 곳으로 다니며 쉬

against himself, how shall his kingdom stand? For you
say that I cast out demons by Beelzebul. 19 "And if I
by Beelzebul cast out demons, by whom do your sons
cast them out? Consequently they shall be your judges.
20 "But if I cast out demons by the finger of God, then
the kingdom of God has come upon you. 21 "When a
strong man, fully armed, guards his own homestead,
his possessions are undisturbed; 22 but when someone
stronger than he attacks him and overpowers him, he
takes away from him all his armor on which he had relied,
and distributes his plunder. 23 "He who is not with Me
is against Me; and he who does not gather with Me,

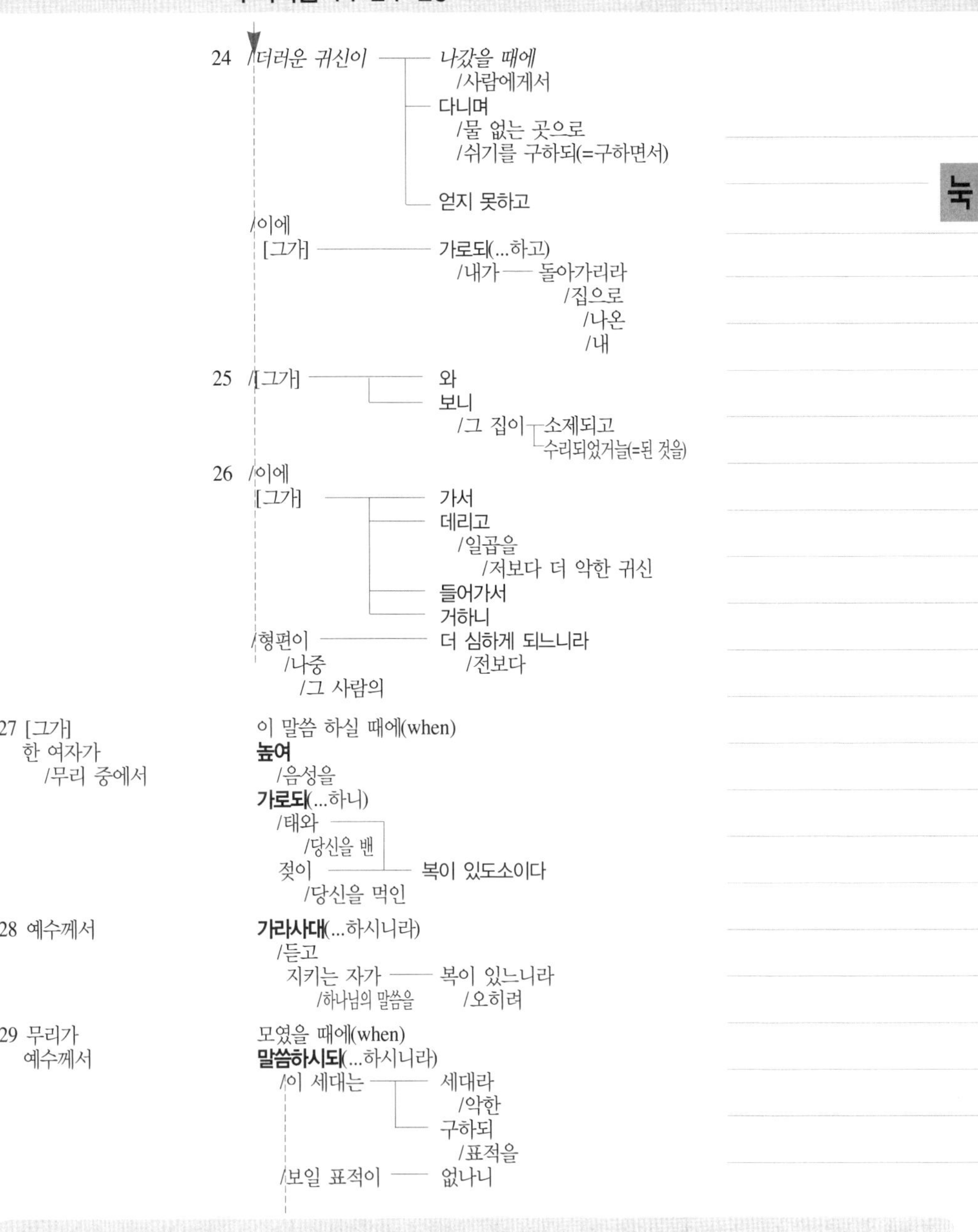

기를 구하되 얻지 못하고 이에 가로되 내가 나온 내 집으
로 돌아가리라 하고 25 와 보니 그 집이 소제되고 수리
되었거늘 26 이에 가서 저보다 더 악한 귀신 일곱을 데리
고 들어가서 거하니 그 사람의 나중 형편이 전보다 더 심
하게 되느니라 27 이 말씀을 하실 때에 무리 중에서 한
여자가 음성을 높여 가로되 당신을 밴 태와 당신을 먹인
젖이 복이 있도소이다 하니 28 예수께서 가라사대 오히
려 하나님의 말씀을 듣고 지키는 자가 복이 있느니라 하시
니라 29 무리가 모였을 때에 예수께서 말씀하시되 이 세
대는 악한 세대라 표적을 구하되 요나의 표적밖에는 보일

scatters. 24 "When the unclean spirit goes out of a man,
it passes through waterless places seeking rest, and not finding
any, it says, 'I will return to my house from which I
came.' 25 "And when it comes, it finds it swept and put
in order. 26 "Then it goes and takes along seven other
spirits more evil than itself, and they go in and live there;
and the last state of that man becomes worse than the
first." 27 And it came about while He said these things,
one of the women in the crowd raised her voice, and said
to Him, "Blessed is the womb that bore You, and the
breasts at which You nursed." 28 But He said, "On the
contrary, blessed are those who hear the word of God,

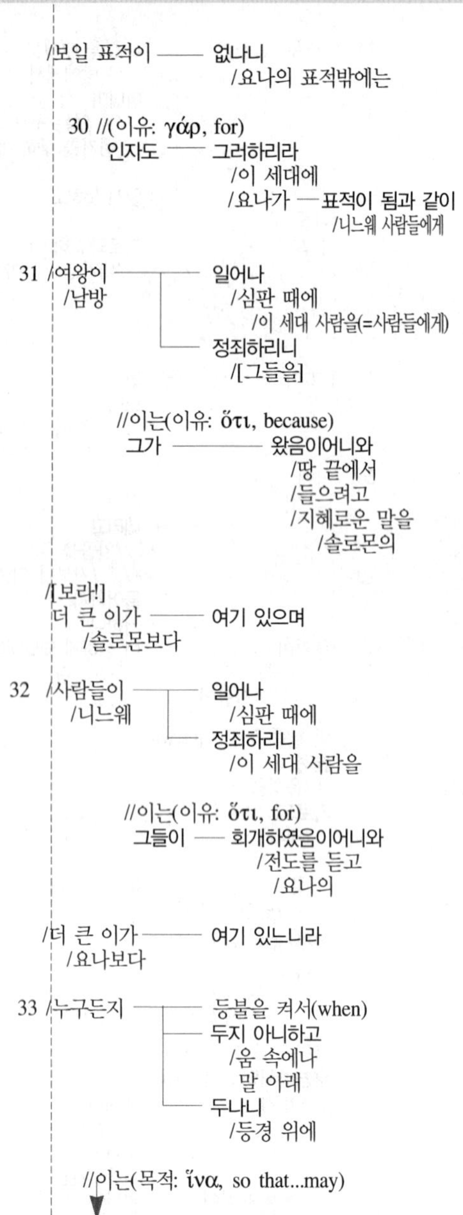

표적이 없나니 30 요나가 니느웨 사람들에게 표적이 됨
과 같이 인자도 이 세대에 그러하리라 31 심판 때에 남방
여왕이 일어나 이 세대 사람을 정죄하리니 이는 그가 솔로
몬의 지혜로운 말을 들으려고 땅 끝에서 왔음이어니와 솔
로몬보다 더 큰 이가 여기 있으며 32 심판 때에 니느웨
사람들이 일어나 이 세대 사람을 정죄하리니 이는 그들이
요나의 전도를 듣고 회개하였음이어니와 요나보다 더 큰
이가 여기 있느니라 33 누구든지 등불을 켜서 움 속에나
말 아래 두지 아니하고 등경 위에 두나니 이는 들어가는
자로 그 빛을 보게 하려 함이니라

and observe it." 29¶ And as the crowds were increasing,
He began to say, "This generation is a wicked generation;
it seeks for a sign, and yet no sign shall be given to it
but the sign of Jonah. 30 "For just as Jonah became a
sign to the Ninevites, so shall the Son of Man be to this
generation. 31 "The Queen of the South shall rise up
with the men of this generation at the judgment and
condemn them, because she came from the ends of the
earth to hear the wisdom of Solomon; and behold, something
greater than Solomon is here. 32 "The men of Nineveh
shall stand up with this generation at the judgment and
condemn it, because they repented at the preaching of
Jonah; and behold, something greater than Jonah is here.
33¶ "No one, after lighting a lamp, puts it away in a

//이는(목적: ἵνα, so that...may)
들어가는 자로 — 보게 하려 함이니라
/그 빛을

34 /등불은 — 눈이라
/네 몸의

/네 눈이 — 성하면(when)
온 몸이 — 밝을 것이요
/만일 나쁘면(when)
네 몸도 — 어두우리라

35 /그러므로
[너는] — 보라
/빛이 — 어둡지 아니한가
/네 속에 있는

36 /[만일]
몸이 — 밝아
/네 — 어두운 데가 없으면(조건절)
/온 — /조금도
— 온전히 밝으리라
/광선이 — 비출 때와 같이
/등불의 /너를

37 예수께서 말씀하실 때에(when)
한 바리새인이 **청하므로**
/점심 잡수시기를
/자기와 함께

[예수께서] **들어가**
앉으셨더니

38 이 바리새인이 보고(when)
/[그가] — 손 씻지 아니하심을
/[먼저]
/잡수시기 전에
이상히 여기는지라

39 주께서 **이르시되**
/바리새인은 — 깨끗이 하나
/너희 /지금
/잔과 대접의 겉은

/너희 속인즉 — 가득하도다
/탐욕과 악독이

40 /어리석은 자들아!

34 네 몸의 등불은 눈이라 네 눈이 성하면 온 몸이 밝을 것이요 만일 나쁘면 네 몸도 어두우리라 35 그러므로 네 속에 있는 빛이 어둡지 아니한가 보라 36 네 온 몸이 밝아 조금도 어두운 데가 없으면 등불의 광선이 너를 비출 때와 같이 온전히 밝으리라 하시니라 37 예수께서 말씀하실 때에 한 바리새인이 자기와 함께 점심 잡수시기를 청하므로 들어가 앉으셨더니 38 잡수시기 전에 손 씻지 아니하심을 이 바리새인이 보고 이상히 여기는지라 39 주께서 이르시되 너희 바리새인은 지금 잔과 대접의 겉은 깨끗이 하나 너희 속인즉 탐욕과 악독이 가득하도다

cellar, nor under a peck-measure, but on the lampstand, in order that those who enter may see the light. 34 "The lamp of your body is your eye; when your eye is clear, your whole body also is full of light; but when it is bad, your body also is full of darkness. 35 "Then watch out that the light in you may not be darkness. 36 "If therefore your whole body is full of light, with no dark part in it, it shall be wholly illumined, as when the lamp illumines you with its rays." 37 Now when He had spoken, a Pharisee asked Him to have lunch with him; and He went in, and reclined at the table. 38 And when the Pharisee saw it, he was surprised that He had not first ceremonially

40 /어리석은 자들아!
만드신 이가 —— 만들지 아니하셨느냐?
/밖을 /속도

41 /오직(but)
[너희는] —— 구제하라
/그 안에 있는 것으로

//그리하면(결과)
모든 것이 — 깨끗하리라
/너희에게

42 /화 있을진저
너희 바리새인이여!

//(이유: ὅτι, for)
너희가 —— 십일조를 드리되
/박하와
운향과
모든 채소의
버리는도다
/공의와
하나님께 대한 사랑은

/그러나
이것도 —— 행하고
/저것도 —— 버리지 아니하여야 할지니라

43 /화 있을진저
너희 바리새인이여!

//(이유: ὅτι, for)
너희가 — 기뻐하는도다
/높은 자리와
/회당의
/문안받는 것을
/시장에서

44 /화 있을진저
너희여!

//(이유: ὅτι, for)
너희는 —— 무덤 같아서
/평토장한
밟는 사람이 — 알지 못하느니라
/그 위를

40 어리석은 자들아 밖을 만드신 이가 속도 만들지 아니
하셨느냐 41 오직 그 안에 있는 것으로 구제하라 그리하
면 모든 것이 너희에게 깨끗하리라 42 화 있을진저 너희
바리새인이여 너희가 박하와 운향과 모든 채소의 십일조를
드리되 공의와 하나님께 대한 사랑은 버리는도다 그러나
이것도 행하고 저것도 버리지 아니하여야 할지니라 43
화 있을진저 너희 바리새인이여 너희가 회당의 높은 자리
와 시장에서 문안 받는 것을 기뻐하는도다 44 화 있을진
저 너희여 너희는 평토장한 무덤 같아서 그 위를 밟는 사
람이 알지 못하느니라

washed before the meal. 39But the Lord said to him,
"Now you Pharisees clean the outside of the cup and of
the platter; but inside of you, you are full of robbery and
wickedness. 40 "You foolish ones, did not He who made
the outside make the inside also? 41 "But give that which
is within as charity, and then all things are clean for you.
42¶ "But woe to you Pharisees! For you pay tithe of
mint and rue and every kind of garden herb, and yet
disregard justice and the love of God; but these are the
things you should have done without neglecting the others.
43 "Woe to you Pharisees! For you love the front seats
in the synagogues, and the respectful greetings in the
market places. 44 "Woe to you! For you are like concealed
tombs, and the people who walk over them are unaware

45 한 율법사가 **대답하여 가로되**
/예수께
/선생님!
[당신이] — 말씀하시니(when)
/이렇게
모욕하심이니이다
/우리까지

46 [예수께서] **가라사대**(...하시니라)
/화 있을진저
또 너희 율법사여!

//(이유: ὅτι, for)
[너희가] — 지우고
/지기 어려운 짐을
/사람에게
너희는 — 대지 않는도다
/한 손가락도
/이 짐에

47 /화 있을진저

//(이유: ὅτι, for)
너희는 — 쌓는도다
/선지자들의 무덤을

죽인 자도 — 조상들이로다
/저희를 /너희

48 /이와 같이(so)
너희가 — 증인이 되어
/너희 조상의 행한 일에
옳게 여기는도다

//(이유: ὅτι, for)
저희는 — 죽이고
너희는 — 쌓으니

49 /이러므로
지혜가 — 일렀으되
/하나님의
/내가 — 보내리니
/선지자와 사도들을
/저희에게
/[그들이] — 죽이며
/그 중에 더러는
또
핍박하리라 (하였으니)

50 //(목적: ἵνα, so that...may)

45 한 율법사가 예수께 대답하여 가로되 선생님 이렇게
말씀하시니 우리까지 모욕하심이니이다 46 가라사대 화
있을진저 또 너희 율법사여 지기 어려운 짐을 사람에게 지
우고 너희는 한 손가락도 이 짐에 대지 않는도다 47 화
있을진저 너희는 선지자들의 무덤을 쌓는도다 저희를 죽인
자도 너희 조상들이로다 48 이와 같이 저희는 죽이고 너
희는 쌓으니 너희가 너희 조상의 행한 일에 증인이 되어
옳게 여기는도다 49 이러므로 하나님의 지혜가 일렀으되
내가 선지자와 사도들을 저희에게 보내리니 그 중에 더러
는 죽이며 또 핍박하리라 하였으니

of it." 45¶ And one of the lawyers said to Him in reply,
"Teacher, when You say this, You insult us too." 46But
He said, "Woe to you lawyers as well! For you weigh
men down with burdens hard to bear, while you yourselves
will not even touch the burdens with one of your fingers.
47 "Woe to you! For you build the tombs of the prophets,
and it was your fathers who killed them. 48 "Consequently,
you are witnesses and approve the deeds of your fathers;
because it was they who killed them, and you build their
tombs. 49 "For this reason also the wisdom of God said,
'I will send to them prophets and apostles, and some of
them they will kill and some they will persecute, 50 in

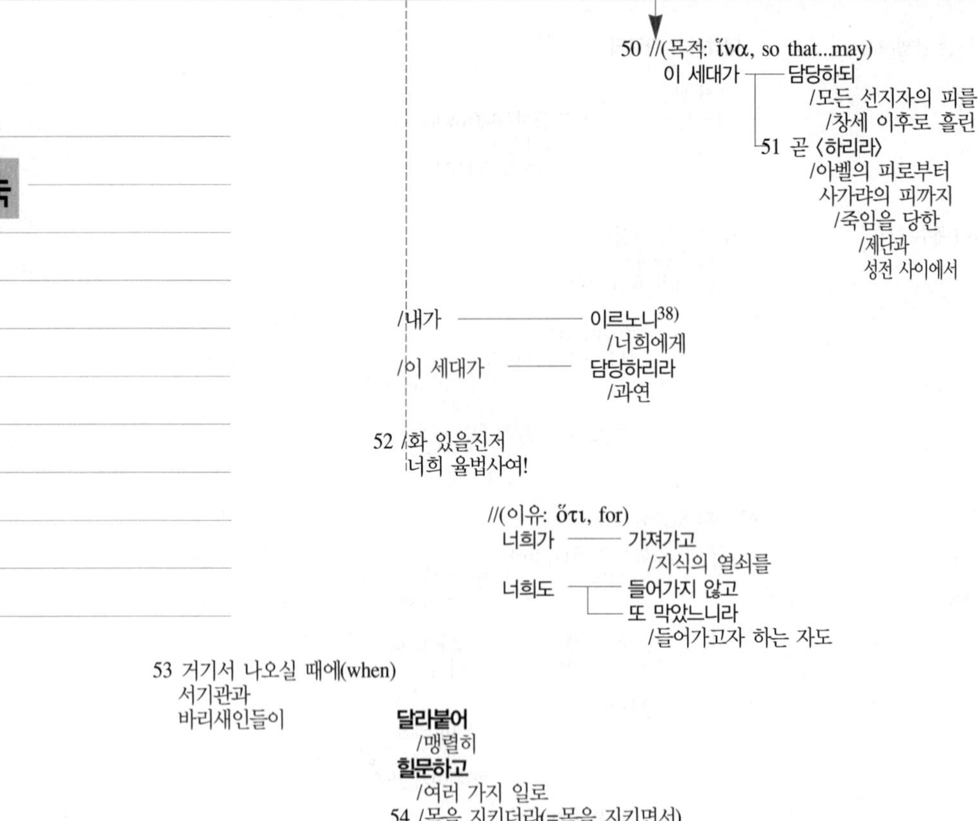

12

1 그 동안에
수만 명이
/무리
모여(when)

//(결과: ὥστε, so that)
서로 밟힐 만큼 되었더니

38) 주님께서 자신의 말씀을 하나님의 말씀과 대등한 권위임을 드러내는 관용적 표현이다.

50 창세 이후로 흘린 모든 선지자의 피를 이 세대가 담당
하되 51 곧 아벨의 피로부터 제단과 성전 사이에서 죽임
을 당한 사가랴의 피까지 하리라 내가 너희에게 이르노니
과연 이 세대가 담당하리라 52 화 있을진저 너희 율법사
여 너희가 지식의 열쇠를 가져가고 너희도 들어가지 않고
또 들어가자 하는 자도 막았느니라 하시니라 53 거기서
나오실 때에 서기관과 바리새인들이 맹렬히 달라 붙어 여
러가지 일로 힐문하고 54 그 입에서 나오는 것을 잡고자
하여 목을 지키더라

12:1 그 동안에 무리 수만 명이 모여 서로 밟힐 만큼
되었더니 예수께서 먼저 제자들에게 말씀하여 가

order that the blood of all the prophets, shed since the foundation of the world, may be charged against this generation,
51 from the blood of Abel to the blood of Zechariah, who perished between the altar and the house of God; yes, I tell you, it shall be charged against this generation.'
52 "Woe to you lawyers! For you have taken away the key of knowledge; you did not enter in yourselves, and those who were entering in you hindered."
53 And when He left there, the scribes and the Pharisees began to be very hostile and to question Him closely on many subjects,
54 plotting against Him, to catch Him in something He might say.

12:1¶ Under these circumstances, after so many thousands of the multitude had gathered together that they

예수께서 **말씀하여 가라사대**
/먼저
/제자들에게
/[너희는] —— 주의하라
/바리새인들의 누룩
곧 외식을
2 /감추인 것이 —— 드러나지 않을 것이 없고
숨은 것이 —— 알려지지 않을 것이 없나니

3 /이러므로
모든 것이 —— 광명한 데서 들리고
/너희가 — 말한
/어두운 데서
/[모든]것이 —— 집 위에서 전파되리라
/너희가 — 말한
/골방에서
/귀에 대고
4 /내가 —— 말하노니[39)]
/너희에게
/내 친구
/[너희는] —— 두려워하지 말라
/몸을 죽이고
그 후에는 능히 더 못하는 자들을
5 /내가 —— 보이리니
/마땅히 두려워할 자를
/너희에게
/곧
[너희는] —— 두려워하라
/권세 있는 그를
/던져넣는
/죽인 후에
/(또한)지옥에
/참으로
내가 —— 이르노니[40)]
/너희에게
/[너희는] —— 두려워하라
/그를
6 /참새 다섯이 —— 팔리는 것이 아니냐?
/앗사리온 둘에
/그러나
그 하나라도 —— 잊어버리시는 바 되지 아니하는도다
/하나님 앞에는
7 /오히려

39) 주님께서 자신의 말씀을 하나님의 말씀과 대등한 권위임을 드러내는 관용적인 표현이다.

40) 주님께서 자신의 말씀을 하나님의 말씀과 대등한 권위임을 드러내는 관용적인 표현이다.

라사대 바리새인들의 누룩 곧 외식을 주의하라 2 감추인
것이 드러나지 않을 것이 없고 숨은 것이 알려지지 않을
것이 없나니 3 이러므로 너희가 어두운 데서 말한 모든
것이 광명한 데서 들리고 너희가 골방에서 귀에 대고 말한
것이 집 위에서 전파되리라 4 내가 내 친구 너희에게 말하
노니 몸을 죽이고 그 후에는 능히 더 못하는 자들을 두려
워하지 말라 5 마땅히 두려워할 자를 내가 너희에게 보이
리니 곧 죽인 후에 또한 지옥에 던져 넣는 권세 있는 그를
두려워하라 내가 참으로 너희에게 이르노니 그를 두려워하
라 6 참새 다섯이 앗사리온 둘에 팔리는 것이 아니냐 그
러나 하나님 앞에는 그 하나라도 잊어버리시는 바 되지 아
니하는도다

were stepping on one another, He began saying to His disciples first of all, "Beware of the leaven of the Pharisees, which is hypocrisy.
2 "But there is nothing covered up that will not be revealed, and hidden that will not be known.
3 "Accordingly, whatever you have said in the dark shall be heard in the light, and what you have whispered in the inner rooms shall be proclaimed upon the housetops.
4 "And I say to you, My friends, do not be afraid of those who kill the body, and after that have no more that they can do.
5 "But I will warn you whom to fear fear the One who after He has killed has authority to cast into hell; yes, I tell you, fear Him!
6 "Are not five sparrows

누

7 /오히려
머리털까지도 ——— 세신 바 되었나니
/다 /너희에게는

/[너희는] ——— 두려워하지 말라
너희는 ——— 귀하니라
/많은 참새보다

8 /또한
내가 ——— 말하노니[41]
/너희에게
/누구든지 ——— 시인하면(조건절, if)
/나를
/사람 앞에서
인자도 ——— 시인할 것이요
/저를
/하나님의 사자들 앞에서

9 /부인하는 자는 ——— 부인함을 받으리라
/나를 /하나님의 사자들 앞에서
/사람 앞에서

10 /거역하면(=하는자는) ——— 사하심을 받으려니와
/누구든지
/인자를
/말로

/모독하는 자는 ——— 사하심을 받지 못하리라
/성령을

11 /사람이 ——— 끌고 가거든(when)
/너희를
/회당과
/정사 잡은 이와
/권세 있는 이 앞에
[너희는] ——— 염려치 말라
/대답하며
/어떻게
/무엇으로
/말할 것을
/무엇으로

12 //(이유: γάρ, for)
성령이 ——— 가르치시리라 (하시니라)
/마땅히 할 말을
/곧 그 때에
/너희에게

41) 주님께서 자신의 말씀을 하나님의 말씀과 대등한 권위임을 드러내는 관용적인 표현이다.

7 너희에게는 오히려 머리털까지도 다 세신 바 되었나니
두려워하지 말라 너희는 많은 참새보다 귀하니라 8 내가
또한 너희에게 말하노니 누구든지 사람 앞에서 나를 시인
하면 인자도 하나님의 사자들 앞에서 저를 시인할 것이요
9 사람 앞에서 나를 부인하는 자는 하나님의 사자들 앞에
서 부인함을 받으리라 10 누구든지 말로 인자를 거역하
면 사하심을 받으려니와 성령을 거역하는 자는 사하심을
받지 못하리라 11 사람이 너희를 회당과 정사 잡은 이와
권세있는 이 앞에 끌고 가거든 어떻게 무엇으로 대답하며
무엇으로 말할 것을 염려치 말라 12 마땅히 할 말을 성

sold for two cents? And yet not one of them is forgotten before
God. 7 "Indeed, the very hairs of your head are all
numbered. Do not fear; you are of more value than many
sparrows. 8 "And I say to you, everyone who confesses
Me before men, the Son of Man shall confess him also
before the angels of God; 9 but he who denies Me before
men shall be denied before the angels of God. 10 "And
everyone who will speak a word against the Son of Man,
it shall be forgiven him; but he who blasphemes against
the Holy Spirit, it shall not be forgiven him. 11 "And
when they bring you before the synagogues and the rulers
and the authorities, do not become anxious about how or
what you should speak in your defense, or what you
should say; 12 for the Holy Spirit will teach you in that

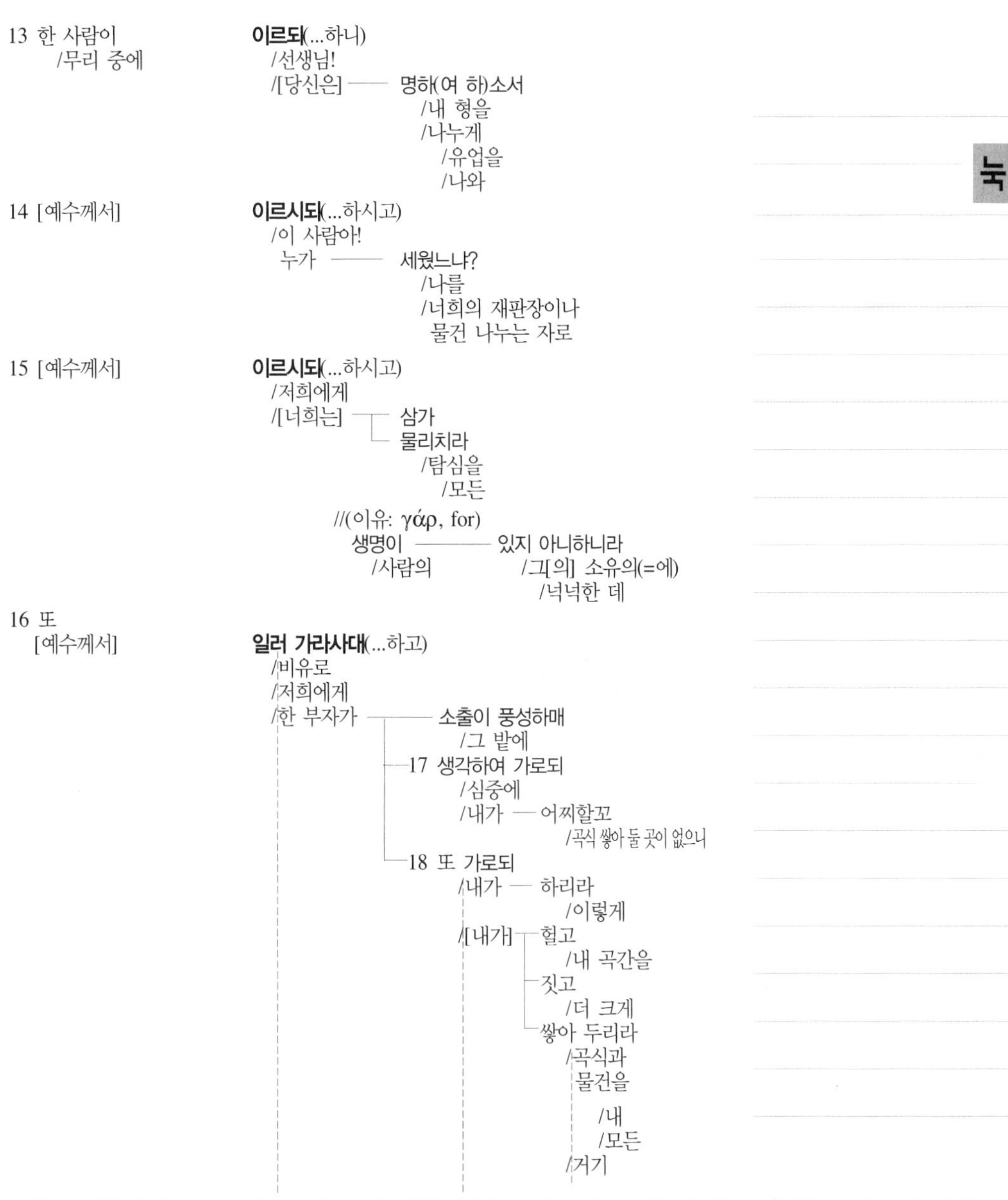

령이 곧 그 때에 너희에게 가르치시리라 하시니라 13 무
리 중에 한 사람이 이르되 선생님 내 형을 명하여 유업을
나와 나누게 하소서 하니 14 이르시되 이 사람아 누가 나
를 너희의 재판장이나 물건 나누는 자로 세웠느냐 하시고
15 저희에게 이르시되 삼가 모든 탐심을 물리치라 사람의
생명이 그 소유의 넉넉한 데 있지 아니하니라 하시고 16
또 비유로 저희에게 일러 가라사대 한 부자가 그 밭에 소
출이 풍성하매 17 심중에 생각하여 가로되 내가 곡식 쌓
아 둘 곳이 없으니 어찌할꼬 하고 18 또 가로되 내가 이
렇게 하리라 내 곡간을 헐고 더 크게 짓고 내 모든 곡식과
물건을 거기 쌓아 두리라

very hour what you ought to say." 13 And someone in
the crowd said to Him, "Teacher, tell my brother to
divide the family inheritance with me." 14 But He said
to him, "Man, who appointed Me a judge or arbiter over
you?" 15 And He said to them, "Beware, and be on your
guard against every form of greed; for not even when one
has an abundance does his life consist of his possessions."
16 And He told them a parable, saying, "The land of a
certain rich man was very productive. 17 "And he began
reasoning to himself, saying, 'What shall I do, since I
have no place to store my crops?' 18 "And he said, 'This
is what I will do I will tear down my barns and build

19 /또
내가 —— 이르되(...하리라 하되)
/내 영혼에게
/영혼아!
[네가] —— 쌓아 두었으니
/물건을
/여러 해 쓸
/많이
평안히 쉬고
먹고
마시고
즐거워하자

20 /하나님은 — 이르시되(...하셨으니)
/어리석은 자여!
도로 찾으리니
/네 영혼을
/오늘 밤에
/그러면
네 예비한 것이 뉘 것이 되겠느냐?

21 /쌓아 두고
/재물을
/자기를 위하여
부요치 못한 자가 —— 이와 같으니라
/하나님께 대하여

22 또
[예수께서] **이르시되**(...하시니라)
/제자들에게
/그러므로
내가 —— 이르노니[42)]
/너희에게
[너희는] — 염려하지 말라
/무엇을 먹을까?
/너희 목숨을 위하여
/무엇을 입을까?
/몸을 위하여

23 //(이유: γάρ, for)
목숨이 —— 중하고
/음식보다
몸이 —— 중하니라
/의복보다

24 /[너희는] —— 생각하라
/까마귀를
//(이유: ὅτι, for)

42) 주께서 자신의 말씀을 하나님과 대등한 권위를 드러내는 관용적인 표현이다.

19 또 내가 내 영혼에게 이르되 영혼아 여러 해 쓸 물건을 많이 쌓아 두었으니 평안히 쉬고 먹고 마시고 즐거워하자 하리라 하되 20 하나님은 이르시되 어리석은 자여 오늘 밤에 네 영혼을 도로 찾으리니 그러면 네 예비한 것이 뉘 것이 되겠느냐 하셨으니 21 자기를 위하여 재물을 쌓아 두고 하나님께 대하여 부요치 못한 자가 이와 같으니라 22 또 제자들에게 이르시되 그러므로 내가 너희에게 이르노니 너희 목숨을 위하여 무엇을 먹을까 몸을 위하여 무엇을 입을까 염려하지 말라 23 목숨이 음식보다 중하고 몸이 의복보다 중하니라 24 까마귀를 생각하라 심지도 아니

larger ones, and there I will store all my grain and my goods. 19 'And I will say to my soul, "Soul, you have many goods laid up for many years to come; take your ease, eat, drink and be merry."' 20 "But God said to him, 'You fool! This very night your soul is required of you; and now who will own what you have prepared?' 21 "So is the man who lays up treasure for himself, and is not rich toward God." 22 And He said to His disciples, "For this reason I say to you, do not be anxious for your life, as to what you shall eat; nor for your body, as to what you shall put on. 23 "For life is more than food, and the body than clothing. 24 "Consider the ravens, for they

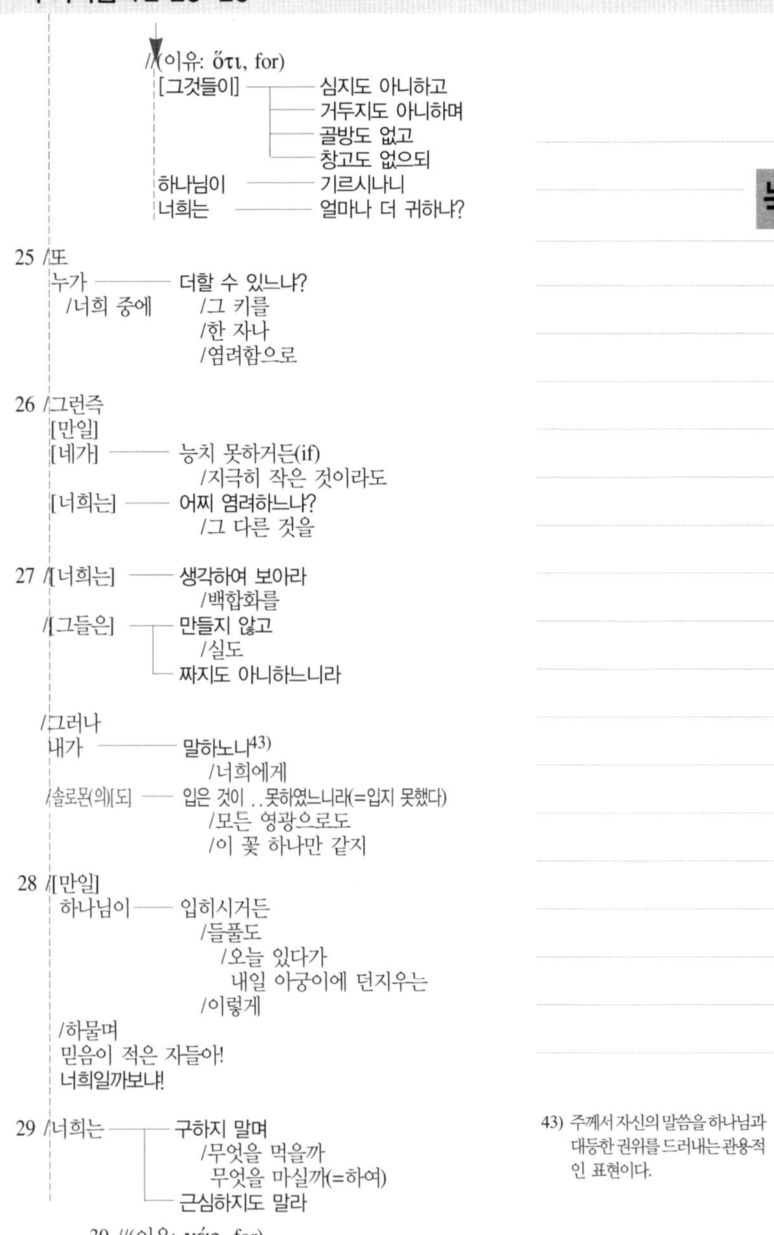

43) 주께서 자신의 말씀을 하나님과 대등한 권위를 드러내는 관용적인 표현이다.

하고 거두지도 아니하며 골방도 없고 창고도 없으되 하나
님이 기르시나니 너희는 새보다 얼마나 더 귀하냐 25 또
너희 중에 누가 염려함으로 그 키를 한 자나 더할 수 있느
냐 26 그런즉 지극히 작은 것이라도 능치 못하거든 어찌
그 다른 것을 염려하느냐 27 백합화를 생각하여 보아라
실도 만들지 않고 짜지도 아니하느니라 그러나 내가 너희
에게 말하노니 솔로몬의 모든 영광으로도 입은 것이 이 꽃
하나만 같지 못하였느니라 28 오늘 있다가 내일 아궁이
에 던지우는 들풀도 하나님이 이렇게 입히시거든 하물며
너희일까보냐 믿음이 적은 자들아 29 너희는 무엇을 먹

neither sow nor reap; and they have no storeroom nor
barn; and yet God feeds them; how much more valuable
you are than the birds! 25 "And which of you by being anxious
can add a single cubit to his life's span? 26 "If then you cannot
do even a very little thing, why are you anxious about
other matters? 27 "Consider the lilies, how they grow;
they neither toil nor spin; but I tell you, even Solomon
in all his glory did not clothe himself like one of these.
28 "But if God so arrays the grass in the field, which is
alive today and tomorrow is thrown into the furnace, how
much more will He clothe you, O men of little faith! 29
"And do not seek what you shall eat, and what you shall drink,

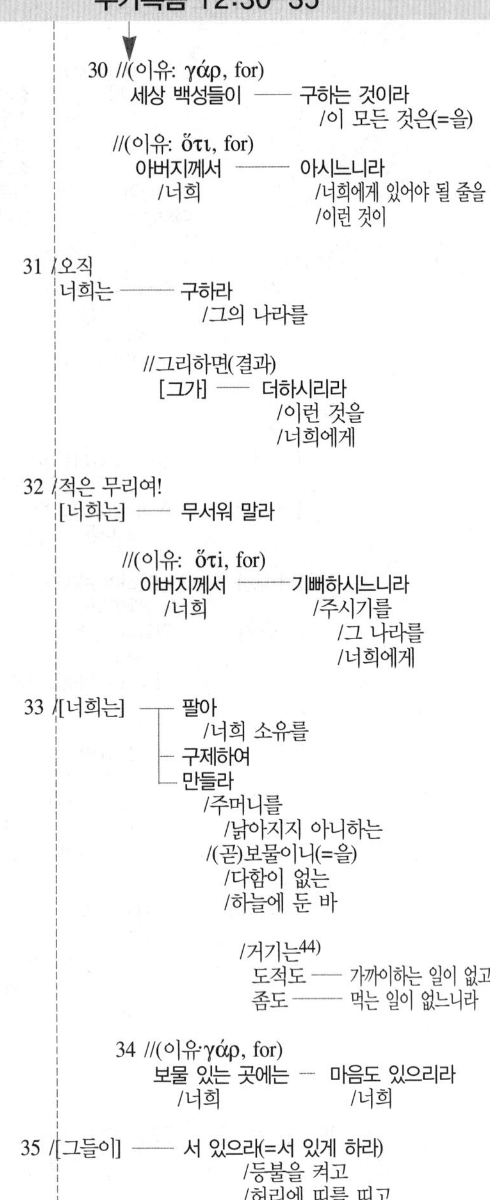

44) 전치사+관계 대명사 를 포함하는 관계부사, 선행사는 하늘이다. 즉 하늘을 설명하고 있다.

을까 무엇을 마실까 하여 구하지 말며 근심하지도 말라
30 이 모든 것은 세상 백성들이 구하는 것이라 너희 아버
지께서 이런 것이 너희에게 있어야 될 줄을 아시느니라 31
오직 너희는 그의 나라를 구하라 그리하면 이런 것을 너희
에게 더하시리라 32 적은 무리여 무서워 말라 너희 아버
지께서 그 나라를 너희에게 주시기를 기뻐하시느니라 33
너희 소유를 팔아 구제하여 낡아지지 아니하는 주머니를
만들라 곧 하늘에 둔 바 다함이 없는 보물이니 거기는 도
적도 가까이 하는 일이 없고 좀도 먹는 일이 없느니라 34
너희 보물 있는 곳에는 너희 마음도 있으리라 35 허리에

and do not keep worrying. 30 "For all these things the
nations of the world eagerly seek; but your Father knows
that you need these things. 31 "But seek for His kingdom,
and these things shall be added to you. 32 "Do not be
afraid, little flock, for your Father has chosen gladly to
give you the kingdom. 33 "Sell your possessions and give
to charity; make yourselves purses which do not wear
out, an unfailing treasure in heaven, where no thief comes
near, nor moth destroys. 34 "For where your treasure is,

36 /너희는 —— (마치)기다리는 사람[들]과 같이 되라
/그 주인이(=을)
/곧 열어 주려고
/[그에게]
/혼인 집에서 돌아와(=돌아올 때)
/문을 두드리면(when)

37 /주인이 —— 와서
—— 보면(when)
/깨어 있는 것을
그 종들은 —— 복이 있으리로다

/진실로
내가 —— 이르노니[45)]
/너희에게
/주인이 —— 띠를 띠고
—— 자리에 앉히고
/그 종들을
—— 나아와
—— 수종하리라

38 /주인이 —— 이르러서도
/혹 이경에나
혹 삼경에
—— 보면(가정법)
/종들의 이같이 하는 것을
그 종들은 —— 복이 있으리로다

39 /너희도 —— 아는 바니
/만일
집주인이 —— 알았더면(if)
/도적이 어느 때에 이를 줄
[그가] —— 뚫지 못하게 하였으리라
/그 집을

40 /이러므로
너희도 —— 예비하고 있으라

//(이유: ὅτι, for)
인자가 —— 오리라
/생각지 않은 때에

41 베드로가 **여짜오되**
/[주여!]
/주께서 —— [말씀]하심이니이까?
/이 비유를
/우리에게

45) ἀμὴν λέγω, '아멘, 내가 말한다.' 주님이 자신의 말에 대해 확정적임을 강조하는 관용적인 어구이다.

띠를 띠고 등불을 켜고 서 있으라 36 너희는 마치 그 주
인이 혼인 집에서 돌아와 문을 두드리면 곧 열어 주려고
기다리는 사람과 같이 되라 37 주인이 와서 깨어 있는 것
을 보면 그 종들은 복이 있으리로다 내가 진실로 너희에게
이르노니 주인이 띠를 띠고 그 종들을 자리에 앉히고 나아
와 수종하리라 38 주인이 혹 이경에나 혹 삼경에 이르러
서도 종들의 이같이 하는 것을 보면 그 종들은 복이 있으
리로다 39 너희도 아는 바니 집 주인이 만일 도적이 어느
때에 이를 줄 알았더면 그 집을 뚫지 못하게 하였으리라
40 이러므로 너희도 예비하고 있으라 생각지 않은 때에
인자가 오리라 하시니라 41 베드로가 여짜오되 주께서
이 비유를 우리에게 하심이니이까 모든 사람에게 하심이니

there will your heart be also. 35 "Be dressed in readiness,
and keep your lamps alight. 36 "And be like men who
are waiting for their master when he returns from the
wedding feast, so that they may immediately open the
door to him when he comes and knocks. 37 "Blessed are
those slaves whom the master shall find on the alert when
he comes; truly I say to you, that he will gird himself to
serve, and have them recline at the table, and will come
up and wait on them. 38 "Whether he comes in the second
watch, or even in the third, and finds them so, blessed
are those slaves. 39 "And be sure of this, that if the head
of the house had known at what hour the thief was coming,

42 주께서 가라사대(...하시니라)
/나누어 줄 자가 —— 누구냐?
/양식을
/청지기가 되어
/지혜 있고
/진실한
/주인에게
/그 집 종들을 맡아
/때를 따라

43 /그 종이 —— 복이 있으리로다
/주인이 —— 보면[46]
/그 종의 이렇게 하는 것을
/[그가] —— 이를 때에(when)[47]

44 /참으로
내가 —— 이르노니[48]
/너희에게
주인이 —— 맡기리라
/소유를
/그[의]
/모든
/저에게

45 /만일
그 종이 —— 생각(하기를)하여
/주인이 더디 오리라
/마음에
—노비를 때리며
—먹고
—마시고
—취하게 되면(if)

46 /주인이 —— 이르러
/이 종의
/생각지 않은 날
/알지 못하는 시간에
—엄히 때리고
/[그를]
—처하리니
/받는 율에
/신실치 아니한 자의

47 /종은 —— 맞을 것이요
/예비치 아니하고 /많이
/알고도(분사)
/주인의 뜻을
/행치 아니한
/그 뜻대로

46) 관계대명사로 연결되어 있다.
47) 원래 상황절은 수식부이다. 이해를 돕기 위해 원래 위치로 기록하였다.
48) ἀληθῶς λέγω, ἀμήν λέγω 와 함께 주님이 자신의 말에 대해 확정적임을 강조하는 관용적인 어구이다.

이까 42 주께서 가라사대 지혜있고 진실한 청지기가 되
어 주인에게 그 집 종들을 맡아 때를 따라 양식을 나누어
줄 자가 누구냐 43 주인이 이를 때에 그 종의 이렇게 하
는 것을 보면 그 종이 복이 있으리로다 44 내가 참으로
너희에게 이르노니 주인이 그 모든 소유를 저에게 맡기리
라 45 만일 그 종이 마음에 생각하기를 주인이 더디 오리
라 하여 노비를 때리며 먹고 마시고 취하게 되면 46 생각
지 않은 날 알지 못하는 시간에 이 종의 주인이 이르러 엄
히 때리고 신실치 아니한 자의 받는 율에 처하리니 47 주
인의 뜻을 알고도 예비치 아니하고 그 뜻대로 행치 아니한

he would not have allowed his house to be broken into.
40 "You too, be ready; for the Son of Man is coming at
an hour that you do not expect." 41 ¶ And Peter said,
"Lord, are You addressing this parable to us, or to everyone
else as well?" 42 And the Lord said, "Who then is the
faithful and sensible steward, whom his master will put
in charge of his servants, to give them their rations at the
proper time? 43 "Blessed is that slave whom his master
finds so doing when he comes. 44 "Truly I say to you,
that he will put him in charge of all his possessions. 45
"But if that slave says in his heart, 'My master will be a
long time in coming,' and begins to beat the slaves, both
men and women, and to eat and drink and get drunk; 46
the master of that slave will come on a day when he does
not expect him, and at an hour he does not know, and
will cut him in pieces, and assign him a place with the

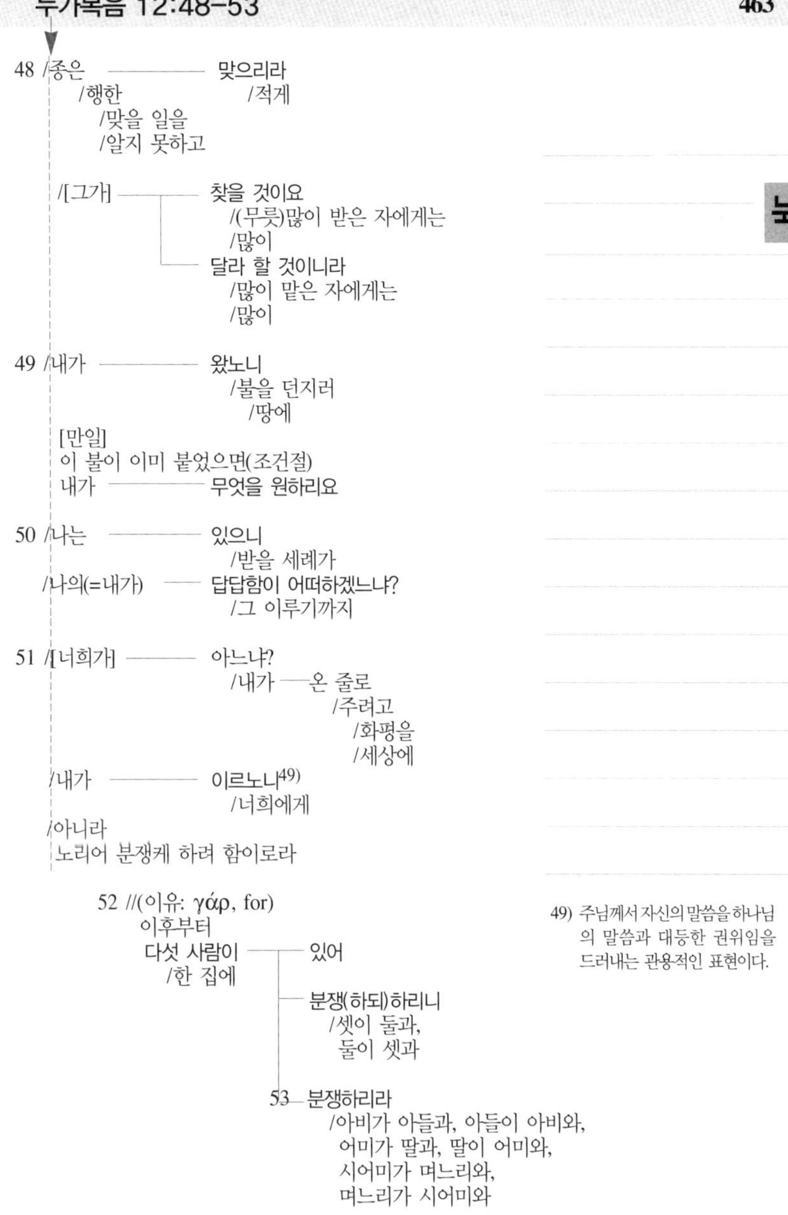

49) 주님께서 자신의 말씀을 하나님의 말씀과 대등한 권위임을 드러내는 관용적인 표현이다.

종은 많이 맞을 것이요 48 알지 못하고 맞을 일을 행한
종은 적게 맞으리라 무릇 많이 받은 자에게는 많이 찾을
것이요 많이 맡은 자에게는 많이 달라 할 것이니라 49 내
가 불을 땅에 던지러 왔노니 이 불이 이미 붙었으면 내가
무엇을 원하리요 50 나는 받을 세례가 있으니 그 이루기
까지 나의 답답함이 어떠하겠느냐 51 내가 세상에 화평
을 주려고 온 줄로 아느냐 내가 너희에게 이르노니 아니라
도리어 분쟁케 하려 함이로라 52 이 후부터 한 집에 다섯
사람이 있어 분쟁하되 셋이 둘과, 둘이 셋과 하리니 53
아비가 아들과,아들이 아비와, 어미가 딸과, 딸이 어미와,

unbelievers. 47 "And that slave who knew his master's
will and did not get ready or act in accord with his will,
shall receive many lashes, 48 but the one who did not
know it, and committed deeds worthy of a flogging, will
receive but few. And from everyone who has been given much
shall much be required; and to whom they entrusted much,
of him they will ask all the more. 49 ¶ "I have come to
cast fire upon the earth; and how I wish it were already kindled!
50 "But I have a baptism to undergo, and how distressed
I am until it is accomplished! 51 "Do you suppose that I
came to grant peace on earth? I tell you, no, but rather division;
52 for from now on five members in one household will
be divided, three against two, and two against three. 53
"They will be divided, father against son, and son against

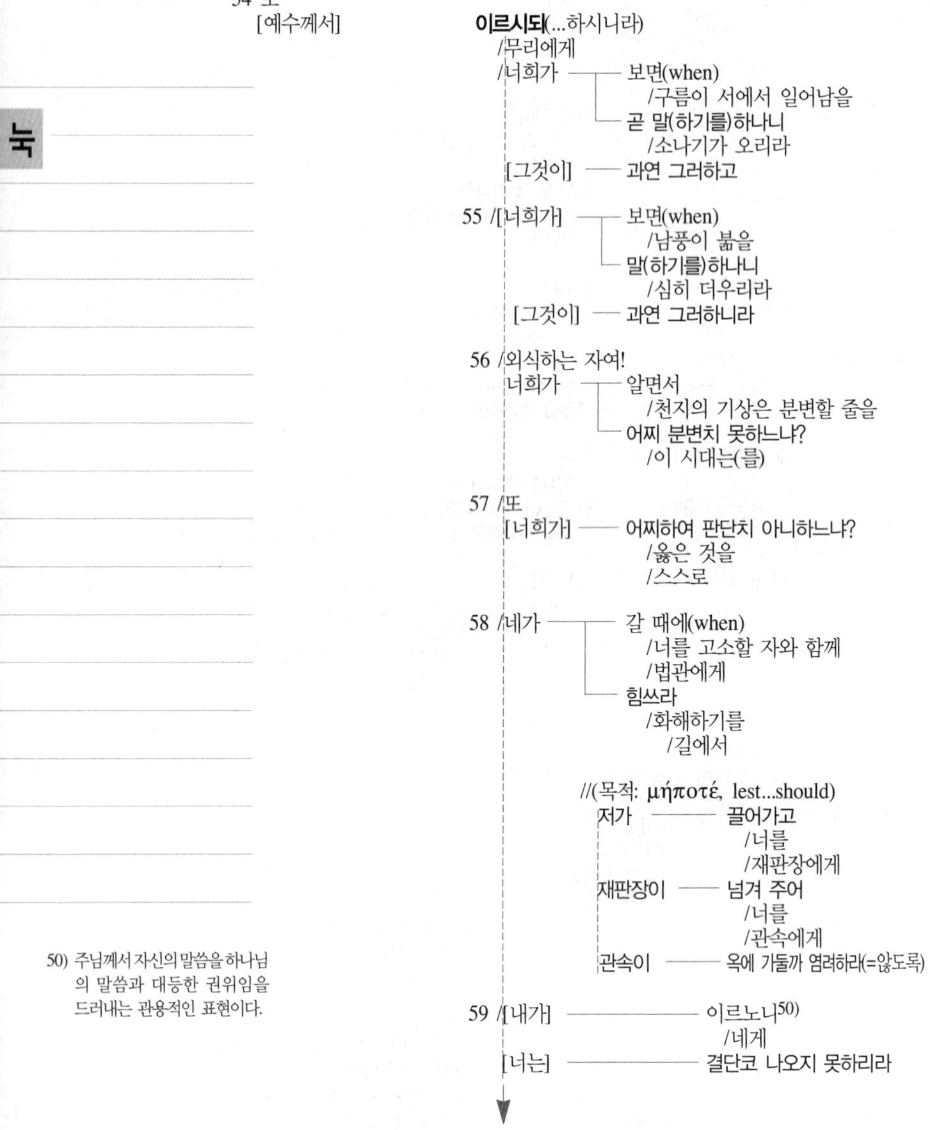

50) 주님께서 자신의 말씀을 하나님의 말씀과 대등한 권위임을 드러내는 관용적인 표현이다.

시어미가 며느리와, 며느리가 시어미와 분쟁하리라 하시니
라 54 또 무리에게 이르시되 너희가 구름이 서에서 일어
남을 보면 곧 말하기를 소나기가 오리라 하나니 과연 그러
하고 55 남풍이 붊을 보면 말하기를 심히 더우리라 하나
니 과연 그러하니라 56 외식하는 자여 너희가 천지의 기
상은 분변할 줄을 알면서 어찌 이 시대는 분변치 못하느냐
57 또 어찌하여 옳은 것을 스스로 판단치 아니하느냐 58
네가 너를 고소할 자와 함께 법관에게 갈 때에 길에서 화
해하기를 힘쓰라 저가 너를 재판장에게 끌어 가고 재판장
이 너를 관속에게 넘겨 주어 관속이 옥에 가둘까 염려하라

father; mother against daughter, and daughter against
mother; mother-in-law against daughter-in-law, and daughter-
in-law against mother-in-law." 54 ¶ And He was also
saying to the multitudes, "When you see a cloud rising
in the west, immediately you say, 'A shower is coming,'
and so it turns out. 55 "And when you see a south wind
blowing, you say, 'It will be a hot day,' and it turns out
that way. 56 "You hypocrites! You know how to analyze
the appearance of the earth and the sky, but why do you
not analyze this present time? 57 "And why do you not
even on your own initiative judge what is right? 58 "For while
you are going with your opponent to appear before the
magistrate, on your way there make an effort to settle
with him, in order that he may not drag you before the
judge, and the judge turn you over to the constable, and
the constable throw you into prison. 59 "I say to you,

[너는] 결단코 나오지 못하리라
/저기서
/[네가] 갚지 아니하여서는
/호리라도
/남김이 없이

눅

13

1 마침(de«)
두어 사람이
와서
/그 때
고하니
/예수께
/어떤 갈릴리 사람들의(=에 대해)

/[그들의] 피를
빌라도가 섞은 일로(=섞었다)
/저희의 제물에

2 [예수께서]
대답하여 가라사대
/너희는 아느냐?
/이 사람들이 죄가 더 있는 줄
/갈릴리 /모든 갈릴리 사람보다

//(이유: ὅτι, because)
[그들이 해받음으로써
/이같이

3 /[내가] 이르노니[51]
/너희에게
/아니라
/[만일]
너희도 회개치 아니하면(조건절)
[너희]다 망하리라
/이와 같이

4 /또
[너희는] 아느냐?
/열여덟 사람이 죄가 더 있는 줄
/치어 죽은 /모든 사람보다
/실로암에서 /예루살렘에 거한
/망대가 무너져

5 /[내가] 이르노니[52]
/너희에게
/아니라

51) 주님께서 자신의 말씀을 하나님의 말씀과 대등한 권위임을 드러내는 관용적인 표현이다.

52) 주님께서 자신의 말씀을 하나님의 말씀과 대등한 권위임을 드러내는 관용적인 표현이다.

59 네게 이르노니 호리라도 남김이 없이 갚지 아니하여서는 결단코 저기서 나오지 못하리라 하시니라

13:1 그때 마침 두어 사람이 와서 빌라도가 어떤 갈릴리 사람들의 피를 저희의 제물에 섞은 일로 예수께 고하니 2 대답하여 가라사대 너희는 이 갈릴리 사람들이 이같이 해 받음으로써 모든 갈릴리 사람보다 죄가 더 있는 줄 아느냐 3 너희에게 이르노니 아니라 너희도 만일 회개치 아니하면 다 이와 같이 망하리라 4 또 실로암에서 망대가 무너져 치어 죽은 열여덟 사람이 예루살렘에 거한 모든 사람보다 죄가 더 있는 줄 아느냐 5 너희에게 이르노니 아니라 너희도 만일 회개치 아니하면 다 이와 같이

you shall not get out of there until you have paid the very last cent."

13:1 Now on the same occasion there were some present who reported to Him about the Galileans, whose blood Pilate had mingled with their sacrifices. 2 And He answered and said to them, "Do you suppose that these Galileans were greater sinners than all other Galileans, because they suffered this fate? 3 "I tell you, no, but unless you repent, you will all likewise perish. 4 "Or do you suppose that those eighteen on whom the tower in Siloam fell and killed them, were worse culprits than all the men who live in Jerusalem? 5 "I tell you, no, but unless you repent, you will all likewise perish." 6 And

눅

6 이에
[예수께서]

10 [예수께서]

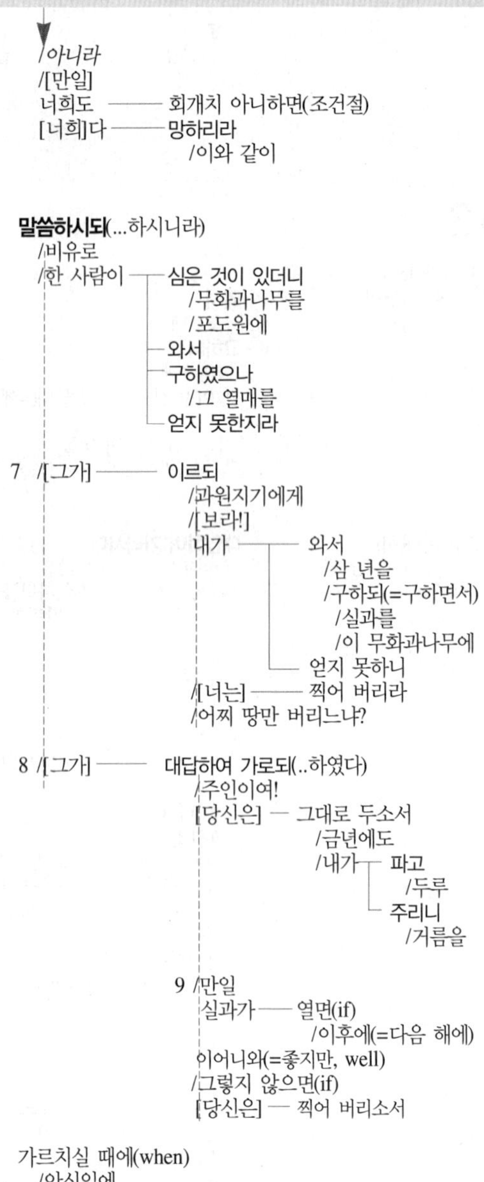

망하리라 6 이에 비유로 말씀하시되 한 사람이 포도원에 무화과나무를 심은 것이 있더니 와서 그 열매를 구하였으나 얻지 못한지라 7 과원지기에게 이르되 내가 삼 년을 와서 이 무화과나무에 실과를 구하되 얻지 못하니 찍어 버리라 어찌 땅만 버리느냐 8 대답하여 가로되 주인이여 금년에도 그대로 두소서 내가 두루 파고 거름을 주리니 9 이 후에 만일 실과가 열면이어니와 그렇지 않으면 찍어 버리소서 하였다 하시니라 10 안식일에 한 회당에서 가르

He began telling this parable: "A certain man had a fig tree which had been planted in his vineyard; and he came looking for fruit on it, and did not find any. 7 "And he said to the vineyard-keeper, 'Behold, for three years I have come looking for fruit on this fig tree without finding any. Cut it down! Why does it even use up the ground?' 8 "And he answered and said to him, 'Let it alone, sir, for this year too, until I dig around it and put in fertilizer; 9 and if it bears fruit next year, fine; but if not, cut it down.'" 10 And He was teaching in one of the synagogues

11 [보라!]
한 여자가   **있더라**
/귀신들려
/앓으며
/십팔 년 동안을
/꼬부라져
/펴지 못하는
/조금도

12 예수께서   **보시고**
불러
이르시되(...하시고)
/여자여!
네가 — **놓였다**
/네 병에서
13 **안수하시매**

여자가   **펴고**
/곧
영광을 돌리는지라
/하나님께

14 회당장이   **이르되**(...하거늘)
/분내어(현재분사)
/예수께서 — 병 고치시는 것을
/안식일에
/무리에게
/엿새가 — 있으니
/일할 날이
/[너희가] — 와서
/그 동안에
고침을 받을 것이요
말 것이니라
/안식일에는

15 주께서   **대답하여 가라사대**
/외식하는 자들아!
너희가 — 풀어내어
/각각
/안식일에
/자기의 소나 나귀나
/마구에서
이끌고 가서 아니하느냐?(=이끌어가지 않느냐?)
/물을 먹이지(=먹이려)

16 /그러면

치실 때에 11 십팔 년 동안을 귀신들려 앓으며 꼬부라져
조금도 펴지 못하는 한 여자가 있더라 12 예수께서 보시
고 불러 이르시되 여자여 네가 네 병에서 놓였다 하시고
13 안수하시매 여자가 곧 펴고 하나님께 영광을 돌리는지
라 14 회당장이 예수께서 안식일에 병 고치시는 것을 분
내어 무리에게 이르되 일할 날이 엿새가 있으니 그 동안에
와서 고침을 받을 것이요 안식일에는 말 것이니라 하거늘
15 주께서 대답하여 가라사대 외식하는 자들아 너희가 각
각 안식일에 자기의 소나 나귀나 마구에서 풀어 내어 이끌
고 가서 물을 먹이지 아니하느냐 16 그러면 십팔 년 동안

on the Sabbath. 11 And behold, there was a woman who
for eighteen years had had a sickness caused by a spirit;
and she was bent double, and could not straighten up at
all. 12 And when Jesus saw her, He called her over and
said to her, "Woman, you are freed from your sickness."
13 And He laid His hands upon her; and immediately
she was made erect again, and began glorifying God. 14
And the synagogue official, indignant because Jesus had healed
on the Sabbath, began saying to the multitude in response,
"There are six days in which work should be done; therefore
come during them and get healed, and not on the Sabbath
day." 15 But the Lord answered him and said, "You
hypocrites, does not each of you on the Sabbath untie his
ox or his donkey from the stall, and lead him away to

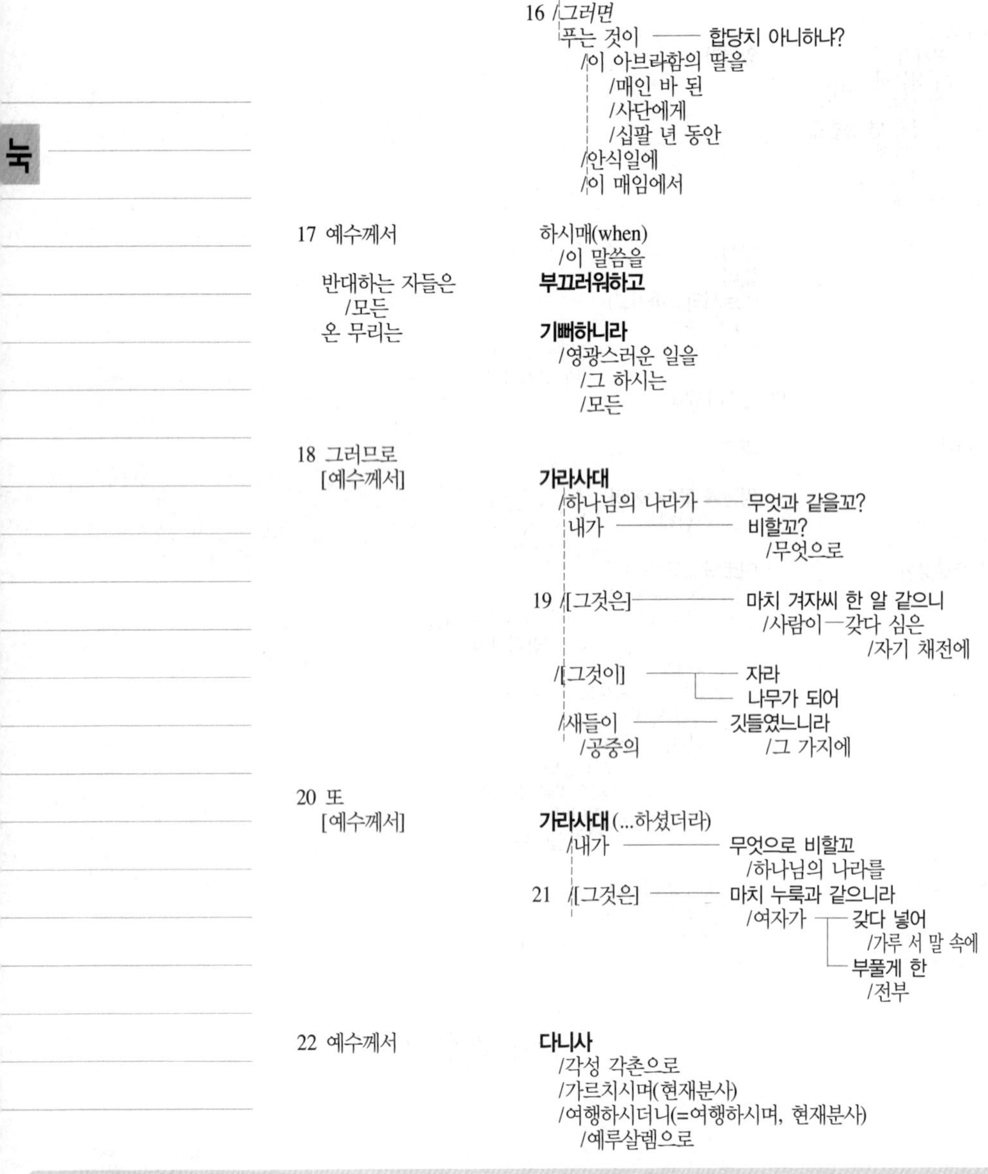

사단에게 매인 바 된 이 아브라함의 딸을 안식일에 이 매임에서 푸는 것이 합당치 아니하냐 17 예수께서 이 말씀을 하시매 모든 반대하는 자들은 부끄러워하고 온 무리는 그 하시는 모든 영광스러운 일을 기뻐하니라 18 그러므로 가라사대 하나님의 나라가 무엇과 같을꼬 내가 무엇으로 비할꼬 19 마치 사람이 자기 채전에 갖다 심은 겨자씨 한 알 같으니 자라 나무가 되어 공중의 새들이 그 가지에 깃들였느니라 20 또 가라사대 내가 하나님의 나라를 무엇으로 비할꼬 21 마치 여자가 가루 서 말 속에 갖다 넣어 전부 부풀게 한 누룩과 같으니라 하셨더라 22 예수께

water him? 16 "And this woman, a daughter of Abraham as she is, whom Satan has bound for eighteen long years, should she not have been released from this bond on the Sabbath day?" 17 And as He said this, all His opponents were being humiliated; and the entire multitude was rejoicing over all the glorious things being done by Him. 18 Therefore He was saying, "What is the kingdom of God like, and to what shall I compare it? 19 "It is like a mustard seed, which a man took and threw into his own garden; and it grew and became a tree; and the birds of the air nested in its branches." 20 And again He said, "To what shall I compare the kingdom of God? 21 "It is like leaven, which a woman took and hid in three pecks of meal, until it was all leavened." 22 And He was passing through

23 혹이 **여짜오되**
/주여!
구원을 얻는 자가 적으니이까?

[예수께서] **이르시되**
/저희에게
24 /[너희는] —— 힘쓰라
/좁은 문으로 들어가기를

/내가 —— 이르노니[53]
/너희에게
/못하는 자가 —— 많으리라
/구하여도
/들어가기를

25 /집주인이 —— 일어나

한 번 닫은 후에(상황절, when)
/문을
/너희가 —— [시작하리니]
/서서(=서는 것을)
/밖에
/두드리며(=두드리는 것을)
/문을
/하면(=말하며, 현재분사)
/주여!
[당신은] —— 열어 주소서
/[우리에게]

/저가 —— 대답하여 가로되(...하리니)
/[너희에게]
/나는 —— 알지 못하노라
/[너희를]
/너희가 —— 온 자인지
/어디로서

26 /너희가 —— [시작]하되(...하나)
/그 때에
/말[하기를]
/우리는 —— 먹고
/주 앞에서
마셨으며
/주는 —— 또한 가르치셨나이다
/우리 길거리에서

53) 주님께서 자신의 말씀을 하나님의 말씀과 대등한 권위임을 드러내는 관용적인 표현이다.

서 각 성 각 촌으로 다니사 가르치시며 예루살렘으로 여행
하시더니 23 혹이 여짜오되 주여 구원을 얻는 자가 적으
니이까 저희에게 이르시되 24 좁은 문으로 들어가기를
힘쓰라 내가 너희에게 이르노니 들어가기를 구하여도 못하
는 자가 많으리라 25 집 주인이 일어나 문을 한 번 닫은
후에 너희가 밖에 서서 문을 두드리며 주여 열어 주소서
하면 저가 대답하여 가로되 나는 너희가 어디로서 온 자인
지 알지 못하노라 하리니 26 그 때에 너희가 말하되 우리
는 주 앞에서 먹고 마셨으며 주는 또한 우리 길거리에서
가르치셨나이다 하나

from one city and village to another, teaching, and
proceeding on His way to Jerusalem. 23 And someone
said to Him, "Lord, are there just a few who are being
saved?" And He said to them, 24 "Strive to enter by the
narrow door; for many, I tell you, will seek to enter and
will not be able. 25 "Once the head of the house gets up
and shuts the door, and you begin to stand outside and
knock on the door, saying, 'Lord, open up to us!' then
He will answer and say to you, 'I do not know where
you are from.' 26 "Then you will begin to say, 'We ate
and drank in Your presence, and You taught in our streets';
27 and He will say, 'I tell you, I do not know where you

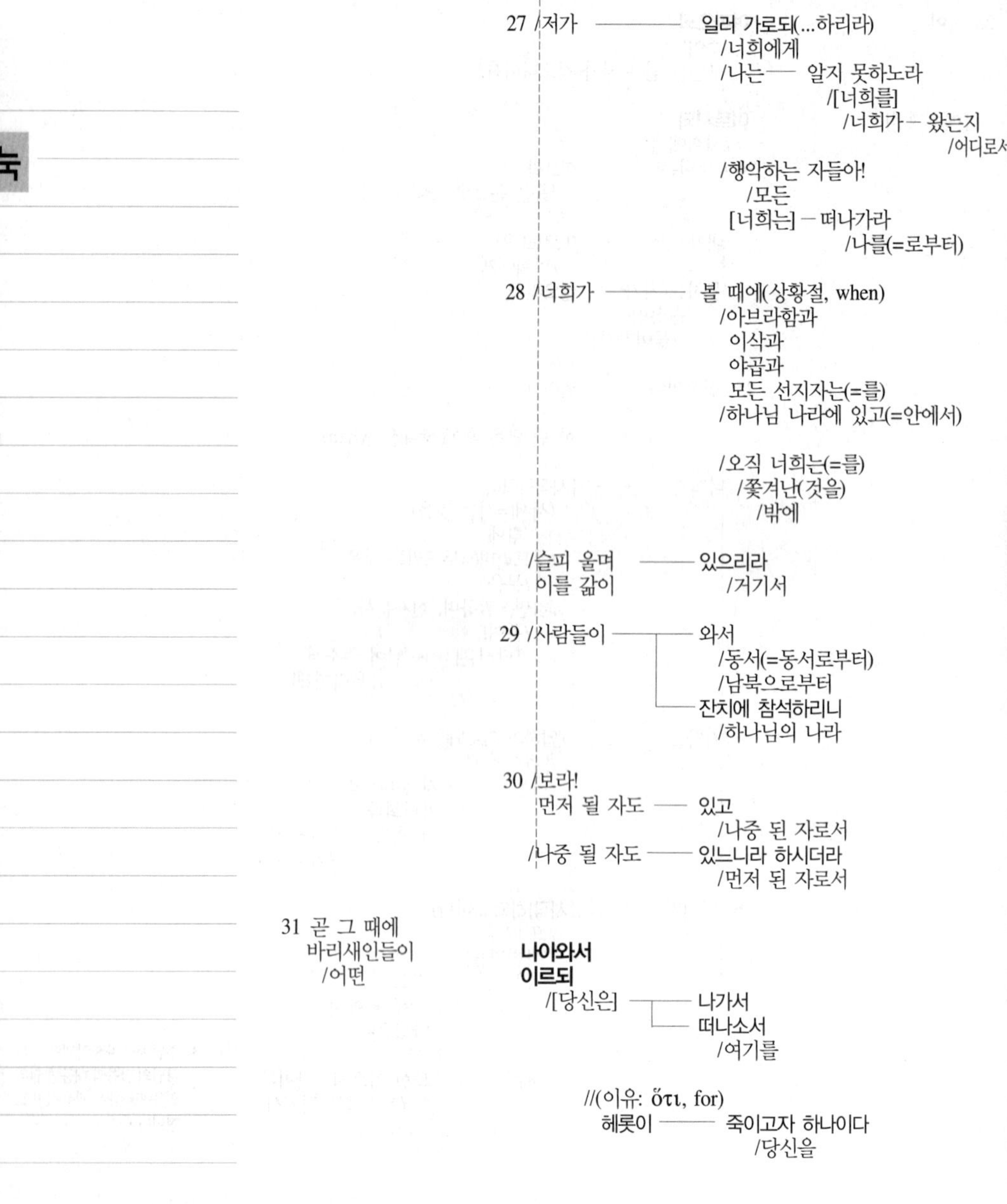

27 저가 너희에게 일러 가로되 나는 너희가 어디로서 왔
는지 알지 못하노라 행악하는 모든 자들아 나를 떠나가라
하리라 28 너희가 아브라함과 이삭과 야곱과 모든 선지
자는 하나님 나라에 있고 오직 너희는 밖에 쫓겨난 것을
볼 때에 거기서 슬피 울며 이를 갊이 있으리라 29 사람들
이 동서 남북으로부터 와서 하나님의 나라 잔치에 참여하
리니 30 보라 나중 된 자로서 먼저 될 자도 있고 먼저 된
자로서 나중 될 자도 있느니라 하시더라 31 곧 그 때에
어떤 바리새인들이 나아와서 이르되 나가서 여기를 떠나소
서 헤롯이 당신을 죽이고자 하나이다

are from; depart from Me, all you evildoers.' 28 "There
will be weeping and gnashing of teeth there when you
see Abraham and Isaac and Jacob and all the prophets in
the kingdom of God, but yourselves being cast out. 29
"And they will come from east and west, and from north
and south, and will recline at the table in the kingdom of
God. 30 "And behold, some are last who will be first
and some are first who will be last." 31 ¶ Just at that
time some Pharisees came up, saying to Him, "Go away
and depart from here, for Herod wants to kill You." 32

32 [예수께서]

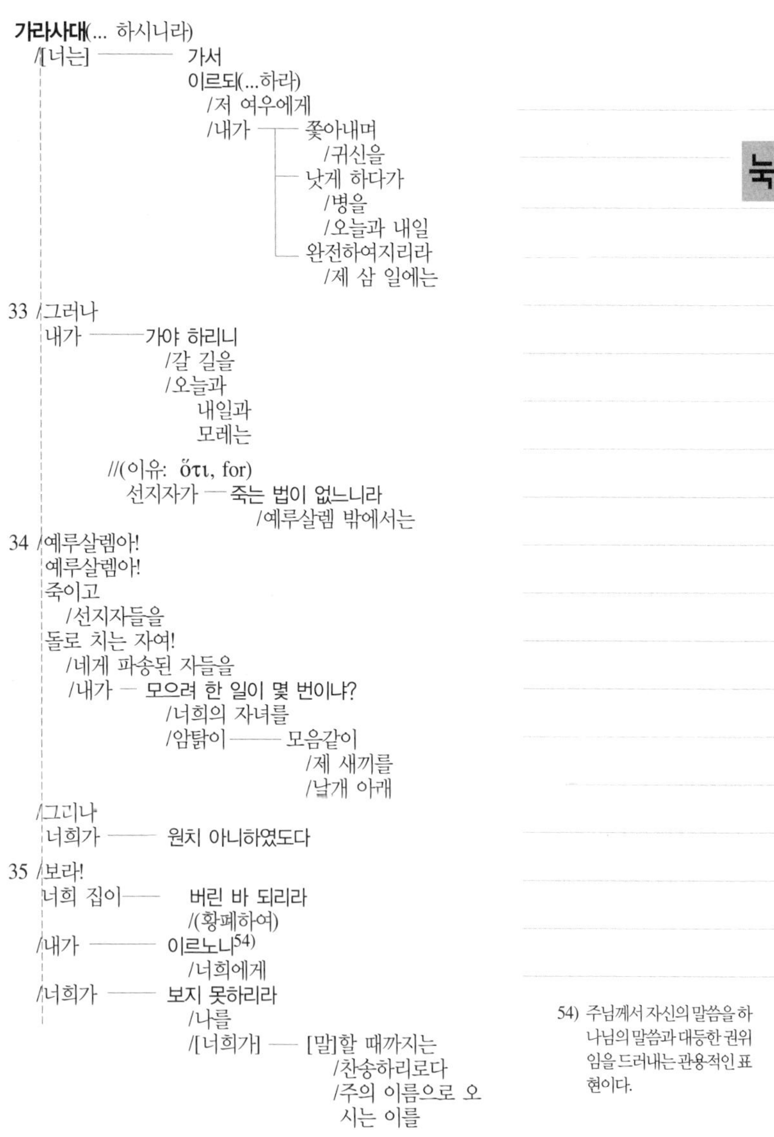

54) 주님께서 자신의 말씀을 하나님의 말씀과 대등한 권위임을 드러내는 관용적인 표현이다.

32 가라사대 가서 저 여우에게 이르되 오늘과 내일 내가 귀신을 쫓아내며 병을 낫게 하다가 제삼일에는 완전하여지리라 하라 33 그러나 오늘과 내일과 모레는 내가 갈 길을 가야 하리니 선지자가 예루살렘 밖에서는 죽는 법이 없느니라 34 예루살렘아 예루살렘아 선지자들을 죽이고 네게 파송된 자들을 돌로 치는 자여 암탉이 제 새끼를 날개 아래 모음같이 내가 너희의 자녀를 모으려 한 일이 몇 번이냐 그러나 너희가 원치 아니하였도다 35 보라 너희 집이 황폐하여 버린바 되니라 내가 너희에게 이르노니 너희가 주의 이름으로 오시는 이를 찬송하리로다 할 때까지는 나를 보지 못하리라 하시니라

And He said to them, "Go and tell that fox, 'Behold, I cast out demons and perform cures today and tomorrow, and the third day I reach My goal.' 33 "Nevertheless I must journey on today and tomorrow and the next day; for it cannot be that a prophet should perish outside of Jerusalem. 34 "O Jerusalem, Jerusalem, the city that kills the prophets and stones those sent to her! How often I wanted to gather your children together, just as a hen gathers her brood under her wings, and you would not have it! 35 "Behold, your house is left to you desolate; and I say to you, you shall not see Me until the time comes when you say, 'Blessed is He who comes in the name of the Lord!'"

눅

14

1 예수께서 **들어가시니**
/안식일에
/바리새인의 집에
/한 두령의
/떡 잡수시러

저희가 **엿보고 있더라**
/[그를]

2 [보라!]
한 사람이 **있는지라**
/고창병 든 /주의 앞에
3 예수께서 **대답하여**
일러 가라사대
/율법사들과
바리새인들에게
/병 고쳐 주는 것이 — 합당하냐?
/안식일에 — 아니하냐?

4 저희가 **잠잠하거늘**

예수께서 **데려다가**
고쳐
/그 사람을
보내시고

5 또
[예수께서] **이르시되**(...하시니)
/저희에게
/그 아들이나
소나 — 빠졌으면[55]
/우물에
/누가 — 끌어내지 않겠느냐
/너희 중에 /곧
/안식일에라도

6 저희가 **대답지 못하니라**
/이에 대하여

7 청함을 받은 사람들의 보시고(when)
/택함을
/상좌
[예수께서] **말씀하여 가라사대**
/저희에게
/비유로(를)

55) 한글개역성경의 뉘앙스를 살리는 것이 문맥을 만드는 데 자연스러울 것 같다. 참고로 역문번역본을 참고하여 원문의 의미를 참고하면 유익할 것이다.
[NASB]
And He said to them, "Which one of you will have a son or an ox fall into a well, and will not immediately pull him out on a Sabbath day?"

[NIV]
Then he asked them, "If one of you has a son or an ox that falls into a well on the Sabbath day, will you not immediately pull him out?"

14:1 안식일에 예수께서 바리새인의 한 두령의 집에
떡 잡수시러 들어가시니 저희가 엿보고 있더라 2
주의 앞에 고창병 든 한 사람이 있는지라 3 예수께서 대답
하여 율법사들과 바리새인들에게 일러 가라사대 안식일에
병 고쳐 주는 것이 합당하냐 아니하냐 4 저희가 잠잠하거
늘 예수께서 그 사람을 데려다가 고쳐 보내시고 5 또 저
희에게 이르시되 너희 중에 누가 그 아들이나 소나 우물에
빠졌으면 안식일에라도 곧 끌어내지 않겠느냐 하시니 6
저희가 이에 대하여 대답지 못하니라 7 청함을 받은 사람
들의 상좌 택함을 보시고 저희에게 비유로 말씀하여 가라

14:1 ¶ And it came about when He went into the house
of one of the leaders of the Pharisees on the Sabbath
to eat bread, that they were watching Him closely. 2 And
there, in front of Him was a certain man suffering from dropsy.
3 And Jesus answered and spoke to the lawyers and Pharisees,
saying, "Is it lawful to heal on the Sabbath, or not?" 4
But they kept silent. And He took hold of him, and healed
him, and sent him away. 5 And He said to them, "Which
one of you shall have a son or an ox fall into a well, and
will not immediately pull him out on a Sabbath day?" 6
And they could make no reply to this. 7 And He began
speaking a parable to the invited guests when He noticed
how they had been picking out the places of honor at the table;
saying to them, 8 "When you are invited by someone to

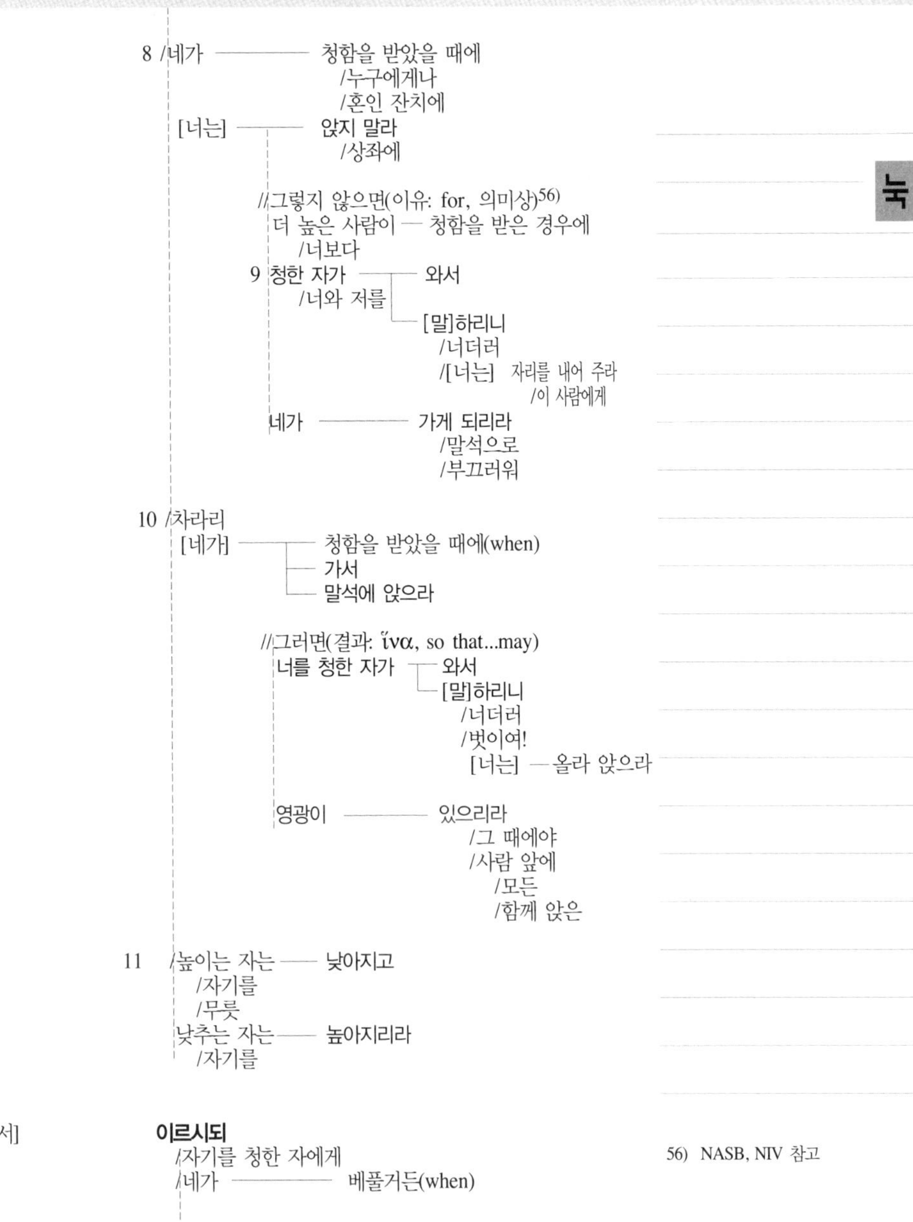

눅

56) NASB, NIV 참고

사대 8 네가 누구에게나 혼인 잔치에 청함을 받았을 때에
상좌에 앉지 말라 그렇지 않으면 너보다 더 높은 사람이
청함을 받은 경우에 9 너와 저를 청한 자가 와서 너더러
이 사람에게 자리를 내어 주라 하리니 그 때에 네가 부끄
러워 말석으로 가게 되리라 10 청함을 받았을 때에 차라
리 가서 말석에 앉으라 그러면 너를 청한 자가 와서 너더
러 벗이여 올라 앉으라 하리니 그 때에야 함께 앉은 모든
사람 앞에 영광이 있으리라 11 무릇 자기를 높이는 자는
낮아지고 자기를 낮추는 자는 높아지리라 12 또 자기를
청한 자에게 이르시되 네가 점심이나 저녁이나 베풀거든

a wedding feast, do not take the place of honor, lest
someone more distinguished than you may have been
invited by him, 9 and he who invited you both shall come
and say to you, 'Give place to this man,' and then in
disgrace you proceed to occupy the last place. 10 "But
when you are invited, go and recline at the last place, so
that when the one who has invited you comes, he may
say to you, 'Friend, move up higher'; then you will have honor
in the sight of all who are at the table with you. 11 "For
everyone who exalts himself shall be humbled, and he
who humbles himself shall be exalted." 12 And He also
went on to say to the one who had invited Him, "When

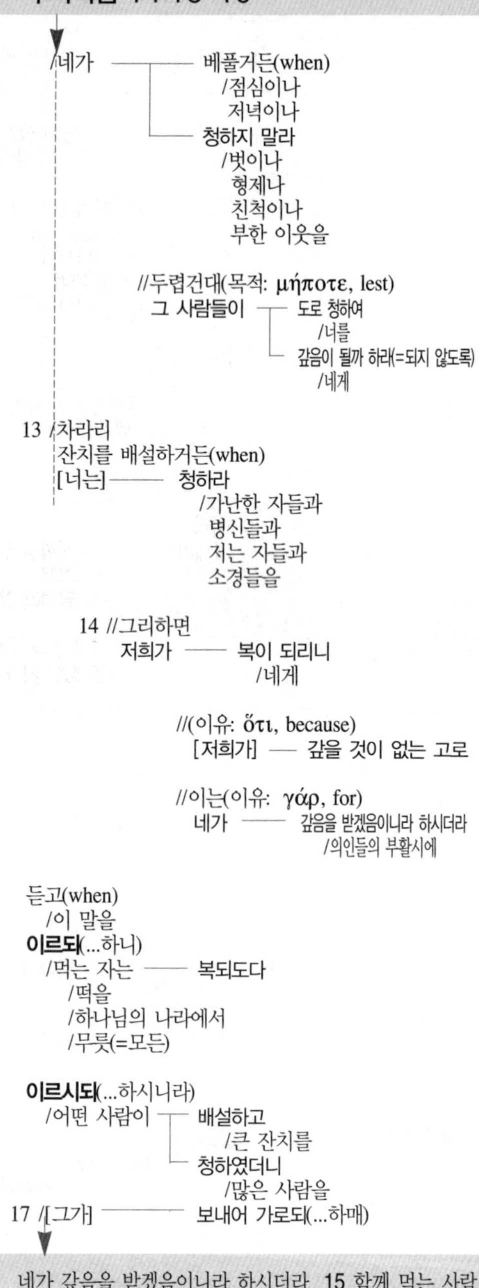

15 사람 중 하나가
/함께 먹는
듣고(when)
/이 말을
이르되(...하니)
/먹는 자는 —— 복되도다
/떡을
/하나님의 나라에서
/무릇(=모든)

16 [예수께서]
이르시되(...하시니라)
/어떤 사람이 —— 배설하고
/큰 잔치를
청하였더니
/많은 사람을
17 /[그가] —— 보내어 가로되(...하매)

벗이나 형제나 친척이나 부한 이웃을 청하지 말라 두렵건
대 그 사람들이 너를 도로 청하여 네게 갚음이 될까 하라
13 잔치를 배설하거든 차라리 가난한 자들과 병신들과 저
는 자들과 소경들을 청하라 14 그리하면 저희가 갚을 것
이 없는고로 네게 복이 되리니 이는 의인들의 부활 시에
네가 갚음을 받겠음이니라 하시더라 15 함께 먹는 사람
중에 하나가 이 말을 듣고 이르되 무릇 하나님의 나라에서
떡을 먹는 자는 복되도다 하니 16 이르시되 어떤 사람이
큰 잔치를 배설하고 많은 사람을 청하였더니 17 잔치할
시간에 그 청하였던 자들에게 종을 보내어 가로되 오소서

you give a luncheon or a dinner, do not invite your friends
or your brothers or your relatives or rich neighbors, lest
they also invite you in return, and repayment come to
you. 13 "But when you give a reception, invite the poor,
the crippled, the lame, the blind, 14 and you will be
blessed, since they do not have the means to repay you;
for you will be repaid at the resurrection of the righteous."
15 And when one of those who were reclining at the
table with Him heard this, he said to Him, "Blessed is everyone
who shall eat bread in the kingdom of God!" 16 But He
said to him, "A certain man was giving a big dinner, and
he invited many; 17 and at the dinner hour he sent his

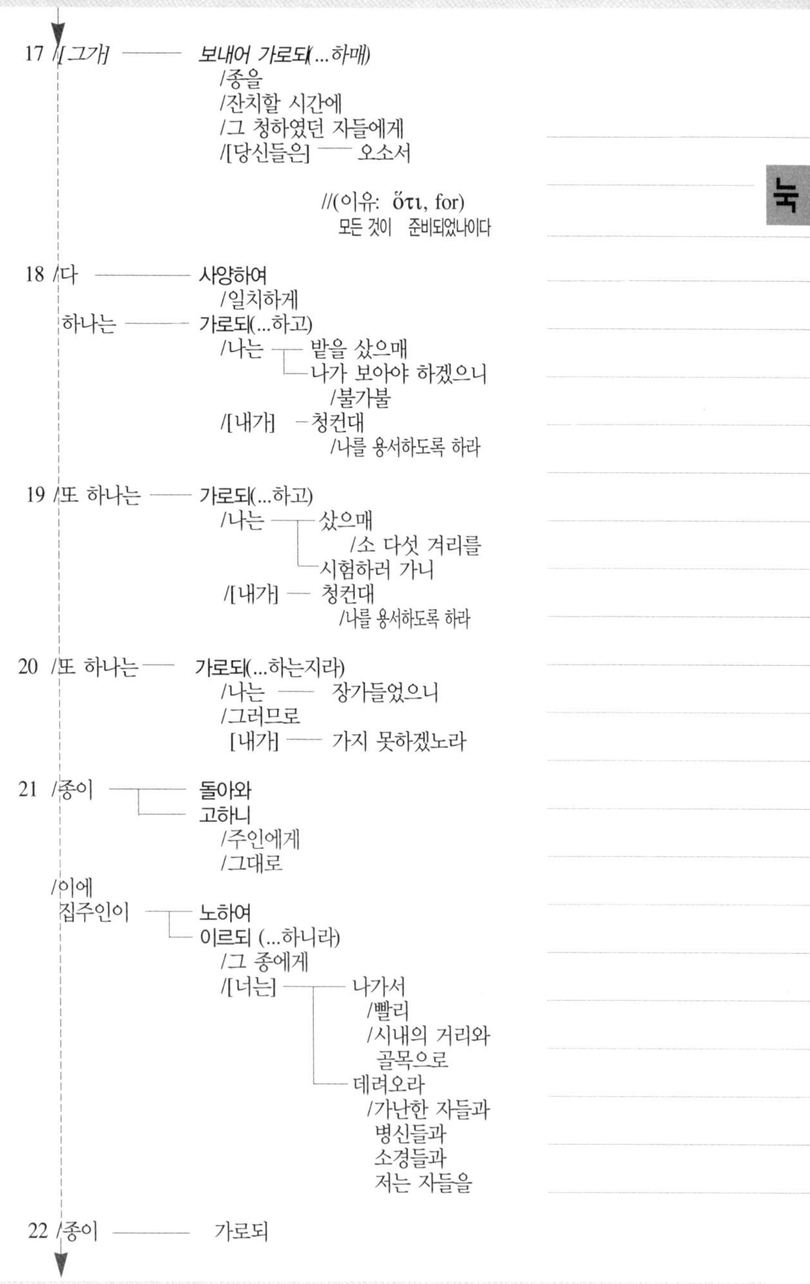

모든 것이 준비되었나이다 하매 18 다 일치하게 사양하
여 하나는 가로되 나는 밭을 샀으매 불가불 나가 보아야
하겠으니 청컨대 나를 용서하도록 하라 하고 19 또 하나
는 가로되 나는 소 다섯 겨리를 샀으매 시험하러 가니 청
컨대 나를 용서하도록 하라 하고 20 또 하나는 가로되 나
는 장가 들었으니 그러므로 가지 못하겠노라 하는지라 21
종이 돌아와 주인에게 그대로 고하니 이에 집주인이 노하
여 그 종에게 이르되 빨리 시내의 거리와 골목으로 나가서

slave to say to those who had been invited, 'Come; for
everything is ready now.' 18 "But they all alike began to
make excuses. The first one said to him, 'I have bought
a piece of land and I need to go out and look at it; please
consider me excused.' 19 "And another one said, 'I have
bought five yoke of oxen, and I am going to try them
out; please consider me excused.' 20 "And another one
said, 'I have married a wife, and for that reason I cannot
come.' 21 "And the slave came back and reported this to
his master. Then the head of the household became angry
and said to his slave, 'Go out at once into the streets and
lanes of the city and bring in here the poor and crippled

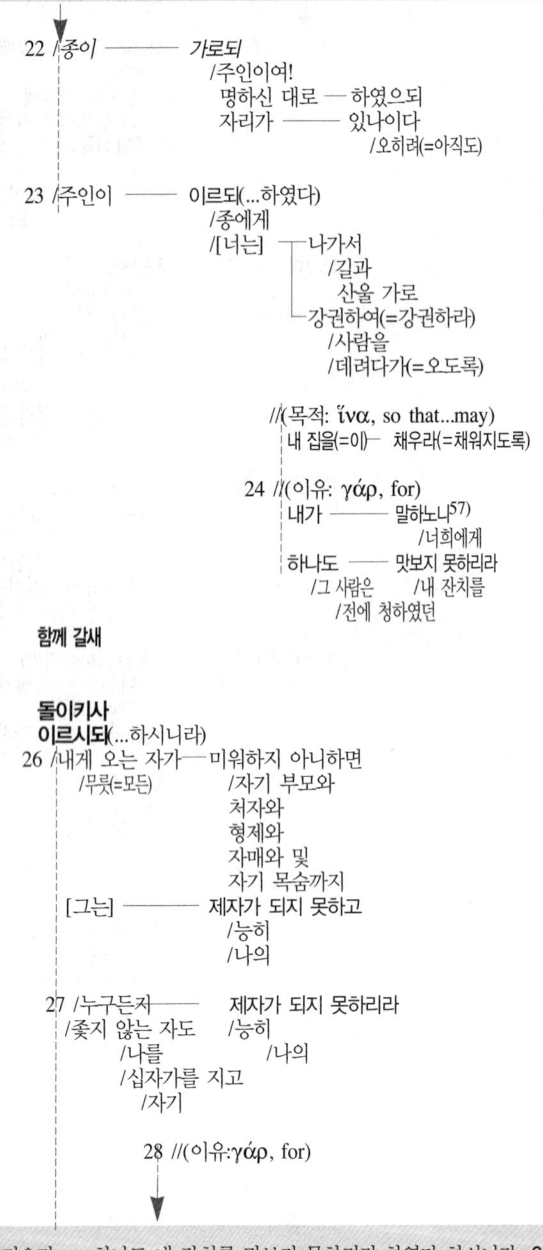

57) 주님께서 자신의 말씀을 하나님의 말씀과 대등한 권위임을 드러내는 관용적인 표현이다. 이 표현이 비유 가운데 사용된 것으로 보아 말하는 내용이 단순한 비유에 그치지 않는 심각한 것임을 알 수 있다.

가난한 자들과 병신들과 소경들과 저는 자들을 데려오라
하니라 22 종이 가로되 주인이여 명하신 대로 하였으되
오히려 자리가 있나이다 23 주인이 종에게 이르되 길과
산울가로 나가서 사람을 강권하여 데려다가 내 집을 채우
라 24 내가 너희에게 말하노니 전에 청하였던 그 사람은
하나도 내 잔치를 맛보지 못하리라 하였다 하시니라 25
허다한 무리가 함께 갈새 예수께서 돌이키사 이르시되 26
무릇 내게 오는 자가 자기 부모와 처자와 형제와 자매와
및 자기 목숨까지 미워하지 아니하면 능히 나의 제자가 되
지 못하고 27 누구든지 자기 십자가를 지고 나를 좇지 않

and blind and lame.' 22 "And the slave said, 'Master,
what you commanded has been done, and still there is
room.' 23 "And the master said to the slave, 'Go out into
the highways and along the hedges, and compel them to
come in, that my house may be filled. 24 'For I tell you,
none of those men who were invited shall taste of my dinner.'"
25 ¶ Now great multitudes were going along with Him;
and He turned and said to them, 26 "If anyone comes to
Me, and does not hate his own father and mother and
wife and children and brothers and sisters, yes, and even
his own life, he cannot be My disciple. 27 "Whoever
does not carry his own cross and come after Me cannot
be My disciple. 28 "For which one of you, when he wants
to build a tower, does not first sit down and calculate the

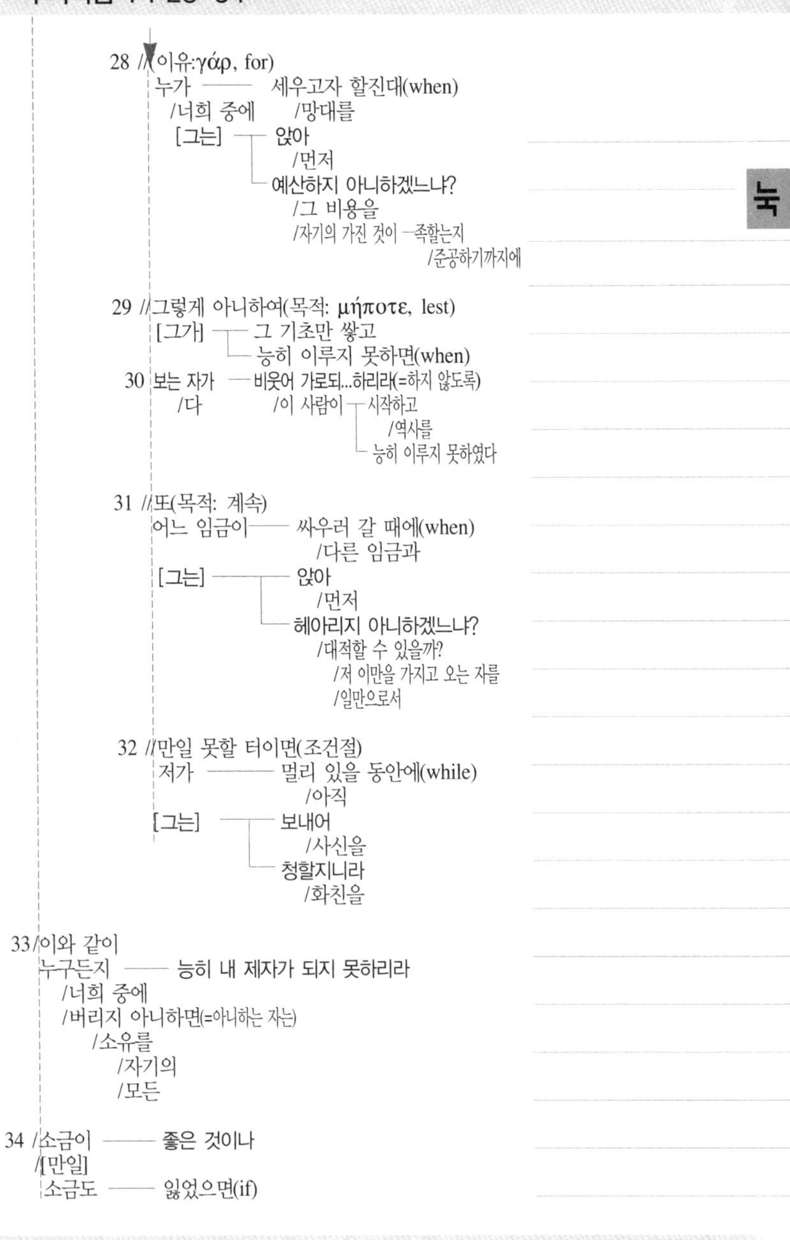

는 자도 능히 나의 제자가 되지 못하리라 28 너희 중에
누가 망대를 세우고자 할진대 자기의 가진 것이 준공하기
까지에 족할는지 먼저 앉아 그 비용을 예산하지 아니하겠
느냐 29 그렇게 아니하여 그 기초만 쌓고 능히 이루지 못
하면 보는 자가 다 비웃어 30 가로되 이 사람이 역사를
시작하고 능히 이루지 못하였다 하리라 31 또 어느 임금
이 다른 임금과 싸우러 갈 때에 먼저 앉아 일만으로서 저
이만을 가지고 오는 자를 대적할 수 있을까 헤아리지 아니
하겠느냐 32 만일 못할 터이면 저가 아직 멀리 있을 동안
에 사신을 보내어 화친을 청할지니라 33 이와 같이 너희
중에 누구든지 자기의 모든 소유를 버리지 아니하면 능히
내 제자가 되지 못하리라 34 소금이 좋은 것이나 소금도

cost, to see if he has enough to complete it? 29 "Otherwise,
when he has laid a foundation, and is not able to finish,
all who observe it begin to ridicule him, 30 saying, 'This
man began to build and was not able to finish.' 31 "Or
what king, when he sets out to meet another king in battle,
will not first sit down and take counsel whether he is
strong enough with ten thousand men to encounter the
one coming against him with twenty thousand? 32 "Or
else, while the other is still far away, he sends a delegation
and asks terms of peace. 33 "So therefore, no one of you
can be My disciple who does not give up all his own
possessions. 34 "Therefore, salt is good; but if even salt

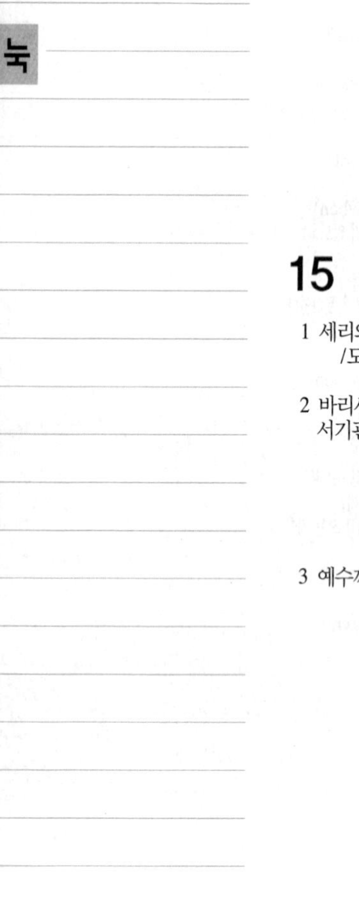

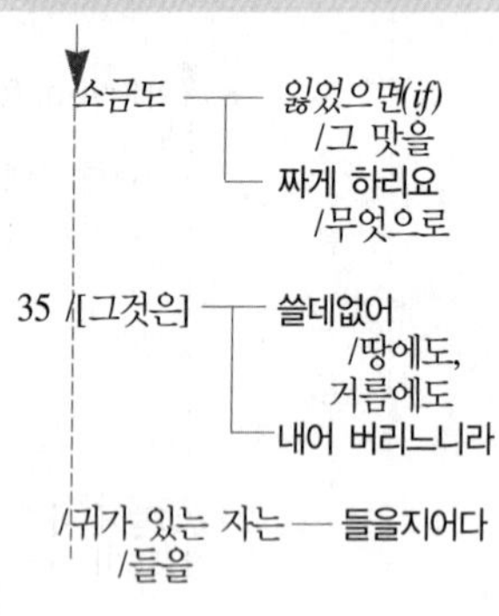

15

1 세리와 죄인들이 **가까이 나아오니**
/모든 /말씀을 들으러

2 바리새인과 서기관들이 **원망하여 가로되**(...하더라)
/이 사람이 — 영접하고
/죄인을
같이 먹는다
/음식을

3 예수께서 **이르시되**
/저희에게
/이 비유로
4 /어느 사람이 — 있는데
/너희 중에 /양 일백 마리가(=를)

/[그가] — 잃으면(조건절, if)
/하나를
/그[들] 중에
두고
/아흔아홉 마리를
/들에
찾아다니지 아니하느냐?
/그 잃은 것을
/[그것을] 찾도록(=찾을 때까지)

5 /또
[그가] — 찾은즉(상황절, when)
메고
/즐거워(현재분사)
/[그의] 어깨에

만일 그 맛을 잃었으면 무엇으로 짜게 하리요 35 땅에도
거름에도 쓸데없어 내어버리느니라 들을 귀가 있는 자는
들을지어다 하시니라

15:1 모든 세리와 죄인들이 말씀을 들으러 가까이 나
아오니 2 바리새인과 서기관들이 원망하여 가로되
이 사람이 죄인을 영접하고 음식을 같이 먹는다 하더라 3
예수께서 저희에게 이 비유로 이르시되 4 너희 중에 어느
사람이 양 일백 마리가 있는데 그 중에 하나를 잃으면 아
흔아홉 마리를 들에 두고 그 잃은 것을 찾도록 찾아 다니
지 아니하느냐 5 또 찾은즉 즐거워 어깨에 메고 6 집에

has become tasteless, with what will it be seasoned? 35
"It is useless either for the soil or for the manure pile; it
is thrown out. He who has ears to hear, let him hear."

15:1 Now all the tax-gatherers and the sinners were
coming near Him to listen to Him. 2 And both the
Pharisees and the scribes began to grumble, saying, "This man
receives sinners and eats with them." 3 And He told them
this parable, saying, 4 "What man among you, if he has
a hundred sheep and has lost one of them, does not leave
the ninety-nine in the open pasture, and go after the one which
is lost, until he finds it? 5 "And when he has found it,

58) 주님께서 자신의 말씀을 하나님의 말씀과 대등한 권위임을 드러내는 관용적인 표현이다.

와서 그 벗과 이웃을 불러 모으고 말하되 나와 함께 즐기
자 나의 잃은 양을 찾았노라 하리라 7 내가 너희에게 이
르노니 이와 같이 죄인 하나가 회개하면 하늘에서는 회개
할 것 없는 의인 아흔아홉을 인하여 기뻐하는 것보다 더하
리라 8 어느 여자가 열 드라크마가 있는데 하나를 잃으면
등불을 켜고 집을 쓸며 찾도록 부지런히 찾지 아니하겠느
냐 9 또 찾은즉 벗과 이웃을 불러 모으고 말하되 나와 함
께 즐기자 잃은 드라크마를 찾았노라 하리라 10 내가 너

he lays it on his shoulders, rejoicing. 6 "And when he
comes home, he calls together his friends and his neighbors,
saying to them, 'Rejoice with me, for I have found my
sheep which was lost!' 7 "I tell you that in the same
way, there will be more joy in heaven over one sinner
who repents, than over ninety-nine righteous persons who
need no repentance. 8 "Or what woman, if she has ten
silver coins and loses one coin, does not light a lamp and
sweep the house and search carefully until she finds it? 9
"And when she has found it, she calls together her friends
and neighbors, saying, 'Rejoice with me, for I have found
the coin which I had lost!' 10 "In the same way, I tell

누

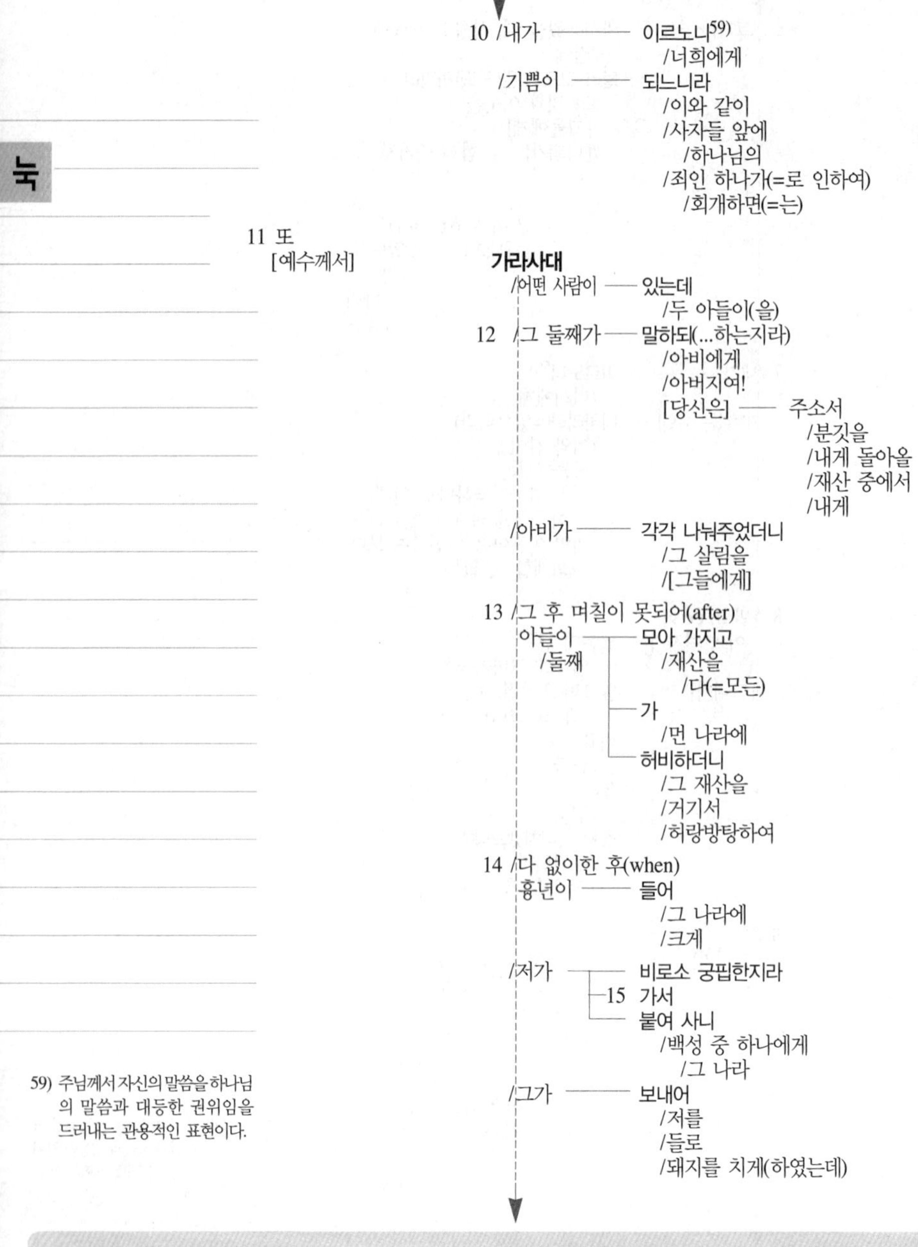

59) 주님께서 자신의 말씀을 하나님의 말씀과 대등한 권위임을 드러내는 관용적인 표현이다.

희에게 이르노니 이와 같이 죄인 하나가 회개하면 하나님
의 사자들 앞에 기쁨이 되느니라 11 또 가라사대 어떤 사
람이 두 아들이 있는데 12 그 둘째가 아비에게 말하되 아
버지여 재산 중에서 내게 돌아올 분깃을 내게 주소서 하는
지라 아비가 그 살림을 각각 나눠 주었더니 13 그 후 며
칠이 못되어 둘째 아들이 재산을 다 모아 가지고 먼 나라
에 가 거기서 허랑방탕하여 그 재산을 허비하더니 14 다
없이 한 후 그 나라에 크게 흉년이 들어 저가 비로소 궁핍
한지라 15 가서 그 나라 백성 중 하나에게 붙여 사니 그가
저를 들로 보내어 돼지를 치게 하였는데 16 저가 돼지 먹

you, there is joy in the presence of the angels of God
over one sinner who repents." 11 And He said, "A certain
man had two sons; 12 and the younger of them said to
his father, 'Father, give me the share of the estate that
falls to me.' And he divided his wealth between them.
13 "And not many days later, the younger son gathered
everything together and went on a journey into a distant
country, and there he squandered his estate with loose
living. 14 "Now when he had spent everything, a severe
famine occurred in that country, and he began to be in
need. 15 "And he went and attached himself to one of
the citizens of that country, and he sent him into his fields

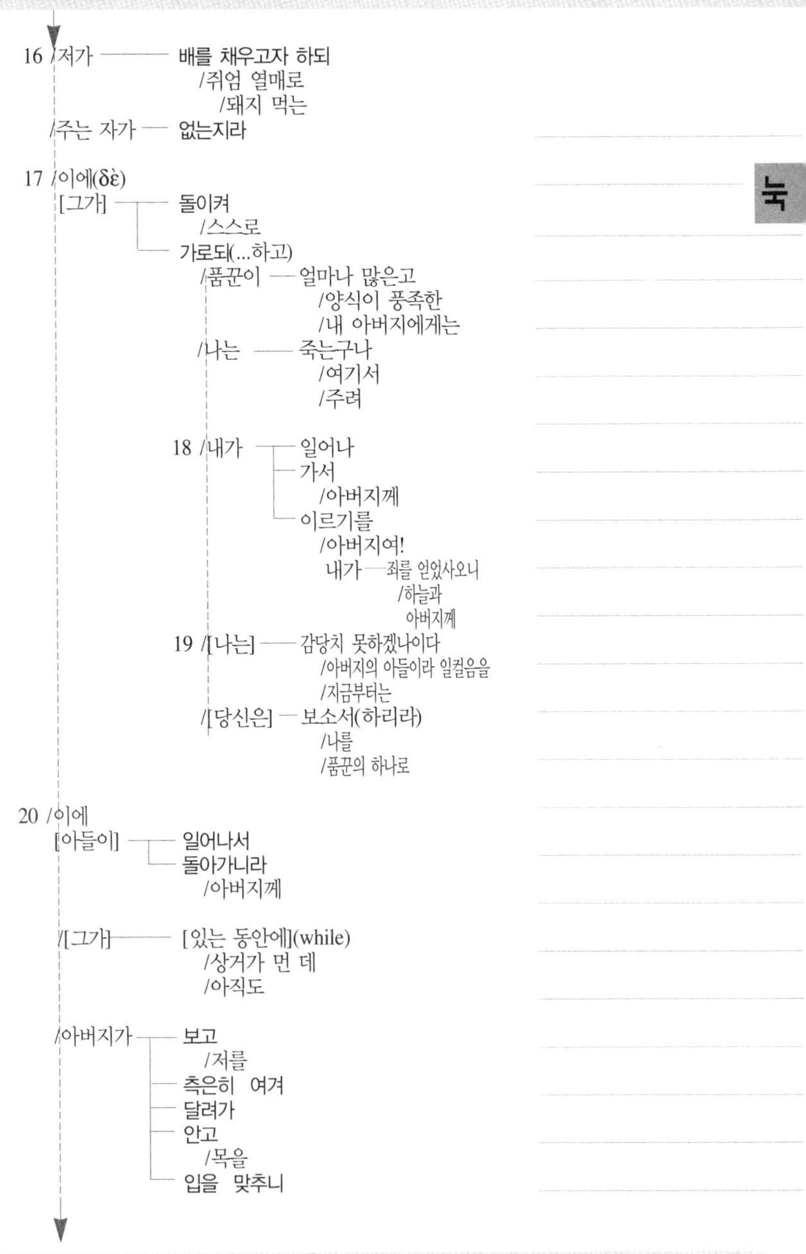

는 쥐엄 열매로 배를 채우고자 하되 주는 자가 없는지라
17 이에 스스로 돌이켜 가로되 내 아버지에게는 양식이
풍족한 품군이 얼마나 많은고 나는 여기서 주려 죽는구나
18 내가 일어나 아버지께 가서 이르기를 아버지여 내가
하늘과 아버지께 죄를 얻었사오니 19 지금부터는 아버지
의 아들이라 일컬음을 감당치 못하겠나이다 나를 품군의
하나로 보소서 하리라 하고 20 이에 일어나서 아버지께
돌아가니라 아직도 상거가 먼데 아버지가 저를 보고 측은
히 여겨 달려가 목을 안고 입을 맞추니 21 아들이 가로되
아버지여 내가 하늘과 아버지께 죄를 얻었사오니 지금부터

to feed swine. 16 "And he was longing to fill his stomach
with the pods that the swine were eating, and no one was
giving anything to him. 17 "But when he came to his
senses, he said, 'How many of my father's hired men
have more than enough bread, but I am dying here with hunger!
18 'I will get up and go to my father, and will say to
him, "Father, I have sinned against heaven, and in your
sight; 19 "I am no longer worthy to be called your son;
make me as one of your hired men."' 20 "And he got
up and came to his father. But while he was still a long
way off, his father saw him, and felt compassion for him,
and ran and embraced him, and kissed him. 21 "And

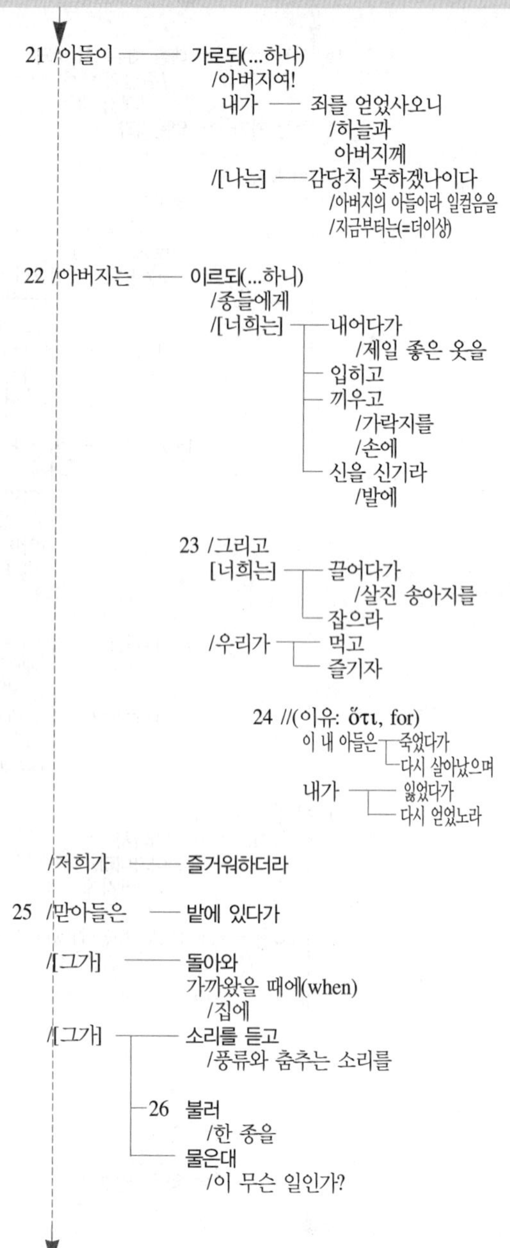

는 아버지의 아들이라 일컬음을 감당치 못하겠나이다 하나
22 아버지는 종들에게 이르되 제일 좋은 옷을 내어다가
입히고 손에 가락지를 끼우고 발에 신을 신기라 23 그리
고 살진 송아지를 끌어다가 잡으라 우리가 먹고 즐기자
24 이 내 아들은 죽었다가 다시 살아났으며 내가 잃었다
가 다시 얻었노라 하니 저희가 즐거워하더라 25 맏아들
은 밭에 있다가 돌아와 집에 가까왔을 때에 풍류와 춤추는
소리를 듣고 26 한 종을 불러 이 무슨 일인가 물은대

the son said to him, ‘Father, I have sinned against heaven
and in your sight; I am no longer worthy to be called
your son.’ 22 “But the father said to his slaves, Quickly
bring out the best robe and put it on him, and put a ring
on his hand and sandals on his feet; 23 and bring the
fattened calf, kill it, and let us eat and be merry; 24 for
this son of mine was dead, and has come to life again;
he was lost, and has been found. And they began to be
merry. 25 “Now his older son was in the field, and when
he came and approached the house, he heard music and
dancing. 26 “And he summoned one of the servants and
began inquiring what these things might be. 27 “And he

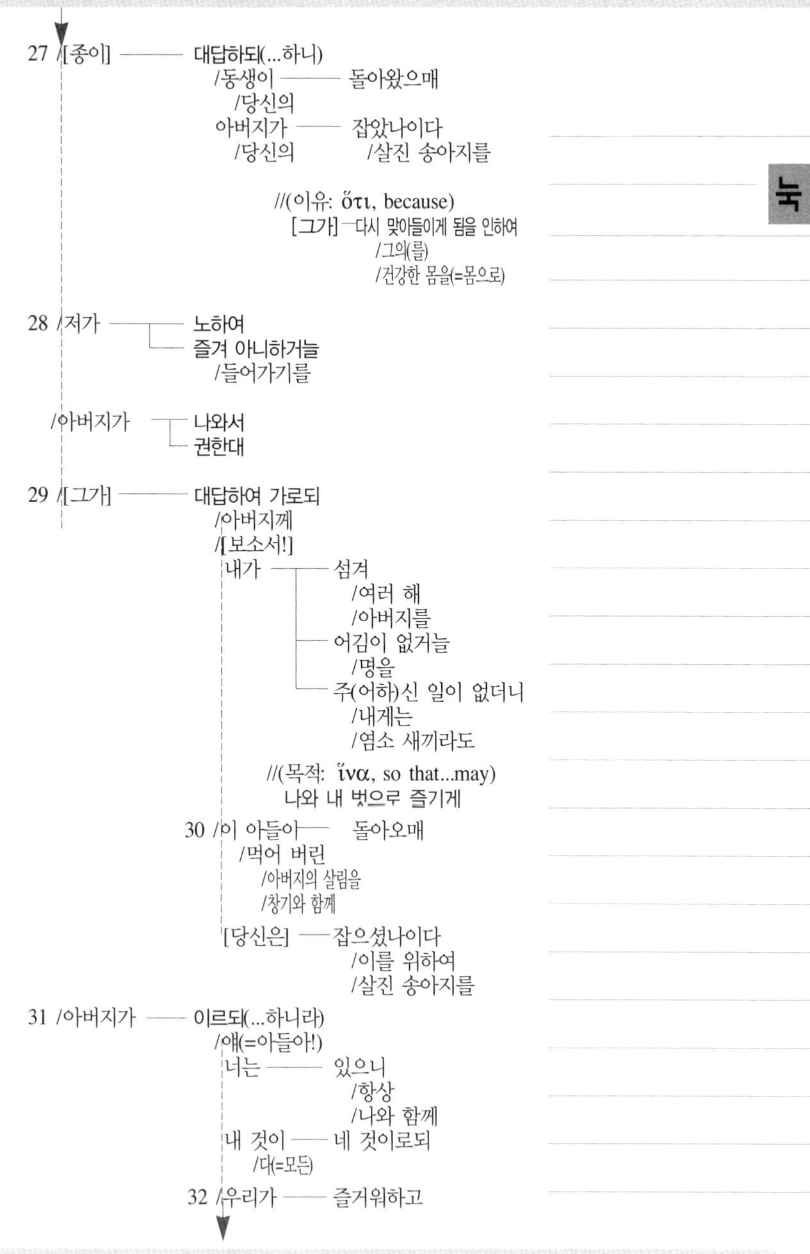

27 대답하되 당신의 동생이 돌아왔으매 당신의 아버지가
그의 건강한 몸을 다시 맞아 들이게 됨을 인하여 살진 송
아지를 잡았나이다 하니 28 저가 노하여 들어가기를 즐
겨 아니하거늘 아버지가 나와서 권한대 29 아버지께 대
답하여 가로되 내가 여러 해 아버지를 섬겨 명을 어김이
없거늘 내게는 염소 새끼라도 주어 나와 내 벗으로 즐기게
하신 일이 없더니 30 아버지의 살림을 창기와 함께 먹어
버린 이 아들이 돌아오매 이를 위하여 살진 송아지를 잡으
셨나이다 31 아버지가 이르되 얘 너는 항상 나와 함께 있
으니 내 것이 다 네 것이로되 32 이 네 동생은 죽었다가

said to him, 'Your brother has come, and your father
has killed the fattened calf, because he has received him
back safe and sound.' 28 "But he became angry, and
was not willing to go in; and his father came out and
began entreating him. 29 "But he answered and said to
his father, 'Look! For so many years I have been serving
you, and I have never neglected a command of yours;
and yet you have never given me a kid, that I might be
merry with my friends; 30 but when this son of yours
came, who has devoured your wealth with harlots, you
killed the fattened calf for him.' 31 "And he said to him,
'My child, you have always been with me, and all that is

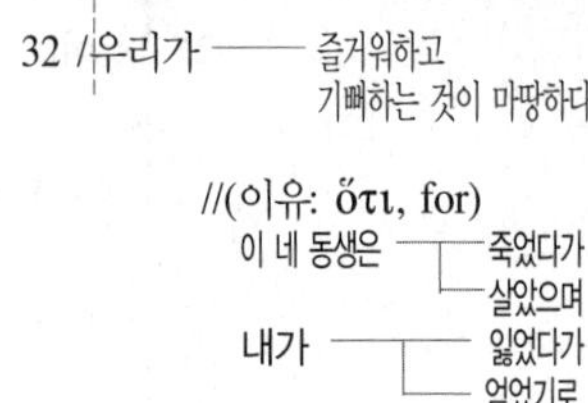

누

16

1 또한
[예수께서] 이르시되
/제자들에게
/청지기가 —— 있는데
/어떤 부자에게
[말이] —— 그 주인에게 들린지라
/그가 — 허비한다는
/주인의 소유를

2 /주인이 —— 불러 가로되
/저를
/이 말이 어찜이뇨?
/내가 네게 대하여 들은
[너는] —— 셈하라
/네 보던 일을

//(이유: γάρ, for)
[네가] — 계속하지 못하리라 하니
/청지기 사무를

3 /청지기가 — 이르되
/속으로
/내가 —— 무엇을 할꼬?

//(이유: ὅτι, for)
주인이 내 직분을 빼앗으니

/[내가] —— 힘이 없고
/땅을 파자니
부끄럽구나
/빌어 먹자니

4 /내가 —— 알았도다
/할 일을

//이렇게 하면(결과: ἵνα, so that...may

살았으며 내가 잃었다가 얻었기로 우리가 즐거워하고 기뻐
하는 것이 마땅하다 하니라

16:1 또한 제자들에게 이르시되 어떤 부자에게 청지
기가 있는데 그가 주인의 소유를 허비한다는 말이
그 주인에게 들린지라
2 주인이 저를 불러 가로되 내가
네게 대하여 들은 이 말이 어찜이뇨 네 보던 일을 셈하라
청지기 사무를 계속하지 못하리라 하니
3 청지기가 속으
로 이르되 주인이 내 직분을 빼앗으니 내가 무엇을 할꼬
땅을 파자니 힘이 없고 빌어 먹자니 부끄럽구나

mine is yours.
32 'But we had to be merry and rejoice,
for this brother of yours was dead and has begun to live,
and was lost and has been found.'"
16:1 Now He was also saying to the disciples, "There
was a certain rich man who had a steward, and this
steward was reported to him as squandering his possessions.
2 "And he called him and said to him, 'What is this I
hear about you? Give an account of your stewardship, for
you can no longer be steward.'
3 "And the steward said
to himself, 'What shall I do, since my master is taking
the stewardship away from me? I am not strong enough
to dig; I am ashamed to beg.
4 'I know what I shall do,

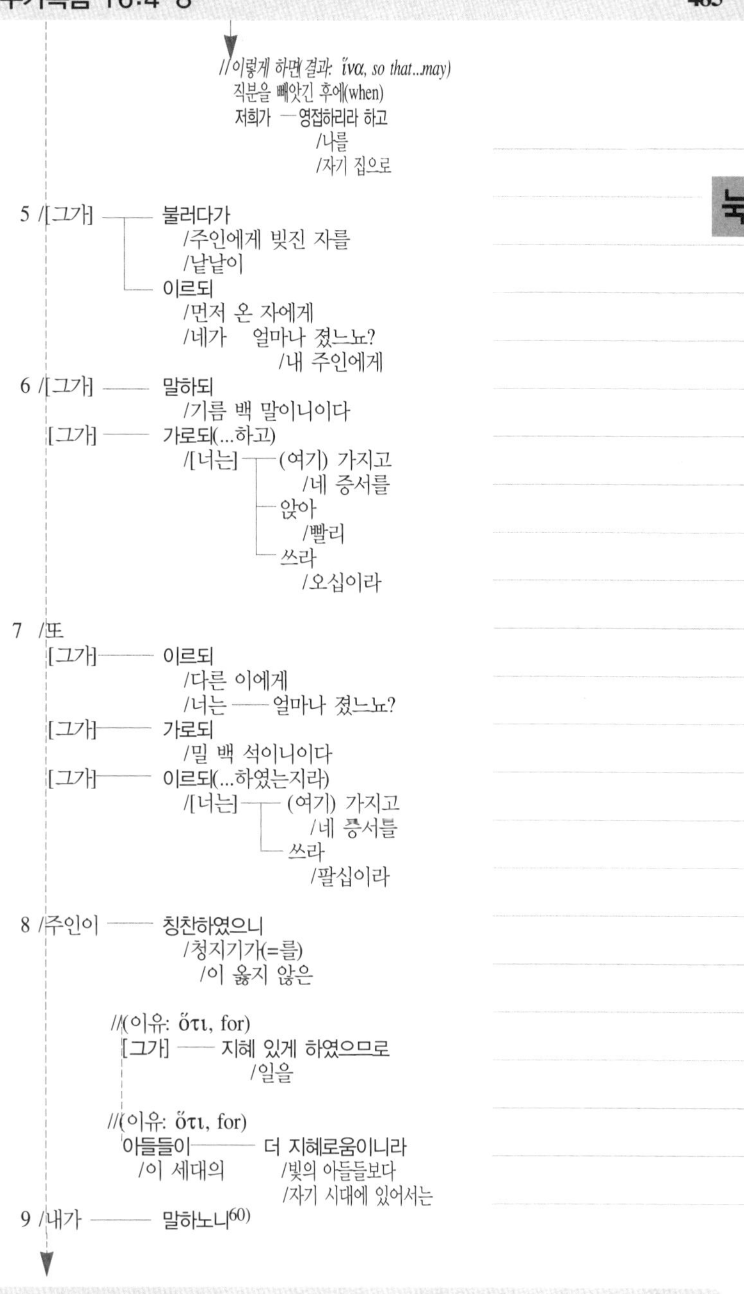

4 내가 할 일을 알았도다 이렇게 하면 직분을 빼앗긴 후에
저희가 나를 자기 집으로 영접하리라 하고 5 주인에게 빚
진 자를 낱낱이 불러다가 먼저 온 자에게 이르되 네가 내
주인에게 얼마나 졌느뇨 6 말하되 기름 백 말이니이다 가
로되 여기 네 증서를 가지고 빨리 앉아 오십이라 쓰라 하
고 7 또 다른 이에게 이르되 너는 얼마나 졌느뇨 가로되
밀 백 석이니이다 이르되 여기 네 증서를 가지고 팔십이라
쓰라 하였는지라 8 주인이 옳지 않은 청지기가 일을 지혜
있게 하였으므로 칭찬하였으니 이 세대의 아들들이 자기
시대에 있어서는 빛의 아들들보다 더 지혜로움이니라 9

so that when I am removed from the stewardship, they
will receive me into their homes.' 5 "And he summoned
each one of his master's debtors, and he began saying to
the first, 'How much do you owe my master?' 6 "And
he said, 'A hundred measures of oil.' And he said to
him, 'Take your bill, and sit down quickly and write
fifty.' 7 "Then he said to another, 'And how much do
you owe?' And he said, 'A hundred measures of wheat.'
He said to him, 'Take your bill, and write eighty.' 8
"And his master praised the unrighteous steward because

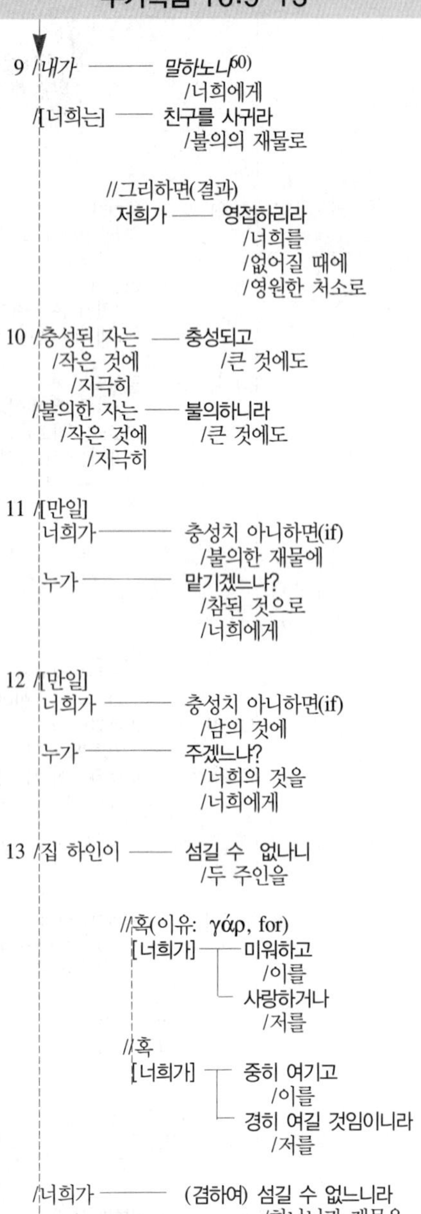

눅

60) 주님께서 자신의 말씀을 하나님의 말씀과 대등한 권위임을 드러내는 관용적인 표현이다.

내가 너희에게 말하노니 불의의 재물로 친구를 사귀라 그
리하면 없어질 때에 저희가 영원한 처소로 너희를 영접하
리라 10 지극히 작은 것에 충성된 자는 큰 것에도 충성되
고 지극히 작은 것에 불의한 자는 큰 것에도 불의하니라
11 너희가 만일 불의한 재물에 충성치 아니하면 누가 참
된 것으로 너희에게 맡기겠느냐 12 너희가 만일 남의 것
에 충성치 아니하면 누가 너희의 것을 너희에게 주겠느냐
13 집 하인이 두 주인을 섬길 수 없나니 혹 이를 미워하고
저를 사랑하거나 혹 이를 중히 여기고 저를 경히 여길 것
임이니라 너희가 하나님과 재물을 겸하여 섬길 수 없느니

he had acted shrewdly; for the sons of this age are more shrewd
in relation to their own kind than the sons of light. 9
"And I say to you, make friends for yourselves by means
of the mammon of unrighteousness; that when it fails,
they may receive you into the eternal dwellings. 10 "He
who is faithful in a very little thing is faithful also in
much; and he who is unrighteous in a very little thing is
unrighteous also in much. 11 "If therefore you have not
been faithful in the use of unrighteous mammon, who
will entrust the true riches to you? 12 "And if you have
not been faithful in the use of that which is anothers, who
will give you that which is your own? 13 "No servant

14 바리새인들은 **듣고**
/좋아하는 자라 /이 모든 것을
/돈을
비웃거늘

15 예수께서 **이르시되**(...하시니라)
/너희는 —— 옳다 하는 자이나
/사람 앞에서
/스스로
/하나님께서 —— 아시나니
/너희 마음을
/그것은 —— 미움을 받는 것이니라
/높임을 받는 /하나님 앞에
/사람 중에

16 /율법과
선지자는 —— 요한의 때까지요

/그 후부터는
복음이 —— 전파되어
/하나님 나라의
/사람마다 —— 침입하느니라
/그리로

17 /그러나
천지의 없어짐이 —— 쉬우리라
/율법의 한 획이 떨어짐보다

18 /무릇(=모든이는) —— 간음함이요
/그 아내를 버리고
다른 데 장가드는 자도

무릇(=모든이는) —— 간음함이니라
/장가드는 자도
/버리운 이에게

19 /한 부자가 —— 있어
—— 입고
/자색 옷과
고운 베옷을
/연락하는데(=연락하면서, 현재분사)
/날마다
/호화로이

20 /한 거지가 —— 누워[있었다]

라 14 바리새인들은 돈을 좋아하는 자라 이 모든 것을 듣
고 비웃거늘 15 예수께서 이르시되 너희는 사람 앞에서
스스로 옳다 하는 자이나 너희 마음을 하나님께서 아시나
니 사람 중에 높임을 받는 그것은 하나님 앞에 미움을 받
는 것이니라 16 율법과 선지자는 요한의 때까지요 그 후
부터는 하나님 나라의 복음이 전파되어 사람마다 그리로
침입하느니라 17 그러나 율법의 한 획이 떨어짐보다 천지
의 없어짐이 쉬우리라 18 무릇 그 아내를 버리고 다른 데
장가드는 자도 간음함이요 무릇 버리운 이에게 장가드는
자도 간음함이니라 19 한 부자가 있어 자색 옷과 고운 베
옷을 입고 날마다 호화로이 연락하는데

can serve two masters; for either he will hate the one,
and love the other, or else he will hold to one, and despise
the other. You cannot serve God and mammon." 14 Now
the Pharisees, who were lovers of money, were listening
to all these things, and they were scoffing at Him. 15
And He said to them, "You are those who justify yourselves
in the sight of men, but God knows your hearts; for that
which is highly esteemed among men is detestable in the sight
of God. 16 "The Law and the Prophets were proclaimed
until John; since then the gospel of the kingdom of God
is preached, and everyone is forcing his way into it. 17
"But it is easier for heaven and earth to pass away than
for one stroke of a letter of the Law to fail. 18 "Everyone
who divorces his wife and marries another commits adultery;
and he who marries one who is divorced from a husband
commits adultery. 19 "Now there was a certain rich man,

눅

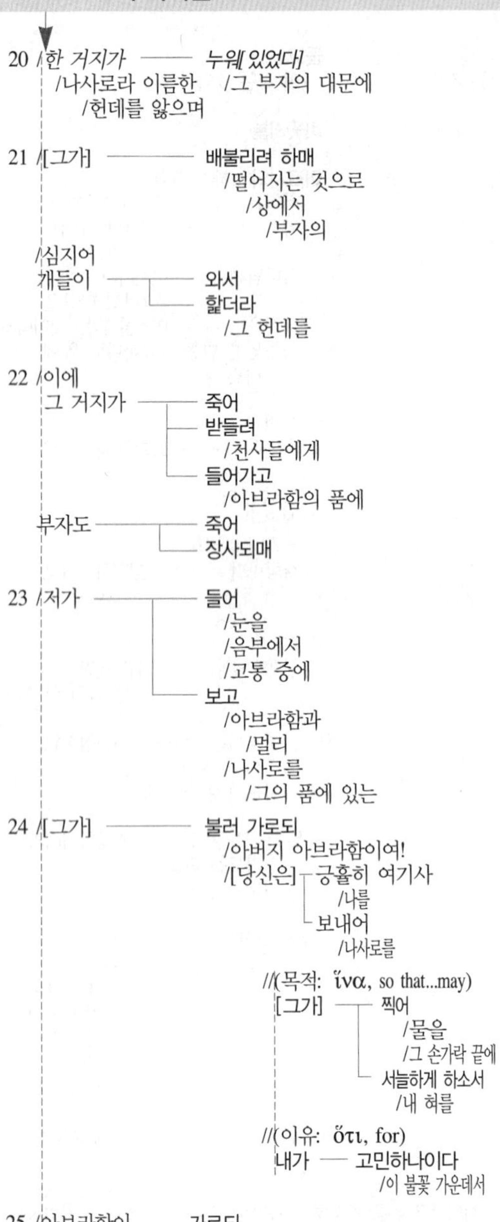

20 나사로라 이름한 한 거지가 헌데를 앓으며 그 부자의 대문에 누워 21 부자의 상에서 떨어지는 것으로 배불리려 하매 심지어 개들이 와서 그 헌데를 핥더라 22 이에 그 거지가 죽어 천사들에게 받들려 아브라함의 품에 들어가고 부자도 죽어 장사되매 23 저가 음부에서 고통 중에 눈을 들어 멀리 아브라함과 그의 품에 있는 나사로를 보고 24 불러 가로되 아버지 아브라함이여 나를 긍휼히 여기사 나사로를 보내어 그 손가락 끝에 물을 찍어 내 혀를 서늘하게 하소서 내가 이 불꽃 가운데서 고민하나이다

and he habitually dressed in purple and fine linen, gaily living in splendor every day. 20 "And a certain poor man named Lazarus was laid at his gate, covered with sores, 21 and longing to be fed with the crumbs which were falling from the rich man's table; besides, even the dogs were coming and licking his sores. 22 "Now it came about that the poor man died and he was carried away by the angels to Abraham's bosom; and the rich man also died and was buried. 23 "And in Hades he lifted up his eyes, being in torment, and saw Abraham far away, and Lazarus in his bosom. 24 "And he cried out and said, 'Father Abraham, have mercy on me, and send Lazarus,

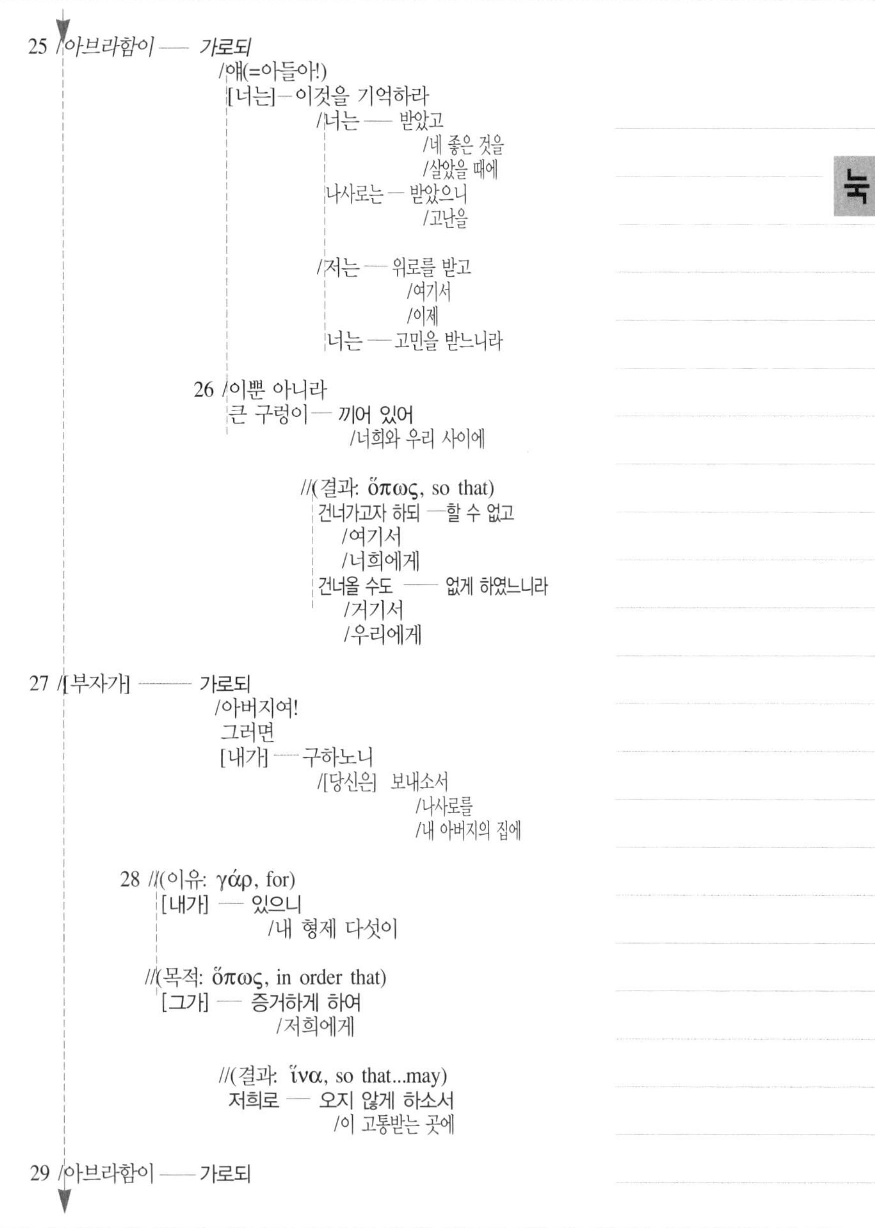

25 아브라함이 가로되 얘 너는 살았을 때에 네 좋은 것을
받았고 나사로는 고난을 받았으니 이것을 기억하라 이제
저는 여기서 위로를 받고 너는 고민을 받느니라 **26** 이뿐
아니라 너희와 우리 사이에 큰 구렁이 끼어 있어 여기서
너희에게 건너가고자 하되 할 수 없고 거기서 우리에게 건
너올 수도 없게 하였느니라 **27** 가로되 그러면 구하노니
아버지여 나사로를 내 아버지의 집에 보내소서 **28** 내 형
제 다섯이 있으니 저희에게 증거하게 하여 저희로 이 고통
받는 곳에 오지 않게 하소서

that he may dip the tip of his finger in water and cool
off my tongue; for I am in agony in this flame.' 25 "But
Abraham said, 'Child, remember that during your life you
received your good things, and likewise Lazarus bad things;
but now he is being comforted here, and you are in agony.
26 'And besides all this, between us and you there is a
great chasm fixed, in order that those who wish to come
over from here to you may not be able, and that none
may cross over from there to us.' 27 "And he said, 'Then
I beg you, Father, that you send him to my father's house
— 28 for I have five brothers — that he may warn them,
lest they also come to this place of torment.' 29 "But Abraham

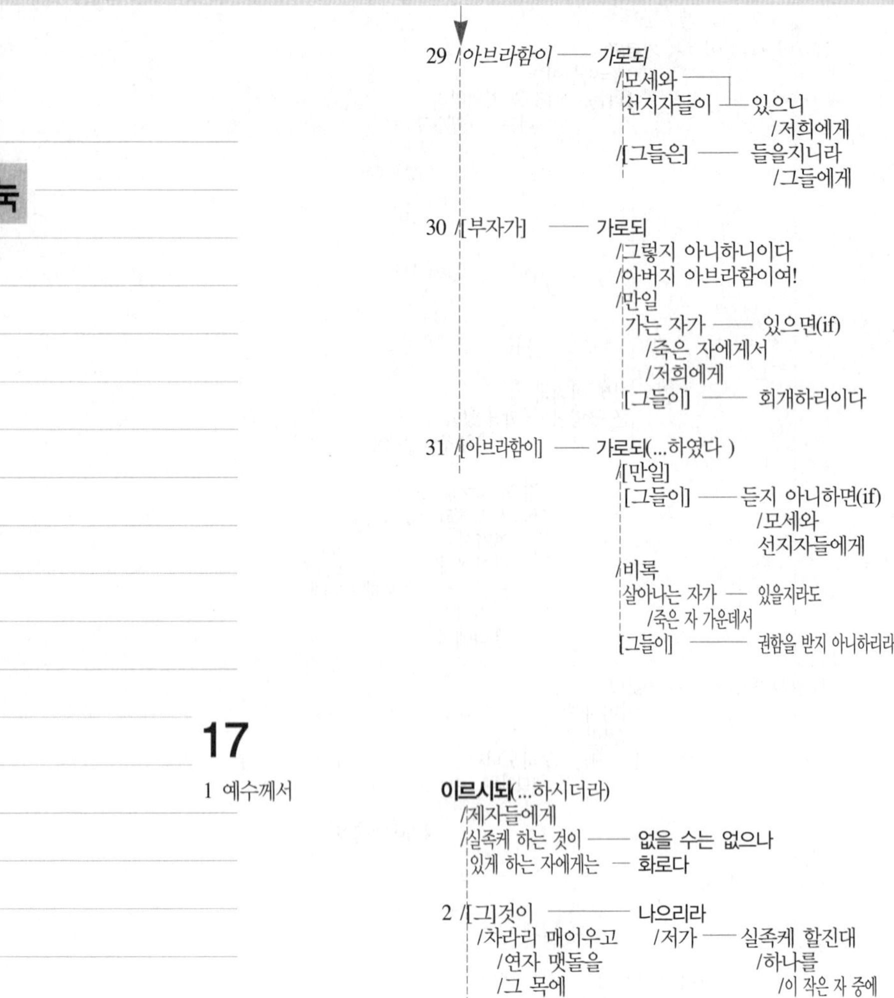

29 아브라함이 가로되 저희에게 모세와 선지자들이 있으
니 그들에게 들을지니라 30 가로되 그렇지 아니하니이다
아버지 아브라함이여 만일 죽은 자에게서 저희에게 가는
자가 있으면 회개하리이다 31 가로되 모세와 선지자들에
게 듣지 아니하면 비록 죽은 자 가운데서 살아나는 자가
있을지라도 권함을 받지 아니하리라 하였다 하시니라

17:1 예수께서 제자들에게 이르시되 실족케 하는 것이
없을 수는 없으나 있게 하는 자에게는 화로다 2 저
가 이 작은 자 중에 하나를 실족케 할진대 차라리 연자맷

said, 'They have Moses and the Prophets; let them hear them.'
30 "But he said, 'No, Father Abraham, but if someone
goes to them from the dead, they will repent!' 31 "But
he said to him, 'If they do not listen to Moses and the Prophets,
neither will they be persuaded if someone rises from the
dead.'"

17:1 And He said to His disciples, "It is inevitable
that stumbling blocks should come, but woe to him
through whom they come! 2 "It would be better for him
if a millstone were hung around his neck and he were
thrown into the sea, than that he should cause one of
these little ones to stumble. 3 "Be on your guard! If your
brother sins, rebuke him; and if he repents, forgive him.

3 /너희는 — 조심하라
/스스로
/만일
네 형제가 — 죄를 범하거든(if)
[너는] — 경계하고
/[그를]
/[만일]
[그가] — 회개하거든(if)
[너는] — 용서하라
/[그를]

4 만일
[그가] — 죄를 얻고
/하루 일곱 번이라도
/네게
돌아와
/일곱 번 네게
[말]하거든(if)
/내가 회개하노라
/너는 — 용서하라

5 사도들이 **여짜오되**
/주께
/[당신은] — 더하소서
/믿음을
/우리에게

6 주께서 **가라사대**
/[만일]
너희에게(가) — 믿음이 있었더면(if)
/겨자씨 한 알만한
[너희가] — 하였을 것이요
/이 뽕나무더러
/[너는] — 뿌리가 뽑혀
심기우라
/바다에

/그것이 — 순종하였으리라
/너희에게

7 /뉘게(=가) — [말]할 자가 있느냐?
/너희 중에
/종이 있어
/밭을 갈거나
양을 치거나 하는
/밭에서 돌아오면
/저더러
/[너는] — 곧 와
앉아서 먹으라

8 /도리어(ἀλλα)

돌을 그 목에 매이우고 바다에 던지우는 것이 나으리라
3 너희는 스스로 조심하라 만일 네 형제가 죄를 범하거든
경계하고 회개하거든 용서하라 4 만일 하루 일곱 번이라
도 네게 죄를 얻고 일곱 번 네게 돌아와 내가 회개하노라
하거든 너는 용서하라 하시더라 5 사도들이 주께 여짜오
되 우리에게 믿음을 더하소서 하니 6 주께서 가라사대 너
희에게 겨자씨 한 알 만한 믿음이 있었더면 이 뽕나무더러
뿌리가 뽑혀 바다에 심기우라 하였을 것이요 그것이 너희
에게 순종하였으리라 7 너희 중에 뉘게 밭을 갈거나 양을
치거나 하는 종이 있어 밭에서 돌아오면 저더러 곧 와 앉

4 "And if he sins against you seven times a day, and returns to you seven times, saying, 'I repent,' forgive him." 5 And the apostles said to the Lord, "Increase our faith!"
6 And the Lord said, "If you had faith like a mustard seed, you would say to this mulberry tree, 'Be uprooted and be planted in the sea'; and it would obey you. 7 "But which of you, having a slave plowing or tending sheep, will say to him when he has come in from the field, Come immediately and sit down to eat? 8 "But will he not say to him, Prepare something for me to eat, and properly

눅

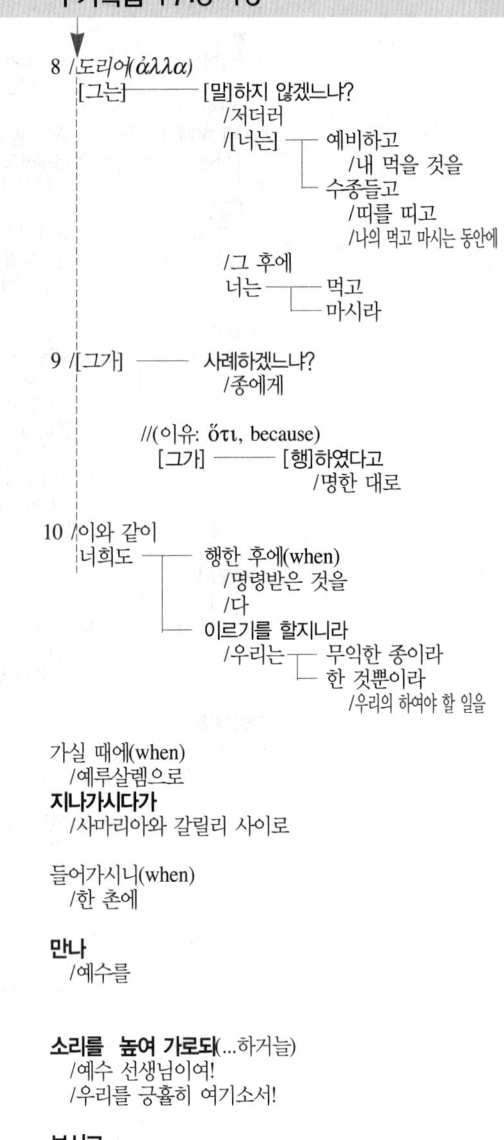

11 예수께서 가실 때에(when)
/예루살렘으로
지나가시다가
/사마리아와 갈릴리 사이로

12 [그가] 들어가시니(when)
/한 촌에

문둥병자(들이)
/열 명이(의)
/멀리 서서
만나
/예수를

13 [그들이] **소리를 높여 가로되**(...하거늘)
/예수 선생님이여!
/우리를 긍휼히 여기소서!

14 [예수께서] **보시고**

아서 먹으라 할 자가 있느냐 8 도리어 저더러 내 먹을 것
을 예비하고 띠를 띠고 나의 먹고 마시는 동안에 수종들고
너는 그 후에 먹고 마시라 하지 않겠느냐
9 명한 대로 하였다고 종에게 사례하겠느냐 10 이와 같
이 너희도 명령 받은 것을 행한 후에 이르기를 우리는 무
익한 종이라 우리의 하여야 할 일을 한 것뿐이라 할지니라
11 예수께서 예루살렘으로 가실 때에 사마리아와 갈릴리
사이로 지나가시다가 12 한 촌에 들어가시니 문둥병자
열 명이 예수를 만나 멀리 서서 13 소리를 높여 가로되
예수 선생님이여 우리를 긍휼히 여기소서 하거늘 14 보

clothe yourself and serve me until I have eaten and drunk;
and afterward you will eat and drink? 9 "He does not
thank the slave because he did the things which were
commanded, does he? 10 "So you too, when you do all
the things which are commanded you, say, 'We are
unworthy slaves; we have done only that which we ought
to have done.'" 11 And it came about while He was on
the way to Jerusalem, that He was passing between Samaria
and Galilee. 12 And as He entered a certain village, ten leprous
men who stood at a distance met Him; 13 and they raised
their voices, saying, "Jesus, Master, have mercy on us!"
14 And when He saw them, He said to them, "Go and
show yourselves to the priests." And it came about that
as they were going, they were cleansed. 15 Now one of

가라사대
/[너희는] ── 가서
└ 보이라
/너희 몸을
/제사장들에게

저희가 **깨끗함을 받은지라**
/가다가

15 하나가 보고(when)
/그 중에 /자기의 나은 것을

돌아와
/영광을 돌리며
/하나님께
/큰 소리로

16 [그가] **엎드리어**
/예수의 발 아래
/사례하니(=하면서)

저는 **사마리아인이라**

17 예수께서 **대답하여**
가라사대(... 하시고)
/열 사람이 다 ── 깨끗함받지 아니하였느냐?
/그 아홉은 ── 어디 있느냐?
18 /이 이방인 외에는 ── 돌아온 자가 없느냐?
/영광을 돌리러
/하나님께

19 [예수께서] **이르시되**(...하시더라)
/그에게
/[너는] ── 일어나
└ 가라
/네 믿음이 ── 구원하였느니라
/너를

20 바리새인들이 **묻거늘**
/하나님의 나라가 ── 어느 때에 임하나이까?

예수께서 **대답하여**
/[그들에게]
가라사대
/하나님의 나라는 ── 임하는 것이 아니요
/볼 수 있게

21 /또

시고 가라사대 가서 제사장들에게 너희 몸을 보이라 하셨
더니 저희가 가다가 깨끗함을 받은지라 15 그 중에 하나
가 자기의 나은 것을 보고 큰 소리로 하나님께 영광을 돌
리며 돌아와 16 예수의 발 아래 엎드리어 사례하니 저는
사마리아인이라 17 예수께서 대답하여 가라사대 열 사람
이 다 깨끗함을 받지 아니하였느냐 그 아홉은 어디 있느냐
18 이 이방인 외에는 하나님께 영광을 돌리러 돌아온 자
가 없느냐 하시고 19 그에게 이르시되 일어나 가라 네 믿
음이 너를 구원하였느니라 하시더라 20 바리새인들이 하
나님의 나라가 어느 때에 임하나이까 묻거늘 예수께서 대

them, when he saw that he had been healed, turned back,
glorifying God with a loud voice, 16 and he fell on his
face at His feet, giving thanks to Him. And he was a Samaritan.
17 And Jesus answered and said, "Were there not ten cleansed?
But the nine — where are they? 18 "Was no one found
who turned back to give glory to God, except this foreigner?"
19 And He said to him, "Rise, and go your way; your
faith has made you well." 20 ¶ Now having been questioned
by the Pharisees as to when the kingdom of God was
coming, He answered them and said, "The kingdom of
God is not coming with signs to be observed; 21 nor will
they say, 'Look, here it is!' or, 'There it is!' For behold,

22 또
[예수께서]

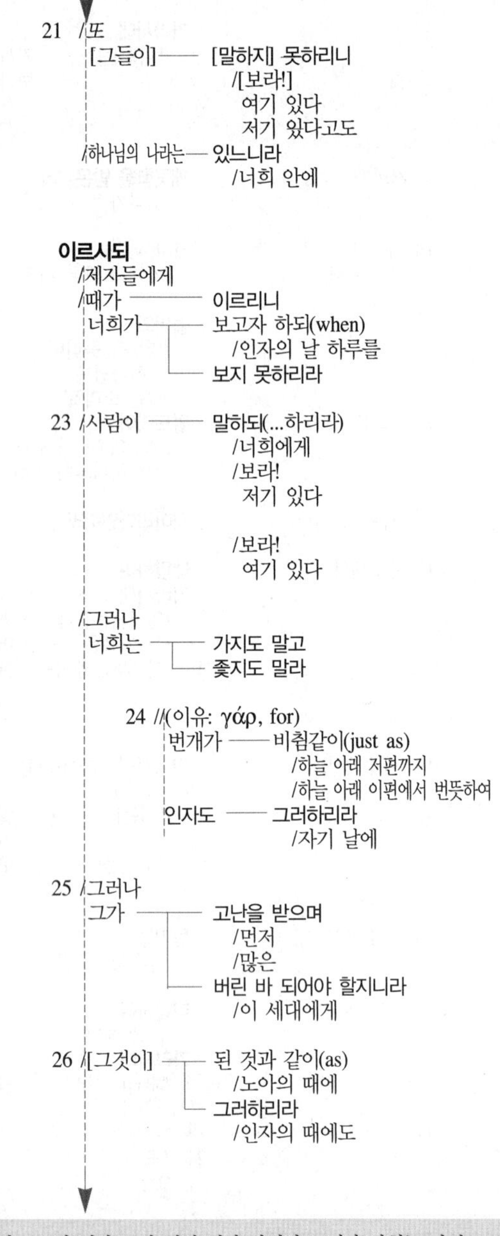

답하여 가라사대 하나님의 나라는 볼 수 있게 임하는 것
이 아니요 21 또 여기 있다 저기 있다고도 못하리니 하
나님의 나라는 너희 안에 있느니라 22 또 제자들에게 이
르시되 때가 이르리니 너희가 인자의 날 하루를 보고자
하되 보지 못하리라 23 사람이 너희에게 말하되 보라 저
기 있다 보라 여기 있다 하리라 그러나 너희는 가지도 말
고 좇지도 말라 24 번개가 하늘 아래 이편에서 번뜻하여
하늘 아래 저편까지 비췸같이 인자도 자기 날에 그러하리
라 25 그러나 그가 먼저 많은 고난을 받으며 이 세대에
게 버린 바 되어야 할지니라 26 노아의 때에 된 것과 같

the kingdom of God is in your midst." 22 And He said
to the disciples, "The days shall come when you will long
to see one of the days of the Son of Man, and you will
not see it. 23 "And they will say to you, 'Look there!
Look here!' Do not go away, and do not run after them.
24 "For just as the lightning, when it flashes out of one
part of the sky, shines to the other part of the sky, so
will the Son of Man be in His day. 25 "But first He must
suffer many things and be rejected by this generation. 26
"And just as it happened in the days of Noah, so it shall
be also in the days of the Son of Man: 27 they were
eating, they were drinking, they were marrying, they were

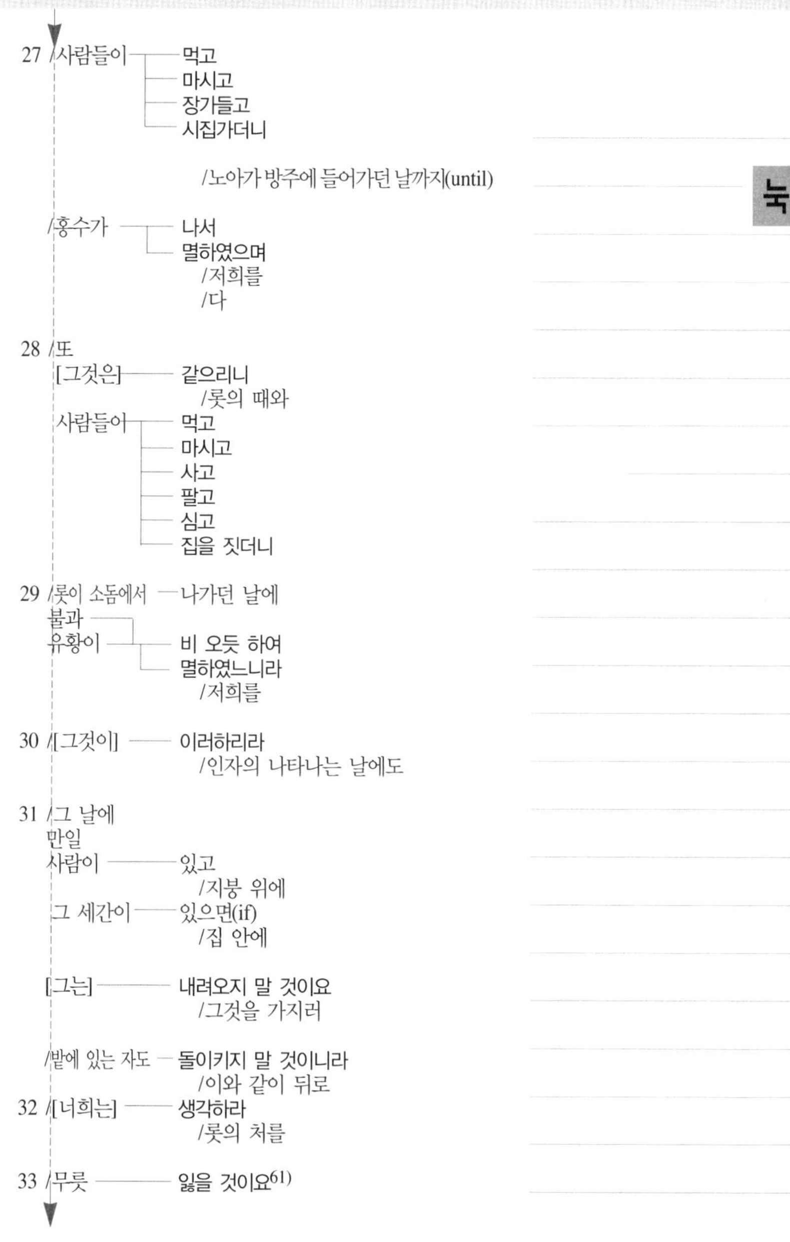

이 인자의 때에도 그러하리라 27 노아가 방주에 들어가
던 날까지 사람들이 먹고 마시고 장가 들고 시집 가더니
홍수가 나서 저희를 다 멸하였으며 28 또 롯의 때와 같으
리니 사람들이 먹고 마시고 사고 팔고 심고 집을 짓더니
29 롯이 소돔에서 나가던 날에 하늘로서 불과 유황이 비
오듯 하여 저희를 멸하였느니라 30 인자의 나타나는 날에
도 이러하리라 31 그 날에 만일 사람이 지붕 위에 있고
그 세간이 집 안에 있으면 그것을 가지러 내려 오지 말 것
이요 밭에 있는 자도 이와 같이 뒤로 돌이키지 말 것이니
라 32 롯의 처를 생각하라 33 무릇 자기 목숨을 보존하

being given in marriage, until the day that Noah entered
the ark, and the flood came and destroyed them all. 28
"It was the same as happened in the days of Lot: they
were eating, they were drinking, they were buying, they
were selling, they were planting, they were building; 29
but on the day that Lot went out from Sodom it rained
fire and brimstone from heaven and destroyed them all.
30 "It will be just the same on the day that the Son of
Man is revealed. 31 "On that day, let not the one who is
on the housetop and whose goods are in the house go
down to take them away; and likewise let not the one
who is in the field turn back. 32 "Remember Lot's wife.

누

33 /무릇 ——— 잃을 것이요[61]
/보존하고자 하는 자는
/자기 목숨을
/잃는 자는 ——— 살리리라

34 /내가 ——— 이르노니[62]
/너희에게
/그 밤에
두 남자가 ——— 누워 있으매
/한 자리에
/하나는 ——— 데려감을 당하고
/하나는 ——— 버려둠을 당할 것이요

35 /두 여자가 ——— 함께 매를 갈고 있으매
/하나는 ——— 데려감을 당하고
/하나는 ——— 버려둠을 당할 것이니라

36 /(없음)

37 저희가 **대답하여 가로되**
/주여!
어디오니이까?
[예수께서] **가라사대**(...하시니라)
/독수리가 ——— 모이느니라
/주검 있는 곳에는

18

1 [예수께서] **[말씀]하여**
/기도하고
/항상
/낙망치 말아야 될 것을
/저희에게
/비유로

2 **가라사대**
/한 재판관이 ——— 있는데
/두려워 아니하고 /어떤 도시에
/하나님을
/사람을 무시하는

3 /한 과부가 ——— 있어

61) 무릇 =누구나

62) 주님께서 자신의 말씀을 하나님의 말씀과 대등한 권위임을 드러내는 관용적인 표현이다.

고자 하는 자는 잃을 것이요 잃는 자는 살리리라 34 내
가 너희에게 이르노니 그 밤에 두 남자가 한 자리에 누워
있으매 하나는 데려감을 당하고 하나는 버려둠을 당할 것
이요 35 두 여자가 함께 매를 갈고 있으매 하나는 데려
감을 당하고 하나는 버려둠을 당할 것이니라 36 (없 음)
37 저희가 대답하여 가로되 주여 어디오니이까 가라사대
주검 있는 곳에는 독수리가 모이느니라 하시니라

18:1 항상 기도하고 낙망치 말아야 될 것을 저희에게
비유로 하여 2 가라사대 어떤 도시에 하나님을 두
려워 아니하고 사람을 무시하는 한 재판관이 있는데

33 "Whoever seeks to keep his life shall lose it, and
whoever loses his life shall preserve it. 34 "I tell you, on
that night there will be two men in one bed; one will be
taken, and the other will be left. 35 "There will be two women
grinding at the same place; one will be taken, and the
other will be left. 36 ["Two men will be in the field; one
will be taken and the other will be left."] 37 And answering
they said to Him, "Where, Lord?" And He said to them,
"Where the body is, there also will the vultures be gathered."

18:1 ¶ Now He was telling them a parable to show
that at all times they ought to pray and not to lose
heart, 2 saying, "There was in a certain city a judge who
did not fear God, and did not respect man. 3 "And there

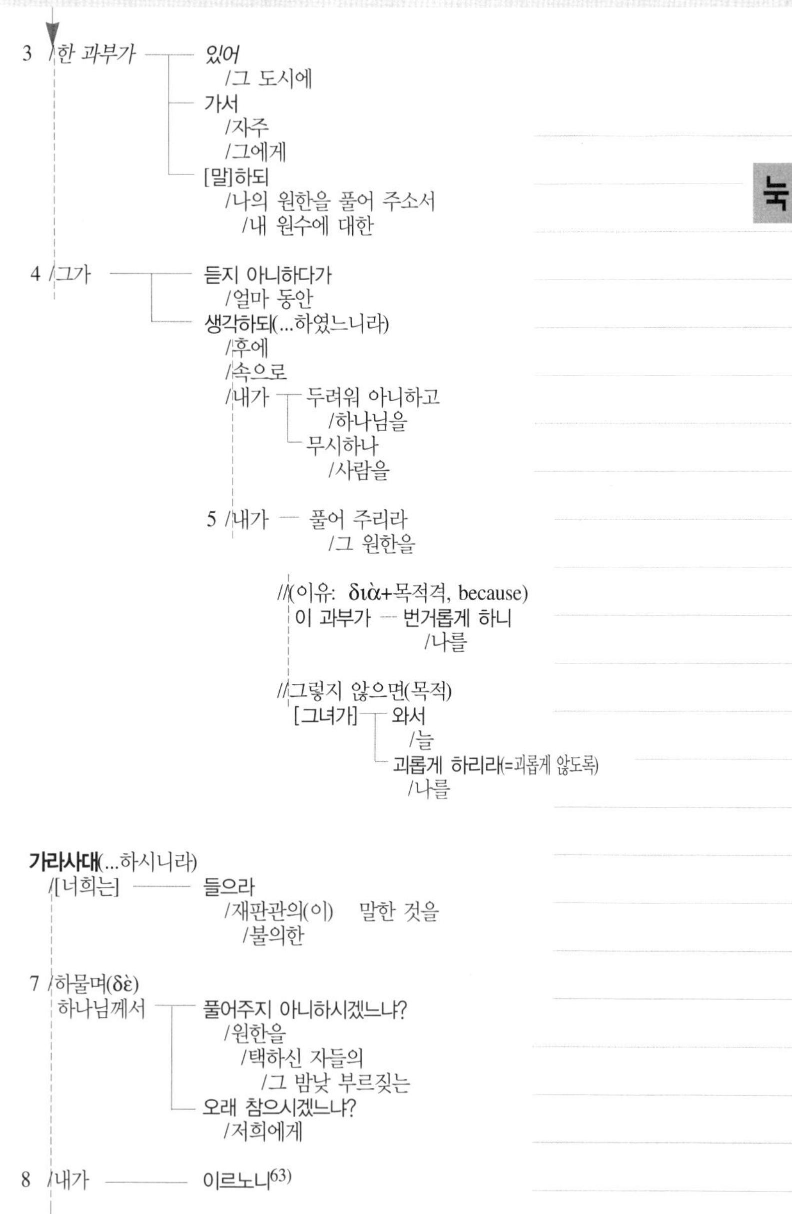

6 또
주께서

3 그 도시에 한 과부가 있어 자주 그에게 가서 내 원수에
대한 나의 원한을 풀어 주소서 하되 4 그가 얼마 동안 듣
지 아니하다가 후에 속으로 생각하되 내가 하나님을 두려
워 아니하고 사람을 무시하나 5 이 과부가 나를 번거롭게
하니 내가 그 원한을 풀어 주리라 그렇지 않으면 늘 와서
나를 괴롭게 하리라 하였느니라 6 주께서 또 가라사대 불
의한 재판관의 말한 것을 들으라 7 하물며 하나님께서 그
밤낮 부르짖는 택하신 자들의 원한을 풀어 주지 아니하시
겠느냐 저희에게 오래 참으시겠느냐

was a widow in that city, and she kept coming to him,
saying, 'Give me legal protection from my opponent.' 4
"And for a while he was unwilling; but afterward he said
to himself, Even though I do not fear God nor respect
man, 5 yet because this widow bothers me, I will give
her legal protection, lest by continually coming she wear
me out." 6 And the Lord said, "Hear what the unrighteous
judge said; 7 now shall not God bring about justice for
His elect, who cry to Him day and night, and will He
delay long over them? 8 "I tell you that He will bring
about justice for them speedily. However, when the Son
of Man comes, will He find faith on the earth?" 9 And

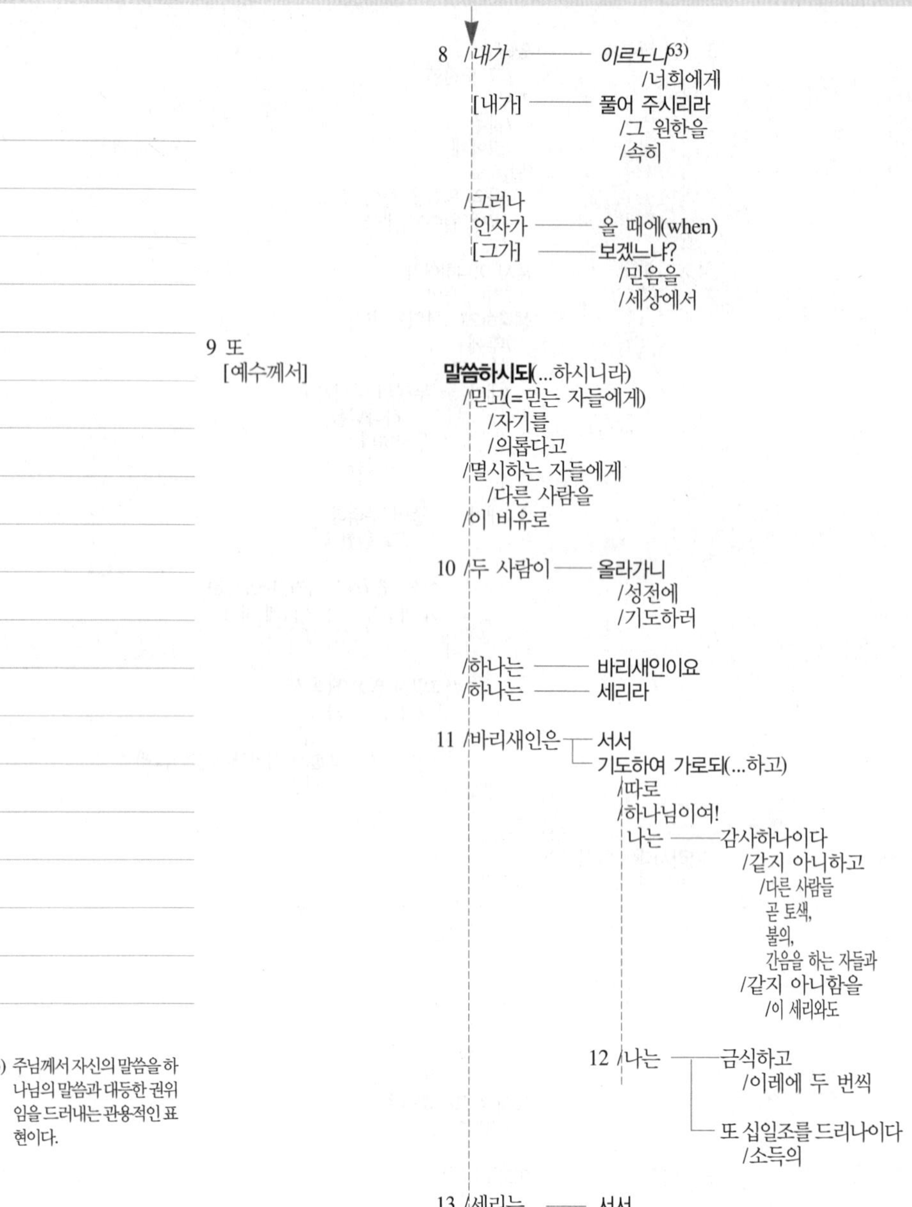

63) 주님께서 자신의 말씀을 하나님의 말씀과 대등한 권위임을 드러내는 관용적인 표현이다.

8 내가 너희에게 이르노니 속히 그 원한을 풀어 주시리라 그러나 인자가 올 때에 세상에서 믿음을 보겠느냐 하시니라 9 또 자기를 의롭다고 믿고 다른 사람을 멸시하는 자들에게 이 비유로 말씀하시되 10 두 사람이 기도하러 성전에 올라가니 하나는 바리새인이요 하나는 세리라 11 바리새인은 서서 따로 기도하여 가로되 하나님이여 나는 다른 사람들 곧 토색, 불의, 간음을 하는 자들과 같지 아니하고 이 세리와도 같지 아니함을 감사하나이다 12 나는 이레에 두 번씩 금식하고 또 소득의 십일조를 드리나이다 하고

He also told this parable to certain ones who trusted in themselves that they were righteous, and viewed others with contempt: 10 "Two men went up into the temple to pray, one a Pharisee, and the other a tax-gatherer. 11 "The Pharisee stood and was praying thus to himself, 'God, I thank Thee that I am not like other people: swindlers, unjust, adulterers, or even like this tax-gatherer. 12 'I fast twice a week; I pay tithes of all that I get.' 13 "But the tax-gatherer, standing some distance away, was even unwilling to lift up his eyes to heaven, but was beating his breast, saying, 'God, be merciful to me, the sinner!' 14 "I tell you, this man went down to his house justified rather

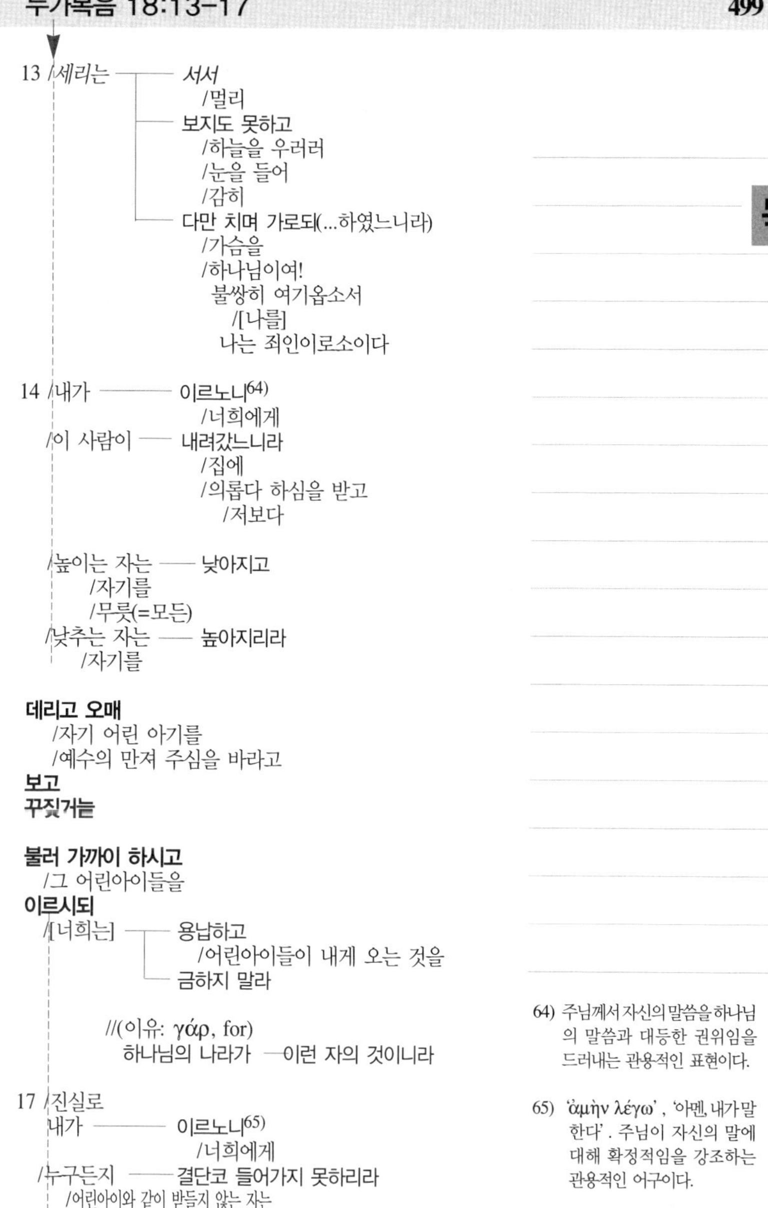

13 /세리는 — 서서
/멀리
보지도 못하고
/하늘을 우러러
/눈을 들어
/감히
다만 치며 가로되(...하였느니라)
/가슴을
/하나님이여!
불쌍히 여기옵소서
/[나를]
나는 죄인이로소이다

14 /내가 — 이르노니[64]
/너희에게
/이 사람이 — 내려갔느니라
/집에
/의롭다 하심을 받고
/저보다

/높이는 자는 — 낮아지고
/자기를
/무릇(=모든)
/낮추는 자는 — 높아지리라
/자기를

15 사람들이 **데리고 오매**
/자기 어린 아기를
/예수의 만져 주심을 바라고
제자들이 **보고**
꾸짖거늘

16 예수께서 **불러 가까이 하시고**
/그 어린아이들을
이르시되
/[너희는] — 용납하고
/어린아이들이 내게 오는 것을
금하지 말라

//(이유: γάρ, for)
하나님의 나라가 —이런 자의 것이니라

17 /진실로
내가 — 이르노니[65]
/너희에게
/누구든지 — 결단코 들어가지 못하리라
/어린아이와 같이 받들지 않는 자는
/하나님의 나라를

64) 주님께서 자신의 말씀을 하나님의 말씀과 대등한 권위임을 드러내는 관용적인 표현이다.

65) 'ἀμὴν λέγω', '아멘, 내가 말한다'. 주님이 자신의 말에 대해 확정적임을 강조하는 관용적인 어구이다.

13 세리는 멀리 서서 감히 눈을 들어 하늘을 우러러 보지
도 못하고 다만 가슴을 치며 가로되 하나님이여 불쌍히 여
기옵소서 나는 죄인이로소이다 하였느니라 14 내가 너희
에게 이르노니 이 사람이 저보다 의롭다 하심을 받고 집에
내려 갔느니라 무릇 자기를 높이는 자는 낮아지고 자기를
낮추는 자는 높아지리라 하시니라 15 사람들이 예수의
만져주심을 바라고 자기 어린 아기를 데리고 오매 제자들
이 보고 꾸짖거늘 16 예수께서 그 어린아이들을 불러 가
까이 하시고 이르시되 어린아이들이 내게 오는 것을 용납
하고 금하지 말라 하나님의 나라가 이런 자의 것이니라
17 내가 진실로 너희에게 이르노니 누구든지 하나님의 나
라를 어린아이와 같이 받들지 않는 자는 결단코 들어가지

than the other; for everyone who exalts himself shall be
humbled, but he who humbles himself shall be exalted."
15 And they were bringing even their babies to Him so
that He might touch them, but when the disciples saw it,
they began rebuking them. 16 But Jesus called for them,
saying, "Permit the children to come to Me, and do not
hinder them, for the kingdom of God belongs to such as
these. 17 "Truly I say to you, whoever does not receive
the kingdom of God like a child shall not enter it at all."
18 And a certain ruler questioned Him, saying, "Good Teacher,

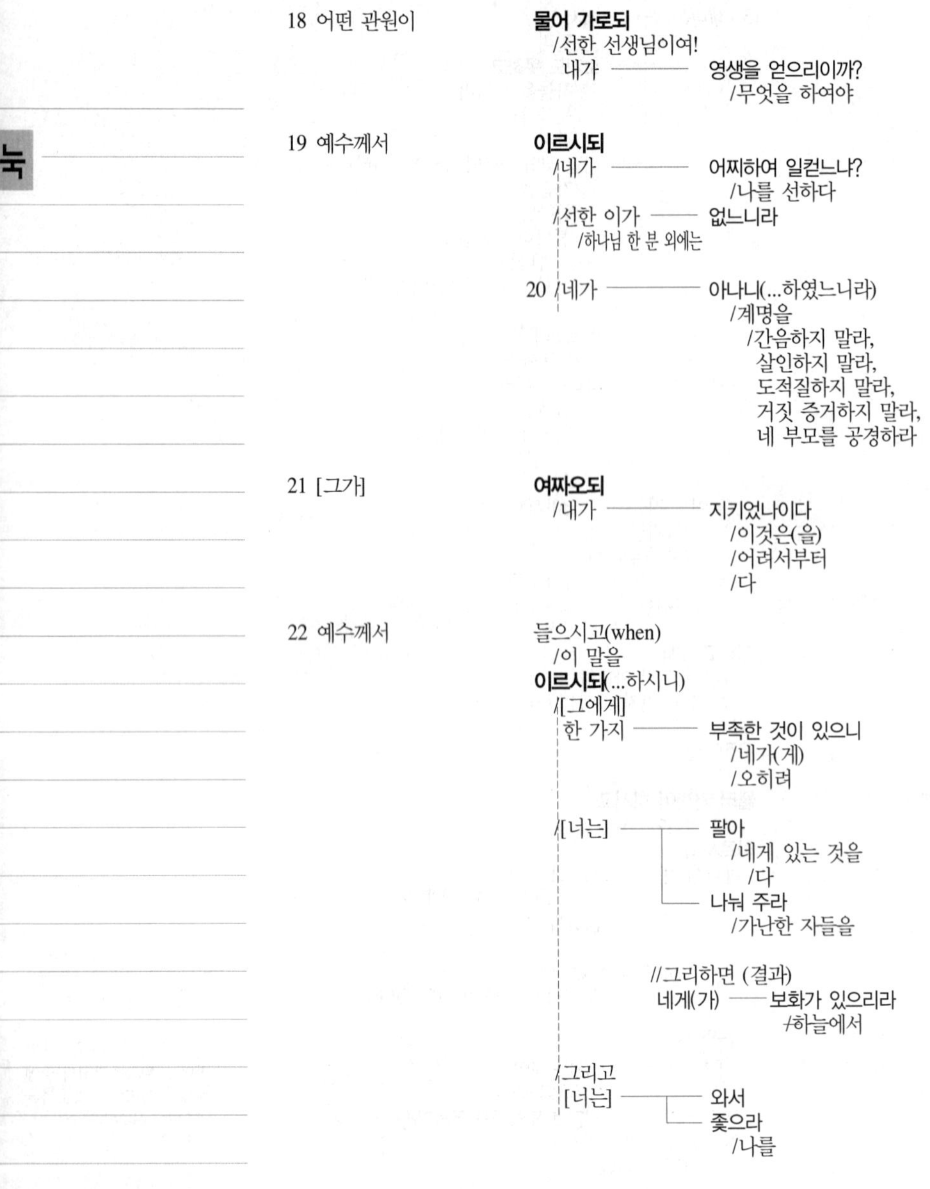

못하리라 하시니라
18 어떤 관원이 물어 가로되 선한 선생님이여 내가 무엇
을 하여야 영생을 얻으리이까 19 예수께서 이르시되 네
가 어찌하여 나를 선하다 일컫느냐 하나님 한 분 외에는
선한 이가 없느니라 20 네가 계명을 아나니 간음하지 말
라, 살인하지 말라, 도적질하지 말라, 거짓 증거하지 말라,
네 부모를 공경하라 하였느니라 21 여짜오되 이것은 내
가 어려서부터 다 지키었나이다 22 예수께서 이 말을 들
으시고 이르시되 네가 오히려 한 가지 부족한 것이 있으니
네게 있는 것을 다 팔아 가난한 자들을 나눠 주라 그리하

what shall I do to inherit eternal life?" 19 And Jesus said
to him, "Why do you call Me good? No one is good
except God alone. 20 "You know the commandments,
'Do not commit adultery, Do not murder, Do not steal,
Do not bear false witness, Honor your father and mother.'"
21 And he said, "All these things I have kept from my
youth." 22 And when Jesus heard this, He said to him,
"One thing you still lack; sell all that you possess, and distribute
it to the poor, and you shall have treasure in heaven; and

23 그 사람이 듣고(when)
/이 말씀을
심히 근심하더라

//(이유:γάρ, for)
[그가] ——— 큰 부자인 고로

24 예수께서 **보시고**
/저를
가라사대(...하신대)
/재물이 있는 자는 — 어떻게 어려운지
/들어가기가
/하나님의 나라에

25 //(이유: γάρ, for)
약대가 들어가는 것이 — 쉬우니라
/바늘귀로 /부자가 들어가는 것보다
/하나님의 나라에

26 듣는 자들이 **가로되**
/그런즉
누가 ——— 구원을 얻을 수 있나이까?

27 [예수께서] **가라사대**
/하나님은 ——— 하실 수 있느니라
/무릇 사람의 할 수 없는 것을

28 베드로가 **여짜오되**
/보옵소서!
우리가 ——— 버리고
/우리의 것을
/다
좇았나이다
/주를

29 [예수께서] **이르시되**(...하시니라)
/진실로
내가 ——— 이르노니[66)]
/너희에게
30 /버린 자는 ——— 받고
/집이나 /금세에 있어
/아내나 /여러 배를
형제나
부모나
자녀를
/하나님의 나라를 위하여

/영생을 받지 못할 자가 ——— 없느니라
/내세에

66) 'ἀμὴν λέγω', '아멘, 내가 말한다'. 주님이 자신의 말에 대해 확정적임을 강조하는 관용적인 어구이다.

면 하늘에서 보화가 네게 있으리라 그리고 와서 나를 좇으
라 하시니 23 그 사람이 큰 부자인 고로 이 말씀을 듣고
심히 근심하더라 24 예수께서 저를 보시고 가라사대 재산
이 있는 자는 하나님의 나라에 들어가기가 어떻게 어려운
지 25 약대가 바늘귀로 들어가는 것이 부자가 하나님의
나라에 들어가는 것보다 쉬우니라 하신대 26 듣는 자들
이 가로되 그런즉 누가 구원을 얻을 수 있나이까 27 가라
사대 무릇 사람의 할 수 없는 것을 하나님은 하실 수 있느
니라 28 베드로가 여짜오되 보옵소서 우리가 우리의 것
을 다 버리고 주를 좇았나이다 29 이르시되 내가 진실로
너희에게 이르노니 하나님의 나라를 위하여 집이나 아내나
형제나 부모나 자녀를 버린 자는 30 금세에 있어 여러 배
를 받고 내세에 영생을 받지 못할 자가 없느니라 하시니라

come, follow Me." 23 But when he had heard these things,
he became very sad; for he was extremely rich. 24 And
Jesus looked at him and said, "How hard it is for those
who are wealthy to enter the kingdom of God! 25 "For
it is easier for a camel to go through the eye of a needle,
than for a rich man to enter the kingdom of God." 26
And they who heard it said, "Then who can be saved?"
27 But He said, "The things impossible with men are
possible with God." 28 And Peter said, "Behold, we have
left our own homes, and followed You." 29 And He said
to them, "Truly I say to you, there is no one who has
left house or wife or brothers or parents or children, for

31 예수께서 **데리시고**
/열두 제자를
이르시되
/보라!
우리가 — 올라가노니
/예루살렘으로
/모든 것이 — 응하리라
/기록된 /인자에게
/선지자들로

32 //(이유: γάρ, for)
인자가 — 넘기워
/이방인들에게
희롱을 받고
능욕을 받고
침 뱉음을 받겠으며
33 저희는 — 채찍질하고
죽일 것이니
저는 — 살아나리라 하시되
/삼 일 만에

34 제자들이 **깨닫지 못하였으니**
/하나도(를)
/이것들을(중)

그 말씀이 **감취었으므로**
저희가 **알지 못하였더라**
/그 이르신 바를

35 [예수께서] 가까이 오실 때에(when)
/여리고에
한 소경이 **앉아**
/길가에
/구걸하다가(=그걸하면서)

36 [그가] 듣고 (when)
/무리의 지남을
물은대
/이 무슨 일이냐고

37 저희가 **[대답]하니**
/나사렛 예수께서 지나신다

38 소경이 **외쳐 가로되**(...하거늘)
/다윗의 자손 예수여!
/나를 불쌍히 여기소서

31 예수께서 열두 제자를 데리시고 이르시되 보라 우리가
예루살렘으로 올라가노니 선지자들로 기록된 모든 것이 인
자에게 응하리라 32 인자가 이방인들에게 넘기워 희롱을
받고 능욕을 받고 침 뱉음을 받겠으며 33 저희는 채찍질
하고 죽일 것이니 저는 삼 일 만에 살아나리라 하시되 34
제자들이 이것을 하나도 깨닫지 못하였으니 그 말씀이 감
취었으므로 저희가 그 이르신 바를 알지 못하였더라 35
여리고에 가까이 오실 때에 한 소경이 길가에 앉아 구걸하
다가 36 무리의 지남을 듣고 이 무슨 일이냐고 물은대
37 저희가 나사렛 예수께서 지나신다 하니 38 소경이 외

the sake of the kingdom of God, 30 who shall not receive
many times as much at this time and in the age to come,
eternal life." 31 And He took the twelve aside and said
to them, "Behold, we are going up to Jerusalem, and all
things which are written through the prophets about the
Son of Man will be accomplished. 32 "For He will be delivered
to the Gentiles, and will be mocked and mistreated and
spit upon, 33 and after they have scourged Him, they will
kill Him; and the third day He will rise again." 34 And
they understood none of these things, and this saying was
hidden from them, and they did not comprehend the things
that were said. 35 And it came about that as He was
approaching Jericho, a certain blind man was sitting by
the road, begging. 36 Now hearing a multitude going by,
he began to inquire what this might be. 37 And they told
him that Jesus of Nazareth was passing by. 38 And he

39 가는 자들이 **꾸짖어**(...하되)
/앞서 /저를
/잠잠하라

저가 **소리질러**(...하는지라)
/더욱
/심히
/다윗의 자손이여!
나를 불쌍히 여기소서

40 예수께서 **머물러 서서**
명하여(...하셨더니)
/데려오라

저가 가까이 오매(when)
[예수께서] **물어 가라사대**
41 /[네가] ——— 원하느냐?
/네게 무엇을 하여 주기를

[그가] **가로되**
/주여!
[내가] ——— 원하나이다
/보기를

42 예수께서 **이르시되**(...하시매)
/저에게
/보아라!
네 믿음이 —— 구원하였느니라
/너를

43 [그가] **보게 되어**
/곧
좇으니
/예수를
/영광을 돌리며
/하나님께

백성이 **보고**
/다(=모든) /이를
찬양하니라
/하나님을

쳐 가로되 다윗의 자손 예수여 나를 불쌍히 여기소서 하거
늘 39 앞서 가는 자들이 저를 꾸짖어 잠잠하라 하되 저가
더욱 심히 소리질러 다윗의 자손이여 나를 불쌍히 여기소
서 하는지라 40 예수께서 머물러 서서 명하여 데려오라
하셨더니 저가 가까이 오매 물어 가라사대 41 네게 무엇
을 하여 주기를 원하느냐 가로되 주여 보기를 원하나이다
42 예수께서 저에게 이르시되 보아라 네 믿음이 너를 구
원하였느니라 하시매 43 곧 보게 되어 하나님께 영광을
돌리며 예수를 좇으니 백성이 다 이를 보고 하나님을 찬양
하니라

called out, saying, "Jesus, Son of David, have mercy on
me!" 39 And those who led the way were sternly telling
him to be quiet; but he kept crying out all the more, "Son
of David, have mercy on me!" 40And Jesus stopped and
commanded that he be brought to Him; and when he had
come near, He questioned him, 41 "What do you want
Me to do for you?" And he said, "Lord, I want to regain
my sight!" 42 And Jesus said to him, "Receive your sight;
your faith has made you well." 43 And immediately he
regained his sight, and began following Him, glorifying
God; and when all the people saw it, they gave praise to
God.

누

19

1 예수께서 **들어[가]**
/여리고로
지나가시더라

2 [보라!]
이름하는 자가 **있으니**
/삭개오라
[그는] **세리장이요**
또한
부자라

3 저가 **보고자 하되**
/예수께서 어떠한 사람인가 하여

할 수 없어
//(이유: ἀπὸ+소유격, because of)
사람이 —— 많아
//(이유: ὅτι, for)
[그가] —— 키가 작고

4 [그는] **달려가**
/앞으로
올라가니
/뽕나무에
//(목적: ἵνα, in order to)
[그가] —— 보기 위하여
/[그를]
//이는(이유: ὅτι, for)
예수께서 —— 지나가시게 됨이러라
/그리로

5 예수께서 이르사 (when)
/그 곳에
우러러 보시고
이르시되(...하시니)
/삭개오야!
[너는] —— 속히 내려오라
//(이유: γάρ, for)
내가 —— 유하여야 하겠다
/오늘
/네 집에

6 [그가] **급히**
내려와
영접하거늘
/즐거워하며

19:1 예수께서 여리고로 들어 지나가시더라 2 삭개
오라 이름하는 자가 있으니 세리장이요 또한 부자
라 3 저가 예수께서 어떠한 사람인가 하여 보고자 하되
키가 작고 사람이 많아 할 수 없어4 앞으로 달려가 보기
위하여 뽕나무에 올라가니 이는 예수께서 그리로 지나가시
게 됨이러라 5 예수께서 그 곳에 이르사 우러러 보시고
이르시되 삭개오야 속히 내려오라 내가 오늘 네 집에 유하
여야 하겠다 하시니 6 급히 내려와 즐거워하며 영접하거
늘 7 뭇사람이 보고 수군거려 가로되 저가 죄인의 집에
유하러 들어갔도다 하더라 8 삭개오가 서서 주께 여짜오

19:1 ¶ And He entered and was passing through Jericho.
2 And behold, there was a man called by the name
of Zaccheus; and he was a chief tax-gatherer, and he was
rich. 3 And he was trying to see who Jesus was, and he
was unable because of the crowd, for he was small in
stature. 4 And he ran on ahead and climbed up into a sycamore
tree in order to see Him, for He was about to pass through
that way. 5 And when Jesus came to the place, He looked
up and said to him, "Zaccheus, hurry and come down,
for today I must stay at your house." 6 And he hurried
and came down, and received Him gladly. 7 And when
they saw it, they all began to grumble, saying, "He has

7 뭇 사람이 보고 (when)
수군거려 가로되(...하더라)
/저가 —— 들어갔도다
/죄인의 집에
/유하러

8 삭개오가 서서
여짜오되
/주께
/주여!
보시옵소서!
[내가] —— 주겠사오며
/내 소유의 절반을
/가난한 자들에게
/만일
[내가] —— 토색한 일이 있으면(if)
/뉘 것을
갚겠나이다
/사 배나

9 예수께서 이르시되
/구원이 —— 이르렀으니
/오늘
/이 집에

//(이유: ὅτι, for)
이 사람도 —— 자손임이로다
/아브라함의

10 /인자의(=는) —— 온 것은

//(목적: 부정사)
찾아
구원하려 함이니라

/잃어버린 자를

11 저희가 듣고 있을 때에(when)
/이 말씀을
[예수께서] 말씀하시니
/비유를
/더하여

//이는(이유: διὰ + 목적격, because)
자기가 —— 오셨고
/예루살렘에
/가까이
저희는 —— 생각함이러라
/하나님의 나라가 당장에 나타날 줄로

되 주여 보시옵소서 내 소유의 절반을 가난한 자들에게 주
겠사오며 만일 뉘 것을 토색한 일이 있으면 사 배나 갚겠
나이다 9 예수께서 이르시되 오늘 구원이 이 집에 이르렀
으니 이 사람도 아브라함의 자손임이로다 10 인자의 온
것은 잃어버린 자를 찾아 구원하려 함이니라 11 저희가
이 말씀을 듣고 있을 때에 비유를 더하여 말씀하시니 이는
자기가 예루살렘에 가까이 오셨고 저희는 하나님의 나라가
당장에 나타날 줄로 생각함이러라 12 가라사대 어떤 귀

gone to be the guest of a man who is a sinner." 8 And Zaccheus
stopped and said to the Lord, "Behold, Lord, half of my possessions I will give to the poor, and if I have defrauded anyone of anything, I will give back four times as much."
9 And Jesus said to him, "Today salvation has come to this house, because he, too, is a son of Abraham. 10 "For
the Son of Man has come to seek and to save that which was lost." 11 ¶ And while they were listening to these things, He went on to tell a parable, because He was near Jerusalem, and they supposed that the kingdom of God was going to appear immediately. 12 He said therefore,
"A certain nobleman went to a distant country to receive

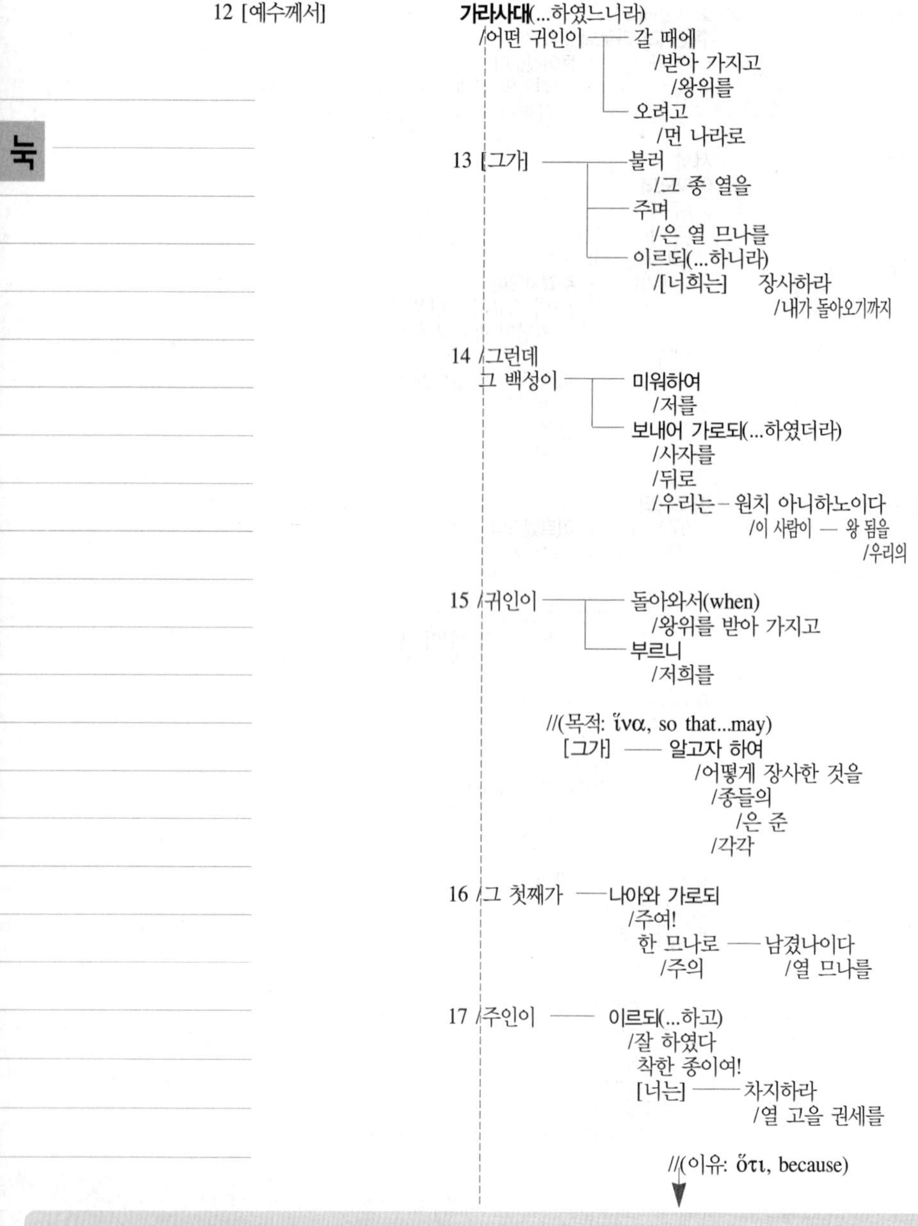

인이 왕위를 받아 가지고 오려고 먼 나라로 갈 때에 13
그 종 열을 불러 은 열 므나를 주며 이르되 내가 돌아오기
까지 장사하라 하니라 14 그런데 그 백성이 저를 미워하
여 사자를 뒤로 보내어 가로되 우리는 이 사람이 우리의
왕 됨을 원치 아니하노이다 하였더라 15 귀인이 왕위를
받아 가지고 돌아와서 은 준 종들의 각각 어떻게 장사한
것을 알고자 하여 저희를 부르니 16 그 첫째가 나아와 가
로되 주여 주의 한 므나로 열 므나를 남겼나이다 17 주인
이 이르되 잘 하였다 착한 종이여 네가 지극히 작은 것에
충성하였으니 열 고을 권세를 차지하라 하고 18 그 둘째

a kingdom for himself, and then return. 13 "And he called
ten of his slaves, and gave them ten minas, and said to
them, 'Do business with this until I come back.' 14 "But
his citizens hated him, and sent a delegation after him,
saying, 'We do not want this man to reign over us.' 15
"And it came about that when he returned, after receiving
the kingdom, he ordered that these slaves, to whom he
had given the money, be called to him in order that he
might know what business they had done. 16 "And the
first appeared, saying, 'Master, your mina has made ten
minas more.' 17 "And he said to him, 'Well done, good slave,
because you have been faithful in a very little thing, be

가 와서 가로되 주여 주의 한 므나로 다섯 므나를 만들었
나이다 19 주인이 그에게도 이르되 너도 다섯 고을을 차
지하라 하고 20 또 한 사람이 와서 가로되 주여 보소서
주의 한 므나가 여기 있나이다 내가 수건으로 싸 두었었나
이다 21 이는 당신이 엄한 사람인 것을 내가 무서워함이
라 당신은 두지 않은 것을 취하고 심지 않은 것을 거두나
이다 22 주인이 이르되 악한 종아 내가 네 말로 너를 판단
하노니 너는 내가 두지 않은 것을 취하고 심지 않은 것을
거두는 엄한 사람인 줄을 알았느냐

in authority over ten cities.' 18 "And the second came, saying,
'Your mina, master, has made five minas.' 19 "And he
said to him also, 'And you are to be over five cities.' 20
"And another came, saying, 'Master, behold your mina, which
I kept put away in a handkerchief; 21 for I was afraid of
you, because you are an exacting man; you take up what
you did not lay down, and reap what you did not sow.'
22 "He said to him, 'By your own words I will judge
you, you worthless slave. Did you know that I am an
exacting man, taking up what I did not lay down, and
reaping what I did not sow? 23 'Then why did you not
put the money in the bank, and having come, I would

눅

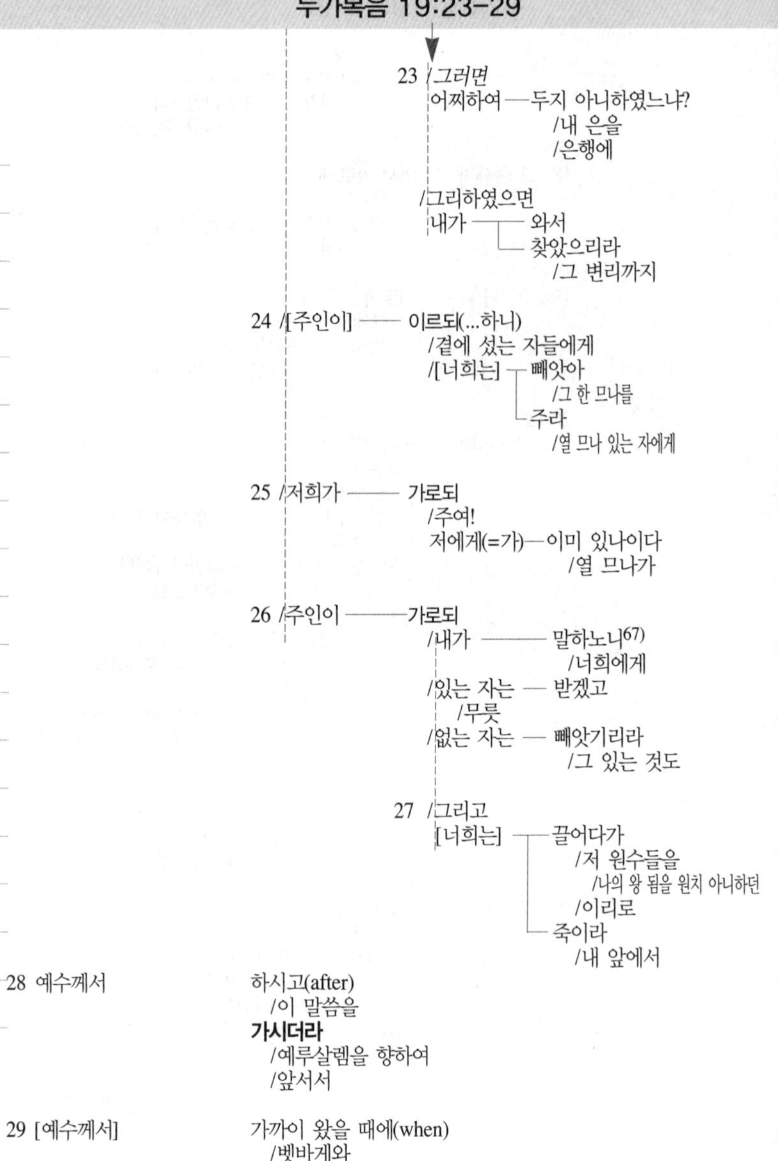

28 예수께서 하시고(after)
/이 말씀을
가시더라
/예루살렘을 향하여
/앞서서

29 [예수께서] 가까이 왔을 때에(when)
/벳바게와
/감람원이라는 산의
베다니에

67) 주님께서 자신의 말씀을 하나님의 말씀과 대등한 권위임을 드러내는 관용적인 표현이다.

23 그러면 어찌하여 내 은을 은행에 두지 아니하였느냐
그리하였으면 내가 와서 그 변리까지 찾았으리라 하고 24
곁에 섰는 자들에게 이르되 그 한 므나를 빼앗아 열 므나
있는 자에게 주라 하니 25 저희가 가로되 주여 저에게 이
미 열 므나가 있나이다 26 주인이 가로되 내가 너희에게
말하노니 무릇 있는 자는 받겠고 없는 자는 그 있는 것도
빼앗기리라 27 그리고 나의 왕 됨을 원치 아니하던 저 원
수들을 이리로 끌어다가 내 앞에서 죽이라 하였느니라 28
예수께서 이 말씀을 하시고 예루살렘을 향하여 앞서서 가
시더라 29 감람원이라는 산의 벳바게와 베다니에 가까이

have collected it with interest?' 24 "And he said to the
bystanders, 'Take the mina away from him, and give it
to the one who has the ten minas.' 25 "And they said to
him, 'Master, he has ten minas already.' 26 "I tell you,
that to everyone who has shall more be given, but from
the one who does not have, even what he does have shall
be taken away. 27 "But these enemies of mine, who did
not want me to reign over them, bring them here and slay
them in my presence." 28 And after He had said these
things, He was going on ahead, ascending to Jerusalem.
29 And it came about that when He approached Bethphage
and Bethany, near the mount that is called Olivet, He sent

보내시며
/제자 중 둘을
30 **이르시되**(...하시매)
/[너희는] ──가라
/너희 맞은편 마을로

/그리로 들어가면(as)
[너희가] ── 보리니
/나귀새끼의(를)
/매여 있는 (것을)
/아직 아무 사람도 타 보지 않은
풀어
끌고 오너라

31 /만일
누가── 묻거든(if)
/너희에게
/어찌하여 푸느냐?
[너희는]── 말하되
/이렇게
/주가 쓰시겠다 하라

32 보내심을 받은 자들이 가서(when)
[그들이] **만난지라**
/그 말씀하신 대로

33 [그들이] 풀 때에(when)
/나귀새끼를
그 임자들이 **이르되**
/어찌하여 나귀새끼를 푸느냐?

34 [그들이] **대답하되**(...하고)
/주께서 쓰시겠다

35 [그들이] **끌고 와서**
/그것을
/예수께로
걸쳐 놓고
/자기들의 겉옷을
/나귀새끼 위에
태우니
/예수를
36 [그가] 가실 때에(when)
저희가 **펴더라**
/자기의 겉옷을
/길에

왔을 때에 제자 중 둘을 보내시며 30 이르시되 너희 맞은
편 마을로 가라 그리로 들어가면 아직 아무 사람도 타 보
지 않은 나귀 새끼의 매여 있는 것을 보리니 풀어 끌고
오너라 31 만일 누가 너희에게 어찌하여 푸느냐 묻거든
이렇게 말하되 주가 쓰시겠다 하라 하시매 32 보내심을
받은 자들이 가서 그 말씀하신 대로 만난지라 33 나귀 새
끼를 풀 때에 그 임자들이 이르되 어찌하여 나귀 새끼를
푸느냐 34 대답하되 주께서 쓰시겠다 하고 35 그것을
예수께로 끌고 와서 자기들의 겉옷을 나귀 새끼 위에 걸쳐
놓고 예수를 태우니 36 가실 때에 저희가 자기의 겉옷을

two of the disciples, 30 saying, "Go into the village
opposite you, in which as you enter you will find a colt
tied, on which no one yet has ever sat; untie it, and bring
it here. 31 "And if anyone asks you, 'Why are you untying
it?' thus shall you speak, 'The Lord has need of it.'" 32
And those who were sent went away and found it just as
He had told them. 33 And as they were untying the colt,
its owners said to them, "Why are you untying the colt?"
34 And they said, "The Lord has need of it." 35 And
they brought it to Jesus, and they threw their garments
on the colt, and put Jesus on it. 36 And as He was going,
they were spreading their garments in the road. 37 And

누

37 [예수께서] 가까이 오시매(when)
/이미
/감람 산에서 내려가는 편까지
온 무리가 **찬양하여 가로되**(...하니)
/제자의 /하나님을
/큰 소리로
/기뻐하며
/모든 능한 일을 인하여
/자기의 본 바

38 /찬송하리로다
주의 이름으로 오시는 왕이여!
평화요
/하늘에는
영광이로다
/가장 높은 곳에는

39 바리새인들이 **말하되**(...하거늘)
/어떤 /선생이여!
/무리 중
[당신은] —— 책망하소서
/당신의 제자들을

40 [예수께서] **대답하여 가라사**대(...하시니라)
/내가 —— 말하노니
/너희에게
/만일
이 사람들이 — 잠잠하면(if)
돌들이 —— 소리지르리라

41 [예수께서] 가까이 오사(when)
보시고
/성을
우시며 가라사대(...하시니라)
42 /[만일]
너도 —— 알았더면(좋을 뻔하였거니와)
/평화에 관한 일을
/오늘날
[그들이] — 숨기웠도다
/지금
/네 눈에

43 //(이유: ὅτι, for)
날이 —— 이를지라
원수들이 — 쌓고
/네 /토성을
둘러
/너를

길에 펴더라 37 이미 감람산에서 내려가는 편까지 가까
이 오시매 제자의 온 무리가 자기의 본 바 모든 능한 일을
인하여 기뻐하며 큰 소리로 하나님을 찬양하여 38 가로
되 찬송하리로다 주의 이름으로 오시는 왕이여 하늘에는
평화요 가장 높은 곳에는 영광이로다 하니 39 무리 중 어
떤 바리새인들이 말하되 선생이여 당신의 제자들을 책망하
소서 하거늘 40 대답하여 가라사대 내가 너희에게 말하
노니 만일 이 사람들이 잠잠하면 돌들이 소리지르리라 하
시니라 41 가까이 오사 성을 보시고 우시며 42 가라사
대 너도 오늘날 평화에 관한 일을 알았더면 좋을 뻔하였거
니와 지금 네 눈에 숨기웠도다 43 날이 이를지라 네 원수
들이 토성을 쌓고 너를 둘러 사면으로 가두고

as He was now approaching, near the descent of the Mount of Olives, the whole multitude of the disciples began to praise God joyfully with a loud voice for all the miracles which they had seen,
38 saying, "Blessed is the King who comes in the name of the Lord; Peace in heaven and glory in the highest!"
39 And some of the Pharisees in the multitude said to Him, "Teacher, rebuke Your disciples."
40 And He answered and said, "I tell you, if these become silent, the stones will cry out!"
41 And when He approached, He saw the city and wept over it,
42 saying, "If you had known in this day, even you, the things which make for peace! But now they have been hidden from your eyes.
43 "For

가두고
/사면으로
44 또 땅에 메어치며
/너와 및
네 자식들을
/그 가운데 있는
남기지 아니하리니
/돌 하나도
/돌 위에

//이는(이유: ἀντι, because)
네가 —— 알지 못함을 인함이니라
/권고받는 날을

45 [예수께서] **들어가사**
/성전에
내어쫓으시며 이르시되(...하시니라)
/장사하는 자들을
46 /기록된 바(...하였거늘)
/내 집은 —— 집이 되리라
/기도하는
/너희는 —— 만들었도다
/강도의 굴혈을

47 예수께서 **가르치시니**
/날마다
/성전에서

대제사장들과
서기관들과
두목들이 **꾀하되**
/백성의
/죽이려고
/그를

48 [그들이] **찾지 못하였더라**
/어찌할 방침을

//(이유: γάρ, for)
백성이 —— 귀를 기울여
/다(=모든) /그에게
/들으므로(=들으려)

누

44 또 너와 및 그 가운데 있는 네 자식들을 땅에 메어치며
돌 하나도 돌 위에 남기지 아니하리니 이는 권고 받는 날
을 네가 알지 못함을 인함이니라 하시니라 45 성전에 들
어가사 장사하는 자들을 내어쫓으시며 46 저희에게 이르
시되 기록된 바 내 집은 기도하는 집이 되리라 하였거늘
너희는 강도의 굴혈을 만들었도다 하시니라 47 예수께서
날마다 성전에서 가르치시니 대제사장들과 서기관들과 백
성의 두목들이 그를 죽이려고 꾀하되 48 백성이 다 그에
게 귀를 기울여 들으므로 어찌할 방침을 찾지 못하였더라

the days shall come upon you when your enemies will throw up a bank before you, and surround you, and hem you in on every side,
44 and will level you to the ground and your children within you, and they will not leave in you one stone upon another, because you did not recognize the time of your visitation."
45 And He entered the temple and began to cast out those who were selling,
46 saying to them, "It is written, 'And My house shall be a house of prayer,' but you have made it a robbers' den."
47 ¶ And He was teaching daily in the temple; but the chief priests and the scribes and the leading men among the people were trying to destroy Him,
48 and they could not find anything that they might do, for all the people were hanging upon His words.

20:1 하루는 예수께서 성전에서 백성을 가르치시며
복음을 전하실 새 대제사장들과 서기관들이 장로들
과 함께 가까이 와서 2 말하여 가로되 당신이 무슨 권세로
이런 일을 하는지 이 권세를 준 이가 누구인지 우리에게
말하라 3 대답하여 가라사대 나도 한 말을 너희에게 물으
리니 내게 말하라 4 요한의 세례가 하늘로서냐 사람에게
로서냐 5 저희가 서로 의논하여 가로되 만일 하늘로서라
하면 어찌하여 저를 믿지 아니하였느냐 할 것이요 6 만일
사람에게로서라 하면 백성이 요한을 선지자로 인정하니 저
희가 다 우리를 돌로 칠 것이라 하고 7 대답하되 어디로

20:1 ¶ And it came about on one of the days while
He was teaching the people in the temple and preaching
the gospel, that the chief priests and the scribes with the
elders confronted Him, 2 and they spoke, saying to Him, "Tell
us by what authority You are doing these things, or who
is the one who gave You this authority?" 3 And He
answered and said to them, "I shall also ask you a question,
and you tell Me: 4 "Was the baptism of John from heaven
or from men?" 5 And they reasoned among themselves, saying,
"If we say, 'From heaven,' He will say, 'Why did you
not believe him?' 6 "But if we say, 'From men,' all the
people will stone us to death, for they are convinced that

서인지 알지 못하노라 하니 8 예수께서 이르시되 나도 무
슨 권세로 이런 일을 하는지 너희에게 이르지 아니하리라
하시니라 9 이 비유로 백성에게 말씀하시되 한 사람이 포
도원을 만들어 농부들에게 세로 주고 타국에 가서 오래 있
다가 10 때가 이르매 포도원 소출 얼마를 바치게 하려고
한 종을 농부들에게 보내니 농부들이 종을 심히 때리고 거
저 보내었거늘 11 다시 다른 종을 보내니 그도 심히 때리
고 능욕하고 거저 보내었거늘 12 다시 세 번째 종을 보내
니 이도 상하게 하고 내어 쫓은지라 13 포도원 주인이 가
로되 어찌할꼬 내 사랑하는 아들을 보내리니 저희가 혹 그

John was a prophet." 7 And they answered that they did
not know where it came from. 8 And Jesus said to them,
"Neither will I tell you by what authority I do these
things." 9 ¶ And He began to tell the people this parable:
"A man planted a vineyard and rented it out to vine-
growers, and went on a journey for a long time. 10 "And
at the harvest time he sent a slave to the vine-growers, in order
that they might give him some of the produce of the
vineyard; but the vine-growers beat him and sent him
away empty-handed. 11 "And he proceeded to send another
slave; and they beat him also and treated him shamefully,
and sent him away empty-handed. 12 "And he proceeded
to send a third; and this one also they wounded and cast
out. 13 "And the owner of the vineyard said, 'What shall
I do? I will send my beloved son; perhaps they will respect
him.' 14 "But when the vine-growers saw him, they

눅

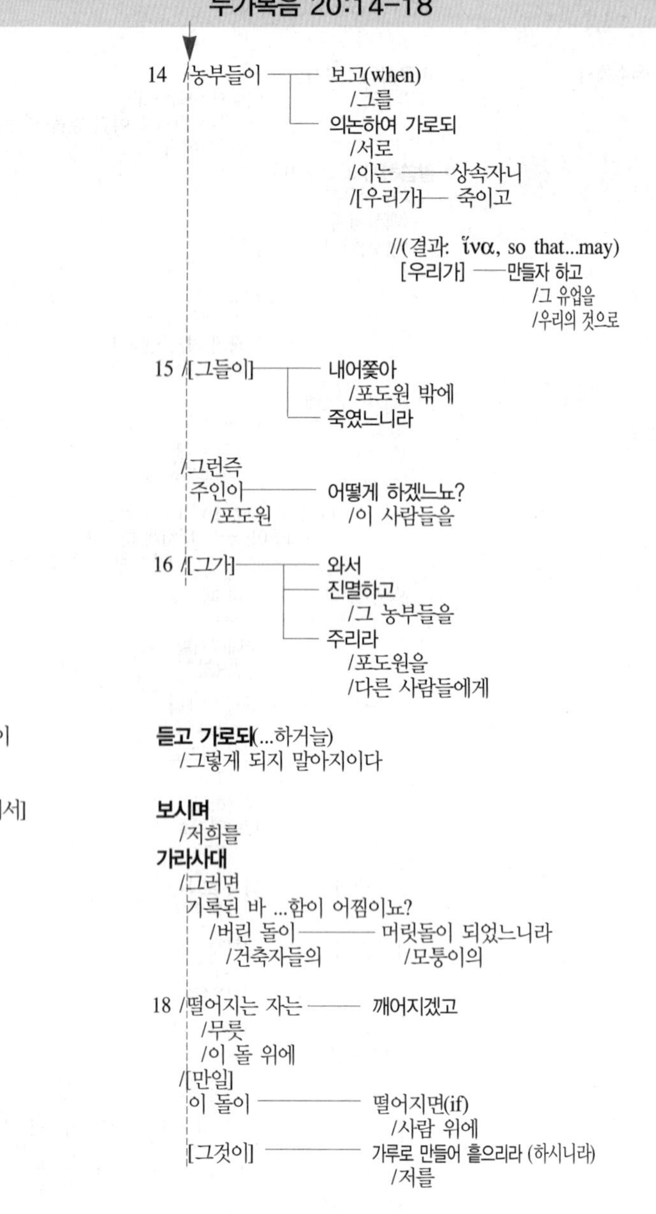

는 공경하리라 하였더니 14 농부들이 그를 보고 서로 의
논하여 가로되 이는 상속자니 죽이고 그 유업을 우리의 것
으로 만들자 하고 15 포도원 밖에 내어 쫓아 죽였느니라
그런즉 포도원 주인이 이 사람들을 어떻게 하겠느뇨 16
와서 그 농부들을 진멸하고 포도원을 다른 사람들에게 주
리라 하시니 사람들이 듣고 가로되 그렇게 되지 말아지이
다 하거늘 17 저희를 보시며 가라사대 그러면 기록된 바
건축자들의 버린 돌이 모퉁이의 머릿돌이 되었느니라 함이
어찜이뇨 18 무릇 이 돌 위에 떨어지는 자는 깨어지겠고
이 돌이 사람 위에 떨어지면 저를 가루로 만들어 흩으리라

reasoned with one another, saying, 'This is the heir; let
us kill him that the inheritance may be ours.' 15 "And
they threw him out of the vineyard and killed him. What,
therefore, will the owner of the vineyard do to them? 16
"He will come and destroy these vine-growers and will
give the vineyard to others." And when they heard it,
they said, "May it never be!" 17 But He looked at them
and said, "What then is this that is written, 'The stone
which the builders rejected, This became the chief corner
stone'? 18 "Everyone who falls on that stone will be
broken to pieces; but on whomever it falls, it will scatter
him like dust." 19 And the scribes and the chief priests

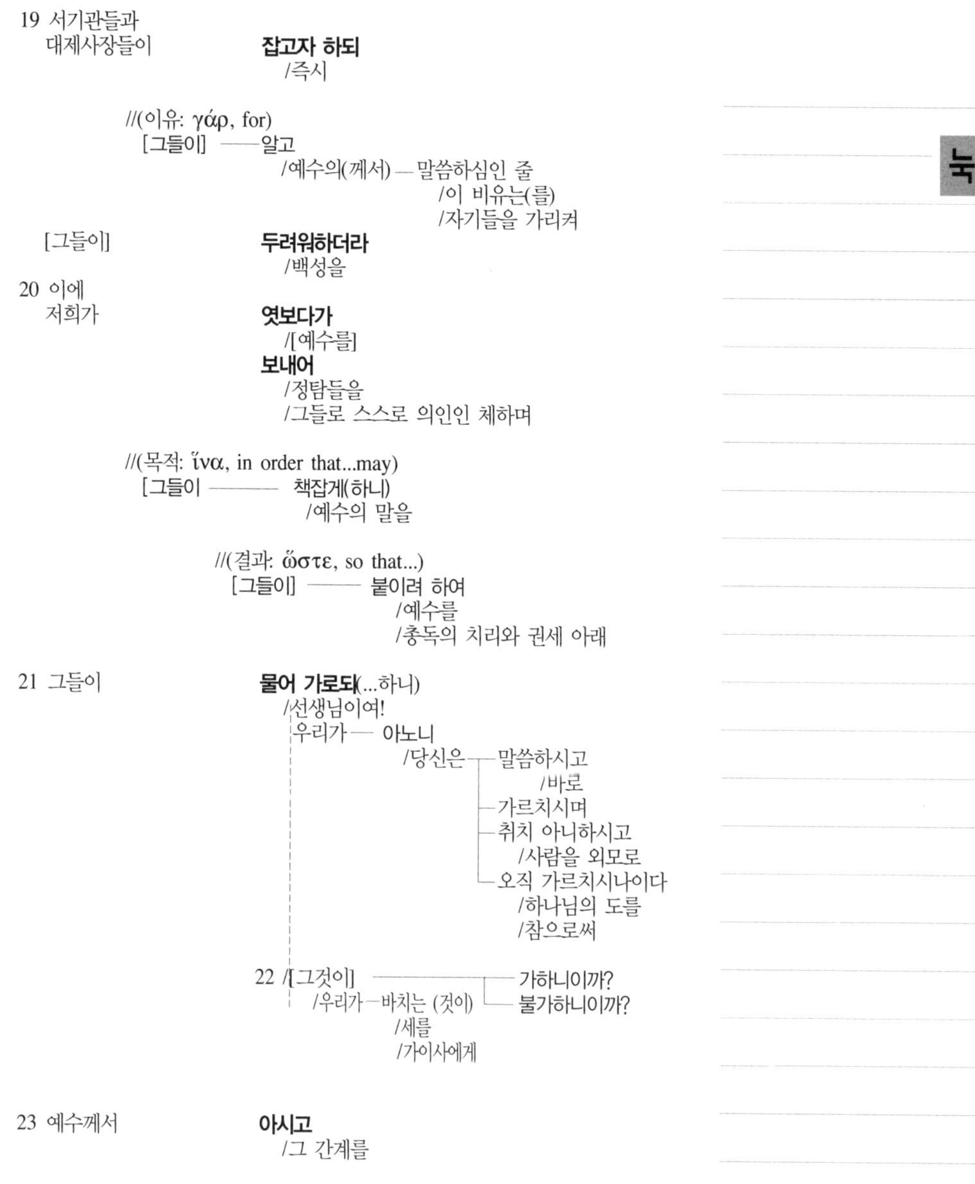

눅

하시니라 19 서기관들과 대제사장들이 예수의 이 비유는 자기들을 가리켜 말씀하심인 줄 알고 즉시 잡고자 하되 백성을 두려워하더라 20 이에 저희가 엿보다가 예수를 총독의 치리와 권세 아래 붙이려 하여 정탐들을 보내어 그들로 스스로 의인인 체하며 예수의 말을 책잡게 하니 21 그들이 물어 가로되 선생님이여 우리가 아노니 당신은 바로 말씀하시고 가르치시며 사람을 외모로 취치 아니하시고 오직 참으로써 하나님의 도를 가르치시나이다 22 우리가 가이사에게 세를 바치는 것이 가하니이까 불가하니이까 하니 23 예수께서 그 간계를 아시고 가라사대 24 데나리온 하

tried to lay hands on Him that very hour, and they feared the people; for they understood that He spoke this parable against them. 20 And they watched Him, and sent spies who pretended to be righteous, in order that they might catch Him in some statement, so as to deliver Him up to the rule and the authority of the governor. 21 And they questioned Him, saying, "Teacher, we know that You speak and teach correctly, and You are not partial to any, but teach the way of God in truth. 22 "Is it lawful for us to pay taxes to Caesar, or not?" 23 But He detected their trickery and said to them, 24 "Show Me a denarius. Whose likeness and inscription does it have?" And they

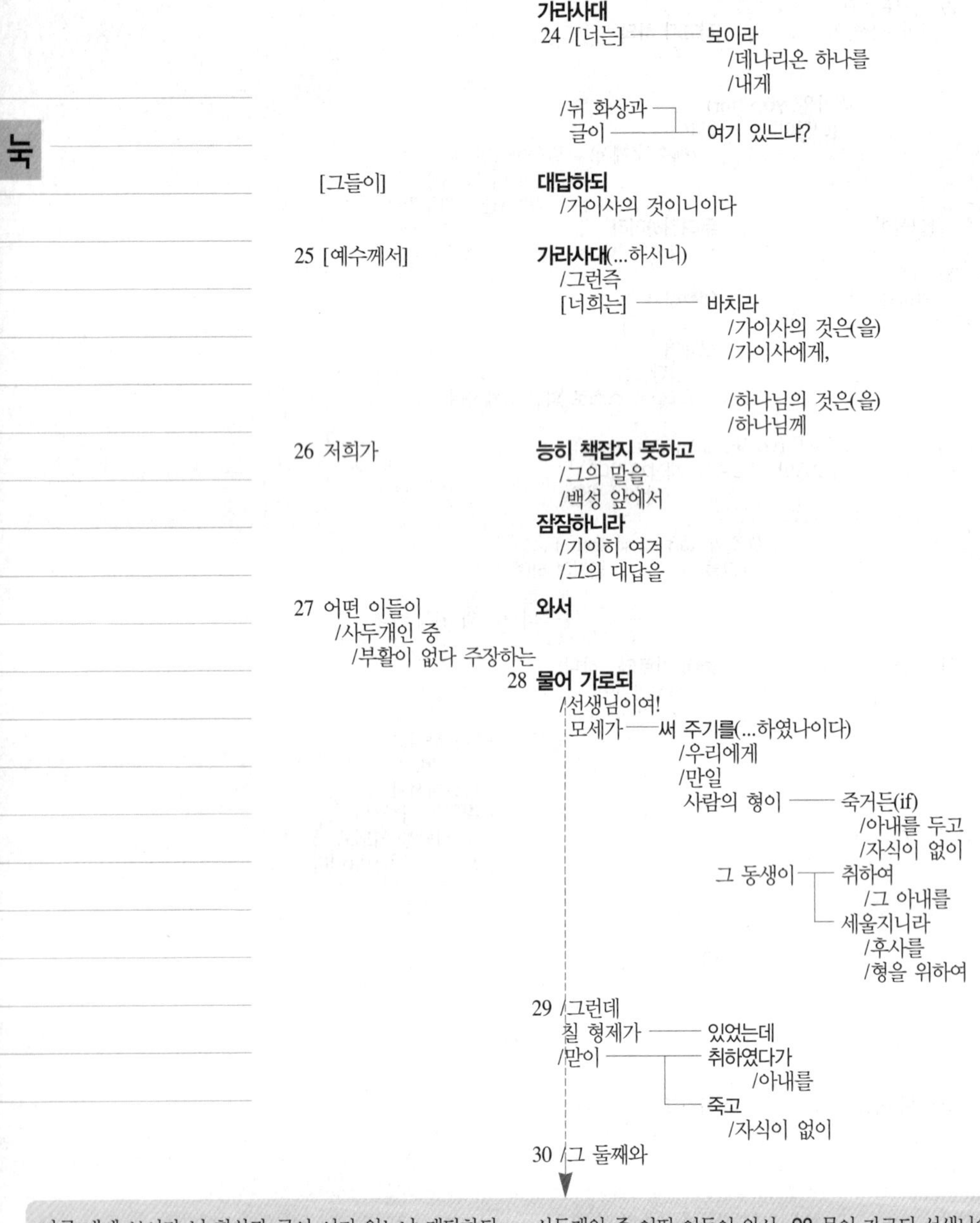

나를 내게 보이라 뉘 화상과 글이 여기 있느냐 대답하되 가이사의 것이니이다 25 가라사대 그런즉 가이사의 것은 가이사에게 하나님의 것은 하나님께 바치라 하시니 26 저희가 백성 앞에서 그의 말을 능히 책잡지 못하고 그의 대답을 기이히 여겨 잠잠하니라 27 부활이 없다 주장하는 사두개인 중 어떤 이들이 와서 28 물어 가로되 선생님이여 모세가 우리에게 써 주기를 사람의 형이 만일 아내를 두고 자식이 없이 죽거든 그 동생이 그 아내를 취하여 형을 위하여 후사를 세울지니라 하였나이다 29 그런데 칠 형제가 있었는데 맏이 아내를 취하였다가 자식이 없이 죽

said, "Caesars." 25 And He said to them, "Then render to Caesar the things that are Caesars, and to God the things that are Gods." 26 And they were unable to catch Him in a saying in the presence of the people; and marveling at His answer, they became silent. 27 ¶ Now there came to Him some of the Sadducees (who say that there is no resurrection), 28 and they questioned Him, saying, "Teacher, Moses wrote for us that if a man's brother dies, having a wife, and he is childless, his brother should take the wife and raise up offspring to his brother. 29 "Now there were seven brothers; and the first took a wife, and died childless; 30 and the second 31 and the

34 예수께서

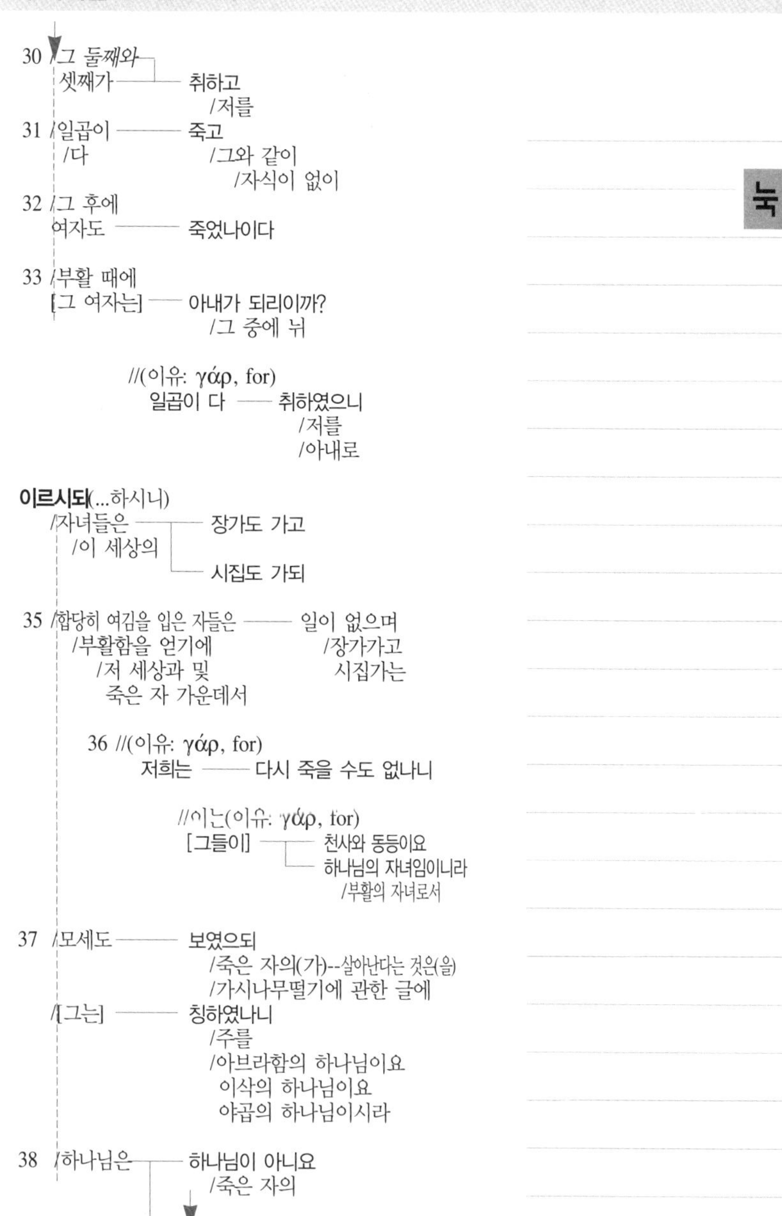

고 30 그 둘째와 세째가 저를 취하고 31 일곱이 다 그
와 같이 자식이 없이 죽고 32 그 후에 여자도 죽었나이다
33 일곱이 다 저를 아내로 취하였으니 부활 때에 그 중에
뉘 아내가 되리이까 34 예수께서 이르시되 이 세상의 자
녀들은 장가도 가고 시집도 가되 35 저 세상과 및 죽은 자
가운데서 부활함을 얻기에 합당히 여김을 입은 자들은 장
가가고 시집가는 일이 없으며 36 저희는 다시 죽을 수도
없나니 이는 천사와 동등이요 부활의 자녀로서 하나님의
자녀임이니라 37 죽은 자의 살아난다는 것은 모세도 가
시나무 떨기에 관한 글에 보였으되 주를 아브라함의 하나
님이요 이삭의 하나님이요 야곱의 하나님이시라 칭하였나
니 38 하나님은 죽은 자의 하나님이 아니요 산 자의 하나

third took her; and in the same way all seven died, leaving
no children. 32 "Finally the woman died also. 33 "In the
resurrection therefore, which one's wife will she be? For
all seven had her as wife." 34 And Jesus said to them,
"The sons of this age marry and are given in marriage,
35 but those who are considered worthy to attain to that
age and the resurrection from the dead, neither marry,
nor are given in marriage; 36 for neither can they die anymore,
for they are like angels, and are sons of God, being sons
of the resurrection. 37 "But that the dead are raised, even

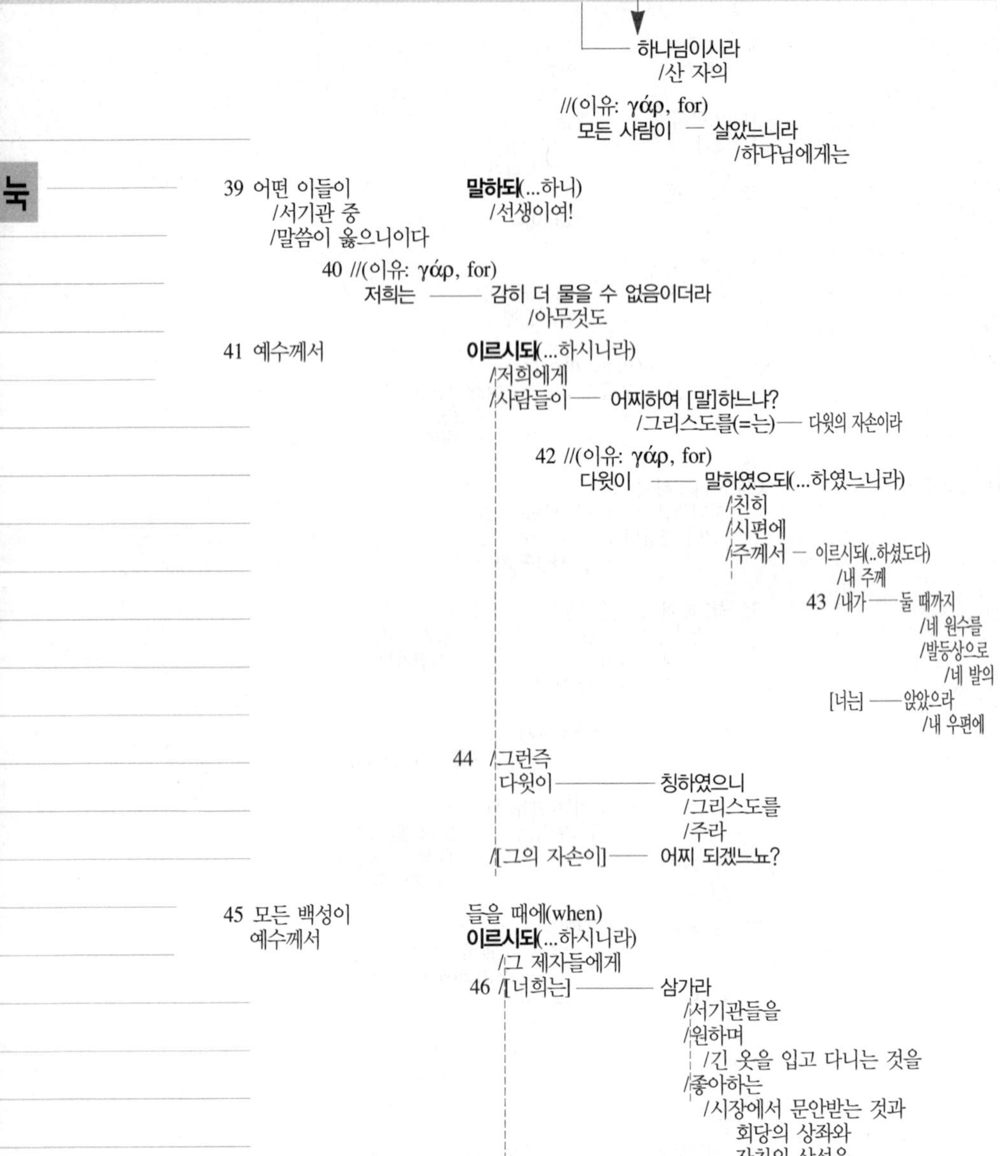

님이시라 하나님에게는 모든 사람이 살았느니라 하시니
39 서기관 중 어떤 이들이 말하되 선생이여 말씀이 옳으
니이다 하니 40 저희는 아무 것도 감히 더 물을 수 없음
이더라 41 예수께서 저희에게 이르시되 사람들이 어찌하
여 그리스도를 다윗의 자손이라 하느냐 42 시편에 다윗
이 친히 말하였으되 주께서 내 주께 이르시되 43 내가 네
원수를 네 발의 발등상으로 둘 때까지 내 우편에 앉았으라
하셨도다 하였느니라 44 그런즉 다윗이 그리스도를 주라
칭하였으니 어찌 그의 자손이 되겠느뇨 하시니라 45 모
든 백성이 들을 때에 예수께서 그 제자들에게 이르시되
46 긴 옷을 입고 다니는 것을 원하며 시장에서 문안 받는
것과 회당의 상좌와 잔치의 상석을 좋아하는 서기관들을

Moses showed, in the passage about the burning bush,
where he calls the Lord the God of Abraham, and the
God of Isaac, and the God of Jacob. 38 "Now He is not
the God of the dead, but of the living; for all live to
Him." 39 And some of the scribes answered and said,
"Teacher, You have spoken well." 40 For they did not
have courage to question Him any longer about anything.
41 And He said to them, "How is it that they say the
Christ is David's son? 42 "For David himself says in the
book of Psalms, 'The Lord said to my Lord, "Sit at My
right hand, 43 Until I make Thine enemies a footstool
for Thy feet."' 44 "David therefore calls Him 'Lord,' and
how is He his son?" 45 And while all the people were listening,
He said to the disciples, 46 "Beware of the scribes, who

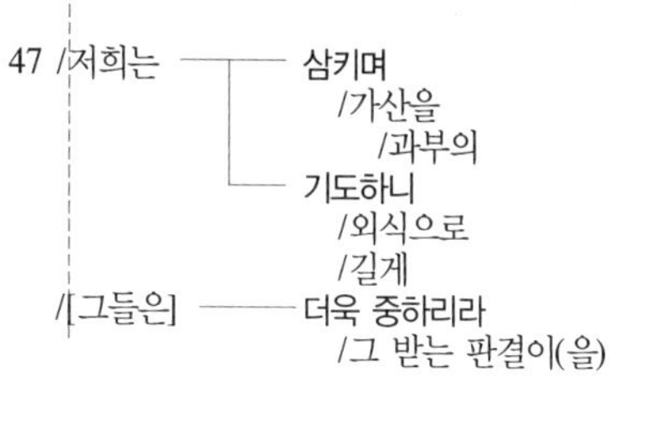

누

21

1 예수께서

눈을 들어
보시고
/부자들이(=을)
/헌금 넣는(것을)
/연보궤에

2 또 **보시고**
/어떤 가난한 과부의(=를)
/두 렙돈 넣는(것을)

3 **가라사대**
/참으로
내가 —— 말하노니[71]
/너희에게
이 과부가 —— 넣었도다
/가난한
/많이
/모든 사람보다

4 //(이유: γάρ, for)
저들은 —— 넣었거니와
/헌금을
/그 풍족한 중에서

이 과부는 —— 넣었느니라 하시니라
/생활비 전부를
/자기의 있는 바
/그 구차한 중에서

5 어떤 사람들이

말하매(while)
/성전을 가리켜[72]
/[그것이] —— 꾸민 것을
/그 미석과
헌물로

71) 'ἀληθῶς λέγω', 'ἀμὴν λέγω', 와 함께 주님이 자신의 말에 대해 확정적임을 강조하는 관용적인 어구이다

72) 성전에 대하여

삼가라 47 저희는 과부의 가산을 삼키며 외식으로 길게
기도하니 그 받는 판결이 더욱 중하리라 하시니라

21:1 예수께서 눈을 들어 부자들이 연보 궤에 헌금 넣
는 것을 보시고 2 또 어떤 가난한 과부의 두 렙돈
넣는 것을 보시고 3 가라사대 내가 참으로 너희에게 말하
노니 이 가난한 과부가 모든 사람보다 많이 넣었도다 4
저들은 그 풍족한 중에서 헌금을 넣었거니와 이 과부는 그
구차한 중에서 자기의 있는 바 생활비 전부를 넣었느니라
하시니라 5 어떤 사람들이 성전을 가리켜 그 미석과 헌물

like to walk around in long robes, and love respectful greetings
in the market places, and chief seats in the synagogues,
and places of honor at banquets, 47 who devour widows'
houses, and for appearance's sake offer long prayers; these
will receive greater condemnation."

21:1 And He looked up and saw the rich putting their
gifts into the treasury. 2 And He saw a certain poor
widow putting in two small copper coins. 3 And He said,
"Truly I say to you, this poor widow put in more than
all of them; 4 for they all out of their surplus put into
the offering; but she out of her poverty put in all that she
had to live on." 5 ¶ And while some were talking about
the temple, that it was adorned with beautiful stones and votive
gifts, He said, 6 "As for these things which you are
looking at, the days will come in which there will not be

로 꾸민 것을 말하매 예수께서 가라사대 6 너희 보는 이
것들이 날이 이르면 돌 하나도 돌 위에 남지 않고 다 무
너뜨리우리라 7 저희가 물어 가로되 선생님이여 그러면
어느 때에 이런 일이 있겠사오며 이런 일이 이루려 할 때
에 무슨 징조가 있사오리이까 8 가라사대 미혹을 받지
않도록 주의하라 많은 사람이 내 이름으로 와서 이르되
내가 그로라 하며 때가 가까왔다 하겠으나 저희를 좇지
말라 9 난리와 소란의 소문을 들을 때에 두려워 말라 이
일이 먼저 있어야 하되 끝은 곧 되지 아니하니라 10 또
이르시되 민족이 민족을, 나라가 나라를 대적하여 일어나

left one stone upon another which will not be torn down."
7 And they questioned Him, saying, "Teacher, when therefore
will these things be? And what will be the sign when
these things are about to take place?" 8 And He said,
"See to it that you be not misled; for many will come in
My name, saying, 'I am He,' and, 'The time is at hand';
do not go after them. 9 "And when you hear of wars and
disturbances, do not be terrified; for these things must
take place first, but the end does not follow immediately."
10 ¶ Then He continued by saying to them, "Nation will
rise against nation, and kingdom against kingdom, 11 and
there will be great earthquakes, and in various places

겠고 11 처처에 큰 지진과 기근과 온역이 있겠고 또 무서
운 일과 하늘로서 큰 징조들이 있으리라 12 이 모든 일
전에 내 이름을 인하여 너희에게 손을 대어 핍박하며 회당
과 옥에 넘겨 주며 임금들과 관장들 앞에 끌어 가려니와
13 이 일이 도리어 너희에게 증거가 되리라 14 그러므로
너희는 변명할 것을 미리 연구치 않기로 결심하라 15 내
가 너희의 모든 대적이 능히 대항하거나 변박할 수 없는
구재와 지혜를 너희에게 주리라 16 심지어 부모와 형제
와 친척과 벗이 너희를 넘겨 주어 너희 중에 몇을 죽이게
하겠고 17 또 너희가 내 이름을 인하여 모든 사람에게 미

plagues and famines; and there will be terrors and great
signs from heaven. 12 "But before all these things, they
will lay their hands on you and will persecute you,
delivering you to the synagogues and prisons, bringing
you before kings and governors for My name's sake. 13
"It will lead to an opportunity for your testimony. 14 "So
make up your minds not to prepare beforehand to defend
yourselves; 15 for I will give you utterance and wisdom which
none of your opponents will be able to resist or refute.
16 "But you will be delivered up even by parents and
brothers and relatives and friends, and they will put some
of you to death, 17 and you will be hated by all on

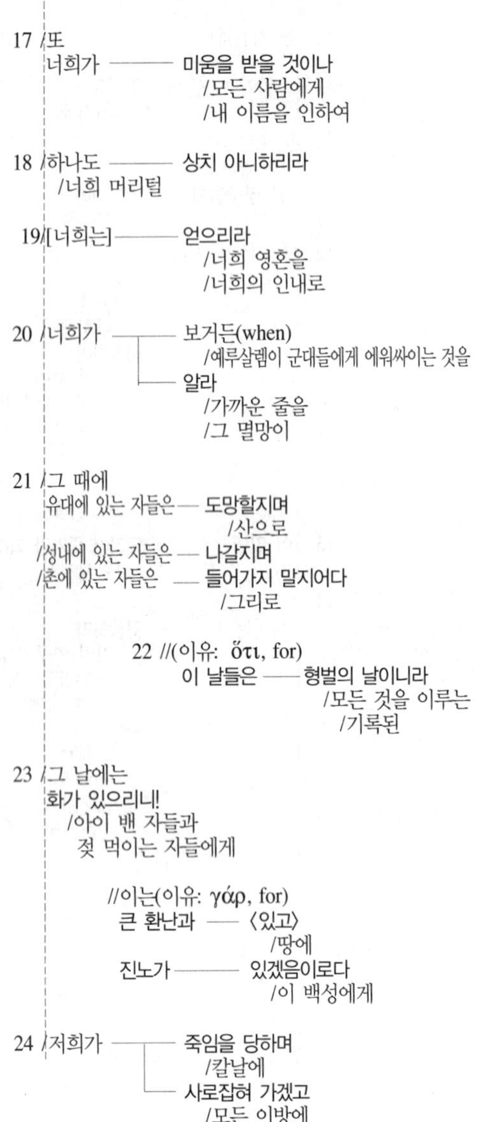

움을 받을 것이나 18 너희 머리털 하나도 상치 아니하리
라 19 너희의 인내로 너희 영혼을 얻으리라 20 너희가
예루살렘이 군대들에게 에워싸이는 것을 보거든 그 멸망
이 가까운 줄을 알라 21 그 때에 유대에 있는 자들은 산
으로 도망할지며 성내에 있는 자들은 나갈지며 촌에 있는
자들은 그리로 들어가지 말지어다 22 이 날들은 기록된
모든 것을 이루는 형벌의 날이니라 23 그 날에는 아이
밴 자들과 젖먹이는 자들에게 화가 있으리니 이는 땅에 큰
환난과 이 백성에게 진노가 있겠음이로다 24 저희가 칼날
에 죽임을 당하며 모든 이방에 사로잡혀 가겠고 예루살렘
은 이방인의 때가 차기까지 이방인들에게 밟히리라

account of My name. 18 "Yet not a hair of your head
will perish. 19 "By your endurance you will gain your
lives. 20 ¶ "But when you see Jerusalem surrounded by armies,
then recognize that her desolation is at hand. 21 "Then
let those who are in Judea flee to the mountains, and let
those who are in the midst of the city depart, and let not
those who are in the country enter the city; 22 because
these are days of vengeance, in order that all things which
are written may be fulfilled. 23 "Woe to those who are
with child and to those who nurse babes in those days;
for there will be great distress upon the land, and wrath
to this people, 24 and they will fall by the edge of the
sword, and will be led captive into all the nations; and
Jerusalem will be trampled under foot by the Gentiles

/예루살렘은 — 밟히리라
/이방인들에게
/이방인의 때가 차기까지

25 /징조가 — 있겠고
/일월성신에는

/민족들이 — 곤고하리라
/땅에서는
/우는 소리를 인하여
/바다와
파도의
/혼란한 중에

26 /사람들이 — 기절하리니
/무서워하므로
/생각하고
/세상에 임할 일을

//이는(이유: γάρ, for)
권능들이 — 흔들리겠음이라
/하늘의

27 /그 때에
사람들이 — 보리라
/인자가(=를)
/오는(것을)
/구름을 타고
/능력과
큰 영광으로

28 /이런 일이 되기를 시작하거든(when)
[너희는] — 일어나
— 들라
/머리를

//(이유: διότι, for)
너희 구속이 — 가까왔느니라

29 이에
[예수께서] **이르시되**(...하시니라)
/비유로
/[너희는] — 보라
/무화과나무와
모든 나무를

30 /싹이 나면(when)

25 일월 성신에는 징조가 있겠고 땅에서는 민족들이 바다
와 파도의 우는 소리를 인하여 혼란한 중에 곤고하리라
26 사람들이 세상에 임할 일을 생각하고 무서워하므로 기
절하리니 이는 하늘의 권능들이 흔들리겠음이라 27 그
때에 사람들이 인자가 구름을 타고 능력과 큰 영광으로 오
는 것을 보리라 28 이런 일이 되기를 시작하거든 일어나
머리를 들라 너희 구속이 가까왔느니라 하시더라 29 이
에 비유로 이르시되 무화과나무와 모든 나무를 보라

until the times of the Gentiles be fulfilled. 25 ¶ "And
there will be signs in sun and moon and stars, and upon
the earth dismay among nations, in perplexity at the roaring
of the sea and the waves, 26 men fainting from fear and
the expectation of the things which are coming upon the world;
for the powers of the heavens will be shaken. 27 "And
then they will see the Son of Man coming in a cloud with
power and great glory. 28 "But when these things begin
to take place, straighten up and lift up your heads, because
your redemption is drawing near." 29 And He told them
a parable: "Behold the fig tree and all the trees; 30 as
soon as they put forth leaves, you see it and know for

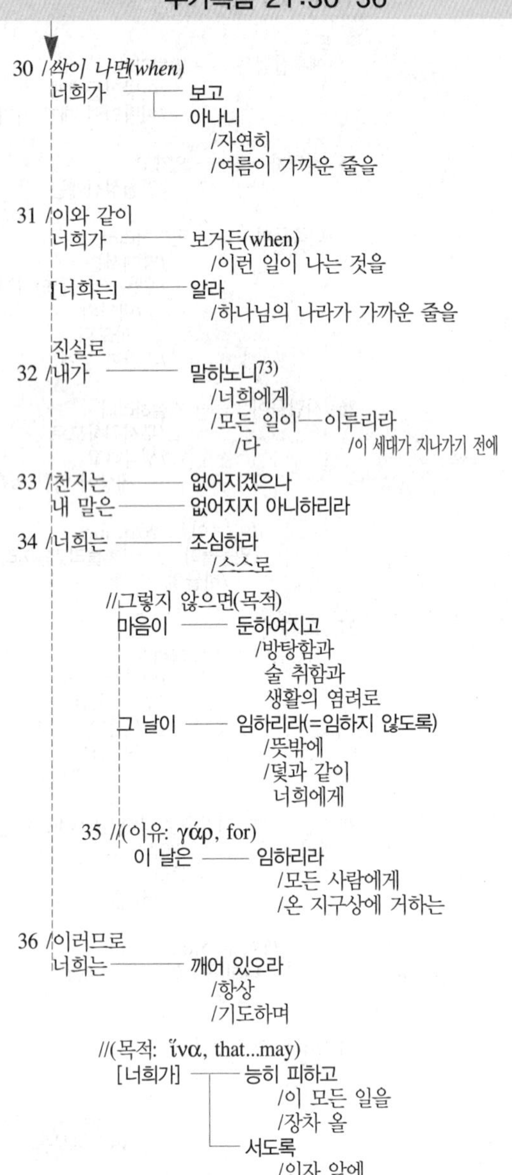

30 싹이 나면 너희가 보고 여름이 가까운 줄을 자연히 아
나니 31 이와 같이 너희가 이런 일이 나는 것을 보거든
하나님의 나라가 가까운 줄을 알라 32 내가 진실로 너희
에게 말하노니 이 세대가 지나가기 전에 모든 일이 다 이
루리라 33 천지는 없어지겠으나 내 말은 없어지지 아니
하리라 34 너희는 스스로 조심하라 그렇지 않으면 방탕
함과 술취함과 생활의 염려로 마음이 둔하여지고 뜻밖에
그 날이 덫과 같이 너희에게 임하리라 35 이 날은 온 지
구상에 거하는 모든 사람에게 임하리라 36 이러므로 너
희는 장차 올 이 모든 일을 능히 피하고 인자 앞에 서도록
항상 기도하며 깨어 있으라 하시니라

yourselves that summer is now near. 31 "Even so you,
too, when you see these things happening, recognize that
the kingdom of God is near. 32 "Truly I say to you, this
generation will not pass away until all things take place.
33 "Heaven and earth will pass away, but My words will
not pass away. 34 "Be on guard, that your hearts may
not be weighted down with dissipation and drunkenness
and the worries of life, and that day come on you suddenly
like a trap; 35 for it will come upon all those who dwell
on the face of all the earth. 36 "But keep on the alert at
all times, praying in order that you may have strength to escape
all these things that are about to take place, and to stand before
the Son of Man." 37 ¶ Now during the day He was
teaching in the temple, but at evening He would go out

37 예수께서 가르치시고
/낮이면
/성전에서
나가
/밤이면
쉬시니
/산에서
/감람원이라 [말]하는

38 모든 백성이 나아가더라
/이른 아침에
/성전에

22

1 무교절이 가까우매
/유월절이라 하는

2 대제사장들과
서기관들이 연구하니
/예수를 무슨 방책으로 죽일꼬

//이는(이유: γάρ, for)
저희가 — 두려워함이더라
/백성을

3 사단이 들어가니
/유다에게
/열둘 중에 하나인
가룟인이라 부르는

4 이에
유다가 가서
의논하매
/방책을
/넘겨 줄
/예수를
/대제사장들과
군관들에게

5 저희가 기뻐하여
언약하는지라
/돈을 주기로

37 예수께서 낮이면 성전에서 가르치시고 밤이면 나가 감
람원이라 하는 산에서 쉬시니 38 모든 백성이 그 말씀을
들으려고 이른 아침에 성전에 나아가더라

22:1 유월절이라 하는 무교절이 가까우매 2 대제사
장들과 서기관들이 예수를 무슨 방책으로 죽일꼬
연구하니 이는 저희가 백성을 두려워함이더라 3 열둘 중
에 하나인 가룟인이라 부르는 유다에게 사단이 들어가니
4 이에 유다가 대제사장들과 군관들에게 가서 예수를 넘
겨 줄 방책을 의논하매 5 저희가 기뻐하여 돈을 주기로
언약하는지라 6 유다가 허락하고 예수를 무리가 없을 때
에 넘겨 줄 기회를 찾더라

and spend the night on the mount that is called Olivet.
38 And all the people would get up early in the morning
to come to Him in the temple to listen to Him.
22:1 Now the Feast of Unleavened Bread, which is called
the Passover, was approaching. 2 And the chief
priests and the scribes were seeking how they might put
Him to death; for they were afraid of the people. 3 And
Satan entered into Judas who was called Iscariot, belonging
to the number of the twelve. 4 And he went away and discussed
with the chief priests and officers how he might betray
Him to them. 5 And they were glad, and agreed to give
him money. 6 And he consented, and began seeking a
good opportunity to betray Him to them apart from the
multitude. 7 Then came the first day of Unleavened

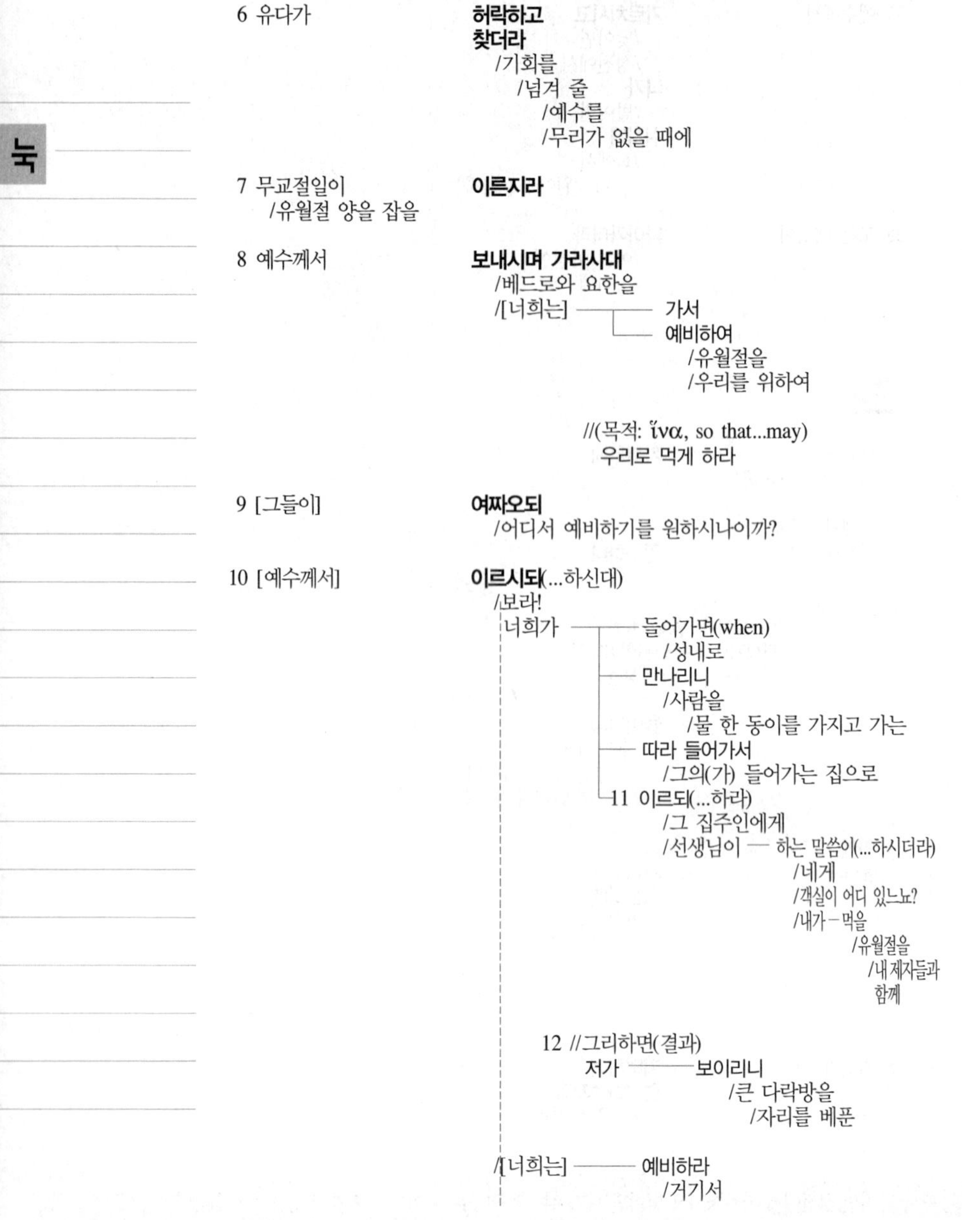
6 유다가 허락하고
찾더라
/기회를
/넘겨 줄
/예수를
/무리가 없을 때에

7 무교절일이 이른지라
/유월절 양을 잡을

8 예수께서 보내시며 가라사대
/베드로와 요한을
/[너희는] ── 가서
└─ 예비하여
/유월절을
/우리를 위하여

//(목적: ἵνα, so that...may)
우리로 먹게 하라

9 [그들이] 여짜오되
/어디서 예비하기를 원하시나이까?

10 [예수께서] 이르시되(...하신대)
/보라!
너희가 ── 들어가면(when)
/성내로
─ 만나리니
/사람을
/물 한 동이를 가지고 가는
─ 따라 들어가서
/그의(가) 들어가는 집으로
└ 11 이르되(...하라)
/그 집주인에게
/선생님이 ─ 하는 말씀이(...하시더라)
/네게
/객실이 어디 있느뇨?
/내가 ─ 먹을
/유월절을
/내 제자들과
함께

12 //그리하면(결과)
저가 ── 보이리니
/큰 다락방을
/자리를 베푼

/[너희는] ── 예비하라
/거기서

7 유월절 양을 잡을 무교절일이 이른지라 8 예수께서 베드로와 요한을 보내시며 가라사대 가서 우리를 위하여 유월절을 예비하여 우리로 먹게 하라 9 여짜오되 어디서 예비하기를 원하시나이까 10 이르시되 보라 너희가 성내로 들어가면 물 한 동이를 가지고 가는 사람을 만나리니 그의 들어가는 집으로 따라 들어가서 11 그 집 주인에게 이르되 선생님이 네게 하는 말씀이 내가 내 제자들과 함께 유월절을 먹을 객실이 어디 있느뇨 하시더라 하라 12 그리하면 저가 자리를 베푼 큰 다락방을 보이리니 거기서 예비하라 하신대 13 저희가 나가 그 하시던 말씀대로 만나 유

Bread on which the Passover lamb had to be sacrificed. 8 And He sent Peter and John, saying, "Go and prepare the Passover for us, that we may eat it." 9 And they said to Him, "Where do You want us to prepare it?" 10 And He said to them, "Behold, when you have entered the city, a man will meet you carrying a pitcher of water; follow him into the house that he enters. 11 "And you shall say to the owner of the house, 'The Teacher says to you, "Where is the guest room in which I may eat the Passover with My disciples?"' 12 "And he will show you a large,

74) 주님께서 자신의 말씀을 하나님의 말씀과 대등한 권위임을 드러내는 관용적인 표현이다.

75) 주님께서 자신의 말씀을 하나님의 말씀과 대등한 권위임을 드러내는 관용적인 표현이다

눅

월절을 예비하니라 14 때가 이르매 예수께서 사도들과
함께 앉으사 15 이르시되 내가 고난을 받기 전에 너희와
함께 이 유월절 먹기를 원하고 원하였노라 16 내가 너희
에게 이르노니 이 유월절이 하나님의 나라에서 이루기까지
다시 먹지 아니하리라 하시고 17 이에 잔을 받으사 사례
하시고 가라사대 이것을 갖다가 너희끼리 나누라 18 내
가 너희에게 이르노니 내가 이제부터 하나님의 나라가 임
할 때까지 포도나무에서 난 것을 다시 마시지 아니하리라
하시고 19 또 떡을 가져 사례하시고 떼어 저희에게 주시
며 가라사대 이것은 너희를 위하여 주는 내 몸이라 너희가

furnished, upper room; prepare it there." 13 And they departed
and found everything just as He had told them; and they
prepared the Passover. 14 ¶ And when the hour had come
He reclined at the table, and the apostles with Him. 15
And He said to them, "I have earnestly desired to eat this
Passover with you before I suffer; 16 for I say to you, I
shall never again eat it until it is fulfilled in the kingdom
of God." 17 And when He had taken a cup and given
thanks, He said, "Take this and share it among yourselves;
18 for I say to you, I will not drink of the fruit of the
vine from now on until the kingdom of God comes." 19
And when He had taken some bread and given thanks,

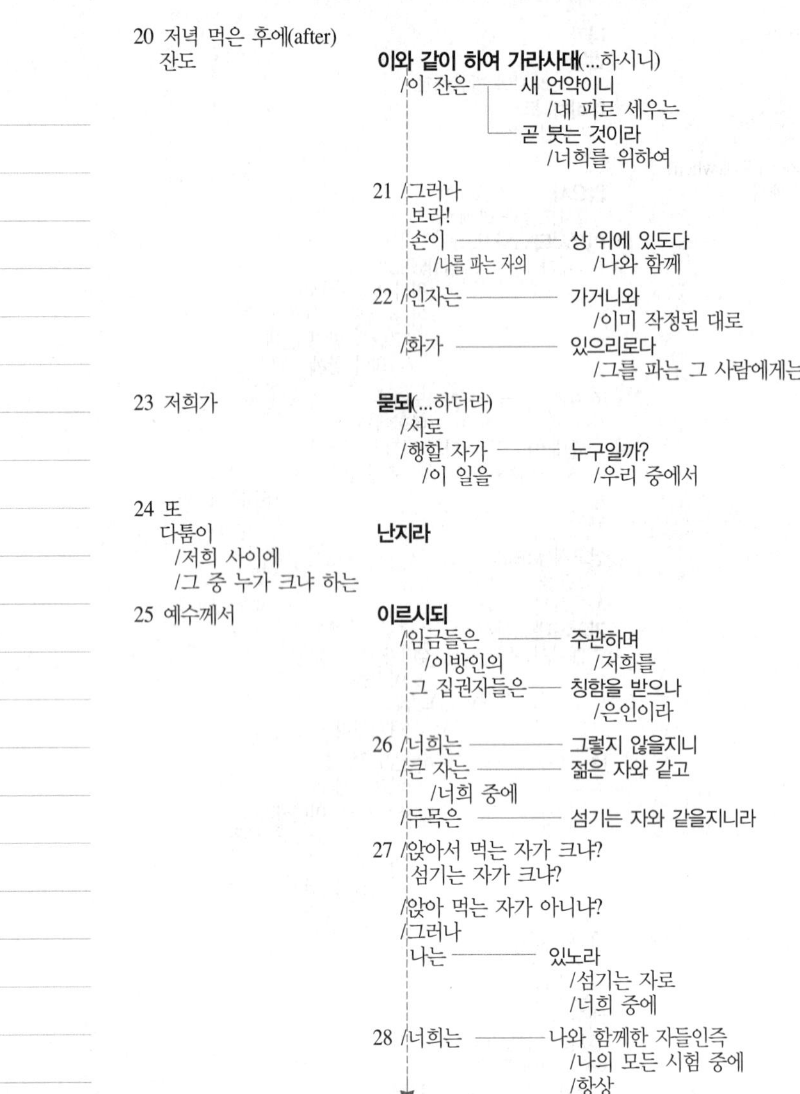

이를 행하여 나를 기념하라 하시고 20 저녁 먹은 후에 잔도 이와 같이 하여 가라사대 이 잔은 내 피로 세우는 새 언약이니 곧 너희를 위하여 붓는 것이라 21 그러나 보라 나를 파는 자의 손이 나와 함께 상 위에 있도다 22 인자는 이미 작정된 대로 가거니와 그를 파는 그 사람에게는 화가 있으리로다 하시니 23 저희가 서로 묻되 우리 중에서 이 일을 행할 자가 누구일까 하더라 24 또 저희 사이에 그중 누가 크냐 하는 다툼이 난지라 25 예수께서 이르시되 이방인의 임금들은 저희를 주관하며 그 집권자들은 은인이라 칭함을 받으나 26 너희는 그렇지 않을지니 너희 중에 큰 자는 젊은 자와 같고 두목은 섬기는 자와 같을지니라 27 앉아서 먹는 자가 크냐 섬기는 자가 크냐 앉아

He broke it, and gave it to them, saying, "This is My body which is given for you; do this in remembrance of Me." 20 And in the same way He took the cup after they had eaten, saying, "This cup which is poured out for you is the new covenant in My blood. 21 "But behold, the hand of the one betraying Me is with Me on the table. 22 "For indeed, the Son of Man is going as it has been determined; but woe to that man by whom He is betrayed!" 23 And they began to discuss among themselves which one of them it might be who was going to do this thing. 24 ¶ And there arose also a dispute among them as to which one of them was regarded to be greatest. 25 And He said to them, "The kings of the Gentiles lord it over them; and those who have authority over them are called 'Benefactors.' 26 "But not so with you, but let him who is the greatest among you become as the youngest, and the leader as the servant. 27 "For who is greater, the one who reclines at the table, or the one who serves? Is it

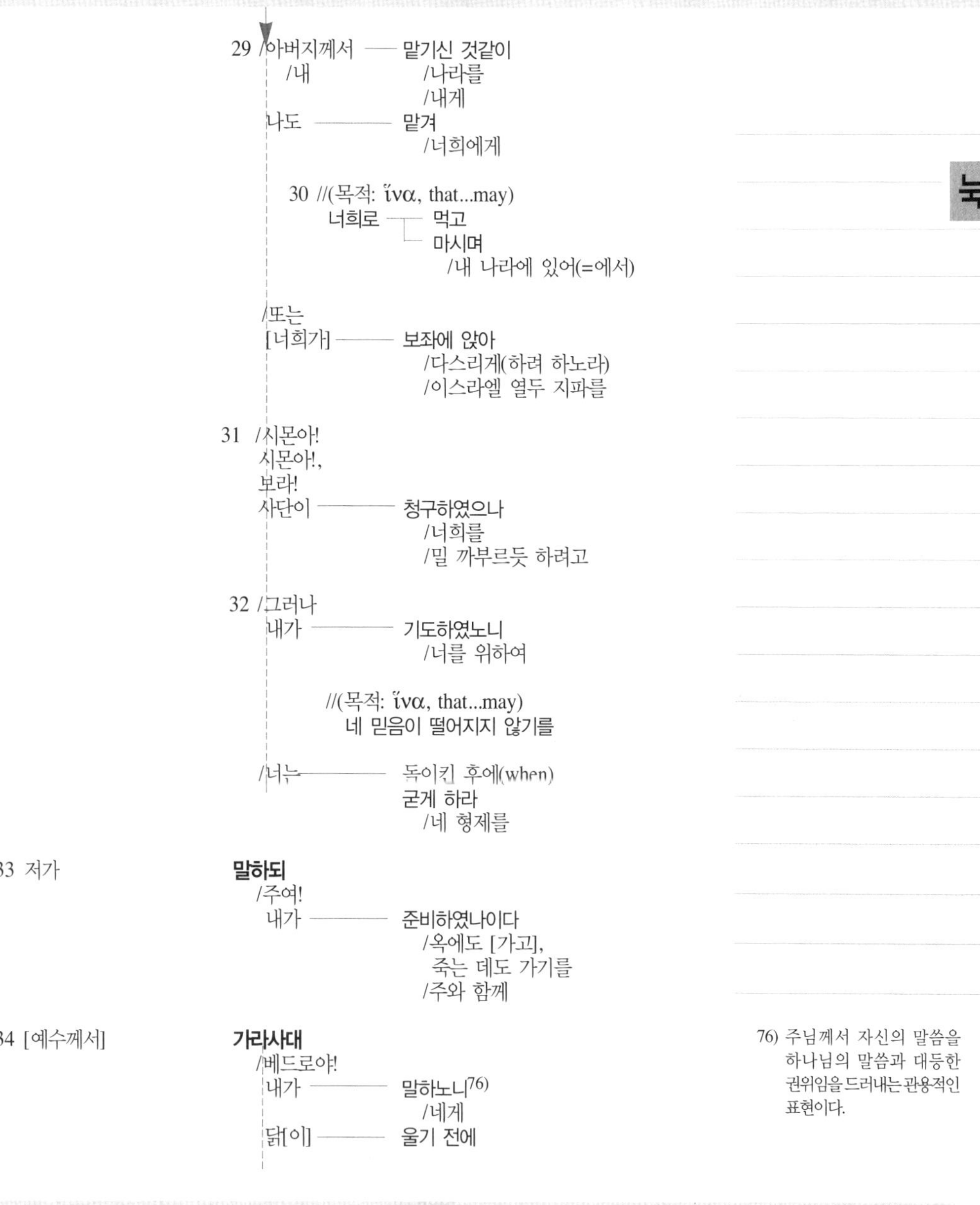

76) 주님께서 자신의 말씀을 하나님의 말씀과 대등한 권위임을 드러내는 관용적인 표현이다.

먹는 자가 아니냐 그러나 나는 섬기는 자로 너희 중에 있
노라 28 너희는 나의 모든 시험 중에 항상 나와 함께 한
자들인즉 29 내 아버지께서 나라를 내게 맡기신 것같이
나도 너희에게 맡겨 30 너희로 내 나라에 있어 내 상에서
먹고 마시며 또는 보좌에 앉아 이스라엘 열두 지파를 다스
리게 하려 하노라 31 시몬아, 시몬아, 보라 사단이 밀 까
부르듯 하려고 너희를 청구하였으나 32 그러나 내가 너
를 위하여 네 믿음이 떨어지지 않기를 기도하였노니 너는
돌이킨 후에 네 형제를 굳게 하라 33 저가 말하되 주여
내가 주와 함께 옥에도, 죽는 데도 가기를 준비하였나이다

not the one who reclines at the table? But I am among
you as the one who serves. 28 "And you are those who
have stood by Me in My trials; 29 and just as My Father
has granted Me a kingdom, I grant you 30 that you may
eat and drink at My table in My kingdom, and you will
sit on thrones judging the twelve tribes of Israel. 31
"Simon, Simon, behold, Satan has demanded permission
to sift you like wheat; 32 but I have prayed for you, that
your faith may not fail; and you, when once you have
turned again, strengthen your brothers." 33 And he said
to Him, "Lord, with You I am ready to go both to prison
and to death!" 34 And He said, "I say to you, Peter, the
cock will not crow today until you have denied three
times that you know Me." 35 And He said to them, "When

닭[이] —— 울기 전에
/오늘
네가 —— 부인하리라 하시니라
/세 번
/나를 모른다고

누

35 [예수께서] **이르시되**
/저희에게
/내가 —— 보내었을 때에
/너희를
/전대[없이]와
주머니[없이]와
신도 없이

/[너희가] —— 부족한 것이 있더냐?

[그들이] **가로되**
/없었나이다

36 [예수께서] **이르시되**
/이제는
전대 있는 자는 — 가질 것이요
/주머니도 —— 그리하고
/검 없는 자는 —— 살지어다
/겉옷을 팔아

37 /내가 —— 말하노니[77)]
/너희에게
/기록된 바...한 말이 —— 이루어져야 하리니
/저는 — 여김을 받았다 /내게
/불법자의 동류로

//(이유: γάρ, for)
내게 관한 일이 - 이루어 감이니라

38 저희가 **여짜오되**
/주여!
보소서!
검 둘이 —— 있나이다
/여기

[예수께서] **대답하시되**(...하시니라)
/족하다

39 예수께서 **나가사**
가시매
/감람 산에
/습관을 좇아

제자들도 **좇았더니**

76) 주님께서 자신의 말씀을 하나님의 말씀과 대등한 권위임을 드러내는 관용적인 표현이다.

34 가라사대 베드로야 내가 네게 말하노니 오늘 닭 울기
전에 네가 세 번 나를 모른다고 부인하리라 하시니라 35
저희에게 이르시되 내가 너희를 전대와 주머니와 신도 없
이 보내었을 때에 부족한 것이 있더냐 가로되 없었나이다
36 이르시되 이제는 전대 있는 자는 가질 것이요 주머니
도 그리하고 검 없는 자는 겉옷을 팔아 살지어다 37 내가
너희에게 말하노니 기록된 바 저는 불법자의 동류로 여김
을 받았다 한 말이 내게 이루어져야 하리니 내게 관한 일
이 이루어 감이니라 38 저희가 여짜오되 주여 보소서 여
기 검 둘이 있나이다 대답하시되 족하다 하시니라 39 예

I sent you out without purse and bag and sandals, you did not lack anything, did you?" And they said, "No, nothing."
36 And He said to them, "But now, let him who has a purse take it along, likewise also a bag, and let him who has no sword sell his robe and buy one. 37 "For I tell you, that this which is written must be fulfilled in Me, 'And He was numbered with transgressors';for that which refers to Me has its fulfillment." 38 And they said, "Lord, look, here are two swords." And He said to them, "It is enough." 39 And He came out and proceeded as was His custom to the Mount of Olives; and the disciples also followed Him. 40 And when He arrived at the place, He

누Ή

40 [예수께서] **이르러**
/그 곳에
이르시되(...하시고)
/저희에게
/[너희는] —— 기도하라
/시험에 들지 않기를

41 [예수께서] **가서**
/저희를 떠나
/돌 던질 만큼
꿇고
/무릎을
기도하여(...하시니)
42 /가라사대
아버지여!
/만일
아버지의 뜻이어든
[당신은] —— 옮기시옵소서
/이 잔을
/내게서
/그러나
[당신은] —— 마옵시고
/내 원대로
/[그것이] —— 되기를 원하나이다
/아버지의 원대로

43 사자가 **나타나**
/하늘로부터
/예수께
/힘을 돕더라(=도우면서)

44 예수께서 **기도하시니**
/힘쓰고 애써
/더욱 간절히

땀이 **피 방울같이 되더라**
/땅에 떨어지는

45 [예수께서] **일어나**
/기도 후에
가서
/제자들에게
보시고
/잠든 것을
/슬픔을 인하여

46 **이르시되**(...하시니라)
/[너희는] —— 어찌하여 자느냐?
[너희는] —— 일어나
기도하라

//(목적: ἵνα, that...may)

수께서 나가사 습관을 좇아 감람산에 가시매 제자들도 좇
았더니 40 그 곳에 이르러 저희에게 이르시되 시험에 들
지 않기를 기도하라 하시고 41 저희를 떠나 돌 던질 만큼
가서 무릎을 꿇고 기도하여 42 가라사대 아버지여 만일
아버지의 뜻이어든 이 잔을 내게서 옮기시옵소서 그러나
내 원대로 마옵시고 아버지의 원대로 되기를 원하나이다
하시니 43 사자가 하늘로부터 예수께 나타나 힘을 돕더
라 44 예수께서 힘쓰고 애써 더욱 간절히 기도하시니 땀
이 땅에 떨어지는 피방울같이 되더라 45 기도 후에 일어
나 제자들에게 가서 슬픔을 인하여 잠든 것을 보시고 46

said to them, "Pray that you may not enter into temptation."
41 And He withdrew from them about a stone's throw,
and He knelt down and began to pray, 42 saying, "Father,
if Thou art willing, remove this cup from Me; yet not
My will, but Thine be done." 43 Now an angel from
heaven appeared to Him, strengthening Him. 44 And being
in agony He was praying very fervently; and His sweat became
like drops of blood, falling down upon the ground. 45
And when He rose from prayer, He came to the disciples
and found them sleeping from sorrow, 46 and said to

//(목적: ἵνα, that...may)
[너희가] —— 시험에 들지 않게

47 [그가] 말씀하실 때에(when)
[보라!]
한 무리가 **오는데**
유다라 하는 자가 **앞에 (서서) 와서**
/열둘 중에 하나인 /그들의

48 [그가] **가까이 하는지라**
/입을 맞추려고
/예수께

예수께서 **이르시되**(...하시니)
/유다야!
네가 —— 파느냐?
/인자를
/입맞춤으로

49 좌우가 보고(when)
/그 될 일을
여짜오되(...하고)
/주여!
우리가 —— 치리이까?
/검으로

50 한 사람이 **쳐**
/그 중에
/대제사장의 종을
떨어뜨린지라
/그 오른편 귀를

51 예수께서 **일러**
가라사대(...하시고)
/[너희는] —— 참으라
/이것까지
만져
/그 귀를
낫게 하시더라
/[그것을]

52 예수께서 **이르시되**
/대제사장들과
성전의 군관들과
장로들에게
/그 잡으러 온
/너희가 —— 나왔느냐?
/강도를 잡는 것같이
/검과 몽치를 가지고

이르시되 어찌하여 자느냐 시험에 들지 않게 일어나 기도
하라 하시니라 47 말씀하실 때에 한 무리가 오는데 열둘
중에 하나인 유다라 하는 자가 그들의 앞에 서서 와서 48
예수께 입을 맞추려고 가까이 하는지라 예수께서 이르시되
유다야 네가 입맞춤으로 인자를 파느냐 하시니 49 좌우
가 그 될 일을 보고 여짜오되 주여 우리가 검으로 치리이
까 하고 50 그 중에 한 사람이 대제사장의 종을 쳐 그 오
른편 귀를 떨어뜨린지라 51 예수께서 일러 가라사대 이
것까지 참으라 하시고 그 귀를 만져 낫게 하시더라 52 예
수께서 그 잡으러 온 대제사장들과 성전의 군관들과 장로

them, "Why are you sleeping? Rise and pray that you
may not enter into temptation." 47 ¶ While He was still
speaking, behold, a multitude came, and the one called
Judas, one of the twelve, was preceding them; and he
approached Jesus to kiss Him. 48 But Jesus said to him,
"Judas, are you betraying the Son of Man with a kiss?"
49 And when those who were around Him saw what was
going to happen, they said, "Lord, shall we strike with
the sword?" 50 And a certain one of them struck the
slave of the high priest and cut off his right ear. 51 But
Jesus answered and said, "Stop! No more of this." And
He touched his ear and healed him. 52 And Jesus said to

53/내가 ——— 있을 때에(when)
/성전에
/너희와 함께
/날마다
내게 ——— 대지 아니하였도다
/손을
/그러나
이제는 ——— 너희 때요
권세로다 하시더라
/어두움의

54 [그들이] **잡아**
/예수를
끌고
들어갈새
/대제사장의 집으로
베드로가 **따라가니라**
/멀찍이

55 사람들이 **불을 피우고**
/뜰 가운데
함께 앉았는지라(when)
베드로도 **앉았더니**
/그 가운데

56 한 비자가 **보고**
/베드로의(가) ——— 앉은 것을
/불빛을 향하여
주목하여
가로되(...하니)
/이 사람도 ——— 있었느니라
/그와 함께

57 베드로가 **부인하여 가로되**
/이 여자여!
내가 ——— 알지 못하노라 하더라
/저를

58 조금 후에
다른 사람이 **보고**
가로되(...하거늘)
/너도 ——— 그 당이라

베드로가 **가로되**(...하더라)
/이 사람아!
나는 ——— 아니로라

들에게 이르시되 너희가 강도를 잡는 것같이 검과 몽치를
가지고 나왔느냐 53 내가 날마다 너희와 함께 성전에 있
을 때에 내게 손을 대지 아니하였도다 그러나 이제는 너희
때요 어두움의 권세로다 하시더라 54 예수를 잡아 끌고
대제사장의 집으로 들어갈새 베드로가 멀찍이 따라가니라
55 사람들이 뜰 가운데 불을 피우고 함께 앉았는지라 베
드로도 그 가운데 앉았더니 56 한 비자가 베드로의 불빛
을 향하여 앉은 것을 보고 주목하여 가로되 이 사람도 그
와 함께 있었느니라 하니 57 베드로가 부인하여 가로되
이 여자여 내가 저를 알지 못하노라 하더라 58 조금 후에
다른 사람이 보고 가로되 너도 그 당이라 하거늘 베드로가
가로되 이 사람아 나는 아니로라 하더라 59 한 시쯤 있다

the chief priests and officers of the temple and elders who
had come against Him, "Have you come out with swords
and clubs as against a robber? 53 "While I was with you
daily in the temple, you did not lay hands on Me; but
this hour and the power of darkness are yours." 54 ¶ And
having arrested Him, they led Him away, and brought
Him to the house of the high priest; but Peter was following
at a distance. 55 And after they had kindled a fire in the
middle of the courtyard and had sat down together, Peter
was sitting among them. 56 And a certain servant-girl,
seeing him as he sat in the firelight, and looking intently
at him, said, "This man was with Him too." 57 But he
denied it, saying, "Woman, I do not know Him." 58 And
a little later, another saw him and said, "You are one of

눅

59 한 시쯤 있다가
또 한 사람이 **장담하여 가로되**
/이는 ——— 있었느니라
/참으로
/그와 함께

//(이유: γάρ, for)
그가 —— 갈릴리 사람이니

60 베드로가 **가로되**
/이 사람아!
나는 ——— 알지 못하노라(고)
/너 하는 말을

방금 말할 때에
닭이 **울더라**
/곧

61 주께서 **돌이켜**
보시니
/베드로를

베드로가 **생각나서**
/주의 말씀
/곧 [말씀]하심이
/오늘 닭 울기 전에(상황절)
네가 ——— 부인하리라
/나를
/세 번

62 [그가] **나가서**
/밖에
통곡하니라
/심히

63 사람들이 **희롱하고**
/지키는 /예수를
때리며
64 **가리우고**
/그의 눈을
물어 가로되(…하고)
/선지자 노릇 하라
/너를 친 자가 누구냐?

65 **말로(=말을 했다)**
/많은
/이 외에도
/욕하더라(=욕하면서)

가 또 한 사람이 장담하여 가로되 이는 갈릴리 사람이니
참으로 그와 함께 있었느니라 60 베드로가 가로되 이 사
람아 나는 너 하는 말을 알지 못하노라고 방금 말할 때에
닭이 곧 울더라 61 주께서 돌이켜 베드로를 보시니 베드
로가 주의 말씀 곧 오늘 닭 울기 전에 네가 세 번 나를 부
인하리라 하심이 생각나서 62 밖에 나가서 심히 통곡하
니라 63 지키는 사람들이 예수를 희롱하고 때리며 64 그
의 눈을 가리우고 물어 가로되 선지자 노릇 하라 너를 친
자가 누구냐 하고 65 이 외에도 많은 말로 욕하더라 66
날이 새매 백성의 장로들 곧 대제사장들과 서기관들이 모

them too!" But Peter said, "Man, I am not!" 59 And after
about an hour had passed, another man began to insist, saying,
"Certainly this man also was with Him, for he is a Galilean
too." 60 But Peter said, "Man, I do not know what you
are talking about." And immediately, while he was still
speaking, a cock crowed. 61 And the Lord turned and
looked at Peter. And Peter remembered the word of the
Lord, how He had told him, "Before a cock crows today,
you will deny Me three times." 62 And he went out and
wept bitterly. 63 And the men who were holding Jesus
in custody were mocking Him, and beating Him, 64 and
they blindfolded Him and were asking Him, saying, "Prophesy,

66 날이 새매
백성의 장로들 모이어
/곧
대제사장들과
서기관들이

끌어들여
/예수를
/그 공회로

67 가로되
/[만일]
네가 —— 그리스도여든(if)
[너는] —— 말하라
/우리에게

[예수께서] 대답하시되(...하시니)
/[만일]
내가 —— 말할지라도(if)
너희가 —— 믿지 아니할 것이요

68 /[만일]
내가 —— 물어도(if)
너희가 —— 대답지 아니할 것이니라

69 /그러나
이제 후로는
인자가 —— 앉아 있으리라
/우편에
/권능의
/하나님의

70 다 가로되
/그러면
네가 —— 하나님의 아들이냐?

[예수께서] 대답하시되
/내가 —— 그니라
/너희 말과 같이

71 저희가 가로되(...하더라)
/어찌 —— 요구하리요
/더 증거를

//(이유: γάρ, for)
우리가 —— 들었노라
/그 입에서
/친히

이어 예수를 그 공회로 끌어들여 67 가로되 네가 그리스
도여든 우리에게 말하라 대답하시되 내가 말할지라도 너희
가 믿지 아니할 것이요 68 내가 물어도 너희가 대답지 아
니할 것이니라 69 그러나 이제 후로는 인자가 하나님의
권능의 우편에 앉아 있으리라 하시니 70 다 가로되 그러
면 네가 하나님의 아들이냐 대답하시되 너희 말과 같이 내
가 그니라 71 저희가 가로되 어찌 더 증거를 요구하리요
우리가 친히 그 입에서 들었노라 하더라

who is the one who hit You?" 65 And they were saying
many other things against Him, blaspheming. 66 And
when it was day, the Council of elders of the people assembled,
both chief priests and scribes, and they led Him away to
their council chamber, saying, 67 "If You are the Christ,
tell us." But He said to them, "If I tell you, you will not
believe; 68 and if I ask a question, you will not answer.
69 "But from now on the Son of Man will be seated at
the right hand of the power of God." 70 And they all
said, "Are You the Son of God, then?" And He said to
them, "Yes, I am." 71 And they said, "What further need
do we have of testimony? For we have heard it ourselves from
His own mouth."

눅

23

1 무리가 다
일어나
끌고 가서
/예수를
/빌라도에게
2 **고소하여 가로되**(...하니)
/우리가 —— 보매(=보았나이다)
/이 사람을
/미혹하고(분사)
/우리 백성을
금하며(분사)
/가이사에게 세 바치는 것을
하더이다(=하는 것을, 분사)
/자칭 왕 그리스도라

3 빌라도가
물어 가로되
/예수께
/네가 —— 유대인의 왕이냐?
[예수께서]
대답하여 가라사대
/네 말이 옳도다

4 빌라도가
이르되(...하니)
/대제사장들과
무리에게
/내가 —— 보니(=본다)
/죄가 없도다(=없는 것을)
/이 사람에게

5 무리가
말하되
/더욱 굳세게
/저가 —— 소동케 하나이다
/백성을
/가르치고(분사)
/온 유대에서
/갈릴리에서부터 시작하여
여기까지 와서

6 빌라도가
듣고
묻되
/저가 갈릴리 사람이냐 하여[78]

7 [그가]
알고(when)
/헤롯의 관할에 속한 줄을
보내니
/헤롯에게
/(헤롯이)[79]— 예루살렘에 있더라
/때에(=그 당시에)

78) 저가 갈릴리 사람인지 아닌지…

79) 선행사를 해롯으로 하여 헤롯을 설명하는 수식부이다.

23:1 무리가 다 일어나 예수를 빌라도에게 끌고 가서
2 고소하여 가로되 우리가 이 사람을 보매 우리 백
성을 미혹하고 가이사에게 세 바치는 것을 금하며 자칭 왕
그리스도라 하더이다 하니 3 빌라도가 예수께 물어 가로
되 네가 유대인의 왕이냐 대답하여 가라사대 네 말이 옳도
다 4 빌라도가 대제사장들과 무리에게 이르되 내가 보니
이 사람에게 죄가 없도다 하니 5 무리가 더욱 굳세게 말
하되 저가 온 유대에서 가르치고 갈릴리에서부터 시작하여
여기까지 와서 백성을 소동케 하나이다 6 빌라도가 듣고
묻되 저가 갈릴리 사람이냐 하여 7 헤롯의 관할에 속한
줄을 알고 헤롯에게 보내니 때에 헤롯이 예루살렘에 있더
라

23:1 ¶ Then the whole body of them arose and brought
Him before Pilate.2 And they began to accuse Him,
saying, "We found this man misleading our nation and
forbidding to pay taxes to Caesar, and saying that He
Himself is Christ, a King." 3 And Pilate asked Him,
saying, "Are You the King of the Jews?" And He answered
him and said, "It is as you say." 4 And Pilate said to the
chief priests and the multitudes, "I find no guilt in this
man." 5 But they kept on insisting, saying, "He stirs up
the people, teaching all over Judea, starting from Galilee, even
as far as this place." 6 But when Pilate heard it, he asked
whether the man was a Galilean. 7 And when he learned

8 헤롯이 보고(when)
/예수를
기뻐하니
/심히

//이는(이유: γάρ, for)
[그가] —— 바랐던 연고러라
/볼까

//(이유: δια+목적격, because)
[그가] —— 들었으므로
/그의 소문을
또한 보고자 한 지 오래였고
/무엇이나 이적 행하심을

9 [그가] **물으나**
/여러 말로
대답지 아니하시니
/아무 말도

10 대제사장들과
서기관들이 **서서**
고소하더라
/힘써

11 헤롯이 **업신여기며**
/예수를
/그 군병들과 함께

[그가] 희롱하고(after)
입혀
/빛난 옷을
도로 보내니
/빌라도에게

12 헤롯과
빌라도가 **친구가 되니라**
/당일에
/서로

//(이유: γάρ, for)
[그들이] —— 원수이었으나
/전에는

13 빌라도가 **불러 모으고**
/대제사장들과
관원들과
백성을

8 헤롯이 예수를 보고 심히 기뻐하니 이는 그의 소문을 들
었으므로 보고자 한 지 오래였고 또한 무엇이나 이적 행하
심을 볼까 바랐던 연고러라 9 여러 말로 물으나 아무 말
도 대답지 아니하시니 10 대제사장들과 서기관들이 서서
힘써 고소하더라 11 헤롯이 그 군병들과 함께 예수를 업
신여기며 희롱하고 빛난 옷을 입혀 빌라도에게 도로 보내
니 12 헤롯과 빌라도가 전에는 원수이었으나 당일에 서
로 친구가 되니라 13 빌라도가 대제사장들과 관원들과
백성을 불러 모으고

that He belonged to Herod's jurisdiction, he sent Him to Herod,
who himself also was in Jerusalem at that time. 8 ¶ Now
Herod was very glad when he saw Jesus; for he had
wanted to see Him for a long time, because he had been
hearing about Him and was hoping to see some sign performed
by Him. 9 And he questioned Him at some length; but
He answered him nothing. 10 And the chief priests and
the scribes were standing there, accusing Him vehemently.
11 And Herod with his soldiers, after treating Him with
contempt and mocking Him, dressed Him in a gorgeous
robe and sent Him back to Pilate. 12 Now Herod and
Pilate became friends with one another that very day; for
before they had been at enmity with each other. 13 And
Pilate summoned the chief priests and the rulers and the people,

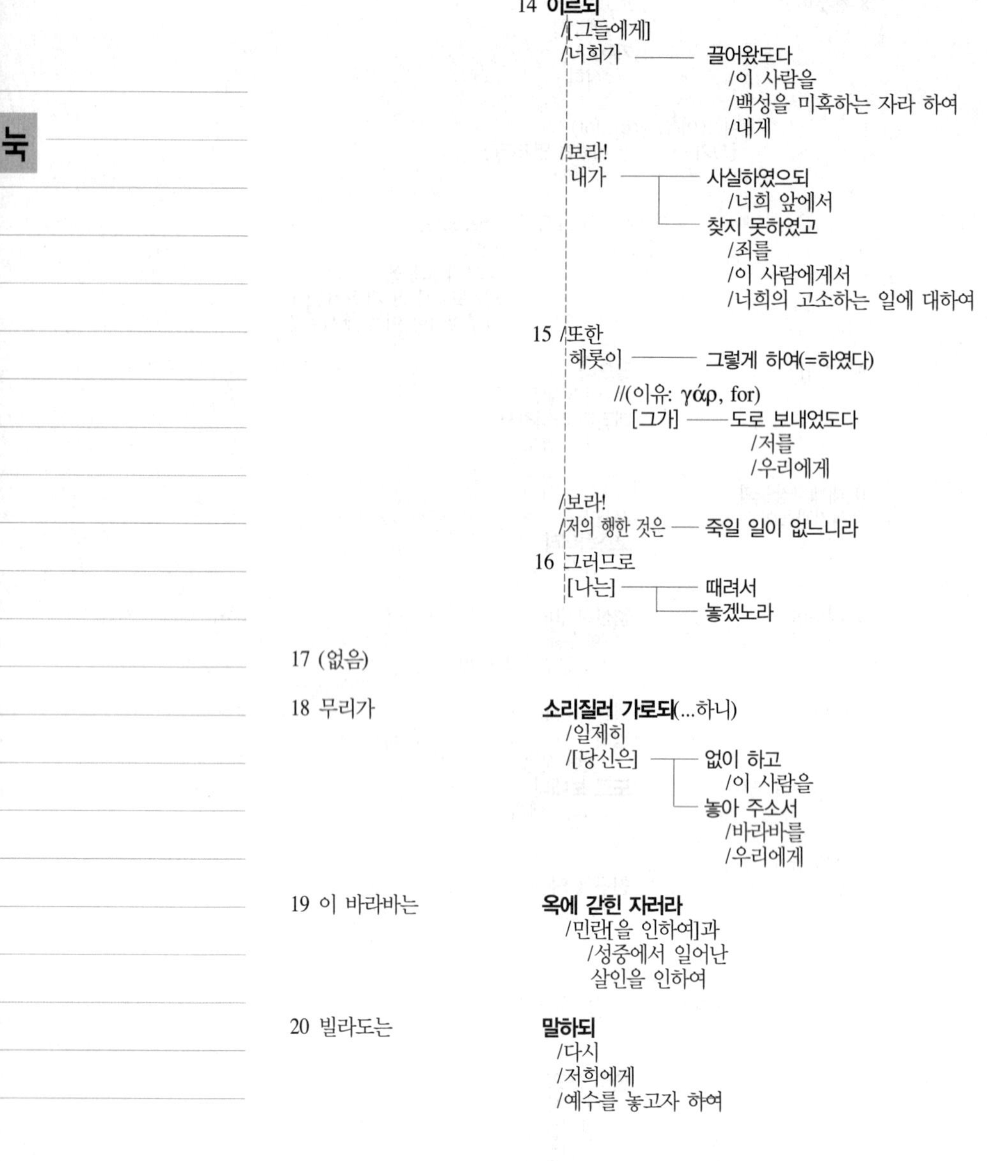

14 이르되 너희가 이 사람을 백성을 미혹하는 자라 하여
내게 끌어왔도다 보라 내가 너희 앞에서 사실하였으되 너
희의 고소하는 일에 대하여 이 사람에게 죄를 찾지 못하였
고 15 헤롯이 또한 그렇게 하여 저를 우리에게 도로 보내
었도다 보라 저의 행한 것은 죽일 일이 없느니라 16 그
러므로 때려서 놓겠노라 17 (없 음) 18 무리가 일제히
소리질러 가로되 이 사람을 없이 하고 바라바를 우리에게
놓아 주소서 하니 19 이 바라바는 성중에서 일어난 민란
과 살인을 인하여 옥에 갇힌 자러라 20 빌라도는 예수를
놓고자 하여 다시 저희에게 말하되

14 and said to them, "You brought this man to me as
one who incites the people to rebellion, and behold, having
examined Him before you, I have found no guilt in this
man regarding the charges which you make against Him.
15 "No, nor has Herod, for he sent Him back to us; and
behold, nothing deserving death has been done by Him.
16 "I will therefore punish Him and release Him." 17
[Now he was obliged to release to them at the feast one
prisoner.] 18 But they cried out all together, saying, "Away
with this man, and release for us Barabbas!" 19 (He was
one who had been thrown into prison for a certain insurrection
made in the city, and for murder.) 20 And Pilate, wanting
to release Jesus, addressed them again, 21 but they kept
on calling out, saying, "Crucify, crucify Him!" 22 And

21 저희는 **소리질러 가로되**(...하는지라)
/[당신은] — 십자가에 못 박게 하소서
/저를
— 십자가에 못 박게 하소서

22 빌라도가 **말하되**(...한대)
/세 번째
/이 사람이 — 하였느냐?
/무슨 악한 일을
/나는 — 찾지 못하였나니
/그 죽일 죄를
— 때려서
/[그를]
— 놓으리라

23 저희가 **재촉하여**
/큰 소리로
/구하니
/십자가에 못 박기를
소리가 **이긴지라**
/저희의

24 이에
빌라도가 **언도하고**
/저희의 구하는 대로 하기를

25 [그가] **놓고**
/저희의 구하는 자
/곧 옥에 갇힌 자를
/민란과 살인을 인하여

넘겨 주어(...하게 하니라)
/예수를
/저희 뜻대로

26 저희가 끌고 갈 때에(when)
/예수를
잡아
/구레네 사람이(을)
/시몬이라는
/시골로서 오는 (것을)
지워
/십자가를
/그에게
/예수를 좇게(하더라)

21 저희는 소리질러 가로되 저를 십자가에 못박게 하소
서 십자가에 못박게 하소서 하는지라 22 빌라도가 세 번
째 말하되 이 사람이 무슨 악한 일을 하였느냐 나는 그 죽
일 죄를 찾지 못하였나니 때려서 놓으리라 한대 23 저희
가 큰 소리로 재촉하여 십자가에 못박기를 구하니 저희의
소리가 이긴지라 24 이에 빌라도가 저희의 구하는 대로
하기를 언도하고 25 저희의 구하는 자 곧 민란과 살인을
인하여 옥에 갇힌 자를 놓고 예수를 넘겨 주어 저희 뜻대
로 하게 하니라 26 저희가 예수를 끌고 갈 때에 시몬이라
는 구레네 사람이 시골로서 오는 것을 잡아 그에게 십자가

he said to them the third time, "Why, what evil has this
man done? I have found in Him no guilt demanding death;
I will therefore punish Him and release Him." 23 But
they were insistent, with loud voices asking that He be
crucified. And their voices began to prevail. 24 And Pilate
pronounced sentence that their demand should be granted.
25 And he released the man they were asking for who
had been thrown into prison for insurrection and murder,
but he delivered Jesus to their will. 26 And when they
led Him away, they laid hold of one Simon of Cyrene, coming
in from the country, and placed on him the cross to carry
behind Jesus. 27 And there were following Him a great

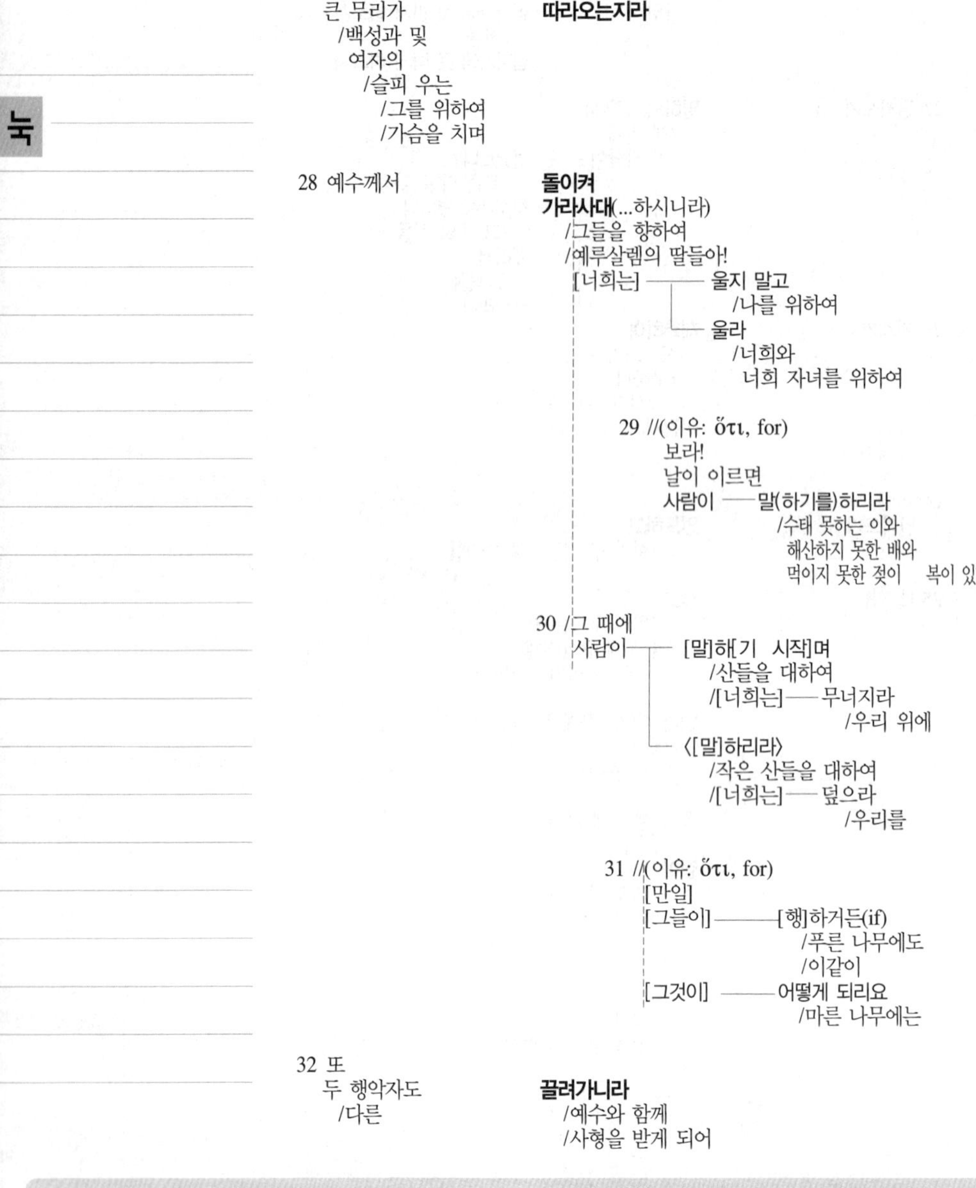

를 지워 예수를 좇게 하더라 **27** 또 백성과 및 그를 위하여 가슴을 치며 슬피 우는 여자의 큰 무리가 따라오는지라 **28** 예수께서 돌이켜 그들을 향하여 가라사대 예루살렘의 딸들아 나를 위하여 울지 말고 너희와 너희 자녀를 위하여 울라 **29** 보라 날이 이르면 사람이 말하기를 수태 못하는 이와 해산하지 못한 배와 먹이지 못한 젖이 복이 있다 하리라 **30** 그 때에 사람이 산들을 대하여 우리 위에 무너지라 하며 작은 산들을 대하여 우리를 덮으라 하리라 **31** 푸른 나무에도 이같이 하거든 마른 나무에는 어떻게 되리요 하시니라 **32** 또 다른 두 행악자도 사형을 받게 되어 예수

multitude of the people, and of women who were mourning and lamenting Him. **28** But Jesus turning to them said, "Daughters of Jerusalem, stop weeping for Me, but weep for yourselves and for your children. **29** "For behold, the days are coming when they will say, 'Blessed are the barren, and the wombs that never bore, and the breasts that never nursed.' **30** "Then they will begin to say to the mountains, 'Fall on us,' and to the hills, 'Cover us.' **31** "For if they do these things in the green tree, what will happen in the dry?" **32** And two others also, who were criminals, were being led away to be put to death with Him. **33** And when they came to the place called

33 [그들이] 이르러(when)
/해골이라 하는 곳에

십자가에 못 박고
/예수를
/거기서

두 행악자도 **그렇게 하니**

하나는 **〈있고〉**
/우편에
하나는 **〈있더라〉**
/좌편에

34 이에
예수께서 **가라사대**(...하시더라)
/아버지여!
[당신은] —— 사하여 주옵소서
/저희를

//(이유: γάρ, for)
[저희는] — 알지 못함이니이다
/자기의 하는 것을

저희가 **나눠**
/그의 옷을
제비뽑을새

35 백성은 **서서**
/구경하며
관원들도 **비웃어 가로되**(...하고)
/저가 —— 구원하였으니
/남을
/만일
[저가] —— 그리스도여든(if)
/하나님의 택하신 자
—— 구원할지어다
/자기도

36 군병들도 **희롱하면서 가로되**(...하더라)
/[그를]
/나아와
/주며
/신 포도주를
37 /[만일]
네가 —— 왕이어든
/유대인의
네가 —— 구원하라
/너를

와 함께 끌려 가니라 33 해골이라 하는 곳에 이르러 거기
서 예수를 십자가에 못박고 두 행악자도 그렇게 하니 하나
는 우편에 하나는 좌편에 있더라 34 이에 예수께서 가라
사대 아버지여 저희를 사하여 주옵소서 자기의 하는 것을
알지 못함이니이다 하시더라 저희가 그의 옷을 나눠 제비
뽑을새 35 백성은 서서 구경하며 관원들도 비웃어 가로되
저가 남을 구원하였으니 만일 하나님의 택하신 자 그리스
도여든 자기도 구원할지어다 하고 36 군병들도 희롱하면
서 나아와 신 포도주를 주며 37 가로되 네가 만일 유대인
의 왕이어든 네가 너를 구원하라 하더라

The Skull, there they crucified Him and the criminals,
one on the right and the other on the left. 34 But Jesus
was saying, "Father, forgive them; for they do not know
what they are doing." And they cast lots, dividing up His
garments among themselves. 35 And the people stood by,
looking on. And even the rulers were sneering at Him,
saying, "He saved others; let Him save Himself if this is
the Christ of God, His Chosen One." 36 And the soldiers
also mocked Him, coming up to Him, offering Him sour wine,
37 and saying, "If You are the King of the Jews, save
Yourself!" 38 Now there was also an inscription above
Him, "THIS IS THE KING OF THE JEWS." 39 ¶ And one

누

38 [명]패가 /이는 — 왕이라 쓴 /유대인의
있더라 /그의 위에

39 하나는 /행악자 중 /달린
비방하여 가로되(...하되)
/네가 —— 그리스도가 아니냐?
/[너는] —— 구원하라 /너와 우리를

40 하나는
꾸짖어 가로되(...하고)
/그 사람을
/네가 —— 두려워 아니하느냐? /하나님을

//(이유: ὅτι, since)
[네가] —— 정죄를 받고서도 /동일한

41 /우리는 —— 당연하거니와

//(이유: γάρ, for)
[우리는] —— 받는 것이니 /(이에) 상당한 보응을 /우리의 행한 일에

/행한 것은 —— 옳지 않은 것이 없느니라[80)] /이 사람의

42 [그가]
가로되(...하니)
/예수여!
당신의 나라에 임하실 때에(when)
[당신은] —— 생각하소서 /나를

43 예수께서
이르시되(...하시니라)
/진실로
내가 —— 이르노니[81)] /네게
/네가 —— 낙원에 있으리라 /나와 함께 /오늘

44 때가 해가 어두움이
제 육 시쯤 되어
빛을 잃고
임하여
/온 땅에
/제 구 시까지 (계속하며)

80) 직역: 이 사람은 어떤 해로운 것을 행하지 아니하였다.

81) 'ἀμὴν λέγω', '아멘, 내가 말한다'. 주님이 자신의 말에 대해 확정적임을 강조하는 관용적인 어구이다.

38 그의 위에 이는 유대인의 왕이라 쓴 패가 있더라 39
달린 행악자 중 하나는 비방하여 가로되 네가 그리스도가
아니냐 너와 우리를 구원하라 하되 40 하나는 그 사람을
꾸짖어 가로되 네가 동일한 정죄를 받고서도 하나님을 두
려워 아니하느냐 41 우리는 우리의 행한 일에 상당한 보
응을 받는 것이니 이에 당연하거니와 이 사람의 행한 것은
옳지 않은 것이 없느니라 하고 42 가로되 예수여 당신의
나라에 임하실 때에 나를 생각하소서 하니 43 예수께서
이르시되 내가 진실로 네게 이르노니 오늘 네가 나와 함께
낙원에 있으리라 하시니라 44 때가 제육시쯤 되어 해가

of the criminals who were hanged there was hurling abuse
at Him, saying, "Are You not the Christ? Save Yourself
and us!" 40 But the other answered, and rebuking him
said, "Do you not even fear God, since you are under the
same sentence of condemnation? 41 "And we indeed
justly, for we are receiving what we deserve for our deeds;
but this man has done nothing wrong." 42 And he was saying,
"Jesus, remember me when You come in Your kingdom!"
43 And He said to him, "Truly I say to you, today you
shall be with Me in Paradise." 44 ¶ And it was now about
the sixth hour, and darkness fell over the whole land until
the ninth hour, 45 the sun being obscured; and the veil

45 휘장이 찢어지더라
/성소의 /한가운데가

46 예수께서 불러 가라사대(...하고)
/큰 소리로
/아버지여!
[내가] ——— 부탁하나이다
/내 영혼을
/아버지 손에
이 말씀을 하신 후(상황절)
[그가] 운명하시다

47 백부장이 보고(when)
/그 된 일을
영광을 돌려 가로되(...하고)
/하나님께
/이 사람은 ——— 의인이었도다
/정녕

48 무리도 보고(when)
/모인 /그 된 일을
/이를 구경하러
/다
[그들이] 돌아가고
/가슴을 두드리며
49 아는 자들과 서서
/예수의 /멀리
및 여자들도 /보니라(=보면서)
/따라온 /이 일을
/갈릴리로부터

/다

50 사람이 있으니
/요셉이라 하는
/공회 의원으로
/선하고
/의로운

51 [그는] 가타 하지 아니한 자라[82)]
/결의와 행사에
/저희의

그는 아리마대 사람이요
/유대인의 동네
기다리는 자러니
/하나님의 나라를

82) 가타하지 아니하다=찬성하지 아니하다.

빛을 잃고 온 땅에 어두움이 임하여 제구시까지 계속하며
45 성소의 휘장이 한가운데가 찢어지더라 46 예수께서
큰 소리로 불러 가라사대 아버지여 내 영혼을 아버지 손에
부탁하나이다 하고 이 말씀을 하신 후 운명하시다 47 백
부장이 그 된 일을 보고 하나님께 영광을 돌려 가로되 이
사람은 정녕 의인이었도다 하고 48 이를 구경하러 모인
무리도 그 된 일을 보고 다 가슴을 두드리며 돌아가고 49
예수의 아는 자들과 및 갈릴리로부터 따라온 여자들도 다
멀리 서서 이 일을 보니라 50 공회 의원으로 선하고 의로
운 요셉이라 하는 사람이 있으니 51 (저희의 결의와 행사
에 가타 하지 아니한 자라) 그는 유대인의 동네 아리마대
사람이요 하나님의 나라를 기다리는 자러니 52 빌라도에

of the temple was torn in two. 46 And Jesus, crying out
with a loud voice, said, "Father, into Thy hands I commit
My spirit." And having said this, He breathed His last.
47 Now when the centurion saw what had happened, he began
praising God, saying, "Certainly this man was innocent."
48 And all the multitudes who came together for this spectacle,
when they observed what had happened, began to return,
beating their breasts. 49 And all His acquaintances and
the women who accompanied Him from Galilee, were standing
at a distance, seeing these things. 50 And behold, a man named
Joseph, who was a member of the Council, a good and
righteous man 51 (he had not consented to their plan and

누

52 [그가] 가서
/빌라도에게
달라 하여
/예수의 시체를

53 내려
/이를
싸고
/세마포로
넣어 두니
/무덤에
/바위에 판
/아직 사람을 장사한 일이 없는

54 이 날은 예비일이요
거의 되었더라
/안식일이

55 여자들이 뒤를 좇아
/예수와 함께 온
/갈릴리에서
보고
/그 무덤과
그의 시체를 어떻게 둔 것을

56 돌아가
예비하더라
/향품과
향유를
쉬더라
/안식일에
/계명을 좇아

24

1 안식 후 첫날 새벽에(상황절)
이 여자들이 가서
/무덤에
/가지고
/향품을
/그 예비한

2 보고
/돌이 —— 굴려 옮기운 것을
/무덤에서

게 가서 예수의 시체를 달라 하여 53 이를 내려 세마포로
싸고 아직 사람을 장사한 일이 없는 바위에 판 무덤에 넣
어 두니 54 이 날은 예비일이요 안식일이 거의 되었더라
55 갈릴리에서 예수와 함께 온 여자들이 뒤를 좇아 그 무
덤과 그의 시체를 어떻게 둔 것을 보고 56 돌아가 향품과
향유를 예비하더라 계명을 좇아 안식일에 쉬더라

24:1 안식 후 첫날 새벽에 이 여자들이 그 예비한 향
품을 가지고 무덤에 가서 2 돌이 무덤에서 굴려
옮기운 것을 보고 3 들어가니 주 예수의 시체가 뵈지 아

action), a man from Arimathea, a city of the Jews, who
was waiting for the kingdom of God; 52 this man went
to Pilate and asked for the body of Jesus. 53 And he took
it down and wrapped it in a linen cloth, and laid Him in
a tomb cut into the rock, where no one had ever lain. 54
And it was the preparation day, and the Sabbath was about
to begin. 55 Now the women who had come with Him
out of Galilee followed after, and saw the tomb and how
His body was laid. 56 And they returned and prepared
spices and perfumes. And on the Sabbath they rested according
to the commandment.

24:1 But on the first day of the week, at early dawn,
they came to the tomb, bringing the spices which
they had prepared. 2 And they found the stone rolled

니하더라 4 이를 인하여 근심할 때에 문득 찬란한 옷을
입은 두 사람이 곁에 섰는지라 5 여자들이 두려워 얼굴을
땅에 대니 두 사람이 이르되 어찌하여 산 자를 죽은 자 가
운데서 찾느냐 6 여기 계시지 않고 살아나셨느니라 갈릴
리에 계실 때에 너희에게 어떻게 말씀하신 것을 기억하라
7 이르시기를 인자가 죄인의 손에 넘기워 십자가에 못 박
히고 제삼일에 다시 살아나야 하리라 하셨느니라 한대 8
저희가 예수의 말씀을 기억하고 9 무덤에서 돌아가 이 모
든 것을 열한 사도와 모든 다른 이에게 고하니 10 (이 여
자들은 막달라 마리아와 요안나와 야고보의 모친 마리아라

away from the tomb, 3 but when they entered, they did
not find the body of the Lord Jesus. 4 And it happened
that while they were perplexed about this, behold, two
men suddenly stood near them in dazzling apparel; 5 and
as the women were terrified and bowed their faces to the
ground, the men said to them, "Why do you seek the
living One among the dead? 6 "He is not here, but He
has risen. Remember how He spoke to you while He was
still in Galilee, 7 saying that the Son of Man must be delivered
into the hands of sinful men, and be crucified, and the
third day rise again." 8 And they remembered His words,
9 and returned from the tomb and reported all these things

또
다른 여자들도
/저희와 함께한
고하니라
/이것을
/사도들에게

11 사도들은
믿지 아니하나
/저희 말이 —— 뵈어
/허탄한 듯이

12 베드로는
일어나
달려가서
/무덤에

구푸려 들여다보니
보이는지라
/세마포만

돌아가니라
/집으로
/기이히 여기며
/그 된 일을

13 [보라!]
둘이
/저희 중
가면서
/그 날에
/엠마오라 하는 촌으로
/예루살렘에서 이십오 리 되는

14 [그들이]
이야기하더라
/이 모든 된 일을
/서로

15 저희가
서로 이야기하며
문의할 때에(when)
예수께서
가까이 이르러
동행하시나
/저희와

16 눈이
/저희의
가리워져서
/알아보지 못하거늘(=못하도록)
/그인 줄

17 예수께서
이르시되(...하시니)
/이야기가 ——— 무엇이냐?
/너희가 —— 주고 받고 하는
/서로
/길 가면서

또 저희와 함께한 다른 여자들도 이것을 사도들에게 고하
니라) 11 사도들은 저희 말이 허탄한 듯이 뵈어 믿지 아
니하나 12 베드로는 일어나 무덤에 달려 가서 구푸려 들
여다 보니 세마포만 보이는지라 그 된 일을 기이히 여기며
집으로 돌아가니라 13 그 날에 저희 중 둘이 예루살렘에
서 이십오리 되는 엠마오라 하는 촌으로 가면서 14 이 모
든 된 일을 서로 이야기하더라 15 저희가 서로 이야기하
며 문의할 때에 예수께서 가까이 이르러 저희와 동행하시
나 16 저희의 눈이 가리워져서 그인 줄 알아보지 못하거
늘 17 예수께서 이르시되 너희가 길가면서 서로 주고 받

to the eleven and to all the rest. 10 Now they were Mary
Magdalene and Joanna and Mary the mother of James;
also the other women with them were telling these things
to the apostles. 11 And these words appeared to them as
nonsense, and they would not believe them. 12 But Peter
arose and ran to the tomb; stooping and looking in, he
saw the linen wrappings only; and he went away to his
home, marveling at that which had happened. 13 ¶ And behold,
two of them were going that very day to a village named
Emmaus, which was about seven miles from Jerusalem.
14 And they were conversing with each other about all
these things which had taken place. 15 And it came about
that while they were conversing and discussing, Jesus Himself
approached, and began traveling with them. 16 But their
eyes were prevented from recognizing Him. 17 And He
said to them, "What are these words that you are exchanging

두 사람이 머물러 서더라
/슬픈 빛을 띠고

18 글로바라 하는 자가 대답하여
/그 한 사람인 가로되
/당신이 — 우거하면서
/예루살렘에
홀로 알지 못하느뇨?
/근일 거기서 된 일을

19 [예수께서] 가라사대
/무슨 일이뇨?
[그들이] 가로되(...하거늘)
/나사렛 예수의 일이니
그는 — 선지자여늘
/말과 일에 능하신
/하나님과
모든 백성 앞에서

20 /대제사장들과
관원들이 — 넘겨 주어
/우리[의] /사형 판결에

[그들이] — 십자가에 못 박았느니라

21 /우리는 — 바랐노라
/이 사람이 구속할 자라고
/이스라엘을

/이뿐 아니라
이 일이 된 지가 — 사흘째요

22 /또한
어떤 여자들이 — 놀라게 하였으니
/우리 중에 /우리로

/(이는)
저희가 — 갔다가
/무덤에
/새벽에

23 /[그들이] — 보지 못하고(when)
/그의 시체는(를)

와서
[말]함이라
/천사들의 나타남을 보았다
/그가 살으셨다 [말]하는

24 /또

고 하는 이야기가 무엇이냐 하시니 두 사람이 슬픈 빛을
띠고 머물러 서더라 18 그 한 사람인 글로바라 하는 자가
대답하여 가로되 당신이 예루살렘에 우거하면서 근일 거기
서 된 일을 홀로 알지 못하느뇨 19 가라사대 무슨 일이뇨
가로되 나사렛 예수의 일이니 그는 하나님과 모든 백성 앞
에서 말과 일에 능하신 선지자여늘 20 우리 대제사장들
과 관원들이 사형 판결에 넘겨 주어 십자가에 못박았느니
라 21 우리는 이 사람이 이스라엘을 구속할 자라고 바랐
노라 이뿐 아니라 이 일이 된 지가 사흘째요 22 또한 우
리 중에 어떤 여자들이 우리로 놀라게 하였으니 이는 저희

with one another as you are walking?" And they stood still, looking sad.
18 And one of them, named Cleopas, answered and said to Him, "Are You the only one visiting Jerusalem and unaware of the things which have happened here in these days?"
19 And He said to them, "What things?" And they said to Him, "The things about Jesus the Nazarene, who was a prophet mighty in deed and word in the sight of God and all the people,
20 and how the chief priests and our rulers delivered Him up to the sentence of death, and crucified Him.
21 "But we were hoping that it was He who was going to redeem Israel. Indeed, besides all this, it is the third day since these things happened.

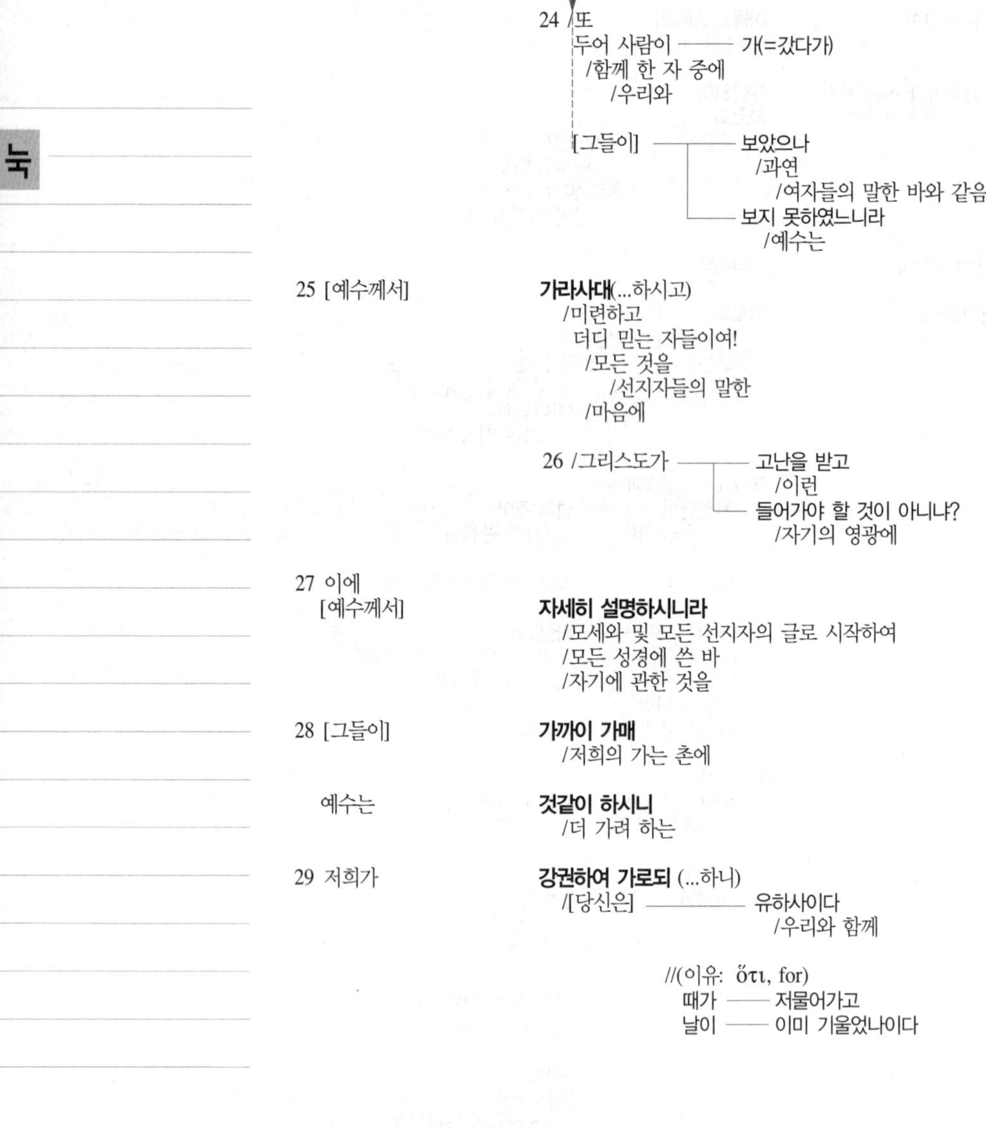

가 새벽에 무덤에 갔다가 23 그의 시체는 보지 못하고 와
서 그가 살으셨다 하는 천사들의 나타남을 보았다 함이라
24 또 우리와 함께한 자 중에 두어 사람이 무덤에 가 과연
여자들의 말한 바와 같음을 보았으나 예수는 보지 못하였
느니라 하거늘 25 가라사대 미련하고 선지자들의 말한
모든 것을 마음에 더디 믿는 자들이여 26 그리스도가 이
런 고난을 받고 자기의 영광에 들어가야 할 것이 아니냐
하시고 27 이에 모세와 및 모든 선지자의 글로 시작하여
모든 성경에 쓴 바 자기에 관한 것을 자세히 설명하시니라
28 저희의 가는 촌에 가까이 가매 예수는 더 가려 하는 것
같이 하시니 29 저희가 강권하여 가로되 우리와 함께 유
하사이다 때가 저물어 가고 날이 이미 기울었나이다 하니

22 "But also some women among us amazed us. When
they were at the tomb early in the morning, 23 and did
not find His body, they came, saying that they had also
seen a vision of angels, who said that He was alive. 24
"And some of those who were with us went to the tomb
and found it just exactly as the women also had said; but
Him they did not see." 25 And He said to them, "O
foolish men and slow of heart to believe in all that the prophets
have spoken! 26 "Was it not necessary for the Christ to
suffer these things and to enter into His glory?" 27 And
beginning with Moses and with all the prophets, He
explained to them the things concerning Himself in all
the Scriptures. 28 And they approached the village where
they were going, and He acted as though He would go
farther. 29 And they urged Him, saying, "Stay with us,
for it is getting toward evening, and the day is now nearly

이에
[예수께서] **들어가시니라**
/유하러
/저희와 함께

30 [예수께서] 음식 잡수실 때에(when)
/저희와 함께
가지사
/떡을
축사하시고
떼어
주시매
/저희에게
31 저희 눈이 **밝아져**
[그들이] **알아보더니**
/그인 줄

예수는 **보이지 아니하시는지라**
/저희에게

32 저희가 **말하되**(...하고)
/서로
/마음이 ——— 뜨겁지 아니하더냐?
/우리 속에서
/말씀하시고
/성경을 풀어 주실 때에
/우리에게

33 [그들이] 곧 **일어나**
돌아가
/예루살렘에
보니
/열한 사도와 및
그와 함께 한 자들이—— 모여 있어(=모여 있는 것을)

34 /말하기를...하는지라
/주께서—— 살아나시고
/과연
—— 나타나셨다
/시몬에게

35 두 사람도 **말하더라**
/길에서 된 일과
예수께서 ——— 알려지신 것을
/자기들에게
/떡을 떼심으로

이에 저희와 함께 유하러 들어가시니라 30 저희와 함께 음식 잡수실 때에 떡을 가지사 축사하시고 떼어 저희에게 주시매 31 저희 눈이 밝아져 그인 줄 알아 보더니 예수는 저희에게 보이지 아니하시는지라 32 저희가 서로 말하되 길에서 우리에게 말씀하시고 우리에게 성경을 풀어 주실 때에 우리 속에서 마음이 뜨겁지 아니하더냐 하고 33 곧 그 시로 일어나 예루살렘에 돌아가 보니 열한 사도와 및 그와 함께한 자들이 모여 있어 34 말하기를 주께서 과연 살아나시고 시몬에게 나타나셨다 하는지라 35 두 사람도 길에서 된 일과 예수께서 떡을 떼심으로 자기들에게 알려

over." And He went in to stay with them. 30 And it came about that when He had reclined at the table with them, He took the bread and blessed it, and breaking it, He began giving it to them. 31 And their eyes were opened and they recognized Him; and He vanished from their sight. 32 And they said to one another, "Were not our hearts burning within us while He was speaking to us on the road, while He was explaining the Scriptures to us?" 33 And they arose that very hour and returned to Jerusalem, and found gathered together the eleven and those who were with them, 34 saying, "The Lord has really risen, and has appeared to Simon." 35 And they began to relate

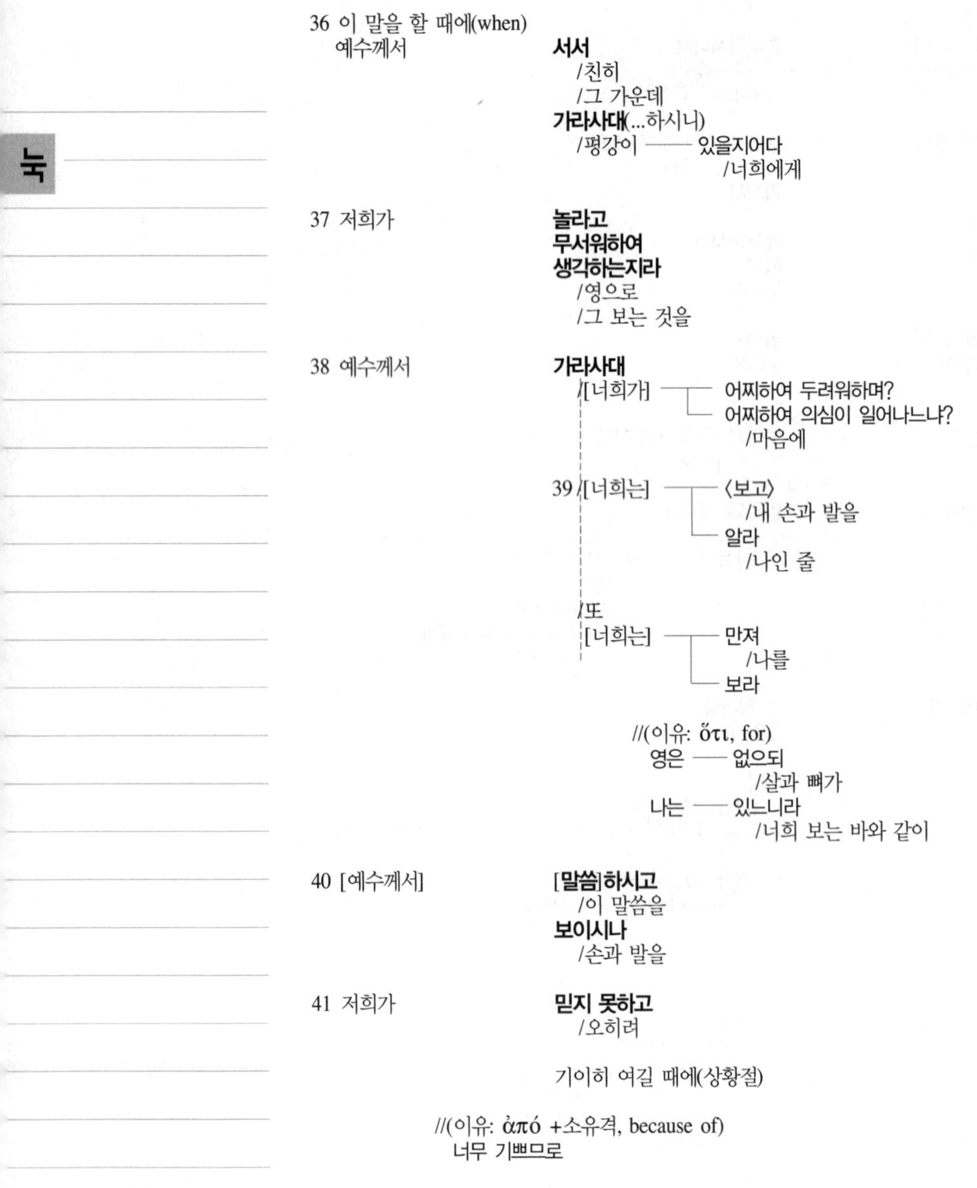

지신 것을 말하더라 36 이 말을 할 때에 예수께서 친히 그 가운데 서서 가라사대 너희에게 평강이 있을지어다 하시니 37 저희가 놀라고 무서워하여 그 보는 것을 영으로 생각하는지라 38 예수께서 가라사대 어찌하여 두려워하며 어찌하여 마음에 의심이 일어나느냐 39 내 손과 발을 보고 나인 줄 알라 또 나를 만져보라 영은 살과 뼈가 없으되 너희 보는 바와 같이 나는 있느니라 40 이 말씀을 하시고 손과 발을 보이시나 41 저희가 너무 기쁘므로 오히려 믿지 못하고 기이히 여길 때에 이르시되 여기 무슨 먹을 것이 있느냐 하시니 42 이에 구운 생선 한 토막을 드

their experiences on the road and how He was recognized by them in the breaking of the bread. 36 ¶ And while they were telling these things, He Himself stood in their midst. 37 But they were startled and frightened and thought that they were seeing a spirit. 38 And He said to them, "Why are you troubled, and why do doubts arise in your hearts? 39 "See My hands and My feet, that it is I Myself; touch Me and see, for a spirit does not have flesh and bones as you see that I have." 40 And when He had said this, He showed them His hands and His feet. 41 And while they still could not believe it for joy and were marveling, He said to them, "Have you anything here to eat?" 42 And

[예수께서] **이르시되**(...하시니)
/[너희가] ——— 무슨 먹을 것이 있느냐
/여기

42 이에
[그들이] **드리매**
/구운 생선 한 토막을

43 [예수께서] **받으사**
잡수시더라
/그 앞에서

44 또
이르시되(... 하시고)
/한 말이 ——— 이것이라
/내가 —— 있을 때에
/너희와 함께
/모든 것이 —— 이루어져야 하리라
/너희에게 말한 바
/곧 나를 가리켜 기록된
모세의 율법과
선지자의 글과
시편에

45 이에
[예수께서] **열어**
/저희 마음을
깨닫게 하시고
/성경을

46 또
이르시되(...하시니라)
/[그들에게]
/기록되었으니
/이같이
/그리스도가 ——— 고난을 받고
살아날 것과
/제 삼 일에
/죽은 자 가운데서

47 /또
회개가 ——— 전파될 것이
/죄 사함을 얻게 하는 /모든 족속에게
/그의 이름으로 /예루살렘으로부터 시작하여

48 /너희는 ——— 증인이라
/이 모든 일의

49 /볼지어다!

리매 43 받으사 그 앞에서 잡수시더라 44 또 이르시되
내가 너희와 함께 있을 때에 너희에게 말한 바 곧 모세의
율법과 선지자의 글과 시편에 나를 가리켜 기록된 모든 것
이 이루어져야 하리라 한 말이 이것이라 하시고 45 이에
저희 마음을 열어 성경을 깨닫게 하시고 46 또 이르시되
이같이 그리스도가 고난을 받고 제삼일에 죽은 자 가운데
서 살아날 것과 47 또 그의 이름으로 죄 사함을 얻게 하
는 회개가 예루살렘으로부터 시작하여 모든 족속에게 전파
될 것이 기록되었으니 48 너희는 이 모든 일의 증인이라
49 볼지어다 내가 내 아버지의 약속하신 것을 너희에게

they gave Him a piece of a broiled fish; 43 and He took
it and ate it before them. 44 ¶ Now He said to them,
"These are My words which I spoke to you while I was
still with you, that all things which are written about Me
in the Law of Moses and the Prophets and the Psalms
must be fulfilled." 45 Then He opened their minds to
understand the Scriptures, 46 and He said to them, "Thus
it is written, that the Christ should suffer and rise again
from the dead the third day; 47 and that repentance for
forgiveness of sins should be proclaimed in His name to
all the nations, beginning from Jerusalem. 48 "You are
witnesses of these things. 49 "And behold, I am sending

누

49 /볼지어다!
내가 ——— 보내리니
/내 아버지의 약속하신 것을
/너희에게

/너희는 ——— 유하라
/이 성에
/입히울 때까지
/능력을
/위로부터

50 예수께서 **데리고**
/저희를
〈나가사〉
/베다니 앞까지

들어
/손을
축복하시더니
/저희에게

51 축복하실 때에
[예수께서] **떠나**
/저희를
(**올리우**) **시니**
/하늘로

52 저희가 (**경배하고**)
/그에게
돌아가
/예루살렘에
/큰 기쁨으로

53 **있어**
/늘
/성전에
/찬송하니라(=찬양하면서)
/하나님을

보내리니 너희는 위로부터 능력을 입히울 때까지 이 성에
유하라 하시니라 50 예수께서 저희를 데리고 베다니 앞
까지 나가사 손을 들어 저희에게 축복하시더니 51 축복
하실 때에 저희를 떠나 (하늘로 올리우) 시니 52 저희가
(그에게 경배하고) 큰 기쁨으로 예루살렘에 돌아가 53 늘
성전에 있어 하나님을 찬송하니라

forth the promise of My Father upon you; but you are to
stay in the city until you are clothed with power from on
high." 50 ¶ And He led them out as far as Bethany, and
He lifted up His hands and blessed them. 51 And it came
about that while He was blessing them, He parted from
them. 52 And they returned to Jerusalem with great joy,
53 and were continually in the temple, praising God.

요한복음

1

1 말씀이 **계시니라**
/태초에
이 말씀이 **계셨으니**
/하나님과 함께
이 말씀은 (곧) 하나님이시니라

2 그가 **계셨고**
/태초에
/하나님과 함께

3 만물이 **지은 바 되었으니**
/그로 말미암아
하나도 **된 것이 없느니라**
/지은 것이 /그가 없이는

4 생명이 **있었으니**
/그 안에
이 생명은 **빛이라**
/사람들의

5 빛이 **비취되**
/어두움에
어두움이 **깨닫지 못하더라**
/[그것을]

6 사람이 **났으니**
/보내심을 받은
/하나님께로서
이름은 **요한이라**
/[그의]

7 저가 **왔으니**
/증거하러(부정사)
//(목적: ἵνα, to)
[그가] ——— 증거하고
/(곧) 빛에 대하여
//(목적: ἵνα, that...might)
모든 사람으로(=이) —믿게 하려 함이라
/자기를 인하여

8 그는 **이 빛이 아니요**
증거하러 온 자라
/이 빛에 대하여

1:1 태초에 말씀이 계시니라 이 말씀이 하나님과 함께
계셨으니 이 말씀은 곧 하나님이시니라 2 그가 태초에
하나님과 함께 계셨고 3 만물이 그로 말미암아 지은 바
되었으니 지은 것이 하나도 그가 없이는 된 것이 없느니라
4 그 안에 생명이 있었으니 이 생명은 사람들의 빛이라 5
빛이 어두움에 비취되 어두움이 깨닫지 못하더라 6 하나
님께로서 보내심을 받은 사람이 났으니 이름은 요한이라
7 저가 증거하러 왔으니 곧 빛에 대하여 증거하고 모든 사
람으로 자기를 인하여 믿게 하려 함이라 8 그는 이 빛이
아니요 이 빛에 대하여 증거하러 온 자라 9 참 빛 곧 세

1:1 In the beginning was the Word, and the Word was
with God, and the Word was God. 2 He was in the beginning
with God. 3 All things came into being by Him, and apart
from Him nothing came into being that has come into
being. 4 In Him was life, and the life was the light of
men. 5 And the light shines in the darkness, and the
darkness did not comprehend it. 6 There came a man,
sent from God, whose name was John. 7 He came for a witness,
that he might bear witness of the light, that all might
believe through him. 8 He was not the light, but came

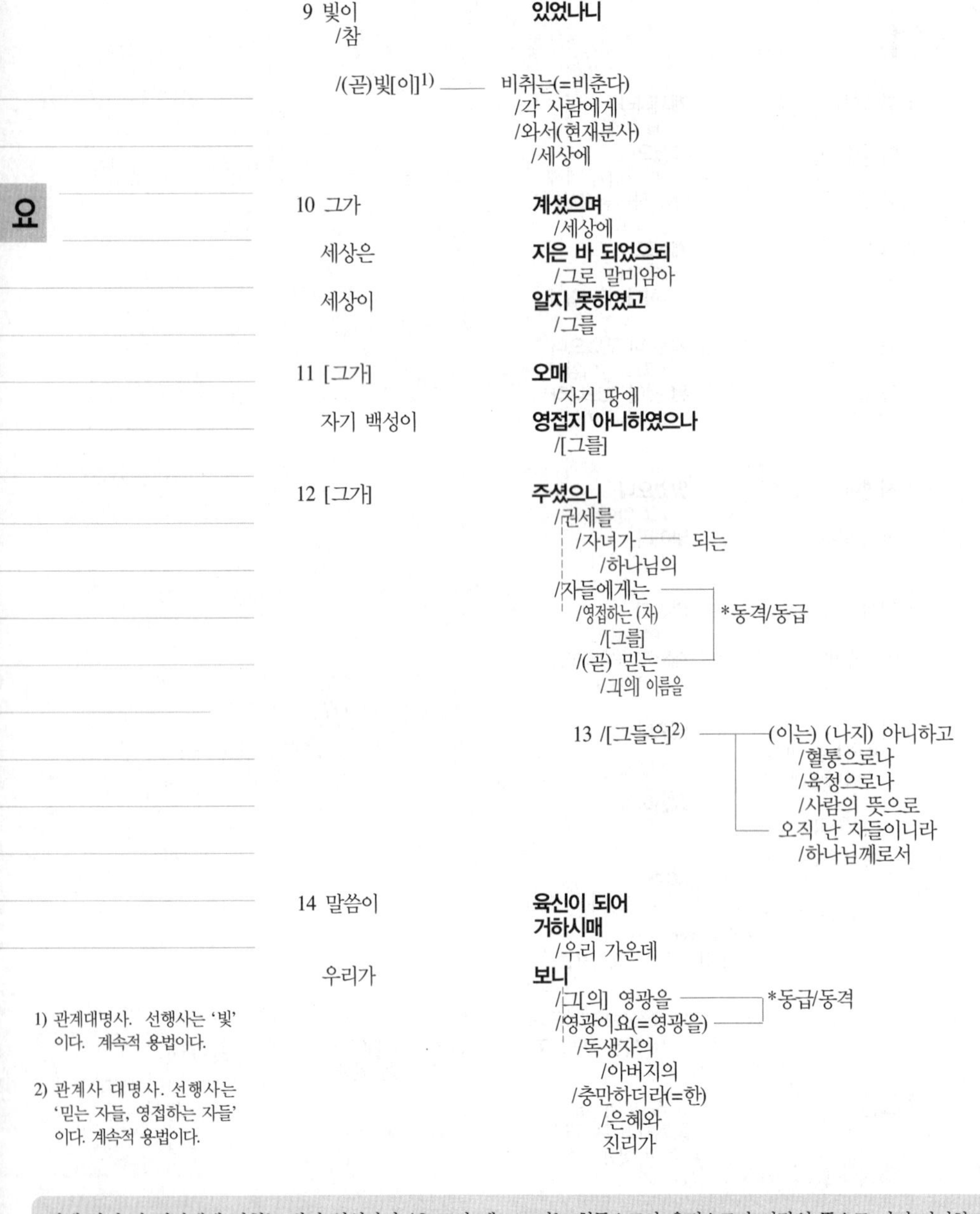

1) 관계대명사. 선행사는 '빛'이다. 계속적 용법이다.

2) 관계사 대명사. 선행사는 '믿는 자들, 영접하는 자들'이다. 계속적 용법이다.

상에 와서 각 사람에게 비취는 빛이 있었나니 10 그가 세
상에 계셨으며 세상은 그로 말미암아 지은 바 되었으되 세
상이 그를 알지 못하였고 11 자기 땅에 오매 자기 백성이
영접지 아니하였으나 12 영접하는 자 곧 그 이름을 믿는
자들에게는 하나님의 자녀가 되는 권세를 주셨으니 13
이는 혈통으로나 육정으로나 사람의 뜻으로 나지 아니하고
오직 하나님께로서 난 자들이니라 14 말씀이 육신이 되
어 우리 가운데 거하시매 우리가 그 영광을 보니 아버지의
독생자의 영광이요 은혜와 진리가 충만하더라

that he might bear witness of the light. 9 There was the
true light which, coming into the world, enlightens every man.
10 He was in the world, and the world was made through
Him, and the world did not know Him. 11 He came to
His own, and those who were His own did not receive
Him. 12 But as many as received Him, to them He gave
the right to become children of God, even to those who believe
in His name, 13 who were born not of blood, nor of the
will of the flesh, nor of the will of man, but of God. 14
And the Word became flesh, and dwelt among us, and
we beheld His glory, glory as of the only begotten from
the Father, full of grace and truth. 15 John bore witness

15 요한이 **증거하여**
/그에 대하여
외쳐 가로되(...하나니라)
/이 사람을(=이) ── 가리킴이라(=그 사람이라)
/내가 ─전에 말하기를...한 것이(=전에 말한)
/오시는 이가 ── 앞선 것은(=것을)
/내 뒤에 /나보다

//(이유: ὅτι, for)
[그가] ── 계심이니라
/나보다 먼저

요

16 //(이유: ὅτι, for)[3]
우리가 ──── 받으니
/다(=모든) /은혜러라(=를)
/은혜 위에
/그의 충만한 데서

17 //(이유: ὅτι, for)
율법은 ──── 주신 것이요(=주어진 것이라)
/모세로 말미암아
진리는 ──── 온 것이라
은혜와 ── /예수 그리스도로 말미암아

18 [아무도] **본 사람이 없으되**(=**보지 못하였으나**)
/하나님을
/본래
[그가] **나타내셨느니라**
/하나님이
/독생하신
/아버지 품속에 있는

19 유대인들이 보내어(=보내었을 때, 상황절, when)
/제사장들과 레위인들을
/요한에게
/예루살렘에서
/물을 때에(=물으려고, 부정사)
/[그를]
/네가 ──── 누구냐?

증거가 **이러하니라**
/요한의

20 요한이 **드러내어 말하고**
숨기지 아니하니
드러내어 하는 말이(...한대)
/나는 ──── 그리스도가 아니라

3) 14절의 주문장은 '우리가 영광을 보았다'의 이유를 말하는 종속문장이다. 15절은 세례요한의 예수님을 향한 증언을 삽입한 것이다.

15 요한이 그에 대하여 증거하여 외쳐 가로되 내가 전에
말하기를 내 뒤에 오시는 이가 나보다 앞선 것은 나보다
먼저 계심이니라 한 것이 이 사람을 가리킴이라 하니라
16 우리가 다 그의 충만한 데서 받으니 은혜 위에 은혜러
라 17 율법은 모세로 말미암아 주신 것이요 은혜와 진리
는 예수 그리스도로 말미암아 온 것이라 18 본래 하나님
을 본 사람이 없으되 아버지 품 속에 있는 독생하신 하나
님이 나타내셨느니라 19 유대인들이 예루살렘에서 제사
장들과 레위인들을 요한에게 보내어 네가 누구냐 물을 때
에 요한의 증거가 이러하니라 20 요한이 드러내어 말하

of Him, and cried out, saying, "This was He of whom I
said, 'He who comes after me has a higher rank than I,
for He existed before me.'" 16 For of His fulness we
have all received, and grace upon grace. 17 For the Law
was given through Moses; grace and truth were realized
through Jesus Christ. 18 No man has seen God at any
time; the only begotten God, who is in the bosom of the Father,
He has explained Him. 19 And this is the witness of
John, when the Jews sent to him priests and Levites from
Jerusalem to ask him, "Who are you?" 20 And he confessed,
and did not deny, and he confessed, "I am not the Christ."
21 And they asked him, "What then? Are you Elijah?"

요

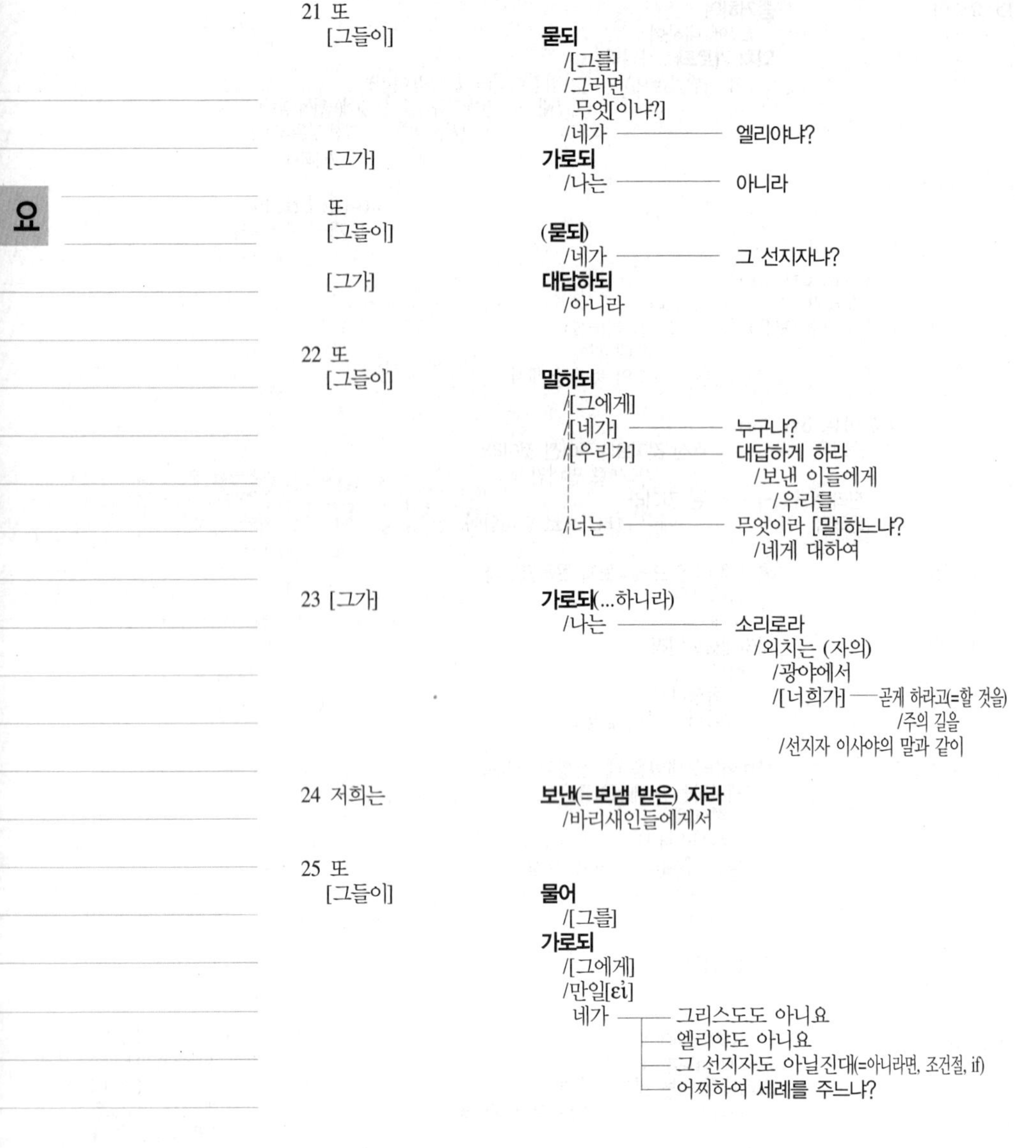

고 숨기지 아니하니 드러내어 하는 말이 나는 그리스도가
아니라 한대 21 또 묻되 그러면 무엇, 네가 엘리야냐 가
로되 나는 아니라 또 묻되 네가 그 선지자냐 대답하되 아
니라 22 또 말하되 누구냐 우리를 보낸 이들에게 대답하
게 하라 너는 네게 대하여 무엇이라 하느냐 23 가로되 나
는 선지자 이사야의 말과 같이 주의 길을 곧게 하라고 광
야에서 외치는 자의 소리로라 하니라 24 저희는 바리새
인들에게서 보낸 자라 25 또 물어 가로되 네가 만일 그리
스도도 아니요 엘리야도 아니요 그 선지자도 아닐진대 어
찌하여 세례를 주느냐 26 요한이 대답하되 나는 물로 세

And he said, "I am not." "Are you the Prophet?" And he
answered, "No." 22 They said then to him, "Who are
you, so that we may give an answer to those who sent
us? What do you say about yourself?" 23 He said, "I am
a voice of one crying in the wilderness, 'Make straight
the way of the Lord,' as Isaiah the prophet said." 24 Now
they had been sent from the Pharisees. 25 And they asked
him, and said to him, "Why then are you baptizing, if
you are not the Christ, nor Elijah, nor the Prophet?" 26
John answered them saying, "I baptize in water, but among

26 요한이 [말하면서] **대답하되**(...하더라)
/[그들에게]
/나는 —— 세례를 주거니와
/물로
/한 사람이 —— 섰으니
/너희가 알지 못하는 /너희 가운데
27 /(곧) 오시는 (그이라)
/내 뒤에

/나는 —— 감당치 못하겠노라
/[내가] —— 풀기도
/신들메
/그의

28 이 일은 **된 일이니라**
/베다니에서
/요단 강 건너편
/요한의(=이) — 세례 주던 (곳)

29 요한이 **보고**
/예수께서 —— 나아오심을
/자기에게
/이튿날
가로되(...하니라)
/보라!
/어린 양이로다
/하나님의
/지고 가는
/죄를
/세상

30 /이 사람을(=이) —— 가리킴이라(=그이다)
/내가 — 전에 말하기를 ...한 것이(=전에 말한)
/사람이 — 오는...있는데(=올 것이다)
/[계신] /내 뒤에
/나보다 앞선 것은(=나보다 앞서)

//(이유: ὅτι, for)
그가 —— 계심이라
/나보다 먼저

31 /나도 —— 알지 못하였으나
/그를
/내가 —— 와서(=왔노라)
/세례를 주는 것은(=세례 주러)
/물로

//(목적: ἵνα, that...might)
그를(=가) — 나타(=드러)내려 함이라
/이스라엘에게
/[이를 통하여]

례를 주거니와 너희 가운데 너희가 알지 못하는 한 사람이
섰으니 27 곧 내 뒤에 오시는 그이라 나는 그의 신들메
풀기도 감당치 못하겠노라 하더라 28 이 일은 요한의 세
례 주던 곳 요단강 건너편 베다니에서 된 일이니라 29 이
튿날 요한이 예수께서 자기에게 나아오심을 보고 가로되
보라 세상 죄를 지고 가는 하나님의 어린 양이로다 30 내
가 전에 말하기를 내 뒤에 오는 사람이 있는데 나보다 앞
선 것은 그가 나보다 먼저 계심이라 한 것이 이 사람을 가
리킴이라 31 나도 그를 알지 못하였으나 내가 와서 물로
세례를 주는 것은 그를 이스라엘에게 나타내려 함이라 하

you stands One whom you do not know. 27 “It is He
who comes after me, the thong of whose sandal I am not
worthy to untie.” 28 These things took place in Bethany
beyond the Jordan, where John was baptizing. 29 The
next day he saw Jesus coming to him, and said, “Behold,
the Lamb of God who takes away the sin of the world!
30 “This is He on behalf of whom I said, ‘After me
comes a Man who has a higher rank than I, for He existed
before me.’ 31 “And I did not recognize Him, but in
order that He might be manifested to Israel, I came

요

니라 32 요한이 또 증거하여 가로되 내가 보매 성령이 비
둘기같이 하늘로서 내려와서 그의 위에 머물렀더라 33
나도 그를 알지 못하였으나 나를 보내어 물로 세례를 주라
하신 그이가 나에게 말씀하시되 성령이 내려서 누구 위에
든지 머무는 것을 보거든 그가 곧 성령으로 세례를 주는
이인 줄 알라 하셨기에 34 내가 보고 그가 하나님의 아들
이심을 증거하였노라 하니라 35 또 이튿날 요한이 자기
제자 중 두 사람과 함께 섰다가 36 예수의 다니심을 보고
말하되 보라 하나님의 어린 양이로다 37 두 제자가 그의
말을 듣고 예수를 좇거늘 38 예수께서 돌이켜 그 좇는 것

baptizing in water." 32 And John bore witness saying, "I have
beheld the Spirit descending as a dove out of heaven, and
He remained upon Him. 33 "And I did not recognize
Him, but He who sent me to baptize in water said to me,
'He upon whom you see the Spirit descending and remaining
upon Him, this is the one who baptizes in the Holy Spirit.'
34 "And I have seen, and have borne witness that this is
the Son of God." 35 Again the next day John was standing
with two of his disciples, 36 and he looked upon Jesus
as He walked, and said, "Behold, the Lamb of God!"
37And the two disciples heard him speak, and they followed
Jesus. 38 And Jesus turned, and beheld them following,

38 예수께서 돌이켜
보시고(상황절, When - NRSV)
/그[들이] — 좇는 것을
물어 가라사대
/[그들에게]
/[너희가] — 무엇을 구하느냐?
[그들이] **가로되**(...하니)
/[그에게]
/랍비여!
/랍비는 — [말한다][4)]
/선생이라(=선생을)
/번역하면
/[당신은] — 어디 계시오니이까?

39 예수께서 **가라사대**
/[그들에게]
/[너희는] — 와(=오라)
//(결과 : 명령문+직설법)
[너희가] —보라(=보리라)

그러므로
저희가 **가서**
보고
/계신 데를
거하니
/그 날
/[그와] 함께
때가 **되었더라**
/제 십 시쯤

40 하나는 **안드레라**
/두 사람 중에
/시몬 베드로의 형제
/말을 듣고
/요한의
좇는
/예수를

41 그가 **찾아**
/시몬을
/자기의 형제
/먼저
말하되(...하고)
/[그에게]
/우리가 — 만났다
/메시야를
/메시야는 — 그리스도라[5)]
/번역하면

42 **데리고 오니**
/[그를]
/예수께로

4) 삽입절이다.

5) 삽일절이다.

을 보시고 물어 가라사대 무엇을 구하느냐 가로되 랍비여
어디 계시오니이까 하니 (랍비는 번역하면 선생이라) 39
예수께서 가라사대 와 보라 그러므로 저희가 가서 계신 데
를 보고 그날 함께 거하니 때가 제십시쯤 되었더라 40 요
한의 말을 듣고 예수를 좇는 두 사람 중에 하나는 시몬 베
드로의 형제 안드레라 41 그가 먼저 자기의 형제 시몬을
찾아 말하되 우리가 메시야를 만났다 하고 (메시야는 번역
하면 그리스도라) 42 데리고 예수께로 오니 예수께서 보

and said to them, "What do you seek?" And they said to
Him, "Rabbi (which translated means Teacher), where are
You staying?" 39 He said to them, "Come, and you will
see." They came therefore and saw where He was staying;
and they stayed with Him that day, for it was about the
tenth hour. 40 One of the two who heard John speak,
and followed Him, was Andrew, Simon Peter's brother.
41 He found first his own brother Simon, and said to
him, "We have found the Messiah" (which translated
means Christ). 42 He brought him to Jesus. Jesus looked

6) 삼일절이다.

시고 가라사대 네가 요한의 아들 시몬이니 장차 게바라 하
리라 하시니라(게바는 번역하면 베드로라) 43 이튿날 예
수께서 갈릴리로 나가려 하시다가 빌립을 만나 이르시되
나를 좇으라 하시니 44 빌립은 안드레와 베드로와 한 동
네 벳새다 사람이라 45 빌립이 나다나엘을 찾아 이르되
모세가 율법에 기록하였고 여러 선지자가 기록한 그이를
우리가 만났으니 요셉의 아들 나사렛 예수니라 46 나다
나엘이 가로되 나사렛에서 무슨 선한 것이 날 수 있느냐
빌립이 가로되 와 보라 하니라 47 예수께서 나다나엘이
자기에게 오는 것을 보시고 그를 가리켜 가라사대 보라 이

at him, and said, "You are Simon the son of John; you
shall be called Cephas" (which is translated Peter). 43
The next day He purposed to go forth into Galilee, and
He found Philip. And Jesus said to him, "Follow Me."
44 Now Philip was from Bethsaida, of the city of Andrew
and Peter. 45 Philip found Nathanael and said to him,
"We have found Him of whom Moses in the Law and
also the Prophets wrote, Jesus of Nazareth, the son of Joseph."
46 And Nathanael said to him, "Can any good thing come
out of Nazareth?" Philip said to him," Come and see."
47 Jesus saw Nathanael coming to Him, and said of him,
"Behold, an Israelite indeed, in whom is no guile!"

가라사대
/그를 가리켜
/보라!
/(이는) 이스라엘 사람이라
/참
/그 속에
간사한 것이— 없도다

48 나다나엘이 **가로되**
/[그에게]
/[당신이] ——— 어떻게 아시나이까?
/나를

예수께서 **대답하여**
가라사대
/[그에게]
/빌립이 ——— 부르기 전에(상황절, before)
/너를
/네가 ——— 있을 때에(상황절, when)
/무화과나무 아래
/[내가] ——— 보았노라
/[너를]

49 나다나엘이 **대답하되**
/[그에게]
/랍비여!
/당신은 ——— 아들이시오
/하나님의
/당신은 ——— 임금이로소이다
/이스라엘의

50 예수께서 **대답하여**
가라사대
/[그에게]
/[너는] ——— 믿느냐?
//(이유: ὅτι, because)
[내가] ——— [말]하므로
/[너에게]
/내가 —보았다
/너를
/무화과나무 아래서
/[너는] ——— 보리라
/더 큰 일을
/이보다

51 또 **가라사대**(...하시니라)
/진실로 진실로
[내가] ——— 이르노니[7]
/너희에게
[너는] ——— 보리라

7) ἀμὴν ἀμὴν λέγω '아멘, 아멘, 내가 말한다!' 주님이 자신의 말에 대해 확정적임을 강조하는 관용적 어구이다.

요

는 참 이스라엘 사람이라 그 속에 간사한 것이 없도다 48
나다나엘이 가로되 어떻게 나를 아시나이까 예수께서 대답
하여 가라사대 빌립이 너를 부르기 전에 네가 무화과나무
아래 있을 때에 보았노라 49 나다나엘이 대답하되 랍비
여 당신은 하나님의 아들이시요 당신은 이스라엘의 임금이
로소이다 50 예수께서 대답하여 가라사대 내가 너를 무
화과나무 아래서 보았다 하므로 믿느냐 이 보다 더 큰 일
을 보리라 51 또 가라사대 진실로 진실로 너희에게 이르
노니 하늘이 열리고 하나님의 사자들이 인자 위에 오르락
내리락 하는 것을 보리라 하시니라

48Nathanael said to Him, "How do You know me?" Jesus answered and said to him, "Before Philip called you, when you were under the fig tree, I saw you." 49Nathanael answered Him, "Rabbi, You are the Son of God; You are the King of Israel." 50Jesus answered and said to him, "Because I said to you that I saw you under the fig tree, do you believe? You shall see greater things than these." 51And He said to him, "Truly, truly, I say to you, you shall see the heavens opened, and the angels of God ascending and descending on the Son of Man."

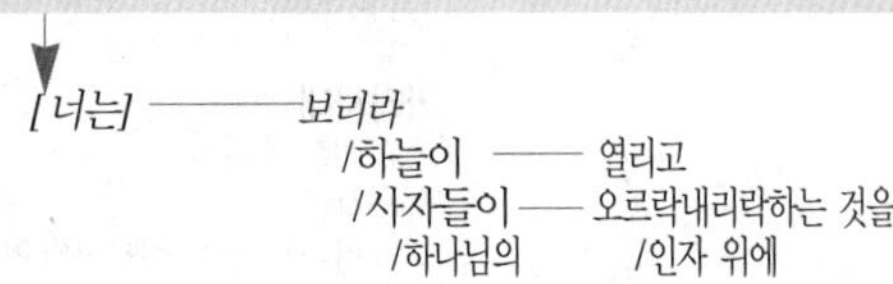

요

2

1 혼인이	**있어** /날에 /사흘 되던 /갈릴리 가나에
어머니도 /예수의	**계시고** /거기
2 예수와 제자들도 /그[의]	**청함을 받았더니** /혼인에
3 포도주가	모자란지라(=모자랐을 때, 상황절, when)
어머니가 /예수의	**이르되**(...하니) /예수에게 /저희에게(=가) —— 없다(=소유하지 않았다) /포도주가(=를)
4 예수께서	**가라사대** /[그녀에게] /여자여! 무슨 상관이 있나이까? /나와 [당신에게] 때가 —— 아직 이르지 못하였나이다 /내
5 어머니가 /그[의]	**이르되**(...하니라) /하인들에게 /[너희는] —— [행]하라 /그대로 /[그가] — 무슨 말씀을 하시든지 /너희에게
6 돌항아리[가] /여섯(이) /드는 /두 세 통	**놓였는지라** /결례를 따라 /유대인의 /거기
7 예수께서	**이르시되**(...하신즉) /저희에게 /[너희는] —— 채우라 /항아리에(=를) /물을(=로)

2:1 사흘 되던 날에 갈릴리 가나에 혼인이 있어 예수의
어머니도 거기 계시고 2 예수와 그 제자들도 혼인에
청함을 받았더니 3 포도주가 모자란지라 예수의 어머니
가 예수에게 이르되 저희에게 포도주가 없다 하니 4 예수
께서 가라사대 여자여 나와 무슨 상관이 있나이까 내 때가
아직 이르지 못하였나이다 5 그 어머니가 하인들에게 이
르되 너희에게 무슨 말씀을 하시든지 그대로 하라 하니라
6 거기 유대인의 결례를 따라 두세 통 드는 돌항아리 여섯
이 놓였는지라 7 예수께서 저희에게 이르시되 항아리에
물을 채우라 하신즉 아구까지 채우니 8 이제는 떠서 연회

2:1¶And on the third day there was a wedding in Cana
of Galilee, and the mother of Jesus was there; 2 and
Jesus also was invited, and His disciples, to the wedding.
3 And when the wine gave out, the mother of Jesus said
to Him, "They have no wine." 4And Jesus said to her,
"Woman, what do I have to do with you? My hour has
not yet come." 5 His mother said to the servants, "Whatever
He says to you, do it." 6Now there were six stone waterpots
set there for the Jewish custom of purification, containing
twenty or thirty gallons each. 7 Jesus said to them, "Fill

[그들이] 채우니
/[그것들을]
/아구까지

8 [그가] [말]하시매
/[그들에게]
/[너희는] ─ 떠서
/이제는
└ 갖다 주라
/연회장에게

//(결과: 명령문, and)
[그들이] ─ 갖다 주었더니

9 연회장은 맛보고(=맛보았을 때, 상황절, when)
/포도주를
/물로 된
[그가] 알지 못하되
/어디서 났는지
하인들은 알더라
/물 떠온
연회장이 불러
/신랑을

10 말하되(...하니라)
/[그에게]
/사람마다 ─ 내고
/포도주를
/좋은
/먼저
/[그들이] ─ 취한 후에(상황절, when)
/낮은 것을
[그가] ─ (내거늘)
/그대는 ─ 두었도다
/포도주를
/좋은
/지금까지

11 예수께서 행하여
/이 처음[을]
/표적을(=의)
/갈릴리 가나에서
나타내시매
/그[의] 영광을
제자들이 믿으니라
/[그의] /그를

장에게 갖다 주라 하시매 갖다 주었더니 9 연회장은 물로
된 포도주를 맛보고 어디서 났는지 알지 못하되 물 떠온
하인들은 알더라 연회장이 신랑을 불러 10 말하되 사람마
다 먼저 좋은 포도주를 내고 취한 후에 낮은 것을 내거늘
그대는 지금까지 좋은 포도주를 두었도다 하니라 11 예
수께서 이 처음 표적을 갈릴리 가나에서 행하여 그 영광을
나타내시매 제자들이 그를 믿으니라 12 그 후에 예수께서
그 어머니와 형제들과 제자들과 함께 가버나움으로 내려가

the waterpots with water." And they filled them up to the
brim. 8 And He said to them, "Draw some out now, and
take it to the headwaiter." And they took it to him. 9And
when the headwaiter tasted the water which had become wine,
and did not know where it came from (but the servants
who had drawn the water knew), the headwaiter called
the bridegroom, 10and said to him, "Every man serves
the good wine first, and when men have drunk freely,
then that which is poorer; you have kept the good wine
until now." 11This beginning of His signs Jesus did in
Cana of Galilee, and manifested His glory, and His disciples
believed in Him. 12 After this He went down to Capernaum,

거기 여러 날 계시지 아니하시니라 13 유대인의 유월절이
가까운지라 예수께서 예루살렘으로 올라가셨더니 14 성전
안에서 소와 양과 비둘기 파는 사람들과 돈 바꾸는 사람들
의 앉은 것을 보시고 15 노끈으로 채찍을 만드사 양이나
소를 다 성전에서 내어 쫓으시고 돈 바꾸는 사람들의 돈을
쏟으시며 상을 엎으시고 16 비둘기 파는 사람들에게 이
르시되 이것을 여기서 가져가라 내 아버지의 집으로 장사
하는 집을 만들지 말라 하시니

He and His mother, and His brothers, and His disciples;
and there they stayed a few days. 13 And the Passover
of the Jews was at hand, and Jesus went up to Jerusalem.
14 And He found in the temple those who were selling
oxen and sheep and doves, and the moneychangers seated.
15 And He made a scourge of cords, and drove them all
out of the temple, with the sheep and the oxen; and He
poured out the coins of the moneychangers, and overturned
their tables; 16 and to those who were selling the doves
He said, "Take these things away; stop making My Father's
house a house of merchandise." 17 His disciples remembered
that it was written, "Zeal for Thy house will consume

17 제자들이 기억하더라
/[그의] /성경 말씀에...한 것을
/사모하는 열심이 — 삼키리라
/전을(=의) /나를
/주의

18 이에
유대인들이 대답하여
말하기를
/예수께
/네가 — 무슨 보이겠느뇨?(무엇을 보이겠느냐?)
/표적을
/우리에게

//(이유: ὅτι, for)
[네가] — 행하니
/이런 일을

19 예수께서 대답하여
가라사대
/[그들에게]
/너희가 — 헐라
/이 성전을

//(결과 : 명령법 + 직설법)
내가 — 일으키리라
/[그것을]
/사흘 동안에

20 유대인들이 가로되(...하더라)
/이 성전은 — 지었거늘(=지어졌다)
/사십육 년 동안에
/네가 — 일으키겠느뇨?
/[그것을]
/삼 일 동안에

21 그러나
예수는 말씀하신 것이라
/성전된 가리켜(=성전에 대하여)
/자기 육체를(=의)

22 [그가] 살아나신 후에야(상황절, when)
/죽은 자 가운데서
제자들이 기억하고
/[그의] /[그가] — 말씀하신 것을
/이[것을]
믿었더라
/성경과 (및)
말씀을
/예수의 하신

요

17 제자들이 성경 말씀에 주의 전을 사모하는 열심이 나
를 삼키리라 한 것을 기억하더라 18 이에 유대인들이 대
답하여 예수께 말하기를 네가 이런 일을 행하니 무슨 표적
을 우리에게 보이겠느뇨 19 예수께서 대답하여 가라사대
너희가 이 성전을 헐라 내가 사흘 동안에 일으키리라 20
유대인들이 가로되 이 성전은 사십육 년 동안에 지었거늘
네가 삼 일 동안에 일으키겠느뇨 하더라 21 그러나 예수
는 성전된 자기 육체를 가리켜 말씀하신 것이라 22 죽은
자 가운데서 살아나신 후에야 제자들이 이 말씀하신 것을
기억하고 성경과 및 예수의 하신 말씀을 믿었더라 23 유

me." 18The Jews therefore answered and said to Him,
"What sign do You show to us, seeing that You do these
things?" 19Jesus answered and said to them, "Destroy
this temple, and in three days I will raise it up." 20 The
Jews therefore said, "It took forty-six years to build this temple,
and will You raise it up in three days?" 21 But He was speaking
of the temple of His body. 22 When therefore He was
raised from the dead, His disciples remembered that He
said this; and they believed the Scripture, and the word
which Jesus had spoken. 23 Now when He was in Jerusalem
at the Passover, during the feast, many believed in His
name, beholding His signs which He was doing. 24But

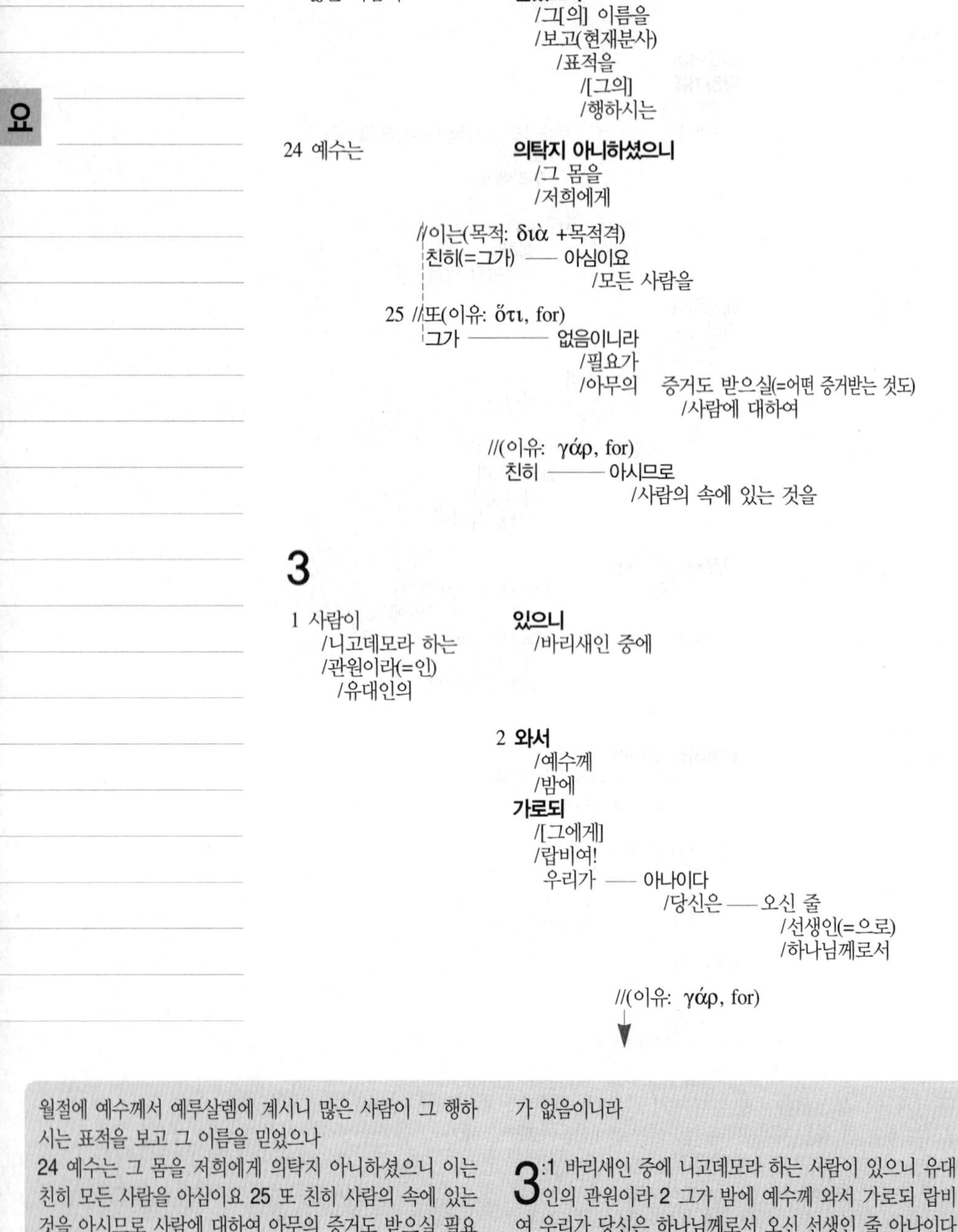

월절에 예수께서 예루살렘에 계시니 많은 사람이 그 행하시는 표적을 보고 그 이름을 믿었으나
24 예수는 그 몸을 저희에게 의탁지 아니하셨으니 이는 친히 모든 사람을 아심이요 25 또 친히 사람의 속에 있는 것을 아시므로 사람에 대하여 아무의 증거도 받으실 필요가 없음이니라

3:1 바리새인 중에 니고데모라 하는 사람이 있으니 유대인의 관원이라 2 그가 밤에 예수께 와서 가로되 랍비여 우리가 당신은 하나님께로서 오신 선생인 줄 아나이다

Jesus, on His part, was not entrusting Himself to them, for He knew all men, 25and because He did not need anyone to bear witness concerning man for He Himself knew what was in man. John 3:1 Now there was a man of the Pharisees, named Nicodemus, a ruler of the Jews;

3:1 Now there was a man of the Pharisees, named Nicodemus, a ruler of the Jews; 2 this man came to Him by night, and said to Him, "Rabbi, we know that You have come from God as a teacher; for no one can do these signs that You do unless God is with him." 3

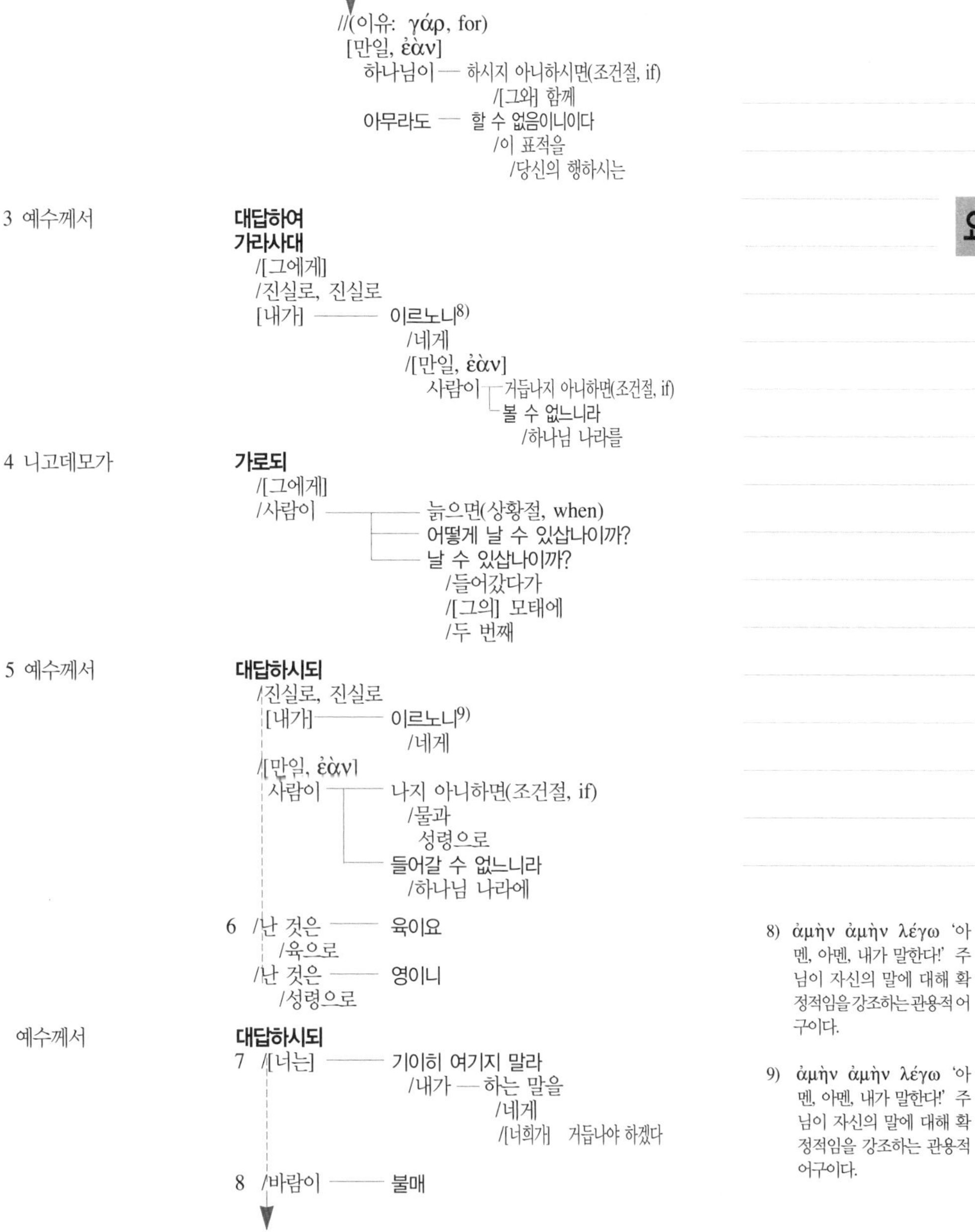

8) ἀμὴν ἀμὴν λέγω '아멘, 아멘, 내가 말한다!' 주님이 자신의 말에 대해 확정적임을 강조하는 관용적 어구이다.

9) ἀμὴν ἀμὴν λέγω '아멘, 아멘, 내가 말한다!' 주님이 자신의 말에 대해 확정적임을 강조하는 관용적 어구이다.

하나님이 함께 하시지 아니하시면 당신의 행하시는 이 표
적을 아무라도 할 수 없음이니이다 3 예수께서 대답하여
가라사대 진실로 진실로 네게 이르노니 사람이 거듭나지
아니하면 하나님 나라를 볼 수 없느니라 4 니고데모가 가
로되 사람이 늙으면 어떻게 날 수 있삽나이까 두 번째 모
태에 들어갔다가 날 수 있삽나이까 5 예수께서 대답하시
되 진실로 진실로 네게 이르노니 사람이 물과 성령으로 나
지 아니하면 하나님 나라에 들어갈 수 없느니라 6 육으로
난 것은 육이요 성령으로 난 것은 영이니 7 내가 네게 거
듭나야 하겠다 하는 말을 기이히 여기지 말라 8 바람이

Jesus answered and said to him, "Truly, truly, I say to you, unless one is born again, he cannot see the kingdom of God."
4 Nicodemus said to Him, "How can a man be born when he is old? He cannot enter a second time into his mother's womb and be born, can he?"
5 Jesus answered, "Truly, truly, I say to you, unless one is born of water and the Spirit, he cannot enter into the kingdom of God.
6 "That which is born of the flesh is flesh, and that which is born of the Spirit is spirit.
7 "Do not marvel that I said to you, 'You must be born again.'
8 "The wind blows

요

9 니고데모가

10 예수께서

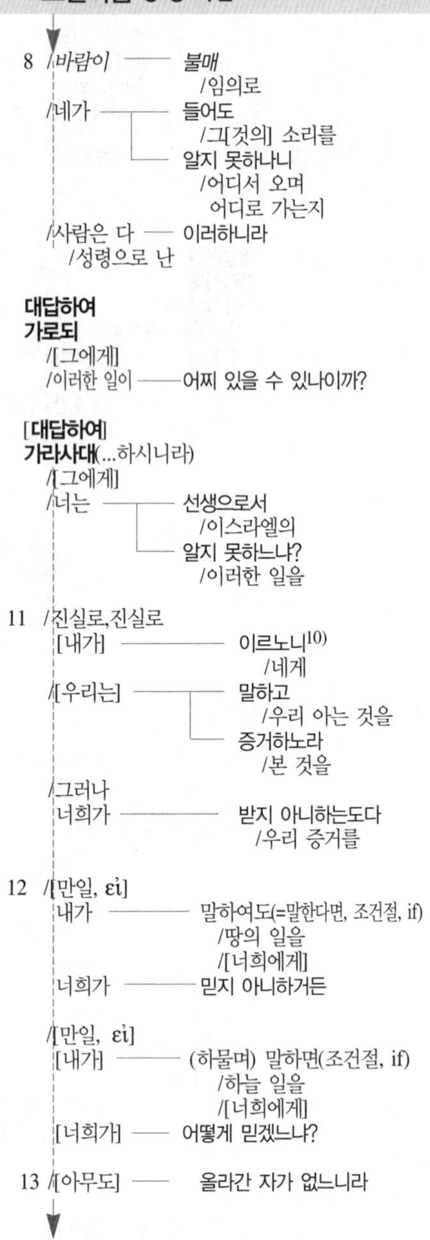

10) ἀμὴν ἀμὴν λέγω '아멘, 아멘, 내가 말한다!' 주님이 자신의 말에 대해 확정적임을 강조하는 관용적 어구이다.

임의로 불매 네가 그 소리를 들어도 어디서 오며 어디로
가는지 알지 못하나니 성령으로 난 사람은 다 이러하니라
9 니고데모가 대답하여 가로되 어찌 이러한 일이 있을 수
있나이까 10 예수께서 가라사대 너는 이스라엘의 선생으
로서 이러한 일을 알지 못하느냐 11 진실로 진실로 네게
이르노니 우리 아는 것을 말하고 본 것을 증거하노라 그러
나 너희가 우리 증거를 받지 아니하는도다 12 내가 땅의
일을 말하여도 너희가 믿지 아니하거든 하물며 하늘 일을
말하면 어떻게 믿겠느냐 13 하늘에서 내려온 자 곧 인자
외에는 하늘에 올라간 자가 없느니라 14 모세가 광야에

where it wishes and you hear the sound of it, but do not
know where it comes from and where it is going; so is everyone
who is born of the Spirit." 9 Nicodemus answered and
said to Him, "How can these things be?" 10 Jesus answered
and said to him, "Are you the teacher of Israel, and do
not understand these things? 11 "Truly, truly, I say to
you, we speak that which we know, and bear witness of
that which we have seen; and you do not receive our
witness. 12 "If I told you earthly things and you do not believe,
how shall you believe if I tell you heavenly things? 13
"And no one has ascended into heaven, but He who descended
from heaven, even the Son of Man. 14 "And as Moses

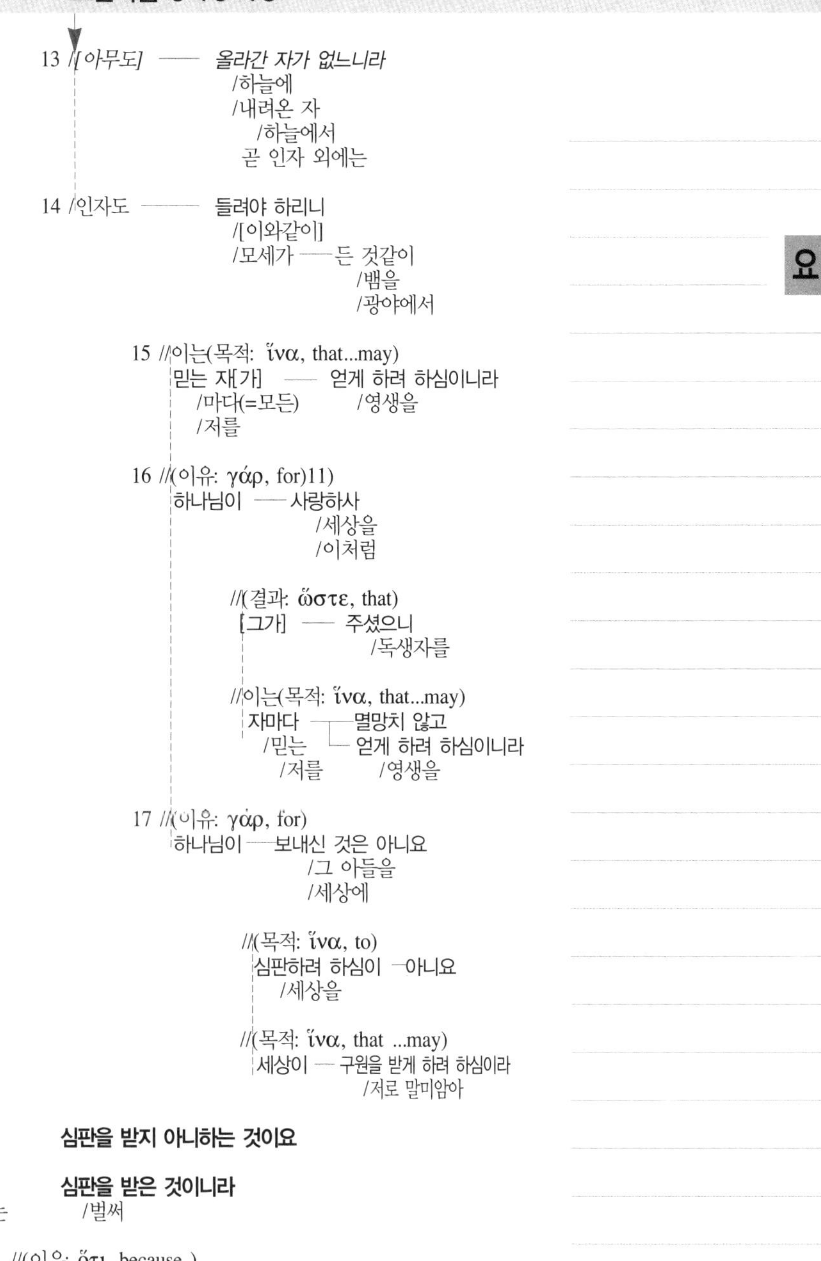

서 뱀을 든 것같이 인자도 들려야 하리니 15 이는 저를 믿
는 자마다 영생을 얻게하려 하심이니라 16 하나님이 세상
을 이처럼 사랑하사 독생자를 주셨으니 이는 저를 믿는 자
마다 멸망치 않고 영생을 얻게 하려 하심이니라
17 하나님이 그 아들을 세상에 보내신 것은 세상을 심판
하려 하심이 아니요 저로 말미암아 세상이 구원을 받게 하
려 하심이라 18 저를 믿는 자는 심판을 받지 아니하는 것
이요 믿지 아니하는 자는 하나님의 독생자의 이름을 믿지

lifted up the serpent in the wilderness, even so must the
Son of Man be lifted up; 15 that whoever believes may
in Him have eternal life. 16 "For God so loved the world,
that He gave His only begotten Son, that whoever believes
in Him should not perish, but have eternal life. 17 "For
God did not send the Son into the world to judge the
world, but that the world should be saved through Him.
18 "He who believes in Him is not judged; he who does
not believe has been judged already, because he has not
believed in the name of the only begotten Son of God.

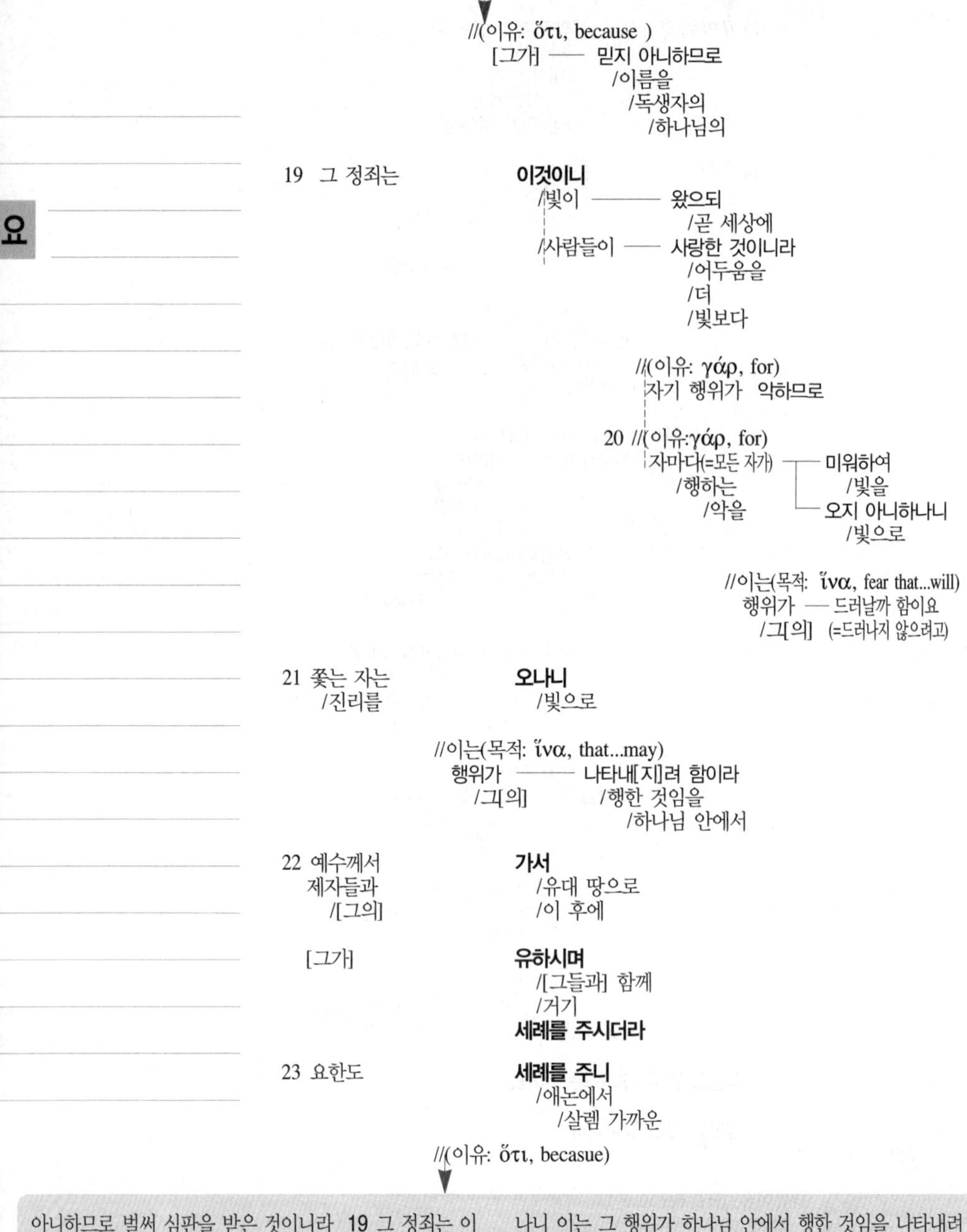

아니하므로 벌써 심판을 받은 것이니라 19 그 정죄는 이것이니 곧 빛이 세상에 왔으되 사람들이 자기 행위가 악하므로 빛보다 어두움을 더 사랑한 것이니라 20 악을 행하는 자마다 빛을 미워하여 빛으로 오지 아니하나니 이는 그 행위가 드러날까 함이요 21 진리를 좇는 자는 빛으로 오나니 이는 그 행위가 하나님 안에서 행한 것임을 나타내려 함이라 하시니라 22 이후에 예수께서 제자들과 유대 땅으로 가서 거기 함께 유하시며 세례를 주시더라 23 요한도 살렘 가까운 애논에서 세례를 주니 거기 물들이 많음이라 사람들이 와서 세례를 받더라

19 "And this is the judgment, that the light is come into the world, and men loved the darkness rather than the light; for their deeds were evil. 20 "For everyone who does evil hates the light, and does not come to the light, lest his deeds should be exposed. 21 "But he who practices the truth comes to the light, that his deeds may be manifested as having been wrought in God." 22 After these things Jesus and His disciples came into the land of Judea, and there He was spending time with them and baptizing. 23 And John also was baptizing in Aenon near Salim, because there was much water there; and they were coming and were being baptized. 24 For John had not yet been thrown

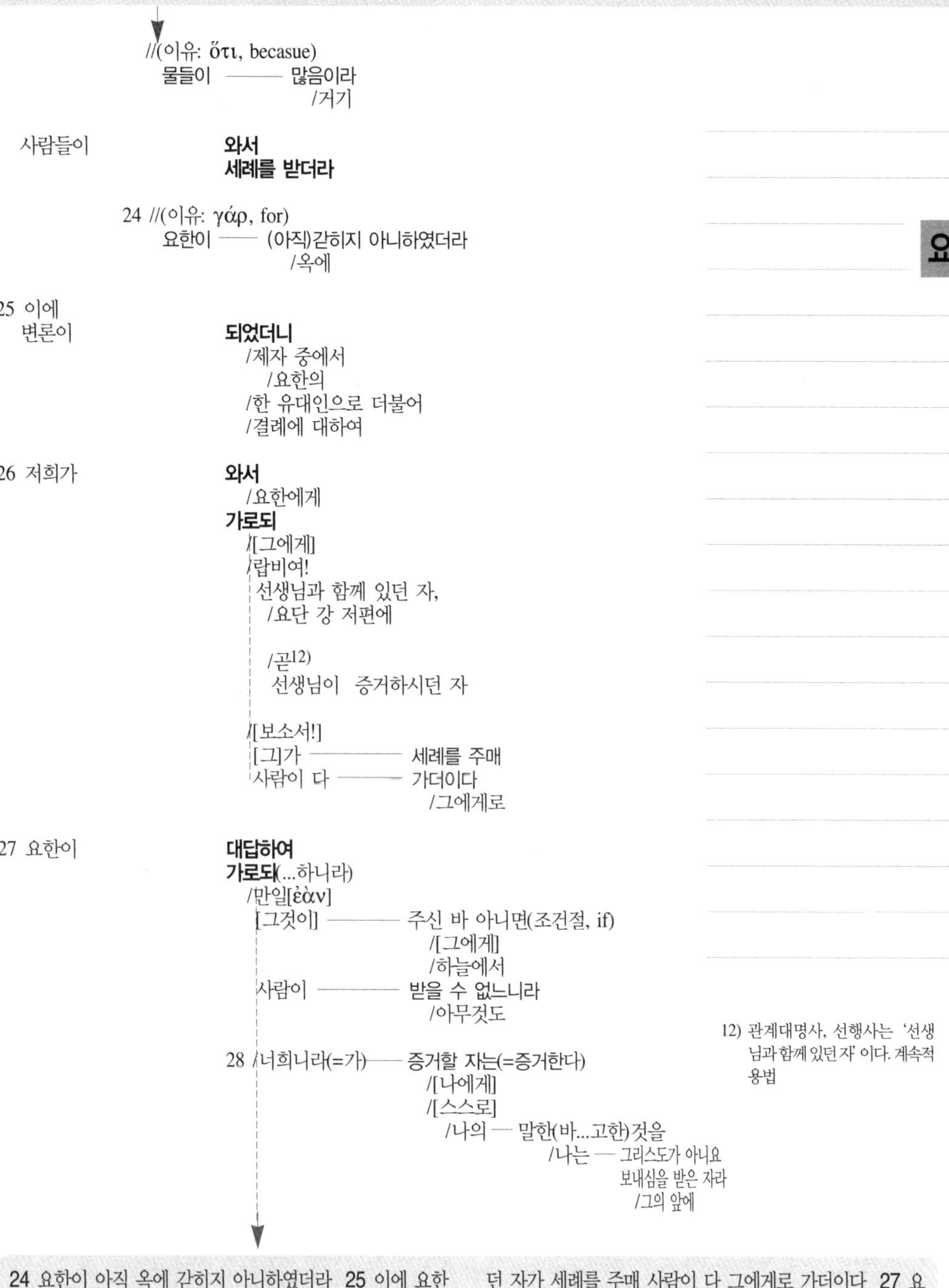

12) 관계대명사, 선행사는 '선생님과 함께 있던 자'이다. 계속적 용법

24 요한이 아직 옥에 갇히지 아니하였더라 25 이에 요한
의 제자 중에서 한 유대인으로 더불어 결례에 대하여 변론
이 되었더니 26 저희가 요한에게 와서 가로되 랍비여 선
생님과 함께 요단강 저편에 있던 자 곧 선생님이 증거하시
던 자가 세례를 주매 사람이 다 그에게로 가더이다 27 요
한이 대답하여 가로되 만일 하늘에서 주신바 아니면 사람
이 아무것도 받을 수 없느니라 28 나의 말한바 나는 그리
스도가 아니요 그의 앞에 보내심을 받은 자라고 한 것을

into prison. 25 There arose therefore a discussion on the
part of John's disciples with a Jew about purification. 26
And they came to John and said to him, "Rabbi, He who
was with you beyond the Jordan, to whom you have borne
witness, behold, He is baptizing, and all are coming to
Him." 27 John answered and said, "A man can receive nothing,
unless it has been given him from heaven. 28 "You yourselves
bear me witness, that I said, 'I am not the Christ,' but, 'I
have been sent before Him.' 29 "He who has the bride
is the bridegroom; but the friend of the bridegroom, who

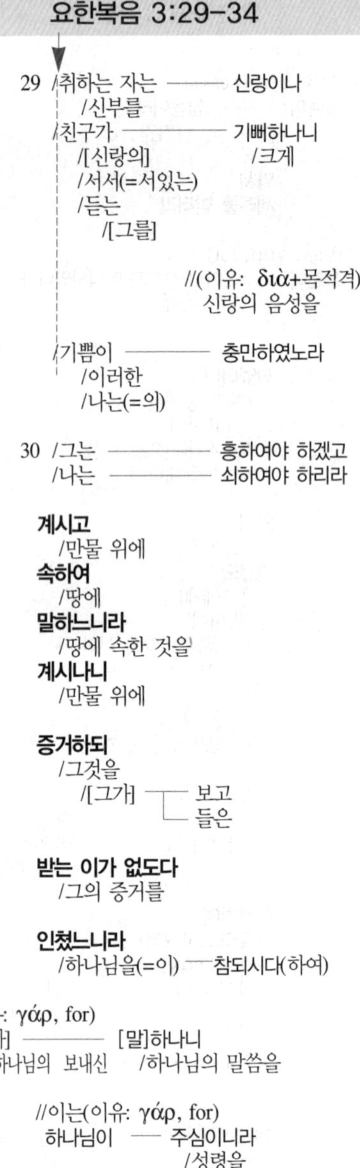

29 /취하는 자는 —— 신랑이나
/신부를
/친구가 —— 기뻐하나니
/[신랑의] /크게
/서서(=서있는)
/듣는
/[그를]
//(이유: διὰ+목적격)
신랑의 음성을
/기쁨이 —— 충만하였노라
/이러한
/나는(=의)

30 /그는 —— 흥하여야 하겠고
/나는 —— 쇠하여야 하리라

31 오시는 이는 **계시고**
/위로부터 /만물 위에
난 이는 **속하여**
/땅에서 /땅에
말하느니라
/땅에 속한 것을
오시는 이는 **계시나니**
/하늘로서 /만물 위에

32 그가 **증거하되**
/그것을
/[그가] —— 보고
들은

[아무도] **받는 이가 없도다**
/그의 증거를

33 받는 이는 **인쳤느니라**
/그의 증거를 /하나님을(=이) — 참되시다(하여)

34 //(이유: γάρ, for)
[그가] —— [말]하나니
/하나님의 보내신 /하나님의 말씀을

//이는(이유: γάρ, for)
하나님이 — 주심이니라
/성령을
/한량없이

증거할자는 너희니라 29 신부를 취하는 자는 신랑이나
서서 신랑의 음성을 듣는 친구가 크게 기뻐하나니 나는 이
러한 기쁨이 충만하였노라 30 그는 흥하여야 하겠고 나
는 쇠하여야 하리라 하니라 31 위로부터 오시는 이는 만
물 위에 계시고 땅에서 난 이는 땅에 속하여 땅에 속한 것
을 말하느니라 하늘로서 오시는 이는 만물 위에 계시나니
32 그가 그 보고 들은 것을 증거하되 그의 증거를 받는 이
가 없도다 33 그의 증거를 받는 이는 하나님을 참되시다
하여 인 쳤느니라 34 하나님의 보내신 이는 하나님의 말
씀을 하나니 이는 하나님이 성령을 한량없이 주심이니라

stands and hears him, rejoices greatly because of the
bridegroom's voice. And so this joy of mine has been
made full. 30 "He must increase, but I must decrease. 31
¶ "He who comes from above is above all, he who is of
the earth is from the earth and speaks of the earth. He
who comes from heaven is above all. 32 "What He has
seen and heard, of that He bears witness; and no man
receives His witness. 33 "He who has received His witness
has set his seal to this, that God is true. 34 "For He
whom God has sent speaks the words of God; for He
gives the Spirit without measure. 35 "The Father loves
the Son, and has given all things into His hand. 36 "He

35 아버지께서 **사랑하사**
/아들을
주셨으니
/만물을 다
/그[의] 손에

36 믿는 자는 **있고**(=소유하고)
/아들을 /영생이(=을)
순종치 아니하는 자는 **보지 못하고**
/아들을(=에게) /영생을

도리어
진노가 **머물러 있느니라**
/하나님의 /그 위에

4

1 주께서(=예수께서) 아신지라(=아셨을 때, 상황절, when)
/바리새인들이 —— 들은 줄을
/예수의(=가) — 삼고
/제자를
/많다(=많은)
/요한보다
세례를 주는 것(이 하는 말)을

2 예수께서 **세례를 주신 것이 아니요**
/친히
제자들이 **(준 것이라)**
/[그의]

3 [그가] **떠나사**
/유대를
가실새
/갈릴리로
/다시
4 **통행하여야 하겠는지라**
/사마리아로
5 **이르시니**
/동네에
/사마리아에 있는
/수가라 하는
/땅이 가깝고(=땅 곁에)
/야곱이 —— 준
/요셉에게
/그[의] 아들

35 아버지께서 아들을 사랑하사 만물을 다 그 손에 주셨
으니 36 아들을 믿는 자는 영생이 있고 아들을 순종치 아
니하는 자는 영생을 보지 못하고 도리어 하나님의 진노가
그 위에 머물러 있느니라
4:1 예수의 제자를 삼고 세례를 주는 것이 요한보다 많
다 하는 말을 바리새인들이 들은 줄을 주께서 아신지라
2 (예수께서 친히 세례를 주신 것이 아니요 제자들이 준
것이라) 3 유대를 떠나사 다시 갈릴리로 가실새 4 사마
리아로 통행하여야 하겠는지라 5 사마리아에 있는 수가
라 하는 동네에 이르시니 야곱이 그 아들 요셉에게 준 땅
이 가깝고

who believes in the Son has eternal life; but he who does not obey the Son shall not see life, but the wrath of God abides on him."

4:1 ¶ When therefore the Lord knew that the Pharisees
had heard that Jesus was making and baptizing more
disciples than John 2 (although Jesus Himself was not
baptizing, but His disciples were), 3 He left Judea, and departed
again into Galilee. 4 And He had to pass through Samaria.
5 So He came to a city of Samaria, called Sychar, near
the parcel of ground that Jacob gave to his son Joseph; 6

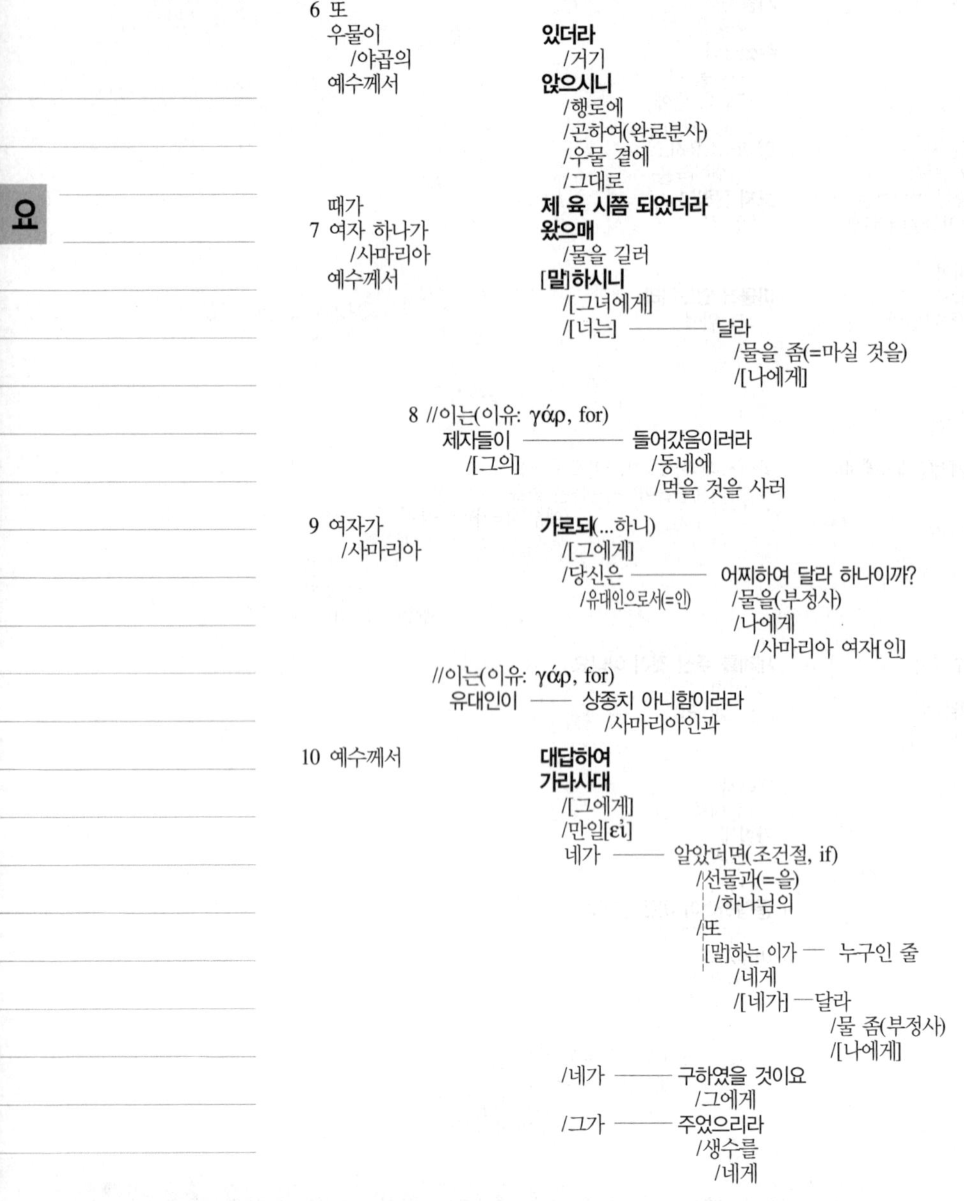

6 거기 또 야곱의 우물이 있더라 예수께서 행로에 곤하여
우물 곁에 그대로 앉으시니 때가 제육시쯤 되었더라 7 사
마리아 여자 하나가 물을 길러 왔으매 예수께서 물을 좀
달라하시니 8 이는 제자들이 먹을 것을 사러 동네에 들어
갔음이러라 9 사마리아 여자가 가로되 당신은 유대인으
로서 어찌하여 사마리아 여자 나에게 물을 달라 하나이까
하니 이는 유대인이 사마리아인과 상종치 아니함이러라
10 예수께서 대답하여 가라사대 네가 만일 하나님의 선물
과 또 네게 물 좀 달라 하는 이가 누구인 줄 알았더면 네
가 그에게 구하였을 것이요 그가 생수를 네게 주었으리라

and Jacob's well was there. Jesus therefore, being wearied
from His journey, was sitting thus by the well. It was
about the sixth hour. 7 There came a woman of Samaria
to draw water. Jesus said to her, "Give Me a drink." 8
For His disciples had gone away into the city to buy food.
9 The Samaritan woman therefore said to Him, "How is
it that You, being a Jew, ask me for a drink since I am
a Samaritan woman?" (For Jews have no dealings with
Samaritans.) 10 Jesus answered and said to her, "If you
knew the gift of God, and who it is who says to you,
'Give Me a drink,' you would have asked Him, and He
would have given you living water." 11 She said to Him,

11 여자가 **가로되**
/[그에게]
/주여!
[당신은] —— 없고(=소유하지 않았고)
/물 길을 그릇도(=물 길을 것을)
/이 우물은 —— 깊은데
/[당신은] —— 어디서 얻겠삽나이까?
/이 생수를

12 /당신이 —— 더 크니이까?
/야곱보다
/우리 조상
/야곱이[13] —— 주었고
/이 우물을
/우리에게
/또
자기와 —— 다 먹었으니
자기 아들들과 /여기서
[그의] 짐승과

13 예수께서 **대답하여**
가라사대
/[그녀에게]
/먹는 자[는] —— 목마르려니와
/이 물을 /다시
/마다(=모든)

14 /먹는자는 —— 목마르지 아니하리니
/물을 /영원히
/내가 — 주는
/[그에게]
/물은 —— 샘이 되리라
/나의 주는 /물[의]
/[그에게] /솟아나는
/영생하도록
/그 속에서

15 여자가 **가로되**
/[그에게]
/주여!
[당신은] —— 주사
/이런 물을
/내게

/(목적: ἵνα, that...may)
[나는] —— 목마르지도 않고
—— 또 오지도 않게 하옵소서
/물 길러(부정사)
/여기

13) 관계대명사, 선행사는 '야곱'이다. 계속적 용법

요

11 여자가 가로되 주여 물 길을 그릇도 없고 이 우물은 깊
은데 어디서 이 생수를 얻겠삽나이까 12 우리 조상 야곱
이 이 우물을 우리에게 주었고 또 여기서 자기와 자기 아
들들과 짐승이 다 먹었으니 당신이 야곱보다 더 크니이까
13 예수께서 대답하여 가라사대 이 물을 먹는 자마다 다
시 목마르려니와 14 내가 주는 물을 먹는 자는 영원히 목
마르지 아니하리니 나의 주는 물은 그 속에서 영생하도록
솟아나는 샘물이 되리라 15 여자가 가로되 주여 이런 물
을 내게 주사 목마르지도 않고 또 여기 물 길러 오지도 않
게 하옵소서

"Sir, You have nothing to draw with and the well is deep;
where then do You get that living water? 12 "You are
not greater than our father Jacob, are You, who gave us
the well, and drank of it himself, and his sons, and his
cattle?" 13 Jesus answered and said to her, "Everyone
who drinks of this water shall thirst again; 14 but whoever
drinks of the water that I shall give him shall never thirst;
but the water that I shall give him shall become in him a
well of water springing up to eternal life." 15 The woman
said to Him, "Sir, give me this water, so I will not be
thirsty, nor come all the way here to draw." 16 He said
to her, "Go, call your husband, and come here." 17 The woman

16 가라사대 가서 네 남편을 불러오라 17 여자가 대답하여 가로되 나는 남편이 없나이다 예수께서 가라사대 네가 남편이 없다 하는 말이 옳도다 18 네가 남편 다섯이 있었으나 지금 있는 자는 네 남편이 아니니 네 말이 참되도다 19 여자가 가로되 주여 내가 보니 선지자로소이다 20 우리 조상들은 이 산에서 예배하였는데 당신들의 말은 예배할 곳이 예루살렘에 있다 하더이다 21 예수께서 가라사대 여자여 내 말을 믿으라 이 산에서도 말고 예루살렘에서도 말고 너희가 아버지께 예배할 때가 이르리라

answered and said, "I have no husband." Jesus said to her, "You have well said, 'I have no husband'; 18 for you have had five husbands, and the one whom you now have is not your husband; this you have said truly." 19 The woman said to Him, "Sir, I perceive that You are a prophet. 20 "Our fathers worshiped in this mountain, and you people say that in Jerusalem is the place where men ought to worship." 21 Jesus said to her, "Woman, believe Me, an hour is coming when neither in this mountain, nor in Jerusalem, shall you worship the Father. 22 "You worship

/때가 — 이르리라
/너희가 — 예배할 /아버지께
/이 산에서도 말고
예루살렘에서도 말고

22 /너희는 — 예배하고
/알지 못하는 것을
/우리는 — 예배하노니
/아는 것을

//이는(이유: ὅτι, for)
구원이 — 남이니라
/유대인에게서

23 /때가 — 오나니
/예배하는 자들은— 예배할
/참으로 /아버지께
/신령과(=영과)
진정으로(=진리로)
/[그것은] — (곧)이 때라

//(이유: γάρ, for)
아버지께서는 — 찾으시느니라
/예배하는 자들을
/이렇게
/자기에게

24 /하나님은 — 영이시니
/예배하는 자가 — 예배할지니라
/[그를] /신령과(=영과)
진정으로(=진리로)

25 여자가 **가로되**
/[그에게]
/내가 — 아노니
/메시야가 — 오실 줄을
/(곧)그리스도라 하는 이
/그가 — 오시면(상황절, when)
고하시리이다
/모든 것을
/우리에게

26 예수께서 **이르시되**(...하시니라)
/[그녀에게]
/내가 — 그로라
/말하는
/네게

22 너희는 알지 못하는 것을 예배하고 우리는 아는 것을
예배하노니 이는 구원이 유대인에게서 남이니라 23 아버
지께 참으로 예배하는 자들은 신령과 진정으로 예배할 때
가 오나니 곧 이 때라 아버지께서는 이렇게 자기에게 예배
하는 자들을 찾으시느니라 24 하나님은 영이시니 예배하
는 자가 신령과 진정으로 예배할지니라 25 여자가 가로
되 메시야 곧 그리스도라 하는 이가 오실 줄을 내가 아노
니 그가 오시면 모든 것을 우리에게 고하시리이다 26 예
수께서 이르시되 네게 말하는 내가 그로라 하시니라

that which you do not know; we worship that which we know,
for salvation is from the Jews. 23 "But an hour is coming,
and now is, when the true worshipers shall worship the
Father in spirit and truth; for such people the Father seeks
to be His worshipers. 24 "God is spirit, and those who worship
Him must worship in spirit and truth." 25 The woman
said to Him, "I know that Messiah is coming (He who is
called Christ); when that One comes, He will declare all things
to us." 26 Jesus said to her, "I who speak to you am
He." 27 ¶ And at this point His disciples came, and they

요

27 이 때에 제자들이 돌아와서 예수께서 여자와 말씀하시
는 것을 이상히 여겼으나 무엇을 구하시나이까 어찌하여
저와 말씀하시나이까 묻는 이가 없더라 28 여자가 물동
이를 버려두고 동네에 들어가서 사람들에게 이르되 29
나의 행한 모든 일을 내게 말한 사람을 와 보라 이는 그리
스도가 아니냐 하니 30 저희가 동네에서 나와 예수께로
오더라 31 그 사이에 제자들이 청하여 가로되 랍비여 잡
수소서 32 가라사대 내게는 너희가 알지 못하는 먹을 양
식이 있느니라 33 제자들이 서로 말하되 누가 잡수실 것
을 갖다 드렸는가 한대

marveled that He had been speaking with a woman; yet
no one said, "What do You seek?" or, "Why do You
speak with her?" 28 So the woman left her waterpot, and
went into the city, and said to the men, 29 "Come, see a
man who told me all the things that I have done; this is
not the Christ, is it?" 30 They went out of the city, and
were coming to Him. 31 In the meanwhile the disciples
were requesting Him, saying, "Rabbi, eat." 32 But He
said to them, "I have food to eat that you do not know
about." 33 The disciples therefore were saying to one another,

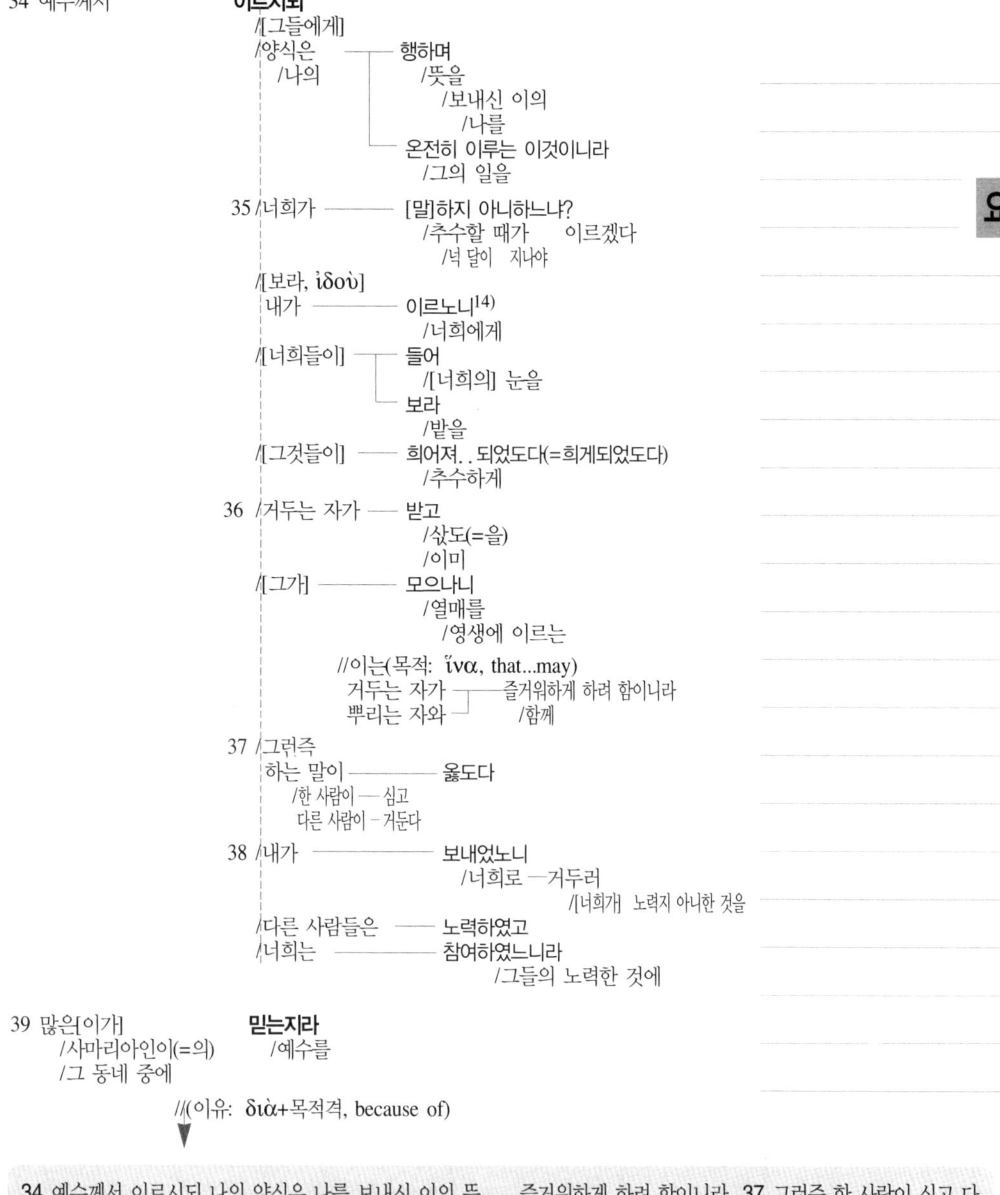

34 예수께서 이르시되 나의 양식은 나를 보내신 이의 뜻
을 행하며 그의 일을 온전히 이루는 이것이니라 35 너희
가 넉 달이 지나야 추수할 때가 이르겠다 하지 아니하느냐
내가 너희에게 이르노니 눈을 들어 밭을 보라 희어져 추수
하게 되었도다 36 거두는 자가 이미 삯도 받고 영생에 이
르는 열매를 모으나니 이는 뿌리는 자와 거두는 자가 함께
즐거워하게 하려 함이니라 37 그런즉 한 사람이 심고 다
른 사람이 거둔다 하는 말이 옳도다 38 내가 너희로 노력
지 아니한 것을 거두러 보내었노니 다른 사람들은 노력하
였고 너희는 그들의 노력한 것에 참예하였느니라 39 여
자의 말이 그가 나의 행한 모든 것을 내게 말하였다 증거
하므로 그 동리 중에 많은 사마리아인이 예수를 믿는지라

"No one brought Him anything to eat, did he?" 34 Jesus
said to them, "My food is to do the will of Him who sent
Me, and to accomplish His work. 35 "Do you not say,
There are yet four months, and then comes the harvest? Behold,
I say to you, lift up your eyes, and look on the fields,
that they are white for harvest. 36 "Already he who reaps
is receiving wages, and is gathering fruit for life eternal;
that he who sows and he who reaps may rejoice together.
37 "For in this case the saying is true, 'One sows, and
another reaps.' 38 "I sent you to reap that for which you
have not labored; others have labored, and you have
entered into their labor." 39 ¶ And from that city many

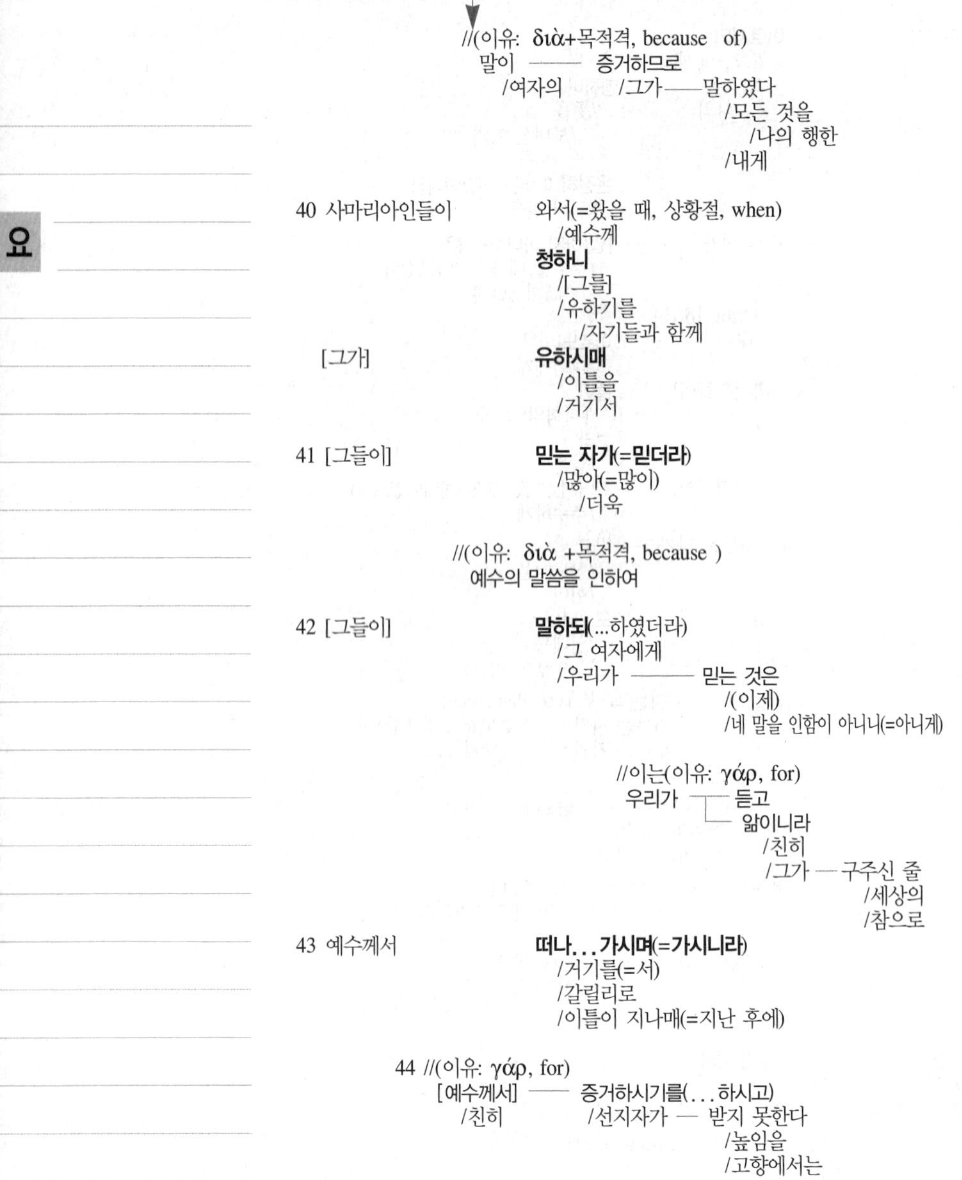

40 사마리아인들이 예수께 와서 자기들과 함께 유하기를 청하니 거기서 이틀을 유하시매 41 예수의 말씀을 인하여 믿는 자가 더욱 많아 42 그 여자에게 말하되 이제 우리가 믿는 것은 네 말을 인함이 아니니 이는 우리가 친히 듣고 그가 참으로 세상의 구주신 줄 앎이니라 하였더라

43 이틀이 지나매 예수께서 거기를 떠나 갈릴리로 가시며 44 친히 증거하시기를 선지자가 고향에서는 높임을 받지 못한다 하시고 45 갈릴리에 이르시매 갈릴리인들이 그를 영접하니 이는 자기들도 명절에 갔다가 예수께서 명절 중 예루살렘에서 하신 모든 일을 보았음이더라

of the Samaritans believed in Him because of the word of the woman who testified, "He told me all the things that I have done." 40 So when the Samaritans came to Him, they were asking Him to stay with them; and He stayed there two days. 41 And many more believed because of His word; 42 and they were saying to the woman, "It is no longer because of what you said that we believe, for we have heard for ourselves and know that this One is indeed the Savior of the world." 43 And after the two days He went forth from there into Galilee. 44 For Jesus Himself testified that a prophet has no honor in his own country. 45 So when He came to Galilee, the Galileans

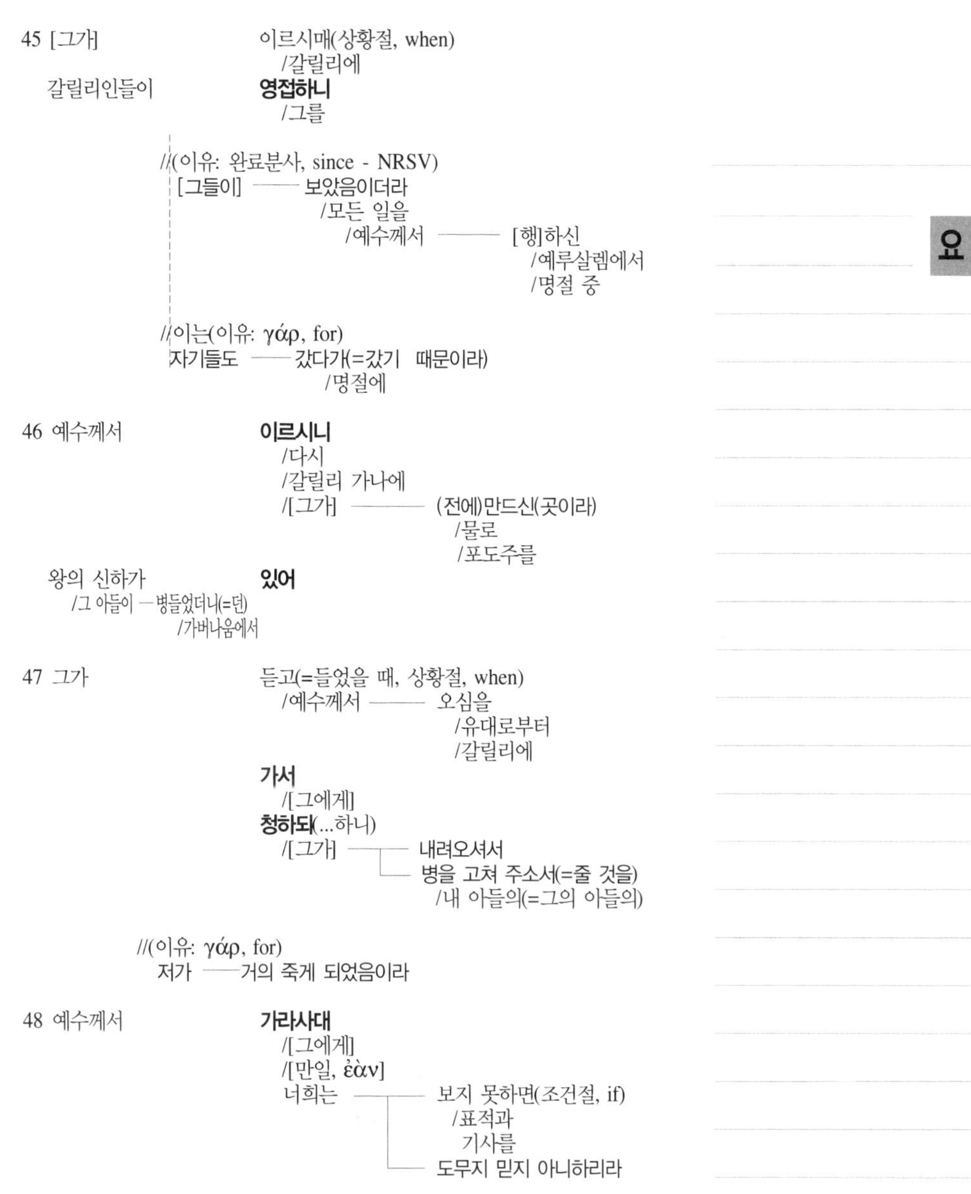

46 예수께서 다시 갈릴리 가나에 이르시니 전에 물로 포도주를 만드신 곳이라 왕의 신하가 있어 그 아들이 가버나움에서 병들었더니 47 그가 예수께서 유대로부터 갈릴리에 오심을 듣고 가서 청하되 내려오셔서 내 아들의 병을 고쳐 주소서 하니 저가 거의 죽게 되었음이라 48 예수께서 가라사대 너희는 표적과 기사를 보지 못하면 도무지 믿지 아니하리라

received Him, having seen all the things that He did in Jerusalem at the feast; for they themselves also went to the feast. 46 ¶ He came therefore again to Cana of Galilee where He had made the water wine. And there was a certain royal official, whose son was sick at Capernaum. 47 When he heard that Jesus had come out of Judea into Galilee, he went to Him, and was requesting Him to come down and heal his son; for he was at the point of death. 48 Jesus therefore said to him, "Unless you people see signs and wonders, you simply will not believe." 49 The

요

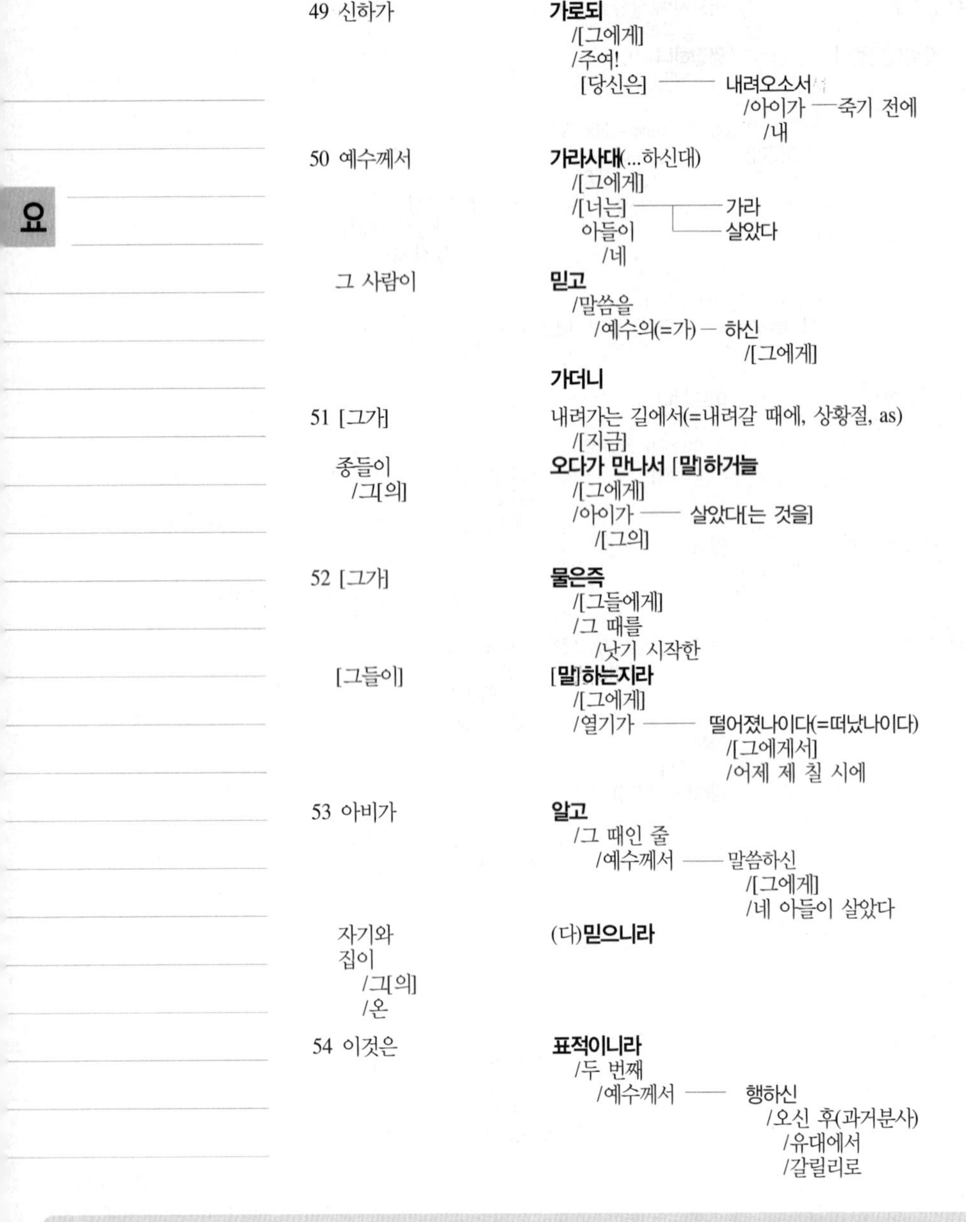

49 신하가 가로되 주여 내 아이가 죽기 전에 내려오소서 50 예수께서 가라사대 가라 네 아들이 살았다 하신대 그 사람이 예수의 하신 말씀을 믿고 가더니 51 내려가는 길에서 그 종들이 오다가 만나서 아이가 살았다 하거늘 52 그 낫기 시작한 때를 물은즉 어제 제칠시에 열기가 떨어졌나이다 하는지라 53 아비가 예수께서 네 아들이 살았다 말씀하신 그 때인 줄 알고 자기와 그 온 집안이 다 믿으니라 54 이것은 예수께서 유대에서 갈릴리로 오신 후 행하신 두 번째 표적이니라

royal official said to Him, "Sir, come down before my child dies." 50 Jesus said to him, "Go your way; your son lives." The man believed the word that Jesus spoke to him, and he started off. 51 And as he was now going down, his slaves met him, saying that his son was living. 52 So he inquired of them the hour when he began to get better. They said therefore to him, "Yesterday at the seventh hour the fever left him." 53 So the father knew that it was at that hour in which Jesus said to him, "Your son lives"; and he himself believed, and his whole household. 54 This is again a second sign that Jesus performed, when He had come out of Judea into Galilee.

5

1 명절이 있어
/유대인의 /그 후에
예수께서 올라가시니라
/예루살렘에

2 못이 있는데
/[이름]하는 /예루살렘에 있는(=안에)
/베데스다라 /양문 곁에
/히브리 말로
/거기 있고(=소유한)
/행각 다섯이(=을)

3 많은 자들이 누워
/병자(=든) /그 안에
/소경[인]
/절뚝발이[인]
/혈기 마른

4 (없음)*)

5 자가 있더라
/[어떤] /거기
/삼십팔 년 된
/[그의] 병[에서]

*) NA27에는 4절이 없다. 스테판본을 기준으로 구문분석을 하면 다음과 같다.

3 많은 자들이 —— 누워
/병자(=든) /그 안에
/소경[인] 4 /(기다리니)(=기다리면서, 현재분사)
/절뚝발이[인] /(동함을)
/혈기 마른 /(물의)

//이는(이유: for)
(천사가 —— 내려와)
/(가끔)
/(못에)
(동하게 하는데)
/(물을)

<물이> —— (동한 후에)(상황절, after)
(자는) —— (낫게 됨이러라)
/(들어가는) /(어떤 병에 걸렸든지)
/(먼저)

5:1 그 후에 유대인의 명절이 있어 예수께서 예루살렘에
올라가시니라 2 예루살렘에 있는 양문 곁에 히브리
말로 베데스다라 하는 못이 있는데 거기 행각 다섯이 있고
3 그 안에 많은 병자, 소경, 절뚝발이, 혈기마른 자들이 누
워 (물의 동함을 기다리니 4 이는 천사가 가끔 못에 내려
와 물을 동하게 하는데 동한 후에 먼저 들어가는 자는 어
떤 병에 걸렸든지 낫게 됨이러라) 5 거기 삼십팔 년 된
병자가 있더라 6 예수께서 그 누운 것을 보시고 병이 벌

5:1 After these things there was a feast of the Jews,
and Jesus went up to Jerusalem. 2 Now there is in Jerusalem
by the sheep gate a pool, which is called in Hebrew
Bethesda, having five porticoes. 3 In these lay a multitude
of those who were sick, blind, lame, and withered, [waiting
for the moving of the waters; 4 for an angel of the Lord
went down at certain seasons into the pool, and stirred
up the water; whoever then first, after the stirring up of
the water, stepped in was made well from whatever disease
with which he was afflicted.] 5 And a certain man was

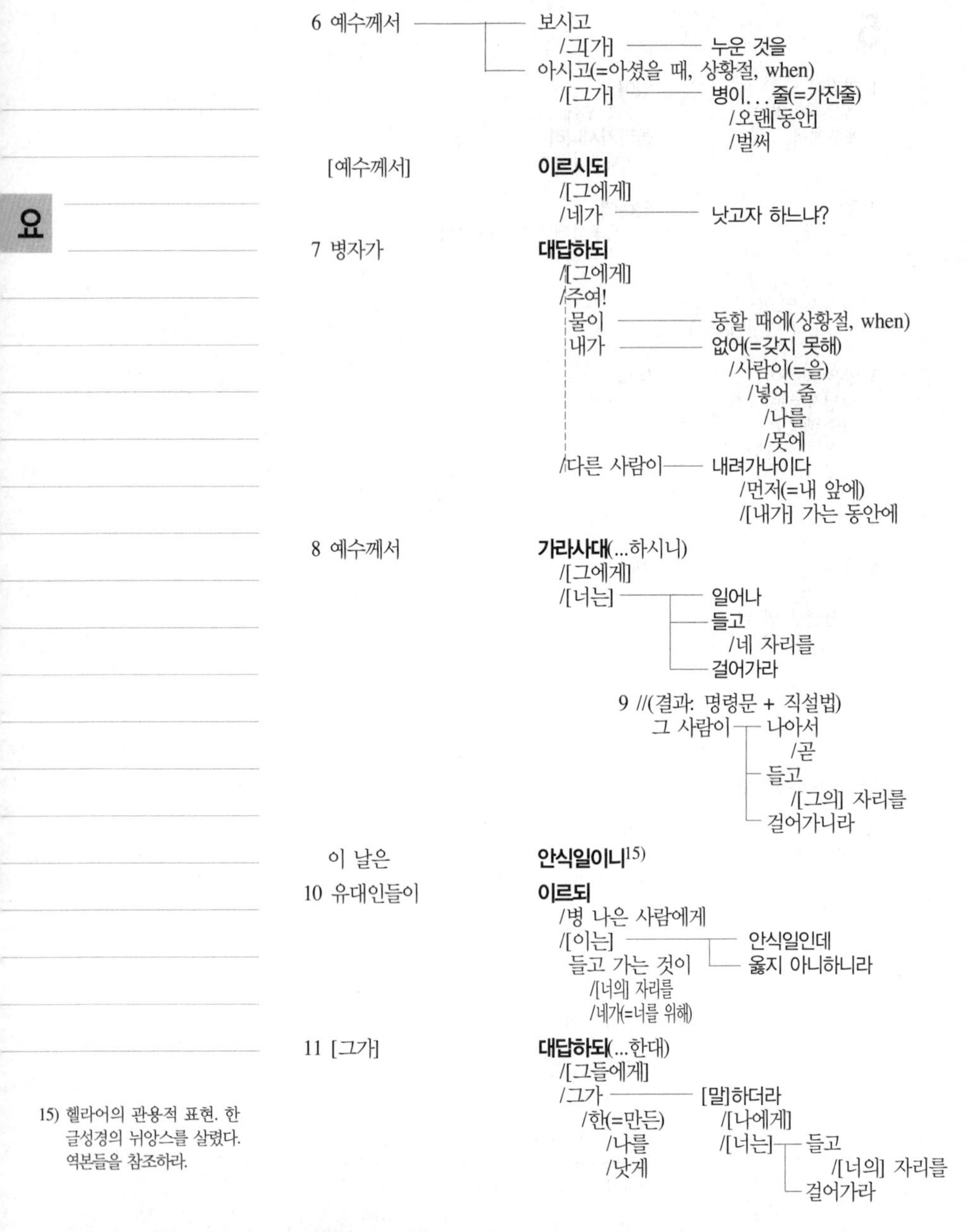

15) 헬라어의 관용적 표현. 한글성경의 뉘앙스를 살렸다. 역본들을 참조하라.

써 오랜 줄 아시고 이르시되 네가 낫고자 하느냐 7 병자가 대답하되 주여 물이 동할 때에 나를 못에 넣어 줄 사람이 없어 내가 가는 동안에 다른 사람이 먼저 내려가나이다 8 예수께서 가라사대 일어나 네 자리를 들고 걸어가라 하시니 9 그 사람이 곧 나아서 자리를 들고 걸어가니라 이 날은 안식일이니 10 유대인들이 병 나은 사람에게 이르되 안식일인데 네가 자리를 들고 가는 것이 옳지 아니하니라 11 대답하되 나를 낫게 한 그가 자리를 들고 걸어가라

there, who had been thirty-eight years in his sickness. 6 When Jesus saw him lying there, and knew that he had already been a long time in that condition, He said to him, "Do you wish to get well?" 7 The sick man answered Him, "Sir, I have no man to put me into the pool when the water is stirred up, but while I am coming, another steps down before me." 8 Jesus said to him, "Arise, take up your pallet, and walk." 9 And immediately the man became well, and took up his pallet and began to walk. Now it was the Sabbath on that day. 10 Therefore the Jews were saying to him who was cured, "It is the Sabbath, and it is not permissible for you to carry your pallet." 11 But

12 저희가 묻되(...하되)
/[그에게]
/사람이 ——— 누구냐?
/[말]한
/너더러
/[네가] ——— 들고
/(자리를)
걸어가라

13 고침을 받은 사람이 알지 못하니
/그가 ——— 누구신지

//이는(이유: γάρ, for)
사람이 ——— 많으므로(=많을때에, 상황절, while)
/거기
예수께서 ——— (이미)피하셨음이라

14 예수께서 만나
/그 사람을
/성전에서
/그 후에
이르시되(...하시니)
/[그에게]
/보라!
네가 ——— 나았으니
다시는 죄를 범치 말라

//(목적: ἵνα, so that)
더 심한 것이 ——— 생기지 않게
/[어떤] /[너에게]

15 그 사람이 가서
[말]하니라
/유대인들에게
/고친 이는 ——— 예수라
/자기를

16 그러므로
유대인들이 핍박하게 된지라
/예수를

//(이유: ὅτι, because)
[그가] ——— 행하신다 (하여)
/이러한 일을
/안식일에

하더라 한대 12 저희가 묻되 너더러 자리를 들고 걸어가
라 한 사람이 누구냐 하되 13 고침을 받은 사람이 그가 누
구신지 알지 못하니 이는 거기 사람이 많으므로 예수께서
이미 피하셨음이라 14 그 후에 예수께서 성전에서 그 사
람을 만나 이르시되 보라 네가 나았으니 더 심한 것이 생
기지 않게 다시는 죄를 범치 말라 하시니 15 그 사람이 유
대인들에게 가서 자기를 고친 이는 예수라 하니라 16 그
러므로 안식일에 이러한 일을 행하신다 하여 유대인들이
예수를 핍박하게 된지라

he answered them, "He who made me well was the one
who said to me, 'Take up your pallet and walk.'" 12
They asked him, "Who is the man who said to you, 'Take
up your pallet, and walk'?" 13 But he who was healed
did not know who it was; for Jesus had slipped away
while there was a crowd in that place. 14 Afterward Jesus
found him in the temple, and said to him, "Behold, you
have become well; do not sin anymore, so that nothing
worse may befall you." 15 The man went away, and told
the Jews that it was Jesus who had made him well. 16
And for this reason the Jews were persecuting Jesus,
because He was doing these things on the Sabbath. 17

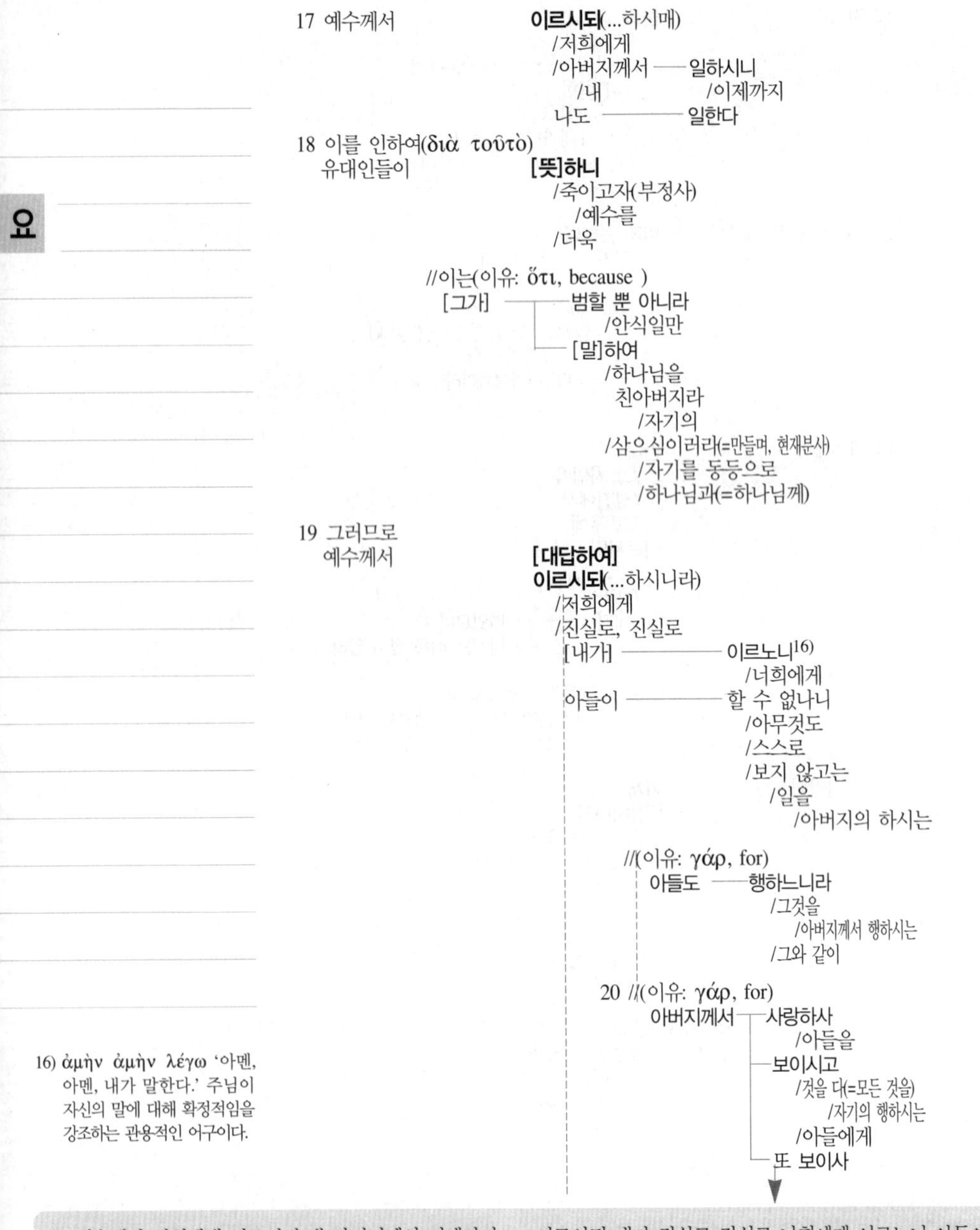

16) ἀμὴν ἀμὴν λέγω '아멘, 아멘, 내가 말한다.' 주님이 자신의 말에 대해 확정적임을 강조하는 관용적인 어구이다.

17 예수께서 저희에게 이르시되 내 아버지께서 이제까지 일하시니 나도 일한다 하시매 18 유대인들이 이를 인하여 더욱 예수를 죽이고자 하니 이는 안식일만 범할 뿐 아니라 하나님을 자기의 친아버지라 하여 자기를 하나님과 동등으로 삼으심이러라 19 그러므로 예수께서 저희에게 이르시되 내가 진실로 진실로 너희에게 이르노니 아들이 아버지의 하시는 일을 보지 않고는 아무것도 스스로 할 수 없나니 아버지께서 행하시는 그것을 아들도 그와 같이 행하느니라 20 아버지께서 아들을 사랑하사 자기의 행하시는 것을 다 아들에게 보이시고 또 그보다 더 큰 일을 보이

But He answered them, "My Father is working until now, and I Myself am working." 18 For this cause therefore the Jews were seeking all the more to kill Him, because He not only was breaking the Sabbath, but also was calling God His own Father, making Himself equal with God.
19 ¶ Jesus therefore answered and was saying to them, "Truly, truly, I say to you, the Son can do nothing of Himself, unless it is something He sees the Father doing; for whatever the Father does, these things the Son also does in like manner. 20 "For the Father loves the Son, and

17) ἀμὴν ἀμὴν λέγω '아멘, 아멘, 내가 말한다.' 주님이 자신의 말에 대해 확정적임을 강조하는 관용적인 어구이다.

사 너희로 기이히 여기게 하시리라 21 아버지께서 죽은
자들을 일으켜 살리심같이 아들도 자기의 원하는 자들을
살리느니라 22 아버지께서 아무도 심판하지 아니하시고
심판을 다 아들에게 맡기셨으니 23 이는 모든 사람으로
아버지를 공경하는 것같이 아들을 공경하게 하려 하심이라
아들을 공경치 아니하는 자는 그를 보내신 아버지를 공경
치 아니하느니라 24 내가 진실로 진실로 너희에게 이르
노니 내 말을 듣고 또 나 보내신 이를 믿는 자는 영생을
얻었고 심판에 이르지 아니하나니 사망에서 생명으로 옮겼
느니라 25 진실로 진실로 너희에게 이르노니 죽은 자들이

shows Him all things that He Himself is doing; and greater
works than these will He show Him, that you may marvel.
21 "For just as the Father raises the dead and gives them
life, even so the Son also gives life to whom He wishes.
22 "For not even the Father judges anyone, but He has
given all judgment to the Son, 23 in order that all may
honor the Son, even as they honor the Father. He who
does not honor the Son does not honor the Father who
sent Him. 24 "Truly, truly, I say to you, he who hears
My word, and believes Him who sent Me, has eternal
life, and does not come into judgment, but has passed out
of death into life. 25 "Truly, truly, I say to you, an hour

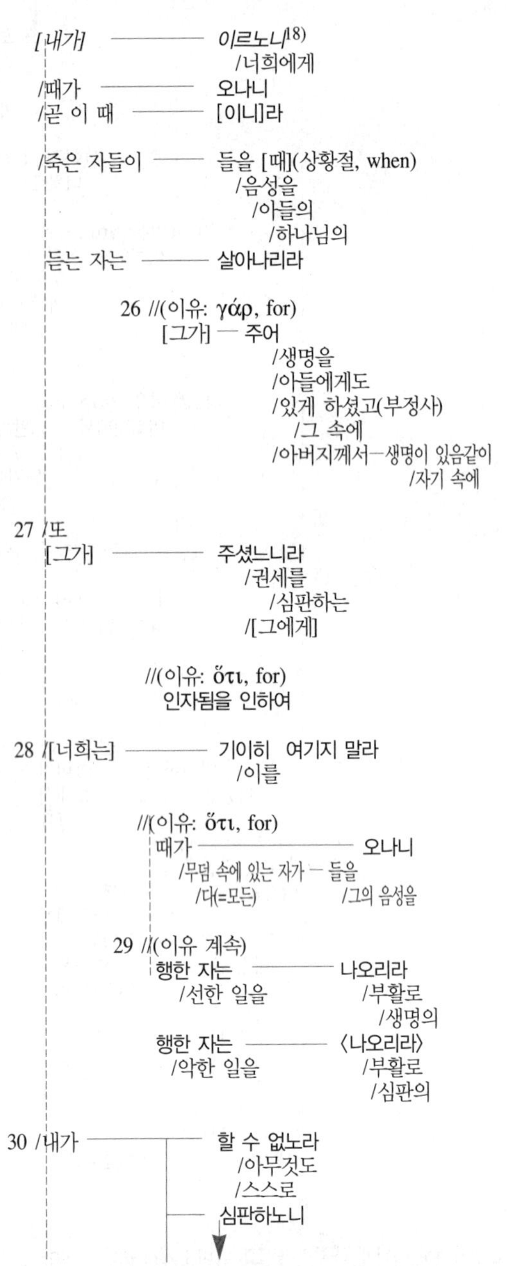

18) ἀμὴν ἀμὴν λέγω '아멘, 아멘, 내가 말한다.' 주님이 자신의 말에 대해 확정적임을 강조하는 관용적인 어구이다.

하나님의 아들의 음성을 들을 때가 오나니 곧 이 때라 듣는 자는 살아나리라 26 아버지께서 자기 속에 생명이 있음같이 아들에게도 생명을 주어 그 속에 있게 하셨고 27 또 인자됨을 인하여 심판하는 권세를 주셨느니라 28 이를 기이히 여기지 말라 무덤 속에 있는 자가 다 그의 음성을 들을 때가 오나니 29 선한 일을 행한 자는 생명의 부활로 악한 일을 행한 자는 심판의 부활로 나오리라 30 내가 아무 것도 스스로 할 수 없노라 듣는대로 심판하노니

is coming and now is, when the dead shall hear the voice of the Son of God; and those who hear shall live. 26 "For just as the Father has life in Himself, even so He gave to the Son also to have life in Himself; 27 and He gave Him authority to execute judgment, because He is the Son of Man. 28 "Do not marvel at this; for an hour is coming, in which all who are in the tombs shall hear His voice, 29 and shall come forth; those who did the good deeds to a resurrection of life, those who committed the evil deeds to a resurrection of judgment. 30 ¶ "I can

심판하노니
/듣는 대로
/내 심판은 —— 의로우니라

//(이유: ὅτι, because)
나는 —— 하려 하지 않고
/나의 원대로
(하려는 고로)
/원대로
/보내신 이의
/나를

31 /만일[ἐὰν]
내가 —— 증거하면(조건절, if)
/나를 위하여
내 증거는 —— 참되지 아니하되

32 /증거하시는 이가 — 있으니
/따로
/나를 위하여
/[내가] —— 아노라
/그 증거가 —— 참인 줄
/증거하시는
/나를 위하여

33 /너희가 —— 보내매
/(사람을)
/요한에게
요한이 —— 증거하였느니라
/진리에 대하여

34 /그러나
나는 —— 취하지 아니하노라
/증거를
/사람에게서
다만 [말]하는 것은
/이 말을

//(목적 ἵνα, that...might)
너희로 —— 구원을 얻게 하려 함이니라

35 /요한은 —— 등불이라
/켜서
비취는
너희가 —— 원하였거니와
/즐거이 있기를
/그[의] 빛에
/일시

36 /내게는(=나는) —— [갖고]있으니

요

나는 나의 원대로 하려 하지 않고 나를 보내신 이의 원대
로 하려는고로 내 심판은 의로우니라 31 내가 만일 나를
위하여 증거하면 내 증거는 참되지 아니하되 32 나를 위
하여 증거하시는 이가 따로 있으니 나를 위하여 증거하시
는 그 증거가 참인 줄 아노라 33 너희가 요한에게 사람을
보내매 요한이 진리에 대하여 증거하였느니라 34 그러나
나는 사람에게서 증거를 취하지 아니하노라 다만 이 말을
하는 것은 너희로 구원을 얻게 하려 함이니라 35 요한은
켜서 비취는 등불이라 너희가 일시 그 빛에 즐거이 있기를
원하였거니와

do nothing on My own initiative. As I hear, I judge; and
My judgment is just, because I do not seek My own will,
but the will of Him who sent Me. 31 "If I alone bear
witness of Myself, My testimony is not true. 32 "There
is another who bears witness of Me, and I know that the
testimony which He bears of Me is true. 33 "You have
sent to John, and he has borne witness to the truth. 34
"But the witness which I receive is not from man, but I
say these things that you may be saved. 35 "He was the
lamp that was burning and was shining and you were
willing to rejoice for a while in his light. 36 "But the
witness which I have is greater than that of John; for the works

36 /내게는(=나는) —— [갖고]있으니
/증거가(=를)
/더 큰
/요한의 증거보다(=요한보다)

//(이유: γάρ, for)
역사[가] —— 증거하는 것이요
/주사(=신) /아버지께서 — 보내신 것을
/아버지께서 /나를
/내게 /나를 위하여
/[내가] 이루게 하시는(=하도록)
(곧)그 역사가
/나의 하는

37 //또한(이유 계속)
아버지께서 —— 증거하셨느니라
/친히 /나를 위하여
/보내신
/나를

/너희는 —— 듣지 못하였고
/그[의] 음성을
/아무 때에도
—— 보지 못하였으며
/그[의] 형용을
38 [갖]지아니하니
/말씀이 —— 거하[는 것을]
/그[의] /너희 속에

//이는(이유: ὅτι, for)
[너희가] —— 믿지 아니함이니라
/그의 보내신 자를

39 /너희가 —— 상고하거니와
/성경을

//(이유: ὅτι, for)
[너희가] —— 생각하고
/얻는 줄(부정사)
/영생을
/성경에서

/이 성경이 —— 증거하는 것이로다
/(곧) 내게 대하여

40 /그러나
너희가 —— 원하지 아니하는도다
/오기를(부정사)
/내게
/[너희가] 영생을 얻기 위하여

41 /나는 —— 취하지 아니하노라
/영광을
/사람에게

36 내게는 요한의 증거보다 더 큰 증거가 있으니 아버지
께서 내게 주사 이루게 하시는 역사 곧 나의 하는 그 역사
가 아버지께서 나를 보내신 것을 나를 위하여 증거하는 것
이요 37 또한 나를 보내신 아버지께서 친히 나를 위하여
증거하셨느니라 너희는 아무 때에도 그 음성을 듣지 못하
였고 그 형용을 보지 못하였으며 38 그 말씀이 너희 속에
거하지 아니하니 이는 그의 보내신 자를 믿지 아니함이니
라 39 너희가 성경에서 영생을 얻는 줄 생각하고 성경을
상고하거니와 이 성경이 곧 내게 대하여 증거하는 것이로
다 40 그러나 너희가 영생을 얻기 위하여 내게 오기를 원
하지 아니하는도다 41 나는 사람에게 영광을 취하지 아
니하노라

which the Father has given Me to accomplish, the very works that I do, bear witness of Me, that the Father has sent Me.
37 "And the Father who sent Me, He has borne witness of Me. You have neither heard His voice at any time, nor seen His form.
38 "And you do not have His word abiding in you, for you do not believe Him whom He sent.
39 "You search the Scriptures, because you think that in them you have eternal life; and it is these that bear witness of Me;
40 and you are unwilling to come to Me, that you may have life.
41 "I do not receive glory

19) 관계대명사, 선행사는 '모세'이다. 계속적 용법

42 다만 하나님을 사랑하는 것이 너희 속에 없음을 알았노라 43 나는 내 아버지의 이름으로 왔으매 너희가 영접지 아니하나 만일 다른 사람이 자기 이름으로 오면 영접하리라 44 너희가 서로 영광을 취하고 유일하신 하나님께로부터 오는 영광은 구하지 아니하니 어찌 나를 믿을 수 있느냐 45 내가 너희를 아버지께 고소할까 생각지 말라 너희를 고소하는 이가 있으니 곧 너희의 바라는 자 모세니라 46 모세를 믿었더면 또 나를 믿었으리니 이는 그가 내게 대하여 기록하였음이라 47 그러나 그의 글도 믿지 아니하거든 어찌 내 말을 믿겠느냐 하시니라

from men; 42 but I know you, that you do not have the love of God in yourselves. 43 "I have come in My Father's name, and you do not receive Me; if another shall come in his own name, you will receive him. 44 "How can you believe, when you receive glory from one another, and you do not seek the glory that is from the one and only God? 45 "Do not think that I will accuse you before the Father; the one who accuses you is Moses, in whom you have set your hope. 46 "For if you believed Moses, you would believe Me; for he wrote of Me. 47 "But if you do not believe his writings, how will you believe My words?"

6:1 그 후에 예수께서 갈릴리 바다 곧 디베랴 바다 건너
편으로 가시매 2 큰 무리가 따르니 이는 병인들에게
행하시는 표적을 봄이러라 3 예수께서 산에 오르사 제자들
과 함께 거기 앉으시니 4 마침 유대인의 명절인 유월절이
가까운지라 5 예수께서 눈을 들어 큰 무리가 자기에게로
오는 것을 보시고 빌립에게 이르시되 우리가 어디서 떡을
사서 이 사람들로 먹게 하겠느냐 하시니 6 이렇게 말씀하
심은 친히 어떻게 하실 것을 아시고 빌립을 시험코자 하심
이라

6:1 After these things Jesus went away to the other side
of the Sea of Galilee (or Tiberias). 2 And a great
multitude was following Him, because they were seeing
the signs which He was performing on those who were
sick. 3 And Jesus went up on the mountain, and there
He sat with His disciples. 4 Now the Passover, the feast
of the Jews, was at hand. 5 Jesus therefore lifting up His
eyes, and seeing that a great multitude was coming to
Him, said to Philip, "Where are we to buy bread, that
these may eat?" 6 And this He was saying to test him;
for He Himself knew what He was intending to do. 7
Philip answered Him, "Two hundred denarii worth of

7 빌립이 **대답하되**
/[그에게]
/떡이 ——— 부족하리이다
/이백 데나리온의 /[그들에게]
/각 사람으로 — 받게 할지라도
/조금씩

8 하나[가] **여짜오되**
/[그의] 제자 중 /예수께
/곧(동격) 9 /한 아이가 ——— 있어(=있나이다)
안드레가 /가졌나이다(=가진) /여기
/형제 /보리떡 다섯 개와
/시몬 물고기 두 마리를
베드로의 /그러나
그것이 ——— 얼마나 되겠삽나이까?
/이 많은 사람에게

10 예수께서 **가라사대**(...하신대)
/[너희는] ——— 앉게 하라
/이 사람들로

잔디가 **[있는]지라**
/많은 /그 곳에
[그들이] **앉으니**
사람들이 **수효가 오천쯤 되더라**

11 예수께서 **가져**
/떡을
축사하신 후에(상황절, when)
나눠 주시고
/앉은 자들에게
그렇게(주시다)
/고기도
/저희의 원대로

12 저희가 배부른 후에(상황절, when)
예수께서 **이르시되**(...하시므로)
/[그의] 제자들에게
/[너희는] ——— 거두고. . . 하라(=거두라)
/남은 조각을
//(목적: ἵνα, that...will)
버리는 것이 없게

13 이에
[그들이] **거두니**
찼더라(=채우니라)
/조각이(=을)
/남은
/먹고[나서]
/열두 바구니에
/다섯 개로[부터]
/보리떡

요

7 빌립이 대답하되 각 사람으로 조금씩 받게 할지라도 이
백 데나리온의 떡이 부족하리이다 8 제자 중 하나 곧 시
몬 베드로의 형제 안드레가 예수께 여짜오되 9 여기 한
아이가 있어 보리떡 다섯 개와 물고기 두 마리를 가졌나이
다 그러나 그것이 이 많은 사람에게 얼마나 되겠삽나이까
10 예수께서 가라사대 이 사람들로 앉게 하라 하신대 그
곳에 잔디가 많은지라 사람들이 앉으니 수효가 오천쯤 되
더라 11 예수께서 떡을 가져 축사하신 후에 앉은 자들에
게 나눠 주시고 고기도 그렇게 저희의 원대로 주시다 12
저희가 배부른 후에 예수께서 제자들에게 이르시되 남은
조각을 거두고 버리는 것이 없게 하라 하시므로 13 이에
거두니 보리떡 다섯 개로 먹고 남은 조각이 열두 바구니에

bread is not sufficient for them, for everyone to receive a
little." 8 One of His disciples, Andrew, Simon Peter's brother,
said to Him, 9 "There is a lad here who has five barley
loaves and two fish, but what are these for so many
people?" 10 Jesus said, "Have the people sit down." Now
there was much grass in the place. So the men sat down,
in number about five thousand. 11 Jesus therefore took
the loaves; and having given thanks, He distributed to
those who were seated; likewise also of the fish as much
as they wanted. 12 And when they were filled, He said
to His disciples, "Gather up the leftover fragments that nothing
may be lost." 13 And so they gathered them up, and filled

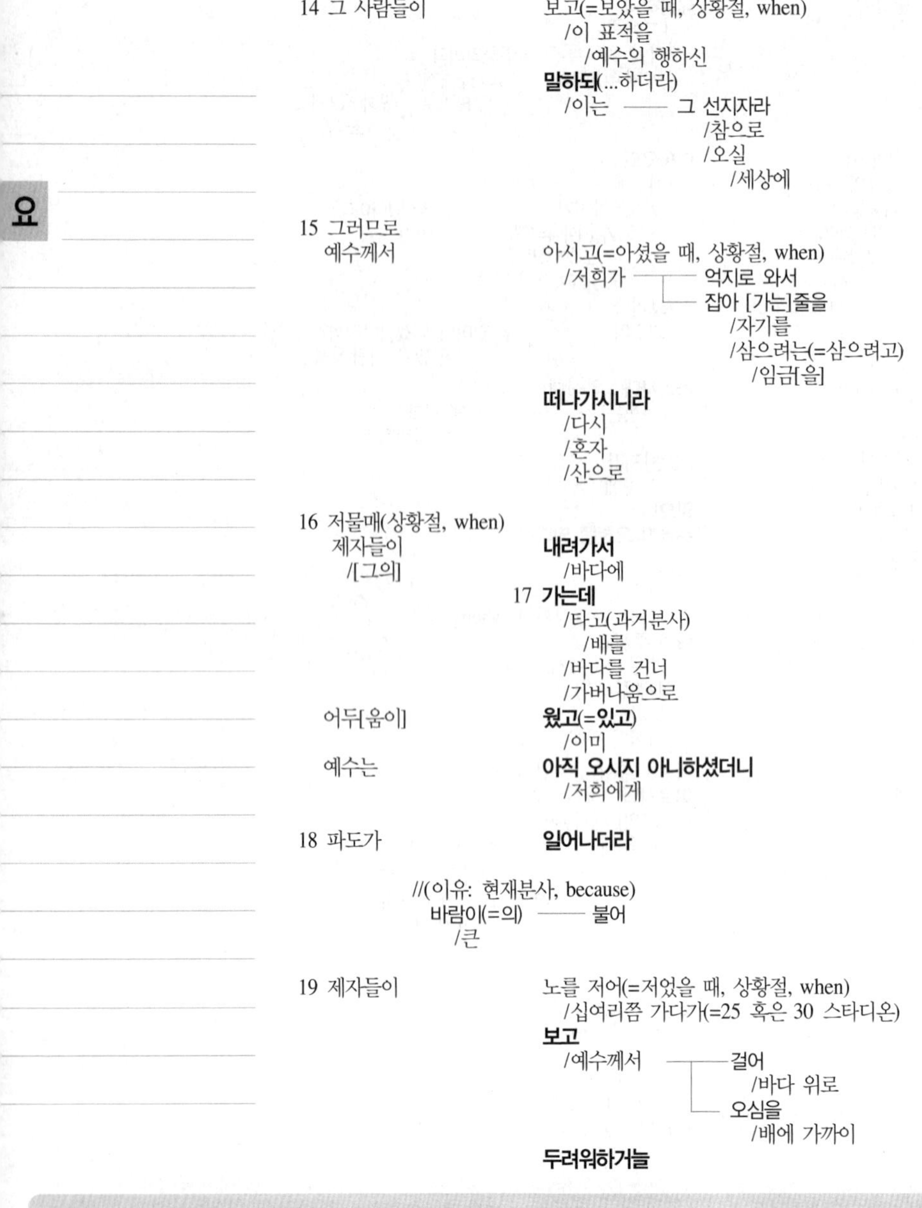

찼더라 14 그 사람들이 예수의 행하신 이 표적을 보고 말하되 이는 참으로 세상에 오실 그 선지자라 하더라 15 그러므로 예수께서 저희가 와서 자기를 억지로 잡아 임금 삼으려는 줄을 아시고 다시 혼자 산으로 떠나가시니라 16 저물매 제자들이 바다에 내려가서 17 배를 타고 바다를 건너 가버나움으로 가는데 이미 어두웠고 예수는 아직 저희에게 오시지 아니하셨더니 18 큰 바람이 불어 파도가 일어나더라 19 제자들이 노를 저어 십여 리쯤 가다가 예수께서 바다 위로 걸어 배에 가까이 오심을 보고 두려워하거늘

twelve baskets with fragments from the five barley loaves, which were left over by those who had eaten. 14 When therefore the people saw the sign which He had performed, they said, "This is of a truth the Prophet who is to come into the world." 15 ¶ Jesus therefore perceiving that they were intending to come and take Him by force, to make Him king, withdrew again to the mountain by Himself alone. 16 Now when evening came, His disciples went down to the sea, 17 and after getting into a boat, they started to cross the sea to Capernaum. And it had already become dark, and Jesus had not yet come to them. 18 And the sea began to be stirred up because a strong wind was

20 [그가] **가라사대**(...하신대)
/[그들에게]
/내니
/[너희는] —— 두려워 말라

21 이에
[그들이] **기뻐서**(=**기뻐하니라**)
/영접하니(=영접하려고, 부정사)
/[그를]
/배로
배는 **이르렀더라**
/곧
/땅에
/저희의 가려던

22 무리가 **보았더니**
/섰는 /이튿날
/바다 건너편에 /다른 배가 —— 없는 것과
/배 한 척밖에
/거기
/또
/예수께서 —— 오르지 아니하시고
/(어제)
/[그의] 제자들과 함께(=에게)
/그 배에
/제자들만 —— 가는 것을
/[그의]

23 (그러나)
배들이 **왔더라**
/[다른] /디베랴에서
/그 곳에 가까이
/여럿이 —— 먹던
/떡[을]
/주의 — 축사하신 후

24 무리가 보고(=보았을 때, 상황절, when)
/예수도 —— 없으시고
/거기
/제자들도 —— (없음을)
/[그의]
타고
/(곧) 배들을
가서
/가버나움으로
/찾으러(=찾으면서, 현재분사)
/예수를

요

20 가라사대 내니 두려워 말라 하신대 **21** 이에 기뻐서 배로 영접하니 배는 곧 저희의 가려던 땅에 이르렀더라 **22** 이튿날 바다 건너편에 섰는 무리가 배 한 척밖에 다른 배가 거기 없는 것과 또 어제 예수께서 제자들과 함께 그 배에 오르지 아니하시고 제자들만 가는 것을 보았더니 **23** (그러나 디베랴에서 배들이 주의 축사하신 후 여럿이 떡 먹던 그곳에 가까이 왔더라) **24** 무리가 거기 예수도 없으시고 제자들도 없음을 보고 곧 배들을 타고 예수를 찾으러 가버나움으로 가서

blowing. 19 When therefore they had rowed about three or four miles, they beheld Jesus walking on the sea and drawing near to the boat; and they were frightened. 20 But He said to them, "It is I; do not be afraid." 21 They were willing therefore to receive Him into the boat; and immediately the boat was at the land to which they were going. 22 ¶ The next day the multitude that stood on the other side of the sea saw that there was no other small boat there, except one, and that Jesus had not entered with His disciples into the boat, but that His disciples had gone away alone. 23 There came other small boats from Tiberias near to the place where they ate the bread after the Lord had given thanks. 24 When the multitude therefore saw that Jesus was not there, nor His disciples, they themselves

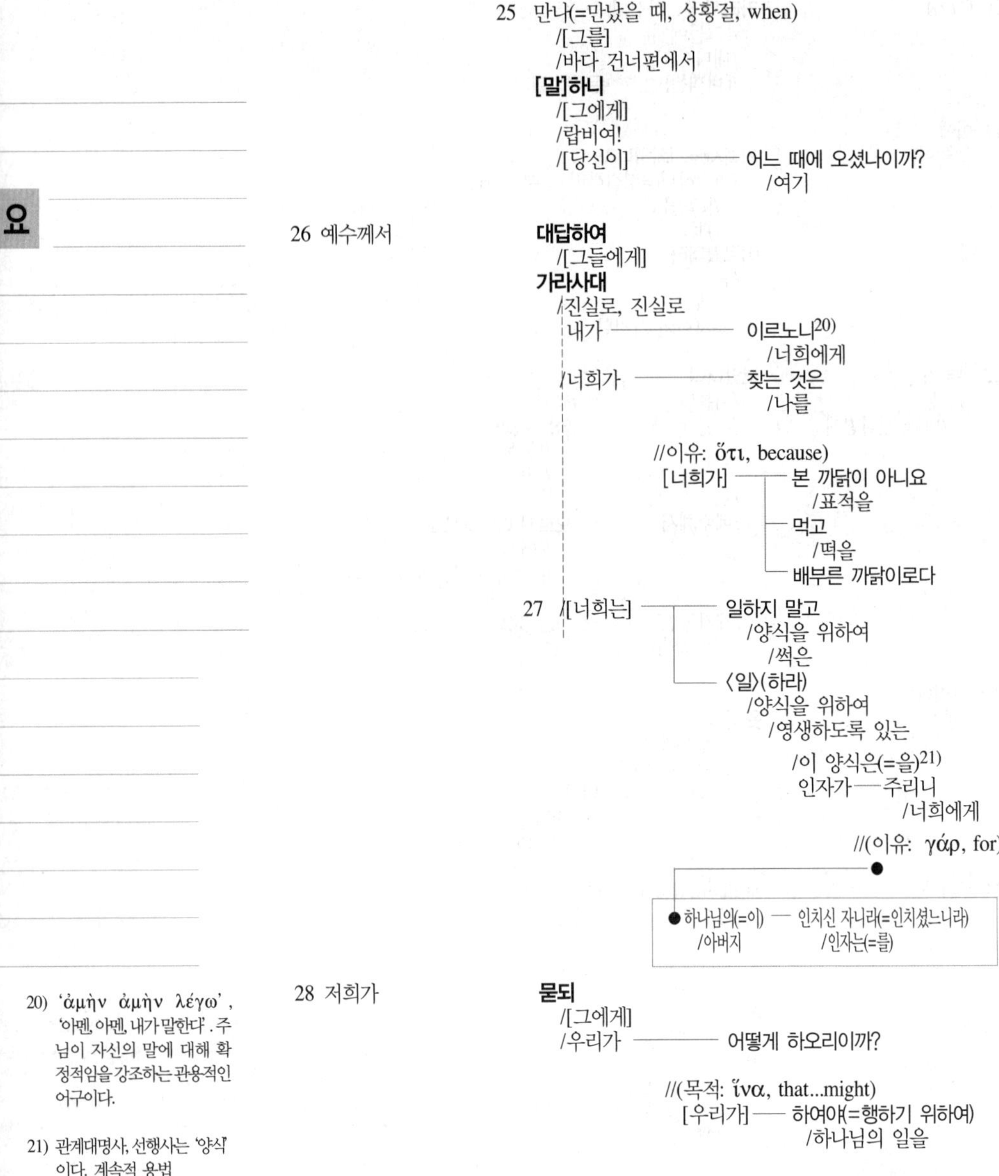

20) 'ἀμὴν ἀμὴν λέγω', '아멘, 아멘, 내가 말한다'. 주님이 자신의 말에 대해 확정적임을 강조하는 관용적인 어구이다.

21) 관계대명사, 선행사는 '양식'이다. 계속적 용법

25 바다 건너편에서 만나 랍비여 어느 때에 여기 오셨나
이까 하니 26 예수께서 대답하여 가라사대 내가 진실로
진실로 너희에게 이르노니 너희가 나를 찾는 것은 표적을
본 까닭이 아니요 떡을 먹고 배부른 까닭이로다 27 썩는
양식을 위하여 일하지 말고 영생하도록 있는 양식을 위하
여 하라 이 양식은 인자가 너희에게 주리니 인자는 아버지
하나님의 인치신 자니라 28 저희가 묻되 우리가 어떻게
하여야 하나님의 일을 하오리이까

got into the small boats, and came to Capernaum, seeking
Jesus. 25 And when they found Him on the other side of
the sea, they said to Him, "Rabbi, when did You get
here?" 26 Jesus answered them and said, "Truly, truly, I
say to you, you seek Me, not because you saw signs, but
because you ate of the loaves, and were filled. 27 "Do
not work for the food which perishes, but for the food
which endures to eternal life, which the Son of Man shall
give to you, for on Him the Father, even God, has set
His seal." 28 They said therefore to Him, "What shall
we do, that we may work the works of God?" 29 Jesus
answered and said to them, "This is the work of God,

29 예수께서 **대답하여**
가라사대(...하시니)
/[그들에게]
/[이]것이 ——— 일이니라
/[너희가] — 믿는[것] /하나님의
/보내신 자를
/하나님의

30 저희가 **묻되**
/[그에게]
/그러면
/[당신은] ——— 행하시는..무엇이니이까(무엇을 행합니까?)
/표적이(=을)

//(목적: ἵνα, that...may)
우리로 — 보고
믿게
/당신을

/[당신은] ——— 하시는 일이 무엇이니이까?

31 /조상들은 ——— 먹었나이다
/우리 /만나를
/광야에서
/기록된 바...함과 같이
/[그가]—주어
/떡을
/저희에게
/하늘에서
/먹게 하였다(부정사)

32 예수께서 **이르시되**
/[그들에게]
/진실로, 진실로
/내가 ——— 이르노니[22)]
/너희에게
/모세가 ——— 준 것이 아니라
/떡은(=을)
/하늘에서 내린
/[너희에게]

/아버지가 ———오직 주시나니
/내 /너희에게
/떡을
/참[된]
/하늘에서 내린

33 //(이유: γάρ, for)

22) 'ἀμὴν ἀμὴν λέγω', '아멘, 아멘, 내가 말한다'. 주님이 자신의 말에 대해 확정적임을 강조하는 관용적인 어구이다.

29 예수께서 대답하여 가라사대 하나님의 보내신 자를 믿
는 것이 하나님의 일이니라 하시니 30 저희가 묻되 그러
면 우리로 보고 당신을 믿게 행하시는 표적이 무엇이니이
까 하시는 일이 무엇이니이까 31 기록된 바 하늘에서 저
희에게 떡을 주어 먹게 하였다 함과 같이 우리 조상들은
광야에서 만나를 먹었나이다 32 예수께서 이르시되 내가
진실로 진실로 너희에게 이르노니 하늘에서 내린 떡은 모
세가 준 것이 아니라 오직 내 아버지가 하늘에서 내린 참
떡을 너희에게 주시나니

that you believe in Him whom He has sent." 30 They
said therefore to Him, "What then do You do for a sign,
that we may see, and believe You? What work do You
perform? 31 "Our fathers ate the manna in the wilderness;
as it is written, 'He gave them bread out of heaven to
eat.'" 32 Jesus therefore said to them, "Truly, truly, I say
to you, it is not Moses who has given you the bread out
of heaven, but it is My Father who gives you the true
bread out of heaven. 33 "For the bread of God is that
which comes down out of heaven, and gives life to the world."

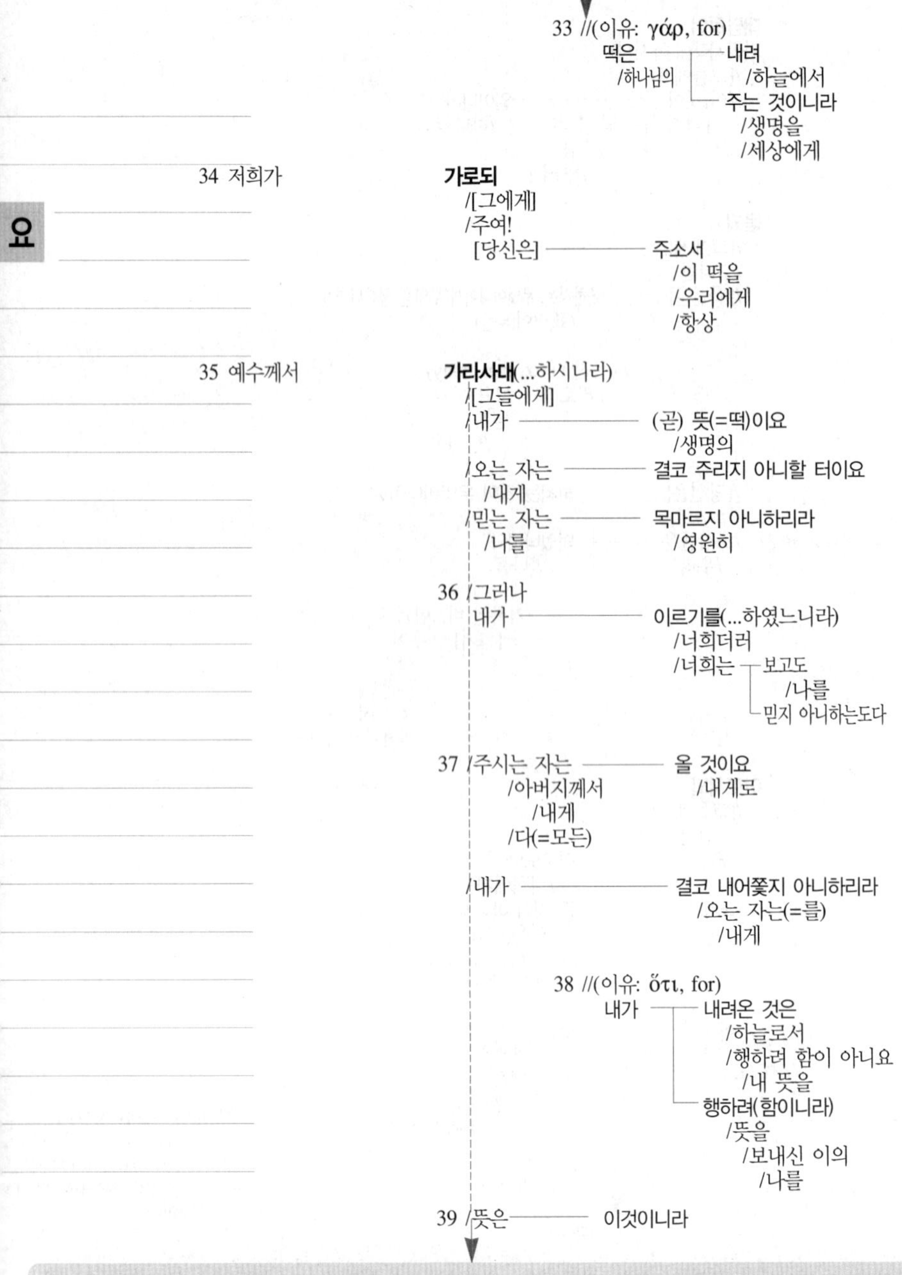

33 하나님의 떡은 하늘에서 내려 세상에게 생명을 주는 것이니라 34 저희가 가로되 주여 이 떡을 항상 우리에게 주소서 35 예수께서 가라사대 내가 곧 생명의 떡이니 내게 오는 자는 결코 주리지 아니할 터이요 나를 믿는 자는 영원히 목마르지 아니하리라 36 그러나 내가 너희더러 이르기를 너희는 나를 보고도 믿지 아니하는도다 하였느니라 37 아버지께서 내게 주시는 자는 다 내게로 올 것이요 내게 오는 자는 내가 결코 내어 쫓지 아니하리라 38 내가 하늘로서 내려온 것은 내 뜻을 행하려 함이 아니요

34 They said therefore to Him, "Lord, evermore give us this bread." 35 Jesus said to them, "I am the bread of life; he who comes to Me shall not hunger, and he who believes in Me shall never thirst. 36 "But I said to you, that you have seen Me, and yet do not believe. 37 "All that the Father gives Me shall come to Me, and the one who comes to Me I will certainly not cast out. 38 "For I have come down from heaven, not to do My own will, but the will of Him who sent Me. 39 "And this is the will of Him who sent Me, that of all that He has given Me I

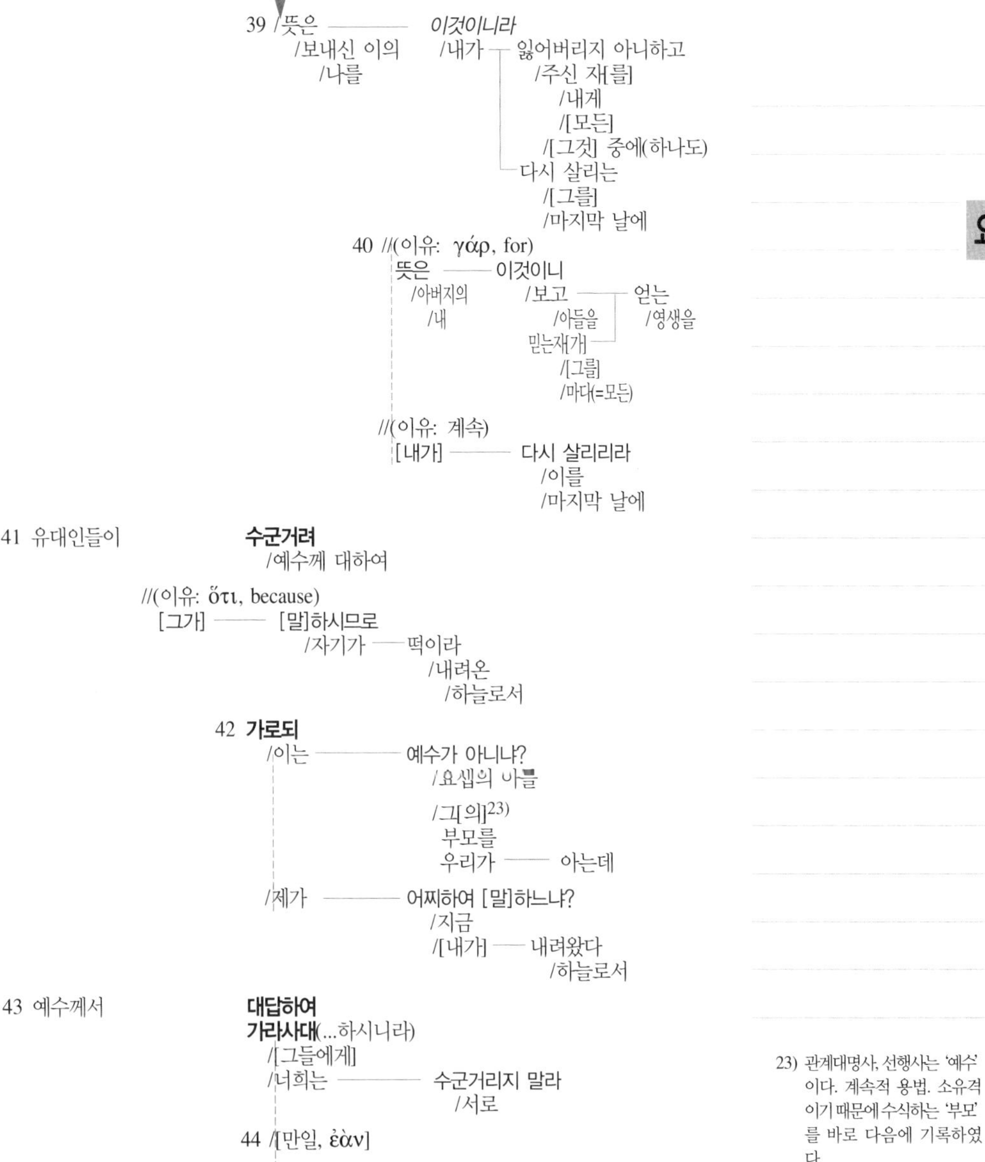

23) 관계대명사, 선행사는 '예수'이다. 계속적 용법. 소유격이기 때문에 수식하는 '부모'를 바로 다음에 기록하였다.

39 나를 보내신 이의 뜻을 행하려 함이니라 나를 보내신 이의 뜻은 내게 주신 자 중에 내가 하나도 잃어 버리지 아니하고 마지막 날에 다시 살리는 이것이니라 40 내 아버지의 뜻은 아들을 보고 믿는 자마다 영생을 얻는 이것이니 마지막 날에 내가 이를 다시 살리리라 하시니라 41 자기가 하늘로서 내려온 떡이라 하시므로 유대인들이 예수께 대하여 수군거려 42 가로되 이는 요셉의 아들 예수가 아니냐 그 부모를 우리가 아는데 제가 지금 어찌하여 하늘로서 내려왔다 하느냐 43 예수께서 대답하여 가라사대 너희는 서로 수군거리지 말라

lose nothing, but raise it up on the last day. 40 "For this is the will of My Father, that everyone who beholds the Son and believes in Him, may have eternal life; and I Myself will raise him up on the last day." 41 ¶ The Jews therefore were grumbling about Him, because He said, "I am the bread that came down out of heaven." 42 And they were saying, "Is not this Jesus, the son of Joseph, whose father and mother we know? How does He now say, 'I have come down out of heaven'?" 43 Jesus answered and said to them, "Do not grumble among yourselves. 44

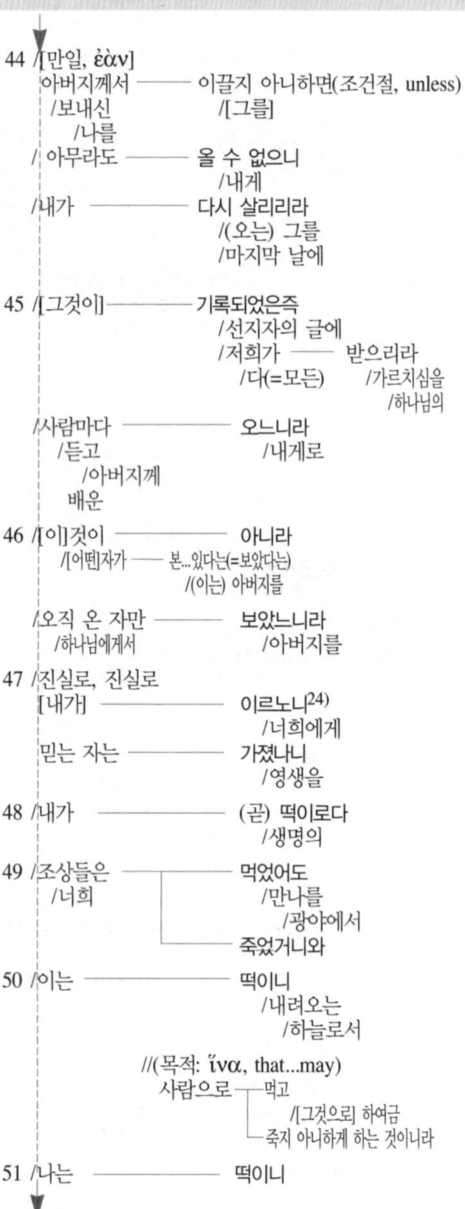

44 나를 보내신 아버지께서 이끌지 아니하면 아무라도 내
게 올 수 없으니 오는 그를 내가 마지막 날에 다시 살리리
라 45 선지자의 글에 저희가 다 하나님의 가르치심을 받
으리라 기록되었은즉 아버지께 듣고 배운 사람마다 내게로
오느니라 46 이는 아버지를 본 자가 다 있는 것이 아니라
오직 하나님에게서 온 자만 아버지를 보았느니라 47 진
실로 진실로 너희에게 이르노니 믿는 자는 영생을 가졌나
니 48 내가 곧 생명의 떡이로다 49 너희 조상들은 광야
에서 만나를 먹었어도 죽었거니와 50 이는 하늘로서 내
려오는 떡이니 사람으로 하여금 먹고 죽지 아니하게 하는
것이니라

"No one can come to Me, unless the Father who sent Me
draws him; and I will raise him up on the last day. 45
"It is written in the prophets, And they shall all be taught
of God. Everyone who has heard and learned from the
Father, comes to Me. 46 "Not that any man has seen the
Father, except the One who is from God; He has seen
the Father. 47 "Truly, truly, I say to you, he who believes
has eternal life. 48 "I am the bread of life. 49 "Your
fathers ate the manna in the wilderness, and they died.
50 "This is the bread which comes down out of heaven,

51 나는 하늘로서 내려온 산 떡이니 사람이 이 떡을 먹으면 영생하리라 나의 줄 떡은 곧 세상의 생명을 위한 내 살이로라 하시니라 52 이러므로 유대인들이 서로 다투어 가로되 이 사람이 어찌 능히 제 살을 우리에게 주어 먹게 하겠느냐 53 예수께서 이르시되 내가 진실로 진실로 너희에게 이르노니 인자의 살을 먹지 아니하고 인자의 피를 마시지 아니하면 너희 속에 생명이 없느니라 54 내 살을 먹고 내 피를 마시는 자는 영생을 가졌고 마지막 날에 내가 그를 다시 살리리니

so that one may eat of it and not die. 51 "I am the living bread that came down out of heaven; if anyone eats of this bread, he shall live forever; and the bread also which I shall give for the life of the world is My flesh." 52 ¶ The Jews therefore began to argue with one another, saying, "How can this man give us His flesh to eat?" 53 Jesus therefore said to them, "Truly, truly, I say to you, unless you eat the flesh of the Son of Man and drink His blood, you have no life in yourselves. 54 "He who eats My flesh and drinks My blood has eternal life, and I will

55 //(이유: γάρ, for)
살은 ——— 양식이요
/내 /참된
피는 ——— 음료로다
/내 /참된

56 /먹고 ——— 거하고
/내 살을 /내 안에
마시는 자는 —
/내 피를

/나도 ——— (거하나니)
/그 안에

57 /그 사람도 — 살리라
/먹는 /나를 인하여
/나를 /아버지께서 — 보내시매
/살아 계신 /나를
/내가 ——— 사는 것같이
/아버지로 인하여

58 /이것은 ——— 떡이니
/내려온
/하늘로서
/먹는 자는 ——— 살리라
/이 떡을 /영원히
/조상들이 — 먹고도
죽은 그것과 같지 아니하여

59 예수께서 가르치실 때에(상황절, as)
/가버나움[안에서]
[말]**하셨느니라**
/이 말씀은(=을)
/회당에서

60 여럿이 듣고(=들었을 때, 상황절, when)
/[그의] 제자 중
말하되(...한대)
/이 말씀은 ——— 어렵도다
/누가 ——— 들을 수 있느냐?
/[그것을]

61 예수께서 아시고(=아셨을 때, 상황절, when)
/스스로
/제자들이 ——— 수군거리는 줄
/[그의] /이 말씀에 대하여
가라사대(...하시니)
/[그들에게]
/이 말이 ——— 걸림이 되느냐?
/너희에게

62 /그러면

55 내 살은 참된 양식이요 내 피는 참된 음료로다 56
내 살을 먹고 내 피를 마시는 자는 내 안에 거하고 나도
그 안에 거하나니 57 살아 계신 아버지께서 나를 보내시
매 내가 아버지로 인하여 사는 것같이 나를 먹는 그 사람
도 나로 인하여 살리라 58 이것은 하늘로서 내려온 떡이
니 조상들이 먹고도 죽은 그것과 같지 아니하여 이 떡을
먹는 자는 영원히 살리라 59 이 말씀은 예수께서 가버나
움 회당에서 가르치실 때에 하셨느니라 60 제자 중 여럿
이 듣고 말하되 이 말씀은 어렵도다 누가 들을 수 있느냐
한대 61 예수께서 스스로 제자들이 이 말씀에 대하여 수
근거리는 줄 아시고 가라사대 이 말이 너희에게 걸림이 되
느냐

raise him up on the last day. 55 "For My flesh is true
food, and My blood is true drink. 56 "He who eats My
flesh and drinks My blood abides in Me, and I in him.
57 "As the living Father sent Me, and I live because of
the Father, so he who eats Me, he also shall live because
of Me. 58 "This is the bread which came down out of
heaven; not as the fathers ate, and died, he who eats this
bread shall live forever." 59 These things He said in the
synagogue, as He taught in Capernaum. 60 ¶ Many
therefore of His disciples, when they heard this said, "This
is a difficult statement; who can listen to it?" 61 But
Jesus, conscious that His disciples grumbled at this, said

62 그러면 너희가 인자의 이전 있던 곳으로 올라가는 것
을 볼 것 같으면 어찌 하려느냐 63 살리는 것은 영이니
육은 무익하니라 내가 너희에게 이른 말이 영이요 생명이
라 64 그러나 너희 중에 믿지 아니하는 자들이 있느니라
하시니 이는 예수께서 믿지 아니하는 자들이 누구며 자기
를 팔 자가 누군지 처음부터 아심이러라 65 또 가라사대
이러하므로 전에 너희에게 말하기를 내 아버지께서 오게
하여 주지 아니하시면 누구든지 내게 올 수 없다 하였노라
하시니라 66 이러므로 제자 중에 많이 물러가고 다시 그
와 함께 다니지 아니하더라 67 예수께서 열두 제자에게

to them, "Does this cause you to stumble? 62 "What then
if you should behold the Son of Man ascending where
He was before? 63 "It is the Spirit who gives life; the
flesh profits nothing; the words that I have spoken to you
are spirit and are life. 64 "But there are some of you
who do not believe." For Jesus knew from the beginning
who they were who did not believe, and who it was that would
betray Him. 65 And He was saying, "For this reason I
have said to you, that no one can come to Me, unless it
has been granted him from the Father." 66 ¶ As a result
of this many of His disciples withdrew, and were not
walking with Him anymore. 67 Jesus said therefore to

이르시되 너희도 가려느냐 68 시몬 베드로가 대답하여
주여 영생의 말씀이 계시매 우리가 뉘게로 가오리이까 69
우리가 주는 하나님의 거룩한신 자신줄 믿고 알았삽나이다
70 예수께서 대답하시되 내가 너희 열둘을 택하지 아니하
였느냐 그러나 너희 중에 한 사람은 마귀니라 하시니 71
이 말씀은 가룟 시몬의 아들 유다를 가리키심이라 저는 열
둘 중의 하나로 예수를 팔 자러라

7:1 이후에 예수께서 갈릴리에서 다니시고 유대에서 다
니려 아니하심은 유대인들이 죽이려 함이러라 2 유

the twelve, "You do not want to go away also, do you?"
68 Simon Peter answered Him, "Lord, to whom shall we
go? You have words of eternal life. 69 "And we have believed
and have come to know that You are the Holy One of
God." 70 Jesus answered them, "Did I Myself not choose
you, the twelve, and yet one of you is a devil?" 71 Now
He meant Judas the son of Simon Iscariot, for he, one of
the twelve, was going to betray Him.

7:1 And after these things Jesus was walking in Galilee;
for He was unwilling to walk in Judea, because the
Jews were seeking to kill Him. 2 Now the feast of the

2 초막절이 **가까운지라**
/명절인
/유대인의

3 그[의] 형제들이 **이르되**(...하니)
/예수께
/[당신은] — 떠나
/여기를
— 가소서
/유대로

//(목적: ἵνα, that...may)
제자들도 — 보게
/[당신의] /일을
/당신의
/[당신이] — 행하는

4 //(이유: γάρ, for)
사람이 없나니 — 구하면서
(=아무도) /나타나기를(부정사)
/스스로
— [행]하는(=지 않나이다)
/일[을]
/묻혀서(=비밀한)

/[만일, εἰ]
[당신이] — 행하려 하거든(조건절, if)
/이 일을
— 나타내소서
/자신을
/세상에

5 //이는(이유: γάρ, for)
형제들이라도 — 믿지 아니함이러라
/그[의] /예수를

6 예수께서 **가라사대**
/[그들에게]
/때는 — (아직) 이르지 아니하였거니와
/내
때는 — 준비되어 있느니라
/너희 /늘

7 /세상이 — 미워하지 못하되
/너희를
— 미워하나니
/나를

//이는(이유: ὅτι, because)

대인의 명절인 초막절이 가까운지라 3 그 형제들이 예수
께 이르되 당신의 행하는 일을 제자들도 보게 여기를 떠나
유대로 가소서 4 스스로 나타나기를 구하면서 묻혀서 일
하는 사람이 없나니 이 일을 행하려 하거든 자신을 세상에
나타내소서 하니 5 이는 그 형제들이라도 예수를 믿지 아
니함이러라 6 예수께서 가라사대 내 때는 아직 이르지 아
니하였거니와 너희 때는 늘 준비되어 있느니라 7 세상이
너희를 미워하지 못하되 나를 미워하나니 이는 내가 세상
의 행사를 악하다 증거함이라

Jews, the Feast of Booths, was at hand. 3 His brothers therefore
said to Him, "Depart from here, and go into Judea, that
Your disciples also may behold Your works which You
are doing. 4 "For no one does anything in secret, when
he himself seeks to be known publicly. If You do these
things, show Yourself to the world." 5 For not even His
brothers were believing in Him. 6 Jesus therefore said to them,
"My time is not yet at hand, but your time is always opportune.
7 "The world cannot hate you; but it hates Me because I testify
of it, that its deeds are evil. 8 "Go up to the feast yourselves;

//이는(이유: ὅτι, because)
내가 — 증거함이라
/[그것에 관하여]
/행사를(=가) 악하다
/세상의

8 /너희는 —— 올라가라
/명절에
/나는 —— (아직) 올라가지 아니하노라
/이 명절에

//(이유: ὅτι, for)
내 때가 — (아직) 차지 못하였으니

9 [그가] [말]하시고(상황절, after-NASB)
/이 말씀을
머물러 계시니라
/갈릴리에

10 형제들이 올라간 후(상황절, when)
/그[의] /명절에
자기도 **올라가시되**
/나타내지 않고
(하시니라)
/비밀히

11 유대인들이 **찾으면서**
/예수를
/명절 중에
[말]하고
/그가 —— 어디 있느냐?

12 수군거림이 **많아(=이 있더라)**
/예수께 대하여
/무리 중에서
혹은 **[말]하며**
/[그는] —— 좋은 사람이라
혹은 **[말]하나**
/아니라
[그가] —— 미혹하게 한다
/무리를

13 그러나
[아무도] **말하는 자가 없더라**
/그를
/드러나게

//(이유: δια+목적격, for)
유대인들을 두려워하므로

8 너희는 명절에 올라가라 나는 내 때가 아직 차지 못하였
으니 이 명절에 아직 올라가지 아니하노라 9 이 말씀을
하시고 갈릴리에 머물러 계시니라 10 그 형제들이 명절
에 올라간 후 자기도 올라가시되 나타내지 않고 비밀히 하
시니라 11 명절 중에 유대인들이 예수를 찾으면서 그가
어디 있느냐 하고 12 예수께 대하여 무리 중에서 수군거
림이 많아 혹은 좋은 사람이라 하며 혹은 아니라 무리를
미혹하게 한다 하나 13 그러나 유대인들을 두려워하므로
드러나게 그를 말하는 자가 없더라

I do not go up to this feast because My time has not yet fully come." 9 And having said these things to them, He stayed in Galilee. 10 ¶ But when His brothers had gone up to the feast, then He Himself also went up, not publicly, but as it were, in secret. 11 The Jews therefore were seeking Him at the feast, and were saying, "Where is He?" 12 And there was much grumbling among the multitudes concerning Him; some were saying, "He is a good man"; others were saying, "No, on the contrary, He leads the multitude astray." 13 Yet no one was speaking openly of Him for fear of the Jews. 14 ¶ But when it was now the midst of the feast Jesus went up into the temple, and began to

14 명절의 중간이 되어(=되었을 때, 상황절, when)
/이미
예수께서 올라가사
/성전에
가르치시니

15 유대인들이 **기이히 여겨 가로되**(...하니)
/이 사람은 — 어떻게 아느냐?
/글을
/배우지 아니하였거늘(완료분사)

16 예수께서 **대답하여**
/[그들에게]
가라사대
/내 교훈은 — 내 것이 아니요
보내신 이의 것이니라
/나를

17 /[만일, ἐὰν]
사람이 — 행하려 하면(조건절, if)
/뜻을
/하나님의
알리라
/이 교훈이(=에 관하여)
/[그것이] — 왔는지
/하나님께로서
/내가 — 말함인지
/스스로

18 /말하는 자는 — 구하되
/스스로
/자기 영광만
/구하는 자는 — 참되니
/영광을
/보내신 이의
/[그를]
/불의가 — 없느니라
/그 속에

19 /모세가 — 주지 아니하였느냐?
/율법을
/너희에게
/[아무도] — 지키는 자가 없도다
/율법을
/너희 중에
/너희가 — 어찌하여 죽이려 하느냐?
/나를

14 이미 명절의 중간이 되어 예수께서 성전에 올라가사
가르치시니 15 유대인들이 기이히 여겨 가로되 이 사람
은 배우지 아니하였거늘 어떻게 글을 아느냐 하니 16 예
수께서 대답하여 가라사대 내 교훈은 내 것이 아니요 나를
보내신 이의 것이니라 17 사람이 하나님의 뜻을 행하려
하면 이 교훈이 하나님께로서 왔는지 내가 스스로 말함인
지 알리라 18 스스로 말하는 자는 자기 영광만 구하되 보
내신 이의 영광을 구하는 자는 참되니 그 속에 불의가 없
느니라 19 모세가 너희에게 율법을 주지 아니하였느냐
너희 중에 율법을 지키는 자가 없도다 너희가 어찌하여 나
를 죽이려 하느냐

teach. 15 The Jews therefore were marveling, saying,
"How has this man become learned, having never been
educated?" 16 Jesus therefore answered them, and said,
"My teaching is not Mine, but His who sent Me. 17 "If
any man is willing to do His will, he shall know of the teaching,
whether it is of God, or whether I speak from Myself.
18 "He who speaks from himself seeks his own glory;
but He who is seeking the glory of the One who sent
Him, He is true, and there is no unrighteousness in Him.
19 "Did not Moses give you the Law, and yet none of
you carries out the Law? Why do you seek to kill Me?"
20 The multitude answered, "You have a demon! Who

요

20 무리가 **대답하되**
/당신은 ——— 들렸도다
/귀신이
/누가 ——— 죽이려 하나이까?
/당신을

21 예수께서 **대답하여**
가라사대(...하시니라)
/[그들에게]
/내가 ——— 행하매
/한 가지 일을
/너희가 다 —— 괴이히 여기는도다

22 /이를 인하여(therefore-NKJV)
모세가 ——— 주었으니
/너희에게
/할례를
/(그러나 할례는)
모세에게서난 것이 아니요
조상들에게서 난(것이라)

/그러므로
너희가 ——— 할례를 주느니라
/사람에게
/안식일에도

23 /[만일, εἰ]
사람이 ——— 받는 일이 있거든(조건절, if)
/할례를
/안식일에도
/율법을(=이) — 폐하지 아니하려고[26]
/모세의
/너희가 ——— 노여워하느냐?
/나를

//(이유: ὅτι, because)
내가 —— 한 것으로(=만든 것으로)
/안식일에
/사람의(=을)
/전신을(=온전한)
/건전케(=강건한)

24 /[너희는] ——— 판단하지 말고
/외모로
└ 판단하라
/판단으로
/공의의

26) 종속문장이지만, 조건절에 속해있기 때문에 수식부로 처리하였다.

20 무리가 대답하되 당신은 귀신이 들렸도다 누가 당신을
죽이려 하나이까 21 예수께서 대답하여 가라사대 내가 한
가지 일을 행하매 너희가 다 이를 인하여 괴이히 여기는도
다 22 모세가 너희에게 할례를 주었으니 (그러나 할례는
모세에게서 난 것이 아니요 조상들에게서 난 것이라)그러
므로 너희가 안식일에도 사람에게 할례를 주느니라 23
모세의 율법을 폐하지 아니하려고 사람이 안식일에도 할례
를 받는 일이 있거든 내가 안식일에 사람의 전신을 건전케
한 것으로 너희가 나를 노여워하느냐 24 외모로 판단하
지 말고 공의의 판단으로 판단하라 하시니라

seeks to kill You?" 21 Jesus answered and said to them,
"I did one deed, and you all marvel. 22 "On this account
Moses has given you circumcision (not because it is from
Moses, but from the fathers), and on the Sabbath you
circumcise a man. 23 "If a man receives circumcision on
the Sabbath that the Law of Moses may not be broken,
are you angry with Me because I made an entire man
well on the Sabbath? 24 "Do not judge according to
appearance, but judge with righteous judgment." 25 ¶
Therefore some of the people of Jerusalem were saying,

25 혹이 **말하되**(...하는지라)
/예루살렘 사람 중에서
/이는 — 저희가...하는 그 사람이 아니냐?(=저희가 찾는자가 아니냐?)
/죽이고자

26 /보라!
[그가] — 말하되
/드러나게
/저희가 — 말도 아니하는도다(=말하지 아니하는도다)
/[아무]것도
/[그에게]
/당국자들은 — 알았는가?
/이 사람을(=이) — 그리스도인 줄
/참으로

27 /그러나
우리는 — 아노라
/이 사람이 — 어디서 왔는지

/그리스도께서 오실 때에는(상황절, when)
/[아무도] — 아는 자가 없으리라
/어디서 오시는지

28 예수께서 **외쳐 가라사대**(...하신대)
/가르치시며(현재분사)
/성전에서
/너희가 — 알고
/나를
알거니와
/내가 — 어디서 온 것도
/내가 — 온 것이 아니로라
/스스로
/보내신 이는 — 참이시니
/나를

/그를[27)]
너희는 알지 못하나

29 /나는 — 아노니
/[그를]

//이는(이유: ὅτι, for)
내가 — 났고
/그에게서
그가 — 보내셨음이니라
/나를

27) 관계대명사, 선행사는 '보내신 이' 이다. 계속적 용법

요

25 예루살렘 사람 중에서 혹이 말하되 이는 저희가 죽이
고자 하는 그 사람이 아니냐 26 보라 드러나게 말하되 저
희가 아무 말도 아니하는도다 당국자들은 이 사람을 참으
로 그리스도인 줄 알았는가 27 그러나 우리는 이 사람이
어디서 왔는지 아노라 그리스도께서 오실 때에는 어디서
오시는지 아는 자가 없으리라 하는지라 28 예수께서 성
전에서 가르치시며 외쳐 가라사대 너희가 나를 알고 내가
어디서 온 것도 알거니와 내가 스스로 온 것이 아니로라
나를 보내신 이는 참이시니 너희는 그를 알지 못하나 29
나는 아노니 이는 내가 그에게서 났고 그가 나를 보내셨음
이니라 하신대

"Is this not the man whom they are seeking to kill? 26
"And look, He is speaking publicly, and they are saying nothing
to Him. The rulers do not really know that this is the
Christ, do they? 27 "However, we know where this man
is from; but whenever the Christ may come, no one knows
where He is from." 28 Jesus therefore cried out in the
temple, teaching and saying, "You both know Me and
know where I am from; and I have not come of Myself,
but He who sent Me is true, whom you do not know. 29
"I know Him; because I am from Him, and He sent Me."

요

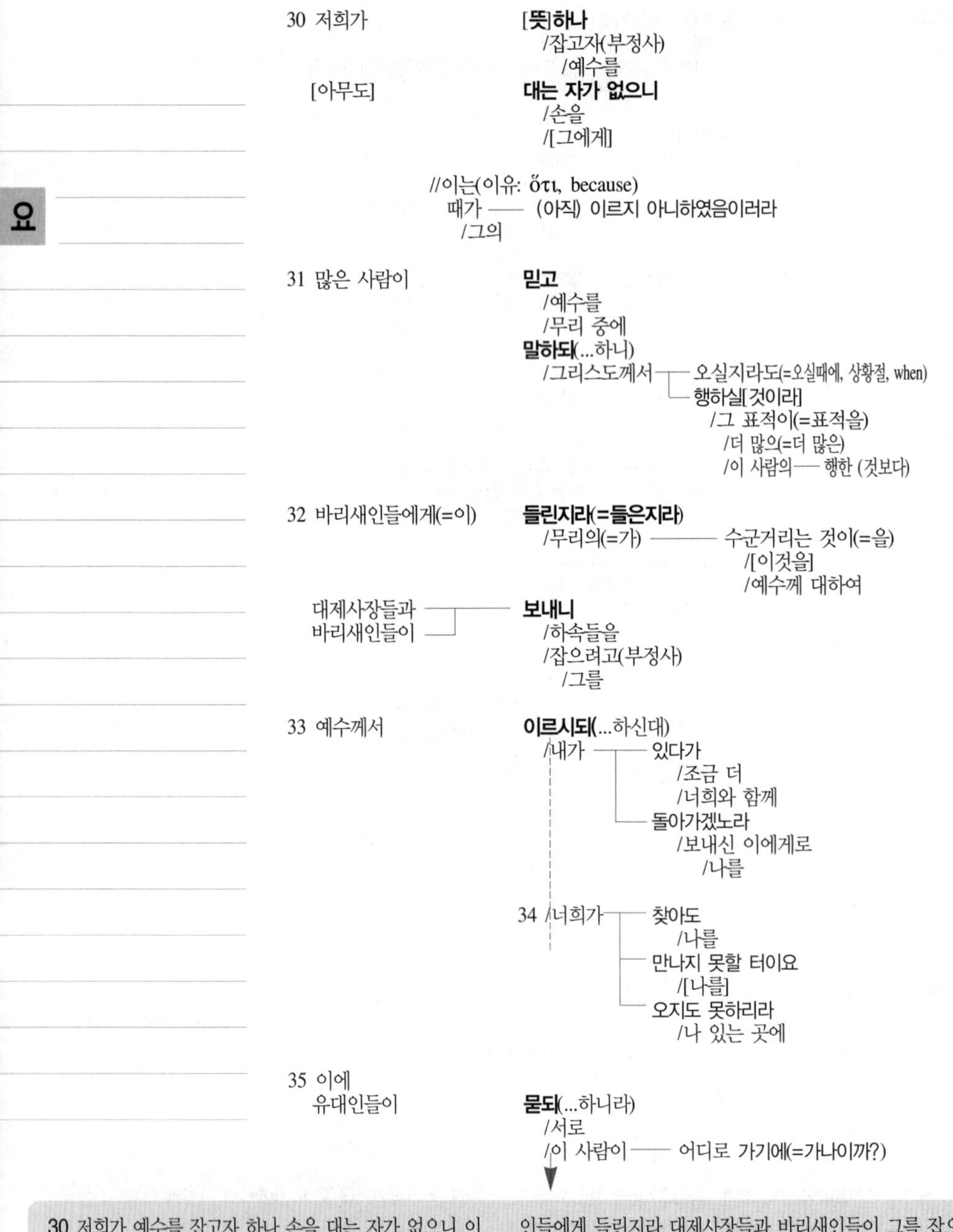

30 저희가 예수를 잡고자 하나 손을 대는 자가 없으니 이
는 그의 때가 아직 이르지 아니하였음이러라 31 무리 중
에 많은 사람이 예수를 믿고 말하되 그리스도께서 오실지
라도 그 행하실 표적이 이 사람의 행한 것보다 더 많으랴
하니 32 예수께 대하여 무리의 수군거리는 것이 바리새
인들에게 들린지라 대제사장들과 바리새인들이 그를 잡으
려고 하속들을 보내니 33 예수께서 이르시되 내가 너희
와 함께 조금 더 있다가 나를 보내신 이에게로 돌아가겠노
라 34 너희가 나를 찾아도 만나지 못할 터이요 나 있는 곳
에 오지도 못하리라 하신대 35 이에 유대인들이 서로 묻

30 They were seeking therefore to seize Him; and no
man laid his hand on Him, because His hour had not yet come.
31 But many of the multitude believed in Him; and they
were saying, "When the Christ shall come, He will not perform
more signs than those which this man has, will He?" 32
The Pharisees heard the multitude muttering these things about
Him; and the chief priests and the Pharisees sent officers
to seize Him. 33 Jesus therefore said, "For a little while longer
I am with you, then I go to Him who sent Me. 34 "You
shall seek Me, and shall not find Me; and where I am,

되 이 사람이 어디로 가기에 우리가 저를 만나지 못하리요
헬라인 중에 흩어져 사는 자들에게로 가서 헬라인을 가르
칠 터인가 36 나를 찾아도 만나지 못할 터이요 나 있는
곳에 오지도 못하리라 한 이 말이 무슨 말이냐 하니라 37
명절 끝날 곧 큰 날에 예수께서 서서 외쳐 가라사대 누구
든지 목마르거든 내게로 와서 마시라 38 나를 믿는 자는
성경에 이름과 같이 그 배에서 생수의 강이 흘러나리라 하
시니 39 이는 그를 믿는 자의 받을 성령을 가리켜 말씀하
신 것이라 (예수께서 아직 영광을 받지 못하신고로 성령이
아직 저희에게 계시지 아니하시더라) 40 이 말씀을 들은

you cannot come." 35 The Jews therefore said to one
another, "Where does this man intend to go that we shall
not find Him? He is not intending to go to the Dispersion
among the Greeks, and teach the Greeks, is He? 36 "What
is this statement that He said, 'You will seek Me, and
will not find Me; and where I am, you cannot come'?"
37 Now on the last day, the great day of the feast, Jesus
stood and cried out, saying, "If any man is thirsty, let
him come to Me and drink. 38 "He who believes in Me,
as the Scripture said, 'From his innermost being shall
flow rivers of living water.'" 39 But this He spoke of
the Spirit, whom those who believed in Him were to

요

40 [그들이] 들은(=들었을 때, 상황절, when)
/이 말씀을
/무리 중에서
혹은 **[말]하며**
/이가 ——— 그 선지자라
/참으로

41 혹은 **[말]하며**
/[이가] ——— 그리스도라
어떤 이들은 **[말]하며**
/그리스도가 ——— 어찌 나오겠느냐?
/갈릴리에서
42 /성경에(=이) ——— (이르기를...) 하지 아니하였느냐?
/그리스도는 — 나오리라
/다윗의 씨로
/또 촌 베들레헴에서
/다윗의 살던

43 쟁론이 **되니**
/예수를 인하여
/무리 중에서
44 [어떤] 자들도 **잡고자 하는.. 있으나**(=**잡고자 하였다**)
/그[들] 중에는 /그를
아무도 **대는 자가 없었더라**
/손을
/[그에게]

45 하속들이 **오니**
/대제사장들과
/바리새인들에게로
저희가 **묻되**
/[그들에게]
/[너희가] ——— 어찌하여 잡아오지 아니하였느냐?
/[그를]

46 하속들이 **대답하되**(...하니)
/사람은 ——— 이 때까지 없었나이다
/말한
/그(사람의 말하는 것)처럼

47 바리새인들이 **대답하되**
/[그들에게]
/너희도 ——— 미혹되었느냐?

48 /[어떤] 이가 ——— 믿는...있느냐(=믿더냐?)

무리 중에서 혹은 이가 참으로 그 선지자라 하며 41 혹은
그리스도라 하며 어떤 이들은 그리스도가 어찌 갈릴리에서
나오겠느냐 42 성경에 이르기를 그리스도는 다윗의 씨로
또 다윗의 살던 촌 베들레헴에서 나오리라 하지 아니하였
느냐 하며 43 예수를 인하여 무리 중에서 쟁론이 되니
44 그 중에는 그를 잡고자 하는 자들도 있으나 손을 대는
자가 없었더라 45 하속들이 대제사장들과 바리새인들에
게로 오니 저희가 묻되 어찌하여 잡아오지 아니하였느냐
46 하속들이 대답하되 그 사람의 말하는 것처럼 말한 사
람은 이 때까지 없었나이다 하니 47 바리새인들이 대답
하되 너희도 미혹되었느냐

receive; for the Spirit was not yet given, because Jesus
was not yet glorified. 40 Some of the multitude therefore,
when they heard these words, were saying, "This certainly
is the Prophet." 41 Others were saying, "This is the
Christ." Still others were saying, "Surely the Christ is not
going to come from Galilee, is He? 42 "Has not the
Scripture said that the Christ comes from the offspring of
David, and from Bethlehem, the village where David
was?" 43 So there arose a division in the multitude because
of Him. 44 And some of them wanted to seize Him, but
no one laid hands on Him. 45 The officers therefore came
to the chief priests and Pharisees, and they said to them, "Why
did you not bring Him?" 46 The officers answered, "Never
did a man speak the way this man speaks." 47 The

48 /[어떤] 이가 — 믿는...있느냐(=믿더냐?)
/그를
/당국자들이나
바리새인 중에

49 /이 무리는 — 저주를 받은 자로다
/알지 못하는
/율법을

50 니고데모가 **말하되**
/한 사람 /저희에게
/그[들] 중에 51 /율법은 — 말을 듣고
/(곧)왔던 /우리 /사람의
/예수께 — 알기 전에(조건절, unless)
/전에 /그 행한 것을
— 판결하느냐?
/[사람을]

52 저희가 **대답하여**
가로되(...하였더라)
/[그에게]
/너도 — 왔느냐?
/갈릴리에서
— 상고하여
— 보라

//(이유: ὅτι, for)
선지자가 — 나지 못하느니라
/갈릴리에서는

53 [그들이] **돌아가고**
/다 /각각 집으로

8

1 예수는 **가시다**
/감람 산으로

2 **들어오시니**
/성전으로
/다시
/아침에
백성이 **나아오는지라**
/다 /[그에게]

48 당국자들이나 바리새인 중에 그를 믿는 이가 있느냐
49 율법을 알지 못하는 이 무리는 저주를 받은 자로다
50 그 중에 한 사람 곧 전에 예수께 왔던 니고데모가 저희
에게 말하되 51 우리 율법은 사람의 말을 듣고 그 행한
것을 알기 전에 판결하느냐 52 저희가 대답하여 가로되
너도 갈릴리에서 왔느냐 상고하여 보라 갈릴리에서는 선지
자가 나지 못하느니라 하였더라 53 (다 각각 집으로 돌아
가고)
8:1 예수는 감람산으로 가시다 2 아침에 다시 성전으
로 들어오시니 백성이 다 나오는 지라 앉으사 저희를

Pharisees therefore answered them, "You have not also
been led astray, have you? 48 "No one of the rulers or Pharisees
has believed in Him, has he? 49 "But this multitude which
does not know the Law is accursed." 50 Nicodemus said
to them (he who came to Him before, being one of them),
51 "Our Law does not judge a man, unless it first hears
from him and knows what he is doing, does it?" 52 They
answered and said to him, "You are not also from Galilee,
are you? Search, and see that no prophet arises out of Galilee."
53 [And everyone went to his home.
8:1 ¶ But Jesus went to the Mount of Olives. 2 And
early in the morning He came again into the temple,

[그가] **가르치시더니**
/저희를
/앉으사(=앉은 후에, 과거분사)

3 서기관들과 바리새인들이 **끌고 와서**
/여자를
/잡힌
/간음 중

[그들이] 세우고(=세웠을 때, 상황절, when)
/[그를]
/가운데

4 **말하되**
/예수께
/선생이여!
이 여자가 — 잡혔나이다
/현장에서
/간음하다가(현재분사)

5 /모세는 — 명하였거니와
/이러한 여자를
/돌로 치라(부정사)
/[우리에게]
/율법에
/선생은 — 어떻게 말하겠나이까?

6 저희가 **말함은**
/이렇게
/시험함이러라(=시험하며, 현재분사)
/예수를

//(목적: ἵνα, that...might)
[그들이] — 고소할 조건을 얻고자 하여
/[그를]

예수께서 **쓰시니**
/몸을 굽히사(과거분사)
/[아래로]
/손가락으로
/땅에

7 저희가 마지 아니하는지라(=계속할 때에, 상황절, when)
/묻기를(=물으면서, 현재분사)
/[그를]

(이에)
[그가] **일어나**
가라사대(...하시고)
/[그들에게]
/죄 없는 자가 — 치라

가르치시더니 3 서기관들과 바리새인들이 간음 중에 잡힌
여자를 끌고 와서 가운데 세우고 4 예수께 말하되 선생이
여 이 여자가 간음하다가 현장에서 잡혔나이다 5 모세는
율법에 이러한 여자를 돌로 치라 명하였거니와 선생은 어
떻게 말하겠나이까 6 저희가 이렇게 말함은 고소할 조건
을 얻고자 하여 예수를 시험함이러라 예수께서 몸을 굽히
사 손가락으로 땅에 쓰시니 7 저희가 묻기를 마지 아니하
는지라 이에 일어나 가라사대 너희 중에 죄 없는 자가 먼
저 돌로 치라 하시고

and all the people were coming to Him; and He sat down
and began to teach them. 3 And the scribes and the
Pharisees brought a woman caught in adultery, and having
set her in the midst, 4 they said to Him, "Teacher, this
woman has been caught in adultery, in the very act. 5
"Now in the Law Moses commanded us to stone such women;
what then do You say?" 6 And they were saying this,
testing Him, in order that they might have grounds for accusing
Him. But Jesus stooped down, and with His finger wrote
on the ground. 7 But when they persisted in asking Him,

/*죄 없는 자가 — 치라*
/너희 중에 /돌로
/[그녀를]
/먼저

8 (손가락으로) **쓰시니**
/다시
/땅에
/몸을 굽히사(과거분사)

9 저희가 (이 말씀을) 듣고(상황절, when)
나가고
/하나씩 하나씩
/어른으로
/(젊은이까지)
/(양심의 가책을 받아)
여자만 **남았더라**
/섰는 /오직
/그 가운데
/(예수와)

10 예수께서 일어나사(상황절, when)
(보시고)
/(여자 외에 아무도 없는 것을)
이르시되
/[그녀에게]
/여자여!
/그들이 —— 어디 있느냐?
/(고소하던)
/(너를)
/아무도 —— 정죄한 자가 없느냐?
/너를

11 [그녀가] **대답하되**
/주여!
/없나이다
예수께서 **가라사대**(...하시니라)
/나도 —— 정죄하지 아니하노니
/너를
/[너는] —— 가서
죄를 범치 말라
/다시는(=더이상)

12 예수께서 **일러 가라사대**
/[그들에게]
/또(=다시)
/나는 —— 빛이니
/세상의
/따르는 자는 —— 다니지 아니하고

8 다시 몸을 굽히사 손가락으로 땅에 쓰시니 9 저희가 이
말씀을 듣고 양심의 가책을 받아 어른으로 시작하여 젊은
이까지 하나씩 하나씩 나가고 오직 예수와 그 가운데 섰는
여자만 남았더라 10 예수께서 일어나사 여자 외에 아무
도 없는 것을 보시고 이르시되 여자여 너를 고소하던 그들
이 어디 있느냐 너를 정죄한 자가 없느냐 11 대답하되 주
여 없나이다 예수께서 가라사대 나도 너를 정죄하지 아니
하노니 가서 다시는 죄를 범치 말라 하시니라 12 예수께
서 또 일러 가라사대 나는 세상의 빛이니 나를 따르는 자
는 어두움에 다니지 아니하고 생명의 빛을 얻으리라

He straightened up, and said to them, "He who is without
sin among you, let him be the first to throw a stone at
her." 8 And again He stooped down, and wrote on the
ground. 9 And when they heard it, they began to go out
one by one, beginning with the older ones, and He was
left alone, and the woman, where she was, in the midst.
10 And straightening up, Jesus said to her, "Woman,
where are they? Did no one condemn you?" 11 And she
said, "No one, Lord." And Jesus said, "Neither do I
condemn you; go your way. From now on sin no more."]
12 Again therefore Jesus spoke to them, saying, "I am
the light of the world; he who follows Me shall not walk

요

/따르는 자는 — 다니지 아니하고
/나를 /어두움에
/[그가] — 얻으리라
/빛을
/생명의

13 바리새인들이 **가로되**
/[그에게]
/네가 — 증거하니
/너를 위하여
증거는 — 참되지 아니하도다
/네

14 예수께서 **대답하여**
가라사대
/[그들에게]
/내가 — 증거하여도(상황절, though)
/나를 위하여
/증거가 — 참되니
/내

//(이유: ὅτι, for)
나는 — 앎이어니와
/내가 — 어디서 오며
어디로 가는 것을
너희는 — 알지 못하느니라
/내가 — 어디서 오며
어디로 가는 것을

15 /너희는 — 판단하나
/육체를 따라
/나는 — 판단치 아니하노라
/아무도

16 /만일[ἐὰν]
내가 — 판단하여도(조건절, if)
판단이 — 참되니
/내

//이는(이유: ὅτι, for)
내가 — 혼자 있는 것이 아니요
나와 — (함께) 계심이라
보내신 이가
/나를

17 /[그것이] — 기록하였으니
/너희 율법에도
/증거가 — 참되다
/두 사람의

18 /내가 — 증거하는 자가 되고

13 바리새인들이 가로되 네가 너를 위하여 증거하니 네
증거는 참되지 아니하도다 14 예수께서 대답하여 가라사
대 내가 나를 위하여 증거하여도 내 증거가 참되니 나는
내가 어디서 오며 어디로 가는 것을 앎이어니와 너희는 내
가 어디서 오며 어디로 가는 것을 알지 못하느니라 15 너
희는 육체를 따라 판단하나 나는 아무도 판단치 아니하노
라 16 만일 내가 판단하여도 내 판단이 참되니 이는 내가
혼자 있는 것이 아니요 나를 보내신 이가 나와 함께 계심
이라 17 너희 율법에도 두 사람의 증거가 참되다 기록하
였으니

in the darkness, but shall have the light of life." 13 The
Pharisees therefore said to Him, "You are bearing witness
of Yourself; Your witness is not true." 14 Jesus answered
and said to them, "Even if I bear witness of Myself, My
witness is true; for I know where I came from, and where
I am going; but you do not know where I come from, or where
I am going. 15 "You people judge according to the flesh;
I am not judging anyone. 16 "But even if I do judge, My
judgment is true; for I am not alone in it, but I and He
who sent Me. 17 "Even in your law it has been written,

18 내가 나를 위하여 증거하는 자가 되고 나를 보내신 아
버지도 나를 위하여 증거하시느니라 19 이에 저희가 묻되
네 아버지가 어디 있느냐 예수께서 대답하시되 너희는 나
를 알지 못하고 내 아버지도 알지 못하는도다 나를 알았더
면 내 아버지도 알았으리라 20 이 말씀은 성전에서 가르
치실 때에 연보궤 앞에서 하셨으나 잡는 사람이 없으니 이
는 그의 때가 아직 이르지 아니하였음이러라 21 다시 이
르시되 내가 가리니 너희가 나를 찾다가 너희 죄 가운데서
죽겠고 나의 가는 곳에는 너희가 오지 못하리라 22 유대
인들이 가로되 저가 나의 가는 곳에는 너희가 오지 못하리
라 하니 저가 자결하려는가

that the testimony of two men is true. 18 "I am He who
bears witness of Myself, and the Father who sent Me
bears witness of Me." 19 And so they were saying to
Him, "Where is Your Father?" Jesus answered, "You
know neither Me, nor My Father; if you knew Me, you
would know My Father also." 20 These words He spoke
in the treasury, as He taught in the temple; and no one
seized Him, because His hour had not yet come. 21 ¶ He
said therefore again to them, "I go away, and you shall
seek Me, and shall die in your sin; where I am going,

23 예수께서 가라사대 너희는 아래서 났고 나는 위에서
났으며 너희는 이 세상에 속하였고 나는 이 세상에 속하지
아니하였느니라 24 이러므로 내가 너희에게 말하기를 너
희가 너희 죄 가운데서 죽으리라 하였노라 너희가 만일 내
가 그인 줄 믿지 아니하면 너희 죄 가운데서 죽으리라 25
저희가 말하되 네가 누구냐 예수께서 가라사대 나는 처음
부터 너희에게 말하여 온 자니라 26 내가 너희를 대하여
말하고 판단할 것이 많으나 나를 보내신 이가 참되시매 내
가 그에게 들은 그것을 세상에게 말하노라 하시되

you cannot come." 22 Therefore the Jews were saying, "Surely
He will not kill Himself, will He, since He says, 'Where
I am going, you cannot come'?" 23 And He was saying
to them, "You are from below, I am from above; you are
of this world, I am not of this world. 24 "I said therefore
to you, that you shall die in your sins; for unless you
believe that I am He, you shall die in your sins." 25 And
so they were saying to Him, "Who are You?" Jesus said
to them, "What have I been saying to you from the beginning?
26 "I have many things to speak and to judge concerning
you, but He who sent Me is truc; and the things which I
heard from Him, these I speak to the world." 27 They

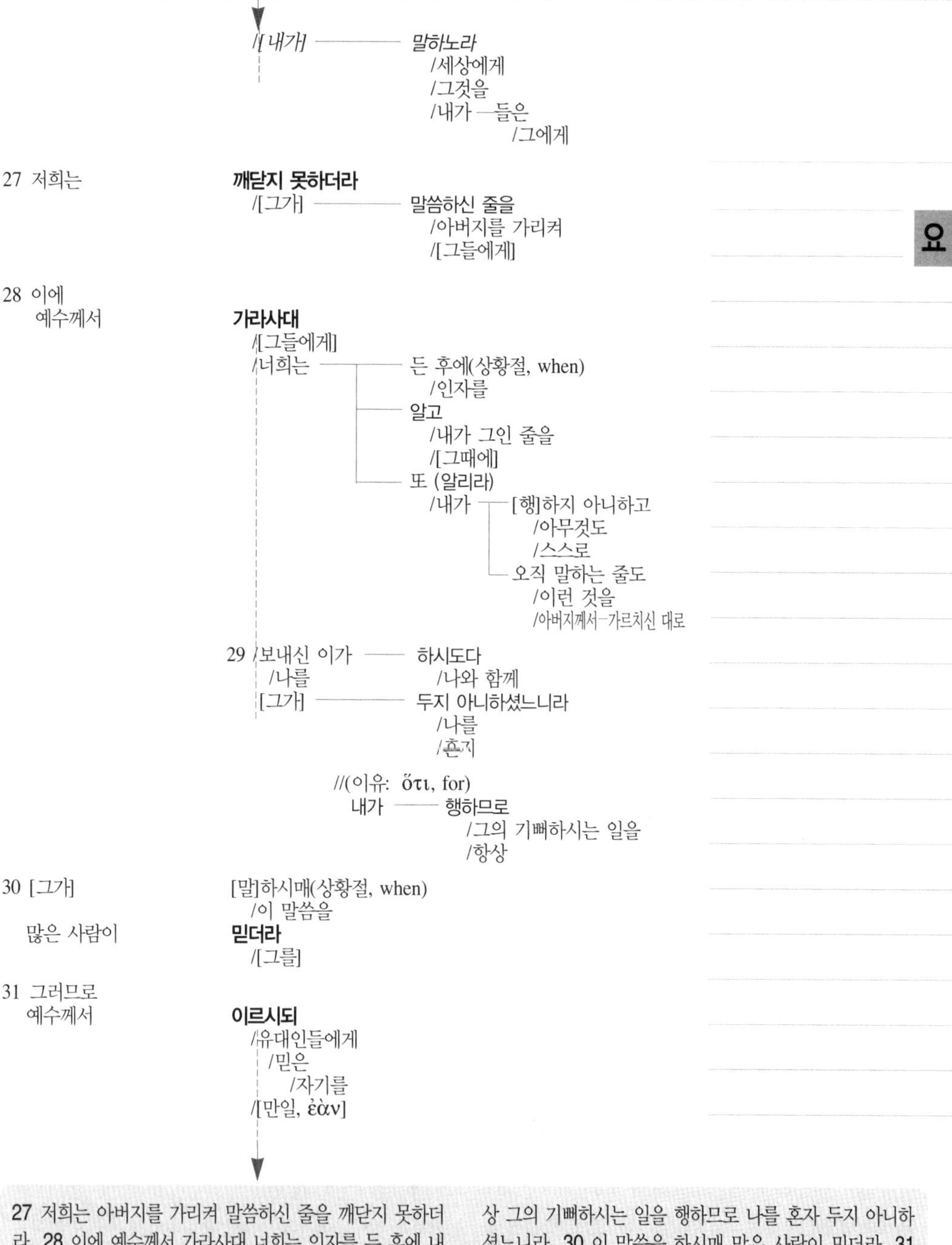

27 저희는 아버지를 가리켜 말씀하신 줄을 깨닫지 못하더
라 28 이에 예수께서 가라사대 너희는 인자를 든 후에 내
가 그인 줄을 알고 또 내가 스스로 아무 것도 하지 아니하
고 오직 아버지께서 가르치신 대로 이런 것을 말하는 줄도
알리라 29 나를 보내신 이가 나와 함께 하시도다 내가 항
상 그의 기뻐하시는 일을 행하므로 나를 혼자 두지 아니하
셨느니라 30 이 말씀을 하시매 많은 사람이 믿더라 31
그러므로 예수께서 자기를 믿은 유대인들에게 이르시되 너
희가 내 말에 거하면 참 내 제자가 되고 32 진리를 알지
니 진리가 너희를 자유케 하리라

did not realize that He had been speaking to them about
the Father. 28 Jesus therefore said, "When you lift up
the Son of Man, then you will know that I am He, and I
do nothing on My own initiative, but I speak these things
as the Father taught Me. 29 "And He who sent Me is
with Me; He has not left Me alone, for I always do the
things that are pleasing to Him." 30 As He spoke these
things, many came to believe in Him. 31 ¶ Jesus therefore
was saying to those Jews who had believed Him, "If you abide
in My word, then you are truly disciples of Mine; 32 and

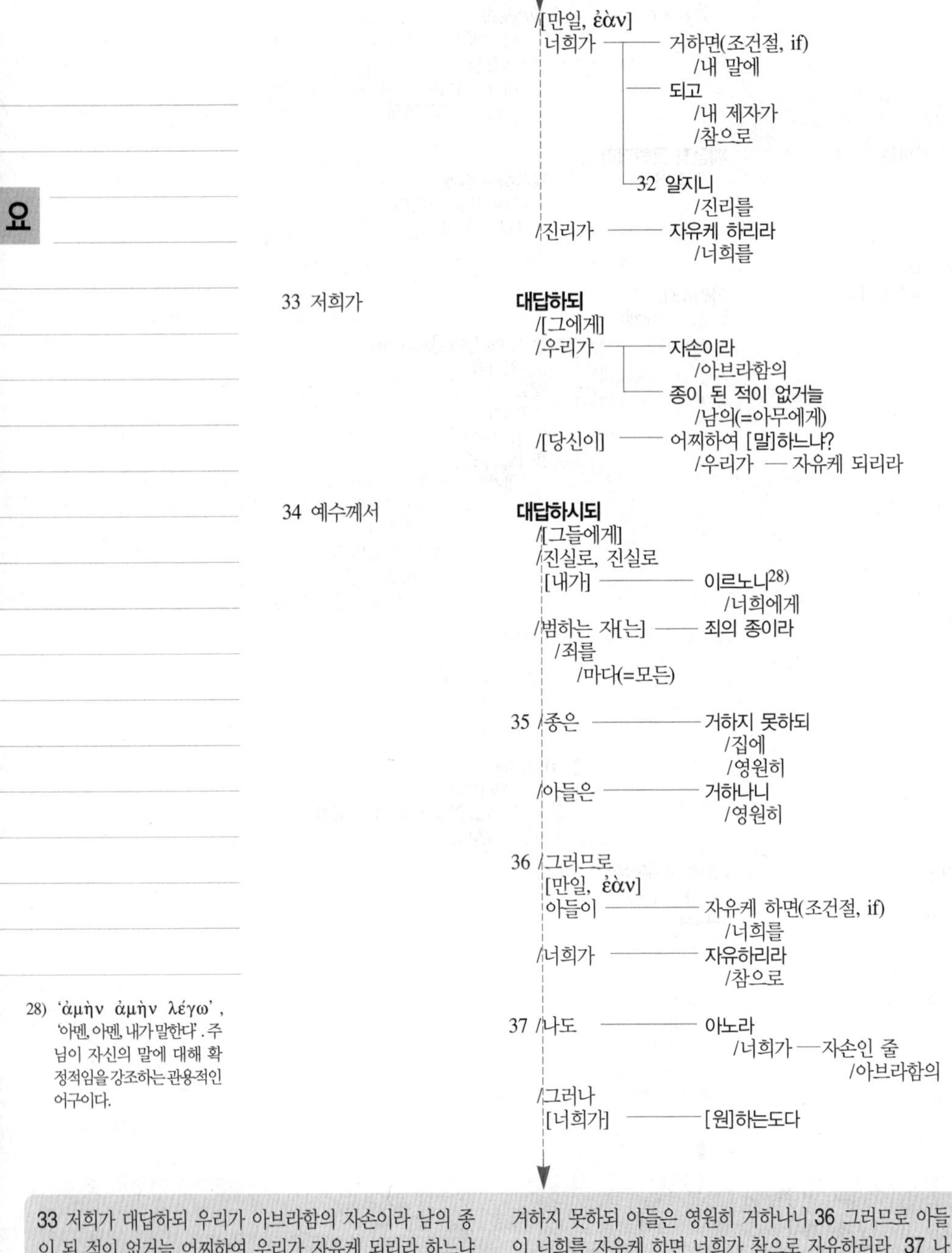

28) 'ἀμὴν ἀμὴν λέγω', '아멘, 아멘, 내가 말한다'. 주님이 자신의 말에 대해 확정적임을 강조하는 관용적인 어구이다.

33 저희가 대답하되 우리가 아브라함의 자손이라 남의 종이 된 적이 없거늘 어찌하여 우리가 자유케 되리라 하느냐 34 예수께서 대답하시되 진실로 진실로 너희에게 이르노니 죄를 범하는 자마다 죄의 종이라 35 종은 영원히 집에 거하지 못하되 아들은 영원히 거하나니 36 그러므로 아들이 너희를 자유케 하면 너희가 참으로 자유하리라 37 나도 너희가 아브라함의 자손인 줄 아노라 그러나 내 말이 너희 속에 있을 곳이 없으므로 나를 죽이려 하는도다

you shall know the truth, and the truth shall make you free." 33 They answered Him, "We are Abraham's offspring, and have never yet been enslaved to anyone; how is it that You say, 'You shall become free'?" 34 Jesus answered them, "Truly, truly, I say to you, everyone who commits sin is the slave of sin. 35 "And the slave does not remain in the house forever; the son does remain forever. 36 "If therefore the Son shall make you free, you shall be free indeed. 37 "I know that you are Abraham's offspring; yet you seek to kill Me, because My word has no place in you. 38 "I speak the things which I have seen with My Father; therefore you also do the things which you heard from

38 나는 내 아버지에게서 본 것을 말하고 너희는 너희 아
비에게서 들은 것을 행하느니라 39 대답하여 가로되 우
리 아버지는 아브라함이라 하니 예수께서 가라사대 너희가
아브라함의 자손이면 아브라함의 행사를 할 것이어늘 40
지금 하나님께 들은 진리를 너희에게 말한 사람인 나를 죽
이려 하는도다 아브라함은 이렇게 하지 아니하였느니라
41 너희는 너희 아비의 행사를 하는도다 대답하되 우리가
음란한 데서 나지 아니하였고 아버지는 한 분뿐이시니 곧
하나님이시로다

your father." 39 They answered and said to Him, "Abraham
is our father." Jesus said to them, "If you are Abraham's
children, do the deeds of Abraham. 40 "But as it is, you
are seeking to kill Me, a man who has told you the truth,
which I heard from God; this Abraham did not do. 41
"You are doing the deeds of your father." They said to
Him, "We were not born of fornication; we have one
Father, even God." 42 Jesus said to them, "If God were

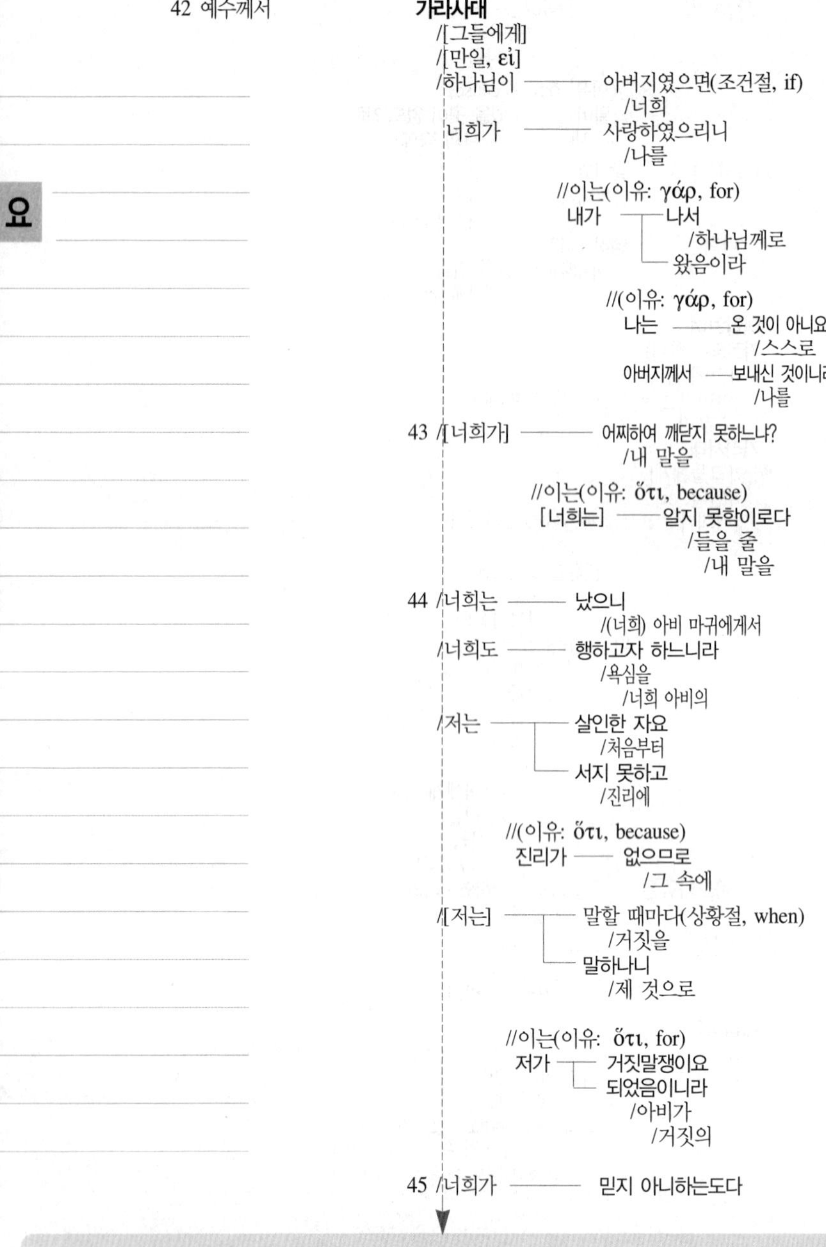

42 예수께서 가라사대 하나님이 너희 아버지였으면 너희
가 나를 사랑하였으리니 이는 내가 하나님께로 나서 왔음
이라 나는 스스로 온 것이 아니요 아버지께서 나를 보내신
것이니라 43 어찌하여 내 말을 깨닫지 못하느냐 이는 내
말을 들을 줄 알지 못함이로다 44 너희는 너희 아비 마귀
에게서 났으니 너희 아비의 욕심을 너희도 행하고자 하느
니라 저는 처음부터 살인한 자요 진리가 그 속에 없으므
로 진리에 서지 못하고 거짓을 말할 때마다 제 것으로 말
하나니 이는 저가 거짓말장이요 거짓의 아비가 되었음이니
라

your Father, you would love Me; for I proceeded forth and have come from God, for I have not even come on My own initiative, but He sent Me.
43 "Why do you not understand what I am saying? It is because you cannot hear My word.
44 "You are of your father the devil, and you want to do the desires of your father. He was a murderer from the beginning, and does not stand in the truth, because there is no truth in him. Whenever he speaks a lie, he speaks from his own nature; for he is a liar, and the father of lies.
45 "But because I speak the truth, you

45 내가 진리를 말하므로 너희가 나를 믿지 아니하는도다
46 너희 중에 누가 나를 죄로 책잡겠느냐 내가 진리를 말
하매 어찌하여 나를 믿지 아니하느냐 47 하나님께 속한
자는 하나님의 말씀을 듣나니 너희가 듣지 아니함은 하나
님께 속하지 아니하였음이로다 48 유대인들이 대답하여
가로되 우리가 너를 사마리아 사람이라 또는 귀신이 들렸
다 하는 말이 옳지 아니하냐 49 예수께서 대답하시되 나
는 귀신 들린 것이 아니라 오직 내 아버지를 공경함이어늘
너희가 나를 무시하는도다 50 나는 내 영광을 구치 아니
하나 구하고 판단하시는 이가 계시니라

do not believe Me. 46 "Which one of you convicts Me
of sin? If I speak truth, why do you not believe Me? 47
"He who is of God hears the words of God; for this reason
you do not hear them, because you are not of God." 48
The Jews answered and said to Him, "Do we not say
rightly that You are a Samaritan and have a demon?" 49 Jesus
answered, "I do not have a demon; but I honor My Father,
and you dishonor Me. 50 "But I do not seek My glory;
there is One who seeks and judges. 51 "Truly, truly, I
say to you, if anyone keeps My word he shall never see death."

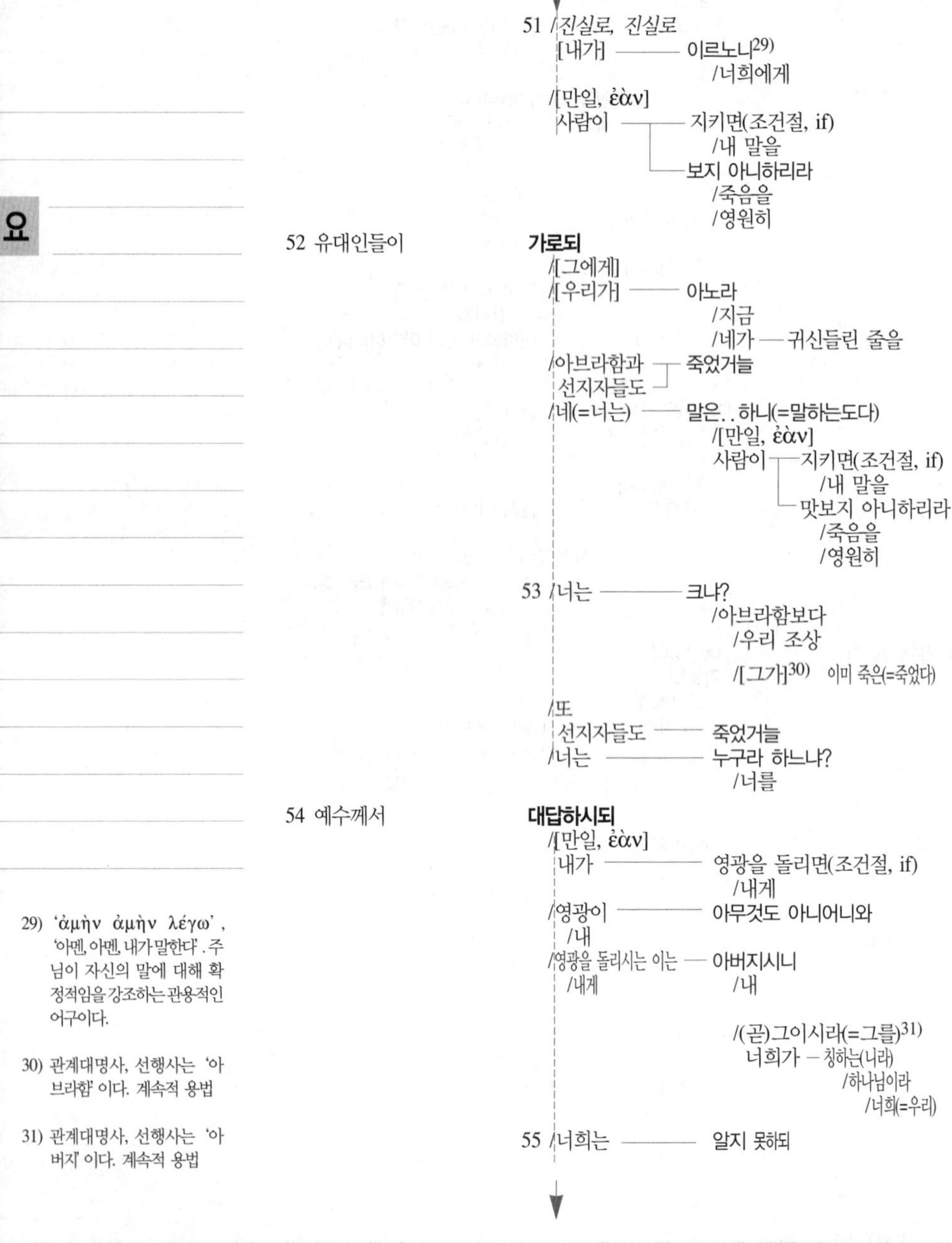

29) 'ἀμὴν ἀμὴν λέγω', '아멘, 아멘, 내가 말한다'. 주님이 자신의 말에 대해 확정적임을 강조하는 관용적인 어구이다.

30) 관계대명사, 선행사는 '아브라함'이다. 계속적 용법

31) 관계대명사, 선행사는 '아버지'이다. 계속적 용법

51 진실로 진실로 너희에게 이르노니 사람이 내 말을 지
키면 죽음을 영원히 보지 아니하리라 52 유대인들이 가로
되 지금 네가 귀신 들린 줄을 아노라 아브라함과 선지자들
도 죽었거늘 네 말은 사람이 내 말을 지키면 죽음을 영원
히 맛보지 아니하리라 하니 53 너는 이미 죽은 우리 조상
아브라함보다 크냐 또 선지자들도 죽었거늘 너는 너를 누
구라 하느냐 54 예수께서 대답하시되 내가 내게 영광을
돌리면 내 영광이 아무 것도 아니어니와 내게 영광을 돌리
시는 이는 내 아버지시니 곧 너희가 너희 하나님이라 칭하
는 그이시라

52 The Jews said to Him, "Now we know that You have
a demon. Abraham died, and the prophets also; and You
say, 'If anyone keeps My word, he shall never taste of
death.' 53 "Surely You are not greater than our father
Abraham, who died? The prophets died too; whom do
You make Yourself out to be?" 54 Jesus answered, "If I glorify
Myself, My glory is nothing; it is My Father who glorifies
Me, of whom you say, 'He is our God'; 55 and you have

요

32) 'ἀμὴν ἀμὴν λέγω', '아멘, 아멘, 내가 말한다'. 주님이 자신의 말에 대해 확정적임을 강조하는 관용적인 어구이다.

55 너희는 그를 알지 못하되 나는 아노니 만일 내가 알지 못한다 하면 나도 너희같이 거짓말장이가 되리라 나는 그를 알고 또 그의 말씀을 지키노라 56 너희 조상 아브라함은 나의 때 볼 것을 즐거워하다가 보고 기뻐하였느니라 57 유대인들이 가로되 네가 아직 오십도 못되었는데 아브라함을 보았느냐 58 예수께서 가라사대 진실로 진실로 너희에게 이르노니 아브라함이 나기 전부터 내가 있느니라 하시니 59 저희가 돌을 들어 치려 하거늘 예수께서 숨어 성전에서 나가시니라

not come to know Him, but I know Him; and if I say that I do not know Him, I shall be a liar like you, but I do know Him, and keep His word. 56 "Your father Abraham rejoiced to see My day, and he saw it and was glad." 57 The Jews therefore said to Him, "You are not yet fifty years old, and have You seen Abraham?" 58 Jesus said to them, "Truly, truly, I say to you, before Abraham was born, I am." 59 Therefore they picked up stones to throw at Him; but Jesus hid Himself, and went out of the temple.

요

9 1 예수께서 길 가실 때에(상황절, as)
보신지라
/사람을
/소경된
/날 때부터

2 제자들이 물어 가로되
/[그의]
/[그에게]
/랍비여!
뉘(=누가) — 죄로 인함이오니이까(=죄지었습니까?)
/자기(오니이까)
[혹은]부모(오니이까)
/그

//(결과: ἵνα, that...whould)
이 사람이 — 난 것이(=났습니까?)
/소경으로

3 예수께서 대답하시되
/이 사람이나 — 죄를 범한 것이 아니라
부모가
/그[의]
/<그것이> — 〈일어남은〉[33)]
//(목적: ἵνα, that...might)
하시는 일을(=이) — 나타내고자 하심이니라
/하나님의
/그에게서

4 /때가 아직 낮이매(상황절, while)
우리가 — 하여야 하리라
/일을
/보내신 이의
/나를
/아무도 — 일할 수 없느니라(=없을 때에, 상황절, when)
/(그 때는)
/밤이 — 오리니

5 /내가 — 있는 동안에는(상황절, while)
/세상에
— 빛이로라
/세상의

6 [그가] 하시고(=말하셨을 때, 상황절, when)
/이 말씀을
침을 뱉아
/땅에
이겨
/진흙을
/[침으로]

33) 의미번역이다. 영역본들의 입장을 따랐다. '그가 소경이 된것은' 이라는 의미이다.

9:1 예수께서 길 가실 때에 날 때부터 소경된 사람을 보신지라 2 제자들이 물어 가로되 랍비여 이 사람이 소경으로 난 것이 뉘 죄로 인함이오니이까 자기오니이까 그 부모오니이까 3 예수께서 대답하시되 이 사람이나 그 부모가 죄를 범한 것이 아니라 그에게서 하나님의 하시는 일을 나타내고자 하심이니라 4 때가 아직 낮이매 나를 보내신 이의 일을 우리가 하여야 하리라 밤이 오리니 그 때는 아무도 일할 수 없느니라 5 내가 세상에 있는 동안에는 세상의 빛이로라 6 이 말씀을 하시고 땅에 침을 뱉아 진흙을 이겨 그의 눈에 바르시고

9:1 And as He passed by, He saw a man blind from birth. 2 And His disciples asked Him, saying, "Rabbi, who sinned, this man or his parents, that he should be born blind?" 3 Jesus answered, "It was neither that this man sinned, nor his parents; but it was in order that the works of God might be displayed in him. 4 "We must work the works of Him who sent Me, as long as it is day; night is coming, when no man can work. 5 "While I am in the world, I am the light of the world." 6 When He had said this, He spat on the ground, and made clay of the spittle, and

바르시고
/[점토를]
/그의 눈에

7 **이르시되**(...하시니)
/[그에게]
/[너는] ── 가서
── 씻으라
/실로암 못에
/(실로암은)번역하면(=해석되는)
/보냄을 받았다(는 뜻이라)

요

이에
[그가] **가서**
씻고
왔더라
/밝은 눈으로

8 이웃 사람들과 **가로되**
사람들이 /이는 ── 아니냐?
/보았던 /앉아서
/[그를] ── 구걸하던 자가
/(및) 전에
/저가 걸인인 것을

9 혹은 **[말]하며**
/그 사람이라
혹은 **[말]하거늘**
/아니라
/[그가] ── 그와 비슷하다
제[가] **말(은)하니**
/내가 ── 그로라

10 저희가 **묻되**
/[그에게]
/그러면
/눈이 ── 어떻게 떠졌느냐?
/네
11 [그가] **대답하되**
/그 사람이 ── 이겨
/예수라 하는 /진흙을
── 바르고
/내 눈에
── [말]하기에
/나더러
/[너는] ── 가서
/실로암에
── 씻으라

7 이르시되 실로암 못에 가서 씻으라 하시니 (실로암은 번
역하면 보냄을 받았다는 뜻이라) 이에 가서 씻고 밝은 눈
으로 왔더라 8 이웃 사람들과 및 전에 저가 걸인인 것을
보았던 사람들이 가로되 이는 앉아서 구걸하던 자가 아니
냐 9 혹은 그 사람이라 하며 혹은 아니라 그와 비슷하다
하거늘 제 말은 내가 그로라 하니 10 저희가 묻되 그러면
네 눈이 어떻게 떠졌느냐 11 대답하되 예수라 하는 그 사
람이 진흙을 이겨 내 눈에 바르고 나더러 실로암에 가서
씻으라 하기에 가서 씻었더니 보게 되었노라

applied the clay to his eyes, 7 and said to him, "Go, wash
in the pool of Siloam" (which is translated, Sent). And
so he went away and washed, and came back seeing. 8
The neighbors therefore, and those who previously saw
him as a beggar, were saying, "Is not this the one who
used to sit and beg?" 9 Others were saying, "This is he,"
still others were saying, "No, but he is like him." He kept
saying, "I am the one." 10 Therefore they were saying to
him, "How then were your eyes opened?" 11 He answered,
"The man who is called Jesus made clay, and anointed
my eyes, and said to me, 'Go to Siloam, and wash'; so I
went away and washed, and I received sight." 12 And

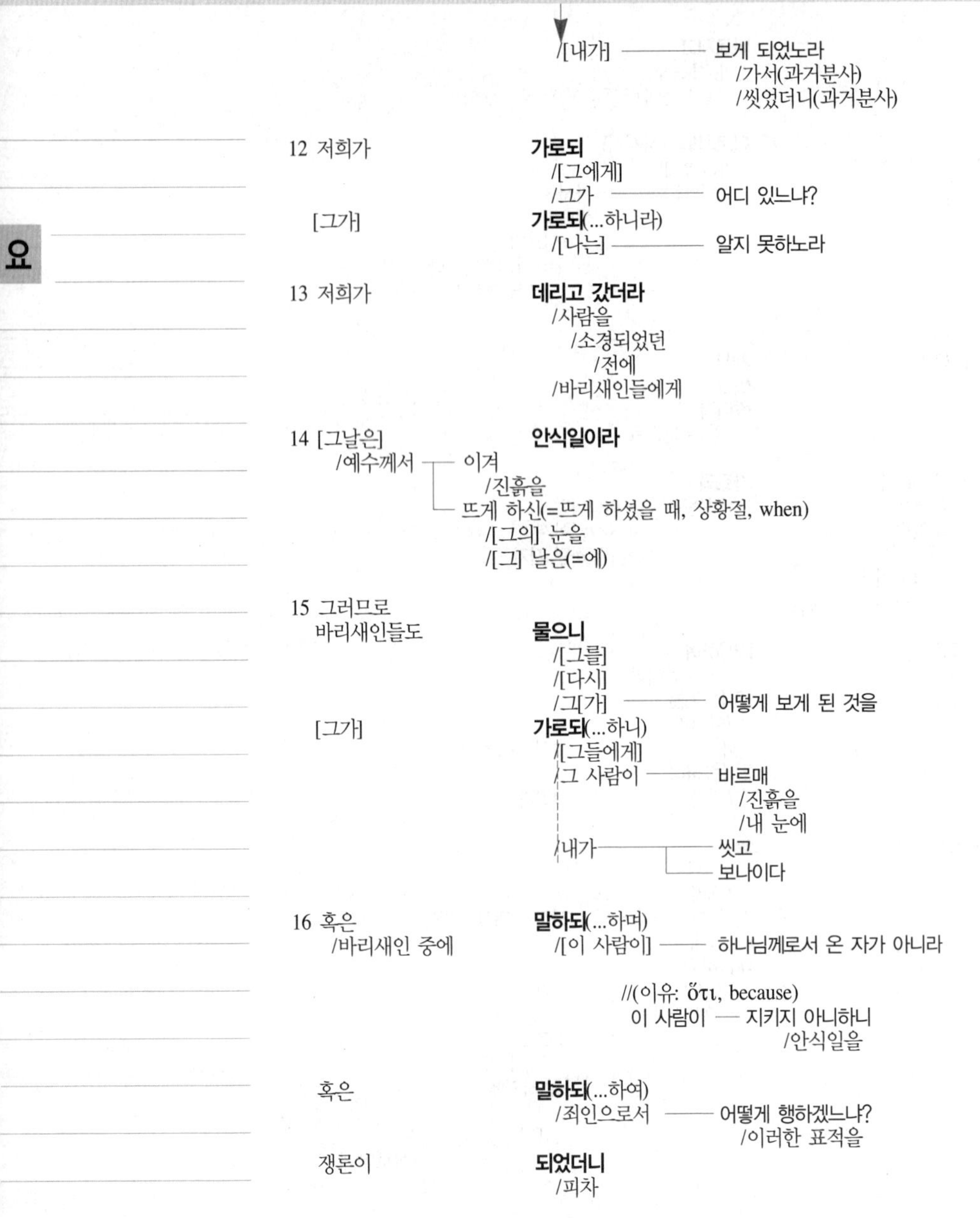

12 저희가 가로되 그가 어디 있느냐 가로되 알지 못하노
라 하니라 13 저희가 전에 소경 되었던 사람을 데리고 바
리새인들에게 갔더라 14 예수께서 진흙을 이겨 눈을 뜨
게 하신 날은 안식일이라 15 그러므로 바리새인들도 그
어떻게 보게 된 것을 물으니 가로되 그 사람이 진흙을 내
눈에 바르매 내가 씻고 보나이다 하니 16 바리새인 중에
혹은 말하되 이 사람이 안식일을 지키지 아니하니 하나님
께로서 온 자가 아니라 하며 혹은 말하되 죄인으로서 어떻
게 이러한 표적을 행하겠느냐 하여 피차 쟁론이 되었더니

they said to him, "Where is He?" He said, "I do not
know." 13 They brought to the Pharisees him who was
formerly blind. 14 Now it was a Sabbath on the day when
Jesus made the clay, and opened his eyes. 15 Again, therefore,
the Pharisees also were asking him how he received his
sight. And he said to them, "He applied clay to my eyes,
and I washed, and I see." 16 Therefore some of the
Pharisees were saying, "This man is not from God, because
He does not keep the Sabbath." But others were saying,
"How can a man who is a sinner perform such signs?"

34) 관계대명사, 선행사는 '아들'이다. 계속적 용법

요

17 이에 소경 되었던 자에게 다시 묻되 그 사람이 네 눈을 뜨게 하였으니 너는 그를 어떠한 사람이라 하느냐 대답하되 선지자니이다 한대 18 유대인들이 저가 소경으로 있다가 보게 된 것을 믿지 아니하고 그 부모를 불러 묻되 19 이는 너희 말에 소경으로 났다 하는 너희 아들이냐 그러면 지금은 어떻게 되어 보느냐 20 그 부모가 대답하여 가로되 이가 우리 아들인 것과 소경으로 난 것을 아나이다 21 그러나 지금 어떻게 되어 보는지 또는 누가 그 눈을 뜨게 하였는지 우리는 알지 못하나이다 저에게 물어 보시오 저가 장성하였으니 자기 일을 말하리이다

And there was a division among them. 17 They said therefore to the blind man again, "What do you say about Him, since He opened your eyes?" And he said, "He is a prophet." 18 The Jews therefore did not believe it of him, that he had been blind, and had received sight, until they called the parents of the very one who had received his sight, 19 and questioned them, saying, "Is this your son, who you say was born blind? Then how does he now see?" 20 His parents answered them and said, "We know that this is our son, and that he was born blind; 21 but how he now sees, we do not know; or who opened his eyes, we do not know. Ask him; he is of age, he shall speak

요

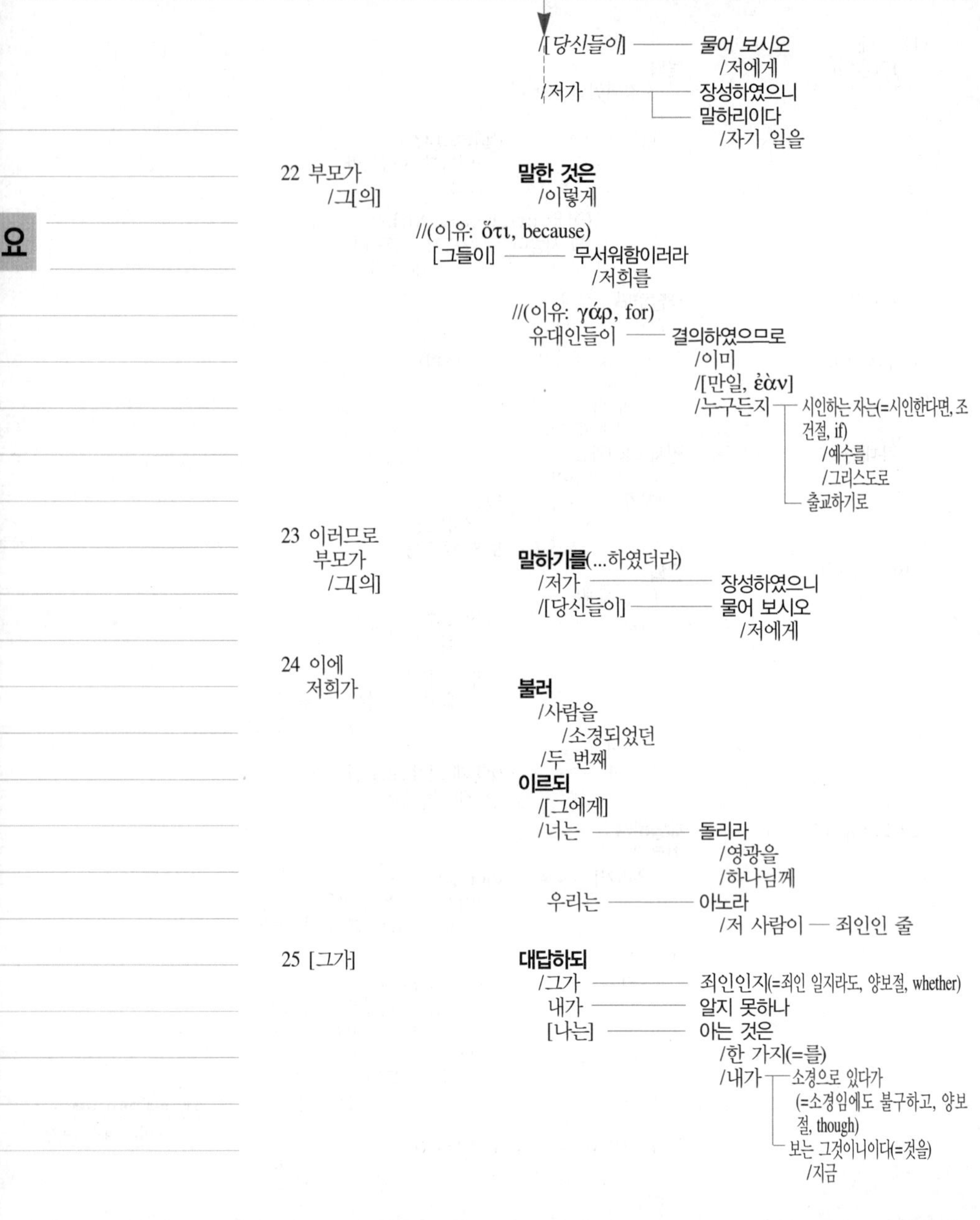

22 그 부모가 이렇게 말한 것은 이미 유대인들이 누구든지 예수를 그리스도로 시인하는 자는 출교하기로 결의하였으므로 저희를 무서워함이러라 23 이러므로 그 부모가 말하기를 저가 장성하였으니 저에게 물어 보시오 하였더라 24 이에 저희가 소경 되었던 사람을 두 번째 불러 이르되 너는 영광을 하나님께 돌리라 우리는 저 사람이 죄인인 줄 아노라 25 대답하되 그가 죄인인지 내가 알지 못하나 한 가지 아는 것은 내가 소경으로 있다가 지금 보는 그것이니이다

for himself." 22 His parents said this because they were afraid of the Jews; for the Jews had already agreed, that if anyone should confess Him to be Christ, he should be put out of the synagogue. 23 For this reason his parents said, "He is of age; ask him." 24 ¶ So a second time they called the man who had been blind, and said to him, "Give glory to God; we know that this man is a sinner." 25 He therefore answered, "Whether He is a sinner, I do not know; one thing I do know, that, whereas I was blind, now I see." 26 They said therefore to him, "What did

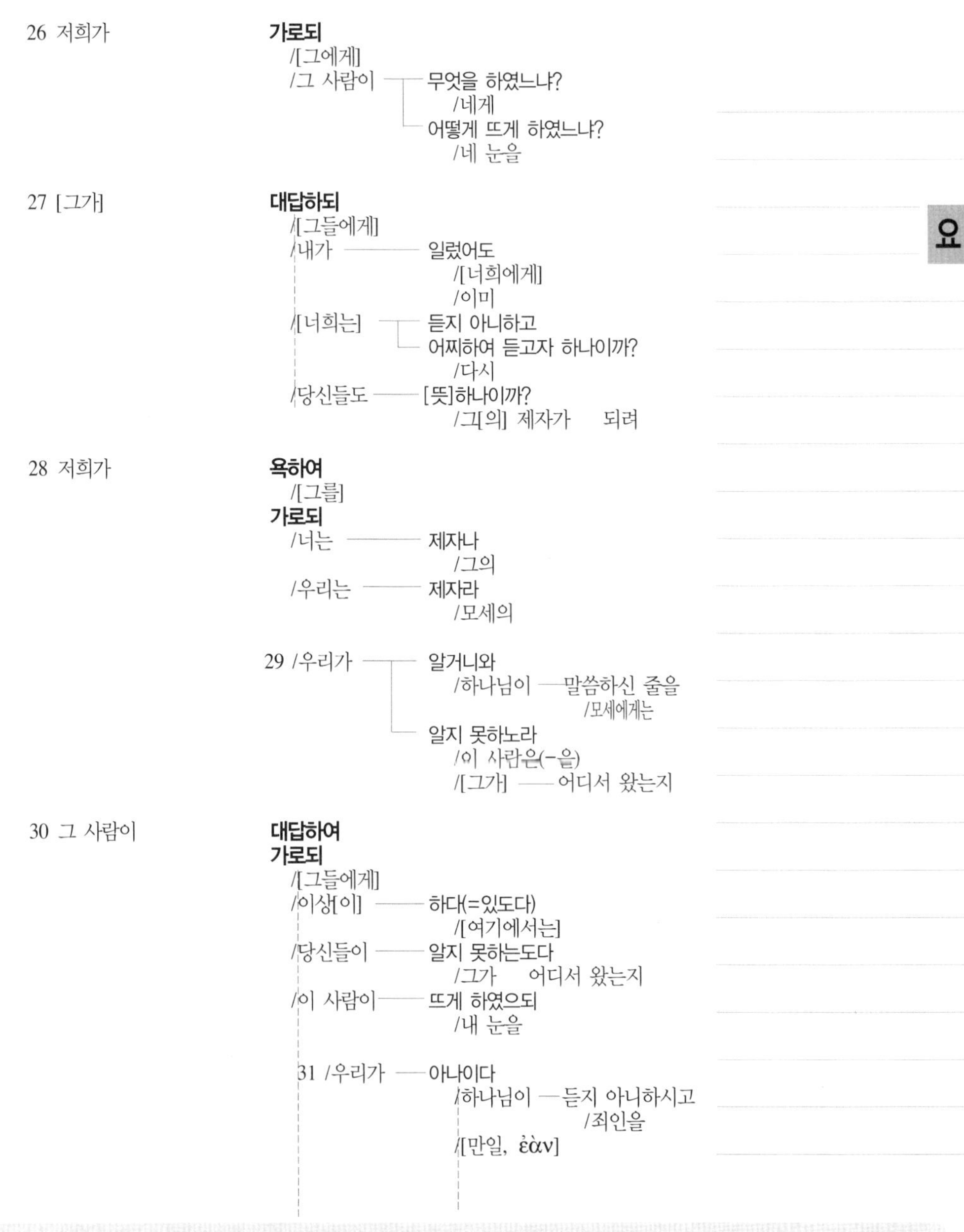

26 저희가 가로되 그 사람이 네게 무엇을 하였느냐 어떻
게 네 눈을 뜨게 하였느냐 27 대답하되 내가 이미 일렀어
도 듣지 아니하고 어찌하여 다시 듣고자 하나이까 당신들
도 그 제자가 되려 하나이까 28 저희가 욕하여 가로되 너
는 그의 제자나 우리는 모세의 제자라 29 하나님이 모세
에게는 말씀하신 줄을 우리가 알거니와 이 사람은 어디서
왔는지 알지 못하노라 30 그 사람이 대답하여 가로되 이
상하다 이 사람이 내 눈을 뜨게 하였으되 당신들이 그가
어디서 왔는지 알지 못하는도다 31 하나님이 죄인을 듣지
아니하시고 경건하여 그의 뜻대로 행하는 자는 들으시는

He do to you? How did He open your eyes?" 27 He
answered them, "I told you already, and you did not listen;
why do you want to hear it again? You do not want to
become His disciples too, do you?" 28 And they reviled
him, and said, "You are His disciple, but we are disciples
of Moses. 29 "We know that God has spoken to Moses;
but as for this man, we do not know where He is from."
30 The man answered and said to them, "Well, here is
an amazing thing, that you do not know where He is
from, and yet He opened my eyes. 31 "We know that
God does not hear sinners; but if anyone is God-fearing,
and does His will, He hears him. 32 "Since the beginning

요

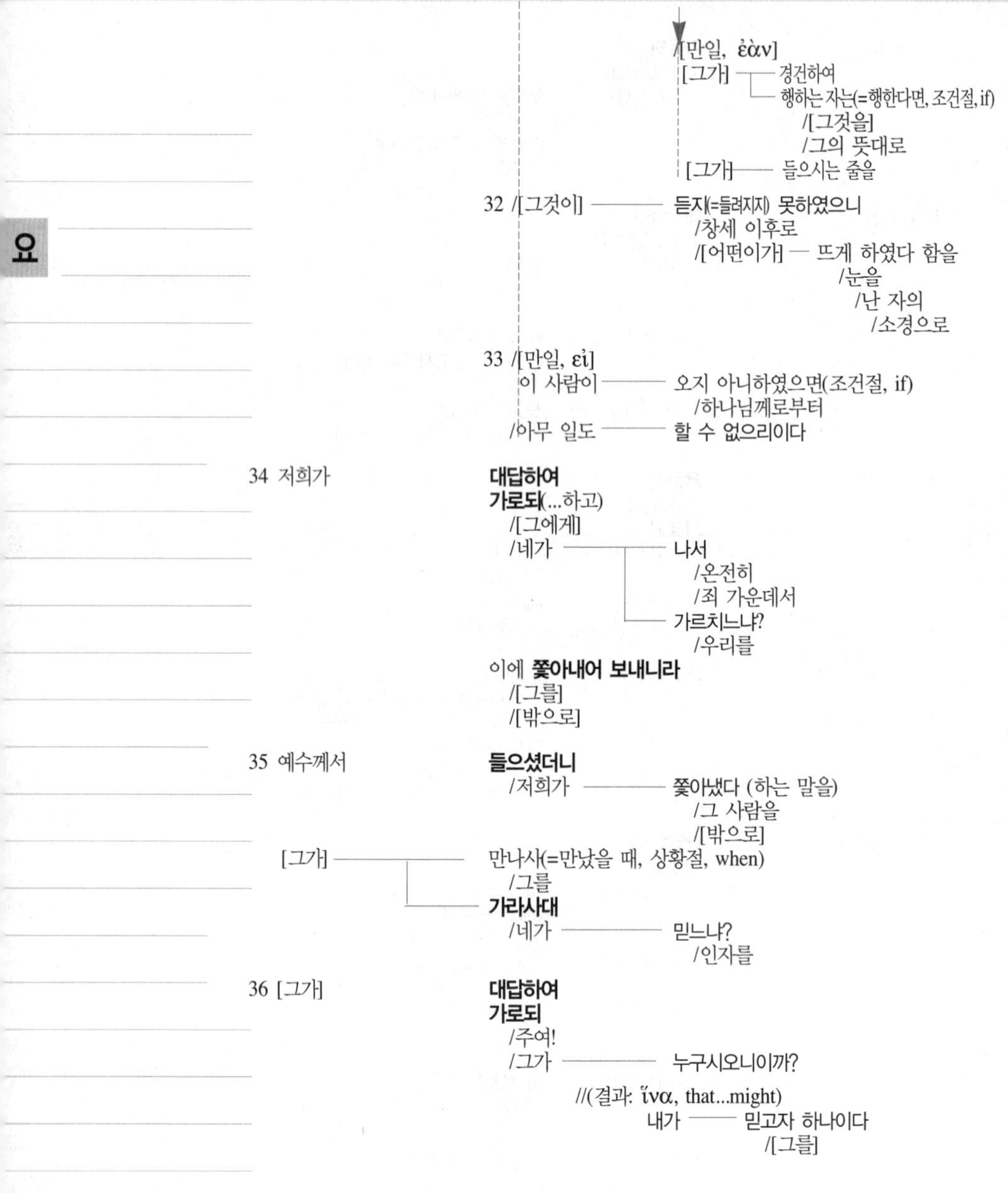

줄을 우리가 아나이다 **32** 창세 이후로 소경으로 난 자의
눈을 뜨게 하였다 함을 듣지 못하였으니 **33** 이 사람이 하
나님께로부터 오지 아니하였으면 아무 일도 할 수 없으리
이다 **34** 저희가 대답하여 가로되 네가 온전히 죄 가운데
서 나서 우리를 가르치느냐 하고 이에 쫓아 내어 보내니라
35 예수께서 저희가 그 사람을 쫓아냈다 하는 말을 들으
셨더니 그를 만나사 가라사대 네가 인자를 믿느냐 **36** 대
답하여 가로되 주여 그가 누구시오니이까 내가 믿고자 하
나이다

of time it has never been heard that anyone opened the
eyes of a person born blind. **33** "If this man were not
from God, He could do nothing." **34** They answered and
said to him, "You were born entirely in sins, and are you
teaching us?" And they put him out. **35** ¶ Jesus heard
that they had put him out; and finding him, He said, "Do
you believe in the Son of Man?" **36** He answered and
said, "And who is He, Lord, that I may believe in Him?"
37 Jesus said to him, "You have both seen Him, and He
is the one who is talking with you." **38** And he said,

35) '아멘, 아멘, 내가 말한다'. 주님이 자신의 말에 대해 확정적임을 강조하는 관용적인 어구이다.

37 예수께서 가라사대 네가 그를 보았거니와 지금 너와
말하는 자가 그이니라 38 가로되 주여 내가 믿나이다 하
고 절하는지라 39 예수께서 가라사대 내가 심판하러 이
세상에 왔으니 보지 못하는 자들은 보게 하고 보는 자들은
소경 되게 하려 함이라 하시니 40 바리새인 중에 예수와
함께 있던 자들이 이 말씀을 듣고 가로되 우리도 소경인가
41 예수께서 가라사대 너희가 소경 되었더면 죄가 없으려
니와 본다고 하니 너희 죄가 그저 있느니라

10:1 내가 진실로 진실로 너희에게 이르노니 양의 우
리에 문으로 들어가지 아니하고 다른 데로 넘어가

"Lord, I believe." And he worshiped Him. 39 And Jesus
said, "For judgment I came into this world, that those
who do not see may see; and that those who see may
become blind." 40 Those of the Pharisees who were with Him
heard these things, and said to Him, "We are not blind
too, are we?" 41 Jesus said to them, "If you were blind,
you would have no sin; but since you say, 'We see,' your
sin remains.

10 1 "Truly, truly, I say to you, he who does not enter
by the door into the fold of the sheep, but climbs
up some other way, he is a thief and a robber. 2 "But he

요

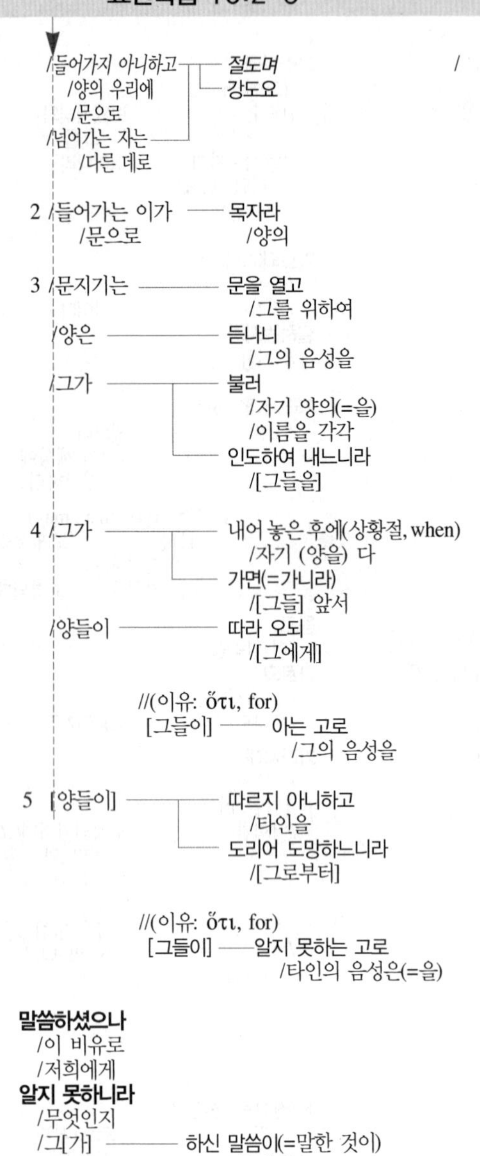

6 예수께서 **말씀하셨으나**
/이 비유로
/저희에게
저희는 **알지 못하니라**
/무엇인지
/그[가] 하신 말씀이(=말한 것이)
/[그들에게]

는 자는 절도며 강도요 2 문으로 들어가는 이가 양의 목자
라 3 문지기는 그를 위하여 문을 열고 양은 그의 음성을
듣나니 그가 자기 양의 이름을 각각 불러 인도하여 내느니
라 4 자기 양을 다 내어놓은 후에 앞서 가면 양들이 그의
음성을 아는 고로 따라오되 5 타인의 음성은 알지 못하는
고로 타인을 따르지 아니하고 도리어 도망하느니라 6 예
수께서 이 비유로 저희에게 말씀하셨으나 저희는 그 하신
말씀이 무엇인지 알지 못하니라

who enters by the door is a shepherd of the sheep. 3 "To
him the doorkeeper opens, and the sheep hear his voice,
and he calls his own sheep by name, and leads them out.
4 "When he puts forth all his own, he goes before them,
and the sheep follow him because they know his voice. 5
"And a stranger they simply will not follow, but will flee from
him, because they do not know the voice of strangers." 6
This figure of speech Jesus spoke to them, but they did
not understand what those things were which He had been
saying to them. 7 Jesus therefore said to them again,

7 그러므로
예수께서

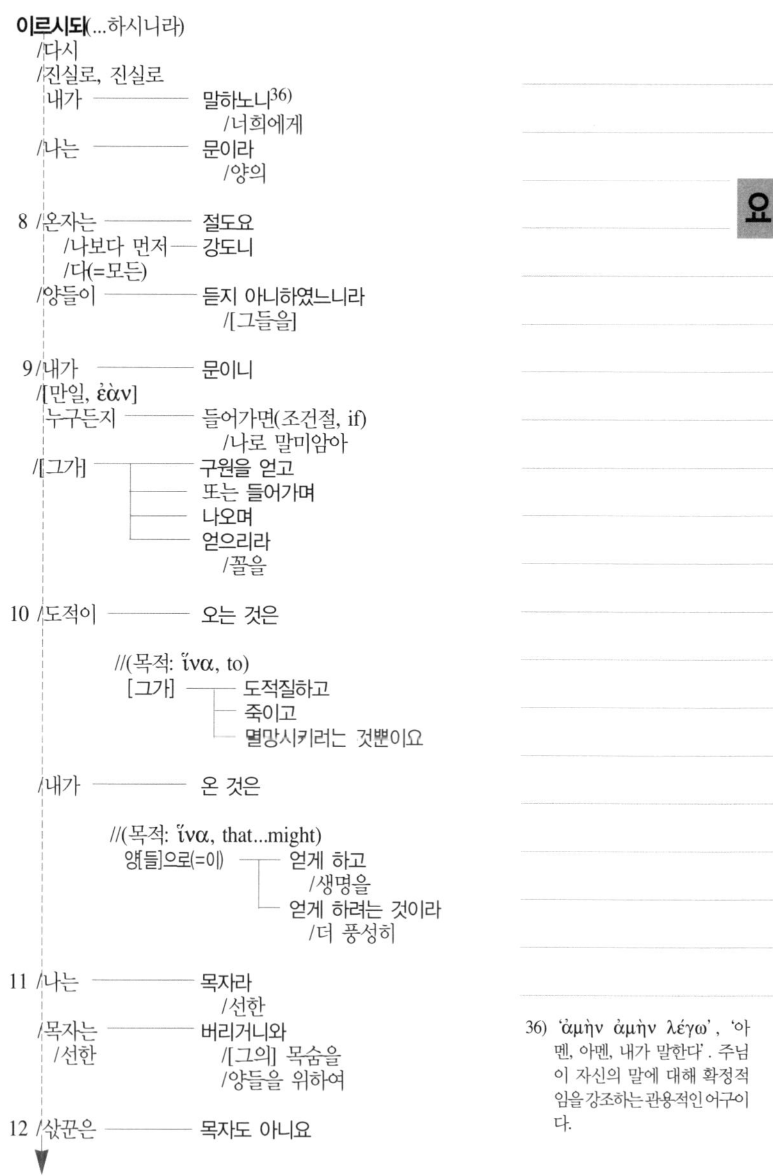

36) 'ἀμὴν ἀμὴν λέγω', '아멘, 아멘, 내가 말한다'. 주님이 자신의 말에 대해 확정적임을 강조하는 관용적인 어구이다.

7 그러므로 예수께서 다시 이르시되 내가 진실로 진실로 너희에게 말하노니 나는 양의 문이라 8 나보다 먼저 온 자는 다 절도요 강도니 양들이 듣지 아니하였느니라 9 내가 문이니 누구든지 나로 말미암아 들어가면 구원을 얻고 또는 들어가며 나오며 꼴을 얻으리라 10 도적이 오는 것은 도적질하고 죽이고 멸망시키려는 것뿐이요 내가 온 것은 양으로 생명을 얻게 하고 더 풍성히 얻게 하려는 것이라 11 나는 선한 목자라 선한 목자는 양들을 위하여 목숨을 버리거니와

"Truly, truly, I say to you, I am the door of the sheep. 8 "All who came before Me are thieves and robbers, but the sheep did not hear them. 9 "I am the door; if anyone enters through Me, he shall be saved, and shall go in and out, and find pasture. 10 "The thief comes only to steal, and kill, and destroy; I came that they might have life, and might have it abundantly. 11 "I am the good shepherd; the good shepherd lays down His life for the sheep. 12 "He who is a hireling, and not a shepherd, who is not the owner of the sheep, beholds the wolf coming, and

요

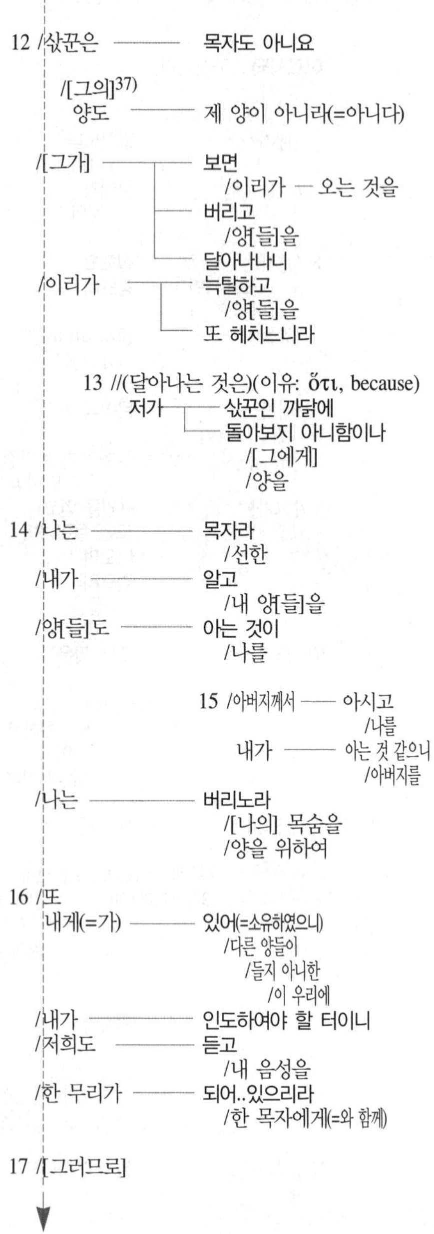

12 삯군은 목자도 아니요 양도 제 양이 아니라 이리가 오
는 것을 보면 양을 버리고 달아나나니 이리가 양을 늑탈하
고 또 헤치느니라 13 달아나는 것은 저가 삯군인 까닭에
양을 돌아보지 아니함이나 14 나는 선한 목자라 내가 내
양을 알고 양도 나를 아는 것이 15 아버지께서 나를 아시
고 내가 아버지를 아는 것같으니 나는 양을 위하여 목숨을
버리노라 16 또 이 우리에 들지 아니한 다른 양들이 내게
있어 내가 인도하여야 할 터이니 저희도 내 음성을 듣고
한 무리가 되어 한 목자에게 있으리라

leaves the sheep, and flees, and the wolf snatches them,
and scatters them. 13 "He flees because he is a hireling,
and is not concerned about the sheep. 14 "I am the good
shepherd; and I know My own, and My own know Me,
15 even as the Father knows Me and I know the Father;
and I lay down My life for the sheep. 16 "And I have
other sheep, which are not of this fold; I must bring them
also, and they shall hear My voice; and they shall become
one flock with one shepherd. 17 "For this reason the
Father loves Me, because I lay down My life that I may

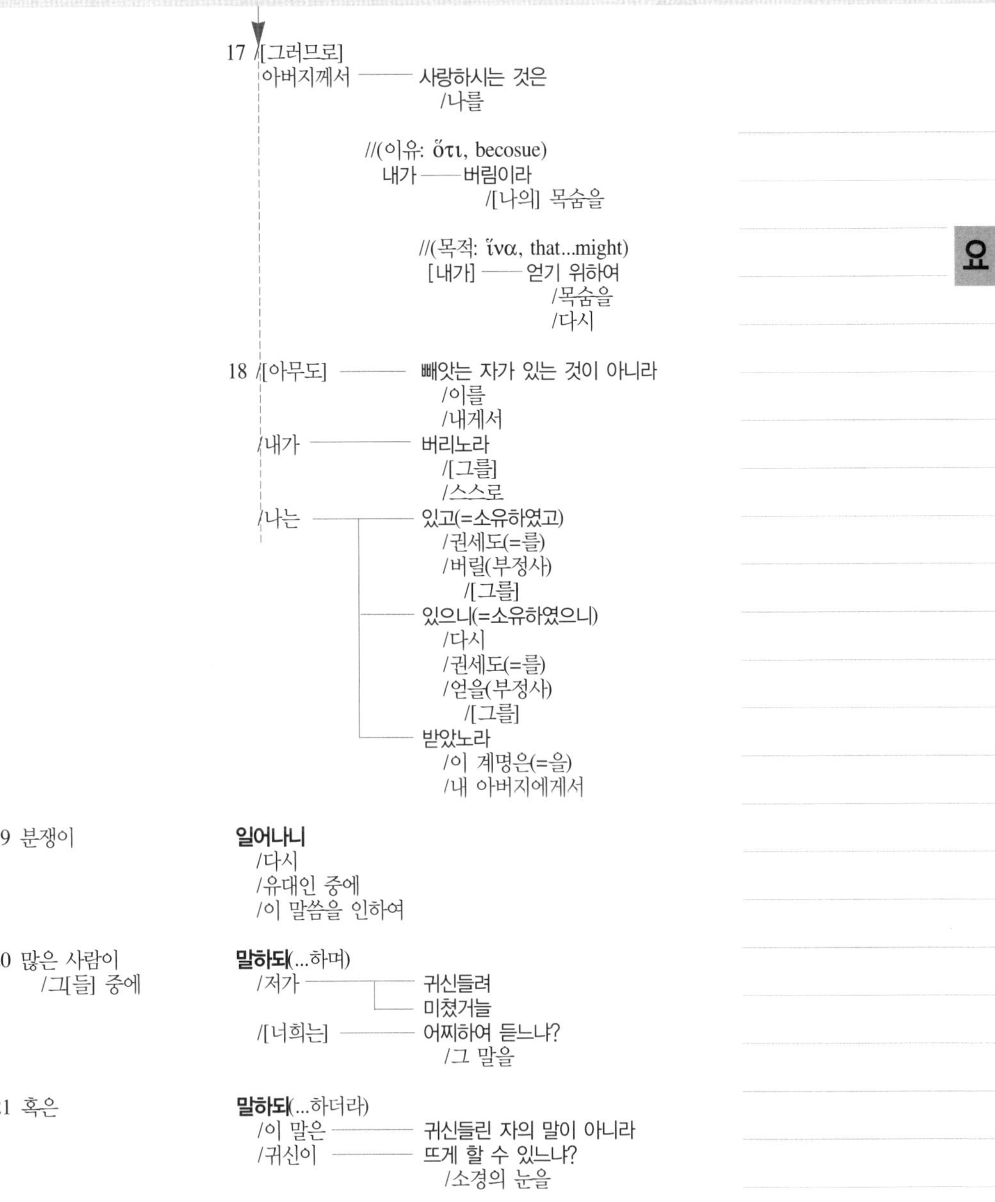

17 아버지께서 나를 사랑하시는 것은 내가 다시 목숨을
얻기 위하여 목숨을 버림이라 18 이를 내게서 빼앗는 자
가 있는 것이 아니라 내가 스스로 버리노라 나는 버릴 권
세도 있고 다시 얻을 권세도 있으니 이 계명은 내 아버지
에게서 받았노라 하시니라 19 이 말씀을 인하여 유대인
중에 다시 분쟁이 일어나니 20 그 중에 많은 사람이 말하
되 저가 귀신 들려 미쳤거늘 어찌하여 그 말을 듣느냐 하
며 21 혹은 말하되 이 말은 귀신들린 자의 말이 아니라
귀신이 소경의 눈을 뜨게 할 수 있느냐 하더라

take it again. 18 "No one has taken it away from Me,
but I lay it down on My own initiative. I have authority
to lay it down, and I have authority to take it up again.
This commandment I received from My Father." 19 There
arose a division again among the Jews because of these words.
20 And many of them were saying, "He has a demon
and is insane. Why do you listen to Him?" 21 Others
were saying, "These are not the sayings of one demon-
possessed. A demon cannot open the eyes of the blind,
can he?" 22 At that time the Feast of the Dedication took

요

22 수전절이 **이르니**
/예루살렘에
때는 **겨울이라**

23 예수께서 **다니시니**
/성전 안[에서]
/솔로몬 행각에서

24 유대인들이 **에워싸고**
/[그를]
가로되(...하니)
/[그에게]
당신이 ——— 언제까지나 의혹케 하려나이까?
/우리 마음을
/[만일, εἰ]
[당신이] ——— 그리스도여든(조건절, if)
말하시오
/[우리에게]
/밝히

25 예수께서 **대답하시되**(...하신대)
/[그들에게]
/내가 ——— 말하였으되
/너희에게
/[너희가] ——— 믿지 아니하는도다
/일들이 ——— 증거하는 것이어늘
/이 /나를
/내가 — 행하는
/이름으로
/내 아버지의

26 /너희가 ——— 믿지 아니하는도다
//(이유: ὅτι, becosue)
[너희가] —— 내 양이 아니므로

27 /양[들]은 ——— 들으며
/내 /내 음성을
/나는 ——— 알며
/저희를
/저희는 ——— 따르느니라
/나를

28 /내가 ——— 주노니
/영생을
/저희에게
/[그들이] ——— 멸망치 아니할 터이요
/영원히
/또

22 예루살렘에 수전절이 이르니 때는 겨울이라 23 예수께서 성전 안 솔로몬 행각에서 다니시니 24 유대인들이 에워싸고 가로되 당신이 언제까지나 우리 마음을 의혹케 하려나이까 그리스도여든 밝히 말하시오 하니 25 예수께서 대답하시되 내가 너희에게 말하였으되 믿지 아니하는도다 내가 내 아버지의 이름으로 행하는 일들이 나를 증거하는 것이어늘 26 너희가 내 양이 아니므로 믿지 아니하는도다 27 내 양은 내 음성을 들으며 나는 저희를 알며 저희는 나를 따르느니라 28 내가 저희에게 영생을 주노니 영원히 멸망치 아니할 터이요 또 저희를 내 손에서 빼앗을

place at Jerusalem; 23 it was winter, and Jesus was walking in the temple in the portico of Solomon. 24 The Jews therefore gathered around Him, and were saying to Him, "How long will You keep us in suspense? If You are the Christ, tell us plainly." 25 Jesus answered them, "I told you, and you do not believe; the works that I do in My Father's name, these bear witness of Me. 26 "But you do not believe, because you are not of My sheep. 27 "My sheep hear My voice, and I know them, and they follow Me; 28 and I give eternal life to them, and they shall never

자가 없느니라 29 저희를 주신 내 아버지는 만유보다 크
시매 아무도 아버지 손에서 빼앗을 수 없느니라 30 나와
아버지는 하나이니라 하신대 31 유대인들이 다시 돌을
들어 치려 하거늘 32 예수께서 대답하시되 내가 아버지
께로 말미암아 여러 가지 선한 일을 너희에게 보였거늘 그
중에 어떤 일로 나를 돌로 치려 하느냐
33 유대인들이 대답하되 선한 일을 인하여 우리가 너를
돌로 치려는 것이 아니라 참람함을 인함이니 네가 사람이
되어 자칭 하나님이라 함이로라 34 예수께서 가라사대
너희 율법에 기록한바 내가 너희를 신이라 하였노라 하지

perish; and no one shall snatch them out of My hand. 29
"My Father, who has given them to Me, is greater than
all; and no one is able to snatch them out of the Father's
hand. 30 "I and the Father are one." 31 The Jews took
up stones again to stone Him. 32 Jesus answered them,
"I showed you many good works from the Father; for
which of them are you stoning Me?" 33 The Jews answered
Him, "For a good work we do not stone You, but for
blasphemy; and because You, being a man, make Yourself
out to be God." 34 Jesus answered them, "Has it not been
written in your Law, I said, you are gods? 35 "If he called
them gods, to whom the word of God came (and the

요

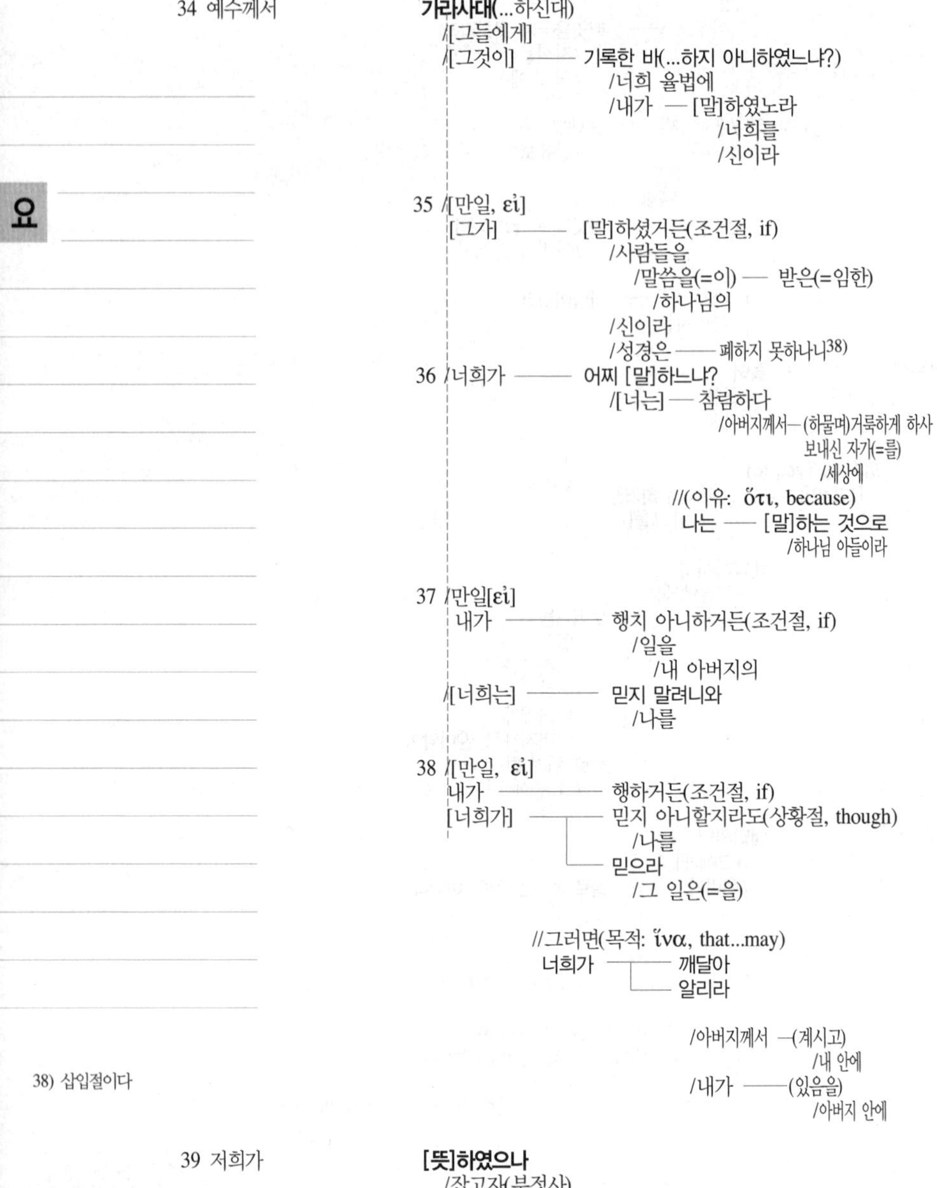

38) 삽입절이다

아니하였느냐 35 성경은 폐하지 못하나니 하나님의 말씀을 받은 사람들을 신이라 하셨거든 36 하물며 아버지께서 거룩하게 하사 세상에 보내신 자가 나는 하나님 아들이라 하는 것으로 너희가 어찌 참람하다 하느냐 37 만일 내가 내 아버지의 일을 행치 아니하거든 나를 믿지 말려니와 38 내가 행하거든 나를 믿지 아니할지라도 그 일은 믿으라 그러면 너희가 아버지께서 내 안에 계시고 내가 아버지 안에 있음을 깨달아 알리라 하신대 39 저희가 다시 예수를 잡고자 하였으나 그 손에서 벗어나 나가시니라

Scripture cannot be broken), 36 do you say of Him, whom the Father sanctified and sent into the world, 'You are blaspheming,' because I said, 'I am the Son of God'? 37 "If I do not do the works of My Father, do not believe Me; 38 but if I do them, though you do not believe Me, believe the works, that you may know and understand that the Father is in Me, and I in the Father." 39 Therefore they were seeking again to seize Him, and He eluded their

[그가] 벗어나 나가시니라
/그[들의] 손에서

40 가사
/다시
/요단 강 저편
/곳에
/요한이 —— 세례 주던
/처음으로
거하시니
/거기

41 많은 사람이 왔다가
/[그에게]
말하되(...하더라)
/요한은 —— 행치 아니하였으나
/아무 표적도(=을)
/것은 다 —— 참이라
/요한이-말한 /이 사람을 가리켜

42 그리하여
많은 사람이 믿으니라
/예수를
/거기서

11

1 어떤 자가 병든...있으니(=병들었다)
/이는(동격) /촌[에]
나사로라 /마리아와
/베다니에 사는 마르다의
/그[녀의] 형제

2 이 마리아는 붓고
/향유를
/주께
씻기던 자요
/주의 발을
/[그녀의] 머리털로

나사로는 병들었더라
/그[녀]의[39] —— 오라비

39) 관계대명사, 선행사는 '마리아'이다. 계속적 용법

요

40 다시 요단강 저편 요한이 처음으로 세례 주던 곳에 가
사 거기 거하시니 41 많은 사람이 왔다가 말하되 요한은
아무 표적도 행치 아니하였으나 요한이 이 사람을 가리켜
말한 것은 참이라 하더라 42 그리하여 거기서 많은 사람
이 예수를 믿으니라

11:1 어떤 병든 자가 있으니 이는 마리아와 그 형제 마
르다의 촌 베다니에 사는 나사로라 2 이 마리아는
향유를 주께 붓고 머리털로 주의 발을 씻기던 자요 병든
나사로는 그의 오라비러라

grasp. 40 ¶ And He went away again beyond the Jordan
to the place where John was first baptizing, and He was staying
there. 41 And many came to Him and were saying, "While
John performed no sign, yet everything John said about
this man was true." 42John 10:42 And many believed in
Him there.

11:1 ¶ Now a certain man was sick, Lazarus of Bethany,
the village of Mary and her sister Martha. 2 And it
was the Mary who anointed the Lord with ointment, and wiped
His feet with her hair, whose brother Lazarus was sick.

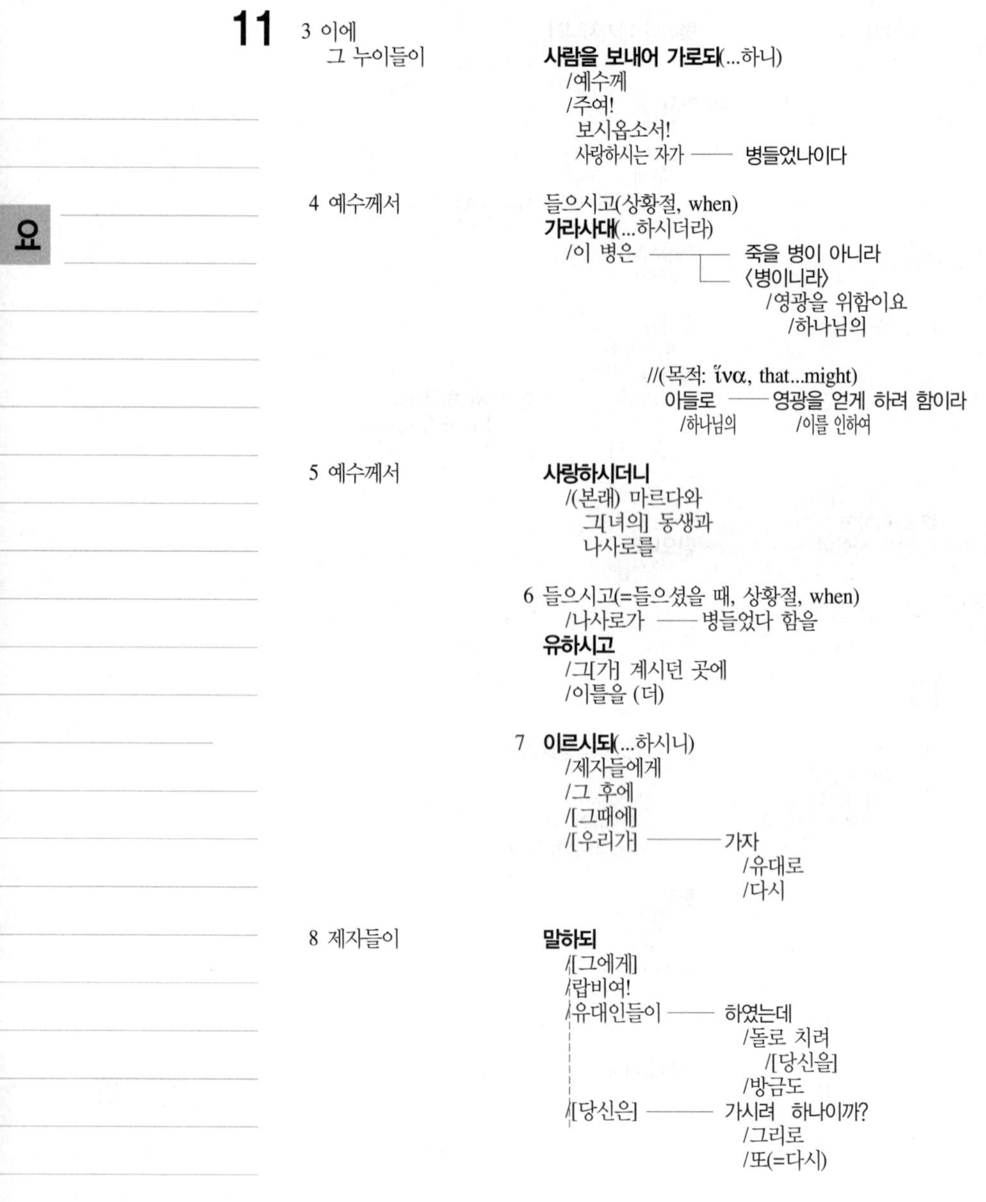

3 이에 그 누이들이 예수께 사람을 보내어 가로되 주여 보시옵소서 사랑하시는 자가 병들었나이다 하니 4 예수께서 들으시고 가라사대 이 병은 죽을 병이 아니라 하나님의 영광을 위함이요 하나님의 아들로 이를 인하여 영광을 얻게 하려 함이라 하시더라 5 예수께서 본래 마르다와 그 동생과 나사로를 사랑하시더니 6 나사로가 병들었다 함을 들으시고 그 계시던 곳에 이틀을 더 유하시고 7 그 후에 제자들에게 이르시되 유대로 다시 가자 하시니 8 제자들이 말하되 랍비여 방금도 유대인들이 돌로 치려 하였는데 또 그리로 가시려 하나이까

3 The sisters therefore sent to Him, saying, "Lord, behold, he whom You love is sick." 4 But when Jesus heard it, He said, "This sickness is not unto death, but for the glory of God, that the Son of God may be glorified by it." 5 Now Jesus loved Martha, and her sister, and Lazarus. 6 When therefore He heard that he was sick, He stayed then two days longer in the place where He was. 7 Then after this He said to the disciples, "Let us go to Judea again." 8 The disciples said to Him, "Rabbi, the Jews were just now seeking to stone You, and are You going there again?"

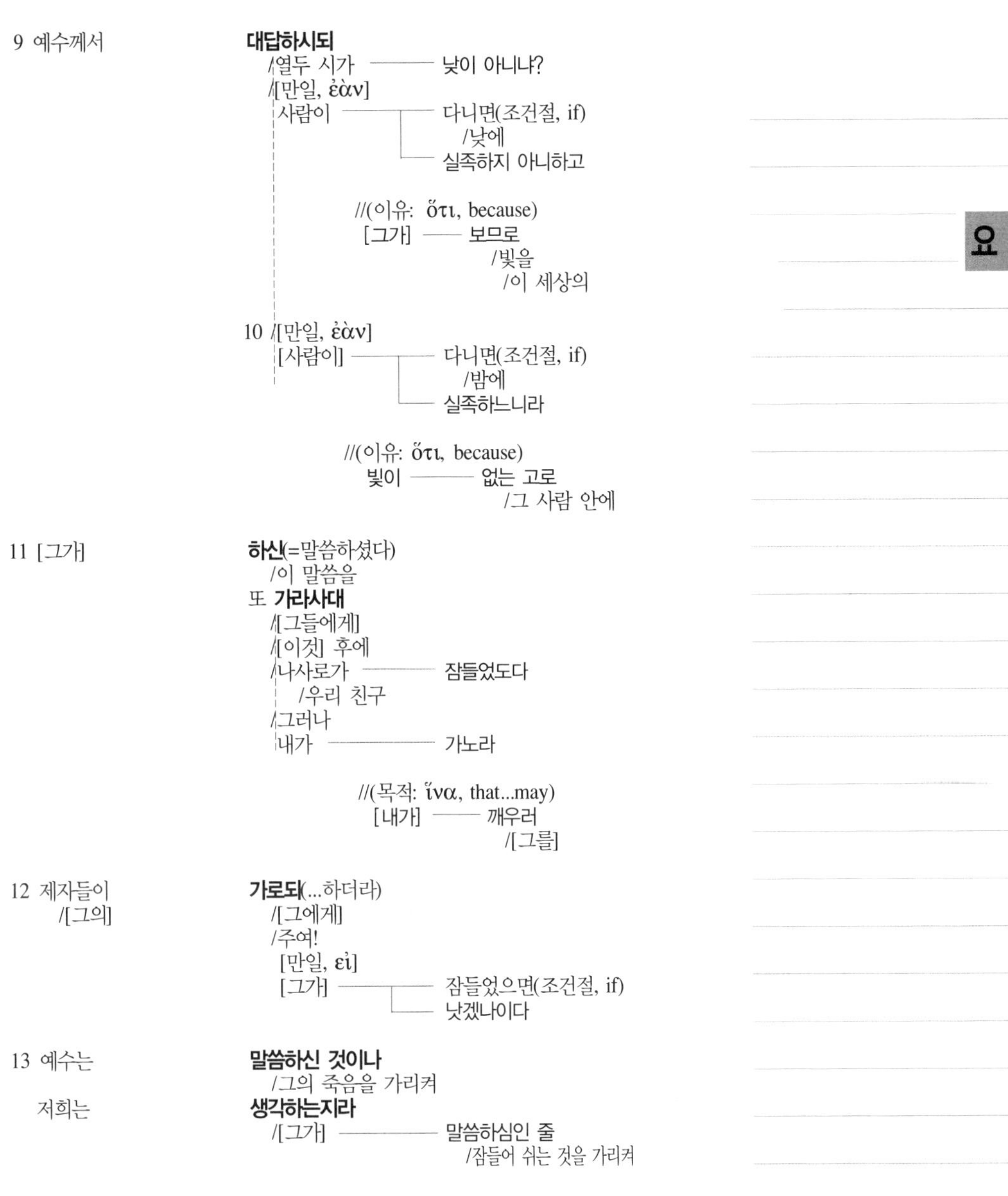

9 예수께서 대답하시되 낮이 열두 시가 아니냐 사람이 낮
에 다니면 이 세상의 빛을 보므로 실족하지 아니하고 10
밤에 다니면 빛이 그 사람 안에 없는 고로 실족하느니라
11 이 말씀을 하신 후에 또 가라사대 우리 친구 나사로가
잠들었도다 그러나 내가 깨우러 가노라 12 제자들이 가
로되 주여 잠들었으면 낫겠나이다 하더라 13 예수는 그
의 죽음을 가리켜 말씀하신 것이나 저희는 잠들어 쉬는 것
을 가리켜 말씀하심인줄 생각하는지라

9 Jesus answered, "Are there not twelve hours in the day?
If anyone walks in the day, he does not stumble, because
he sees the light of this world. 10 "But if anyone walks
in the night, he stumbles, because the light is not in him."
11 This He said, and after that He said to them, "Our
friend Lazarus has fallen asleep; but I go, that I may
awaken him out of sleep." 12 The disciples therefore said
to Him, "Lord, if he has fallen asleep, he will recover."
13 Now Jesus had spoken of his death, but they thought
that He was speaking of literal sleep. 14 Then Jesus

요

14 이에
예수께서 **이르시되**(...하신대)
/[그들에게]
/밝히
/나사로가 ——— 죽었느니라
15 /내가 ——— 기뻐하노니
/너희를 위하여
/[내가] —— 있지 아니한 것을
/거기

//이는(목적: ἵνα, that...may)
너희로 —— 믿게 하려 함이라

/그러나
[우리가] ——— 가자
/그에게로

16 도마가 **말하되**(...하니라)
/하는 /다른 제자들에게
/디두모라 /우리도 ——— 가자

//(목적: ἵνα, that...may)
[우리가] —— 죽으러
/주와 함께

17 예수께서 와서(=왔을 때, 상황절, when)
보시니
/나사로가 ——— 있은 지(=있었더라)
/무덤에
/이미
/나흘이라(=을)

18 베다니는 **예루살렘에서 가깝기가..되매**(=예루살렘에서 가까웠다)
/한 오 리쯤

19 많은 [무리가] **왔더니**
/유대인이(=중의) /마르다와
마리아에게

//(목적: ἵνα, to)
[그들이] —— 위문하러
/[그들을]
/그 오라비의 일로

20 마르다는 말을 듣고 (곧)(상황절, when)
/예수[가] —— 오신다는
나가 맞되
/[그에게]

14 이에 예수께서 밝히 이르시되 나사로가 죽었느니라
15 내가 거기 있지 아니한 것을 너희를 위하여 기뻐하노
니 이는 너희로 믿게 하려 함이라 그러나 그에게로 가자
하신대 16 디두모라 하는 도마가 다른 제자들에게 말하되
우리도 주와 함께 죽으러 가자 하니라 17 예수께서 와서
보시니 나사로가 무덤에 있은 지 이미 나흘이라 18 베다
니는 예루살렘에서 가깝기가 한 오 리쯤 되매 19 많은 유
대인이 마르다와 마리아에게 그 오라비의 일로 위문하러
왔더니 20 마르다는 예수 오신다는 말을 듣고 나가 맞되
마리아는 집에 앉았더라

therefore said to them plainly, "Lazarus is dead, 15 and I
am glad for your sakes that I was not there, so that you
may believe; but let us go to him." 16 Thomas therefore,
who is called Didymus, said to his fellow disciples, "Let
us also go, that we may die with Him." 17 So when Jesus
came, He found that he had already been in the tomb
four days. 18 Now Bethany was near Jerusalem, about
two miles off; 19 and many of the Jews had come to
Martha and Mary, to console them concerning their brother.
20 Martha therefore, when she heard that Jesus was
coming, went to meet Him; but Mary still sat in the house.
21 Martha therefore said to Jesus, "Lord, if You had been

마리아는 **앉았더라**
/집에

21 마르다가 **여짜오되**
/예수께
/[주여!]
[만일, εἰ]
주께서 ─── 계셨더면(조건절, if)
/여기
/오라비가 ─── 죽지 아니하였겠나이다
/내
22 /그러나
나는 ─── 아나이다
/이제라도
/하나님이 ─ 주실 줄을
/[당신에게]
/주께서 무엇이든지 구하시는 것을
/하나님께

23 예수께서 **가라사대**
/[그녀에게]
/네 오라비가 ─── 다시 살리라

24 마르다가 **가로되**
/[그에게]
/내가 ─── 아나이다
/[그가] ─ 다시 살 줄을

25 예수께서 **가라사대**
/[그녀에게]
/나는 ─── 부활이요
생명이니
믿는 자는 ─── 죽어도(=죽을지라도, 상황절, though)
/나를 살겠고
26 살아서 ─── 죽지 아니하리니
믿는 자는 /영원히
/나를
/무릇(=모든)
네가 ─── 믿느냐?
/이것을

27 [그녀가] **가로되**
/[그에게]
/주여!
그러하외다
내가 ─── 믿나이다
/주는 ─ 그리스도시오
아들이신 줄
/하나님의
/오시는
/세상에

요

21 마르다가 예수께 여짜오되 주께서 여기 계셨더면 내
오라비가 죽지 아니하였겠나이다 22 그러나 나는 이제라
도 주께서 무엇이든지 하나님께 구하시는 것을 하나님이
주실 줄을 아나이다 23 예수께서 가라사대 네 오라비가
다시 살리라 24 마르다가 가로되 마지막 날 부활에는 다
시 살 줄을 내가 아나이다 25 예수께서 가라사대 나는 부
활이요 생명이니 나를 믿는 자는 죽어도 살겠고 26 무릇
살아서 나를 믿는 자는 영원히 죽지 아니하리니 이것을 네
가 믿느냐 27 가로되 주여 그러하외다 주는 그리스도시
요 세상에 오시는 하나님의 아들이신 줄 내가 믿나이다

here, my brother would not have died. 22 "Even now I
know that whatever You ask of God, God will give You."
23 Jesus said to her, "Your brother shall rise again." 24 Martha
said to Him, "I know that he will rise again in the
resurrection on the last day." 25 Jesus said to her, "I am
the resurrection and the life; he who believes in Me shall
live even if he dies, 26 and everyone who lives and
believes in Me shall never die. Do you believe this?" 27
She said to Him, "Yes, Lord; I have believed that You
are the Christ, the Son of God, even He who comes into

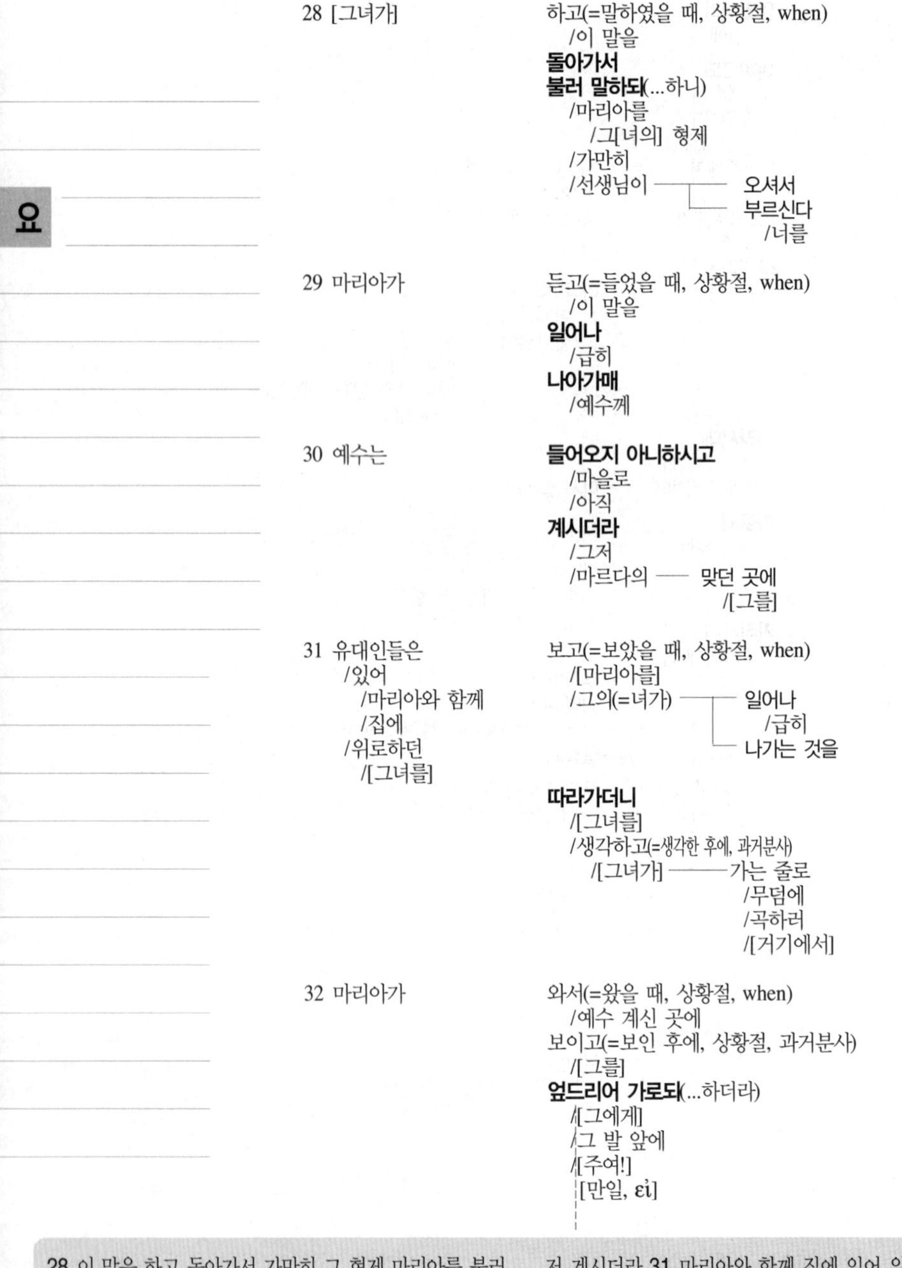

28 이 말을 하고 돌아가서 가만히 그 형제 마리아를 불러 말하되 선생님이 오셔서 너를 부르신다 하니 29 마리아가 이 말을 듣고 급히 일어나 예수께 나아가매 30 예수는 아직 마을로 들어오지 아니하시고 마르다의 맞던 곳에 그저 계시더라 31 마리아와 함께 집에 있어 위로하던 유대인들은 그의 급히 일어나 나가는 것을 보고 곡하러 무덤에 가는 줄로 생각하고 따라가더니 32 마리아가 예수 계신 곳에 와서 보이고 그 발 앞에 엎드리어 가로되 주께서 여

the world." 28 And when she had said this, she went away, and called Mary her sister, saying secretly, "The Teacher is here, and is calling for you." 29 And when she heard it, she arose quickly, and was coming to Him. 30 ¶ Now Jesus had not yet come into the village, but was still in the place where Martha met Him. 31 The Jews then who were with her in the house, and consoling her, when they saw that Mary rose up quickly and went out, followed her, supposing that she was going to the tomb to weep there. 32 Therefore, when Mary came where Jesus was, she saw Him, and fell at His feet, saying to Him, "Lord, if You had been here, my brother would not have died." 33 When

[만일, εἰ]
주께서 ——— 계셨더면(조건절, if)
/여기
오라비가 ——— 죽지 아니하였겠나이다
/내

33 예수께서 보시고(=보셨을 때, 상황절, when)
/그의 ——— 우는 것과
또
유대인들의 ——— 우는 것을
/함께 온
/[그녀에게]
통분히 여기시고
/심령에
민망히 여기사
/[스스로]

34 **가라사대**
/[너희는] ——— 어디 두었느냐?
/그를
[그들이] **가로되**(...하니)
/[그에게]
/주여!
/[당신은] ——— 와서
보옵소서

35 예수께서 **눈물을 흘리시더라**

36 이에
유대인들이 **말하되**(...하며)
/보라
[그가] ——— 어떻게 사랑하였는가?
/그를
37 어떤 이는 **말하되**(...하더라)
/그[들] 중
/이 사람이 ——— 할 수 없었더냐?
/뜨게 한 /그 사람은 — 죽지 않게
/눈을
/소경의

38 이에
예수께서 **가시니**
/무덤에
/통분히 여기시며(현재분사)
/속으로
/다시
무덤이 **굴이라**
돌로 **막았거늘**
/[그위에]

기 계셨더면 내 오라비가 죽지 아니하였겠나이다 하더라
33 예수께서 그의 우는 것과 또 함께 온 유대인들의 우는
것을 보시고 심령에 통분히 여기시고 민망히 여기사 34
가라사대 그를 어디 두었느냐 가로되 주여 와서 보옵소서
하니 35 예수께서 눈물을 흘리시더라 36 이에 유대인들
이 말하되 보라 그를 어떻게 사랑하였는가 하며 37 그 중
어떤 이는 말하되 소경의 눈을 뜨게 한 이 사람이 그 사람
은 죽지 않게 할 수 없었더냐 하더라 38 이에 예수께서
다시 속으로 통분히 여기시며 무덤에 가시니 무덤이 굴이
라 돌로 막았거늘

Jesus therefore saw her weeping, and the Jews who came
with her, also weeping, He was deeply moved in spirit,
and was troubled, 34 and said, “Where have you laid
him?” They said to Him, “Lord, come and see.” 35 Jesus
wept. 36 And so the Jews were saying, “Behold how He loved
him!” 37 But some of them said, “Could not this man,
who opened the eyes of him who was blind, have kept
this man also from dying?” 38 ¶ Jesus therefore again
being deeply moved within, came to the tomb. Now it
was a cave, and a stone was lying against it. 39 Jesus

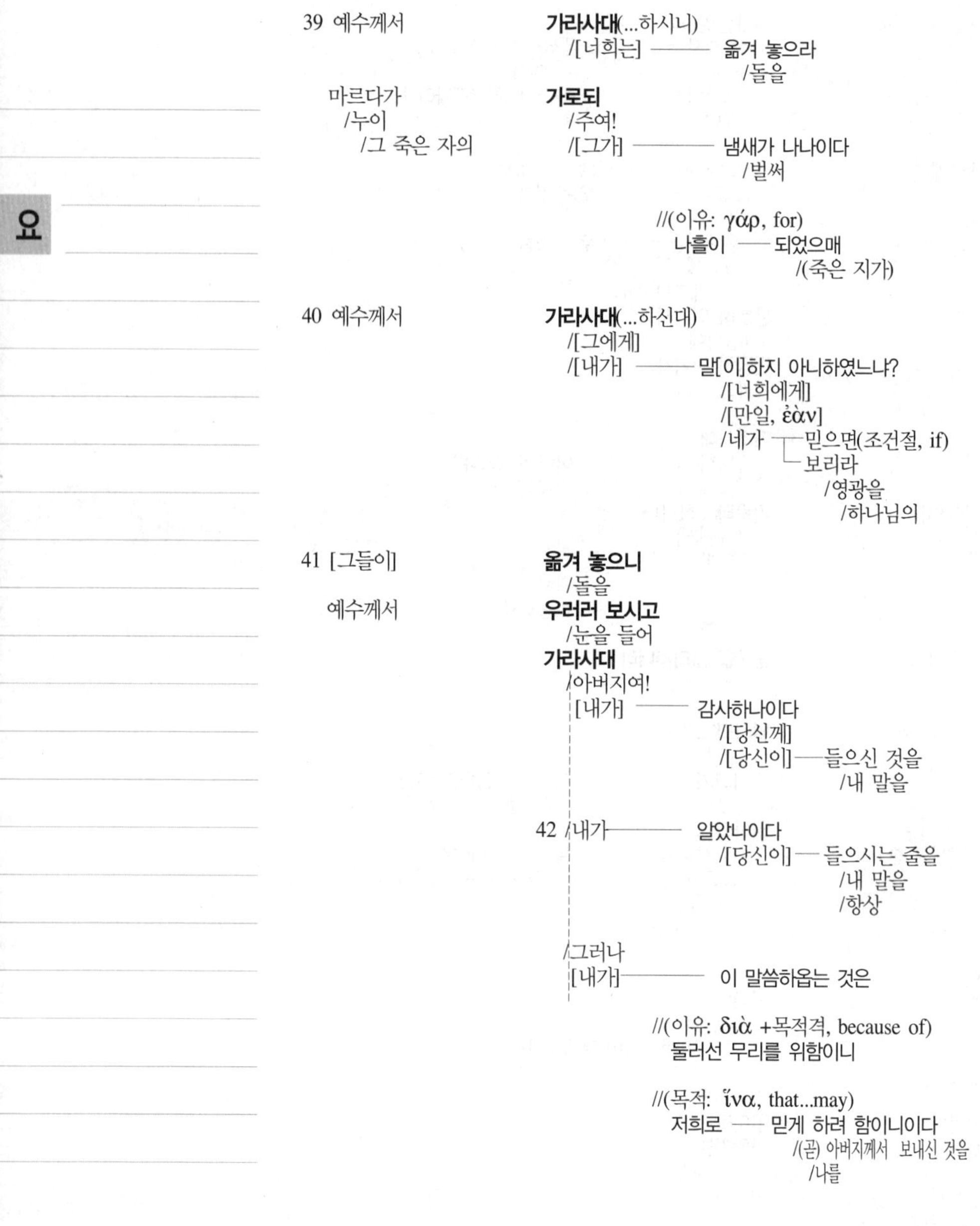

39 예수께서 가라사대 돌을 옮겨 놓으라 하시니 그 죽은
자의 누이 마르다가 가로되 주여 죽은 지가 나흘이 되었으
매 벌써 냄새가 나나이다 40 예수께서 가라사대 내 말이
네가 믿으면 하나님의 영광을 보리라 하지 아니하였느냐
하신대 41 돌을 옮겨 놓으니 예수께서 눈을 들어 우러러
보시고 가라사대 아버지여 내 말을 들으신 것을 감사하나
이다 42 항상 내 말을 들으시는 줄을 내가 알았나이다 그
러나 이 말씀 하옵는 것은 둘러선 무리를 위함이니 곧 아
버지께서 나를 보내신 것을 저희로 믿게 하려 함이니이다

said, "Remove the stone." Martha, the sister of the deceased,
said to Him, "Lord, by this time there will be a stench,
for he has been dead four days." 40 Jesus said to her,
"Did I not say to you, if you believe, you will see the
glory of God?" 41 And so they removed the stone. And
Jesus raised His eyes, and said, "Father, I thank Thee that
Thou heardest Me. 42 "And I knew that Thou hearest
Me always; but because of the people standing around I
said it, that they may believe that Thou didst send Me."
43 And when He had said these things, He cried out with

43 [그가] 하시고(=말하셨을 때, 상황절, when)
/이 말씀을
부르시니
/큰 소리로
/나사로야!
/[너는] —— 나오라
/[밖으로]

44 죽은 자가 **나오는데**
/동인 채로(완료분사)
/수족을
/베로
얼굴은 **싸였더라**
/그[의] /수건에
예수께서 **가라사대**(...하시니라)
/[그들에게]
/[너희는] —— 풀어 놓아
/[그를]
—— 다니게 하라
/[그를]

45 많은 [무리가] **믿었으나**
/유대인이(=들 중에) /저를
/와서
/마리아에게
/본
/예수의 하신 일을

46 어떤 자는 **가서**
/그[들] 중에 /바리새인들에게
고하니라
/[그들에게]
/예수의 하신 일을

47 이에
대제사장들과 **모으고**
바리새인들이 /공회를
가로되(...하니)
/우리가 —— 어떻게 하겠느냐?
//(이유: ὅτι, for)
이 사람이 —— 행하니
/많은 표적을

48 /만일[ἐὰν]
[우리가] —— 두면(조건절, if)
/저를
/이대로
/모든 사람이 —— 믿을 것이요
/저를
/그리고

43 이 말씀을 하시고 큰 소리로 나사로야 나오라 부르시
니 44 죽은 자가 수족을 베로 동인 채로 나오는데 그 얼
굴은 수건에 싸였더라 예수께서 가라사대 풀어 놓아 다니
게 하라 하시니라 45 마리아에게 와서 예수의 하신 일을
본 많은 유대인이 저를 믿었으나 46 그 중에 어떤 자는
바리새인들에게 가서 예수의 하신 일을 고하니라 47 이에
대제사장들과 바리새인들이 공회를 모으고 가로되 이 사람
이 많은 표적을 행하니 우리가 어떻게 하겠느냐 48 만일
저를 이대로 두면 모든 사람이 저를 믿을 것이요 그리고
로마인들이 와서 우리 땅과 민족을 빼앗아 가리라 하니

a loud voice, "Lazarus, come forth." 44 He who had died
came forth, bound hand and foot with wrappings; and his
face was wrapped around with a cloth. Jesus said to them,
"Unbind him, and let him go." 45 ¶ Many therefore of
the Jews, who had come to Mary and beheld what He
had done, believed in Him. 46 But some of them went
away to the Pharisees, and told them the things which
Jesus had done. 47 Therefore the chief priests and the
Pharisees convened a council, and were saying, "What
are we doing? For this man is performing many signs.
48 "If we let Him go on like this, all men will believe
in Him, and the Romans will come and take away both

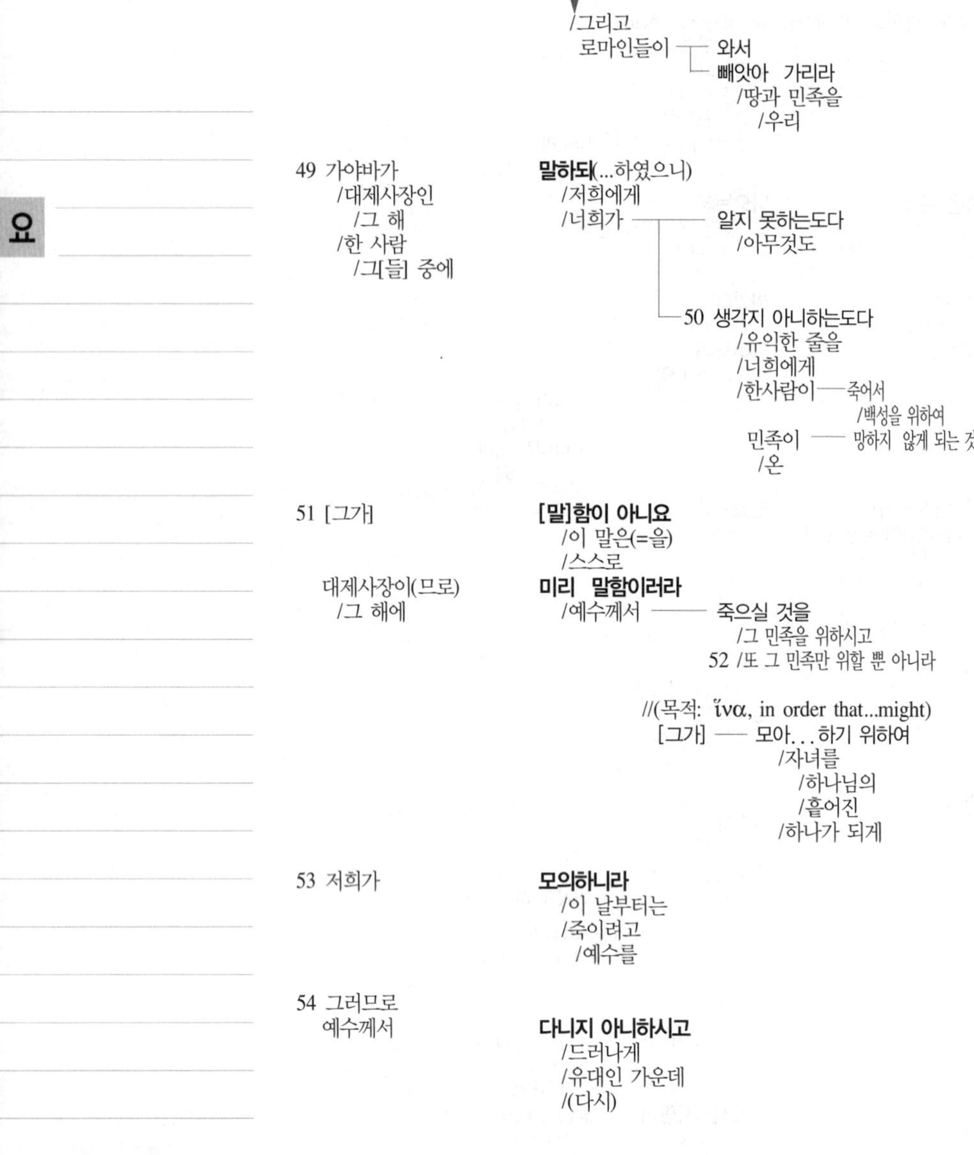

49 그 중에 한 사람 그 해 대제사장인 가야바가 저희에게
말하되 너희가 아무 것도 알지 못하는도다 50 한 사람이
백성을 위하여 죽어서 온 민족이 망하지 않게 되는 것이
너희에게 유익한 줄을 생각지 아니하는도다 하였으니 51
이 말은 스스로 함이 아니요 그 해에 대제사장이므로 예수
께서 그 민족을 위하시고 52 또 그 민족만 위할 뿐 아니
라 흩어진 하나님의 자녀를 모아 하나가 되게 하기 위하여
죽으실 것을 미리 말함이러라 53 이날부터는 저희가 예
수를 죽이려고 모의하니라 54 그러므로 예수께서 다시
유대인 가운데 드러나게 다니지 아니하시고 여기를 떠나
빈 들 가까운 곳인 에브라임이라는 동리에 가서 제자들과
함께 거기 유하시니라

our place and our nation." 49 But a certain one of them,
Caiaphas, who was high priest that year, said to them,
"You know nothing at all, 50 nor do you take into account
that it is expedient for you that one man should die for
the people, and that the whole nation should not perish."
51 Now this he did not say on his own initiative; but
being high priest that year, he prophesied that Jesus was going
to die for the nation, 52 and not for the nation only, but
that He might also gather together into one the children
of God who are scattered abroad. 53 So from that day
on they planned together to kill Him. 54 Jesus therefore
no longer continued to walk publicly among the Jews,
but went away from there to the country near the wilderness,
into a city called Ephraim; and there He stayed with the

떠나 가서
/여기를
/곳인(=지역에) *동격/동급
/빈들 가까운
/동네에
/에브라임이라는
유하시니라
/제자들과 함께
/거기

55 유월절이 **가까우매**
/유대인의
많은 사람이 **올라갔더니**
/예루살렘으로
/시골서
/유월절 전에

//(목적: ἵνα, to)
[그들이] — 성결케 하기 위하여
/자기를

56 저희가 **찾으며**
/예수를
말하되(...하니)
/서로
/서서(완료분사)
/성전에
/너희[는] — 생각에는 어떠하뇨?
/저가 — 오지 아니하겠느냐?
/명절에

57 이는
대제사장들과 — **하였음이러라**
바리새인들이
/명령[을]
/[만일, ἐὰν]
누구든지 — 알거든(조건절, if)
/예수 있는 곳을
고하여

//(목적: ὅπως, that...might)
[그들이] — 잡게 하라
/[그를]

요

55 유대인의 유월절이 가까우매 많은 사람이 자기를 성결
케 하기 위하여 유월절 전에 시골서 예루살렘으로 올라갔
더니 **56** 저희가 예수를 찾으며 성전에 서서 서로 말하되
너희 생각에는 어떠하뇨 저가 명절에 오지 아니하겠느냐
하니 **57** 이는 대제사장들과 바리새인들이 누구든지 예수
있는 곳을 알거든 고하여 잡게 하라 명령하였음이러라

disciples. **55** Now the Passover of the Jews was at hand, and many went up to Jerusalem out of the country before the Passover, to purify themselves. **56** Therefore they were seeking for Jesus, and were saying to one another, as they stood in the temple, "What do you think; that He will not come to the feast at all?" **57** Now the chief priests and the Pharisees had given orders that if anyone knew where He was, he should report it, that they might seize Him.

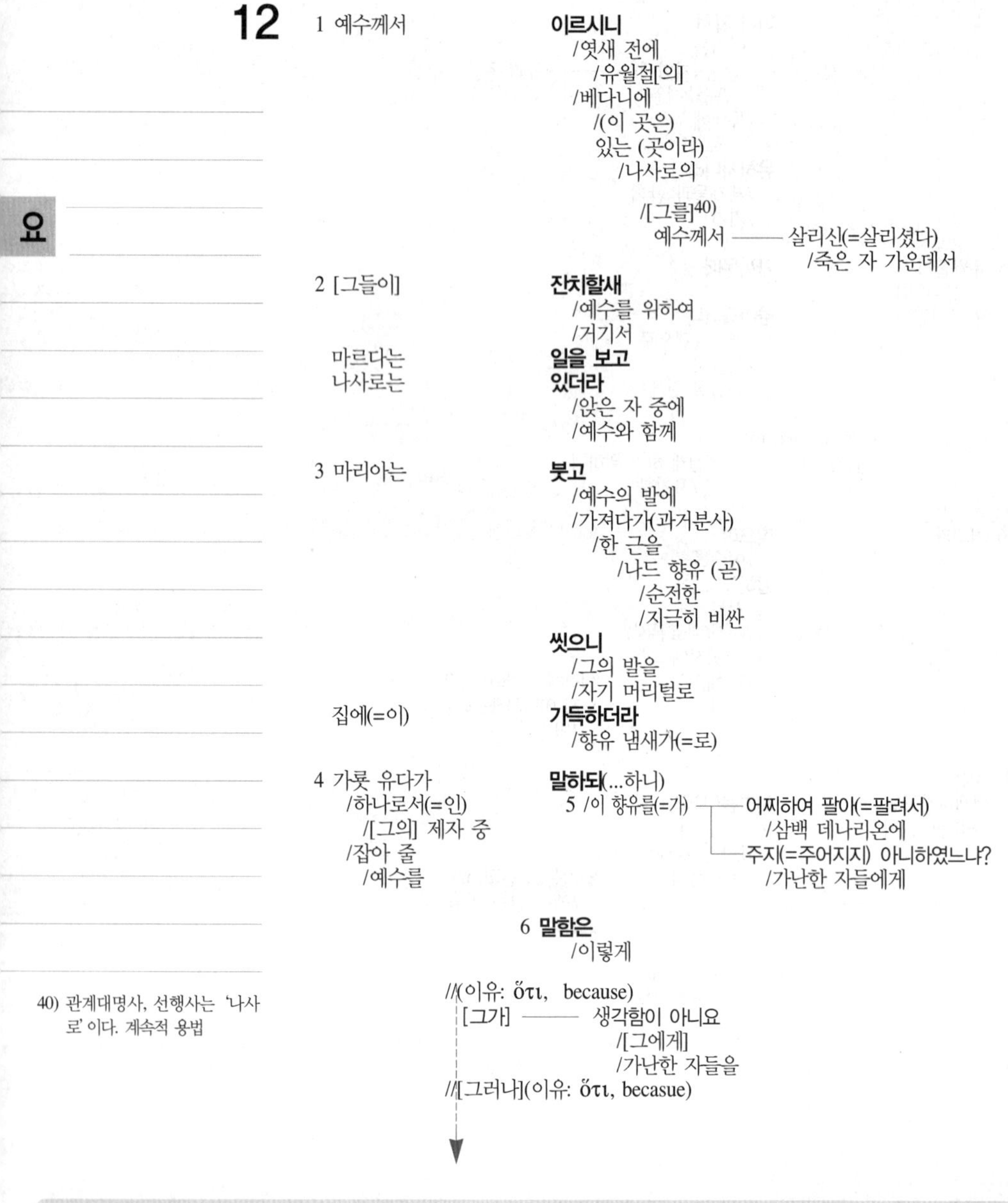

40) 관계대명사, 선행사는 '나사로'이다. 계속적 용법

12:1 유월절 엿새 전에 예수께서 베다니에 이르시니 이곳은 예수께서 죽은 자 가운데서 살리신 나사로의 있는 곳이라 2 거기서 예수를 위하여 잔치할새 마르다는 일을 보고 나사로는 예수와 함께 앉은 자 중에 있더라 3 마리아는 지극히 비싼 향유 곧 순전한 나드 한 근을 가져다가 예수의 발에 붓고 자기 머리털로 그의 발을 씻으니 향유 냄새가 집에 가득 하더라 4 제자 중 하나로서 예수를 잡아 줄 가룟 유다가 말하되 5 이 향유를 어찌하여 삼백 데나리온에 팔아 가난한 자들에게 주지 아니하였느냐 하니 6 이렇게 말함은 가난한 자들을 생각함이 아니요 저는 도적이라 돈 궤를 맡고 거기 넣는 것을 훔쳐감이러라

12:1 ¶ Jesus, therefore, six days before the Passover, came to Bethany where Lazarus was, whom Jesus had raised from the dead. 2 So they made Him a supper there, and Martha was serving; but Lazarus was one of those reclining at the table with Him. 3 Mary therefore took a pound of very costly perfume of pure nard, and anointed the feet of Jesus, and wiped His feet with her hair; and the house was filled with the fragrance of the perfume. 4 But Judas Iscariot, one of His disciples, who was intending to betray Him, said, 5 "Why was this perfume not sold for three hundred denarii, and given to poor people?" 6 Now he said this, not because he was concerned about

//[그러나](이유: ὅτι, becasue)
저는 — 도적이라
└ 훔쳐 감이러라
/거기 넣는 것을
/맡고(=맡으면서, 현재분사)
/돈 궤를

7 예수께서 **가라사대**(...하시니라)
/[너는] — 가만 두어
/저를

//(목적: ἵνα, that...may)
[그녀가] — 두게 하라
/이를
/장사할 날을 위하여
/나의

8 //(이유: γάρ, for)
[너희는] — 있거니와(=소유하고 있으니)
/가난한 자들은(=을)
/항상
/너희와 함께
나는 — 있지 아니하리라
/항상

9 무리가 **알고**
/큰
/유대인의
/예수께서 — 계신 줄을
/여기
오니

//이는(이유: διὰ+목적격, because of)
예수만 위함이 아니요

//(목적: ἵνα, that...might)
[그들이] — 보려 함이러라
/나사로도(=를)
/살리신
/죽은 자 가운데서

10 대제사장들이 **모의하니**
/죽이려고
/나사로까지

11 //(이유: ὅτι, because)
많은 [무리가] — 가서
/유대인이(=들중에) └ 믿음이러라
/예수를

//(이유: διά + 목적격, because)
나사로 까닭에

7 예수께서 가라사대 저를 가만두어 나의 장사할 날을 위
하여 이를 두게 하라 8 가난한 자들은 항상 너희와 함께
있거니와 나는 항상 있지 아니하리라 하시니라 9 유대인
의 큰 무리가 예수께서 여기 계신 줄을 알고 오니 이는 예
수만 위함이 아니요 죽은 자 가운데서 살리신 나사로도 보
려함이러라 10 대제사장들이 나사로까지 죽이려고 모의
하니 11 나사로 까닭에 많은 유대인이 가서 예수를 믿음
이러라

the poor, but because he was a thief, and as he had the money box, he used to pilfer what was put into it. 7 Jesus
therefore said, "Let her alone, in order that she may keep it for the day of My burial. 8 "For the poor you always have with you, but you do not always have Me." 9 The
great multitude therefore of the Jews learned that He was there; and they came, not for Jesus' sake only, but that they might also see Lazarus, whom He raised from the dead. 10 But the chief priests took counsel that they might put Lazarus to death also; 11 because on account of him many of the Jews were going away, and were believing in Jesus.
12 On the next day the great multitude who had come to

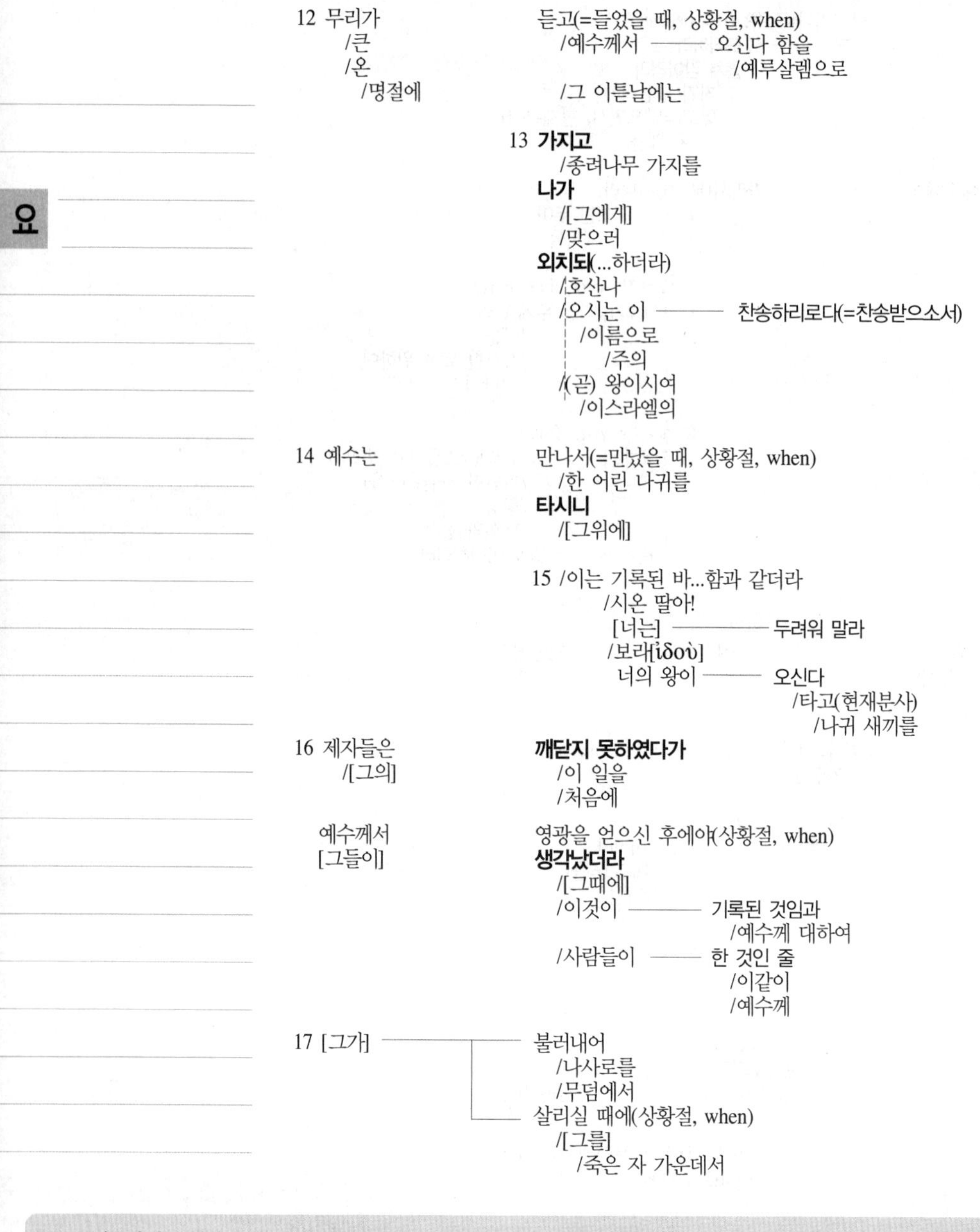

12 그 이튿날에는 명절에 온 큰 무리가 예수께서 예루살
렘으로 오신다 함을 듣고 13 종려나무 가지를 가지고 맞
으러 나가 외치되 호산나 찬송하리로다 주의 이름으로 오
시는 이 곧 이스라엘의 왕이시여 하더라 14 예수는 한 어
린 나귀를 만나서 타시니 15 이는 기록된 바 시온 딸아
두려워 말라 보라 너의 왕이 나귀새끼를 타고 오신다 함과
같더라 16 제자들은 처음에 이 일을 깨닫지 못하였다가
예수께서 영광을 얻으신 후에야 이것이 예수께 대하여 기
록된 것임과 사람들이 예수께 이같이 한 것인 줄 생각났더
라 17 나사로를 무덤에서 불러내어 죽은 자 가운데서 살

the feast, when they heard that Jesus was coming to Jerusalem,
13 took the branches of the palm trees, and went out to
meet Him, and began to cry out, "Hosanna! Blessed is
He who comes in the name of the Lord, even the King
of Israel." 14 And Jesus, finding a young donkey, sat on
it; as it is written, 15 "Fear not, daughter of Zion; behold,
your King is coming, seated on a donkey's colt." 16 These
things His disciples did not understand at the first; but
when Jesus was glorified, then they remembered that these
things were written of Him, and that they had done these
things to Him. 17 And so the multitude who were with
Him when He called Lazarus out of the tomb, and raised

무리가 증거한지라
/있던
/[그와] 함께

18 이에
무리가 **맞음은**
/예수를

//(이유: ὅτι, for)
[그들이] —— 들었음이러라
/[그가] —— 행하심을
/이 표적[을]

19 바리새인들이 **말하되**(...하니라)
/서로
/[너희는] —— 볼지어다
/너희[가] — 쓸데없다(=유익이 없다는 것을)
/하는 일이(=아무런)
/보라[ἴδε]
온 세상이 — 좇는도다
/저를

20 헬라인이 **있는데**
/몇
/올라온 사람 중에
/예배하러
/명절에

21 저희가 **가서**
/빌립에게
/갈릴리 벳새다 사람
청하여 가로되(...하니)
/[그를]
/선생이여!
우리가 ——— 뵈옵고자 하나이다
/예수를

22 빌립이 **가서**
말하고
/안드레에게
안드레와 **가서**
빌립이 **여짜온대**
/예수께

23 예수께서 **대답하여 가라사대**(...하시니)
/[그들에게]
/때가 ——— 왔도다
/인자의 영광을 얻을

24 /진실로, 진실로

리실 때에 함께 있던 무리가 증거한지라 18 이에 무리가
예수를 맞음은 이 표적 행하심을 들었음이러라 19 바리
새인들이 서로 말하되 볼지어다 너희 하는 일이 쓸 데 없
다 보라 온 세상이 저를 좇는도다 하니라 20 명절에 예배
하러 올라온 사람 중에 헬라인 몇이 있는데 21 저희가 갈
릴리 벳새다 사람 빌립에게 가서 청하여 가로되 선생이여
우리가 예수를 뵈옵고자 하나이다 하니 22 빌립이 안드
레에게 가서 말하고 안드레와 빌립이 예수께 가서 여짜온
대 23 예수께서 대답하여 가라사대 인자의 영광을 얻을
때가 왔도다

him from the dead, were bearing Him witness. 18 For
this cause also the multitude went and met Him, because
they heard that He had performed this sign. 19 The
Pharisees therefore said to one another, "You see that you
are not doing any good; look, the world has gone after
Him." 20 ¶ Now there were certain Greeks among those
who were going up to worship at the feast; 21 these
therefore came to Philip, who was from Bethsaida of
Galilee, and began to ask him, saying, "Sir, we wish to
see Jesus." 22 Philip came and told Andrew; Andrew and
Philip came, and they told Jesus. 23 And Jesus answered
them, saying, "The hour has come for the Son of Man to

요

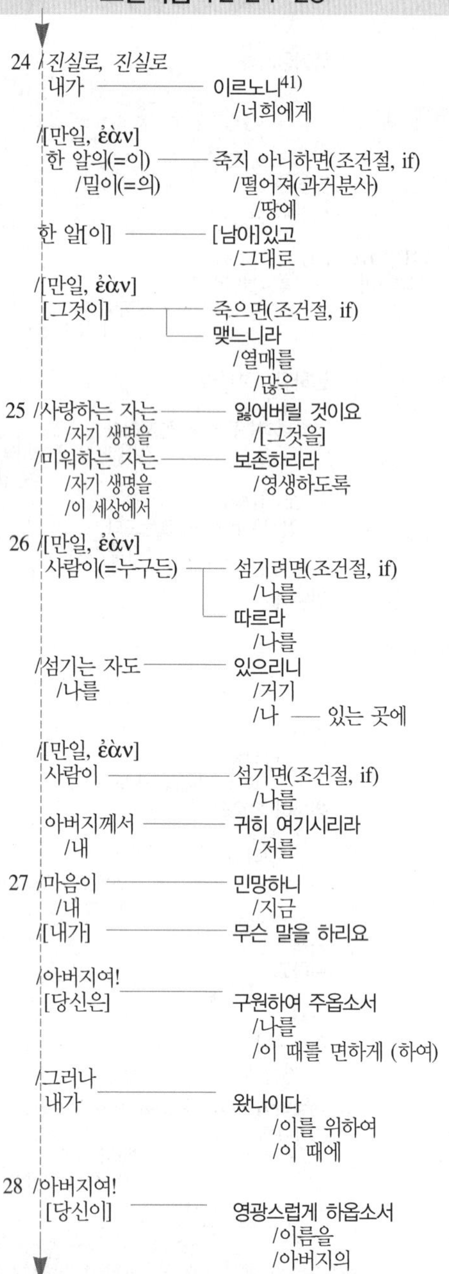

41) 'ἀμὴν ἀμὴν λέγω', '아멘, 아멘, 내가 말한다'. 주님이 자신의 말에 대해 확정적임을 강조하는 관용적인 어구이다.

24 내가 진실로 진실로 너희에게 이르노니 한 알의 밀이
땅에 떨어져 죽지 아니하면 한 알 그대로 있고 죽으면 많
은 열매를 맺느니라 25 자기 생명을 사랑하는 자는 잃어
버릴 것이요 이 세상에서 자기 생명을 미워하는 자는 영생
하도록 보존하리라 26 사람이 나를 섬기려면 나를 따르
라 나 있는 곳에 나를 섬기는 자도 거기 있으리니 사람이
나를 섬기면 내 아버지께서 저를 귀히 여기시리라 27 지
금 내 마음이 민망하니 무슨 말을 하리요 아버지여 나를
구원하여 이 때를 면하게 하여 주옵소서 그러나 내가 이를
위하여 이때에 왔나이다

be glorified. 24 "Truly, truly, I say to you, unless a grain
of wheat falls into the earth and dies, it remains by itself alone;
but if it dies, it bears much fruit. 25 "He who loves his
life loses it; and he who hates his life in this world shall
keep it to life eternal. 26 "If anyone serves Me, let him
follow Me; and where I am, there shall My servant also
be; if anyone serves Me, the Father will honor him. 27 ¶
"Now My soul has become troubled; and what shall I
say, Father, save Me from this hour? But for this purpose
I came to this hour. 28 "Father, glorify Thy name." There

이에
소리가 **나서 가로되**(...하신대)
/하늘에서
/내가 — 영광스럽게 하였고
또 영광스럽게 하리라
/다시

29 무리는 **[말]하며**
/곁에 서서
/들은
/우뢰가 — 울었다고도
또
어떤 이들은 **[말]하니**
/천사가 — 말하였다고도
/저에게

30 예수께서 **대답하여**
가라사대(...하시니)
/이 소리가 — 난 것은
/나를 위한 것이 아니요
/너희를 위한 것이니라
31 /심판이 — 이르렀으니
/이 세상의
/이제
/임금이 — 쫓겨나리라
/이 세상
/[이제]
/[밖으로]
32 /[만일, ἐὰν]
내가 — 들리면(조건절, if)
/땅에서
이끌겠노라
/모든 사람을
/내게로

33 [그가] **말씀하심은**
/이렇게
/보이심이러라(=보이면서, 현재분사)
/자기가 — 죽을 것을
/어떠한 죽음으로

34 이에
무리가 **대답하되**
/[그에게]
/우리는 — 들었거늘
/율법에서
/그리스도가 — 계신다 함을
/영원히
/너는 — 어찌하여 [말]하느냐?
/인자가 — 들려야 하리라
/이 인자는 — 누구냐?

28 아버지여 아버지의 이름을 영광스럽게 하옵소서 하시니 이에 하늘에서 소리가 나서 가로되 내가 이미 영광스럽게 하였고 또 다시 영광스럽게 하리라 하신대 29 곁에 서서 들은 무리는 우뢰가 울었다고도 하며 또 어떤 이들은 천사가 저에게 말하였다고도 하니 30 예수께서 대답하여 가라사대 이 소리가 난 것은 나를 위한 것이 아니요 너희를 위한 것이니라 31 이제 이 세상의 심판이 이르렀으니 이 세상 임금이 쫓겨나리라 32 내가 땅에서 들리면 모든 사람을 내게로 이끌겠노라 하시니 33 이렇게 말씀하심은 자기가 어떠한 죽음으로 죽을 것을 보이심이러라 34 이에 무리가 대답하되 우리는 율법에서 그리스도가 영원히 계신다 함을 들었거늘 너는 어찌하여 인자가 들려야 하리

came therefore a voice out of heaven: "I have both glorified it, and will glorify it again." 29 The multitude therefore, who stood by and heard it, were saying that it had thundered; others were saying, "An angel has spoken to Him." 30 Jesus answered and said, "This voice has not come for My sake, but for your sakes. 31 "Now judgment is upon this world; now the ruler of this world shall be cast out. 32 "And I, if I be lifted up from the earth, will draw all men to Myself." 33 But He was saying this to indicate the kind of death by which He was to die. 34 The multitude therefore answered Him, "We have heard out of the Law that the Christ is to remain forever; and how can You

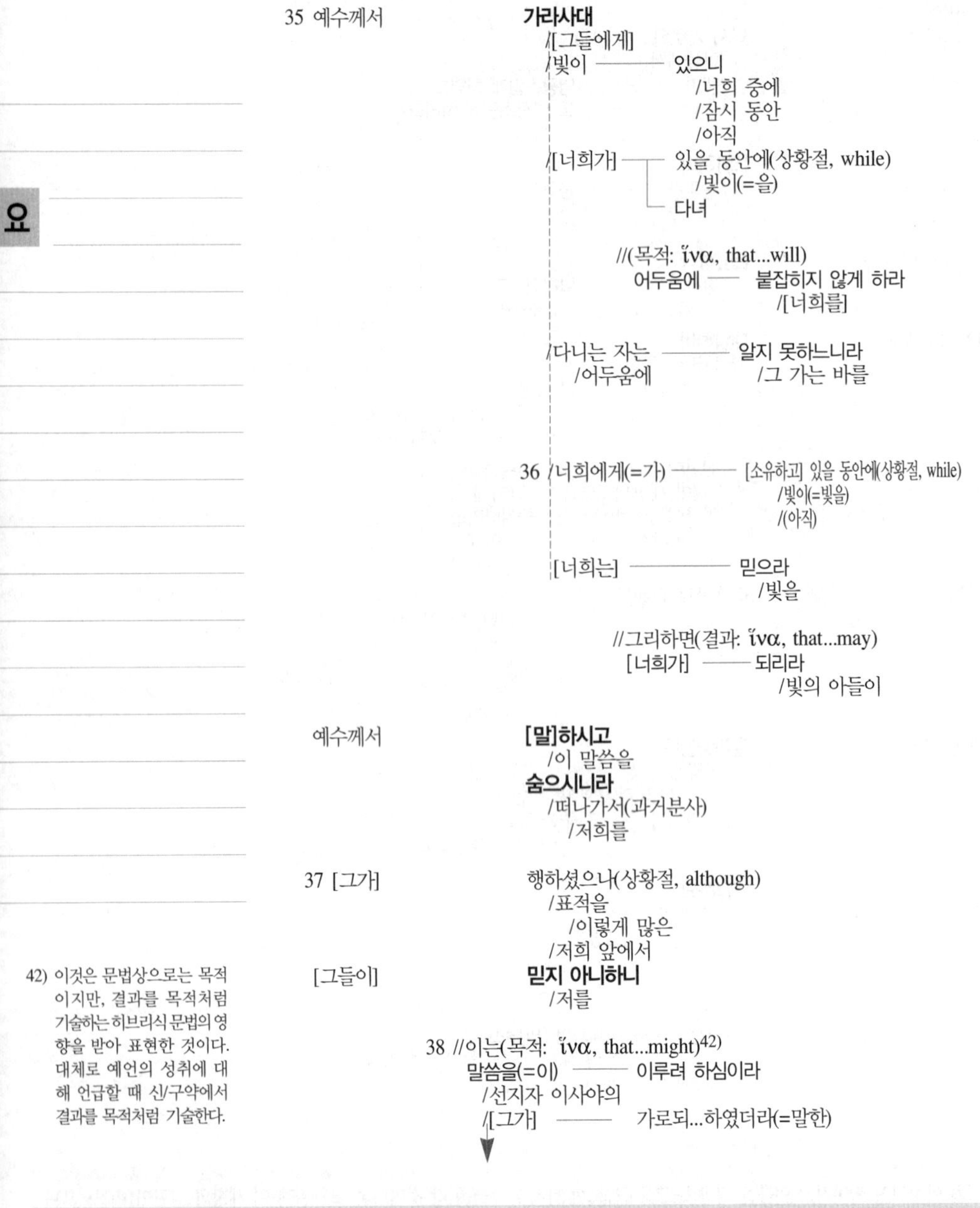

42) 이것은 문법상으로는 목적이지만, 결과를 목적처럼 기술하는 히브리식 문법의 영향을 받아 표현한 것이다. 대체로 예언의 성취에 대해 언급할 때 신/구약에서 결과를 목적처럼 기술한다.

라 하느냐 이 인자는 누구냐 35 예수께서 가라사대 아직
잠시 동안 빛이 너희 중에 있으니 빛이 있을 동안에 다녀
어두움에 붙잡히지 않게 하라 어두움에 다니는 자는 그 가
는 바를 알지 못하느니라 36 너희에게 아직 빛이 있을 동
안에 빛을 믿으라 그리하면 빛의 아들이 되리라 예수께서
이 말씀을 하시고 저희를 떠나가서 숨으시니라 37 이렇
게 많은 표적을 저희 앞에서 행하셨으나 저를 믿지 아니하
니 38 이는 선지자 이사야의 말씀을 이루려 하심이라 가
로되 주여 우리에게 들은 바를 누가 믿었으며 주의 팔이
뉘게 나타났나이까 하였더라 39 저희가 능히 믿지 못한

say, The Son of Man must be lifted up? Who is this Son
of Man?" 35 Jesus therefore said to them, "For a little
while longer the light is among you. Walk while you have
the light, that darkness may not overtake you; he who
walks in the darkness does not know where he goes. 36 "While
you have the light, believe in the light, in order that you
may become sons of light." These things Jesus spoke, and
He departed and hid Himself from them. 37 But though
He had performed so many signs before them, yet they
were not believing in Him; 38 that the word of Isaiah

/[그가] —— 가로되...하였더라(=말한)
/주여!
누가 —— 믿었으며
/들은 바를
/우리에게
팔이 —— 뉘게 나타났나이까?
/주의

39 이 까닭이니(Therefore)
저희가 **능히 믿지 못한 것은**

//곧(이유: ὅτι, because)
이사야가 — 일렀으되(...하였음이더라)
/다시

40 /[그가] —— 멀게 하시고
/저희 눈을
완고하게 하셨으니
/저희 마음을

//이는(목적: ἵνα, that...would)[43]
저희로 (하여금) —— 보고
/눈으로
깨닫고
/마음으로
돌이켜

내게(=로) —— 고침을 받지 못하게 하려 함이니라
/[저희를]

41 이사야가 **말한 것은**
/이렇게

//(이유: ὅτι, because)
[그가] —— 보고
/주의 영광을
말한 것이라
/주를 가리켜

42 그러나
자가 많되(=무리가) **믿는(=믿더라)**
/저를
/관원 중에도
드러나게 말하지 못하니

//(이유: διὰ +목적격, because of)
바리새인들을 인하여

//이는(목적: ἵνα, that...would)

43) 역시 결과를 목적처럼 기술하는 히브리어의 관용적인 용법이다.

것은 이 까닭이니 곧 이사야가 다시 일렀으되 **40** 저희 눈
을 멀게 하시고 저희 마음을 완고하게 하셨으니 이는 저희
로 하여금 눈으로 보고 마음으로 깨닫고 돌이켜 내게 고침
을 받지 못하게 하려함이니라 하였음이더라 **41** 이사야가
이렇게 말한 것은 주의 영광을 보고 주를 가리켜 말한 것
이라 **42** 그러나 관원 중에도 저를 믿는 자가 많되 바리새
인들을 인하여 드러나게 말하지 못하니 이는 출회를 당할
까 두려워함이라

the prophet might be fulfilled, which he spoke, "Lord,
who has believed our report? And to whom has the arm
of the Lord been revealed?"
39 For this cause they could
not believe, for Isaiah said again,
40 "He has blinded
their eyes, and He hardened their heart; lest they see with
their eyes, and perceive with their heart, and be converted,
and I heal them."
41 These things Isaiah said, because
he saw His glory, and he spoke of Him.
42 Nevertheless many
even of the rulers believed in Him, but because of the Pharisees
they were not confessing Him, lest they should be put

요

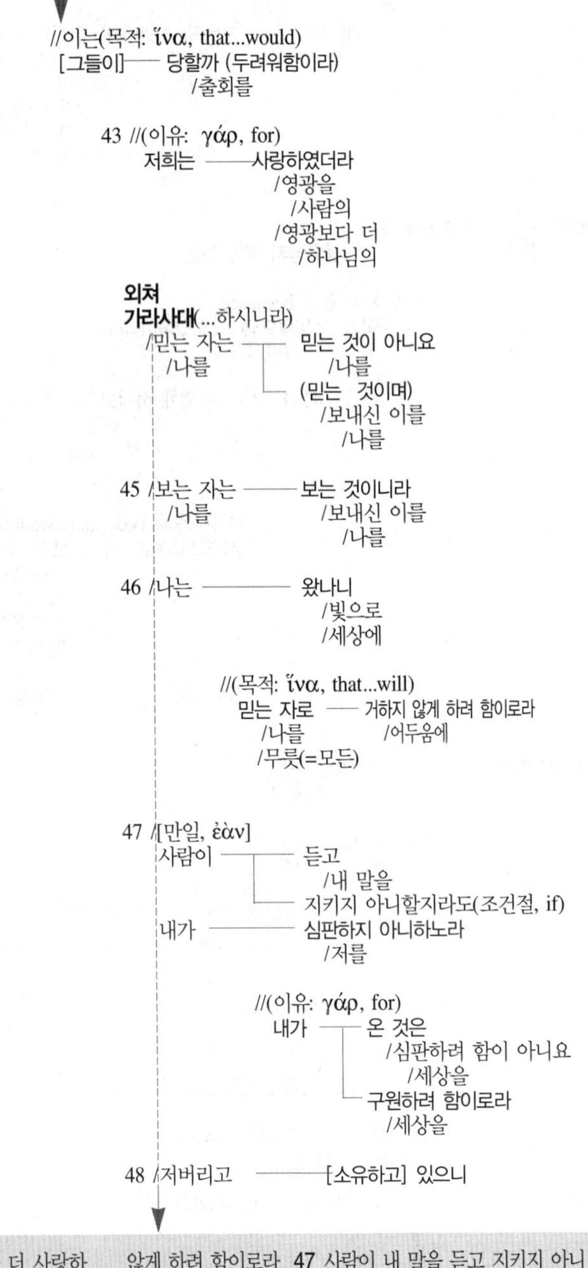

43 저희는 사람의 영광을 하나님의 영광보다 더 사랑하
였더라 44 예수께서 외쳐 가라사대 나를 믿는 자는 나를
믿는 것이 아니요 나를 보내신 이를 믿는 것이며 45 나를
보는 자는 나를 보내신 이를 보는 것이니라 46 나는 빛으
로 세상에 왔나니 무릇 나를 믿는 자로 어두움에 거하지
않게 하려 함이로라 47 사람이 내 말을 듣고 지키지 아니
할지라도 내가 저를 심판하지 아니하노라 내가 온 것은 세
상을 심판하려 함이 아니요 세상을 구원하려 함이로라 48
나를 저버리고 내 말을 받지 아니하는 자를 심판할 이가
있으니 곧 나의 한 그 말이 마지막 날에 저를 심판하리라

out of the synagogue; 43 for they loved the approval of
men rather than the approval of God. 44 ¶ And Jesus
cried out and said, "He who believes in Me does not
believe in Me, but in Him who sent Me. 45 "And he
who beholds Me beholds the One who sent Me. 46 "I
have come as light into the world, that everyone who
believes in Me may not remain in darkness. 47 "And if anyone
hears My sayings, and does not keep them, I do not judge
him; for I did not come to judge the world, but to save
the world. 48 "He who rejects Me, and does not receive
My sayings, has one who judges him; the word I spoke
is what will judge him at the last day. 49 "For I did not

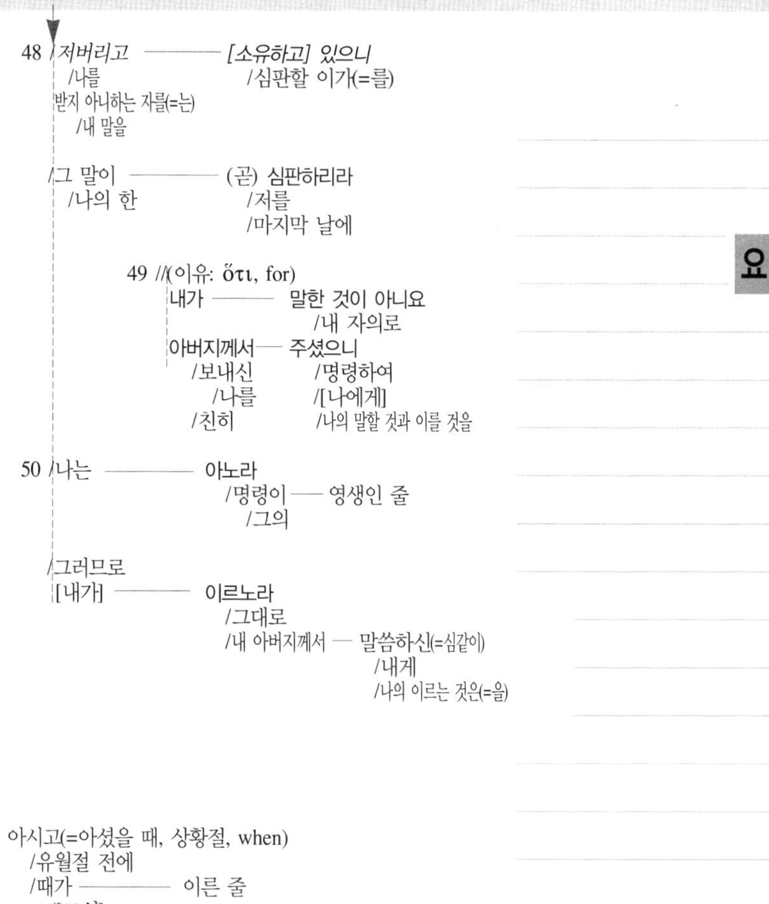

13

1 예수께서

아시고(=아셨을 때, 상황절, when)
/유월절 전에
/때가 —— 이른 줄
/[그의]

//(결과: ἵνα, that...would)
자기가 — 돌아가실(것을)
/[이] 세상을 떠나
/아버지께로

사랑하시니라
/[그들을]
/끝까지
/사랑하시되(과거분사)
/자기 사람들을
/세상에 있는

49 내가 내 자의로 말한 것이 아니요 나를 보내신 아버지
께서 나의 말할 것과 이를 것을 친히 명령하여 주셨으니
50 나는 그의 명령이 영생인줄 아노라 그러므로 나의 이
르는 것은 내 아버지께서 내게 말씀하신 그대로 이르노라
하시니라

13:1 유월절 전에 예수께서 자기가 세상을 떠나 아버
지께로 돌아가실 때가 이른 줄 아시고 세상에 있는
자기 사람들을 사랑하시되 끝까지 사랑하시니라

speak on My own initiative, but the Father Himself who
sent Me has given Me commandment, what to say, and
what to speak. 50 "And I know that His commandment
is eternal life; therefore the things I speak, I speak just as
the Father has told Me."

13:1 ¶ Now before the Feast of the Passover, Jesus knowing
that His hour had come that He should depart out
of this world to the Father, having loved His own who
were in the world, He loved them to the end. 2 And
during supper, the devil having already put into the heart

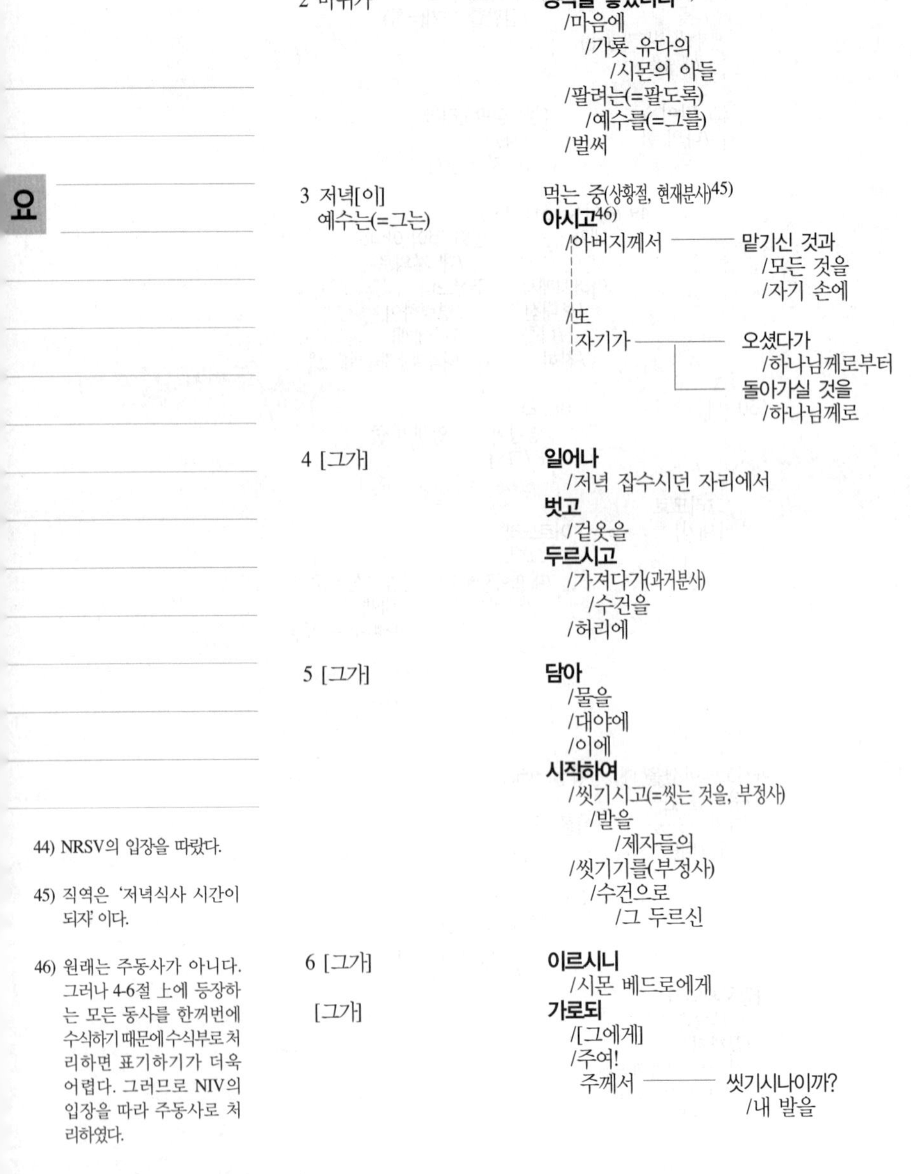

2 마귀가 **생각을 넣었더니**[44)]
/마음에
/가룟 유다의
/시몬의 아들
/팔려는(=팔도록)
/예수를(=그를)
/벌써

3 저녁[이] 먹는 중(상황절, 현재분사)[45)]
예수는(=그는) **아시고**[46)]
/아버지께서 ——— 맡기신 것과
/모든 것을
/자기 손에
/또
자기가 ——— 오셨다가
/하나님께로부터
돌아가실 것을
/하나님께로

4 [그가] **일어나**
/저녁 잡수시던 자리에서
벗고
/겉옷을
두르시고
/가져다가(과거분사)
/수건을
/허리에

5 [그가] **담아**
/물을
/대야에
/이에
시작하여
/씻기시고(=씻는 것을, 부정사)
/발을
/제자들의
/씻기기를(부정사)
/수건으로
/그 두르신

6 [그가] **이르시니**
/시몬 베드로에게
[그가] **가로되**
/[그에게]
/주여!
주께서 ——— 씻기시나이까?
/내 발을

44) NRSV의 입장을 따랐다.

45) 직역은 '저녁식사 시간이 되자' 이다.

46) 원래는 주동사가 아니다. 그러나 4-6절 上에 등장하는 모든 동사를 한꺼번에 수식하기 때문에 수식부로 처리하면 표기하기가 더욱 어렵다. 그러므로 NIV의 입장을 따라 주동사로 처리하였다.

2 마귀가 벌써 시몬의 아들 가룟 유다의 마음에 예수를 팔려는 생각을 넣었더니 3 저녁 먹는 중 예수는 아버지께서 모든 것을 자기 손에 맡기신 것과 또 자기가 하나님께로부터 오셨다가 하나님께로 돌아가실 것을 아시고 4 저녁 잡수시던 자리에서 일어나 겉옷을 벗고 수건을 가져다가 허리에 두르시고 5 이에 대야에 물을 담아 제자들의 발을 씻기시고 그 두르신 수건으로 씻기기를 시작하여 6 시몬 베드로에게 이르시니 가로되 주여 주께서 내 발을 씻기시나이까

of Judas Iscariot, the son of Simon, to betray Him, 3 Jesus, knowing that the Father had given all things into His hands, and that He had come forth from God, and was going back to God, 4 rose from supper, and laid aside His garments; and taking a towel, He girded Himself about. 5 Then He poured water into the basin, and began to wash the disciples' feet, and to wipe them with the towel with which He was girded. 6 And so He came to Simon Peter. He said to Him, "Lord, do You wash my feet?" 7 Jesus answered and said to him, "What I do you

7 예수께서 **대답하여**
가라사대
/[그에게]
/네가 ── 알지 못하나
/나의 하는 것을
/이제는
└ 알리라
/이후에는

8 베드로가 **가로되**
/[그에게]
/[주는] ── 씻기지 못하시리이다
/내 발을
/절대로

예수께서 **대답하시되**
/[그에게]
/[만일, ἐὰν]
내가 ── 씻기지 아니하면(조건절, if)
/너를
네가 ── 상관이 없느니라
/나와

9 시몬 베드로가 **가로되**
/[그에게]
/주여!
<당신은> ── (씻겨 주옵소서)
/내 발뿐 아니라
/손과 머리도

10 예수께서 **가라사대**(...하시니)
/[그에게]
/목욕한 자는 ── 필요가 없느니라
/(이미) /씻을
/발밖에
/온 몸이 ── 깨끗하니라
/너희가 ── 깨끗하나
└ 다는 아니니라

11 //이는(이유: γάρ, for)
[그가] ── (누구인지) 아심이라
/팔 자가(=를)
/자기를

그러므로
[그가] **[말]하시니라**
/[너는] ── 다는 깨끗지 아니하다

7 예수께서 대답하여 가라사대 나의 하는 것을 네가 이제
는 알지 못하나 이후에는 알리라 8 베드로가 가로되 내 발
을 절대로 씻기지 못하시리이다 예수께서 대답하시되 내가
너를 씻기지 아니하면 네가 나와 상관이 없느니라 9 시몬
베드로가 가로되 주여 내 발뿐 아니라 손과 머리도 씻겨
주옵소서 10 예수께서 가라사대 이미 목욕한 자는 발밖
에 씻을 필요가 없느니라 온 몸이 깨끗하니라 너희가 깨끗
하나 다는 아니니라 하시니 11 이는 자기를 팔 자가 누구
인지 아심이라 그러므로 다는 깨끗지 아니하다 하시니라

do not realize now, but you shall understand hereafter." 8
Peter said to Him, "Never shall You wash my feet!" Jesus
answered him, "If I do not wash you, you have no part
with Me." 9 Simon Peter said to Him, "Lord, not my feet
only, but also my hands and my head." 10 Jesus said to
him, "He who has bathed needs only to wash his feet,
but is completely clean; and you are clean, but not all of
you." 11 For He knew the one who was betraying Him;
for this reason He said, "Not all of you are clean." 12
And so when He had washed their feet, and taken His garments,

요

12 [그가] 씻기신 후에(상황절, after)
/저희 발을
입으시고
/[그의] 옷을
앉아
/다시
이르시되
/저희에게
너희가 — 아느냐?
/내가 — 행한 것을
/너희에게

13 /너희가 — 하니(=부르니)
/나를
/선생이라
/또는 주라
/너희 말이 — 옳도다

//(이유: γάρ, for)
내가 — 그러하다

14 /[만일, εἰ]
/내가 — 씻겼으니(=씻긴다면, 조건절, if)
/너희 발을
/주와 또는 선생이 되어
너희도 — 옳으니라
/씻기는 것이(부정사)
/발을
/서로

15 //(이유: γάρ, for)
[내가] — 보였노라
/본을

//(목적: ἵνα, that...sould)
너희도 — 행하게 하려 하여
/내가—행한 것같이
/너희에게

16 /진실로, 진실로
내가 — 이르노니[47)]
/너희에게

/종이 — 크지 못하고
/[그의] 상전보다
/보냄을 받은 자가 — 크지 못하니
/보낸 자보다
/[그를]

17 /[만일, εἰ]

12 저희 발을 씻기신 후에 옷을 입으시고 다시 앉아 저희
에게 이르시되 내가 너희에게 행한 것을 너희가 아느냐
13 너희가 나를 선생이라 또는 주라 하니 너희 말이 옳도
다 내가 그러하다 14 내가 주와 또는 선생이 되어 너희 발
을 씻겼으니 너희도 서로 발을 씻기는 것이 옳으니라 15
내가 너희에게 행한 것같이 너희도 행하게 하려 하여 본을
보였노라 16 내가 진실로 진실로 너희에게 이르노니 종
이 상전보다 크지 못하고 보냄을 받은 자가 보낸 자보다

and reclined at the table again, He said to them, "Do you
know what I have done to you? 13 "You call Me Teacher
and Lord; and you are right, for so I am. 14 "If I then,
the Lord and the Teacher, washed your feet, you also
ought to wash one another's feet. 15 "For I gave you an
example that you also should do as I did to you. 16
"Truly, truly, I say to you, a slave is not greater than his
master; neither is one who is sent greater than the one

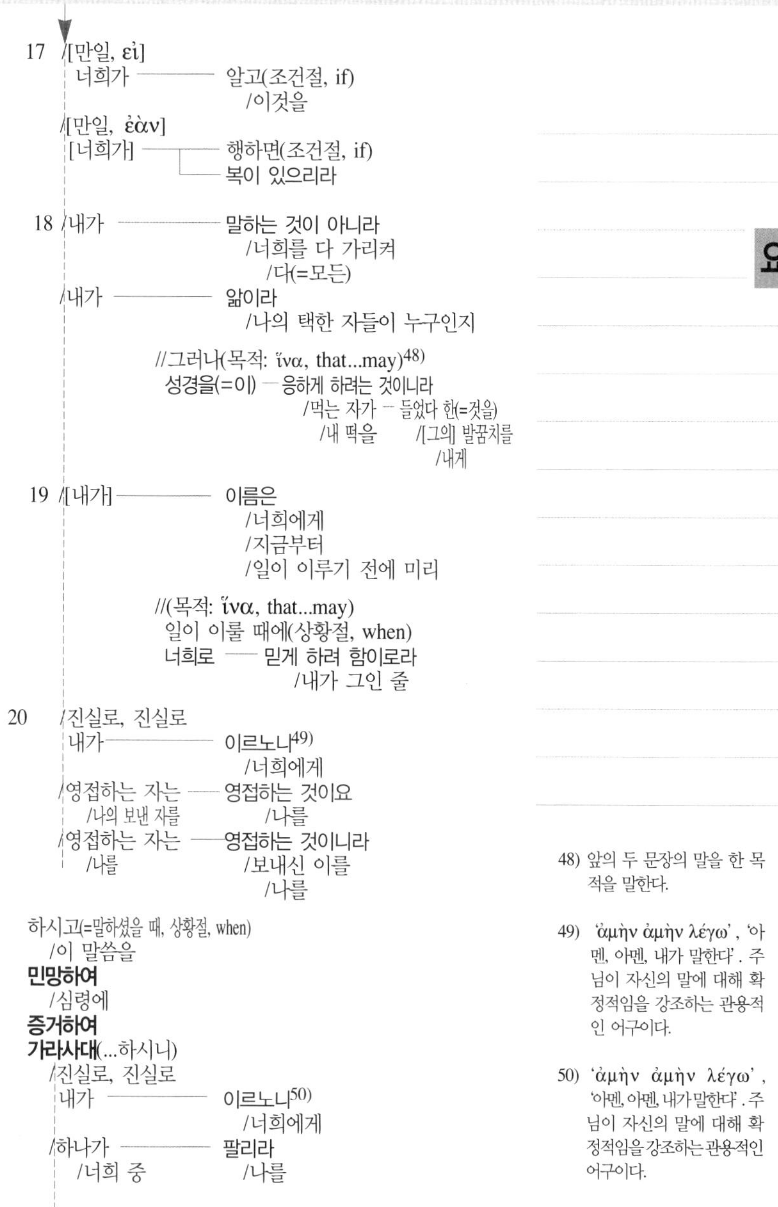

21 예수께서 하시고(=말하셨을 때, 상황절, when)
/이 말씀을
민망하여
/심령에
증거하여
가라사대(...하시니)
/진실로, 진실로
내가 — 이르노니50)
/너희에게
/하나가 — 팔리라
/너희 중 /나를

48) 앞의 두 문장의 말을 한 목적을 말한다.

49) 'ἀμὴν ἀμὴν λέγω', '아멘, 아멘, 내가 말한다'. 주님이 자신의 말에 대해 확정적임을 강조하는 관용적인 어구이다.

50) 'ἀμὴν ἀμὴν λέγω', '아멘, 아멘, 내가 말한다'. 주님이 자신의 말에 대해 확정적임을 강조하는 관용적인 어구이다.

크지 못하니 17 너희가 이것을 알고 행하면 복이 있으리
라 18 내가 너희를 다 가리켜 말하는 것이 아니라 내가
나의 택한 자들이 누구인지 앎이라 그러나 내 떡을 먹는
자가 내게 발꿈치를 들었다 한 성경을 응하게 하려는 것이
니라 19 지금부터 일이 이루기 전에 미리 너희에게 이름
은 일이 이룰 때에 내가 그인 줄 너희로 믿게 하려 함이로
라 20 내가 진실로 진실로 너희에게 이르노니 나의 보낸
자를 영접하는 자는 나를 영접하는 것이요 나를 영접하는
자는 나를 보내신 이를 영접하는 것이니라 21 예수께서
이 말씀을 하시고 심령에 민망하여 증거하여 가라사대 내

who sent him. 17 "If you know these things, you are
blessed if you do them. 18 "I do not speak of all of you.
I know the ones I have chosen; but it is that the Scripture
may be fulfilled, 'He who eats My bread has lifted up
his heel against Me.' 19 "From now on I am telling you before
it comes to pass, so that when it does occur, you may
believe that I am He. 20 "Truly, truly, I say to you, he
who receives whomever I send receives Me; and he who
receives Me receives Him who sent Me." 21 ¶ When
Jesus had said this, He became troubled in spirit, and
testified, and said, "Truly, truly, I say to you, that one of
you will betray Me." 22 The disciples began looking at

요

22 제자들이 **보며**
/서로
/의심하더라(=의심하면서, 현재분사)
/말씀하시는지
/뉘게 대하여

23 하나[가] **의지하여 누웠는지라**
/제자 중 /품에
/예수의(=그의) /예수의

/곧(=그를)
그의(=예수께서) — 사랑하시는자가(=사랑하셨더라)

24 시몬 베드로가 **머릿짓을 하여**
/[그에게]
/말하되(...한대)(=말할 것을, 부정사)
/(말하라)
/말씀하신 자가 누구인지

25 그가 **말하되**
/[그에게]
/의지하여(과거분사)
/그대로
/예수의 가슴에
/주여!
누구오니이까?

26 예수께서 **대답하시되**(...하시고)
/자가 ——— 그니라
/내가 ┬ 찍어다가
/한 조각을
└ 주는
/[그에게]

(곧)
[그가] 찍으셔다가(=찍었을 때, 상황절, when)
/한 조각을
[취하여]
주시니
/유다를
/가룟 시몬의 아들

27 사단이 **들어간지라**
/조각을 받은 후
/곧
/그 속에

가 진실로 진실로 너희에게 이르노니 너희 중 하나가 나를
팔리라 하시니 22 제자들이 서로 보며 뉘게 대하여 말씀
하시는지 의심하더라 23 예수의 제자 중 하나 곧 그의 사
랑하시는 자가 예수의 품에 의지하여 누웠는지라 24 시
몬 베드로가 머릿짓을 하여 말하되 말씀하신 자가 누구인
지 말하라 한대 25 그가 예수의 가슴에 그대로 의지하여
말하되 주여 누구오니이까 26 예수께서 대답하시되 내가
한 조각을 찍어다가 주는 자가 그니라 하시고 곧 한 조각
을 찍으셔다가 가룟 시몬의 아들 유다를 주시니 27 조각
을 받은 후 곧 사단이 그 속에 들어간지라 이에 예수께서

one another, at a loss to know of which one He was speaking. 23 There was reclining on Jesus' breast one of His disciples, whom Jesus loved. 24 Simon Peter therefore gestured to him, and said to him, "Tell us who it is of whom He is speaking." 25 He, leaning back thus on Jesus' breast, said to Him, "Lord, who is it?" 26 Jesus therefore answered, "That is the one for whom I shall dip the morsel and give it to him." So when He had dipped the morsel, He took and gave it to Judas, the son of Simon Iscariot. 27 And after the morsel, Satan then entered into him.

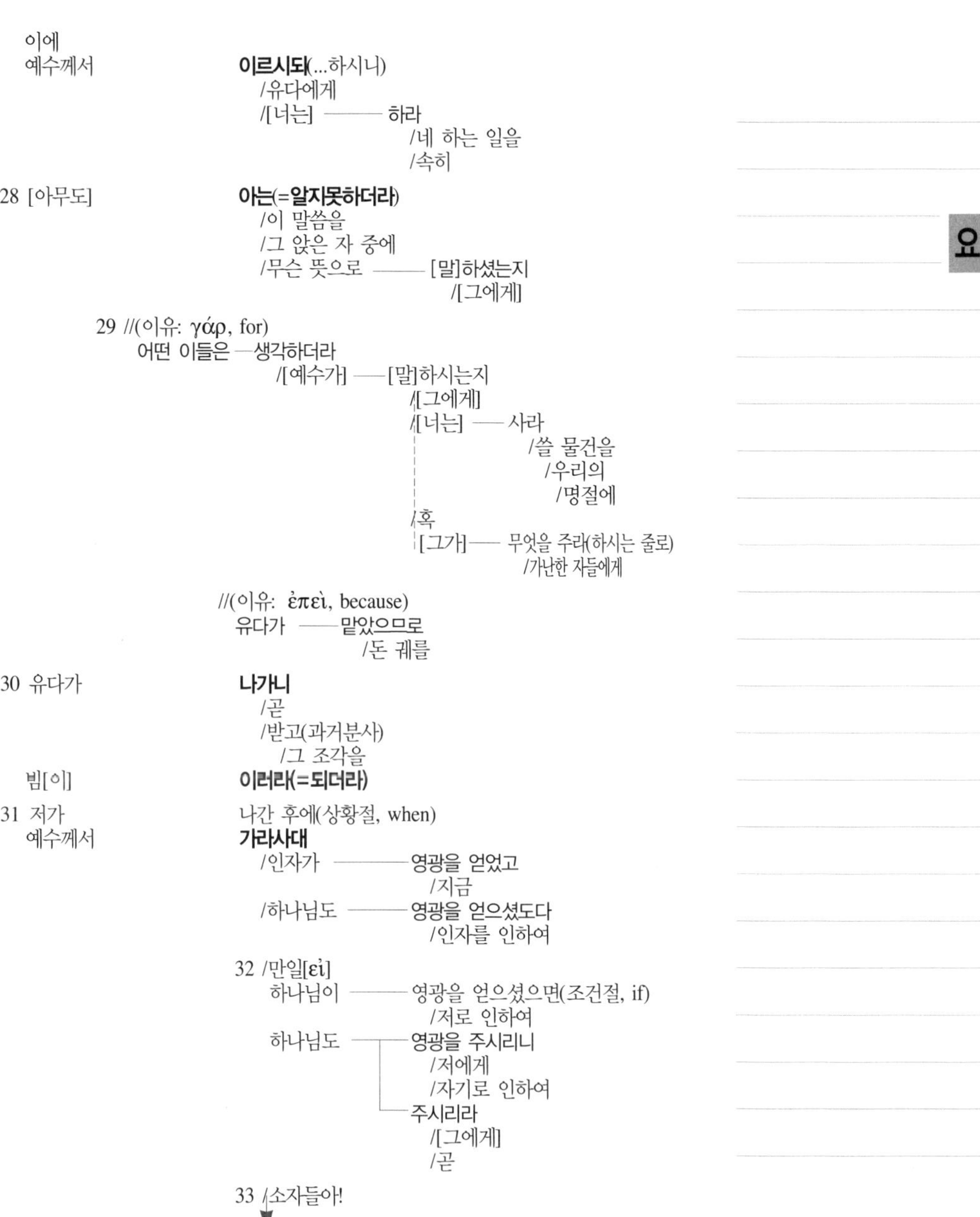

요

유다에게 이르시되 네 하는 일을 속히 하라 하시니 28 이
말씀을 무슨 뜻으로 하셨는지 그 앉은 자 중에 아는 이가
없고 29 어떤 이들은 유다가 돈 궤를 맡았으므로 명절에
우리의 쓸 물건을 사라 하시는지 혹 가난한 자들에게 무엇
을 주라 하시는 줄로 생각하더라 30 유다가 그 조각을 받
고 곧 나가니 밤이러라 31 저가 나간 후에 예수께서 가라
사대 지금 인자가 영광을 얻었고 하나님도 인자를 인하여
영광을 얻으셨도다 32 만일 하나님이 저로 인하여 영광
을 얻으셨으면 하나님도 자기로 인하여 저에게 영광을 주
시리니 곧 주시리라

Jesus therefore said to him, "What you do, do quickly."
28 Now no one of those reclining at the table knew for
what purpose He had said this to him. 29 For some were
supposing, because Judas had the money box, that Jesus
was saying to him, "Buy the things we have need of for
the feast"; or else, that he should give something to the
poor. 30 And so after receiving the morsel he went out
immediately; and it was night. 31 When therefore he
had gone out, Jesus said, "Now is the Son of Man glorified,
and God is glorified in Him; 32 if God is glorified in

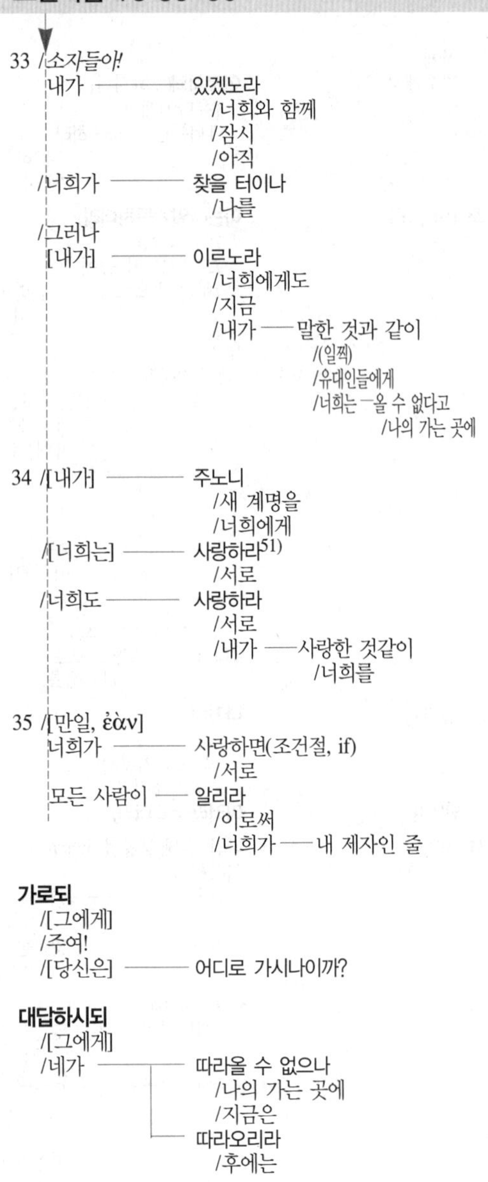

33 소자들아 내가 아직 잠시 너희와 함께 있겠노라 너희가 나를 찾을 터이나 그러나 일찍 내가 유대인들에게 너희는 나의 가는 곳에 올 수 없다고 말한 것과 같이 지금 너희에게도 이르노라 34 새 계명을 너희에게 주노니 서로 사랑하라 내가 너희를 사랑한 것같이 너희도 서로 사랑하라 35 너희가 서로 사랑하면 이로써 모든 사람이 너희가 내 제자인줄 알리라 36 시몬 베드로가 가로되 주여 어디로 가시나이까 예수께서 대답하시되 나의 가는 곳에 네가 지금은 따라 올 수 없으나 후에는 따라 오리라

Him, God will also glorify Him in Himself, and will glorify Him immediately. 33 "Little children, I am with you a little while longer. You shall seek Me; and as I said to the Jews, I now say to you also, 'Where I am going, you cannot come.' 34 "A new commandment I give to you, that you love one another, even as I have loved you, that you also love one another. 35 "By this all men will know that you are My disciples, if you have love for one another." 36 ¶ Simon Peter said to Him, "Lord, where are You going?" Jesus answered, "Where I go, you cannot follow Me now; but you shall follow later." 37 Peter said to Him, "Lord, why can I not follow You

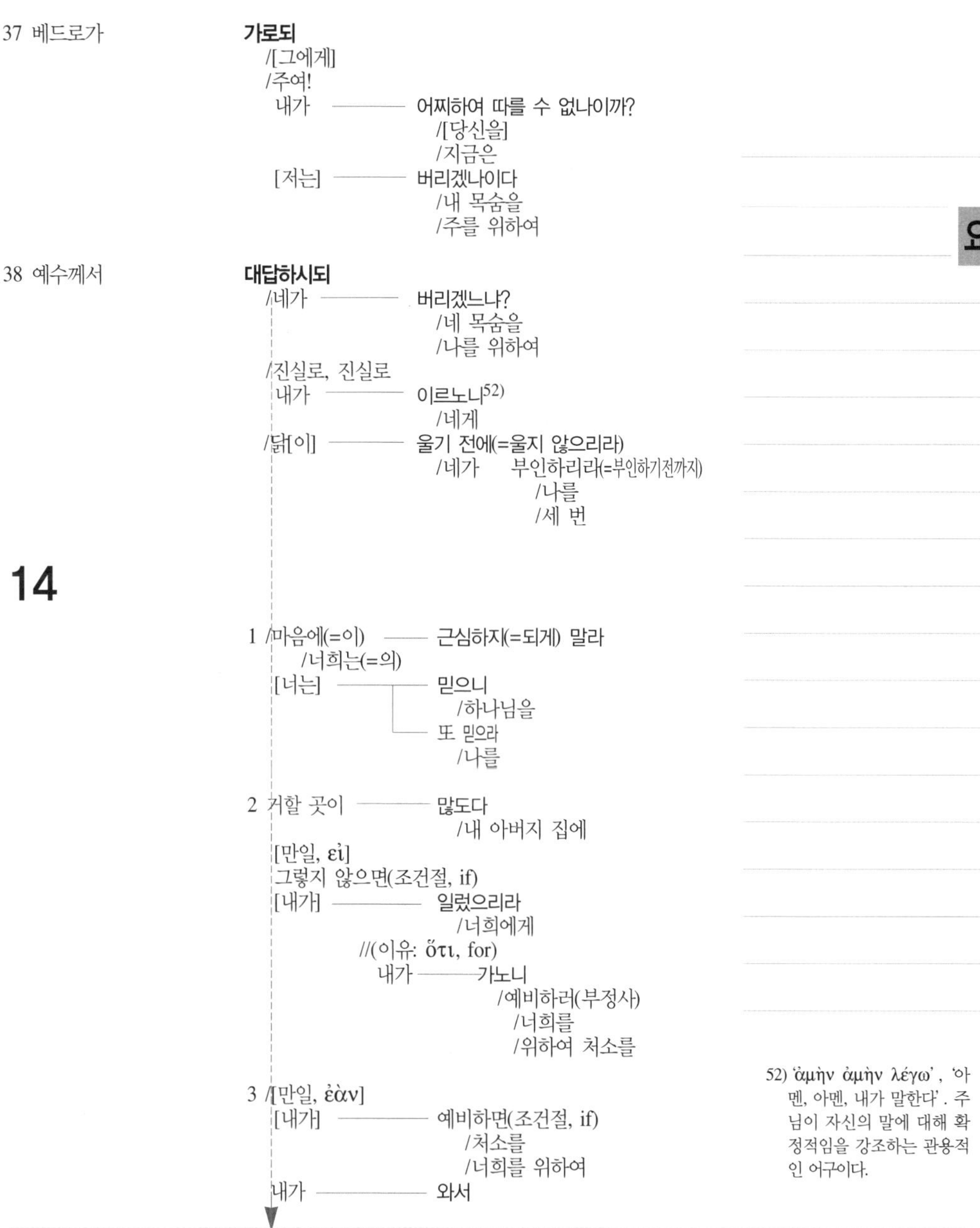

52) 'ἀμὴν ἀμὴν λέγω', '아멘, 아멘, 내가 말한다'. 주님이 자신의 말에 대해 확정적임을 강조하는 관용적인 어구이다.

37 베드로가 가로되 주여 내가 지금은 어찌하여 따를 수
없나이까 주를 위하여 내 목숨을 버리겠나이다 38 예수
께서 대답하시되 네가 나를 위하여 네 목숨을 버리겠느냐
내가 진실로 진실로 네게 이르노니 닭 울기 전에 네가 세
번 나를 부인하리라

14:1 너희는 마음에 근심하지 말라 하나님을 믿으니
또 나를 믿으라 2 내 아버지 집에 거할 곳이 많도
다 그렇지 않으면 너희에게 일렀으리라 내가 너희를 위하
여 처소를 예비하러 가노니 3 가서 너희를 위하여 처소를
예비하면 내가 다시 와서 너희를 내게로 영접하여 나 있는

right now? I will lay down my life for You." 38 Jesus
answered, "Will you lay down your life for Me? Truly,
truly, I say to you, a cock shall not crow, until you deny
Me three times.

14:1 ¶ "Let not your heart be troubled; believe in God,
believe also in Me. 2 "In My Father's house are
many dwelling places; if it were not so, I would have
told you; for I go to prepare a place for you. 3 "And if I
go and prepare a place for you, I will come again, and

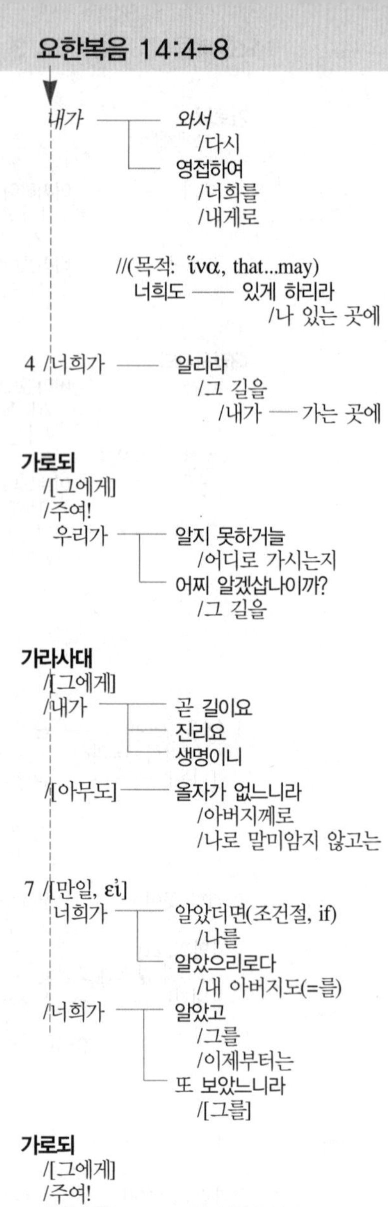

곳에 너희도 있게 하리라 4 내가 가는 곳에 그 길을 너희
가 알리라 5 도마가 가로되 주여 어디로 가시는지 우리가
알지 못하거늘 그 길을 어찌 알겠삽나이까 6 예수께서 가
라사대 내가 곧 길이요 진리요 생명이니 나로 말미암지 않
고는 아버지께로 올 자가 없느니라 7 너희가 나를 알았더
면 내 아버지도 알았으리로다 이제부터는 너희가 그를 알
았고 또 보았느니라 8 빌립이 가로되 주여 아버지를 우리
에게 보여 주옵소서 그리하면 족하겠나이다

receive you to Myself; that where I am, there you may
be also. 4 "And you know the way where I am going."
5 Thomas said to Him, "Lord, we do not know where
You are going, how do we know the way?" 6 Jesus said
to him, "I am the way, and the truth, and the life; no one
comes to the Father, but through Me. 7 "If you had known
Me, you would have known My Father also; from now
on you know Him, and have seen Him." 8 Philip said to
Him, "Lord, show us the Father, and it is enough for us."
9 Jesus said to him, "Have I been so long with you, and

//그리하면(결과: 명령문+직설법)
[그것이] — 족하겠나이다
/그에게]

9 예수께서 **가라사대**
/[그에게]
/빌립아!
내가 — 있으되
/이렇게 오래
/너희와 함께
네가 — 알지 못하느냐?
/나를
/본 자는 — 보았거늘
/나를 /아버지를
[당신은] — 어찌하여 [말]하느냐?
/[당신은] —보이라
/아버지를
/[우리에게]
10 /네가 — 믿지 아니하느냐?
/나는 — (있고)
/아버지 안에
/아버지는 — 계신 것을
/내 안에
/[내가] — [말]하는 것이 아니라
/스스로
/말이(=을)
/내가 —이르는
/너희에게
/아버지께서 — [행]하시는 것이라
/그의 일을
/계셔(현재분사)
/내 안에
11 /[너희가] — 믿으라
/[나를]
/내가 — (있고)
/아버지 안에
/아버지께서 — (계심을)
/내 안에
/[만일, εἰ]
그렇지 못하겠거든(조건절, if)
[너희가] — 믿으라
/(나를)
/(행하는) 그[들의] 일을 인하여
12 /진실로, 진실로
내가 — 이르노니[53)]
/너희에게
/믿는 자는 — 저도 할 것이요

53) 'ἀμὴν ἀμὴν λέγω', '아멘, 아멘, 내가 말한다'. 주님이 자신의 말에 대해 확정적임을 강조하는 관용적인 어구이다.

9 예수께서 가라사대 빌립아 내가 이렇게 오래 너희와 함
께 있으되 네가 나를 알지 못하느냐 나를 본 자는 아버지
를 보았거늘 어찌하여 아버지를 보이라 하느냐 10 나는
아버지 안에 있고 아버지는 내 안에 계신 것을 네가 믿지
아니하느냐 내가 너희에게 이르는 말이 스스로 하는 것이
아니라 아버지께서 내 안에 계셔 그의 일을 하시는 것이라
11 내가 아버지 안에 있고 아버지께서 내 안에 계심을 믿
으라 그렇지 못하겠거든 행하는 그 일을 인하여 나를 믿으
라 12 내가 진실로 진실로 너희에게 이르노니 나를 믿는
자는 나의 하는 일을 저도 할 것이요 또한 이보다 큰 것도

yet you have not come to know Me, Philip? He who has
seen Me has seen the Father; how do you say, Show us
the Father? 10 "Do you not believe that I am in the
Father, and the Father is in Me? The words that I say to
you I do not speak on My own initiative, but the Father abiding
in Me does His works. 11 "Believe Me that I am in the Father,
and the Father in Me; otherwise believe on account of
the works themselves. 12 "Truly, truly, I say to you, he
who believes in Me, the works that I do shall he do also;
and greater works than these shall he do; because I go to

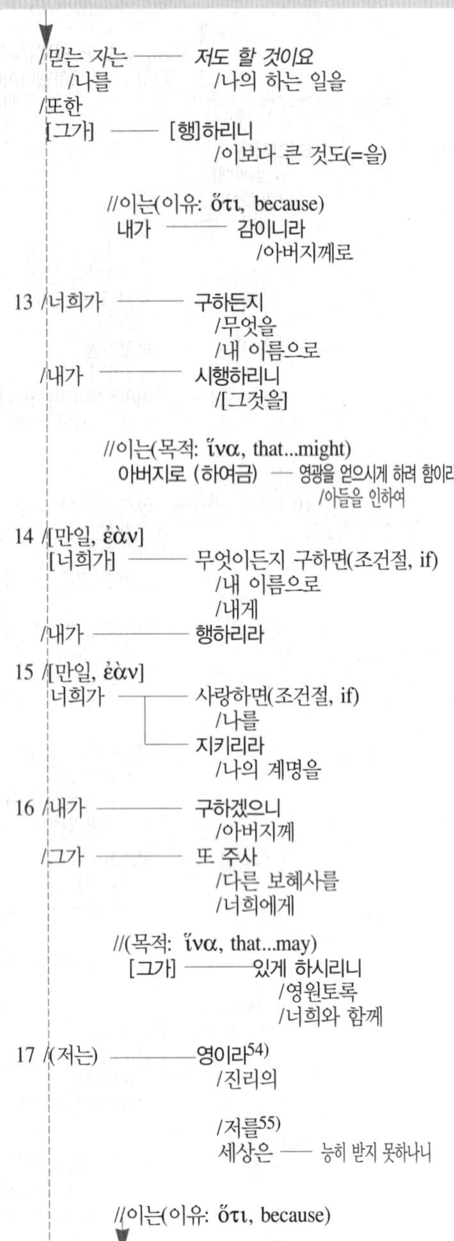

54) NASB의 입장을 따랐다.

55) 관계대명사, 선행사는 '영'이다. 계속적 용법

하리니 이는 내가 아버지께로 감이니라 13 너희가 내 이
름으로 무엇을 구하든지 내가 시행하리니 이는 아버지로
하여금 아들을 인하여 영광을 얻으시게 하려 함이라 14
내 이름으로 무엇이든지 내게 구하면 내가 시행하리라 15
너희가 나를 사랑하면 나의 계명을 지키리라 16 내가 아
버지께 구하겠으니 그가 또 다른 보혜사를 너희에게 주사
영원토록 너희와 함께 있게 하시리니 17 저는 진리의 영
이라 세상은 능히 저를 받지 못하나니 이는 저를 보지도
못하고 알지도 못함이라 그러나 너희는 저를 아나니 저는
너희와 함께 거하심이요 또 너희 속에 계시겠음이라

the Father. 13 "And whatever you ask in My name, that
will I do, that the Father may be glorified in the Son. 14
"If you ask Me anything in My name, I will do it. 15
"If you love Me, you will keep My commandments. 16
"And I will ask the Father, and He will give you another
Helper, that He may be with you forever; 17 that is the
Spirit of truth, whom the world cannot receive, because it
does not behold Him or know Him, but you know Him because

18 내가 너희를 고아와 같이 버려두지 아니하고 너희에게
로 오리라 19 조금 있으면 세상은 다시 나를 보지 못할
터이로되 너희는 나를 보리니 이는 내가 살았고 너희도 살
겠음이라 20 그 날에는 내가 아버지 안에 너희가 내 안에
내가 너희 안에 있는 것을 너희가 알리라 21 나의 계명을
가지고 지키는 자라야 나를 사랑하는 자니 나를 사랑하는
자는 내 아버지께 사랑을 받을 것이요 나도 그를 사랑하여
그에게 나를 나타내리라

He abides with you, and will be in you. 18 "I will not
leave you as orphans; I will come to you. 19 "After a
little while the world will behold Me no more; but you
will behold Me; because I live, you shall live also. 20
"In that day you shall know that I am in My Father, and
you in Me, and I in you. 21 "He who has My commandments
and keeps them, he it is who loves Me; and he who loves
Me shall be loved by My Father, and I will love him,
and will disclose Myself to him."

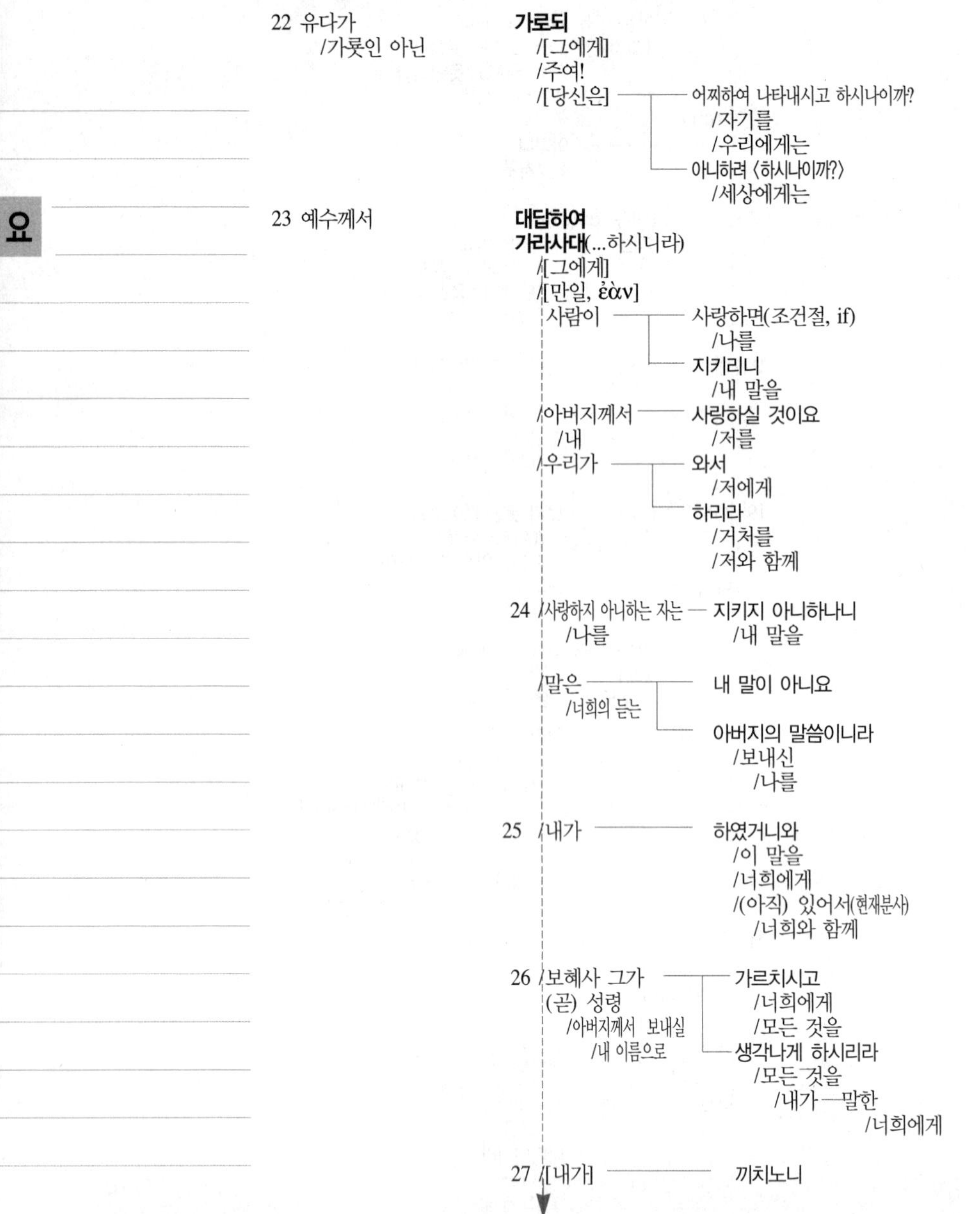

22 가룟인 아닌 유다가 가로되 주여 어찌하여 자기를 우리에게는 나타내시고 세상에게는 아니하려 하시나이까
23 예수께서 대답하여 가라사대 사람이 나를 사랑하면 내 말을 지키리니 내 아버지께서 저를 사랑하실 것이요 우리가 저에게 와서 거처를 저와 함께 하리라 24 나를 사랑하지 아니하는 자는 내 말을 지키지 아니하나니 너희의 듣는 말은 내 말이 아니요 나를 보내신 아버지의 말씀이니라
25 내가 아직 너희와 함께 있어서 이 말을 너희에게 하였거니와 26 보혜사 곧 아버지께서 내 이름으로 보내실 성령 그가 너희에게 모든 것을 가르치시고 내가 너희에게 말한 모든 것을 생각나게 하시리라

22 Judas (not Iscariot) said to Him, "Lord, what then has happened that You are going to disclose Yourself to us, and not to the world?" 23 Jesus answered and said to him, "If anyone loves Me, he will keep My word; and My Father will love him, and We will come to him, and make Our abode with him. 24 "He who does not love Me does not keep My words; and the word which you hear is not Mine, but the Father's who sent Me. 25 "These things I have spoken to you, while abiding with you. 26 "But the Helper, the Holy Spirit, whom the Father will

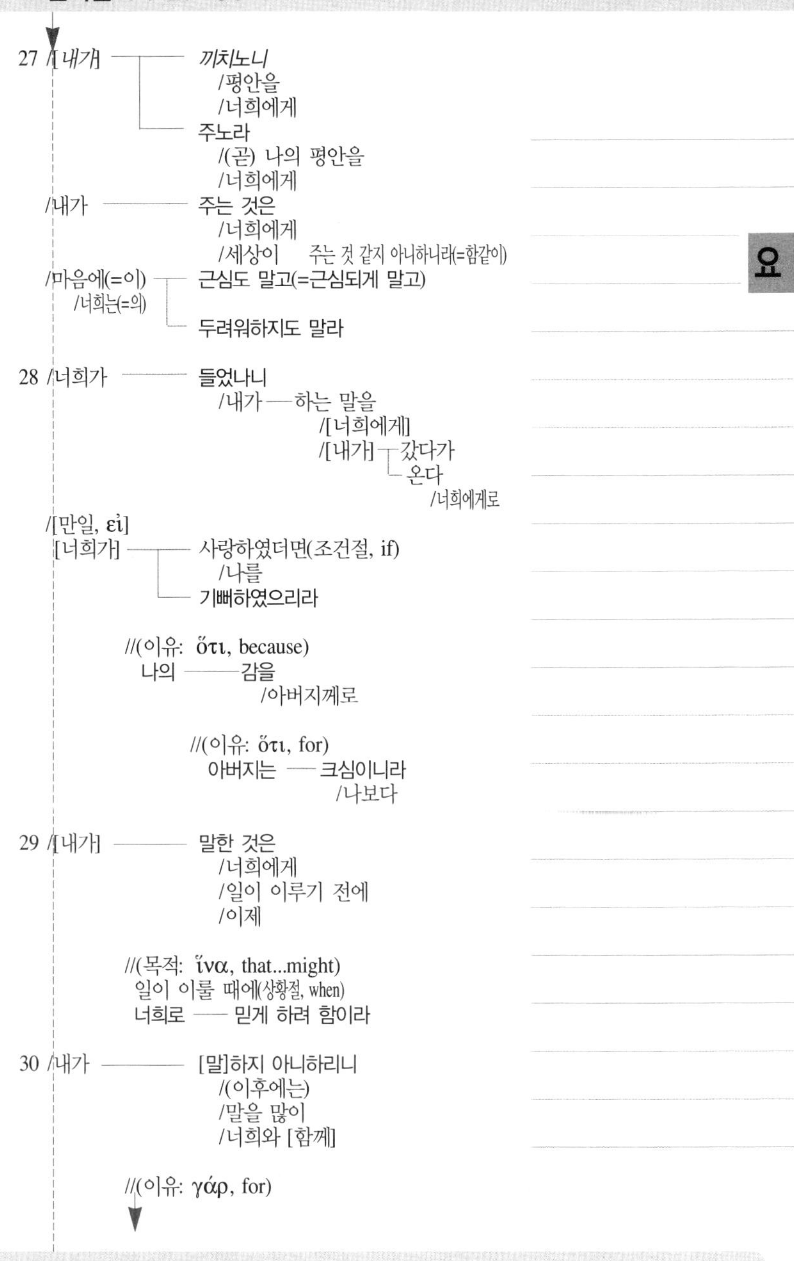

27 평안을 너희에게 끼치노니 곧 나의 평안을 너희에게
주노라 내가 너희에게 주는 것은 세상이 주는 것 같지 아
니하니라 너희는 마음에 근심도 말고 두려워하지도 말라
28 내가 갔다가 너희에게로 온다 하는 말을 너희가 들었
나니 나를 사랑하였더면 나의 아버지께로 감을 기뻐하였으
리라 아버지는 나보다 크심이니라 29 이제 일이 이루기
전에 너희에게 말한 것은 일이 이룰 때에 너희로 믿게 하
려 함이라 30 이 후에는 내가 너희와 말을 많이 하지 아
니하리니 이 세상 임금이 오겠음이라 그러나 저는 내게 관
계할 것이 없으니

send in My name, He will teach you all things, and bring
to your remembrance all that I said to you. 27 "Peace I
leave with you; My peace I give to you; not as the world
gives, do I give to you. Let not your heart be troubled,
nor let it be fearful. 28 "You heard that I said to you, 'I
go away, and I will come to you.' If you loved Me, you
would have rejoiced, because I go to the Father; for the
Father is greater than I. 29 "And now I have told you
before it comes to pass, that when it comes to pass, you
may believe. 30 "I will not speak much more with you,
for the ruler of the world is coming, and he has nothing
in Me; 31 but that the world may know that I love the

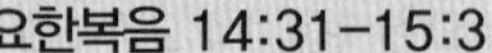

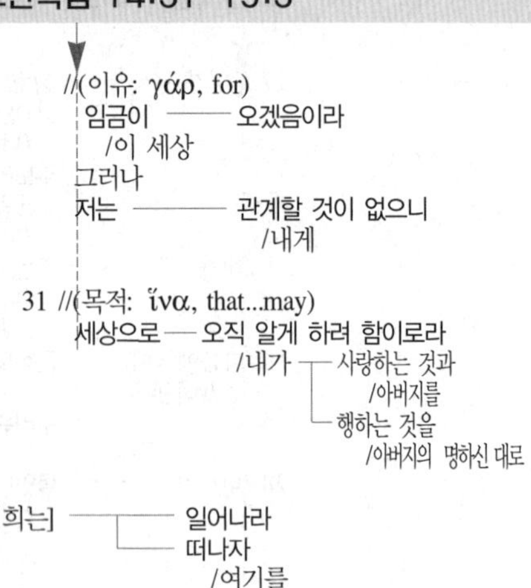

15

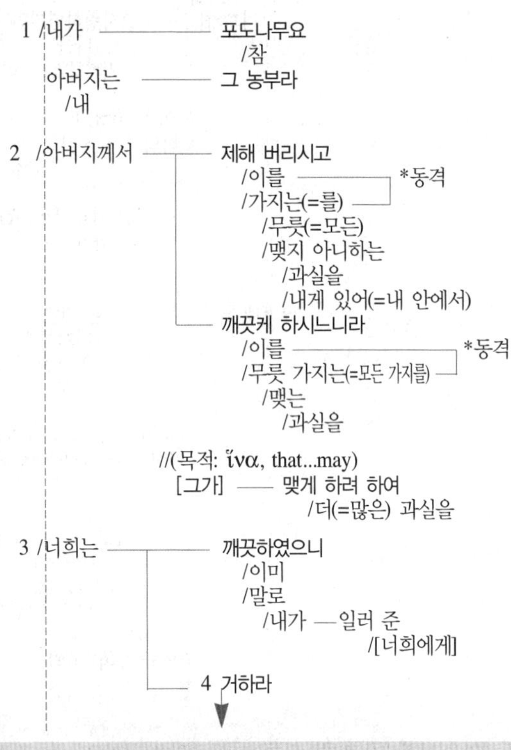

31 오직 내가 아버지를 사랑하는 것과 아버지의 명하신 대로 행하는 것을 세상으로 알게 하려 함이로라 일어나라 여기를 떠나자 하시니라

15:1 내가 참 포도나무요 내 아버지는 그 농부라 2
무릇 내게 있어 과실을 맺지 아니하는 가지는 아버지께서 이를 제해 버리시고 무릇 과실을 맺는 가지는 더 과실을 맺게 하려 하여 이를 깨끗케 하시느니라 3 너희는 내가 일러 준 말로 이미 깨끗하였으니

Father, and as the Father gave Me commandment, even so I do. Arise, let us go from here.

15:1 ¶ "I am the true vine, and My Father is the vinedresser.
John 15:2 "Every branch in Me that does not bear fruit, He takes away; and every branch that bears fruit, He prunes it, that it may bear more fruit. 3 "You are
already clean because of the word which I have spoken

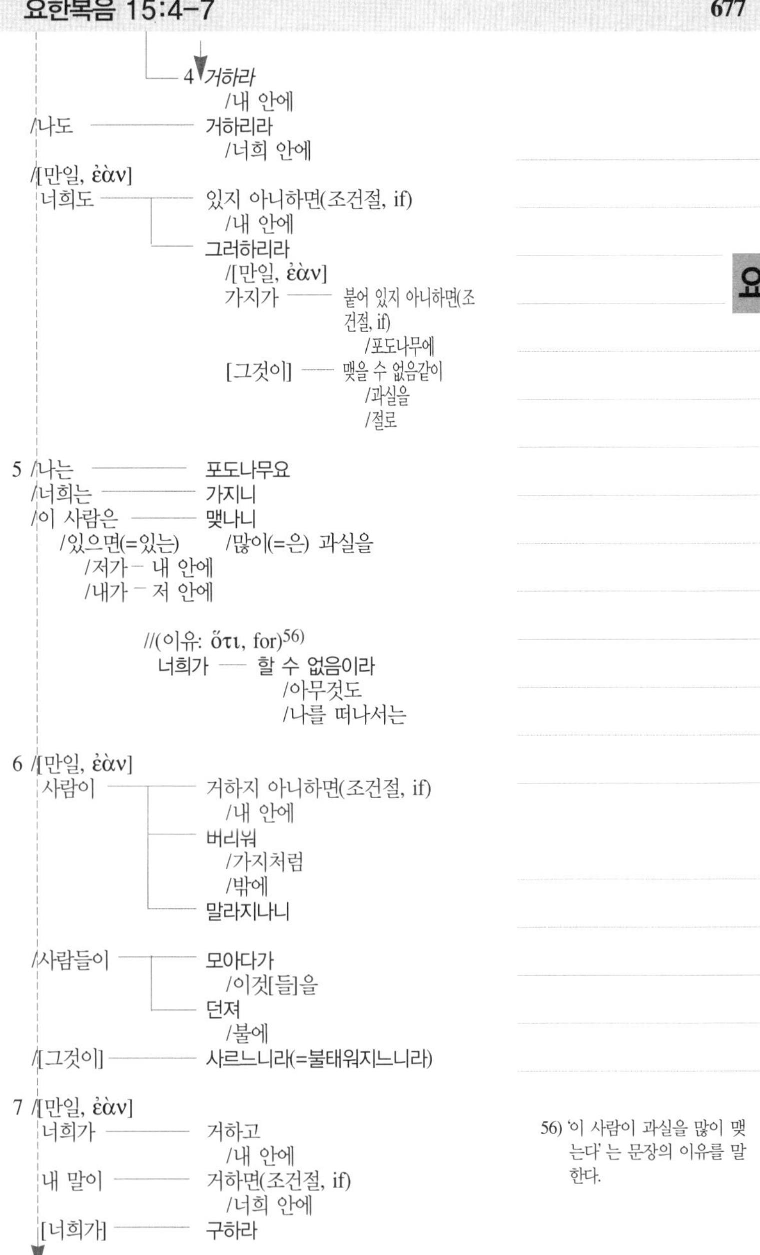

56) '이 사람이 과실을 많이 맺는다' 는 문장의 이유를 말한다.

4 내 안에 거하라 나도 너희 안에 거하리라 가지가 포도나
무에 붙어 있지 아니하면 절로 과실을 맺을 수 없음같이
너희도 내 안에 있지 아니하면 그러하리라 5 나는 포도나
무요 너희는 가지니 저가 내 안에 내가 저 안에 있으면 이
사람은 과실을 많이 맺나니 나를 떠나서는 너희가 아무 것
도 할 수 없음이라 6 사람이 내 안에 거하지 아니하면 가
지처럼 밖에 버리워 말라지나니 사람들이 이것을 모아다가
불에 던져 사르느니라 7 너희가 내 안에 거하고 내 말이
너희 안에 거하면 무엇이든지 원하는 대로 구하라 그리하
면 이루리라

to you. 4 "Abide in Me, and I in you. As the branch
cannot bear fruit of itself, unless it abides in the vine, so neither
can you, unless you abide in Me. 5 "I am the vine, you
are the branches; he who abides in Me, and I in him, he
bears much fruit; for apart from Me you can do nothing.
6 "If anyone does not abide in Me, he is thrown away
as a branch, and dries up; and they gather them, and cast
them into the fire, and they are burned. 7 "If you abide
in Me, and My words abide in you, ask whatever you
wish, and it shall be done for you. 8 "By this is My
Father glorified, that you bear much fruit, and so prove
to be My disciples. 9 "Just as the Father has loved Me, I

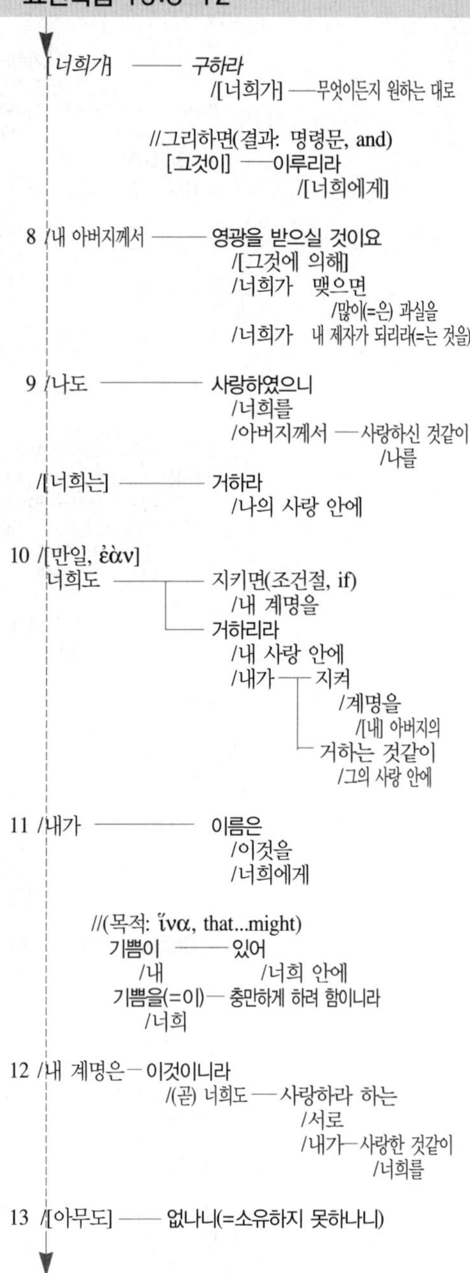

요

8 너희가 과실을 많이 맺으면 내 아버지께서 영광을 받으
실 것이요 너희가 내 제자가 되리라 9 아버지께서 나를
사랑하신 것같이 나도 너희를 사랑하였으니 나의 사랑 안
에 거하라 10 내가 아버지의 계명을 지켜 그의 사랑 안에
거하는 것같이 너희도 내 계명을 지키면 내 사랑 안에 거
하리라 11 내가 이것을 너희에게 이름은 내 기쁨이 너희
안에 있어 너희 기쁨을 충만하게 하려 함이니라 12 내 계
명은 곧 내가 너희를 사랑한 것같이 너희도 서로 사랑하라
하는 이것이니라

have also loved you; abide in My love. 10 "If you keep
My commandments, you will abide in My love; just as I
have kept My Father's commandments, and abide in His
love. 11 "These things I have spoken to you, that My
joy may be in you, and that your joy may be made full.
12 "This is My commandment, that you love one another,
just as I have loved you. 13 "Greater love has no one
than this, that one lay down his life for his friends. 14

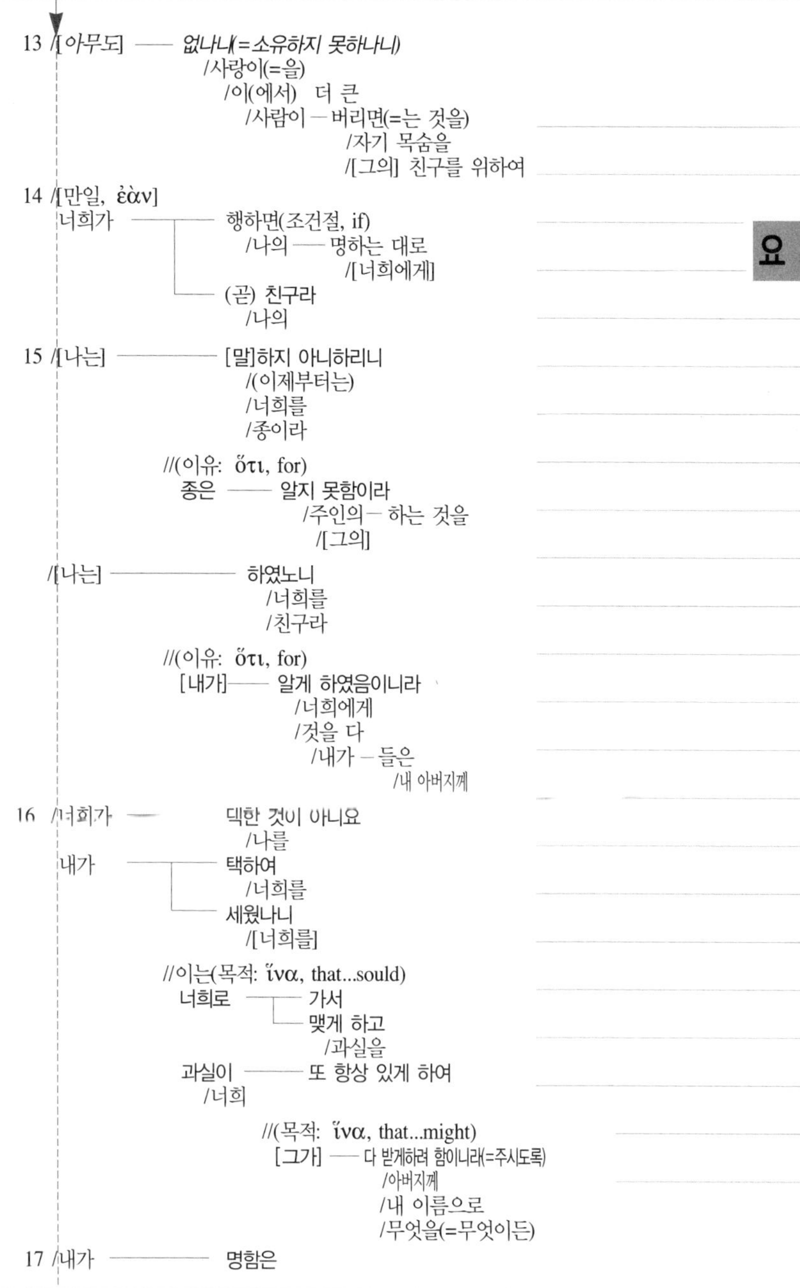

13 사람이 친구를 위하여 자기 목숨을 버리면 이에서 더
큰 사랑이 없나니 14 너희가 나의 명하는 대로 행하면 곧
나의 친구라 15 이제부터는 너희를 종이라 하지 아니하
리니 종은 주인의 하는 것을 알지 못함이라 너희를 친구라
하였노니 내가 내 아버지께 들은 것을 다 너희에게 알게
하였음이니라 16 너희가 나를 택한 것이 아니요 내가 너
희를 택하여 세웠나니 이는 너희로 가서 과실을 맺게 하고
또 너희 과실이 항상 있게 하여 내 이름으로 아버지께 무
엇을 구하든지 다 받게 하려 함이니라

"You are My friends, if you do what I command you. 15
"No longer do I call you slaves, for the slave does not know what his master is doing; but I have called you friends, for all things that I have heard from My Father I have made known to you. 16 "You did not choose Me, but I chose you, and appointed you, that you should go and bear fruit, and that your fruit should remain, that whatever you ask of the Father in My name, He may give to you.

요

17 /내가 —— 명함은
/이것을
/너희에게
/너희로 — 사랑하(게 하려 함이로라)라[57]
/서로

18 /[만일, εἰ]
세상이 —— 미워하면(조건절, if)
/너희를
[너희가] —— 알라
/[그것이] — 미워한 줄을
/나를
/너희보다 먼저

19 /[만일, εἰ]
너희가 —— 속하였으면(조건절, if)
/세상에
세상이 —— 사랑할 터이나
/자기의 것을

/세상이 —— 미워하느니라[58]
/너희를

//(이유: ὅτι, because)
너희는 —— 속한 자가 아니요
/세상에
//도리어
나의(=가) —— 택함을 입은 자인 고로(=택한 자인 고로)
/[너희를]
/세상에서

20 / [너희는] —— 기억하라
/말을
/내가 — [말]한
/너희더러
/종이 — 더 크지 못하다
/[그의] 주인보다

/[만일, εἰ]
사람들이 —— 핍박하였은즉(조건절, if)
/나를
핍박할 터이요
/너희도(=를)
/[만일, εἰ]
[그들이] —— 지켰은즉(조건절, if)
/내 말을
지킬 터이라
/너희 말도(=을)

21 /그러나

57) '명함', '권고함', '말함' 이라는 의미의 단어 다음에 나오는 i°na +가정법은 명령법으로 해석된다.

58) 'διὰ τοῦτὸ' 는 여기서 '이를 인해' 라는 의미를 갖는다.

17 내가 이것을 너희에게 명함은 너희로 서로 사랑하게 하려 함이로라 18 세상이 너희를 미워하면 너희보다 먼저 나를 미워한 줄을 알라 19 너희가 세상에 속하였으면 세상이 자기의 것을 사랑할 터이나 너희는 세상에 속한 자가 아니요 도리어 세상에서 나의 택함을 입은 자인고로 세상이 너희를 미워하느니라 20 내가 너희더러 종이 주인보다 더 크지 못하다 한 말을 기억하라 사람들이 나를 핍박하였은즉 너희도 핍박할 터이요 내 말을 지켰은즉 너희 말도 지킬 터이라

17 "This I command you, that you love one another. 18 "If the world hates you, you know that it has hated Me before it hated you. 19 "If you were of the world, the world would love its own; but because you are not of the world, but I chose you out of the world, therefore the world hates you. 20 "Remember the word that I said to you, 'A slave is not greater than his master.' If they persecuted Me, they will also persecute you; if they kept My word, they will keep yours also. 21 "But all these things they will do to you for My name's sake, because they do not

21 /그러나
사람들이 —— [행]하리니
/이 모든 일을
/너희에게
/내 이름을 인하여

//이는(이유: ὅτι, because)
[그들이] —— 알지 못함이니라
/보내신 이를
/내[를]

22 /[만일, εἰ]
내가 —— 와서
말하지 아니하였더면(조건절, if)
/저희에게
[그들이] —— 없었으려니와
/죄가(=를)
핑계할 수 없느니라
/그[들의] 죄를
/지금은

23 /미워하는 자는 —— 또 미워하느니라
/나를 /내 아버지를

24 /[만일, εἰ]
내가 —— [행]하지 아니하였더면(조건절, if)
/일을
/아무도 —못한
/저희 중에서
저희가 —— 없었으려니와
/죄[를]
저희가 —— 보았고
/지금은
또 미워하였도다
/나와 및
/내 아버지를

25 /그러나
이는
말을(=이) —— 응하게 하려 함이니라
/기록된(바 한)
/저희 율법에
/저희가 —— 미워하였다
/나를
/연고 없이

26 /보혜사[가] —— 오실 때에(상황절, when)

21 그러나 사람들이 내 이름을 인하여 이 모든 일을 너희에게 하리니 이는 나 보내신 이를 알지 못함이니라 22 내가 와서 저희에게 말하지 아니하였더면 죄가 없었으려니와 지금은 그 죄를 핑계할 수 없느니라 23 나를 미워하는 자는 또 내 아버지를 미워하느니라 24 내가 아무도 못한 일을 저희 중에서 하지 아니하였더면 저희가 죄 없었으려니와 지금은 저희가 나와 및 내 아버지를 보았고 또 미워하였도다 25 그러나 이는 저희 율법에 기록된 바 저희가 연고없이 나를 미워하였다 한 말을 응하게 하려 함이니라

know the One who sent Me. 22 "If I had not come and spoken to them, they would not have sin, but now they have no excuse for their sin. 23 "He who hates Me hates My Father also. 24 "If I had not done among them the works which no one else did, they would not have sin; but now they have both seen and hated Me and My Father as well. 25 "But they have done this in order that the word may be fulfilled that is written in their Law, 'They hated Me without a cause.' 26 "When the Helper comes, whom I will send to you from the Father, that is the Spirit

요

16

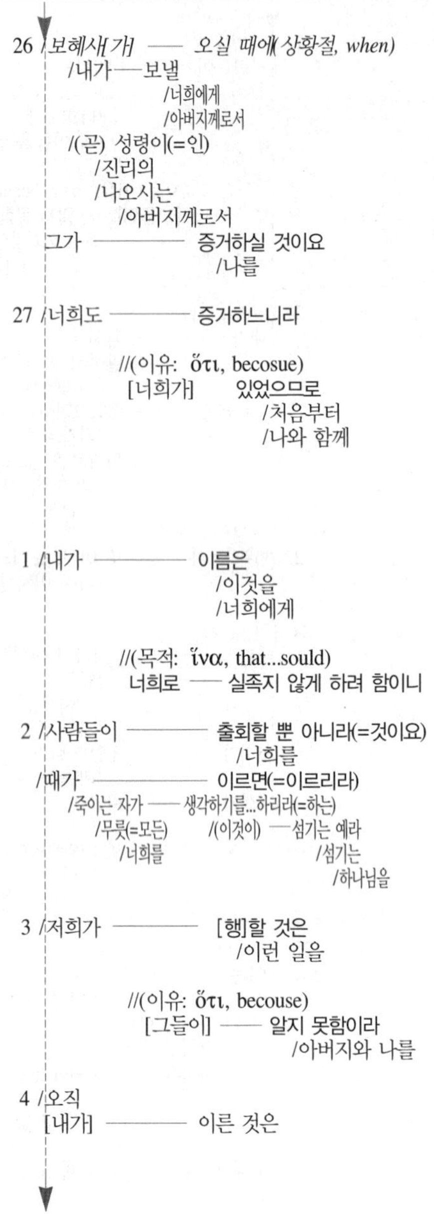

26 내가 아버지께로서 너희에게 보낼 보혜사 곧 아버지께
로서 나오시는 진리의 성령이 오실 때에 그가 나를 증거하
실 것이요 27 너희도 처음부터 나와 함께 있었으므로 증
거하느니라

16:1 내가 이것을 너희에게 이름은 너희로 실족지 않
게 하려 함이니 2 사람들이 너희를 출회 할 뿐 아
니라 때가 이르면 무릇 너희를 죽이는 자가 생각하기를 이
것이 하나님을 섬기는 예라 하리라 3 저희가 이런 일을
할 것은 아버지와 나를 알지 못함이라 4 오직 너희에게

of truth, who proceeds from the Father, He will bear
witness of Me, 27 and you will bear witness also, because
you have been with Me from the beginning

16:1 "These things I have spoken to you, that you
may be kept from stumbling. 2 "They will make
you outcasts from the synagogue, but an hour is coming
for everyone who kills you to think that he is offering service
to God. 3 "And these things they will do, because
they have not known the Father, or Me. 4 "But these

[내가] —— 이른 것은
/이 말을
/너희에게

//(목적: ἵνα, that...may)
때를(=가) —— 당하면(상황절, when)
/그[들의]
너희로 —— 기억나게 하려 함이요
/내가 이 말 한 것을
/너희에게

/[내가] —— [말]하지 아니한 것은
/이 말을
/[너희에게]
/처음부터

//(이유: ὅτι, because)
내가 —— 있었음이니라
/너희와 함께

5 /내가 —— 가는데
/지금
/보내신 이에게로
/나를
/아무도 —— 묻는 자가 없고
/너희 중에서 /나더러
/[당신은] 어디로 가느냐?

6 /도리어
근심이 —— 가득하였도다
/너희 마음에

//(이유: ὅτι, because)
내가 —— [말]하므로
/이 말을
/[너희에게]

7 /그러하나
내가 —— 말하노니
/실상을
/너희에게
/[그것이] —— 유익이라
/내가 떠나가는 것이 /너희에게

//(이유: γάρ, for)
[만일, ἐὰν]
내가 —— 떠나가지 아니하면(조건절, if)
보혜사가 —— 오시지 아니할 것이요
/너희에게로
[만일, ἐὰν]

요

이 말을 이른 것은 너희로 그 때를 당하면 내가 너희에게
이 말 한 것을 기억나게 하려 함이요 처음부터 이 말을 하
지 아니한 것은 내가 너희와 함께 있었음이니라 5 지금 내
가 나를 보내신 이에게로 가는데 너희 중에서 나더러 어디
로 가느냐 묻는 자가 없고 6 도리어 내가 이 말을 하므로
너희 마음에 근심이 가득하였도다 7 그러하나 내가 너희
에게 실상을 말하노니 내가 떠나가는 것이 너희에게 유익
이라 내가 떠나가지 아니하면 보혜사가 너희에게로 오시지

things I have spoken to you, that when their hour comes,
you may remember that I told you of them. And these
things I did not say to you at the beginning, because I
was with you. 5 "But now I am going to Him who sent
Me; and none of you asks Me, 'Where are You going?'
6 "But because I have said these things to you, sorrow
has filled your heart. 7 "But I tell you the truth, it is to
your advantage that I go away; for if I do not go away,
the Helper shall not come to you; but if I go, I will send
Him to you. 8 "And He, when He comes, will convict

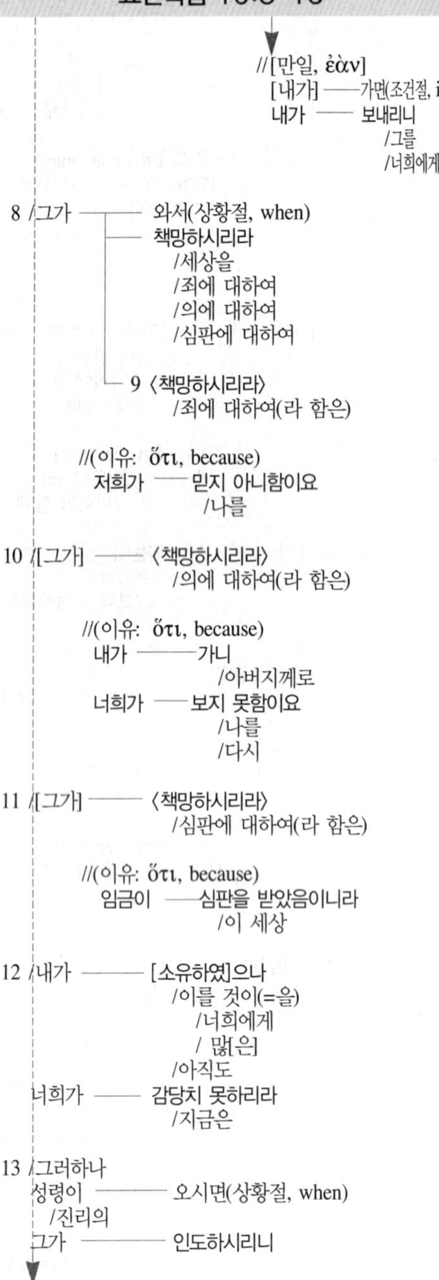

아니할 것이요 가면 내가 그를 너희에게로 보내리니 8 그
가 와서 죄에 대하여 의에 대하여 심판에 대하여 세상을
책망하시리라 9 죄에 대하여라 함은 저희가 나를 믿지 아
니함이요 10 의에 대하여라 함은 내가 아버지께로 가니
너희가 다시 나를 보지 못함이요 11 심판에 대하여라 함
은 이 세상 임금이 심판을 받았음이니라 12 내가 아직도
너희에게 이를 것이 많으나 지금은 너희가 감당치 못하리
라 13 그러하나 진리의 성령이 오시면 그가 너희를 모든
진리 가운데로 인도하시리니 그가 자의로 말하지 않고 오
직 듣는 것을 말하시며 장래 일을 너희에게 알리시리라

the world concerning sin, and righteousness, and judgment;
9 concerning sin, because they do not believe in Me; 10
and concerning righteousness, because I go to the Father,
and you no longer behold Me; 11 and concerning judgment,
because the ruler of this world has been judged. 12 "I
have many more things to say to you, but you cannot
bear them now. 13 "But when He, the Spirit of truth,
comes, He will guide you into all the truth; for He will
not speak on His own initiative, but whatever He hears,
He will speak; and He will disclose to you what is to

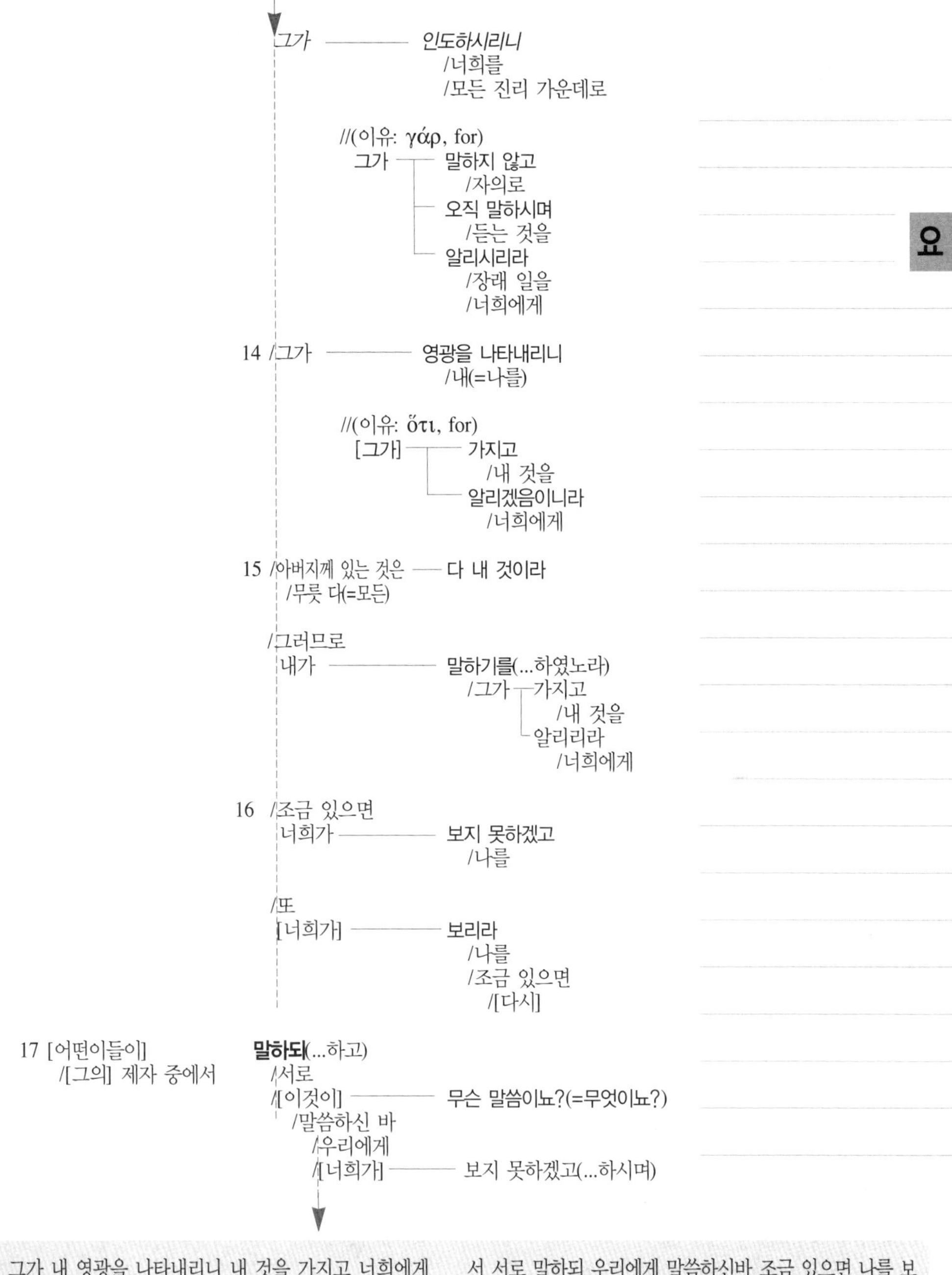

14 그가 내 영광을 나타내리니 내 것을 가지고 너희에게
알리겠음이니라 15 무릇 아버지께 있는 것은 다 내 것이
라 그러므로 내가 말하기를 그가 내 것을 가지고 너희에게
알리리라 하였노라 16 조금 있으면 너희가 나를 보지 못
하겠고 또 조금 있으면 나를 보리라 하신대 17 제자 중에
서 서로 말하되 우리에게 말씀하신바 조금 있으면 나를 보
지 못하겠고 또 조금 있으면 나를 보리라 하시며 또 내가
아버지께로 감이라 하신 것이 무슨 말씀이뇨 하고

come. 14 "He shall glorify Me; for He shall take of Mine,
and shall disclose it to you. 15 "All things that the Father
has are Mine; therefore I said, that He takes of Mine, and
will disclose it to you. 16 "A little while, and you will
no longer behold Me; and again a little while, and you
will see Me." 17 Some of His disciples therefore said to
one another, "What is this thing He is telling us, 'A little
while, and you will not behold Me; and again a little
while, and you will see Me'; and, 'because I go to the Father'?"
18 And so they were saying, "What is this that He says,

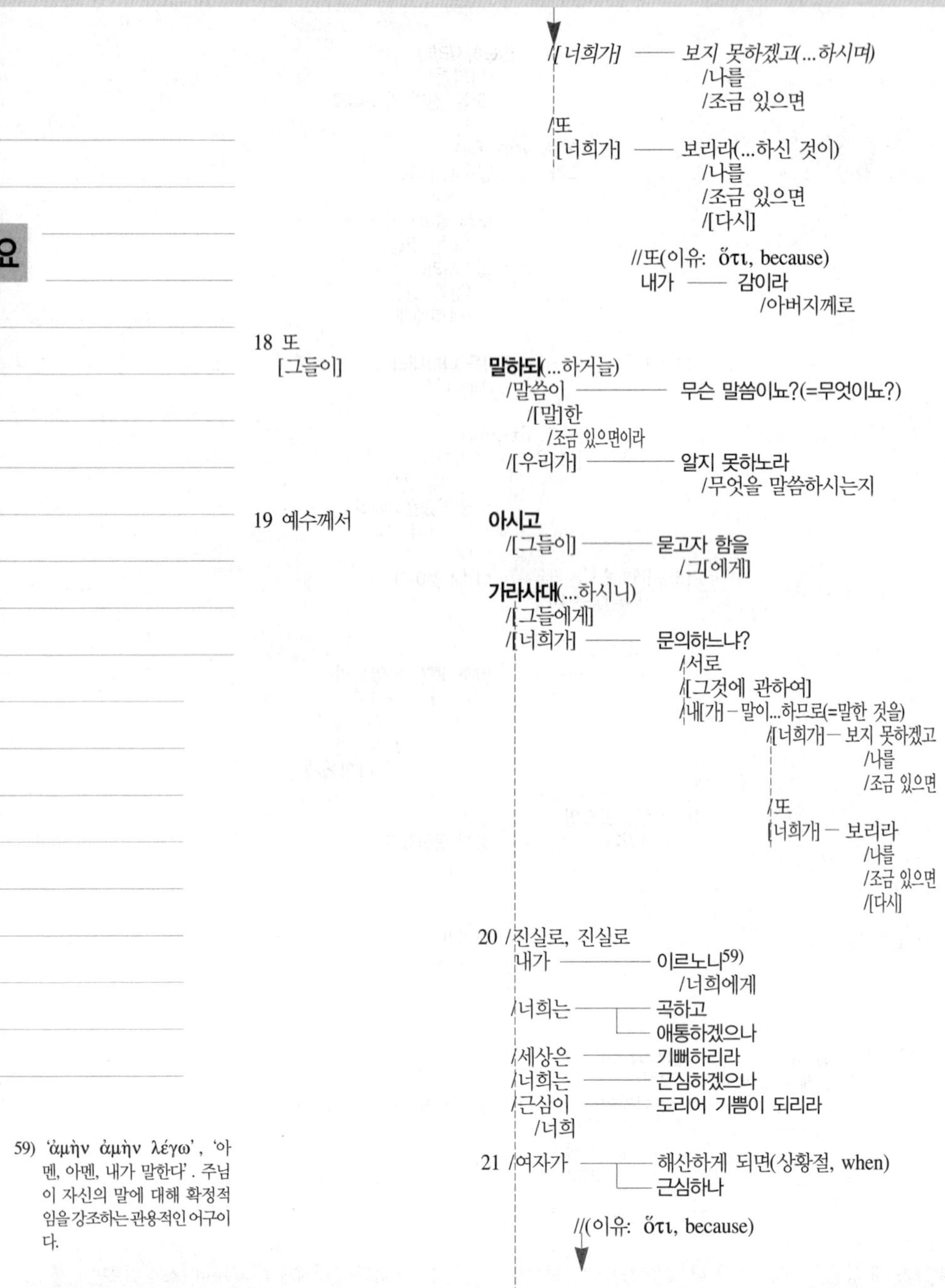

요

59) 'ἀμὴν ἀμὴν λέγω', '아멘, 아멘, 내가 말한다'. 주님이 자신의 말에 대해 확정적임을 강조하는 관용적인 어구이다.

18 또 말하되 조금 있으면이라 한 말씀이 무슨 말씀이뇨 무엇을 말씀하시는지 알지 못하노라 하거늘 19 예수께서 그 묻고자 함을 아시고 가라사대 내 말이 조금 있으면 나를 보지 못하겠고 또 조금 있으면 나를 보리라 하므로 서로 문의하느냐 20 내가 진실로 진실로 너희에게 이르노니 너희는 곡하고 애통하겠으나 세상은 기뻐하리라 너희는 근심하겠으나 너희 근심이 도리어 기쁨이 되리라 21 여자가 해산하게 되면 그 때가 이르렀으므로 근심하나 아이를

A little while? We do not know what He is talking about." 19 Jesus knew that they wished to question Him, and He said to them, "Are you deliberating together about this, that I said, A little while, and you will not behold Me, and again a little while, and you will see Me? 20 "Truly, truly, I say to you, that you will weep and lament, but the world will rejoice; you will be sorrowful, but your sorrow will be turned to joy. 21 "Whenever a woman is in travail

60) 'ἀμὴν ἀμὴν λέγω', '아멘, 아멘, 내가 말한다'. 주님이 자신의 말에 대해 확정적임을 강조하는 관용적인 어구이다.

낳으면 세상에 사람 난 기쁨을 인하여 그 고통을 다시 기
억지 아니하느니라 22 지금은 너희가 근심하나 내가 다
시 너희를 보리니 너희 마음이 기쁠 것이요 너희 기쁨을
빼앗을 자가 없느니라 23 그 날에는 너희가 아무 것도 내
게 묻지 아니하리라 내가 진실로 진실로 너희에게 이르노
니 너희가 무엇이든지 아버지께 구하는 것을 내 이름으로
주시리라 24 지금까지는 너희가 내 이름으로 아무 것도
구하지 아니하였으나 구하라 그리하면 받으리니 너희 기쁨
이 충만하리라

she has sorrow, because her hour has come; but when
she gives birth to the child, she remembers the anguish
no more, for joy that a child has been born into the world.
22 "Therefore you too now have sorrow; but I will see
you again, and your heart will rejoice, and no one takes
your joy away from you. 23 "And in that day you will
ask Me no question. Truly, truly, I say to you, if you
shall ask the Father for anything, He will give it to you
in My name. 24 "Until now you have asked for nothing
in My name; ask, and you will receive, that your joy may

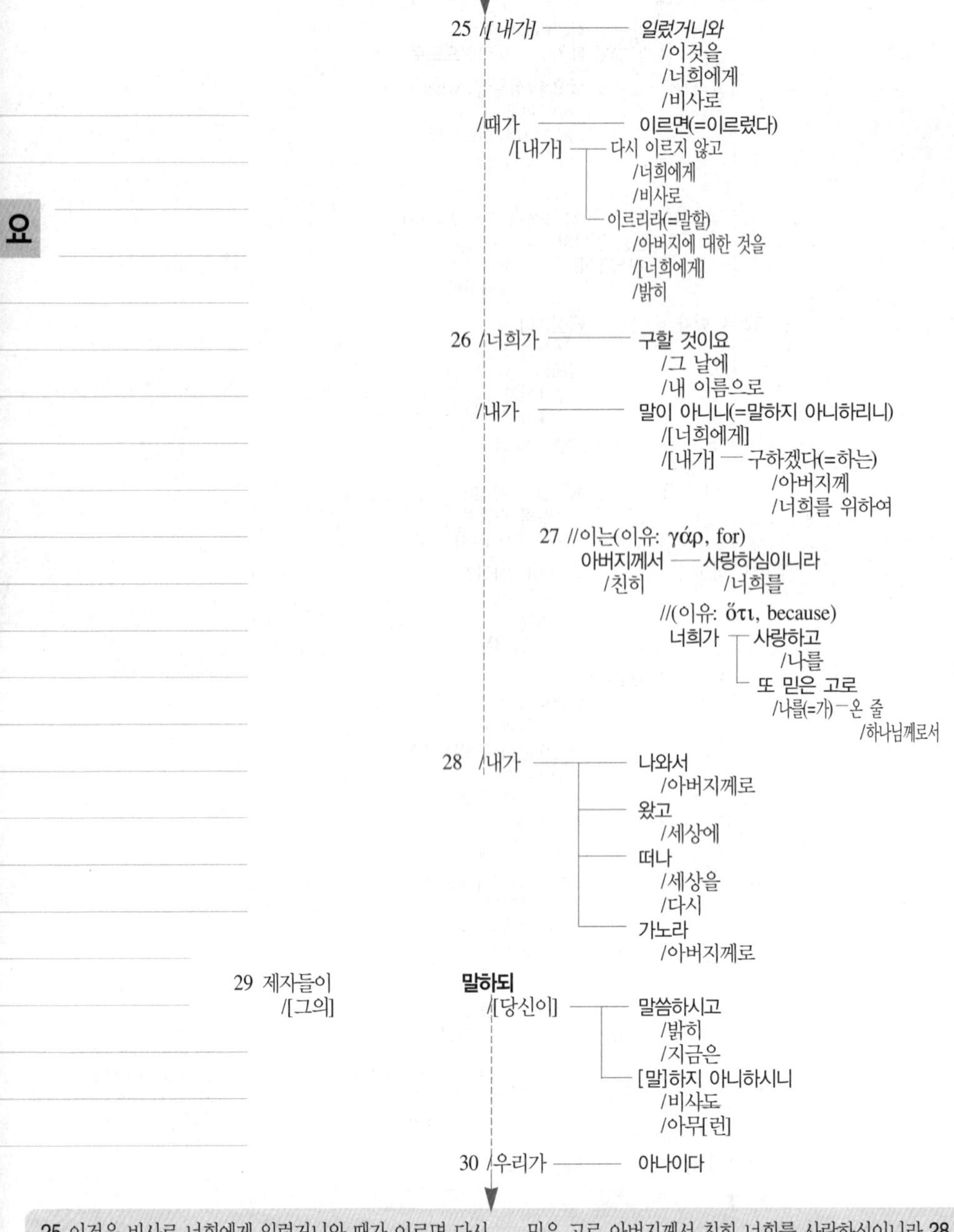

25 이것을 비사로 너희에게 일렀거니와 때가 이르면 다시 비사로 너희에게 이르지 않고 아버지에 대한 것을 밝히 이르리라 26 그 날에 너희가 내 이름으로 구할 것이요 내가 너희를 위하여 아버지께 구하겠다 하는 말이 아니니 27 이는 너희가 나를 사랑하고 또 나를 하나님께로서 온 줄 믿은 고로 아버지께서 친히 너희를 사랑하심이니라 28 내가 아버지께로 나와서 세상에 왔고 다시 세상을 떠나 아버지께로 가노라 하시니 29 제자들이 말하되 지금은 밝히 말씀하시고 아무 비사도 하지 아니하시니

be made full. 25 "These things I have spoken to you in figurative language; an hour is coming when I will speak no more to you in figurative language, but will tell you plainly of the Father. 26 "In that day you will ask in My name, and I do not say to you that I will request the Father on your behalf; 27 for the Father Himself loves you, because you have loved Me, and have believed that I came forth from the Father. 28 "I came forth from the Father, and have come into the world; I am leaving the world again, and going to the Father." 29 His disciples said, "Lo, now You are speaking plainly, and are not using a figure of speech. 30 "Now we know that You know all things,

30 우리가 지금에야 주께서 모든 것을 아시고 또 사람의
물음을 기다리시지 않는 줄 아나이다 이로써 하나님께로서
나오심을 우리가 믿삽나이다 31 예수께서 대답하시되 이
제는 너희가 믿느냐 32 보라 너희가 다 각각 제 곳으로
흩어지고 나를 혼자 둘 때가 오나니 벌써 왔도다 그러나
내가 혼자 있는 것이 아니라 아버지께서 나와 함께 계시느
니라 33 이것을 너희에게 이름은 너희로 내 안에서 평안
을 누리게 하려 함이라 세상에서는 너희가 환난을 당하나
담대하라 내가 세상을 이기었노라 하시니라

and have no need for anyone to question You; by this
we believe that You came from God." 31 Jesus answered
them, "Do you now believe? 32 "Behold, an hour is
coming, and has already come, for you to be scattered,
each to his own home, and to leave Me alone; and yet I
am not alone, because the Father is with Me. 33 "These things
I have spoken to you, that in Me you may have peace.
In the world you have tribulation, but take courage; I
have overcome the world."

요

17

1 예수께서 [말]하시고
/이 말씀을
가라사대
/하늘을 우러러
/들어(과거분사)
/[그의] 눈을
/아버지여!
때가 —— 이르렀사오니
[당신은] —— 영화롭게 하사
/[당신의] 아들을

//(목적: ἵνα, that...may)
아들로—— 영화롭게 하게 하옵소서
/아버지를
/[당신이]— 주셨음이로소이다(=주심같이)
/다스리는 권세를
/만민을(=의)
/아들에게

2 //(목적: ἵνα, that...may)
[그가] — 주게 하시려고
/영생을
/[그들에게] *동격/동급
/모든 자에게
/아버지께서 — 주신
/아들에게

3 /영생은 —— [이]것이니이다
/[그들이] — 아는[것]
/(곧)[당신을]
/하나님과
/참[된]
/유일하신
/예수 그리스도를
/그의(=당신이) 보내신 (자)

4 /내가 —— 영화롭게 하였사오니
/아버지를
/이 세상에서
/이루어(과거분사)
/일을
/아버지께서 — 주신
/내게
/[행]하라고

17:1 예수께서 이 말씀을 하시고 눈을 들어 하늘을
우러러 가라사대 아버지여 때가 이르렀사오니 아들
을 영화롭게 하사 아들로 아버지를 영화롭게 하게 하옵소
서 2 아버지께서 아들에게 주신 모든 자에게 영생을 주게
하시려고 만민을 다스리는 권세를 아들에게 주셨음이로소
이다 3 영생은 곧 유일하신 참 하나님과 그의 보내신 자
예수 그리스도를 아는 것이니이다 4 아버지께서 내게 하
라고 주신 일을 내가 이루어 아버지를 이 세상에서 영화롭

17:1 These things Jesus spoke; and lifting up His
eyes to heaven, He said, "Father, the hour has come;
glorify Thy Son, that the Son may glorify Thee, 2 even
as Thou gavest Him authority over all mankind, that to
all whom Thou hast given Him, He may give eternal life.
3 "And this is eternal life, that they may know Thee, the
only true God, and Jesus Christ whom Thou hast sent. 4
"I glorified Thee on the earth, having accomplished the
work which Thou hast given Me to do. 5 "And now,
glorify Thou Me together with Thyself, Father, with the

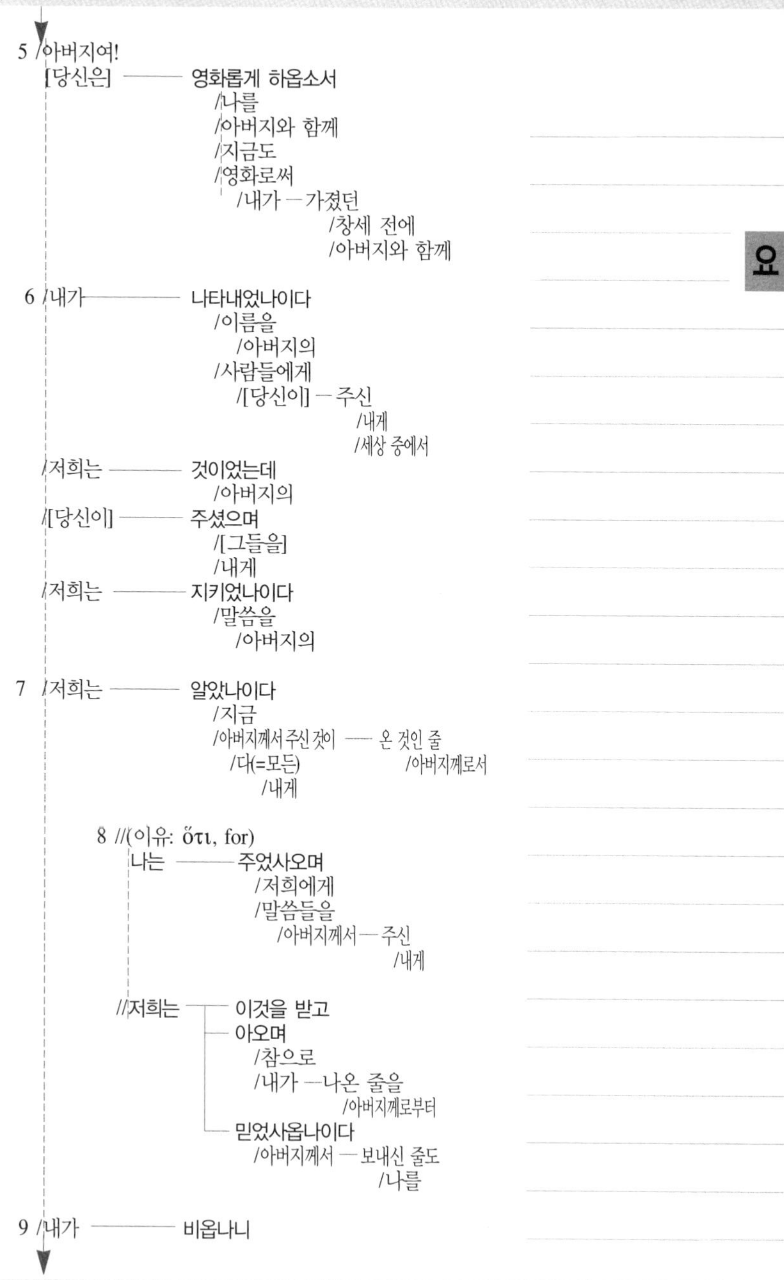

게 하였사오니 5 아버지여 창세 전에 내가 아버지와 함께
가졌던 영화로써 지금도 아버지와 함께 나를 영화롭게 하
옵소서 6 세상 중에서내게 주신 사람들에게 내가 아버지
의 이름을 나타내었나이다 저희는 아버지의 것이었는데 내
게 주셨으며 저희는 아버지의 말씀을 지키었나이다 7 지
금 저희는 아버지께서 내게 주신 것이 다 아버지께로서 온
것인 줄 알았나이다 8 나는 아버지께서 내게 주신 말씀들
을 저희에게 주었사오며 저희는 이것을 받고 내가 아버지
께로부터 나온 줄을 참으로 아오며 아버지께서 나를 보내
신 줄도 믿었사옵나이다

glory which I had with Thee before the world was. 6 "I
manifested Thy name to the men whom Thou gavest Me
out of the world; Thine they were, and Thou gavest them
to Me, and they have kept Thy word. 7 "Now they have
come to know that everything Thou hast given Me is from
Thee; 8 for the words which Thou gavest Me I have given
to them; and they received them, and truly understood
that I came forth from Thee, and they believed that Thou
didst send Me. 9 "I ask on their behalf; I do not ask on
behalf of the world, but of those whom Thou hast given

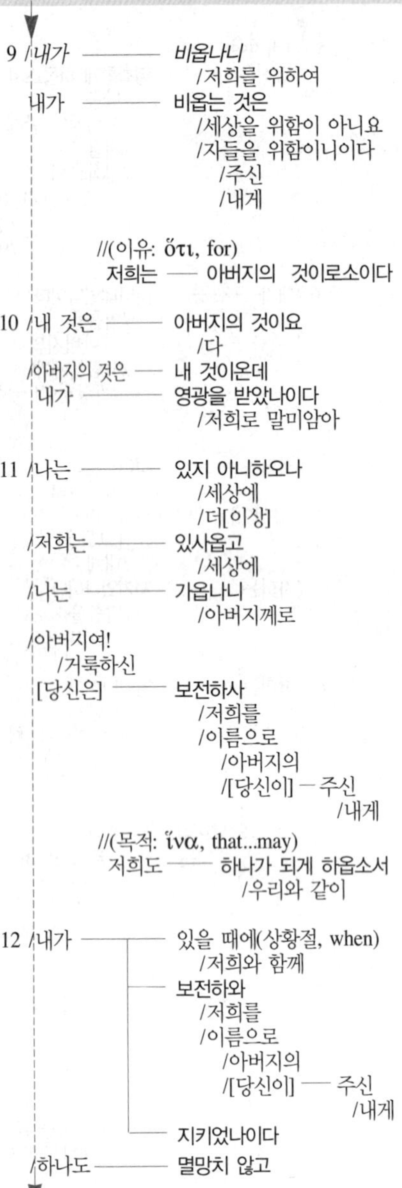

9 내가 저희를 위하여 비옵나니 내가 비옵는 것은 세상을
위함이 아니요 내게 주신 자들을 위함이니이다 저희는 아
버지의 것이로소이다 10 내 것은 다 아버지의 것이요 아
버지의 것은 내 것이온데 내가 저희로 말미암아 영광을 받
았나이다 11 나는 세상에 더 있지 아니하오나 저희는 세
상에 있사옵고 나는 아버지께로 가옵나니 거룩하신 아버지
여 내게 주신 아버지의 이름으로 저희를 보전하사 우리와
같이 저희도 하나가 되게 하옵소서 12 내가 저희와 함께
있을 때에 내게 주신 아버지의 이름으로 저희를 보전하와
지키었나이다 그중에 하나도 멸망치 않고 오직 멸망의 자
식뿐이오니 이는 성경을 응하게 함이니이다

Me; for they are Thine; 10 and all things that are Mine
are Thine, and Thine are Mine; and I have been glorified
in them. 11 "And I am no more in the world; and yet
they themselves are in the world, and I come to Thee.
Holy Father, keep them in Thy name, the name which
Thou hast given Me, that they may be one, even as We
are. 12 "While I was with them, I was keeping them in
Thy name which Thou hast given Me; and I guarded them,
and not one of them perished but the son of perdition,
that the Scripture might be fulfilled. 13 "But now I come
to Thee; and these things I speak in the world, that they
may have My joy made full in themselves. 14 "I have

13 지금 내가 아버지께로 가오니 내가 세상에서 이 말을
하옵는 것은 저희로 내 기쁨을 저희 안에 충만히 가지게
하려 함이니이다 14 내가 아버지의 말씀을 저희에게 주
었사오매 세상이 저희를 미워하였사오니 이는 내가 세상에
속하지 아니함같이 저희도 세상에 속하지 아니함을 인함이
니이다 15 내가 비옵는 것은 저희를 세상에서 데려가시
기를 위함이 아니요 오직 악에 빠지지 않게 보전하시기를
위함이니이다 16 내가 세상에 속하지 아니함같이 저희도
세상에 속하지 아니하였삽나이다 17 저희를 진리로 거룩
하게 하옵소서 아버지의 말씀은 진리니이다

given them Thy word; and the world has hated them,
because they are not of the world, even as I am not of
the world. 15 "I do not ask Thee to take them out of the world,
but to keep them from the evil one. 16 "They are not of
the world, even as I am not of the world. 17 "Sanctify
them in the truth; Thy word is truth. 18 "As Thou didst
send Me into the world, I also have sent them into the
world. 19 "And for their sakes I sanctify Myself, that

요

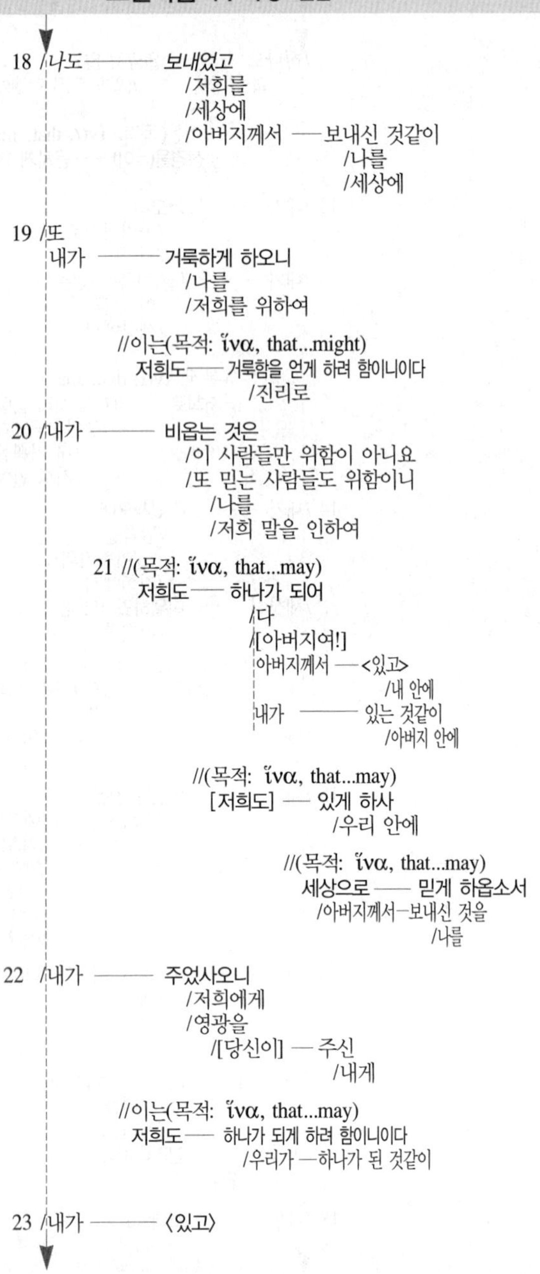

18 아버지께서 나를 세상에 보내신 것같이 나도 저희를
세상에 보내었고 19 또 저희를 위하여 내가 나를 거룩하
게 하오니 이는 저희도 진리로 거룩함을 얻게 하려 함이니
이다 20 내가 비옵는 것은 이 사람들만 위함이 아니요
또 저희 말을 인하여 나를 믿는 사람들도 위함이니 21 아
버지께서 내 안에 내가 아버지 안에 있는 것같이 저희도
다 하나가 되어 우리 안에 있게 하사 세상으로 아버지께서
나를 보내신 것을 믿게 하옵소서 22 내게 주신 영광을 내
가 저희에게 주었사오니 이는 우리가 하나가 된 것같이 저
희도 하나가 되게 하려 함이니이다

they themselves also may be sanctified in truth. 20 "I do
not ask in behalf of these alone, but for those also who
believe in Me through their word; 21 that they may all
be one; even as Thou, Father, art in Me, and I in Thee,
that they also may be in Us; that the world may believe
that Thou didst send Me. 22 "And the glory which Thou
hast given Me I have given to them; that they may be
one, just as We are one; 23 I in them, and Thou in Me,
that they may be perfected in unity, that the world may
know that Thou didst send Me, and didst love them, even

요

61) '원함', '말함', '권고함', '기도함' 등의 단어 다음에 나오는 'ἵνα+가정법'은 명령으로 해석된다. 하나님을 향한 명령동사는 기원으로 해석한다.

23 곧 내가 저희 안에 아버지께서 내 안에 계셔 저희로 온전함을 이루어 하나가 되게 하려 함은 아버지께서 나를 보내신 것과 또 나를 사랑하심같이 저희도 사랑하신 것을 세상으로 알게 하려 함이로소이다 24 아버지여 내게 주신 자도 나 있는 곳에 나와 함께 있어 아버지께서 창세 전부터 나를 사랑하시므로 내게 주신 나의 영광을 저희로 보게 하시기를 원하옵나이다 25 의로우신 아버지여 세상이 아버지를 알지 못하여도 나는 아버지를 알았삽고 저희도 아버지께서 나를 보내신 줄 알았삽나이다

as Thou didst love Me. 24 "Father, I desire that they also, whom Thou hast given Me, be with Me where I am, in order that they may behold My glory, which Thou hast given Me; for Thou didst love Me before the foundation of the world. 25 "O righteous Father, although the world has not known Thee, yet I have known Thee; and these have known that Thou didst send Me; 26 and I have made Thy name known to them, and will make it known; that the love wherewith Thou didst love Me may be in them, and I in them."

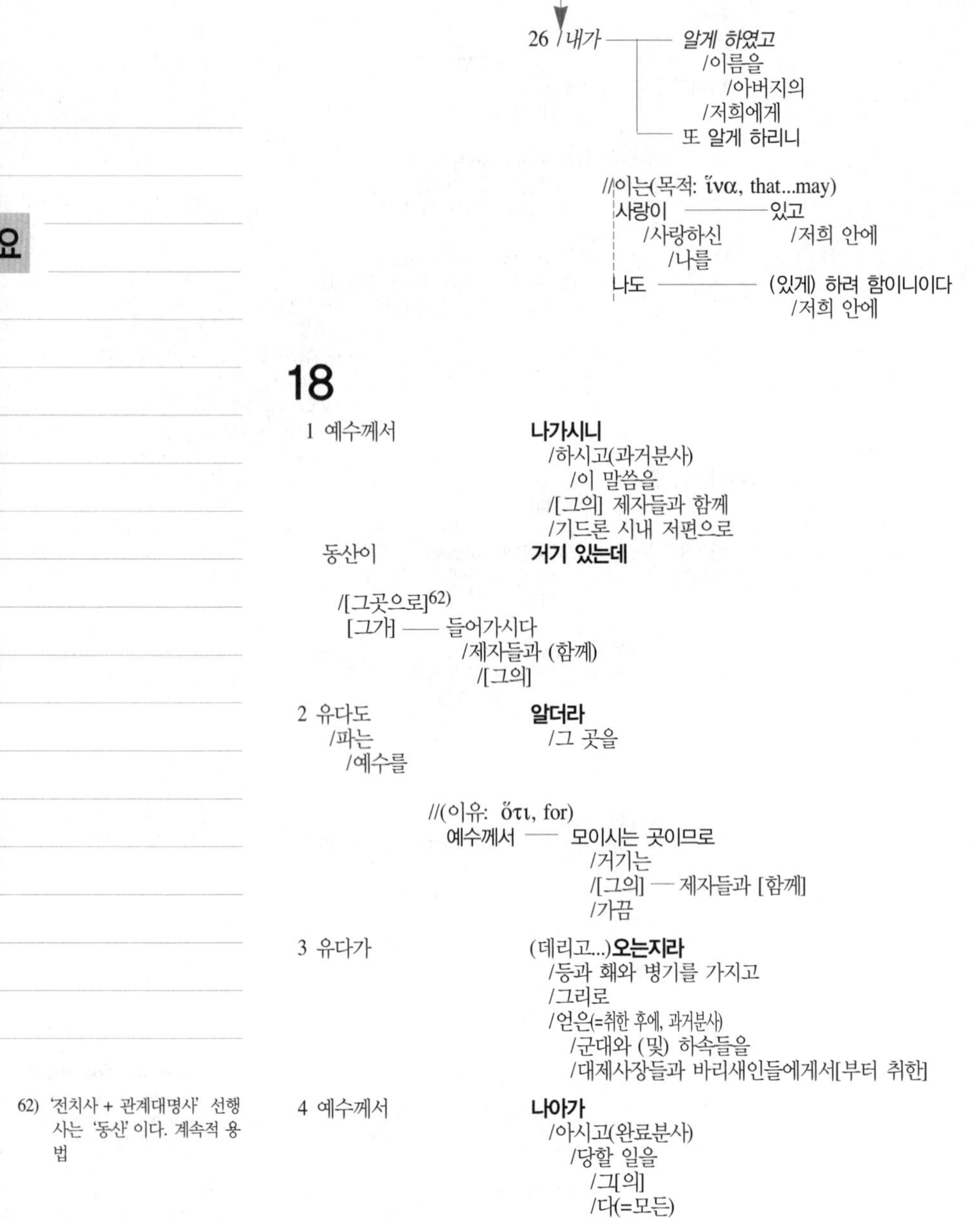

26 내가 아버지의 이름을 저희에게 알게 하였고 또 알게 하리니 이는 나를 사랑하신 사랑이 저희 안에 있고 나도 저희 안에 있게 하려 함이니이다

18:1 예수께서 이 말씀을 하시고 제자들과 함께 기드론 시내 저편으로 나가시니 거기 동산이 있는데 제자들과 함께 들어가시다 2 거기는 예수께서 제자들과 가끔 모이시는 곳이므로 예수를 파는 유다도 그 곳을 알더라
3 유다가 군대와 및 대제사장들과 바리새인들에게서 얻은 하속들을 데리고 등과 홰와 병기를 가지고 그리로 오는지라 4 예수께서 그 당할 일을 다 아시고 나아가 가라사대

18 1 When Jesus had spoken these words, He went forth with His disciples over the ravine of the Kidron, where there was a garden, into which He Himself entered, and His disciples. 2 Now Judas also, who was
betraying Him, knew the place; for Jesus had often met there with His disciples. 3 Judas then, having received the Roman cohort, and officers from the chief priests and the Pharisees, came there with lanterns and torches and weapons. 4 Jesus therefore, knowing all the things that

가라사대
/[그들에게]
/너희가 ——— 누구를 찾느냐?

5 [그들이] 대답하되(...하거늘)
/[그에게]
/나사렛 예수라
[그가] 가라사대(...하시니라)
/[그들에게]
/내로라
유다도 섰더라
/파는 /저희와 함께
/그를

6 예수께서 [말]하실 때에(상황절, when)
/저희에게
/내로라
저희가 가서
/물러
엎드러지는지라
/땅에
7 이에
[그가] 물으신대
/[저희에게]
/다시
/[너희는] ——— 누구를 찾느냐고?
저희가 말하되(...하거늘)
/나사렛 예수라
8 예수께서 대답하시되(...하시니)
/[내가] ——— [말]하였으니
/너희에게
/내로라
/[만일, εἰ]
[너희가] ——— 찾거든(조건절, if)
/나를
용납하라
/가는 것을(부정사)
/이 사람들의

9 //이는(목적: ἵνα, that...might)
말씀을(=이) ——— 응하게 하려 함이러라
/[말]하신
/[내가] ——— 잃지 아니하였삽나이다
/하나도
/아버지께서 — 주신자를
/내게
/[그들] 중에서

너희가 누구를 찾느냐 5 대답하되 나사렛 예수라 하거늘
가라사대 내로라 하시니라 그를 파는 유다도 저희와 함께
섰더라 6 예수께서 저희에게 내로라 하실 때에 저희가 물
러가서 땅에 엎드러지는지라 7 이에 다시 누구를 찾느냐
고 물으신대 저희가 말하되 나사렛 예수라 하거늘 8 예수
께서 대답하시되 너희에게 내로라 하였으니 나를 찾거든
이 사람들의 가는 것을 용납하라 하시니 9 이는 아버지께
서 내게 주신 자 중에서 하나도 잃지 아니하였삽나이다 하
신 말씀을 응하게 하려 함이러라

were coming upon Him, went forth, and said to them,
"Whom do you seek?" 5 They answered Him, "Jesus the
Nazarene." He said to them, "I am He." And Judas also
who was betraying Him, was standing with them. 6 When
therefore He said to them, "I am He," they drew back,
and fell to the ground. 7 Again therefore He asked them,
"Whom do you seek?" And they said, "Jesus the Nazarene."
8 Jesus answered, "I told you that I am He; if therefore
you seek Me, let these go their way," 9 that the word
might be fulfilled which He spoke, "Of those whom Thou
hast given Me I lost not one." 10 Simon Peter therefore having
a sword, drew it, and struck the high priest's slave, and

10 이에
시몬 베드로가 빼어
/가졌는데(=가진) /이것을
/검을

쳐서
/종을
/대제사장의
베어 버리니
/귀를
/[그의] 오른편
이름은 말고라
/그 종의

11 예수께서 이르시되(...하시니라)
/베드로더러
/[너는] —— 꽂으라
/검을
/집에
/내가 —— 마시지 아니하겠느냐?
/[그것을]
/잔을
/아버지께서 —— 주신

12 이에
군대와 잡아
천부장과 /예수를
하속들이 결박하여
/유대인의 /[그를]

13 끌고 가니
/안나스에게로
/먼저

//(이유: γάρ, for)
안나스는 —— 장인이라
/가야바의

/[그가][63]— 대제사장인
/그 해의

14 가야바는 권고하던 자러라
/유대인들에게
/죽는 것이 —— 유익하다
/한 사람이
/백성을 위하여

15 시몬 베드로와 따르니
또 제자 하나가 /예수를
/다른

63) 관계대명사, 선행사는 '가야바'이다. 계속적 용법

10 이에 시몬 베드로가 검을 가졌는데 이것을 빼어 대제
사장의 종을 쳐서 오른편 귀를 베어버리니 그 종의 이름은
말고라 11 예수께서 베드로더러 이르시되 검을 집에 꽂
으라 아버지께서 주신 잔을 내가 마시지 아니하겠느냐 하
시니라 12 이에 군대와 천부장과 유대인의 하속들이 예수
를 잡아 결박하여 13 먼저 안나스에게로 끌고 가니 안나
스는 그 해의 대제사장인 가야바의 장인이라 14 가야바
는 유대인들에게 한 사람이 백성을 위하여 죽는 것이 유익
하다 권고하던 자러라 15 시몬 베드로와 또 다른 제자 하
나가 예수를 따르니 이 제자는 대제사장과 아는 사람이라

cut off his right ear; and the slave's name was Malchus.
11 Jesus therefore said to Peter, "Put the sword into the sheath;
the cup which the Father has given Me, shall I not drink
it?" 12 So the Roman cohort and the commander, and
the officers of the Jews, arrested Jesus and bound Him,
13 and led Him to Annas first; for he was father-in-law
of Caiaphas, who was high priest that year.14 Now
Caiaphas was the one who had advised the Jews that it
was expedient for one man to die on behalf of the people.
15 And Simon Peter was following Jesus, and so was

이 제자는 **아는 사람이라**
/대제사장과
들어가고
/예수와 함께
/집 뜰에
/대제사장의

16 베드로는 **섰는지라**
/문 밖에
제자가 **나가서**
/그 다른
/아는
/대제사장과
말하여
/문 지키는 여자에게
데리고 들어왔더니
/베드로를

17 여종이 **말하되**(...하니)
/문 지키는 /베드로에게
/너도 —— 아니냐?
/제자[들] 중 하나가
/이 사람의

그가 **말하되**(...하고)
/나는 —— 아니라

18 종과 **서서**
하속들이 /피우고(완료분사)
/숯불을

//(이유: ὅτι, for)
그 때가 —— 추운 고로

[그들이] **쬐니**
베드로도 **서서 쬐더라**
/[저희와] 함께

19 대제사장이 **물으니**
/예수에게
/그의 제자들과
그의 교훈에 대하여

20 예수께서 **대답하시되**
/[그에게]
/내가 —— 말하였노라
/드러내어 놓고
/세상에
/[내가] —— 가르쳤고

요

예수와 함께 대제사장의 집 뜰에 들어가고 16 베드로는
문 밖에 섰는지라 대제사장과 아는 그 다른 제자가 나가서
문 지키는 여자에게 말하여 베드로를 데리고 들어왔더니
17 문 지키는 여종이 베드로에게 말하되 너도 이 사람의
제자 중 하나가 아니냐 하니 그가 말하되 나는 아니라 하
고 18 그 때가 추운고로 종과 하속들이 숯불을 피우고 서
서 쬐니 베드로도 함께 서서 쬐더라 19 대제사장이 예수
에게 그의 제자들과 그의 교훈에 대하여 물으니 20 예수
께서 대답하시되 내가 드러내어 놓고 세상에 말하였노라
모든 유대인들의 모이는 회당과 성전에서 항상 가르쳤고

another disciple. Now that disciple was known to the high priest, and entered with Jesus into the court of the high
priest, 16 but Peter was standing at the door outside. So the other disciple, who was known to the high priest, went out and spoke to the doorkeeper, and brought in
Peter. 17 The slave-girl therefore who kept the door said
to Peter, "You are not also one of this man's disciples, are you?" He said, "I am not."
18 Now the slaves and the officers were standing there, having made a charcoal fire, for it was cold and they were warming themselves; and Peter also was with them, standing and warming
himself. 19 The high priest therefore questioned Jesus

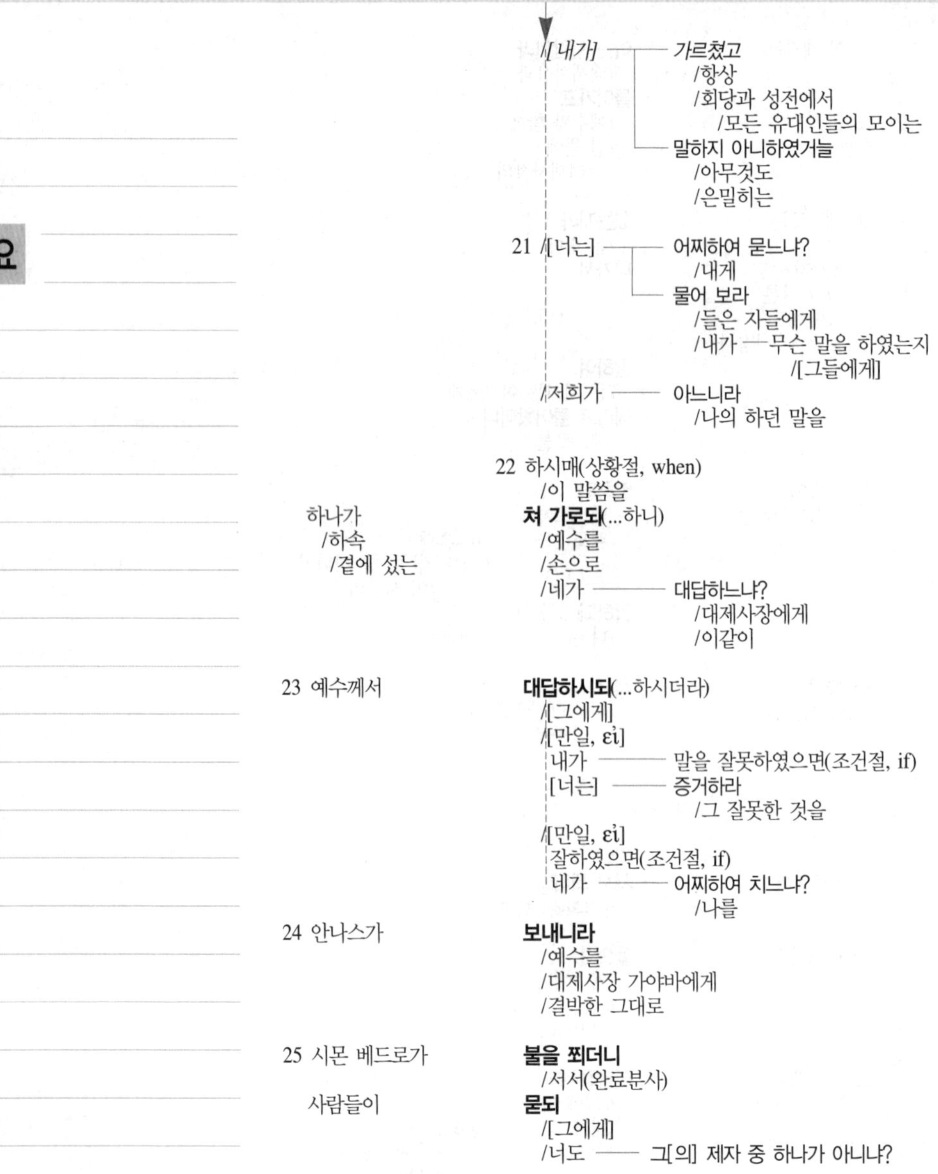

요

은밀히는 아무 것도 말하지 아니하였거늘 21 어찌하여 내게 묻느냐 내가 무슨 말을 하였는지 들은 자들에게 물어 보라 저희가 나의 하던 말을 아느니라 22 이 말씀을 하시매 곁에 섰는 하속 하나가 손으로 예수를 쳐 가로되 네가 대제사장에게 이같이 대답하느냐 하니 23 예수께서 대답하시되 내가 말을 잘못하였으면 그 잘못한 것을 증거하라 잘하였으면 네가 어찌하여 나를 치느냐 하시더라 24 안나스가 예수를 결박한 그대로 대제사장 가야바에게 보내니라 25 시몬 베드로가 서서 불을 쬐더니 사람들이 묻되 너도 그 제자 중 하나가 아니냐 베드로가 부인하여 가로되 나는

about His disciples, and about His teaching. 20 Jesus answered him, "I have spoken openly to the world; I always taught in synagogues, and in the temple, where all the Jews come together; and I spoke nothing in secret. 21 "Why do you question Me? Question those who have heard what I spoke to them; behold, these know what I said." 22 And when He had said this, one of the officers standing by gave Jesus a blow, saying, "Is that the way You answer the high priest?" 23 Jesus answered him, "If I have spoken wrongly, bear witness of the wrong; but if rightly, why do you strike Me?" 24 Annas therefore sent Him bound to Caiaphas the high priest. 25 Now Simon Peter was standing and warming himself. They said therefore to him, "You are not also one of His disciples, are you?" He denied it, and said, "I am not." 26 One of the slaves of the high priest, being a relative of the one whose ear Peter cut off,

아니라 하니 26 대제사장의 종 하나는 베드로에게 귀를
베어 버리운 사람의 일가라 가로되 네가 그 사람과 함께
동산에 있던 것을 내가 보지 아니하였느냐 27 이에 베드
로가 또 부인하니 곧 닭이 울더라 28 저희가 예수를 가야
바에게서 관정으로 끌고 가니 새벽이라 저희는 더럽힘을
받지 아니하고 유월절 잔치를 먹고자 하여 관정에 들어가
지 아니하더라 29 그러므로 빌라도가 밖으로 저희에게
나가서 말하되 너희가 무슨 일로 이 사람을 고소하느냐 30
대답하여 가로되 이 사람이 행악자가 아니었더면 우리가
당신에게 넘기지 아니하였겠나이다

said, "Did I not see you in the garden with Him?" 27
Peter therefore denied it again; and immediately a cock crowed.
28 ¶ They led Jesus therefore from Caiaphas into the
Praetorium, and it was early; and they themselves did not
enter into the Praetorium in order that they might not be
defiled, but might eat the Passover. 29 Pilate therefore
went out to them, and said, "What accusation do you
bring against this Man?" 30 They answered and said to
him, "If this Man were not an evildoer, we would not
have delivered Him up to you." 31 Pilate therefore said
to them, "Take Him yourselves, and judge Him according
to your law." The Jews said to him, "We are not permitted

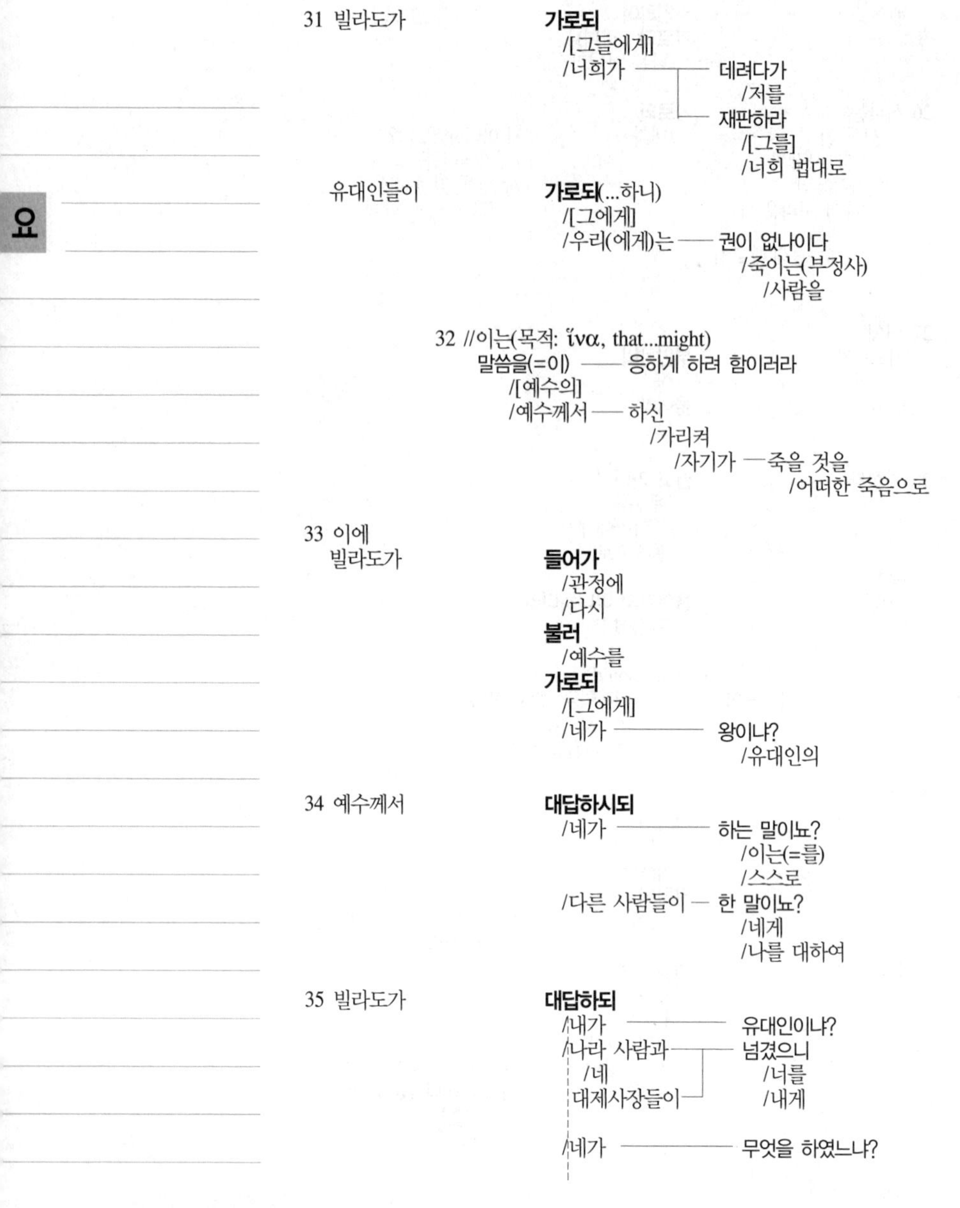

31 빌라도가 가로되 너희가 저를 데려다가 너희 법대로
재판하라 유대인들이 가로되 우리에게는 사람을 죽이는 권
이 없나이다 하니 32 이는 예수께서 자기가 어떠한 죽음
으로 죽을 것을 가리켜 하신 말씀을 응하게 하려 함이러라
33 이에 빌라도가 다시 관정에 들어가 예수를 불러 가로
되 네가 유대인의 왕이냐 34 예수께서 대답하시되 이는
네가 스스로 하는 말이뇨 다른 사람들이 나를 대하여 네게
한 말이뇨 35 빌라도가 대답하되 내가 유대인이냐 네 나
라 사람과 대제사장들이 너를 내게 넘겼으니 네가 무엇을
하였느냐

to put anyone to death," 32 that the word of Jesus might
be fulfilled, which He spoke, signifying by what kind of
death He was about to die. 33 ¶ Pilate therefore entered
again into the Praetorium, and summoned Jesus, and said
to Him, "Are You the King of the Jews?" 34 Jesus
answered, "Are you saying this on your own initiative, or
did others tell you about Me?" 35 Pilate answered, "I am
not a Jew, am I? Your own nation and the chief priests delivered
You up to me; what have You done?" 36 Jesus answered,
"My kingdom is not of this world. If My kingdom were

36 예수께서 대답하시되
/나라는 ——— 속한 것이 아니라
/내 /이 세상에

/만일[εἰ]
나라가 ——— 속한 것이었더면(조건절, if)
/내 /이 세상에
종들이 ——— 싸워(=싸웠으리라)
/내

//(목적: ἵνα, that...should)
나로 ——— 넘기우지 않게 하였으리라
/유대인들에게

/나라는 ——— 속한 것이 아니니라
/내 /이제
/여기에

37 빌라도가 가로되
/[그에게]
/그러면
/네가 ——— 왕이 아니냐?

예수께서 대답하시되(...하신대)
/네[가] ——— 말과 같이(=말하는도다)
/내가 왕이니라
내가 ——— 났으며
/이를 위하여
——— 왔나니
/이를 위하여
/세상에

//곧(목적: ἵνα, that...should)
[내가] ——— 증거하려 함이로다
/진리에 대하여

/진리에 속한 자는 ——— 듣느니라
/무릇 /내 소리를

38 빌라도가 가로되(...하더라)
/[그에게]
/진리가 ——— 무엇이냐?
나가서
/유대인들에게
/다시
/말을 하고(과거분사)
/이 말을

36 예수께서 대답하시되 내 나라는 이 세상에 속한 것이
아니라 만일 내 나라가 이 세상에 속한 것이었더면 내 종
들이 싸워 나로 유대인들에게 넘기우지 않게 하였으리라
이제 내 나라는 여기에 속한 것이 아니니라 37 빌라도가
가로되 그러면 네가 왕이 아니냐 예수께서 대답하시되 네
말과 같이 내가 왕이니라 내가 이를 위하여 났으며 이를
위하여 세상에 왔나니 곧 진리에 대하여 증거하려 함이로
다 무릇 진리에 속한 자는 내 소리를 듣느니라 하신대 38
빌라도가 가로되 진리가 무엇이냐 하더라 이 말을 하고 다
시 유대인들에게 나가서 이르되 나는 그에게서 아무 죄도
찾지 못하노라

of this world, then My servants would be fighting, that I might
not be delivered up to the Jews; but as it is, My kingdom
is not of this realm." 37 Pilate therefore said to Him, "So
You are a king?" Jesus answered, "You say correctly that
I am a king. For this I have been born, and for this I
have come into the world, to bear witness to the truth. Everyone
who is of the truth hears My voice." 38 ¶ Pilate said to
Him, "What is truth?" And when he had said this, he
went out again to the Jews, and said to them, "I find no
guilt in Him. 39 "But you have a custom, that I should
release someone for you at the Passover; do you wish
then that I release for you the King of the Jews?" 40 Therefore

이르되(...하니)
/[그들에게]
/나는 ——— **찾지 못하노라**
/아무 죄도
/그에게서

39 /전례가 ——— **있으니**
/놓아주는 /[너희에게]
/내가
/한 사람을
/너희에게
/유월절이면

/그러면
너희는 ——— **원하느냐?**
/내가 — 놓아 주기를
/왕을
/유대인의
/너희에게

40 저희가 **소리질러 가로되**(...하니)
/또
/이 사람이 아니라
/바라바라
바라바는 **강도러라**

19

1 이에
빌라도가 **데려다가**
/예수를
/[그때에]
채찍질하더라

2 군병들이 **씌우고**
/그의 머리에
/엮어(과거분사)
/면류관을
/가시로
입히고
/[그에게]
/자색 옷을

3 [그들이] **와서**
/[그]앞에
가로되(...하며)
/왕이여!
/유대인의
/[너는] ——— **평안할지어다**

39 유월절이면 내가 너희에게 한 사람을 놓아 주는 전례
가 있으니 그러면 너희는 내가 유대인의 왕을 너희에게 놓
아 주기를 원하느냐 하니 40 저희가 또 소리 질러 가로되
이 사람이 아니라 바라바라 하니 바라바는 강도러라

19:1 이에 빌라도가 예수를 데려다가 채찍질하더라
2 군병들이 가시로 면류관을 엮어 그의 머리에 씌
우고 자색 옷을 입히고 3 앞에 와서 가로되 유대인의 왕
이여 평안할지어다 하며 손바닥으로 때리더라

they cried out again, saying, "Not this Man, but Barabbas."
Now Barabbas was a robber.
19:1 Then Pilate therefore took Jesus, and scourged
Him. 2 And the soldiers wove a crown of thorns
and put it on His head, and arrayed Him in a purple robe;
3 and they began to come up to Him, and say, "Hail,
King of the Jews!" and to give Him blows in the face. 4
And Pilate came out again, and said to them, "Behold, I

[그들이] **때리더라**
/[그에게]
/손바닥으로

4 빌라도가 **나가**
/다시
/밖에
말하되(...하더라)
/[그들에게]
/보라[ἴδε]
[내가] ——— 데리고
/이 사람을
/너희에게
/나오나니(=밖으로)

//이는(목적: ἵνα, that,,,may)
너희로 —— 알게 하려 함이로다
/내가 — 찾지 못한 것을
/아무 죄도
/그에게서

5 이에
예수께서 **나오시니**
/[밖으로]
/쓰고..입고(현재분사)
/가시 면류관을
/자색 옷을
빌라도가 **말하되**(...하매)
/저희에게
/보라!
/이 사람이로다

6 대제사장들과
하속들이 보고(=보았을 때, 상황절, when)
/예수를
소리질러 가로되(...하는지라)
/[당신은] ——— 십자가에 못 박게 하소서
십자가에 못 박게 하소서
빌라도가 **가로되**
/[그들에게]
/너희가 ——— 데려다가
/[그를]
/(친히)
십자가에 못 박으라

//(이유: γάρ, for)
나는 ——— 찾지 못하노라
/죄를
/그에게서

요

4 빌라도가 다시 밖에 나가 말하되 보라 이 사람을 데리고
너희에게 나오나니 이는 내가 그에게서 아무 죄도 찾지 못
한 것을 너희로 알게 하려 함이로다 하더라 5 이에 예수
께서 가시 면류관을 쓰고 자색 옷을 입고 나오시니 빌라도
가 저희에게 말하되 보라 이 사람이로다 하매 6 대제사장
들과 하속들이 예수를 보고 소리 질러 가로되 십자가에 못
박게 하소서 십자가에 못박게 하소서 하는지라 빌라도가
가로되 너희가 친히 데려다가 십자가에 못박으라 나는 그
에게서 죄를 찾지 못하노라

am bringing Him out to you, that you may know that I find no guilt in Him." 5 Jesus therefore came out, wearing the crown of thorns and the purple robe. And Pilate said to them, "Behold, the Man!" 6 When therefore the chief priests and the officers saw Him, they cried out, saying, "Crucify, crucify!" Pilate said to them, "Take Him yourselves, and crucify Him, for I find no guilt in Him." 7 The Jews answered him, "We have a law, and by that law He ought to die because He made Himself out to be the Son of God." 8 When Pilate therefore heard this statement, he

7 유대인들이 대답하되 우리에게 법이 있으니 그 법대로 하면 저가 당연히 죽을 것은 저가 자기를 하나님 아들이라 함이니이다
8 빌라도가 이 말을 듣고 더욱 두려워하여 9 다시 관정에 들어가서 예수께 말하되 너는 어디로서냐 하되 예수께서 대답하여 주지 아니하시는지라 10 빌라도가 가로되 내게 말하지 아니하느냐 내가 너를 놓을 권세도 있고 십자가에 못박을 권세도 있는 줄 알지 못하느냐 11 예수께서 대답하시되 위에서 주지 아니하셨더면 나를 해할 권세가 없었으리니 그러므로 나를 네게 넘겨 준 자의 죄는 더 크니라

was the more afraid; 9 and he entered into the Praetorium again, and said to Jesus, "Where are You from?" But Jesus gave him no answer. 10 Pilate therefore said to Him, "You do not speak to me? Do You not know that I have authority to release You, and I have authority to crucify You?" 11 Jesus answered, "You would have no authority over Me, unless it had been given you from above; for this reason he who delivered Me up to you has the greater sin." 12 As a result of this Pilate made efforts to release Him, but the Jews cried out, saying, "If

/그러므로
넘겨 준 자의(=는) —— 죄는...니라(=죄가 있느니라)
/나를 /더 크(=더 큰)
/네게

12 이러하므로
빌라도가 **힘썼으나**
/놓으려고(부정사)
/예수를
유대인들이 **소리질러 가로되**
/[만일, εἰ]
[당신이] —— 놓으면(조건절, if)
/이 사람을
충신이 아니니이다
/가이사의
/[말]하는 자는 —— 반역하는 것이니이다
/무릇 /가이사를
/자기를
/왕이라

13 빌라도가 **끌고**
/예수를
/듣고(과거분사)
/이 말을
/나와서
앉았더라
/재판석에
/박석이란 곳에서
/히브리 말로 가바다[인]

14 이 날은 **예비일이요**
/유월절의
때는 **제 육 시라**
빌라도가 **이르되**
/유대인들에게
/보라!
/너희 왕이로다

15 저희가 **소리지르되**
/[당신은] —— 없이 하소서
없이 하소서
십자가에 못 박게 하소서
/저를
빌라도가 **가로되**
/[그들에게]
/내가 —— 십자가에 못 박으랴?
/너희 왕을
대제사장들이 **대답하되**(...하니)
/우리에게(=가) —— 없나이다
/왕이(=을)
/가이사 외에는

하시니 12 이러하므로 빌라도가 예수를 놓으려고 힘썼으
나 유대인들이 소리질러 가로되 이 사람을 놓으면 가이사
의 충신이 아니니이다 무릇 자기를 왕이라 하는 자는 가이
사를 반역하는 것이니이다 13 빌라도가 이 말을 듣고 예
수를 끌고 나와서 박석(히브리 말로 가바다)이란 곳에서
재판석에 앉았더라 14 이 날은 유월절의 예비일이요 때
는 제육시라 빌라도가 유대인들에게 이르되 보라 너희 왕
이로다 15 저희가 소리지르되 없이하소서 없이하소서 저
를 십자가에 못박게 하소서 빌라도가 가로되 내가 너희 왕
을 십자가에 못 박으랴 대제사장들이 대답하되 가이사 외

you release this Man, you are no friend of Caesar; everyone
who makes himself out to be a king opposes Caesar." 13
When Pilate therefore heard these words, he brought Jesus
out, and sat down on the judgment seat at a place called
The Pavement, but in Hebrew, Gabbatha. 14 Now it was
the day of preparation for the Passover; it was about the
sixth hour. And he said to the Jews, "Behold, your King!"
15 They therefore cried out, "Away with Him, away with
Him, crucify Him!" Pilate said to them, "Shall I crucify
your King?" The chief priests answered, "We have no

요

16 이에
[그가] **넘겨 주니라**
/예수를
/저희에게
/[그때에]

//(목적: ἵνα, to)
[그가] —— 십자가에 못 박히게

저희가 **맡으매**
/예수를

17 예수께서 **나오시니**
/해골이라 하는 곳에
/[그곳이][64] —— [불리운다]
/히브리 말로
/골고다

/지시고(과거분사)
/십자가를
/자기의

18 저희가 **십자가에 못 박을새**
/예수를
/거기서
(못 박으니)
/다른 두 사람도(=을)
/그와 함께
/좌우편에

예수는 **가운데 있더라**

19 빌라도가 **써서**
/패를
붙이니
/십자가 위에

[그것이] **기록되었더라**
/나사렛 예수 유대인의 왕이라

20 많은[무리가] **읽는데**
/유대인이(=의) /이 패를

//(이유: ὅτι, because)
곳이 ———— 가까운 고로
/예수의 못 박히신 /성에서

[그것이] **기록되었더라**
/히브리와
/로마와
/헬라 말로

64) 관계대명사, 선행사는 '해골'이다. 계속적 용법

에는 우리에게 왕이 없나이다 하니 16 이에 예수를 십자
가에 못박히게 저희에게 넘겨주니라 17 저희가 예수를
맡으매 예수께서 자기의 십자가를 지시고 해골 (히브리 말
로 골고다)이라 하는 곳에 나오시니 18 저희가 거기서 예
수를 십자가에 못박을새 다른 두 사람도 그와 함께 좌우편
에 못 박으니 예수는 가운데 있더라 19 빌라도가 패를 써
서 십자가 위에 붙이니 나사렛 예수 유대인의 왕이라 기록
되었더라 20 예수의 못박히신 곳이 성에서 가까운 고로
많은 유대인이 이 패를 읽는데 히브리와 로마와 헬라 말로
기록되었더라

king but Caesar." 16 So he then delivered Him to them
to be crucified. 17 ¶ They took Jesus therefore, and He
went out, bearing His own cross, to the place called the
Place of a Skull, which is called in Hebrew, Golgotha.
18 There they crucified Him, and with Him two other
men, one on either side, and Jesus in between. 19 And
Pilate wrote an inscription also, and put it on the cross.
And it was written, "JESUS THE NAZARENE, THE
KING OF THE JEWS." 20 Therefore this inscription
many of the Jews read, for the place where Jesus was crucified
was near the city; and it was written in Hebrew, Latin,
and in Greek. 21 And so the chief priests of the Jews

21 대제사장들이 /유대인의 **이르되**(...하니)
/빌라도에게
/[당신은] ── [기록]말고
/유대인의 왕이라
(쓰라)
/자(=그가) - 칭(=말하되)
/[나는] 유대인의 왕이라

22 빌라도가 **대답하되**(...하니라)
/[내가] ── 썼다
/나의 쓸 것을

23 군병들이 십자가에 못 박고(=박았을 때, 상황절, when)
/예수를
취하여
/그의 옷을
나눠
/네 깃에
(얻고)
/각각 한 깃씩
/속옷도 (취하니)(=을)
이 속옷은 **호지 아니하고**
짠 것이라
/위에서부터
/통으로
24 군병들이 **말하되**(...하니)
/서로
/[우리가] ── 찢지 말고
/이것을
제비뽑자
/누가 얻나
/[그것에 관하여]

//이는(목적: ἵνα, that...might)
성경에 ── 응하게 하려 함이러라
/[말]한 (것을)
/저희가 ── 나누고
/내 옷을
/[그들 스스로]
제비뽑나이다
/내 옷을

군병들은 **[행]하고**
/이런 일을

요

21 유대인의 대제사장들이 빌라도에게 이르되 유대인의
왕이라 말고 자칭 유대인의 왕이라 쓰라 하니 22 빌라도
가 대답하되 나의 쓸 것을 썼다 하니라 23 군병들이 예수
를 십자가에 못박고 그의 옷을 취하여 네 깃에 나눠 각각
한 깃씩 얻고 속옷도 취하니 이 속옷은 호지 아니하고 위
에서부터 통으로 짠 것이라 24 군병들이 서로 말하되 이
것을 찢지 말고 누가 얻나 제비뽑자 하니 이는 성경에 저
희가 내 옷을 나누고 내 옷을 제비뽑나이다 한 것을 응하
게 하려 함이러라 군병들은 이런 일을 하고

were saying to Pilate, "Do not write, 'The King of the
Jews'; but that He said, 'I am King of the Jews.'" 22
Pilate answered, "What I have written I have written."
23 ¶ The soldiers therefore, when they had crucified Jesus,
took His outer garments and made four parts, a part to
every soldier and also the tunic; now the tunic was seamless,
woven in one piece. 24 They said therefore to one another,
"Let us not tear it, but cast lots for it, to decide whose it
shall be"; that the Scripture might be fulfilled, "They
divided My outer garments among them, and for My
clothing they cast lots." 25 Therefore the soldiers did
these things. But there were standing by the cross of Jesus

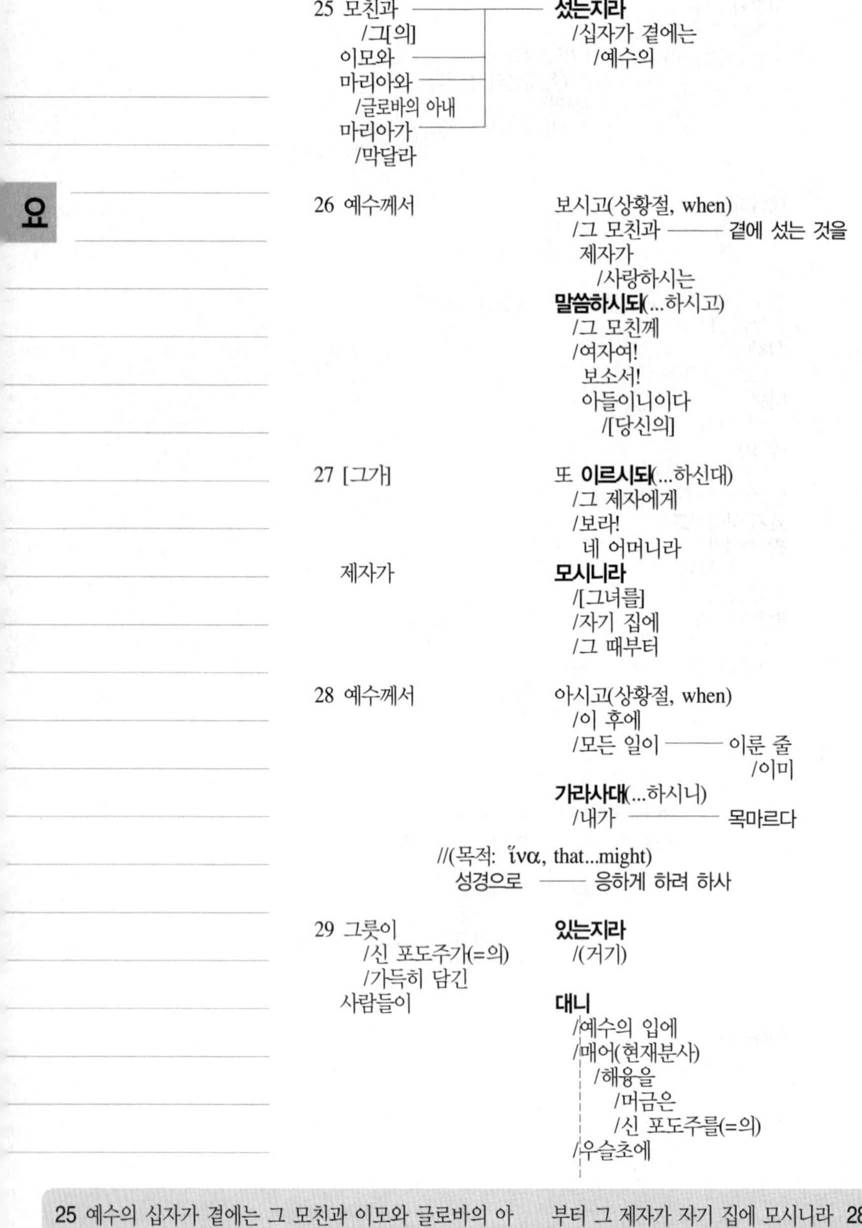

25 예수의 십자가 곁에는 그 모친과 이모와 글로바의 아내 마리아와 막달라 마리아가 섰는지라 26 예수께서 그 모친과 사랑하시는 제자가 곁에 섰는 것을 보시고 그 모친께 말씀하시되 여자여 보소서 아들이니이다 하시고 27 또 그 제자에게 이르시되 보라 네 어머니라 하신대 그 때부터 그 제자가 자기 집에 모시니라 28 이 후에 예수께서 모든 일이 이미 이룬 줄 아시고 성경으로 응하게 하려 하사 가라사대 내가 목마르다 하시니 29 거기 신 포도주가 가득히 담긴 그릇이 있는지라 사람들이 신 포도주를 머금은 해융을 우슬초에 매어 예수의 입에 대니

His mother, and His mother's sister, Mary the wife of Clopas, and Mary Magdalene. 26 When Jesus therefore saw His mother, and the disciple whom He loved standing nearby, He said to His mother, "Woman, behold, your son!" 27 Then He said to the disciple, "Behold, your mother!" And from that hour the disciple took her into his own household. 28 ¶ After this, Jesus, knowing that all things had already been accomplished, in order that the Scripture might be fulfilled, said, "I am thirsty." 29 A jar full of sour wine was standing there; so they put a sponge full of the sour wine upon a branch of hyssop, and brought it up to His mouth. 30 When Jesus therefore had received the sour wine, He said, "It is finished!" And He bowed His head, and gave up His spirit. 31 ¶ The Jews therefore,

30 예수께서 받으신 후(상황절, when)
/신 포도주를
가라사대(...하시고)
/다 이루었다
돌아가시니라
/영혼이(=을)
/숙이시고(과거분사)
/머리를

31 유대인들은 **달라 하니**(=**요청하니**)
/빌라도에게
/[그들이] ── 꺾어
/그들의 다리를
── 시체를 치워(=치울것을)

//(이유:ἐπει, because)
이 날은 ── 예비일이라

//(목적: ἵνα, that...should)
시체들을(=가) ── 두지 아니하려 하여
/그 안식일에
/십자가에

//(이유: γάρ, for)
날[이] ── 큰 이므로(=크기 때문이라)
/그 안식일이(=의)

32 군병들이 **가서**
꺾고
/다리를
/첫째 사람과(=의)
/또 그 다른 사람의
/못 박힌
/예수와 함께

33 [그들이] 보고(=보았을 때, 상황절, when)
/[그가] ── 죽은 것을
/이미
/예수께 이르러는
꺾지 아니하고
/[그의] 다리를

34 한 군병이 **찌르니**
/그 중
/옆구리를
/창으로
피와 물이 **나오더라**
/곧

30 예수께서 신 포도주를 받으신 후 가라사대 다 이루었
다 하시고 머리를 숙이시고 영혼이 돌아가시니라 31 이
날은 예비일이라 유대인들은 그 안식일이 큰 날이므로 그
안식일에 시체들을 십자가에 두지 아니하려 하여 빌라도에
게 그들의 다리를 꺾어 시체를 치워 달라 하니 32 군병
들이 가서 예수와 함께 못박힌 첫째 사람과 또 다른 사람
의 다리를 꺾고 33 예수께 이르러는 이미 죽은 것을 보고
다리를 꺾지 아니하고 34 그 중 한 군병이 창으로 옆구리
를 찌르니 곧 피와 물이 나오더라

because it was the day of preparation, so that the bodies should not remain on the cross on the Sabbath (for that Sabbath was a high day), asked Pilate that their legs might be broken, and that they might be taken away.
32 The soldiers therefore came, and broke the legs of the first man, and of the other man who was crucified with Him;
33 but coming to Jesus, when they saw that He was already dead, they did not break His legs;
34 but one of the soldiers pierced His side with a spear, and immediately there came out blood and water.
35 And he who has seen has borne witness, and his witness is true; and he knows that he is telling the truth, so that you also may believe.
36 For

요

35 이를 본 자가 **증거하였으니**
/증거가 ——— 참이라
/그[의]
/저가 ——— 알고
/자기의 말하는 것이 참인 줄

//(목적: ἵνα, that...might)
너희로 ——— 믿게 하려 함이니라

36 //(이유: γάρ, for)
이 일이 —— 이룬 것은(=이뤄졌기 때문이다)
/성경을(=이) —— 응하게 하려 함이라(=응하도록)
/뼈가 ——— 하나도 꺾이우지 아니하리라한
/그[의]

37 성경에 **[말]하였느니라**
/다른
/또(=다시)
/저희가 ——— 보리라
/그 찌른 자를

38 요셉이 **구하매**
/아리마대 사람
/제자나(=인)
/예수의
/[그가] ——— 가져가기를
/예수의 시체를
/빌라도더러
/이 일 후에
/은휘하더니(=은밀하게, 완료분사)
//(이유: διὰ +목적격, because)
두려워하여
/유대인을

빌라도가 **허락하는지라**
이에 가서
가져가니라
/예수의 시체를

39 니고데모도 **온지라**
/나아왔던
/밤에
/일찍
/예수께
/가지고(현재분사)
/백 근쯤
/섞은 것을
/몰약과 침향

40 이에
[그들이] **가져다가**
/예수의 시체를
[그들이] **쌌더라**
/[그것을]
/세마포로
/그 향품과 함께
/장례법대로
/유대인의

35 이를 본 자가 증거하였으니 그 증거가 참이라 저가 자
기의 말하는 것이 참인 줄 알고 너희로 믿게 하려 함이니
라 36 이 일이 이룬 것은 그 뼈가 하나도 꺾이우지 아니
하리라 한 성경을 응하게 하려 함이라 37 또 다른 성경에
저희가 그 찌른 자를 보리라 하였느니라 38 아리마대 사
람 요셉이 예수의 제자나 유대인을 두려워하여 은휘하더니
이 일 후에 빌라도더러 예수의 시체를 가져가기를 구하매
빌라도가 허락하는지라 이에 가서 예수의 시체를 가져가니
라 39 일찍 예수께 밤에 나아왔던 니고데모도 몰약과 침
향(沈香) 섞은 것을 백 근쯤 가지고 온지라 40 이에 예수
의 시체를 가져다가 유대인의 장례법대로 그 향품과 함께
세마포로 쌌더라

these things came to pass, that the Scripture might be fulfilled,
"Not a bone of Him shall be broken." 37 And again
another Scripture says, "They shall look on Him whom
they pierced." 38 ¶ And after these things Joseph of Arimathea,
being a disciple of Jesus, but a secret one, for fear of the
Jews, asked Pilate that he might take away the body of
Jesus; and Pilate granted permission. He came therefore,
and took away His body. 39 And Nicodemus came also,
who had first come to Him by night; bringing a mixture
of myrrh and aloes, about a hundred pounds weight. 40

41 예수의 십자가에 못박히신 곳에 동산이 있고 동산 안
에 아직 사람을 장사한 일이 없는 새 무덤이 있는지라 42
이 날은 유대인의 예비일이요 또 무덤이 가까운 고로 예수
를 거기 두니라

20:1 안식 후 첫 날 이른 아침 아직 어두울 때에 막달
라 마리아가 무덤에 와서 돌이 무덤에서 옮겨간 것
을 보고 2 시몬 베드로와 예수의 사랑하시던 그 다른 제
자에게 달려가서 말하되 사람이 주를 무덤에서 가져다가
어디 두었는지 우리가 알지 못하겠다 하니 3 베드로와 그

And so they took the body of Jesus, and bound it in linen
wrappings with the spices, as is the burial custom of the
Jews. 41 Now in the place where He was crucified there
was a garden; and in the garden a new tomb, in which
no one had yet been laid. 42 Therefore on account of the
Jewish day of preparation, because the tomb was nearby,
they laid Jesus there.

20:1 ¶ Now on the first day of the week Mary Magdalene
came early to the tomb, while it was still dark, and
saw the stone already taken away from the tomb. 2 And
so she ran and came to Simon Peter, and to the other
disciple whom Jesus loved, and said to them, "They have
taken away the Lord out of the tomb, and we do not know

요

4 둘이 **달음질하더니**
/같이
제자가 /그 다른 **달아나서**
/(더) 빨리
/베드로보다
이르러
/무덤에
/먼저
5 **보았으나**
/놓인 것을
/세마포
/구푸려(과거분사)
들어가지는 아니하였더니

6 시몬 베드로도 **따라와서**
/[그를]
들어가
/무덤에
보니
/세마포가(=를)
/놓였고(=놓인)
7 /또 수건은(=을)

/[그것은][65] —— 쌌던(=쌌더라)
/[그의] 머리를

/놓이지 않고(=놓이지 않은)
/세마포와 함께
/개켜 있더라(=개켜 있는)
/딴 곳에

8 제자도 —— **들어가**
/그 다른 /그 때에야
/왔던 **보고**
/먼저 **믿더라**
/무덤에

9 //(이유: γάρ, for)
저희는 —— (아직) 알지 못하더라
/성경에...하신 말씀을(=성경을)
/그가 —— 다시 살아나야 하리라 하신
/죽은 자 가운데서

65) 관계대명사, 선행사는 '수건'이다. 계속적 용법

10 이에
두 제자가 **돌아가니라**
/자기 집으로
/[다시]

다른 제자가 나가서 무덤으로 갈새 4 둘이 같이 달음질하더니 그 다른 제자가 베드로보다 더 빨리 달아나서 먼저 무덤에 이르러 5 구푸려 세마포 놓인 것을 보았으나 들어가지는 아니하였더니 6 시몬 베드로도 따라 와서 무덤에 들어가 보니 세마포가 놓였고 7 또 머리를 쌌던 수건은 세마포와 함께 놓이지 않고 딴 곳에 개켜 있더라 8 그때에야 무덤에 먼저 왔던 그 다른 제자도 들어가 보고 믿더라 9 (저희는 성경에 그가 죽은 자 가운데서 다시 살아나야 하리라 하신 말씀을 아직 알지 못하더라) 10 이에 두 제자가 자기 집으로 돌아가니라

where they have laid Him." 3 Peter therefore went forth, and the other disciple, and they were going to the tomb. 4 And the two were running together; and the other disciple ran ahead faster than Peter, and came to the tomb first; 5 and stooping and looking in, he saw the linen wrappings lying there; but he did not go in. 6 Simon Peter therefore also came, following him, and entered the tomb; and he beheld the linen wrappings lying there, 7 and the face-cloth, which had been on His head, not lying with the linen wrappings, but rolled up in a place by itself. 8 So the other disciple who had first come to the tomb entered then also, and he saw and believed. 9 For as yet they did not understand the Scripture, that He must rise again from the dead. 10 So the disciples went away again to

11 마리아는 **서서**
/무덤 밖에
/울고 있더니(=울고 있으며, 현재분사)
(구푸려) **들여다보니**
/무덤 속을
/울면서

12 [그녀가] **[보았다]**
/두 천사를
/흰 옷 입은
/앉았더라(=앉은)
/시체[가] ——— 뉘었던 곳에
/예수의
/하나는 머리 편에
/하나는 발 편에

13 천사들이 **가로되**
/[그녀에게]
/여자여!
/[네가] ——— 어찌하여 우느냐?

[그녀가] **가로되**
/[그들에게]
/사람이 ——— 가져다가
/내 주를
/내가 ——— 알지 못함이니이다
/어디 두었는지

14 **돌이**켜
/뒤로
/[말]하고(과거분사)
/이 말을
보나
/예수의 서신 것을
알지 못하더라
/예수신 줄

15 예수께서 **가라사대**(...하시니)
/[그녀에게]
/여자여!
[네가] ——— 어찌하여 울며
누구를 찾느냐?

마리아는 **가로되**
/[그에게]
/알고(현재분사)
/그가 ——— 동산지기인 줄로
/주여!

11 마리아는 무덤 밖에 서서 울고 있더니 울면서 구푸려 무덤 속을 들여다보니 12 흰 옷 입은 두 천사가 예수의 시체 뉘었던 곳에 하나는 머리 편에 하나는 발 편에 앉았더라 13 천사들이 가로되 여자여 어찌하여 우느냐 가로되 사람이 내 주를 가져다가 어디 두었는지 내가 알지 못함이니이다 14 이 말을 하고 뒤로 돌이켜 예수의 서신 것을 보나 예수신 줄 알지 못하더라 15 예수께서 가라사대 여자여 어찌하여 울며 누구를 찾느냐 하시니 마리아는 그가 동산지기인 줄로 알고 가로되 주여 당신이 옮겨 갔거든 어디 두었는지 내게 이르소서 그리하면 내가 가져가리이다

their own homes. 11 But Mary was standing outside the tomb weeping; and so, as she wept, she stooped and looked into the tomb; 12 and she beheld two angels in white sitting, one at the head, and one at the feet, where the body of Jesus had been lying. 13 And they said to her, "Woman, why are you weeping?" She said to them, "Because they have taken away my Lord, and I do not know where they have laid Him." 14 When she had said this, she turned around, and beheld Jesus standing there, and did not know that it was Jesus. 15 Jesus said to her, "Woman, why are you weeping? Whom are you seeking?" Supposing Him to be the gardener, she said to Him, "Sir,

16 예수께서 마리아야 하시거늘 마리아가 돌이켜 히브리 말로 랍오니여 하니 (이는 선생님이라) 17 예수께서 이르시되 나를 만지지 말라 내가 아직 아버지께로 올라가지 못하였노라 너는 내 형제들에게 가서 이르되 내가 내 아버지 곧 너희 아버지 내 하나님 곧 너희 하나님께로 올라간다 하라 하신대 18 막달라 마리아가 가서 제자들에게 내가 주를 보았다 하고 또 주께서 자기에게 이렇게 말씀하셨다 이르니라

if you have carried Him away, tell me where you have laid Him, and I will take Him away." 16 Jesus said to her, "Mary!" She turned and said to Him in Hebrew, "Rabboni!" (which means, Teacher). 17 Jesus said to her, "Stop clinging to Me, for I have not yet ascended to the Father; but go to My brethren, and say to them, I ascend to My Father and your Father, and My God and your God.'" 18 Mary Magdalene came, announcing to the disciples, "I have seen the Lord," and that He had said these things to her. 19 ¶ When therefore it was evening, on that day, the

19 이 날 ―――― 저녁 때에(상황절, when)
/(곧)안식 후 첫날
문들을(=이) ―――― 닫았더니(=닫혔을 때, 상황절, when)
/제자들이 모인 곳에

//(이유: διὰ+목적격, for)
두려워하여
/유대인들을

예수께서 **오사**
서서
/가운데
가라사대
/[그들에게]
/평강이 ―――― (있을지어다)
/너희에게

20 [그가] 하시고(=말하셨을 때, 상황절, when)
/이 말씀을
보이시니
/손과 옆구리를
/[그들에게]

제자들이 보고(=보았을 때, 상황절, when)
/주를
기뻐하더라

21 예수께서 **가라사대**
/[그들에게]
/또(=다시)
/평강이 ―――― (있을지어다)
/너희에게
/나도 ―――― 보내노라
/너희를
/아버지께서 ― 보내신 것같이
/나를

22 [그가] [말씀]하시고(상황절, when)
/이 말씀을
숨을 내쉬며
/저희를 향하사
가라사대(...하시니라)
/[너희는] ―――― 받으라
/성령을

23 /너희가 ―――― 사하면
/뉘 죄든지
/[그것들이] ―――― 사하여질 것이요

19 이날 곧 안식 후 첫 날 저녁 때에 제자들이 유대인들을
두려워하여 모인 곳에 문들을 닫았더니 예수께서 오사 가
운데 서서 가라사대 너희에게 평강이 있을지어다 20 이
말씀을 하시고 손과 옆구리를 보이시니 제자들이 주를 보
고 기뻐하더라 21 예수께서 또 가라사대 너희에게 평강
이 있을지어다 아버지께서 나를 보내신 것같이 나도 너희
를 보내노라 22 이 말씀을 하시고 저희를 향하사 숨을 내
쉬며 가라사대 성령을 받으라 23 너희가 뉘 죄든지 사하
면 사하여질 것이요 뉘 죄든지 그대로 두면 그대로 있으리
라 하시니라

first day of the week, and when the doors were shut where
the disciples were, for fear of the Jews, Jesus came and
stood in their midst, and said to them, "Peace be with
you." 20 And when He had said this, He showed them
both His hands and His side. The disciples therefore
rejoiced when they saw the Lord. 21 Jesus therefore said
to them again, "Peace be with you; as the Father has sent
Me, I also send you." 22 And when He had said this,
He breathed on them, and said to them, "Receive the Holy
Spirit. 23 "If you forgive the sins of any, their sins have
been forgiven them; if you retain the sins of any, they
have been retained." 24 But Thomas, one of the twelve,

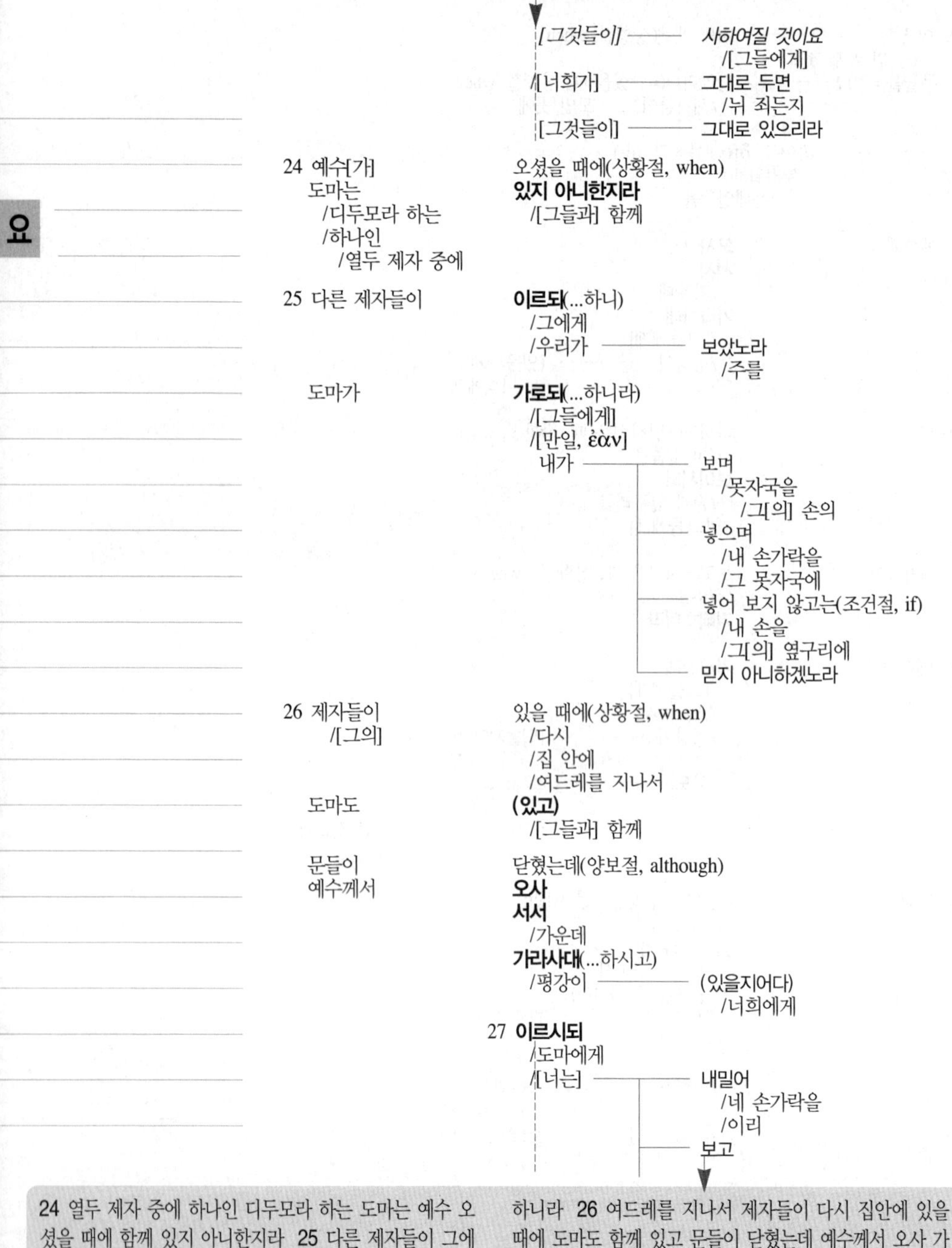

24 열두 제자 중에 하나인 디두모라 하는 도마는 예수 오셨을 때에 함께 있지 아니한지라 25 다른 제자들이 그에게 이르되 우리가 주를 보았노라 하니 도마가 가로되 내가 그 손의 못자국을 보며 내 손가락을 그 못자국에 넣으며 내 손을 그 옆구리에 넣어 보지 않고는 믿지 아니하겠노라 하니라 26 여드레를 지나서 제자들이 다시 집안에 있을 때에 도마도 함께 있고 문들이 닫혔는데 예수께서 오사 가운데 서서 가라사대 너희에게 평강이 있을지어다 하시고 27 도마에게 이르시되 네 손가락을 이리 내밀어 내 손을 보고 네 손을 내밀어 내 옆구리에 넣어 보라 그리하고 믿

called Didymus, was not with them when Jesus came. 25 The other disciples therefore were saying to him, "We have seen the Lord!" But he said to them, "Unless I shall see in His hands the imprint of the nails, and put my finger into the place of the nails, and put my hand into His side, I will not believe." 26 And after eight days again His disciples were inside, and Thomas with them. Jesus came, the doors having been shut, and stood in their midst, and said, "Peace be with you." 27 Then He said to Thomas, "Reach here your finger, and see My hands; and reach here your hand, and put it into My side; and be not unbelieving, but believing." 28 Thomas answered

보고
/내 손을
내밀어
/네 손을
넣어 보라
/내 옆구리에

/그리하고
[너는] 믿음 없는 자가 되지 말고
믿는 자가 되라

요

28 도마가 **대답하여**
가로되
/[그에게]
/주시며!
/나의
/하나님이시니이다(=여!)
/나의
29 예수께서 **가라사대**(...하시니라)
/[그에게]
/너는 ——— 믿느냐?
/나를

//(이유: ὅτι, because)
[네가] —— 본 고로

/믿는 자들은 ——— 복되도다
/보지 못하고

30 예수께서 **행하셨으나**
/[그의] 제자들 앞에서
/표적도(=을)
/많이(=은)
/다른
/기록되지 아니한
/이 책에

31 오직
이것을(=이) **기록함은**

//(목적: ἵνα, that...might)
너희로 —— 믿게 하려 함이요
/예수께서 — 아들 그리스도이심을
/하나님의

//또(목적: ἵνα, that...might)
너희로 —— 얻게 하려 함이니라
/생명을
/그[의] 이름을 힘입어
/믿고(=믿으면서, 현재분사)

음 없는 자가 되지 말고 믿는 자가 되라 28 도마가 대답
하여 가로되 나의 주시며 나의 하나님이시니이다 29 예수
께서 가라사대 너는 나를 본 고로 믿느냐 보지 못하고 믿
는 자들은 복되도다 하시니라 30 예수께서 제자들 앞에
서 이책에 기록되지 아니한 다른 표적도 많이 행하셨으나
31 오직 이것을 기록함은 너희로 예수께서 하나님의 아들
그리스도이심을 믿게 하려 함이요 또 너희로 믿고 그 이름
을 힘입어 생명을 얻게 하려 함이니라

and said to Him, "My Lord and my God!" 29 Jesus said
to him, "Because you have seen Me, have you believed?
Blessed are they who did not see, and yet believed." 30
¶ Many other signs therefore Jesus also performed in the
presence of the disciples, which are not written in this
book; 31 but these have been written that you may believe
that Jesus is the Christ, the Son of God; and that believing
you may have life in His name.
21:1 ¶ After these things Jesus manifested Himself
again to the disciples at the Sea of Tiberias, and He

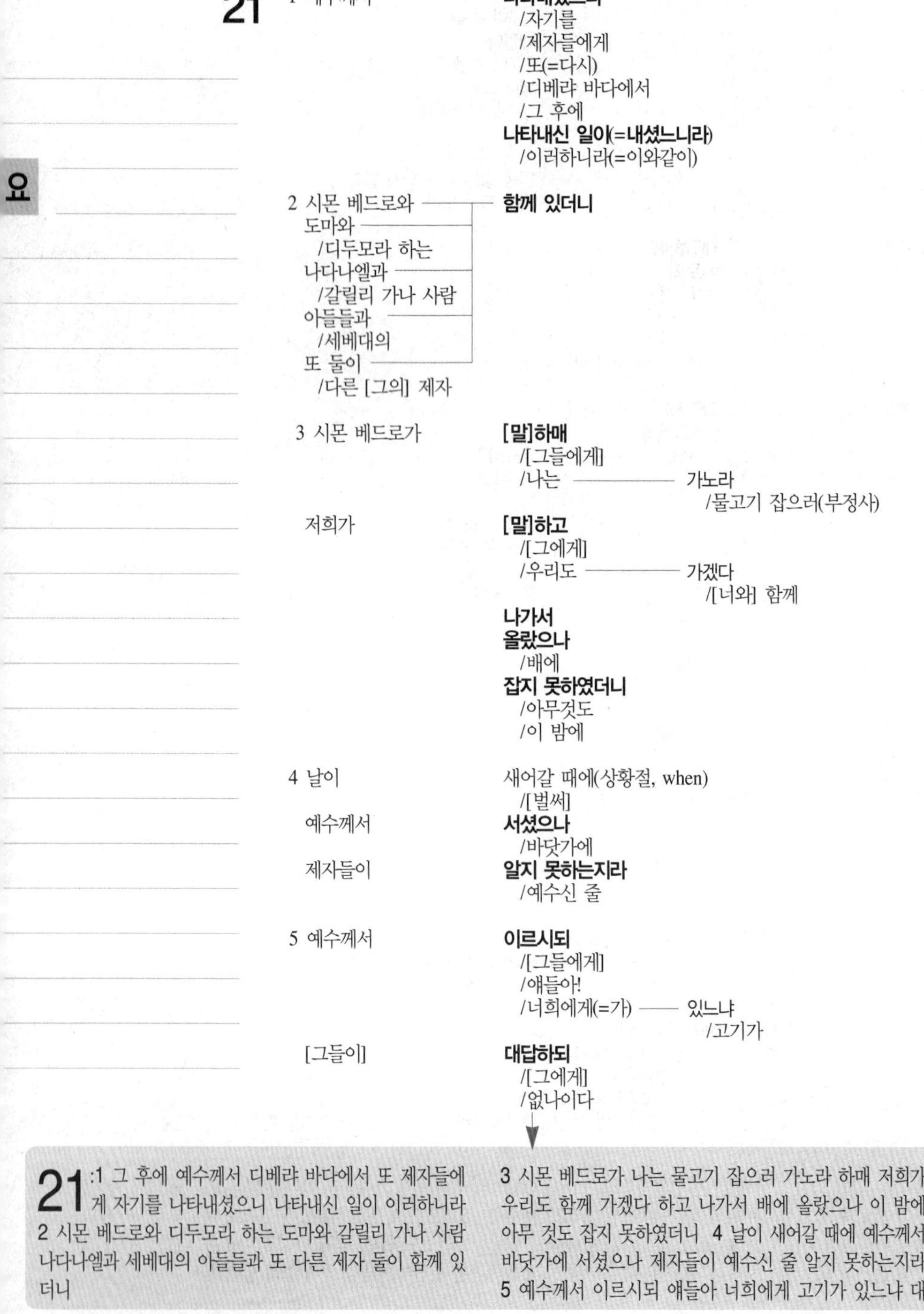

요

21:1 그 후에 예수께서 디베랴 바다에서 또 제자들에
게 자기를 나타내셨으니 나타내신 일이 이러하니라
2 시몬 베드로와 디두모라 하는 도마와 갈릴리 가나 사람
나다나엘과 세베대의 아들들과 또 다른 제자 둘이 함께 있
더니
3 시몬 베드로가 나는 물고기 잡으러 가노라 하매 저희가
우리도 함께 가겠다 하고 나가서 배에 올랐으나 이 밤에
아무 것도 잡지 못하였더니 4 날이 새어갈 때에 예수께서
바닷가에 서셨으나 제자들이 예수신 줄 알지 못하는지라
5 예수께서 이르시되 얘들아 너희에게 고기가 있느냐 대

manifested Himself in this way. 2 There were together Simon
Peter, and Thomas called Didymus, and Nathanael of Cana
in Galilee, and the sons of Zebedee, and two others of
His disciples. 3 Simon Peter said to them, "I am going fishing."
They said to him, "We will also come with you." They
went out, and got into the boat; and that night they caught
nothing. 4 But when the day was now breaking, Jesus
stood on the beach; yet the disciples did not know that it
was Jesus. 5 Jesus therefore said to them, "Children, you
do not have any fish, do you?" They answered Him, "No."

6 [그가] **가라사대**(...하신대)
/[그들에게]
/[너희는] ——— 던지라
/그물을
/배 오른편에

//그리하면(결과: 명령문, and)
[너희가] —— 얻으리라

이에
[그들이] **던졌더니**
들 수 없더라
/그물을
/고기가 많아

7 그 제자가 **이르되**(...하니)
/예수의 사랑하시는 /베드로에게
/주시라

시몬 베드로가 **두른 후에**
/겉옷을
/말을 듣고(과거분사)
/주라 하는

//(이유: γάρ, for)
[그가] ——— 벗고 있다가
[그가] ——— 뛰어내리더라
/[그 자신을]
/바다로

8 제자들은 **타고**
/다른 /작은 배를
/끌고 와서(=끌고 오면서, 현재분사)
/그물을
/고기 든

//(이유: γάρ, for)
[그들이] ——— 상거가 되므로
/육지에서
/불과 한 오십 간쯤

9 [그들이] 올라(=왔을 때, 상황절, when)
/육지에
보니
/숯불이 ——— 있는데
/생선이 ——— 놓였고
/(그 위에)
/떡도 ——— (있더라)

답하되 없나이다 6 가라사대 그물을 배 오른 편에 던지라
그리하면 얻으리라 하신대 이에 던졌더니 고기가 많아 그
물을 들 수 없더라 7 예수의 사랑하시는 그 제자가 베드
로에게 이르되 주시라 하니 시몬 베드로가 벗고 있다가 주
라 하는 말을 듣고 겉옷을 두른 후에 바다로 뛰어 내리더
라 8 다른 제자들은 육지에서 상거가 불과 한 오십 간쯤
되므로 작은 배를 타고 고기 든 그물을 끌고 와서 9 육지
에 올라 보니 숯불이 있는데 그 위에 생선이 놓였고 떡도
있더라

6 And He said to them, "Cast the net on the right-hand
side of the boat, and you will find a catch." They cast therefore,
and then they were not able to haul it in because of the
great number of fish. 7 That disciple therefore whom
Jesus loved said to Peter, "It is the Lord." And so when
Simon Peter heard that it was the Lord, he put his outer garment
on (for he was stripped for work), and threw himself into
the sea. 8 But the other disciples came in the little boat,
for they were not far from the land, but about one hundred
yards away, dragging the net full of fish. 9 And so when

요

10 예수께서 **가라사대**(...하신대)
/[그들에게]
/[너희가] —— 좀 가져오라
/생선을
/[너희가] — 잡은
/지금

11 시몬 베드로가 **올라가서**
끌어올리니
/육지에
/그물을
/가득히 찬
/큰 고기가
/[거기]
/일백쉰세 마리[라]

[그것들이] 이같이 많으나(양보절, although)
그물이 **찢어지지 아니하였더라**

12 예수께서 **가라사대**(...하시니)
/[그들에게]
/[너희는] —— 와서
조반을 먹으라

자가 없더라(=아무도) **감히 묻는 자가 없더라**
/제자들이(=중) /[그에게]
/당신이 —— 누구냐?

//(이유: 분사, because)
아는 고로
/주신 줄

13 예수께서 **가셔서**
가져다가
/떡을
주시고
/저희에게
하시니라(=주시니라)
/생선도(=을)
/그와 같이

14 예수께서 살아나신 후에(상황절, after)
/죽은 자 가운데서
나타나신 것이라
/이것은(=을)
/제자들에게
/세 번째로

10 예수께서 가라사대 지금 잡은 생선을 좀 가져오라 하
신대 11 시몬 베드로가 올라가서 그물을 육지에 끌어 올
리니 가득히 찬 큰 고기가 일백쉰세 마리라 이같이 많으나
그물이 찢어지지 아니하였더라 12 예수께서 가라사대 와
서 조반을 먹으라 하시니 제자들이 주신 줄 아는 고로 당
신이 누구냐 감히 묻는 자가 없더라 13 예수께서 가셔서
떡을 가져다가 저희에게 주시고 생선도 그와 같이 하시니
라 14 이것은 예수께서 죽은 자 가운데서 살아나신 후에
세 번째로 제자들에게 나타나신 것이라 15 저희가 조반
먹은 후에 예수께서 시몬 베드로에게 이르시되 요한의 아

they got out upon the land, they saw a charcoal fire already
laid, and fish placed on it, and bread. 10 Jesus said to
them, "Bring some of the fish which you have now caught."
11 Simon Peter went up, and drew the net to land, full
of large fish, a hundred and fifty-three; and although there
were so many, the net was not torn. 12 Jesus said to
them, "Come and have breakfast." None of the disciples
ventured to question Him, "Who are You?" knowing that
it was the Lord. 13 Jesus came and took the bread, and
gave them, and the fish likewise. 14 This is now the third
time that Jesus was manifested to the disciples, after He
was raised from the dead. 15 So when they had finished
breakfast, Jesus said to Simon Peter, "Simon, son of John,
do you love Me more than these?" He said to Him, "Yes,

15 저희가 조반 먹은 후에(상황절, when)
예수께서 **이르시되**(...하시니)
/시몬 베드로에게
/시몬아!
/요한의 아들
네가 ——— 사랑하느냐?
/나를
/더
/이 사람들보다

[그가] **가로되**
/[그에게]
/주여!
그러하외다
주께서 ——— 아시나이다
/내가 —사랑하는 줄
/주를

[그가] **가라사대**(...하시고)
/[그에게]
/[너는] ——— 먹이라
/내 어린 양을

16 **가라사대**(...하시니)
/[그에게]
/또(=다시)
/두 번째
/시몬아!
/요한의 아들
/네가 ——— 사랑하느냐?
/나를

[그가] **가로되**
/[그에게]
/주여!
그러하외다
주께서 ——— 아시나이다
/내가 —사랑하는 줄
/주를

[그가] **가라사대**(...하시고)
/[그에게]
/[너는] ——— 치라
/내 양을

17 **가라사대**(...하시니)
/[그에게]
/세 번째
/시몬아!
/요한의 아들
/네가 ——— 사랑하느냐?
/나를

들 시몬아 네가 이 사람들보다 나를 더 사랑하느냐 하시니
가로되 주여 그러하외다 내가 주를 사랑하는 줄 주께서 아
시나이다 가라사대 내 어린 양을 먹이라 하시고 16 또 두
번째 가라사대 요한의 아들 시몬아 네가 나를 사랑하느냐
하시니 가로되 주여 그러하외다 내가 주를 사랑하는 줄 주
께서 아시나이다 가라사대 내 양을 치라 하시고 17 세 번
째 가라사대 요한의 아들 시몬아 네가 나를 사랑하느냐 하
시니 주께서 세 번째 네가 나를 사랑하느냐 하시므로 베드

Lord; You know that I love You." He said to him, "Tend
My lambs." 16 He said to him again a second time,
"Simon, son of John, do you love Me?" He said to Him,
"Yes, Lord; You know that I love You." He said to him,
"Shepherd My sheep." 17 He said to him the third time,
"Simon, son of John, do you love Me?" Peter was grieved
because He said to him the third time, "Do you love Me?"
And he said to Him, "Lord, You know all things; You
know that I love You." Jesus said to him, "Tend My
sheep. 18 "Truly, truly, I say to you, when you were

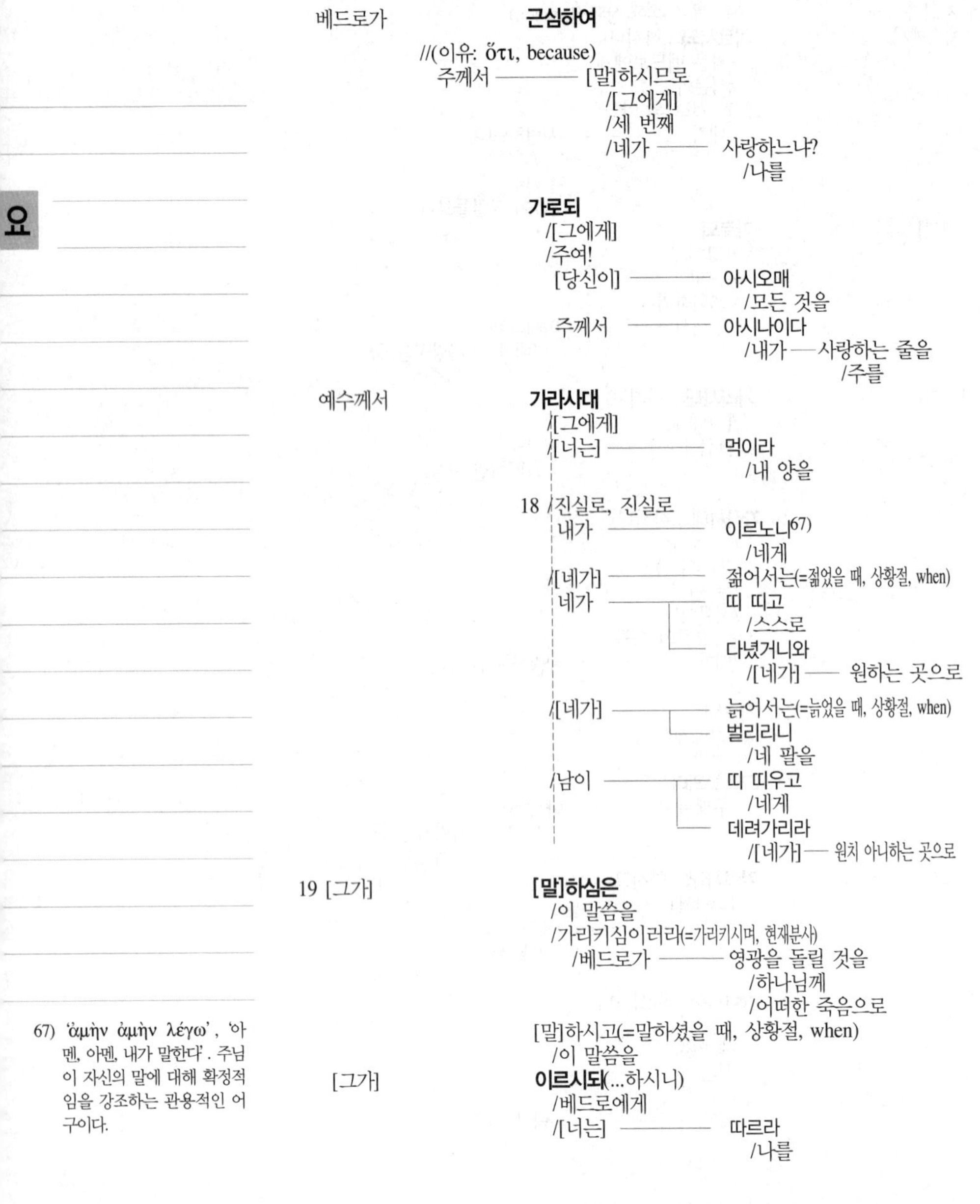

67) 'ἀμὴν ἀμὴν λέγω', '아멘, 아멘, 내가 말한다'. 주님이 자신의 말에 대해 확정적임을 강조하는 관용적인 어구이다.

로가 근심하여 가로되 주여 모든 것을 아시오매 내가 주를 사랑하는 줄을 주께서 아시나이다 예수께서 가라사대 내 양을 먹이라 18 내가 진실로 진실로 네게 이르노니 젊어서는 네가 스스로 띠 띠고 원하는 곳으로 다녔거니와 늙어서는 네 팔을 벌리리니 남이 네게 띠 띠우고 원치 아니하는 곳으로 데려가리라 19 이 말씀을 하심은 베드로가 어떠한 죽음으로 하나님께 영광을 돌릴 것을 가리키심이러라 이 말씀을 하시고 베드로에게 이르시되 나를 따르라 하시니

younger, you used to gird yourself, and walk wherever you wished; but when you grow old, you will stretch out your hands, and someone else will gird you, and bring you where you do not wish to go." 19 Now this He said, signifying by what kind of death he would glorify God. And when He had spoken this, He said to him, "Follow Me!" 20 Peter, turning around, saw the disciple whom Jesus loved following them; the one who also had leaned back on His breast at the supper, and said, "Lord, who is the one who betrays You?" 21 Peter therefore seeing him

20 베드로가 **보니**
/돌이켜(과거분사)
/그 제자가(=를)
/따르는 (것을)
/예수의 사랑하시는
/그는68) — 의지하여
/예수의 품에
/만찬석에서
묻던 자러라
/주여!
/파는 자가 — 누구오니이까?
/주를

21 이에
베드로가 **여짜오되**
/예수께
/보고(과거분사)
/그를
/주여!
/이 사람은 — 어떻게 되겠삽나이까?

22 예수께서 **가라사대**(...하시더라)
/[그에게]
/[만약, ἐὰν]
[내가] — 머물게 하고자 할지라도(조건절, if)
/그를
/내가 — 올 때까지
[그것이] — 무슨 상관이냐?
/네게

23 이 말씀이 **나가서...하였으나**(=**나갔으니**)
/형제들에게
/그 제자는 — 죽지 아니하겠다
예수의(=는) **[말]하신 것이 아니라**
/그가 죽지 않겠다
[그가] **(하신 것이러라)**
/[만일, ἐὰν]
[내가] — 머물게 하고자 할지라도(조건절, if)
/그를
/내가 — 올 때까지
[그것이] — 무슨 상관이냐?
/네게

24 제자가 **이 사람이라**
/증거하고
/이 일을
/기록한
/이 일을

68) 관계대명사, 선행사는 '제자' 이다. 계속적 용법

요

20 베드로가 돌이켜 예수의 사랑하시는 그 제자가 따르는
것을 보니 그는 만찬석에서 예수의 품에 의지하여 주여 주
를 파는 자가 누구오니이까 묻던 자러라 21 이에 베드로
가 그를 보고 예수께 여짜오되 주여 이 사람은 어떻게 되
겠삽나이까 22 예수께서 가라사대 내가 올 때까지 그를
머물게 하고자 할지라도 네게 무슨 상관이냐 너는 나를 따
르라 하시더라 23 이 말씀이 형제들에게 나가서 그 제자
는 죽지 아니하겠다 하였으나 예수의 말씀은 그가 죽지 않
겠다 하신 것이 아니라 내가 올 때까지 그를 머물게 하고
자 할지라도 네게 무슨 상관이냐 하신 것이러라 24 이 일
을 증거하고 이 일을 기록한 제자가 이 사람이라 우리는
그의 증거가 참인 줄 아노라

said to Jesus, "Lord, and what about this man?" 22 Jesus
said to him, "If I want him to remain until I come, what
is that to you? You follow Me!" 23 This saying therefore
went out among the brethren that that disciple would not
die; yet Jesus did not say to him that he would not die,
but only, "If I want him to remain until I come, what is
that to you?" 24 This is the disciple who bears witness
of these things, and wrote these things; and we know that
his witness is true. 25 And there are also many other
things which Jesus did, which if they were written in

우리는 **아노라**
/그의 증거가 —— 참인 줄

25 많[이] **[있]으니**
/이 외에도 /예수의 행하신 일이

만일[ἐὰν]
[그것이] 기록된다면(조건절, if)
/낱낱이
[우리가] **아노라**
/두기에 부족할 줄
/이 기록된 책을
/이 세상[자체](이)라도

25 예수의 행하신 일이 이외에도 많으니 만일 낱낱이 기
록된다면 이 세상이라도 이 기록된 책을 두기에 부족할 줄
아노라

detail, I suppose that even the world itself would not contain the books which were written.

사도행전

1

1 데오빌로여!
내가
기록하였노라
/먼저 쓴 글에는
/무릇... 일을
/예수의(께서) —— 시작하심부터
/행하시며
가르치시기를
2 /그의(가) —— 승천하신 날까지의
/[그가] —— 명하시고(after)
/사도들에게
/택하신
/성령으로

3 [그가]
나타내사
/사심을
/저희에게
/해받으신 후에
/확실한 많은 증거로
/친히

/보이시며(=보이면서)
/사십 일 동안
/저희에게
/말씀하시니라(=말씀하시면서)
/하나님 나라의 일을

4 사도와 같이 모이사(while)
[예수께서]
분부하여 가라사대(하셨느니라)
/저희에게
/[너희는] —— 떠나지 말고
/예루살렘을
—— 기다리라
/내게 들은 바[를]
/아버지의 약속하신 것을

5 //(이유: ὅτι, for)
요한은 —— 세례를 베풀었으나
/물로
—— 너희는 세례를 받으리라
/성령으로
/몇 날이 못되어

1:1 데오빌로여 내가 먼저 쓴 글에는 무릇 예수의 행하
시며 가르치시기를 시작하심부터 2 그의 택하신 사도들
에게 성령으로 명하시고 승천하신 날까지의 일을 기록하였
노라 3 해 받으신 후에 또한 저희에게 확실한 많은 증거로
친히 사심을 나타내사 사십 일 동안 저희에게 보이시며 하
나님 나라의 일을 말씀하시니라 4 사도와 같이 모이사 저
희에게 분부하여 가라사대 예루살렘을 떠나지 말고 내게
들은 바 아버지의 약속하신 것을 기다리라 5 요한은 물로
세례를 베풀었으나 너희는 몇 날이 못되어 성령으로 세례
를 받으리라 하셨느니라

1:1 The first account I composed, Theophilus, about all
that Jesus began to do and teach, 2 until the day when
He was taken up, after He had by the Holy Spirit given
orders to the apostles whom He had chosen. 3 To these
He also presented Himself alive, after His suffering, by
many convincing proofs, appearing to them over a period
of forty days, and speaking of the things concerning the
kingdom of God. 4 And gathering them together, He
commanded them not to leave Jerusalem, but to wait for
what the Father had promised, "Which," He said, "you
heard of from Me; 5 for John baptized with water, but
you shall be baptized with the Holy Spirit not many days from

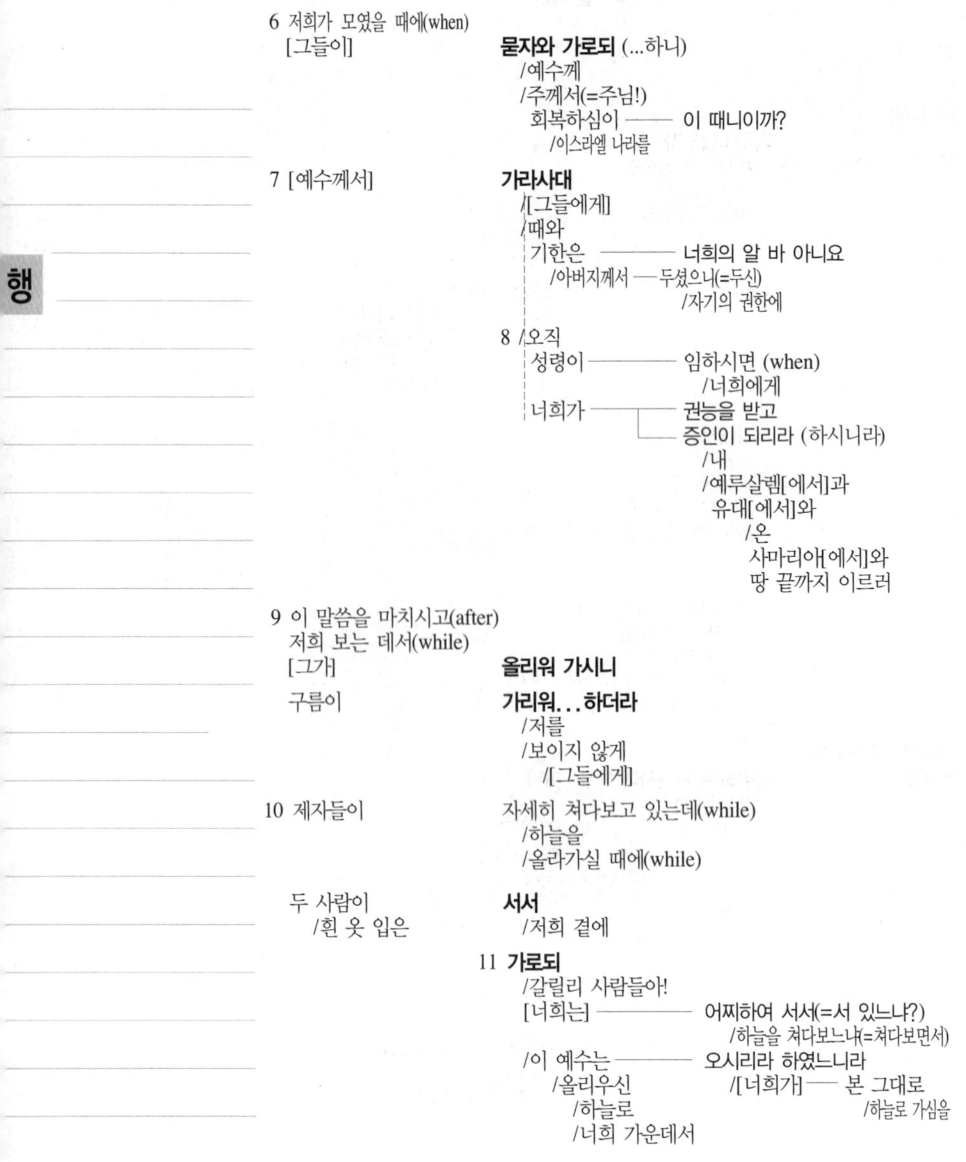

6 저희가 모였을 때에 예수께 묻자와 가로되 주께서 이스
라엘 나라를 회복하심이 이때니이까 하니 7 가라사대 때
와 기한은 아버지께서 자기의 권한에 두셨으니 너희의 알
바 아니요 8 오직 성령이 너희에게 임하시면 너희가 권능
을 받고 예루살렘과 온 유대와 사마리아 땅 끝까지 이르러
내 증인이 되리라 하시니라 9 이 말씀을 마치시고 저희 보
는 데서 올리워가시니 구름이 저를 가리워 보이지 않게 하
더라 10 올라가실 때에 제자들이 자세히 하늘을 쳐다 보
고 있는데 흰 옷 입은 두 사람이 저희 곁에 서서 11 가로
되 갈릴리 사람들아 어찌하여 서서 하늘을 쳐다보느냐 너

now." 6 ¶ And so when they had come together, they
were asking Him, saying, "Lord, is it at this time You
are restoring the kingdom to Israel?" 7 He said to them,
"It is not for you to know times or epochs which the
Father has fixed by His own authority; 8 but you shall
receive power when the Holy Spirit has come upon you;
and you shall be My witnesses both in Jerusalem, and in
all Judea and Samaria, and even to the remotest part of
the earth." 9 And after He had said these things, He was
lifted up while they were looking on, and a cloud received
Him out of their sight. 10 And as they were gazing intently
into the sky while He was departing, behold, two men in white
clothing stood beside them; 11 and they also said, "Men

12 제자들이 **돌아오니**
/예루살렘에
/산으로부터
/감람원이라 하는
/이 산은 ——— 가까워
/예루살렘에서
/안식일에 가기 알맞은 길이라

13 들어가(when)
올라가니
/다락에
/저희[가] —— 유하는

/(다 ——— 거기 있어)
/베드로,
요한,
야고보,
안드레와
빌립,
도마와
바돌로매,
마태와 및
야고보,
/알패오의 아들
시몬,
/셀롯인
유다가
/야고보의 아들

14 [이들이] **전혀 힘쓰니라**
/기도에
/여자들과 [더불어]
마리아와 [더불어]
/예수의 모친
예수의 아우들로 더불어
/마음을 같이하여

15 수가 **일백이십 명이나 되더라**
/모인 무리의 /한(=약)

그 때에
베드로가 **일어서서**
/그 형제 가운데
가로되

희 가운데서 하늘로 올리우신 이 예수는 하늘로 가심을 본
그대로 오시리라 하였느니라 12 제자들이 감람원이라 하
는 산으로부터 예루살렘에 돌아오니 이 산은 예루살렘에서
가까와 안식일에 가기 알맞은 길이라 13 들어가 저희 유
하는 다락에 올라 가니 베드로, 요한, 야고보, 안드레와 빌
립, 도마와 바돌로매, 마태와 및 알패오의 아들 야고보, 셀
롯 인 시몬, 야고보의 아들 유다가 다 거기 있어 14 여자
들과 예수의 모친 마리아와 예수의 아우들로 더불어 마음
을 같이 하여 전혀 기도에 힘쓰니라 15 모인 무리의 수가
한 일백이십 명이나 되더라 그 때에 베드로가 그 형제 가
운데 일어서서 가로되

of Galilee, why do you stand looking into the sky? This
Jesus, who has been taken up from you into heaven, will come
in just the same way as you have watched Him go into heaven."
12 Then they returned to Jerusalem from the mount called
Olivet, which is near Jerusalem, a Sabbath day's journey away.
13 And when they had entered, they went up to the upper
room, where they were staying; that is, Peter and John
and James and Andrew, Philip and Thomas, Bartholomew
and Matthew, James the son of Alphaeus, and Simon the
Zealot, and Judas the son of James. 14 These all with
one mind were continually devoting themselves to prayer,
along with the women, and Mary the mother of Jesus,
and with His brothers. 15 And at this time Peter stood
up in the midst of the brethren (a gathering of about one

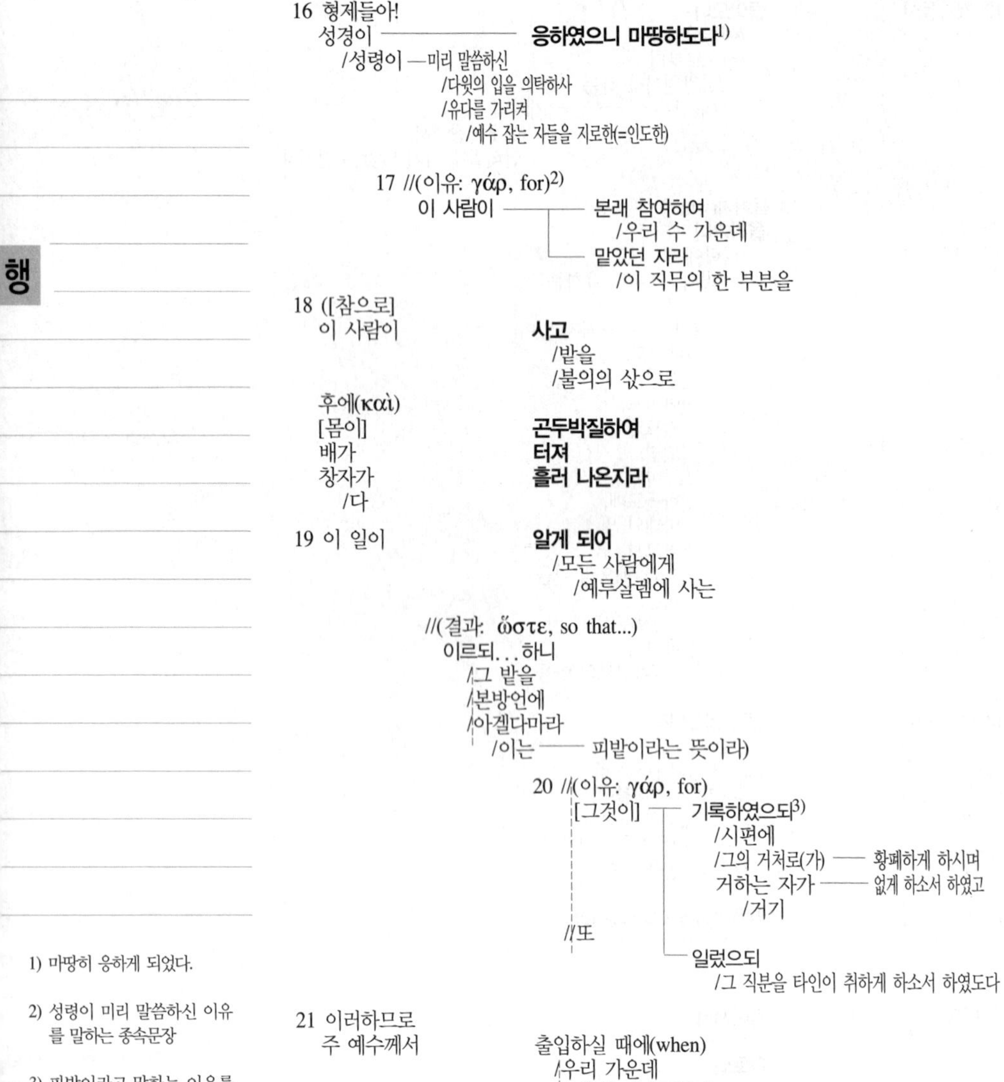

16 형제들아 성령이 다윗의 입을 의탁하사 예수 잡는 자들을 지로(指路)한 유다를 가리켜 미리 말씀하신 성경이 응하였으니 마땅하도다 17 이 사람이 본래 우리 수(數) 가운데 참예하여 이 직무의 한 부분을 맡았던 자라 18 (이 사람이 불의의 삯으로 밭을 사고 후에 몸이 곤두박질하여 배가 터져 창자가 다 흘러 나온지라 19 이 일이 예루살렘에 사는 모든 사람에게 알게 되어 본 방언에 그 밭을 이르되 아겔다마라 하니 이는 피밭이라는 뜻이라) 20 시편에 기록하였으되 그의 거처로 황폐하게 하시며 거기 거하는 자가 없게 하소서 하였고 또 일렀으되 그 직분을 타인이 취하게 하소서 하였도다 21 이러하므로 요한의 세례로부터 우리 가운데서 올리워 가신 날까지 주 예수께서 우리

hundred and twenty persons was there together), and said,
16 "Brethren, the Scripture had to be fulfilled, which the Holy Spirit foretold by the mouth of David concerning Judas, who became a guide to those who arrested Jesus. 17 "For he was counted among us, and received his portion in this ministry." 18 (Now this man acquired a field with the price of his wickedness; and falling headlong, he burst open in the middle and all his bowels gushed out. 19 And it became known to all who were living in Jerusalem; so that in their own language that field was called Hakeldama, that is, Field of Blood.) 20 "For it is written in the book of Psalms, 'Let his homestead be made desolate,

22 [그가] **세워**
/하나를
/우리와 함께 다니던 사람 중에
/항상

사람이 **되게 하여야 하리라 하거늘**
/증거할
/예수의 부활하심을
/우리로 더불어

23 저희가 **천하니**
/두 사람을
/하나는 —— 요셉이요
/바사바라고도 하고
/별명은 유스도라고 하는
하나는 —— 맛디아라

24 저희가 **기도하여**
가로되(...하고)
/주여!
/마음을 아시는
/뭇 사람의
/[당신은] —— **보이시옵소서**
/누가 —— 주의 택하신 바 되어
/이 두 사람 중에

25 //(목적: 부정사)
직무를 대신할 (자를)
/봉사와 및
사도의

/유다는 —— 갔나이다
/제 곳으로
/이를 버리옵고

26 [그들이] **제비뽑아**
[그 제비가] **얻으니**
/맛디아를
저가 **가입하니라**
/열한 사도의 수에

가운데 출입하실 때에 22 항상 우리와 함께 다니던 사람
중에 하나를 세워 우리로 더불어 예수의 부활하심을 증거
할 사람이 되게 하여야 하리라 하거늘 23 저희가 두 사람
을 천(薦)하니 하나는 바사바라고도 하고 별명은 유스도라
고 하는 요셉이요 하나는 맛디아라 24 저희가 기도하여
가로되 뭇사람의 마음을 아시는 주여 이 두 사람 중에 누
가 주의 택하신 바 되어 25 봉사와 및 사도의 직무를 대신
할 자를 보이시옵소서 유다는 이를 버리옵고 제 곳으로 갔
나이다 하고 26 제비뽑아 맛디아를 얻으니 저가 열한 사
도의 수에 가입하니라

And let no man dwell in it'; and, 'His office let another
man take.' 21 "It is therefore necessary that of the men
who have accompanied us all the time that the Lord Jesus
went in and out among us — 22 beginning with the
baptism of John, until the day that He was taken up from
us — one of these should become a witness with us of
His resurrection." 23 And they put forward two men,
Joseph called Barsabbas (who was also called Justus), and
Matthias. 24 And they prayed, and said, "Thou, Lord,
who knowest the hearts of all men, show which one of
these two Thou hast chosen 25 to occupy this ministry
and apostleship from which Judas turned aside to go to
his own place." 26 And they drew lots for them, and the
lot fell to Matthias; and he was numbered with the eleven
apostles.

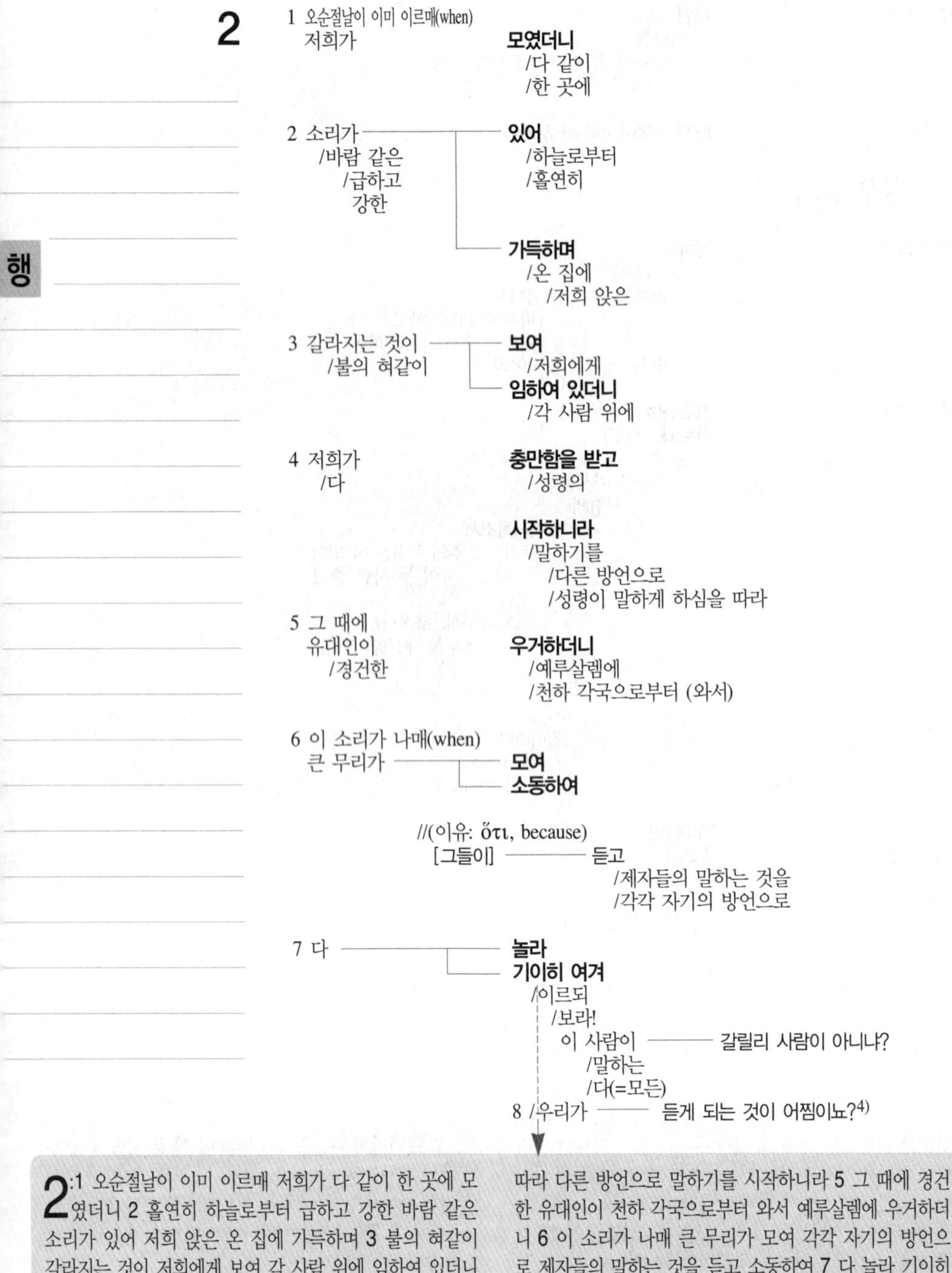

2:1 오순절날이 이미 이르매 저희가 다 같이 한 곳에 모였더니 2 홀연히 하늘로부터 급하고 강한 바람 같은 소리가 있어 저희 앉은 온 집에 가득하며 3 불의 혀같이 갈라지는 것이 저희에게 보여 각 사람 위에 임하여 있더니 4 저희가 다 성령의 충만함을 받고 성령이 말하게 하심을 따라 다른 방언으로 말하기를 시작하니라 5 그 때에 경건한 유대인이 천하 각국으로부터 와서 예루살렘에 우거하더니 6 이 소리가 나매 큰 무리가 모여 각각 자기의 방언으로 제자들의 말하는 것을 듣고 소동하여 7 다 놀라 기이히 여겨 이르되 보라 이 말하는 사람이 다 갈릴리 사람이 아

2:1 And when the day of Pentecost had come, they were all together in one place. 2 And suddenly there came from heaven a noise like a violent, rushing wind, and it filled the whole house where they were sitting. 3 And there appeared to them tongues as of fire distributing themselves, and they rested on each one of them. 4 And they were all filled with the Holy Spirit and began to speak with other tongues, as the Spirit was giving them utterance. 5 Now there were Jews living in Jerusalem, devout men, from every nation under heaven. 6 And when this sound occurred, the multitude came together, and were bewildered, because they were each one hearing

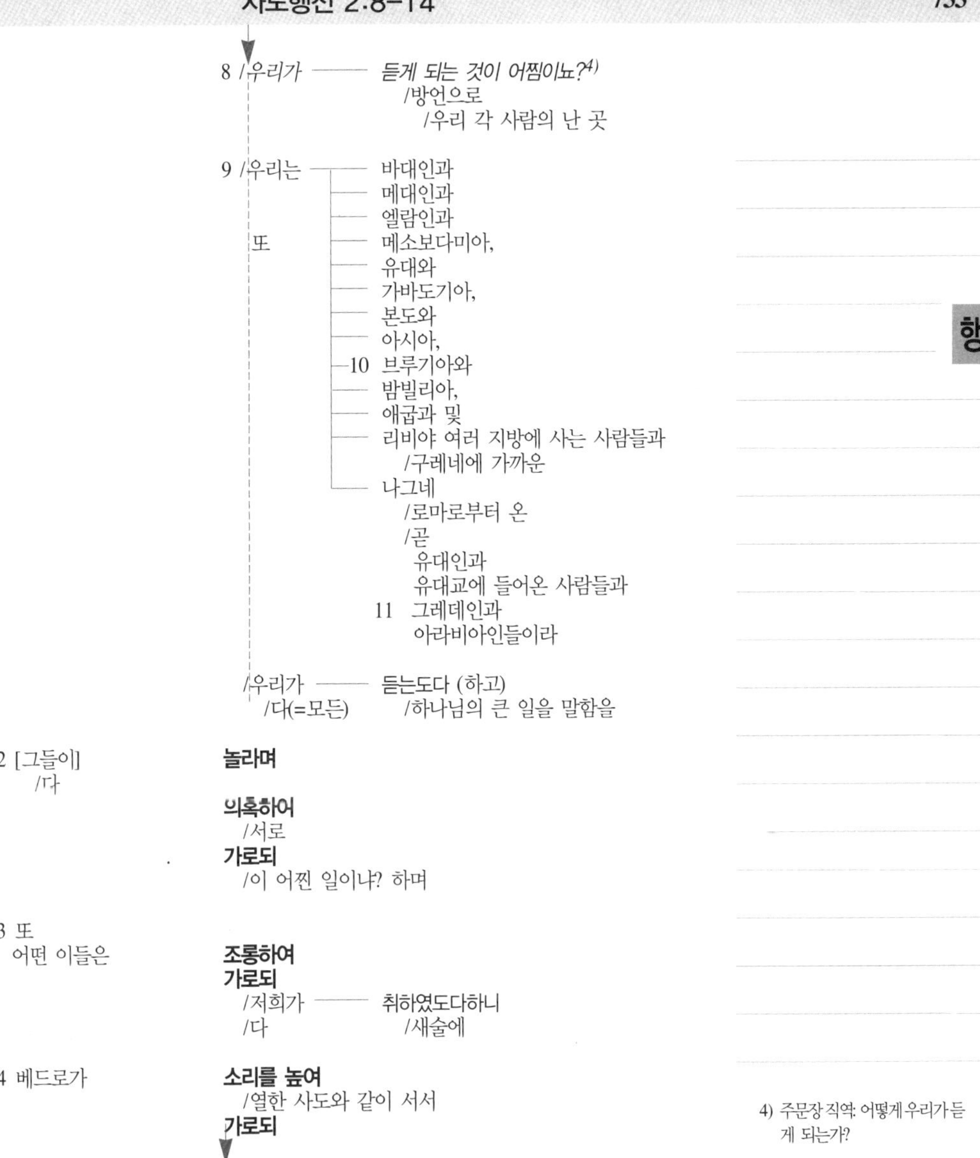

4) 주문장 직역: 어떻게 우리가 듣게 되는가?

니냐 8 우리가 우리 각 사람의 난 곳 방언으로 듣게 되는
것이 어찜이뇨 9 우리는 바대 인과 메대 인과 엘람 인과
또 메소보다미아, 유대와 가바도기아, 본도와 아시아, 10
브루기아와 밤빌리아, 애굽과 및 구레네에 가까운 리비야
여러 지방에 사는 사람들과 로마로부터 온 나그네 곧 유대
인과 유대교에 들어온 사람들과 11 그레데 인과 아라비아
인들이라 우리가 다 우리의 각 방언으로 하나님의 큰 일을
말함을 듣는도다 하고 12 다 놀라며 의혹하여 서로 가로
되 이 어찐 일이냐 하며 13 또 어떤 이들은 조롱하여 가로
되 저희가 새 술이 취하였다 하더라 14 베드로가 열 한 사
도와 같이 서서 소리를 높여 가로되 유대인들과 예루살렘
에 사는 모든 사람들아 이 일을 너희로 알게 할 것이니 내

them speak in his own language. 7 And they were amazed
and marveled, saying, "Why, are not all these who are speaking
Galileans? 8 "And how is it that we each hear them in
our own language to which we were born? 9 "Parthians
and Medes and Elamites, and residents of Mesopotamia, Judea
and Cappadocia, Pontus and Asia, 10 Phrygia and Pamphylia,
Egypt and the districts of Libya around Cyrene, and visitors
from Rome, both Jews and proselytes, 11 Cretans and
Arabs — we hear them in our own tongues speaking of
the mighty deeds of God." 12 And they all continued in
amazement and great perplexity, saying to one another, "What
does this mean?" 13 But others were mocking and saying,
"They are full of sweet wine." 14 But Peter, taking his
stand with the eleven, raised his voice and declared to

가로되
/유대인들과
모든 사람들아!
/예루살렘에 사는
/[그가] —— 알게 할 것이니
/이 일을
/너희로(에게)
/[너희는] —— 귀를 기울이라
/내 말에

15 /이 사람들이—— 취한 것이 아니라[5)]
/너희 생각과 같이

//(이유: γάρ, for)
때가 제 삼 시니

16 /이는 —— 곧 말씀하신 것이니... 일렀으되
/선지자 요엘로

17 /하나님이—— 가라사대
/내가—부어 주리니
/말세에
/내 영으로
/모든 육체에게

/자녀들은 —— 예언할 것이요
/너희의
젊은이들은 —— 환상을 보고
/너희의
늙은이들은 —— 꿈을 꾸리라
/너희의

18 /내가—— 부어 주리니
/그 때에
/내 영으로
/내 남종과
여종들에게
/저희가 —— 예언할 것이요

19 /또
내가 —— 베풀리니
/기사[를]와
/하늘에서는
/위로

/징조를
/땅에서는
/아래로

/곧(동격/동급)

5) γάρ는 강조적인 용법

말에 귀를 기울이라 15 때가 제삼시니 너희 생각과 같이
이 사람들이 취한 것이 아니라 16 이는 곧 선지자 요엘로
말씀하신 것이니 일렀으되 17 하나님이 가라사대 말세에
내가 내 영으로 모든 육체에게 부어 주리니 너희의 자녀들
은 예언할 것이요 너희의 젊은이들은 환상을 보고 너희의
늙은이들은 꿈을 꾸리라 18 그 때에 내가 내 영으로 내 남
종과 여종들에게 부어 주리니 저희가 예언할 것이요 19
또 내가 위로 하늘에서는 기사와 아래로 땅에서는 징조를
베풀리니 곧 피와 불과 연기로다

them: "Men of Judea, and all you who live in Jerusalem,
let this be known to you, and give heed to my words. 15
"For these men are not drunk, as you suppose, for it is
only the third hour of the day; 16 but this is what was
spoken of through the prophet Joel: 17 'And it shall be
in the last days,' God says, 'That I will pour forth of My
Spirit upon all mankind; And your sons and your daughters
shall prophesy, And your young men shall see visions,
And your old men shall dream dreams; 18 Even upon
My bondslaves, both men and women, I will in those
days pour forth of My Spirit And they shall prophesy.
19 'And I will grant wonders in the sky above, And signs

/곧(동격/동급)
피와
불과
연기로다

20 /날이 이르기 전에(before)
/주의
/크고 영화로운
해가── 변하여
/어두워지고(=어둠으로)
달이 ── 변하여
/피가 되리라(=피로)

21 /누구든지 ─구원을 얻으리라 하였느니라
/부르는 자는
/주의 이름을

22 /이스라엘 사람들아!
[너희는] ───들으라
/이 말을

/너희도 ────아는 바에(as)
하나님께서 ── 증거하셨느니라[6)]
/나사렛 예수로(를)
/베푸사
/큰 권능과
기사와
표적을
/너희 가운데서
/너희 앞에서
/그를

23 /그가 ─ 내어 준 바 되었거늘

행

6) 수동형 문장이 능동형으로 번역되었다. 문맥은 능동형으로 구성했다.
직역(능동형): 나사렛 예수, 그가 너희 앞에서 하나님께서 너희 가운데 베푸신 큰 권능과 기사적으로 너희가 아는 것처럼 하나님에 의해 증거되었다.
[NASB]문맥

Men of Israel,
listen to
/these words:

Jesus the Nazarene,
a man attested to
/you
/by God
/with miracles
and wonders
and signs
/which God performed
/through Him
/in your midst,
/just as you yourselves know --

20 주의 크고 영화로운 날이 이르기 전에 해가 변하여 어두워지고 달이 변하여 피가 되리라 21 누구든지 주의 이름을 부르는 자는 구원을 얻으리라 하였느니라 22 이스라엘 사람들아 이 말을 들으라 너희도 아는 바에 하나님께서 나사렛 예수로 큰 권능과 기사와 표적을 너희 가운데서 베푸사 너희 앞에서 그를 증거하셨느니라

on the earth beneath, Blood, and fire, and vapor of smoke.
20 'The sun shall be turned into darkness, And the moon
into blood, Before the great and glorious day of the Lord
shall come. 21 'And it shall be, that everyone who calls
on the name of the Lord shall be saved.' 22 "Men of
Israel, listen to these words: Jesus the Nazarene, a man attested
to you by God with miracles and wonders and signs which
God performed through Him in your midst, just as you
yourselves know — 23 this Man, delivered up by the
predetermined plan and foreknowledge of God, you nailed

23 /그가 ——— 내어 준 바 되었거늘
/정하신 뜻(대로)과
미리 아신 대로
/하나님의
너희가 ——— 죽였으나
/못 박아
/법 없는 자들의 손을 빌어
24 /하나님께서 —— 살리셨으니
/[그를]
/사망의 고통을 풀어
//이는(이유: ὅτι, because)
그가 ——매여 있을 수 없었음이라
/사망에게
25 //(이유: γάρ, for)
다윗이 —— 가로되
/저를 가리켜
/내가 — 뵈었음이여
/주를
/내 앞에 계신
/항상
//(이유: ὅτι, for)
그가 —— 계시도다
/내 우편에
//(목적: ἵνα, so that...)
나로 — 요동치않게 하기 위하여
26 /이러므로
내 마음이 ——— 기뻐하였고
/내 입술도 ——— 즐거워하였으며
/육체는 ——— 거하리니
/희망에
27 //이는(이유: o¢ti, for)
[그가] — 버리지 아니하시며
/내 영혼을
/음부에
하실 것임이로다
/썩음을 당치 않게
/거룩한 자로(를)
/주의
28 /주께서 —— 보이셨으니

23 그가 하나님의 정하신 뜻과 미리 아신 대로 내어준 바 되었거늘 너희가 법 없는 자들의 손을 빌어 못박아 죽였으나 24 하나님께서 사망의 고통을 풀어 살리셨으니 이는 그가 사망에게 매여 있을 수 없었음이라 25 다윗이 저를 가리켜 가로되 내가 항상 내 앞에 계신 주를 뵈었음이여 나로 요동치 않게 하기 위하여 그가 내 우편에 계시도다 26 이러므로 내 마음이 기뻐하였고 내 입술도 즐거워하였으며 육체는 희망에 거하리니 27 이는 내 영혼을 음부에 버리지 아니하시며 주의 거룩한 자로 썩음을 당치 않게 하실 것임이로다

to a cross by the hands of godless men and put Him to death. 24 "And God raised Him up again, putting an end to the agony of death, since it was impossible for Him to be held in its power. 25 "For David says of Him, 'I was always beholding the Lord in my presence; For He is at my right hand, that I may not be shaken. 26 'Therefore my heart was glad and my tongue exulted; Moreover my flesh also will abide in hope; 27 Because Thou wilt not abandon my soul to Hades, Nor allow Thy Holy One to undergo decay. 28 'Thou hast made known to me the

28 /주께서——보이셨으니
/생명의 길로
/내게
/[그가] ——충만하게 하시리로다 (하였으니)
/나로
/기쁨이
/주의 앞에서

29 /형제들아!
내가 ———— 말할 수 있노니
/담대히
/조상 다윗에 대하여
/다윗이 —— 죽어
—— 장사되어
그 묘가 —— 우리 중에 있도다
/오늘까지

/[그러므로, οὖν][7]
31 [그가] ———— 미리 보(는) 고(로)
—— 말하되
/그리스도의 부활하심을
/저가 —— 버림이 되지 않고
/음부에
육신이 —썩음을 당하지 아니하시리라 하더니

30 //(이유: because, 분사)
그는 —— 선지자라
—— 알고
/하나님이 —이미 맹세하사..하심을
/[그에게]
/[맹세로]
/앉게 하리라
/(한 사람을)
/그 위에
/그 자손 중에서

32 /하나님이 ———— 살리신지라
/이 예수를
/우리가 ———— 증인이로다
/다(=모든) /이 일에

33 /[그러므로, οὖν]
하나님이 ———— 높이시매
/예수를
/오른손으로

/그가 ———— 받아서

7) 30절과 31절은 종속문장이 도치되어 앞으로 나와 강조된 구문이다.

28 주께서 생명의 길로 내게 보이셨으니 주의 앞에서 나
로 기쁨이 충만하게 하시리로다 하였으니 29 형제들아 내
가 조상 다윗에 대하여 담대히 말할 수 있노니 다윗이 죽
어 장사되어 그 묘가 오늘까지 우리 중에 있도다 30 그는
선지자라 하나님이 이미 맹세하사 그 자손 중에서 한 사람
을 그 위에 앉게 하리라 하심을 알고 31 미리 보는고로 그
리스도의 부활하심을 말하되 저가 음부에 버림이 되지 않
고 육신이 썩음을 당하지 아니하시리라 하더니 32 이 예
수를 하나님이 살리신지라 우리가 다 이 일에 증인이로다
33 하나님이 오른손으로 예수를 높이시매 그가 약속하신
성령을 아버지께 받아서 너희 보고 듣는 이것을 부어 주셨
느니라

ways of life; Thou wilt make me full of gladness with
Thy presence.' 29 "Brethren, I may confidently say to
you regarding the patriarch David that he both died and
was buried, and his tomb is with us to this day. 30 "And
so, because he was a prophet, and knew that God had
sworn to him with an oath to seat one of his descendants
upon his throne, 31 he looked ahead and spoke of the
resurrection of the Christ, that He was neither abandoned
to Hades, nor did His flesh suffer decay. 32 "This Jesus
God raised up again, to which we are all witnesses. 33
"Therefore having been exalted to the right hand of God,
and having received from the Father the promise of the

행

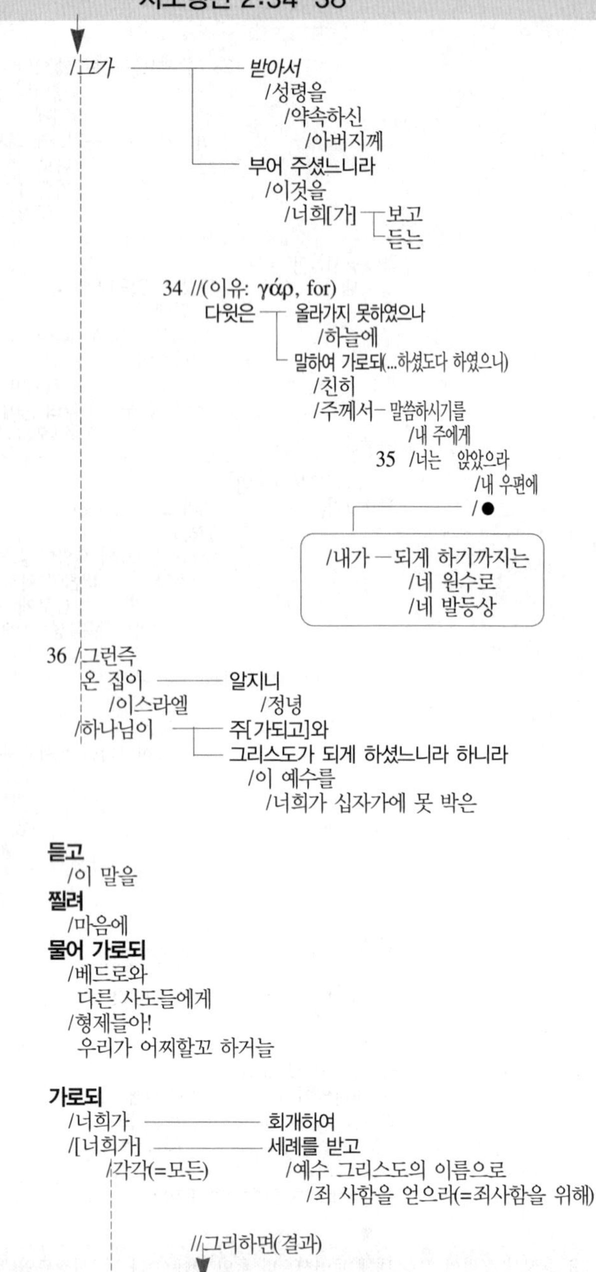

34 다윗은 하늘에 올라가지 못하였으나 친히 말하여 가로되 주께서 내 주에게 말씀하시기를 35 내가 네 원수로 네 발등상 되게 하기까지는 너는 내 우편에 앉아으라 하셨도다 하였으니 36 그런즉 이스라엘 온 집이 정녕 알지니 너희가 십자가에 못박은 이 예수를 하나님이 주와 그리스도가 되게 하셨느니라 하니라 37 저희가 이 말을 듣고 마음에 찔려 베드로와 다른 사도들에게 물어 가로되 형제들아 우리가 어찌할꼬 하거늘 38 베드로가 가로되 너희가 회개하여 각각 예수 그리스도의 이름으로 세례를 받고 죄 사함을 얻으라 그리하면 성령을 선물로 받으리니

Holy Spirit, He has poured forth this which you both see and hear. 34 "For it was not David who ascended into heaven, but he himself says: 'The Lord said to my Lord, "Sit at My right hand, 35 Until I make Thine enemies a footstool for Thy feet."' 36 "Therefore let all the house of Israel know for certain that God has made Him both Lord and Christ — this Jesus whom you crucified." 37 Now when they heard this, they were pierced to the heart, and said to Peter and the rest of the apostles, "Brethren, what shall we do?" 38 And Peter said to them, "Repent, and let each of you be baptized in the namc of Jesus Christ for the forgiveness of your sins; and you shall receive the

//그리하면(결과)
[너희가] —— 성령을 받으리니
/선물로

39 /이 약속은 —— 〈하신 것이라〉[8] 하고
/너희와
너희 자녀와
모든 먼 데 사람(에게)
/곧
하나님이 얼마든지 부르시는 자들에게
/주
/우리

행

40 또
[베드로가] **확증하며**
/여러 말로
권하여 가로되
/너희가 —— 구원을 받으라 하니
/이 패역한 세대에서

41 사람들은 **세례를 받으매**
/그 말을 받는

제자의 수가 **더하더라**
/삼천이나
/이 날에

42 저희가 **전혀 힘쓰니라**
/가르침을 받아(=가르침에)
/사도의
/(서로) 교제하며
/떼며
/떡을
/기도하기를

43 사람마다 **두려워하는데**

기사와
표적이 **나타나니**
/많이(은) /사도들로 인하여

44 믿는 사람이 —— **함께 있어**
/다(=모든) —— **통용하고**
/모든 물건을
/서로

45 또

팔아
/재산과
소유를

8) 강조적인 γάρ

39 이 약속은 너희와 너희 자녀와 모든 먼 데 사람 곧 주 우리 하나님이 얼마든지 부르시는 자들에게 하신 것이라 하고 40 또 여러 말로 확증하며 권하여 가로되 너희가 이 패역한 세대에서 구원을 받으라 하니 41 그 말을 받는 사람들은 세례를 받으매 이 날에 제자의 수가 삼천이나 더하더라 42 저희가 사도의 가르침을 받아 서로 교제하며 떡을 떼며 기도하기를 전혀 힘쓰니라 43 사람마다 두려워하는데 사도들로 인하여 기사와 표적이 많이 나타나니 44 믿는 사람이 다 함께 있어 모든 물건을 서로 통용하고 45 또 재산과 소유를 팔아 각 사람의 필요를 따라 나눠 주고

gift of the Holy Spirit. 39 "For the promise is for you and your children, and for all who are far off, as many as the Lord our God shall call to Himself." 40 And with many other words he solemnly testified and kept on exhorting them, saying, "Be saved from this perverse generation!" 41 So then, those who had received his word were baptized; and there were added that day about three thousand souls. 42 And they were continually devoting themselves to the apostles' teaching and to fellowship, to the breaking of bread and to prayer. 43 And everyone kept feeling a sense of awe; and many wonders and signs were taking place through the apostles. 44 And all those who had believed were together, and had all things in common; 45 and they began selling their property and possessions,

나눠 주고
/각 사람의 필요를 따라

46 [그들이] 모이기를 힘쓰고
/날마다
/마음을 같이 하여
/성전에

떼며
/떡을
/집에서(=집집마다 다니면서)

먹고
/음식을
/기쁨과
순전한 마음으로

47 /찬미하며(분사)
/하나님을
/또
칭송을 받으니(분사)
/온 백성에게

주께서 더하게 하시니라
/구원받는 사람을
/날마다

3

1 베드로와
요한이 올라갈새
/성전에
/기도 시간에
/제 구 시

2 사람들이 메고 오니
/나면서 앉은뱅이 된 자를

이는 두는 자라
/성전문에
/미문이라는
/날마다

//(목적: 부정사)
구걸하기 위하여
/성전에 들어가는 사람들에게

46 날마다 마음을 같이 하여 성전에 모이기를 힘쓰고 집
에서 떡을 떼며 기쁨과 순전한 마음으로 음식을 먹고 47
하나님을 찬미하며 또 온 백성에게 칭송을 받으니 주께서
구원받는 사람을 날마다 더하게 하시니라

3:1 제구시 기도 시간에 베드로와 요한이 성전에 올라갈
새 2 나면서 앉은뱅이 된 자를 사람들이 메고 오니 이
는 성전에 들어가는 사람들에게 구걸하기 위하여 날마다
미문이라는 성전 문에 두는 자라

and were sharing them with all, as anyone might have
need. 46 And day by day continuing with one mind in
the temple, and breaking bread from house to house, they
were taking their meals together with gladness and sincerity
of heart, 47 praising God, and having favor with all the people.
And the Lord was adding to their number day by day
those who were being saved.

3:1 Now Peter and John were going up to the temple
at the ninth hour, the hour of prayer. 2 And a certain
man who had been lame from his mother's womb was
being carried along, whom they used to set down every

3 그가 베드로와 요한이 성전에 들어가려 함을 보고 구걸
하거늘 4 베드로가 요한으로 더불어 주목하여 가로되 우
리를 보라 하니 5 그가 저희에게 무엇을 얻을까 하여 바라
보거늘 6 베드로가 가로되 은과 금은 내게 없거니와 내게
있는 것으로 네게 주노니 곧 나사렛 예수 그리스도의 이름
으로 걸으라 하고 7 오른손을 잡아 일으키니 발과 발목이
곧 힘을 얻고 8 뛰어 서서 걸으며 그들과 함께 성전으로
들어가면서 걷기도 하고 뛰기도 하며 하나님을 찬미하니

day at the gate of the temple which is called Beautiful,
in order to beg alms of those who were entering the
temple. 3 And when he saw Peter and John about to go
into the temple, he began asking to receive alms. 4 And
Peter, along with John, fixed his gaze upon him and said,
"Look at us!" 5 And he began to give them his attention,
expecting to receive something from them. 6 But Peter
said, "I do not possess silver and gold, but what I do
have I give to you: In the name of Jesus Christ the
Nazarene — walk!" 7 And seizing him by the right hand,
he raised him up; and immediately his feet and his ankles
were strengthened. 8 And with a leap, he stood upright

행

9 모든 백성이 **보고**
/그[가] ── 걷는 것과 및
찬미함을
/하나님을

10 **알고**
/그[가] ── 사람인 줄
/본래
/앉아(=앉아있던)
/구걸하던(=구걸하면서)
/성전 미문에

심히 기이히 여기며
놀라니라

/그의 당한 일을 인하여

11 사람이 **붙잡으니**
/나은 /베드로와
요한을

모든 백성이 **달려 나아가**
/행각에 (모이거늘)
/솔로몬의 행각이라 칭하는
/크게 놀라며

12 베드로가 **보고**
/이것을
말하되
/백성에게

이스라엘 사람들아!
[너희는] **왜 기이히 여기느냐?**

[너희는] **왜 주목하느냐?**
/우리를
/[우리가] ── 걷게 한 것처럼
/이 사람을
/권능과
경건으로

/우리 개인의

13 하나님 **영화롭게 하셨느니라**
/아브라함과 /예수를
이삭과 /그[의] 종
야곱의 /저를[9]
/곧 너희가 ── 넘겨 주고
하나님이 너희가 ── 부인하였으니
/우리 조상의 /그 앞에서
/빌라도가 ── 결안한 것을(when)
/놓아 주기로

9) 관계대명사. 선행사는 '예수'

9 모든 백성이 그 걷는 것과 및 하나님을 찬미함을 보고
10 그 본래 성전 미문에 앉아 구걸하던 사람인 줄 알고 그
의 당한 일을 인하여 심히 기이히 여기며 놀라니라 11 나
은 사람이 베드로와 요한을 붙잡으니 모든 백성이 크게 놀
라며 달려 나아가 솔로몬의 행각이라 칭하는 행각에 모이
거늘 12 베드로가 이것을 보고 백성에게 말하되 이스라엘
사람들아 이 일을 왜 기이히 여기느냐 우리 개인의 권능과
경건으로 이 사람을 걷게 한 것처럼 왜 우리를 주목하느냐
13 아브라함과 이삭과 야곱의 하나님 곧 우리 조상의 하
나님이 그 종 예수를 영화롭게 하셨느니라 너희가 저를 넘

and began to walk; and he entered the temple with them,
walking and leaping and praising God. 9 And all the
people saw him walking and praising God; 10 and they
were taking note of him as being the one who used to sit
at the Beautiful Gate of the temple to beg alms, and they
were filled with wonder and amazement at what had happened
to him. 11 And while he was clinging to Peter and John,
all the people ran together to them at the so-called portico
of Solomon, full of amazement. 12 But when Peter saw
this, he replied to the people, "Men of Israel, why do you
marvel at this, or why do you gaze at us, as if by our
own power or piety we had made him walk? 13 "The

14 너희가 **부인하고**
/거룩하고
의로운 자를

도리어(καὶ)
[너희가] **구하여**
/놓아 주기를
/살인한 사람을
/[너희에게]

15 **죽였도다**
/생명의 주를

그러나
하나님이 **살리셨으니**
/죽은 자 가운데서

우리가 **증인이로라**
/이 일에

16 그 이름이 **성하게 하였나니**
/이 사람을
/너희 ── 보고
└ 아는
/믿으므로
/그 이름을

믿음이 **낫게 하였느니라**
/난 /완전히
/예수로 말미암아 /이같이
/너희 모든 사람 앞에서

17 형제들아!
[내가] **아노라**
/너희가 ── 그리하였으며
/알지 못하여서
관원들도 ── 그리한 줄
/너희

18 그러나
[그가] **이루셨느니라**
/[하나님이] ── 미리 알게 하신 것을
/모든 선지자의 입을 의탁하사
/해받으실 일을
/그리스도의
/자기의
/이와 같이

겨 주고 빌라도가 놓아 주기로 결안한 것을 너희가 그 앞
에서 부인하였으니 14 너희가 거룩하고 의로운 자를 부인
하고 도리어 살인한 사람을 놓아주기를 구하여 15 생명의
주를 죽였도다 그러나 하나님이 죽은 자 가운데서 살리셨
으니 우리가 이 일에 증인이로라 16 그 이름을 믿으므로
그 이름이 너희 보고 아는 이 사람을 성하게 하였나니 예
수로 말미암아 난 믿음이 너희 모든 사람 앞에서 이같이
완전히 낫게 하였느니라 17 형제들아 너희가 알지 못하여
서 그리 하였으며 너희 관원들도 그리 한 줄 아노라 18 그
러나 하나님이 모든 선지자의 입을 의탁하사 자기의 그리
스도의 해 받으실 일을 미리 알게 하신 것을 이와 같이 이
루셨느니라

God of Abraham, Isaac, and Jacob, the God of our fathers,
has glorified His servant Jesus, the one whom you delivered
up, and disowned in the presence of Pilate, when he had
decided to release Him. 14 "But you disowned the Holy
and Righteous One, and asked for a murderer to be granted
to you, 15 but put to death the Prince of life, the one
whom God raised from the dead, a fact to which we are
witnesses. 16 "And on the basis of faith in His name, it
is the name of Jesus which has strengthened this man
whom you see and know; and the faith which comes
through Him has given him this perfect health in the
presence of you all. 17 "And now, brethren, I know that
you acted in ignorance, just as your rulers did also. 18
"But the things which God announced beforehand by the

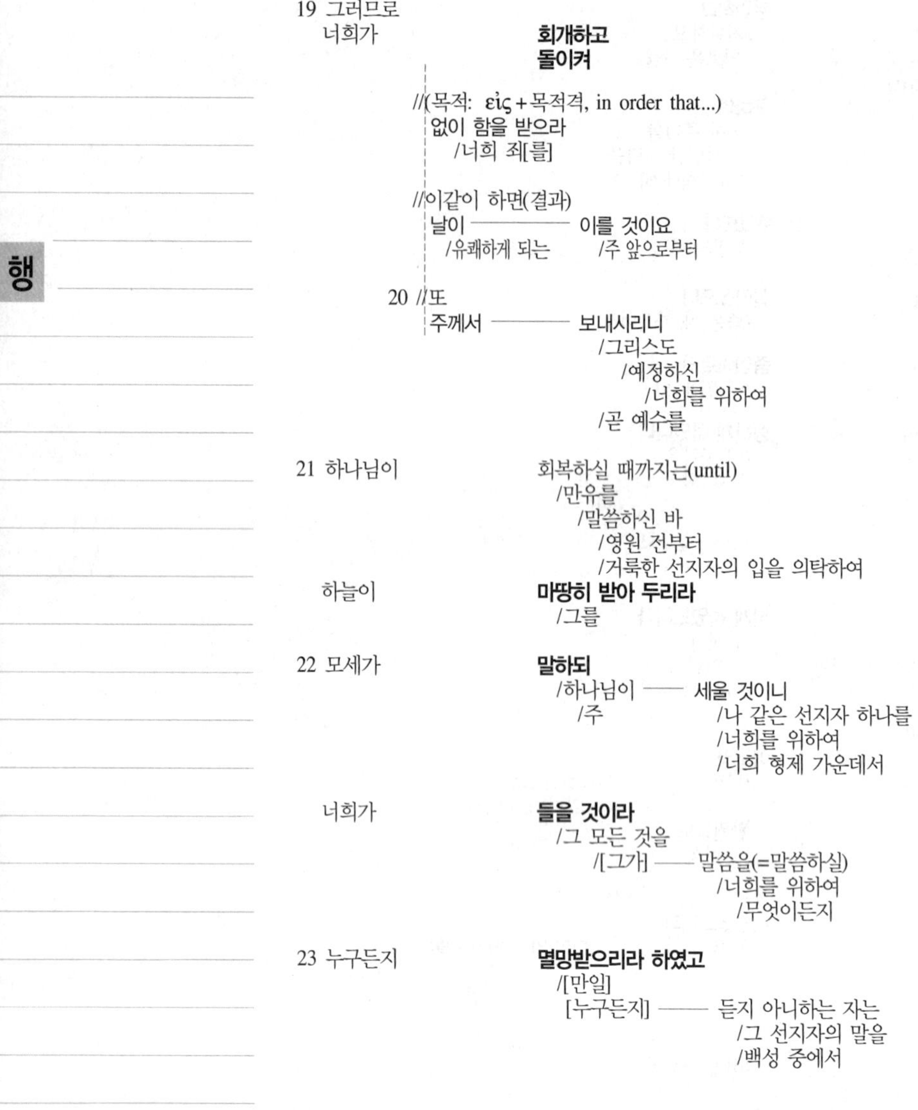

19 그러므로 너희가 회개하고 돌이켜 너희 죄 없이 함을 받으라 이같이 하면 유쾌하게 되는 날이 주 앞으로부터 이를 것이요 20 또 주께서 너희를 위하여 예정하신 그리스도 곧 예수를 보내시리니 21 하나님이 영원 전부터 거룩한 선지자의 입을 의탁하여 말씀하신 바 만유를 회복하실 때까지는 하늘이 마땅히 그를 받아 두리라 22 모세가 말하되 주 하나님이 너희를 위하여 너희 형제 가운데서 나 같은 선지자 하나를 세울 것이니 너희가 무엇이든지 그 모든 말씀을 들을 것이라 23 누구든지 그 선지자의 말을 듣지 아니하는 자는 백성 중에서 멸망 받으리라 하였고

mouth of all the prophets, that His Christ should suffer,
He has thus fulfilled. 19 "Repent therefore and return,
that your sins may be wiped away, in order that times of
refreshing may come from the presence of the Lord; 20
and that He may send Jesus, the Christ appointed for you,
21 whom heaven must receive until the period of restoration
of all things about which God spoke by the mouth of His
holy prophets from ancient time. 22 "Moses said, 'The
Lord God shall raise up for you a prophet like me from
your brethren; to Him you shall give heed in everything
He says to you. 23 'And it shall be that every soul that
does not heed that prophet shall be utterly destroyed from
among the people.' 24 "And likewise, all the prophets
who have spoken, from Samuel and his successors onward,

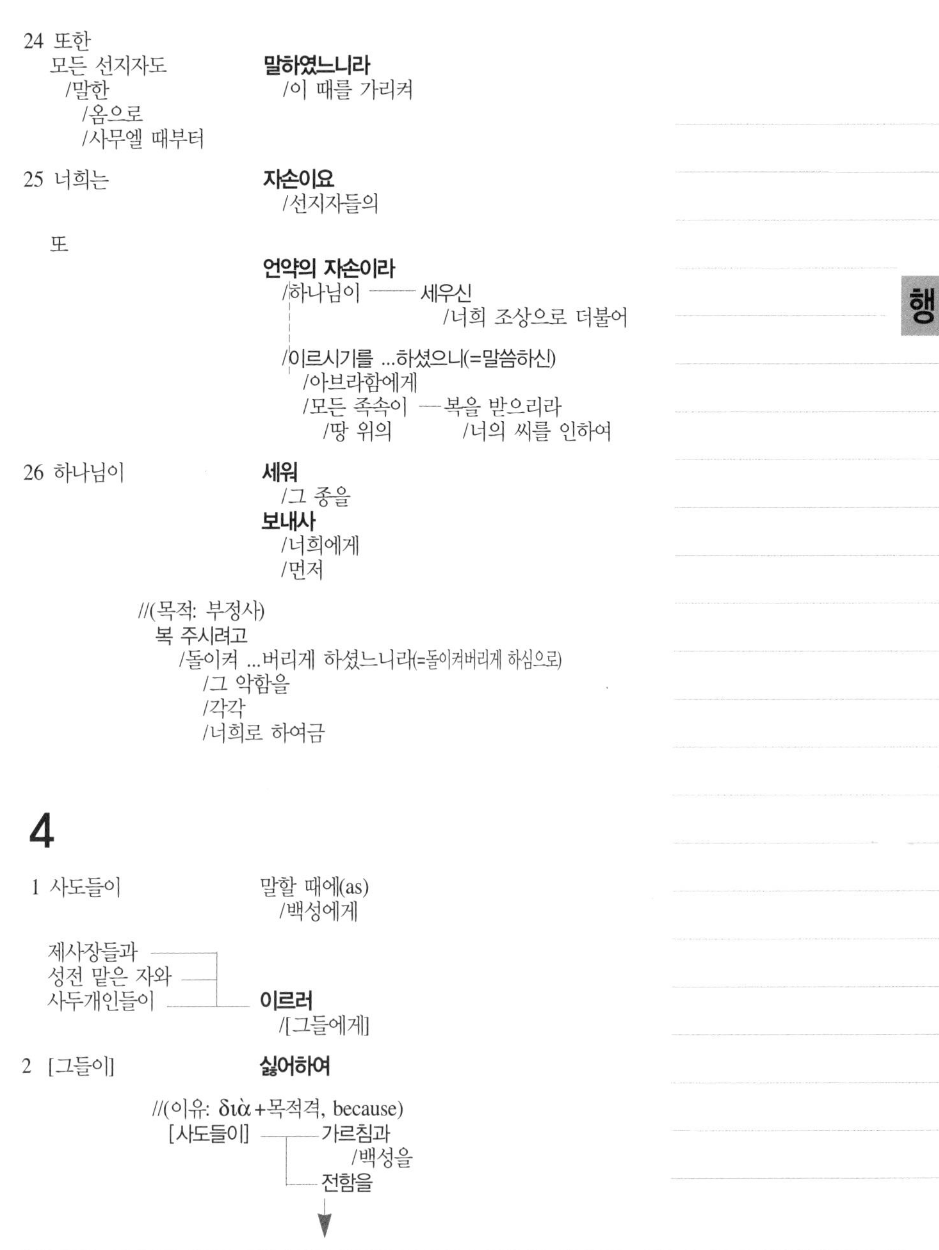

24 또한 사무엘 때부터 옴으로 말한 모든 선지자도 이 때를 가리켜 말하였느니라 25 너희는 선지자들의 자손이요 또 하나님이 너희 조상으로 더불어 세우신 언약의 자손이라 아브라함에게 이르시기를 땅 위에 모든 족속이 너의 씨를 인하여 복을 받으리라 하셨으니 26 하나님이 그 종을 세워 복 주시려고 너희에게 먼저 보내사 너희로 하여금 돌이켜 각각 그 악함을 버리게 하셨느니라

4:1 사도들이 백성에게 말할 때에 제사장들과 성전 맡은 자와 사두개인들이 이르러 2 백성을 가르침과 예수를

also announced these days. 25 "It is you who are the sons of the prophets, and of the covenant which God made with your fathers, saying to Abraham, 'And in your seed all the families of the earth shall be blessed.' 26 "For you first, God raised up His Servant, and sent Him to bless you by turning every one of you from your wicked ways."

4:1 And as they were speaking to the people, the priests and the captain of the temple guard, and the Sadducees,

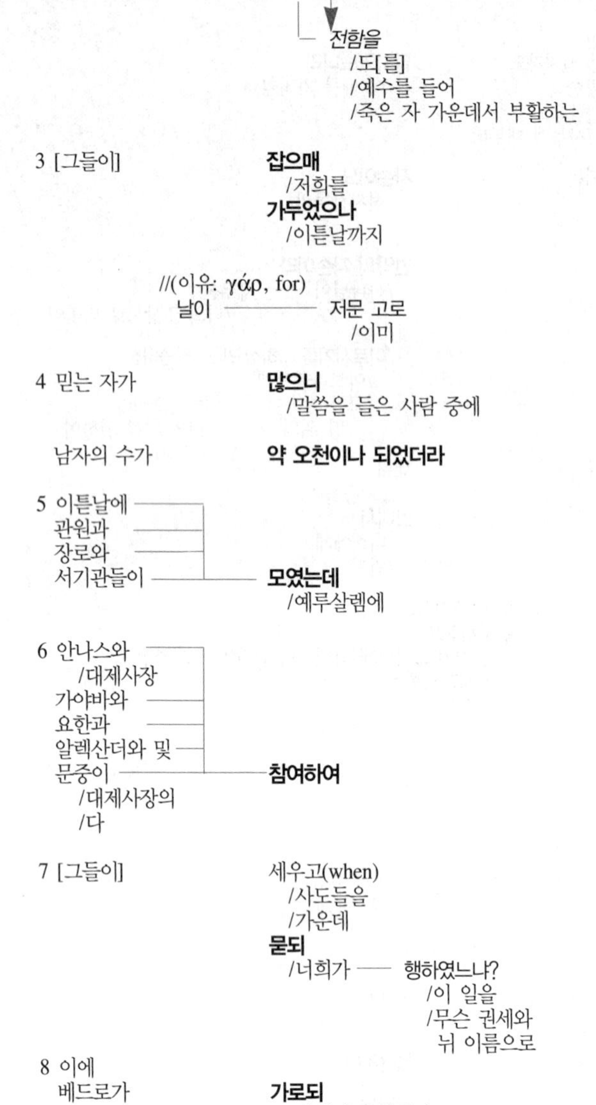

행

들어 죽은 자 가운데서 부활하는 도(道) 전함을 싫어하여
3 저희를 잡으매 날이 이미 저문 고로 이튿날까지 가두었
으나 4 말씀을 들은 사람 중에 믿는 자가 많으니 남자의
수가 약 오천이나 되었더라 5 이튿날에 관원과 장로와 서
기관들이 예루살렘에 모였는데 6 대제사장 안나스와 가야
바와 요한과 알렉산더와 및 대제사장의 문중이 다 참여하
여 7 사도들을 가운데 세우고 묻되 너희가 무슨 권세와 뉘
이름으로 이 일을 행하였느냐 8 이에 베드로가 성령이 충
만하여 가로되 백성의 관원과 장로들아

came upon them, 2 being greatly disturbed because they
were teaching the people and proclaiming in Jesus the
resurrection from the dead. 3 And they laid hands on
them, and put them in jail until the next day, for it was
already evening. 4 But many of those who had heard the
message believed; and the number of the men came to
be about five thousand. 5 And it came about on the next
day, that their rulers and elders and scribes were gathered
together in Jerusalem; 6 and Annas the high priest was
there, and Caiaphas and John and Alexander, and all who
were of high-priestly descent. 7 And when they had placed
them in the center, they began to inquire, "By what power,

9 만일
[너희가] 질문하면[10)]
/우리에게
/병인에게 행한 착한 일에 대하여
/이 사람이 어떻게 구원을 얻었느냐고
/오늘

10 너희와
이스라엘 백성들은 **알라**
/모든
/이 사람이 ——— 섰느니라
/너희 앞에
/건강하게 되어
/나사렛 예수 그리스도의 이름으로
/너희가 —— 십자가에 못 박고
하나님이 — 살리신
/죽은 자 가운데서

11 이 예수는 **버린 돌로서**
/너희 건축자들의
머릿돌이 되었느니라
/집 모퉁이의

12 구원을 얻을 수 **없나니**[11)]
/다른 이로서는

//(이유: γάρ, for)
다른 이름을(이) ——— 없음이니라 (하였더라)
/천하[에]
/주신 (일이)
/인간에
/[그것이] ——— 구원을 얻을 만한
/[우리를]
/[그것으로]

13 저희가 보고(when)
/기탄없이 말함을
/베드로와 요한이(의)

알았다가
/그 본래 학문 없는 범인으로
이상히 여기며
또
알고
/예수와 함께 있던 줄도
/그 전에

10) 수동형 문장을 능동형으로 구성

11) 구원 받음이 없다.

9 만일 병인에게 행한 착한 일에 대하여 이 사람이 어떻게
구원을 얻었느냐고 오늘 우리에게 질문하면 10 너희와 모
든 이스라엘 백성들은 알라 너희가 십자가에 못박고 하나
님이 죽은 자 가운데서 살리신 나사렛 예수 그리스도의 이
름으로 이 사람이 건강하게 되어 너희 앞에 섰느니라 11
이 예수는 너희 건축자들의 버린 돌로서 집 모퉁이의 머릿
돌이 되었느니라 12 다른 이로서는 구원을 얻을 수 없나
니 천하 인간에 구원을 얻을 만한 다른 이름을 우리에게
주신 일이 없음이니라 하였더라 13 저희가 베드로와 요한
이 기탄없이 말함을 보고 그 본래 학문 없는 범인으로 알
았다가 이상히 여기며 또 그 전에 예수와 함께 있던 줄도
알고

or in what name, have you done this?" 8 Then Peter,
filled with the Holy Spirit, said to them, "Rulers and
elders of the people, 9 if we are on trial today for a
benefit done to a sick man, as to how this man has been
made well, 10 let it be known to all of you, and to all
the people of Israel, that by the name of Jesus Christ the
Nazarene, whom you crucified, whom God raised from
the dead — by this name this man stands here before you
in good health. 11 "He is the stone which was rejected
by you, the builders, but which became the very corner
stone. 12 "And there is salvation in no one else; for there
is no other name under heaven that has been given among
men, by which we must be saved." 13 Now as they
observed the confidence of Peter and John, and understood

행

14 또
보고(when)
/병 나은 사람이(을)
/섰는 (것을)
/그들과 함께
[그들이]
말이 없는지라
/힐난할

15 [그들이]
명하여 (...하고)
/공회에서 나가라
의논하여 가로되
16 /[우리가] ——— 어떻게 할꼬?
/이 사람들을

//(이유: γάρ, for)
표적 ——— 알려졌으니
/유명한 /모든 사람에게
/나타난 것이 /예루살렘에 사는
/저희로 인하여
//우리도 —— 부인할 수 없는지라

17 /[우리가] ——— 위협하여 ...하자 하고
/저희를
/말하지 말게
/이 이름으로
/아무 사람에게도
/이후에는

//(목적: ἵνα, so that...)
이것이 —— 더 퍼지지 못하게
/민간에

18 [그들이]
불러
/그들을
경계하여
/말하지도 말고
가르치지도 말라 (하니)
/도무지(=결코)
/예수의 이름으로

19 베드로와
요한이
대답하여 가로되 (...하니)
/[너희는] —— 판단하라
/너희 말 듣는 것이 — 옳은가?
/하나님 말씀 듣는 것보다
/하나님 앞에서

20 //(이유: γάρ, for)

14 또 병 나은 사람이 그들과 함께 섰는 것을 보고 힐난할 말이 없는지라 15 명하여 공회에서 나가라 하고 서로 의논하여 가로되 16 이 사람들을 어떻게 할꼬 저희로 인하여 유명한 표적 나타난 것이 예루살렘에 사는 모든 사람에게 알려졌으니 우리도 부인할 수 없는지라 17 이것이 민간에 더 퍼지지 못하게 저희를 위협하여 이 후에는 이 이름으로 아무 사람에게도 말하지 말게 하자 하 18 그들을 불러 경계하여 도무지 예수의 이름으로 말하지도 말고 가르치지도 말라 하니 19 베드로와 요한이 대답하여 가로되 하나님 앞에서 너희 말 듣는 것이 하나님 말씀 듣는 것보다 옳은가 판단하라

that they were uneducated and untrained men, they were marveling, and began to recognize them as having been with Jesus. 14 And seeing the man who had been healed standing with them, they had nothing to say in reply. 15 But when they had ordered them to go aside out of the Council, they began to confer with one another, 16 saying, "What shall we do with these men? For the fact that a noteworthy miracle has taken place through them is apparent to all who live in Jerusalem, and we cannot deny it. 17 "But in order that it may not spread any further among the people, let us warn them to speak no more to any man in this name." 18 And when they had summoned them, they commanded them not to speak or teach at all in the name of Jesus. 19 But Peter and John answered and said

20 //(이유: γάρ, for)
우리는 —— 말하지 아니할 수 없다
/보고
들은 것을

21 관원들이
다시 위협하여
/[그들을]
놓아 주었으니
/백성을 인하여
/찾지 못하고
/저희를 어떻게 벌할 도리를

//이는(이유: ὅτι, because)
모든 사람이 —— 영광을 돌림이러라
/하나님께
/그 된 일을 보고

22 //(이유: γάρ, for)
병 나은 사람은 —— 사십여 세나 되었더라
/이 표적으로

23 사도들이
놓이매(when)
가서
/그 동류에게
고하니
/다(=모든 것을)
/제사장들과
장로들의(이) —— 말을(=말한)

24 저희가
듣고(when)
소리를 높여
/하나님께
/일심으로
가로되
/대주재여!
지은 이시오.
/천지와
바다와
만유를
/그 가운데

25 /또
말씀하시기를...하신 이로소이다
/다윗의 입을 의탁하사
/주의 종
/우리 조상
/성령으로
/어찌하여

행

20 우리는 보고 들은 것을 말하지 아니할 수 없다 하니
21 관원들이 백성을 인하여 저희를 어떻게 벌할 도리를
찾지 못하고 다시 위협하여 놓아 주었으니 이는 모든 사람
이 그 된 일을 보고 하나님께 영광을 돌림이러라 22 이 표
적으로 병 나은 사람은 사십여 세나 되었더라 23 사도들
이 놓이매 그 동류에게 가서 제사장들과 장로들의 말을 다
고하니 24 저희가 듣고 일심으로 하나님께 소리를 높여
가로되 대주재여 천지와 바다와 그 가운데 만유를 지은 이
시요 25 또 주의 종 우리 조상 다윗의 입을 의탁하사 성령
으로 말씀하시기를 어찌하여 열방이 분노하며 족속들이 허
사를 경영하였는고

to them, "Whether it is right in the sight of God to give
heed to you rather than to God, you be the judge; 20 for
we cannot stop speaking what we have seen and heard."
21 And when they had threatened them further, they let
them go (finding no basis on which they might punish
them) on account of the people, because they were all glorifying
God for what had happened; 22 for the man was more
than forty years old on whom this miracle of healing had
been performed. 23 And when they had been released,
they went to their own companions, and reported all that
the chief priests and the elders had said to them. 24 And
when they heard this, they lifted their voices to God with
one accord and said, "O Lord, it is Thou who didst make
the heaven and the earth and the sea, and all that is in
them, 25 who by the Holy Spirit, through the mouth of
our father David Thy servant, didst say, 'Why did the Gentiles

행

/어찌하여
열방이 ——— 분노하며
족속들이 ——— 경영하였는고
/허사를

26 /군왕들이 ——— 나서며
/세상의
/관원들이 ——— 함께 모여
/대적하도다(=대적하여) (하신 이로소이다)
/주와 그 그리스도를

27-28
//(이유: γάρ, for)
헤롯과
빌라도는 ——— 모였나이다
/과연(=진실로)
/이 성에
/합동하여
/이방인과
이스라엘 백성과
/예수를 거스려
/거룩한 종
/하나님의 기름 부으신
28 //(목적: 부정사)
행하려고
/그것을
/예정하신
/이루려고
/권능과
뜻대로

/하나님의

29 /주여!
이제도
[당신은] ——— 하감하옵시고
/저희의 위협함을
/또
[당신은] ——— 전하게 하여 주옵시며
/하나님의 말씀을
/담대히
/종들로 하여금

30 /손을 내밀어(while)
/병을 낫게 (하옵시고)
표적과
기사가 ——— 이루어지게 하옵소서 하더라
/예수의 이름으로
/거룩한 종

26 세상의 군왕들이 나서며 관원들이 함께 모여 주와 그
그리스도를 대적하도다 하신 이로소이다 27 과연 헤롯과
본디오 빌라도는 이방인과 이스라엘 백성과 합동하여 하나
님의 기름부으신 거룩한 종 예수를 거스려 28 하나님의
권능과 뜻대로 이루려고 예정하신 그것을 행하려고 이 성
에 모였나이다 29 주여 이제도 저희의 위협함을 하감하옵
시고 또 종들로 하여금 담대히 하나님의 말씀을 전하게 하
여 주옵시며 30 손을 내밀어 병을 낫게 하옵시고 표적과
기사가 거룩한 종 예수의 이름으로 이루어지게 하옵소서
하더라

rage, And the peoples devise futile things? 26 'The kings
of the earth took their stand, And the rulers were gathered
together Against the Lord, and against His Christ.' 27
"For truly in this city there were gathered together against
Thy holy servant Jesus, whom Thou didst anoint, both
Herod and Pontius Pilate, along with the Gentiles and the
peoples of Israel, 28 to do whatever Thy hand and Thy purpose
predestined to occur. 29 "And now, Lord, take note of
their threats, and grant that Thy bond-servants may speak
Thy word with all confidence, 30 while Thou dost extend

12) 큰 은혜가 모든 무리 위에 있었다.

31 빌기를 다하매 모인 곳이 진동하더니 무리가 다 성령
이 충만하여 담대히 하나님의 말씀을 전하니라 32 믿는
무리가 한 마음과 한 뜻이 되어 모든 물건을 서로 통용하
고 제 재물을 조금이라도 제 것이라 하는 이가 하나도 없
더라 33 사도들이 큰 권능으로 주 예수의 부활을 증거하
니 무리가 큰 은혜를 얻어 34 그 중에 핍절한 사람이 없으
니 이는 밭과 집 있는 자는 팔아 그 판 것의 값을 가져다
가 35 사도들의 발 앞에 두매 저희가 각 사람의 필요를 따
라 나눠 줌이러라 36 구브로에서 난 레위 족인이 있으니
이름은 요셉이라 사도들이 일컬어 바나바 (번역하면 권위

Thy hand to heal, and signs and wonders take place through
the name of Thy holy servant Jesus." 31 And when they
had prayed, the place where they had gathered together
was shaken, and they were all filled with the Holy Spirit,
and began to speak the word of God with boldness. 32
And the congregation of those who believed were of one heart
and soul; and not one of them claimed that anything belonging
to him was his own; but all things were common property
to them. 33 And with great power the apostles were giving
witness to the resurrection of the Lord Jesus, and abundant
grace was upon them all. 34 For there was not a needy
person among them, for all who were owners of land or houses
would sell them and bring the proceeds of the sales, 35
and lay them at the apostles' feet; and they would be distributed
to each, as any had need. 36 And Joseph, a Levite of
Cyprian birth, who was also called Barnabas by the apostles

사도들이 **일컬어**
/바나바라 하니
/(번역하면 권위자)

37 그가 **팔아**
/밭이(을)
/있으매(=가지고 있는)
가지고
/값을
두니라
/사도들의 발 앞에

5

1 사람이 **팔아**
/아나니아라 하는
/소유를
/삽비라로 더불어
/그 아내

2 [그가] **감추매**
/얼마를
/그 값에서
/그 아내도 알더라(=아는 가운데)
가져다가
/얼마를
두니
/사도들의 발 앞에

3 베드로가 **가로되**
/아나니아야!
어찌하여(why)
사단이 ——— 가득하여
/네 마음에
/(네가) 성령을 속이고
땅 값 얼마를 감추었느냐(=감추고자)

4 /땅이 그대로 있을 때에는(while)
[그것이] ——— 네 땅이 아니며?
/판 후에도(after)
[네가] ——— 네 임의로 할 수가 없더냐?

/어찌하여(why)
[네가] ——— 네 마음에 두었느냐?
/이 일을
/[너는] ——— 거짓말 한 것이 아니요
/사람에게
하나님께로다

자)라 하니 37 그가 밭이 있으매 팔아 값을 가지고 사도들
의 발 앞에 두니라

5:1 아나니아라 하는 사람이 그 아내 삽비라로 더불어
소유를 팔아 2 그 값에서 얼마를 감추매 그 아내도 알
더라 얼마를 가져다가 사도들의 발 앞에 두니 3 베드로가
가로되 아나니아야 어찌하여 사단이 네 마음에 가득하여
네가 성령을 속이고 땅 값 얼마를 감추었느냐 4 땅이 그대
로 있을 때에는 네 땅이 아니며 판 후에도 네 임의로 할
수가 없더냐 어찌하여 이 일을 네 마음에 두었느냐 사람에

(which translated means, Son of Encouragement), 37 and who
owned a tract of land, sold it and brought the money and
laid it at the apostles' feet.

5:1 But a certain man named Ananias, with his wife
Sapphira, sold a piece of property, 2 and kept back
some of the price for himself, with his wife's full knowledge,
and bringing a portion of it, he laid it at the apostles'
feet. 3 But Peter said, "Ananias, why has Satan filled
your heart to lie to the Holy Spirit, and to keep back
some of the price of the land? 4 "While it remained
unsold, did it not remain your own? And after it was sold,

5 아나니아가	듣고(as) /이 말을 **엎드러져** **혼이 떠나니**
사람이 /이 일을 듣는 /다(=모든)	**두려워하더라**[13)] /크게
6 젊은 사람들이	**일어나** **싸서** /시신을 **메고 나가** **장사하니라**
7 세 시간쯤 지나 그 아내가	 **들어오니** /알지 못하고 /그 생긴 일을
8 베드로가	**가로되** (...하니) /[너는] ——— 말하라 /내게 /그 땅 판 값이 이것뿐이냐?
[그녀가]	**가로되** /예 이뿐이로라
9 베드로가	**가로되** /너희가 ——— 어찌 함께 꾀하여 . . . 하느냐? //(목적: 부정사) 시험하려 /주의 영을 /보라! 사람들의 발이 ——— 이르렀으니 /장사하고 오는 /문 앞에 /네 남편을 /또 [그들이] ——— 메어 내가리라 한 대 /너를
10 곧 [그녀가]	 **엎드러져** /베드로의 발 앞에 **혼이 떠나는지라**

13) 이일을 듣는 모든 사람들에게 큰 두려움이 왔다.

행

게 거짓말한 것이 아니요 하나님께로다 5 아나니아가 이
말을 듣고 엎드러져 혼이 떠나니 이 일을 듣는 사람이 다
크게 두려워하더라 6 젊은 사람들이 일어나 시신을 싸서
메고 나가 장사하니라 7 세 시간쯤 지나 그 아내가 그 생
긴 일을 알지 못하고 들어오니 8 베드로가 가로되 그 땅
판 값이 이것뿐이냐 내게 말하라 하니 가로되 예 이뿐이로
라 9 베드로가 가로되 너희가 어찌 함께 꾀하여 주의 영을
시험하려 하느냐 보라 네 남편을 장사하고 오는 사람들의
발이 문 앞에 이르렀으니 또 너를 메어 내가리라 한 10 곧
베드로의 발 앞에 엎드러져 혼이 떠나는지라 젊은 사람들
이 들어와 죽은 것을 보고 메어다가 그 남편 곁에 장사하
니

was it not under your control? Why is it that you have
conceived this deed in your heart? You have not lied to
men, but to God." 5 And as he heard these words, Ananias
fell down and breathed his last; and great fear came upon
all who heard of it. 6 And the young men arose and
covered him up, and after carrying him out, they buried
him. 7 Now there elapsed an interval of about three hours,
and his wife came in, not knowing what had happened. 8
And Peter responded to her, "Tell me whether you sold
the land for such and such a price?" And she said, "Yes,
that was the price." 9 Then Peter said to her, "Why is it
that you have agreed together to put the Spirit of the Lord
to the test? Behold, the feet of those who have buried
your husband are at the door, and they shall carry you
out as well." 10 And she fell immediately at his feet, and
breathed her last; and the young men came in and found

젊은 사람들이 — **들어와**
보고
/죽은 것을
메어다가
장사하니
/그 남편 곁에

11 온 교회와
듣는 사람들이 — **두려워하니라**[14]
/이 일을 — /크게
/다(=모든)

12 표적과
기사가 — **되매**
/많이(은) — /사도들의 손으로
/민간에

믿는 사람이 다 — **모이고**
/솔로몬 행각에
/마음을 같이하여

13 그 나머지는 — **사람이 없으나**[15]
/감히 그들과 상종하는
백성이 — 칭송하더라

14 큰 무리더라(가) — **나오는 자가(=나왔다)**[16]
/남녀의 — /더 많으니
/믿고(=믿으면서)
/주께로(=주를)

15 /심지어
메고 나가
/병든 사람을
/거리에
/뉘우고
/침대와 요 위에

//(목적: ἵνα, so that...may)
베드로가 지날 때에(when)
그 그림자라도 — 혹 덮일까 바라고
/뉘게

16 허다한 사람들도 — **모여**
/예루살렘 근읍 — /데리고 와서
/병든 사람과
괴로움 받는 사람을
/더러운 귀신에게

다 — **나음을 얻으니라**

14) 큰 두려움이 온 교회와 이 일을 듣는 모든 사람들에게 일어났다.

15) 그 나머지 중 누구도 감히 그들과 상조하려하지 않았다.

16) And all the more believers in the Lord, multitudes of men and women, were constantly added to [their number],(NASB)

11 온 교회와 이 일을 듣는 사람들이 다 크게 두려워하니라 12 사도들의 손으로 민간에 표적과 기사가 많이 되매 믿는 사람이 다 마음을 같이하여 솔로몬 행각에 모이고 13 그 나머지는 감히 그들과 상종하는 사람이 없으나 백성이 칭송하더라 14 믿고 주께로 나오는 자가 더 많으니 남녀의 큰 무리더라 15 심지어 병든 사람을 메고 거리에 나가 침대와 요 위에 뉘우고 베드로가 지날 때에 혹 그 그림자라도 뉘게 덮일까 바라고 16 예루살렘 근읍 허다한 사람들도 모여 병든 사람과 더러운 귀신에게 괴로움 받는 사람을 데리고 와서 다 나음을 얻으니라

her dead, and they carried her out and buried her beside her husband. 11 And great fear came upon the whole church, and upon all who heard of these things. 12 And at the hands of the apostles many signs and wonders were taking place among the people; and they were all with one accord in Solomon's portico. 13 But none of the rest dared to associate with them; however, the people held them in high esteem. 14 And all the more believers in the Lord, multitudes of men and women, were constantly added to their number; 15 to such an extent that they even carried the sick out into the streets, and laid them on cots and pallets, so that when Peter came by, at least his shadow might fall on any one of them. 16 And also the people from the cities in the vicinity of Jerusalem

17 대제사장과 그와 함께 있는 사람 즉 사두개인의 당파
가 다 마음에 시기가 가득하여 일어나서 18 사도들을 잡
아다가 옥에 가두었더니 19 주의 사자가 밤에 옥문을 열
고 끌어내어 가로되 20 가서 성전에 서서 이 생명의 말씀
을 다 백성에게 말하라 하매 21 저희가 듣고 새벽에 성전
에 들어가서 가르치더니 대제사장과 그와 함께 있는 사람
들이 와서 공회와 이스라엘 족속의 원로들을 다 모으고 사
람을 옥에 보내어 사도들을 잡아오라 하니 22 관속들이
가서 옥에서 사도들을 보지 못하고 돌아와 말하여

were coming together, bringing people who were sick or
afflicted with unclean spirits; and they were all being
healed. 17 ¶ But the high priest rose up, along with all
his associates (that is the sect of the Sadducees), and they
were filled with jealousy; 18 and they laid hands on the
apostles, and put them in a public jail. 19 But an angel
of the Lord during the night opened the gates of the prison,
and taking them out he said, 20 "Go your way, stand and
speak to the people in the temple the whole message of
this Life." 21 And upon hearing this, they entered into
the temple about daybreak, and began to teach. Now when
the high priest and his associates had come, they called
the Council together, even all the Senate of the sons of
Israel, and sent orders to the prison house for them to be

23 가로되 우리가 보니 옥은 든든하게 잠기고 지킨 사람들이 문에 섰으되 문을 열고 본즉 그 안에는 한 사람도 없더이다 하니 24 성전 맡은 자와 제사장들이 이 말을 듣고 의혹하여 이 일이 어찌 될까 하더니 25 사람이 와서 고하되 보소서 옥에 가두었던 사람들이 성전에 서서 백성을 가르치더이다 하니 26 성전 맡은 자가 관속들과 같이 가서 저희를 잡아 왔으나 강제로 못함은 백성들이 돌로 칠까 두려워 함이러라 27 저희를 끌어다가 공회 앞에 세우니 대제사장이 물어

brought. 22 But the officers who came did not find them in the prison; and they returned, and reported back, 23 saying, "We found the prison house locked quite securely and the guards standing at the doors; but when we had opened up, we found no one inside." 24 Now when the captain of the temple guard and the chief priests heard these words, they were greatly perplexed about them as to what would come of this. 25 But someone came and reported to them, "Behold, the men whom you put in prison are standing in the temple and teaching the people!" 26 Then the captain went along with the officers and proceeded to bring them back without violence (for they were afraid of the people, lest they should be stoned). 27 And when they had brought them, they stood them before the Council.

/우리가 —— *엄금하였으되*
/가르치지 말라고
/사람을
/이 이름으로

/[보라!]
너희가 —— 가득하게 하니
/너희 교를
/예루살렘에
[너희가] —— 돌리고자 함이로다
/이 사람의 피를
/우리에게로

29 베드로와
사도들이 **대답하여 가로되** (...하더라)
/[우리가] —— 순종하는 것이 마땅하니라
/하나님을
/사람보다

30 /하나님이 —— 살리시고
/우리 조상의 /예수를
/너희가 —— 죽인
/나무에 달아
31 /[하나님은] —— 높이사 ...삼으셨느니라
/그를
/오른손으로
/임금과
구주를
/회개케 하사(=하시려고)
/이스라엘로
죄 사함을 얻게 하시려고

32 /우리는 —— 증인이요
/이 일에
/성령도 —— 〈그러하니라〉
/하나님이 – 주신
/순종하는 사람들에게
/자기를

33 저희가 듣고(when)
크게 노하여
없이하고자 할새
/사도들을
34 가말리엘은 **교법사로**
/바리새인

28 가로되 우리가 이 이름으로 사람을 가르치지 말라고
엄금하였으되 너희가 너희 교를 예루살렘에 가득하게 하니
이 사람의 피를 우리에게로 돌리고자 함이로다 29 베드로
와 사도들이 대답하여 가로되 사람보다 하나님을 순종하는
것이 마땅하니라 30 너희가 나무에 달아 죽인 예수를 우
리 조상의 하나님이 살리시고 31 이스라엘로 회개케 하사
죄사함을 얻게 하시려고 그를 오른손으로 높이사 임금과
구주를 삼으셨느니라 32 우리는 이 일에 증인이요 하나님
이 자기를 순종하는 사람들에게 주신 성령도 그러하니라
하더라 33 저희가 듣고 크게 노하여 사도들을 없이 하고
자 할새 34 바리새인 가말리엘은 교법사로 모든 백성에게
존경을 받는 자라 공회 중에 일어나 명하여 사도들을 잠깐

And the high priest questioned them, 28 saying, "We
gave you strict orders not to continue teaching in this
name, and behold, you have filled Jerusalem with your
teaching, and intend to bring this man's blood upon us."
29 But Peter and the apostles answered and said, "We
must obey God rather than men. 30 "The God of our
fathers raised up Jesus, whom you had put to death by hanging
Him on a cross. 31 "He is the one whom God exalted to
His right hand as a Prince and a Savior, to grant repentance
to Israel, and forgiveness of sins. 32 "And we are witnesses
of these things; and so is the Holy Spirit, whom God has given
to those who obey Him." 33 But when they heard this,
they were cut to the quick and were intending to slay
them. 34 But a certain Pharisee named Gamaliel, a teacher

존경을 받는 자라
/모든 백성에게

일어나
/공회 중에
명하사 (...하고)
/사도들을 잠깐 밖에 나가게

35 **말하되**
/이스라엘 사람들아!
너희가 ——— 조심하라
/어떻게 하려는 것을
/이 사람들에게 대하여

36 //(이유: γάρ, for)
이전에
드다가 ——— 일어나
/스스로 자랑하매(=자랑하면서)
사람이 ——— 따르더니
/약 사백이나
그가 ——— 죽임을 당하매
사람이 ——— 흩어져
/좇던
/다 ——— 없어졌고

37 //(계속되는 이유)
그 후
유다가 ——— 일어나
/갈릴리
/호적할 때에
꾀어
/백성을
/좇게 (하다가)
/[그를]
그도 ——— 망한즉
사람이 ——— 흩어졌느니라
/좇던
/다

38 /이제
내가 ——— 말하노니
/너희에게
/[너희는] ——— 상관 말고
/이 사람들을
버려 두라

//(이유: ὅτι, for)
[만일, ἐὰν]
이 사상과
소행이 ——— 사람에게로서 났으면
[그것은] ——— 무너질 것이요

39 //(계속되는 이유)

밖에 나가게 하고 35 말하되 이스라엘 사람들아 너희가 이 사람들에게 대하여 어떻게 하려는 것을 조심하라 36 이전에 드다가 일어나 스스로 자랑하매 사람이 약 사백이나 따르더니 그가 죽임을 당하매 좇던 사람이 다 흩어져 없어졌고 37 그 후 호적할 때에 갈릴리 유다가 일어나 백성을 꾀어 좇게 하다가 그도 망한즉 좇던 사람이 다 흩어졌느니라 38 이제 내가 너희에게 말하노니 이 사람들을 상관 말고 버려두라 이 사상과 소행이 사람에게로서 났으

of the Law, respected by all the people, stood up in the Council and gave orders to put the men outside for a short time. 35 And he said to them, "Men of Israel, take care what you propose to do with these men. 36 "For some time ago Theudas rose up, claiming to be somebody; and a group of about four hundred men joined up with him. And he was slain; and all who followed him were dispersed and came to nothing. 37 "After this man Judas of Galilee rose up in the days of the census, and drew away some people after him, he too perished, and all those who followed him were scattered. 38 "And so in the present case, I say to you, stay away from these men and let them

39 //(계속되는 이유)
만일(εἰ)
[그것이] —— 하나님께로서 났으면
너희가 —— 무너뜨릴 수 없겠고
/저희를
도리어
[너희가] —— 대적하는 자가 될까 하노라 하니
/하나님을

40 저희가 **옳게 여겨**
/[그를]

불러들여(when)
/사도들을
채찍질하며
금하고
/예수의 이름으로 말하는 것을
놓으니

41 사도들은 **떠나니라**
/공회 앞을
/기뻐하면서
/합당한 자로 여기심을
/능욕받는 일에
/그 이름을 위하여

42 저희가 **쉬지 아니하니라**
/가르치기와
/전도하기를

/예수는 그리스도라

/날마다
/성전에 있든지
/집에 있든지

6

1 그 때에
제자가 더 많아졌는데(when)
유대인들이 **원망한대**
/헬라파 /히브리파 사람을

//(이유: ὅτι, for)

면 무너질 것이요 39 만일 하나님께로서 났으면 너희가
저희를 무너뜨릴 수 없겠고 도리어 하나님을 대적하는 자
가 될까 하노라 하니 40 저희가 옳게 여겨 사도들을 불러
들여 채찍질하며 예수의 이름으로 말하는 것을 금하고 놓
으니 41 사도들은 그 이름을 위하여 능욕 받는 일에 합당
한 자로 여기심을 기뻐하면서 공회 앞을 떠나니라 42 저
희가 날마다 성전에 있든지 집에 있든지 예수는 그리스도
라 가르치기와 전도하기를 쉬지 아니하니라

6:1 그때에 제자가 더 많아졌는데 헬라파 유대인들이 자
기의 과부들이 그 매일 구제에 빠지므로 히브리파 사람

alone, for if this plan or action should be of men, it will
be overthrown; 39 but if it is of God, you will not be
able to overthrow them; or else you may even be found fighting
against God." 40 And they took his advice; and after
calling the apostles in, they flogged them and ordered
them to speak no more in the name of Jesus, and then
released them. 41 So they went on their way from the presence
of the Council, rejoicing that they had been considered worthy
to suffer shame for His name. 42 And every day, in the temple
and from house to house, they kept right on teaching and
preaching Jesus as the Christ.

6:1 Now at this time while the disciples were increasing
in number, a complaint arose on the part of the Hellenistic
Jews against the native Hebrews, because their widows
were being overlooked in the daily serving of food.

//(이유: ὅτι, for)
과부들이 —— 빠지므로
/자기의 /구제에
/그 매일

2 열두 사도가 **불러**
/모든 제자를
이르되
/[그것이] —— 마땅치 아니하니
/제쳐 놓고 /우리가
/하나님의 말씀을
/공궤를 일삼는 것이(=일삼기 위해)

3 형제들아!
[너희는] **택하라**
/일곱을
/칭찬 듣는 사람
/성령 과 지혜가 충만하여
/너희 가운데서

우리가 **맡기고**
/이 일을
/저희에게

4 우리는 **전무하리라 하니**
/기도하는 것과
말씀 전하는 것을

5 이 말을(이) **기뻐하여(=기쁘게 했다)**
/온 무리가(를)

[그들이] **택하여**
/스데반과
/충만한 사람
/믿음과
성령이
/또 빌립과
/브로고로와
/니가노르와
/디몬과
/바메나와
/니골라를
/유대교에 입교한
/안디옥 사람

6 [그들이] **세우니**
/사도들 앞에
사도들이 기도하고(after)
안수하니라
/그들에게

을 원망한대 2 열두 사도가 모든 제자를 불러 이르되 우리
가 하나님의 말씀을 제쳐놓고 공궤(供饋)를 일삼는 것이
마땅치 아니하니 3 형제들아 너희 가운데서 성령과 지혜
가 충만하여 칭찬 듣는 사람 일곱을 택하라 우리가 이 일
을 저희에게 맡기고 4 우리는 기도하는 것과 말씀 전하는
것을 전무(專務)하리라 하니 5 온 무리가 이 말을 기뻐하
여 믿음과 성령이 충만한 사람 스데반과 또 빌립과 브로고
로와 니가노르와 디몬과 바메나와 유대교에 입교한 안디옥
사람 니골라를 택하여 6 사도들 앞에 세우니 사도들이 기
도하고 그들에게 안수하니라

2 And the twelve summoned the congregation of the
disciples and said, "It is not desirable for us to neglect
the word of God in order to serve tables. 3 "But select
from among you, brethren, seven men of good reputation,
full of the Spirit and of wisdom, whom we may put in
charge of this task. 4 "But we will devote ourselves to
prayer, and to the ministry of the word." 5 And the
statement found approval with the whole congregation;
and they chose Stephen, a man full of faith and of the
Holy Spirit, and Philip, Prochorus, Nicanor, Timon, Parmenas
and Nicolas, a proselyte from Antioch. 6 And these they
brought before the apostles; and after praying, they laid

7 하나님의 말씀이 **점점 왕성하여**
제자의 수가 **더 많아지고**
/예루살렘에 있는 /심히

제사장의 무리도 **복종하니라**
/허다한 /이 도에

8 스데반이 **충만하여**
/은혜와
권능이

행하니
/기사와
표적을

/큰

/민간에

9 어떤 자들이 **일어나**
/각 회당에서
/온 사람들의 회당이라는
/리버디노,
/구레네인,
/알렉산드리아인,
/길리기아와
/아시아에서

변론할새
/스데반으로 더불어

10 저희가 **능히 당치 못하여**
/스데반이 —— 말함을
/지혜와
성령으로

11 [그들이] **가르쳐** (...하게 하고)
/사람들을
/말시키되(=말하도록)
/우리가 —— 들었노라
/이 사람이 —[말]하는 것을
/모독하는 말[을]
/모세와 및
하나님을

12 **충동시켜**
/백성과
장로와
서기관들을

7 하나님의 말씀이 점점 왕성하여 예루살렘에 있는 제자
의 수가 더 심히 많아지고 허다한 제사장의 무리도 이 도
에 복종하니라 8 스데반이 은혜와 권능이 충만하여 큰 기
사와 표적을 민간에 행하니 9 리버디노 구레네 인, 알렉
산드리아 인, 길리기아와 아시아에서 온 사람들의 회당이
라는 각 회당에서 어떤 자들이 일어나 스데반으로 더불어
변론할새 10 스데반이 지혜와 성령으로 말함을 저희가
능히 당치 못하여 11 사람들을 가르쳐 말 시키되 이 사람
이 모세와 및 하나님을 모독하는 말하는 것을 우리가 들었
노라 하게 하고 12 백성과 장로와 서기관들을 충동시켜
와서 잡아 가지고 공회에 이르러

their hands on them. 7 And the word of God kept on spreading;
and the number of the disciples continued to increase
greatly in Jerusalem, and a great many of the priests were
becoming obedient to the faith. 8 And Stephen, full of
grace and power, was performing great wonders and signs
among the people. 9 But some men from what was called
the Synagogue of the Freedmen, including both Cyrenians
and Alexandrians, and some from Cilicia and Asia, rose
up and argued with Stephen. 10 And yet they were unable
to cope with the wisdom and the Spirit with which he
was speaking. 11 Then they secretly induced men to say, "We
have heard him speak blasphemous words against Moses
and against God." 12 And they stirred up the people, the
elders and the scribes, and they came upon him and

행

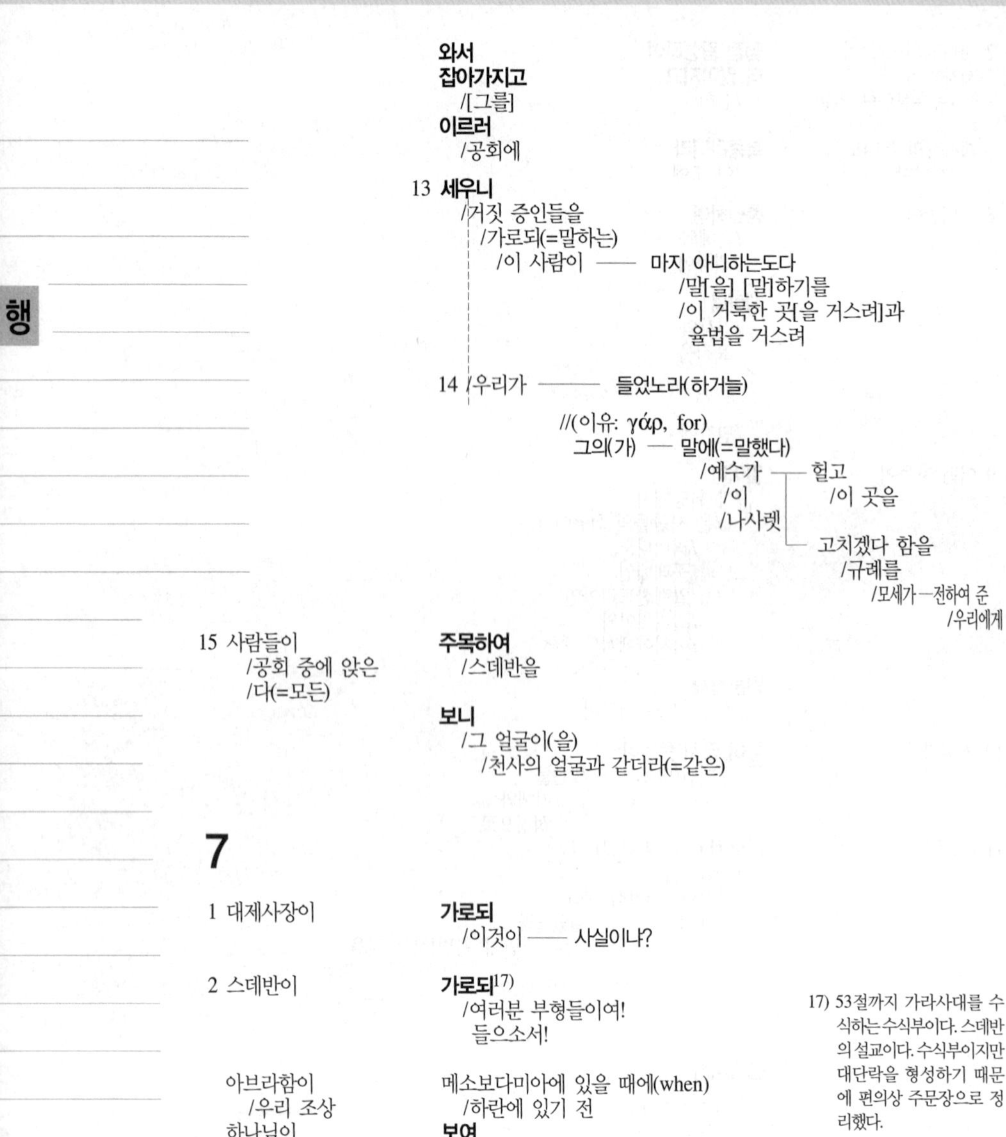

17) 53절까지 가라사대를 수식하는 수식부이다. 스데반의 설교이다. 수식부이지만 대단락을 형성하기 때문에 편의상 주문장으로 정리했다.

13 거짓 증인들을 세우니 가로되 이 사람이 이 거룩한 곳과 율법을 거스려 말하기를 마지 아니하는도다 14 그의 말에 이 나사렛 예수가 이 곳을 헐고 또 모세가 우리에게 전하여 준 규례를 고치겠다 함을 우리가 들었노라 하거늘 15 공회 중에 앉은 사람들이 다 스데반을 주목하여 보니 그 얼굴이 천사의 얼굴과 같더라

7:1 대제사장이 가로되 이것이 사실이냐 2 스데반이 가로되 여러분 부형들이여 들으소서 우리 조상 아브라함이 하란에 있기 전 메소보다미아에 있을 때에 영광의 하

dragged him away, and brought him before the Council. 13 And they put forward false witnesses who said, "This man incessantly speaks against this holy place, and the Law; 14 for we have heard him say that this Nazarene, Jesus, will destroy this place and alter the customs which Moses handed down to us." 15 And fixing their gaze on him, all who were sitting in the Council saw his face like the face of an angel.

7:1 And the high priest said, "Are these things so?" 2 And he said, "Hear me, brethren and fathers! The God of glory appeared to our father Abraham when he was in

나님이 그에게 보여 3 가라사대 네 고향과 친척을 떠나
내가 네게 보일 땅으로 가라 하시니 4 아브라함이 갈대아
사람의 땅을 떠나 하란에 거하다가 그 아비가 죽으매 하나
님이 그를 거기서 너희 시방 거하는 이 땅으로 옮기셨느니
라 5 그러나 여기서 발 붙일 만큼도 유업을 주지 아니하시
고 다만 이 땅을 아직 자식도 없는 저와 저의 씨에게 소유
로 주신다고 약속 하셨으며 6 하나님이 또 이같이 말씀하
시되 그 씨가 다른 땅에 나그네 되리니 그 땅 사람이 종을
삼아 사백 년 동안을 괴롭게 하리라 하시고

Mesopotamia, before he lived in Haran, 3 and said to
him, 'Depart from your country and your relatives, and
come into the land that I will show you.' 4 "Then he
departed from the land of the Chaldeans, and settled in
Haran. And from there, after his father died, God removed
him into this country in which you are now living. 5
"And He gave him no inheritance in it, not even a foot
of ground; and yet, even when he had no child, He
promised that He would give it to him as a possession,
and to his offspring after him. 6 "But God spoke to this
effect, that his offspring would be aliens in a foreign land,
and that they would be enslaved and mistreated for four

행

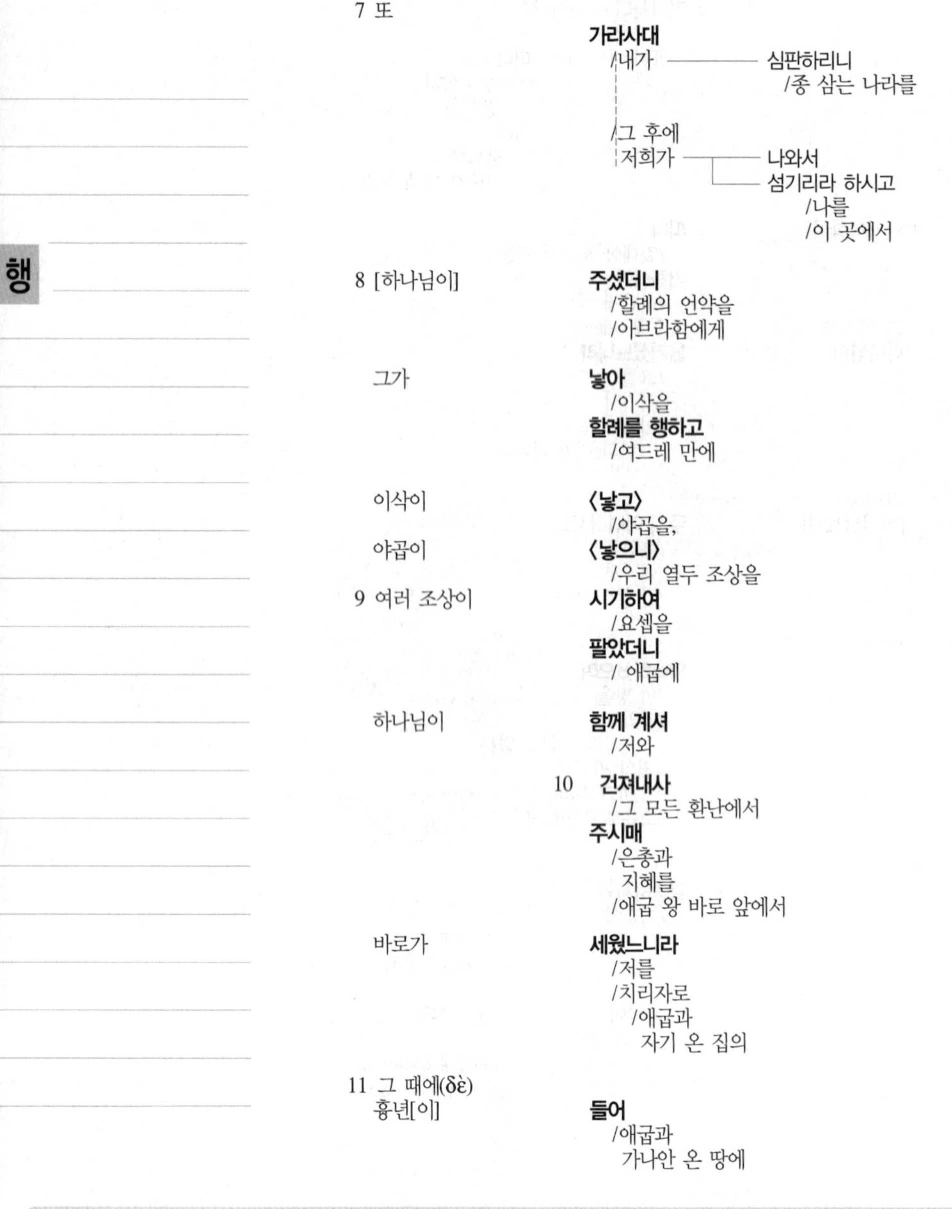

7 또 가라사대 종 삼는 나라를 내가 심판하리니 그 후에 저희가 나와서 이곳에서 나를 섬기리라 하시고 8 할례의 언약을 아브라함에게 주셨더니 그가 이삭을 낳아 여드레만에 할례를 행하고 이삭이 야곱을, 야곱이 우리 열두 조상을 낳으니 9 여러 조상이 요셉을 시기하여 애굽에 팔았더니 하나님이 저와 함께 계셔 10 그 모든 환난에서 건져내사 애굽 왕 바로 앞에서 은총과 지혜를 주시매 바로가 저를 애굽과 자기 온 집의 치리자로 세웠느니라 11 그 때에 애굽과 가나안 온 땅에 흉년들어 큰 환난이 있을새 우리 조상들이 양식이 없는지라

hundred years. 7 "'And whatever nation to which they shall be in bondage I Myself will judge,' said God, 'and after that they will come out and serve Me in this place.' 8 "And He gave him the covenant of circumcision; and so Abraham became the father of Isaac, and circumcised him on the eighth day; and Isaac became the father of Jacob, and Jacob of the twelve patriarchs. 9 "And the patriarchs became jealous of Joseph and sold him into Egypt. And yet God was with him, 10 and rescued him from all his afflictions, and granted him favor and wisdom in the sight of Pharaoh, king of Egypt; and he made him governor over Egypt and all his household. 11 "Now a famine

큰 환난이 **〈있을새〉**
우리 조상들이 **없는지라**
/양식이

12 야곱이 듣고(when)
/애굽에 곡식 있다는 말을
보내고
/우리 조상들을
/먼저

13 또
보내매
/재차
요셉이 **알게 되고**
/자기 형제들에게
또
요셉의 친족이 **드러나게 되니라**
/바로에게

14 요셉이 **보내어**
청하였더니
/그 부친 야곱과
일흔 다섯 사람을
/온 친족

15 야곱이 **내려가**
/애굽으로
자기와
우리 조상들이 **죽고**
/거기서
16 [그들이] **옮기워**
/세겜으로
장사되니라
/무덤에
/아브라함이 —— 산
/세겜 하몰의 자손에게서
/은으로 값주고

17 하나님이 가까우매(as)
/아브라함에게 약속하신 때가
이스라엘 백성이 **번성하여**
많아졌더니

18 새 임금이 오르매(untill)
/알지 못하는 /애굽 왕위에
/요셉을

행

12 야곱이 애굽에 곡식 있다는 말을 듣고 먼저 우리 조상
들을 보내고 13 또 재차 보내매 요셉이 자기 형제들에게
알게 되고 또 요셉의 친족이 바로에게 드러나게 되니라
14 요셉이 보내어 그 부친 야곱과 온 친족 일흔다섯 사람
을 청하였더니 15 야곱이 애굽으로 내려가 자기와 우리
조상들이 거기서 죽고 16 세겜으로 옮기워 아브라함이 세
겜 하몰의 자손에게서 은으로 값주고 산 무덤에 장사되니
라 17 하나님이 아브라함에게 약속하신 때가 가까우매
이스라엘 백성이 애굽에서 번성하여 많아졌더니 18 요셉
을 알지 못하는 새 임금이 애굽 왕위에 오르매

came over all Egypt and Canaan, and great affliction with
it; and our fathers could find no food. 12 "But when
Jacob heard that there was grain in Egypt, he sent our
fathers there the first time. 13 "And on the second visit Joseph
made himself known to his brothers, and Joseph's family
was disclosed to Pharaoh. 14 "And Joseph sent word and
invited Jacob his father and all his relatives to come to
him, seventy-five persons in all. 15 "And Jacob went
down to Egypt and there passed away, he and our fathers.
16 "And from there they were removed to Shechem, and
laid in the tomb which Abraham had purchased for a sum
of money from the sons of Hamor in Shechem. 17 "But
as the time of the promise was approaching which God
had assured to Abraham, the people increased and multiplied
in Egypt, 18 until there arose another king over Egypt
who knew nothing about Joseph. 19 "It was he who took

19 그가 **괴롭게 하여**
/조상들을
/궤계를 써서
/우리 족속에게
//(결과)
[그들이] —— 내어 버려
/그 어린아이들을
[그 아이들이] —— 살지 못하게 하려 할새

20 그 때에
모세가 **났는데**
[그는] **아름다운지라**
/하나님 보시기에
[그가] **길리우더니**
/석 달을
/그 부친의 집에서

21 버리운 후에
바로의 딸이 **가져다가**
/자기 아들로
기르매

22 모세가 **배워**
/애굽 사람의 학술을
/다(=모든)
능하더라
/그 말과
행사가

23 나이 사십이 되매(when)
[그가] **생각이 나더니**
/돌아볼
/이스라엘 자손을
/그 형제

24 [그가] 보고(when)
/한 사람의 원통한 일 당함을
보호하여
원수를 갚아
/쳐죽이니라(=쳐죽인 후에)
/애굽 사람을
/압제받는 자를 위하여

25 저는 **생각하였으나**
/그 형제들이 —— 깨달으리라고
/하나님께서 — 구원하여 주시는 것을
/자기의 손을 빌어
저희가 **깨닫지 못하였더라**

19 그가 우리 족속에게 궤계를 써서 조상들을 괴롭게 하여 그 어린 아이들을 내어버려 살지 못하게 하려 할새 20 그 때에 모세가 났는데 하나님 보시기에 아름다운지라 그 부친의 집에서 석 달을 길리우더니 21 버리운 후에 바로의 딸이 가져다가 자기 아들로 기르매 22 모세가 애굽 사람의 학술을 다 배워 그 말과 행사가 능하더라 23 나이 사십이 되매 그 형제 이스라엘 자손을 돌아볼 생각이 나더니 24 한 사람의 원통한 일 당함을 보고 보호하여 압제받는 자를 위하여 원수를 갚아 애굽 사람을 쳐 죽이니라 25 저는 그 형제들이 하나님께서 자기의 손을 빌어 구원하여 주시는 것을 깨달으리라고 생각하였으나 저희가 깨닫지 못하였더라

shrewd advantage of our race, and mistreated our fathers so that they would expose their infants and they would not survive. 20 "And it was at this time that Moses was born; and he was lovely in the sight of God; and he was nurtured three months in his father's home. 21 "And after he had been exposed, Pharaoh's daughter took him away, and nurtured him as her own son. 22 "And Moses was educated in all the learning of the Egyptians, and he was a man of power in words and deeds. 23 "But when he was approaching the age of forty, it entered his mind to visit his brethren, the sons of Israel. 24 "And when he saw one of them being treated unjustly, he defended him and took vengeance for the oppressed by striking down the Egyptian. 25 "And he supposed that his brethren understood that God was granting

26 이튿날
이스라엘 사람이 싸울 때에(when)
모세가 **와서**
화목시키려 하여
/가로되
/너희는 —— 형제라
어찌 해하느냐? (하니)
/서로

27 사람이 **밀뜨려**
/그 동무를 해하는 /모세를
/가로되
/누가 —— **세웠느냐?**
/너를
/관원과
재판장으로
/우리 위에
28 /네가 —— **또 죽이려느냐** (하니)
/나를
/어제 애굽 사람을 죽임과 같이

29 모세가 **도주하여**
/이 말을 인하여
나그네 되어
/미디안 땅에서
낳으니라
/아들 둘을

30 사십 년이 차매(after)
천사가 **보이거늘**
/그에게
/가시나무떨기 불꽃 가운데서
/시내 산 광야

31 모세가 보고(when)
기이히 여겨
/이 광경을
[그가] **가까이 가니**
/알아보려고

주의 소리 **있어**
32 /나는 —— 하나님[이다]
/네 조상의
/즉
아브라함과 이삭과
야곱의 하나님이로라 하신대

모세가 **무서워**
감히 알아보지 못하더라

26 이튿날 이스라엘 사람이 싸울 때에 모세가 와서 화목
시키려 하여 가로되 너희는 형제라 어찌 서로 해하느냐 하
니 27 그 동무를 해하는 사람이 모세를 밀뜨려 가로되 누
가 너를 관원과 재판장으로 우리 위에 세웠느냐 28 네가
어제 애굽 사람을 죽임과 같이 또 나를 죽이려느냐 하니
29 모세가 이 말을 인하여 도주하여 미디안 땅에서 나그
네 되어 거기서 아들 둘을 낳으니라 30 사십 년이 차매
천사가 시내산 광야 가시나무 떨기 불꽃 가운데서 그에게
보이거늘 31 모세가 이 광경을 보고 기이히 여겨 알아 보
려고 가까이 가니 주의 소리 있어 32 나는 네 조상의 하나
님 즉 아브라함과 이삭과 야곱의 하나님이로라 하신대 모
세가 무서워 감히 알아 보지 못하더라

them deliverance through him; but they did not understand.
26 "And on the following day he appeared to them as
they were fighting together, and he tried to reconcile them
in peace, saying, 'Men, you are brethren, why do you
injure one another?' 27 "But the one who was injuring
his neighbor pushed him away, saying, 'Who made you a
ruler and judge over us? 28 'You do not mean to kill me
as you killed the Egyptian yesterday, do you?' 29 "And
at this remark Moses fled, and became an alien in the
land of Midian, where he became the father of two sons.
30 "And after forty years had passed, an angel appeared
to him in the wilderness of Mount Sinai, in the flame of
a burning thorn bush. 31 "And when Moses saw it, he
began to marvel at the sight; and as he approached to
look more closely, there came the voice of the Lord: 32
'I am the God of your fathers, the God of Abraham and

33 주께서 가라사대 네 발에 신을 벗으라 너 섰는 곳은
거룩한 땅이니라 34 내 백성이 애굽에서 괴로움 받음을
내가 정녕히 보고 그 탄식하는 소리를 듣고 저희를 구원하
려고 내려 왔노니 시방 내가 너를 애굽으로 보내리라 하시
니라 35 저희 말이 누가 너를 관원과 재판장으로 세웠느
냐 하며 거절하던 그 모세를 하나님은 가시나무 떨기 가운
데서 보이던 천사의 손을 의탁하여 관원과 속량하는 자로
보내셨으니 36 이 사람이 백성을 인도하여 나오게 하고
애굽과 홍해와 광야에서 사십 년간 기사와 표적을 행하였
느니라

Isaac and Jacob.' And Moses shook with fear and would
not venture to look. 33 "But the Lord said to him, 'Take
off the sandals from your feet, for the place on which
you are standing is holy ground. 34 'I have certainly seen
the oppression of My people in Egypt, and have heard
their groans, and I have come down to deliver them; come
now, and I will send you to Egypt.' 35 "This Moses
whom they disowned, saying, 'Who made you a ruler and
a judge?' is the one whom God sent to be both a ruler
and a deliverer with the help of the angel who appeared
to him in the thorn bush. 36 "This man led them out,
performing wonders and signs in the land of Egypt and

37 [이 사람이] ——— 곧 **이 모세라**
/하나님이 — [말씀]하던 자가
/선지자를 세우리라
/나와 같은
/너희 형제 가운데서
/이스라엘 자손을 대하여(에게)

38 [이 사람은] **있었고**
/광야 교회에
/그 천사와[함께]
/시내 산에서 말하던
및 우리 조상들과 함께

또
받아(=받은자) ——— **이 사람이라**
/생명의 도를
주던 자가 ———
/우리에게

39 우리 조상들이 **복종치 아니하고자 하여**
/모세에게
거절하며

도리어(ἀλλα)
[그들이] **행하여**
/그 마음이(에서)
/애굽으로

40 **이르되**
/아론더러
/[너는] ——— 만들라
/신들을
/우리를 인도할
/우리를 위하여

//(이유: γάρ, for)
[우리가] ——알지 못하노라 하고
/이 모세는 — 어떻게 되었는지
/인도하던
/우리를
/애굽 땅에서

41 저희가 **만들어**
/송아지를
/그 때에
제사하며
/그 우상 앞에

행

37 이스라엘 자손을 대하여 하나님이 너희 형제 가운데서
나와 같은 선지자를 세우리라 하던 자가 곧 이 모세라 **38**
시내 산에서 말하던 그 천사와 및 우리 조상들과 함께 광
야 교회에 있었고 또 생명의 도를 받아 우리에게 주던 자
가 이 사람이라 **39** 우리 조상들이 모세에게 복종치 아니
하고자 하여 거절하며 그 마음이 도리어 애굽으로 행하여
40 아론더러 이르되 우리를 인도할 신들을 우리를 위하여
만들라 애굽 땅에서 우리를 인도하던 이 모세는 어떻게 되
었는지 알지 못하노라 하고 **41** 그때에 저희가 송아지를
만들어 그 우상 앞에 제사하며 자기 손으로 만든 것을 기
뻐하더니

in the Red Sea and in the wilderness for forty years. **37**
"This is the Moses who said to the sons of Israel, 'God
shall raise up for you a prophet like me from your brethren.'
38 "This is the one who was in the congregation in the
wilderness together with the angel who was speaking to
him on Mount Sinai, and who was with our fathers; and
he received living oracles to pass on to you. **39** "And
our fathers were unwilling to be obedient to him, but repudiated
him and in their hearts turned back to Egypt, **40** saying
to Aaron, 'Make for us gods who will go before us; for
this Moses who led us out of the land of Egypt — we
do not know what happened to him.' **41** "And at that

행

기뻐하더니
/자기 손으로 만든 것을

42 하나님이 돌이키사
버려 두셨으니
/저희를
/그 하늘의 군대 섬기는 일에
/이는 —— 기록된 바
/선지자의 책에
/이스라엘의 집이여!
너희가 – 드린 일이 있었느냐?
/희생과
제물을
/내게
/사십 년을
/광야에서

43 /[너희가] —— 받들었음이여!
/몰록의 장막과
신 레판의 별을
/이것은 —— 형상이로다
/너희가 – 만든
/절하고자 하여
/내가 —— 옮기리라 (함과 같으니라)
/너희를
/바벨론 밖에

44 장막이 있었으니
/증거의
/광야에서
/우리 조상들에게
말씀하신 이가 명하사
/이것은(을)
/모세에게
/만들게 하신 것이라(=만들도록)
/그 식대로
/저가 본

45 우리 조상들이 받아
/그것을
가지고 들어가서
/여호수아와 함께
/이방인의 땅을 점령할 때에
/하나님이 —— 쫓아내신
/저희 앞에서
〈이르니라〉
/다윗 때까지

42 하나님이 돌이키사 저희를 그 하늘의 군대 섬기는 일
에 버려두셨으니 이는 선지자의 책에 기록된바 이스라엘의
집이여 사십 년을 광야에서 너희가 희생과 제물을 내게 드
린 일이 있었느냐 43 몰록의 장막과 신(神) 레판의 별을
받들었음이여 이것은 너희가 절하고자 하여 만든 형상이로
다 내가 너희를 바벨론 밖에 옮기리라 함과 같으니라 44
광야에서 우리 조상들에게 증거의 장막이 있었으니 이것은
모세에게 말씀하신 이가 명하사 저가 본 그 식대로 만들게
하신 것이라 45 우리 조상들이 그것을 받아 하나님이 저
희 앞에서 쫓아내신 이방인의 땅을 점령할 때에 여호수아
와 함께 가지고 들어가사 다윗 때까지 이르니라

time they made a calf and brought a sacrifice to the idol,
and were rejoicing in the works of their hands. 42 "But
God turned away and delivered them up to serve the host
of heaven; as it is written in the book of the prophets, 'It
was not to Me that you offered victims and sacrifices
forty years in the wilderness, was it, O house of Israel?
43 'You also took along the tabernacle of Moloch and
the star of the god Rompha, the images which you made
to worship them. I also will remove you beyond Babylon.'
44 "Our fathers had the tabernacle of testimony in the
wilderness, just as He who spoke to Moses directed him
to make it according to the pattern which he had seen.
45 "And having received it in their turn, our fathers
brought it in with Joshua upon dispossessing the nations whom

46 다윗이 **받아**
/은혜를
/하나님 앞에서
하여 달라 하더니[18)]
/처소를 준비케
/하나님의
/야곱의 집을 위하여

47 솔로몬이 **지었느니라**
/집을
/그를 위하여

48 그러나
지극히 높으신 이는 **계시지 아니하시나니**
/손으로 지은 곳에
/선지자의(가) 말한 바
49 /주께서 가라사대 (...하니라)
/하늘은 — 보좌요
/나의
/땅은 — 발등상이니
/나의
/너희가 — 무슨 집을 짓겠으며?
/나를 위하여
/처소가 — 어디뇨? (...함과 같으니라)
/나의 안식할

50 /이 모든 것이 — 지은 것이 아니냐?
/다 (=모든) /내 손으로

51 /사람들아!
/목이 곧고
/할례를 받지 못한
/마음과
귀에
/너희가 — 거스려
/성령을
/항상
/너희도 — 하는도다
/너희 조상과 같이
52 /너희 조상들은 — 핍박지 아니하였느냐?
/누구를
/선지자 중에
/저희가 — 죽였고
/예고한 자들을
/의인이 오시리라
/이제

18) 직역 : 갈망했다.

행

46 다윗이 하나님 앞에서 은혜를 받아 야곱의 집을 위하
여 하나님의 처소를 준비케 하여 달라 하더니 47 솔로몬
이 그를 위하여 집을 지었느니라 48 그러나 지극히 높으
신 이는 손으로 지은 곳에 계시지 아니하시나니 선지자의
말한 바 49 주께서 가라사대 하늘은 나의 보좌요 땅은 나
의 발등상이니 너희가 나를 위하여 무슨 집을 짓겠으며 나
의 안식할 처소가 어디뇨 50 이 모든 것이 다 내 손으로
지은 것이 아니냐 함과 같으니라 51 목이 곧고 마음과 귀
에 할례를 받지 못한 사람들아 너희가 항상 성령을 거스려
너희 조상과 같이 너희도 하는도다 52 너희 조상들은 선
지자 중에 누구를 핍박지 아니하였느냐 의인이 오시리라
예고한 자들을 저희가 죽였고 이제 너희는 그 의인을 잡아

God drove out before our fathers, until the time of David.
46 "And David found favor in God's sight, and asked
that he might find a dwelling place for the God of Jacob.
47 "But it was Solomon who built a house for Him. 48
"However, the Most High does not dwell in houses made
by human hands; as the prophet says: 49 'Heaven is My
throne, And earth is the footstool of My feet; What kind
of house will you build for Me?' says the Lord; 'Or what
place is there for My repose? 50 'Was it not My hand
which made all these things?' 51 "You men who are stiff-
necked and uncircumcised in heart and ears are always resisting
the Holy Spirit; you are doing just as your fathers did.
52 "Which one of the prophets did your fathers not persecute?
And they killed those who had previously announced the

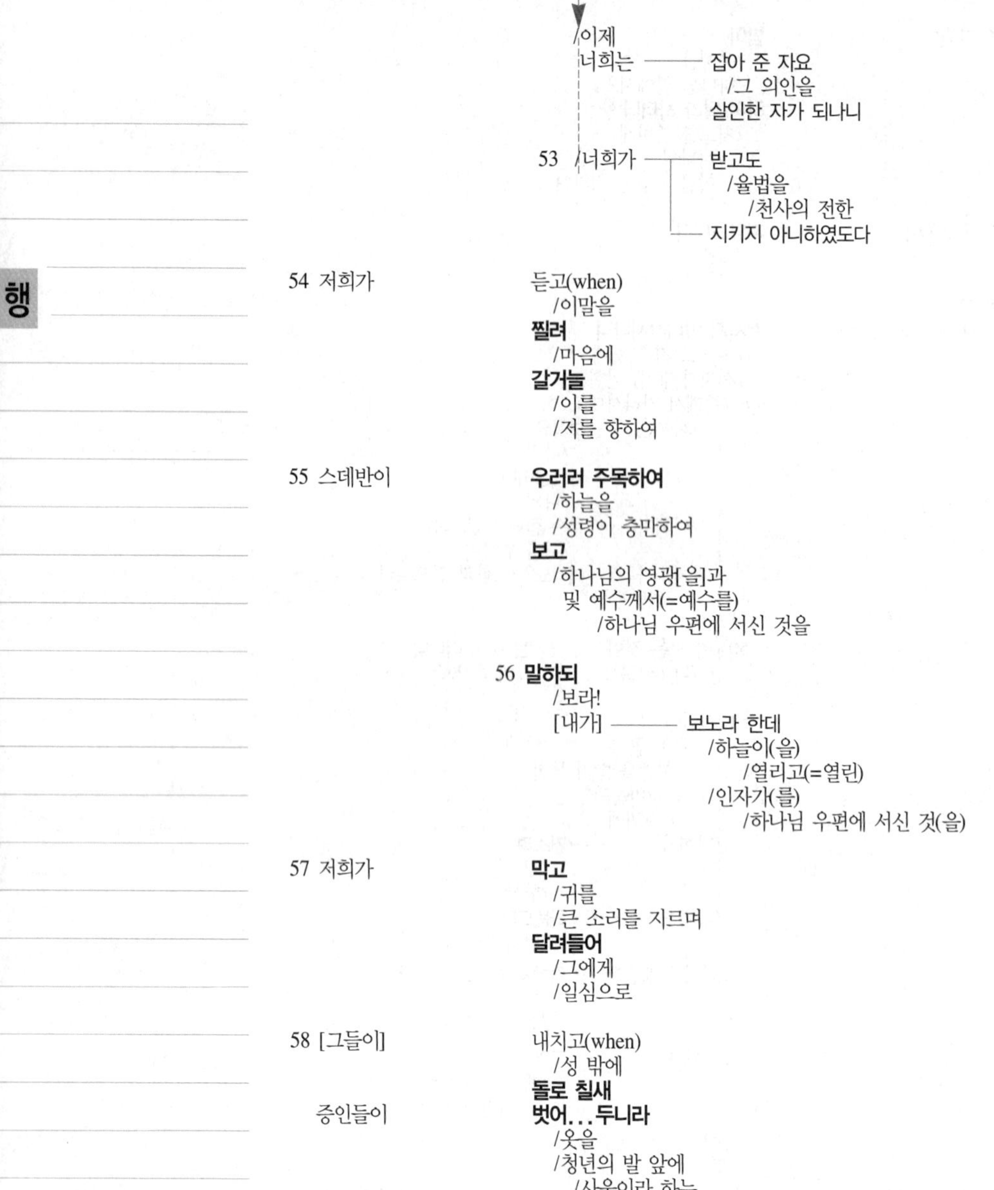

행

준 자요 살인한 자가 되나니 53 너희가 천사의 전한 율법
을 받고도 지키지 아니하였도다 하니라 54 저희가 이 말
을 듣고 마음에 찔려 저를 향하여 이를 갈거늘 55 스데반
이 성령이 충만하여 하늘을 우러러 주목하여 하나님의 영
광과 및 예수께서 하나님 우편에 서신 것을 보고 56 말하
되 보라 하늘이 열리고 인자가 하나님 우편에 서신 것을
보노라 한대 57 저희가 큰 소리를 지르며 귀를 막고 일심
으로 그에게 달려들어 58 성 밖에 내치고 돌로 칠새 증인
들이 옷을 벗어 사울이라 하는 청년의 발 앞에 두니라

coming of the Righteous One, whose betrayers and murderers
you have now become; 53 you who received the law as
ordained by angels, and yet did not keep it." 54 Now
when they heard this, they were cut to the quick, and
they began gnashing their teeth at him. 55 But being full
of the Holy Spirit, he gazed intently into heaven and saw
the glory of God, and Jesus standing at the right hand of
God; 56 and he said, "Behold, I see the heavens opened
up and the Son of Man standing at the right hand of
God." 57 But they cried out with a loud voice, and covered
their ears, and they rushed upon him with one impulse.
58 And when they had driven him out of the city, they

59 저희가 **돌로 치니**
/스데반을
스데반이 **부르짖어 가로되**
/주 예수여!
내 영혼을 받으시옵소서 하고

60 **불러 가로되**
/무릎을 꿇고
/크게
/주여!
이 죄를 저들에게 돌리지 마옵소서

[그가] 말을 하고(when)
/이[것을]
자니라

8

1 사울이 **마땅히 여기더라**
/그의 죽임 당함을

큰 핍박이 **나서**
/그 날에
/교회에
/예루살렘에 있는

[그들이] **흩어지니라**
/다
/유대와
사마리아
모든 땅으로
/사도 외에는

2 경건한 사람들이 **장사하고**
/스데반을
울더라
/크게
/위하여

3 사울이 **잔멸할새**
/교회를

들어가
/각 집에
끌어다가
/남녀를
넘기니라
/옥에

59 저희가 돌로 스데반을 치니 스데반이 부르짖어 가로되
주 예수여 내 영혼을 받으시옵소서 하고 60 무릎을 꿇고
크게 불러 가로되 주여 이 죄를 저들에게 돌리지 마옵소서
이 말을 하고 자니라

8:1 사울이 그의 죽임 당함을 마땅히 여기더라 그 날에
예루살렘에 있는 교회에 큰 핍박이 나서 사도 외에는
다 유대와 사마리아 모든 땅으로 흩어지니라 2 경건한 사
람들이 스데반을 장사하고 위하여 크게 울더라 3 사울이
교회를 잔멸할새 각 집에 들어가 남녀를 끌어다가 옥에 넘

began stoning him, and the witnesses laid aside their robes
at the feet of a young man named Saul. 59 And they
went on stoning Stephen as he called upon the Lord and
said, "Lord Jesus, receive my spirit!" 60 And falling on
his knees, he cried out with a loud voice, "Lord, do not
hold this sin against them!" And having said this, he fell
asleep.

8:1 And Saul was in hearty agreement with putting him
to death. And on that day a great persecution arose
against the church in Jerusalem; and they were all scattered
throughout the regions of Judea and Samaria, except the

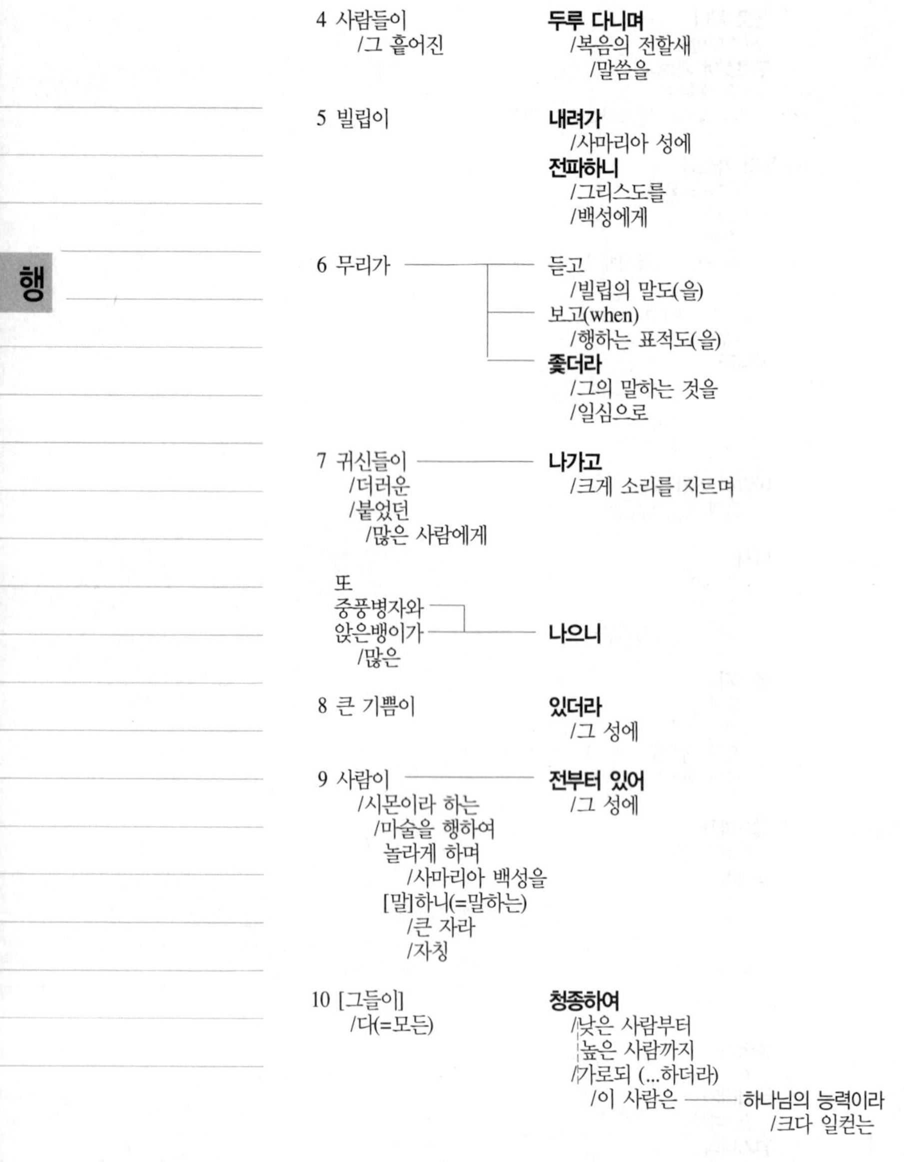

기니라 4 그 흩어진 사람들이 두루 다니며 복음의 말씀을
전할새 5 빌립이 사마리아 성에 내려가 그리스도를 백성
에게 전파하니 6 무리가 빌립의 말도 듣고 행하는 표적도
보고 일심으로 그의 말하는 것을 좇더라 7 많은 사람에게
붙었던 더러운 귀신들이 크게 소리를 지르며 나가고 또 많
은 중풍병자와 앉은뱅이가 나으니 8 그 성에 큰 기쁨이 있
더라 9 그 성에 시몬이라 하는 사람이 전부터 있어 마술
을 행하여 사마리아 백성을 놀라게 하며 자칭 큰 자라 하
니 10 낮은 사람부터 높은 사람까지 다 청종하여 가로되
이 사람은 크다 일컫는 하나님의 능력이라 하더라

apostles. 2 And some devout men buried Stephen, and
made loud lamentation over him. 3 But Saul began ravaging
the church, entering house after house; and dragging off
men and women, he would put them in prison. 4 Therefore,
those who had been scattered went about preaching the
word. 5 And Philip went down to the city of Samaria
and began proclaiming Christ to them. 6 And the multitudes
with one accord were giving attention to what was said
by Philip, as they heard and saw the signs which he was
performing. 7 For in the case of many who had unclean spirits,
they were coming out of them shouting with a loud voice;
and many who had been paralyzed and lame were healed.
8 And there was much rejoicing in that city. 9 Now there
was a certain man named Simon, who formerly was practicing
magic in the city, and astonishing the people of Samaria,
claiming to be someone great; 10 and they all, from

11 저희가 **청종하더니**

//(이유: διὰ+목적격, because)
[그들이] ——놀랐으므로
/그 마술에
/오랫동안

12 저희가 믿고(when)
/빌립이 —— 전도함을
/하나님 나라와
및 예수 그리스도의 이름에 관하여

남녀가 **세례를 받으니**
/다(=모든)

13 시몬도 **믿고**

세례를 받은 후에(after)
따라 다니며
/빌립을
/전심으로

보고(when)
/그 나타나는 표적과
큰 능력을
놀라니라

14 사도들이 듣고(when)
/예루살렘에 있는 /사마리아도 —— 받았다 함을
/하나님의 말씀을

보내매
/베드로와
요한을

15 그들이 **내려가서**
기도하니
/저희를 위하여
/성령받기를

16 //이는(이유: γάρ, for)
성령 내리신 일이 —— 없고
/아직
/한 사람에게도
[그들이] —— 세례만 받을 뿐이러라
/주 예수의 이름으로
/오직

11 오래 동안 그 마술에 놀랐으므로 저희가 청종하더니
12 빌립이 하나님 나라와 및 예수 그리스도의 이름에 관
하여 전도함을 저희가 믿고 남녀가 다 세례를 받으니 13
시몬도 믿고 세례를 받은 후에 전심으로 빌립을 따라 다니
며 그 나타나는 표적과 큰 능력을 보고 놀라니라 14 예루
살렘에 있는 사도들이 사마리아도 하나님의 말씀을 받았다
함을 듣고 베드로와 요한을 보내매 15 그들이 내려가서
저희를 위하여 성령 받기를 기도하니 16 이는 아직 한 사
람에게도 성령 내리신 일이 없고 오직 주 예수의 이름으로
세례만 받을 뿐이러라

smallest to greatest, were giving attention to him, saying, "This
man is what is called the Great Power of God." 11 And
they were giving him attention because he had for a long
time astonished them with his magic arts. 12 But when
they believed Philip preaching the good news about the
kingdom of God and the name of Jesus Christ, they were
being baptized, men and women alike. 13 And even Simon
himself believed; and after being baptized, he continued
on with Philip; and as he observed signs and great miracles
taking place, he was constantly amazed. 14 Now when
the apostles in Jerusalem heard that Samaria had received
the word of God, they sent them Peter and John, 15 who came
down and prayed for them, that they might receive the
Holy Spirit. 16 For He had not yet fallen upon any of
them; they had simply been baptized in the name of the
Lord Jesus.

17 이에 두 사도가 저희에게 안수하매 성령을 받는지라
18 시몬이 사도들의 안수함으로 성령 받는 것을 보고 돈
을 드려 19 가로되 이 권능을 내게도 주어 누구든지 내가
안수하는 사람은 성령을 받게 하여 주소서 하니 20 베드
로가 가로되 네가 하나님의 선물을 돈 주고 살 줄로 생각
하였으니 네 은과 네가 함께 망할지어다 21 하나님 앞에
서 네 마음이 바르지 못하니 이 도에는 네가 관계도 없고
분깃 될 것도 없느니라 22 그러므로 너의 이 악함을 회개
하고 주께 기도하라 혹 마음에 품은 것을 사하여 주시리라
23 내가 보니 너는 악독이 가득하며 불의에 매인 바 되었

17 Then they began laying their hands on them, and they
were receiving the Holy Spirit. 18 Now when Simon saw
that the Spirit was bestowed through the laying on of the
apostles' hands, he offered them money, 19 saying, "Give
this authority to me as well, so that everyone on whom I
lay my hands may receive the Holy Spirit." 20 But Peter
said to him, "May your silver perish with you, because
you thought you could obtain the gift of God with money!
21 "You have no part or portion in this matter, for your
heart is not right before God. 22 "Therefore repent of
this wickedness of yours, and pray the Lord that if possible,
the intention of your heart may be forgiven you. 23 "For

도다 24 시몬이 대답하여 가로되 나를 위하여 주께 기도
하여 말한 것이 하나도 내게 임하지 말게 하소서 하니라
25 두 사도가 주의 말씀을 증거하여 말한 후 예루살렘으
로 돌아갈새 사마리아인의 여러 촌에서 복음을 전하니라
26 주의 사자가 빌립더러 일러 가로되 일어나서 남으로
향하여 예루살렘에서 가사로 내려가는 길까지 가라 하니
그 길은 광야라 27 일어나 가서 보니 에디오피아 사람 곧
에디오피아 여왕 간다게의 모든 국고를 맡은 큰 권세가 있
는 내시가 예배하러 예루살렘에 왔다가 28 돌아가는데 병
거를 타고 선지자 이사야의 글을 읽더라

I see that you are in the gall of bitterness and in the
bondage of iniquity." 24 But Simon answered and said,
"Pray to the Lord for me yourselves, so that nothing of
what you have said may come upon me." 25 And so,
when they had solemnly testified and spoken the word of
the Lord, they started back to Jerusalem, and were preaching
the gospel to many villages of the Samaritans. 26 But an angel
of the Lord spoke to Philip saying, "Arise and go south
to the road that descends from Jerusalem to Gaza." (This
is a desert road.) 27 And he arose and went; and behold,
there was an Ethiopian eunuch, a court official of Candace,
queen of the Ethiopians, who was in charge of all her treasure;
and he had come to Jerusalem to worship. 28 And he
was returning and sitting in his chariot, and was reading

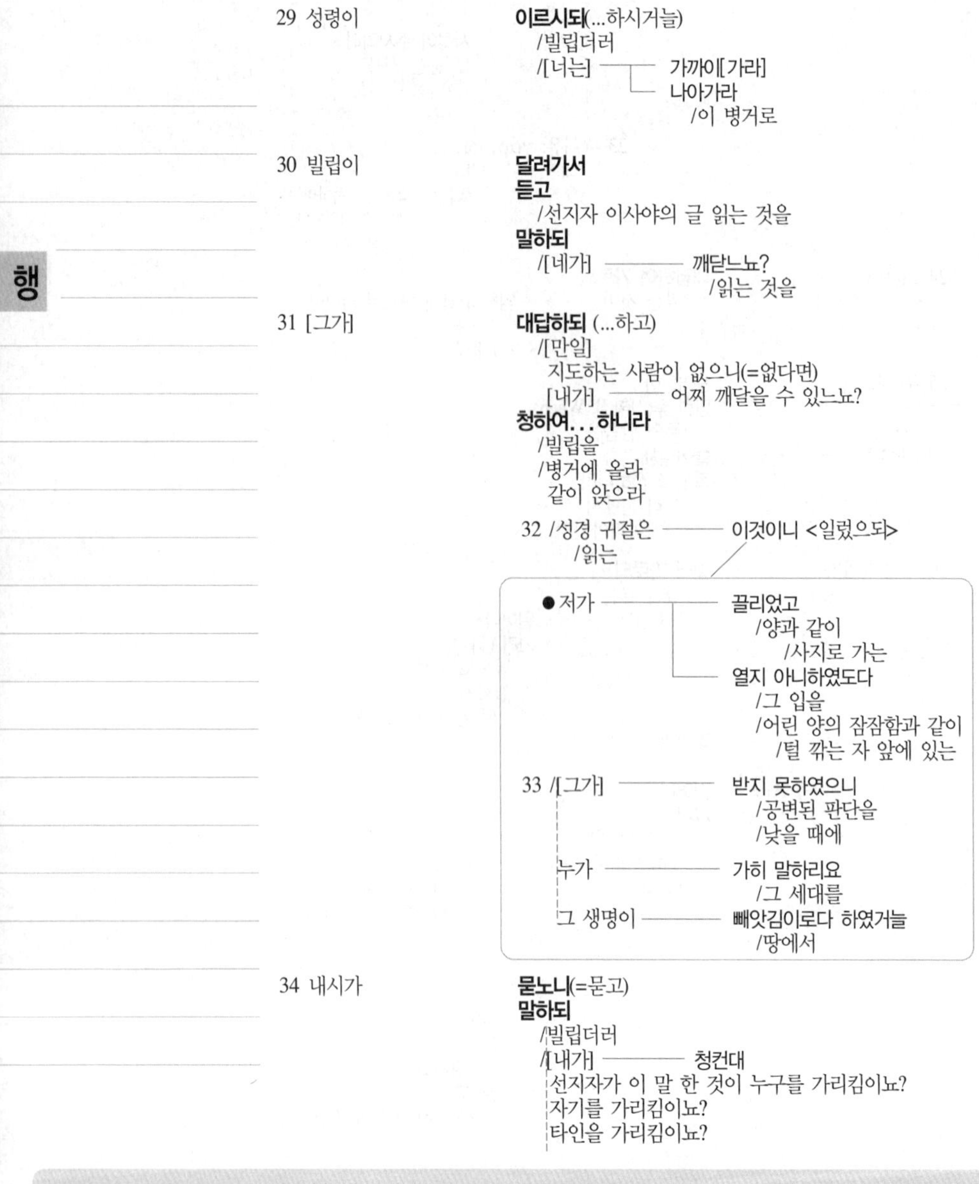

29 성령이 빌립더러 이르시되 이 병거로 가까이 나아가
라 하시거늘 30 빌립이 달려가서 선지자 이사야의 글 읽
는 것을 듣고 말하되 읽는 것을 깨닫느뇨 31 대답하되 지
도하는 사람이 없으니 어찌 깨달을 수 있느뇨 하고 빌립을
청하여 병거에 올라 같이 앉으라 하니라 32 읽는 성경 귀
절은 이것이니 일렀으되 저가 사지로 가는 양과 같이 끌리
었고 털 깎는 자 앞에 있는 어린 양의 잠잠함과 같이 그
입을 열지 아니하였도다 33 낮을 때에 공변된 판단을 받
지 못하였으니 누가 가히 그 세대를 말하리요 그 생명이
땅에서 빼앗김이로다 하였거늘 34 내시가 빌립더러 말하
되 청컨대 묻노니 선지자가 이 말한 것이 누구를 가리킴이
뇨 자기를 가리킴이뇨 타인을 가리킴이뇨

the prophet Isaiah. 29 And the Spirit said to Philip, "Go
up and join this chariot." 30 And when Philip had run
up, he heard him reading Isaiah the prophet, and said,
"Do you understand what you are reading?" 31 And he
said, "Well, how could I, unless someone guides me?"
And he invited Philip to come up and sit with him. 32
Now the passage of Scripture which he was reading was
this: "He was led as a sheep to slaughter; And as a lamb before
its shearer is silent, So He does not open His mouth. 33
"In humiliation His judgment was taken away; Who shall
relate His generation? For His life is removed from the
earth." 34 And the eunuch answered Philip and said,
"Please tell me, of whom does the prophet say this? Of himself,
or of someone else?" 35 And Philip opened his mouth,

35 빌립이 **열어**
/입을
복음을 전하니
/예수를 가르쳐
/[그에게]
/시작하여
/이 글에서

36 [그들이] **길 가다가**
이르러
/물 있는 곳에

내시가 **말하되**
/보라!
물이 있으니
무슨 거리낌이 있느뇨?
/내가 세례를 받음에

37 (없음)

38 이에
[그가] **명하여**
/병거를 머물고
둘 다 **내려가**
/빌립과 /물에
내시가

빌립이 **세례를 주고**

39 둘이 올라갈새(when)
/물에서
영이 **이끌어 간지라**
/주의 /빌립을

내시는 **보지 못하니라**
/그를
/다시

//(이유: γάρ, for)
[빌립이] —— 가므로
/길을
/흔연히

40 빌립은 **나타나**
/아소도에
복음을 전하고
/여러 성을 지나 다니며
이르니라
/가이사랴에

35 빌립이 입을 열어 이 글에서 시작하여 예수를 가르쳐
복음을 전하니 36 길 가다가 물 있는 곳에 이르러 내시가
말하되 보라 물이 있으니 내가 세례를 받음에 무슨 거리낌
이 있느뇨 37 (없 음) 38 이에 명하여 병거를 머물고 빌
립과 내시가 둘 다 물에 내려가 빌립이 세례를 주고 39
둘이 물에서 올라갈새 주의 영이 빌립을 이끌어 간지라 내
시는 흔연(欣然)히 길을 가므로 그를 다시 보지 못하니라
40 빌립은 아소도에 나타나 여러 성을 지나다니며 복음을
전하고 가이사랴에 이르니라

and beginning from this Scripture he preached Jesus to
him. 36 And as they went along the road they came to
some water; and the eunuch said, "Look! Water! What prevents
me from being baptized?" 37 [And Philip said, "If you believe
with all your heart, you may." And he answered and said,
"I believe that Jesus Christ is the Son of God."] 38 And
he ordered the chariot to stop; and they both went down
into the water, Philip as well as the eunuch; and he baptized
him. 39 And when they came up out of the water, the
Spirit of the Lord snatched Philip away; and the eunuch
saw him no more, but went on his way rejoicing. 40 But
Philip found himself at Azotus; and as he passed through
he kept preaching the gospel to all the cities, until he
came to Caesarea.

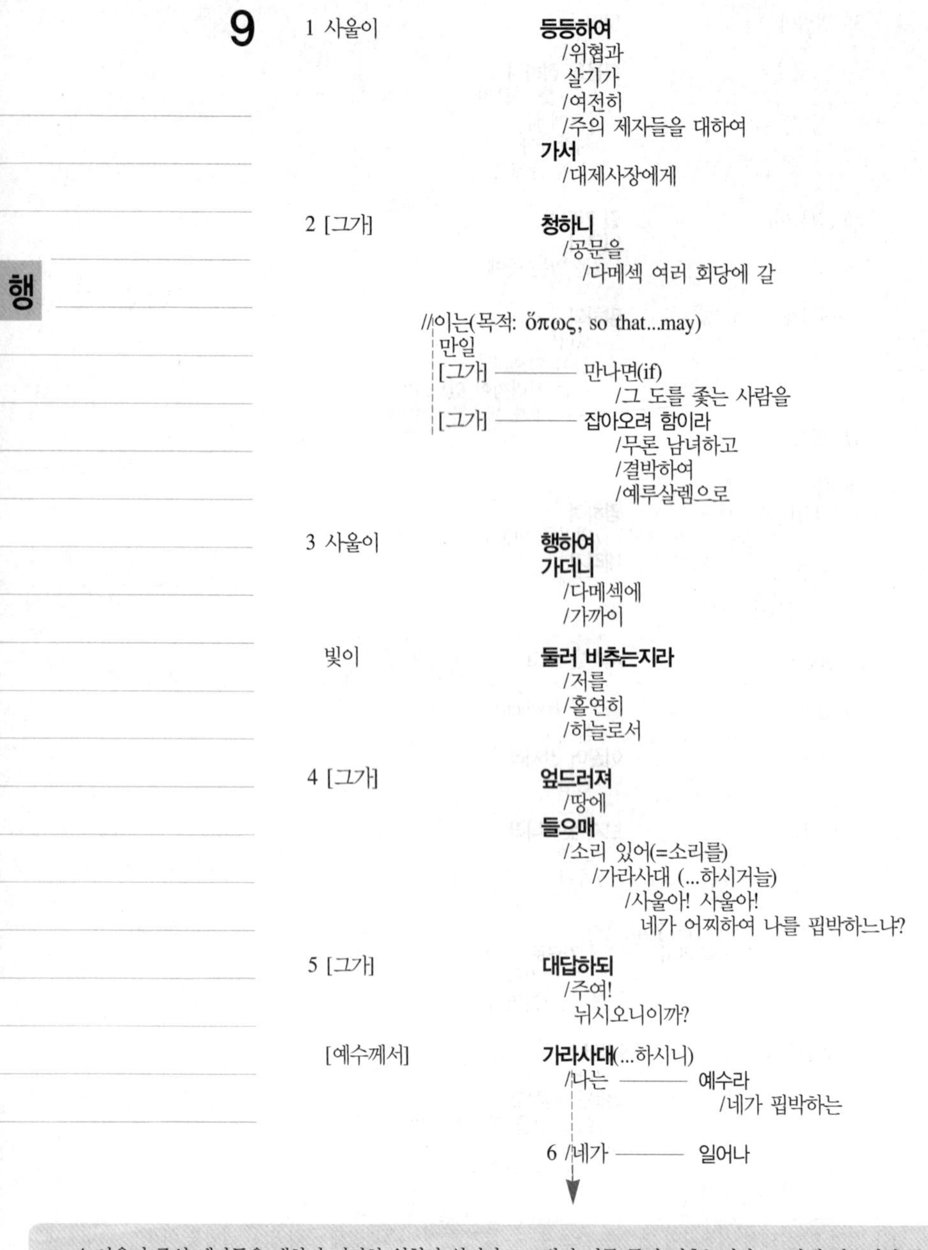

9:1 사울이 주의 제자들을 대하여 여전히 위협과 살기가
등등하여 대제사장에게 가서 2 다메섹 여러 회당에
갈 공문을 청하니 이는 만일 그 도를 좇는 사람을 만나면
무론 남녀하고 결박하여 예루살렘으로 잡아 오려 함이라 3
사울이 행하여 다메섹에 가까이 가더니 홀연히 하늘로서
빛이 저를 둘러 비추는지라 4 땅에 엎드러져 들으매 소리
있어 가라사대 사울아 사울아 네가 어찌하여 나를 핍박하
느냐 하시거늘 5 대답하되 주여 뉘시오니이까 가라사대
나는 네가 핍박하는 예수라

9:1 Now Saul, still breathing threats and murder against
the disciples of the Lord, went to the high priest, 2
and asked for letters from him to the synagogues at Damascus,
so that if he found any belonging to the Way, both men
and women, he might bring them bound to Jerusalem. 3
And it came about that as he journeyed, he was approaching
Damascus, and suddenly a light from heaven flashed
around him; 4 and he fell to the ground, and heard a
voice saying to him, "Saul, Saul, why are you persecuting
Me?" 5 And he said, "Who art Thou, Lord?" And He
said, "I am Jesus whom you are persecuting, 6 but rise,
and enter the city, and it shall be told you what you must

6 네가 일어나 성으로 들어가라 행할 것을 네게 이를 자가
있느니라 하시니 7 같이 가던 사람들은 소리만 듣고 아무
도 보지 못하여 말을 못하고 섰더라 8 사울이 땅에서 일
어나 눈은 떴으나 아무 것도 보지 못하고 사람의 손에 끌
려 다메섹으로 들어가서 9 사흘 동안을 보지 못하고 식음
을 전폐하니라 10 그 때에 다메섹에 아나니아라 하는 제
자가 있더니 주께서 환상 중에 불러 가라사대 아나니아야
하시거늘 대답하되 주여 내가 여기 있나이다 하니 11 주
께서 가라사대 일어나 직가라 하는 거리로 가서 유다 집에
서 다소 사람 사울이라 하는 자를 찾으라 저가 기도하는
중이다

do." 7 And the men who traveled with him stood speechless,
hearing the voice, but seeing no one. 8 And Saul got up
from the ground, and though his eyes were open, he could
see nothing; and leading him by the hand, they brought
him into Damascus. 9 And he was three days without
sight, and neither ate nor drank. 10 Now there was a
certain disciple at Damascus, named Ananias; and the
Lord said to him in a vision, "Ananias." And he said, "Behold,
here am I, Lord." 11 And the Lord said to him, "Arise
and go to the street called Straight, and inquire at the
house of Judas for a man from Tarsus named Saul, for
behold, he is praying, 12 and he has seen in a vision a

찾으라
/사울이라 하는 자를
/다소 사람
/유다 집에서

//(이유: γάρ, for)
저가 —— 기도하는 중이다

12 /저가 —— 보았느니라
/사람이 —— 들어와서
/아나니아라 하는
안수하여
/자기에게

//(결과: ὅπως, so that...may)
다시 보게 하는 것을[20]

13 아나니아가 **대답하되** (...하거늘)
/주여!
내가 —— 듣사온즉
/여러 사람에게
/이 사람에 대하여
/그가 —— 해를 끼쳤다 하더니
/예루살렘에서
/주의 성도에게
/적지 않은

14 /[그가] —— 받았나이다
/권세를
/결박할
/모든 자를
/주의 이름을 부르는
/대제사장들에게
/여기서도

15 주께서 **가라사대**(...하시니)
/[너는] —— 가라

//(이유: γάρ, for)
이 사람은 —— 그릇이라
/나의
/택한

//(목적: 부정사)
전하기 위하여
/내 이름을
/이방인과
임금들과
이스라엘 자손들 앞에

16 //(이유: γάρ, for)

20) 그가 다시 보게 되는 것을

12 저가 아나니아라 하는 사람이 들어와서 자기에게 안수
하여 다시 보게 하는 것을 보았느니라 하시거늘 13 아나
니아가 대답하되 주여 이 사람에 대하여 내가 여러 사람에
게 듣사온즉 그가 예루살렘에서 주의 성도에게 적지 않은
해를 끼쳤다 하더니 14 여기서도 주의 이름을 부르는 모
든 자를 결박할 권세를 대제사장들에게 받았나이다 하거늘
15 주께서 가라사대 가라 이 사람은 내 이름을 이방인과
임금들과 이스라엘 자손들 앞에 전하기 위하여 택한 나의
그릇이라

man named Ananias come in and lay his hands on him,
so that he might regain his sight." 13 But Ananias answered,
"Lord, I have heard from many about this man, how much
harm he did to Thy saints at Jerusalem; 14 and here he
has authority from the chief priests to bind all who call
upon Thy name." 15 But the Lord said to him, "Go, for
he is a chosen instrument of Mine, to bear My name
before the Gentiles and kings and the sons of Israel; 16
for I will show him how much he must suffer for My
name's sake." 17 And Ananias departed and entered the house,

16 //(이유: γάρ, for)
내가 —— 보이리라
/그에게
/그가 —— 해를 얼마나 받아야 할 것을
/내 이름을 위하여

17 아나니아가 **떠나**
들어가서
/그 집에
가로되(...하니)
/안수하여(=안수하며)
/그에게
/형제 사울아!
예수께서 —— 보내어
/주 /나를
곧
나타나시던
/네가 오는 길에서

//(목적: ὅπως, so that...may)
[그가] —— 다시 보게 하시고
/너로

[그가] —— 충만하게 하신다
/성령으로

18 비늘 같은 것이 **벗어져**
/사울의 눈에서
/즉시

[그가] **다시 보게 된지라**
일어나
세례를 받고

19 **먹으매**
/음식을
강건하여지니라

사울이 **있을새**
/제자들과 함께
/다메섹에 있는
/며칠

20 [그가] **전파하니**
/즉시로
/예수의 하나님의 아들이심을
/각 회당에서

21 듣는 사람이 **놀라**
/다(=모든)

16 그가 내 이름을 위하여 해를 얼마나 받아야 할 것을 내
가 그에게 보이리라 하시니 17 아나니아가 떠나 그 집에
들어가서 그에게 안수하여 가로되 형제 사울아 주 곧 네가
오는 길에서 나타나시던 예수께서 나를 보내어 너로 다시
보게 하시고 성령으로 충만하게 하신다 하니 18 즉시 사
울의 눈에서 비늘 같은 것이 벗어져 다시 보게 된지라 일
어나 세례를 받고 19 음식을 먹으매 강건하여지니라 사
울이 다메섹에 있는 제자들과 함께 며칠 있을새 20 즉시
로 각 회당에서 예수의 하나님의 아들이심을 전파하니 21
듣는 사람이 다 놀라 말하되 이 사람이 예루살렘에서 이

and after laying his hands on him said, "Brother Saul,
the Lord Jesus, who appeared to you on the road by which
you were coming, has sent me so that you may regain
your sight, and be filled with the Holy Spirit." 18 And
immediately there fell from his eyes something like scales,
and he regained his sight, and he arose and was baptized;
19 and he took food and was strengthened. Now for
several days he was with the disciples who were at
Damascus, 20 and immediately he began to proclaim Jesus
in the synagogues, saying, "He is the Son of God." 21

행

```
                                    말하되...하더라
                                      /이 사람이 ——— 잔해하던 자가 아니냐?
                                                      /이 이름 부르는 사람을
                                                      /예루살렘에서
                                      /[그가] ——— 여기 온 것도 ...함이 아니냐?
                                            //(목적: ἵνα, so that...may)
                                              [그가] ——— 끌어가고자
                                                            /저희를 결박하여
                                                            /대제사장들에게
22 사울은                            힘을 얻어
                                      /더
                                    굴복시키니라
                                      /유대인들을
                                        /다메섹에 사는
                                      /증명하여
                                        /예수를 그리스도라
23 여러 날이 지나매(when)
   유대인들이                        공모하더니
                                      /사울 죽이기를
24 그 계교가                          알려지니라
                                      /사울에게
   저희가                            지키거늘
                                      /밤낮으로
                                      /성문까지
                  //(목적: ὅπως, so that...may)
                    [그들이] ——— 죽이려고
                                   /그를
25 제자들이                          담아
     /그의                            /사울을
                                      /밤에
                                    내리니라
                                      /성에서
                                      /달아
                                        /광주리에
26 사울이                            가서
                                      /예루살렘에
                                    사귀고자 하나
                                      /제자들을
   [그들이]                          두려워하여
     /다(=모든)                       /[그를]
                                      /믿지 아니하니(=믿지아니하면서)
                                        /그의 제자 됨을
```

이름 부르는 사람을 잔해하던 자가 아니냐 여기 온 것도 저희를 결박하여 대제사장들에게 끌어 가고자 함이 아니냐 하더라 **22** 사울은 힘을 더 얻어 예수를 그리스도라 증명하여 다메섹에 사는 유대인들을 굴복시키니라 **23** 여러 날이 지나매 유대인들이 사울 죽이기를 공모하더니 **24** 그 계교가 사울에게 알려지니라 저희가 그를 죽이려고 밤낮으로 성문까지 지키거늘 **25** 그의 제자들이 밤에 광주리에 사울을 담아 성에서 달아 내리니라 **26** 사울이 예루살렘에 가서 제자들을 사귀고자 하나 다 두려워하여 그의 제자 됨을 믿지 아니하니

And all those hearing him continued to be amazed, and were saying, "Is this not he who in Jerusalem destroyed those who called on this name, and who had come here for the purpose of bringing them bound before the chief priests?" 22 But Saul kept increasing in strength and confounding the Jews who lived at Damascus by proving that this Jesus is the Christ. 23 And when many days had elapsed, the Jews plotted together to do away with him, 24 but their plot became known to Saul. And they were also watching the gates day and night so that they might put him to death; 25 but his disciples took him by night, and let him down through an opening in the wall, lowering him in a large basket. 26 And when he had come to Jerusalem, he was trying to associate with the disciples; and they

27 바나바가 데리고
/[그를]
가서
/사도들에게
말하니라
/[그들에게]
/그가 —— 주를 본 것과
/어떻게
/길에서
/주께서 —— 말씀하신 일과
/그에게
/그가 —— 어떻게 말하던 것을
/예수의 이름으로
/담대히

28 사울이 있어
/제자들과 함께
/출입하며
/예루살렘에

29 또
[바울이] 담대히 말하고
/주 예수의 이름으로
말하며
변론하니
/유대인들과 함께
/헬라파
그 사람들이 힘쓰거늘
/죽이려고
/[그를]

30 형제들이 알고(when)
데리고 내려가서
/가이사랴로
보내니라
/다소로

31 그리하여
교회가 평안하여
/온 /든든히 서 가고
/유대와 /진행하여
갈릴리와 /주를 경외함과
사마리아 성령의 위로로
수가 더 많아지니라

27 바나바가 데리고 사도들에게 가서 그가 길에서 어떻게 주를 본 것과 주께서 그에게 말씀하신 일과 다메섹에서 그가 어떻게 예수의 이름으로 담대히 말하던 것을 말하니라 28 사울이 제자들과 함께 있어 예루살렘에 출입하며 29 또 주 예수의 이름으로 담대히 말하고 헬라파 유대인들과 함께 말하며 변론하니 그 사람들이 죽이려고 힘쓰거늘 30 형제들이 알고 가이사랴로 데리고 내려가서 다소로 보내니라 31 그리하여 온 유대와 갈릴리와 사마리아 교회가 평안하여 든든히 서 가고 주를 경외함과 성령의 위로로 진행하여 수가 더 많아지니라

were all afraid of him, not believing that he was a disciple.
27 But Barnabas took hold of him and brought him to the apostles and described to them how he had seen the Lord on the road, and that He had talked to him, and how at Damascus he had spoken out boldly in the name of Jesus.
28 And he was with them moving about freely in Jerusalem, speaking out boldly in the name of the Lord.
29 And he was talking and arguing with the Hellenistic Jews; but they were attempting to put him to death.
30 But when the brethren learned of it, they brought him down to Caesarea and sent him away to Tarsus.
31 So the church throughout all Judea and Galilee and Samaria enjoyed peace, being built up; and, going on in the fear of the Lord and in the comfort of the Holy Spirit, it

32 때에
베드로가 **두루 행하다가**
/사방으로

내려갔더니
/성도들에게도
/룻다에 사는

33 **만나매**
/거기서
/애니아라 하는 사람을
/누운 지(=누워 있는)
/팔 년이라(=동안)
/상 위에
/그가 중풍병으로

34 베드로가 **가로되**
/애니아야!
그리스도께서 ― 낫게 하시니
/예수 /너를
[너는] ― 일어나
― 정돈하라 한대
/네 자리를

[그가] **일어나니**
/곧

35 사람들이 **보고**
/사는 /그를
/룻다와
사론에
/다(=모든)

돌아가니라
/주께로

36 여제자가 **있으니**
/다비다라 하는 /욥바에

그 이름을(=이) **도르가라**
/번역하면

선행과
구제하는 일이 **심히 많더니**

37 그 때에
[그녀가] **병들어**
죽으매

32 때에 베드로가 사방으로 두루 행하다가 룻다에 사는
성도들에게도 내려갔더니 33 거기서 애니아라 하는 사람
을 만나매 그가 중풍병으로 상 위에 누운 지 팔 년이라
34 베드로가 가로되 애니아야 예수 그리스도께서 너를 낫
게 하시니 일어나 네 자리를 정돈하라 한대 곧 일어나니
35 룻다와 사론에 사는 사람들이 다 그를 보고 주께로 돌
아가니라 36 욥바에 다비다라 하는 여제자가 있으니 그
이름을 번역하면 도르가라 선행과 구제하는 일이 심히 많
더니 37 그 때에 병들어 죽으매 시체를 씻어 다락에 뉘우
니라

continued to increase. 32 Now it came about that as Peter
was traveling through all those parts, he came down also
to the saints who lived at Lydda. 33 And there he found
a certain man named Aeneas, who had been bedridden
eight years, for he was paralyzed. 34 And Peter said to
him, "Aeneas, Jesus Christ heals you; arise, and make
your bed." And immediately he arose. 35 And all who
lived at Lydda and Sharon saw him, and they turned to
the Lord. 36 Now in Joppa there was a certain disciple
named Tabitha (which translated in Greek is called Dorcas);
this woman was abounding with deeds of kindness and charity,
which she continually did. 37 And it came about at that
time that she fell sick and died; and when they had washed
her body, they laid it in an upper room. 38 And since

[그들이] 씻어(when)
/시체를
뉘우니라
/다락에

38 룻다가 **가까운지라**
/욥바에

제자들이 **듣고**
/베드로가 거기 있음을

보내어
/두 사람을
간청하니
/[너는] ——— 지체말고(라)
/오라(=오기를)

39 베드로가 **일어나**
함께 가서

[베드로가] 이르매(whn)
저희가 **데리고 올라가니**
/다락에

모든 과부가 **곁에 서서**
/베드로의
/울며(=울면서)
/(다)내어 보이거늘(내어보이면서)
/속옷과 겉옷을
/다
/도르가가 ——— 있을 때에
/저희와 함께
— 지은

40 베드로가 **내어 보내고**
/사람을 다
기도하고
/무릎을 꿇고

돌이켜
가로되 (...하니)
/시체를 향하여
/다비다야!
[너는] ——— 일어나라

그가 **눈을 떠**
보고
/베드로를
일어나 앉는지라

행

38 룻다가 욥바에 가까운지라 제자들이 베드로가 거기 있
음을 듣고 두 사람을 보내어 지체 말고 오라고 간청하니
39 베드로가 일어나 저희와 함께 가서 이르매 저희가 데
리고 다락에 올라가니 모든 과부가 베드로의 곁에 서서 울
며 도르가가 저희와 함께 있을 때에 지은 속옷과 겉옷을
다 내어 보이거늘 40 베드로가 사람을 다 내어 보내고 무
릎을 꿇고 기도하고 돌이켜 시체를 향하여 가로되 다비다
야 일어나라 하니 그가 눈을 떠 베드로를 보고 일어나 앉
는지라

Lydda was near Joppa, the disciples, having heard that
Peter was there, sent two men to him, entreating him,
"Do not delay to come to us." 39 And Peter arose and
went with them. And when he had come, they brought
him into the upper room; and all the widows stood beside
him weeping, and showing all the tunics and garments
that Dorcas used to make while she was with them. 40
But Peter sent them all out and knelt down and prayed,
and turning to the body, he said, "Tabitha, arise." And
she opened her eyes, and when she saw Peter, she sat up.

41 베드로가	**내밀어**
	/손을
	일으키고
	불러들여
	/성도들과
	과부들을
	보이니
	/그의 산 것을
42 사람이	**알고**
/온	
/욥바	
많이	**믿더라**
	/주를
43 베드로가	**있어...유하니라**
	/욥바에
	/여러 날
	/피장의 집에서
	/시몬이라 하는

10

1 사람이	**있으니**
/고넬료라 하는	/가이사랴에
/백부장이라	
/이달리야대라 하는 군대의	
2 그가	**경건하여**
	경외하며
	/하나님을
	/온 집으로 더불어
	구제하고
	/백성을
	/많이
	기도하더니
	/하나님께
	/항상
3 [그가]	**보매**
	/환상 중에
	/밝히
	/하루는
	/제 구 시쯤 되어

41 베드로가 손을 내밀어 일으키고 성도들과 과부들을 불
러들여 그의 산 것을 보이니 42 온 욥바 사람이 알고 많
이 주를 믿더라 43 베드로가 욥바에 여러 날 있어 시몬이
라 하는 피장의 집에서 유하니라

10:1 가이사랴에 고넬료라 하는 사람이 있으니 이달리
야대라 하는 군대의 백부장이라 2 그가 경건 3
하루는 제구시쯤 되어 환상 중에 밝히 보매 하나님의 사자
가 들어와 가로되 고넬료야 하니

41 And he gave her his hand and raised her up; and
calling the saints and widows, he presented her alive. 42
And it became known all over Joppa, and many believed
in the Lord. 43 And it came about that he stayed many
days in Joppa with a certain tanner, Simon.

10:1 ¶ Now there was a certain man at Caesarea named
Cornelius, a centurion of what was called the Italian
cohort, 2 a devout man, and one who feared God with
all his household, and gave many alms to the Jewish
people, and prayed to God continually. 3 About the ninth hour
of the day he clearly saw in a vision an angel of God
who had just come in to him, and said to him, "Cornelius!"

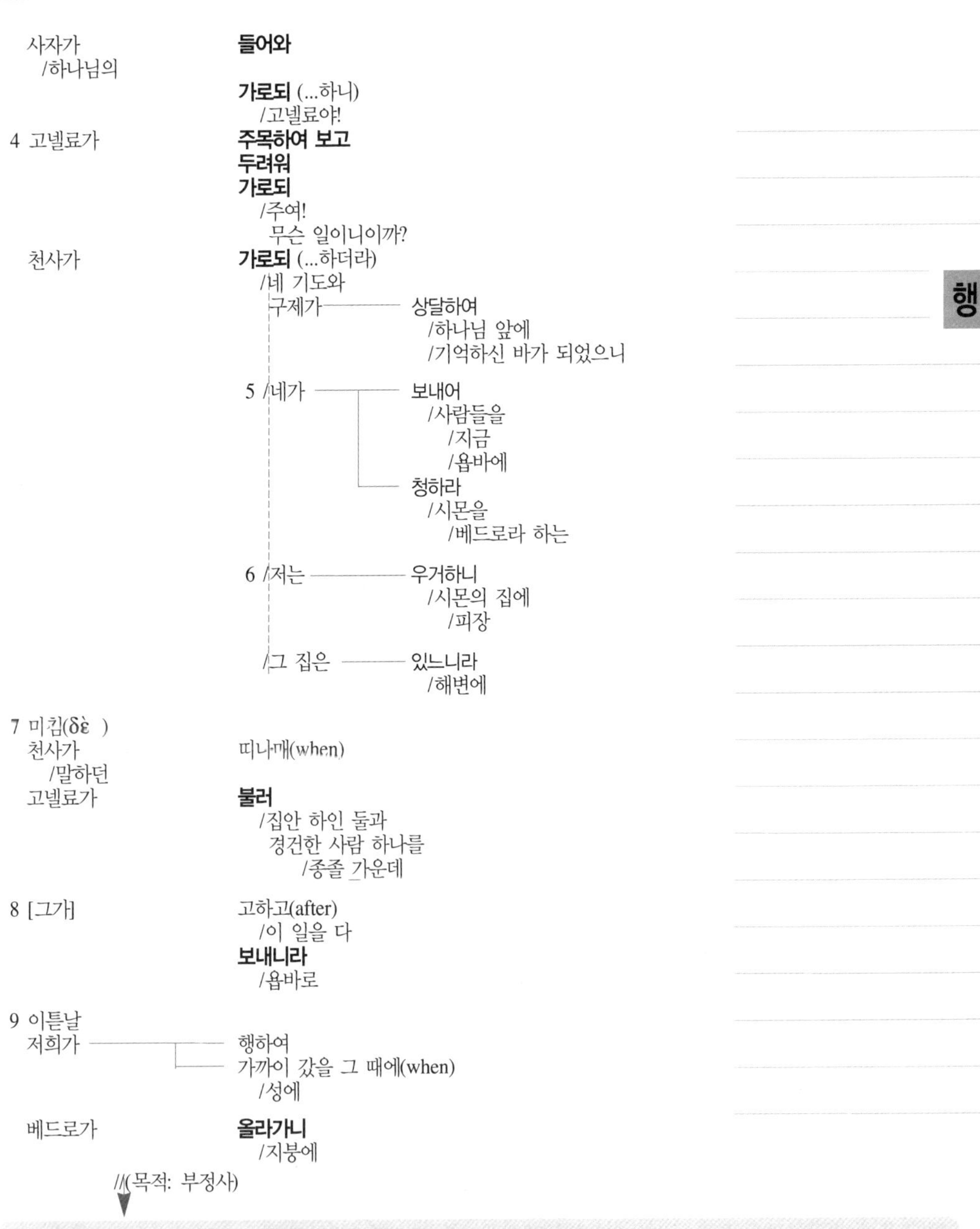

4 고넬료가 주목하여 보고 두려워 가로되 주여 무슨 일이
니이까 천사가 가로되 네 기도와 구제가 하나님 앞에 상달
하여 기억하신 바가 되었으니 5 네가 지금 사람들을 욥바
에 보내어 베드로라 하는 시몬을 청하라 6 저는 피장 시
몬의 집에 우거하니 그 집은 해변에 있느니라 하더라 7
마침 말하던 천사가 떠나매 고넬료가 집안 하인 둘과 종졸
가운데 경건한 사람 하나를 불러 8 이 일을 다 고하고 욥
바로 보내니라 9 이튿날 저희가 행하여 성에 가까이 갔을
그 때에 베드로가 기도하려고 지붕에 올라가니 시간은 제
육시더라

4 And fixing his gaze upon him and being much alarmed,
he said, "What is it, Lord?" And he said to him, "Your prayers
and alms have ascended as a memorial before God. 5
"And now dispatch some men to Joppa, and send for a
man named Simon, who is also called Peter; 6 he is
staying with a certain tanner named Simon, whose house
is by the sea." 7 And when the angel who was speaking
to him had departed, he summoned two of his servants
and a devout soldier of those who were in constant
attendance upon him, 8 and after he had explained everything
to them, he sent them to Joppa. 9 And on the next day,
as they were on their way, and approaching the city, Peter

//(목적: 부정사)
기도하려고

시간은 **제 육 시더라**

10 [그가] **시장하여**
먹고자 하매
사람이 준비할 때에
[그가] **비몽사몽간에[이었다]**

11 [그가] **보니**
/하늘이(을)
/열리며
/한 그릇이 내려오는 것을
/드리웠더라(=드리우는 것을)
/네 귀를 매어 땅에
/큰 보자기 같고

12 /그 안에는[21]
짐승과
/각색
/네 발 가진
기는 것과
나는 것들 — 있는데
/공중에

13 또
소리가 **있으되**
/베드로야!
[너는] — 일어나
— 잡아
— 먹으라

14 베드로가 **가로되**(...한 대)
/주여!
그럴 수 없나이다

//(이유: ὅτι, for)
내가 — 먹지 아니하였삽나이다
/속되고
깨끗지 아니한 물건을
/언제든지

15 또
두 번째 **소리 있으되**
/네가 — 속되다 하지 말라 하더라
/하나님께서 깨끗케 하신 것을

21) 관계대명사, 선행사는 '보자기'. 계속적 용법.

10 시장하여 먹고자 하매 사람이 준비할 때에 비몽사몽간에 11 하늘이 열리며 한 그릇이 내려 오는 것을 보니 큰 보자기 같고 네 귀를 매어 땅에 드리웠더라 12 그 안에는 땅에 있는 각색 네발 가진 짐승과 기는 것과 공중에 나는 것들이 있는데 13 또 소리가 있으되 베드로야 일어나 잡아 먹으라 하거늘 14 베드로가 가로되 주여 그럴 수 없나이다 속되고 깨끗지 아니한 물건을 내가 언제든지 먹지 아니하였삽나이다 한대 15 또 두 번째 소리 있으되 하나님께서 깨끗케 하신 것을 네가 속되다 하지 말라 하더라

went up on the housetop about the sixth hour to pray. 10 And he became hungry, and was desiring to eat; but while they were making preparations, he fell into a trance; 11 and he beheld the sky opened up, and a certain object like a great sheet coming down, lowered by four corners to the ground, 12 and there were in it all kinds of four-footed animals and crawling creatures of the earth and birds of the air. 13 And a voice came to him, "Arise, Peter, kill and eat!" 14 But Peter said, "By no means, Lord, for I have never eaten anything unholy and unclean." 15 And again a voice came to him a second time, "What God has cleansed, no longer consider unholy." 16 And

16 이런 일이 세 번 있은 후
그 그릇이 **올리워 가니라**
/곧
/하늘로

17 베드로가 의심하더니(when)
/환상이 무슨 뜻인지
/본 바
/속으로
사람들이 **찾아**
/고넬료의 보낸 /시몬의 집을
/마침

서서
/문 밖에

18 **불러**
묻되 (...하거늘)
/베드로라 하는 시몬이 여기 우거하느냐?

19 베드로가 생각할 때에(when)
/그 환상에 대하여
성령께서 **말씀하시되**(...하시니)
/저더러
/두 사람이 ―― 찾으니
/너를

20 /[너는] ―― 일어나
내려가
가라
/[그들과 함께]
/의심치 말고

//(이유: ὅτι, for)
내가 ―― 보내었느니라
/저희를

21 베드로가 **내려가**
보고
/그 사람들을
가로되
/내가 ―― 사람이니
/곧 너희의 찾는
/너희가 ―― 무슨 일로 왔느냐?

행

16 이런 일이 세 번 있은 후 그 그릇이 곧 하늘로 올리워
가니라 17 베드로가 본 바 환상이 무슨 뜻인지 속으로 의
심하더니 마침 고넬료의 보낸 사람들이 시몬의 집을 찾아
문 밖에 서서 18 불러 묻되 베드로라 하는 시몬이 여기 우
거하느냐 하거늘 19 베드로가 그 환상에 대하여 생각할
때에 성령께서 저더러 말씀하시되 두 사람이 너를 찾으니
20 일어나 내려가 의심치 말고 함께 가라 내가 저희를 보
내었느니라 하시니 21 베드로가 내려가 그 사람들을 보
고 가로되 내가 곧 너희의 찾는 사람이니 너희가 무슨 일
로 왔느냐

this happened three times; and immediately the object was
taken up into the sky. 17 ¶ Now while Peter was greatly
perplexed in mind as to what the vision which he had
seen might be, behold, the men who had been sent by
Cornelius, having asked directions for Simon's house, appeared
at the gate; 18 and calling out, they were asking whether
Simon, who was also called Peter, was staying there. 19
And while Peter was reflecting on the vision, the Spirit
said to him, "Behold, three men are looking for you. 20
"But arise, go downstairs, and accompany them without
misgivings; for I have sent them Myself." 21 And Peter
went down to the men and said, "Behold, I am the one
you are looking for; what is the reason for which you
have come?" 22 And they said, "Cornelius, a centurion,

22 저희가 대답하되(...하느니라 한 대)
/고넬료는 — 의인이요
/백부장
— 경외하는 자라
/하나님을
/온 족속이 — 칭찬하더니
/유대
/저가 — 지시를 받아
/거룩한 천사의
//(목적: 부정사)
청하여
/너를
/그 집으로
말을 들으려

23 베드로가 불러들여
유숙하게 하니라

이튿날
[그가] 일어나
갈새
/저희와 함께
형제도 함께 가니라
/욥바
/두어

24 이튿날
들어가니
/가이사랴에
고넬료가 기다리더니
/모아[놓고]
/일가와
가까운 친구들을

25 마침(de«)
베드로가 들어올 때에(when)
고넬료가 맞아
엎드리어
/발 앞에
절하니

26 베드로가 일으켜
가로되 (...하고)
/[너는] — 일어서라
나도 — 사람이라

22 저희가 대답하되 백부장 고넬료는 의인이요 하나님을
경외하는 자라 유대 온 족속이 칭찬하더니 저가 거룩한 천
사의 지시를 받아 너를 그 집으로 청하여 말을 들으려 하
느니라 한대 23 베드로가 불러 들여 유숙하게 하니라 이
튿날 일어나 저희와 함께 갈새 욥바 두어 형제도 함께 가
니라 24 이튿날 가이사랴에 들어가니 고넬료가 일가와
가까운 친구들을 모아 기다리더니 25 마침 베드로가 들
어올 때에 고넬료가 맞아 발 앞에 엎드리어 절하니 26 베
드로가 일으켜 가로되 일어서라 나도 사람이라 하고

a righteous and God-fearing man well spoken of by the
entire nation of the Jews, was divinely directed by a holy
angel to send for you to come to his house and hear a
message from you." 23 And so he invited them in and
gave them lodging. ¶ And on the next day he arose and
went away with them, and some of the brethren from
Joppa accompanied him. 24 And on the following day he
entered Caesarea. Now Cornelius was waiting for them,
and had called together his relatives and close friends. 25 And
when it came about that Peter entered, Cornelius met him,
and fell at his feet and worshiped him. 26 But Peter raised
him up, saying, "Stand up; I too am just a man." 27 And

27 더불어 말하며 들어가 여러 사람의 모인 것을 보고
28 이르되 유대인으로서 이방인을 교제하는 것과 가까이
하는 것이 위법인 줄은 너희도 알거니와 하나님께서 내게
지시하사 아무도 속되다 하거나 깨끗지 않다 하지 말라 하
시기로 29 부름을 사양치 아니하고 왔노라 묻노니 무슨
일로 나를 불렀느뇨 30 고넬료가 가로되 나흘 전 이맘 때
까지 내 집에서 제구시 기도를 하는데 홀연히 한 사람이
빛난 옷을 입고 내 앞에 서서 31 말하되 고넬료야 하나님
이 네 기도를 들으시고 네 구제를 기억하셨으니 32 사람
을 욥바에 보내어 베드로라 하는 시몬을 청하라 저가 바닷

as he talked with him, he entered, and found many people
assembled. 28 And he said to them, "You yourselves
know how unlawful it is for a man who is a Jew to
associate with a foreigner or to visit him; and yet God
has shown me that I should not call any man unholy or unclean.
29 "That is why I came without even raising any objection
when I was sent for. And so I ask for what reason you
have sent for me." 30 And Cornelius said, "Four days
ago to this hour, I was praying in my house during the
ninth hour; and behold, a man stood before me in shining
garments, 31 and he said, 'Cornelius, your prayer has
been heard and your alms have been remembered before
God. 32 'Send therefore to Joppa and invite Simon, who
is also called Peter, to come to you; he is staying at the

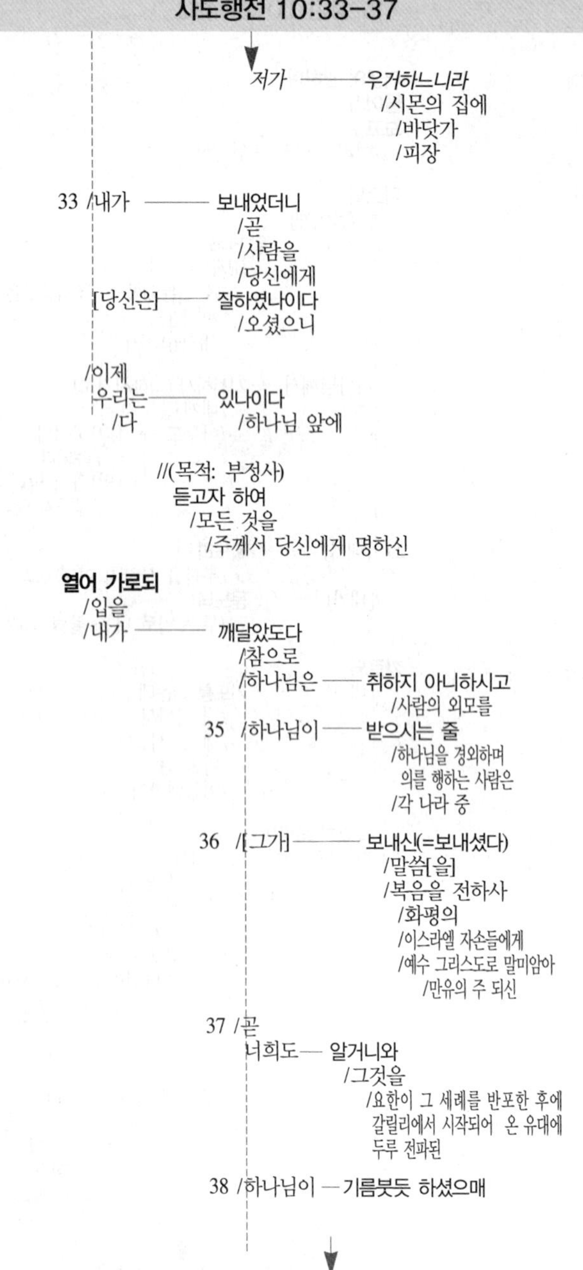

가 피장 시몬의 집에 우거하느니라 하시기로 33 내가 곧
당신에게 사람을 보내었더니 오셨으니 잘하였나이다 이제
우리는 주께서 당신에게 명하신 모든 것을 듣고자 하여 다
하나님 앞에 있나이다 34 베드로가 입을 열어 가로되 내
가 참으로 하나님은 사람의 외모를 취하지 아니하시고 35
각 나라 중 하나님을 경외하며 의를 행하는 사람은 하나님
이 받으시는 줄 깨달았도다 36 만유의 주 되신 예수 그리
스도로 말미암아 화평의 복음을 전하사 이스라엘 자손들에
게 보내신 말씀 37 곧 요한이 그 세례를 반포한 후에 갈
릴리에서 시작되어 온 유대에 두루 전파된 그것을 너희도

house of Simon the tanner by the sea.' 33 "And so I sent
to you immediately, and you have been kind enough to
come. Now then, we are all here present before God to
hear all that you have been commanded by the Lord." 34
¶ And opening his mouth, Peter said: "I most certainly
understand now that God is not one to show partiality,
35 but in every nation the man who fears Him and does
what is right, is welcome to Him. 36 "The word which
He sent to the sons of Israel, preaching peace through
Jesus Christ (He is Lord of all) — 37 you yourselves
know the thing which took place throughout all Judea, starting
from Galilee, after the baptism which John proclaimed.

알거니와 38 하나님이 나사렛 예수에게 성령과 능력을
기름붓듯 하셨으매 저가 두루 다니시며 착한 일을 행하시
고 마귀에게 눌린 모든 자를 고치셨으니 이는 하나님이 함
께 하셨음이라 39 우리는 유대인의 땅과 예루살렘에서
그의 행하신 모든 일에 증인이라 그를 저희가 나무에 달아
죽였으나 40 하나님이 사흘만에 다시 살리사 나타내시되
41 모든 백성에게 하신 것이 아니요 오직 미리 택하신 증
인 곧 죽은 자 가운데서 일어나신 후 모시고 음식을 먹은
우리에게 하신 것이라 42 우리를 명하사 백성에게 전도
하되 하나님이 산 자와 죽은 자의 재판장으로 정하신 자가
곧 이 사람인 것을 증거하게 하셨고

38 "You know of Jesus of Nazareth, how God anointed
Him with the Holy Spirit and with power, and how He
went about doing good, and healing all who were oppressed
by the devil; for God was with Him. 39 "And we are witnesses
of all the things He did both in the land of the Jews and
in Jerusalem. And they also put Him to death by hanging
Him on a cross. 40 "God raised Him up on the third day,
and granted that He should become visible, 41 not to all
the people, but to witnesses who were chosen beforehand
by God, that is, to us, who ate and drank with Him after
He arose from the dead. 42 "And He ordered us to preach
to the people, and solemnly to testify that this is the One
who has been appointed by God as Judge of the living
and the dead. 43 "Of Him all the prophets bear witness

43 /선지자도 — 증거하되 (...하였느니라)
/모든 /저에 대하여
/사람들이 ——— 죄 사함을 받는다
/저를 믿는 /그 이름을 힘입어
/다(=모든)

44 베드로가 이 말 할 때에
성령이 **내려오시니**
/모든 사람에게
/말씀 듣는

45 신자들이 **놀라니**
/베드로와 함께 온

//(이유, ὅτι, because)
[은사가] —— 부어 주심을 인하여
/성령[의] /할례받은 이방인들에게도

46 //이는(이유: γάρ, for)
[그들이] ——— 들음이러라
/말하며
/방언을
/[그들에게]
/하나님 높임을

47 이에(τότε)
베드로가 **가로되**(...하고)
/누가 ———— 능히 금하리요
/물로 세례 줌을

이 사람들이—— 성령을 받았으니
/우리와 같이

48 /명하여 (...하니라)
/세례를 주라
/예수 그리스도의 이름으로

저희가 **청하니라**
/베드로에게
/수일 더 유하기를

43 저에 대하여 모든 선지자도 증거하되 저를 믿는 사람들이 다 그 이름을 힘입어 죄 사함을 받는다 하였느니라
44 베드로가 이 말 할 때에 성령이 말씀 듣는 모든 사람에게 내려 오시니
45 베드로와 함께 온 할례 받은 신자들이 이방인들에게도 성령 부어 주심을 인하여 놀라니
46 이는 방언을 말하며 하나님 높임을 들음이러라
47 이에 베드로가 가로되 이 사람들이 우리와 같이 성령을 받았으니 누가 능히 물로 세례 줌을 금하리요 하고
48 명하여 예수 그리스도의 이름으로 세례를 주라 하니라 저희가 베드로에게 수일 더 유하기를 청하니라

that through His name everyone who believes in Him receives forgiveness of sins."
44 ¶ While Peter was still speaking these words, the Holy Spirit fell upon all those who were listening to the message.
45 And all the circumcised believers who had come with Peter were amazed, because the gift of the Holy Spirit had been poured out upon the Gentiles also.
46 For they were hearing them speaking with tongues and exalting God. Then Peter answered,
47 "Surely no one can refuse the water for these to be baptized who have received the Holy Spirit just as we did, can he?"
48 And he ordered them to be baptized in the name of Jesus Christ. Then they asked him to stay on for a few days.

11

11:1 유대에 있는 사도들과 형제들이 이방인들도 하나
님 말씀을 받았다 함을 들었더니 2 베드로가 예루살
렘에 올라갔을 때에 할례자들이 힐난하여 3 가로되 네가
무할례자의 집에 들어가 함께 먹었다 하니 4 베드로가 저
희에게 이 일을 차례로 설명하여 5 가로되 내가 욥바 성
에서 기도할 때에 비몽사몽간에 환상을 보니 큰 보자기같
은 그릇을 네 귀를 매어 하늘로부터 내리워 내 앞에까지
드리우거늘 6 이것을 주목하여 보니 땅에 네 발 가진 것
과 들짐승과 기는 것과 공중에 나는 것들이 보이더라 7
또 들으니 소리 있어 내게 이르되 베드로야 일어나 잡아

11:1 Now the apostles and the brethren who were
throughout Judea heard that the Gentiles also had received
the word of God. 2 And when Peter came up to Jerusalem,
those who were circumcised took issue with him, 3 saying,
"You went to uncircumcised men and ate with them." 4
But Peter began speaking and proceeded to explain to
them in orderly sequence, saying, 5 "I was in the city of
Joppa praying; and in a trance I saw a vision, a certain
object coming down like a great sheet lowered by four corners
from the sky; and it came right down to me, 6 and when
I had fixed my gaze upon it and was observing it I saw
the four-footed animals of the earth and the wild beasts

행

8 /내가 —— 가로되(...하니)
/주여!
그럴 수 없나이다
//(이유: ὅτι, for)
물건은 —— 들어간 일이 없나이다
/속되거나 /내 입에
깨끗지 아니한 /언제든지

9 /또
소리(있어)[가] —— 대답하되
/두 번째 /내게
/네가 —속되다 말라 하더라
/하나님이 깨끗하게 하신 것을

10 /이런 일이 —— 있은 후에(after)
/세 번
모든 것이 —— 끌려 올라가더라
/다시
/하늘로

11 /[보라!]
세 사람이 —— 섰으니
/보낸 사람이라 /마침(=즉시)
/가이사랴에서 /내 우거한 집 앞에
/내게로

12 /성령이 —— 명하사
/내게
/함께 가라 하시매
/아무 의심 말고
/이 형제도 —— 가서
/여섯 /나와 함께
들어가니
/그 사람의 집에

13 /그가 —— 말하기를(...하거늘)
/우리에게
/[내가] —보았다
/천사가(를)
/서서
/내 집에
/말하되(=말하는)
/네가 —보내어
/사람을
/욥바에
청하라
/시몬을
/베드로라 하는

14 /그가 — 이르리라 (함을)

먹으라 하거늘 8 내가 가로되 주여 그럴 수 없나이다 속
되거나 깨끗지 아니한 물건은 언제든지 내 입에 들어간 일
이 없나이다 하니 9 또 하늘로부터 두 번째 소리 있어 내
게 대답하되 하나님이 깨끗하게 하신 것을 네가 속되다 말
라 하더라 10 이런 일이 세 번 있은 후에 모든 것이 다시
하늘로 끌려 올라가더라 11 마침 세 사람이 내 우거한 집
앞에 섰으니 가이사랴에서 내게로 보낸 사람이라 12 성
령이 내게 명하사 아무 의심 말고 함께 가라 하시매 이 여
섯 형제도 나와 함께 가서 그 사람의 집에 들어가니 13
그가 우리에게 말하기를 천사가 내 집에 서서 말하되 네가

and the crawling creatures and the birds of the air. 7 "And
I also heard a voice saying to me, 'Arise, Peter; kill and
eat.' 8 "But I said, 'By no means, Lord, for nothing
unholy or unclean has ever entered my mouth.' 9 "But a
voice from heaven answered a second time, 'What God
has cleansed, no longer consider unholy.' 10 "And this
happened three times, and everything was drawn back up
into the sky. 11 "And behold, at that moment three men
appeared before the house in which we were staying,
having been sent to me from Caesarea. 12 "And the Spirit
told me to go with them without misgivings. And these
six brethren also went with me, and we entered the man's
house. 13 "And he reported to us how he had seen the

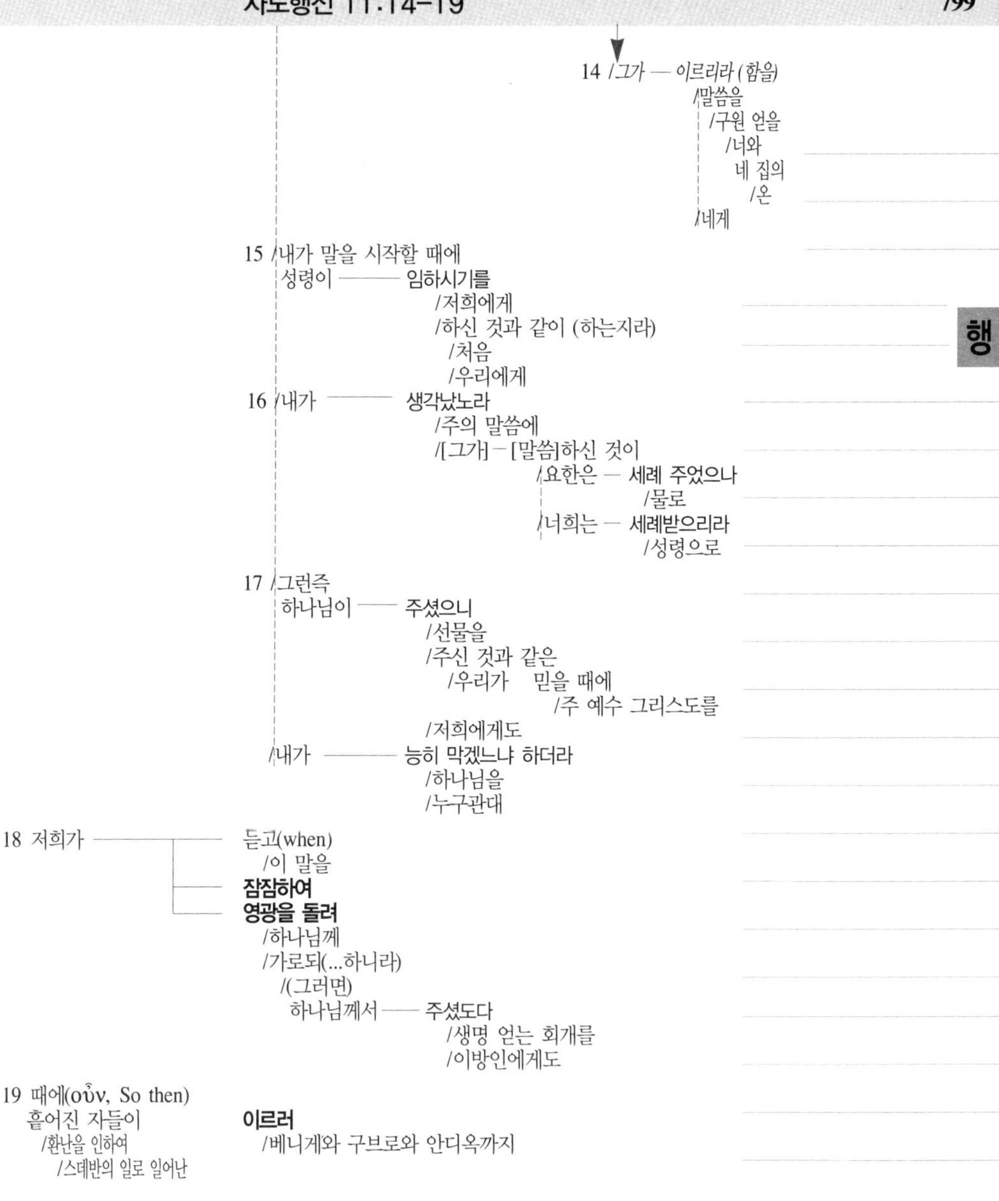

사람을 욥바에 보내어 베드로라 하는 시몬을 청하라 14
그가 너와 네 온 집의 구원 얻을 말씀을 네게 이르리라 함
을 보았다 하거늘 15 내가 말을 시작할 때에 성령이 저희
에게 임하시기를 처음 우리에게 하신 것과 같이 하는지라
16 내가 주의 말씀에 요한은 물로 세례를 주었으나 너희
는 성령으로 세례 받으리라 하신 것이 생각났노 17 그런
즉 하나님이 우리가 주 예수 그리스도를 믿을 때에 주신
것과 같은 선물을 저희에게도 주셨으니 내가 누구관대 하
나님을 능히 막겠느냐 하더라 18 저희가 이 말을 듣고 잠
잠하여 하나님께 영광을 돌려 가로되 그러면 하나님께서
이방인에게도 생명 얻는 회개를 주셨도다 하니라 19 때
에 스데반의 일로 일어난 환난을 인하여 흩어진 자들이 베

angel standing in his house, and saying, 'Send to Joppa,
and have Simon, who is also called Peter, brought here;
14 and he shall speak words to you by which you will
be saved, you and all your household.' 15 "And as I
began to speak, the Holy Spirit fell upon them, just as
He did upon us at the beginning. 16 "And I remembered
the word of the Lord, how He used to say, 'John baptized
with water, but you shall be baptized with the Holy Spirit.'
17 "If God therefore gave to them the same gift as He
gave to us also after believing in the Lord Jesus Christ,
who was I that I could stand in God's way?" 18 And
when they heard this, they quieted down, and glorified
God, saying, "Well then, God has granted to the Gentiles
also the repentance that leads to life." 19 So then those

행

전하는데
/도를
/유대인에게만

20 몇 사람이
/그 중에
/구브로와
구레네

이르러
/안디옥에

말하여
/헬라인에게도
/전파하니
/주 예수를

21 주의 손이

함께 하시매
/그들과

사람이
/수다한

믿고

돌아오더라
/주께

22 교회가
/예루살렘

듣고[22)]
/소문을
/이 사람들의

보내니
/바나바를
/안디옥까지

23 저가

이르러
보고(when)
/하나님의 은혜를
기뻐하여
권하니
/모든 사람에게
/주께 붙어 있으라
/굳은 마음으로

24 //(이유: ὅτι, for)
바나바는 ─ 착한 사람이요
└ 충만한 자라
/성령과 믿음이

이에(καὶ)
큰 무리가

더하더라
/주께

22) 수동의 문장을 능동 문장으로 번역한 한글 개역성경의 뉘앙스를 따라 구문을 만들었다.

니게와 구브로와 안디옥까지 이르러 도를 유대인에게만 전
하는데 20 그 중에 구브로와 구레네 몇 사람이 안디옥에
이르러 헬라인에게도 말하여 주 예수를 전파하니 21 주
의 손이 그들과 함께 하시매 수다한 사람이 믿고 주께 돌
아오더라 22 예루살렘 교회가 이 사람들의 소문을 듣고
바나바를 안디옥까지 보내니 23 저가 이르러 하나님의
은혜를 보고 기뻐하여 모든 사람에게 굳은 마음으로 주께
붙어 있으라 권하니 24 바나바는 착한 사람이요 성령과
믿음이 충만한 자라 이에 큰 무리가 주께 더하더라

who were scattered because of the persecution that arose
in connection with Stephen made their way to Phoenicia
and Cyprus and Antioch, speaking the word to no one
except to Jews alone. 20 But there were some of them,
men of Cyprus and Cyrene, who came to Antioch and
began speaking to the Greeks also, preaching the Lord
Jesus. 21 And the hand of the Lord was with them, and
a large number who believed turned to the Lord. 22 And
the news about them reached the ears of the church at
Jerusalem, and they sent Barnabas off to Antioch. 23
Then when he had come and witnessed the grace of God,
he rejoiced and began to encourage them all with resolute
heart to remain true to the Lord; 24 for he was a good
man, and full of the Holy Spirit and of faith. And

25 바나바가	**가서**
	/다소에
//(목적: 부정사)	
사울을 찾으러	
26 [그가]	만나매(when)
	데리고 와서
	/안디옥에
둘이	**모여 있어**
	/교회에
	/일 년간
	가르쳤고
	/큰 무리를
제자들이	**일컬음을 받게 되었더라**
	/안디옥에서
	/비로소(=처음으로)
	/그리스도인이라
27 그 때에	
선지자들이	**이르니**
	/안디옥에
	/예루살렘에서
28 한 사람이	**일어나**
/아가보라 하는	/그 중에
	말하되
	/성령으로
	/천하가 크게 흉년 들리라 하더니
[그것이]	**그렇게 되니라**
	/글라우디오 때에
29 제자들이	**작정하고**
/각각	/부조를 보내기로
	/그 힘대로
	/유대에 사는 형제들에게
30 [그들이]	**실행하여**
	/이를
	보내니라
	/바나바와 사울의 손으로
	/장로들에게

행

25 바나바가 사울을 찾으러 다소에 가서 26 만나매 안디
옥에 데리고 와서 둘이 교회에 일 년간 모여 있어 큰 무리
를 가르쳤고 제자들이 안디옥에서 비로소 그리스도인이라
일컫음을 받게 되었더라 27 그 때에 선지자들이 예루살
렘에서 안디옥에 이르니 28 그 중에 아가보라 하는 한 사
람이 일어나 성령으로 말하되 천하가 크게 흉년 들리라 하
더니 글라우디오 때에 그렇게 되니라 29 제자들이 각각
그 힘대로 유대에 사는 형제들에게 부조를 보내기로 작정
하고 30 이를 실행하여 바나바와 사울의 손으로 장로들
에게 보내니라

considerable numbers were brought to the Lord. 25 And
he left for Tarsus to look for Saul; 26 and when he had
found him, he brought him to Antioch. And it came about
that for an entire year they met with the church, and
taught considerable numbers; and the disciples were first called
Christians in Antioch. 27 Now at this time some prophets
came down from Jerusalem to Antioch. 28 And one of
them named Agabus stood up and began to indicate by
the Spirit that there would certainly be a great famine all
over the world. And this took place in the reign of Claudius.
29 And in the proportion that any of the disciples had
means, each of them determined to send a contribution
for the relief of the brethren living in Judea. 30 And this
they did, sending it in charge of Barnabas and Saul to
the elders.

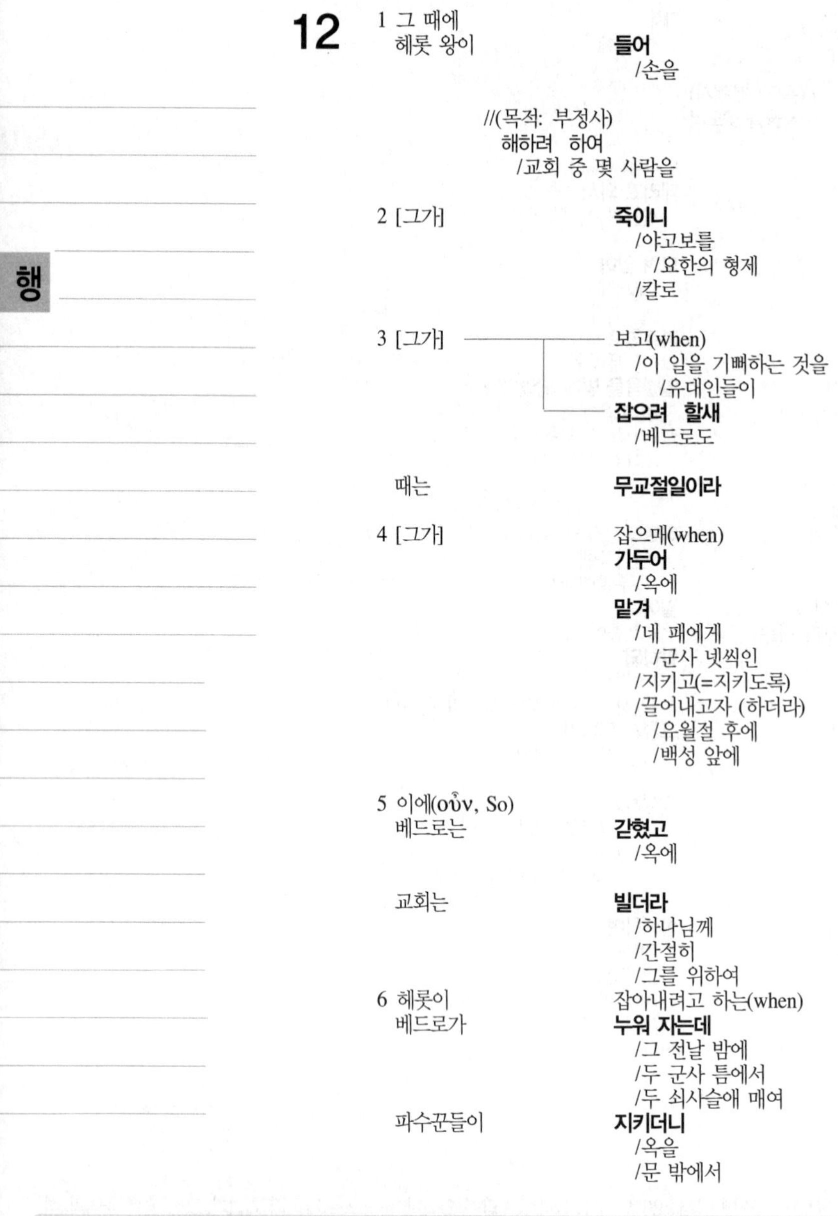

12

1 그 때에
헤롯 왕이 **들어**
/손을

//(목적: 부정사)
해하려 하여
/교회 중 몇 사람을

2 [그가] **죽이니**
/야고보를
/요한의 형제
/칼로

3 [그가] 보고(when)
/이 일을 기뻐하는 것을
/유대인들이
잡으려 할새
/베드로도

때는 **무교절일이라**

4 [그가] 잡으매(when)
가두어
/옥에
맡겨
/네 패에게
/군사 넷씩인
/지키고(=지키도록)
/끌어내고자 (하더라)
/유월절 후에
/백성 앞에

5 이에(οὖν, So)
베드로는 **갇혔고**
/옥에

교회는 **빌더라**
/하나님께
/간절히
/그를 위하여

6 헤롯이 잡아내려고 하는(when)
베드로가 **누워 자는데**
/그 전날 밤에
/두 군사 틈에서
/두 쇠사슬에 매여

파수꾼들이 **지키더니**
/옥을
/문 밖에서

12:1 그 때에 헤롯 왕이 손을 들어 교회 중 몇 사람을
해하려 하여 2 요한의 형제 야고보를 칼로 죽이니
3 유대인들이 이 일을 기뻐하는 것을 보고 베드로도 잡으
려 할새 때는 무교절일이라 4 잡으매 옥에 가두어 군사
넷씩인 네 패에게 맡겨 지키고 유월절 후에 백성 앞에 끌
어 내고자 하더라 5 이에 베드로는 옥에 갇혔고 교회는 그
를 위하여 간절히 하나님께 빌더라 6 헤롯이 잡아 내려고
하는 그 전날 밤에 베드로가 두 군사 틈에서 두 쇠사슬에
매여 누워 자는데 파수꾼들이 문 밖에서 옥을 지키더니

12:1 Now about that time Herod the king laid hands
on some who belonged to the church, in order to mistreat
them. 2 And he had James the brother of John put to
death with a sword. 3 And when he saw that it pleased
the Jews, he proceeded to arrest Peter also. Now it was
during the days of Unleavened Bread. 4 And when he
had seized him, he put him in prison, delivering him to
four squads of soldiers to guard him, intending after the
Passover to bring him out before the people. 5 So Peter
was kept in the prison, but prayer for him was being made
fervently by the church to God. 6 And on the very night
when Herod was about to bring him forward, Peter was

7 홀연히[보라!]
주의 사자가 **곁에 서매**
광채가 **조요하며**
/옥중에
또
[그가] **쳐**
/베드로의 옆구리를
깨워
/[그를]
/가로되 (...하니)
/급히 일어나라
쇠사슬이 **벗어지더라**
/그 손에서
8 천사가 **가로되** (...하거늘)
/[너는] — 띠를 띠고
— 들메라
/신을
베드로가 **하니**
/그대로
또
천사가 **가로되**(...한대)
/[너는] — 입고
/겉옷을
— 따라오라
9 베드로가 **나와서**
따라갈새
[그가] **알지 못하고**
/천사의 하는 것이 참인 줄
[생각]하니라
/환상을 보는가
10 이에
[그들이] 지나(when)
/첫째와
둘째 파수를
이르니
/성으로 통한 쇠문에
문이 **열리는지라**
/절로
[그들이] **나와**
지나매
/한 거리를
천사가 **떠나더라**
/곧
/[그를]

7 홀연히 주의 사자가 곁에 서매 옥중에 광채가 조요하며
또 베드로의 옆구리를 쳐 깨워 가로되 급히 일어나라 하니
쇠사슬이 그 손에서 벗어지더라 8 천사가 가로되 띠를 띠
고 신을 들메라 하거늘 베드로가 그대로 하니 천사가 또
가로되 겉옷을 입고 따라오라 한대 9 베드로가 나와서 따
라갈새 천사의 하는 것이 참인 줄 알지 못하고 환상을 보
는가 하니라 10 이에 첫째와 둘째 파수를 지나 성으로 통
한 쇠문에 이르니 문이 절로 열리는지라 나와 한 거리를
지나매 천사가 곧 떠나더라

sleeping between two soldiers, bound with two chains; and guards in front of the door were watching over the prison.
7 And behold, an angel of the Lord suddenly appeared, and a light shone in the cell; and he struck Peter's side and roused him, saying, "Get up quickly." And his chains fell off his hands.
8 And the angel said to him, "Gird yourself and put on your sandals." And he did so. And he said to him, "Wrap your cloak around you and follow me."
9 And he went out and continued to follow, and he did not know that what was being done by the angel was real, but thought he was seeing a vision.
10 And when they had passed the first and second guard, they came to the iron gate that leads into the city, which opened for them by itself; and they went out and went along one

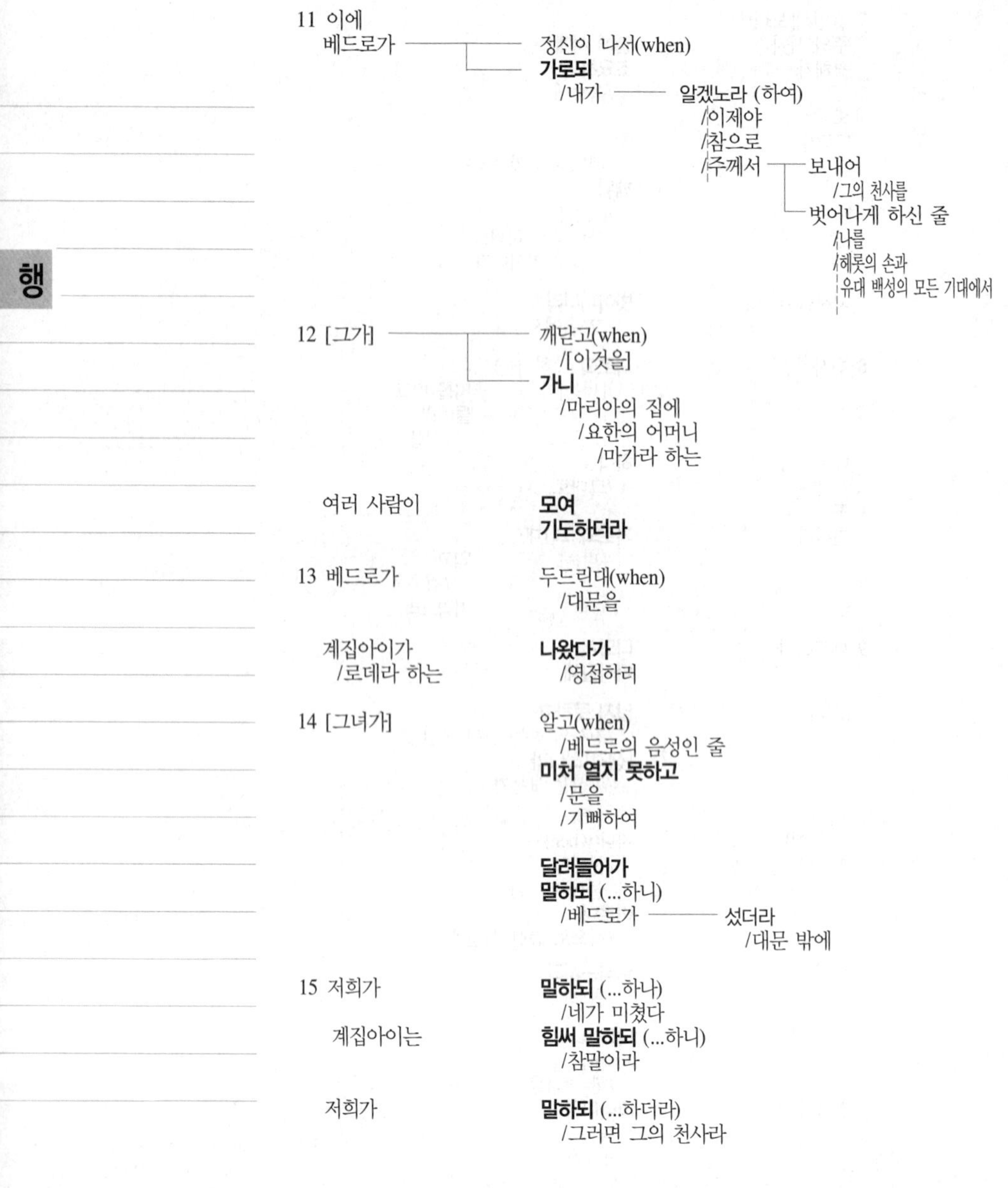

11 이에 베드로가 정신이 나서 가로되 내가 이제야 참으
로 주께서 그의 천사를 보내어 나를 헤롯의 손과 유대 백
성의 모든 기대에서 벗어나게 하신 줄 알겠노라 하여 12
깨닫고 마가라 하는 요한의 어머니 마리아의 집에 가니 여
러 사람이 모여 기도하더라 13 베드로가 대문을 두드린
대 로데라 하는 계집 아이가 영접하러 나왔다가 14 베드
로의 음성인 줄 알고 기뻐하여 문을 미처 열지 못하고 달
려들어가 말하되 베드로가 대문 밖에 섰더라 하니 15 저
희가 말하되 네가 미쳤다 하나 계집 아이는 힘써 말하되
참말이라 하니 저희가 말하되 그러면 그의 천사라 하더라

street; and immediately the angel departed from him. 11
And when Peter came to himself, he said, "Now I know
for sure that the Lord has sent forth His angel and rescued
me from the hand of Herod and from all that the Jewish people
were expecting." 12 And when he realized this, he went
to the house of Mary, the mother of John who was also
called Mark, where many were gathered together and were
praying. 13 And when he knocked at the door of the gate,
a servant-girl named Rhoda came to answer. 14 And when
she recognized Peter's voice, because of her joy she did
not open the gate, but ran in and announced that Peter
was standing in front of the gate. 15 And they said to
her, "You are out of your mind!" But she kept insisting
that it was so. And they kept saying, "It is his angel."

16 베드로가 그치지 아니하니
/문 두드리기를
저희가 문을 열어(when)
보고
/베드로를
놀라는지라

17 베드로가 손짓하여
/저희에게
종용하게 하고
말하고(...하고)
/주께서 ——— 이끌어...하던 일을
/자기를
/옥에서 나오게

/또
[너희는] ——— 전하라
/야고보와
형제들에게
떠나
가니라
/다른 곳으로

18 날이 새매
군사들은 소동하니[23]
/알지 못하여
/베드로가 어떻게 되었는지
/적지 않게

19 헤롯이 찾아도(when)
/그를
보지 못하매

심문하고
/파수꾼들을
명하니라
/죽이라

헤롯이 내려가서
/유대를 떠나(=유대로부터)
/가이사랴로
거하니라

20 헤롯이 노여워하나
/두로와 시돈 사람들을
/대단히

23) 직역: 적지 않은 소동이 군사들 사이에서 일어났다.

행

16 베드로가 문 두드리기를 그치지 아니하니 저희가 문을
열어 베드로를 보고 놀라는지라 17 베드로가 저희에게
손짓하여 종용하게 하고 주께서 자기를 이끌어 옥에서 나
오게 하던 일을 말하고 또 야고보와 형제들에게 이 말을
전하라 하고 떠나 다른 곳으로 가니라 18 날이 새매 군사
들은 베드로가 어떻게 되었는지 알지 못하여 적지 않게 소
동하니 19 헤롯이 그를 찾아도 보지 못하매 파숫군들을
심문하고 죽이라 명하니라 헤롯이 유대를 떠나 가이사랴로
내려가서 거하니라 20 헤롯이 두로와 시돈 사람들을 대
단히 노여워하나 저희 지방이 왕국에서 나는 양식을 쓰는

16 But Peter continued knocking; and when they had
opened the door, they saw him and were amazed. 17 But
motioning to them with his hand to be silent, he described
to them how the Lord had led him out of the prison. And
he said, "Report these things to James and the brethren."
And he departed and went to another place. 18 ¶ Now
when day came, there was no small disturbance among
the soldiers as to what could have become of Peter. 19
And when Herod had searched for him and had not found
him, he examined the guards and ordered that they be led
away to execution. And he went down from Judea to Caesarea
and was spending time there. 20 Now he was very angry
with the people of Tyre and Sidon; and with one accord
they came to him, and having won over Blastus the king's

[그들이] **나아와**
/일심으로
/그에게

친하여(after)
/블라스도를
/왕의 침소 맡은 신하
청한지라
/화목하기를

//(이유: διὰ+목적격, because)
저희 지방이 — 쓰는 고로
/왕국에서 나는 양식을

21 헤롯이 **입고**
/왕복을
/날을 택하여
앉아
/[보좌]위에
효유한대
/백성을

22 백성들이 **부르되** (...하거늘)
/크게
/이것은 — 신의 소리요
— 사람의 소리는 아니라

23 주의 사자가 **치니**
/곧

//(이유: ἀντι+소유격, because)
헤롯이 — 돌리지 아니하는 고로
/영광을
/하나님께로

[그가] **충이 먹어**
죽으니라

24 말씀은 **흥왕하여**
/하나님의
더하더라

25 바나바와
사울이 마치고(when)
/부조의 일을
돌아오니라
/예루살렘에서
/요한을 데리고
/마가라 하는

고로 일심으로 그에게 나아와 왕의 침소 맡은 신하 블라스
도를 친하여 화목하기를 청한지라 21 헤롯이 날을 택하여
왕복을 입고 위에 앉아 백성을 효유한대 22 백성들이 크
게 부르되 이것은 신의 소리요 사람의 소리는 아니라 하거
늘 23 헤롯이 영광을 하나님께로 돌리지 아니하는 고로
주의 사자가 곧 치니 충이 먹어 죽으니라 24 하나님의 말
씀은 흥왕하여 더하더라 25 바나바와 사울이 부조의 일
을 마치고 마가라 하는 요한을 데리고 예루살렘에서 돌아
오니라

chamberlain, they were asking for peace, because their country
was fed by the king's country. 21 And on an appointed
day Herod, having put on his royal apparel, took his seat
on the rostrum and began delivering an address to them.
22 And the people kept crying out, "The voice of a god
and not of a man!" 23 And immediately an angel of the
Lord struck him because he did not give God the glory,
and he was eaten by worms and died. 24 But the word
of the Lord continued to grow and to be multiplied. 25 ¶
And Barnabas and Saul returned from Jerusalem when
they had fulfilled their mission, taking along with them
John, who was also called

13

1 선지자들과
교사들이 ─ 있으니
/안디옥 교회에
/곧
바나바와
시므온과
/니게르라 하는
루기오와
/구레네 사람
마나엔과 및
/헤롯의 젖동생
/분봉왕
사울이라

2 주를 섬겨
금식할 때에(when)
성령이 가라사대
/[너희는] ─ 따로 세우라 하시니
/바나바와
사울을
/시키는 일을 위하여
─ /내가 불러

3 이에(τότε)
그들이 ─ 금식하며
기도하고
안수하여(after)
/두 사람에게
[그들이] ─ **보내니라**

4 두 사람이 **보내심을 받아**
/성령의
내려가
/실루기아에
배 타고 가서
/거기서
/구브로에

5 [그들이] 이르러(when)
/살라미에
전할새
/하나님의 말씀을
/여러 회당에서
/유대인의
두었더라
/요한을
/수종자로

행

13:1 안디옥 교회에 선지자들과 교사들이 있으니 곧 바나바와 니게르라하는 시므온과 구레네 사람 루기오와 분봉왕 헤롯의 젖동생 마나엔과 및 사울이라 2 주를 섬겨 금식할 때에 성령이 가라사대 내가 불러 시키는 일을 위하여 바나바와 사울을 따로 세우라 하시니 3 이에 금식하며 기도하고 두 사람에게 안수하여 보내니라 4 두 사람이 성령의 보내심을 받아 실루기아에 내려가 거기서 배 타고 구브로에 가서 5 살라미에 이르러 하나님의 말씀을 유대인의 여러 회당에서 전할새 요한을 수종자로 두었더라

13: ¶ Now there were at Antioch, in the church that was there, prophets and teachers: Barnabas, and Simeon who was called Niger, and Lucius of Cyrene, and Manaen who had been brought up with Herod the tetrarch, and Saul. 2 And while they were ministering to the Lord and fasting, the Holy Spirit said, "Set apart for Me Barnabas and Saul for the work to which I have called them." 3 Then, when they had fasted and prayed and laid their hands on them, they sent them away. 4 ¶ So, being sent out by the Holy Spirit, they went down to Seleucia and from there they sailed to Cyprus. 5 And when they reached Salamis, they began to proclaim the word of God in the

행

6 [그들이] 가운데로 지나서(when)
/온 섬
/바보에 이르러(=까지)
만나니
/박수를
/유대인 거짓 선지자
/바예수(son of Jesus)라 하는

7 그가 **있으니**
/서기오 바울과 함께
/총독

서기오 바울은 **지혜 있는 사람이라**
불러
/바나바와
사울을
듣고자 하더라
/하나님 말씀을

8 이 엘루마는
/박수
대적하여
/저희를
/힘쓰니(=힘쓰면서)
/총독으로 믿지 못하게

(이 이름을(=이) **번역하면(=번역된다)**
/박수라)

9 사울이
/바울이라고 하는
충만하여
/성령이
주목하고
/그를

10 **가로되**(...하니)
/가득한 자요!
/모든 궤계와
악행이
자식이요!
/마귀의
원수여!
/모든 의의
[너는] —— 그치지 아니하겠느냐?
/굽게 하기를
/주의 바른 길을

11 /보라!
주의 손이 —— 있으니
/네 위에
/이제
/네가 —— 소경이 되어

6 온 섬 가운데로 지나서 바보에 이르러 바예수라 하는 유대인 거짓 선지자 박수를 만나니 7 그가 총독 서기오 바울과 함께 있으니 서기오 바울은 지혜 있는 사람이라 바나바와 사울을 불러 하나님 말씀을 듣고자 하더라 8 이 박수 엘루마는 (이 이름을 번역하면 박수라) 저희를 대적하여 총독으로 믿지 못하게 힘쓰니 9 바울이라고 하는 사울이 성령이 충만하여 그를 주목하고 10 가로되 모든 궤계와 악행이 가득한 자요 마귀의 자식이요 모든 의의 원수여 주의 바른 길을 굽게 하기를 그치지 아니하겠느냐 11 보라 이제 주의 손이 네 위에 있으니 네가 소경이 되어 얼마 동

synagogues of the Jews; and they also had John as their helper.
6 And when they had gone through the whole island as far as Paphos, they found a certain magician, a Jewish false prophet whose name was Bar-Jesus, 7 who was with the proconsul, Sergius Paulus, a man of intelligence. This man summoned Barnabas and Saul and sought to hear the word of God. 8 But Elymas the magician (for thus his name is translated) was opposing them, seeking to turn the proconsul away from the faith. 9 But Saul, who was also known as Paul, filled with the Holy Spirit, fixed his gaze upon him, 10 and said, "You who are full of all deceit and fraud, you son of the devil, you enemy of all righteousness, will

안 해를 보지 못하리라 하니 즉시 안개와 어두움이 그를
덮어 인도할 사람을 두루 구하는지라 12 이에 총독이 그
렇게 된 것을 보고 믿으며 주의 가르치심을 기이히 여기니
라 13 바울과 및 동행하는 사람들이 바보에서 배 타고 밤
빌리아에 있는 버가에 이르니 요한은 저희에게서 떠나 예
루살렘으로 돌아가고 14 저희는 버가로부터 지나 비시디
아 안디옥에 이르러 안식일에 회당에 들어가 앉으니라 15
율법과 선지자의 글을 읽은 후에 회당장들이 사람을 보내
어 물어 가로되 형제들아 만일 백성을 권할 말이 있거든
말하라 하니

you not cease to make crooked the straight ways of the
Lord? 11 "And now, behold, the hand of the Lord is upon
you, and you will be blind and not see the sun for a
time." And immediately a mist and a darkness fell upon
him, and he went about seeking those who would lead
him by the hand. 12 Then the proconsul believed when
he saw what had happened, being amazed at the teaching
of the Lord. 13 Now Paul and his companions put out to
sea from Paphos and came to Perga in Pamphylia; and
John left them and returned to Jerusalem. 14 But going
on from Perga, they arrived at Pisidian Antioch, and on
the Sabbath day they went into the synagogue and sat
down. 15 And after the reading of the Law and the
Prophets the synagogue officials sent to them, saying,

16 바울이

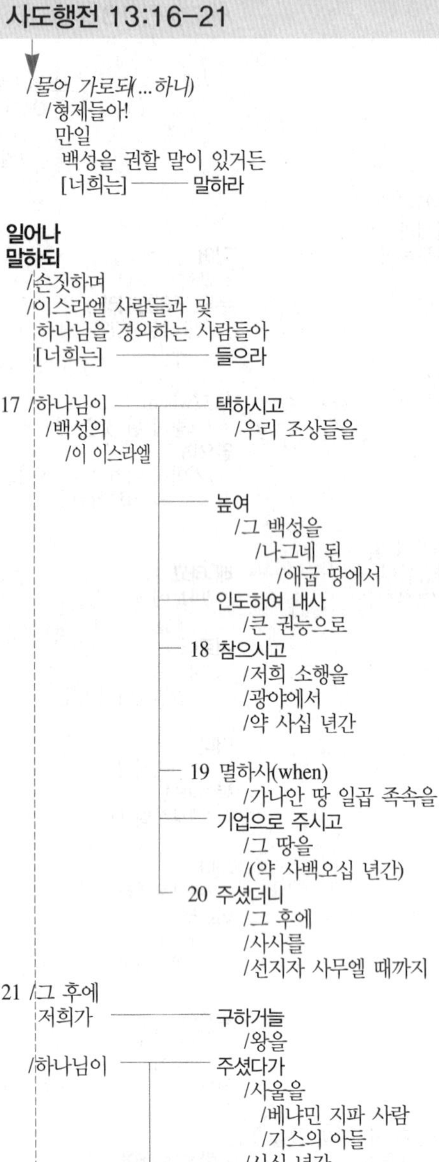

행

16 바울이 일어나 손짓하며 말하되 이스라엘 사람들과 및 하나님을 경외하는 사람들아 들으라 17 이 이스라엘 백성의 하나님이 우리 조상들을 택하시고 애굽 땅에서 나그네 된 그 백성을 높여 큰 권능으로 인도하여 내사 18 광야에서 약 사십 년간 저희 소행을 참으시고 19 가나안 땅 일곱 족속을 멸하사 그 땅을 기업으로 주시고 (약 사백오십 년간) 20 그 후에 선지자 사무엘 때까지 사사를 주셨더니 21 그 후에 저희가 왕을 구하거늘 하나님이 베냐민 지파 사람 기스의 아들 사울을 사십 년간 주셨다가

"Brethren, if you have any word of exhortation for the people, say it." 16 And Paul stood up, and motioning with his hand, he said, ¶ "Men of Israel, and you who fear God, listen: 17 "The God of this people Israel chose our fathers, and made the people great during their stay in the land of Egypt, and with an uplifted arm He led them out from it. 18 "And for a period of about forty years He put up with them in the wilderness. 19 "And when He had destroyed seven nations in the land of Canaan, He distributed their land as an inheritance — all of which took about four hundred and fifty years. 20 "And after these things He gave them judges until Samuel the prophet. 21 "And then they asked for a king, and God gave them Saul the son of Kish, a man of the tribe

22 폐하시고(=*after*)
세우시고
/다윗을
/왕으로

증거하여 가라사대(...하시더니)
/내가 ― 만나니
/다윗을
/이새의 아들
/내 마음에 합한 사람(이라)
/[그가] ― 이루게 하리라
/내 뜻을
/다(=모든)

23 /하나님이 ―――― 세우셨으니
/구주를
/약속하신 대로
/이 사람의 씨에서
/이스라엘을 위하여

/곧 예수라

24 /그 오시는 앞에
요한이 ―――― 전파하니라
/먼저
/회개의 세례를
/이스라엘 모든 백성에게

25 /요한이 ―――― 마칠 때에
/그 달려갈 길을
말하되
/너희가 ― 누구로 생각하느냐?
/나를
나는 ― 그리스도가 아니라
오시는 이가 ― 있으니
/내 뒤에
나는 ― 감당치 못하리라 (하였으니)
/그 발의 신 풀기도

26 /형제들,
아브라함의 후예와
하나님을 경외하는 사람들아!
/너희 중
[그가] ―――― 보내셨거늘[24)]
/이 구원의 말씀을
/우리에게

27 /사는 자들과

24) 직역: 이 구원의 말씀이 보내졌다.

22 폐하시고 다윗을 왕으로 세우시고 증거하여 가라사대
내가 이새의 아들 다윗을 만나니 내 마음에 합한 사람이라
내 뜻을 다 이루게 하리라 하시더니 23 하나님이 약속하
신 대로 이 사람의 씨에서 이스라엘을 위하여 구주를 세우
셨으니 곧 예수라 24 그 오시는 앞에 요한이 먼저 회개의
세례를 이스라엘 모든 백성에게 전파하니라 25 요한이
그 달려갈 길을 마칠 때에 말하되 너희가 나를 누구로 생
각하느냐 나는 그리스도가 아니라 내 뒤에 오시는 이가 있
으니 나는 그 발의 신 풀기도 감당치 못하리라 하였으니
26 형제들, 아브라함의 후예와 너희 중 하나님을 경외하는
사람들아 이 구원의 말씀을 우리에게 보내셨거늘

of Benjamin, for forty years. 22 "And after He had removed
him, He raised up David to be their king, concerning
whom He also testified and said, 'I have found David the
son of Jesse, a man after My heart, who will do all My
will.' 23 "From the offspring of this man, according to promise,
God has brought to Israel a Savior, Jesus, 24 after John
had proclaimed before His coming a baptism of repentance
to all the people of Israel. 25 "And while John was completing
his course, he kept saying, 'What do you suppose that I
am? I am not He. But behold, one is coming after me
the sandals of whose feet I am not worthy to untie.' 26
"Brethren, sons of Abraham's family, and those among

행

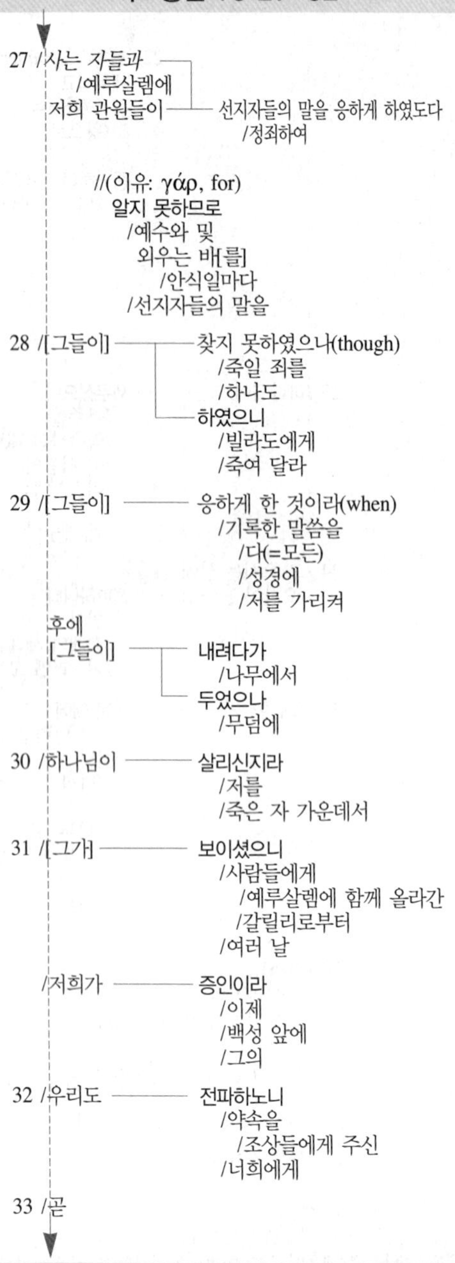

27 예루살렘에 사는 자들과 저희 관원들이 예수와 및 안
식일마다 외우는 바 선지자들의 말을 알지 못하므로 예수
를 정죄하여 선지자들의 말을 응하게 하였도다 28 죽일
죄를 하나도 찾지 못하였으나 빌라도에게 죽여 달라 하였
으니 29 성경에 저를 가리켜 기록한 말씀을 다 응하게 한
것이라 후에 나무에서 내려다가 무덤에 두었으나 30 하
나님이 죽은 자 가운데서 저를 살리신지라 31 갈릴리로부
터 예루살렘에 함께 올라간 사람들에게 여러 날 보이셨으
니 저희가 이제 백성 앞에 그의 증인이라 32 우리도 조상
들에게 주신 약속을 너희에게 전파하노니

you who fear God, to us the word of this salvation is
sent out. 27 "For those who live in Jerusalem, and their
rulers, recognizing neither Him nor the utterances of the
prophets which are read every Sabbath, fulfilled these by
condemning Him. 28 "And though they found no ground
for putting Him to death, they asked Pilate that He be executed.
29 "And when they had carried out all that was written
concerning Him, they took Him down from the cross and
laid Him in a tomb. 30 "But God raised Him from the
dead; 31 and for many days He appeared to those who
came up with Him from Galilee to Jerusalem, the very
ones who are now His witnesses to the people. 32 "And

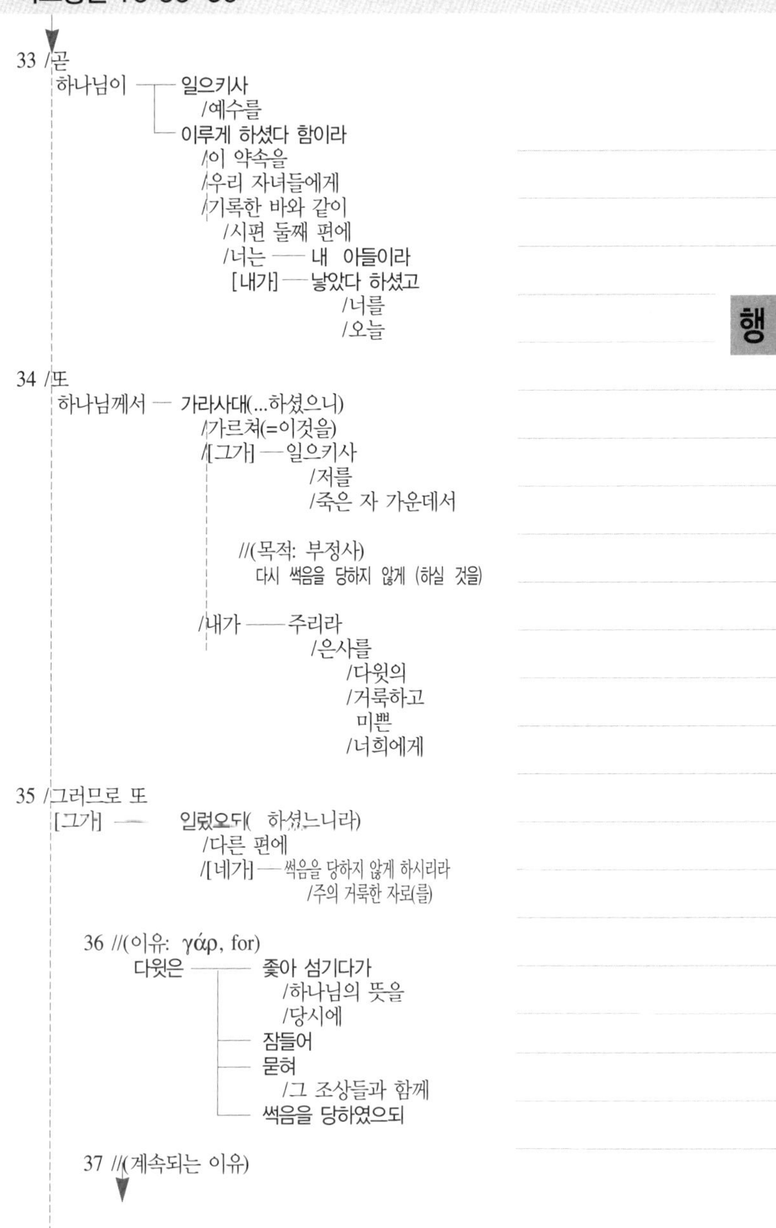

행

33 곧 하나님이 예수를 일으키사 우리 자녀들에게 이 약
속을 이루게 하셨다 함이라 시편 둘째 편에 기록한 바와
같이 너는 내 아들이라 오늘 너를 낳았다 하셨고 34 또
하나님께서 죽은 자 가운데서 저를 일으키사 다시 썩음을
당하지 않게 하실 것을 가르쳐 가라사대 내가 다윗의 거룩
하고 미쁜 은사를 너희에게 주리라 하셨으니 35 그러므
로 또 다른 편에 일렀으되 주의 거룩한 자로 썩음을 당하
지 않게 하시리라 하셨느니라 36 다윗은 당시에 하나님
의 뜻을 좇아 섬기다가 잠들어 그 조상들과 함께 묻혀 썩
음을 당하였으되

we preach to you the good news of the promise made to
the fathers, 33 that God has fulfilled this promise to our
children in that He raised up Jesus, as it is also written
in the second Psalm, 'Thou art My Son; today I have
begotten Thee.' 34 "And as for the fact that He raised
Him up from the dead, no more to return to decay, He
has spoken in this way: 'I will give you the holy and sure
blessings of David.' 35 "Therefore He also says in another
Psalm, 'Thou wilt not allow Thy Holy One to undergo decay.'
36 "For David, after he had served the purpose of God
in his own generation, fell asleep, and was laid among
his fathers, and underwent decay; 37 but He whom God raised

행

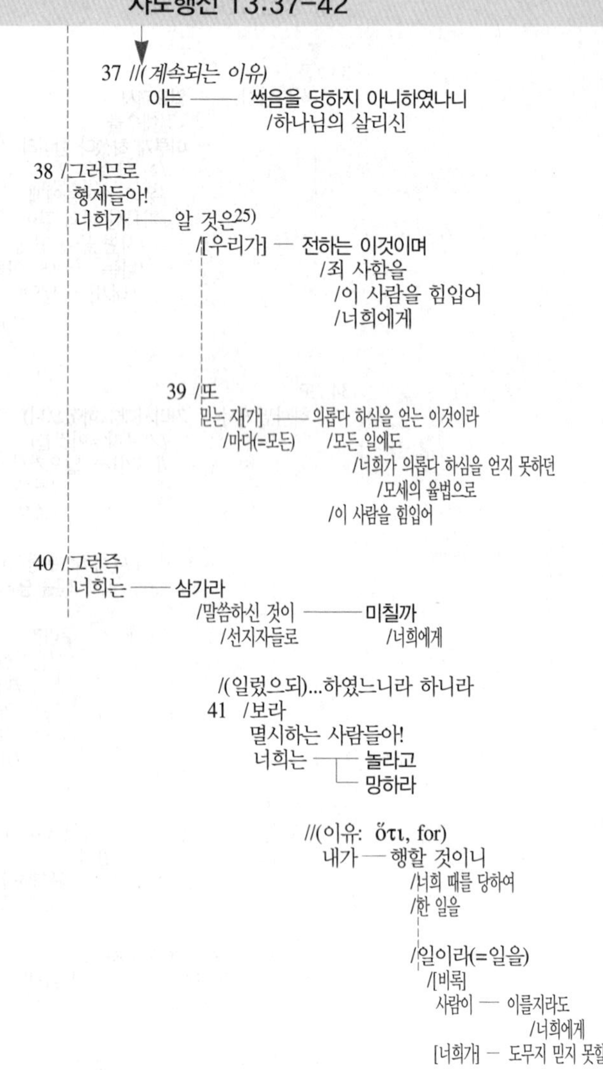

25) "Therefore, my brothers, I want you to know that through Jesus the forgiveness of sins is proclaimed to you.(NIV)

"Therefore let it be known to you, brethren, that through Him forgiveness of sins is proclaimed to you,(NASB)

42 저희가 나갈새(as)
사람들이

청하되 (...하더라)
/이 말씀을 [설교]하라
/다음 안식일에도

37 하나님의 살리신 이는 썩음을 당하지 아니하였나니 38 그러므로 형제들아 너희가 알것은 이 사람을 힘입어 죄 사함을 너희에게 전하는 이것이며 39 또 모세의 율법으로 너희가 의롭다 하심을 얻지 못하던 모든 일에도 이 사람을 힘입어 믿는 자마다 의롭다 하심을 얻는 이것이라 40 그런즉 너희는 선지자들로 말씀하신 것이 너희에게 미칠까 삼가라 41 일렀으되 보라 멸시하는 사람들아 너희는 놀라고 망하라 내가 너희 때를 당하여 한 일을 행할 것이니 사람이 너희에게 이를지라도 도무지 믿지 못할 일이라 하였느니라 하니라 42 저희가 나갈새 사람들이 청하되 다음 안식일에도 이 말씀을 하라 하더라

did not undergo decay. 38 "Therefore let it be known to you, brethren, that through Him forgiveness of sins is proclaimed to you, 39 and through Him everyone who believes is freed from all things, from which you could not be freed through the Law of Moses. 40 "Take heed therefore, so that the thing spoken of in the Prophets may not come upon you: 41 'Behold, you scoffers, and marvel, and perish; For I am accomplishing a work in your days, A work which you will never believe, though someone should describe it to you.'" 42 And as Paul and Barnabas were going out, the people kept begging that these things might be spoken to them the next Sabbath. 43 Now when the meeting

26) 주문장 직역: 전하는 것이 마땅하다.

행

43 폐회한 후에 유대인과 유대교에 입교한 경건한 사람들이 많이 바울과 바나바를 좇으니 두 사도가 더불어 말하고 항상 하나님의 은혜 가운데 있으라 권하니라 44 그 다음 안식일에는 온 성이 거의 다 하나님 말씀을 듣고자 하여 모이니 45 유대인들이 그 무리를 보고 시기가 가득하여 바울의 말한 것을 변박하고 비방하거늘 46 바울과 바나바가 담대히 말하여 가로되 하나님의 말씀을 마땅히 먼저 너희에게 전할 것이로되 너희가 버리고 영생 얻음에 합당치 않은 자로 자처하기로 우리가 이방인에게로 향하노라

of the synagogue had broken up, many of the Jews and of the God-fearing proselytes followed Paul and Barnabas, who, speaking to them, were urging them to continue in the grace of God. 44 And the next Sabbath nearly the whole city assembled to hear the word of God. 45 But when the Jews saw the crowds, they were filled with jealousy, and began contradicting the things spoken by Paul, and were blaspheming. 46 And Paul and Barnabas spoke out boldly and said, "It was necessary that the word of God should be spoken to you first; since you repudiate it, and judge yourselves unworthy of eternal life, behold, we are turning to the Gentiles. 47 "For thus the Lord has commanded us, I have placed You as a light for the Gentiles, That You should bring salvation to the end of

주께서 —— 명하시되(...하셨느니라 하니)
/우리를
/이같이
/내가 – 삼아
/너를
/이방의 빛을

//(목적: that...may)
너로 – 구원하게 하리라
/땅 끝까지

48 이방인들이 듣고(when)
기뻐하여
찬송하며
/하나님의 말씀을

작정된 자는 다 **믿더라**
/영생을 주시기로

49 주의 말씀이 **퍼지니라**
/그 지방에
/두루

50 이에(de«)
유대인들이 **선동하여**
/경건한 귀부인들과
그 성내 유력자들을
핍박케 하여
/바울과
바나바를
쫓아내니
/그 지경에서

51 두 사람이 **떨어 버리고**
/저희를 향하여
/티끌을
/발에
가거늘
/이고니온으로

52 제자들은 **충만하니라**
/기쁨과
성령이

47 주께서 이같이 우리를 명하시되 내가 너를 이방의 빛을 삼아 너로 땅 끝까지 구원하게 하리라 하셨느니라 하니 48 이방인들이 듣고 기뻐하여 하나님의 말씀을 찬송하며 영생을 주시기로 작정된 자는 다 믿더라 49 주의 말씀이 그 지방에 두루 퍼지니라 50 이에 유대인들이 경건한 귀부인들과 그 성내 유력자들을 선동하여 바울과 바나바를 핍박케 하여 그 지경에서 쫓아내니 51 두 사람이 저희를 향하여 발에 티끌을 떨어 버리고 이고니온으로 가거늘 52 제자들은 기쁨과 성령이 충만하니라

the earth." 48 And when the Gentiles heard this, they began rejoicing and glorifying the word of the Lord; and as many as had been appointed to eternal life believed. 49 And the word of the Lord was being spread through the whole region. 50 But the Jews aroused the devout women of prominence and the leading men of the city, and instigated a persecution against Paul and Barnabas, and drove them out of their district. 51 But they shook off the dust of their feet in protest against them and went to Iconium. 52 And the disciples were continually filled with joy and with the Holy Spirit.

14

1 이에(δὲ)
두 사도가 **들어가**
/이고니온에서 /유대인의 회당에
/함께

말하니

//(결과: ὥστε, so that)
허다한 무리가 믿더라
/유대와 헬라의

2 그러나
유대인들이 **선동하여**
/순종치 아니하는 /이방인들의 마음을
악감을 품게 하거늘
/형제들에게
3 두 사도가 **있어**
/오래
/담대히 말하니(=말하면서)
/주를 힘입어

주께서 **행하게 하여 주사**
/표적과
기사를
/저희 손으로
증거하시니
/자기 은혜의 말씀을

4 무리가 **나뉘어**
/그 성내

좇는 자도 **있고**
/유대인을

좇는 자도 **있는지라**
/두 사도를

5 이방인과
유대인과
그 관원들이 ——— 달려드니(when)

//(목적: 부정사)
능욕하며
돌로 치려고
/두 사도를

행

14:1 이에 이고니온에서 두 사도가 함께 유대인의 회
당에 들어가 말하니 유대와 헬라의 허다한 무리가
믿더라 2 그러나 순종치 아니하는 유대인들이 이방인들
의 마음을 선동하여 형제들에게 악감을 품게 하거늘 3 두
사도가 오래 있어 주를 힘입어 담대히 말하니 주께서 저희
손으로 표적과 기사를 행하게 하여 주사 자기 은혜의 말씀
을 증거하시니 4 그 성내 무리가 나뉘어 유대인을 좇는
자도 있고 두 사도를 좇는 자도 있는지라 5 이방인과 유
대인과 그 관원들이 두 사도를 능욕하며 돌로 치려고 달려
드니

14:1 And it came about that in Iconium they entered
the synagogue of the Jews together, and spoke in
such a manner that a great multitude believed, both of
Jews and of Greeks. 2 But the Jews who disbelieved
stirred up the minds of the Gentiles, and embittered them
against the brethren. 3 Therefore they spent a long time
there speaking boldly with reliance upon the Lord, who
was bearing witness to the word of His grace, granting
that signs and wonders be done by their hands. 4 But the
multitude of the city was divided; and some sided with
the Jews, and some with the apostles. 5 And when an
attempt was made by both the Gentiles and the Jews with

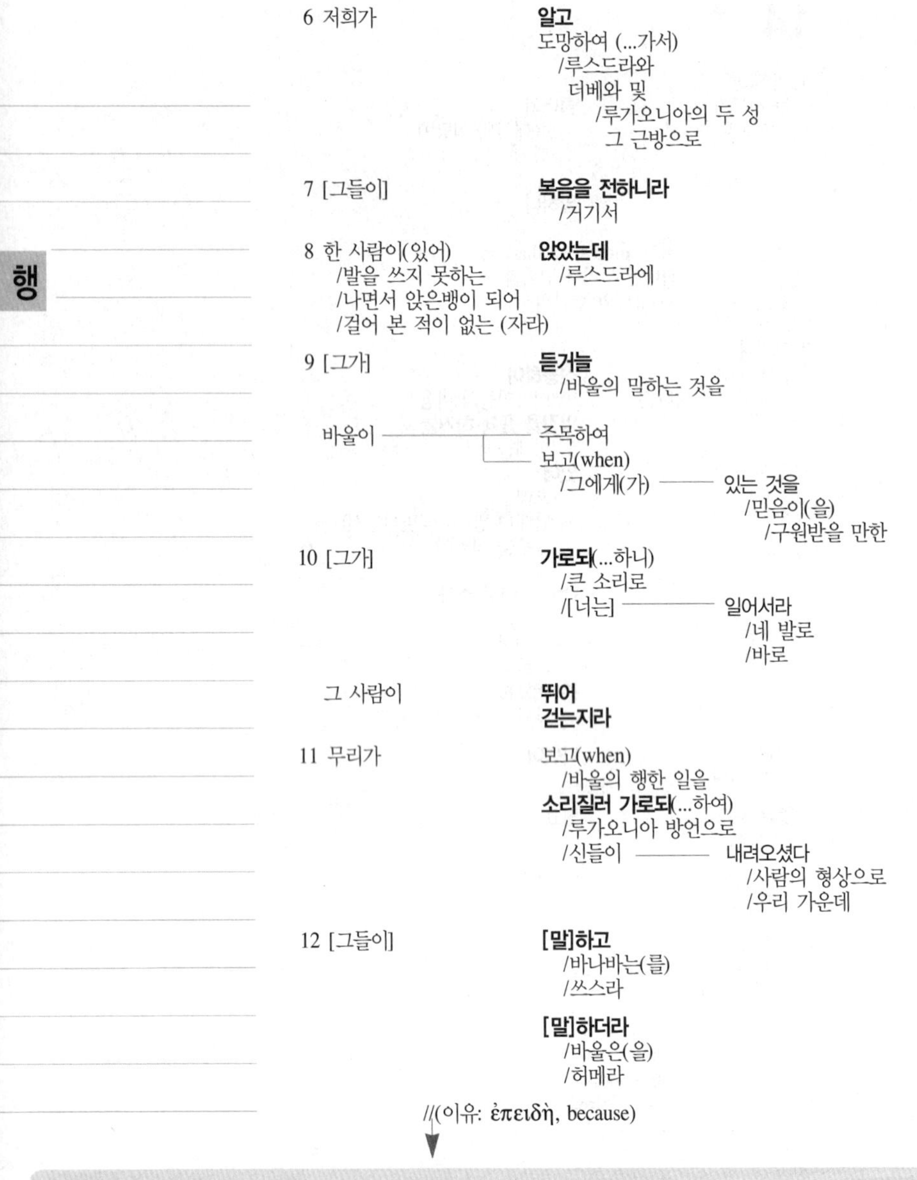

6 저희가 알고 도망하여 루가오니아의 두 성 루스드라와 더베와 및 그 근방으로 가서 7 거기서 복음을 전하니라 8 루스드라에 발을 쓰지 못하는 한 사람이 있어 앉았는데 나면서 앉은뱅이 되어 걸어 본 적이 없는 자라 9 바울의 말하는 것을 듣거늘 바울이 주목하여 구원 받을 만한 믿음이 그에게 있는 것을 보고 10 큰 소리로 가로되 네 발로 바로 일어서라 하니 그 사람이 뛰어 걷는지라 11 무리가 바울의 행한 일을 보고 루가오니아 방언으로 소리질러 가로되 신들이 사람의 형상으로 우리 가운데 내려오셨다 하여 12 바나바는 쓰스라 하고 바울은 그 중에 말하는 자이므로 허메라 하더라

their rulers, to mistreat and to stone them, 6 they became aware of it and fled to the cities of Lycaonia, Lystra and Derbe, and the surrounding region; 7 and there they continued to preach the gospel. 8 And at Lystra there was sitting a certain man, without strength in his feet, lame from his mother's womb, who had never walked. 9 This man was listening to Paul as he spoke, who, when he had fixed his gaze upon him, and had seen that he had faith to be made well, 10 said with a loud voice, "Stand upright on your feet." And he leaped up and began to walk. 11 And when the multitudes saw what Paul had done, they raised their voice, saying in the Lycaonian language, "The gods have become like men and have come down to us." 12 And they began calling Barnabas, Zeus, and Paul, Hermes, because

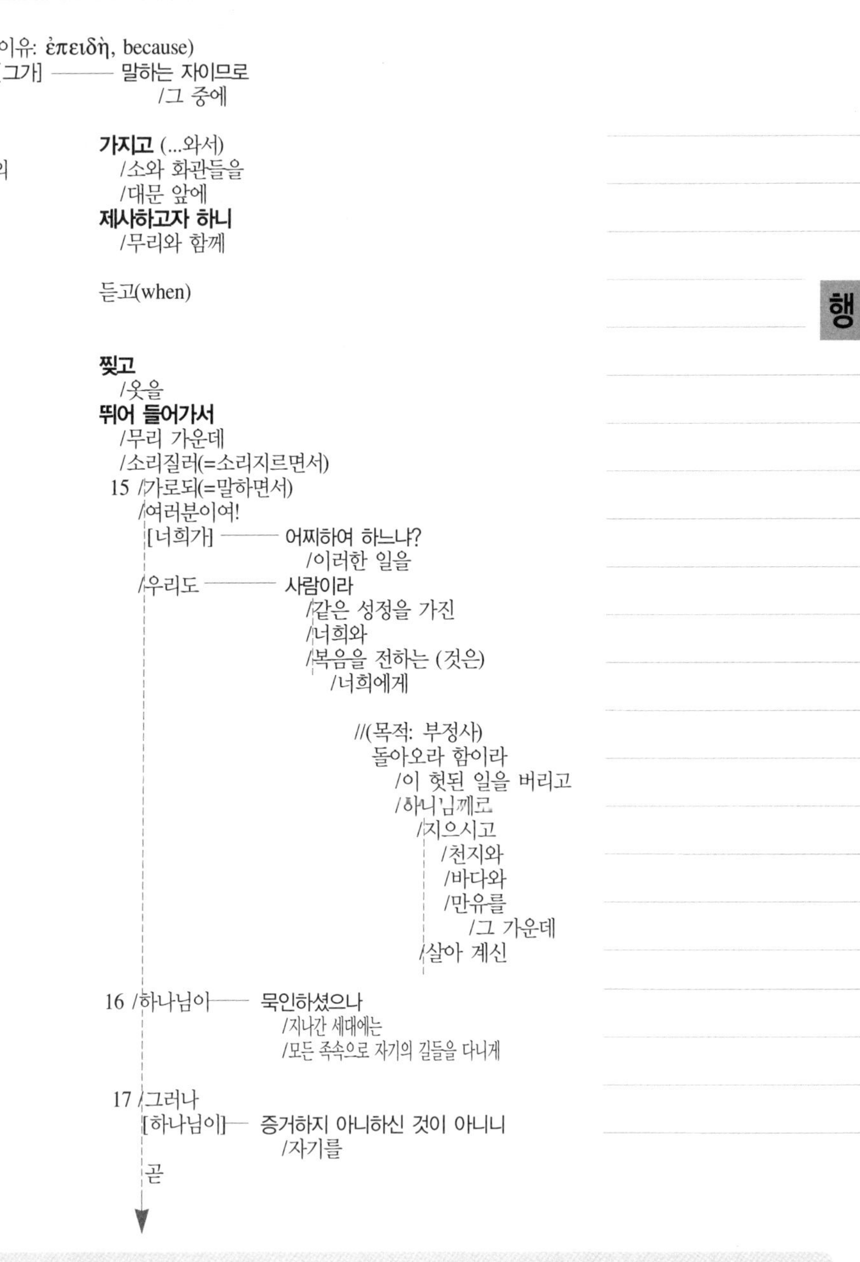
//(이유: ἐπειδὴ, because)
[그가] ——— 말하는 자이므로
/그 중에

13 제사장이 가지고 (...와서)
/쓰스 신당의 /소와 화관들을
/성 밖 /대문 앞에
제사하고자 하니
/무리와 함께

14 두 사도 듣고(when)
/바나바와
바울이

찢고
/옷을
뛰어 들어가서
/무리 가운데
/소리질러(=소리지르면서)
15 /가로되(=말하면서)
/여러분이여!
[너희가] ——— 어찌하여 하느냐?
/이러한 일을
/우리도 ——— 사람이라
/같은 성정을 가진
/너희와
/복음을 전하는 (것은)
/너희에게

//(목적: 부정사)
돌아오라 함이라
/이 헛된 일을 버리고
/하나님께로
/지으시고
/천지와
/바다와
/만유를
/그 가운데
/살아 계신

16 /하나님이 ——— 묵인하셨으나
/지나간 세대에는
/모든 족속으로 자기의 길들을 다니게

17 /그러나
[하나님이] ——— 증거하지 아니하신 것이 아니니
/자기를
곧

13 성 밖 쓰스 신당의 제사장이 소와 화관들을 가지고 대
문 앞에 와서 무리와 함께 제사하고자 하니 14 두 사도
바나바와 바울이 듣고 옷을 찢고 무리 가운데 뛰어 들어가
서 소리질러 15 가로되 여러분이여 어찌하여 이러한 일
을 하느냐 우리도 너희와 같은 성정을 가진 사람이라 너희
에게 복음을 전하는 것은 이 헛된 일을 버리고 천지와 바
다와 그 가운데 만유를 지으시고 살아 계신 하나님께로 돌
아오라 함이라 16 하나님이 지나간 세대에는 모든 족속으
로 자기의 길들을 다니게 묵인하셨으나 17 그러나 자기를
증거하지 아니하신 것이 아니니 곧 너희에게 하늘로서 비

he was the chief speaker. 13 And the priest of Zeus,
whose temple was just outside the city, brought oxen and
garlands to the gates, and wanted to offer sacrifice with
the crowds. 14 But when the apostles, Barnabas and Paul,
heard of it, they tore their robes and rushed out into the crowd,
crying out 15 and saying, "Men, why are you doing these
things? We are also men of the same nature as you, and preach
the gospel to you in order that you should turn from these
vain things to a living God, who made the heaven and
the earth and the sea, and all that is in them. 16 "And in
the generations gone by He permitted all the nations to
go their own ways; 17 and yet He did not leave Himself

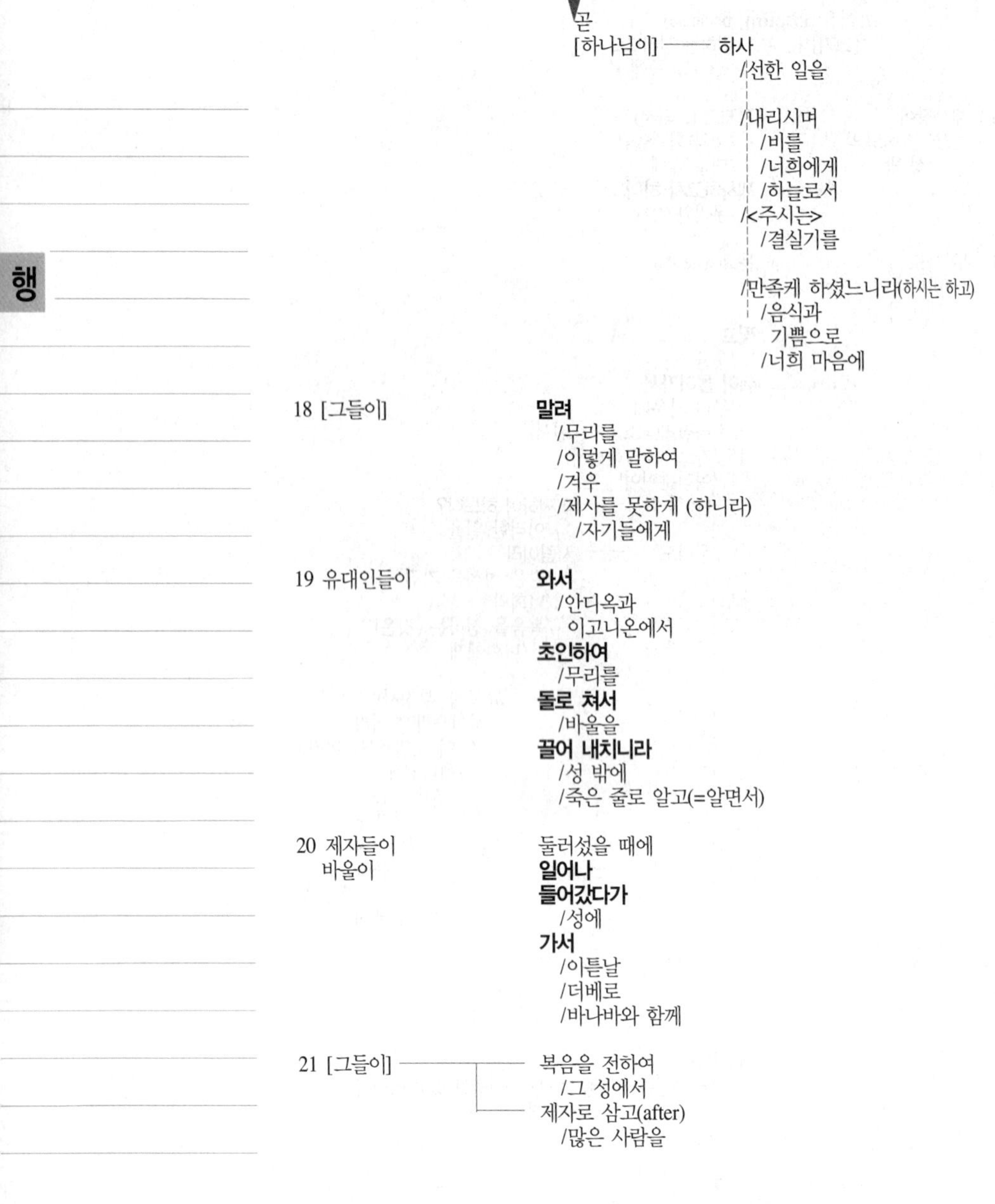

를 내리시며 결실기를 주시는 선한 일을 하사 음식과 기쁨으로 너희 마음에 만족케 하셨느니라 하고 18 이렇게 말하여 겨우 무리를 말려 자기들에게 제사를 못하게 하니라 19 유대인들이 안디옥과 이고니온에서 와서 무리를 초인하여 돌로 바울을 쳐서 죽은 줄로 알고 성 밖에 끌어 내치니라 20 제자들이 둘러 섰을 때에 바울이 일어나 성에 들어갔다가 이튿날 바나바와 함께 더베로 가서 21 복음을 그 성에서 전하여 많은 사람을 제자로 삼고 루스드라와 이고니온과 안디옥으로 돌아가서

without witness, in that He did good and gave you rains from heaven and fruitful seasons, satisfying your hearts with food and gladness." 18 And even saying these things, they with difficulty restrained the crowds from offering sacrifice to them. 19 But Jews came from Antioch and Iconium, and having won over the multitudes, they stoned Paul and dragged him out of the city, supposing him to be dead. 20 But while the disciples stood around him, he arose and entered the city. And the next day he went away with Barnabas to Derbe. 21 And after they had preached

돌아가서
/루스드라와
이고니온과
안디옥으로
22 /굳게 하여(=굳게하면서)
/제자들의 마음을
/권하고(=권하면서)
/이 믿음에 거하라
/또
우리가—— 많은 환난을 겪어야 할 것이라
/하나님 나라에 들어가려면

23 [그들이] 택하여
/장로들을
/각 교회에서
부탁하고
/금식 기도하며
/저희를
/주께
/그 믿은 바

24 지나가서
/비시디아 가운데로
이르러
/밤빌리아에

25 전하고
/도를
/버가에서
내려가서
/앗달리아로

26 배 타고
/거기서
〈이르니〉
/안디옥에

/이 곳은 —— 부탁하던 곳이라
/전에
/하나님의 은혜에
/그 일을 위하여
/두 사도의(가) 이룬

27 [그들이] 이르러
모아
/교회를

22 제자들의 마음을 굳게 하여 이 믿음에 거하라 권하고
또 우리가 하나님 나라에 들어가려면 많은 환난을 겪어야
할 것이라 하고 23 각 교회에서 장로들을 택하여 금식 기
도하며 저희를 그 믿은 바 주께 부탁하고 24 비시디아 가
운데로 지나가서 밤빌리아에 이르러 25 도를 버가에서
전하고 앗달리아로 내려가서 26 거기서 배 타고 안디옥
에 이르니 이곳은 두 사도의 이룬 그 일을 위하여 전에 하
나님의 은혜에 부탁하던 곳이라 27 이르러 교회를 모아
하나님이 함께 행하신 모든 일과 이방인들에게 믿음의 문
을 여신 것을 고하고

the gospel to that city and had made many disciples, they
returned to Lystra and to Iconium and to Antioch, 22
strengthening the souls of the disciples, encouraging them
to continue in the faith, and saying, "Through many tribulations
we must enter the kingdom of God." 23 And when they
had appointed elders for them in every church, having
prayed with fasting, they commended them to the Lord
in whom they had believed. 24 And they passed through
Pisidia and came into Pamphylia. 25 And when they had
spoken the word in Perga, they went down to Attalia; 26
and from there they sailed to Antioch, from which they
had been commended to the grace of God for the work
that they had accomplished. 27 And when they had arrived
and gathered the church together, they began to report all

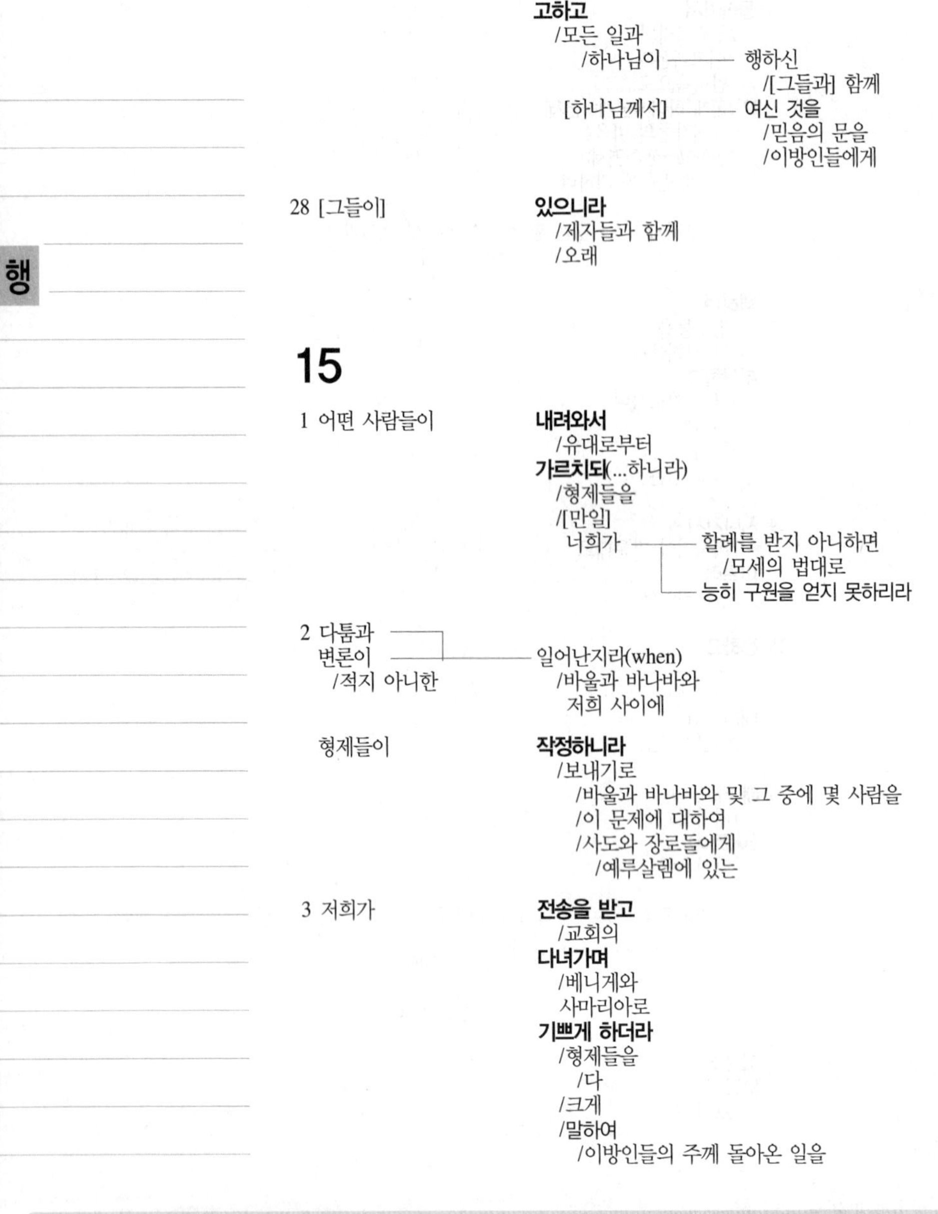

28 제자들과 함께 오래 있으니라

15:1 어떤 사람들이 유대로부터 내려와서 형제들을 가
르치되 너희가 모세의 법대로 할례를 받지 아니하
면 능히 구원을 얻지 못하리라 하니 2 바울과 바나바와
저희 사이에 적지 아니한 다툼과 변론이 일어난지라 형제
들이 이 문제에 대하여 바울과 바나바와 및 그 중에 몇 사
람을 예루살렘에 있는 사도와 장로들에게 보내기로 작정하
니 3 저희가 교회의 전송을 받고 베니게와 사마리아로 다
녀가며 이방인들의 주께 돌아온 일을 말하여 형제들을 다

things that God had done with them and how He had
opened a door of faith to the Gentiles. 28 And they spent
a long time with the disciples.

15:1 And some men came down from Judea and began
teaching the brethren, "Unless you are circumcised
according to the custom of Moses, you cannot be saved."
2 And when Paul and Barnabas had great dissension and
debate with them, the brethren determined that Paul and
Barnabas and certain others of them should go up to Jerusalem
to the apostles and elders concerning this issue. 3 Therefore,
being sent on their way by the church, they were passing

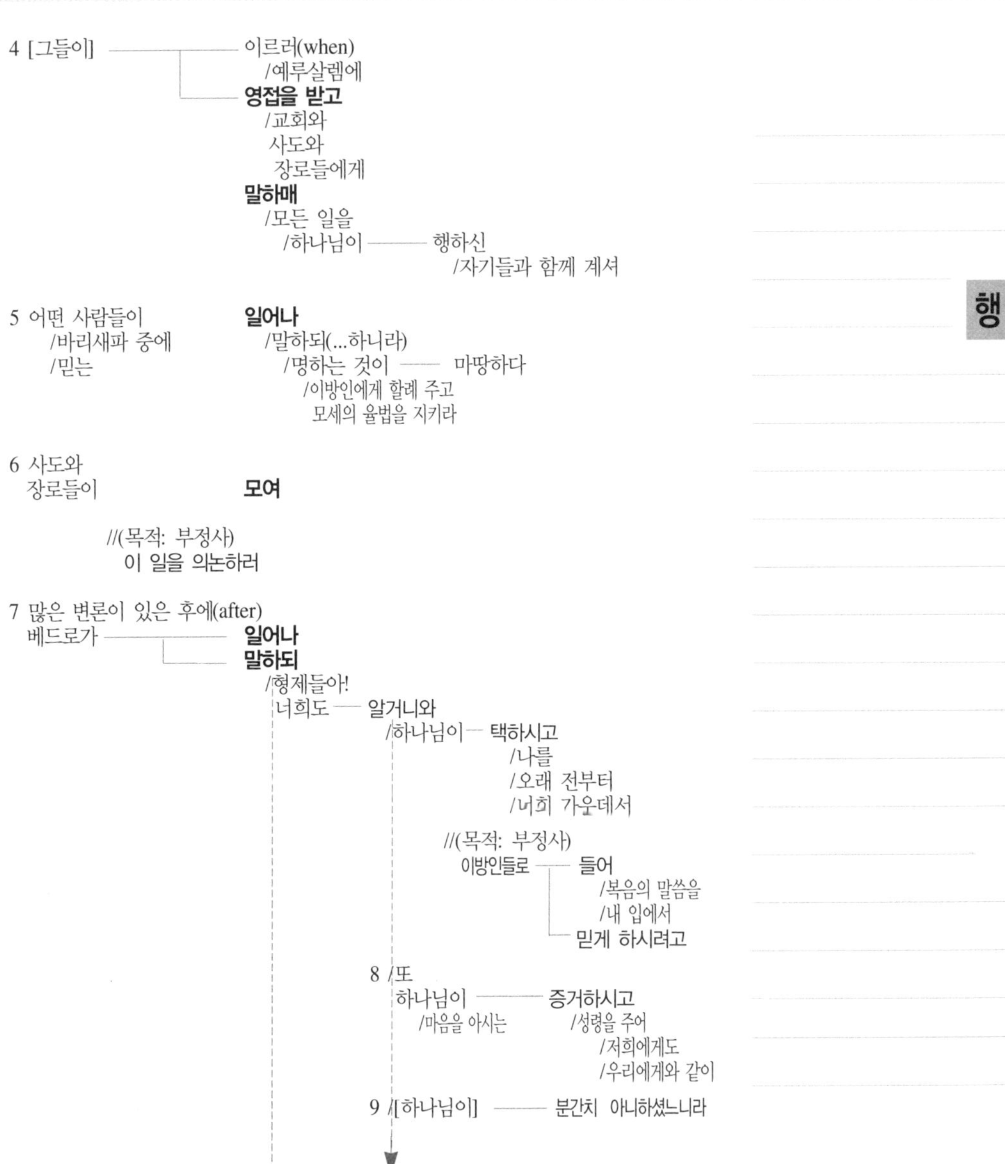

행

크게 기쁘게 하더라 4 예루살렘에 이르러 교회와 사도와
장로들에게 영접을 받고 하나님이 자기들과 함께 계셔 행
하신 모든 일을 말하매 5 바리새파 중에 믿는 어떤 사람들
이 일어나 말하되 이방인에게 할례 주고 모세의 율법을 지
키라 명하는 것이 마땅하다 하니라 6 사도와 장로들이 이
일을 의논하러 모여 7 많은 변론이 있은 후에 베드로가
일어나 말하되 형제들아 너희도 알거니와 하나님이 이방인
들로 내 입에서 복음의 말씀을 들어 믿게 하시려고 오래
전부터 너희 가운데서 나를 택하시고 8 또 마음을 아시는
하나님이 우리에게와 같이 저희에게도 성령을 주어 증거하
시고

through both Phoenicia and Samaria, describing in detail
the conversion of the Gentiles, and were bringing great
joy to all the brethren. 4 And when they arrived at
Jerusalem, they were received by the church and the
apostles and the elders, and they reported all that God
had done with them. 5 But certain ones of the sect of the
Pharisees who had believed, stood up, saying, "It is
necessary to circumcise them, and to direct them to observe
the Law of Moses." 6 And the apostles and the elders
came together to look into this matter. 7 And after there
had been much debate, Peter stood up and said to them,
"Brethren, you know that in the early days God made a
choice among you, that by my mouth the Gentiles should
hear the word of the gospel and believe. 8 "And God,
who knows the heart, bore witness to them, giving them
the Holy Spirit, just as He also did to us; 9 and He made

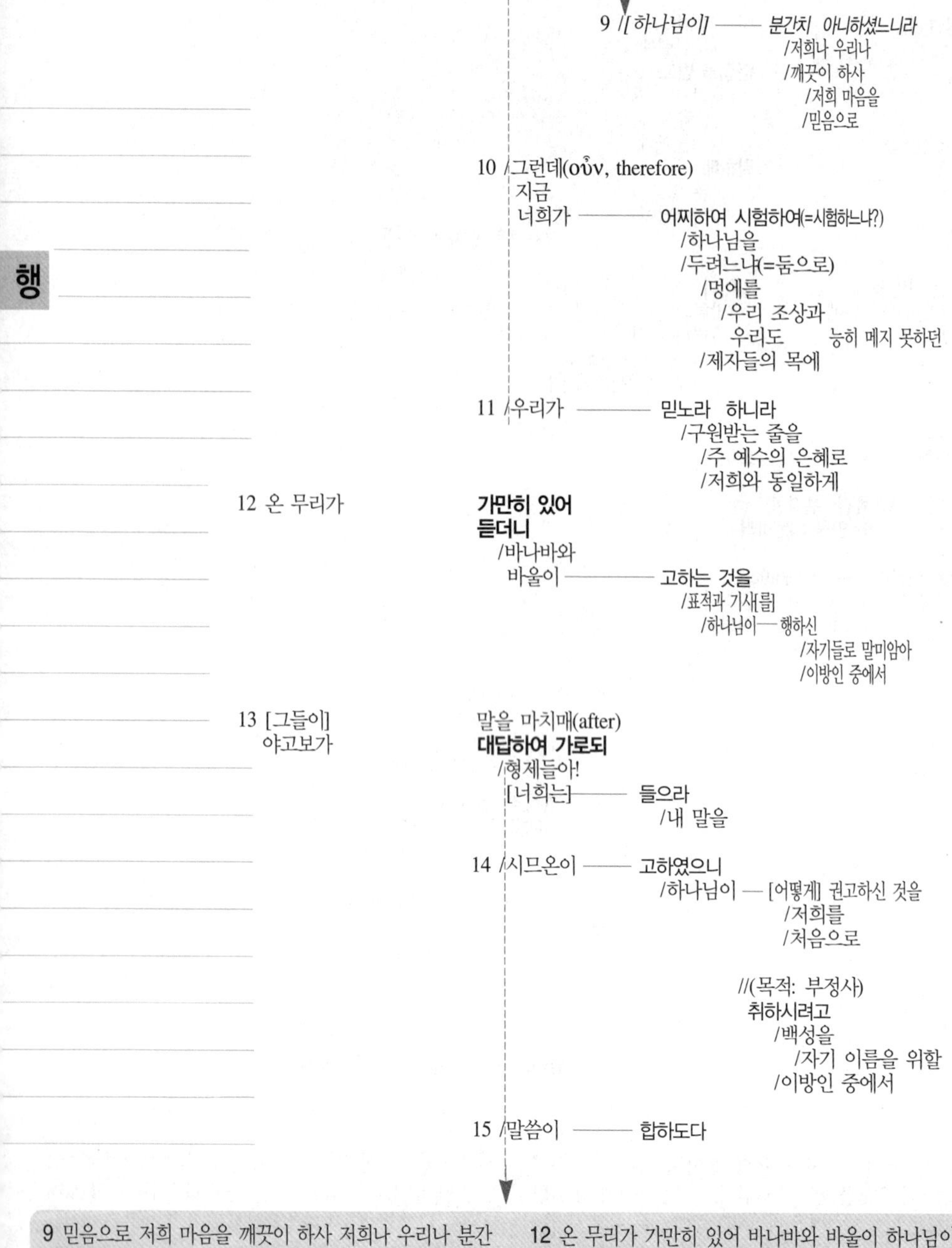

9 믿음으로 저희 마음을 깨끗이 하사 저희나 우리나 분간
치 아니하셨느니라 10 그런데 지금 너희가 어찌하여 하
나님을 시험하여 우리 조상과 우리도 능히 메지 못하던 멍
에를 제자들의 목에 두려느냐 11 우리가 저희와 동일하
게 주 예수의 은혜로 구원 받는 줄을 믿노라 하니라

12 온 무리가 가만히 있어 바나바와 바울이 하나님이 자
기들로 말미암아 이방인 중에서 행하신 표적과 기사 고하
는 것을 듣더니 13 말을 마치매 야고보가 대답하여 가로
되 형제들아 내 말을 들으라 14 하나님이 처음으로 이방
인 중에서 자기 이름을 위할 백성을 취하시려고 저희를 권

no distinction between us and them, cleansing their hearts
by faith. 10 "Now therefore why do you put God to the
test by placing upon the neck of the disciples a yoke
which neither our fathers nor we have been able to bear?
11 "But we believe that we are saved through the grace
of the Lord Jesus, in the same way as they also are." 12

And all the multitude kept silent, and they were listening
to Barnabas and Paul as they were relating what signs
and wonders God had done through them among the
Gentiles. 13 And after they had stopped speaking, James
answered, saying, "Brethren, listen to me. 14 "Simeon
has related how God first concerned Himself about taking

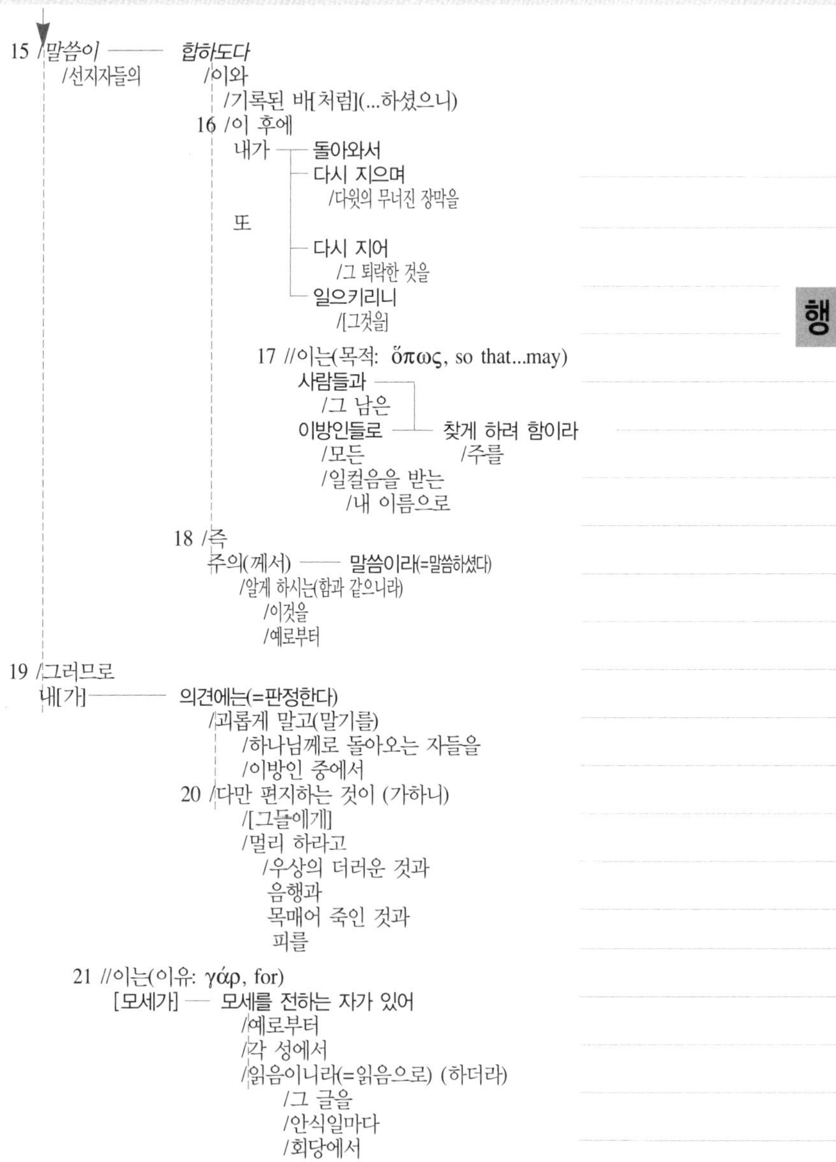

행

고하신 것을 시므온이 고하였으니 15 선지자들의 말씀이
이와 합하도다 기록된 바 16 이 후에 내가 돌아와서 다윗
의 무너진 장막을 다시 지으며 또 그 퇴락한 것을 다시 지
어 일으키리니 17 이는 그 남은 사람들과 내 이름으로 일
컬음을 받는 모든 이방인들로 주를 찾게 하려 함이라 하셨
으니 18 즉 예로부터 이것을 알게 하시는 주의 말씀이라
함과 같으니라 19 그러므로 내 의견에는 이방인 중에서
하나님께로 돌아 오는 자들을 괴롭게 말고 20 다만 우상
의 더러운 것과 음행과 목매어 죽인 것과 피를 멀리하라고
편지하는 것이 가하니 21 이는 예로부터 각 성에서 모세
를 전하는 자가 있어 안식일마다 회당에서 그 글을 읽음이
니라 하더라

from among the Gentiles a people for His name. 15 "And
with this the words of the Prophets agree, just as it is
written, 16 'After these things I will return, And I will
rebuild the tabernacle of David which has fallen, And I
will rebuild its ruins, And I will restore it, 17 In order
that the rest of mankind may seek the Lord, And all the Gentiles
who are called by My name,' 18 Says the Lord, who
makes these things known from of old. 19 "Therefore it
is my judgment that we do not trouble those who are
turning to God from among the Gentiles, 20 but that we
write to them that they abstain from things contaminated
by idols and from fornication and from what is strangled
and from blood. 21 "For Moses from ancient generations
has in every city those who preach him, since he is read

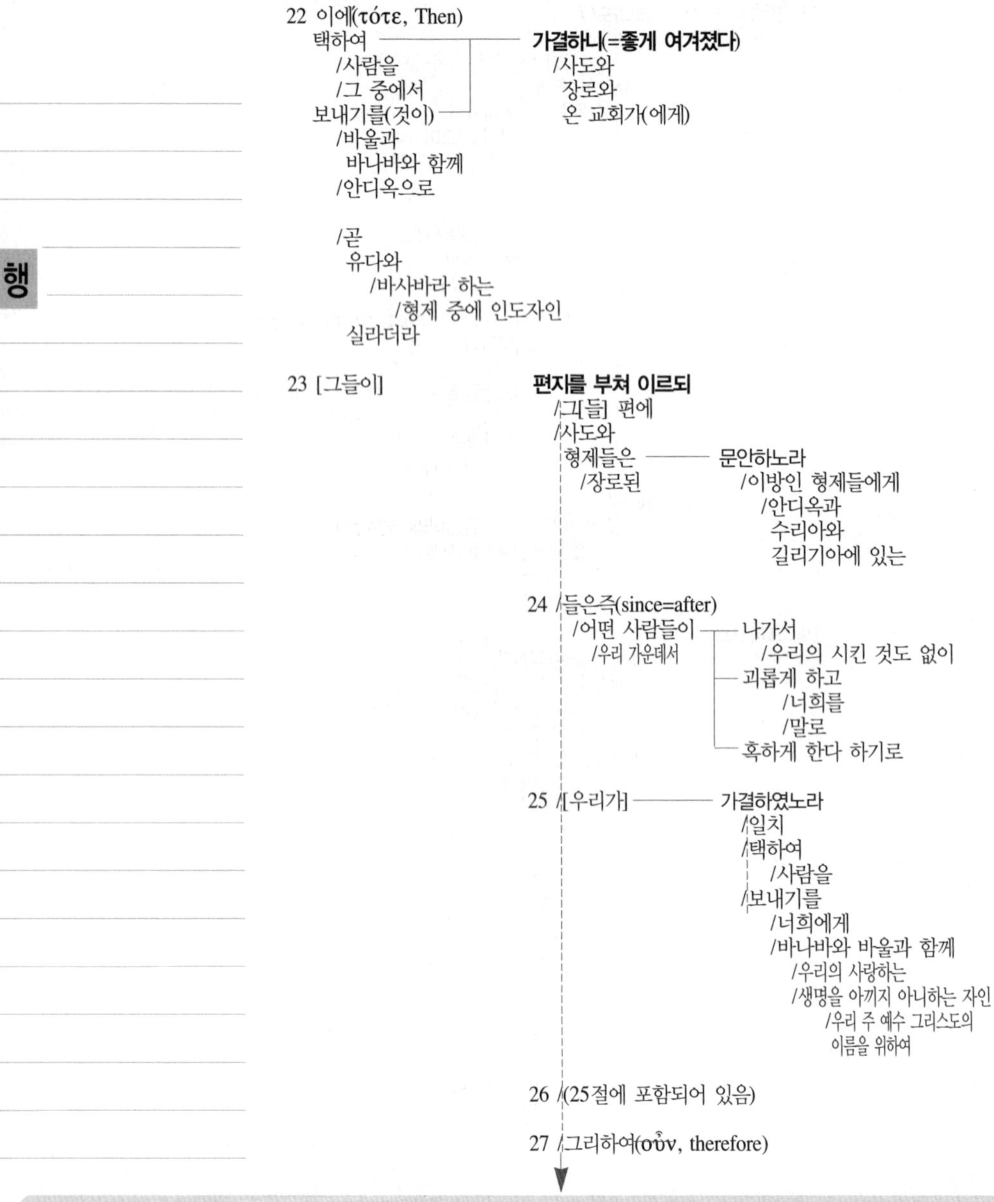

22 이에 사도와 장로와 온 교회가 그 중에서 사람을 택하
여 바울과 바나바와 함께 안디옥으로 보내기를 가결하니
곧 형제 중에 인도자인 바사바라 하는 유다와 실라더라
23 그 편에 편지를 부쳐 이르되 사도와 장로된 형제들은
안디옥과 수리아와 길리기아에 있는 이방인 형제들에게 문
안하노라 24 들은즉 우리 가운데서 어떤 사람들이 우리
의 시킨 것도 없이 나가서 말로 너희를 괴롭게 하고 마음
을 혹하게 한다 하기로 25-26 사람을 택하여 우리 주 예
수 그리스도의 이름을 위하여 생명을 아끼지 아니하는 자
인 우리의 사랑하는 바나바와 바울과 함께 너희에게 보내

in the synagogues every Sabbath." 22 Then it seemed
good to the apostles and the elders, with the whole church,
to choose men from among them to send to Antioch with
Paul and Barnabas — Judas called Barsabbas, and Silas,
leading men among the brethren, 23 and they sent this
letter by them, "The apostles and the brethren who are
elders, to the brethren in Antioch and Syria and Cilicia
who are from the Gentiles, greetings. 24 "Since we have heard
that some of our number to whom we gave no instruction
have disturbed you with their words, unsettling your souls,
25 it seemed good to us, having become of one mind, to select
men to send to you with our beloved Barnabas and Paul,
26 men who have risked their lives for the name of our
Lord Jesus Christ. 27 "Therefore we have sent Judas and

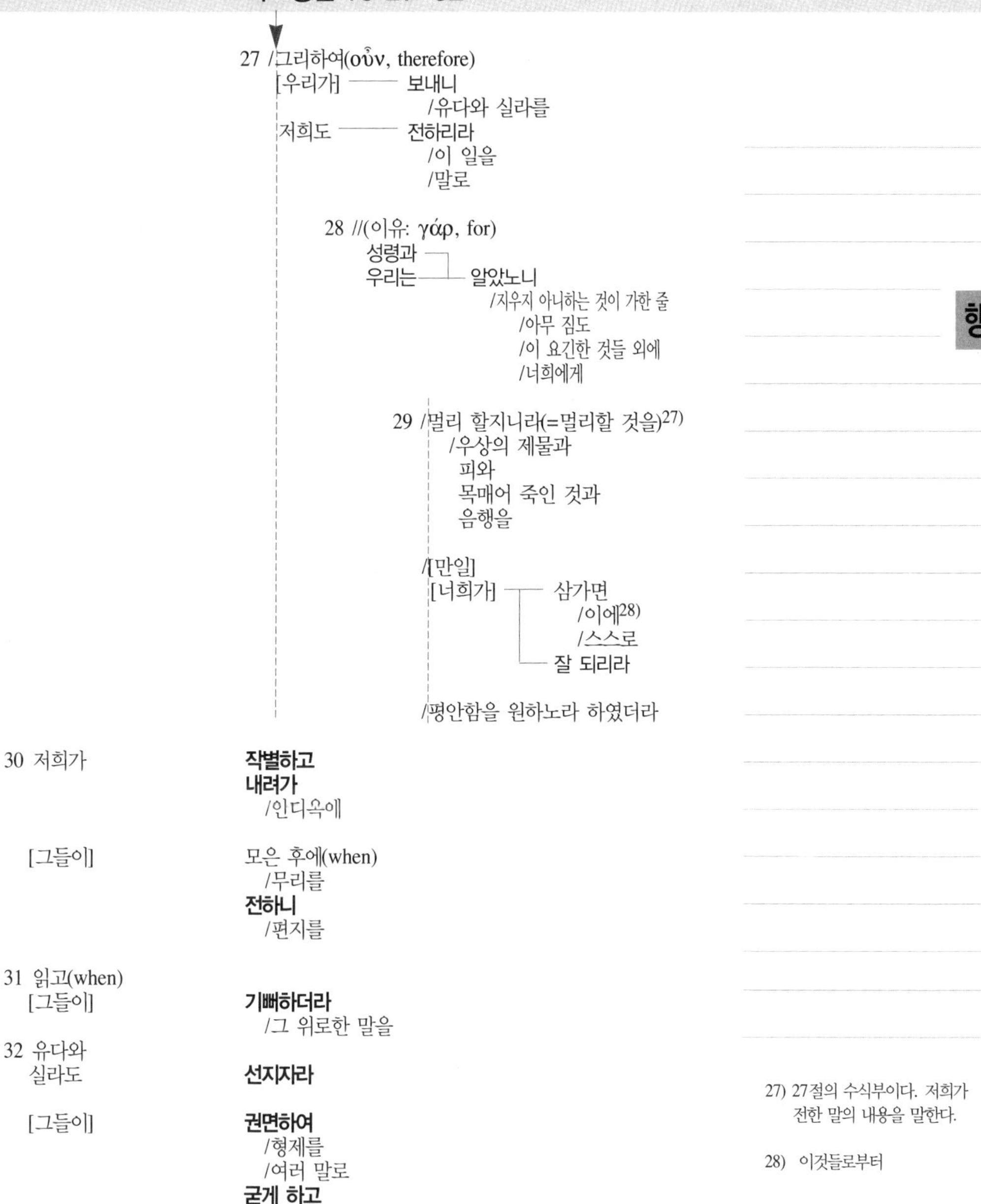

27 /그리하여(οὖν, therefore)
[우리가] —— 보내니
/유다와 실라를
저희도 —— 전하리라
/이 일을
/말로

28 //(이유: γάρ, for)
성령과
우리는 —— 알았노니
/지우지 아니하는 것이 가한 줄
/아무 짐도
/이 요긴한 것들 외에
/너희에게

29 /멀리 할지니라(=멀리할 것을)[27]
/우상의 제물과
피와
목매어 죽인 것과
음행을

/[만일]
[너희가] —— 삼가면
/이에[28]
/스스로
잘 되리라

/평안함을 원하노라 하였더라

30 저희가 **작별하고**
내려가
/안디옥에

[그들이] 모은 후에(when)
/무리를
전하니
/편지를

31 읽고(when)
[그들이] **기뻐하더라**
/그 위로한 말을

32 유다와
실라도 **선지자라**

[그들이] **권면하여**
/형제를
/여러 말로
굳게 하고

27) 27절의 수식부이다. 저희가 전한 말의 내용을 말한다.

28) 이것들로부터

행

기를 일치 가결하였노라 27 그리하여 유다와 실라를 보
내니 저희도 이 일을 말로 전하리라 28 성령과 우리는 이
요긴한 것들 외에 아무 짐도 너희에게 지우지 아니하는 것
이 가한 줄 알았노니 29 우상의 제물과 피와 목매어 죽인
것과 음행을 멀리 할지니라 이에 스스로 삼가면 잘 되리라
평안함을 원하노라 하였더라 30 저희가 작별하고 안디옥
에 내려가 무리를 모은 후에 편지를 전하니 31 읽고 그
위로한 말을 기뻐하더라 32 유다와 실라도 선지자라 여러
말로 형제를 권면하여 굳게 하고

Silas, who themselves will also report the same things by
word of mouth. 28 "For it seemed good to the Holy Spirit
and to us to lay upon you no greater burden than these
essentials: 29 that you abstain from things sacrificed to
idols and from blood and from things strangled and from
fornication; if you keep yourselves free from such things,
you will do well. Farewell." 30 So, when they were
sent away, they went down to Antioch; and having gathered
the congregation together, they delivered the letter. 31
And when they had read it, they rejoiced because of its
encouragement. 32 And Judas and Silas, also being prophets
themselves, encouraged and strengthened the brethren with

행

33 얼마 있다가(after)
[그들이] **전송을 받고**
/평안히 가라는
/형제들에게
돌아가되
/자기를 보내던 사람들에게로

34 (없음)

35 바울과
바나바는 **유하며**
/안디옥에서
/가르치며(분사)
/전파하니라(분사)

/주의 말씀을
/다른 사람들과 함께
/다수한

36 수일 후에
바울이 **말하되**(...하니)
/바나바더러
/우리가 ── 다시 가서
/각 성으로
/[우리가] ─ 전한
/주의 말씀을
── 방문하자
/형제들이 어떠한가

37 바나바는 **[결심]하나**
/데리고 가고자
/요한도
/마가라 하는

38 바울은 **[생각]하여**
/데리고 가는 것이 옳지 않다
/자기들을 떠나(=떠난 자를)
/밤빌리아에서
한가지로 가지 아니한 자를
/[그들과 함께]
/일하러

29) And there occurred such a sharp disagreement that they separated from one another,(NASB)

39 **서로 심히 다투어**[29]
//(결과: ὥστε, so that)
피차 갈라 서니
바나바는 **데리고**
/마가를

33 얼마 있다가 평안히 가라는 전송을 형제들에게 받고 자기를 보내던 사람들에게로 돌아가되 34 (없 음) 35 바울과 바나바는 안디옥에서 유하여 다수한 다른 사람들과 함께 주의 말씀을 가르치며 전파하니라 36 수일 후에 바울이 바나바더러 말하되 우리가 주의 말씀을 전한 각 성으로 다시 가서 형제들이 어떠한가 방문하자 하니 37 바나바는 마가라 하는 요한도 데리고 가고자 하나 38 바울은 밤빌리아에서 자기들을 떠나 한 가지로 일하러 가지 아니한 자를 데리고 가는 것이 옳지 않다 하여 39 서로 심히 다투어 피차 갈라서니 바나바는 마가를 데리고 배타고 구

a lengthy message. 33 And after they had spent time there, they were sent away from the brethren in peace to those who had sent them out. 34 [But it seemed good to Silas to remain there.] 35 But Paul and Barnabas stayed in Antioch, teaching and preaching, with many others also, the word of the Lord. 36 And after some days Paul said to Barnabas, "Let us return and visit the brethren in every city in which we proclaimed the word of the Lord, and see how they are." 37 And Barnabas was desirous of taking John, called Mark, along with them also. 38 But Paul kept insisting that they should not take him along who had deserted them in Pamphylia and had not gone with them to the work. 39 And there arose such a sharp disagreement that they separated from one another,

배 타고...가고
/구브로로

40 바울은 택한 후에
/실라를
떠나
/부탁함을 받고
/형제들에게
/주의 은혜에
41 다녀가며
/수리아와
길리기아로
/굳게 하니라(분사)
/교회들을

행

16

1 바울이 이르매
/더베와
루스드라에도

제자가 있으니
/디모데라 하는 /거기

그 모친은 유대 여자요
/믿는
부친은 헬라인이라

2 디모데는 칭찬받는 자니
/형제들에게
/루스드라와 이고니온에 있는

3 바울이 떠나고자 할새
/그를 데리고(=그와 함께)

데려다가
/그를
할례를 행하니
/유대인을 인하여
/그 지경에 있는

//이는(이유: γάρ, for)
그 사람들이 ——— 앎이러라
/다 /그의 부친은 헬라인인 줄

브로로 가고 40 바울은 실라를 택한 후에 형제들에게 주
의 은혜에 부탁함을 받고 떠나 41 수리아와 길리기아로
다녀가며 교회들을 굳게 하니라

16:1 바울이 더베와 루스드라에도 이르매 거기 디모
데라 하는 제자가 있으니 그 모친은 믿는 유대 여
자요 부친은 헬라 인이라 2 디모데는 루스드라와 이고니
온에 있는 형제들에게 칭찬 받는 자니 3 바울이 그를 데리
고 떠나고자 할새 그 지경에 있는 유대인을 인하여 그를
데려다가 할례를 행하니 이는 그 사람들이 그의 부친은 헬
라인인 줄 다 앎이러라

and Barnabas took Mark with him and sailed away to
Cyprus. 40 But Paul chose Silas and departed, being committed
by the brethren to the grace of the Lord. 41 And he was
traveling through Syria and Cilicia, strengthening the churches.

16:1 And he came also to Derbe and to Lystra. And
behold, a certain disciple was there, named Timothy,
the son of a Jewish woman who was a believer, but his
father was a Greek, 2 and he was well spoken of by the
brethren who were in Lystra and Iconium. 3 Paul wanted
this man to go with him; and he took him and circumcised
him because of the Jews who were in those parts, for
they all knew that his father was a Greek.

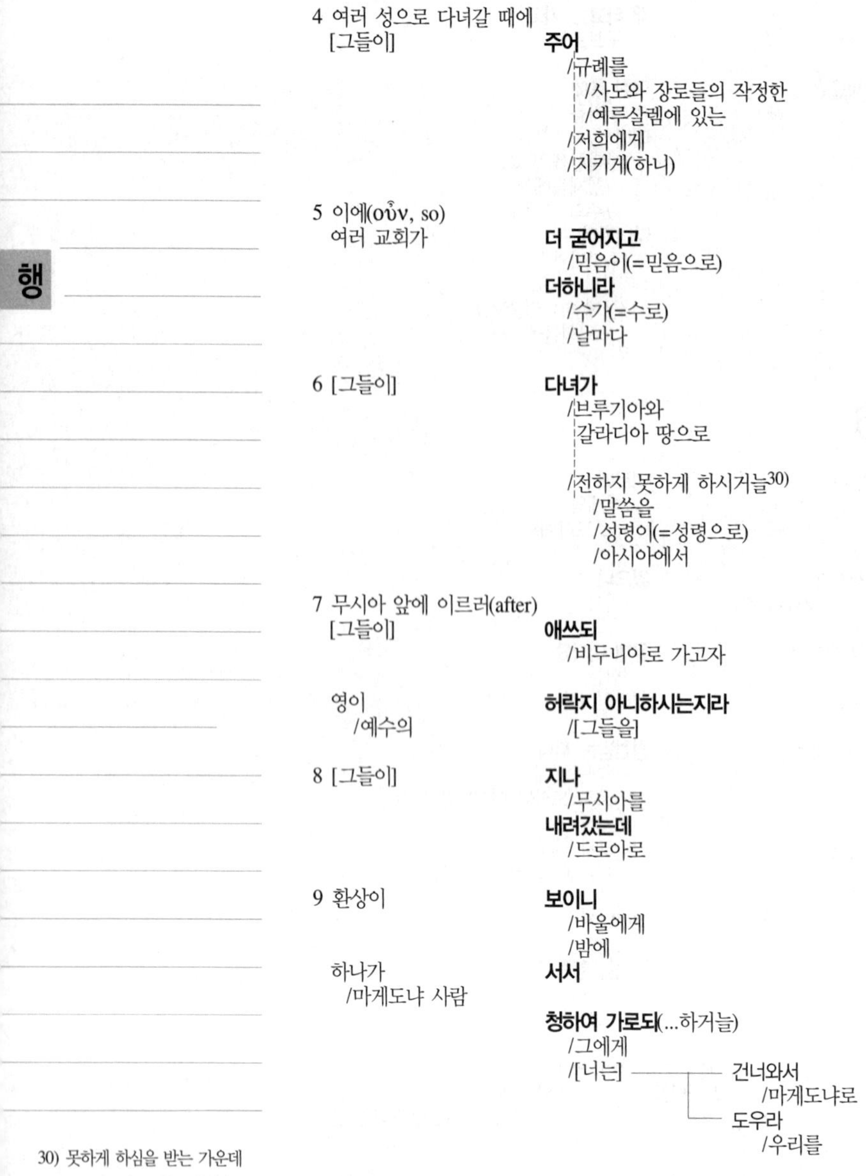

4 여러 성으로 다녀갈 때에
[그들이] **주어**
/규례를
/사도와 장로들의 작정한
/예루살렘에 있는
/저희에게
/지키게(하니)

5 이에(οὖν, so)
여러 교회가 **더 굳어지고**
/믿음이(=믿음으로)
더하니라
/수가(=수로)
/날마다

6 [그들이] **다녀가**
/브루기아와
갈라디아 땅으로
/전하지 못하게 하시거늘[30)]
/말씀을
/성령이(=성령으로)
/아시아에서

7 무시아 앞에 이르러(after)
[그들이] **애쓰되**
/비두니아로 가고자

영이 **허락지 아니하시는지라**
/예수의 /[그들을]

8 [그들이] **지나**
/무시아를
내려갔는데
/드로아로

9 환상이 **보이니**
/바울에게
/밤에
하나가 **서서**
/마게도냐 사람
청하여 가로되(...하거늘)
/그에게
/[너는] — 건너와서
/마게도냐로
— 도우라
/우리를

30) 못하게 하심을 받는 가운데

4 여러 성으로 다녀갈 때에 예루살렘에 있는 사도와 장로들의 작정한 규례를 저희에게 주어 지키게 하니 5 이에 여러 교회가 믿음이 더 굳어지고 수가 날마다 더하니라 6 성령이 아시아에서 말씀을 전하지 못하게 하시거늘 브루기아와 갈라디아 땅으로 다녀가 7 무시아 앞에 이르러 비두니아로 가고자 애쓰되 예수의 영이 허락지 아니하시는지라 8 무시아를 지나 드로아로 내려갔는데 9 밤에 환상이 바울에게 보이니 마게도냐 사람 하나가 서서 그에게 청하여 가로되 마게도냐로 건너와서 우리를 도우라 하거늘

4 Now while they were passing through the cities, they were delivering the decrees, which had been decided upon by the apostles and elders who were in Jerusalem, for them to observe. 5 So the churches were being strengthened in the faith, and were increasing in number daily. 6 And they passed through the Phrygian and Galatian region, having been forbidden by the Holy Spirit to speak the word in Asia; 7 and when they had come to Mysia, they were trying to go into Bithynia, and the Spirit of Jesus did not permit them; 8 and passing by Mysia, they came down to Troas. 9 And a vision appeared to Paul in the night: a certain man of Macedonia was standing and appealing to

10 바울이　　본 후에
　/이 환상을
우리가　　**힘쓰니**
　/곧 떠나기를
　　/마게도냐로
　/(이는) 인정함이러라(=인정하면서)
　　/하나님이 —— 부르신 줄로
　　　/우리를
　　　/복음을 전하라고
　　　　/저 사람들에게

11 드로아에서 배로 떠나
[우리가]　　**직행하여**
　/사모드라게로
〈가고〉
　/네압볼리로
　/이튿날
12 **〈이르니〉**
　/빌립보에
　/거기서(=거기로부터)

이는　　**첫성이요**
　/마게도냐 지경
또
로마의 식민지라

[우리가]　　**유하다가**
　/이 성에서
　/수일을

13 우리가　　**나가**
　/강가에
　　/문 밖
　/안식일에
　/[우리가] —— [생각]하여
　　/기도처가 —— 있는가

거기 앉아서
말하더니
　/모인 여자들에게

14 한 여자가　　**들었는데**
　/루디아라 하는
　/자주 장사로서
　　/두아디라 성의
　/하나님을 공경하는

10 바울이 이 환상을 본 후에 우리가 곧 마게도냐로 떠나
기를 힘쓰니 이는 하나님이 저 사람들에게 복음을 전하라
고 우리를 부르신 줄로 인정함이러라 11 드로아에서 배로
떠나 사모드라게로 직행하여 이튿날 네압볼리로 가고 12
거기서 빌립보에 이르니 이는 마게도냐 지경 첫 성이요 또
로마의 식민지라 이 성에서 수일을 유하다가 13 안식일
에 우리가 기도처가 있는가 하여 문 밖 강가에 나가 거기
앉아서 모인 여자들에게 말하더니 14 두아디라 성의 자
주 장사로서 하나님을 공경하는 루디아라 하는 한 여자가
들었는데 주께서 그 마음을 열어 바울의 말을 청종하게 하
신지라

him, and saying, "Come over to Macedonia and help
us." 10 And when he had seen the vision, immediately
we sought to go into Macedonia, concluding that God
had called us to preach the gospel to them. 11 Therefore
putting out to sea from Troas, we ran a straight course to
Samothrace, and on the day following to Neapolis; 12
and from there to Philippi, which is a leading city of the district
of Macedonia, a Roman colony; and we were staying in
this city for some days. 13 And on the Sabbath day we
went outside the gate to a riverside, where we were
supposing that there would be a place of prayer; and we
sat down and began speaking to the women who had
assembled. 14 And a certain woman named Lydia, from
the city of Thyatira, a seller of purple fabrics, a worshiper

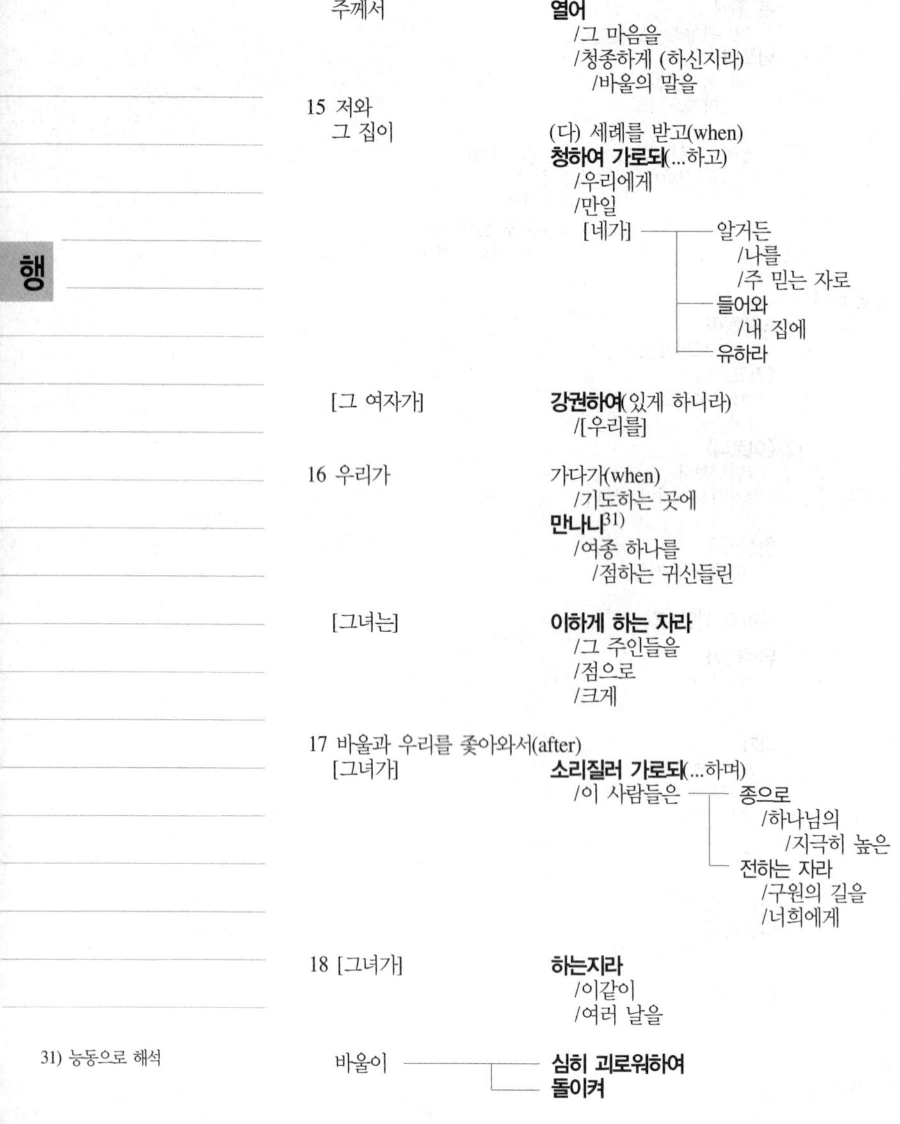

행

31) 능동으로 해석

15 저와 그 집이 다 세례를 받고 우리에게 청하여 가로되 만일 나를 주 믿는 자로 알거든 내 집에 들어와 유하라 하고 강권하여 있게 하니라 16 우리가 기도하는 곳에 가다가 점하는 귀신 들린 여종 하나를 만나니 점으로 그 주인들을 크게 이하게 하는지라 17 바울과 우리를 좇아와서 소리 질러 가로되 이 사람들은 지극히 높은 하나님의 종으로 구원의 길을 너희에게 전하는 자라 하며 18 이같이 여러 날을 하는지라 바울이 심히 괴로와하여 돌이켜 그 귀신에게 이르되 예수 그리스도의 이름으로 내가 네게 명하노니 그에게서 나오라 하니 귀신이 즉시 나오니라

of God, was listening; and the Lord opened her heart to respond to the things spoken by Paul. 15 And when she and her household had been baptized, she urged us, saying, "If you have judged me to be faithful to the Lord, come into my house and stay." And she prevailed upon us. 16 And it happened that as we were going to the place of prayer, a certain slave-girl having a spirit of divination met us, who was bringing her masters much profit by fortunetelling. 17 Following after Paul and us, she kept crying out, saying, "These men are bond-servants of the Most High God, who are proclaiming to you the way of salvation." 18 And she continued doing this for many days. But Paul was greatly annoyed, and turned and said to the spirit, "I command you in the name of Jesus Christ to come out

19 종의 주인들은 자기 이익의 소망이 끊어진 것을 보고
바울과 실라를 잡아 가지고 저자로 관원들에게 끌어갔다가
20 상관들 앞에 데리고 가서 말하되 이 사람들이 유대인
인데 우리 성을 심히 요란케 하여 21 로마 사람인 우리가
받지도 못하고 행치도 못할 풍속을 전한다 하거늘 22 무
리가 일제히 일어나 송사하니 상관들이 옷을 찢어 벗기고
매로 치라 하여 23 많이 친 후에 옥에 가두고 간수에게
분부하여 든든히 지키라 하니 24 그가 이러한 영을 받아
저희를 깊은 옥에 가두고 그 발을 착고에 든든히 채웠더니

of her!" And it came out at that very moment. 19 But
when her masters saw that their hope of profit was gone,
they seized Paul and Silas and dragged them into the
market place before the authorities, 20 and when they
had brought them to the chief magistrates, they said,
"These men are throwing our city into confusion, being
Jews, 21 and are proclaiming customs which it is not
lawful for us to accept or to observe, being Romans." 22
And the crowd rose up together against them, and the
chief magistrates tore their robes off them, and proceeded
to order them to be beaten with rods. 23 And when they
had inflicted many blows upon them, they threw them
into prison, commanding the jailer to guard them securely;
24 and he, having received such a command, threw them

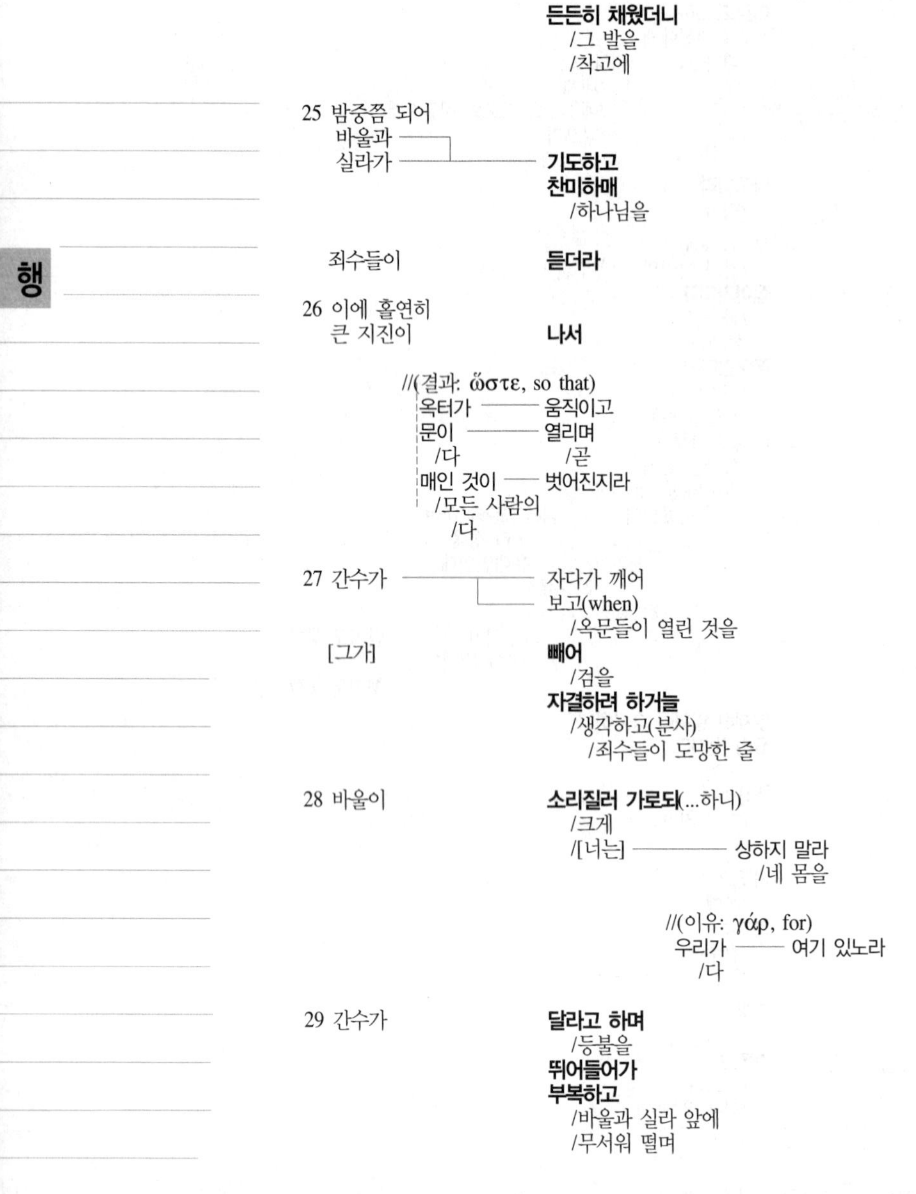

25 밤중쯤 되어 바울과 실라가 기도하고 하나님을 찬미하매 죄수들이 듣더라 26 이에 홀연히 큰 지진이 나서 옥터가 움직이고 문이 곧 다 열리며 모든 사람의 매인 것이 다 벗어진지라 27 간수가 자다가 깨어 옥문들이 열린 것을 보고 죄수들이 도망한 줄 생각하고 검을 빼어 자결하려 하거늘 28 바울이 크게 소리질러 가로되 네 몸을 상하지 말라 우리가 다 여기 있노라 하니 29 간수가 등불을 달라고 하며 뛰어 들어가 무서워 떨며 바울과 실라 앞에 부복하고

into the inner prison, and fastened their feet in the stocks.
25 But about midnight Paul and Silas were praying and singing hymns of praise to God, and the prisoners were listening to them; 26 and suddenly there came a great earthquake, so that the foundations of the prison house were shaken; and immediately all the doors were opened, and everyone's chains were unfastened. 27 And when the jailer had been roused out of sleep and had seen the prison doors opened, he drew his sword and was about to kill himself, supposing that the prisoners had escaped. 28 But Paul cried out with a loud voice, saying, "Do yourself no harm, for we are all here!" 29 And he called for lights and rushed in and,

30 [그가] **데리고 나가**
/저희를
가로되(...하거늘)
/선생들아!
/내가 ——— 어떻게 하여야(하는가?)
//(목적: ἵνα, so that)
구원을 얻으리이까

31 [그들이] **가로되**(... 하고)
/[너는] ——— 믿으라
/주 예수를
//그리하면(결과)
너와
네 집이 ——— 구원을 얻으리라

32 [그들이] **전하더라**
/주의 말씀을
/그 사람과
모든 사람에게
/그 집에 있는

33 간수가 **데려다가**
/저희를
/밤 그 시에

씻기고
/그 맞은 자리를

자기와
그 권속이 세례를 받은 후(immediately)

34 [그가] **데리고 올라가서**
/저희를
/자기 집에

차려 주고
/음식을
크게 기뻐하니라
//(이유: because, 분사)
믿었으므로
/하나님을
/저와 온 집이(집과 함께)

35 날이 새매(when)
상관들이 **보내어**
/아전을
/[말]하니(분사)
/이 사람들을 놓으라

행

30 저희를 데리고 나가 가로되 선생들아 내가 어떻게 하
여야 구원을 얻으리이까 하거늘 31 가로되 주 예수를 믿
으라 그리하면 너와 네 집이 구원을 얻으리라 하고 32 주
의 말씀을 그 사람과 그 집에 있는 모든 사람에게 전하더
라 33 밤 그 시에 간수가 저희를 데려다가 그 맞은 자리를
씻기고 자기와 그 권속이 다 세례를 받은 후 34 저희를
데리고 자기 집에 올라가서 음식을 차려 주고 저와 온 집
이 하나님을 믿었으므로 크게 기뻐하니라 35 날이 새매
상관들이 아전을 보내어 이 사람들을 놓으라 하니

trembling with fear, he fell down before Paul and Silas,
30 and after he brought them out, he said, "Sirs, what
must I do to be saved?" 31 And they said, "Believe in
the Lord Jesus, and you shall be saved, you and your
household." 32 And they spoke the word of the Lord to
him together with all who were in his house. 33 And he
took them that very hour of the night and washed their wounds,
and immediately he was baptized, he and all his household.
34 And he brought them into his house and set food
before them, and rejoiced greatly, having believed in God
with his whole household. 35 Now when day came, the
chief magistrates sent their policemen, saying, "Release those

36 간수가 이 말대로 바울에게 고하되 상관들이 사람을
보내어 너희를 놓으라 하였으니 이제는 나가서 평안히 가
라 하거늘 37 바울이 이르되 로마 사람인 우리를 죄도 정
치 아니하고 공중 앞에서 때리고 옥에 가두었다가 이제는
가만히 우리를 내어 보내고자 하느냐 아니라 저희가 친히
와서 우리를 데리고 나가야 하리라 한대

38 아전들이 이 말로 상관들에게 고하니 저희가 로마 사
람이라 하는 말을 듣고 두려워하여 39 와서 권하여 데리
고 나가 성에서 떠나기를 청하니 40 두 사람이 옥에서 나
가 루디아의 집에 들어가서 형제들을 만나보고 위로하고
가니라

men." 36 And the jailer reported these words to Paul,
saying, "The chief magistrates have sent to release you.
Now therefore, come out and go in peace." 37 But Paul
said to them, "They have beaten us in public without
trial, men who are Romans, and have thrown us into
prison; and now are they sending us away secretly? No indeed!
But let them come themselves and bring us out." 38 And

the policemen reported these words to the chief magistrates.
And they were afraid when they heard that they were Romans,
39 and they came and appealed to them, and when they
had brought them out, they kept begging them to leave
the city. 40 And they went out of the prison and entered
the house of Lydia, and when they saw the brethren, they
encouraged them and departed.

[그들이] 만나 보고(when)
/형제들을
위로하고
가니라

17

1 저희가 다녀가(when)
/암비볼리와 아볼로니아로
이르니
/데살로니가에

회당이 **있는지라**
/유대인의 /거기

2 바울이 **들어가서**
/자기의 규례대로
/저희에게로
강론하며
/세 안식일에
/성경을 가지고

3 /뜻을 풀어(분사)
증명하고 이르되(분사)(...하니)
/그리스도가 — 해를 받고
— 다시 살아야 할 것을
/죽은 자 가운데서
/이 예수가 — 곧 그리스도라
/내가 너희에게 전하는

4 어떤 사람 — **권함을 받고**
/그 중에
/곧
큰 무리와
/경건한
/헬라인의
귀부인도 — **좇으나**
/적지 않은 /바울과
실라를

5 그러나
유대인들은 **시기하여**
데리고
/어떤 괴악한 사람들을
/저자의

행

17:1 저희가 암비볼리와 아볼로니아로 다녀가 데살로
니가에 이르니 거기 유대인의 회당이 있는지라 2
바울이 자기의 규례대로 저희에게로 들어가서 세 안식일에
성경을 가지고 강론하며 3 뜻을 풀어 그리스도가 해를 받
고 죽은 자 가운데서 다시 살아야 할 것을 증명하고 이르
되 내가 너희에게 전하는 이 예수가 곧 그리스도라 하니
4 그 중에 어떤 사람 곧 경건한 헬라인의 큰 무리와 적지
않은 귀부인도 권함을 받고 바울과 실라를 좇으나 5 그러
나 유대인들은 시기하여 저자의 어떤 괴악한 사람들을 데
리고 떼를 지어 성을 소동케 하여 야손의 집에 달려들어

17:1 Now when they had traveled through Amphipolis
and Apollonia, they came to Thessalonica, where
there was a synagogue of the Jews. 2 And according to
Paul's custom, he went to them, and for three Sabbaths
reasoned with them from the Scriptures, 3 explaining and
giving evidence that the Christ had to suffer and rise again
from the dead, and saying, "This Jesus whom I am proclaiming
to you is the Christ." 4 And some of them were persuaded
and joined Paul and Silas, along with a great multitude
of the God-fearing Greeks and a number of the leading women.
5 But the Jews, becoming jealous and taking along some
wicked men from the market place, formed a mob and
set the city in an uproar; and coming upon the house of
Jason, they were seeking to bring them out to the people.

떼를 지어
소동케 하여
/성을

달려들어
/야손의 집에
찾았으나
/저희를

//(목적: 부정사)
끌어내려고
/백성에게

6 발견치 못하매(when)
[그들이]
끌고 ...가서
/야손과 및
형제를
/읍장들 앞에
소리질러 가로되
/이 사람들이 —— 여기도 이르매
/천하를 어지럽게 하던

7 /야손이 —— 들였도다
/이 사람들이 —— 거역하여 말하되(...하더이다. 하니)
/다
/가이사의 명을
/다른 임금[이]---있다.
/곧
[말]하는 이가
/예수라

8 무리와
읍장들이
듣고(when)
/이 말을
소동하여

9 보를 받고(when)
/야손과
그 나머지 사람들에게
놓으니라

10 형제들이
보내니
/바울과 실라를
/베뢰아로
/곧
/밤에

저희가
이르러
들어가니라
/유대인의 회당에

저희를 백성에게 끌어내려고 찾았으나 6 발견치 못하매
야손과 및 형제를 끌고 읍장들 앞에 가서 소리질러 가로되
천하를 어지럽게 하던 이 사람들이 여기도 이르매 7 야손
이 들였도다 이 사람들이 다 가이사의 명을 거역하여 말하
되 다른 임금 곧 예수라 하는 이가 있다 하더이다 하니 8
무리와 읍장들이 이 말을 듣고 소동하여 9 야손과 그 나
머지 사람들에게 보를 받고 놓으니라 10 밤에 형제들이
곧 바울과 실라를 베뢰아로 보내니 저희가 이르러 유대인
의 회당에 들어가니라

6 And when they did not find them, they began dragging
Jason and some brethren before the city authorities, shouting,
"These men who have upset the world have come here
also; 7 and Jason has welcomed them, and they all act contrary
to the decrees of Caesar, saying that there is another king,
Jesus." 8 And they stirred up the crowd and the city authorities
who heard these things. 9 And when they had received a
pledge from Jason and the others, they released them. 10 And
the brethren immediately sent Paul and Silas away by
night to Berea; and when they arrived, they went into the

11 베뢰아 사람은 **더 신사적이어서**
/데살로니가에 있는 사람보다
받고
/말씀을
/간절한 마음으로
/상고하므로(=상고하면서)
/성경을
/이것이 그러한가 하여
/날마다

12 믿는 사람이 **많고**
/그 중에
또
귀부인과
/헬라의
남자가 **적지 아니하나**

13 유대인들이 알고(when)
/데살로니가에 있는
/바울이 — 전하는 줄을
/하나님 말씀을
/베뢰아에서도
가서
/거기도
/움직여(=움직이며)
/무리를
소동케 하거늘(소동케하면서)

14 형제들이 **내어 보내어**
/바울을
/곧
/바다까지 가게 하되(=가도록)
실라와
디모데는 **유하더라**
/아직
/거기

15 사람들이 **데리고...이르러**
/바울을 인도하는
/아덴까지
받고
/명을
/속히 오게 하라는
/실라와
디모데를
/바울에게서
/자기에게로
떠나니라

행

11 베뢰아 사람은 데살로니가에 있는 사람보다 더 신사적
이어서 간절한 마음으로 말씀을 받고 이것이 그러한가 하
여 날마다 성경을 상고하므로 12 그 중에 믿는 사람이 많
고 또 헬라의 귀부인과 남자가 적지 아니하나 13 데살로
니가에 있는 유대인들이 바울이 하나님 말씀을 베뢰아에서
도 전하는 줄을 알고 거기도 가서 무리를 움직여 소동케
하거늘 14 형제들이 곧 바울을 내어보내어 바다까지 가
게 하되 실라와 디모데는 아직 거기 유하더라 15 바울을
인도하는 사람들이 데리고 아덴까지 이르러 바울에게서 실
라와 디모데를 자기에게로 속히 오게 하라는 명을 받고 떠
나니라

synagogue of the Jews. 11 Now these were more noble-minded
than those in Thessalonica, for they received the word
with great eagerness, examining the Scriptures daily, to
see whether these things were so. 12 Many of them
therefore believed, along with a number of prominent
Greek women and men. 13 But when the Jews of Thessalonica
found out that the word of God had been proclaimed by
Paul in Berea also, they came there likewise, agitating
and stirring up the crowds. 14 And then immediately the
brethren sent Paul out to go as far as the sea; and Silas
and Timothy remained there. 15 Now those who conducted
Paul brought him as far as Athens; and receiving a command

16 바울이 기다리다가(while)
/저희를
/아덴에서

보고(when)
/우상이 가득한 것을
/ 온 성에
분하여
/마음에

17[그가] **변론하니**
/회당에서는
/유대인과 경건한 사람들과 또

/저자에서는
/날마다 만나는 사람들과

18 어떤 철학자들도 **쟁론할새**
/에비구레오와 /바울과
스도이고

혹은 **이르되**(...하고)
/이 말쟁이가 무슨 말을 하고자 하느뇨?

혹은 **이르되**(... 하니)
/이방 신들을 전하는 사람인가보다

//이는(이유: ὅτι, for)
바울이———— 전함을 인함이러라
/예수와 또
몸의 부활

19 [그들이] **붙들어 가지고**
가며 말하기를
/아레오바고로
/우리가 ——— 알 수 있겠느냐?
/이 새 교가 무엇인지
/너의 말하는

20 //(이유: γάρ, for)
네가 —— 들려 주니
/무슨 이상한 것을
/우리 귀에

/[그러므로, οὖν]
[우리가]—— 알고자 하노라(하니)
/그 무슨 뜻인지

16 바울이 아덴에서 저희를 기다리다가 온 성에 우상이
가득한 것을 보고 마음에 분하여 17 회당에서는 유대인
과 경건한 사람들과 또 저자에서는 날마다 만나는 사람들
과 변론하니 18 어떤 에비구레오와 스도이고 철학자들도
바울과 쟁론할새 혹은 이르되 이 말장이가 무슨 말을 하고
자 하느뇨 하고 혹은 이르되 이방 신들을 전하는 사람인가
보다 하니 이는 바울이 예수와 또 몸의 부활 전함을 인함
이러라 19 붙들어 가지고 아레오바고로 가며 말하기를
우리가 너의 말하는 이 새 교가 무엇인지 알 수 있겠느냐
20 네가 무슨 이상한 것을 우리 귀에 들려 주니 그 무슨

for Silas and Timothy to come to him as soon as possible,
they departed. 16 Now while Paul was waiting for them
at Athens, his spirit was being provoked within him as
he was beholding the city full of idols. 17 So he was reasoning
in the synagogue with the Jews and the God-fearing
Gentiles, and in the market place every day with those
who happened to be present. 18 And also some of the
Epicurean and Stoic philosophers were conversing with
him. And some were saying, "What would this idle
babbler wish to say?" Others," He seems to be a proclaimer
of strange deities, " — because he was preaching Jesus
and the resurrection. 19 And they took him and brought
him to the Areopagus, saying, "May we know what this
new teaching is which you are proclaiming? 20 "For

뜻인지 알고자 하노라 하니 21 모든 아덴 사람과 거기서
나그네 된 외국인들이 가장 새로 되는 것을 말하고 듣는
이외에 달리는 시간을 쓰지 않음이더라 22 바울이 아레
오바고 가운데 서서 말하되 아덴 사람들아 너희를 보니 범
사에 종교성이 많도다 23 내가 두루 다니며 너희의 위하
는 것들을 보다가 알지 못하는 신에게라고 새긴 단도 보았
으니 그런즉 너희가 알지 못하고 위하는 그것을 내가 너희
에게 알게 하리라 24 우주와 그 가운데 있는 만유를 지으
신 신께서는 천지의 주재시니 손으로 지은 전에 계시지 아
니하시고 25 또 무엇이 부족한 것처럼 사람의 손으로 섬
김을 받으시는 것이 아니니 이는 만민에게 생명과 호흡과
만물을 친히 주시는 자이심이라

you are bringing some strange things to our ears; we want
to know therefore what these things mean." 21 (Now all
the Athenians and the strangers visiting there used to
spend their time in nothing other than telling or hearing
something new.) 22 And Paul stood in the midst of the
Areopagus and said, "Men of Athens, I observe that you
are very religious in all respects. 23 "For while I was
passing through and examining the objects of your worship,
I also found an altar with this inscription, 'TO AN UNKNOWN
GOD.' What therefore you worship in ignorance, this I proclaim
to you. 24 "The God who made the world and all things
in it, since He is Lord of heaven and earth, does not dwell
in temples made with hands; 25 neither is He served by human
hands, as though He needed anything, since He Himself

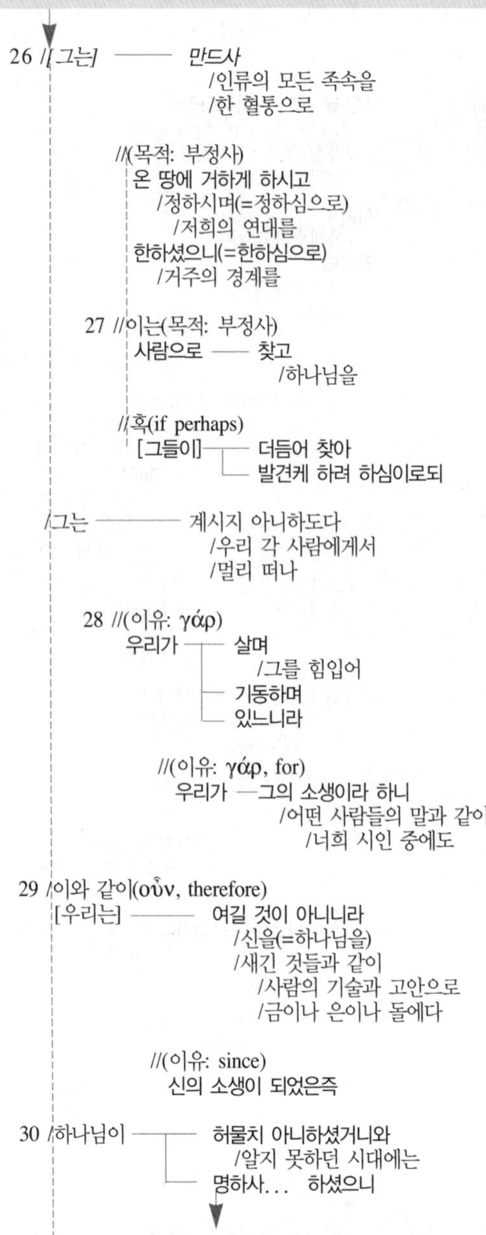

26 인류의 모든 족속을 한 혈통으로 만드사 온 땅에 거하
게 하시고 저희의 연대를 정하시며 거주의 경계를 한하셨
으니 27 이는 사람으로 하나님을 혹 더듬어 찾아 발견케
하려 하심이로되 그는 우리 각 사람에게서 멀리 떠나 계시
지 아니하도다 28 우리가 그를 힘입어 살며 기동하며 있
느니라 너희 시인 중에도 어떤 사람들의 말과 같이 우리가
그의 소생이라 하니 29 이와 같이 신의 소생이 되었은 즉
신을 금이나 은이나 돌에다 사람의 기술과 고안으로 새긴
것들과 같이 여길 것이 아니니라 30 알지 못하던 시대에
는 하나님이 허물치 아니하셨거니와 이제는 어디든지 사람

gives to all life and breath and all things; 26 and He
made from one, every nation of mankind to live on all
the face of the earth, having determined their appointed
times, and the boundaries of their habitation, 27 that they
should seek God, if perhaps they might grope for Him
and find Him, though He is not far from each one of us;
28 for in Him we live and move and exist, as even some
of your own poets have said, 'For we also are His
offspring.' 29 "Being then the offspring of God, we
ought not to think that the Divine Nature is like gold or
silver or stone, an image formed by the art and thought
of man. 30 "Therefore having overlooked the times of

을 다 명하사 회개하라 하셨으니 31 이는 정하신 사람으
로 하여금 천하를 공의로 심판할 날을 작정하시고 이에 저
를 죽은 자 가운데서 다시 살리신 것으로 모든 사람에게
믿을 만한 증거를 주셨음이니라 하니라 32 저희가 죽은
자의 부활을 듣고 혹은 기롱도 하고 혹은 이 일에 대하여
네 말을 다시 듣겠다 하니 33 이에 바울이 저희 가운데서
떠나매 34 몇 사람이 그를 친하여 믿으니 그 중 아레오바
고 관원 디오누시오와 다마리라 하는 여자와 또 다른 사람
들도 있었더라

ignorance, God is now declaring to men that all everywhere
should repent, 31 because He has fixed a day in which
He will judge the world in righteousness through a Man whom
He has appointed, having furnished proof to all men by raising
Him from the dead." 32 Now when they heard of the
resurrection of the dead, some began to sneer, but others
said, "We shall hear you again concerning this." 33 So
Paul went out of their midst. 34 But some men joined
him and believed, among whom also were Dionysius the
Areopagite and a woman named Damaris and others with
them.

18

1 이 후에
바울이 **떠나**
/아덴을
이르러
/고린도에

2 [바울이] **만나니**
/유대인 하나를
/아굴라라 하는
/본도에서 난

그가 **온지라**
/새로
/브리스길라와 함께
/그 아내
/이달리야로부터

//(이유: διὰ+목적격, because)
글라우디오가 ——— 명하여 (...한 고로)
/떠나라
/모든 유대인을
/로마에서

바울이 **가매**
/그들에게

3 [바울이] **거하여**
/[그들과] 함께

일을 하니

//(이유: διὰ +목적격, because)
업이 같으므로

그 업은 **장막을 만드는 것이더라**[32)]

4 바울이 **강론하고**
/회당에서
/안식일마다
권면하니라
/유대인과
헬라인을

5 실라와
디모데가 내려오매(when)
/마게도냐로서

행

32) 직역: 그들은 업으로 장막을
만드는 사람들이었다.

18:1 이후에 바울이 아덴을 떠나 고린도에 이르러 2
아굴라라 하는 본도에서 난 유대인 하나를 만나니
글라우디오가 모든 유대인을 명하여 로마에서 떠나라 한고
로 그가 그 아내 브리스길라와 함께 이달리야로부터 새로
온지라 바울이 그들에게 가매 3 업이 같으므로 함께 거하
여 일을 하니 그 업은 장막을 만드는 것이더라 4 안식일
마다 바울이 회당에서 강론하고 유대인과 헬라인을 권면하
니라 5 실라와 디모데가 마게도냐로서 내려오매 바울이
하나님의 말씀에 붙잡혀 유대인들에게 예수는 그리스도라
밝히 증거하니

18:1 After these things he left Athens and went to Corinth.
2 And he found a certain Jew named Aquila, a
native of Pontus, having recently come from Italy with
his wife Priscilla, because Claudius had commanded all
the Jews to leave Rome. He came to them, 3 and because
he was of the same trade, he stayed with them and they
were working; for by trade they were tent-makers. 4 And
he was reasoning in the synagogue every Sabbath and
trying to persuade Jews and Greeks. 5 But when Silas
and Timothy came down from Macedonia, Paul began devoting
himself completely to the word, solemnly testifying to the
Jews that Jesus was the Christ. 6 And when they resisted

행

6 저희가 대적하여 훼방하거늘 바울이 옷을 떨어 가로되 너희 피가 너희 머리로 돌아갈 것이요 나는 깨끗하니라 이 후에는 이방인에게로 가리라 하고 7 거기서 옮겨 하나님을 공경하는 디도 유스도라 하는 사람의 집에 들어가니 그 집이 회당 옆이라 8 또 회당장 그리스보가 온 집으로 더불어 주를 믿으며 수다한 고린도 사람도 듣고 믿어 세례를 받더라 9 밤에 주께서 환상 가운데 바울에게 말씀하시되 두려워하지 말며 잠잠하지 말고 말하라 10 내가 너와 함께 있으매 아무 사람도 너를 대적하여 해롭게 할 자가 없을 것이니 이는 이 성중에 내 백성이 많음이라 하시더라

and blasphemed, he shook out his garments and said to them, "Your blood be upon your own heads! I am clean. From now on I shall go to the Gentiles." 7 And he departed from there and went to the house of a certain man named Titius Justus, a worshiper of God, whose house was next to the synagogue. 8 And Crispus, the leader of the synagogue, believed in the Lord with all his household, and many of the Corinthians when they heard were believing and being baptized. 9 And the Lord said to Paul in the night by a vision, "Do not be afraid any longer, but go on speaking and do not be silent; 10 for I am with you, and no man will attack you in order to harm you, for I

아무 사람도 — 대적하여... 자가 없을 것이니
/너를
//(목적: 부정사)
해롭게 할(=하기 위해)
//이는(이유: διότι, for)
내 백성이 — 많음이라
/이 성중에

행

11 [바울이] 유하며
/일 년 육 개월을
가르치니라
/하나님의 말씀을
/그들 가운데서

12 갈리오가 총독 되었을 때에(when)
/아가야
유대인이 일어나 대적하여
/바울을
/일제히
데리고 와서
/[그를]
/재판 자리로
13 /말하되(분사)(...하거늘)
/이 사람이 — 권한다
/사람들을
/하나님을 공경하라고
/율법을 어기어

14 바울이 입을 열고자 할 때에(when)
갈리오가 이르되
/유대인들에게
/너희 유대인들아!
만일
부정한 일이나
/무슨
괴악한 행동 — 이었으면
내가 — 가하거니와
/너희 말을 들어 주는 것이
15 /만일
문제가 — 것이면
/언어와
명칭과
너희 법에 관한
너희가 — 처리하라
/스스로
/나는 — 원치 아니하노라 하고
/재판장 되기를
/이러한 일에

11 일년 육개월을 유하며 그들 가운데서 하나님의 말씀을
가르치니라 12 갈리오가 아가야 총독 되었을 때에 유대
인이 일제히 일어나 바울을 대적하여 재판 자리로 데리고
와서 13 말하되 이 사람이 율법을 어기어 하나님을 공경
하라고 사람들을 권한다 하거늘 14 바울이 입을 열고자
할 때에 갈리오가 유대인들에게 이르되 너희 유대인들아
만일 무슨 부정한 일이나 괴악한 행동이었으면 내가 너희
말을 들어주는 것이 가하거니와 15 만일 문제가 언어와
명칭과 너희 법에 관한 것이면 너희가 스스로 처리하라 나
는 이러한 일에 재판장 되기를 원치 아니하노라 하고

have many people in this city." 11 And he settled there
a year and six months, teaching the word of God among
them. 12 But while Gallio was proconsul of Achaia, the
Jews with one accord rose up against Paul and brought
him before the judgment seat, 13 saying, "This man persuades
men to worship God contrary to the law." 14 But when
Paul was about to open his mouth, Gallio said to the Jews,
"If it were a matter of wrong or of vicious crime, O Jews,
it would be reasonable for me to put up with you; 15 but
if there are questions about words and names and your
own law, look after it yourselves; I am unwilling to be a
judge of these matters." 16 And he drove them away

16 [그가] **쫓아내니**
/저희를
/재판 자리에서

17 모든 사람이 **잡아**
/소스데네를
/회당장
때리되
/재판 자리 앞에서

갈리오가 **상관치 아니하니라**
/이 일을

18 바울은 **유하다가**
/여러 날
/더
작별하고... 떠나갈새
/형제들을

배 타고
/수리아로
/브리스길라와
아굴라도 함께 (하더라)

바울이 **머리를 깎았더라**
/겐그레아에서

//(이유: γάρ, for)
[그가] — 일찍 서원이 있으므로

19 [그가] **와서**
/에베소에
머물러 두고
/저희를
/서기
들어가서
/자기는(=스스로)
/회당에
변론하니
/유대인들과

20 여러 사람이 청하되 (when)
/더 오래 있기를
[그가] **허락지 아니하고**
21 **작별하여 가로되**(...하고)
/만일
하나님의 뜻이면
[내가] ——— 돌아오리라
/너희에게

16 저희를 재판 자리에서 쫓아내니 17 모든 사람이 회당
장 소스데네를 잡아 재판 자리 앞에서 때리되 갈리오가 이
일을 상관치 아니하니라 18 바울은 더 여러 날 유하다가
형제들을 작별하고 배 타고 수리아로 떠나갈새 브리스길라
와 아굴라도 함께 하더라 바울이 일찍 서원이 있으므로 겐
그레아에서 머리를 깎았더라 19 에베소에 와서 저희를
거기 머물러 두고 자기는 회당에 들어가서 유대인들과 변
론하니 20 여러 사람이 더 오래 있기를 청하되 허락치 아
니하고 21 작별하여 가로되 만일 하나님의 뜻이면 너희에
게 돌아오리라 하고 배를 타고 에베소를 떠나

from the judgment seat. 17 And they all took hold of Sosthenes,
the leader of the synagogue, and began beating him in
front of the judgment seat. And Gallio was not concerned
about any of these things. 18 And Paul, having remained
many days longer, took leave of the brethren and put out
to sea for Syria, and with him were Priscilla and Aquila.
In Cenchrea he had his hair cut, for he was keeping a
vow. 19 And they came to Ephesus, and he left them
there. Now he himself entered the synagogue and reasoned
with the Jews. 20 And when they asked him to stay for
a longer time, he did not consent, 21 but taking leave of
them and saying, "I will return to you again if God wills,"

배를 타고 떠나
/에베소를

22 가이사랴에서 상륙하여(when)
[그가] **올라가**
안부를 물은 후에
/교회의
내려가서
/안디옥으로

행

23 얼마 있다가(after)
[그가] **떠나**
다니며
/갈라디아와 브루기아 땅을
/차례로
굳게 하니라
/모든 제자를

24 유대인이 **이르니**
/아볼로라 하는 /에베소에
/알렉산드리아에서 난

이 사람은 **학문이 많고**
능한 자라
/성경에

25 그가 **배워**
/주의 도를
/일찍
말하며
/예수에 관한 것을
/자세히
/열심으로
가르치나
알 따름이라
/요한의 세례만

26 그가 **시작하거늘**
/말하기를
/회당에서
/담대히

브리스길라와
아굴라가 듣고(when)
데려다가
/[그를]

22 가이사랴에서 상륙하여 올라가 교회의 안부를 물은 후
에 안디옥으로 내려가서 23 얼마 있다가 떠나 갈라디아
와 브루기아 땅을 차례로 다니며 모든 제자를 굳게 하니라
24 알렉산드리아에서 난 아볼로라 하는 유대인이 에베소
에 이르니 이 사람은 학문이 많고 성경에 능한 자라 25
그가 일찍 주의 도를 배워 열심으로 예수에 관한 것을 자
세히 말하며 가르치나 요한의 세례만 알 따름이라 26 그
가 회당에서 담대히 말하기를 시작하거늘 브리스길라와 아
굴라가 듣고 데려다가 하나님의 도를 더 자세히 풀어 이르
더라

he set sail from Ephesus. 22 And when he had landed at
Caesarea, he went up and greeted the church, and went
down to Antioch. 23 And having spent some time there,
he departed and passed successively through the Galatian
region and Phrygia, strengthening all the disciples. 24
Now a certain Jew named Apollos, an Alexandrian by
birth, an eloquent man, came to Ephesus; and he was
mighty in the Scriptures. 25 This man had been instructed
in the way of the Lord; and being fervent in spirit, he
was speaking and teaching accurately the things concerning
Jesus, being acquainted only with the baptism of John;
26 and he began to speak out boldly in the synagogue.
But when Priscilla and Aquila heard him, they took him
aside and explained to him the way of God more accurately.

이르더라
/하나님의 도를
/더 자세히 풀어

27 아볼로가 건너가고자 하니(when)
/아가야로

형제들이 **장려하며**
/저를
편지하여(...하였더니)
/제자들에게
/영접하라(=영접하기를)

저가 가매(when)
유익을 주니
/많은
/믿은 자들에게
/은혜로 말미암아

28 //이는(이유: γάρ, for)
[그가] —— 이김일러라
/유대인의 말을
/공중 앞에서
/유력하게
/증거하여
/예수는 그리스도라고
/성경으로써

행

19

1 아볼로가 있을 때에(when)
/고린도에

바울이 **다녀**
/윗지방으로
와서
/에베소에
만나
/어떤 제자들을
2 **가로되**
/너희가 —— 믿을 때에(when)
받았느냐?
/성령을

[그들이] **가로되**
/[그에게]
/아니라
우리는 —— 듣지 못하였노라
/성령이 있음도

27 아볼로가 아가야로 건너가고자 하니 형제들이 저를 장
려하며 제자들에게 편지하여 영접하라 하였더니 저가 가매
은혜로 말미암아 믿은 자들에게 많은 유익을 주니 28 이
는 성경으로써 예수는 그리스도라고 증거하여 공중 앞에서
유력하게 유대인의 말을 이김일러라

19:1 아볼로가 고린도에 있을 때에 바울이 윗지방으로
다녀 에베소에 와서 어떤 제자들을 만나 2 가로되
너희가 믿을 때에 성령을 받았느냐 가로되 아니라 우리는
성령이 있음도 듣지 못하였노라 3 바울이 가로되 그러면
너희가 무슨 세례를 받았느냐 대답하되 요한의 세례로라

27 And when he wanted to go across to Achaia, the
brethren encouraged him and wrote to the disciples to welcome
him; and when he had arrived, he helped greatly those
who had believed through grace; 28 for he powerfully
refuted the Jews in public, demonstrating by the Scriptures
that Jesus was the Christ.

19:1 And it came about that while Apollos was at
Corinth, Paul having passed through the upper country
came to Ephesus, and found some disciples, 2 and he
said to them, "Did you receive the Holy Spirit when you
believed?" And they said to him, "No, we have not even heard
whether there is a Holy Spirit." 3 And he said, "Into what

행

3 바울이 **가로되**
/그러면
너희가 ——— 무슨 세례를 받았느냐?
[그들이] **대답하되**
/요한의 세례로라

4 바울이 **가로되**
/요한이 —— 베풀며 말하되(...하였으니)
/회개의 세례를
/백성에게
/믿으라(=믿기를)
/내 뒤에 오시는 이를
/이는 곧 예수라 (하거늘)

5 저희가 듣고(when)
세례를 받으니
/주 예수의 이름으로

6 바울이 안수하매 (when)
/그들에게

성령이 **임하시므로**
/그들에게
[말]하고
/방언도(을)
예언도 하니

7 사람[이] **열두 [명이] 되니라**
/모두
/쯤(=약)

8 바울이 **들어가**
/회당에
담대히 [말했다]
/석 달 동안을
/강론하며(분사)
권면하되(분사)
/하나님 나라에 대하여

9 어떤 사람들은 —— 마음이 굳어
└ 순종치 않고(when)
/비방하거늘(=비방하면서)
/이 도를
/무리 앞에서

바울이 **떠나**
/그들을
따로 세우고
/제자들을
/강론하여
/두란노 서원에서
/날마다

4 바울이 가로되 요한이 회개의 세례를 베풀며 백성에게
말하되 내 뒤에 오시는 이를 믿으라 하였으니 이는 곧 예
수라 하거늘 5 저희가 듣고 주 예수의 이름으로 세례를
받으니 6 바울이 그들에게 안수하매 성령이 그들에게 임
하시므로 방언도 하고 예언도 하니 7 모두 열두 사람쯤
되니라 8 바울이 회당에 들어가 석 달 동안을 담대히 하
나님 나라에 대하여 강론하며 권면하되 9 어떤 사람들은
마음이 굳어 순종치 않고 무리 앞에서 이 도를 비방하거늘
바울이 그들을 떠나 제자들을 따로 세우고 두란노 서원에
서 날마다 강론하여

then were you baptized?" And they said, "Into John's baptism."
4 And Paul said, "John baptized with the baptism of repentance,
telling the people to believe in Him who was coming after
him, that is, in Jesus." 5 And when they heard this, they
were baptized in the name of the Lord Jesus. 6 And when
Paul had laid his hands upon them, the Holy Spirit came
on them, and they began speaking with tongues and
prophesying. 7 And there were in all about twelve men.
8 And he entered the synagogue and continued speaking
out boldly for three months, reasoning and persuading
them about the kingdom of God. 9 But when some were
becoming hardened and disobedient, speaking evil of the Way

10 이같이 두 해 동안을 하매 아시아에 사는 자는 유대인
이나 헬라인이나 다 주의 말씀을 듣더라 11 하나님이 바
울의 손으로 희한한 능을 행하게 하시니 12 심지어 사람
들이 바울의 몸에서 손수건이나 앞치마를 가져다가 병든
사람에게 얹으면 그 병이 떠나고 악귀도 나가더라 13 이
에 돌아다니며 마술하는 어떤 유대인들이 시험적으로 악귀
들린 자들에게 대하여 주 예수의 이름을 불러 말하되 내가
바울의 전파하는 예수를 빙자하여 너희를 명하노라 하더라
14 유대의 한 제사장 스게와의 일곱 아들도 이 일을 행하
더니 15 악귀가 대답하여 가로되 예수도 내가 알고 바울
도 내가 알거니와 너희는 누구냐 하며

before the multitude, he withdrew from them and took
away the disciples, reasoning daily in the school of
Tyrannus. 10 And this took place for two years, so that
all who lived in Asia heard the word of the Lord, both
Jews and Greeks. 11 And God was performing extraordinary
miracles by the hands of Paul, 12 so that handkerchiefs
or aprons were even carried from his body to the sick,
and the diseases left them and the evil spirits went out.
13 But also some of the Jewish exorcists, who went from
place to place, attempted to name over those who had the
evil spirits the name of the Lord Jesus, saying, "I adjure
you by Jesus whom Paul preaches." 14 And seven sons
of one Sceva, a Jewish chief priest, were doing this. 15
And the evil spirit answered and said to them, "I recognize
Jesus, and I know about Paul, but who are you?" 16 And
the man, in whom was the evil spirit, leaped on them and

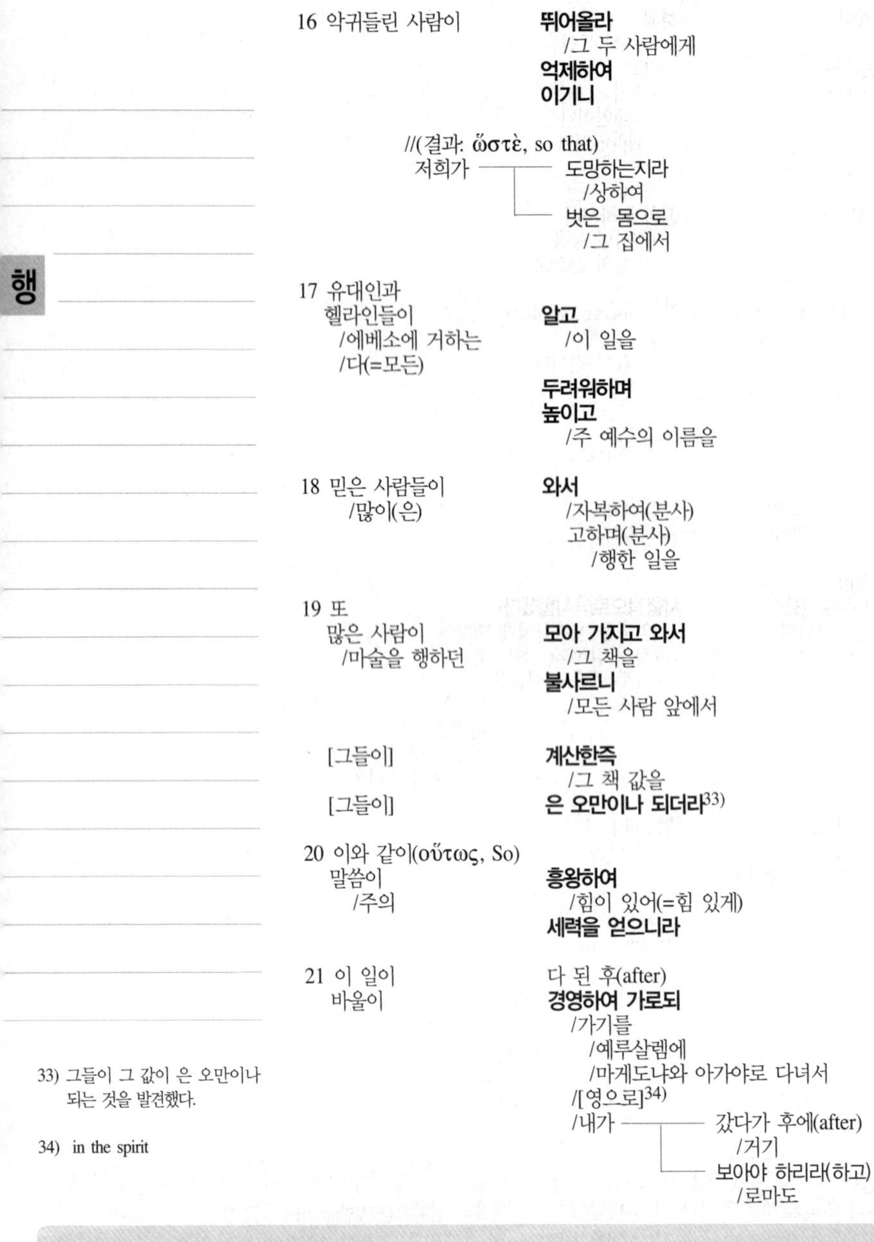

33) 그들이 그 값이 은 오만이나 되는 것을 발견했다.

34) in the spirit

16 악귀 들린 사람이 그 두사람에게 뛰어올라 억제하여 이기니 저희가 상하여 벗은 몸으로 그 집에서 도망하는지라 17 에베소에 거하는 유대인과 헬라인들이 다 이 일을 알고 두려워하며 주 예수의 이름을 높이고 18 믿은 사람들이 많이 와서 자복하여 행한 일을 고하며 19 또 마술을 행하던 많은 사람이 그 책을 모아 가지고 와서 모든 사람 앞에서 불사르니 그 책 값을 계산한 즉 은 오만이나 되더라 20 이와 같이 주의 말씀이 힘이 있어 흥왕하여 세력을 얻으니라 21 이 일이 다 된 후 바울이 마게도냐와 아가야로 다녀서 예루살렘에 가기를 경영하여 가로되 내가 거기

subdued all of them and overpowered them, so that they fled out of that house naked and wounded. 17 And this became known to all, both Jews and Greeks, who lived in Ephesus; and fear fell upon them all and the name of the Lord Jesus was being magnified. 18 Many also of those who had believed kept coming, confessing and disclosing their practices. 19 And many of those who practiced magic brought their books together and began burning them in the sight of all; and they counted up the price of them and found it fifty thousand pieces of silver. 20 So the word of the Lord was growing mightily and prevailing. 21 Now after these things were finished, Paul purposed in the spirit to go to

갔다가 후에 로마도 보아야 하리라 하고 22 자기를 돕는
사람 중에서 디모데와 에라스도 두 사람을 마게도냐로 보
내고 자기는 아시아에 얼마간 더 있으니라 23 그 때쯤 되
어 이 도로 인하여 적지 않은 소동이 있었으니 24 즉 데
메드리오라 하는 어떤 은장색이 아데미의 은감실을 만들어
직공들로 적지 않은 벌이를 하게 하더니 25 그가 그 직공
들과 이러한 영업하는 자들을 모아 이르되 여러분도 알거
니와 우리의 유족한 생활이 이 업에 있는데 26 이 바울이
에베소뿐 아니라 거의 아시아 전부를 통하여 허다한 사람
을 권유하여 말하되 사람의 손으로 만든 것들은 신이 아니
라하니 이는 그대들도 보고 들은 것이라 27 우리의 이 영
업만 천하여질 위험이 있을 뿐 아니라 큰 여신 아데미의

Jerusalem after he had passed through Macedonia and Achaia,
saying, "After I have been there, I must also see Rome."
22 And having sent into Macedonia two of those who
ministered to him, Timothy and Erastus, he himself stayed
in Asia for a while. 23 And about that time there arose
no small disturbance concerning the Way. 24 For a certain
man named Demetrius, a silversmith, who made silver shrines
of Artemis, was bringing no little business to the craftsmen;
25 these he gathered together with the workmen of similar
trades, and said, "Men, you know that our prosperity
depends upon this business. 26 "And you see and hear
that not only in Ephesus, but in almost all of Asia, this
Paul has persuaded and turned away a considerable number
of people, saying that gods made with hands are no gods

행

28 저희가	**듣고** /이 말을 분이 가득하여(when) **외쳐 가로되**(...하니) /크다! 아데미여 /에베소 사람의
29 온 성이	**요란하여** **달려들어가는지라** /일제히 /연극장으로 /잡아가지고 /가이오와 아리스다고를 /마게도냐 사람 /바울과 같이 다니는
30 바울이	들어가고자 하나(when) /백성 가운데로
제자들이	**말리고**
31 또 어떤 이들이 /바울의 친구된 /아시아 관원 중에	**통지하여** /그에게
	권하더라 /연극장에 들어가지 말라
32 사람들이 혹은	**외쳐**(...하니) /이 말을,
혹은	**〈외쳐〉** /저 말을

//(이유: γάρ, for)
모인 무리가 —— 분란하여
태반이나 —— 알지 못하더라
/어찌하여 모였는지

33 유대인들이	**권하여** /알렉산더를 /무리 가운데서 /앞으로 밀어내니(=밀어내면서) /[그를]

전각도 경홀히 여김이 되고 온 아시아와 천하가 위하는 그 의 위엄도 떨어질까 하노라 하더라 28 저희가 이 말을 듣고 분이 가득하여 외쳐 가로되 크다 에베소 사람의 아데미여 하니 29 온 성이 요란하여 바울과 같이 다니는 마게도냐 사람 가이오와 아리스다고를 잡아가지고 일제히 연극장으로 달려들어 가는지라 30 바울이 백성 가운데로 들어가고자 하나 제자들이 말리고 31 또 아시아 관원 중에 바울의 친구된 어떤 이들이 그에게 통지하여 연극장에 들어가지 말라 권하더라 32 사람들이 외쳐 혹은 이 말을 혹은 저 말을 하니 모인 무리가 분란하여 태반이나 어찌하여 모였는지 알지 못하더라 33 유대인들이 무리 가운데서 알렉산더를 권하여 앞으로 밀어내니 알렉산더가 손짓하며 백

at all. 27 "And not only is there danger that this trade of ours fall into disrepute, but also that the temple of the great goddess Artemis be regarded as worthless and that she whom all of Asia and the world worship should even be dethroned from her magnificence." 28 And when they heard this and were filled with rage, they began crying out, saying, "Great is Artemis of the Ephesians!" 29 And the city was filled with the confusion, and they rushed with one accord into the theater, dragging along Gaius and Aristarchus, Paul's traveling companions from Macedonia. 30 And when Paul wanted to go into the assembly, the disciples would not let him. 31 And also some of the Asiarchs who were friends of his sent to him and repeatedly urged him not to venture into the theater. 32 So then, some

성에게 발명하려 하나 34 저희는 그가 유대인인 줄 알고 다 한 소리로 외쳐 가로되 크다 에베소 사람의 아데미여 하기를 두 시간동안이나 하더니 35 서기장이 무리를 안돈시키고 이르되 에베소 사람들아 에베소 성이 큰 아데미와 및 쓰스에게서 내려온 우상의 전각 지기가 된 줄을 누가 알지 못하겠느냐 36 이 일이 그렇지 않다 할 수 없으니 너희가 가만히 있어서 무엇이든지 경솔히 아니하여야 하리라 37 전각의 물건을 도적질하지도 아니하였고 우리 여신을 훼방하지도 아니한 이 사람들을 너희가 잡아 왔으니 38 만일 데메드리오와 및 그와 함께 있는 직공들이 누구에게 송사할 것이 있거든 재판 날도 있고 총독들도 있으니 피차 고소할 것이요

were shouting one thing and some another, for the assembly was in confusion, and the majority did not know for what cause they had come together. 33 And some of the crowd concluded it was Alexander, since the Jews had put him forward; and having motioned with his hand, Alexander was intending to make a defense to the assembly. 34 But when they recognized that he was a Jew, a single outcry arose from them all as they shouted for about two hours, "Great is Artemis of the Ephesians!" 35 And after quieting the multitude, the town clerk said, "Men of Ephesus, what man is there after all who does not know that the city of the Ephesians is guardian of the temple of the great Artemis, and of the image which fell down from heaven? 36 "Since then these are undeniable facts, you ought to keep calm and to do nothing rash. 37 "For you have brought these men here who are neither robbers of temples nor blasphemers of our goddess. 38 "So then, if Demetrius and the craftsmen who are with him have a complaint

행

39 만일 그 외에 무엇을 원하거든 정식으로 민회에서 결
단할지라 40 오늘 아무 까닭도 없는 이 일에 우리가 소요
의 사건으로 책망 받을 위험이 있고 우리가 이 불법 집회
에 관하여 보고할 재료가 없다 하고 41 이에 그 모임을
흩어지게 하니라

20: 1 소요가 그치매 바울이 제자들을 불러 권한 후
에 작별하고 떠나 마게도냐로 가니라 2 그 지경으
로 다녀가며 여러 말로 제자들에게 권하고 헬라에 이르러
3 거기 석 달을 있다가 배 타고 수리아로 가고자 할 그 때
에 유대인들이 자기를 해하려고 공모하므로 마게도냐로 다

against any man, the courts are in session and proconsuls
are available; let them bring charges against one another.
39 "But if you want anything beyond this, it shall be
settled in the lawful assembly. 40 "For indeed we are in danger
of being accused of a riot in connection with today's
affair, since there is no real cause for it; and in this
connection we shall be unable to account for this disorderly
gathering." 41 And after saying this he dismissed the assembly.

20:1 And after the uproar had ceased, Paul sent for
the disciples and when he had exhorted them and
taken his leave of them, he departed to go to Macedonia.
2 And when he had gone through those districts and had given
them much exhortation, he came to Greece. 3 And there

[그가] **작정하니**
/마게도냐로 다녀 돌아가기를

//(이유: 분사, because)
유대인들이 ——— 공모하므로
/자기를 해하려고
/배 타고 수리아로 가고자 할 그 때에

4 [그가] **함께 가는 자는**(=**함께 갔다**)
/아시아까지
/소바더와
/부로의 아들
/베뢰아 사람
/아리스다고와 세군도와
/데살로니가 사람
/가이오와 및 디모데와
/더베 사람
/두기고와 드로비모라
/아시아 사람

5 그들은 **가서**
/먼저
기다리더라
/우리를
/드로아에서

6 우리는 **배로 떠나**
/무교절 후에
/빌립보에서
가서
/닷새 만에
/그들에게
/드로아에 있는
머무니라
/이레를

7 우리가 모였더니(when)
안식후 첫날에

//(목적: 부정사)
떡을 떼려 하여

바울이 **강론할새**
/저희에게

//(목적: 분사)
이튿날 떠나고자 하여

[그가] **계속하매**
/말을
/밤중까지

행

녀 돌아가기를 작정하니 4 아시아까지 함께 가는 자는 베
뢰아 사람 부로의 아들 소바더와 데살로니가 사람 아리스
다고와 세군도와 더베 사람 가이오와 및 디모데와 아시아
사람 두기오와 드로비모라 5 그들은 먼저 가서 드로아에
서 우리를 기다리더라 6 우리는 무교절 후에 빌립보에서
배로 떠나 닷새 만에 드로아에 있는 그들에게 가서 이레를
머무니라 7 안식 후 첫날에 우리가 떡을 떼려 하여 모였
더니 바울이 이튿날 떠나고자 하여 저희에게 강론할 새 말
을 밤중까지 계속하매

he spent three months, and when a plot was formed against
him by the Jews as he was about to set sail for Syria, he
determined to return through Macedonia. 4 And he was
accompanied by Sopater of Berea, the son of Pyrrhus;
and by Aristarchus and Secundus of the Thessalonians;
and Gaius of Derbe, and Timothy; and Tychicus and
Trophimus of Asia. 5 But these had gone on ahead and
were waiting for us at Troas. 6 And we sailed from
Philippi after the days of Unleavened Bread, and came to
them at Troas within five days; and there we stayed seven
days. 7 And on the first day of the week, when we were
gathered together to break bread, Paul began talking to

8 등불을(이)	**켰는데**
/많이(은)	/우리의 모인 윗다락에
9 청년이	**걸터 앉았다가**
/유두고라 하는	/창에
	깊이 졸더니
바울이	강론하기를...하매(while)
	/더 오래
[그가]	**이기지 못하여**
	/졸음을
	떨어지거늘
	/삼층누에서
[그가]	**일으켜 보니(=일으킴을 받았다)**
	/죽었는지라(=죽은채로)
10 바울이	**내려가서**
	엎드려
	/그 위에
	안고
	/그 몸을
	말하되(...하고)
	/[너희는] ——— 떠들지 말라
	//(이유: γάρ, for)
	생명이 저에게 있다
11 올라가(when)	
[그가]	**떼어**
	/떡을
	먹고
	이야기하고
	/오랫동안
	/곧
	날이 새기까지
	떠나니라
12 사람들이	**데리고 와서**
	/살아난 아이를
	위로를 받았더라
	/적지 않게
13 우리는	**앞서 행선하니**
	타고
	/배를
	/앗소에서
	/태우려고
	/바울을
	/그리로

//이는(이유: γάρ, for)

8 우리의 모인 윗 다락에 등불을 많이 켰는데 9 유두고라 하는 청년이 창에 걸터 앉았다가 깊이 졸더니 바울이 강론하기를 더 오래 하매 졸음을 이기지 못하여 삼 층 누에서 떨어지거늘 일으켜 보니 죽었는지라 10 바울이 내려가서 그 위에 엎드려 그 몸을 안고 말하되 떠들지 말라 생명이 저에게 있다 하고 11 올라가 떡을 떼어 먹고 오래 동안 곧 날이 새기까지 이야기하고 떠나니라 12 사람들이 살아난 아이를 데리고 와서 위로를 적지 않게 받았더라 13 우리는 앞서 배를 타고 앗소에서 바울을 태우려고 그리로 행선하니 이는 자기가 도보로 가고자 하여 이렇게 정하여

them, intending to depart the next day, and he prolonged his message until midnight. 8 And there were many lamps in the upper room where we were gathered together. 9 And there was a certain young man named Eutychus sitting on the window sill, sinking into a deep sleep; and as Paul kept on talking, he was overcome by sleep and fell down from the third floor, and was picked up dead. 10 But Paul went down and fell upon him and after embracing him, he said, "Do not be troubled, for his life is in him." 11 And when he had gone back up, and had broken the bread and eaten, he talked with them a long while, until daybreak, and so departed. 12 And they took away the boy alive, and were greatly comforted. 13 But we, going ahead to the ship, set sail for Assos, intending from there

//이는(이유: γάρ, for)
자기가 —— 정하여 준 것이라
/이렇게

//(목적: 분사)
도보로 가고자 하여

14 바울이 만나니(when)
/우리를
/앗소에서

우리가 **올리고**
/배에
가서
/미둘레네에

15 [우리가] **떠나**
/거기서
오고
/이튿날
/기오 앞에
들리고
/그 이튿날
/사모에

또
이르니라
/그 다음 날
/밀레도에

16 //(이유: γάρ, for)
바울이 —— 작정하였으니
/행선하기로
/에베소를 지나

//(목적: ὅπως, so that)
[그가] —— 지체치 않기 위하여
/아시아에서

//이는(이유: γάρ, for)
[그가] —— 급히 감이러라
/될 수 있는 대로

//(목적: 부정사)
예루살렘에 이르려고
/오순절 안에

17 바울이 **보내어**
/사람을
/밀레도에서
/에베소로

행

준 것이라 14 바울이 앗소에서 우리를 만나니 우리가 배
에 올리고 미둘레네에 가서 15 거기서 떠나 이튿날 기오
앞에 오고 그 이튿날 사모에 들리고 또 그 다음날 밀레도
에 이르니라 16 바울이 아시아에서 지체치 않기 위하여
에베소를 지나 행선하기로 작정하였으니 이는 될 수 있는
대로 오순절 안에 예루살렘에 이르려고 급히 감이러라 17
바울이 밀레도에서 사람을 에베소로 보내어 교회 장로들을
청하니

to take Paul on board; for thus he had arranged it, intending
himself to go by land. 14 And when he met us at Assos,
we took him on board and came to Mitylene. 15 And
sailing from there, we arrived the following day opposite
Chios; and the next day we crossed over to Samos; and
the day following we came to Miletus. 16 For Paul had decided
to sail past Ephesus in order that he might not have to
spend time in Asia; for he was hurrying to be in Jerusalem,
if possible, on the day of Pentecost. 17 And from Miletus
he sent to Ephesus and called to him the elders of the

행

청하니
/교회 장로들을

18 [그들이] 오매(when)
[그가] **말하되**
/저희에게
/너희도 —— 아는바니
/내가 — 행한 것을
/어떻게
/항상
/너희 가운데서
/첫날부터 지금까지
/아시아에 들어온

19 /곧
섬긴 것과
/주를
/겸손(=겸손으로)과
눈물이며(=눈물로)
/모든
/당한 시험을 참고
/유대인의 간계를 인하여

20 /[내가] —— 꺼림이 없이(=꺼리낌이 없다)
/전하여(=전하는 것을)
/너희에게
/유익한 것은 무엇이든지
/가르치고(=가르치는 것을)
/공중 앞에서나
각 집에서나

21 /증거한 것이라(=증거한 것을)
/유대인과
헬라인들에게
/회개와
/하나님께 대한
/믿음을
/우리 주 예수 그리스도께 대한

22 /보라!
이제
나는 —— 매임을 받아
/심령에
가는데
/예루살렘으로
/알지 못하노라
/저기서 무슨 일을 만날는지

23 /오직(=그럼에도 불구하고)

18 오매 저희에게 말하되 아시아에 들어온 첫날부터 지금
까지 내가 항상 너희 가운데서 어떻게 행한 것을 너희도
아는 바니 19 곧 모든 겸손과 눈물이며 유대인의 간계를
인하여 당한 시험을 참고 주를 섬긴 것과 20 유익한 것은
무엇이든지 공중 앞에서나 각 집에서나 꺼림이 없이 너희
에게 전하여 가르치고 21 유대인과 헬라인들에게 하나님
께 대한 회개와 우리 주 예수 그리스도께 대한 믿음을 증
거한 것이라 22 보라 이제 나는 심령에 매임을 받아 예루
살렘으로 가는데 저기서 무슨 일을 만날는지 알지 못하노
라

church. 18 And when they had come to him, he said to
them, "You yourselves know, from the first day that I set
foot in Asia, how I was with you the whole time, 19
serving the Lord with all humility and with tears and with
trials which came upon me through the plots of the Jews;
20 how I did not shrink from declaring to you anything
that was profitable, and teaching you publicly and from
house to house, 21 solemnly testifying to both Jews and Greeks
of repentance toward God and faith in our Lord Jesus
Christ. 22 "And now, behold, bound in spirit, I am on
my way to Jerusalem, not knowing what will happen to
me there, 23 except that the Holy Spirit solemnly testifies

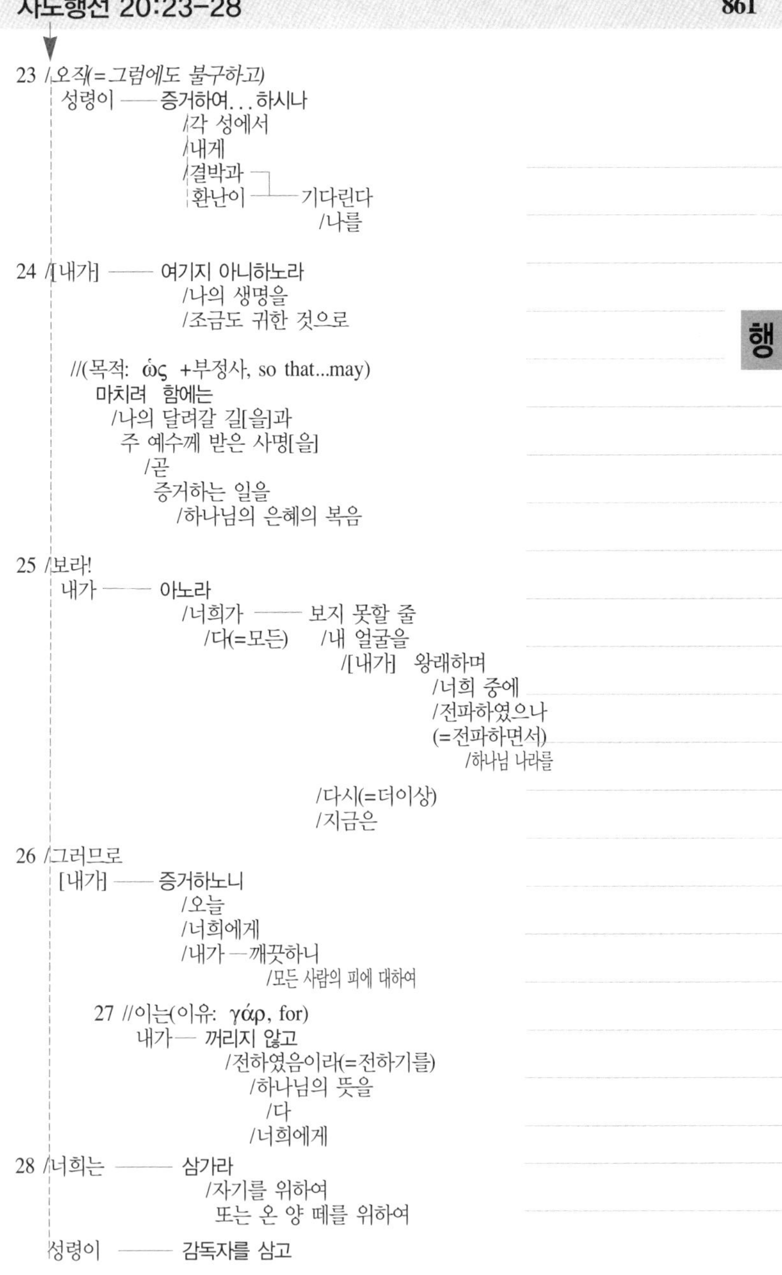

행

23 오직 성령이 각 성에서 내게 증거하여 결박과 환난이
나를 기다린다 하시나 24 나의 달려갈 길과 주 예수께 받
은 사명 곧 하나님의 은혜의 복음 증거하는 일을 마치려
함에는 나의 생명을 조금도 귀한 것으로 여기지 아니하노
라 25 보라 내가 너희 중에 왕래하며 하나님 나라를 전파
하였으나 지금은 너희가 다 내 얼굴을 다시 보지 못할 줄
아노라 26 그러므로 오늘 너희에게 증거하노니 모든 사
람의 피에 대하여 내가 깨끗하니 27 이는 내가 꺼리지 않
고 하나님의 뜻을 다 너희에게 전하였음이라 28 너희는
자기를 위하여 또는 온 양 떼를 위하여 삼가라 성령이 저

to me in every city, saying that bonds and afflictions await
me. 24 "But I do not consider my life of any account as
dear to myself, in order that I may finish my course, and
the ministry which I received from the Lord Jesus, to
testify solemnly of the gospel of the grace of God. 25
"And now, behold, I know that all of you, among whom
I went about preaching the kingdom, will see my face no
more. 26 "Therefore I testify to you this day, that I am innocent
of the blood of all men. 27 "For I did not shrink from declaring
to you the whole purpose of God. 28 "Be on guard for

행

성령이 —— 감독자를 삼고
/너희로(를)
/저들 가운데

//(목적: 부정사)
치게 하셨느니라
/교회를
/하나님이(의)
/자기 피로 사신

29-30
/내가 —— 아노니
/내가 떠난 후에
이리가 —— 들어와서
/흉악한 /너희에게
/아끼지 아니하며
/그 양 떼를
30 /또한
하는 사람들이 — 일어날 줄을
/어그러진 말을 /너희 중에서도

//(목적: 부정사)
끌어(=끌기 위하여)
/제자들을
/자기를 좇게 하려고

31 /그러므로
너희가 —— 일깨어
/기억하라(=기억하면서)
/내가 —— 쉬지 않고(=쉬지않은 것을)
/훈계하던 것을
/각 사람을
/눈물로
/삼 년이나 밤낮

32 /지금
내가 —— 부탁하노니
/너희를
/주와 및
말씀께
/그 은혜의
/그 말씀이 —— 능히 든든히 세우사
/너희를
기업이 있게 하시리라
/모든 자 가운데
/거룩케 하심을 입은

33 /내가 —— 탐하지 아니하였고

들 가운데 너희로 감독자를 삼고 하나님이 자기 피로 사신
교회를 치게 하셨느니라 29 내가 떠난 후에 흉악한 이리
가 너희에게 들어와서 그 양 떼를 아끼지 아니하며 30 또
한 너희 중에서도 제자들을 끌어 자기를 좇게 하려고 어그
러진 말을 하는 사람들이 일어날 줄을 내가 아노니 31 그
러므로 너희가 일깨어 내가 삼 년이나 밤낮 쉬지 않고 눈
물로 각 사람을 훈계하던 것을 기억하라 32 지금 내가 너
희를 주와 및 그 은혜의 말씀께 부탁하노니 그 말씀이 너
희를 능히 든든히 세우사 거룩케 하심을 입은 모든 자 가
운데 기업이 있게 하시리라 33 내가 아무의 은이나 금이

yourselves and for all the flock, among which the Holy Spirit has made you overseers, to shepherd the church of God which He purchased with His own blood.
29 "I know that after my departure savage wolves will come in among you, not sparing the flock;
30 and from among your own selves men will arise, speaking perverse things, to draw away the disciples after them.
31 "Therefore be on the alert, remembering that night and day for a period of three years I did not cease to admonish each one with tears.
32 "And now I commend you to God and to the word of His grace, which is able to build you up and to give you the inheritance among all those who are sanctified.

33 /내가 — *탐하지 아니하였고*
/아무의 은이나
금이나
의복을

34 /너희 — 아는 바에
/이 손으로 —당하여
/쓰는 것을
/나와
내 동행들의

35 /[내가] — 모본을 보였노니
/범사에
/너희에게
/곧
[너는] —돕고(=도와야 한다)
/약한 사람들을
/이같이 수고하여
/또
기억하여야 할지니라
/말씀하신 바...하심을
/주 예수의
/[그가] —[말씀하신]
/친히
/주는 것이—복이 있다
/받는 것보다

[그가] **꿇고**
/무릎을
/[자기의]
기도하니
/저희 모든 사람과 함께

37 다 **크게 울며**
안고
/바울의 목을
입을 맞추고

38 [그들이] **전송하니라**
/그를
/배에까지
/더욱 근심하고
/한 말을 인하여
/다시 그 얼굴을 보지 못하리라

나 의복을 탐하지 아니하였고 34 너희 아는 바에 이 손으
로 나와 내 동행들의 쓰는 것을 당하여
35 범사에 너희에게 모본을 보였노니 곧 이같이 수고하여
약한 사람들을 돕고 또 주 예수의 친히 말씀하신 바 주는
것이 받는 것보다 복이 있다 하심을 기억하여야 할지니라

36 이 말을 한 후 무릎을 꿇고 저희 모든 사람과 함께 기
도하니 37 다 크게 울며 바울의 목을 안고 입을 맞추고
38 다시 그 얼굴을 보지 못하리라 한 말을 인하여 더욱 근
심하고 배에까지 그를 전송하니라

33 "I have coveted no one's silver or gold or clothes. 34 "You
yourselves know that these hands ministered to my own needs
and to the men who were with me. 35 "In everything I showed
you that by working hard in this manner you must help
the weak and remember the words of the Lord Jesus, that
He Himself said, It is more blessed to give than to receive.'"

36 And when he had said these things, he knelt down
and prayed with them all. 37 And they began to weep
aloud and embraced Paul, and repeatedly kissed him, 38
grieving especially over the word which he had spoken,
that they should see his face no more. And they were
accompanying him to the ship.

행

21

1 우리가 **작별하고**
/저희를
행선하여(when)
[우리가] **가서**
/바로
/고스로
〈이르러〉
/이튿날
/로도에
〈가서〉
/거기서부터
/바다라로

2 **만나서**
/배를
/베니게로 건너가는
타고
가다가

3 구브로를 바라보고(when)
[우리가] **행선하여**
/수리아로
/이를 왼편에 두고
상륙하니
/두로에서

//(이유: γάρ, for)
배가 ——— 풀려 함이러라
/짐을
/거기서

4 제자들을 찾아(after)
[우리가] **머물더니**
/거기서
/이레를

그 제자들이 **[말]하더라**
/성령의 감동으로
/바울더러
/예루살렘에 들어가지 말라

5 이 여러 날을 지난 후(when)
저희가 다 전송하거늘(while)
/그 처자와 함께
/성문 밖까지
우리가 **떠나갈새**
우리가 무릎을 꿇어
/바닷가에서
기도하고(after)

21:1 우리가 저희를 작별하고 행선하여 바로 고스로
가서 이튿날 로도에 이르러 거기서부터 바다라로 가
서 2 베니게로 건너가는 배를 만나서 타고 가다가 3 구브
로를 바라보고 이를 왼편에 두고 수리아로 행선하여 두로
에서 상륙하니 거기서 배가 짐을 풀려 함이러라 4 제자들
을 찾아 거기서 이레를 머물더니 그 제자들이 성령의 감동
으로 바울더러 예루살렘에 들어가지 말라 하더라 5 이 여
러 날을 지난 후 우리가 떠나갈새 저희가 다 그 처자와 함
께 성문 밖까지 전송하거늘 우리가 바닷가에서 무릎을 꿇
어 기도하고

21:1 And when it came about that we had parted from
them and had set sail, we ran a straight course to
Cos and the next day to Rhodes and from there to Patara;
2 and having found a ship crossing over to Phoenicia,
we went aboard and set sail. 3 And when we had come
in sight of Cyprus, leaving it on the left, we kept sailing
to Syria and landed at Tyre; for there the ship was to
unload its cargo. 4 And after looking up the disciples,
we stayed there seven days; and they kept telling Paul through
the Spirit not to set foot in Jerusalem. 5 And when it
came about that our days there were ended, we departed
and started on our journey, while they all, with wives and

6 서로 작별한 후 우리는 배에 오르고 저희는 집으로 돌아
가니라 7 두로로부터 수로를 다 행하여 돌레마이에 이르
러 형제들에게 안부를 묻고 그들과 함께 하루를 있다가 8
이튿날 떠나 가이사랴에 이르러 일곱 집사 중 하나인 전도
자 빌립의 집에 들어가서 유하니라 9 그에게 딸 넷이 있
으니 처녀로 예언하는 자라 10 여러 날 있더니 한 선지자
아가보라 하는 이가 유대로부터 내려와 11 우리에게 와
서 바울의 띠를 가져다가 자기 수족을 잡아매고 말하기를
성령이 말씀하시되 예루살렘에서 유대인들이 이같이 이 띠
임자를 결박하여 이방인의 손에 넘겨 주리라 하거늘

children, escorted us until we were out of the city. And
after kneeling down on the beach and praying, we said farewell
to one another. 6 Then we went on board the ship, and
they returned home again. 7 And when we had finished
the voyage from Tyre, we arrived at Ptolemais; and after
greeting the brethren, we stayed with them for a day. 8
And on the next day we departed and came to Caesarea;
and entering the house of Philip the evangelist, who was
one of the seven, we stayed with him. 9 Now this man
had four virgin daughters who were prophetesses. 10 And
as we were staying there for some days, a certain prophet
named Agabus came down from Judea. 11 And coming
to us, he took Paul's belt and bound his own feet and
hands, and said, "This is what the Holy Spirit says: 'In

행

12 우리가 듣고(when)
/그 말을
권하니
/그 곳 사람들로 더불어
/바울에게
/예루살렘으로 올라가지 말라

13 바울이 대답하되(...하니)
/어찌하여
너희가 ─┬─ 울어
└─ 상하게 하느냐?
/내 마음을

//(이유: γάρ, for)
나는 ─── 각오하였노라
/결박받을 뿐 아니라
죽을 것도
/예루살렘에서

/주 예수의 이름을 위하여

14 우리가 그쳤노라
/[말]하고
/주의 뜻대로 이루어지이다

//(이유: 분사, since)
저가 권함을 받지 아니하므로

15 이 여러 날 후에
[우리가] 준비하여
/행장을
올라갈새
/예루살렘으로

16 몇 제자가 함께 가며
/가이사랴의
/데리고 가니(분사)
/나손을
/한 오랜 제자
/구브로 사람

//이는(목적)
우리가 ──── 유하려 함이라
/그의 집에

12 우리가 그 말을 듣고 그 곳 사람들로 더불어 바울에게 예루살렘으로 올라가지 말라 권하니 13 바울이 대답하되 너희가 어찌하여 울어 내 마음을 상하게 하느냐 나는 주 예수의 이름을 위하여 결박 받을 뿐 아니라 예루살렘에서 죽을 것도 각오하였노라 하니 14 저가 권함을 받지 아니하므로 우리가 주의 뜻대로 이루어지이다 하고 그쳤노라 15 이 여러 날 후에 행장을 준비하여 예루살렘으로 올라갈새 16 가이사랴의 몇 제자가 함께 가며 한 오랜 제자 구브로 사람 나손을 데리고 가니 이는 우리가 그의 집에 유하려 함이라

this way the Jews at Jerusalem will bind the man who owns this belt and deliver him into the hands of the Gentiles.'" 12 And when we had heard this, we as well as the local residents began begging him not to go up to Jerusalem. 13 Then Paul answered, "What are you doing, weeping and breaking my heart? For I am ready not only to be bound, but even to die at Jerusalem for the name of the Lord Jesus." 14 And since he would not be persuaded, we fell silent, remarking, "The will of the Lord be done!" 15 And after these days we got ready and started on our way up to Jerusalem. 16 And some of the disciples from Caesarea also came with us, taking us to Mnason of Cyprus, a disciple of long standing with whom we were to lodge. 17 And when we had come to Jerusalem, the brethren

17 예루살렘에 이르니(when)
형제들이 영접하거늘
/우리를
/기꺼이

18 바울이 들어가니
/그 이튿날
/야고보에게로
/우리와 함께

장로들도 있더라
/다

19 바울이 문안하고(after)
/[그들에게]
고하니
/하나님이 —— 하신 일을
/이방 가운데서
/자기의 봉사로 말미암아
/낱낱이

20 저희가 듣고(when)
영광을 돌리고
/하나님께
이르되
/바울더러
/형제여!
그대도 —— 보는 바에
믿는 자 —— 수만 명이 있으니
/유대인 중에
다 —— 열심 있는 자라
/율법에

21 /저희가 —— 들었도다
/네가 함을(=너에 대해)
/네가 —— 가르치되
/모든 유대인들을
/이방 가운데 있는
/배반하고(=배반하도록)
/모세를
/[말]함을(=말함으로)
/할례를 하지 말고
/아들들에게
/또 지키지 말라
/규모를

22 /그러면 어찌할꼬?

행

17 예루살렘에 이르니 형제들이 우리를 기꺼이 영접하거늘 18 그 이튿날 바울이 우리와 함께 야고보에게로 들어가니 장로들도 다 있더라 19 바울이 문안하고 하나님이 자기의 봉사로 말미암아 이방 가운데서 하신 일을 낱낱이 고하니 20 저희가 듣고 하나님께 영광을 돌리고 바울더러 이르되 형제여 그대도 보는 바에 유대인 중에 믿는 자 수만 명이 있으니 다 율법에 열심 있는 자라 21 네가 이방에 있는 모든 유대인을 가르치되 모세를 배반하고 아들들에게 할례를 하지 말고 또 규모를 지키지 말라 한다 함을 저희가 들었도다

received us gladly. 18 And now the following day Paul went in with us to James, and all the elders were present. 19 And after he had greeted them, he began to relate one by one the things which God had done among the Gentiles through his ministry. 20 And when they heard it they began glorifying God; and they said to him, "You see, brother, how many thousands there are among the Jews of those who have believed, and they are all zealous for the Law; 21 and they have been told about you, that you are teaching all the Jews who are among the Gentiles to forsake Moses, telling them not to circumcise their children nor to walk according to the customs. 22 "What, then, is to be done? They will certainly hear that you have come. 23 "Therefore do this that we tell you. We have four men who are under

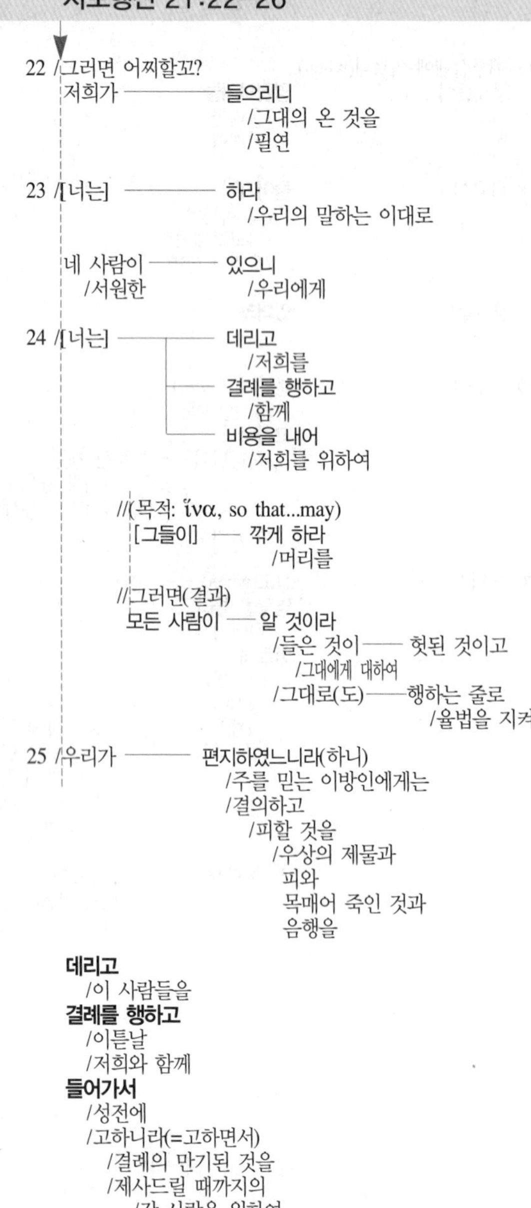

행

22 그러면 어찌할꼬 저희가 필연 그대의 온 것을 들으리니 23 우리의 말하는 이대로 하라 서원한 네 사람이 우리에게 있으니 24 저희를 데리고 함께 결례를 행하고 저희를 위하여 비용을 내어 머리를 깎게 하라 그러면 모든 사람이 그대에게 대하여 들은 것이 헛된 것이고 그대로 율법을 지켜 행하는 줄로 알 것이라 25 주를 믿는 이방인에게는 우리가 우상의 제물과 피와 목매어 죽인 것과 음행을 피할 것을 결의하고 편지하였느니라 하니 26 바울이 이 사람들을 데리고 이튿날 저희와 함께 결례를 행하고 성전에 들어가서 각 사람을 위하여 제사 드릴 때까지의 결례의

a vow; 24 take them and purify yourself along with them, and pay their expenses in order that they may shave their heads; and all will know that there is nothing to the things which they have been told about you, but that you yourself also walk orderly, keeping the Law. 25 "But concerning the Gentiles who have believed, we wrote, having decided that they should abstain from meat sacrificed to idols and from blood and from what is strangled and from fornication." 26 Then Paul took the men, and the next day, purifying himself along with them, went into the temple, giving notice of the completion of the days of purification, until the sacrifice was offered for each one of them. 27 And when the seven

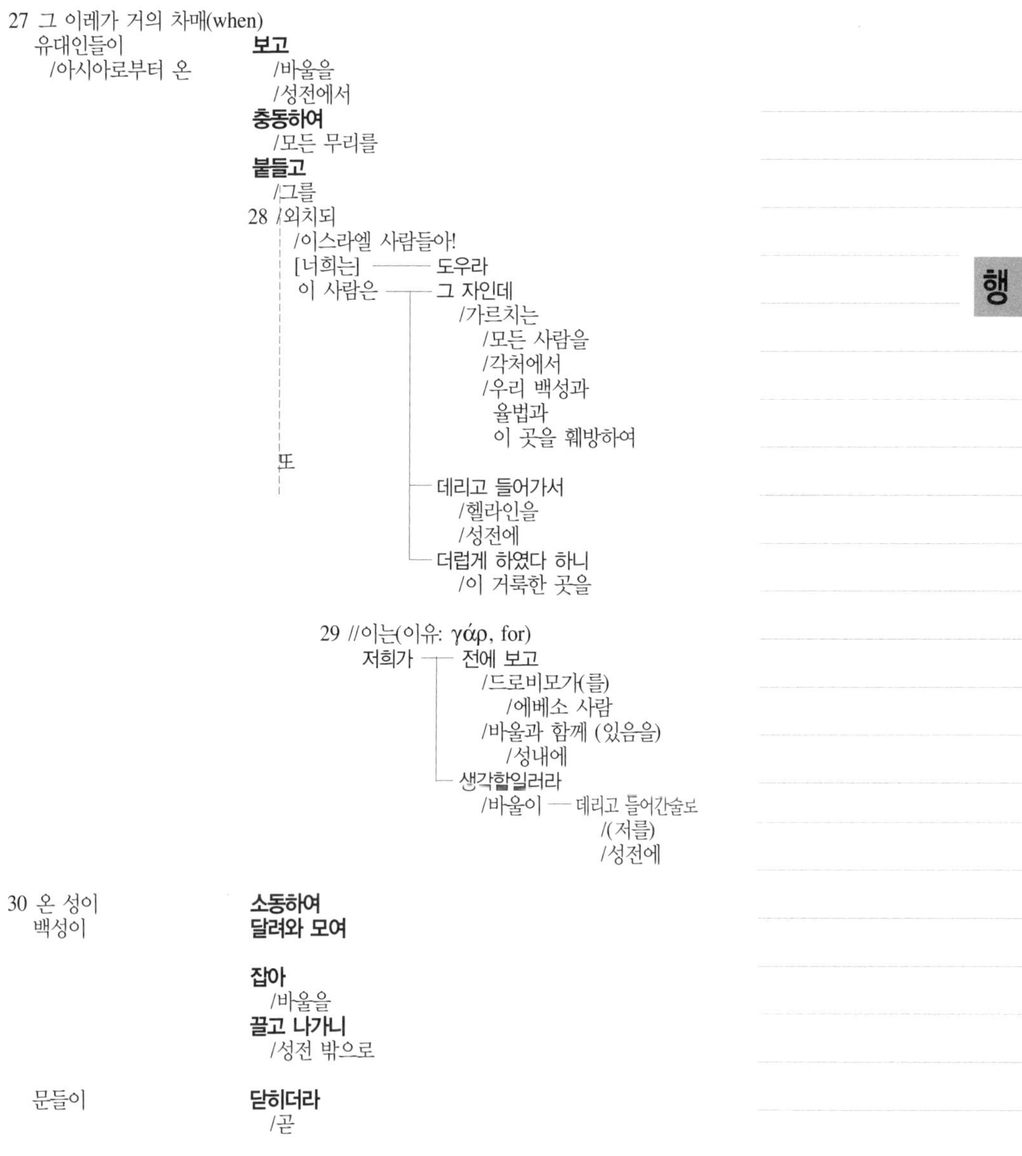

행

만기된 것을 고하니라 27 그 이레가 거의 차매 아시아로
부터 온 유대인들이 성전에서 바울을 보고 모든 무리를 충
동하여 그를 붙들고 28 외치되 이스라엘 사람들아 도우
라 이 사람은 각처에서 우리 백성과 율법과 이곳을 훼방하
여 모든 사람을 가르치는 그 자인데 또 헬라인을 데리고
성전에 들어가서 이 거룩한 곳을 더럽게 하였다 하니 29
이는 저희가 전에 에베소 사람 드로비모가 바울과 함께 성
내에 있음을 보고 바울이 저를 성전에 데리고 들어간 줄로
생각함일러라 30 온 성이 소동하여 백성이 달려와 모여
바울을 잡아 성전 밖으로 끌고 나가니 문들이 곧 닫히더라

days were almost over, the Jews from Asia, upon seeing
him in the temple, began to stir up all the multitude and
laid hands on him, 28 crying out, "Men of Israel, come
to our aid! This is the man who preaches to all men everywhere
against our people, and the Law, and this place; and
besides he has even brought Greeks into the temple and
has defiled this holy place." 29 For they had previously
seen Trophimus the Ephesian in the city with him, and
they supposed that Paul had brought him into the temple.
30 And all the city was aroused, and the people rushed together;
and taking hold of Paul, they dragged him out of the
temple; and immediately the doors were shut. 31 And

31 저희가	죽이려 할 때에(when) /그를
소문이 /예루살렘의 요란하다는 /온	**들리매** /군대의 천부장에게
32 저가	**거느리고** /급히 /군사들과 백부장들을 **달려 내려가니** /[그들에게]
저희가	보고(when) /천부장과 군사들을 **그치는지라** /바울 치기를
33 이에 천부장이	**가까이 가서** **잡아** /바울을 **명하고** /두 쇠사슬로 결박하라 **물으니** /누구며? **무슨 일을 하였느냐?**
34 어떤 이는 /무리 가운데서	**부르짖거늘** /이 말로,
어떤 이는	**〈부르짖거늘〉** /저 말로
천부장이	알 수 없어(when) /그 실상을 /소동을 인하여 **명하니라** /그를 영문 안으로 데려가라
35 바울이	이를 때에 /층대에 **들려가니** /군사들에게 /무리의 포행을 인하여

36 //이는(이유: γάρ, for)

31 저희가 그를 죽이려 할 때에 온 예루살렘의 요란하다는 소문이 군대의 천부장에게 들리매 32 저가 급히 군사들과 백부장들을 거느리고 달려 내려가니 저희가 천부장과 군사들을 보고 바울 치기를 그치는지라 33 이에 천부장이 가까이 가서 바울을 잡아 두 쇠사슬로 결박하라 명하고 누구며 무슨 일을 하였느냐 물으니 34 무리 가운데서 어떤 이는 이 말로, 어떤 이는 저 말로 부르짖거늘 천부장이 소동을 인하여 그 실상을 알 수 없어 그를 영문 안으로 데려가라 명하니라 35 바울이 층대에 이를 때에 무리의 포행을 인하여 군사들에게 들려가니

while they were seeking to kill him, a report came up to the commander of the Roman cohort that all Jerusalem was in confusion. 32 And at once he took along some soldiers and centurions, and ran down to them; and when they saw the commander and the soldiers, they stopped beating Paul. 33 Then the commander came up and took hold of him, and ordered him to be bound with two chains; and he began asking who he was and what he had done. 34 But among the crowd some were shouting one thing and some another, and when he could not find out the facts on account of the uproar, he ordered him to be brought into the barracks. 35 And when he got to the stairs, it so happened that he was carried by the soldiers because of the violence of the mob; 36 for the multitude of the people

36 이는 백성의 무리가 그를 없이 하자고 외치며 따라 감
이러라 37 바울을 데리고 영문으로 들어가려 할 그 때에
바울이 천부장더러 이르되 내가 당신에게 말할 수 있느뇨
가로되 네가 헬라 말을 아느냐 38 그러면 네가 이전에 난
을 일으켜 사천의 자객을 거느리고 광야로 가던 애굽인이
아니냐 39 바울이 가로되 나는 유대인이라 소읍이 아닌
길리기아 다소 성의 시민이니 청컨대 백성에게 말하기를
허락하라 하니 40 천부장이 허락하거늘 바울이 층대 위
에 서서 백성에게 손짓하여 크게 종용히 한 후에 히브리
방언으로 말하여 가로되

22:1 부형들아 내가 지금 너희 앞에서 변명하는 말을
들으라 하더라

kept following behind, crying out, "Away with him!" 37 And
as Paul was about to be brought into the barracks, he said
to the commander, "May I say something to you?" And
he said, "Do you know Greek? 38 "Then you are not the
Egyptian who some time ago stirred up a revolt and led
the four thousand men of the Assassins out into the
wilderness?" 39 But Paul said, "I am a Jew of Tarsus in
Cilicia, a citizen of no insignificant city; and I beg you,
allow me to speak to the people." 40 And when he had
given him permission, Paul, standing on the stairs, motioned
to the people with his hand; and when there was a great
hush, he spoke to them in the Hebrew dialect, saying,

22:1 "Brethren and fathers, hear my defense which I
now offer to you." 2 And when they heard that he

행

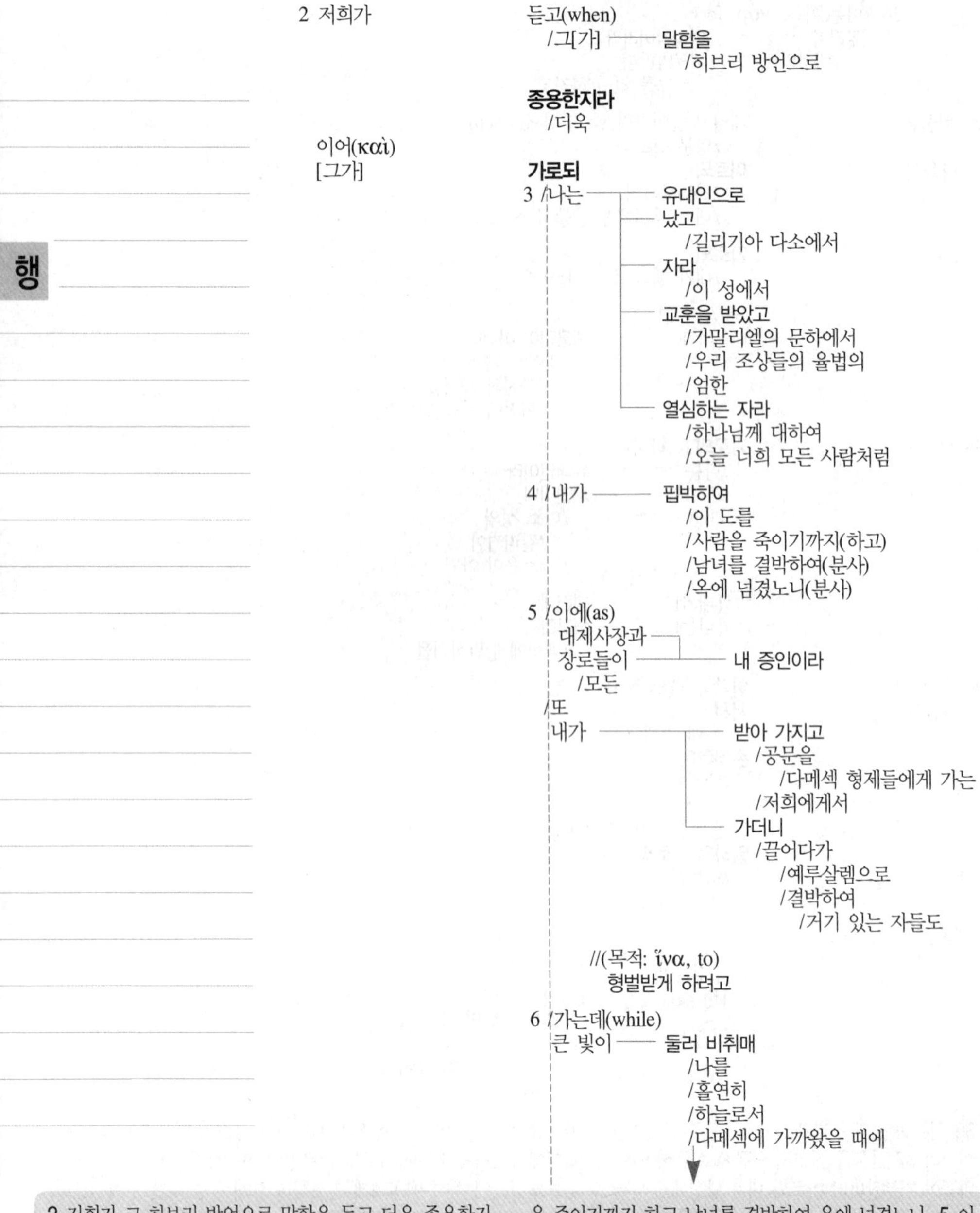

2 저희가 그 히브리 방언으로 말함을 듣고 더욱 종용한지
라 이어 가로되 3 나는 유대인으로 길리기아 다소에서 났
고 이 성에서 자라 가말리엘의 문하에서 우리 조상들의 율
법의 엄한 교훈을 받았고 오늘 너희 모든 사람처럼 하나님
께 대하여 열심하는 자라 4 내가 이 도를 핍박하여 사람
을 죽이기까지 하고 남녀를 결박하여 옥에 넘겼노니 5 이
에 대제사장과 모든 장로들이 내 증인이라 또 내가 저희에
게서 다메섹 형제들에게 가는 공문을 받아 가지고 거기 있
는 자들도 결박하여 예루살렘으로 끌어다가 형벌 받게 하
려고 가더니 6 가는데 다메섹에 가까왔을 때에 오정쯤 되

was addressing them in the Hebrew dialect, they became
even more quiet; and he said, 3 "I am a Jew, born in
Tarsus of Cilicia, but brought up in this city, educated
under Gamaliel, strictly according to the law of our fathers,
being zealous for God, just as you all are today. 4 "And
I persecuted this Way to the death, binding and putting
both men and women into prisons, 5 as also the high
priest and all the Council of the elders can testify. From
them I also received letters to the brethren, and started
off for Damascus in order to bring even those who were
there to Jerusalem as prisoners to be punished. 6 "And
it came about that as I was on my way, approaching Damascus

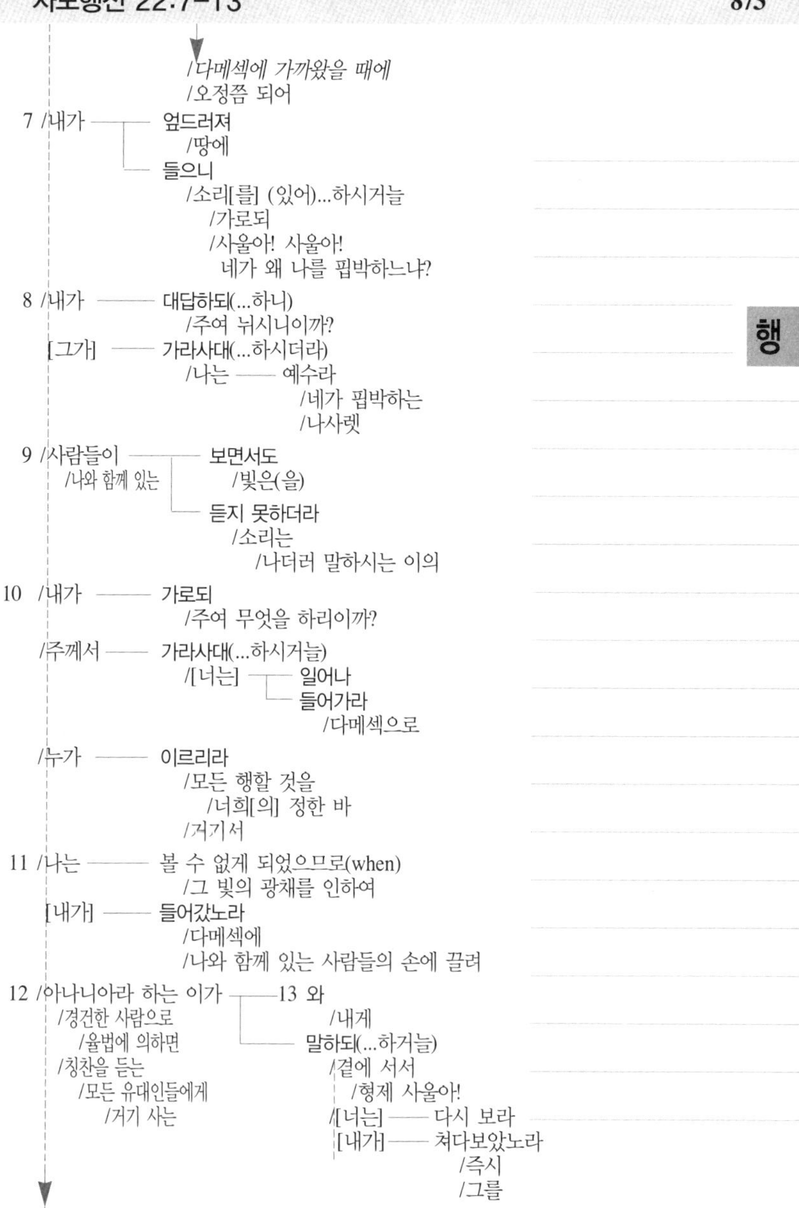

어 홀연히 하늘로서 큰 빛이 나를 둘러 비취매 7 내가 땅
에 엎드러져 들으니 소리 있어 가로되 사울아 사울아 네가
왜 나를 핍박하느냐 하시거늘 8 내가 대답하되 주여 뉘시
니이까 하니 가라사대 나는 네가 핍박하는 나사렛 예수라
하시더라 9 나와 함께 있는 사람들이 빛은 보면서도 나더
러 말하시는 이의 소리는 듣지 못하더라 10 내가 가로되
주여 무엇을 하리이까 주께서 가라사대 일어나 다메섹으로
들어가라 정한 바 너희 모든 행할 것을 거기서 누가 이르
리라 하시거늘 11 나는 그 빛의 광채를 인하여 볼 수 없
게 되었으므로 나와 함께 있는 사람들의 손에 끌려 다메섹
에 들어갔노라 12 율법에 의하면 경건한 사람으로 거기
사는 모든 유대인들에게 칭찬을 듣는 아나니아라 하는 이
가 13 내게 와 곁에 서서 말하되 형제 사울아 다시 보라
하거늘 즉시 그를 쳐다보았노라

about noontime, a very bright light suddenly flashed from
heaven all around me, 7 and I fell to the ground and
heard a voice saying to me, 'Saul, Saul, why are you
persecuting Me?' 8 "And I answered, 'Who art Thou, Lord?'
And He said to me, 'I am Jesus the Nazarene, whom
you are persecuting.' 9 "And those who were with me
beheld the light, to be sure, but did not understand the
voice of the One who was speaking to me. 10 "And I
said, 'What shall I do, Lord?' And the Lord said to me, 'Arise
and go on into Damascus; and there you will be told of
all that has been appointed for you to do.' 11 "But since
I could not see because of the brightness of that light, I

행

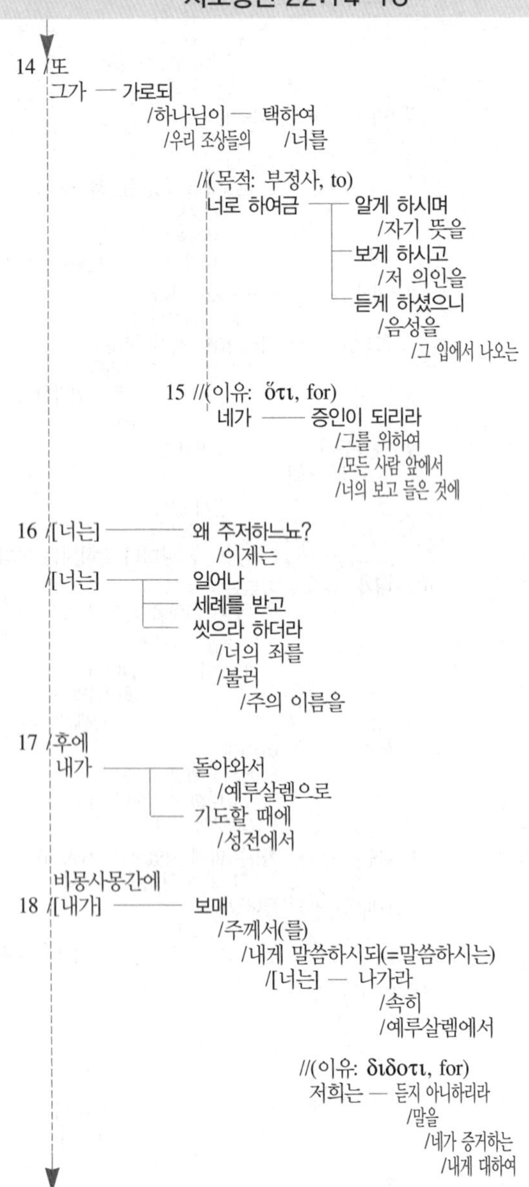

14 그가 또 가로되 우리 조상들의 하나님이 너를 택하여 너로 하여금 자기 뜻을 알게 하시며 저 의인을 보게 하시고 그 입에서 나오는 음성을 듣게 하셨으니 15 네가 그를 위하여 모든 사람 앞에서 너의 보고 들은 것에 증인이 되리라 16 이제는 왜 주저하느뇨 일어나 주의 이름을 불러 세례를 받고 너의 죄를 씻으라 하더라 17 후에 내가 예루살렘으로 돌아와서 성전에서 기도할 때에 비몽사몽간에 18 보매 주께서 내게 말씀하시되 속히 예루살렘에서 나가라 저희는 네가 내게 대하여 증거하는 말을 듣지 아니하리라 하시거늘

was led by the hand by those who were with me, and came into Damascus. 12 "And a certain Ananias, a man who was devout by the standard of the Law, and well spoken of by all the Jews who lived there, 13 came to me, and standing near said to me, 'Brother Saul, receive your sight!' And at that very time I looked up at him. 14 "And he said, 'The God of our fathers has appointed you to know His will, and to see the Righteous One, and to hear an utterance from His mouth. 15 'For you will be a witness for Him to all men of what you have seen and heard. 16 'And now why do you delay? Arise, and be baptized, and wash away your sins, calling on His name.' 17 "And it came about when I returned to Jerusalem and was praying in the temple, that I fell into a trance, 18 and I saw Him saying to me, 'Make haste, and get out of Jerusalem quickly, because they will not accept

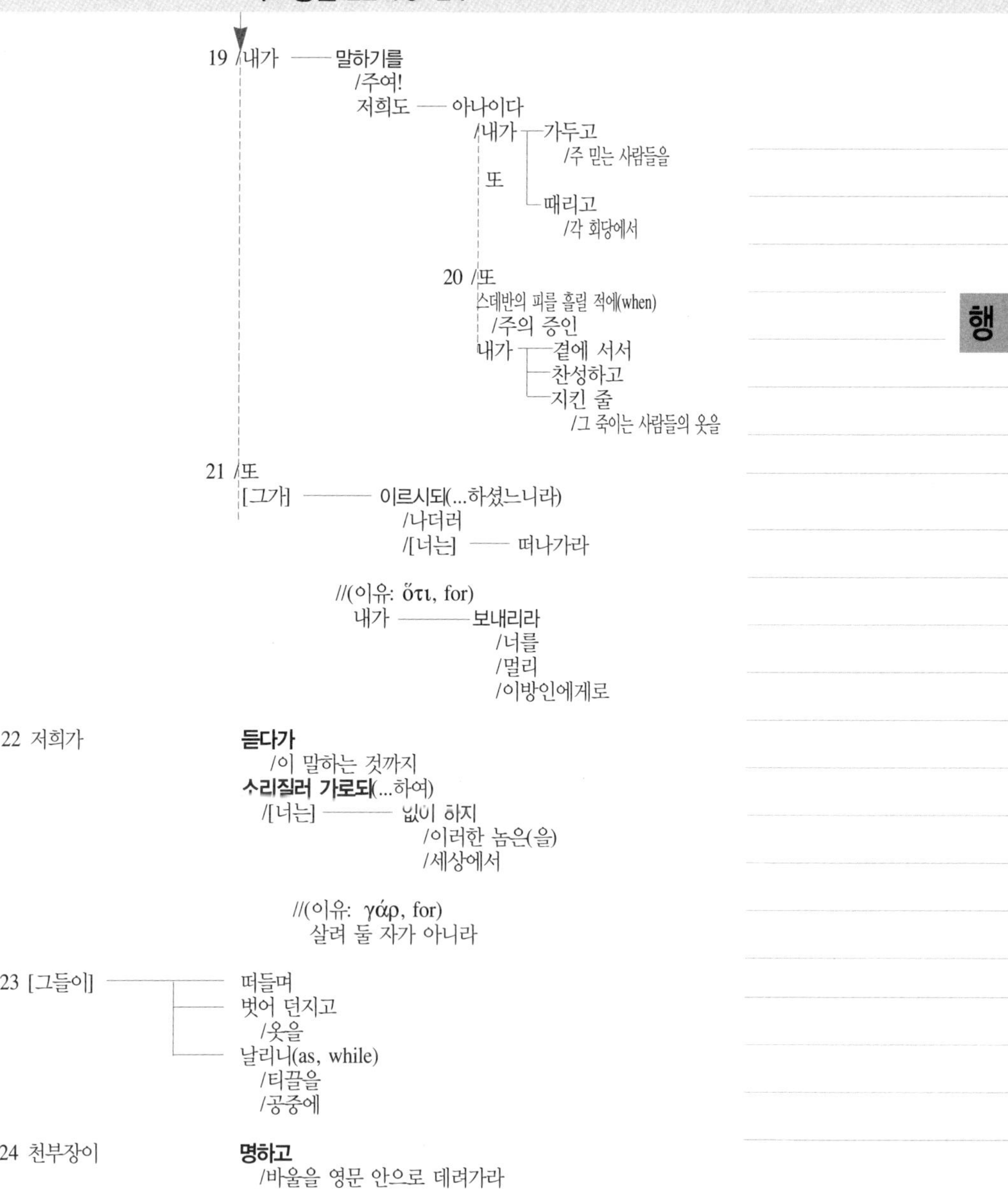

행

19 내가 말하기를 주여 내가 주 믿는 사람들을 가두고 또
각 회당에서 때리고 20 또 주의 증인 스데반의 피를 흘릴
적에 내가 곁에 서서 찬성하고 그 죽이는 사람들의 옷을
지킨 줄 저희도 아나이다 21 나더러 또 이르시되 떠나가
라 내가 너를 멀리 이방인에게로 보내리라 하셨느니라 22
이 말 하는 것까지 저희가 듣다가 소리질러 가로되 이러한
놈은 세상에서 없이 하자 살려 둘 자가 아니라 하여 23
떠들며 옷을 벗어 던지고 티끌을 공중에 날리니 24 천부
장이 바울을 영문 안으로 데려가라 명하고 저희가 무슨 일
로 그를 대하여 떠드나 알고자 하여 채찍질하며 신문하라

your testimony about Me.' 19 "And I said, 'Lord, they
themselves understand that in one synagogue after another
I used to imprison and beat those who believed in Thee.
20 'And when the blood of Thy witness Stephen was
being shed, I also was standing by approving, and watching
out for the cloaks of those who were slaying him.' 21
"And He said to me, 'Go! For I will send you far away
to the Gentiles.'" 22 And they listened to him up to this
statement, and then they raised their voices and said,
"Away with such a fellow from the earth, for he should
not be allowed to live!" 23 And as they were crying out
and throwing off their cloaks and tossing dust into the
air, 24 the commander ordered him to be brought into
the barracks, stating that he should be examined by

[명]한 대
/신문하라(=신문하기를)
/채찍질하며

//(목적: ἵνα, so that...may)
[그가] —— 알고자 하여
/저희가 —— 떠드나
/무슨 일로
/그를 대하여

25 [그들이] 매니(when)
/바울을
/가죽줄로

행

바울이 **이르되**(...하니)
/백부장더러
/곁에 섰는
/너희가 —— 채찍질할 수 있느냐?
/로마 사람 된 자를
/죄도 정치 아니하고

26 백부장이 듣고(when)
가서
전하여 가로되(...하니)
/천부장에게
/어찌하려 하느뇨?

//(이유: γάρ, for)
이는 —— 로마 사람이라

27 천부장이 **와서**
말하되
/바울에게
/[너는] —— 말하라
/내게
/네가 로마 사람이냐?

[바울이] **가로되**
/그러하다

28 천부장이 **대답하되**
/나는 —— 얻었노라
/이 시민권을
/돈을 많이 들여

바울이 **가로되**
/나는 나면서부터로라

29 사람들이 **물러가고**
/신문하려던 /곧
/그에게서

천부장도 **두려워하니라**
/알고
/그가 로마 사람인 줄
/또는 그 결박한 것을 인하여

한대 25 가죽줄로 바울을 매니 바울이 곁에 섰는 백부장
더러 이르되 너희가 로마 사람 된 자를 죄도 정치 아니하
고 채찍질할 수 있느냐 하니 26 백부장이 듣고 가서 천부
장에게 전하여 가로되 어찌하려 하느뇨 이는 로마 사람이
라 하니27 천부장이 와서 바울에게 말하되 네가 로마 사
람이냐 내게 말하라 가로되 그러하다 28 천부장이 대답
하되 나는 돈을 많이 들여 이 시민권을 얻었노라 바울이
가로되 나는 나면서부터로라 하니 29 신문하려던 사람들
이 곧 그에게서 물러가고 천부장도 그가 로마 사람인 줄
알고 또는 그 결박한 것을 인하여 두려워하니라

scourging so that he might find out the reason why they
were shouting against him that way. 25 And when they
stretched him out with thongs, Paul said to the centurion
who was standing by, "Is it lawful for you to scourge a
man who is a Roman and uncondemned?" 26 And when
the centurion heard this, he went to the commander and
told him, saying, "What are you about to do? For this
man is a Roman." 27 And the commander came and said
to him, "Tell me, are you a Roman?" And he said, "Yes."
28 And the commander answered, "I acquired this citizenship
with a large sum of money." And Paul said, "But I was
actually born a citizen." 29 Therefore those who were

30 이튿날
천부장이 **풀고**
/그 결박을

//(이유: 분사, since)
알고자 하여
/실상을
/무슨 일로 유대인들이 그를 송사하는지

명하여
/모으고(=모이도록)
/제사장들과
온 공회를
데리고 내려가서
/바울을
세우니라
/저희 앞에

23

1 바울이 **주목하여 가로되**(...하거늘)
/공회를
/여러분 형제들아!
내가 —— 섬겼노라
/하나님을
/오늘날까지
/범사에
/양심을 따라

2 아나니아가 **명하니**
/대제사장
/바울 곁에 섰는 사람들에게
/그 입을 치라

3 바울이 **가로되**(...하니)
/회칠한 담이여!
하나님이 —— 치시리로다
/너를
네가 —— 앉아서
/판단한다고
/나를
/율법대로
[말]하느냐?
/율법을 어기고
/나를 치라

4 사람들이 **말하되**
/곁에 선
/네가 —— 욕하느냐?
/하나님의 대제사장을

30 이튿날 천부장이 무슨 일로 유대인들이 그를 송사하는지
실상을 알고자 하여 그 결박을 풀고 명하여 제사장들과 온
공회를 모으고 바울을 데리고 내려가서 저희 앞에 세우니라

23:1 바울이 공회를 주목하여 가로되 여러분 형제들
아 오늘날까지 내가 범사에 양심을 따라 하나님을
섬겼노라 하거늘 2 대제사장 아나니아가 바울 곁에 섰는
사람들에게 그 입을 치라 명하니 3 바울이 가로되 회칠한
담이여 하나님이 너를 치시리로다 네가 나를 율법대로 판
단한다고 앉아서 율법을 어기고 나를 치라 하느냐 하니 4
곁에 선 사람들이 말하되 하나님의 대제사장을 네가 욕하

about to examine him immediately let go of him; and the
commander also was afraid when he found out that he
was a Roman, and because he had put him in chains. 30
But on the next day, wishing to know for certain why he
had been accused by the Jews, he released him and ordered
the chief priests and all the Council to assemble, and
brought Paul down and set him before them.

23:1 And Paul, looking intently at the Council, said,
"Brethren, I have lived my life with a perfectly
good conscience before God up to this day." 2 And the
high priest Ananias commanded those standing beside him
to strike him on the mouth. 3 Then Paul said to him,
"God is going to strike you, you whitewashed wall! And
do you sit to try me according to the Law, and in violation
of the Law order me to be struck?" 4 But the bystanders

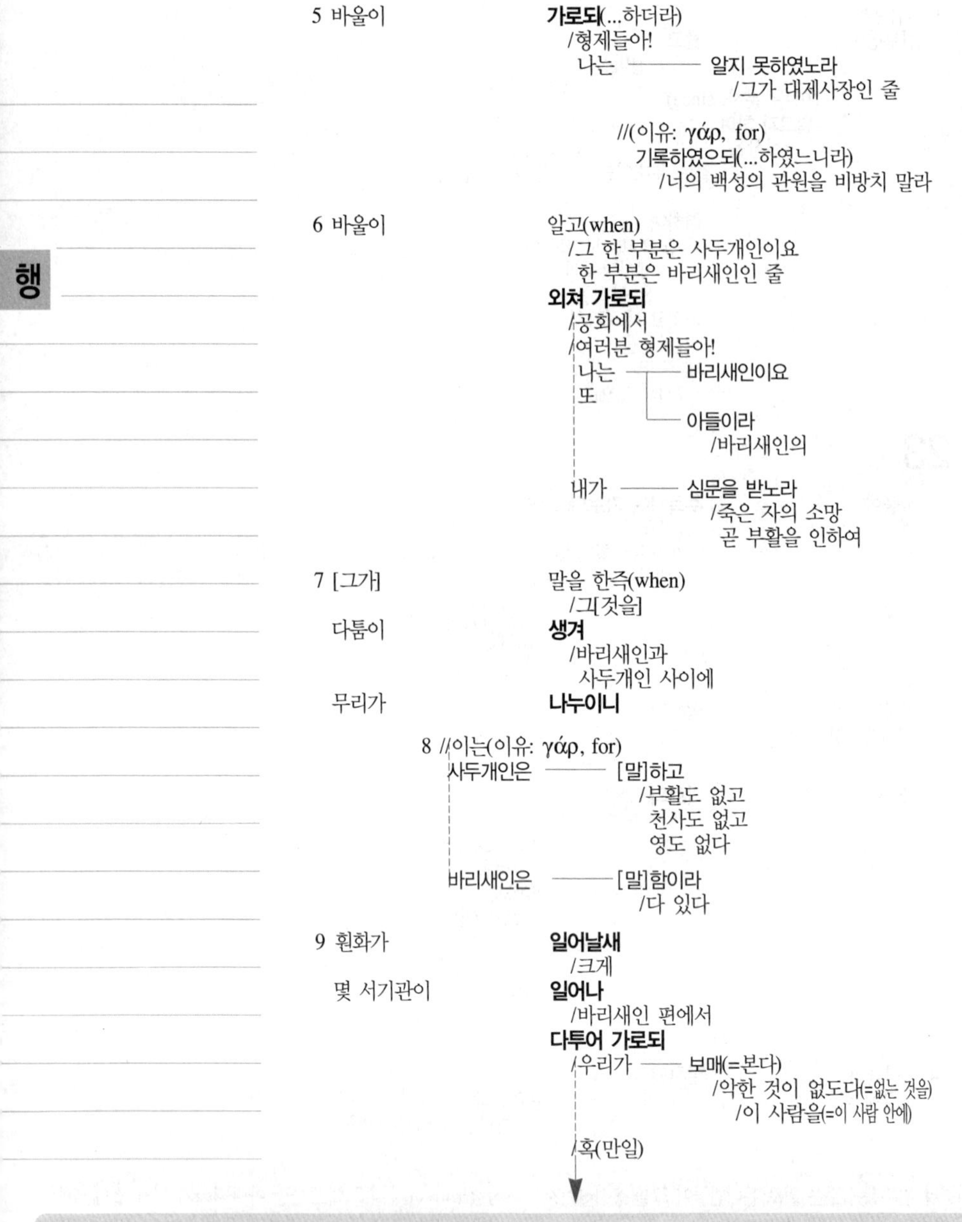

느냐 5 바울이 가로되 형제들아 나는 그가 대제사장인 줄
알지 못하였노라 기록하였으되 너희 백성의 관원을 비방치
말라 하였느니라 하더라 6 바울이 그 한 부분은 사두개인
이요 한 부분은 바리새인인 줄 알고 공회에서 외쳐 가로되
여러분 형제들아 나는 바리새인이요 또 바리새인의 아들이
라 죽은 자의 소망 곧 부활을 인하여 내가 심문을 받노라
7 그 말을 한즉 바리새인과 사두개인 사이에 다툼이 생겨
무리가 나누이니 8 이는 사두개인은 부활도 없고 천사도
없고 영도 없다 하고 바리새인은 다 있다 함이라 9 크게
훤화가 일어날새 바리새인 편에서 몇 서기관이 일어나 다

said, "Do you revile God's high priest?" 5 And Paul
said, "I was not aware, brethren, that he was high priest;
for it is written, 'You shall not speak evil of a ruler of
your people.'" 6 But perceiving that one part were Sadducees
and the other Pharisees, Paul began crying out in the
Council, "Brethren, I am a Pharisee, a son of Pharisees;
I am on trial for the hope and resurrection of the dead!"
7 And as he said this, there arose a dissension between
the Pharisees and Sadducees; and the assembly was divided.
8 For the Sadducees say that there is no resurrection, nor
an angel, nor a spirit; but the Pharisees acknowledge them
all. 9 And there arose a great uproar; and some of the

투어 가로되 우리가 이 사람을 보매 악한 것이 없도다 혹
영이나 혹 천사가 저더러 말하였으면 어찌 하겠느뇨 하여
10 큰 분쟁이 생기니 천부장이 바울이 저희에게 찢겨질까
하여 군사를 명하여 내려가 무리 가운데서 빼앗아 가지고
영문으로 들어가라 하니라 11 그 날 밤에 주께서 바울 곁
에 서서 이르시되 담대하라 네가 예루살렘에서 나의 일을
증거한 것같이 로마에서도 증거하여야 하리라 하시니라
12 날이 새매 유대인들이 당을 지어 맹세하되 바울을 죽
이기 전에는 먹지도 아니하고 마시지도 아니하겠다 하고
13 이같이 동맹한 자가 사십여 명이더라 14 대제사장들
과 장로들에게 가서 말하되 우리가 바울을 죽이기 전에는
아무 것도 먹지 않기로 굳게 맹세하였으니

scribes of the Pharisaic party stood up and began to argue heatedly, saying, "We find nothing wrong with this man; suppose a spirit or an angel has spoken to him?"
10 And as a great dissension was developing, the commander was afraid Paul would be torn to pieces by them and ordered the troops to go down and take him away from them by force, and bring him into the barracks.
11 But on the night immediately following, the Lord stood at his side and said, "Take courage; for as you have solemnly witnessed to My cause at Jerusalem, so you must witness at Rome also."
12 And when it was day, the Jews formed a conspiracy and bound themselves under an oath, saying that they would neither eat nor drink until they had killed Paul.
13 And there were more than forty who formed this plot.
14 And they came to the chief priests and the elders, and said, "We have bound ourselves under a solemn oath

말하되
/우리가 —— 맹세하였으니
/굳게
/[우리가] — 죽이기 전에는
/바울을
먹지 않기로
/아무것도

15 /이제
너희는 —— 청하여(...하라)
/천부장에게
/공회와 함께
/데리고 내려오게
/바울을
/너희에게로
/알아볼 양으로
/그의 사실을
/더 자세히

/우리는 —— 준비하였노라 하더니
/죽이기로
/[그를]
/그가 가까이 오기 전에

16 바울의 생질이 **듣고**
/그들이 매복하여 있다 함을
와서
/영문에 (들어가)
고한지라
/바울에게

17 바울이 **청하여 가로되**
/한 백부장을
/[너는] —— 인도하라
/이 청년을
/천부장에게로

//(이유: γάρ, for)
[그가] — 할 말이 있다(하니)
/무슨
/그에게

18 [그가] **데리고 가서**
/천부장에게로
가로되
/바울이 —— 불러
/죄수 /나를
청하더이다 하매

15 이제 너희는 그의 사실을 더 자세히 알아 볼 양으로 공회와 함께 천부장에게 청하여 바울을 너희에게로 데리고 내려오게 하라 우리는 그가 가까이 오기 전에 죽이기로 준비하였노라 하더니 16 바울의 생질이 그들이 매복하여 있다 함을 듣고 와서 영문에 들어가 바울에게 고한지라 17 바울이 한 백부장을 청하여 가로되 이 청년을 천부장에게로 인도하라 그에게 무슨 할 말이 있다 하니 18 천부장에게로 데리고 가서 가로되 죄수 바울이 나를 불러 이 청년이 당신께 할 말이 있다 하여 데리고 가기를 청하더이다 하매

to taste nothing until we have killed Paul. 15 "Now, therefore, you and the Council notify the commander to bring him down to you, as though you were going to determine his case by a more thorough investigation; and we for our part are ready to slay him before he comes near the place." 16 But the son of Paul's sister heard of their ambush, and he came and entered the barracks and told Paul. 17 And Paul called one of the centurions to him and said, "Lead this young man to the commander, for he has something to report to him." 18 So he took him and led him to the commander and said, "Paul the prisoner called me to him and asked me to lead this young man to you since

청하더이다 하매
/데리고 가기를
/이 청년이(을)
/[당신께]
/할 말이 있다 하여
/당신께

19 천부장이 **잡고**
물러가서
묻되
/종용히
/내게 할 말이 무엇이냐?

20 [그가] **대답하되**(...하고)
/유대인들이 — 공모하기를
/청하자 하였으니
/당신께
/데리고 내려오기를
/그를
/내일
/공회로
/(저희들이)묻기 위함이라
/바울에 대하여
/더 자세한 것을

21 /당신은 — 좇지 마옵소서
/저희 청함을

//(이유: γάρ, for)
사십여 명이 — 죽이려고 숨어서
/맹세한 자 /그를
/저희 중에서
/바울을 죽이기 전에는
먹지도 않고
마시지도 않기로

//다 — 준비하고
/지금
기다리나이다 하매
/당신의 허락만

22 이에
천부장이 **보내며**
/청년을
/경계하되(...하고)
/아무에게도 이르지 말라
/[네가] — 고하였다고
/이 일을
/내게

행

19 천부장이 그 손을 잡고 물러가서 종용히 묻되 내게 할 말이 무엇이냐 20 대답하되 유대인들이 공모하기를 저희들이 바울에 대하여 더 자세한 것을 묻기 위함이라 하고 내일 그를 데리고 공회로 내려오기를 당신께 청하자 하였으니 21 당신은 저희 청함을 좇지 마옵소서 저희 중에서 바울을 죽이기 전에는 먹지도 않고 마시지도 않기로 맹세한 자 사십여 명이 그를 죽이려고 숨어서 지금 다 준비하고 당신의 허락만 기다리나이다 하매 22 이에 천부장이 청년을 보내며 경계하되 이 일을 내게 고하였다고 아무에게도 이르지 말라 하고

he has something to tell you." 19 And the commander took him by the hand and stepping aside, began to inquire of him privately, "What is it that you have to report to me?" 20 And he said, "The Jews have agreed to ask you to bring Paul down tomorrow to the Council, as though they were going to inquire somewhat more thoroughly about him. 21 "So do not listen to them, for more than forty of them are lying in wait for him who have bound themselves under a curse not to eat or drink until they slay him; and now they are ready and waiting for the promise from you." 22 Therefore the commander let the young man go, instructing him, "Tell no one that you have

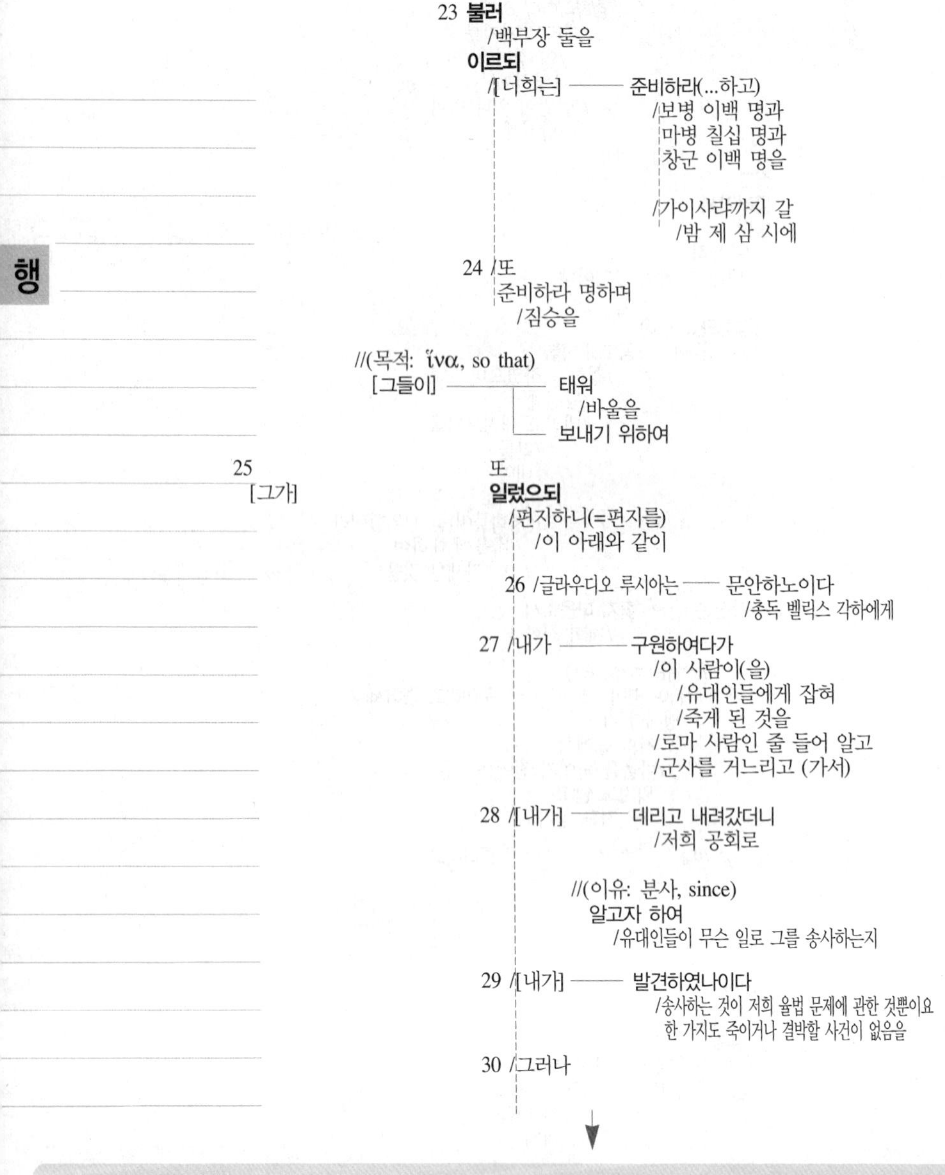

23 백부장 둘을 불러 이르되 밤 제삼시에 가이사랴까지
갈 보병 이백 명과 마병 칠십 명과 창군 이백 명을 준비하
라 하고 24 또 바울을 태워 총독 벨릭스에게로 무사히 보
내기 위하여 짐승을 준비하라 명하며 25 또 이 아래와 같
이 편지하니 일렀으되 26 글라우디오 루시아는 총독 벨
릭스 각하에게 문안하노이다 27 이 사람이 유대인들에게
잡혀 죽게 된 것을 내가 로마 사람인 줄 들어 알고 군사를
거느리고 가서 구원하여다가 28 유대인들이 무슨 일로
그를 송사하는지 알고자 하여 저희 공회로 데리고 내려갔
더니 29 송사하는 것이 저희 율법 문제에 관한 것 뿐이요
한 가지도 죽이거나 결박할 사건이 없음을 발견하였나이다

notified me of these things." 23 And he called to him
two of the centurions, and said, "Get two hundred soldiers ready by the third hour of the night to proceed to Caesarea, with seventy horsemen and two hundred spearmen." 24
They were also to provide mounts to put Paul on and bring him safely to Felix the governor. 25 And he wrote
a letter having this form: 26 "Claudius Lysias, to the
most excellent governor Felix, greetings. 27 "When this
man was arrested by the Jews and was about to be slain by them, I came upon them with the troops and rescued him, having learned that he was a Roman. 28 "And
wanting to ascertain the charge for which they were accusing him, I brought him down to their Council; 29
and I found him to be accused over questions about their

30 그러나 이 사람을 해하려는 간계가 있다고 누가 내게
알게 하기로 곧 당신께로 보내며 또 송사하는 사람들도 당
신 앞에서 그를 대하여 말하라 하였나이다 하였더라 31
보병이 명을 받은 대로 밤에 바울을 데리고 안디바드리에
이르러 32 이튿날 마병으로 바울을 호송하게 하고 영문
으로 돌아가니라 33 저희가 가이사랴에 들어가서 편지를
총독에게 드리고 바울을 그 앞에 세우니 34 총독이 읽고
바울더러 어느 영지(領地) 사람이냐 물어 갈리기아 사람인
줄 알고 35 가로되 너를 송사하는 사람들이 오거든 네 말
을 들으리라 하고 헤롯 궁에 그를 지키라 명하니라

Law, but under no accusation deserving death or imprisonment.
30 "And when I was informed that there would be a
plot against the man, I sent him to you at once, also instructing
his accusers to bring charges against him before you." 31
¶ So the soldiers, in accordance with their orders, took
Paul and brought him by night to Antipatris. 32 But the
next day, leaving the horsemen to go on with him, they returned
to the barracks. 33 And when these had come to Caesarea
and delivered the letter to the governor, they also presented
Paul to him. 34 And when he had read it, he asked from
what province he was; and when he learned that he was
from Cilicia, 35 he said, "I will give you a hearing after
your accusers arrive also," giving orders for him to be
kept in Herod's Praetorium.

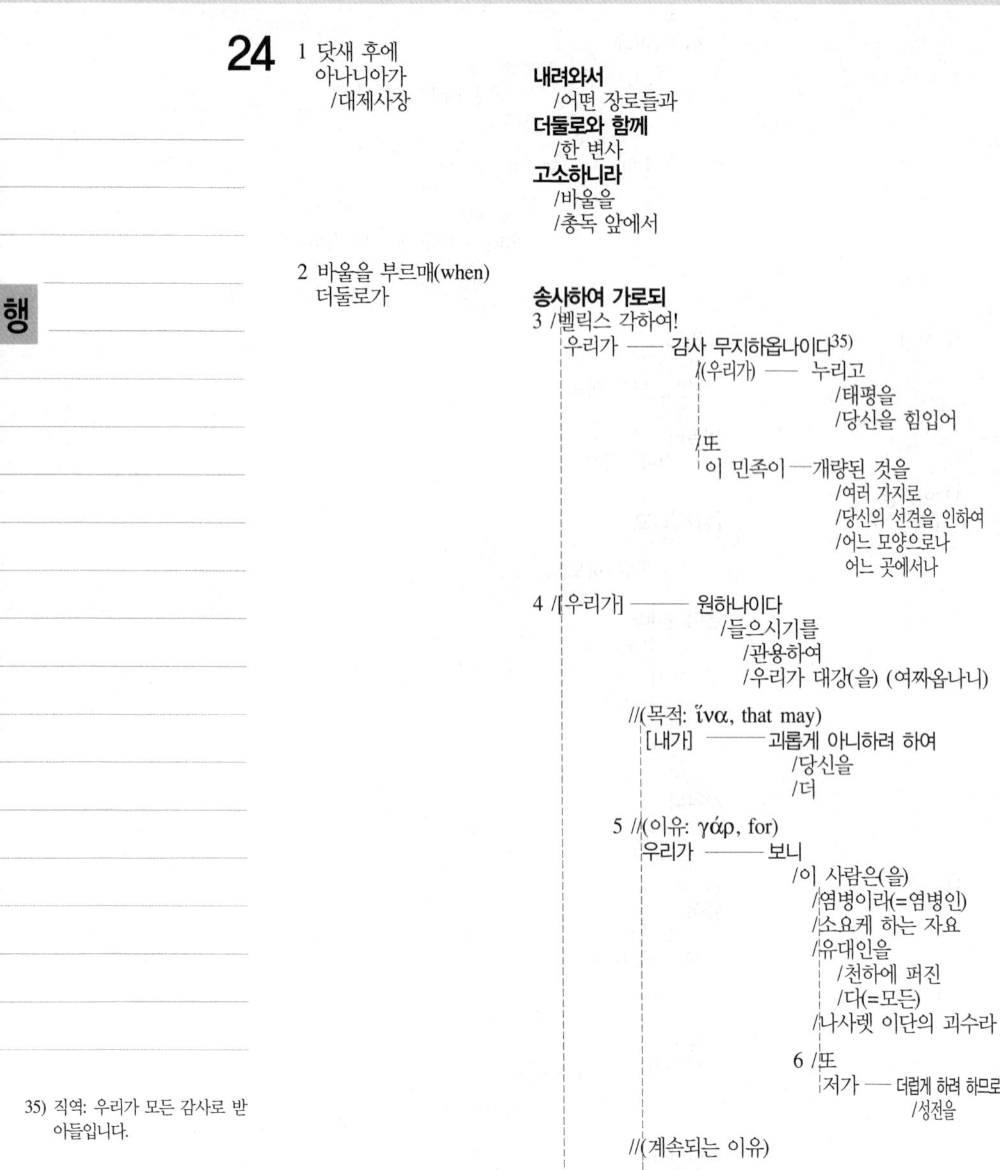

35) 직역: 우리가 모든 감사로 받아들입니다.

24:1 닷새 후에 대제사장 아나니아가 어떤 장로들과
한 변사 더둘로와 함께 내려와서 총독 앞에서 바울
을 고소하니라 2 바울을 부르매 더둘로가 송사하여 가로
되 3 벨릭스 각하여 우리가 당신을 힘입어 태평을 누리고
또 이 민족이 당신의 선견을 인하여 여러 가지로 개량된
것을 우리가 어느 모양으로나 어느 곳에서나 감사 무지 하
옵나이다 4 당신을 더 괴롭게 아니하려 하여 우리가 대강
여짜옵나니 관용하여 들으시기를 원하나이다 5 우리가
보니 이 사람은 염병이라 천하에 퍼진 유대인을 다 소요케
하는 자요 나사렛 이단의 괴수라 6 저가 또 성전을 더럽

24:1 ¶ And after five days the high priest Ananias
came down with some elders, with a certain attorney
named Tertullus; and they brought charges to the governor
against Paul. 2 And after Paul had been summoned,
Tertullus began to accuse him, saying to the governor, ¶ "Since
we have through you attained much peace, and since by
your providence reforms are being carried out for this
nation, 3 we acknowledge this in every way and everywhere,
most excellent Felix, with all thankfulness. 4 "But, that I
may not weary you any further, I beg you to grant us,
by your kindness, a brief hearing. 5 "For we have found
this man a real pest and a fellow who stirs up dissension

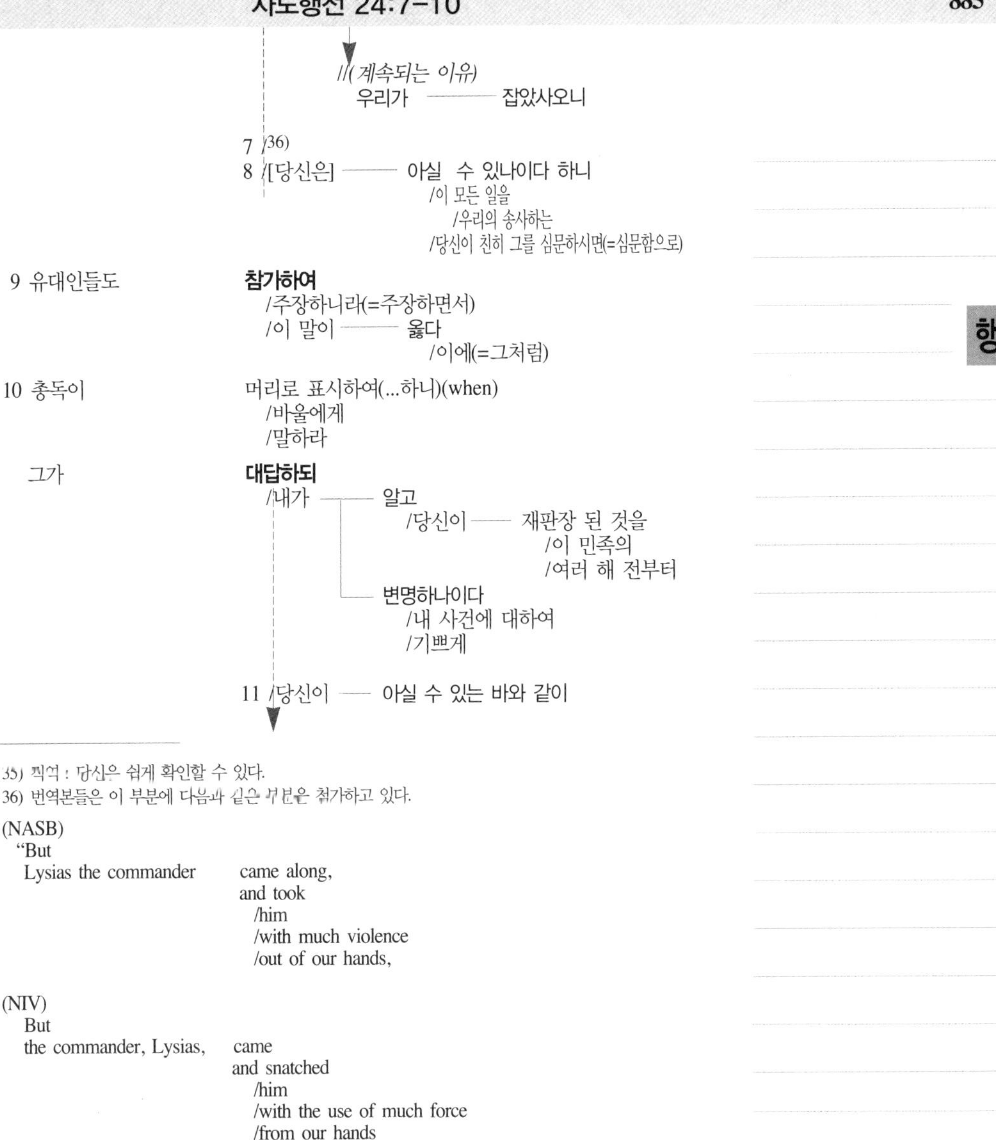

//(계속되는 이유)
우리가 ——— 잡았사오니

7 /36)
8 /[당신은] ——— 아실 수 있나이다 하니
/이 모든 일을
/우리의 송사하는
/당신이 친히 그를 심문하시면(=심문함으로)

9 유대인들도 **참가하여**
/주장하니라(=주장하면서)
/이 말이 ——— 옳다
/이에(=그처럼)

10 총독이 머리로 표시하여(...하니)(when)
/바울에게
/말하라

그가 **대답하되**
/내가 ——— 알고
/당신이 ——— 재판장 된 것을
/이 민족의
/여러 해 전부터
변명하나이다
/내 사건에 대하여
/기쁘게

11 /당신이 ——— 아실 수 있는 바와 같이

35) 직역 : 당신은 쉽게 확인할 수 있다.
36) 번역본들은 이 부분에 다음과 같은 부분을 첨가하고 있다.

(NASB)
"But
Lysias the commander came along,
and took
/him
/with much violence
/out of our hands,

(NIV)
But
the commander, Lysias, came
and snatched
/him
/with the use of much force
/from our hands
and ordered
/his accusers
/to come
/before you.

게 하려 하므로 우리가 잡았사오니 7 당신이 친히 그를 심
문하시면 8 우리의 송사하는 이 모든 일을 아실 수 있나
이다 하니 9 유대인들도 이에 참가하여 이 말이 옳다 주
장하니라 10 총독이 바울에게 머리로 표시하여 말하라
하니 그가 대답하되 당신이 여러 해 전부터 이 민족의 재
판장 된 것을 내가 알고 내 사건에 대하여 기쁘게 변명하
나이다 11 당신이 아실 수 있는 바와 같이 내가 예루살렘
에 예배하러 올라간 지 열 이틀밖에 못되었고 12 저희는
내가 성전에서 아무와 변론하는 것이나 회당과 또는 성중
에서 무리를 소동케 하는 것을 보지 못하였으니

among all the Jews throughout the world, and a ringleader
of the sect of the Nazarenes. 6 "And he even tried to
desecrate the temple; and then we arrested him. [And we
wanted to judge him according to our own Law. 7 "But Lysias
the commander came along, and with much violence took
him out of our hands, 8 ordering his accusers to come
before you.] And by examining him yourself concerning
all these matters, you will be able to ascertain the things
of which we accuse him." 9 And the Jews also joined in
the attack, asserting that these things were so. 10 ¶ And
when the governor had nodded for him to speak, Paul
responded: ¶ Knowing that for many years you have been

행

11 /당신이 ——아실 수 있는 바와 같이[37)]
/열 이틀 밖에 못되었고
/내가 예루살렘에 예배하러 올라간 지

12 /저희는 ——보지 못하였으니
/내가 —변론하는 것이나
/성전에서
/아무와
소동케 하는 것을
/무리를
/회당과
또는 성중에서

13 /저희가 ——능히 내세울 것이 없나이다
/당신 앞에
/모든 일에 대하여
/송사하는
/나를
/이제(=지금)

14 /그러나
[내가] ——고백하리이다
/이것을
/당신께
/나는 —섬기고
/하나님을
/조상의
/도를 좇아
/저희가 이단이라 하는
믿으며
/기록된 것을
/율법과
및 선지자들의 글에
/다(=모든 것을)

15 /(나도)가졌으니(=가지면서)
/소망을
/하나님께 향한
/저희의 기다리는 바
/곧
부활이 있으리라 (함이라)
/의인과
악인의

16 /나도 —— 힘쓰노라
/거리낌이 없기를
/양심에
/하나님과 사람을 대하여
/항상
/이것을 인하여

17 /내가 —— 가지고 와서

37) 직역 : 당신은 쉽게 확인할 수 있다.

13 이제 나를 송사하는 모든 일에 대하여 저희가 능히 당신 앞에 내세울 것이 없나이다 14 그러나 이것을 당신께 고백하리이다 나는 저희가 이단이라 하는 도를 좇아 조상의 하나님을 섬기고 율법과 및 선지자들의 글에 기록된 것을 다 믿으며 15 저희의 기다리는 바 하나님께 향한 소망을 나도 가졌으니 곧 의인과 악인의 부활이 있으리라 함이라 16 이것을 인하여 나도 하나님과 사람을 대하여 항상 양심에 거리낌이 없기를 힘쓰노라

a judge to this nation, I cheerfully make my defense, 11
since you can take note of the fact that no more than
twelve days ago I went up to Jerusalem to worship. 12
"And neither in the temple, nor in the synagogues, nor in
the city itself did they find me carrying on a discussion
with anyone or causing a riot. 13 "Nor can they prove to
you the charges of which they now accuse me. 14 "But
this I admit to you, that according to the Way which they
call a sect I do serve the God of our fathers, believing
everything that is in accordance with the Law, and that is
written in the Prophets; 15 having a hope in God, which
these men cherish themselves, that there shall certainly be
a resurrection of both the righteous and the wicked. 16
"In view of this, I also do my best to maintain always a

17 /*내가* —— *가지고 와서*
/구제할 것과
/내 민족을
제물을
/여러 해 만에

18 /저희가 — 보았나이다
/드리는 중에
/내가 — 결례를 행하였고
성전에 있는 것을
/모임도 없고
소동도 없이

/그러나
어떤 유대인들이 —— 있었으니
/아시아로부터 온

19 /만일
저희가 —— 사건이 있으면(조건문)
/나를 반대할
마땅히 와서
/당신 앞에
송사하였을 것이요

20 /그렇지 않으면
이 사람들이 —— 말하라 하소서
/내가 공회 앞에 섰을 때에(when)
[그들이] — 보았는가
/무슨 옳지 않은 것을

21 /오직
내가 —— 외치기를(...아니)
/저희 가운데 서서
/이 한 소리가 있을 따름이니이다
/내가 — 심문을 받는다고 한
/죽은 자의 부활에 대하여
/오늘 너희 앞에

22 벨릭스가 **연기하여 가로되**(...하고)
/아는(고로) /천부장 루시아가 내려오거든(when)
/이 도에 관한 것을 /[내가] —— 처결하리라
/더 자세히 /너희 일을

23 [그가] **명하여**(...하니라)
/백부장을
/바울을 지키되

행

17 여러 해 만에 내가 내 민족을 구제할 것과 제물을 가지
고 와서 18 드리는 중에 내가 결례를 행하였고 모임도 없
고 소동도 없이 성전에 있는 것을 저희가 보았나이다 그러
나 아시아로부터 온 어떤 유대인들이 있었으니 19 저희가
만일 나를 반대할 사건이 있으면 마땅히 당신 앞에 와서
송사하였을 것이요 20 그렇지 않으면 이 사람들이 내가
공회 앞에 섰을 때에 무슨 옳지 않은 것을 보았는가 말하
라 하소서 21 오직 내가 저희 가운데 서서 외치기를 내가
죽은 자의 부활에 대하여 오늘 너희 앞에 심문을 받는다고
한 이 한 소리가 있을 따름이니이다 하니 22 벨릭스가 이

blameless conscience both before God and before men.
17 "Now after several years I came to bring alms to my nation
and to present offerings; 18 in which they found me
occupied in the temple, having been purified, without any
crowd or uproar. But there were certain Jews from Asia
— 19 who ought to have been present before you, and
to make accusation, if they should have anything against
me. 20 "Or else let these men themselves tell what misdeed
they found when I stood before the Council, 21 other
than for this one statement which I shouted out while
standing among them, 'For the resurrection of the dead I
am on trial before you today.'" 22 ¶ But Felix, having a
more exact knowledge about the Way, put them off, saying,
"When Lysias the commander comes down, I will decide your

/*바울을 지키되*
/자유를 주며
/금치 말라
/친구 중 아무나 수종하는 것을

24 수일 후에
벨릭스가 **와서**
/드루실라와 함께
/그 아내
/유대 여자
불러
/바울을
듣거늘
/믿는 도를
/그리스도 예수[에 관한]

25 바울이 강론하니(as)
/의와
절제와
장차 오는 심판을
벨릭스가 **두려워하여**
대답하되
/[너희는] ——— 가라
/시방은

//(결과)
내가 ┬ 틈이 있으면
└ 너를 부르리라 하고

26 또
[그가] **바라는 고로**
/바울에게서 돈을 받을까
/동시에
불러
/더 자주
이야기하더라
/[그와]같이

27 이태를 지내서(after)
보르기오 베스도가 **대신하니**
/벨릭스의 소임을
벨릭스가 **구류하여 두니라**
/바울을

//(이유: 분사, because)
유대인의 마음을 얻고자 하여

도에 관한 것을 더 자세히 아는 고로 연기하여 가로되 천
부장 루시아가 내려오거든 너희 일을 처결하리라 하고 23
백부장을 명하여 바울을 지키되 자유를 주며 친구 중 아무
나 수종하는 것을 금치 말라 하니라 24 수일 후에 벨릭스
가 그 아내 유대 여자 드루실라와 함께 와서 바울을 불러
그리스도 예수 믿는 도를 듣거늘 25 바울이 의와 절제와
장차 오는 심판을 강론하니 벨릭스가 두려워하여 대답하되
시방은 가라 내가 틈이 있으면 너를 부르리라 하고 26 동
시에 또 바울에게서 돈을 받을까 바라는고로 더 자주 불러
같이 이야기하더라 27 이태를 지내서 보르기오 베스도가
벨릭스의 소임을 대신하니 벨릭스가 유대인의 마음을 얻고
자 하여 바울을 구류하여 두니라

case." 23 And he gave orders to the centurion for him to
be kept in custody and yet have some freedom, and not
to prevent any of his friends from ministering to him. 24
¶ But some days later, Felix arrived with Drusilla, his
wife who was a Jewess, and sent for Paul, and heard him
speak about faith in Christ Jesus. 25 And as he was discussing
righteousness, self-control and the judgment to come, Felix
became frightened and said, "Go away for the present,
and when I find time, I will summon you." 26 At the
same time too, he was hoping that money would be given
him by Paul; therefore he also used to send for him quite
often and converse with him. 27 But after two years had
passed, Felix was succeeded by Porcius Festus; and wishing
to do the Jews a favor, Felix left Paul imprisoned.

25

1 도임한 지 삼 일 후에
베스도가 **올라가니**
/예루살렘으로
/가이사랴에서

2 대제사장들과
높은 사람들이 **고소할새**
/유대인 중 /바울을

[그들이] **[고소하니라]**
/[바울을]

3 /청하니(=청하면서)
/옮겨 보내기를
/바울을
/예루살렘으로
/베스도의 호의로

/(이는)매복하였다가(=매복하면서)
/죽이고자 (함이러라)
/그를
/길에[서]

4 베스도가 **대답하여**(...말하고)
/바울이 ———— 구류된 것과
/가이사랴에
/자기도 ———— 떠나갈 것을
/미구에

5 또
가로되(...하니라)
/유력한 자들은 —— 내려가서
/너희 중 /나와 함께

/만일
일이 ———— 있거든
/옳지 아니한 /그 사람에게
[그들이] ———— 송사하라(=송사하게 하라)

6 베스도가 지낸 후(after)
/팔 일 혹 십 일을
/그들 가운데서
내려가서
/가이사랴로
앉고
/재판 자리에
/이튿날

25:1 베스도가 도임한 지 삼 일 후에 가이사랴에서
예루살렘으로 올라가니 2 대제사장들과 유대인 중
높은 사람들이 바울을 고소할새 3 베스도의 호의로 바울
을 예루살렘으로 옮겨 보내기를 청하니 이는 길에 매복하
였다가 그를 죽이고자 함이러라4 베스도가 대답하여 바울
이 가이사랴에 구류된 것과 자기도 미구에 떠나갈 것을 말
하고 5 또 가로되 너희 중 유력한 자들은 나와 함께 내려
가서 그 사람에게 만일 옳지 아니한 일이 있거든 송사하라
하니라 6 베스도가 그들 가운데서 팔 일 혹 십 일을 지낸
후 가이사랴로 내려가서 이튿날 재판 자리에 앉고 바울을

25:1 Festus therefore, having arrived in the province,
three days later went up to Jerusalem from Caesarea.
2 And the chief priests and the leading men of the Jews
brought charges against Paul; and they were urging him,
3 requesting a concession against Paul, that he might
have him brought to Jerusalem (at the same time, setting
an ambush to kill him on the way). 4 Festus then answered
that Paul was being kept in custody at Caesarea and that
he himself was about to leave shortly. 5 "Therefore," he
said, "let the influential men among you go there with
me, and if there is anything wrong about the man, let
them prosecute him." 6 And after he had spent not more

명하니
/바울을 데려오라

7 그가 나오매(after)
유대인들이 둘러서서
/내려온 /송사하되(=송사하면서)
/예루살렘에서 /여러 가지 중대한 사건으로
능히 증명하지 못한지라

8 바울이 변명하여 가로되(...하니)(while)
/내가 ——— 죄를 범하지 아니하였노라
/도무지[38]
/유대인의 율법이나
성전이나
가이사에게나

9 베스도가 [대답했다][39]
/바울더러
/얻고자 하여(=하면서)
/유대인의 마음을
묻되
/네가 ——— 올라가서
/예루살렘에
심문을 받으려느냐?
/이 사건에 대하여
/내 앞에서

10 바울이 가로되[40]
/내가 ——— 섰으니

38) any thing at all
39) NASB
But Festus ——— answered
/Paul
/wishing to do the Jews a favor,
and said,
/"Are you ——— willing to go up
/to Jerusalem
and stand trial
/before me
/on these [charges]?"

40) NASB
But Paul——— said,
/"I ——— am standing
/before Caesar's tribunal,
/where I ought to be tried.
/ I ——— have done
/no wrong
/to [the] Jews,
/as you also very well know.

데려오라 명하니 7 그가 나오매 예루살렘에서 내려온 유
대인들이 둘러 서서 여러가지 중대한 사건으로 송사하되
능히 증명하지 못한지라 8 바울이 변명하여 가로되 유대
인의 율법이나 성전이나 가이사에게나 내가 도무지 죄를
범하지 아니하였노라 하니 9 베스도가 유대인의 마음을
얻고자 하여 바울더러 묻되 네가 예루살렘에 올라가서 이
사건에 대하여 내 앞에서 심문을 받으려느냐

than eight or ten days among them, he went down to Caesarea;
and on the next day he took his seat on the tribunal and ordered
Paul to be brought. 7 And after he had arrived, the Jews
who had come down from Jerusalem stood around him,
bringing many and serious charges against him which they
could not prove; 8 while Paul said in his own defense, "I
have committed no offense either against the Law of the
Jews or against the temple or against Caesar." 9 But
Festus, wishing to do the Jews a favor, answered Paul
and said, "Are you willing to go up to Jerusalem and

/내가 ——— 섰으니
/재판 자리 앞에
/가이사의
/거기서(관계대명사)
마땅히 심문을 받을 것이라
/내가 ——— 행한 일이 없나이다
/불의를
/유대인들에게
/당신도 잘 아시는 바에

11 /만일
내가 ——— 행하여
/불의를
범하였으면(if)
/무슨 사죄를

[내가] ——— 사양치 아니할 것이나
/죽기를

/만일
송사하는 것이 ——— (다)사실이 아니면(if)
/이 사람들의
/나를
누구든지 ——— 내어 줄 수 없삽나이다
/나를
/그들에게

/내가 ——— 호소하노라 (한 대)
/가이사께

12 베스도가 상의하고(when)
/배석자들과
가로되(...하니라)
/네가 ——— 호소하였으니
/가이사에게
갈 것이라
/가이사에게

13 수일 후에
아그립바 왕과
버니게가 **와서**
/가이사랴에

//(목적: 부정사)
베스도에게 문안하러

14 [그가] **있더니**
/여러 날을

10 바울이 가로되 내가 가이사의 재판 자리 앞에 섰으니
마땅히 거기서 심문을 받을 것이라 당신도 잘 아시는 바에
내가 유대인들에게 불의를 행한 일이 없나이다 11 만일
내가 불의를 행하여 무슨 사죄를 범하였으면 죽기를 사양
치 아니할 것이나 만일 이 사람들의 나를 송사하는 것이
다 사실이 아니면 누구든지 나를 그들에게 내어 줄 수 없
삽나이다 내가 가이사께 호소하노라 한대 12 베스도가
배석자들과 상의하고 가로되 네가 가이사에게 호소하였으
니 가이사에게 갈 것이라 하니라 13 수일 후에 아그립바
왕과 버니게가 베스도에게 문안하러 가이사랴에 와서

stand trial before me on these charges?" 10 But Paul said,
"I am standing before Caesar's tribunal, where I ought to
be tried. I have done no wrong to the Jews, as you also
very well know. 11 "If then I am a wrongdoer, and have
committed anything worthy of death, I do not refuse to
die; but if none of those things is true of which these
men accuse me, no one can hand me over to them. I
appeal to Caesar." 12 Then when Festus had conferred
with his council, he answered, "You have appealed to
Caesar, to Caesar you shall go." 13 Now when several
days had elapsed, King Agrippa and Bernice arrived at
Caesarea, and paid their respects to Festus. 14 And while

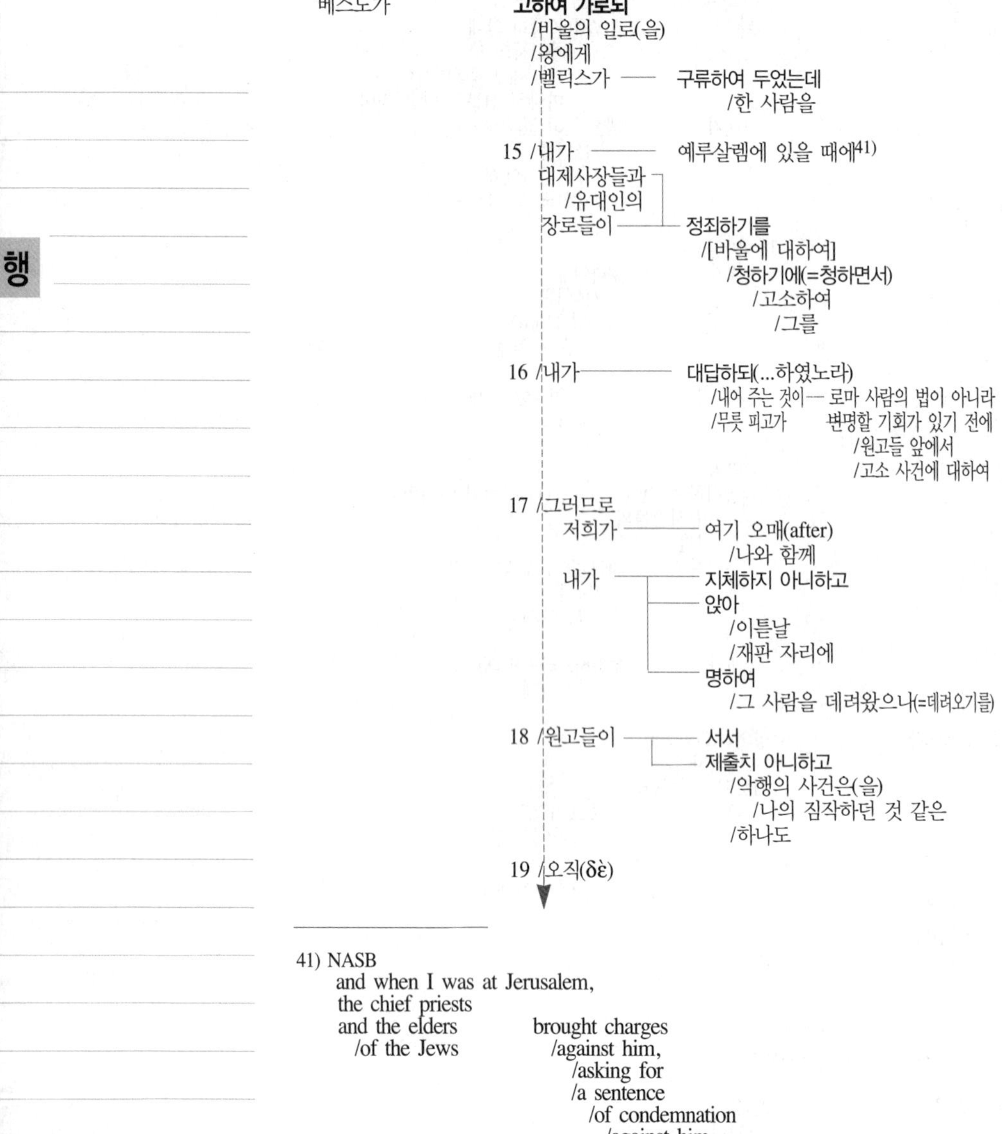

41) NASB
and when I was at Jerusalem,
the chief priests
and the elders brought charges
/of the Jews /against him,
/asking for
/a sentence
/of condemnation
/against him.

행

14 여러 날을 있더니 베스도가 바울의 일로 왕에게 고하
여 가로되 벨릭스가 한 사람을 구류하여 두었는데 15 내
가 예루살렘에 있을 때에 유대인의 대제사장들과 장로들이
그를 고소하여 정죄하기를 청하기에 16 내가 대답하되
무릇 피고가 원고들 앞에서 고소 사건에 대하여 변명할 기
회가 있기 전에 내어주는 것이 로마 사람의 법이 아니라
하였노라 17 그러므로 저희가 나와 함께 여기 오매 내가
지체하지 아니하고 이튿날 재판 자리에 앉아 명하여 그 사
람을 데려왔으나 18 원고들이 서서 나의 짐작하던 것 같
은 악행의 사건은 하나도 제출치 아니하고

they were spending many days there, Festus laid Paul's
case before the king, saying, "There is a certain man left
a prisoner by Felix; 15 and when I was at Jerusalem, the
chief priests and the elders of the Jews brought charges against
him, asking for a sentence of condemnation upon him.
16 "And I answered them that it is not the custom of the
Romans to hand over any man before the accused meets
his accusers face to face, and has an opportunity to make
his defense against the charges. 17 "And so after they
had assembled here, I made no delay, but on the next day
took my seat on the tribunal, and ordered the man to be brought.
18 "And when the accusers stood up, they began bringing
charges against him not of such crimes as I was expecting;
19 but they simply had some points of disagreement with

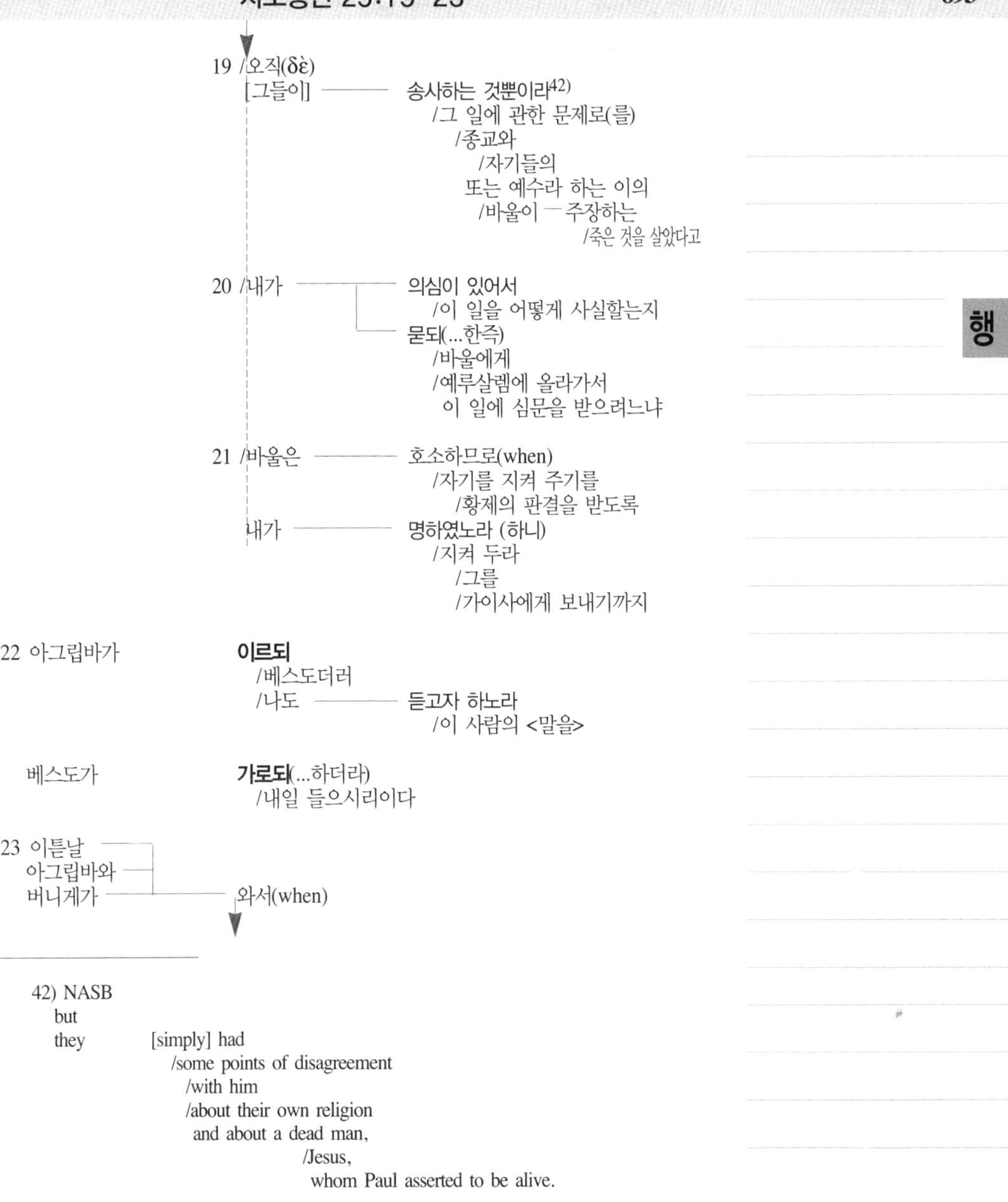

19 /오직(δὲ)
[그들이] —— 송사하는 것뿐이라[42)]
/그 일에 관한 문제로(를)
/종교와
/자기들의
또는 예수라 하는 이의
/바울이 — 주장하는
/죽은 것을 살았다고

20 /내가 —— 의심이 있어서
/이 일을 어떻게 사실할는지
묻되(...한즉)
/바울에게
/예루살렘에 올라가서
이 일에 심문을 받으려느냐

21 /바울은 —— 호소하므로(when)
/자기를 지켜 주기를
/황제의 판결을 받도록
내가 —— 명하였노라 (하니)
/지켜 두라
/그를
/가이사에게 보내기까지

22 아그립바가 **이르되**
/베스도더러
/나도 —— 듣고자 하노라
/이 사람의 <말을>

베스도가 **가로되**(...하더라)
/내일 들으시리이다

23 이튿날
아그립바와
버니게가 —— 와서(when)

42) NASB
but
they [simply] had
/some points of disagreement
/with him
/about their own religion
and about a dead man,
/Jesus,
whom Paul asserted to be alive.

19 오직 자기들의 종교와 또는 예수라 하는 이의 죽은 것
을 살았다고 바울이 주장하는 그 일에 관한 문제로 송사하
는 것뿐이라 20 내가 이 일을 어떻게 사실할는지 의심이
있어서 바울에게 묻되 예루살렘에 올라가서 이 일에 심문
을 받으려느냐 한즉 21 바울은 황제의 판결을 받도록 자
기를 지켜 주기를 호소하므로 내가 그를 가이사에게 보내
기까지 지켜 두라 명하였노라 하니 22 아그립바가 베스
도더러 이르되 나도 이 사람의 말을 듣고자 하노라 베스도
가 가로되 내일 들으시리이다 하더라 23 이튿날 아그립
바와 버니게가 크게 위의를 베풀고 와서 천부장들과 성 중

him about their own religion and about a certain dead
man, Jesus, whom Paul asserted to be alive. 20 "And
being at a loss how to investigate such matters, I asked whether
he was willing to go to Jerusalem and there stand trial
on these matters. 21 "But when Paul appealed to be held
in custody for the Emperor's decision, I ordered him to
be kept in custody until I send him to Caesar." 22 And Agrippa
said to Festus, "I also would like to hear the man myself."
"Tomorrow," he said, "you shall hear him." 23 And so,
on the next day when Agrippa had come together with Bernice,
amid great pomp, and had entered the auditorium accompanied
by the commanders and the prominent men of the city, at
the command of Festus, Paul was brought in. 24 And
Festus said, "King Agrippa, and all you gentlemen here present
with us, you behold this man about whom all the people
of the Jews appealed to me, both at Jerusalem and here, loudly

버니게가 와서(when)
/크게 위의를 베풀고(=베푸는 가운데)
들어오고
/천부장들과
성중의 높은 사람들과 함께
/신문소에
데려오니[43)]
/바울을
/베스도의 명으로

행

24 베스도가 **말하되**
/아그립바 왕과
여러분이여!
/여기 같이 있는
/당신들이—— 보는(=본다)
/이 사람은(을)
/무리가 —— 청원하였으나
/유대의 /내게
/모든 /예루살렘에서와
여기서도
/크게 외치되(...하여)[44)]
/살려 두지 못할 사람
이라고

25 /나는 —— 살피건대
/죽일 죄를 범한 일이 없더이다
/그러나
[내가] —— 작정하였나이다
/보내기를

//(이유: because)
저가 황제에게 호소한 고로

26 /[내가] —— 아뢸 것이 없으므로
/황제께
/확실한 사실을
/그에게 대하여
/[그러므로]
[내가] —— 내어 세웠나이다
/그를
/당신들 앞[과]
당신 앞에
/특히
/아그립바 왕

//(목적: οὗτως, so that..may)
심문한 후(after)
상소할 재료가 있을까 하여[45)]

27 //(이유: ὅπως, for)

43) 능동 문장으로 번역
44) 현재 분사: 외치면서
45) 상소할 재료가 있게하기 위해서

의 높은 사람들과 함께 신문소에 들어오고 베스도의 명으
로 바울을 데려오니 24 베스도가 말하되 아그립바 왕과
여기 같이 있는 여러분이여 당신들의 보는 이 사람은 유대
의 모든 무리가 크게 외치되 살려 두지 못할 사람이라고
하여 예루살렘에서와 여기서도 내게 청원하였으나 25 나
는 살피건대 죽일 죄를 범한 일이 없더이다 그러나 저가
황제에게 호소한 고로 보내기를 작정하였나이다 26 그에
게 대하여 황제께 확실한 사실을 아뢸 것이 없으므로 심문
한 후 상소할 재료가 있을까 하여 당신들 앞 특히 아그립
바 왕 당신 앞에 그를 내어세웠나이다 27 그 죄목을 베

declaring that he ought not to live any longer. 25 "But I
found that he had committed nothing worthy of death;
and since he himself appealed to the Emperor, I decided
to send him. 26 "Yet I have nothing definite about him
to write to my lord. Therefore I have brought him before
you all and especially before you, King Agrippa, so that
after the investigation has taken place, I may have something
to write. 27 "For it seems absurd to me in sending a
prisoner, not to indicate also the charges against him."

27 //(이유: ὅπως, for)
보내는 것이 — 무리한 일인 줄 아나이다[46] (하였더라)
/죄수를
/그 죄목을 베풀지 아니하고

26

1 아그립바가 **이르되**(...하니)
/바울더러
/허락하노라
/너를 위하여 말하기를
/네게

이에
바울이 **손을 들어**
변명하되

2 /아그립바 왕이여!
[내가] — 여기옵나이다
/다행히
/변명하게 된 것을
/유대인이 모든 송사하는 일을
/오늘 당신 앞에서

3 //(이유: because, 분사)
당신이 — 아심이니이다
/유대인의 모든 풍속과
및 문제를
/특히

/그러므로
[내가] — 바라옵나이다
/들으시기를
/내 말을
/너그러이

4 /유대인이 — 아는바라
/다(=모든) /생활한 상태를
/나의
/처음부터
/젊었을 때
/내 민족 중에와
예루살렘에서

5 //(이유: since, 분사)

행

46) 무리하게 보였기 때문이다

풀지 아니하고 죄수를 보내는 것이 무리한 일인줄 아나이
다 하였더라

26:1 아그립바가 바울더러 이르되 너를 위하여 말하
기를 네게 허락하노라 하니 이에 바울이 손을 들어
변명하되 2 아그립바 왕이여 유대인이 모든 송사하는 일
을 오늘 당신 앞에서 변명하게 된 것을 다행히 여기옵나이
다 3 특히 당신이 유대인의 모든 풍속과 및 문제를 아심
이니이다 그러므로 내 말을 너그러이 들으시기를 바라옵나
이다 4 내가 처음부터 내 민족 중에와 예루살렘에서 젊었

26:1 And Agrippa said to Paul, "You are permitted
to speak for yourself." Then Paul stretched out his hand
and proceeded to make his defense: 2 "In regard to all
the things of which I am accused by the Jews, I consider
myself fortunate, King Agrippa, that I am about to make
my defense before you today; 3 especially because you
are an expert in all customs and questions among the
Jews; therefore I beg you to listen to me patiently. 4 "So
then, all Jews know my manner of life from my youth
up, which from the beginning was spent among my own nation
and at Jerusalem; 5 since they have known about me for
a long time previously, if they are willing to testify, that

5 //(이유: since, 분사)
일찍부터 나를 알았으니

/[만일]
저희가 ——— 증거하려 하면
<저희가> ——— 〈[증거]할 것이라〉
/내가 — 생활을 하였다고
/바리새인의
/우리 종교의 가장 엄한 파를 좇아

6 /[내가] ——— 서서 심문받는 것은
/이제도
/여기

//(이유: because)
바라는 까닭이니
/약속하신 것을
/하나님이(의)
우리 조상에게

7 /이 약속은(관계대명사)
열두 지파가 — 바라는 바인데
/우리 /얻기를
/(하나님을 받들어)섬김으로
/밤낮으로
/간절히

/아그립바 왕이여!
내가 ——— 송사를 받는 것이니이다
/유대인들에게
/이 소망을 인하여

8 /[그것이] ——— 어찌하여 여기나이까?
/못 믿을 것으로
/당신들은(=당신에게)
/하나님이 ——— 다시 살리심을(이)
/죽은 사람

9 /나도 ——— 생각하고
/스스로
/나사렛 예수의 이름을
/행하여야 될 줄
/대적하여
/범사를

10 /[내가] ——— 행하여

을 때 생활한 상태를 유대인이 다 아는 바라 5 일찍부터
나를 알았으니 저희가 증거하려 하면 내가 우리 종교의 가
장 엄한 파를 좇아 바리새인의 생활을 하였다고 할 것이라
6 이제도 여기 서서 심문 받는 것은 하나님이 우리 조상에
게 약속하신 것을 바라는 까닭이니 7 이 약속은 우리 열두
지파가 밤낮으로 간절히 하나님을 받들어 섬김으로 얻기를
바라는 바인데 아그립바 왕이여 이 소망을 인하여 내가 유
대인들에게 송사를 받는 것이니이다 8 당신들은 하나님
이 죽은 사람 다시 살리심을 어찌하여 못믿을 것으로 여기
나이까 9 나도 나사렛 예수의 이름을 대적하여 범사를 행

I lived as a Pharisee according to the strictest sect of our religion.
6 "And now I am standing trial for the hope of the promise made by God to our fathers;
7 the promise to which our twelve tribes hope to attain, as they earnestly serve God night and day. And for this hope, O King, I am being accused by Jews.
8 "Why is it considered incredible among you people if God does raise the dead?
9 "So then, I thought to myself that I had to do many things hostile to the name of Jesus of Nazareth.
10 "And this is just what I did in Jerusalem; not only did I lock

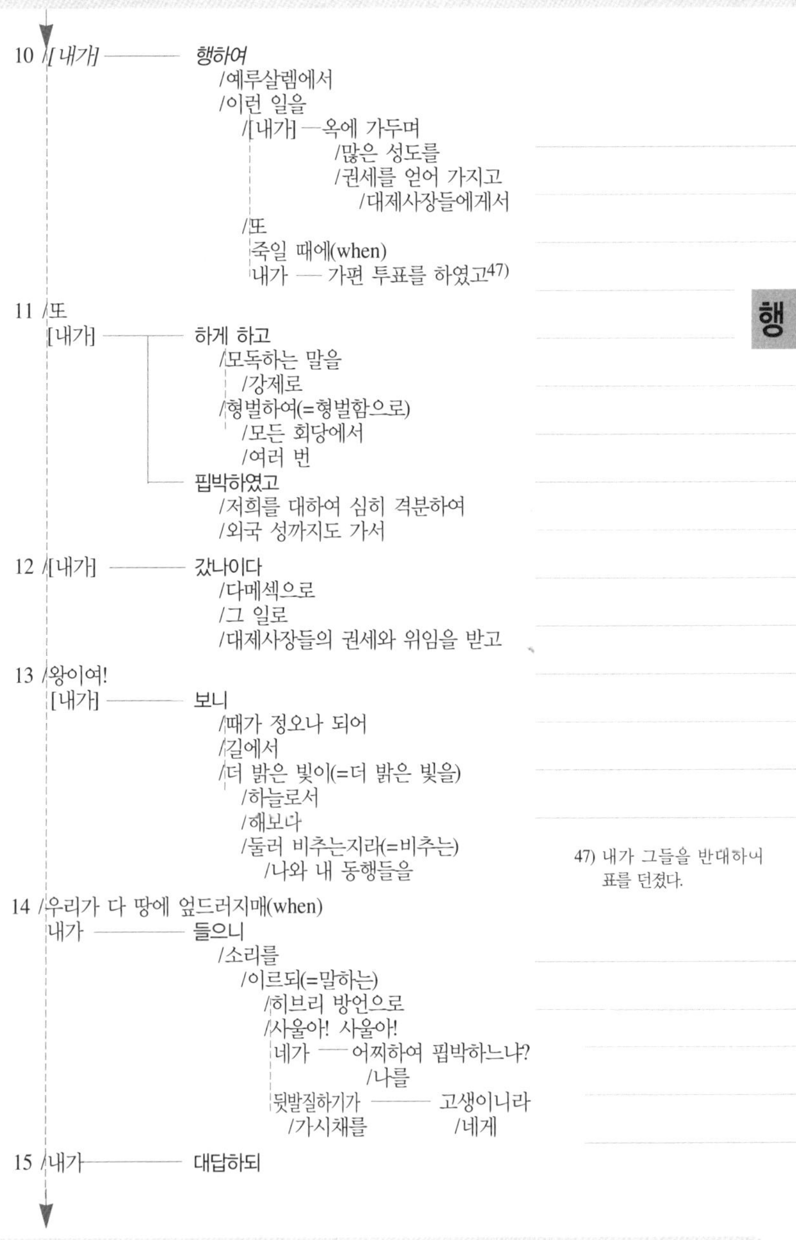

행

47) 내가 그들을 반대하여 표를 던졌다.

하여야 될 줄 스스로 생각하고 10 예루살렘에서 이런 일을 행하여 대제사장들에게서 권세를 얻어 가지고 많은 성도를 옥에 가두며 또 죽일 때에 내가 가편 투표를 하였고
11 또 모든 회당에서 여러 번 형벌하여 강제로 모독하는 말을 하게 하고 저희를 대하여 심히 격분하여 외국 성까지도 가서 핍박하였고
12 그 일로 대제사장들의 권세와 위임을 받고 다메섹으로 갔나이다
13 왕이여 때가 정오나 되어 길에서 보니 하늘로서 해보다 더 밝은 빛이 나와 내 동행들을 둘러 비추는지라
14 우리가 다 땅에 엎드러지매 내가 소리를 들으니 히브리 방언으로 이르되 사울아 사

up many of the saints in prisons, having received authority from the chief priests, but also when they were being put to death I cast my vote against them.
11 "And as I punished them often in all the synagogues, I tried to force them to blaspheme; and being furiously enraged at them, I kept pursuing them even to foreign cities.
12 "While thus engaged as I was journeying to Damascus with the authority and commission of the chief priests,
13 at midday, O King, I saw on the way a light from heaven, brighter than the sun, shining all around me and those who were journeying with me.
14 "And when we had all fallen to the ground, I heard a voice saying to me in the Hebrew dialect, 'Saul, Saul, why are you persecuting Me? It is hard for you to kick against the goads.'
15 "And I said, 'Who art Thou,

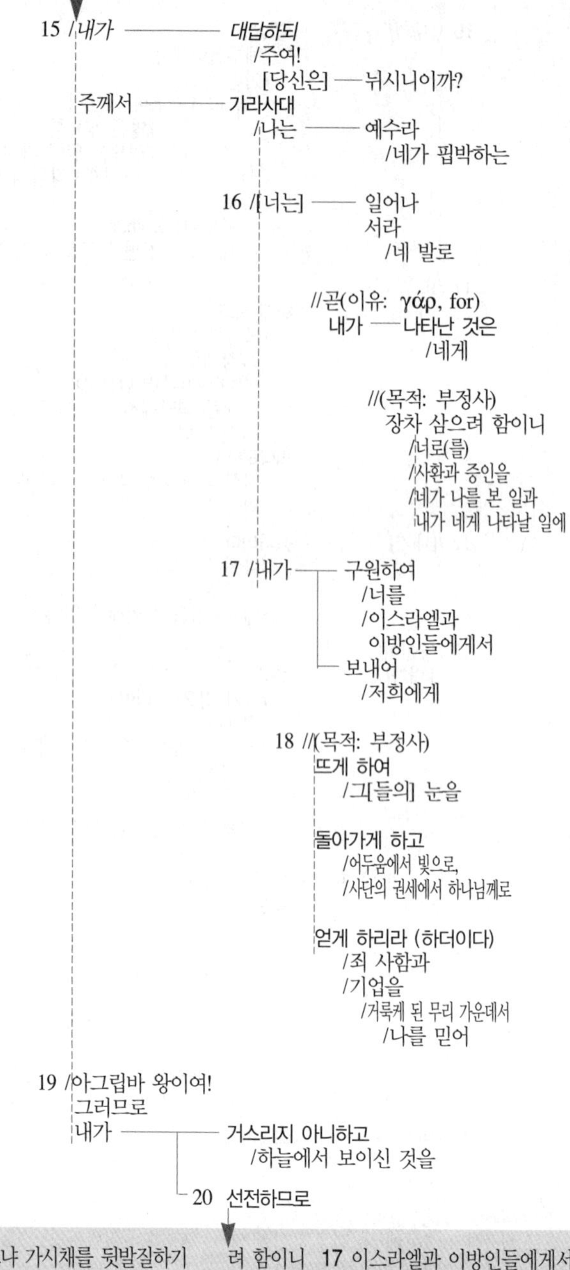

울아 네가 어찌하여 나를 핍박하느냐 가시채를 뒷발질하기
가 네게 고생이니라 15 내가 대답하되 주여 뉘시니이까
주께서 가라사대 나는 네가 핍박하는 예수라 16 일어나
네 발로 서라 내가 네게 나타난 것은 곧 네가 나를 본 일
과 장차 내가 네게 나타날 일에 너로 사환과 증인을 삼으
려 함이니 17 이스라엘과 이방인들에게서 내가 너를 구
원하여 저희에게 보내어 18 그 눈을 뜨게 하여 어두움에
서 빛으로, 사단의 권세에서 하나님께로 돌아가게 하고 죄
사함과 나를 믿어 거룩케 된 무리 가운데서 기업을 얻게
하리라 하더이다 19 아그립바 왕이여 그러므로 하늘에서

Lord?' And the Lord said, 'I am Jesus whom you are
persecuting. 16 'But arise, and stand on your feet; for
this purpose I have appeared to you, to appoint you a
minister and a witness not only to the things which you
have seen, but also to the things in which I will appear
to you; 17 delivering you from the Jewish people and
from the Gentiles, to whom I am sending you, 18 to open
their eyes so that they may turn from darkness to light
and from the dominion of Satan to God, in order that
they may receive forgiveness of sins and an inheritance among
those who have been sanctified by faith in Me.' 19
"Consequently, King Agrippa, I did not prove disobedient

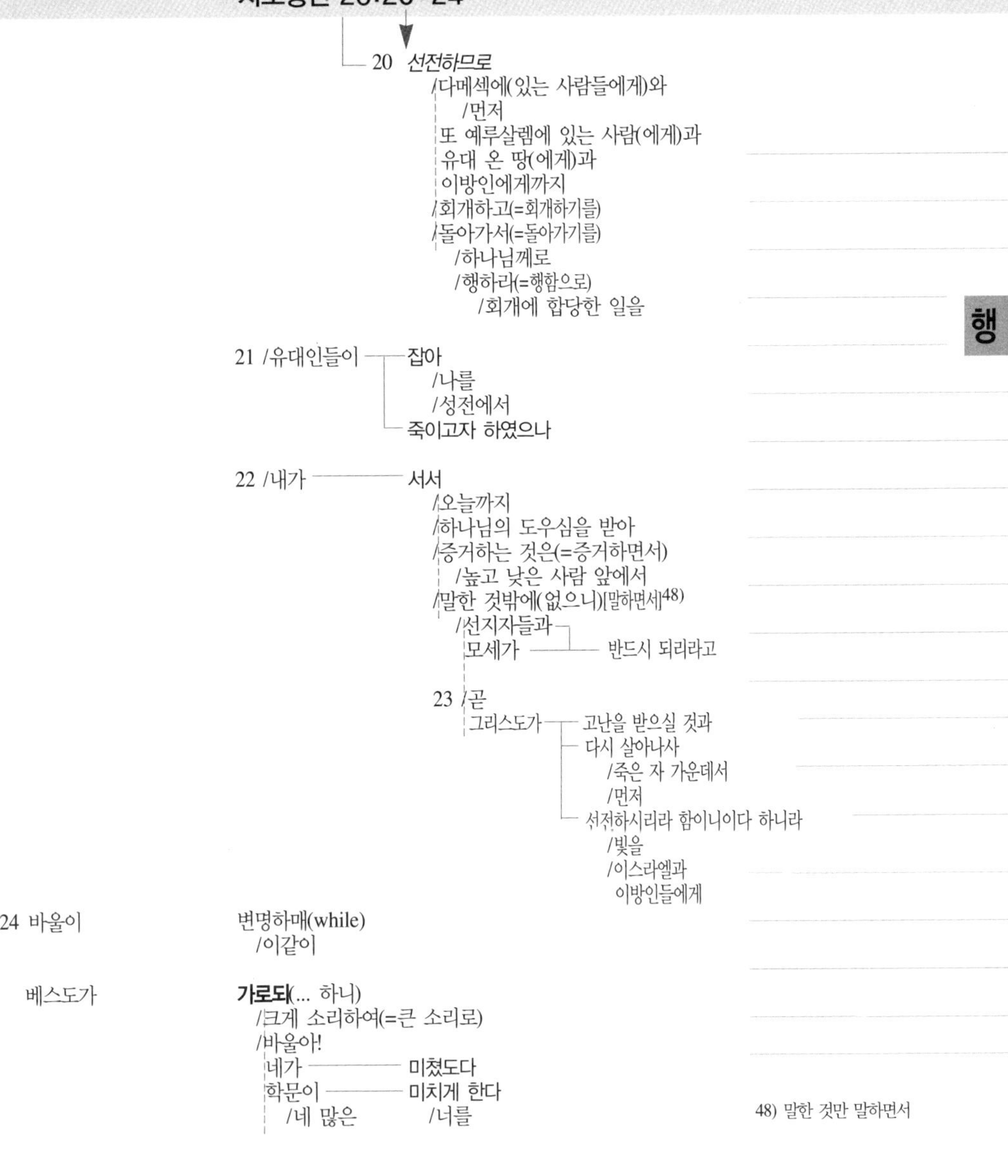

보이신 것을 내가 거스리지 아니하고 20 먼저 다메섹에
와 또 예루살렘에 있는 사람과 유대 온 땅과 이방인에게까
지 회개하고 하나님께로 돌아가서 회개에 합당한 일을 행
하라 선전하므로 21 유대인들이 성전에서 나를 잡아 죽
이고자 하였으나 22 하나님의 도우심을 받아 내가 오늘
까지 서서 높고 낮은 사람 앞에서 증거하는 것은 선지자들
과 모세가 반드시 되리라고 말한 것밖에 없으니 23 곧 그
리스도가 고난을 받으실 것과 죽은 자 가운데서 먼저 다시
살아나사 이스라엘과 이방인들에게 빛을 선전하시리라 함
이니이다 하니라 24 바울이 이같이 변명하매 베스도가 크
게 소리하여 가로되 바울아 네가 미쳤도다 네 많은 학문이
너를 미치게 한다 하니

to the heavenly vision, 20 but kept declaring both to those
of Damascus first, and also at Jerusalem and then throughout
all the region of Judea, and even to the Gentiles, that they
should repent and turn to God, performing deeds appropriate
to repentance. 21 "For this reason some Jews seized me
in the temple and tried to put me to death. 22 "And so,
having obtained help from God, I stand to this day testifying
both to small and great, stating nothing but what the
Prophets and Moses said was going to take place; 23 that
the Christ was to suffer, and that by reason of His
resurrection from the dead He should be the first to
proclaim light both to the Jewish people and to the
Gentiles." 24 And while Paul was saying this in his
defense, Festus said in a loud voice, "Paul, you are out

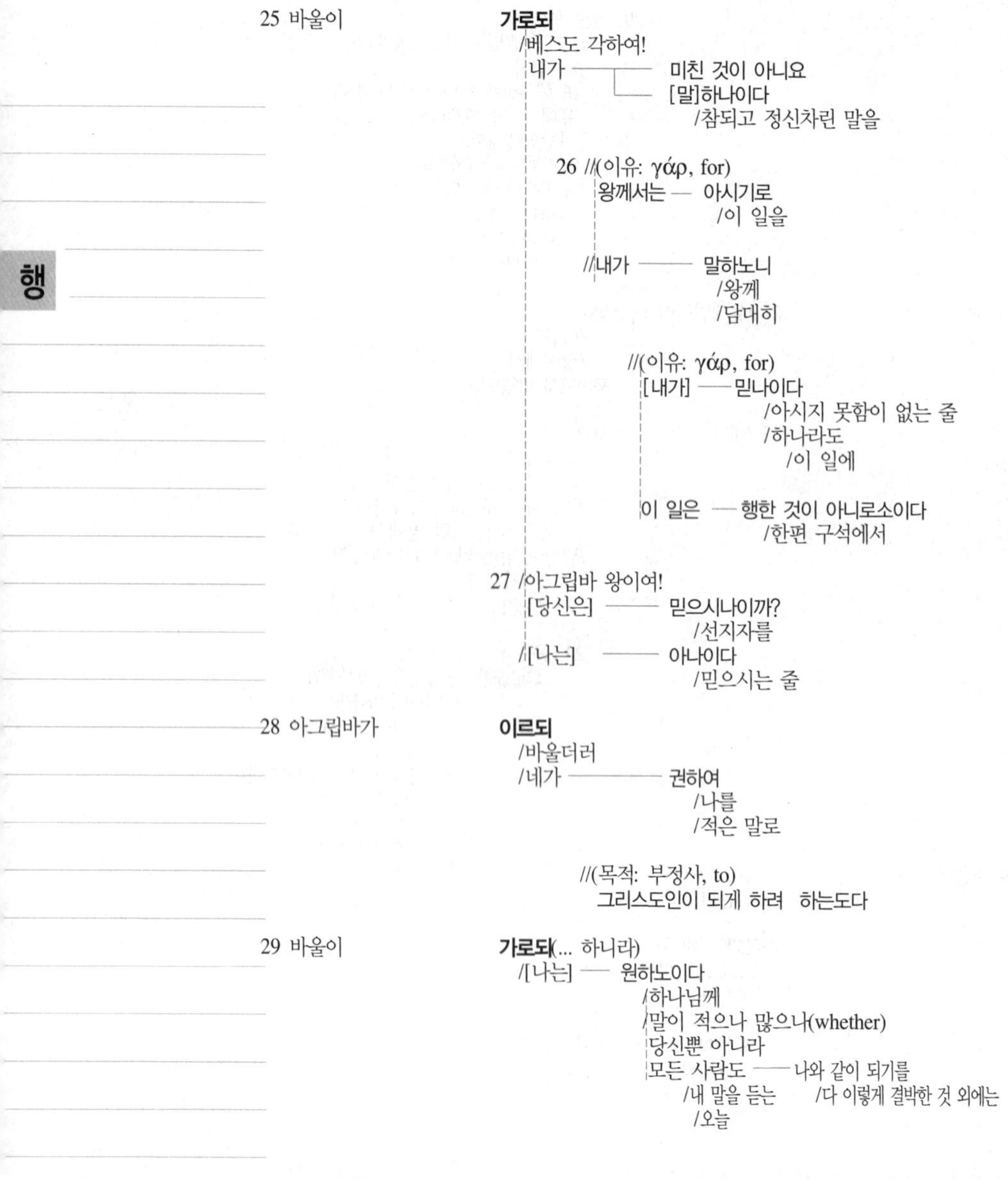

25 바울이 가로되 베스도 각하여 내가 미친 것이 아니요 참되고 정신차린 말을 하나이다 26 왕께서는 이 일을 아시기로 내가 왕께 담대히 말하노니 이 일에 하나라도 아시지 못함이 없는 줄 믿나이다 이 일은 한편 구석에서 행한 것이 아니로소이다 27 아그립바 왕이여 선지자를 믿으시나이까 믿으시는 줄 아나이다 28 아그립바가 바울더러 이르되 네가 적은 말로 나를 권하여 그리스도인이 되게 하려 하는도다 29 바울이 가로되 말이 적으나 많으나 당신뿐 아니라 오늘 내 말을 듣는 모든 사람도 다 이렇게 결박한 것 외에는 나와 같이 되기를 하나님께 원하노이다 하니라

of your mind! Your great learning is driving you mad." 25 But Paul said, "I am not out of my mind, most excellent Festus, but I utter words of sober truth. 26 "For the king knows about these matters, and I speak to him also with confidence, since I am persuaded that none of these things escape his notice; for this has not been done in a corner. 27 "King Agrippa, do you believe the Prophets? I know that you do." 28 And Agrippa replied to Paul, "In a short time you will persuade me to become a Christian." 29 And Paul said, "I would to God, that whether in a short or long time, not only you, but also all who hear me this day, might become such as I am, except for these chains."

30 왕과
총독과
버니게와
사람들이 **일어나서**
/그 함께 앉은
/다

31 [그들이] 물러가(when)
말하되(...하더라)
/서로
/이 사람은 ── 행사가 없다
/사형(을 당할 만한)이나
결박을 당할 만한

32 이에
아그립바가 **일러 가로되**(...하니라)
/베스도더러
/만일
이 사람이 ── 호소하지 아니하였더면
/가이사에게
놓을 수 있을 뻔하였다

행

27

1 우리의 배 타고 이달리야로 갈 일이 작정되매(when)[49)]
[그들이] **맡기니**
/바울과
다른 죄수 몇 사람을
/율리오란 사람에게
/아구사도대의 백부장

2 우리가 **올라**
/아드라뭇데노 배에
/아시아 해변 각처로 가려 하는
행선할새(...하니라)
/아리스다고도 함께
/마게도냐의 데살로니가 사람

3 이튿날
[우리가] **대니**
/시돈에
율리오가 **[대]하여**
/바울을
/친절히(~하게)
허락하더니
/친구들에게 가서
대접받음을

49) 직역: 우리가 이탈리아로 항해할 일이 결정되매

30 왕과 총독과 버니게와 그 함께 앉은 사람들이 다 일어
나서 31 물러가 서로 말하되 이 사람은 사형이나 결박을
당할 만한 행사가 없다 하더라 32 이에 아그립바가 베스
도더러 일러 가로되 이 사람이 만일 가이사께 호소하지 아
니하였더면 놓을 수 있을 뻔하였다 하니라

27:1 우리의 배 타고 이달리야로 갈 일이 작정되매
바울과 다른 죄수 몇 사람을 아구사도 대의 백부장
율리오란 사람에게 맡기니 2 아시아 해변 각처로 가려 하
는 아드라뭇데노 배에 우리가 올라 행선할새 마게도냐의
데살로니가 사람 아리스다고도 함께 하니라 3 이튿날 시

30 And the king arose and the governor and Bernice, and
those who were sitting with them, 31 and when they had
drawn aside, they began talking to one another, saying,
"This man is not doing anything worthy of death or
imprisonment." 32 And Agrippa said to Festus, "This man
might have been set free if he had not appealed to Caesar."

27:1 And when it was decided that we should sail
for Italy, they proceeded to deliver Paul and some other
prisoners to a centurion of the Augustan cohort named
Julius. 2 And embarking in an Adramyttian ship, which
was about to sail to the regions along the coast of Asia,
we put out to sea, accompanied by Aristarchus, a Macedonian
of Thessalonica. 3 And the next day we put in at Sidon;

4 또
우리가 **떠나가다가**
/거기서
의지하고 행선하여
/구브로 해안을

//(이유: διὰ+목적격, because)[50]
바람의 거스림을 피하여

5 [우리가] 건너(when)
/길리기아와
밤빌리아 바다를
이르러
/무라 성에
/루기아의

6 백부장이 **만나**
/알렉산드리아 배를
/이달리야로 가려 하는
/거기서

[그가] **오르게 하니**
/우리를
/[거기에]

7 우리가] **배가 더디 가**[51]
/여러 날 만에(=동안)
[우리가] **이르러**
/간신히
/니도 맞은편에

[우리가] **의지하고 행선하여**
/그레데 해안을
/살모네 앞을 지나

//(이유: since, 분사)
풍세가 더 허락지 아니하므로

8 [우리가] **지나**
/그 연안을
/간신히

[우리가] **이르니**
/미항이라는 곳에
/라새아성에서 가깝더라(=가까이에 있는)

50) 직역: 역풍을 만났기 때문에
51) 직역: 여러 날 동안 더디 항해하여

돈에 대니 율리오가 바울을 친절히 하여 친구들에게 가서
대접 받음을 허락하더니 4 또 거기서 우리가 떠나가다가
바람의 거스림을 피하여 구브로 해안을 의지하고 행선하여
5 길리기아와 밤빌리아 바다를 건너 루기아의 무라 성에
이르러 6 거기서 백부장이 이달리야로 가려 하는 알렉산
드리아 배를 만나 우리를 오르게 하니 7 배가 더디 가 여
러 날 만에 간신히 니도 맞은 편에 이르러 풍세가 더 허락
지 아니하므로 살모네 앞을 지나 그레데 해안을 의지하고
행선하여 8 간신히 그 연안을 지나 미항이라는 곳에 이르
니 라새아 성에서 가깝더라

and Julius treated Paul with consideration and allowed
him to go to his friends and receive care. 4 And from
there we put out to sea and sailed under the shelter of
Cyprus because the winds were contrary. 5 And when we
had sailed through the sea along the coast of Cilicia and
Pamphylia, we landed at Myra in Lycia. 6 And there the
centurion found an Alexandrian ship sailing for Italy, and
he put us aboard it. 7 And when we had sailed slowly
for a good many days, and with difficulty had arrived off
Cnidus, since the wind did not permit us to go farther,
we sailed under the shelter of Crete, off Salmone; 8 and
with difficulty sailing past it we came to a certain place

9 여러 날이 걸려(when)
행선하기가 **위태한지라**

//(이유: διὰ+목적격, because)
금식하는 절기가 이미 지났으므로

바울이 **권하여 말하되**
/저희를
10 /여러분이여!
내가 — 보니
/이번 행선이 —— 있으리라 하되
/타격과 많은 손해가
/하물과 배만 아니라
우리 생명에도

11 백부장이 **믿더라**
/선장과 선주의 말을
/바울의 말보다
/더

12 [충고]하는 자가 **더 많으니**
/떠나(=떠나기를)
/거기서
가서(=가기를)
/뵈닉스에
/아무쪼록
/과동하자(=과동하기 위해)

//(이유: 분사, because)
그 항구가 —— 불편하므로
/과동하기에

뵈닉스는 **항구라**
/그레데

한편은 **〈향하고〉**
/동북을,
한편은 **향하였더라**
/동남을

13 남풍이 순하게 불매(when)
저희가 알고
/득의한 줄
닻을 감아
행선하더니
/그레데 해변을 가까이 하고

9 여러 날이 걸려 금식하는 절기가 이미 지났으므로 행선
하기가 위태한지라 바울이 저희를 권하여 10 말하되 여러
분이여 내가 보니 이번 행선이 하물과 배만 아니라 우리
생명에도 타격과 많은 손해가 있으리라 하되 11 백부장
이 선장과 선주의 말을 바울의 말보다 더 믿더라 12 그
항구가 과동하기에 불편하므로 거기서 떠나 아무쪼록 뵈닉
스에 가서 과동하자 하는 자가 더 많으니 뵈닉스는 그레데
항구라 한 편은 동북을, 한 편은 동남을 향하였더라 13
남풍이 순하게 불매 저희가 득의한 줄 알고 닻을 감아 그
레데 해변을 가까이 하고 행선하더니

called Fair Havens, near which was the city of Lasea. 9
And when considerable time had passed and the voyage was now dangerous, since even the fast was already over, Paul began to admonish them, 10 and said to them, "Men, I perceive that the voyage will certainly be attended with damage and great loss, not only of the cargo and the ship, but also of our lives." 11 But the centurion was more persuaded by the pilot and the captain of the ship, than by what was being said by Paul. 12 And because the harbor was not suitable for wintering, the majority reached a decision to put out to sea from there, if somehow they could reach Phoenix, a harbor of Crete, facing southwest and northwest, and spend the winter there. 13 And when a moderate south wind came up, supposing that they had gained their purpose,

14 광풍이	**대작하니**
/유라굴로라는	/얼마 못되어
	/섬 가운데로서
15 배가 밀려(when)	
	맞추어 갈 수 없어
	/바람을
[우리가]	**가는 대로 두고**
	쫓겨가다가
16 [우리가]	**잡아**
	/거루를
	/간신히
	/아래로 지나
	/가우다라는 작은 섬
17 [그들이]	끌어올리고(after)
	/[그것을]
	가지고
	/줄을
	/선체를 둘러 감고(=둘러감으면서)
	/두려워(=두려워하면서)
	/스르디스에 걸릴까
	내리고
	/연장을
	쫓겨가더니
	/그냥
18 이튿날	
우리가	**애쓰다가**
	/풍랑으로
	/심히
사공들이	**풀어 버리고**
	/짐을
	/바다에
19 사흘째 되는 날에	
[그들이]	**내어 버리니라**
	/배의 기구를
	/저희 손으로
20 해와	
별이	보이지 아니하고(when)
	/여러 날 동안
큰 풍랑이	**그대로 있으매**
여망이	**없어졌더라**
/구원의	
/다(=모든)	

14 얼마 못 되어 섬 가운데로서 유라굴로라는 광풍이 대
작하니 15 배가 밀려 바람을 맞추어 갈 수 없어 가는 대
로 두고 쫓겨 가다가 16 가우다라는 작은 섬 아래로 지나
간신히 거루를 잡아 17 끌어 올리고 줄을 가지고 선체를
둘러 감고 스르디스에 걸릴까 두려워 연장을 내리고 그냥
쫓겨 가더니 18 우리가 풍랑으로 심히 애쓰다가 이튿날
사공들이 짐을 바다에 풀어 버리고 19 사흘째 되는 날에
배의 기구를 저희 손으로 내어 버리니라 20 여러 날 동안
해와 별이 보이지 아니하고 큰 풍랑이 그대로 있으매 구원
의 여망이 다 없어졌더라

they weighed anchor and began sailing along Crete, close
inshore. 14 But before very long there rushed down from
the land a violent wind, called Euraquilo; 15 and when
the ship was caught in it, and could not face the wind,
we gave way to it, and let ourselves be driven along. 16
And running under the shelter of a small island called
Clauda, we were scarcely able to get the ship's boat under
control. 17 And after they had hoisted it up, they used
supporting cables in undergirding the ship; and fearing
that they might run aground on the shallows of Syrtis,
they let down the sea anchor, and so let themselves be
driven along. 18 The next day as we were being violently
storm-tossed, they began to jettison the cargo; 19 and on
the third day they threw the ship's tackle overboard with
their own hands. 20 And since neither sun nor stars
appeared for many days, and no small storm was assailing

21 여러 사람이 먹지 못하였으매(when)
/오래
바울이 **서서 말하되**
/가운데
/여러분이여!
[너희는] ─ 듣고
/내 말을
─ 떠나지 아니하여
/그레데에서
─ 면하였더면 좋을 뻔하였느니라
/이 타격과
손상을

22 /내가 ─ 권하노니
/너희를
/이제는 안심하라

//(이유: γάρ, for)
아무 손상이 없겠고
/너희 중 생명에는
오직 배뿐이리라

23 //(이유: γάρ, for)
하나님의 사자가 ─ 서서 말하되
/나의 속한 바
곧 나의 섬기는
/어제 밤에
/내 곁에
24 /바울아!
[너는] ─ 두려워 말라
/네가 ─ 서야 하겠고
/가이사 앞에
/또
[보라]
하나님께서 ─ 주셨다 (하였으니)
/행선하는 자를
/너와 함께
/다
/네게

25 /그러므로
여러분이여!
[너희는] ─ 안심하라

//(이유: γάρ, for)
나는 ─ 믿노라
/하나님을
/그대로 되리라고
/내게 말씀하신

26 /그러나

21 여러 사람이 오래 먹지 못하였으매 바울이 가운데 서
서 말하되 여러분이여 내 말을 듣고 그레데에서 떠나지 아
니하여 이 타격과 손상을 면하였더면 좋을 뻔하였느니라
22 내가 너희를 권하노니 이제는 안심하라 너희 중 생명
에는 아무 손상이 없겠고 오직 배뿐이리라 23 나의 속한
바 곧 나의 섬기는 하나님의 사자가 어제 밤에 내 곁에 서
서 말하되 24 바울아 두려워 말라 네가 가이사 앞에 서야
하겠고 또 하나님께서 너와 함께 행선하는 자를 다 네게
주셨다 하였으니 25 그러므로 여러분이여 안심하라 나는
내게 말씀하신 그대로 되리라고 하나님을 믿노라 26 그

us, from then on all hope of our being saved was gradually
abandoned. 21 And when they had gone a long time
without food, then Paul stood up in their midst and said, "Men,
you ought to have followed my advice and not to have
set sail from Crete, and incurred this damage and loss.
22 "And yet now I urge you to keep up your courage,
for there shall be no loss of life among you, but only of
the ship. 23 "For this very night an angel of the God to
whom I belong and whom I serve stood before me, 24
saying, 'Do not be afraid, Paul; you must stand before
Caesar; and behold, God has granted you all those who
are sailing with you.' 25 "Therefore, keep up your courage,

26 /그러나
우리가—걸리리라 (하더라)
/한 섬에

27 열 나흘째 되는 날 밤에(when)
우리가 쫓겨가더니(as)
/아드리아 바다에
/이리저리
사공들이 **짐작하고**
/어느 육지에 가까와지는 줄을
/밤중쯤 되어

28 **물을 재어보니**
이십 길이 되고

조금 가다가(after)
다시 재니(when)
[그것이] **열다섯 길이라**

29 [우리가] 걸릴까 하여
/암초에
[그들이] **주고**
/닻 넷을
/고물로
고대하더니
/날이 새기를

30 사공들이 도망하고자 하여(when)
/[배로부터]
내려놓거늘(when)
/거루를
/바다에
/이물에서 닻을 주려는 체하고(=체하여)

31 바울이 **이르되**
/백부장과
군사들에게
/[만일]
이 사람들이 배에 있지 아니하면
너희가—구원을 얻지 못하리라(하니)

32 이에
군사들이 **끊어**
/거룻줄을
떼어 버리니라
/[그것을]

러나 우리가 한 섬에 걸리리라 하더라 27 열나흘째 되는
날 밤에 우리가 아드리아 바다에 이리저리 쫓겨 가더니 밤
중쯤 되어 사공들이 어느 육지에 가까와지는 줄을 짐작하
고 28 물을 재어 보니 이십 길이 되고 조금 가다가 다시
재니 열다섯 길이라 29 암초에 걸릴까 하여 고물로 닻 넷
을 주고 날이 새기를 고대하더니 30 사공들이 도망하고
자 하여 이물에서 닻을 주려는 체하고 거루를 바다에 내려
놓거늘 31 바울이 백부장과 군사들에게 이르되 이 사람
들이 배에 있지 아니하면 너희가 구원을 얻지 못하리라 하
니 32 이에 군사들이 거룻 줄을 끊어 떼어 버리니라 33
날이 새어 가매 바울이 여러 사람을 음식 먹으라 권하여
가로되 너희가 기다리고 기다리며 먹지 못하고 주린 지가

men, for I believe God, that it will turn out exactly as I
have been told. 26 "But we must run aground on a certain
island." 27 But when the fourteenth night had come, as
we were being driven about in the Adriatic Sea, about midnight
the sailors began to surmise that they were approaching
some land. 28 And they took soundings, and found it to
be twenty fathoms; and a little farther on they took another
sounding and found it to be fifteen fathoms. 29 And
fearing that we might run aground somewhere on the
rocks, they cast four anchors from the stern and wished
for daybreak. 30 And as the sailors were trying to escape
from the ship, and had let down the ship's boat into the
sea, on the pretense of intending to lay out anchors from
the bow, 31 Paul said to the centurion and to the soldiers,

33 날이 새어가매(until)
바울이 **권하여 가로되**
/여러 사람을
/음식 먹으라
/오늘까지(이) — 열 나흘인즉
/너희가 — 주린 지가
/기다리고 기다리며
/먹지 못하고
34 /[내가] — 권하노니
/음식 먹으라

//(이유: γάρ, for)
이것이 — 너희 구원을 위하는 것이요

//(이유: γάρ, for)
하나라도 — 잃을 자가 없느니라 (하고)
/머리터럭 /너희 중

35 [이것을 말한 후에]
[바울이] **가져다가**
/떡을
축사하고
/하나님께
/모든 사람 앞에서

떼어
시작하매
/먹기를

36 저희도 **안심하고**
/다(=모두)

받아 먹으니
/떡을

37 우리의 수는 **이백칠십육 인이러라**
/배에 있는
/전부

38 배부르게 먹고(when)
[그들이] **가볍게 하였더니**
/배를
/밀을 바다에 버려

39 날이 새매(when)
[그들이] **알지 못하나**
/어느 땅인지

행

오늘까지 열나흘인즉 34 음식 먹으라 권하노니 이것이 너희 구원을 위하는 것이요 너희 중 머리터럭 하나라도 잃을 자가 없느니라 하고 35 떡을 가져다가 모든 사람 앞에서 하나님께 축사하고 떼어 먹기를 시작하매 36 저희도 다 안심하고 받아 먹으니 37 배에 있는 우리의 수는 전부 이백칠십륙 인이러라 38 배부르게 먹고 밀을 바다에 버려 배를 가볍게 하였더니 39 날이 새매 어느 땅인지 알지 못하나 경사진 해안으로 된 항만이 눈에 띄거늘 배를 거기에 들여다 댈 수 있는가 의논한 후

"Unless these men remain in the ship, you yourselves cannot be saved." 32 Then the soldiers cut away the ropes of the ship's boat, and let it fall away. 33 And until the day was about to dawn, Paul was encouraging them all to take some food, saying, "Today is the fourteenth day that you have been constantly watching and going without eating, having taken nothing. 34 "Therefore I encourage you to take some food, for this is for your preservation; for not a hair from the head of any of you shall perish."
35 And having said this, he took bread and gave thanks to God in the presence of all; and he broke it and began to eat. 36 And all of them were encouraged, and they themselves also took food. 37 And all of us in the ship were two hundred and seventy-six persons. 38 And when they had eaten enough, they began to lighten the ship by throwing out the wheat into the sea. 39 And when day

행

[그들이] **눈에 띄거늘**
/항만이
/경사진 해안으로 된

[그들이] **의논한 후**
/배를 거기에 들여다 댈 수 있는가

40 [그들이] **끊어**
/닻을

버리는
/바다에

동시에
[그들이] **늦추고**
/킷줄을
달고
/돛을

들어가다가
/바람을 맞추어
/해안을 향하여

41 [그들이] **당하여**
/두 물이 합하여 흐르는 곳을
걸매
/배를

이물은 **부딪혀**
붙고
/움직일 수 없이

고물은 **깨어져 가니**
/큰 물결에

42 군사들은 **좋다 하였으나**[52)]
/[그들이] —— 죽이는 것이
/저희를

//(목적: ἵνα, lest)
죄수가 헤엄쳐서 도망할까 하여

43 백부장이 **막고**
/저희의 뜻을
/바울을 구원하려 [원]하여

명하여
/헤엄칠 줄 아는 사람들을
/물에 뛰어내려

52) 죄수들을 죽이자는 군사들의 제안이 있었다.

40 닻을 끊어 바다에 버리는 동시에 킷줄을 늦추고 돛을
달고 바람을 맞추어 해안을 향하여 들어가다가 41 두 물
이 합하여 흐르는 곳을 당하여 배를 걸매 이물은 부딪혀
움직일 수 없이 붙고 고물은 큰 물결에 깨어져 가니 42
군사들은 죄수가 헤엄쳐서 도망할까 하여 저희를 죽이는
것이 좋다 하였으나 43 백부장이 바울을 구원하려 하여
저희의 뜻을 막고 헤엄칠 줄 아는 사람들을 명하여 물에
뛰어내려 먼저 육지에 나가게 하고 44 그 남은 사람들은
널조각 혹은 배 물건에 의지하여 나가게 하니 마침내 사람
들이 다 상륙하여 구원을 얻으니라

came, they could not recognize the land; but they did
observe a certain bay with a beach, and they resolved to
drive the ship onto it if they could. 40 And casting off
the anchors, they left them in the sea while at the same
time they were loosening the ropes of the rudders, and hoisting
the foresail to the wind, they were heading for the beach.
41 But striking a reef where two seas met, they ran the
vessel aground; and the prow stuck fast and remained
immovable, but the stern began to be broken up by the
force of the waves. 42 And the soldiers' plan was to kill
the prisoners, that none of them should swim away and escape;
43 but the centurion, wanting to bring Paul safely through,

28:1 우리가 구원을 얻은 후에 안즉 그 섬은 멜리데라 하더라 2 토인들이 우리에게 특별한 동정을 하여 비가 오고 날이 차매 불을 피워 우리를 다 영접하더라 3 바울이 한뭇 나무를 거두어 불에 넣으니 뜨거움을 인하여 독사가 나와 그 손을 물고 있는지라 4 토인들이 이 짐승이 그 손에 달림을 보고 서로 말하되 진실로 이 사람은

kept them from their intention, and commanded that those who could swim should jump overboard first and get to land, 44 and the rest should follow, some on planks, and others on various things from the ship. And thus it happened that they all were brought safely to land.

28:1 And when they had been brought safely through, then we found out that the island was called Malta.
2 And the natives showed us extraordinary kindness; for because of the rain that had set in and because of the cold, they kindled a fire and received us all. 3 But when Paul had gathered a bundle of sticks and laid them on

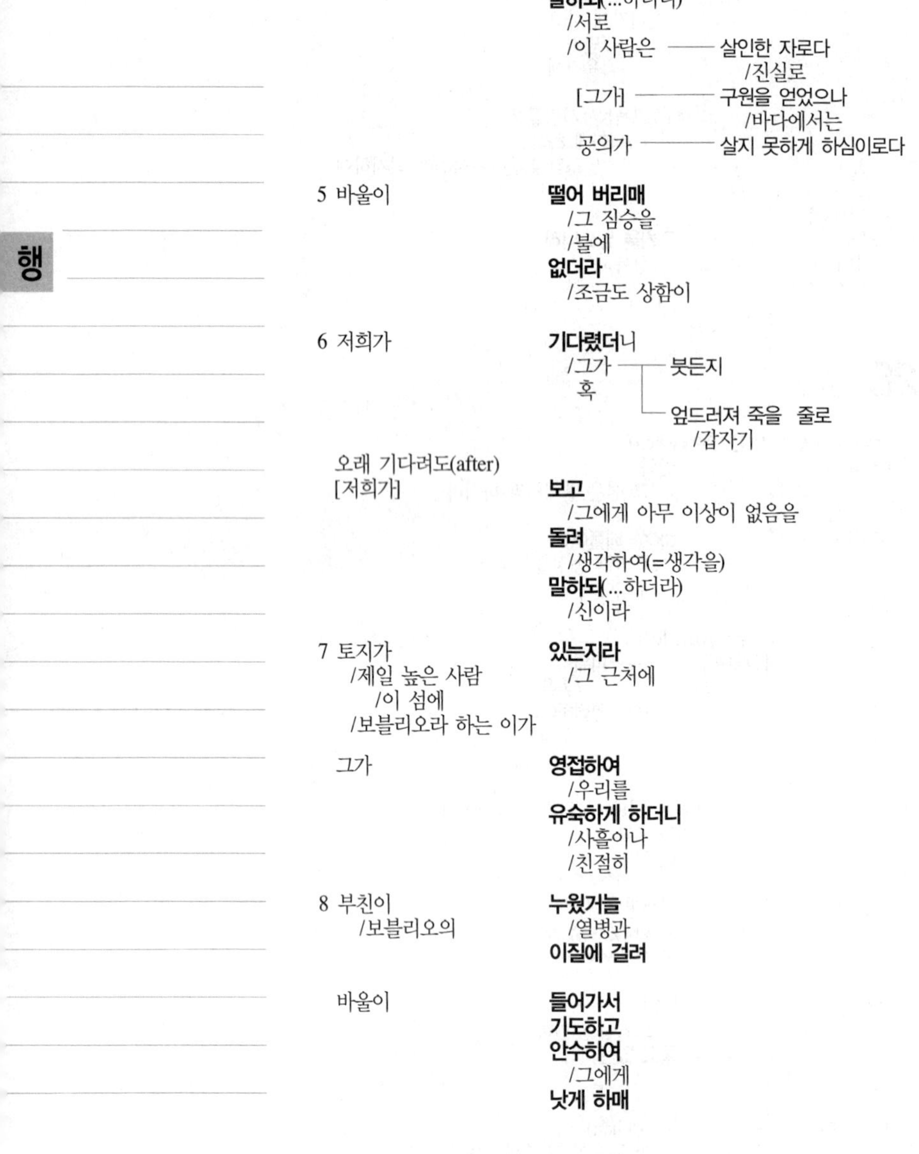

살인한 자로다 바다에서는 구원을 얻었으나 공의가 살지
못하게 하심이로다 하더니 5 바울이 그 짐승을 불에 떨어
버리매 조금도 상함이 없더라 6 그가 붓든지 혹 갑자기
엎드러져 죽을 줄로 저희가 기다렸더니 오래 기다려도 그
에게 아무 이상이 없음을 보고 돌려 생각하여 말하되 신이
라 하더라 7 이 섬에 제일 높은 사람 보블리오라 하는 이
가 그 근처에 토지가 있는지라 그가 우리를 영접하여 사흘
이나 친절히 유숙하게 하더니 8 보블리오의 부친이 열병
과 이질에 걸려 누웠거늘 바울이 들어가서 기도하고 그에
게 안수하여 낫게 하매

the fire, a viper came out because of the heat, and fastened
on his hand. 4 And when the natives saw the creature
hanging from his hand, they began saying to one another,
"Undoubtedly this man is a murderer, and though he has
been saved from the sea, justice has not allowed him to
live." 5 However he shook the creature off into the fire
and suffered no harm. 6 But they were expecting that he
was about to swell up or suddenly fall down dead. But
after they had waited a long time and had seen nothing unusual
happen to him, they changed their minds and began to
say that he was a god. 7 Now in the neighborhood of
that place were lands belonging to the leading man of the
island, named Publius, who welcomed us and entertained
us courteously three days. 8 And it came about that the

9 이러므로
병든 사람들이 **와서**
/섬 가운데
/다른
고침을 받고

10 **대접하고**
/우리를
/후한 예로

떠날 때에
[그들이] **올리더라**
/우리 쓸 것을
/배에

11 석 달 후에
우리가 **떠나니**
/알렉산드리아 배를 타고
/그 섬에서 과동한

그 배 기호는 **디오스구로라**

12 수라구사에 대고(after)
[우리가] **있다가**
/사흘을

13 **둘러가서**
/거기서
이르러
/레기온에

하루를 지난 후(after)
남풍이 **일어나므로**

이튿날
[우리가] **이르러**
/보디올에

14 **만나**
/형제를
/거기서
청함을 받아
/저희의(와) 함께
/이레를 유하다가(=유하기를)
가니라
/로마로

9 이러므로 섬 가운데 다른 병든 사람들이 와서 고침을 받
고 10 후한 예로 우리를 대접하고 떠날 때에 우리 쓸 것
을 배에 올리더라 11 석 달 후에 그 섬에서 과동한 알렉
산드리아 배를 우리가 타고 떠나니 그 배 기호는 디오스구
로라 12 수라구사에 대고 사흘을 있다가 13 거기서 둘
러가서 레기온에 이르러 하루를 지난 후 남풍이 일어나므
로 이튿날 보디올에 이르러 14 거기서 형제를 만나 저희
의 청함을 받아 이레를 함께 유하다가 로마로 가니라

father of Publius was lying in bed afflicted with recurrent
fever and dysentery; and Paul went in to see him and
after he had prayed, he laid his hands on him and healed
him. 9 And after this had happened, the rest of the people
on the island who had diseases were coming to him and getting
cured. 10 And they also honored us with many marks of
respect; and when we were setting sail, they supplied us
with all we needed. 11 And at the end of three months
we set sail on an Alexandrian ship which had wintered at
the island, and which had the Twin Brothers for its figurehead.
12 And after we put in at Syracuse, we stayed there for
three days. 13 And from there we sailed around and
arrived at Rhegium, and a day later a south wind sprang
up, and on the second day we came to Puteoli. 14 There
we found some brethren, and were invited to stay with
them for seven days; and thus we came to Rome. 15 And

15 거기 형제들이 듣고(when)
/우리 소식을
[나]오니
/압비오 저자와 삼관까지
/맞으러

바울이 보고(when)
/저희를
사례하고
/하나님께
얻으니라
/담대한 마음을

16 우리가 들어가니(when)
/로마에
바울은 **허락하더라(=허락받았다)**
/자기를 지키는 한 군사와 함께
/따로 있게

17 사흘 후에(after)
바울이 **청하여**
/높은 사람들을
/유대인 중

모인 후에(when)
[그가] **이르되**
/여러분 형제들아!
내가 — 배척한 일이 없는데
/이스라엘 백성이나
우리 조상의 규모를
— 내어 준 바 되었으니
/예루살렘에서
/로마인의 손에
/죄수로

18 로마인은 심문하여(when)
/나를
놓으려 하였으나

//(이유: διὰ +목적격, because)
죽일 죄목이 없으므로

19 유대인들이 반대하기로(when)
내가 **마지 못하여**
/가이사에게 호소함이요(=호소하기를)
아니로라
/내 민족을 송사하려는 것이

15 거기 형제들이 우리 소식을 듣고 압비오 저자와 삼관
까지 맞으러 오니 바울이 저희를 보고 하나님께 사례하고
담대한 마음을 얻으니라 16 우리가 로마에 들어가니 바
울은 자기를 지키는 한 군사와 함께 따로 있게 허락하더라
17 사흘 후에 바울이 유대인 중 높은 사람들을 청하여 모
인 후에 이르되 여러분 형제들아 내가 이스라엘 백성이나
우리 조상의 규모를 배척한 일이 없는데 예루살렘에서 로
마인의 손에 죄수로 내어준 바 되었으니 18 로마인은 나
를 심문하여 죽일 죄목이 없으므로 놓으려 하였으나 19
유대인들이 반대하기로 내가 마지 못하여 가이사에게 호소
함이요 내 민족을 송사하려는 것이 아니로라

the brethren, when they heard about us, came from there
as far as the Market of Appius and Three Inns to meet
us; and when Paul saw them, he thanked God and took courage.
16 And when we entered Rome, Paul was allowed to
stay by himself, with the soldier who was guarding him.
17 And it happened that after three days he called together
those who were the leading men of the Jews, and when
they had come together, he began saying to them, "Brethren,
though I had done nothing against our people, or the
customs of our fathers, yet I was delivered prisoner from
Jerusalem into the hands of the Romans. 18 "And when
they had examined me, they were willing to release me because

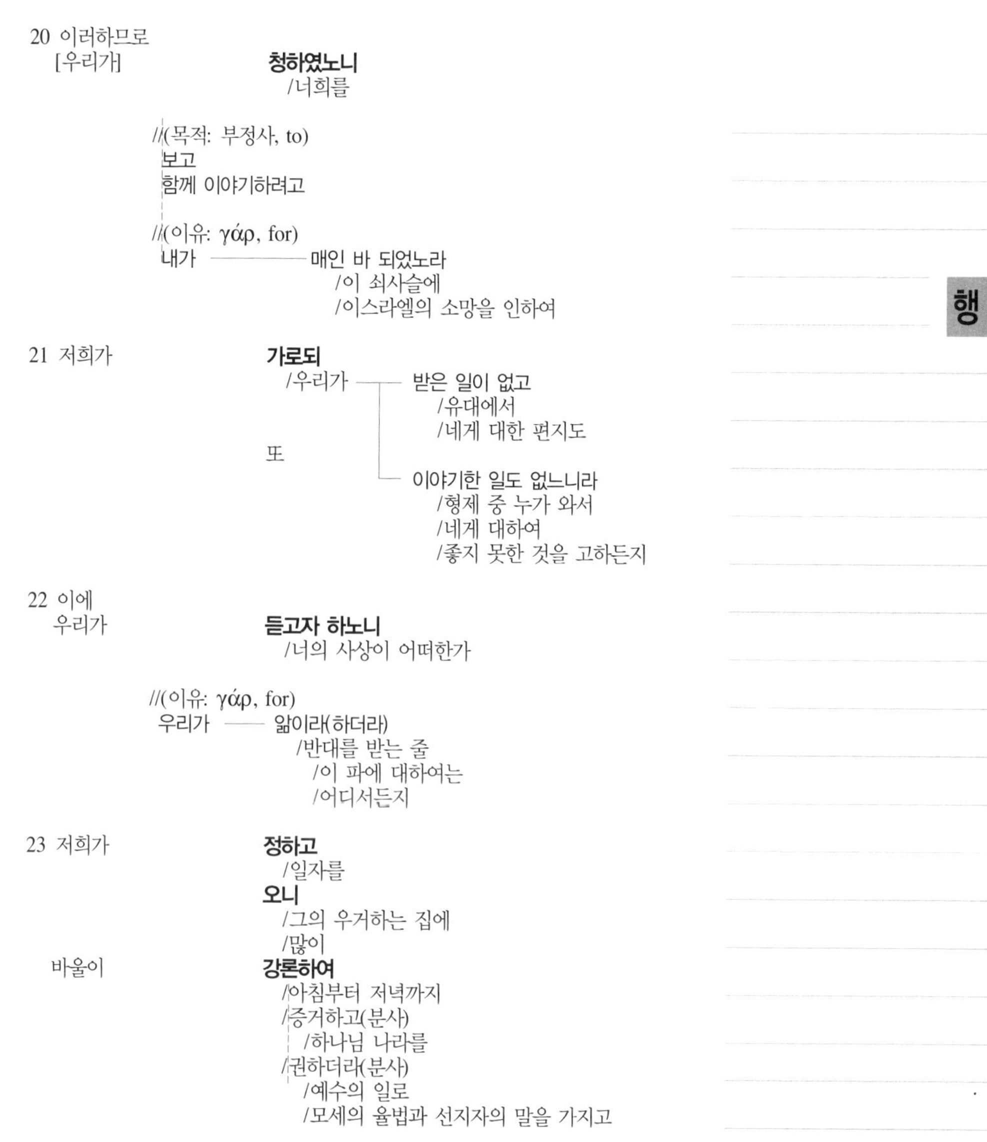

행

20 이러하므로 너희를 보고 함께 이야기하려고 청하였노
니 이스라엘의 소망을 인하여 내가 이 쇠사슬에 매인 바
되었노라 21 저희가 가로되 우리가 유대에서 네게 대한
편지도 받은 일이 없고 또 형제 중 누가 와서 네게 대하여
좋지 못한 것을 고하든지 이야기한 일도 없느니라 22 이
에 우리가 너의 사상이 어떠한가 듣고자 하노니 이 파에
대하여는 어디서든지 반대를 받는 줄 우리가 앎이라 하더
라 23 저희가 일자를 정하고 그의 우거하는 집에 많이 오
니 바울이 아침부터 저녁까지 강론하여 하나님 나라를 증
거하고 모세의 율법과 선지자의 말을 가지고 예수의 일로

there was no ground for putting me to death. 19 "But
when the Jews objected, I was forced to appeal to Caesar;
not that I had any accusation against my nation. 20 "For
this reason therefore, I requested to see you and to speak
with you, for I am wearing this chain for the sake of the
hope of Israel." 21 And they said to him, "We have
neither received letters from Judea concerning you, nor
have any of the brethren come here and reported or spoken
anything bad about you. 22 "But we desire to hear from
you what your views are; for concerning this sect, it is
known to us that it is spoken against everywhere." 23
And when they had set a day for him, they came to him
at his lodging in large numbers; and he was explaining to
them by solemnly testifying about the kingdom of God,

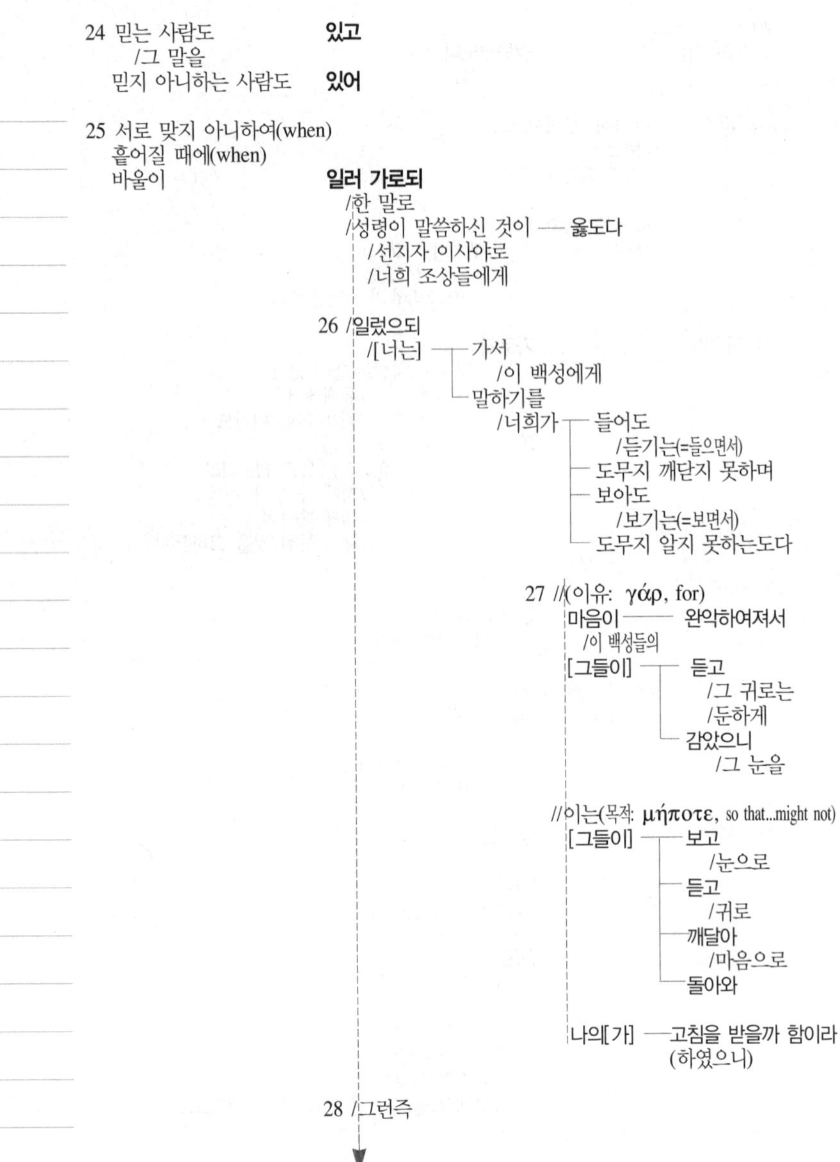

권하더라 24 그 말을 믿는 사람도 있고 믿지 아니하는 사람도 있어 25 서로 맞지 아니하여 흩어질 때에 바울이 한 말로 일러 가로되 성령이 선지자 이사야로 너희 조상들에게 말씀하신 것이 옳도다 26 일렀으되 이 백성에게 가서 말하기를 너희가 듣기는 들어도 도무지 깨닫지 못하며 보기는 보아도 도무지 알지 못하는도다 27 이 백성들의 마음이 완악하여져서 그 귀로는 둔하게 듣고 그 눈을 감았으니 이는 눈으로 보고 귀로 듣고 마음으로 깨달아 돌아와 나의 고침을 받을까 함이라 하였으니

and trying to persuade them concerning Jesus, from both the Law of Moses and from the Prophets, from morning until evening. 24 And some were being persuaded by the things spoken, but others would not believe. 25 And when they did not agree with one another, they began leaving after Paul had spoken one parting word, "The Holy Spirit rightly spoke through Isaiah the prophet to your fathers, 26 saying, 'Go to this people and say, "You will keep on hearing, but will not understand; And you will keep on seeing, but will not perceive; 27 For the heart of this people has become dull, And with their ears they scarcely hear, And they have closed their eyes; Lest they should see with their eyes, And hear with their ears, And understand with their heart and return, And I should heal them."' 28

28 /그런즉
알라
/보내신 줄
/하나님의 이 구원을
/이방인에게로
/또한
저희는 —— 들으리라(하더라)

29 (없음)

30 바울이 **유하며**
/온 이태를
/자기 셋집에
영접하고
/자기에게 오는 사람을
/다(=모든)

31 /전파하며(분사)
/하나님 나라를
/담대히
/가르치되(분사)
/주 예수 그리스도께 관한 것을

/금하는 사람이 없었더라(=방해받지 않고)

행

28 그런즉 하나님의 이 구원을 이방인에게로 보내신 줄
알라 저희는 또한 들으리라 하더라 29 (없 음) 30 바울
이 온 이태를 자기 셋집에 유하며 자기에게 오는 사람을
다 영접하고 31 담대히 하나님 나라를 전파하며 주 예수
그리스도께 관한 것을 가르치되 금하는 사람이 없었더라

"Let it be known to you therefore, that this salvation of God has been sent to the Gentiles; they will also listen."
29 [And when he had spoken these words, the Jews departed, having a great dispute among themselves.] 30
And he stayed two full years in his own rented quarters, and was welcoming all who came to him, 31 preaching
the kingdom of God, and teaching concerning the Lord Jesus Christ with all openness, unhindered.

연구시트 샘플

[야고보서 본문연구]

1 야고보는 문안하노라
/종 /열 두 지파에게
/하나님과 /흩어져 있는
주 예수 그리스도의

<*> 본절의 기능 : 인사를 말하는 주문장이다.

1.* 하나님과 주 예수 그리스도의 종 야고보는[1] 흩어져 있는 열 두 지파에게 문안하노라 [2]

1) 하나님과 주 예수 그리스도의 종 야고보는

야고보는? 발신자를 말한다. 그는 야고보이다. 야고보는 원래 어떤 사람이었는가?(과거) [관찰-자료]야고보는 예수님의 친동생 야고보이다. 또한 [관찰-자료]그는 지금 예루살렘 교회의 지도자이다. [이해]야고보는 본서를 지도자의 자격으로 쓰고 있음을 알 수 있다.

[관찰질문]그런데 그는 자신을 뭐라고 고백하고 있는가? [관찰-본문]종이라고 하고 있다. [관찰-자료]종이란 노예를 말한다. 노예는 자신의 권리나 의지가 오직 주인에게 달려 있는 자를 말한다. 목숨까지도 주인에게 달려 있는 자이다. [관찰질문]누구의 노예인가? [관찰-본문]하나님의 노예이다. [이해1]하나님께 속한 노예인 것을 말한다. [이해2]소속이 하나님께 있음을 말한다. 하나님께 전적으로 매인 노예임을 고백하는 말이다. [관찰-본문] 주 예수 그리스도의 노예이다. [이해1]자신의 친형인 예수님의 노예라고 고백하고 있다. [이해2]자신과 예수님의 관계를 말하는 고백이다. 비록 예수님이 자신의 형이지만 예수님을 형이기에 앞서 주인으로 섬기고 있음을 고백하는 말이다.

[관찰질문]야고보는 예수님을 뭐라고 알고 있는가? [관찰-본문]주이다. 그리스도이다. [이해1]주라는 고백은 예수님을 주인으로 알고 있는 말이고, 그리스도라는 말은 하나님과 자신 사이를 중보하는 제사장으로 인정하는 호칭이다. 이 고백은 예수님께 대한 야고보의 신앙이다. 또한 야고보서의 신학이다. [적용질문]나는 예수님을 뭐라고 고백하는가?

[문법적인 관찰]우리는 여기서 한 가지 더 고려해야 할 점이 있다. 정체성보다는 소속이 강조되어 나타난다는 점이다. 원문의 순서가 바울 서신들과는 다른 형식을 가지고 있기 때문이다. 야고보는 의도적으로 "하나님과 주 예수 그리스도"의 종임을 강조하고 있다. 즉 소속을 강조하고 있다. 그러면 왜 그렇게 강조한 것일까? 하나는 개인적인 신앙고백일 수 있다. 그는 예수님의 형제이고, 예수님 당시에는 예수님을 믿지 못했던 사람이었다. 그는 오순절 사건 이후로 예수님을 믿게 되었다. 이런 자신의 과거에 대한 분명한 인식이 그런 강조점을 낳게 된것이라 생각한다. 야고보는 자신을 공식적으로 부를 때 항상 소속을 강조하는 습관을 가지게 되었을 것이다. 다른 하나는 자신의 자격에 대한 강조일 수 있다. 지도자로서의 자격이 하나님과 예수님으로부터 주어진 것임을 강조하고 있음을 엿볼 수 있다.

*) [정리]야고보는 자신을 하나님께 속한 노예, 비록 형님이지만 주님이고 중보자되신

예수님의 노예로 자신을 소개한다.

2) 흩어져 있는 열 두 지파에게 문안하노라

"문안한다"는 문안하기 위하여 편지한다는 말을 담고 있다. 원래 편지의 구조는 "발신자가...수신자에게"이다. 그런데 야고보서는 여기에 문안하기 위하여라는 말을 덧붙여 놓았다. 이런 형식을 번역하는 과정에서 이중적으로 사용하여 "문안하노니"라고 하였다.

[관찰질문]누구에게 편지하는가? [관찰-본문]열 두 지파에게 편지한다. 그런데 그들은 흩어져 있는 사람들이다. [관찰-사전]열 두 지파는 원래 정통 유대인들에 대한 호칭이다. 출애굽 이후, 40년 동안의 광야 생활을 통해 가나안에 들어간 이스라엘 족속들을 말한다. 가나안 땅을 정복한 이후 땅을 분배받은 지파들이다. [이해]그런데 야고보는 바로 이런 말을 편지를 받을 대상을 호칭하는 말로 쓰고 있다. 그들은 지금 흩어져 있다. 소아시아 전역에 흩어져 있는 상태(diaspora) 이다. 그렇다면 이 말은 유대인들만을 대상으로 하는 말인가? 유대인을 포함한 교회의 모든 구성원을 대상으로 한 것이다. 그렇기 때문에 12 지파는 하나님의 교회에 대한 별칭으로 사용되고 있음을 알 수 있다. 교회를 12지파로 부른 유다의 의도는 무엇일까? 교회에 대한 정체성을 하나님의 기업을 이을 하나님의 백성으로 이해는 데 있을 것이다. 또한 직접적으로 유대 출신 기독교인들을 제한하는 역할도 할 것이다. 양쪽 모두에게 긍정적인 반응을 얻을 수 있는 호칭이다.

*) [정리]야고보는 예루살렘 교회의 지도자로서 여러 지역에 흩어져 있는 하늘의 기업을 유업으로받을 하나님의 교회에게 문안하는 편지를 하고 있다.

*> [절요약]야고보는 자신이 비록 예수님의 친동생이지만 하나님과 동등한 주인으로 섬기는 종의 자격으로 여러 지역에 흩어져 있는 하나님의 교회에 문안하는 편지를 한다.

IBS 연구(고전 1:4-9)

▣ 관찰본문

4. 그리스도 예수 안에서 너희에게 주신 하나님의 은혜를 인하여 내가 너희를 위하여 항상 하나님께 감사하노니 5. 이는 너희가 그의 안에서 모든 일 곧 모든 구변과 모든 지식에 풍족하므로 6. 그리스도의 증거가 너희 중에 견고케 되어 7. 너희가 모든 은사에 부족함이 없이 우리 주 예수 그리스도의 나타나심을 기다림이라 8. 주께서 너희를 우리 주 예수 그리스도의 날에 책망할 것이 없는 자로 끝까지 견고케 하시리라 9. 너희를 불러 그의 아들 예수 그리스도 우리 주로 더불어 교제케 하시는 하나님은 미쁘시도다

▣ 구문분석

4 내가 **감사하노니**
/하나님께
/너희를 위하여
/항상

//(이유: ἐπὶ +소유격, because of)
하나님의 은혜를 인하여
/그리스도 예수 안에서 너희에게 주신

5 //이는(이유: ὅτι, for)
너희가 ——— 풍족하므로
/그의 안에서
/모든 일
곧 모든 구변과 모든 지식에

6 //(이유: because)
증거가 ——— 견고케 되어
/그리스도의 /너희 중에

7 //(결과: therefore)
너희가 ——부족함이 없이(고)
/모든 은사에
기다림이라
/우리 주 예수 그리스도의 나타나심을

8 주께서 **견고케 하시리라**
/너희를
/끝까지
/책망할 것이 없는 자로
/우리 주 예수 그리스도의 날에

9 하나님은 **미쁘시도다**
/너희를 불러
/교제케 하시는(하시려고; 부정사)
/그의 아들 예수 그리스도 우리 주로 더불어

〈*〉 구문의 흐름

내가 하나님께 감사한다.
이유 ① : 하나님의 은혜 때문이다
이유 ② : 너희가 모든 일에 풍족하기(했기) 때문이다.
이유 ③ : 그리스도의 증거가 너희 속에서 견고케 되었기 때문이다.
결과 ① : 모든 은사에 부족함이 없고
결과 ② : 너희가 주님의 재림을 기다리고 있다.

주께서 너희를 견고케 하신다.
하나님은 미쁘시다.

〈*〉 설교의 흐름

감사 : 감사의 대상(하나님, 미쁘신 하나님) – 감사의 내용 – 감사의 이유 ① (풍족함), ② (견고케됨) – 그리스도가 견고케 하심 – 견고케하심의 결과(너희-부족함없다, 재림을 기다림)

▣ 절별분석

□ 4절

내가 **감사하노니**<4.1>
/하나님께
/너희를 위하여
/항상
//(이유)<4.2>
하나님의 은혜를 인하여

4.1 "내가 너희를 위하여[2] 항상 하나님께[1] 감사하노니"

주문장은 "내가 감사한다"이다. 따라서 본절은 바울의 감사를 주제로 하고 있음을 알 수 있다. '감사한다'는 "지금도 계속해서 감사하고 있다"는 말씀이다(문법적인 해석; 현재, 능동태, 직설법). 어떠한 상황에서든지 감사하는 생활을 하고 있는 바울의 모습을 다시 한 번 엿볼 수 있다.

• 1) 바울은 항상 하나님께 감사한다. 감사의 시기와 대상이 제시된다. 날마다 감사한다. 언제든지, 어떠한 상황에서든지 감사하는 모습을 담고 있다. 또한 감사의 대상은 하나님이다. 하나님이 감사의 대상이다. 이것은 우리 생활의 모든 것을 하나님이 주신 것으로 인정하는 고백이다. 좋은 일도, 어려운 일도 하나님으로부터 온 것이니 감사함으로 받아야 한다. 하나님으로부터 온 것임을 잊을 때 불평과 낙심이 온다. 또한 그 분이 바로 하나님이심을 잊을 때도 그렇다.

• 2) 너희를 위하여, 즉 고린도 교회 성도들을 위하여 감사하고 있다. 중보적인 감사이다. 다른 사람을 위해 그 사람을 대신해 감사하는 것도 가능할 수 있음을 깨닫는다. 바울은 온전한 감사를 잃은 심령을 대신해 감사한다. 물론 그들도 감사하고 있을 것이다. 그러나 그들이 미쳐 깨닫지 못한 부분까지도 감사하기에 바울의 중보적인 감사는 의미있다.

4.2 "그리스도 예수 안에서 너희에게 주신[2] 하나님의 은혜를 인하여[1]"

바울이 감사하는 이유이다. 하나님의 은혜 때문에 감사한다.

• 1) "하나님의 은혜를 인하여" 감사하고 있다. '인하여'는 헬라어 ἐπι를 번역한 것으로 '이유'의 의미를 가지고 있다. 그러므로 이 부분을 다음과 같이 번역할 수 있다. "하나님의 은혜 때문에"이다. 즉 감사의 이유이다. 바울은 고린도에 있는 하나님의 교회가 받은 은혜 때문에 감사하고 있다. 은혜는 두 가지 측면을 말한다. 먼저, 십자가 구속 사건이다. 십자가의 구속으로 값없이 주신 구원의 은혜를 말한다. 또한, 하나님께서 성도의 삶에 값없이 주신 선물들을 말한다. 삶의 유익들이 은혜이다. 바울은 고린도에 있는 하나님의 교회에 허락하신 구속의 은혜와 삶의 유익들을 감사하고 있다.

• 2) "그리스도 예수 안에서 너희에게 주신" 은혜를 말하고 싶어한다. 하나님의 은혜의 통로를 말한다. 이 부분은 두 요소로 구성되어 있다. 하나는 너희에게 주신 은혜라는 말씀이고, 다른 하나는 그리스도 예수 안에서 주신 은혜라는 말씀이다. 전자는 은혜는 하나님께서 하나님의 교회에게 주신 것이라는 점을 강조하고, 후자는 바로 그 은혜를 그리스도 예수 안에서 받는 것임을 강조하고 있다. 은혜는 하나님이 주신 것이다. 하나님의 교회에게 주신 것

이다. 그러므로 교회에는 하나님의 구속의 은혜가 있다. 그런데 이 은혜는 그리스도 예수 안에서 받는 것이다. 그리스도 예수를 믿음으로 받는 것이다. 예수만이 길이다. 그 예수는 기름부음받은 대제사장으로서 우리와 하나님 사이를 중보하는 분이다.

***〉 바울은 고린도에 있는 하나님의 교회가 하나님으로부터 받은 은혜의 내용에 대해 하나님께 항상 감사하고 있다.**

□ 5절

//이는(이유: ὅτι, for)
너희가 ——— 풍족하므로
/모든 일 곧 모든 구변과 모든 지식에
/그의 안에서

5. *〉 "이는 너희가 그의 안에서 모든 일 곧 모든 구변과 모든 지식에 풍족하므로"

바울이 감사하고 있는 이유 두번째이다. 바울은 고린도 교회 성도들이 주 안에서 모든 일에 풍족했기 때문에 감사한다. 그들은 풍족하게 되었다(수동태). 자신이 스스로 소유한 것이 아니라, 주님께서 그렇게 되게 하셨다는 말씀이다. "풍족하다"는 말은 부유하고, 넉넉함을 말한다. 그들은 부유하고, 넉넉하게 되었다. 모든 일 즉 구변과 모든 지식에서 넉넉한 자들이 되었다. "모든 구변"의 넉넉함은 모든 분야에 대한 말의 넉넉함을 말한다. 사람들을 공격하고 자고하는 궁색한 태도가 아니라, 사람들을 이해하고 평화를 주는 언어생활을 말한다. "모든 지식"의 넉넉함은 외적인 표현이 정확하고, 내적인 신념이 확고한 지식을 두루 소유하게 되었음을 말한다. 그런데 그들은 이런 넉넉함을 "주 안에서" 소유하게 되었다. 예수 안에 있는 자가 넉넉하게 되었다. 예수 안에 있다는 것은 예수를 믿는 것을 말한다. 예수를 믿는 자는 모든 부분에서 말함과 확고한 신념으로 풍성하게 된다.

***〉 바울이 하나님께 감사하는 두번째 이유는 고린도 교회 성도들이 이미 말과 믿음에 성숙했기 때문이다.**

□ 6절

//(이유: because)
증거가 ——— 견고케 되어
/그리스도의 /너희 중에

6.* "그리스도의 증거가 너희 중에 견고케 되어"

바울이 하나님께 감사하는 이유 세번째이다. 바울은 그리스도의 증거가 교회 속에서 견고케 되었기 때문에 감사한다. "그리스도의 증거(μαρτύριον, testimony, witness)"는 그리스도에 관한 확고한 내용들을 의미한다. 한 마디로 복음이다. 견고케 되었다는 것은 복음이 확고하게 자리잡고, 확고하게 전파되었음을 말한다. 그러므로 바울이 감사하는 세번째 이유는 복음이 고린도 교회 안에 이미 확고하게 자리잡고 있기 때문임을 알 수 있다(부정과거).

***〉 바울이 감사하는 세번째 이유는 고린도 교회 안에 이미 복음이 확고하게 증거되었기 때문이다.**

□ 7절

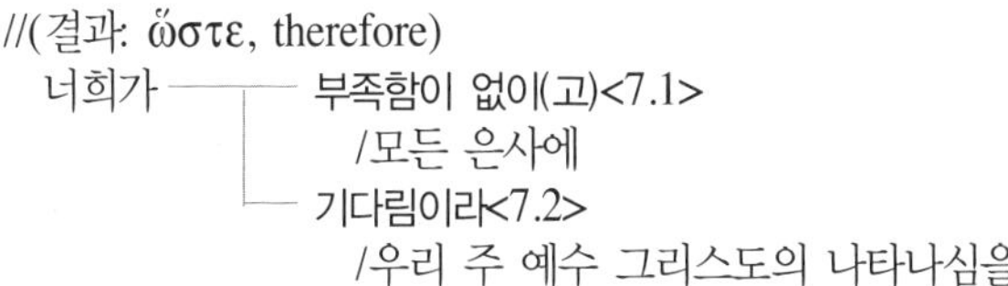

7.1 "너희가 모든 은사에 부족함이 없이…"

그리스도의 복음이 고린도 교회 안에 확고히 증거된 결과 성도들이 자연스럽게 취하게 된 모습 두 가지 중 첫 번째이다. 복음의 신앙이 확고한 교회는 모든 은사에 부족함이 없다. "은사"라 함은 하나님으로부터 은혜로 받은 선물 즉 구원의 은혜를 말하고, 부활하신 주님으로부터 교회에게 주어진 능력을 말한다. 그런데 본절에서는 후자를 주로 말하고 있다. 즉 복음이 확고한 교회는 주님께서 은혜로 값없이 주시는 열매들이 가득하다. "부족함이 없다"는 말은 "단절되지 않는 것"과 "모자라지 않는 것"을 뜻한다. 한 마디로 충분하다는 말씀이다. 교회에 주님께서 모든 부분에 있어서 능력으로 충분히 역사하신다는 뜻이다. 모든 부분에 있어서 주님이 부어주신 능력들이 충만하게 된다. 복음이 확고하게 선포되는 교회는 주님의 능력이 부족함없이 충분히 나타난다.

7.2 "우리 주 예수 그리스도의 나타나심을 기다림이라."

복음이 확고한 교회의 성도들은 예수님을 기다리고 산다. "기다린다"는 말은 "어떤 일을 갈망하면서도 인내심을 가지고 기다리는 것"을 말한다. 따라서 복음이 확고한 교회의 성도들의 두번째 모습은 성도들이 재림하실 주님을 고난 가운데서도 인내심을 가지고 갈망하며 기다리고 사는 모습을 가진다. 예수님을 나의 주, 우리 주(Lord)로 고백하고, 그리스도로 고백하면서 주님을 붙잡고 있다.

***〉 복음이 확고하게 증거된 교회는 주님으로부터 오는 모든 능력들이 가득하게 된다. 또한 교회 공동체가 예수님을 주와 그리스도로 붙잡고 산다.**

□ 8절

주께서 **견고케 하시리라**
/너희를
/끝까지
/책망할 것이 없는 자로
/우리 주 예수 그리스도의 날에

8.* "주께서 너희를 우리 주 예수 그리스도의 날에 책망할 것이 없는 자로[2] 끝까지 견고케 하시리라[1]"

7절의 "주"를 받아서 확장된 본문이다. 주님에 대해 설명하고 있다.

- 1) 주님은 하나님의 교회를 앞으로도 견고케 하실 분이다. 성도를 계속해서 견고케 하실 분이다. "견고케한다"는 "확고하게 하다"를 뜻한다. 즉 교회를 요동치 않고 굳게 서게하시는 분이 바로 예수님이다. 주님은 성도를 끝까지 견고케 하신다. 전에도 그랬듯이 지금부터 주님 재림하실 그날까지 변함없이 하나님의 교회를 붙잡아주신다.

- 2) 주님은 어떤 모습으로 하나님의 교회를 붙잡아주시는가? 마지막 심판 날에 책망할 것이 없는 자로 붙잡아주신다. "책망할 것이 없는 자"란 고소(고발)를 당하지 않고, 비난받을 일이 없는 것을 말한다. 즉 삶의 내용에 있어서 온전함을 말한다. "우리 주 예수 그리스도의 날"은 마지막 주님 재림하실 날을 말한다. 마지막 심판의 날이다. 그런데 그 날은 우리 주님의 날이다. 나와는 무관한 날이 아니다. 낯설은 날이 아니다. 주님의 날이기 때문이다. 그런데 그 날은 책망도 있는 모양이다. 누가 책망을 받는가? 끝까지 견고하게 서지 못한 자들이 책망을 받는다. 왜냐하면 견고함이 책망받지 않을 조건이기 때문이다. 책망이 아니면 무엇인가? 칭찬이다. 견고함에 대해 조금 더 묵상해 보자. 견고함은 끝까지 지속되어야 할 성도의 모습이다. 중간에 변하는 것도 책망받을 사람이다. 거의 다 가서 변할수도 있는 것이 사람이지 않는가? 무엇이 흔들리지 말아야 하는가? 그리스도의 증거 곧 복음에 합당한 삶이다(6-7절). 부족한 나로서는 참으로 어려운 일이 아닌가? 그래서 그 일은 주께서 하신다고 한다. 주께서 견고함을 도우시고 인도하신다는 말씀이다. 주님께 붙들리자.

*** 〉 복음 안에서 주님을 기다리며 사는 성도를 주님께서 확고한 믿음을 갖게 하신다.**

□ 9절

하나님은 **미쁘시도다**
/너희를 불러(낸)
/교제케 하시는(하시려고)
/그의 아들 예수 그리스도 우리 주로 더불어

9.* "너희를 불러 그의 아들 예수 그리스도 우리 주로 더불어 교제케 하시는[2] 하나님은 미쁘시도다[1]"

마지막으로 바울은 감사의 대상이며, 하나님의 교회의 온전케 됨을 주관하시는 하나님에 대해 말한다.

- 1) 하나님은 신실하시다.
  하나님은 변함이 없으신 분이다. 따라서 하나님께서 그리스도 예수안에서 우리에게 주신 은혜는 변함이 없다. 뿐만 아니라 감사의 대상으로서 변함 없으신 분이다. 부르심에 신실하신 분이다. 부르심에 있어서 신실성은 두 가지를 말한다. 하나는 정확하심이고, 다른 하나는 지금도 변함없이 부르시는 분임을 뜻한다.

- 2) 하나님은 성도를 부르신 분이다. 교회는 하나님이 불러낸 사람들이다. 부르신 목적은 무엇인가? 성도를 부르신 하나님의 뜻은 무엇인가? 우리가 하나님의 아들 예수 그리스도 우리 주님과 더불어 교제하게 하려고 부르셨다. 하나님은 우리가 주님과 더불어 교제하기를 원하신다. 예수님은 먼저 하나님의 아들이시다. 또한 성도인 우리는 그리스도와 주로 받고 교제해야 할 대상이다. 여기에 주님과의 교제의 근본이 있다. 주님과 교제 한다는 것은 먼저 우리가 주님을 하나님의 아들로 믿고 인정하는 것이다. 둘째, 주님이 우리와 하나님 사이의 중보자 되심을 믿고 나오는 것이다. 마지막으로 우리가 예수님을 주로 고백하여 종의 신분과 위치를 지

키는 것이 온전한 교제 가운데 있는 것이다. 하나님께서 우리를 교회로 부르신 목적은 바로 이것이다. 이런 부르심의 뜻은 지금도 변함없이 신실하다.

＊〉 우리를 예수님과 교제케 하려고 교회로 부르신 하나님의 뜻은 지금도 변함이 없다.

. 단락요약

바울은 고린도에 있는 교회를 부르셔서 예수님과 교제케하시려고 은혜를 주신 하나님께 감사한다. 왜냐하면 모든 일에 풍족했고, 그리스도의 증거가 교회 안에 굳게 섰기 때문이다. 복음이 견고한 교회는 모든 은사에 부족함이 없고, 예수님을 인내심을 가지고 갈망한다. 주님은 교회를 끝까지 책망할 것이 없는 자로 견고케 하신다.

. 신학적인 내용

1) 하나님: 항상 감사해야 할 대상(4절), 그리스도 예수 안에서 우리에게 은혜를 주신 분(4절), 우리를 부르신 분(9절), 부르심에 신실하신 분(9절)
2) 예수님: 은혜의 통로(4절), 말과 지식을 풍족하게 하신 분(5절), 증거의 주인(6절), 우리 주와 그리스도(4, 6, 7, 8, 9절), 끝까지 우리를 견고케 하실 분(8절), 하나님의 아들(9절), 우리와 교제하시는 분(9절)

▣ 설교개요

제목: 감사와 복음

감사의 내용, 은혜(4절)
1) 그리스도 안에서 주신 은혜
2) 다른 지체가 생각지 못하는 은혜도 감사.

감사하는 이유들(5-6절)
1) 교회가 주 안에서 모든 일에 풍족했기 때문에
2) 교회가 확실한 그리스도의 증거를 확실하게 소유했기 때문에

복음이 확고한 교회(7절)
1) 모든 은사에 부족함이 없다.
2) 확고하게 주님을 바라본다.

확고한 복음 안에 있는 성도가 기억해야 할 것(8-9절)
1) 성도를 견고케 하시는 주님
2) 신실하신 하나님

Memo

Memo

편찬책임 / 배동한 목사
• 총신대학교 졸업 • 총신대학 신학대학원 졸업
• 서울성경연구원 대표

서울성경연구원(SBI)
원　　장 : 김의원 박사
부 원 장 : 김상훈 박사
운영위원 : 김의원, 손석태, 김상훈, 배동한
대　　표 : 배동한
총　　무 : 박종원

서울특별시 서초구 방배4동 876-41호 203호
(02) 3477-6969(Fax 겸) / 박종원 목사(010-4224-0691)
홈: www.sbi66.org　E-mail : dhbae386@naver.com

SBI문맥성경(마태복음-사도행전)

등록번호 / 제 7-258호(1998. 4. 23)

2001년 10월 20일 1판 1쇄 발행
2002년 5월 30일 1판 2쇄 발행
2008년 4월 30일 신약합본 1쇄 발행
2017년 9월 30일 (마태-행전) 수정판 1쇄 발행

저　자 : 서울성경연구원
발행인 : 조　경　혜
발행처 : 도서출판 그리심

도서출판 그리심

07030 서울시 동작구 사당로2길 72 인정 B동(B01호)
Tel 02-523-7589(출판), Fax 02-523-7590(출판)
• Home : grisim.biz • E-mail: grisimcho@hanmail.net

ISBN 978-89-5799-195-4 94230
ISBN 978-89-88291-56-5 94230 (세트)

십계명

하나님이 이 모든 말씀으로 일러 가라사대
나는 …너의 하나님 여호와로라.

제일은, 너는 나 외에는 다른 신들을 네게 있게 말지니라.

제이는, 너를 위하여 새긴 우상을 만들지 말고,
또 위로 하늘에 있는 것이나, 아래로 땅에 있는 것이나
땅 아래 물 속에 있는 것의 아무 형상이든지 만들지 말며,
그것들에게 절하지 말며, 그것들을 섬기지 말라.

나 여호와 너의 하나님은 질투하는 하나님인즉 나를 미워하는 자의 죄를 갚되, 아비로부터 아들에게로 삼사 대까지 이르게 하거니와, 나를 사랑하고 내 계명을 지키는 자에게는, 천 대까지 은혜를 베푸느니라.

제삼은, 너는 너의 하나님 여호와의 이름을 망령되이 일컫지 말라.

나 여호와는 나의 이름을 망령되이 일컫는 자를 죄 없다 하지 아니하리라

제사는, 안식일을 기억하여 거룩히 지키라.

엿새 동안은 힘써 네 모든 일을 행할 것이나, 제칠일은 너의 하나님 여호와의 안식일인즉, 너나 네 아들이나, 네 딸이나, 네 남종이나, 네 여종이나, 네 육축이나, 네 문안에 유하는 객이라도 아무 일도 하지 말라. 이는 엿새 동안에 나 여호와가 하늘과 땅과 바다와, 그 가운데 모든 것을 만들고 제칠일에 쉬었음이라. 그러므로 나 여호와가 안식일을 복되게 하여, 그 날을 거룩하게 하였느니라.